新编21世纪法学系列教材
总主编　曾宪义　王利明

合同法

第三版

王利明　著

上册

Contract Law

中国人民大学出版社
·北京·

内容简介

本书密切结合我国《民法典》合同编及相关司法解释的规定，并在借鉴既有理论成果的基础上，对合同法最新的相关理论和实务问题进行了全面阐释。

本书共三编三十一章：第一编为导论，讨论了合同法的基本概念、基本原则，合同法与债法的关系等；第二编为总论，论述了合同编通则的基本制度、规则，包括合同的订立、合同的内容和形式、合同的效力、合同的履行、合同的保全、合同的变更和转让、合同权利义务的终止、违约责任以及合同的解释和漏洞填补；第三编为分论，对《民法典》合同编规定的19种典型合同，包括买卖，供用电、水、气、热力，赠与，借款，保证，租赁，融资租赁，保理，承揽，建设工程，运输，技术，保管，仓储，委托，物业服务，行纪，中介，合伙等合同作出了具体解释。本书对于准确理解和适用《民法典》合同编及相关司法解释的规则具有重要的参考价值。

作者简介

王利明 中国人民大学一级教授、博士研究生导师，中国人民大学民商事法律科学研究中心研究员。教育部“长江学者”奖励计划特聘教授，“新世纪百千万人才工程”国家级人选，“万人计划”哲学社会科学领军人才；享受国务院政府特殊津贴。兼任国务院学位委员会法学学科评议组成员兼召集人、教育部社会科学委员会委员、中国法学会副会长、中国法学会民法学研究会会长等。

总序

曾憲義

在人类文明与文化的发展中，中华民族曾作出过伟大的贡献，不仅最早开启了世界东方文明的大门，而且对人类法治、法学及法学教育的生成与发展进行了积极的探索与光辉的实践。

在我们祖先生存繁衍的土地上，自从摆脱动物生活、开始用双手去进行创造性的劳动、用人类特有的灵性去思考以后，我们人类在不断改造客观世界、创造辉煌的物质文明的同时，也在不断地探索人类的主观世界，逐渐形成了哲学思想、伦理道德、宗教信仰、风俗习惯等一系列维系道德人心、维持一定社会秩序的精神规范，更创造了博大精深、义理精微的法律制度。应该说，在人类所创造的诸种精神文化成果中，法律制度是一种极为奇特的社会现象。因为作为一项人类的精神成果，法律制度往往集中而突出地反映了人类在认识自身、调节社会、谋求发展的各个重要进程中的思想和行动。法律是现实社会的调节器，是人民权利的保障书，是通过国家的强制力来确认人的不同社会地位的有力杠杆，它来源于现实生活，而且真实地反映现实的要求。因而透过一个国家、一个民族、一个时代的法律制度，我们可以清楚地观察到当时人们关于人、社会、人与人的关系、社会组织以及哲学、宗教等诸多方面的思想与观点。同时，法律是一种具有国家强制力、约束力的社会规范，它以一种最明确的方式，对当时社会成员的言论或行动作出规范与要求，因而也清楚地反映了人类在各个历史发展阶段中对于不同的人所作出的种种具体要求和限制。因此，从法律制度的发展变迁中，同样可以看到人类自身不断发展、不断完善的历史轨迹。人类社会几千年的国家文明发展历史已经无可争辩地证明，法律制度乃是维系社会、调整各种社会关系、保持社会稳定的重要的工具。同时，法律制度的不断完善，也是人类社会文明进步的显著体现。

由于发展路径的不同、文化背景的差异，东方社会与西方世界对于法律的意义、底蕴的理解、阐释存有很大的差异，但是，在各自的发展过程中，都曾比较注重法律的制定与完善。中国古代虽然被看成是“礼治”的社会、“人治”的世界，被认为是“只有刑，没有法”的时代，但从《法经》到《唐律疏议》、《大清律例》等数十部优秀成文法典的存在，充分说明了成文制定法在中国古代社会中的突出地位，唯这些成文法制所体现出的精神旨趣与现代法律文明有较大不同而已。时至20世纪初叶，随着西风东渐、东西文化交流加快，中国社会开始由古代的、传统的社会体制向近现代文明过渡，建立健全的、符合现代理性精神的法律文明体系方成为现代社会的共识。正因为如此，近代以来的数百年间，在西方、东方各主要国家里，伴随着社会变革的潮起潮落，法律改革运动也一直呈方兴未艾之势。

从历史上看，法律的文明、进步，取决于诸多的社会因素。东西方法律发展的历史均充分证明，推动法律文明进步的动力，是现实的社会生活，是政治、经济和社会文化的变迁；同时，法律内容、法律技术的发展，往往依赖于一大批法律专家以及更多的受过法律教育的社会成员的研究和推动。从这个角度看，法学教育、法学研究的发展，对于法律文明的发展进步，也有着异常重要的意义。正因为如此，法学教育和法学研究在现代国家的国民教育体系和科学研究体系中，开始占有越来越重要的位置。

中国近代意义上的法学教育和法学研究，肇始于19世纪末的晚清时代。清光绪二十一年（公元1895年）开办的天津中西学堂，首次开设法科并招收学生，虽然规模较小，但仍可以视为中国最早的近代法学教育机构（天津中西学堂后改名为北洋大学，又发展为天津大学）。三年后，中国近代著名的思想家、有“维新骄子”之称的梁启超先生即在湖南《湘报》上发表题为《论中国宜讲求法律之学》的文章，用他惯有的富有感染力的激情文字，呼唤国人重视法学，发明法学，讲求法学。梁先生是清代末年一位开风气之先的思想巨子，在他的辉煌的学术生涯中，法学并非其专攻，但他仍以敏锐的眼光，预见到了新世纪中国法学研究和法学教育的发展。数年以后，清廷在内外压力之下，被迫宣布实施“新政”，推动变法修律。以修订法律大臣沈家本为代表的一批有识之士，在近十年的变法修律过程中，在大量翻译西方法学著作，引进西方法律观念，有限度地改造中国传统的法律体制的同时，也开始推动中国早期的法学教育和法学研究。20世纪初，中国最早设立的三所大学——北洋大学、京师大学堂、山西大学堂均设有法科或法律学科目，以期“端正方向，培养通才”。1906年，应修订法律大臣沈家本、伍廷芳等人的奏请，清政府在京师正式设立中国第一所专门的法政教育机构——京师法律学堂。次年，另一所法政学堂——直属清政府学部的京师法政学堂也正式招生。这些大学法科及法律、法政学堂的设立，应该是中国历史上近代意义上的正规专门法学教育的滥觞。

自清末以来，中国的法学教育作为法律事业的一个重要组成部分，随着中国社会的曲折发展，经历了极不平坦的发展历程。在20世纪的大部分时间里，中国社会一直充斥着各种矛盾和斗争。在外敌入侵、民族危亡的沉重压力之下，中国人民为寻找适合中国国情的发展道路而花费了无穷的心力，付出过沉重的代价。从客观上看，长期的社会骚动和频繁的政治变迁曾给中国的法治与法学带来过极大的消极影响。直至70年代末期，以“文化大革命”宣告结束为标志，中国社会开始用理性的目光重新审视中国的过去，规划国家和社会的未来，中国由此进入长期稳定、和平发展的大好时期，以这种大的社会环境为背景，中国的法学教育也获得了前所未有的发展机遇。

从宏观上看，实行改革开放以来，经过二十多年的努力，中国的法学教育事业所取得的成就是辉煌的。首先，经过“解放思想，实事求是”思想解放运动的洗礼，在中国法学界迅速清除了极左思潮及苏联法学模式的一些消极影响，根据本国国情建设社会主义法治国家已经成为国家民族的共识，这为中国法学教育和法学研究的发展奠定了稳固的思想基础。其次，随着法学禁区的不断被打破、法学研究的逐步深入，一个较为完善的法学学科体系已经建立起来。理论法学、部门法学各学科基本形成了比较系统和成熟的理论体系和学术框架，一些随着法学研究逐渐深入而出现的法学子学科、法学边缘学科也渐次成型。1997年，国家教育主管部门和教育部高校法学学科教学指导委员会对原有专业目录进行了又一次大幅度调整，决定自1999年起法学类本科只设一个单一的法学专业，按照一个专业招生，从而使法学学科的布局更加科学和合理。同时，在充分论证的基础上，确定了法学专业本科教学的14门核心课程，加上其他必修、选修课程的配合，由此形成了一个传统与更新并重、能够适应国家和社会发展需要的教学体系。法学硕士和博士研究生及法律硕士专业学位研究生的专业设置、课程教学和培养体系也日臻完善。再次，法学教育的规模迅速扩大，层次日趋齐全，结构日臻合理。目前中国有六百余所普通高等院校设置了法律院系或法律本科专业，在校本科学生和研究生已达二十余万人。除本科生外，在一些全国知名的法律院校，法学硕士研究生、法律硕士专业学位研究生、法学博士研究生已经逐步成为培养的重点。

众所周知，法律的进步、法治的完善，是一项综合性的社会工程。一方面，现实社会关系的发展，国家政治、经济和社会生活的变化，为法律的进步、变迁提供动力，提供社会的土壤。另一方面，法学教育、法学研究的发展，直接推动法律进步的进程。同时，全民法律意识、法律素质的提高，则是实现法治国理想的关键的、决定性的因素。在社会发展、法学教育、法学研究等几个攸关法律进步的重要环节中，法学教育无疑处于核心的、基础的地位。中国法学教育过去二十多年所走过的历程令人激动，所取得的成就也足资我们自豪。随着国家的发展、社会的进步，在21世纪，我们面临着更严峻的挑战和更灿烂的前景。“建设世界一流法学教育”，任重道远。

首先，法律是建立在经济基础之上的上层建筑，以法治为研究对象的法学也就成为一门实践性很强的学科。社会生活的发展变化，势必要对法学教育、法学研究不断提出新的要求。经过二十多年的奋斗，中国改革开放的前期目标已顺利实现。但随着改革开放的逐步深入，国家和社会的一些深层次问题，比如说社会主义市场经济秩序的真正建立、国有企业制度的改革、政治体制的完善、全民道德价值的重建、环境保护和自然资源的合理利用等等，也已经开始浮现出来。这些复杂问题的解决，无疑最终都会归结到法律制度的完善上来。建立一套完善、合理的法律制度，构建理想的和谐社会，乃一项持久而庞大的社会工程，需要全民族的智慧和努力。其中的基础性工作，如理论的论证、框架的设计、具体规范的拟订、法律实施中的纠偏等等，则有赖于法学研究的不断深入，以及高素质人才特别是法律人才的养成，而培养法律人才的任务，则是法学教育的直接责任。

其次，21世纪是一个多元化的世纪。20世纪中叶发生的信息技术革命，正在极大地改变着我们的世界。现代科学技术，特别是计算机网络信息技术的发展，使传统的生活方式、思想观念发生了根本的改变，并由此引发许多人类从未面对过的问题。就法学教育而言，在21世纪所要面临的，不仅是教学内容、研究对象的多元化问题，而且还有培养对象、培养目标的多元化、教学方式的多元化等一系列问题，这些问题都需要法学界去思考、去探索。

中国人民大学法学院建立于1950年，是新中国诞生后创办的第一所正规高等法学教育机构。在半个多世纪的岁月中，中国人民大学法学院以其雄厚的学术力量、严谨求实的学风、高水平的教学质量以及丰硕的学术研究成果，在全国法学教育领域处于领先地位，并开始跻身于世界著名法学院之林。据初步统计，中国人民大学法学院已经为国家培养法学专业本科生、硕士生、博士生一万余人，培养各类成人法科学生三十余万人。经过多年的努力，中国人民大学法学院形成了较为明显的学术优势，在现职教师中，既有一批资深望重、在国内外享有盛誉的法学前辈，更有一大批在改革开放后成长起来的优秀中青年法学家。这些老中青法学专家多年来在勤奋研究法学理论的同时，也积极投身于国家的立法、司法实践，对国家法制建设贡献良多。

有鉴于此，中国人民大学法学院与中国人民大学出版社经过研究协商，决定结合中国人民大学法学院的学术优势和中国人民大学出版社的出版力量，出版一套“21世纪法学系列教材”。自1998年开始编写出版本科教材，包括按照教育部所确定的法学专业核心课程和其所颁布印发的《全国高等学校法学专业核心课程基本要求》而编写的14门核心课程教材，也包括法学各领域、各新兴学科教材及教学参考书和案例分析在内，到2000年12月3日在人民大会堂大礼堂召开举世瞩目的“21世纪世界百所著名大学法学院院长论坛暨中国人民大学法学院成立五十周年庆祝大会”之时，业已出版了50本作为50周年院庆献礼，到现在总共出版了80本。为了进一步适应高等法学教育发展的形势和教学改革的需要，最近中国人民大学法学院与中国人民大学出版社决定将这套教材扩大为四个系列，即：“本科生用书”、“法学研究生用书”、“法律硕士研究生用书”以及“司法考试用书”，总数将达二百多本。我们设想，本套教材的编写，将更加注意“高水准”与“适用性”的合理结合。首先，本套教材将由中国人民大学法学院具有全国影响的各学科的学术带头人领衔，约请全国高校优秀学者参加，形成学术实力强大的编写阵容。同时，在编写教材时，将注意吸收中国法学研究的最新的学术成果，注意国际学术发展的最新动向，力求使教材内容能够站在21世纪的学术前沿，反映各学科成熟的理论，体现中国法学的水平。其次，本套教材在编写时，将针对新时期学生特点，将思想性、学术性、新颖性、可读性有机结合起来，注意运用典型生动的案例、简明流畅的语言去阐释法律理论与法律制度。

我们期望并且相信，经过组织者、编写者、出版者的共同努力，这套法学教材将以其质量效应、规模效应，力求成为奉献给新世纪的精品教材，我们诚挚地祈望得到方家和广大读者的教正。

2006年7月1日

序言

法学教育是高等教育的重要组成部分，是建设社会主义法治国家、构建社会主义和谐社会的重要基础，并居于先导性的战略地位。在我国社会转型的新世纪、新阶段，法学教育不仅要为建设高素质的法律职业共同体服务，而且要面向全社会培养大批治理国家、管理社会、发展经济的高层次法律人才。近年来，法学教育取得了长足的进步，法科数量增长很快，教育质量稳步提高，培养层次日渐完善，目前已经形成了涵盖本科生、第二学士学位生、法学硕士研究生、法律硕士研究生、法学博士研究生的完整的法学人才培养体系，接受法科教育已经成为莘莘学子的优先选择之一。随着中国法治事业的迅速发展，我们有理由相信，中国法学教育的事业大有可为，中国法学教育的前途充满光明。

教育的基本功能在于育人，在于塑造德才兼备的高素质人才。法学教育的宗旨并非培养只会机械适用法律的“工匠”，而承载着培养追求正义、知法懂法、忠于法律、廉洁自律的法律人的任务。要完成法学教育的使命，首先必须认真抓好教材建设。我始终认为，教材是实现教育功能的重要工具和媒介，法学教材不仅仅是法学知识传承的载体，而且是规范教学内容、提高教学质量的关键，对法学教育的发展有着不可估量的作用。

第一，法学教材是传授法学基本知识的工具。初学法律，既要有好的老师，又要有好的教材。正如冯友兰先生所言：“学哲学的目的，是使人作为人能够成为人，而不是成为某种人。其他的学习（不是学哲学）是使人能够成为某种人，即有一定职业的人。”一套好的教材，能够高屋建瓴地展示法律的体系，能够准确简明地阐释法律的逻辑，能够深入浅出地叙述法律的精要，能够生动贴切地表达深奥的法理。所以，法学教材是学生学习法律的向导，是学生步入法律殿堂的阶梯。如果在入门之初教材就有偏颇之处，就可能误人子弟，学生日后还要花费大量时间与精力来修正已经形成的错误观念。

第二，法学教材是传播法律价值理念的载体。好的法学教材不仅要传授法学知识，更要传播法律的精神和法治的理念，例如对公平、正义的追求，尊重权利的观念。本科、研究生阶段的青年学子，正处在人生观、价值观形成的阶段，一套优秀的法学教材，对于他们价值观的塑造和健全人格的培养具有重要意义。

第三，法学教材是形成职业共同体的主要条件。建设社会主义法治国家，有赖于法律职业共同体的生成。一套好的法学教材，向法律研习者传授共同的知识，这对于培养一个接受共同的价值理念、共同的法律思维、共同的话语体系的法律共同体，具有重要的作用。

第四，法学教材是所有法律研习者的良师益友。没有好的教材，一个好的教师或可弥补教材的欠缺和不足，但对那些没有老师指导的自学者而言，教材就是老师，其重要作用是显而易见的。

长期以来，在我们的评价体系中，教材并没有获得应有的注重，对学术成果的形式优先考虑的往往是专著而非教材。在不少人的观念中，教材与创新、与学术精品甚至与学术无缘。其实，要真正写出一部好的教材，其难度之大、工作之艰辛、影响之深远，绝不低于一部优秀的专著，它甚至可以成为在几百年甚至更长的时间内发挥作用的传世之作。以查士丁尼的《法学阶梯》为例，所谓法学阶梯，即法学入门之义，就是一部教材。但它概括了罗马法的精髓，千百年来，一直是人们研习罗马法最基本的著述。日本著名学者我妻荣说过，大学教授有两大任务：一是写出自己熟悉的专业及学术领域的讲义乃至教科书；二是选择自己最有兴趣、最看重的题目，集中精力进行终生的研究。实际上，这两者是相辅相成的。写出一部好教材，必须要对相关领域形成一个完整的知识体系，还要能以深入浅出的语言将问题讲清楚、讲明白。没有编写教材的基本功，实际上也很难写出优秀的专著。当然，也只有对每一个专题都有一定研究，才能形成对这个学术领域的完整把握。

虽然近几年我国法学教育发展迅速，成绩显著，但是法学教育也面临许多挑战。各个学校的师资队伍和教学质量参差不齐，这就更需要推出更多的结构严谨、内容全面、角度各有侧重、能够适应不同需求的法学教材，为提高法学教学和人才培养质量、保障法学教育健康发展提供前提条件。

长期以来，中国人民大学法学院始终高度重视教材建设。作为新中国成立后建立的第一所正规的法学教育机构，中国人民大学法律系最早开设了社会主义法学教学课堂，编写了第一套社会主义法学讲义，培养了新中国第一批法学本科生和各学科的硕士生、博士生，产生了新中国最早的一批法学家和法律工作者。中国人民大学法律系因此被誉为“新中国法学教育的工作母机”。半个多世纪以来，中国人民大学法学院为社会主义法制建设培养了大批优秀的法律人才，并为法学事业的振兴和繁荣作出了卓越贡献，也因此成为引领中国法学教育的重镇、凝聚国内法律人才的平台和沟通中外法学交流的窗口，并在世界知名法学院行列中崭露头角。为了对中国法学教育事业作出更大的贡献，我们有义务也有责任出版一套体现我们最新研究成果的法学教材。

承蒙中国人民大学出版社的大力支持，我们组织编写了本套教材，其中包括本科生用书、法律硕士研究生用书、法学研究生用书和司法考试用书四大系列，分别面向不同层次法科教育需求。编写人员以中国人民大学法学院教师为主，反映了中国人民大学法学院整体的研究实力和学术视野。相信本套教材的出版，一定能够为新时期法学教育的繁荣发展发挥应有的作用。

是为序。

2006年7月10日

修订说明

本次修订体现了如下特点：第一，密切结合我国《民法典》合同编及相关司法解释的规定，借鉴《民法典》实施的理论成果，对合同法最新的相关理论和实务问题进行了全面阐释。第二，力求简明扼要，尽量用简洁的语言集中阐述合同法的基本概念、基本理论、基本制度，以便读者全面、体系性地掌握合同法知识。第三，结合《民法典》实施中的相关案例，在章前设置了案例，在章后设置了思考题，供读者学习、讨论。

修订后的本书共三编三十一章：第一编为导论，讨论了合同法的基本概念、基本原则、合同法与债法的关系等；第二编为总论，论述了合同编通则的基本制度、规则，包括合同的订立、合同的内容和形式、合同的效力、合同的履行、合同的保全、合同的变更和转让、合同权利义务的终止、违约责任以及合同的解释和漏洞填补；第三编为分论，对《民法典》合同编规定的 19 种典型合同等作出了具体解释。

民法典合同编的时代意义（代序）

合同法是市场经济的基本法，在现代市场经济法治保障中发挥着最为基础性的作用。我国民法典合同编一共分为三个分编（通则、典型合同、准合同），共计526条，占《民法典》条文总数的40%以上，几乎占据《民法典》的半壁江山，在《民法典》中具有举足轻重的地位。合同编是在系统总结我国合同立法经验的基础上产生的，它植根于中国大地，是我国实行改革开放和市场经济经验的总结，彰显了中国特色，也回应了我国经济生活、交易实践的需要。

我国《民法典》的分则体系设计并未采纳德国、法国和瑞士的立法模式，并没有设置债法总则，而是从中国实际情况出发，保持了合同法总则体系的完整性和内容的丰富性。这是对大陆法系民法典体系的一种重要创新。具体而言：一是在合同的履行中规定了债的分类，补充了多数人之债（按份之债和连带之债）、选择之债、金钱之债等规则，为合同编发挥债法总则的功能创造了条件。二是合同编中严格区分了债权债务与合同的权利义务的概念。例如，在第六章"合同的变更和转让"中，规定了债权转让与债务移转，但合同的概括转让，采取"合同的权利和义务一并转让"的表述（第556条），表明债权转让与债务移转可以适用于合同外的债权债务转让，但合同的概括转让仅仅适用于合同关系。三是借鉴法国法和英美法的经验，规定了准合同。我国民法典合同编第三分编对准合同作出了规定，其中规定了无因管理、不当得利制度。民法典合同编设立准合同分编，不再在债法中割裂各种债的发生原因，而使不当得利和无因管理制度与合同制度有效联系，并充分考虑法律适用中的不同情形，从而实现了对法定之债与意定之债的整合。合同编发挥债法总则的功能，这种体系上的创新既避免了设置债法总则所可能导致的叠床架屋，同时也便利了司法适用，避免法官找法的困难。另外，此种立法设计也可以在规定债法总则共通性规则的基础上，保持合同法总则体系的完整性，从而有利于更好地解释、适用合同编的规则。

那么，我国民法典合同编的时代意义究竟体现在哪里？

合同编是贯彻合同自由、注重契约必须严守（pactasunt survanda）的法。“民有私约如律令。”现代社会被称为“契约社会”，现代经济被称为“契约经济”。我国民法典合同编将合同严守作为最为基础的价值，《民法典》第465条第1款规定：“依法成立的合同，受法律保护。”合同编强调合同对当事人的约束力，并通过合同的履行、保全、解除、违约责任等制度、规则，督促当事人遵守合同。合同法是自治法或任意法，合同的成立和内容基本取决于当事人意思自治，只要当事人所缔结的合同不违反法律和公序良俗，法律就承认其效力。市场经济的发展需要进一步强化私法自治，充分鼓励交易，维护交易安全。合同编从合同的订立到履行都强调了增进合同自由和私法自治这一宗旨，有力调动了市场主体从事交易的积极性，维护了市场经济的正常秩序。

合同编是促进交易便利、鼓励生产要素自由流转的法。一是贯彻合同自由，确认依法成立的合同受法律保护，保障交易主体对交易的自治。二是确立从合同的订立到合同终止等一系列完善的合同规则，以鼓励交易（promoting trade）为其目标，努力降低交易主体的交易成本。三是保障债权人权利的实现，确立违约救济的规则，实现对债权人的完整保护，保障交易主体对交易结果的可预期性。四是强调诚信原则，考量分配正义，保障信息不完全时的公平处理，避免当事人因信息不足而不进入交易。五是确立各种典型合同，便利当事人将这些典型合同进行组合，建立更复杂的交易结构，以适应大规模现代交易的复杂性。六是改善营商环境。合同编进一步补充完善了所有权保留买卖、融资租赁、保理等具有担保性质的规则，并协调了合同编中的担保和物权编中的担保之间的关系。例如，合同编在买卖合同中明确确定，出卖人对标的物保留的所有权，未经登记，不得对抗善意第三人（《民法典》第641条第2款)。这就在一定程度上解决了隐性担保所可能带来的交易安全保障不足的问题和各类担保的受偿顺位问题。

合同编是彰显诚实守信、维护信用经济的法。守诚信、重允诺是中华民族优秀传统文化的重要组成部分。今天，诚信已经成为社会主义核心价值观的重要组成部分，我国《民法典》从维护社会主义核心价值观和市场秩序出发，必然要求民事主体从事民事活动时诚实守信，恪守承诺。《民法典》第119条规定：“依法成立的合同，对当事人具有法律约束力。”依据这一规定，当事人在订立合同后，只要合同合法有效，就应当严格按照合同履行，非依法律规定和当事人约定，不得擅自变更或者解除合同。合同就是当事人之间的法律，其对当事人应当具有严格的拘束力。一方在向对方作出单方允诺之后，也应当严格遵守允诺，不得随意违背允诺损害对方的信赖利益。秉持诚实、恪守承诺是维护正常的市场秩序的前提和基础。市场经济本质上是诚信经济，民法始终以诚信原则为帝王原则，并将其全面贯彻适用于交易领域。

合同编是兼顾合同正义和实质公平的法。古典的合同法理论认为，“契约即公正”。也就是说，合同自由可以自然导向合同正义，人们按照自己的意愿自主地进行交换，这种关系对于双方都是公正的，也有利于创造财富、实现资源的优化配置。然而，合同自由并没有也不可能完全实现社会正义。由于信息不对称、竞争不充分、集体合作规模大等原因，市场不能够完全自发、有效地配置资源，有时无法通过自发的合同交易实现社会财富的最有效流通，尤其是不能体现对弱势群体的关爱。因此，我国民法典合同编强化了对弱势群体的保护与关爱，彰显了实质正义和实质平等。例如，合同编考虑到相关主体缔约能力的不足，确认了强制缔约、对格式条款的规制等一系列规则，旨在通过法律的强制性规定实现合同的实质正义。必须说明的是，合同编强化对弱势群体的保护是为了体现实质正义和实质平等，并不是放弃了形式正义和形式平等，而是在弱势群体保护上，合同编既要维护形式公平，也要实现实质公平，对弱势群体之外的主体，仍要以形式平等为原则。合同编在保障合同自由、合同严守的基础上，也注重维护合同正义，如规定了情势变更、不可抗力解除和免责、打破合同僵局以及违约金调整等规则，这些规则不仅填补了《合同法》的漏洞，而且为解决因疫情等原因而产生的合同纠纷提供了基本依据，具有重大的现实意义。

合同编是保障合同债权、强化对民生的保护的法。合同编在保留《合同法》所规定的 15 类典型合同的前提下，新增了 4 种典型合同，其中专门规定了物业服务合同一章，这主要是考虑到物业服务对老百姓安居乐业的重要性，与广大业主的权益密切相关。在物业服务合同章中，合同编明确规定了业主单方解除权、前期物业服务合同、物业服务人的安全保障义务、物业服务人的相互交接等问题。为落实党的十九大报告提出的“加快建立多主体供给、多渠道保障、租购并举的住房制度”，合同编在租赁合同章中进一步完善了买卖不破租赁规则（《民法典》第 725 条）、优先购买权规则（《民法典》第 726 条）、承租人优先承租权规则（《民法典》第 734 条）、承租人死亡后共同居住人的继续承租权规则（《民法典》第 732 条）等，这些都有助于加强对承租人的保护，有利于实现租购并举的住房制度改革。

合同编是回应时代之问、维护电子商务秩序的法。近些年来，我国电子商务发展迅速，无论是交易数量还是总规模，都居于全球首位。为适应电子商务交易发展的需要，合同编中增加了有关电子商务的规则，如针对电子合同本身所具有的无纸化、数据化等特点，《民法典》第 469 条第 3 款规定：“以电子数据交换、电子邮件等方式能够有形地表现所载内容，并可以随时调取查用的数据电文，视为书面形式。”合同编在合同订立部分还增加了通过互联网方式订约的特别规则，《民法典》第 491 条第 2 款规定：“当事人一方通过互联网等信息网络发布的商品或者服务信息符合要约条件的，对方选择该商品或者服务并提交订单成功时合同成立，但是当事人另有约定的除外。”这就对合同的成立时间进行了特别的规定。《民法典》第 512 条还就通过信息网络订立的电子合同标的物的交付时间作出了特别规定。这些规定都回应了互联网时代交易的需求。

合同编是规范和引导人们参与国际交易关系的法。在全球化时代，资本和商业交往需要突破某一国界，交易越来越需要规则的统一性，从而减少因制度的不统一而产生的交易成本，降低交易费用。这就要求合同法在世界范围内逐渐统一。传统上两大法系在合同规则上存在诸多差异，但是为了适应市场经济全球化的发展，其具体规则相互融合、相互接近，甚至走向统一。市场经济是开放的经济，它要求消除对市场的分割、垄断、不正当竞争等现象，使各类市场合而为一。经济全球化促使国内市场和国际市场不断接轨，促进市场经济的高度发展和财富的迅速增长。这些决定了作为市场经济基本法的合同法，不仅应反映国内统一市场的需要而形成一套统一规则，而且应该与国际惯例相衔接。

合同编是鼓励交易、创造财富的法。物权只是一种静态的财产权，人与人之间的财产权只有通过缔结合同、发生交易，从而进行财产权利的流转，才能够满足不同主体的不同需求。只有通过合同规范的交易，才能实现资源的有效配置。而合同法正是促进财富创造的法律，其保障当事人的订约目的和基于合同所产生的利益得到实现，从而促进财产的流转和财富的创造。“合同法创造财富，侵权法保护财富（Contract is productive, tort law is protective）。”① 民法典合同编不仅创造财富，而且守护动态的财产，保障交易的有序进行。它回应了中国市场经济发展需求并积极为中国的市场经济发展保驾护航，是市场经济的基本法。

王利明

2023 年 11 月

---

① Marc Stauch, *The Law of Medical Negligence in England and Germany: A Comparative Analysis*, Hart Publishing, 2008, p. 7.

缩略语表

一、主要法律及司法解释缩略语

1.《民法典》:《中华人民共和国民法典》,2020 年 5 月 28 日颁布,2021 年 1 月 1 日生效。

2.《民法通则》:《中华人民共和国民法通则》,1987 年 1 月 1 日生效,2021 年 1 月 1 日废止。

3.《合同法》:《中华人民共和国合同法》,1999 年 10 月 1 日生效,2021 年 1 月 1 日废止。

4.《担保法》:《中华人民共和国担保法》,1995 年 10 月 1 日生效,2021 年 1 月 1 日废止。

5.《总则编解释》:《最高人民法院关于适用〈中华人民共和国民法典〉总则编若干问题的解释》,2022 年 3 月 1 日起施行。

6.《合同编通则解释》:《最高人民法院关于适用〈中华人民共和国民法典〉合同编通则若干问题的解释》,2023 年 5 月 23 日通过,2023 年 12 月 5 日起施行。

7.《有关担保制度的解释》:《最高人民法院关于适用〈中华人民共和国民法典〉有关担保制度的解释》,2021 年 1 月 1 日起施行。

8.《买卖合同司法解释》:《最高人民法院关于审理买卖合同纠纷案件适用法律问题的解释》,2012 年 5 月 10 日公布,2020 年 12 月 23 日修改。

9.《时间效力的若干规定》:《最高人民法院关于适用〈中华人民共和国民法典〉时间效力的若干规定》,2020 年 12 月 29 日发布,2021 年 1 月 1 日起施行。

10.《技术合同纠纷司法解释》:《最高人民法院关于审理技术合同纠纷案件适用法律若干问题的解释》,2020 年 12 月 23 日修改。

11.《审理独立保函的规定》:《最高人民法院关于审理独立保函纠纷案件若干问题的规定》,2020 年 12 月 23 日修改。

12.《民间借贷司法解释》：《最高人民法院关于审理民间借贷案件适用法律若干问题的规定》，2020 年 8 月 18 日修改，2020 年 12 月 23 日第二次修改。

13.《建设工程施工合同司法解释》：《最高人民法院关于审理建设工程施工合同纠纷案件适用法律问题的解释（一）》，2020 年 12 月 29 日公布。

14.《物业服务纠纷司法解释》：《最高人民法院关于审理物业服务纠纷案件适用法律若干问题的解释》，2020 年 12 月 23 日修改。

15.《房屋租赁合同司法解释》：《最高人民法院关于审理城镇房屋租赁合同纠纷案件具体应用法律若干问题的解释》，2020 年 12 月 23 日修改。

16.《融资租赁合同司法解释》：《最高人民法院关于审理融资租赁合同纠纷案件适用法律问题的解释》，2020 年 12 月 23 日修改。

二、国际公约及示范法缩略语

1.《销售合同公约》：《联合国国际货物销售合同公约》（United Nations Convention on Contracts of International Sales of Goods）

2.《商事合同通则》：国际统一私法协会起草的《国际商事合同通则》（Principles of International Commercial Contracts）

3.《欧洲民法典草案》：《欧洲示范民法典草案：欧洲私法的原则、定义和示范规则》（Principles，Definitions and Model Rules of European Private Law Draft Common Frame of Reference）

总目

第一编 导论

第二编 总论

第三编

分　论

上册目录

第一编

导　论

第二编

总　论

PART ONE

1

|第一编|

导 论

第一章

合同与合同法导论

案例

甲、乙相约于国庆长假期间去外地旅游，并约定甲将搭乙的顺风车。临行前一天，乙致电甲，因家庭原因，不能如约出行，但甲已经购置了相关的旅游用品，并且因此放弃了去他地旅游的机会。因此，甲主张其与乙之间就搭顺风车已经成立合同关系，并请求乙承担违约责任；而乙主张双方并未成立合同关系，双方为此发生争议。

简要评析：《民法典》第464条第1款规定："合同是民事主体之间设立、变更、终止民事法律关系的协议。"合同在性质上属于民事法律行为，是以达到行为人预期的民事法律后果为目的的，合同的成立以当事人有成立合同关系的意图，并且有受其意思表示拘束的意思为条件。在该案中，乙虽然与甲约定，在国庆长假期间载甲去外地旅游，但乙并没有与甲成立合同关系的意图且未完成意思表示，乙的行为在性质上属于情谊行为（不产生法律效果的行为），甲、乙之间并不成立合同关系。

第一节　合同的概念与特征

一、合同的概念

合同也称契约。英文中的"contract"，法文中的"contract"或"pacte"，德文中的

“Vertrag”或“Kontrakt”，意大利文中的“contractto”，都表示合同，而这些用语又都来源于罗马法中的合同概念“contractus”①。然而，究竟应如何给合同下定义，在大陆法和英美法中一直存在不同的看法。大陆法学者基本上认为合同是一种合意或协议，而英美法学者大都认为合同是一种允诺。

合同是反映交易的法律形式，它反映的是等价交换的基本原则。在我国，千百年来契约的含义基本上仍保持了“合意”和“拘束”的含义。根据一些学者的考证，在我国，合同一词早在两千多年前即已存在，但一直未被广泛采用。② 古代汉语中的“契”，在古代同“锲”，即用刀子刻的意思；“约”，“缠束也”，该词“反映了远古时代刻木为信、结绳记事的遗风”③。以后衍生出“合意”的意思。《说文解字》中说：“券，契也……券别之书，以刀判契其旁，故曰契券”。《辞源》说：“合同即指契约文书。当事人订立一个‘约’，表示他们愿意受其约束”。“契”和“约”的基本含义就是“合意”“约束”。古代最典型的两种契约形式“质剂”和“傅别”，都表达了相同的含义。④ 1949 年以前，民法著述中都使用“契约”而不使用“合同”一词。自 20 世纪 50 年代初期至现在，我国的民事立法和司法实践主要采用了合同而不是契约的概念。⑤ 我国民事立法在合同定义上，基本继受了大陆法的概念，认为合同是一种合意或协议。《民法典》第 464 条第 1 款规定：“合同是民事主体之间设立、变更、终止民事法律关系的协议。”依据这一规定，合同具有以下特点。

（1）合同是平等民事主体所实施的一种民事法律行为。民事法律行为作为一种最重要的法律事实，是民事主体实施的、能够引起民事权利和民事义务产生、变更或终止的合法行为。民事法律行为以意思表示为成立要件，没有意思表示，就没有民事法律行为。合同是当事人之间设立、变更、终止民事权利义务关系的协议，是当事人意思表示一致的结果，因此，合同是一种民事法律行为。由于合同是一种民事法律行为，因而民法关于民事法律行为的一般规定，如民事法律行为的生效要件、民事法律行为的无效和撤销等，均可适用于合同。此外，合同在本质上属于合法行为，只有在合同当事人所作出的意思表示符合法律要求的情况下，合同才具有法律约束力；如果当事人作出违法的意思表示，即使当事人达成合意，也不能产生法律拘束力。

（2）合同以设立、变更或终止民事权利义务关系为目的和宗旨。民事法律行为是以达到行为人预期的民事法律后果为目的的行为，对合同而言，这种预期的民事法律后果

---

① 据学者考证，“contractus”一词由“con”和“tractus”两部分组成。“con”由“cum”转化而来，有“共”的意思，“tractus”有交易的意思。因此，合同的本义为“共相交易”。参见王家福主编：《中国民法学·民法债权》，286 页，北京，法律出版社，1991。

② 参见周林彬主编：《比较合同法》，79 页，兰州，兰州大学出版社，1989。

③ 叶孝信主编：《中国民法史》，62 页，上海，上海人民出版社，1993。

④ “质剂”一词最初见于《周礼·天官·小宰》：“七日听买卖以质剂”。可见“质剂”是中国最古老的买卖契约。所谓“质剂”，就是“两书一札同而别之者，谓前后作二券，中央破之，两家各得其一”（贾公彦《疏》）。合在一起，称为“合同”。古代契约还有另外一种形式，称为“傅别”。据《周礼·天官·小宰》记载，“听称责以傅别”。它是古代最早的借贷契约。此种契约形式是指在竹木简上书写双方协议内容，然后从简中间剖开，双方各执一半，要“合券”才能读通，而“合券”实际上就是合同。

⑤ 当然，从法律上看，合同和契约也是存在区别的：契约常常指双方法律行为，而且强调双方意思表示的对立性；而合同主要指多方法律行为，其主要强调各方意思表示方向的一致性。

就是设立、变更、终止民事权利义务关系。所谓设立民事权利义务关系，是指当事人订立合同旨在形成某种法律关系（如买卖关系、租赁关系），从而具体地享受民事权利、承担民事义务。所谓变更民事权利义务关系，是指当事人通过订立合同使原有的合同关系在内容上发生变化，它通常是在继续保持原合同关系效力的前提下变更合同内容。所谓终止民事权利义务关系，是指当事人订立合同的目的旨在消灭原合同关系。无论当事人订立合同旨在达到何种目的，只要当事人达成的协议依法成立并生效，就会对当事人产生法律效力，当事人可以基于合同约定享有权利，但也应当按照约定履行义务。

（3）合同的成立需要当事人的意思表示达成一致。合同又称协议，相当于英美法上的“agreement”，“协议”一词在民法中也可以指当事人之间形成的合意。[①] 实际上，“协议”一词常常也就是指“合意”。大陆法学者通常用“意思表示一致”或“合致”的表述来概括这种合意。[②] 任何合同都必须是订约当事人意思表示一致的产物。由于合同是合意的结果，因而它必须包括以下要素：第一，合同的成立必须要有两个以上的当事人；第二，各方当事人须作出意思表示，这就是说，当事人各自从追求自身的利益出发而作出某种意思表示；第三，各个意思表示是一致的，也就是说，当事人达成了一致的协议；第四，当事人必须在平等、自愿基础上进行协商，形成合意。如果合同中不存在平等、自愿，也就没有真正的合意。合同是由平等主体的自然人、法人或非法人组织所订立的，因此，订立合同的主体在法律地位上是平等的，任何一方都不得将自己的意志强加给另一方。合同是反映交易的法律形式，而任何交易都要通过交易当事人的合意才能完成，所以合同必须是当事人协商一致的产物或意思表示一致的协议。总之，合同是平等民事主体之间设立、变更、终止民事权利义务关系的协议，其是一种发生民法上效果的合意。

二、合同与协议

所谓协议，是指当事人为实现共同的目的而达成的意思表示方向一致的协议，多指共同法律行为。例如，当事人订立的合伙协议、设立公司的协议等。从民法学说发展来看，一些学者区分了双方法律行为与共同行为。早在 1892 年，德国学者孔兹提出，应将契约行为和合同行为分开，双方法律行为应为契约，而共同行为（如合伙合同）称为合同。在英文中，合同表述为 contract，其前缀有“相反”的意思，突出的是双方权利义务以相反的内容对接；而德文中合同称为 Vertrag，其前缀是“合在一起”的意思。可见，相对的行为和共同的行为在合同的概念中并没有严格分开。根据法国学者的观点，合同是双方的法律行为，它不同于共同行为，前者主要约束合同当事人，而后者产生的效力可能约束某些并未参加该行为的人，如股东所通过的决议可对全体股东产生约束力。[③]

在法律上，两者主要存在如下区别。

---

① 参见梁慧星：《民法学说判例与立法研究》，242～243 页，北京，中国政法大学出版社，1993。

② 参见梁慧星：《民法学说判例与立法研究》，243 页。

③ 参见尹田：《法国现代合同法》，4 页，北京，法律出版社，1995。

第一，是否具有共同的目的不同。当事人在达成协议时，其所追求的利益是共同的，同时，当事人通常要依据法律规定和合同约定共享收益、共担后果。而在合同关系中，当事人虽然也需要达成合意，但其利益是相对的。

第二，是否要遵守一定的程序不同。在协议行为中，当事人达成合意可能需要遵循一定的程序。例如，订立章程要遵守一些订立章程的规则、程序，这不宜完全适用民法典合同编的规定。再如，业主订立管理规约，也要遵守一定的表决程序。而当事人在订立合同时，通常不需要遵守此种程序性规定。

第三，内容不同。在协议中，当事人通常是为了实现共同的目的而订立协议，通常不会在协议中约定具体的标的，其内容通常较为简单、概括、原则，而且当事人通常不会在协议中约定违约责任。而在合同关系中，为了保障合同的全面履行，当事人通常会详细约定合同的内容，并对当事人不履行合同义务的违约责任作出明确约定。

第四，能否适用同时履行抗辩不同。双务合同中当事人的给付具有牵连性，因此一方的主给付义务不履行时，另一方也可以基于此种牵连性行使同时履行抗辩权。

值得注意的是，我国《民法典》第 134 条第 1 款规定，“民事法律行为可以基于双方或者多方的意思表示一致成立”。据此，民事法律行为包括了双方法律行为和共同法律行为。简言之，我国民法典合同编并没有对合同与协议作出明确区分，而统一将其纳入合同法的调整范围，民法典合同编规定合伙合同就是典型例证。

三、有关身份关系的协议与合同的关系

所谓身份关系的协议，是指基于身份关系而订立的、不以交易为主要内容的协议。此类协议虽然也是当事人设立、变更、终止民事权利义务的协议，但其不是具有平等、等价有偿属性的民事合同，与市场经济活动存在本质的区别。此类协议是以身份关系的取得和变更为内容的协议。具体而言，有关身份关系的协议主要有如下几种：一是婚姻关系中的协议。婚姻本身不是合同，不能直接适用民法典合同编的规定，但婚姻关系中也涉及一些协议，如婚前协议、分家析产协议、离婚协议等，在身份关系没有特别规定的情形下，可以准用民法典合同编的规定。二是收养协议。收养本身在性质上并不是民事合同，因此收养关系应当适用民法典婚姻家庭编的规定，一般不适用合同编的规定，但有关收养协议的要约、承诺，收养合同的效力等，在没有特别规定的情形下，可以准用合同编的相关规定。三是监护协议。在我国民法典中，有关监护协议主要是成年监护协议。在此类协议发生纠纷以后，如果法律对身份关系没有特别规定，也可以准用民法典合同编的规定。四是其他有关身份关系的协议，如继承编规定的遗赠扶养协议等。应当看到，随着社会生活的发展，有关身份关系的协议类型也在不断涌现，立法对此不可能予以全面列举。

《民法典》第 464 条第 2 款规定：“婚姻、收养、监护等有关身份关系的协议，适用有关该身份关系的法律规定；没有规定的，可以根据其性质参照适用本编规定。”依据这一规定，对于婚姻、收养、监护等有关身份关系的协议，可以根据其性质参照适用合同编的规定，因为有关婚姻、收养、监护等有关身份关系的协议，针对合同履行、变更、解除，特

别是违约责任等问题，婚姻家庭编并没有作出规定，在当事人就上述问题发生纠纷后，法官在裁判时通常无法可依，如果不参照适用合同编的规定，则很难确定法律适用的规则。因此，《民法典》第464条规定了参照适用规则，该规定包括了如下两层含义。

第一，对于婚姻、收养、监护等有关身份关系的协议首先应当适用身份关系的法律规定，这是特别法优先于一般法这一原则的必然要求。有关身份关系的法律规定虽然就身份关系而言属于一般规范，但是其中婚姻、收养、监护等有关身份关系的协议的规定相较于合同规范而言是特别规范。如果身份法上具有特别的规则，那么首先应当适用身份法上的相关规定，如关于夫妻婚内财产制的约定以及离婚财产分割等问题，婚姻家庭编已经包含了一些规则，这些规则应当优先于合同编的规则适用。只有在身份法中没有规定的情况下，才能依据其性质准用合同编的规则。

第二，有关身份法律关系的规范中没有规定时，应当依据该协议的性质，参照适用合同编的规定。这一规范意味着有关身份关系的协议可以参照适用合同编的规定。例如，意定监护协议在没有特别规范的情形下可以适用委托合同的规定。与此同时，该规范并不意味着有关身份关系的协议就能参照适用合同编的任何规则。例如，对于家事代理行为，就不能适用委托合同中的任意撤销权。

如何理解根据性质参照适用本编规定？即对于合同规则在身份关系协议中的适用应当基于不同的身份关系协议分别考虑，是否可以适用合同编的相关规则，需要根据相关协议中身份性的强弱分别确定。基于上述区分标准，身份关系协议可以区分为三类：第一类是纯粹的身份关系协议。例如，结婚协议、离婚协议等，此类协议具有明确的人身性质，与合同编中的合同具有本质上的区别，原则上不适用合同编的规则。例如，也有人将婚姻称为合同，但它是典型的人身关系，不能适用合同法的规则。第二类是基于身份关系作出的与财产有关的协议。例如，夫妻双方订立的婚内财产制协议和离婚中财产分割协议等，这类协议是基于身份关系作出的关于财产的约定，可以参照适用合同编规则。① 第三类是纯粹的财产协议，这类协议虽然可能与身份关系有关，但是在性质上仍然属于财产协议，因而可以适用合同编的规则。例如，夫妻间的赠与协议，虽然赠与发生于夫妻之间，但是不影响赠与合同的性质，因此，也应当适用合同编的规则。再如，遗赠扶养协议，虽然具有一定的身份属性，但其主要还是以财产为内容的协议。

如何理解参照适用？参照适用就是“准用”（entsprechende Anwendung），准用是指法律明确规定特定法律规定可以参照适用于其他的情形。准用“乃为法律简洁，避免复杂的规定，以明文使类推适用关于类似事项之规定”②。如此规定，既能弥补身份权立法规定的不足，同时，也能简化法律规定以避免重复。在具体的法律适用中，法官首先应当穷尽现有的规则，在穷尽现有规则的情形下，才能通过该准用条款，参照适用合同编的规范。

最后需要指出的是，参照适用既包括当事人设立民事权利义务关系的协议，也包括

---

① 参见王雷：《婚姻、收养、监护等有关身份关系协议的法律适用问题——〈合同法〉第2条第2款的解释论》，载《广东社会科学》，2017（6）。

② 史尚宽：《民法总论》，51页，北京，中国政法大学出版社，2000。

当事人变更、终止民事权利义务的协议。

第二节　合同关系

一、合同关系的构成

合同是发生在当事人之间的一种法律关系。由于合同在本质上是一种合意的关系，这种合意关系既可以通过口头证据，也可以通过书面证据加以证明，因此，合同与能够证明协议存在的合同书是不同的。合同书和其他有关合同的证据一样，都只是用来证明合同存在及合同内容的证据，但其本身不能等同于合同关系，也不能认为只有合同书才能证明协议或合同关系的存在。

合同关系和一般民事法律关系一样，也是由主体、内容和客体三个要素组成的。

（一）合同关系的主体

合同关系的主体又称为合同的当事人，包括债权人和债务人。债权人有权请求债务人依据合同和法律的规定履行义务；而债务人应依据合同和法律履行实施或者不实施一定行为的义务。当然，债权人与债务人的地位是相对的，双务合同关系中双方互为债权人和债务人。合同关系的主体都是特定的，债权人只能向特定的债务人基于合同提出请求，合同债权也只能对抗特定的债务人。正是基于这一原因，合同债权又称为“对人权”。它与能够对抗一切不特定的第三人的物权是有区别的。

（二）合同关系的内容

合同关系的内容包括基于合同而产生的债权和债务，又称合同债权和合同债务。《民法典》第 118 条第 2 款规定：“债权是因合同、侵权行为、无因管理、不当得利以及法律的其他规定，权利人请求特定义务人为或者不为一定行为的权利。”所谓合同债权，是指债权人依据合同的约定以及法律的规定而享有的请求债务人为或者不为一定行为的权利。合同债权在本质上是一种请求权，而不像物权那样是一种支配权。因为债权人一般不是直接支配一定的物，而是请求债务人依照债的规定为一定行为或不为一定行为。例如，买卖合同中约定，出卖人应于某年某月交货，在交货期到来之前，买受人只是享有请求出卖人在履行期到来后交付货物的权利，而不能实际支配出卖人的货物。也就是说，买受人只享有债权而不享有物权。只有在交货期到来后出卖人实际向买受人交付了财产，买受人占有了财产，才能够对该物享受实际的物权。当然，除请求权外，合同债权还包括代位权、撤销权等法定的权能。

合同债务是指债务人所承担的义务，即债务人向债权人为或者不为特定行为的义务。合同债务根据不同的标准有不同的种类，如主要义务和次要义务、给付义务和附随义务、明示义务和默示义务等。事实上无论是何种义务，债务人都应按照法律规定和合同约定履行。

(三) 合同关系的客体

合同关系的客体为合同债权与合同债务所共同指向的对象。合同债权的客体是行为，包含作为与不作为在内。

二、合同关系的相对性

(一) 合同关系相对性的概念和内容

合同关系的相对性在大陆法中称为“债的相对性”，它是指合同主要在特定的合同当事人之间发生，合同当事人一方只能基于合同向与其有合同关系的另一方提出请求，而不能向与其无合同关系的第三人提出合同上的请求，也不能擅自为第三人设定合同上的义务。我国《民法典》第465条第2款规定：“依法成立的合同，仅对当事人具有法律约束力，但是法律另有规定的除外。”这就确认了合同相对性规则。根据合同相对性的原则，只有合同当事人才能享有基于合同所产生的权利，并承担根据合同所产生的义务，当事人一方只能向对方行使权利并要求其承担义务，不能请求第三人承担合同上的义务，第三人也不得向合同当事人主张合同上的权利和承担合同上的义务。从这个意义上说，合同原则上不具有对第三人的拘束力。

合同关系的相对性与物权的绝对性相对应，两者不仅确定了债权与物权的一项区分标准，而且在此基础上形成了债权法与物权法的一些重要规则。例如，由于合同债权具有相对性，仅发生在特定的当事人之间，故其并不具有公开与公示的特点，也不具有对抗第三人的效力。而物权作为一种绝对权，具有社会公开性，因而，物权变动必须要公示，从而使物权具有对抗第三人的效力。合同相对性规则主要包含如下三个方面的内容。

1. 合同主体的相对性

所谓合同主体的相对性，是指合同关系只能发生在特定的主体之间，只有合同当事人一方能够向合同的另一方当事人基于合同提出请求或提起诉讼。具体来说，一方面，由于合同关系仅发生在特定的当事人之间，因而只有合同关系当事人彼此之间才能相互提出请求，与合同关系当事人没有发生合同上的权利义务关系的第三人，不能依据合同向合同当事人提出合同上的请求和提起诉讼。另一方面，合同一方当事人只能向另一方当事人提出合同上的请求和提起诉讼，而不能向与其无合同关系的第三人提出合同上的请求及提起诉讼。例如，甲、乙订立买卖合同后，甲委托丙向乙送货，结果因为丙的原因导致货物毁损，此时，乙只能请求甲承担违约责任，由于乙、丙之间并不存在合同关系，因而，乙无权请求丙承担违约责任。

2. 合同内容的相对性

所谓合同内容的相对性，是指除法律另有规定或者合同另有约定外，只有合同当事人才能享有合同债权，并承担合同义务，合同当事人以外的任何第三人都不能主张合同上的权利。在双务合同中，合同内容的相对性还表现在一方的权利就是另一方的义务，权利义务是相互对应的，权利人的权利须依赖于义务人履行义务的行为才能实现。从合同内容的相对性原理中，可以引申出如下几项规则：

第一，合同规定由当事人享有的权利，原则上不能由第三人享有；合同规定由当事人承担的义务，一般也不能对第三人产生拘束力。

第二，合同当事人无权为他人设定合同上的义务。一般来说，权利会为主体带来一定利益，而义务会为义务人带来一定负担或使其蒙受不利益。如果合同当事人为第三人设定权利，法律可以推定，此种设定是符合第三人意愿的。但如果合同当事人为第三人设定义务，则只有经第三人同意后，才能对第三人发生效力，否则第三人并不受该条款的拘束。

第三，合同权利与义务主要对合同当事人产生约束力。但法律为防止因债务人的财产的不当减少而给债权人的债权带来损害，允许债权人对债务人和第三人的某些行为行使撤销权及代位权，以保护其债权。这两种权利的行使都涉及合同关系以外的第三人，并对第三人产生法律上的拘束力。因此，合同的保全也可以看作是合同相对性规则的例外。

3. 违约责任的相对性

合同义务的相对性必然决定违约责任的相对性。所谓违约责任的相对性，是指违约责任只能在特定的当事人之间即有合同关系的当事人之间发生，合同关系以外的人不负违约责任，合同当事人也不对其承担违约责任。即使是第三人的行为导致债务不能履行，债务人仍应向债权人承担违约责任，债务人在承担违约责任以后，有权向第三人追偿。《民法典》第593条明确规定：“当事人一方因第三人的原因造成违约的，应当依法向对方承担违约责任。当事人一方和第三人之间的纠纷，依照法律规定或者按照约定处理。”当然，如果第三人的行为已直接构成侵害债权，则债权人有权请求该第三人承担侵权责任。

（二）合同相对性规则的例外

在法律具有特别规定的情形下，合同也可以产生对第三人的效力。因此，《民法典》第465条第2款规定：“依法成立的合同，仅对当事人具有法律约束力，但是法律另有规定的除外。”这就确认了合同相对性规则的例外。依据该条的规定，合同相对性的例外只能通过法律规定的方式才能发生，单纯有当事人的意思并不能使合同对当事人之外的人产生效力。法律作出这一规定的主要理由在于：一方面，合同是当事人之间的约定，只能在当事人之间产生效力，法律行为的原理要求，只有作出意思表示的人才能受意思表示的约束。另一方面，出于保护第三人的角度考量，双方当事人为他人设定合同义务应当是一概被否定的，但如果双方当事人为第三人设定权利，或者对第三人有利（如债务的加入）等，虽然同样符合保护第三人的目的，但也应该经由法律加以认可，同时，法律也要对第三人的拒绝权进行规定。所以，合同在当事人之外发生效力，仅仅有双方当事人的约定是不够的。诸如债务加入、利益第三人合同也是基于法律的规定而对第三人发生效力。

关于合同相对性的例外，《民法典》第465条第2款仅规定了法律另有规定的除外，而未规定当事人另有约定的除外。所谓“法律另有规定”，主要包括以下几种情形：一是利益第三人合同。它是指合同当事人约定由债务人向合同当事人之外的第三人作出给付，该合同可以分为真正的利益第三人合同和不真正的利益第三人合同。[①]《民法典》第 522 条第 1 款、第 2 款对此作出了规定。二是合同的保全，包括债权人代位权和撤销权。债权人行使这些权利时，也会对第三人产生效力。民法典合同编第五章对此作出了规定。三是建设工程合同对第三人的效力。《民法典》第 791 条第 1 款、第 2 款对此作出了规定。四是运输合同对第三人的效力。《民法典》第 830 条、第 834 条对此作出了规定。

上述法律规定都表明了合同对第三人所产生的效力。严格地说，按照合同相对性的原理，合同对第三人的效力只是合同相对性的例外，而这种例外情况必须要由法律明确作出规定。也就是说，合同能否对第三人产生效力，产生何种效力，不应当由合同当事人决定，更不能由债权人单方决定，而应当由法律明确作出规定。因为合同的效力本质上是法律所赋予的。法律既可以赋予合同对当事人双方的拘束力，也可以赋予合同在特殊情况下对第三人的拘束力。也只有在法律有特别规定的情况下，合同才能对第三人产生这种特殊的拘束力。

第三节 合同的分类

一、典型合同与非典型合同

根据法律上是否规定了一定合同的名称，合同可以分为典型合同与非典型合同。

典型合同又称为有名合同，是指法律上已经确定了一定的名称及规则的合同。民法典合同编第二分编规定了 19 种典型合同，具体包括买卖合同，供用电、水、气、热力合同，赠与合同，借款合同，保证合同，租赁合同，融资租赁合同，保理合同，承揽合同，建设工程合同，运输合同，技术合同，保管合同，仓储合同，委托合同，物业服务合同，行纪合同，中介合同，合伙合同。除合同编之外，民法典的其他编也规定了一些典型合同，如物权编规定的建设用地使用权出让合同、土地承包经营合同、抵押合同、质押合同等。此外，一些特别法也规定了一些合同，如保险法中规定的保险合同，旅游法规定的旅游合同等。这些法律所规定的合同都是典型合同。法律上规定典型合同的主要意义在于：规范合同关系的内容，帮助当事人正确订约。对于典型合同的内容，法律通常设有一些规定，但这些规定大多为任意性规范，当事人可以通过其约定改变法律的规定。也就是说，法律关于典型合同内容的规定主要是要规范合同的内容，以任意性的规定弥补当事人约定的不足。除了合同的必要条款必须要当事人约定，对于其他非必要条款，如履行时间、履行地点、危险负担等方面的问题，如果当事人未作出约定，则可以适用法律关于典型合同的规定。可见，典型合同的规则并非要代替当事人订立合同，而是为了辅助当事人完善合同的内容。

所谓非典型合同又称无名合同，依据《民法典》第 467 条的规定，是指“本法或者

---

① Vgl. MüKo BGB/Gottwald，8. Aufl. 2019，BGB § 328 Rn. 1.

其他法律没有明文规定的合同”，此处的法律未明确规定是指合同编与其他法律均没有明确规定的合同。简单地说，非典型合同就是法律没有明确规定的合同。其他法律是指民法典其他编和民法典之外的特别法两种。依其内容构成可分为三类：一是纯粹的无名合同，又称狭义的非典型合同，即以法律完全无规定的事项为内容的合同，或者说，合同的内容不属于任何有名合同的事项。例如，瘦身美容、企业咨询等现代新型合同，这些合同的内容并没有规定在现行法律之中。二是混合合同，即合同中可能同时包含多个典型合同的内容，从而使其难以归入某个典型合同之中。简言之，双方当事人互负属于不同类型之主给付义务，学说上也称之为“二重典型合同”或“混血儿合同”①。例如，在租赁房屋时承租人以提供劳务代替交付租金的合同，该合同的内容由不同的有名合同的事项构成。再如，一方提供住宿，另一方帮助看管、维护房屋的合同，也属于混合合同。三是准混合合同，即在一个有名合同中涉及一些法律没有规定的非典型合同的内容。②与混合合同不同，准混合合同仅涉及典型合同与非典型合同的混合，而不涉及多个典型合同内容的混合。这种合同内容一部分属于典型合同，另一部分不属于任何典型合同，如一方提供劳务，另一方提供企业经营咨询服务的合同。此外，当事人在订立合同时，对民法中的典型合同作相反的特别约定，如买卖合同中当事人双方作出变更风险移转时间的约定等。③ 此种非典型合同的法律适用较为简单，其效力视其变更的条款类型是否违反强行法而定。如果违反了强行法的规定，则应当认定无效。在混合合同的法律适用上，学说上存在吸收主义、结合主义与类推适用主义的理论，通说采取类推适用主义，其认为就混合合同的各个部分，分别类推适用其类似有名合同的规定。

非典型合同不同于合同联立。所谓合同联立，是指数个合同不失其独立性，同时又具有互相结合的关系。④ 例如，在商品房买卖按揭中，商品房买卖合同与贷款合同这两个合同之间就在不失其独立性的基础上，又具有紧密连接的关系。按揭贷款以商品房的买卖为目的，商品房买卖合同则要通过贷款合同获得的资金才能完成履行。一般认为，合同联立可以被区分为两种不同的类型。一种是单纯外观结合，即数个独立的合同因缔约行为而结合，互相之间不存在依存关系。另一种是依当事人意思，一份合同的效力或存在，依存于另一合同的效力或存在。⑤ 但是事实上，此种单纯的外观结合，由于各个合同之间不具有紧密联结的关系，因而根本不能构成合同联立。只有上述情形中的第二种，即具有依存关系的情形，才能构成合同联立。混合合同与合同联立的区别，主要体现在：第一，混合合同与合同联立的性质不同。合同联立是数个独立的合同的结合，本质上是数个合同的结合；而混合合同是数个合同部分混合而成为一个合同。第二，法律适用不同。合同联立的法律适用，需要区分数个合同间是否有效力相互依存关系：一方面，应当遵循合同相对性原则，将联立中的数个合同分别对待，以确定各自的权利义务关系。另一方面，应当注意到，合同联立中，如果数个合同的效力相互结合，一个合同

---

① 詹森林：《民事法理与判决研究》，121 页，台北，自版，1998。
② 参见周林彬主编：《比较合同法》，127 页。
③ 参见詹森林：《民事法理与判决研究》，120 页。
④ 参见江平主编：《民法各论》，160 页，北京，中国法制出版社，2009。
⑤ 参见王泽鉴：《债法原理》，139 页，北京，北京大学出版社，2013。

不履行导致其他合同没有履行的意义或者目的落空，此时，应当允许相对方解除其他联立的合同。

从原则上说，民法典合同编并不禁止当事人订立非典型合同。合同编关于典型合同的规定，并不是代替当事人订立合同，也不是要求当事人必须按照典型合同的规定来订立合同，只是在合同中没有特别约定或者约定不明确的情况下，才适用合同编的规则。按照合同自由原则，当事人完全可以在合同中约定各种非典型合同，只要当事人的约定不违反法律法规的强行性规范和公序良俗，合同编就应当承认其效力。在这一点上，合同编与物权编中的物权法定原则是不同的。物权编对物权的类型采取“物权法定主义”，如果当事人设立某项权利不符合物权法规定的类型，则不能形成物权；但合同编完全允许当事人在法律规定的典型合同之外，确立各种非典型合同，这是合同自由的固有含义。非典型合同只要不违反法律、行政法规的强制性规定和公序良俗，原则上都应当是有效的。

我国民法典合同编也为非典型合同的法律适用设置了相应的规则。依据《民法典》第 467 条规定，非典型合同可以适用或参照适用三种规则：一是合同编通则的规定；二是合同编关于典型合同的规定，即适用合同编典型合同的规定；三是其他法律最相类似合同的规定。例如，货物的互易合同可以参照买卖合同的规定，以提供劳务换取旅游服务的合同则可以适用《旅游法》中关于旅游合同的规定。《民法典》第 467 条第 1 款规定：“本法或者其他法律没有明文规定的合同，适用本编通则的规定，并可以参照适用本编或者其他法律最相类似合同的规定。”该规定确立了如下规则：第一，合同编通则的规定直接适用于典型合同与非典型合同。因为合同编通则是适用于所有典型合同与非典型合同的规则。第二，对于合同编关于典型合同的规定以及其他法律关于典型合同的规则，非典型合同只能参照适用。所谓参照适用就是准用。毕竟非典型合同并非典型合同，不能直接适用典型合同的规则，但对于与其非常类似的典型合同规则可以准用。第三，必须是针对法律关于典型合同最相类似的合同规定，才能参照适用。此处所说的“最相类似”的规定，是指从合同的性质来看，待决案件中的合同与合同编中规定的某典型合同具有最相类似的特点。例如，当事人订立了合作合同，合作合同中主要约定了有关买卖与借款的内容，因此应当就发生争议的条款分别参照适用买卖与借款合同的有关规定。

二、双务合同与单务合同

双务合同，是指当事人双方互负对待给付义务的合同，即一方当事人愿意负担履行义务，旨在使他方当事人因此负有对待给付的义务。或者说，一方当事人所享有的权利，即为他方当事人所负有的义务，如买卖、互易、租赁合同等均为双务合同。[①] 双务合同是典型的交易形式。单务合同，是指合同当事人仅有一方负担给付义务的合同。例如，在借用合同中，只有借用人负有按约定使用并按期归还借用物的义务。

在法律上区分单务合同和双务合同的意义有以下几点。

① 参见苏俊雄：《契约原理及其适用》，24～25 页，台北，中华书局，1978。

（1）是否适用同时履行抗辩权。双务合同成立以后，各当事人基于合同负履行义务，一方负担的义务是以他方负担义务为前提的。双务合同所产生的给付义务和对待给付义务，可能有先后履行顺序，对此当事人没有约定的，依照法律规定、习惯、合同性质也无法确定的，双方应当同时履行。双务合同所产生的给付义务和对待给付义务应当互为对价，双方当事人处于平等交换的地位，两个债务之间具有相应性，其通常都是合同的主要债务，即主给付义务，一方当事人不得以对方没有履行非主要债务为由主张拒绝履行自己的主要债务。因此基于公平原则，在请求的一方没有履行或者没有提出履行时，被请求的另一方享有拒绝进行对待给付的抗辩权。另外，同时履行抗辩权之外的不安抗辩权、先履行抗辩权也是双务合同所特有的效力。而在单务合同中，因为只有一方负担义务或者另一方虽然负有义务但其所负的义务并不是主要义务，二者并非对待给付关系，无法适用同时履行抗辩权、不安抗辩权、先履行抗辩权等规则。

（2）在风险负担的适用上是不同的。由于双务合同中，双方的权利义务互相依存、互为条件，如果非因一方当事人的原因（如因不可抗力的发生）导致其不能履行合同义务，其合同债务应被免除，其享有的合同权利也应归于消灭。在此情况下，一方即不再负有合同义务，因此也无权要求对方履行；如果对方已经作出履行，则一方应将其所得依据不当得利规则返还给对方。而在单务合同中，一方因不可抗力而不能履行义务时，不会发生双方合同中的风险负担问题。

（3）因一方的过错所致合同不履行的后果不同。在双务合同中，非违约方已履行合同的，可以要求违约方履行合同或承担其他违约责任；如果非违约方要求解除合同，则对于其已经履行的部分有权要求未履行给付义务的一方返还其已取得的财产。但在单务合同中，因主要由一方承担义务，如果他已经履行了部分义务，同时违反了合同义务，则无权要求对方履行其对待给付或返还财产。

除了典型的双务合同，还有一种合同虽然是双务的，但双方当事人的义务不具有对价性，属于双务的无偿合同。例如，我国民法典合同编第二十一章规定的保管合同，如无特别约定，寄存人无须向保管人支付保管报酬，但须负担向保管人支付必要费用或有益费用的义务，该合同即属于双务无偿合同。在理论上也有学者将其称为准双务合同。

三、有偿合同与无偿合同

有偿合同，是指一方通过履行合同规定的义务而给对方某种利益，对方要得到该利益必须为此支付相应代价的合同。在实践中，绝大多数反映交易关系的合同都是有偿的。无偿合同，是指一方给付对方某种利益，对方取得该利益时并不支付任何报酬的合同。无偿合同是等价有偿原则在民法适用中的例外现象。在无偿合同中，一方当事人也要承担义务，如借用人无偿借用他人物品，负有正当使用和按期返还的义务。

有偿合同与无偿合同的区分意义：一是确定某些合同的性质。在债权合同中许多合同只能是有偿的，不可能是无偿的。如果要变有偿为无偿，或者相反，则合同关系在性质上就要发生根本的变化。例如买卖合同是有偿的，如果变为无偿合同，则变成了赠与关系。二是确定当事人的注意义务。在无偿合同中，单纯给予利益的一方原则上只应承担较低的注意义务，如无偿保管合同中，保管人只有在故意和重大过失的情况下，才对保管物的毁损、灭失承担责任，否则即可免责；而在有偿合同中，当事人所承担的注意义务显然要较无偿合同中之注意义务为重。三是合同解释不同。无偿合同大多基于自然人之间互通有无、相互协助关系而产生。对无偿合同而言，在发生争议时，应当作有利于债务人的解释，而对有偿合同而言，无法适用该解释规则。

四、诺成合同与实践合同

诺成合同，是指当事人意思表示一致即告成立的合同，即“一诺即成”的合同。实践合同，又称要物合同，其必须基于法律的明文规定，是指除当事人双方意思表示一致以外尚需交付标的物才能成立的合同。根据《民法典》的规定，保管合同、自然人借款合同、定金合同等都属于实践合同。

诺成合同与实践合同的区别，主要表现在如下几点。

第一，合同的成立时间不同。诺成合同“一诺即成”，双方当事人达成合意，合同即宣告成立。但是对于实践合同而言，单纯的合意达成并不导致合同成立，尚需要完成标的物的交付等才能使合同成立。因此，对实践合同而言，虽然当事人已经达成合意，但如果没有实际交付标的物，则合同仍未成立。

第二，是否以交付标的物作为合同成立条件不同。实践合同的成立以当事人交付标的物为条件，但问题在于：交付标的物究竟是合同的成立要件还是生效要件？如果是生效要件，则在没有交付标的物的情况下，合同已经成立但没有生效。这样当事人可以在合同成立以后，通过另外交付标的物使合同生效。但如果交付标的物是合同的成立要件，则必须交付标的物才能导致合同成立，在没有交付标的物之前，即使双方已经达成合意，也认为合同没有成立。概言之，实践合同以交付标的物为成立要件，而诺成合同原则上只要双方当事人达成合意，一旦实际交付标的物，合同可能因为已经清偿而终止。

第三，诺成合同是原则，实践合同是例外。为了鼓励交易，简化交易条件，法律通常将诺成合同规定为合同的一般情形，而实践合同属于合同的例外情形。这也意味着，只有在法律有特别规定的情形下，相关合同才能被认定为实践合同，否则，合同关系均属于诺成合同。例如，《民法典》第 814 条规定：“客运合同自承运人向旅客出具客票时成立，但是当事人另有约定或者另有交易习惯的除外。”再如，《民法典》第 679 条规定：“自然人之间的借款合同，自贷款人提供借款时成立。”

在现代民法中，实践合同具有诺成化的发展趋势。就清偿型以物抵债协议而言，《合同编通则解释》第 27 条第 1 款规定其为诺成合同。一方面，诺成合同更符合当事人订立以物抵债协议的目的，以物抵债协议一旦订立，就应当对当事人产生拘束力，至于该协议是否履行，则属于合同履行的问题，不应当影响该协议的效力。据此，对此类以物抵债协议而言，物的交付属于以物抵债协议中的履行行为，对于不交付的可以通过违约责任处理。另一方面，正是因为以物抵债协议是诺成合同，所以，一旦成立就发生选择之债，债务人或者第三人未按照约定履行以物抵债协议，经催告后在合理期限内仍不履行的，债权人有权选择请求履行原债务或者以物抵债协议。

五、要式合同与不要式合同

要式合同，是指根据法律规定应当或者必须采用特定形式的合同。对于一些重要的交易，法律常常要求当事人必须采取特定的形式订立合同。不要式合同，是指当事人订立的合同依法并不需要采取特定的形式，当事人可以采取口头形式，也可以采取书面形式。除法律有特别规定以外，合同均为不要式合同。

要式合同与不要式合同的区别在于，是否应以一定的形式作为合同成立或生效的条件。有关书面合同的效力问题，必须要根据法律对某类书面形式的要求，以及在该要求中所体现的效力规定等来具体确定。首先是要确定法律、法规关于形式要件的效力是否有明确规定。例如，《民法典》第 668 条规定："借款合同应当采用书面形式，但是自然人之间借款另有约定的除外。"法律对这种合同的形式要件的规定属于成立要件而非生效要件的规定。在此情况下，当事人未根据法律的规定采用一定的形式，则合同不能成立。但有时法律规定的形式要件属于生效要件，当事人不依法采用一定形式，则已成立的合同不能生效。例如，《民法典》第 348 条第 1 款规定："通过招标、拍卖、协议等出让方式设立建设用地使用权的，当事人应当采用书面形式订立建设用地使用权出让合同。"如果未按照该规定订立书面合同，则合同不能产生法律效力，因此该形式要求属于生效要件。当然，对于不要式合同而言，可由当事人自由决定合同形式，无论采取何种形式，均不影响合同的成立和生效。

六、主合同与从合同

根据合同相互间的主从关系，可以将合同分为主合同与从合同。所谓主合同，是指不需要其他合同的存在即可独立存在的合同。例如，对于保证合同来说，设立主债务的合同就是主合同。所谓从合同，就是以其他合同的存在为存在前提的合同。例如，保证合同相对于主债务合同而言即为从合同。由于从合同要依赖主合同的存在而存在，所以从合同又被称为"附属合同"。

从合同的主要特点在于其附属性，即它不能独立存在，必须以主合同的存在及生效为前提。从合同主要包括如下两种情况：一是在一个合同关系中的从合同条款，例如，某个合同关系中的定金条款、违约金条款等。此种主合同与从合同的关系类似于联立合同。二是在主合同之外有关当事人订立了从合同。例如，在订立了主合同之后当事人又与第三人订立了担保合同（包括保证、抵押、质押合同等）。这两种类型的主从关系都具有如下几个共同的特点：一是发生上的依附性。从合同是以主合同的存在为前提的，只有在主合同有效成立以后，才能成立从合同。例如，只有在主债务有效成立的前提下，才有可能存在担保之债。二是效力上的从属性。从合同是以主合同的有效存在为前提的。主合同不能成立，从合同就不能有效成立；主合同被宣告无效或被撤销以后，从合同也将失去效力。例如，主合同因违法被宣告无效以后，即使当事人特别约定保证合同继续有效，保证人也不能代替主债务人履行违法的合同。所以，保证合同也应当被宣告无效。

需要指出的是，尽管主合同的存在并生效将直接影响到从合同的成立及效力，但因为主合同并不依附于从合同，相反它是可以独立存在的，所以从合同不成立或生效，一般并不影响到主合同的效力。三是转让方面的从属性。主合同转让，从合同也不能单独存在；主合同的权利转让，从合同的权利必须依附于主合同而转让。四是消灭上的从属性。从合同除了具有自己的消灭原因，一般都是为了加强主合同的效力而存在的，所以主合同消灭，从合同亦应当随之终止。

尽管上述主从关系具有一定的共同性，但它们又具有一定的区别，主要表现在：

第一，如果在一个合同关系中包括从合同条款，由于当事人是共同的，通常情况下，如果当事人缺乏缔约能力将可能影响整个合同的效力，不可能因当事人欠缺缔约能力而仅仅影响主合同的效力。

第二，如果在一个合同关系中包括从合同条款，则该从合同条款与主合同条款构成一个整体，从合同条款通常不能单独地被宣告无效和被撤销。例如，违约金条款即使具有惩罚性，也只能由法院或仲裁机构进行数额调整，而不能使该条款单独被宣告无效。只有在整个合同被宣告无效的情况下，才能被宣告无效。但如果在主合同之外有关当事人订立了从合同，由于该从合同与主合同是两个合同关系，当事人以及合同的主要内容不相同，所以尽管从合同在效力上依附于主合同，但从合同的效力又具有一定的独立性。也就是说，从合同可以因为不符合生效要件而被单独宣告无效或被撤销。

第三，如果在一个合同关系中包括从合同，则从合同不能与主合同分离而单独转让，但是，如果在主合同之外有关当事人订立了从合同，则从合同的转让与主合同的转让又要保持一定的独立性。例如，在主合同转让之后，必须要取得保证人的同意，保证义务才能相应地转让。同样，在主合同转让之后，抵押权尽管要相应地转让，但从有利于抵押权的公示和保护交易安全角度出发，应当要求抵押权重新登记。

七、为订立人自己订立的合同与为第三人利益订立的合同

根据订约人订立合同的目的是否为自己谋取利益，合同可以分为订约人自己订立的合同和为第三人利益订立的合同。为订约人自己订立的合同，是指订约当事人订立合同是为自己设定权利，使自己直接取得和享有某种利益。由于当事人订立合同都是为了追求一定的利益，所以在绝大多数情况下，合同当事人订立合同都是为了给自己设定权利和义务，因此可以说，合同大多是订约人为自己订立的合同。

然而，在特殊情况下，订约当事人并非为了自己设定权利，而是为第三人的利益订立合同，合同将对第三人发生效力，这就是所谓的“为第三人利益订立的合同”。《民法典》第 522 条第 2 款规定：“法律规定或者当事人约定第三人可以直接请求债务人向其履行债务，第三人未在合理期限内明确拒绝，债务人未向第三人履行债务或者履行债务不符合约定的，第三人可以请求债务人承担违约责任；债务人对债权人的抗辩，可以向第三人主张。”这就在法律上规定了真正的利益第三人合同。在当事人依法设定的利益第三人合同中，第三人依法享有请求债务人履行的权利，在债务人不履行债务时，债权人有权请求债务人承担违约责任。

两者的区别主要在于：第一，是否使第三人享有履行请求权。在真正的利益第三人合同中，当事人双方约定使债务人向第三人履行义务，第三人由此取得直接请求债务人履行义务的权利。例如，甲乙双方约定，甲订购由乙所制作的蛋糕，由乙送给甲的朋友丙，丙为利益第三人。第二，第三人可否请求债务人承担违约责任不同。在第三人接受权利以后，第三人有权请求债务人向其作出履行，同时债权人也可以请求债务人向其作出履行。尽管第三人可以独立享有权利，却毕竟不是合同当事人，因此他不享有撤销、变更、解除合同的权利，也不能请求追究债务人的违约责任，这些权利只能由合同当事人行使。第三，债务人对债权人的抗辩，可以向第三人主张。例如，债权人应向债务人支付价款而未支付，在第三人请求债务人交付货物时，债务人可以向第三人提出抗辩。

第四节　合同法的概念、特征与调整对象

一、合同法的概念与特征

合同法是调整平等主体之间的交易关系的法律，它主要规范合同的订立，合同的效力及合同的履行、变更、解除、保全，违反合同的责任等问题。合同法并不是一个独立的法律部门，只是我国民法的重要组成部分。合同法有形式意义的合同法与实质意义的合同法之分。形式意义的合同法是指民法典合同编（第三编）；实质意义的合同法是所有调整合同关系的法律规范的总称，如民法典合同编之外的有关民事法律以及相关司法解释对合同的规定。本书是在实质意义上使用“合同法”的概念的。

民法典合同编是调整有关合同的订立、履行、保全等法律关系的规范，该编共计526条，在民法典中超过1/3，其内容分为通则、典型合同和准合同三个分编：第一分编为通则。通则是关于合同的一般规则，或者说是所有典型合同与非典型合同共同适用的规则，其主要规范合同的订立、效力、履行、保全、变更和转让、终止及违约责任等问题。但为了与民法典总则编的表述相区别，合同编使用了通则的提法。第二分编为典型合同。所谓典型合同，也就是有名合同，合同编一共规定了19种典型合同，包括买卖合同，供用电、水、气、热力合同，赠与合同，借款合同，保证合同，租赁合同，融资租赁合同，保理合同，承揽合同，建设工程合同，运输合同，技术合同，保管合同，仓储合同，委托合同，物业服务合同，行纪合同，中介合同，合伙合同。第二分编的大部分内容可以说就是《合同法》中的分则内容。第三分编是准合同。所谓准合同，是指与合同相关的有关无因管理、不当得利的债的形态的规定。在该分编中，规定了无因管理、不当得利制度，严格地说，这些内容都属于传统债法的内容，本不应当规定在合同编，但由于我国民法典没有设置独立的债法总则，而合同编在一定程度上又发挥了债法总则的功能，所以将这些法定之债的内容作为准合同，规定在合同编之中。

《民法典》第463条规定：“本编调整因合同产生的民事关系。”但严格地说，合同关系不仅仅受民法典合同编调整，还要受民法典其他编以及许多单行法的调整。这就是说，民法典合同编只是调整部分合同关系，所有的合同关系是由实质合同法调整的，合同法

是调整平等主体之间的交易关系的法律规范的总和，民法典合同编与合同法之间的关系表现在如下方面。

(1) 合同编是合同法的重要组成部分。

合同法是调整合同关系的法律规范的总称，除民法典合同编外，合同法还包括如下调整合同关系的规范。

1) 民法典其他编所规定的合同。除合同编已确认的 19 类有名合同以外，民法典其他各编也可能调整合同关系，具体而言：一是总则编中关于法律行为的规定主要针对的就是作为双方法律行为的合同。二是物权编中关于土地承包经营合同、建设用地使用权出让合同、抵押合同，质押合同等的规定。三是人格权编中关于人格利益的许可使用合同的规定。四是婚姻家庭编中关于夫妻对婚姻关系存续期间所得的财产以及婚前财产的约定等的规定。五是继承编中关于遗赠扶养协议的规定。上述内容都属于合同规范，由此可见，合同法的内涵更为丰富。

2) 特别法中的合同法规范。除了民法典合同编，一些特别法也包含合同法的规范，如《旅游法》中关于旅游服务合同的规定，《保险法》中关于保险合同的规定以及知识产权法中有关知识产权许可使用合同的规定等。依据特别法优先于普通法的规定，这些合同首先要适用特别法规定，但是在这些特别法没有就合同订立、效力、履行、保全、变更和转让、终止及违约责任等问题作出规定的情况下，可以适用合同编通则的相关规定。

3) 行政法规中的合同法规范。例如，《物业管理条例》中关于物业服务合同的规定。

4) 司法解释中的合同法规范，在《民法典》颁布前，最高人民法院曾经颁布了不少有关合同法的司法解释，如果经清理继续有效的，将成为《民法典》的渊源。《民法典》颁布后，最高人民法院已就借款合同中的利率、担保制度等制定了一系列司法解释，它们都是《民法典》的渊源。

由此可见，民法典合同编只是合同法的一部分。《民法典》第 463 条之所以采用了“调整因合同产生的民事关系”的表述，而并未使用“合同关系受本编调整”的表述，是因为民法典合同编只是合同法的组成部分。可见，该条采用了广义的合同概念。

(2) 合同编是合同法最基本的组成部分。

民法典合同编是最为基础性的合同法规范，在发生合同纠纷后，法官首先应当且主要依据合同编的规定处理。但依据《民法典》第 11 条的规定，“其他法律对民事关系有特别规定的，依照其规定”，因此，合同纠纷涉及法律特别规定的，可以依据单行法的规定予以处理。例如，《民法典》第 467 条第 2 款规定：“在中华人民共和国境内履行的中外合资经营企业合同、中外合作经营企业合同、中外合作勘探开发自然资源合同，适用中华人民共和国法律。”我国颁布了《外商投资法》，对上述几种合同作出了规定，因此，涉及这些合同的订立、批准以及合同的具体内容等方面的事项，应当优先适用《外商投资法》，但《外商投资法》对上述合同关系没有作出规定的，应当适用民法典合同编的相关规定。

(3) 合同编是解释合同法的重要依据。

这就是说，由于法典是基础性规范，因此，在解释民法典以外的有关合同的单行法律规定时，应当以民法典合同编为依据。有关合同的单行法律规定不得与民法典合同编相冲突。

二、民法典合同编与债法的关系

所谓债法，是调整债权债务关系的法律规范的总称。合同本身是债的发生原因之一，性质上是一种债的关系。因此，民法典合同编本身也是债法的组成部分。讨论合同编与债法的关系，可以从如下几方面理解：

第一，合同编是债法的组成部分，不能概括所有的债法内容。合同之债是债的组成部分，是意定之债，其与不当得利之债、无因管理之债、侵权损害赔偿之债等法定之债一起，共同组成债的类型体系。但合同编只是债法的一部分，不能代替整个债法的内容。

第二，合同编具有相对独立性。合同编主要调整交易关系，但债法调整的给付关系更为宽泛，不完全是交易关系。合同编具有内在的逻辑体系，以交易为中心，以交易的发生、存续、消灭为主线展开。合同编首先规范合同双方当事人进行合同的磋商缔约阶段，然后规范合同的签订阶段。在合同成立并发生效力后，合同编还规定了双方当事人履行合同的义务以及合同履行过程中可能发生的同时履行抗辩、不安抗辩等抗辩权。此外，在合同履行期到来之前或之后，都可能发生违约情形，从而可能导致合同的解除或终止。我国民法典合同编通则正是按照这样一个交易过程的时间顺序展开的。这种“单向度”的规定模式必然使其内容具有非常明显的“同质性”（homogeneity）。

第三，合同编发挥了债法总则的功能。由于我国早在 1999 年就颁行了《合同法》，经过多年的适用，该法早已为法官和民众所广泛熟知和了解，且为了避免叠床架屋，避免法律规则的重复，因此，我国民法典没有规定债法总则，而只是继续规定了合同编通则，并在合同编中将许多债法规则纳入其中，在合同编中规定了准合同制度，对不当得利和无因管理这两种法定之债作出规定。可见民法典合同编实际上发挥了债法总则的功能。以合同编发挥债法总则的功能，是我国《民法典》的重要特色。

三、合同法的调整对象

《民法典》第 463 条规定：“本编调整因合同产生的民事关系。”依据本条规定，合同编调整“因合同产生的民事关系”。这就意味着合同法调整平等主体之间因合同产生的法律关系。合同法是所有调整合同的订立、履行、变更、终止等的法律规范的总称。合同法以交易关系为其调整对象，它是市场经济的基本法律规则。它不仅规范了交易关系的全过程，而且对一些重要的交易类型即典型合同作出了规定。合同法也是社会生活的百科全书，民法典合同编与每个人的生活息息相关。一个人在一生中，可能不会与刑法打交道，但总是要订立合同，参与各种民事交往，从而受到合同法的广泛调整。《民法典》第 464 条规定：“合同是民事主体之间设立、变更、终止民事法律关系的协议。”“婚姻、收养、监护等有关身份关系的协议，适用有关该身份关系的法律规定；没有规定的，可以根据其性质参照适用本编规定。”依据这一规定，该条对我国合同法的调整对象作出了规定。

（一）合同法调整平等主体之间的协议

合同法所调整的合同关系是发生在平等主体之间的合同关系，合同是反映交易关系的法律形式。正如马克思所指出的，“这种通过交换和在交换中才产生的实际关系，后来获得了契约这样的法的形式”①。所谓交易，是指平等主体基于平等自愿及等价有偿原则而发生的商品、劳务的交换，而由这些交换所发生的交易关系构成了合同法的调整对象。一方面，这些交易关系的主体都是平等的。在市场中，各种交易关系，只要是发生在民事主体之间的，不管这种关系的客体是生产资料还是生活资料，是国家、集体所有的财产还是公民个人所有的财产，都可以由合同法调整，并遵循合同法的基本原则和准则。另一方面，合同法所调整的合同关系具有等价有偿性以及合同订立的自愿性。凡不具有上述特点的合同，一般不能作为合同法调整的对象。

在确定某一类合同是否属于合同法的调整对象时，首先要考虑其主体是否具有平等性。例如，企业内部实行生产责任制，由企业及企业的车间与工人之间订立的责任制合同，只是企业内部的管理措施，是一种生产管理手段，当事人之间仍然是一种管理和被管理的关系，双方地位不平等，应由《劳动法》等法律调整，不应当受合同法调整。再如，有关行政合同（如有关财政拨款、征税和收取有关费用、征用、征购等），是政府行使行政管理职权的行为，政府机关在从事行政管理活动中采用协议的形式明确管理关系的内容，如与被管理者订立有关计划生育、综合治理等协议，因为这些协议并不是基于平等自愿的原则订立的，所以不是民事合同，应适用行政法的规定，不适用合同法。②当然，政府机关作为平等的民事主体与其他民事主体之间订立的有关民事权利义务的民事合同，如购买文具、修缮房屋、新建大楼等合同，仍然应受合同法调整。

（二）合同法调整以确立民事权利义务为内容的协议

合同法只适用于私法领域而非公法领域，只是调整民事合同而非其他类型的合同。民事合同的重要特点在于它是以确定民事权利义务为内容的，实际上就是以平等自愿为基础的交易关系。“以民事权利义务关系为内容”，界定了双方之间的实质关系。因此，某一类合同虽在名称上称为合同，而确立的是管理和被管理、生产责任制等内容，不具有交易的特点，就不属于合同法调整的范围，如企业内部的生产责任制合同等。合同法的调整对象主要是以财产给付为内容的交易关系，也就是动态的财产关系。合同法属于财产流转法，合同法主要规范财产流转关系。另外，与人身有关的一些财产交易，如肖像的许可使用等，也可以适用合同法的规则。

---

① 《马克思恩格斯全集》（第19卷），423页，北京，人民出版社，1963。

② 参见顾昂然：《关于〈中华人民共和国合同法（草案）〉的说明》（1999年3月9日在第九届全国人民代表大会第二次会议上）。

需要指出的是，合同法调整的合同不同于行政协议。依据《最高人民法院关于审理行政协议案件若干问题的规定》第 1 条，行政协议是“行政机关为了实现行政管理或者公共服务目标，与公民、法人或者其他组织协商订立的具有行政法上权利义务内容的协议”。合同作为当事人之间产生、变更、消灭民事权利义务关系的协议，本质上是一种交易的产物，而行政协议不同于一般的民事合同之处就在于，其本质上不是一种交易的产物，其具有非市场性，行政协议的订立仍然是一种行政权的行使方式，在一定程度上以追求公益为目的。例如，就政府特许经营协议而言，其本质上是政府行使行政权的一种方式；再如，就土地、房屋等征收征用补偿协议而言，其属于政府行使征收权、征用权的必要环节，是政府征收权、征用权的组成部分，无法完全适用民法的等价交换、公平等原则，也不能完全适用合同法的规定。

（三）合同法调整设立、变更、终止民事权利义务关系的协议

所谓设立，是指当事人通过合同确定当事人之间具体的权利义务。所谓变更，是指当事人通过订立合同修改原有的合同关系的内容。所谓终止，是指当事人通过订立合同消灭原来存在的合同关系。有关民事权利义务关系的设立、变更、终止，如果当事人有约定，则依据当事人的约定；如果当事人没有约定，则适用合同编的规定。除此之外，合同编还规定了合同的保全、解除，违约责任等制度，这些内容也是合同法的重要组成部分。

（四）合同法调整各类合同关系

合同法首先调整合同编典型合同分编所规定的各类典型合同，包括买卖合同，供用电、水、气、热力合同，赠与合同，借款合同，保证合同，租赁合同，融资租赁合同，保理合同，承揽合同，建设工程合同，运输合同，技术合同，保管合同，仓储合同，委托合同，物业服务合同，行纪合同，中介合同，合伙合同。但合同法并非对民法典其他编和特别法所规定的合同以及无名合同不可适用。具体而言，合同法还可以适用于以下其他类型的合同或债权债务关系。

一是合同编以外的其他编关于合同的规定，首先要适用其他编的规定，但在其他编没有规定时，也要适用合同编通则的规定。例如，违反建设用地使用权转让合同的规定，涉及违约金或者损害赔偿责任的确定，就要适用合同编通则关于违约责任的规定。

二是特别法规定的合同，如知识产权法所确认的专利权或商标权转让合同、许可合同、著作权使用合同、出版合同；海商法规定的船舶租赁合同；保险法规定的保险合同；旅游法规定的旅游合同；劳动合同法所规定的劳动合同等。这些合同首先要适用特别法针对这些合同所作出的特殊规定，但在这些法律没有就这些合同的订立，合同的效力及合同的履行、保全、变更和转让、终止，违约责任等问题作出规定的情况下，也可以适用合同编通则的相关规定。

三是无名合同。无名合同是指民法典合同编和其他法律没有明文规定的合同，如借用合同等，合同法并不禁止当事人订立无名合同。按照合同自由原则，当事人完全可以在合同中约定各种无名合同，当事人订立无名合同只要不违反法律和公序良俗都是有效

的，都应当受到法律保护，并受合同法的调整。即使对于无名合同关系，也应当适用合同法的基本规则。《民法典》第467条第1款规定："本法或者其他法律没有明文规定的合同，适用本编通则的规定，并可以参照适用本编或者其他法律最相类似合同的规定。"

四是非因合同产生的债权债务关系。《民法典》第468条规定："非因合同产生的债权债务关系，适用有关该债权债务关系的法律规定；没有规定的，适用本编通则的有关规定，但是根据其性质不能适用的除外。"依据该条规定，对于非因合同而产生的债权债务关系，也可以适用合同法的规则。

由于合同是债的发生原因之一，按照大陆法的民法体系，合同法是债法的组成部分。所谓债法，是指调整特定当事人之间请求为特定行为的财产关系的法律规范的总称。① 我国传统上属于大陆法系，因而民法中一直继受大陆法上债的概念。我国民法典虽然没有规定债编，因此不存在由民法典所规定的形式意义上的债法，但是这并不意味着在我国民法典体系中实质意义上的债法就不存在了。民法典合同编中关于准合同等制度的规定，实际上属于传统债法的组成部分。

四、合同法的功能

所谓合同法的功能，是指合同法在社会经济生活中所发挥的作用。具体来说，合同法的功能主要表现在以下方面。

第一，鼓励交易、创造财富。合同法的目标就是尽可能鼓励当事人进行交易。物权只是一种静态的财产权，人与人之间的财产权只有通过缔结合同、发生交易，从而进行财产权利的流转，才能够满足不同主体的不同需求。只有通过合同规范的交易，才能实现资源的有效配置，而合同法正是促进财富创造的法律，其保障当事人订约目的和基于合同所产生的利益得到实现，从而促进财产的流转和财富的创造。

第二，分配风险、规范交易。在市场经济社会，交易中的风险具有一定的不可预测性。合同法的目标是通过确立合同的示范样本，帮助当事人合理预料未来的风险，指引当事人订立完备的合同，从而有效地防范未来的风险、避免纠纷的发生。② 例如民法典合同编规定的各类有名合同，为当事人的缔约提供了有效的指引，可以降低缔约时的磋商成本，避免交易风险。

第三，保障自由、实现允诺。合同最充分地体现了私法自治的内容和精神。"合同法的中心是承诺的交换。"③ 合同作为一种各方当事人共同进行意思磋商和自治的工具，能够充分地体现当事人的意志和利益，合同法强调"契约严守"（pacta sunt survanda）的规则，要求当事人不得随意变更和解除合同。按照《法国民法典》的经典表述④，在当事人之间，合同具有法律的效力。合同所具有的法律效力有赖于合同法的保护，保障合同得到履行，就能使当事人的意志得到实现。

---

① 参见王家福等：《合同法》，1页，北京，中国社会科学出版社，1996。

② 参见朱广新：《合同法总则》，17页，北京，中国人民大学出版社，2012。

③ ［美］罗伯特·考特等：《法和经济学》，张军等译，314页，上海，上海三联书店，1994。

④ 《法国民法典》第1134条规定："依法成立的契约，在缔结契约的当事人间有相当于法律的效力。"

第四，保护信赖、维护秩序。合同使当事人之间形成合理信赖，此种信赖实际上构成交易安全的重要内容。只有依据合同法才能保障合同的顺利履行，实现当事人之间的信赖，进而保障交易安全。另外，合同法是构建市场经济秩序的法，它通过保障和规范成千上万的协议，从而构建了市场体制的基础。①

第五，组织私人生活、保障生活秩序。合同是组织私人生活的有效制度工具，它可以实现生活的可预期性，保障生活的秩序。合同就是日常生活中的法秩序，合同法规范了合同，也就规范了生活秩序。② 可以说，合同是构建国家、社会和个人三者之间和谐关系的基础。③

第五节　合同法的基本原则

一、合同自由原则

合同自由原则在我国民法典中，被称为“自愿原则”。《民法典》第 5 条规定：“民事主体从事民事活动，应当遵循自愿原则，按照自己的意思设立、变更、终止民事法律关系。”

合同自由是私法自治的核心内容。合同自由，就是允许当事人通过意思合致的方式安排自己的事务，并受该合意的拘束。《民法典》第 465 条第 1 款规定：“依法成立的合同，受法律保护。”有合同依合同，在没有合同约定或约定不明的情形下，才应当适用民法典合同编的任意性规定。合同法本质上是自治法或任意法，合同的成立和内容基本取决于当事人意思自治，只要当事人所缔结的合同不违反法律和公序良俗，法律就承认其效力。合同编从合同的订立到履行都强调了增进合同自由和私法自治这一宗旨，有力调动了市场主体从事交易的积极性，维护了市场经济的正常秩序。

合同自由是私法自治的集中体现，表现为允许当事人在交易的各个环节和过程均享有充分的自由。

第一，自由决定是否订立合同与选择合同相对人。这就意味着民事主体可以自行决定是否通过意思合致的方式与他人产生合同法律关系。除非法律上规定有强制缔约义务的主体，其他民事主体具有选择是否订立合同的自由。在合同相对人的选择上，民事主体也有权自行决定与何人订立合同。

第二，民事主体有权决定其合同的内容。按照合同自由原则，合同的内容应当由当事人在法律规定的范围内自由约定。依据《民法典》第 470 条第 1 款的规定，“合同的内容由当事人约定”，这就强调了当事人依法确定合同内容的自由，即合同内容由当事人自由约定的原则。只要当事人的约定不违反法律和社会的公共道德，这种约定就能产生法

① 参见何宝玉：《英国合同法》，51 页，北京，中国政法大学出版社，1999。
② 参见［日］吉田克己：《现代市民社会的民法学》，14 页，东京，日本评论社，2008。
③ 参见［日］吉田克己：《现代市民社会的民法学》，11 页。

律上的拘束力。依据合同自由原则，合同编并不禁止当事人订立非典型合同。合同编关于典型合同的规定，并不是代替当事人订立合同，也不是要求当事人必须按照典型合同的规定来订立合同，只是在合同中没有特别约定或者约定不明确的情况下，才适用合同编的规则。

第三，自由选择合同的形式。按照合同自由原则，法律一般对当事人采取口头、书面或其他形式订立合同，并不进行严格的限制，允许当事人进行自由选择。但法律、法规要求采取某种特殊的形式的，必须采取该形式。

第四，有权变更、解除合同。当事人在订立合同后，也可以根据客观情事的变化自由协商对合同进行变更，或协商解除合同、脱离合同的拘束。

第五，民事主体有权选择救济方式与争议解决方式。按照合同自由原则，当事人可以在法律规定的范围内，自由约定合同条款，因此，当事人既可以自行约定合同义务和违约责任（如约定违约金），也可以在合同中约定免责条款。按照合同自由原则，选择解决争议的方法也是当事人所应当享有的合同自由的内容。具体来说，当事人可以在合同中约定，一旦发生争议以后，是采取诉讼还是仲裁的方式，选择何地法院进行管辖，以及适用何种法律等。

二、诚实信用原则（诚信原则）

诚实信用原则是指当事人在从事民事活动时，应诚实守信，以善意的方式履行其义务，不得滥用权利及规避法律或合同规定的义务。在大陆法国家，它通常被称为债法中的最高指导原则或“帝王规则”①。诚实守信是我国传统文化的重要组成部分，“人而无信，不知其可也”（《论语·为政》）。“信者，言之有实也”（朱熹：《四书集注》）。“诚者自然，信是用力，诚是理，信是心，诚是天道，信是人道，诚是以命言，信是以性言，诚是以道言，信是以德言”（朱熹：《性理大全·诚篇》）。我国商业习惯也历来将诚实守信、童叟无欺作为重要的商业道德。民法典合同编虽然没有明确规定诚信原则，但是《民法典》第7条规定：“民事主体从事民事活动，应当遵循诚信原则，秉持诚实，恪守承诺。”该原则直接适用于合同编。由于市场经济本质上是诚信经济，因此，诚信原则对于维护市场交易秩序、规范交易活动具有重要意义。

诚实信用原则作为直接规范交易关系的法律原则，与债权债务关系，尤其是合同关系的联系最为密切。诚信原则贯穿于合同的订立、履行、变更、解除等各个阶段，甚至在合同关系终止以后，当事人都应当严格依据诚实信用原则行使权利和履行义务，具体表现在：

第一，合同的订立。在合同订立阶段，尽管合同尚未成立，但当事人彼此间已具有订约上的联系，其应依据诚实信用原则，负有忠实、诚实守信、相互照顾和协助、遵守允诺、保密等义务。例如，当事人一方应如实向对方陈述商品的瑕疵、质量情况，同时应如实向对方陈述一些重要情事，如财产状况、履行能力等。

---

① ［日］森田三男：《债权法总论》，28页，东京，学阳书房，1978。

第二，合同履行前的准备。在合同订立以后，尚未履行以前，当事人双方都应当依据诚实应用原则，严守诺言，认真做好各种履约准备。如果一方在履约前因经营不善造成严重亏损，或者存在其他法定情况，另一方可以依据《民法典》第 527 条的规定，暂时中止合同的履行，并要求对方提供履约担保。但另一方在行使不安抗辩权时应严格遵循诚实信用原则及法律规定的条件，不能因为对方支付能力出现暂时的或并不严重的困难，便借故中止合同的履行。如因违背诚实信用原则而行使不安抗辩权，给对方造成损失，应负损害赔偿责任。

第三，合同的履行。合同的履行应当严格遵循诚实信用原则。《民法典》第 509 条第 2 款规定："当事人应当遵循诚信原则，根据合同的性质、目的和交易习惯履行通知、协助、保密等义务。"一方面，当事人除了应履行法律和合同规定的义务，还应履行依诚实信用原则所产生的各种附随义务，如相互协作和照顾的义务、瑕疵的告知义务、使用方法的告知义务、重要情事的告知义务、忠实的义务等；另一方面，在法律和合同规定的义务内容不明确或欠缺规定的情况下，当事人应依据诚实信用原则履行义务，具体确定履行标的、履行时间、履行地点、履行方式等。例如，债务人深夜敲门还钱、趁关店时交货等，都违背了诚实信用原则。再如，如果债务人给付货物数量不足，但不足额甚微，对债权人未造成明显损害，债权人不得拒绝接受并援引同时履行抗辩的规定拒付全部货款。如果债务人交付的数量超过约定的数量，而债权人返还超额部分并不困难，则不得拒绝债务人的给付。

第四，合同的变更和解除。依据《民法典》第 533 条，当事人在合同订立以后，因不可归责于双方的原因而发生情势变更，致使合同存在的基础发生动摇或丧失，继续履行合同对当事人一方明显不公平，依据诚实信用原则，应允许当事人变更和解除合同。当发生情势变更时，当事人应严格依据诚实信用原则变更和解除合同。在其他情况下，解除合同也应遵循诚实信用原则。如在长期的继续性合同中，任何一方依据合同规定的条件而解除合同，应当提前通知对方，使对方有充足的时间做好准备。一般而言，在一方违约以后，如果违约并没有给非违约方造成重大损害，依诚实信用原则，非违约方不得提出解除合同。

第五，合同的终止。《民法典》第 558 条规定："债权债务终止后，当事人应当遵循诚信等原则，根据交易习惯履行通知、协助、保密、旧物回收等义务。"因此，在合同关系终止以后，尽管双方当事人不再承担合同义务，但亦应根据诚实信用原则的要求，承担某些必要的附随义务。

此外，诚信原则还具有解释合同、填补漏洞的功能。民法典合同编确认交易当事人在交易活动的每一个环节，都应该遵循诚实信用原则，才能使商业交易当事人既能遵循商业道德，又能严格守约和正确履约，从而形成交易关系的正常秩序。

三、鼓励交易原则

鼓励交易（faveur pour le contra）原则，是指法律尽可能促成合同的成立和生效，从而促使交易的完成。所谓交易，是指在独立的、平等的市场主体之间，就其所有的财产和利益所进行的交换。合同法以交易关系为调整对象，各种纷繁复杂的交易关系，都要表现为合同关系并借助于合同法规则予以规范。合同的规则就是规范交易过程并维护交易秩序的基本规则。在市场经济条件下，一切交易活动都是通过缔结和履行合同来进行的，而因为交易活动乃是市场活动的基本内容，无数的交易构成了完整的市场，所以，为了促进市场经济的高度发展，就必须使合同法具有鼓励交易的职能和目标。因此，鼓励交易不仅有利于财富的增长，促进市场的繁荣，也有利于实现合同当事人的缔约目的。

合同法上的鼓励交易原则，主要表现在如下方面：

一是促使合同成立。根据传统的大陆法理论，承诺必须与要约的内容相一致。任何添加、限制或更改要约条件的答复都会导致拒绝要约的后果。然而，随着交易的发展，要求承诺与要约内容绝对一致，不利于促成许多合同的成立，从而不利于鼓励交易。因此，《民法典》第 489 条规定："承诺对要约的内容作出非实质性变更的，除要约人及时表示反对或者要约表明承诺不得对要约的内容作出任何变更外，该承诺有效，合同的内容以承诺的内容为准。"

二是尽量促成合同有效。《民法典》第 153 条第 1 款规定："违反法律、行政法规的强制性规定的民事法律行为无效。但是，该强制性规定不导致该民事法律行为无效的除外。"这就严格限定了合同无效的法定事由，根据我国相关司法解释，只有违反了效力性强制性规定的情形，合同才能被认定为无效。如果合同既可以被解释为有效，也可以被解释为无效，原则上应当将其解释为有效。

三是合同法严格限制了违约解除合同的条件。《民法典》第 563 条第 1 款第 4 项确认了基于根本违约而发生的解除权，从而对违约解除合同的条件作了严格的限制。依据该条规定，只有在一方当事人根本违约时，对方当事人才能解除合同。如果仅是轻微的违约，或者没有造成严重的损害后果，则当事人不能够解除合同。这也有利于限制合同法定解除权的行使，维护当事人之间的交易关系。

四是区分了无效合同和效力待定的合同。由于效力待定的合同可以因为权利人的承认而生效（如无权代理人代理他人订立合同，经本人承认可以生效），因而，对效力待定的合同，法律并没有简单地否定其效力。如果依法经过真正权利人追认或者符合法定的生效条件等，则应当确认该合同有效。

五是合同法确立了履行治愈原则。这就是说，虽然当事人没有依据法律、行政法规规定或者当事人约定采用书面形式订立合同，但一方已经履行主要义务，对方接受的，该合同成立。

六是合同法明确规定了合同的解释制度。民法典明确规定了合同的解释制度，通过解释可以促成合同关系的成立，减少因当事人意思表示不一致而导致合同不成立的情况。

总之，在处理合同纠纷时，应当按照合同法鼓励交易的原则，尽可能地促成合同成立和生效，而不能在合同存在瑕疵时，一概否定其效力。

思考题

1. 试述合同的概念和特点。

2. 双务合同与单务合同的区分有何意义？
3. 有偿合同与无偿合同的区分有何意义？
4. 试述合同相对性规则的内容。
5. 简述合同法与民法典合同编的关系。
6. 试述合同法的基本原则。

第二章

合同法与债法

案例

普新公司与大成公司订立一项粮食购销合同，合同的附则规定："有关交货事宜由力新公司出面协调解决。"后来，双方就合同的履行发生争议，于是，普新公司起诉力新公司和大成公司，要求其共同承担相应的违约责任。因为大成公司无力清偿，普新公司便要求力新公司承担全部责任。

简要评析：该案涉及债的相对性规则。《民法典》第465条第2款规定，"依法成立的合同，仅对当事人具有法律约束力"。据此，合同之债的关系具有相对性，仅对债的当事人产生拘束力，债权人原则上无权请求债务人以外的第三人履行债务。在该案中，力新公司只是出面协调当事人之间的债务关系，并不是债务人，普新公司无权请求力新公司履行债务。当然，如果力新公司同意成为合同当事人，则当事人之间的合同之债对力新公司也将产生效力。

第一节　债的概念及特征

一、债的概念

债是特定人之间请求为一定行为或不为一定行为的关系。债的概念起源于罗马法，在我国古代，“债”最早有“赊欠”的意思，如《帝王世纪》中记载“贩于顿丘，债于传虚”。此处所说的“债”主要是指金钱赊欠的意思。实践中，提到债的概念，人们常常想到的就是“欠债还钱”“债台高筑”等词汇，认为债就是金钱之债。可见，我国古代缺乏类似于罗马法的债的概念。将“obligatio”一词译为汉字的“债”最初始于日本；20世纪初、清末变法之际，债的概念开始引入我国。①

中华人民共和国成立以后，因为废除了国民党的“六法”，虽然有关法律文件中使用过“契约”或“合同”概念，但极少采用债的概念。改革开放以后，随着市场经济的发展，相关立法逐步重新使用债的概念。《民法通则》明确采纳了债的概念，该法第84条第1款规定：“债是按照合同的约定或者依照法律的规定，在当事人之间产生的特定的权利和义务关系。享有权利的人是债权人，负有义务的人是债务人。”《民法典》第118条规定：“民事主体依法享有债权。”“债权是因合同、侵权行为、无因管理、不当得利以及法律的其他规定，权利人请求特定义务人为或者不为一定行为的权利。”依据这一规定，债本质上是发生在特定当事人之间的关系，债权人有权基于债向债务人提出请求，债务人也应当按照债的要求履行其债务。从该条的规定来看，民法典所采用的债的概念与大陆法系中债的概念基本一致。

二、债的特征

第一，债是一种民事法律关系。债不同于一般的生活关系，在债的关系中，因为当事人的约定或者法律规定而在当事人之间产生了一定的法律关系，债的关系当事人都应当受债的关系的约束。债作为一种法律关系，是以民事权利、民事义务为其内容的，其不同于日常生活中人们所说的感情之债等非法律意义上的关系。

第二，债是一种财产法律关系。债的关系在本质上属于交易的形式，反映了一种财产交换关系，债应当以财产性给付为内容。因此，凡是不具有财产给付的内容，原则上都应当从债法中剥离出来。例如，赔礼道歉并非要交付一定的财产，而只是一种道歉行为，因此，不应属于债的范畴。在民事权利体系中，债权属于财产权的范畴。由于债在本质上主要反映交换关系，因此，债应当以财产性给付为内容。

第三，债是发生在特定主体之间的法律关系，这也称为债的相对性。债的关系不同于物权关系之处在于，其主体具有相对性，即只有特定人对于特定人有请求给付的权利，或者负担给付的义务。在债的关系中，无论是债权人还是债务人，都必须是特定的。

第四，债是一种一方向另一方给付的法律关系。发生在特定人之间的给付是债的核心要素。所谓给付，指的是特定人之间的作为与不作为，例如，为他人处理事务、为他人提供劳务甚至是单纯的不作为等。给付是债的概念中最为核心的内容。

第五，效力具有平等性。与物权是绝对权从而具有优先性不同，债权在效力上具有平等性，在同一债务人负担多项债务的情形下，不论各项债权成立时间的先后，或者债权数额的大小，其在效力上都是平等的，即当债务人的财产不足以实现全部债权时，担

① 参见史际春：《关于债的概念和客体的若干问题》，载《法学研究》，1985（3）。

保物权可以优先于普通债权受偿，而其他普通债权原则上应当按照债权比例公平受偿。

第六，产生原因具有多样性。传统上，债主要有合同之债、侵权之债、不当得利之债、无因管理之债、缔约过失之债等类型，但随着社会生活的发展，又出现了因法定补偿义务而产生的债、因单方行为产生的债等债的类型。而且，即便是传统类型的债的关系，随着社会生活的发展，其内容也在发展变化。例如，对合同之债而言，其内涵也在不断丰富与完善，当事人权利义务的来源日益多样化，其不限于当事人所约定的主给付义务及相关的从给付义务，而且基于诚实信用原则，当事人之间可能负担一定的协助、通知、保密等附随义务，一方当事人违反附随义务造成对方当事人损害的，也应当承担相应的损害赔偿责任。

债的关系是一个动态的发展和变动过程，债本身具有高度的变化性，它是随着时间的流逝而逐渐发展变化的。在债的不同阶段，债的关系的内容也存在一定的差异。所以，债常常被称为“动态的财产关系”。

三、债权与物权的区分

债权与物权的区分是对财产权利的基本区分方法，也是传统大陆法系民法典编纂的基本指导思想。按照通说，财产权是以财产利益为客体的民事权利①，它主要包括物权与债权。债权与物权是民法中最基本的财产权形式。债权与物权具有如下区别。

第一，债权是请求权，而物权是支配权。债权是债权人请求债务人依照债的规定为一定行为或不为一定行为的权利，而物权是权利人支配特定物的权利。债权请求权必须以相对人的意志作为中介，该权利的实现需要他人的积极协助行为。如果相对人未按照请求权人的意志积极实施某种行为，请求权人的利益就无法实现。例如，当事人在买卖合同中约定，出卖人应于某年某月交货，在交货期到来之前，买受人只是享有请求出卖人在履行期到来后交付货物的权利，而不能实际支配出卖人的货物。而支配权是权利人以自己的意志对权利客体行使权利，不需要以他人的意志为中介，也不需要他人从事积极的协助行为。

第二，债权是对人权和相对权，而物权是对世权和绝对权。债权受到侵害以后，债权人只能针对债务人主张权利，而不能针对其他第三人主张权利。即便是第三人的原因导致债务无法履行，债权人也只能请求债务人承担债务不履行的责任。而物权是对世权，权利人可以对抗一切人，任何人都负有不得妨害或侵害的义务。只要物权受到侵害，不论行为人与物权人之间是否存在一定的法律关系，物权人都可以对行为人主张物权请求权，也可以请求行为人承担侵害物权的责任。

第三，债权具有平等性，而物权具有优先性。所谓平等性，是指不论债权成立时间的先后，各个债权在效力上都是平等的。在债务人不能清偿各个债权的情况下，各个债权不论成立时间的先后，都按照其债权比例清偿。但物权具有优先性。所谓物权的优先性，主要表现在同一标的物之上同时存在物权和债权时，物权的效力优先于债权。当同

① 参见谢怀栻：《论民事权利体系》，载《法学研究》，1996（2）。

一物上多项其他物权并存时，应当根据法律规定和物权设立的时间先后确立效力的优先性。例如，抵押权优先顺位的确定就采取登记先后的规则，先登记的抵押权要优先于后登记的抵押权。①

第四，债权具有非公开性，而物权是公开化的权利。债权只是在特定的当事人之间存在的，它并不具有公开性，设立和转移债权也不需要公示，也正因如此，债权原则上不受侵权法的保护。如果债务人不履行债务，则债权人只能请求其承担违约责任。而物权作为一种绝对权，具有强烈的排他性，直接关系到第三人的利益，因而物权必须要对外公开，使第三人知道，由此决定了物权在设定、变动时必须公示。因此，当事人之间订立合同设立某项物权，如未公示，可能仅产生债权而不产生物权。正是因为物权具有社会公开性，所以受到侵权法的保护，任何人侵害物权或者妨害物权人行使权利时，权利人都可以通过提起侵权行为之诉来获得法律上的救济。

第五，债权可以由当事人自由约定，而物权的设立采法定主义。债权的设立由当事人自由约定，只要不违反法律的禁止性规定和公序良俗，当事人可以根据自己的意思设定债权，并自由约定债的内容和具体形式。当事人即使订立法定的有名合同之外的无名合同，也受法律保护。而物权具有法定性，物权的种类和基本内容由法律规定，不允许当事人自由创设物权种类或随意确定物权的内容，这有利于防止欺诈，维护交易安全。②

第六，债权主要以行为为客体，而物权的客体主要是有体物。债权主要以行为为客体，如交付货物、支付货款、提供劳务等。而物权作为支配权，必须以特定的物作为其支配的客体。依据《民法典》第 114 条的规定，物权以“特定的物”为客体。如果某物还尚未成为特定的物，是不能成为物权的支配对象的。例如，空气、云彩等无法为人力所支配的物，是不能成为物权客体的。正如法谚所称，“所有权不得未确定”。如果物不能独立和特定，则物权支配的对象亦不能确定，从而物权也难以存在。

第七，债权具有一定的存续期限，而物权具有永久性或长期性，他物权虽然有一定的存续期限，但其存续期限一般较长。因此，物权在性质上属于长期稳定的财产权。而债权的存续期限一般较短，一旦债务人履行债务，当事人之间债的关系即终止。因此，债权对应着较为松散的财产结合关系。

第二节　债的要素

一、债的主体

债的主体包括双方当事人，即债权人和债务人。在债的关系中，债权人和债务人都必须是特定的。债权人是指有权请求对方当事人为或不为一定行为的人，而债务人是指有义务向对方当事人为或不为一定行为的人。

---

① 参见谢在全：《民法物权论》（上），33 页，台北，三民书局，2003。
② 参见常鹏翱：《体系化视角中的物权法定》，载《法学研究》，2006（5）。

债权人或债务人既可以是一人，也可以是多人。当债务人或债权人为多人时，即形成了多数人之债，包括多数人债务与多数人债权。对多数人之债而言，如果以作为债的标的的给付是否可分为标准，可以将其区分为可分之债与不可分之债；如果以当事人享有债权或者承担债务的形式为标准，又可以将其区分为按份之债与连带之债。与简单之债相比，多数人之债的权利义务关系以及债的履行等问题较为复杂，因此，我国《民法典》合同编在通则第四章“合同的履行”中专门对多数人之债的规则作出了规定。

二、债的内容

民法典合同编发挥债法总则的功能，合同编通则规定可以适用于非法定之债，因此，民法典合同编条文中使用的是“债”、“债权”或者“债务”，这意味着该条文能够适用于所有的债。

（一）债权

债权是指债权人有权请求债务人为一定行为或者不为一定行为的权利，因此债权也称为请求权。依据债的发生原因不同，可以将债权分为合同债权、因侵权行为产生的损害赔偿请求权、不当得利返还请求权、因无因管理而产生的请求权等。债的发生原因不同，债权的内容也存在一定的差别。在民法上，债的概念常常以“债权”来表述。

债权是财产权。由于债权也是以一定实有利益为基础的财产，债权作为债权人所期待的利益可以成为一种重要的交易对象，而债权的转让也逐渐成为资产流转所不可缺少的形式，所以债权是一种重要的财产权，具有经济利益。债权原则上可以让与、继承，其与人身权利具有本质的区别。债权都有一定的存续期限。例如，合同都有明确的履行期限，因而合同债权只能在一定期限内存在。

债权在性质上属于相对权，其发生在特定的主体之间，除当事人有特别约定和法律规定的情形以外，债权人只能向特定的债务人提出请求，要求其履行债务，债务人原则上也只能向特定的债权人履行债务。由于债权只是发生在特定的当事人之间，其具有非公开性，一般情形下，只有在特定的当事人之间才能了解债权的存在，第三人通常并不知情，因此，在债权受到侵害的情况下，为了保护个人的行为自由，除行为人故意侵害债权等个别情形外，债权一般不受侵权法的保护。

债权的内容主要包括如下权利：一是请求权。债权请求权是债权的基本权能，因为债权本质上就是债权人请求债务人为一定行为或者不为一定行为的权利，从效力上看，债权人只能依据其债权向债务人提出请求[①]，而不能直接依据债权取得相关的给付利益。二是给付保有权。它是指债权人有权保有债务人所作的给付。债权的重要权能之一就是债权人有权保有债务人所作出的给付。因此，在债务人向债权人作出履行后，并不能基于不当得利向债权人请求返还，债权人所享有的债权即为其保有债务人给付的法律上的原因。三是抵销权。它是指二人互负相同种类债务，各使双方债务在对等额内相互消灭

---

① Hans Brox，Allgemeines Schuldrecht，Muenchen，2009，S. 14.

的法律制度。除法律明确禁止抵销的情形外（如人身损害赔偿之债原则上不得作为被动债权抵销），只要符合抵销条件，原则上应当允许抵销。四是保全权。它是指在债务人的行为可能影响债权人的债权实现时，债权人有权采取一定的行为，以保障其债权的实现。债权人的债权保全权包括代位权和撤销权，这两种权利是确保债权实现的重要手段。五是受领权，它是指债权人受领债务人给付的权利。债权的本质在于，债权人有权请求债务人给付，而且在债务人作出给付之后，债权人有权受领，从而接受债务人的给付。在债务人没有作出给付的情形，债权人可以催告债务人履行。① 基于受领权，债权人原则上是适格的受领主体。当然，债权人受领债务人给付，也并非必须亲自进行。除非法律另有规定或合同另有约定，债权人可以指定第三人受领给付，该第三人被称为“受领辅助人”。

（二）债务

1. 债务的概念和特征

债务是指债务人对债权人所负有的为一定行为或不为一定行为的义务。如果说债权是主张给付的权利，而作出给付的义务就是债务。债的概念，从权利的方面来看，是指特定人对于特定人可以请求为特定给付的权利，即债权；从义务的方面来看，是指特定人对于特定人负担为特定给付的义务，即债务。② 总体上看，债务具有如下几个特点。

第一，债务具有拘束性。债务是一种义务，与权利不同。对权利而言，权利人既可以行使，也可以不行使，还可以将其权利抛弃；而义务是“应当”“必须”履行的。债务属于义务的一种，所以债务人必须按照债的要求履行债务，在债务人未按照债的要求履行债务的情形下，债权人有权请求债务人承担债务不履行或债务瑕疵履行的责任。

第二，债务是向特定人负担的义务。从债的相对性原则出发，债务也是具有相对性的，这就是说，债务人仅仅向特定人负担义务。此处所说的“特定人”，既可以是债权人，也可以是债权人所指定的第三人，该第三人应当是特定的，而非不特定的第三人。当然，债务人也是特定的，债权人只能向特定的债务人主张债权。

第三，债务是为一定行为或不为一定行为的义务。债务内容通常包括两大类：一是作为义务，其中又包括给付一定财物（如移转财产）和提供一定的劳务。二是不作为义务，即债务人通过不作为方式履行对债权人的债务。不作为义务又可分为两类：一是单纯的消极不作为，即债务人以限制自己行为自由的方式而作出给付；二是容忍义务，即允许债权人为一定行为而不给予干涉。③

2. 债务的分类

依据不同标准，可以对债务进行不同的分类，一般而言，债务可以分为以下几种。

（1）作为债务和不作为债务。

以债务人所为的给付的内容不同，债务可以区分为作为债务和不作为债务。所谓作

---

① 参见王泽鉴：《债法原理》，68页。

② 参见黄茂荣：《债法总论》，第1册，增订3版，1页，台北，自版，2009。

③ 参见陈猷龙：《民法债编总论》，6页，台北，五南图书出版有限公司，2005。

为债务，是指债务人应当向债权人交付一定的财产或者提供一定的劳务。所谓不作为债务，主要是指债务人应当消极地不为一定的行为。例如，关于公司高管不得在其他公司兼职的约定，就属于不作为债务。

（2）完全债务与不完全债务。

按照债务的效力不同，债务可以区分为完全债务和不完全债务。所谓完全债务，是指在法律上具有完全效力的债务。例如，甲和乙约定购买房屋一套，如果合同成立并生效，则基于该合同产生的债务就属于完全债务。而所谓不完全债务，是指效力不齐备的债务。对于不完全债务的不履行，债权人并不能请求法院强制执行，债务人也无须承担相应的债务不履行的责任。① 例如，诉讼时效已经届满的债务，就属于不完全债务，对于该债务无法通过法院进行强制执行。

（3）主给付义务、从给付义务和附随义务。

从债务的角度予以观察，债的义务类型呈现出多样化的特点，尤其是近些年发展出的附随义务的概念，更丰富与发展了义务的内容。除主给付义务、从给付义务外，依据诚实信用原则，债的关系当事人之间还负有一定的附随义务。具体而言：

第一，主给付义务，是指合同之债中所必备的，并能决定合同目的能否实现的基本义务。例如，在买卖合同中，一方有义务交付标的物，另一方有义务支付价款。

第二，从给付义务，是指补充主给付义务以确保债权人利益能获得最大满足的义务。例如，在买卖合同中，一方交付货物，另一方支付价款是主给付义务，但开具发票、提供证明文件等为非主要债务。《合同编通则解释》第 26 条规定："当事人一方未根据法律规定或者合同约定履行开具发票、提供证明文件等非主要债务，对方请求继续履行该债务并赔偿因怠于履行该债务造成的损失的，人民法院依法予以支持；对方请求解除合同的，人民法院不予支持，但是不履行该债务致使不能实现合同目的或者当事人另有约定的除外。"由此可见，从给付义务来自两个方面：一是法律的规定。例如，《民法典》第 827 条规定，货运合同中托运人对货物负有包装义务。二是当事人之间的约定。例如，在买卖合同中，当事人约定一方交付标的物，另一方支付价款，一方交付标的物的同时，还应当履行开具发票、提供证明文件等义务。一方违反从给付义务，另一方有权请求继续履行该债务并赔偿损失。由于不履行从给付义务通常不会导致另一方合同目的不能实现，因此，另一方不能主张解除合同。

第三，附随义务，是指根据诚信原则产生的通知、协助、保密等顾及对方当事人法益和利益的义务。我国《民法典》第 509 条第 2 款规定："当事人应当遵循诚信原则，根据合同的性质、目的和交易习惯履行通知、协助、保密等义务。"这是对附随义务在法律上的准确概括。附随义务不是由当事人在合同中明确约定的义务，而是依据诚信原则产生的义务，或者说，是诚信原则的具体体现。② 此种义务具有强行性，当事人不得通过约定排除诚信义务的承担，违反此种义务将构成违约。

3. 债务与责任

责任原则上以债务的存在为前提，但责任本身并不是债务，而是债务人违反债务所

① 参见郑玉波：《民法债编总论》，7 页，北京，中国政法大学出版社，2004。

② 参见崔建远、陈进：《债法总论》，13 页，北京，法律出版社，2021。

应承担的后果。《民法典》第176条规定："民事主体依照法律规定或者按照当事人约定，履行民事义务，承担民事责任。"可见，责任与债务是相互依存的，责任主要是债务不履行的后果。但两者并非同一概念，债务与责任的区别有如下几点。

第一，债务是责任发生的前提，责任是债务不履行的结果。责任的发生以债务的存在为前提，没有债务则难以产生法律责任。而责任是为确保债务履行而设置的措施，它以债务的存在为前提，以督促债务人履行债务并保障债权人的债权为责任制度的宗旨。正是因为责任制度的存在，才使债权获得了一种"法律上之力"①。也就是说，责任制度的存在，使债权人在债务人不为给付时，要凭借法律上之力，强制债务人履行债务或承担其他责任，以确保其权利的实现。

第二，债务是一种义务。责任是在债务人不履行债务时，国家强制债务人履行债务或承担法律责任的表现，即一旦债务人不履行债务，则债务在性质上转化为一种强制履行的责任。强制履行从表面上看，仍然是继续履行原债务，但实际上已不同于原债务，因为债务本身应当是自愿履行的，而强制履行的方式具有强行性，从这一意义上说，强制履行已不仅是债务人对债权人的责任，而且是对国家应承担的责任。由此可见，责任与债务相比较，包含了一种国家的强制力。②

第三，责任是与诉权联系在一起的。民事责任之所以能成为保障民事权利的有效措施，乃是因为民事责任以诉权为保障，从而使其成为联结民事权利与国家公权力的中介。③ 因为在债务不履行的情况下，债权人有权通过诉讼方式对债务人强制执行，从而使债权人的诉讼请求得到满足。而债务并不与诉权直接相连接，其以债务人自愿履行为原则。

第四，债务与责任分离的情形也是存在的。原则上，债务与责任相伴而生，两者如影随形，难以分开。但在例外情况下，两者也可以分离，在通常情况下，债务不履行会导致责任的产生，责任的内容也依附于债务的内容，但也存在无责任的债务，如自然债务。

三、债的客体

债的客体就是债的标的。在法律上，债的客体就是给付。给付包括作为和不作为。如果给付的内容是债务人的作为，就是积极给付；如果给付的内容是债务人的不作为，就是消极给付。

作为债的客体的给付具有如下特点：一是具有合法性。债的标的应当满足合法性的要求。例如，当事人约定买卖毒品若干，则该给付具有违法性，所以，不可能据此产生债务人的给付义务。二是具有确定性。所谓确定，是指明确给付的内容。也就是说，在债务履行时，作为债的标的的给付应当是确定的。三是一般具有财产性。在一般情况下，

---

① 梁慧星：《民法学说判例与立法研究》，253页。

② 参见崔建远：《合同责任研究》，4页，长春，吉林人民出版社，1992。

③ 参见梁慧星：《民法学说判例与立法研究》，254页。

应将作为债的客体的给付主要限定为财产性给付，这有利于明确划定债权与其他民事权利的边界，债权是民事权利体系的组成部分，如果所有的请求关系都界定为债，则债权与其他民事权利无法区分，债权甚至无所不包，这显然会影响民事权利的体系划分。

以给付的性质是积极的作为还是消极的不作为为标准，可以将给付义务区分为作为义务与不作为义务，前者如买卖合同中交付标的物的义务，后者如合伙协议中禁止同业竞争的义务等。依据给付的财产性的内容不同，又可以将作为义务分为以下两大类：一是交付财产，例如，根据买卖合同，出卖人负有交付财产的义务。二是提供劳务。提供劳务包括提供技术、文化、生活服务等。例如，在保管、仓储、委托、行纪、中介合同中，合同一方当事人应当提供一定的服务，但是不需要保证特定结果的出现。此类合同在学理上常常被称为行为之债或手段之债。此外，在一些提供劳务的合同（如承揽合同）中，不仅一方当事人要提供服务，而且该服务必须体现为一定的成果，这在学理上常常被称为结果之债。

第三节 债的分类

一、单一之债与多数人之债

根据债的主体特征，债可以区分为单一之债与多数人之债。所谓单一之债，是指债权人、债务人仅为一人的债。所谓多数人之债，又称多数当事人的债或复数主体的债，是指债权人或者债务人一方为二人以上的债。① 也就是说，多数人之债中，债的主体是多数人，但其标的为同一给付的债的关系。② 如果各个主体之间发生了多个给付关系，则不属于多数人之债，而是数个独立的债的关系。例如，甲、乙共同向丙借款 200 万元，则成立多数人之债；如果是甲、乙分别向丙借 100 万元，由于给付不具有同一性，所以其应当属于两个独立的债的关系，即甲和丙之间的债的关系以及乙和丙之间的债的关系，这种情形不属于多数人之债。《民法典》所规定的按份之债和连带之债都属于多数人之债。

单一之债和多数人之债主要具有如下区别。

第一，当事人的数量不同。单一之债是债的双方主体均为一人的债的关系。由于单一之债中并不存在多数债权人或者多数债务人，债的双方主体都是单一的，当事人之间的法律关系相对简单。在多数人之债中，既可能存在多个债权人，也可能存在多个债务人。

第二，债的关系的复杂性不同。单一之债中，当事人之间权利义务关系单纯明确、相对简单明了，容易把握。单一之债中，当事人的对内、对外关系较为简单。多数人之债有多种类型，可以进行不同的分类。按照当事人之间的内部关系，可以将多数人之债

① 参见［日］我妻荣：《新订债权总论》，332 页，北京，中国法制出版社，2008。

② 参见孙森焱：《民法债编总论》，下册，871 页，北京，法律出版社，2006。

分为连带之债、按份之债和不真正连带之债。在对外关系上，要区分连带之债与按份之债。在对内关系上，还需要确定当事人之间是否享有追偿权，以及追偿的范围等。在连带之债中，债务人之间有相应的份额，实际承担债务超过自己份额的连带债务人，有权就超出部分在其他连带债务人未履行的份额范围内向其追偿；且被追偿的连带债务人不能履行其应分担的份额的，其他连带债务人应当在相应范围内按照比例分担。由此可见，连带之债、不真正连带之债与按份之债的区别在于：数个债权人中任一债权人能否要求债务人对自己承担全部清偿义务，或者债权人能否要求数个债务人中任一债务人对自己承担全部清偿义务。

第三，当事人之间的权利义务内容不同。单一之债的权利义务关系较为简单，债权人和债务人都是单一的，基于债的关系相对性原则，债务人仅对某一特定的债权人负担债务，而债权人也仅对某一特定的债务人享有债权。而在多数人之债中，当事人一方或者双方是多人，在当事人之间需要区分按份之债与连带之债的关系，当事人之间的权利义务关系显然不同于单一之债。

二、按份之债和连带之债

（一）按份之债

所谓按份之债，是指数个债权人或数个债务人按照一定的份额享有债权或负担债务。在按份之债中，作为债的给付的标的必须是可分的，而且每个债权人按照特定的份额行使权利，每个债务人按照特定的份额承担义务。《民法典》第 517 条在法律上确立了按份之债。按份之债包括按份债权和按份债务。

1. 按份债权

所谓按份债权，是指二个或者二个以上的债权人就各自的债权份额享有债权。例如，甲、乙筹资 100 万元，借款给丙，借款合同中明确约定甲、乙各自享有 50％的债权，此种情形下，甲、乙对丙所享有的债权即属于按份债权。《民法典》第 517 条规定，“债权人为二人以上，标的可分，按照份额各自享有债权的，为按份债权”。按份债权是按份之债的一种类型，其成立需要具备如下几个条件。

一是主体必须是两人或者两人以上。按份债权属于多数人之债的范畴，债权人一方有两个或者两个以上的债权人。如果债权人一方仅有一个债权人，该债权人享有全部债权，无法成立按份债权。

二是债的标的可分，此处所说的标的可分，是指同一债权的标的可分，在金钱债权中，各个债权人借款的数额是可分的。对非金钱之债而言，其标的可能是可分的，也可能是不可分的。通常，按份之债的标的都是可分的，虽然对按份之债而言，其一般要基于数人的共同行为产生，但标的必须可分，才能确定各个债权人的债权份额，债权人按照确定的债权份额行使权利。

三是各个债权人所享有的债权份额是由法律规定或者当事人约定的。也就是说，对按份债权而言，各个债权人所享有的债权份额都是由法律规定或者当事人约定予以确定的，债权人也仅能就其享有的债权份额行使权利。

四是各个债权人是按照特定的份额享有债权，也就是说，各个按份债权人只能就其享有的债权份额请求债务人履行债务，且只能在其债权的份额内受领债务人的履行。在按份债权中，某一债权人既无权请求债务人清偿超过其份额的债权，也无权受领超出其份额的债权。如果其受领超出其份额的清偿，则债务人有权请求其返还不当得利。某一按份债权人在其债权范围内对债务人作出免除、抵销的表示，都是合法有效的，但其属于对自己债权的处分，对其他债权人不应当产生影响。

关于按份债权中各个债权人享有的债权份额，按照私法自治原则，当事人可以对此作出明确约定。如果法律有特别规定，则按照法律规定予以确定。如果当事人既没有作出约定，法律也没有作出特别规定，则属于债权份额难以确定的情形，对此，《民法典》第517条第2款规定："按份债权人或者按份债务人的份额难以确定的，视为份额相同。"这就是说，在此情形下，法律上采用推定的方法，推定每个债权人享有等额的债权份额。

2. 按份债务

所谓按份债务，是指债务人为二人以上，债的标的可分，各个债务人按照份额各自分担债务的多数人之债。在按份债务中，按份债务人只能就其自己所负担的债务负担清偿义务，对超出自己份额的部分，不负担履行义务。例如，甲将其100万元出借给乙、丙二人，约定乙、丙分别负担50%的债务，此种情形即属于按份债务。《民法典》第517条第1款规定，"债务人为二人以上，标的可分，按照份额各自负担债务的，为按份债务"。据此，按份债务中，各个债务人只能按照各自的份额负担债务，且只应就自己负担的债务份额向债权人负担债务。①

按份债务的成立需要具备如下几个条件。

一是按份债务的主体必须是两人或者两人以上。这就是说，不论是债权人还是债务人，至少有一方是多数人，否则属于单一之债，而不成立多数人之债。

二是债的标的可分。所谓标的可分，是指同一债务的给付是可以分割的。例如，依据《民法典》第1172条的规定，在二人以上分别实施侵权行为造成同一损害的情形下，各个行为人对受害人所负担的损害赔偿之债就属于按份债务。如果多数人之债的给付义务不可分，则只能成立连带之债，而不能成立按份之债。

三是对按份债务而言，各个按份债务人的债务份额可以由法律规定或者当事人约定，通常情形下，按份债权人或者按份债务人的份额难以确定的，视为份额相同。各个债务人按照确定的份额承担债务，债权人无权请求某一债务人履行全部债务。

在按份债务中，某一债务人对其他债务人所负担的债务份额并没有履行义务，在某一债务人清偿了超出其债务份额的债务时，如果其具有代为清偿的意愿，符合代位清偿的条件，则对其他债务人享有追偿权；如果该债务人的清偿构成错误清偿，则其有权请求债权人返还不当得利。同时，在按份债务中，如果债权人免除某一债务人的债务或者抵销，则该行为对其他债务人不产生影响。

从原则上讲，按份之债是多数人之债的常态，而连带之债是多数人之债的特殊形态，由于连带之债对债务人或债权人的利益影响重大，因此在没有法律规定或当事人约定的

① 参见黄薇主编：《中华人民共和国民法典合同编解读》，171页，北京，中国法制出版社，2020。

情形下，多数人之债原则上应当属于按份之债。仅在法律有规定或当事人有约定的情形下，才成立连带之债。按份之债仅成立于可分之债上，可分之债可以在法律规定或者当事人约定的情形下成为连带之债。而对于不可分之债，由于给付不可分，因此只能准用连带之债的规定。①

（二）连带之债

1. 连带之债的概念

所谓连带之债，是指两个或者两个以上的债权人或者债务人，依照法律或者当事人的约定形成连带关系，享有连带权利的每个债权人，都有权要求债务人履行义务；负有连带义务的每个债务人，都负有清偿全部债务的义务。在连带之债中，各连带债权人或者连带债务人之间存在连带关系。在连带债务中，债权人有权要求任何一个债务人作出全部或者部分的履行。《民法典》第518条第1款规定："债权人为二人以上，部分或者全部债权人均可以请求债务人履行债务的，为连带债权；债务人为二人以上，债权人可以请求部分或者全部债务人履行全部债务的，为连带债务。"

2. 连带之债的成立要件

（1）债的主体是数人。连带之债的债权人或者债务人应当有二人及以上，这也是当事人之间产生连带关系的前提。如果债权人和债务人仅有一人，则无法成立多数人之债。

（2）多数债权人或多数债务人之间存在连带关系。连带关系是指依据法律规定或当事人约定，在多数当事人之间所形成的一种债权、债务的牵连关系，它是连带之债产生的基础。故在连带之债中，对于一个债权人或一个债务人发生效力的事项，也可能对其他债权人或者债务人产生效力。② 需要指出的是，尽管连带债权债务在外部关系上是连带的，但从连带之债的内部关系上说，连带债权人和债务人之间又是按份的。也就是说，对于各个连带债权人或各个连带债务人的内部关系而言，应当按照当事人的约定或者法律规定来分配当事人的权利和义务。③ 例如，就连带债务而言，在某一债务人履行全部债务后，其可以向其他连带债务人追偿。

（3）原则上以同一给付为标的。数个当事人之间的债务之所以能成立连带关系，原因在于他们共同承担的给付义务是同一的。至于给付内容是否可分，则并非连带之债的成立条件。例如，基于同一事实，甲应向丙承担侵权损害赔偿责任，乙应当向丙承担违约损害赔偿责任，即使损害赔偿的数额是相同的，任何一个债务人的履行都能导致另外一方债务的消灭，也不形成连带之债，而仅形成不真正连带之债。

（4）连带之债的产生以法律规定和当事人的约定为限。《民法典》第518条第2款规定："连带债权或者连带债务，由法律规定或者当事人约定。"该条对连带之债作出了规定。法律之所以作出此种规定，是因为连带之债加重了单个债务人履行债务的负担，因此，连带之债的成立原则上应当以当事人明确约定或者法律明确规定为限。因为这一原

---

① 参见史尚宽：《债法总论》，689页，北京，中国政法大学出版社，2000。

② 参见彭周全等：《连带债务略论》，载《社会科学家》，1995（1）。

③ 参见孙森焱：《民法债编总论》，下册，734页以下。

因，连带之债可以分为如下两种：一是法律规定的连带之债，如当事人基于共同侵权而负担的连带债务；二是当事人约定的连带之债，如各个保证人在保证合同中约定，其对债权人负担连带债务。

3. 连带之债与按份之债的区分

按份之债与连带之债都属于多数人之债的范畴，二者之间存在密切关联，都涉及多数债权人或者多数债务人之间关系的确定问题。尤其应当看到，连带之债主要从外部关系的角度考察各个债务人或者债权人之间的关系，就各个债务人或者债权人的内部关系而言，其仍然是按照特定的份额分担债务或者分享债权。但二者毕竟属于不同的法律概念，其区别主要体现在以下几个方面：

第一，适用范围不同。连带之债是债的特殊形态，只有在法律明确规定或者当事人明确约定的情形下才能成立，其适用范围是受到限定的。[①] 依据《民法典》第 178 条第 3 款，连带之债由法律规定或者当事人约定，因此，只有在法律有特别规定或者当事人有明确约定的情形下，才能成立连带之债。而按份之债是债的一般形态，在法律没有特别规定或者当事人没有特别约定的情况下，多数人之债一般是按份之债。因为连带之债的成立以法律有明确规定或者当事人之间有明确约定为前提，在法律没有明确规定或者当事人没有明确约定的情形下，一般推定为按份之债。

第二，给付是否可分不同。对连带之债而言，作为其标的的给付在性质上可以是可分的，也可以是不可分的，即使对于性质上可分的给付，仍可通过当事人的约定或者法律规定成立连带之债。而对按份之债而言，虽然其一般是基于数人共同的行为而产生[②]，但作为其标的的给付必须是可分的，这也是各债务人按照确定的份额承担债务或者各债权人按照确定份额分享债权的基本前提，因为对不可分的给付，债务人仅能为全部履行，无法成立按份之债。

第三，债的效力不同。依据《民法典》第 518、519 条的规定，对连带之债而言，享有连带权利的每个债权人都有权要求债务人履行义务；负有连带义务的每个债务人都负有清偿全部债务的义务，实际承担债务超过自己份额的连带债务人，有权就超出部分在其他连带债务人未履行的份额范围内向其追偿。而对按份之债而言，各个债权人或者债务人按照确定的份额分享债权或者分担债务。例如，对按份债务而言，各个债务人按照确定的份额承担债务，债权人无权请求单一债务人履行全部债务，按份债权中，各个债权人也仅能请求债务人向其履行其所享有的债权份额。

第四，各个债务人或者债权人之间是否存在内部追偿关系不同。对连带债务而言，如果某一债务人清偿了全部债务或者超出其按照内部关系应当分担的债务数额，则该债务人有权按照内部关系向其他连带债务人追偿；对连带债权而言，如果某一债权人受领了债务人的全部给付或超过了其按照内部关系应当享有的债权数额，则其他债权人有权按照内部关系向该债权人追偿。而在按份之债中，各个债务人或者债权人按照确定的份额分担债务或者分享债权，各个债务人仅负有按份清偿的义务，各个债权人也仅能请求

① 参见孔祥俊：《论连带责任》，载《法学研究》，1992（4）。

② 参见江平主编：《民法学》，449 页，北京，中国政法大学出版社，2007。

债务人为部分清偿，因此，一般不发生各个债务人或者债权人的内部追偿问题。

4. 连带债务

（1）连带债务的概念。

所谓连带债务，是指具有连带关系的多个债务人之间所承担的债务。《民法典》第518条第1款第二分句规定："债务人为二人以上，债权人可以请求部分或者全部债务人履行全部债务的，为连带债务。"其特点在于：一是债务人必须为多数，即债务人必须为二人以上，连带债务是多数人之债的一种类型。二是各个债务人之间具有连带关系，连带关系是连带之债产生的基础。此种连带关系可以由法律规定，也可以由当事人约定。例如，《民法典》第75条规定了法人的设立人在从事民事活动中，对外所负担的债务也为连带债务。三是各个债务人都有义务向债权人作出全部履行，而且任何一个债务人作出全部履行后，都可以导致连带债务的消灭。只要债务没有完全清偿，任何一个债务人都负有清偿义务。因此，相对于按份债务而言，连带债务更有利于保障债权的实现。

（2）连带债务中的追偿权。

所谓连带债务人之间的追偿权，是指连带债务人承担债务超出了其按照内部关系应分担的部分，而享有向其他债务人求偿的权利。我国《民法典》规定了两次追偿的规则。

第一次追偿规则是由《民法典》第519条第2款规定的。该款规定："实际承担债务超过自己份额的连带债务人，有权就超出部分在其他连带债务人未履行的份额范围内向其追偿，并相应地享有债权人的权利，但是不得损害债权人的利益。其他连带债务人对债权人的抗辩，可以向该债务人主张。"该条第2款对债务人的追偿问题进行了规定。依据这一规定，连带债务人追偿权的行使条件如下。

第一，连带债务人必须实际承担了超过其份额的债务。例如，甲享有对乙、丙、丁三人的300万元债权，乙、丙、丁三人是连带债务人，各自承担的份额相同。那么，在乙向甲清偿80万元后，甲未向其他债务人提出请求，此时，乙是否可以向丙、丁二人请求追偿呢？依据《民法典》第519条第2款的规定，乙不能向二人请求追偿。因为乙实际承担的80万元的债务并未超过其应当承担的100万元债务份额。

第二，已经承担超过份额的债务的连带债务人，只能就其他连带债务人未履行的范围请求追偿。在上例中，如果乙向甲清偿了200万元的债务，丙向甲清偿了100万元的债务，那么乙就不能就其超出份额的部分，向丙请求追偿，因为虽然乙已经承担了超出其份额的债务，但是丙并无未履行的份额，因此，乙只能向丁追偿。但是，如果乙向丁追偿时，丁不能履行其应分担份额，则乙可以请求丙在相应范围内按照比例分担。《民法典》第519条第3款规定："被追偿的连带债务人不能履行其应分担份额的，其他连带债务人应当在相应范围内按比例分担。"此时，乙就可以就其超出份额的100万元，请求与丙分担。

第三，行使追偿权的连带债务人只能就其超出自己份额的部分行使追偿权。在连带债务中，各个债务人按照内部关系均应当负担一定份额的债务，而且任何债务人履行债务，均可以导致债权在相应的范围内消灭，因此，行使追偿权的连带债务人可以就其超出自己份额的部分向其他连带债务人追偿。

第四，不得损害债权人的利益。所谓"不得损害债权人的利益"，是指连带债务人在行使追偿权时，其追偿顺序应当在债权人的债权之后，该追偿权的行使不得影响债权人债权的实现。例如，在连带债务中，如果某个债务人对债权人所作出的给付并不足以清偿全部债务，但其所作出的履行已经超出了其按照内部关系应当分担的债务份额，此时，该债务人有权向其他债务人追偿，而债权人对其他债务人也仍然可以主张债权，在此情形下，该债务人在行使内部追偿权时，不得影响债权人债权的实现。

第二次追偿规则是由《民法典》第 519 条第 3 款规定的，该款规定："被追偿的连带债务人不能履行其应分担份额的，其他连带债务人应当在相应范围内按比例分担。"依据这一规定，某个连带债务人实际承担的债务如果超过了自己的债务份额，在向其他债务人追偿时，某连带债务人因为破产、资不抵债等各种原因，导致其无法履行债务，而其他连带债务人已经按照债务份额履行了债务，此时，如果不允许行使追偿权的连带债务人向其他债务人追偿，则事实上将由行使追偿权的债务人承担追偿权不能实现的风险，这显然有失公平。① 因此，该条明确了连带债务人之间债务份额的二次分担规则，其适用条件如下。

第一，某个连带债务人实际承担的债务超过了自己的债务份额，这也是该连带债务人行使追偿权的前提。

第二，某个被追偿的连带债务人不能履行其应分担份额。例如，该债务人因为资不抵债、破产等原因，无法履行其应分担的债务份额。

第三，其他债务人应当在相应范围内按比例分担。例如，连带债务人甲、乙、丙、丁共同对债权人戊负担 1 000 万元连带债务，各自应当负担 250 万元的份额，甲单独履行了 500 万元，而乙、丙也单独承担了 250 万元的债务，而丁并未清偿，此时，甲向丁追偿 250 万元，丁因已无资产，所以无法在追偿之债中向甲作出履行。在此情形下，甲本应追偿的 250 万元面临无法实现的风险，此时，甲是否可以请求乙、丙分担？这就是二次分担规则所要解决的问题。依据《民法典》第 519 条第 3 款，在此情形下，乙、丙应当与甲共同分担剩余的 250 万元债务。

当然，无论是行使何种追偿权，前提必须是连带债务人实际享有追偿权。关于连带债务中各个债务人内部债务份额的确定，《民法典》第 519 条第 1 款规定："连带债务人之间的份额难以确定的，视为份额相同。"依据该款规定，除法律另有规定或者当事人另有明确约定外，债务人应当平均分担债务。当某一债务人所清偿的债务超出其所应分担的债务数额时，其有权向其他连带债务人在其未履行的数额内追偿。当然，按照私法自治原则，债务人可以抛弃其追偿权。如果作出履行的债务人明确向其他连带债务人表示抛弃其追偿权，则该行为对所有连带债务人发生效力，此时，作出履行的债务人无权再向其他连带债务人求偿。

（3）部分连带债务人履行、抵销债务或者提存标的物行为的效力。

依据《民法典》第 520 条第 1 款规定，"部分连带债务人履行、抵销债务或者提存标的物的，其他债务人对债权人的债务在相应范围内消灭；该债务人可以依据前条规定向其他债务人追偿"。依据这一规定，部分连带债务人履行、抵销债务或者提存标的物的行

---

① 参见黄薇主编：《中华人民共和国民法典合同编解读》，181 页。

为将产生绝对效力。在债法理论中，有绝对效力说与相对效力说的区分。所谓绝对效力，是指某些事项不仅对个别债务人产生效力，而且对所有债务人都能产生效力。① 所谓相对效力，是指某些事项仅对部分债务人发生效力，或者仅针对特定的债务人。在债法中，相对效力是原则，绝对效力是例外。所以在《民法典》中，绝对效力事项是由法律明确规定的，在法律没有明确进行规定时，仅产生相对效力。法律规定部分连带债务人履行、抵销债务或者提存标的物行为产生绝对效力，主要原因均是能够使债权人债权得到实现的事项。例如，某一债务人对债权人作出了清偿，该清偿行为对其他连带债务人也产生效力，其与债权人之间的连带债务也因此消灭。另外，规定绝对效力也有利于避免在当事人之间产生循环求偿的法律关系。②

第一，部分连带债务人的履行、抵销、提存导致其他债务人的债务在相应的范围内消灭。这就意味着，因履行、抵销、提存事项导致债务消灭时，其他债务人也免于就该部分债务承担责任，因而其也属于具有绝对效力。例如，甲拥有对乙、丙、丁三人的债权 300 万元，乙、丙、丁三人为连带债务人。乙向甲无论是采取履行、抵销还是提存的方式清偿了 200 万元的债务，对于余下的 100 万元债务，乙、丙、丁都负有向甲继续清偿的义务。乙在内部关系中，依据《民法典》第 519 条的规定，可以向丙、丁追偿。第 520 条第 2 款和第 3 款，针对免除和混同的情形，则并未规定追偿问题。这主要是考虑到，如在上例中，甲若免除了乙的 100 万元债务，或甲与乙发生混同的情形，丙、丁就还需对甲承担 200 万元债务，乙并不享有追偿权。实际上，免除和混同具有限制的绝对效力。

第二，该作出履行、抵销、提存的债务人可以依法向其他债务人追偿。在某一连带债务人对债权人作出履行、抵销、提存时，将导致债权人的债权相应地消灭，这也会相应地减轻其他债务人的债务，从这一意义上说，抵销、提存等产生的效力与履行债务的行为类似，在此情形下，如果该债务人作出的履行等行为超出了其内部债务份额，则其应当可以依法向其他连带债务人追偿。从比较法上来看，一些国家的民法典以及示范法都确认了类似的规则。③

（4）债权人免除部分连带债务人债务的效力。

如果债权人向全体债务人作出免除债务的意思表示，则整个债务将因此消灭。但如果债权人仅向部分债务人作出免除债务的意思表示，则将对其他连带债务人产生何种效力？从理论上看，关于债权人免除行为的效力，主要存在如下两种学说：一是相对效力说。相对效力是指免除行为仅仅对被免除的债务人生效，债权人仍然可以向其他债务人请求赔偿。也就是说，债权人在免除部分债务人的债务后，该行为仅对被免除的债务人发生效力，不影响债权人对其他连带债务人的请求权。二是绝对效力说。绝对效力是指免除一个连带债务人的义务，将导致所有连带债务人的义务也一并消灭。按照此种观点，如果债权人免除了部分连带债务人的债务，该行为将产生免除其他连带债务人债务的效

---

① 参见黄立：《民法债编总论》，579 页，北京，中国政法大学出版社，2002。

② 参见郑玉波：《民法债编总论》，393 页。

③ 参见《意大利民法典》第 1301 条，《商事合同通则》第 11.1.6 条。

力。对此，《民法典》第520条第2款规定："部分连带债务人的债务被债权人免除的，在该连带债务人应当承担的份额范围内，其他债务人对债权人的债务消灭。"该规定实际上采纳了限制绝对效力。一方面，免除使被免除人不再负有债务，其他债务人也扣除免除的部分，在剩余的债务范围内，承担责任。另一方面，其他债务人在承担债务后，也不能向被免除人追偿。所谓限制绝对效力，指的是其他连带债务人不能追偿，免除的效力仅在连带债务人应当承担的份额范围内，其他债务人对债权人的债务消灭。例如，甲、乙、丙共同向丁承担900万元的连带债务，其内部份额为各300万元。丁免除了甲的300万元债务，该免除仅仅只是对甲有效，即甲不再承担清偿债务的责任，乙、丙并不因为300万元的免除而减少其应当向丁清偿600万元的债务。乙、丙就600万元承担连带债务。乙、丙在承担600万元债务后也无权向甲进行追偿。

从《民法典》第520条第2款规定来看，债权人免除部分连带债务人债务的，将产生限制绝对效力。一方面，债权人免除部分连带债务人的债务，如果按照相对效力说，则该行为不会对其他连带债务人产生影响，而从该条规定来看，该行为会对其他连带债务人的债务产生影响，因此，其不属于相对效力。另一方面，如果按照绝对效力说，在债权人对某个债务人作出免除后，应当导致其他连带债务人的债务相应消灭的效力，其他债务人可以进行追偿，而从该条规定来看，其他债务人对债权人的债务只是在被免除债务的债务人应当分担的债务份额内消灭，其他债务人在承担债务后也不能向被免除的债务人追偿。正是因为这一原因，该款的规定采取了限制绝对效力的做法，即债权人免除部分债务人的连带债务将导致在该债务人应当承担的份额内，其他债务人的债务一并消灭。①

我国《民法典》之所以采取限制绝对效力的规则，主要原因在于，如果遵循相对效力，则其他债务人在承担责任后，又无法向被免除债务的连带债务人追偿，其利益将受到严重的侵害；而如果遵循绝对效力，那么事实上债权人免除部分连带债务人债务将导致所有债务人债务的免除，这与债权人的真实意思相悖。因此，不论是相对效力还是绝对效力，都无法实现当事人权利义务关系的平衡，因此，我国《民法典》采取了限制绝对效力的模式，主要是考虑到此种做法可以有效平衡债权人的意愿与债务人的保护。②

(5) 关于部分连带债务与债权混同的效果。

如果部分连带债务人的债务与债权人的债权同归于一人，此时就出现了混同。如果连带债务人的债务与债权人的全部债权混同，则当事人之间的法律关系就相对简单。问题在于：如果部分连带债务人的债务只是与债权人的债权发生部分混同，此时将产生何种效力？例如，甲、乙、丙三人对丁负担900万元的连带债务，后甲获得了丁500万元的债权，因而，甲的债务与对丁的债权之间发生了混同，在此情况下，应当如何处理？对此，《民法典》第520条第3款规定："部分连带债务人的债务与债权人的债权同归于一人的，在扣除该债务人应当承担的份额后，债权人对其他债务人的债权继续存在。"该条规定具体分为如下规则。

第一，扣除发生混同的债务人应当承担的份额。这就意味着，就发生混同的债权债

---

①② 参见黄薇主编：《中华人民共和国民法典合同编解读》，197页。

务关系而言，将从所有的债务份额中予以扣除，其他的债务人也不对这一部分承担责任。因此，混同具有绝对效力。例如，在上例中，甲、乙、丙各自向丁负担 300 万元债务，甲获得了丁 500 万元的债权，因此，应当在该 500 万元中扣除 300 万元，视为甲已经清偿了对丁的部分债务。

第二，债权人对其他债务人的债权继续存在。一方面，因为其属于连带债务，所以，即便发生了部分混同，债权人也只是获得了部分清偿，其仍然有权请求各个债务人清偿剩余的全部债务。另一方面，在发生部分混同后，发生混同的债务人可以在其内部债务份额外，要求其他债务人清偿。

从该条规定来看，其采取的是有限的绝对效力。在发生混同的情形下，混同也会对其他债务人发生效力，但是其他债务人在扣除混同部分之后承担责任的，并不能向产生混同的债务人进行追偿。

（6）债权人对部分连带债务人受领迟延的效力。

如果某个或者部分连带债务人向债权人作出履行，而债权人受领迟延，在此情形下，产生何种效力？《民法典》第 520 条第 4 款规定："债权人对部分连带债务人的给付受领迟延的，对其他连带债务人发生效力。"依据该条规定，债权人受领迟延也会对其他连带债务人发生效力。从比较法来看，普遍认为，债权人受领迟延可以发生绝对效力，即对其他债务人均可产生效力。其原因在于，连带债务中，任何一个债务人的清偿将导致其他债务人的债务在清偿的范围内消灭，所以债权人因为自身原因造成了迟延，将导致其他债务人也同样受有该利益。[①] 我国《民法典》采纳了这一规则。由此可见，债权人受领迟延将产生绝对的效力。

在债权人受领迟延的情形下，究竟对其他连带债务人产生何种效力？需要明确的是，债权人受领迟延并不会导致债权消灭。一是债权人无权请求受领迟延期间的利息。受领迟延的效果主要规定在《民法典》第 589 条和第 605 条。依据这两条的规定，受领迟延期间内债务人无须支付利息。二是标的物的风险负担发生移转。在买卖合同中，标的物毁损、灭失风险自买受人违反约定时移转于买受人。[②]

5. 连带债权

连带债权是相对于按份债权而言的，它是指具有连带关系的多个债权人之间所享有的债权。《民法典》第 518 条第 1 款第一分句规定："债权人为二人以上，部分或者全部债权人均可以请求债务人履行债务的，为连带债权。"这就对连带债权作出了规定。连带债权的特点在于：一是债权人为多数。连带债权是多数人之债的一种类型，其债权人必须为二人以上，至于债务人是否为二人以上则不必考虑。二是各个债权人之间具有连带关系，连带关系可以由法律规定，也可以由当事人约定。例如，《民法典》第 307 条规定了共有的动产和不动产所产生的债权债务，各个共有人对其共有财产所产生的收益等享有连带债权。再如，《民法典》第 75 条规定了法人的设立人在从事民事活动中，各个设立人之间享有连带债权。三是各个连带债权人都可以请求债务人履行全部债务，任何一

---

① 参见［德］迪特尔・梅迪库斯：《德国债法总论》，杜景林、卢谌译，611 页，北京，法律出版社，2004。
② 参见黄薇主编：《中华人民共和国民法典合同编解读》，200 页。

个债权人都可以接受债务人的履行，如果连带债权人中的任何一个债权人接受了债务人的全部清偿，连带债权也将因此消灭。

关于连带债权份额的确定，应当依据法律规定或当事人约定予以确定，但在法律没有规定以及当事人没有约定的情形下，依据《民法典》第521条第1款规定，“连带债权人之间的份额难以确定的，视为份额相同”。

在实践中，某个债务人向连带债权人作出清偿时，该债权人可能受领超出其份额之外的给付，在此情形下，将产生何种效力？例如，甲、乙、丙共同对债务人丁享有600万元的连带债权，甲、乙、丙内部约定，其各自的债权份额为200万元，但丁在向甲作出履行时，一次性履行了600万元，债务已全部清偿完毕。显然，甲受领的债权超出了其债权份额，对此，《民法典》第521条第2款规定：“实际受领债权的连带债权人，应当按比例向其他连带债权人返还。”依据这一规定，甲应当向乙、丙分别返还200万元。

《民法典》第521条第3款规定：“连带债权参照适用本章连带债务的有关规定。”依据这一规定，就连带债权人与债务人之间相互关系问题，以及连带债权人之间相互返还问题，也可以参照适用《民法典》关于连带债务有关履行、抵销、提存、混同等规则的规定。

三、选择之债和简单之债

（一）选择之债和简单之债概述

所谓选择之债，是指在债成立时就有两种以上的给付可供选择的债。《民法典》第515条规定：“标的有多项而债务人只需履行其中一项的，债务人享有选择权；但是，法律另有规定、当事人另有约定或者另有交易习惯的除外。享有选择权的当事人在约定期限内或者履行期限届满未作选择，经催告后在合理期限内仍未选择的，选择权转移至对方。”该条对选择之债作出了规定。

选择之债有广义和狭义之分。从广义上说，选择之债的范围较为广泛，其可以是对义务履行（如选择给付金钱或提供劳务）或标的物的选择；也可以是对不同履行时间、履行方式、履行地点的选择。除此之外，当事人甚至可以约定选择债务不履行的责任，其在性质上也应当属于选择之债的范畴。因此，凡在债的给付标的、履行时间、方式、地点、债务不履行的责任等方面可供选择的债，都为选择之债。选择之债并不是形成了数个不同的合同关系，而是由当事人在多个债务履行方式中作出选择。例如，甲乙订立借款合同后，由于乙无法偿还债务，双方又订立了以物抵债协议，该协议并非形成了另一种法律关系，而只是当事人约定的一种债务履行方式，因此，以物抵债协议的履行会导致原债务的消灭。

所谓简单之债，是指在债的关系成立后，债的关系当事人无法在数种给付中作出选择的债。对简单之债而言，债的标的较为单一，债务人应当严格按照法律规定或者当事人的约定履行债务，而不得以他种给付代替履行；债权人也仅能请求债务人按照债的要求履行债务，不得请求债务人提供他种给付以代替原定给付。因此，简单之债又可称为不可选择之债。①

选择之债与简单之债相比，主要具有如下区别。

第一，是否具有数个履行标的不同。对选择之债而言，债的标的有数个，而且各个给付的内容不同，因此才有选择的必要。而对简单之债而言，债的履行标的是单一的，债的关系当事人无法从数项履行中作出选择。

第二，债的内容或者履行方式不同。对选择之债而言，由于其有数项给付可供选择，因此，在选择权人作出选择之前，债的内容或者履行方式可能是不确定的。例如，债的关系当事人约定，债务人有权在数种标的物中进行选择，则在债务人作出选择之前，该选择之债的标的就是不确定的。从这个意义上说，选择之债是给付相对不确定的债。②而对简单之债而言，由于其给付是单一的，因此，债的内容以及履行方式等都是确定的，债务人应当严格按照债务的要求履行债务，债权人也应当按照债的要求履行协助义务等。简单之债一旦成立，任何一方当事人原则上都无法对债的内容或者履行方式作出选择。

第三，债在履行前是否需要当事人作出选择不同。对选择之债而言，在履行前，当事人必须在数个履行中作出选择。在选择之前，债的内容、履行方式等是不确定的，债也无法履行。因此，对选择之债而言，基于债权客体确定原则的要求，当事人必须在数个履行标的中作出选择，在当事人作出选择后，选择之债才能履行。而对简单之债而言，不需要债的当事人就债的履行作出选择。简单之债是债的常态形式，选择之债是当事人特别约定或者法律特别规定的特殊的债的形式。基于私法自治原则，当事人可以约定债的履行方式，如果当事人特别约定成立选择之债，则该约定应当具有法律效力。

（二）选择之债的履行

与简单之债相比，选择之债的特殊性主要体现在其履行方面，即在选择之债履行之前，一方对债的履行享有选择权，这也是选择之债的核心特征。

1. 选择权的特点

《民法典》第515条第1款规定：“标的有多项而债务人只需履行其中一项的，债务人享有选择权；但是，法律另有规定、当事人另有约定或者另有交易习惯的除外。”依据这一规定，选择之债中的选择权具有如下特点。

第一，选择权在性质上属于形成权，选择权人一旦行使选择权即可发生法律效力。一旦权利人作出选择，则债的履行的相关内容便因此确定，即因一方当事人的意思即可使债的履行的相关内容确定。选择权人在行使选择权时不得附条件或者附期限。

第二，选择权的行使效果是使给付得以确定。虽然在选择权行使前合同已经成立，但是给付的内容并不确定，通过选择权的行使，可以使给付的内容获得确定。选择之债中选择权的范围十分广泛。一般来说，选择权的范围既包括对标的物的选择（如约定出卖人可以在交付A套房与交付B套房之间进行选择），也包括对履行行为的选择（如选择债务履行的方式等）。

---

① 参见张广兴：《债法总论》，129～130页，北京，法律出版社，1997。

② 参见黄立：《民法债编总论》，360页。

第三，在效力上具有溯及性，一旦选择权人行使选择权，该选择权的效力溯及于选择之债成立之时。

第四，如果法律规定或合同约定双方或一方有选择权，则应当由有选择权的一方行使选择权。在没有法律规定或当事人约定的情形下，选择权归属于债务人。这是因为选择之债的目的在于便于债务人的履行，只有由债务人享有选择权才可以使债务的目的得到实现。

2. 选择权的行使

在选择权确定以后，应当如何行使选择权？由于选择权行使将使选择之债变成简单之债，这直接关系到合同义务的履行问题，对双方当事人关系重大，因此，有必要明确选择权的行使方式。一般而言，选择权的行使，应向相对人明确作出意思表示。如果一方享有选择权，该当事人行使选择权时，应当对对方当事人明确作出意思表示。选择权一旦行使，除权利人行使选择权是受欺诈、胁迫等原因而作出选择的以外，原则上不得撤销或者变更。在第三人享有选择权的情况下，第三人行使选择权应当向债权人和债务人作出选择的意思表示；如果仅向债的关系的一方当事人为意思表示，原则上不发生选择的效力。

3. 选择权的移转

选择之债中，选择权也可以依法发生移转。选择之债中，选择权的移转原则上应当由法律明确作出规定。关于选择权的移转，应当区分以下几种情况分别作出规定：

（1）当选择权归属于债务人时，如果债务人在约定期限内或者履行期限届满而未作选择，则债权人可以催告债务人选择，债务人在催告后的合理期限内仍未选择的，债务人不再享有选择权，而应当由债权人行使该选择权。

（2）当选择权归属于债权人时，如债权人在约定期限内或者履行期限届满而未作选择，则债务人可以催告债权人选择，债权人在催告后的合理期限内仍未选择的，债权人不再享有选择权，而应当由债务人享有选择权。

（3）当选择权归属于第三人时，如果第三人在约定期限内或者履行期限届满未作选择，则债务人可以催告第三人选择，第三人在催告后的合理期限内仍未选择的，选择权应当由债务人行使。①

应当注意的是，在选择之债中，如果数项可供选择的给付中有部分嗣后发生给付不能，则选择权人仅能在剩余的给付中作出选择；如果仅存一项可能的给付，则该选择之债便特定化，当事人应当按照债的要求履行债务。②《民法典》第515条第2款规定：“享有选择权的当事人在约定期限内或者履行期限届满未作选择，经催告后在合理期限内仍未选择的，选择权转移至对方。”该条规定了选择之债中发生履行不能的处理方法，这就是说，在当事人一方享有选择权的情形下，如果可选择的债务标的之中发生不能履行的情形，则享有选择权的当事人不能选择不能履行的标的，除非履行不能是由对方当事人造成的。例如，如果双方当事人约定，债权人可以在债务人画廊的两幅某著名画家的画

① 参见孙森焱：《民法债编总论》，上册，352页。

② 参见林诚二：《民法债编总论》，257～258页，北京，中国人民大学出版社，2003。

作中，选择一幅请求交付。但是，在债权人选择前，该两幅画作中的一幅，又被该画廊卖给他人。由于另行出售画作，导致债务不能履行的情形是由画廊的原因造成的，因此债权人的选择权便不受《民法典》第 516 条第 2 款的限制，债权人仍然可以选择请求画廊交付已经被出卖的画作。此时，如果发生了履行不能，债权人的合同请求权转化为违约损害赔偿请求权或违约金请求权，即使另一幅画作仍然可以交付，债权人仍然可以请求画廊承担违约责任。但如果该画作是被他人盗窃，致使画廊不能交付，那么由于该不能并非画廊造成的，债权人不能选择要求交付被盗窃的画作，而只能请求交付另一画作。

四、金钱之债与非金钱之债

（一）金钱之债和非金钱之债概述

金钱之债又称货币之债，它是指债务人必须以给付一定货币履行债务的债。《民法典》第 514 条将金钱之债称为“以支付金钱为内容的债”。金钱之债的标的物一般包括：通用货币、外国货币和特种货币。① 但就我国而言，由于外国货币、特种货币属于限制流通物，因此，这里所说的货币之债仅指以通用货币为标的物的债。《民法典》第 514 条规定：“以支付金钱为内容的债，除法律另有规定或者当事人另有约定外，债权人可以请求债务人以实际履行地的法定货币履行。”在我国国内交易中，作为金钱之债标的物的货币应当为人民币；如果当事人之间的交易是涉外交易，则当事人可以约定以外币交付，如果当事人没有约定，则债权人可以请求债务人以实际履行地的法定货币履行。

所谓非金钱之债，是指其给付是以金钱以外的其他物为标的的债。非金钱之债的范围十分广泛，依据给付内容的不同，可以将非金钱之债分为以下两类：一是交付财产之债，主要是指债务人需要按照债的内容向债权人交付一定的财产，以履行债务。此处所说的财产主要是指有形的财产类型，无形财产一般不发生交付的问题。例如，在买卖房屋合同、买卖汽车的合同中，债务人应当按照合同约定向债权人交付相关的财产，此类交易是最为典型的财产交易。二是提供服务之债，其主要是指债务人应当按照债的内容向债权人提供一定的服务，从而实现债的目的。提供服务之债一般以全部或者部分提供服务为债务的主要内容。债务人所提供的服务的范围十分广泛，如提供技术、文化、生活服务等。其又可以包括两大类：一类是债务人仅需要向债权人提供一定的服务，如提供保管服务等；另一类是债务人不仅需要向债权人提供服务，而且需要交付一定的工作成果，如承揽合同之债。而债权人一般需要向债务人支付相应的服务费用。②

需要指出的是，金钱之债与非金钱之债的区分，并非就债的总体而进行的区分，而仅仅是就债的部分内容进行的观察。例如，就房屋买卖而言，买受人负有支付货币的义务，因此，其负担的就是金钱债务（或称金钱之债）；而就出卖人而言，其负有交付房屋和移转房屋所有权的义务，因此，其负担的就是非金钱债务（或称非金钱之债）。

---

① 参见王家福：《中国民法学·民法债权》，60 页。

② 参见全国人大常委会法制工作委员会民法室：《中华人民共和国合同法及其重要草稿介绍》，150 页，北京，法律出版社，2000。

（二）金钱之债和非金钱之债的区别

金钱之债与非金钱之债的区别主要有以下几点。

第一，标的物不同。非金钱之债以货币之外的其他物作为标的物，或者以债务人向债权人提供一定的服务为标的。而金钱之债以一定的货币为标的物，由于货币是一般等价物，是财货交易的媒介、债务支付的手段、储蓄的方法。货币的所有权也具有其特殊性，即货币的占有往往可以推定为所有，这也决定了，金钱之债中货币所有权移转的特殊性。①

第二，能否发生履行不能不同。由于货币在性质上属于种类物，具有较强的流通性和可替代性，因此，金钱之债一般不发生履行不能的问题，即便债务人准备交付的货币因不可抗力灭失，债务人也不能援引不可抗力作为免责事由。

第三，债务的履行不同。由于金钱之债的标的为货币，因此，其在履行上具有一定的特殊性。从《民法典》第 514 条的规定来看，除法律另有规定或者当事人另有约定外，债权人可以请求债务人以实际履行地的法定货币履行。对金钱之债而言，债务人原则上不需要交付特定的货币，而仅需要向债权人交付等值的货币，债权人一般不得要求债务人交付特定的货币。对非金钱之债而言，当事人应当严格按照债的要求履行，不得主张以交付其他标的物代替当事人约定的标的物来履行债务。当然，如果当事人约定的标的物为种类物，而且该种类物未特定化，则债务人仍有权选择交付特定品质的标的物，而不需要交付特定的标的物。

第四，是否约定利息不同。由于金钱之债的标的为货币，所以，金钱之债的履行通常会伴随利息的支付，当事人一般会在金钱之债中约定，债务人应当向债权人支付相关的利息，从而产生利息之债。当然，在金钱之债中，利息之债的效力并非完全独立，而是附属于金钱之债，如果产生金钱之债的主合同被宣告无效，则利息之债也随之不成立。而非金钱之债以财产的给付或者服务的提供为标的，一般不会产生利息之债。

第五，对债的转让限制不同。金钱作为一般等价物不同于其他的物。其目的就在于流通，因此对于其转让应当受到较小的限制，对金钱债权的转让有利于鼓励融资。而对非金钱债权的转让受到更多的限制。所以，当事人约定非金钱债权不得转让的，不得对抗善意第三人，而约定金钱债权不得转让的，不得对抗第三人。

（三）金钱之债的履行

金钱之债的履行具有如下特点。

（1）原则上不发生履行不能的问题。与其他债的关系不同，由于金钱具有很强的可替代性，因此，金钱之债原则上必须实际履行，违约方不得以任何理由针对非违约方的履行请求作出抗辩。《民法典》第 579 条规定：“当事人一方未支付价款、报酬、租金、利息，或者不履行其他金钱债务的，对方可以请求其支付。”从该条规定来看，其实际上赋予非违约方一种继续履行的请求权，即在金钱之债中，不存在履行不能的问题，债权

① 参见郑玉波：《民法债编总论》，202 页。

人可以请求债务人实际履行。

（2）即使出现了不可抗力通常也不应当免除债务人的金钱债务。一般情况下，如果在债的履行过程中发生不可抗力，导致债务人履行不能，则债务人可以因此免责。但是，对金钱债务而言，即便发生不可抗力，债务人仍应当按照债的要求履行其债务。因为作为商品的一般等价物，货币是一种纯粹的可代替物，或称为特殊的种类物，不具有任何个性，任何等额的货币价值相等，可以互相代替，这就决定了金钱债务的标的即货币不可能发生不可替代的灭失，也不存在履行在经济上不合理的情况。债务人可能暂时遇到经济困难而不能交付，这也只会导致履行迟延，而不会导致履行不能，从而其也不能援引不可抗力免除责任。

（3）可能发生货币贬值的问题。与其他债的履行不同，金钱债务的标的物为货币，货币的币值与经济发展状况密切相关，极易发生波动，因此，金钱债务的履行可能发生货币贬值的问题。当然，为了维护债的关系的稳定性，在货币币值出现波动时，债的关系当事人原则上仍应当按照债的要求履行债务，而不得以货币币值变动为由请求增加或者减少给付数额。同时，按照私法自治原则，当事人可以约定保值条款，即当事人可以约定，在货币币值出现变动时，债的当事人应当适当增加或者减少给付，以维持债的标的的价值。例如，在长期租赁合同中，当事人可以在合同中约定保值条款，在合同履行过程中，如果货币贬值，当事人即可依据保值条款请求增加或者减少给付，按照私法自治原则，此种协议在法律上是有效的。当然，在例外情况下，即便当事人没有订立保值条款，也应当允许当事人请求增加或者减少给付。例如，在货币币值波动较为剧烈时，按照原定给付履行债务可能显失公平时，当事人可以依据情势变更原则请求适当增加或者减少原定给付的数额。

五、种类之债和特定之债

（一）种类之债和特定之债概述

种类之债是指以种类物的给付为标的的债。[①] 交易上所说的种类通常都是以物的性质等作为分类标准，包括产地（如金华火腿、道口烧鸡等）、用途（食品、药品等）、品质（如一级大米、优等混煤等）、商标（如奔驰汽车、雪花啤酒等）等。在法律上所说的种类也是以上述分类标准为基础的，并形成了所谓的种类物。种类物是指具有共同特征，可以用品种、规格或数量等加以度量的物，如某种标号的水泥、某种牌号的大米等。在现代社会，由于产品主要采用标准化、批量化的方式生产，因此，种类物的类型逐渐多样化，种类之债的适用范围也越来越广泛，种类物在交易中往往可以相互替代。在债法中，以种类物为标的物的债就称为种类之债。

特定之债是与种类之债相对应的概念。所谓特定之债，是指以特定物的给付为标的的债。特定物是指具有特定的特征，不能以其他物代替的物，如某幅图画、某个建筑物等。在交易中，不动产（如房屋、土地、树木等）以及某些动产（如宠物、宝石等），因

① 参见史尚宽：《债法总论》，238 页。

其具有特定性，所以只能为特定之债的标的物。在特定之债中，债务人应当按照指定的特定物履行债务，不得以其他物代替。特定之债一般包括两类：一是标的物自始特定的特定之债，即以特定物为标的物的债，例如，当事人之间订立了房屋买卖合同。二是标的物事后特定的特定之债。也就是说，在债的关系成立时，其为种类之债，但在履行前标的物特定化的，即转化为特定之债。

种类之债和特定之债是相对应的法律概念，但种类之债和特定之债也是可以互相转化的。例如，某画家乙的作品是特定物，一般是特定之债的客体，但如果甲向乙购买十幅画，并没有指定是哪十幅画，则应当在甲、乙之间成立种类之债。[①] 再如，在种类之债中，债务人为交付种类物而完成必要行为时，或者经债权人同意指定其应交付的标的物时，该种类之债即转化为特定之债，债务人应当以该标的物履行债务。[②] 但如果种类之债没有经当事人的指定转化为特定之债，则当事人应当按照合同目的的要求选择具有中等品质之物交付。

（二）种类之债与特定之债的区别

种类之债和特定之债主要具有如下区别。

第一，标的物不同。种类之债以交付种类物为客体，其标的物一般是可替代物。而对特定之债而言，其标的物既可以是特定物，也可以是种类物，即便其标的物是种类物，在该种类物特定化之后，债务人原则上也只能向债权人交付该特定的标的物，而不得以交付其他同类物予以替代。

第二，成立条件不同。特定之债中，由于标的物是特定物，因此，债的关系成立时无须就标的物的数量、质量等作出特别约定，债务人只需要按照债的要求向债权人交付该特定物即可。而在种类之债中，其标的物的性质虽然确定，但标的物的数量在债的关系成立时尚未确定，由于标的物数量是债的基本内容，是债成立的基本前提，如果标的物的数量无法确定，作为债的标的的给付也就无法确定。[③] 例如，当事人仅在合同中约定购买大米，但没有约定大米的数量，如果当事人事后无法根据《民法典》第 511 条的规定确定标的物的数量，且当事人事后不能达成补充协议，则应当认定该合同因标的不确定而无法成立。

第三，是否发生履行不能不同。[④] 由于种类物具有可替代性，即使债务人的某一部分种类物发生灭失，债务人也可以以其他物替代，或者到市场上购买替代物以代替履行。法谚云，“种类物不灭失（genus perire non censetur）”，因此，种类之债不发生履行不能[⑤]，一般不适用不可抗力免责规则。债务人一般不能以标的物已毁损灭失、事实上不能履行为由而对债权人实际履行的请求提出抗辩。当然，如果债务人实际履行的费用过高，则按照诚实信用原则，也应当允许债务人以损害赔偿代替实际履行。而对特定之债

---

① 参见黄立：《民法债编总论》，340 页。

② 参见郑玉波：《民法债编总论》，200 页。

③ 参见史尚宽：《债法总论》，239 页。

④ 参见张广兴：《债法总论》，129 页。

⑤ 参见郑玉波：《民法债编总论》，201 页。

而言，由于标的物是特定的，故可能发生履行不能的问题。在买卖合同的风险负担规则中，风险负担的转移必须以标的物特定化为前提。

第四，债务的履行不同。对种类之债而言，其只有在特定化之后才能履行。尽管种类之债中，当事人可能只是约定交付种类物，但在其履行时，必须将种类物中作为履行标的物的部分从该种类物中分离出来，加以具体确定，否则将无法实际履行。虽然这种分离导致种类之债的变更，即由种类之债变更为特定之债使当事人能够履行合同，但合同的内容没有任何改变。而对特定之债的履行而言，不存在特定化的问题，特定之债的标的本身就是特定的，债务的履行不需要经过特定化的程序。

（三）种类之债的成立与履行

种类之债的成立除了应当具备债的成立的一般条件，还应当具备如下条件。

（1）标的物是可替代的种类物。如前所述，法学上所谓“种类”，是指按照一般交易观念，具有某些共同特征的一类物品。物品的共同特征越多，则该类物品越具有种类物的特点。种类物通常是可以替代的物，例如，大米、蔬菜等。如果债的标的物是特定物，则其应当属于特定之债。

（2）标的物的数量应当确定。种类之债的标的物虽然是以种类表示的，但应当有明确的数量，否则可能因标的不确定而导致债的关系无法成立。例如，在标的物为种类物的合同之债中，一般而言，当事人应当在合同成立时约定标的物的数量，否则可能因约定不明而导致合同无法成立。当然，标的物数量不确定也不必然导致种类之债无法成立，当事人也可以在事后通过补充约定的方式确定标的物的数量。

（3）标的物的质量应当确定。种类之债中，标的物的质量应当确定，如果当事人没有对标的物的质量作出约定，则应当依据《民法典》第511条的规定予以确定，该条第1项规定：“质量要求不明确的，按照强制性国家标准履行；没有强制性国家标准的，按照推荐性国家标准履行；没有推荐性国家标准的，按照行业标准履行；没有国家标准、行业标准的，按照通常标准或者符合合同目的的特定标准履行。”这是事后确定标的物质量的补充性规定。

在此需要讨论的是：如果种类之债的标的物质量不确定，是否影响种类之债的成立？本书认为，对此应当具体分析，标的物的质量是债的内容的重要组成部分，在种类之债中，虽然标的物并非完全特定，但当事人也应当就标的物的质量作出约定，如果当事人未约定，则应当依据《民法典》第511条的规定确定其质量，如能确定，则一般不应当影响合同的成立。但如果依据上述标准仍无法确定标的物质量，则可能导致种类之债无法成立。[①] 例如，乙为某粮油企业，长期出售多种品质的大米，甲向乙表示将购买其10吨大米，但没有指定是何种品质的大米，如果依据《民法典》第511条的规定仍然无法确定甲购买何种品质的大米，该种类之债即无法成立。基于这一原因，标的物质量确定应当是种类之债成立的必要条件之一。

---

① 参见［德］迪特尔·梅迪库斯：《德国债法总论》，杜景林、卢谌译，153页。

（四）种类之债的履行

种类之债的履行以标的物的特定化为条件，种类之债的标的物一旦特定化，则种类之债即转化为特定之债，当事人应当按照债的要求履行债务。在标的物特定化之后，虽然债的内容发生了一定的变化，但债的内容的同一性并不受影响，因此，原债务之上的担保等仍然有效。

（1）依当事人的约定和债权人的同意而特定。按照私法自治原则，种类之债可以依据当事人的约定和债权人的同意而特定。一方面，种类之债可以因当事人的约定而特定化；另一方面，种类之债可以依债权人的同意而特定化，即在债务人指定某物交付时，债权人事前同意或事后认可，该物就成为特定物。例如，当事人订立沙发买卖合同，买受人只是指出了沙发的品牌、型号等，没有指定要哪一个沙发，如果出卖人将某沙发包装后的图片发给买受人看，买受人表示同意，则该套沙发便已经特定化。

（2）依债务人的行为而特定。如果当事人在合同中没有约定使标的物特定化的方法，就应当由债务人在履行时将种类物的一部分分离出来，并予以交付。在债务人交付标的物的行为完成后，标的物也已特定化，此时种类之债就转化为特定之债。债务人的行为达到何种程度标的物才能特定化？本书认为，在当事人没有约定的情形下，只有债务人将标的物同其他种类物分离，并且通知债权人的，标的物才能特定化。

在种类之债的标的物特定化以后，种类之债已经转化为特定之债，债务人应当向债权人交付特定的标的物。例如，在某“混煤买卖纠纷案”中，在合同订立时，当事人甲、乙只是约定购买100吨的混煤，山西混煤在性质上属于种类物，当事人在合同订立时并没有明确约定给付特定的混煤，因此，在当事人之间应当成立种类之债。但后来卖方乙将混煤确定为100吨优质混煤，并由买方甲现场确认，此种情况即属于因债权人的指定行为而确定标的物。此时，既然标的物已经确定，该种类之债已经转化为特定之债，乙应当按照约定向甲交付甲确定的混煤，而乙只向甲交付普通混煤，显然违反了合同约定，乙应当向甲承担违约责任。

问题在于：在种类之债特定化以后，当事人能否对已经特定化的标的物进行变更？本书认为，既然已经转化为特定债权，原则上不应该再允许变更。但在种类之债中，当事人以何种标的物履行债务，应当属于当事人意思自治的范畴，因此，即便种类之债已经特定化，债的双方当事人也可以通过协商变更标的物。对此法律应当允许。

第四节 合同法与债法的关系

一、债法的概念

债法又称为债权法、债务关系法，它是指调整债权债务关系的法律规范的总称。在《德国民法典》制定之前，学者一般使用“债权法”的称谓，以突出债权（Forderung）的概念。但《德国民法典》将债编称为“债务关系编”（Schuldverhältnis）。此种称谓表明，其是从债务人视角、而非债权人视角来规范债的关系的。[①]《日本民法典》将债编称为“债权编”，此种称谓凸显了债权的意义，从而符合权利本位的理念。本书认为，无论将债法称为“债权法”，还是将其称为“债务关系法”，都并不十分妥当。虽然债权和债务是相互对立的，但两者毕竟又具有相应性，债权毕竟对应着债务，反之亦然。所以，将其称为“债法”凸出了债法的包容性，无论是债权还是债务，都可以涵盖其中。

债法是以债的关系为其调整对象的，此种关系是指特定人之间请求为一定行为或不为一定行为的关系。[②] 债法的调整对象也称为给付关系，这就是说，债的关系主要是特定当事人之间以给付为内容的关系。这种给付关系，从债权人的角度来看，是请求债务人作出给付的权利，而从债务人的角度来看，是向债权人作出给付的义务。通常来说，债的关系当事人之间互负给付义务，因此，债主要是交易关系的体现。给付的典型形态是交付财产和提供劳务，但也可以是照顾他人、协助、通知等。此外，如果某种不作为义务的价值也可以用金钱来衡量，那么其在性质上也应当属于给付。例如，企业高管的竞业禁止义务具有财产性，一旦违反，也会造成公司的财产损失，因此，属于财产给付的范畴。从规范的构成来看，各国或地区民法典都规定了有关债的发生、债的效力、债的移转、多数人之债、债的消灭等债法总则的一般规范，以及各种具体类型债和具体合同的规范，由此构建了一个内容大体相同的债法规范体系。[③]

二、合同法与债法的关系

合同法是债法的组成部分，债包括意定之债和法定之债，而合同法是调整意定之债的规则，因此，其属于债法的组成部分。传统的债权体系主要是以合同法为中心建立起来的：一方面，一部债法主要就是合同法，侵权法的规范较少，甚至寥寥无几。债法中，侵权法的规范与合同法的规范极不成比例，内容本来极为丰富的侵权法完全被大量的甚至以上千个条文表现出来的合同法规范所淹没。另一方面，债法总则的内容大多源自合同法，且主要适用于合同关系。大陆法系国家民法典中的债法体系主要围绕合同法进行结构设计，表现为强烈的合同法主导型的结构。债法总则大量替代了合同法总则的内容。但从我国《民法典》体例结构来看，我国《民法典》没有设置债法，而是采取将合同法与侵权责任法分别设立的模式。因而，我国《民法典》中不存在形式上的债法体系。

但是，这并不意味着我国《民法典》中完全没有债法，从实质意义上的债法来看，我国《民法典》中规定了大量的债法规则，具体表现在：一是《民法典》明确规定了债权债务的概念，并将许多合同编的规则适用于合同之外的债的关系。二是以准合同的形式规定了合同之外的债的关系，包括不当得利、无因管理，并在合同编中规定了单方行为发生之债（《民法典》第499条）和缔约过失之债（《民法典》第500条）。三是明确规定了债的基本分类，包括金钱之债与非金钱之债，选择之债、可分之债，按份之债、连

① 参见杜景林：《德国债法总则新论》，1页，北京，法律出版社，2010。
② 参见王泽鉴：《民法学说与判例研究》，第4册，85页，台北，自版，1979。
③ 参见柳经纬：《我国民法典应设立债法总则的几个问题》，载《中国法学》，2007（4）。

带之债，连带债权、连带债务等债的规则。四是关于债务不履行的责任方面，规定了债务人提前履行债务、部分履行债务等的责任（《民法典》第 530 条、第 531 条）。因此，在我国《民法典》中，虽然不存在形式意义上的债法，但仍然存在实质意义上的债法，合同法既发挥着债法总则的功能，与此同时，合同法也是债法的组成部分。

三、合同法通则发挥债法总则的功能

如前所述，我国《民法典》并没有设立独立的债编，而是设置了合同编，将许多债法规则纳入其中，并在合同编中规定了准合同制度，对不当得利和无因管理这两种法定之债作出规定。立法机关经过反复研究，决定不设置债法总则编，而仅规定合同编，可以说，合同编以合同为中心，吸收了债法总则的规则，建立起了完整的制度体系，能够适应社会实现的需求。在这种模式下，合同编事实上扩张了合同法的功能，承担了债法总则的功能。独特的合同中心主义的确立，很大程度上是考虑到了中国现实需要。一方面，此种模式有利于维护合同法总则的完整性。合同法总则具有自身的完整体系，我国 1999 年颁布的《合同法》总则的规则是按照合同发生及发展的时间先后顺序而设计的，即从合同的订立、生效、履行到违约及其救济等。这种“单向度”使合同法的规则具有十分明显的“同质性”（homogeneity）的特点，侵权法规则显然并不具有这一特点。如果要设置债法总则，则会导致将合同法总则的大量内容纳入债法总则之中，从而导致合同法总则被分解。另一方面，如此也可避免法律规则相互重复、层层嵌套、叠床架屋。由于债法总则主要也是调整交易的规则，该规则可能与民法总则中的法律行为制度，以及合同法的内容发生重复。因此不规定债法总则，以合同编发挥债法总则的功能，也便于法律的简约和规则的适用。

具体而言，合同编通则发挥债法总则的功能，主要表现在：第一，单方法律行为之债被规定于合同订立部分。《民法典》第 499 条规定：“悬赏人以公开方式声明对完成特定行为的人支付报酬的，完成该行为的人可以请求其支付。”将单方法律行为之债规定在合同订立部分，使单方法律行为没有因为债法总则的缺失而被遗漏。第二，合同履行一章（合同编第四章）规定了债的分类。债法分类规则是传统债法中的必要内容，我国《民法典》在合同履行部分对其作出了规定：一是金钱之债（第 514 条），二是选择之债（第 515～516 条），三是按份债权与按份债务（第 517 条），四是连带债权与连带债务（第 518～521 条）。多数人之债，虽然广泛适用于合同编、侵权责任编、继承编[①]，但由于合同编承担了统摄债务履行的功能，因而也被置于合同履行的部分。合同履行一章中还规定了债务人向第三人履行（第 522 条），第三人代为履行（第 524 条）。这些规定都应当是债法总则的内容。另外，在第七章“合同的权利义务终止”中，还规定了清偿抵充（第 560～561 条）。第三，在合同编通则中区分了债权债务与合同的权利和义务的概念，例如，在第六章“合同的变更和转让”中，规定了债权转让与债务移转，但合同的

---

① 参见［德］迪尔克·罗歇尔德斯：《德国债法总论》（第七版），沈小军、张金海译，415 页，北京，中国人民大学出版社，2014。

概括转让，采取“合同的权利和义务一并转让”的表述（第556条），表明债权转让与债务移转可以适用于合同外的债权债务转让，但合同的概括转让仅仅适用于合同关系。第四，合同编单独设立“准合同”分编（第三分编），对无因管理（第二十八章）、不当得利制度（第二十九章）进行规定。

四、债的法律适用

（一）因合同产生的债的法律适用

因合同产生的债，适用合同编的规则。《民法典》第463条规定：“本编调整因合同产生的民事关系。”依据该条的规定，对因合同产生的债的关系而言，应当适用合同编的规定。当然，依据《民法典》第11条的规定，其他法律对民事关系有特别规定的，依照其规定。因此，如果特别法对合同关系作出了特殊规定（如《旅游法》对旅游服务合同作出了规定），则应当优先适用特别法的规定，只有在特别法没有对相关的合同关系作出规定时，才适用民法典合同编的一般规定。

因合同产生的债的法律适用，涉及民法典合同编通则和典型合同的关系。这两部分也是一般规范和特别规范的关系。因此，在涉及具体合同的法律适用时，应当首先适用典型合同分编所规定的特别规范。

（二）非因合同产生的债的法律适用

所谓非合同之债，又称为法定之债，是指因法律规定而在当事人之间产生的债权债务关系，其主要包括不当得利之债、无因管理之债、侵权损害赔偿之债等。《民法典》第468条规定：“非因合同产生的债权债务关系，适用有关该债权债务关系的法律规定；没有规定的，适用本编通则的有关规定，但是根据其性质不能适用的除外。”该条扩张了合同编通则的适用范围，使合同编通则不仅仅在合同编发挥作用，同时发挥债法总则的功能。

1. 非合同之债适用有关该债权债务关系的法律规定

由于我国民法典没有设置债法总则，为妥当规定各类法定之债（如不当得利、无因管理等）的规则，合同编借鉴英美法和法国法上“准合同”的概念，单设第三分编，对各类法定之债的规则作出规定，并将其置于合同编最后。所谓准合同，是指类似于合同的债的关系。[①] 准合同的概念起源于罗马法，盖尤斯认为，不当得利、无因管理也在一定程度上体现了当事人的意思，因此是类似于合同的债的关系[②]，这一观点后来被法国法和英美法所吸收。由于合同编中设置了准合同一章，因此，不当得利、无因管理的相关规则也纳入合同编中调整。此外，《民法典》第499条规定的悬赏广告，作为单方行为受到合同编通则的调整。合同编要发挥债法总则的功能，就必须在一般规定中对非因合

---

① 参见李世刚：《中国债编体系构建中若干基础关系的协调》，载《法学研究》，2016（5）。

② 参见丁超：《论准契约的基本问题》，载费安玲主编：《学说汇纂》，第3卷，68页，北京，知识产权出版社，2011。

同产生的债权债务规则进行规定。

依据《民法典》第468条的规定，非因合同产生的债权债务关系，如不当得利、无因管理首先适用准合同分编的规定；再如侵权之债，首先要适用有关该债权债务的法律规定。这就是说，不当得利、无因管理首先要适用准合同的规则，对悬赏广告首先要适用《民法典》第499条的规定，侵权损害赔偿之债首先要适用侵权责任编的规定。例如，违反安全保障义务的行为作为侵权责任中的特殊侵权形态，首先适用侵权责任编关于违反安全保障义务的责任，但如果当事人之间就安全保障义务的内容事先作出了约定，一方违反该约定后如何确定违约责任，由于侵权责任编没有具体规定，则可以适用合同编的相关规定。之所以要适用特别法律的规定，一方面是因为，这些债的关系是法定之债，与合同之债这种意定之债不同。例如，不当得利、无因管理虽然与合同类似，但其终究并非合同关系。另一方面，经过法律的发展，不当得利、无因管理等制度已经形成了自身特殊的规则，应当优先适用其自身的规则。还应当看到，不当得利、无因管理等虽然被放在准合同部分，但与合同编通则相比，其也属于特别规定，因而应当优先适用。只有在没有特别规定时，才能适用合同编通则的规定。

2. 如果没有特别规定，非合同之债适用合同编的规定

严格地说，非因合同产生的债权债务关系一般不涉及典型合同的相关规则，因为其并非因为合同产生，也没有以具体合同关系为前提，如果存在基础合同关系，就不再属于非因合同产生的债权债务，因此合同编关于典型合同的规定原则上并不能适用于非因合同产生的债权债务关系。但是，在没有特别规定的情形下，依据本条的规定，非合同之债也可以适用民法典合同编的规定，其主要理由在于：一方面，非合同之债中的一些类型与合同关系十分密切，类似于合同关系。例如，在无因管理中，无因管理与委托合同关系密切，内容都是管理他人事务。因此，关于无因管理的规则可能要适用委托合同的规定，正是基于这一原因，《民法典》第984条规定："管理人管理事务经受益人事后追认的，从管理事务开始时起，适用委托合同的有关规定，但是管理人另有意思表示的除外。"除此种情况外，非因合同产生的债权债务关系一般不涉及有名合同规则的问题。另一方面，即便是在侵权责任编中，有些债的关系也涉及债的履行、保全等债的共通性规则的适用，而从我国民法典合同编的规定来看，这些债的一般性规则是规定在合同编之中的，因此，非合同之债也有适用合同编通则规定的可能。例如，侵权损害赔偿之债也可能有抵销、清偿抵充、保全甚至特定情形下的转让等问题，由于侵权损害赔偿在性质上仍然属于一种债的关系，只不过是因侵权行为产生，在发生抵销、清偿抵充、保全、甚至转让等问题时，也可以准用合同编通则的规则。《民法典》第468条为侵权损害赔偿之债适用债的一般规则提供了法律依据。

关于合同编通则中可以适用于非合同之债的规则，《民法典》的相关规定中存在 定的标志。如果条文中使用的是"债"、"债权"或者"债务"，这意味着该条文能够适用于所有的债。但如果条文中使用的是"合同"、"合同的权利"或者"合同的义务"，这意味着该条文仅能够适用于合同之债。

需要指出的是，并非所有的非合同之债，都能够适用合同编通则。依据《民法典》第468条，"非因合同产生的债权债务关系，适用有关该债权债务关系的法律规定；没有规定的，适用本编通则的有关规定，但是根据其性质不能适用的除外”，这就需要根据非因合同产生的债权债务关系的性质确定能否适用合同编通则的规定，即有必要对非因合同产生的债权债务进行区分，依据其性质来确定能否适用合同编通则。所谓依据其性质来确定，也就是说，如果非合同之债产生的特定的债权债务关系与合同的相关规则和性质是冲突的，存在本质差异，则不能适用合同编通则的规定。例如，侵权法中有关侵害生命权、健康权的法定损害赔偿，其赔偿范围、赔偿项目等是法律明确规定的，因而不能适用合同编通则的规定。但是，依据其性质与合同编规则并不矛盾和冲突的关系，则可以适用。

对有些债的关系而言，需要区分其内容而分别确定其能否适用合同编通则的规定，如果其内容属于债的一般规则，就意味着可以适用合同编通则的规定，但如果其属于特有规则，不能适用债的一般规则，则无法适用合同编通则的规定。例如，在保理合同中，应收账款债权人与债务人虚构应收账款作为转让标的，与保理人订立保理合同的，应当适用民法典合同编典型合同中关于保理合同的相关规定（《民法典》第763条）。这属于保理合同的特别规则，所以不能适用合同编通则的规定。

思考题

1. 简述债的概念及特征。
2. 试述债务与责任的关系。
3. 简述单一之债与多数人之债的区别。
4. 简述按份之债和连带之债。
5. 简述选择之债和简单之债。
6. 简述金钱之债与非金钱之债。
7. 试述非因合同产生的债的法律适用。

PART TWO

2

|第二编|

总论

第三章

合同的订立

案例

甲（某化妆品公司）在当地电视台发布广告，称本公司生产的某品牌的面膜物美价廉，且备货充足，来款即发货。乙（某商场）随即向甲指定的账户汇款，要求购买价值10万元的该品牌面膜。但甲回函称，该品牌的面膜已经售罄。乙主张，双方当事人的合同关系已经成立，如果甲不能按照其允诺发货，则应当承担相应的违约责任。双方为此发生争议。

简要评析：依据《民法典》第473条的规定，商业广告原则上属于要约邀请，相对人的复函不能构成对商业广告人的承诺。但商业广告的内容具体、确定，符合要约的成立要件的，也可以认定为要约。在该案中，甲公司在其发布的商业广告中声明其所生产的某品牌的面膜备货充足，来款即发货，在内容上具体、确定，应当认定为要约。乙公司向其付款、发函，在性质上已经构成承诺，合同关系因此成立。在甲无法按照约定履行义务时，乙有权请求甲承担违约责任。

第一节　合同的成立和法律拘束力

一、合同成立的概念

合同的成立，是指合同各方当事人的意思表示一致。换言之，当事人对合同的主要条款达成合意。如果是在双方当事人之间订立的，合同就是在双方之间达成合意；如果是在多方当事人之间订立的，合同是由所有当事人达成合意。合同的成立是合同履行、变更、终止、解释等制度的前提，也是认定合同效力的基础。如果合同根本没有成立，那么确认合同的有效和无效问题也就无从谈起。此外，合同的成立也是区分违约责任与缔约过失责任的重要标志。在合同成立以前，合同关系不存在，因一方的过失而造成另一方信赖利益的损失属于缔约过失责任范畴而不属于违约责任范畴。只有在合同成立以后，一方违反义务才构成对合同义务的违反并应负违约责任。

就此，我国《民法典》第 465 条第 1 款规定："依法成立的合同，受法律保护。"第 502 条第 1 款规定："依法成立的合同，自成立时生效，但是法律另有规定或者当事人另有约定的除外。"可见，在一般情况下，合法的合同一经成立便生效，合同成立的时间也就是合同生效的时间，因此，合同成立的时间可以成为判断合同生效时间的标准。[①] 合同成立是审理整个合同纠纷的前提和基础，合同成立是合同生效的前提。依据《合同编通则解释》第 3 条第 3 款的规定，在当事人主张合同无效或者请求撤销、解除合同等情形下，如果人民法院认为合同不成立，则应当依法将合同是否成立作为焦点问题进行审理。

二、合同成立的要件

合同的成立应当具备以下要件：

（一）存在双方或多方当事人

合同是双方或多方当事人意思表示一致的产物，所以合同的成立必须存在双方或者多方当事人。如果仅有一方当事人，则无法形成意思表示一致也就不能成立合同。例如，甲以某公司的名义订立合同，如果并不存在该公司，则可以认为不存在一方当事人，合同不能成立。合同当事人又称为合同主体，他们是实际享受合同权利并承担合同义务的人。[②] 有些合同当事人并未亲自参与合同的订立，但可以成为合同主体（如通过代理人订约），而另一些人可能参与合同的订立而不能成为合同主体（如代理人）。

（二）订约当事人经过要约、承诺而达成了合意

订约当事人必须达成了合意，而这一合意的达成往往需要经过要约和承诺两个阶段。《民法典》第 471 条规定："当事人订立合同，可以采取要约、承诺方式或者其他方式。"要约和承诺是合同成立的基本规则，也是合同成立必须经过的两个阶段。如果合同没有经过承诺，而只是停留在要约阶段，则合同根本未成立。例如，甲向某编辑部（乙）去函，询问乙是否出版有关法律职业资格考试（法考）的教材和参考资料，乙立即向甲邮寄了法律职业资格考试的资料 5 本，并要求甲支付资料费 120 元。甲认为该书不符合其

---

① 参见赵德铭：《合同成立与合同效力辨》，载《法律科学》，1994（3）。

② 参见苏惠祥主编：《中国当代合同法论》，67 页，长春，吉林大学出版社，1992。

要求，拒绝接受，双方为此发生争议。从本案来看，甲向乙去函询问情况并表示愿意购买法考资料和书籍，属于一种要约邀请行为，而乙向甲邮寄书籍行为属于现货要约行为。假如甲因该书不符合其需要而拒绝收货，事实上意味着甲拒绝承诺，故双方并未达成合意，因而合同并未成立。

依据《民法典》第471条，当事人订立合同，可以采取要约、承诺方式以外的其他方式。该条之所以允许当事人采用要约、承诺之外的其他方式订立合同，主要是因为在实践中，有一些当事人采用了无法区分要约与承诺的订约方式，或在有一些场合中，区分要约与承诺并无必要。例如，交叉要约就属于以要约、承诺之外的方式订立合同的形式。

（三）当事人就合同主要条款达成合意

合同成立的根本标志在于，合同当事人就合同的主要条款达成合意。合同成立是当事人就合同主要条款达成合意，但如何判断合同主要条款，长期以来存在争议。所谓主要条款，又称必要条款，是指根据特定合同的性质所应具备的条款，如果缺少这些条款合同是不能成立的。从现代合同法的发展趋势来看，为适应鼓励交易、增进社会财富的需要，各国合同法大都减少了在合同成立方面的不必要的限制（例如现代合同法不像古代合同法那样注重形式），并广泛运用合同解释的方法，尽可能促使合同成立。我国《民法典》第470条第1款规定："合同的内容由当事人约定，一般包括下列条款：（一）当事人的姓名或者名称和住所；（二）标的；（三）数量；（四）质量；（五）价款或者报酬；（六）履行期限、地点和方式；（七）违约责任；（八）解决争议的方法。"该条使用了"一般包括"而未使用"必须包括"的用语，表明上述条款只是为当事人订约提供指引，为主要条款的判断提供参考，而并不是每一个合同所必须包括的主要条款。为了准确认定合同的主要条款，《合同编通则解释》第3条第1款规定："当事人对合同是否成立存在争议，人民法院能够确定当事人姓名或者名称、标的和数量的，一般应当认定合同成立。但是，法律另有规定或者当事人另有约定的除外。"该条对合同的主要条款作出了规定，即在一般情形下，如果能够确定当事人姓名或者名称、标的和数量，则应当认定合同成立。

以上只是合同的一般成立要件。如果法律规定或当事人约定可能对一些合同设定了特定的成立要件，那么这些合同的成立就必须符合这些特别规定或约定。此处的法律另有规定主要包括两大类：一是法律关于要式合同、实践合同等的规定；二是特别法对合同成立条件的特别规定。此外，当事人也可以对合同成立条款另有约定。例如，当事人约定合同必须经过公证才能成立时，在未办理公证的情形下，合同即无法成立。当事人也可以特别约定合同的成立条件。

因此，在当事人就合同主要条款达成合意时，合同即可成立，即便当事人未就合同非主要条款达成合意，也并不意味着合同无法有效成立，从鼓励交易的原则出发，《合同编通则解释》第3条第2款规定对合同欠缺的内容，人民法院应当依据《民法典》第510条、第511条等规定予以确定。这就是说，欠缺上述非必要条款，并不意味着合同不成立，从鼓励交易原则出发，当事人可以在事后达成补充协议或依据《民法典》第511条规定的补充合同漏洞的规则来确定合同的内容。

三、合同的法律拘束力

《民法典》第465条第1款规定："依法成立的合同，受法律保护。"所谓受法律保护，就是指依法成立的合同对当事人具有法律拘束力。当事人应当按照约定履行自己的义务，不得擅自变更或者解除合同；任何一方违反合同，都应当依法承担违约责任。

合同的法律拘束力主要体现在对当事人的拘束力上，具体体现为权利、义务和责任三个方面。

第一，从权利方面来说，合同当事人依据法律和合同的约定所产生的权利依法受到法律保护。合同的权利包括请求和接受债务人履行债务的权利，以及在一方不履行合同时获得补救的权利、诉请强制执行的权利等。当事人因正当行使这些权利而获得的利益，也受到法律的保障。

第二，从义务方面来说，合同对当事人具有拘束力，当事人根据合同所产生的义务具有强制性，当事人应当按照法定和约定的义务履行合同。《民法典》第509条第1款规定："当事人应当按照约定全面履行自己的义务。"当事人拒绝履行和不适当履行义务或随意变更和解除合同，都是对法律的违反，因此本质上属于违法行为。

第三，从责任方面来说，如果当事人违反合同义务，则应当承担违约责任。也就是说，如果当事人不履行其应负的义务，将要借助国家的强制力强制义务人履行义务。可见，法律责任乃是合同义务的保障，失去了法律责任，合同将很难产生真正的拘束力。

合同不仅对当事人具有拘束力，而且在特殊情形下，对合同当事人之外的第三人具有拘束力。也就是说，依法成立的合同所具有的效力，包括排斥第三人非法干预和侵害的效力。有学者将债的效力界定为"为实现债的目的，法律赋予债的当事人及有关第三人某种行为之力或者拘束之力以及在债务不履行时的强制执行力"①。在实践中，合同的履行通常受到第三人的影响，如第三人非法引诱债务人不履行义务或采取拘束债务人等非法强制手段迫使债务人不履行债务，或者与债务人恶意串通损害债权人利益等。如果不赋予合同在特殊情况下排除第三人非法干预和侵害的效力，就不能保证合同的正常履行和合同目的的实现。

当事人订立合同的目的，就是要使合同产生拘束力，从而实现合同所规定的权利和利益。如果合同不能生效，则合同等于一纸空文，当事人也就不能实现订约目的。从实践来看，如果当事人依据法律的规定订立合同，合同的内容和形式都符合法律规定，则这些合同一旦成立，便会自然产生法律拘束力。因此，在通常情形下，依法成立的合同，自成立时生效。但是，在法律另有规定或者当事人另有约定的情形下，合同虽然已经成立，但并不当然生效，这主要有如下几种情形：一是附条件的合同。所谓附条件的合同，是指当事人在合同中特别约定一定的条件，以条件的是否成就来决定合同效力的发生或消灭的合同。例如，甲、乙双方约定，在甲将某项产品试验成功以后，乙即向甲赠送一

① 章戈：《论债的效力》，载《法学研究》，1990（5）。

套设备。在该例中，产品试验成功是一个条件，在该条件实现时，赠送设备的合同即发生效力。根据我国法律规定，除了法律明确规定的不得附条件的民事法律行为（如继承权的接受或放弃等民事法律行为不得附条件），其他民事法律行为均可以由当事人设定条件，以此限制民事法律行为的效力，从而满足当事人的各种不同需要。二是依法需要办理批准等手续生效的合同。法律、行政法规规定应当办理批准等手续生效的，依照其规定。未办理批准等手续的，该合同未生效，但是不影响合同中履行报批等义务条款以及相关条款的效力。应当办理申请批准等手续的当事人未履行义务的，对方可以请求其承担违反该义务的责任。三是当事人约定了特殊生效要件的，应当符合当事人的约定。例如，当事人在合同中特别约定，以办理公证为合同生效要件，则合同签订以后，还不能立即生效，必须在当事人办理了公证以后才能实际生效。

第二节 要　约

一、要约的概念和特征

要约又称为发盘、出盘、发价、出价或报价等，是订立合同所必须经过的程序。《民法典》第 472 条第 1 款规定，“要约是希望与他人订立合同的意思表示”。依据这一规定，要约是一方当事人以缔结合同为目的、向对方当事人所作的意思表示。发出要约的人称为要约人，接受要约的人则称为相对人或者受要约人。要约主要具有如下法律特征。

第一，要约是一种意思表示。所谓意思表示，是指向外部表明意欲发生一定私法上效果之意思的行为。意思表示中的“意思”是指设立、变更、终止民事法律关系的内心意图。所谓“表示”，是指将此种内心意图表示于外部的行为。[①] 意思表示不同于事实行为，是因为意思表示的表意人具有旨在使法律关系发生变动的意图，该意图不违反法律的强制性规定和公序良俗，因而发生当事人所预期的效力。从这个意义上说，意思表示是实现意思自治的工具，行为人可以依据自己的主观意志与外界发生法律关系，并能够依法产生、变更、终止民事法律关系，从而形成了民法特殊的调整方法。

第二，要约是希望和他人订立合同的意思表示。要约是订立合同的必经阶段，不经过要约的阶段，合同无法成立。要约作为一种订约的意思表示，能够对要约人和受要约人产生一种拘束力。尤其是要约人在要约的有效期限内，必须受要约的内容拘束。依据《民法典》第 472 条第 2 项的规定，要约的意思表示必须“表明经受要约人承诺，要约人即受该意思表示约束”。要约在到达受要约人后，非依法律规定或受要约人的同意，不得变更、撤销要约的内容。

第三，要约不是民事法律行为。尽管要约是一种意思表示，但其并不是民事法律行为。因为一方面，要约必须经过受要约人的承诺，才能产生要约人预期的法律效果（成立合同）。对要约来说，其内容只是表达了要约人一方要求订立合同的意思，合同是否能

---

① 参见胡长清：《中国民法总论》，上册，223 页，上海，商务印书馆，1935。

够成立，要约的条件是否能被受要约人所接受，均有待于受要约人作出承诺。如果没有承诺，则当事人没有达成合意，合同无法成立，要约就不能产生要约人所预期的法律效果。而民事法律行为都可以产生行为人所预期的法律效果。另一方面，产生的拘束不同。民事法律行为对双方产生严格的拘束力，违反民事法律行为将导致违约责任的承担等。而要约虽然也拘束要约人，但是撤销要约等行为，造成对方当事人的损害时，可能只是承担缔约过失责任。

二、要约的有效条件

要约通常都具有特定的形式和内容，一项要约要发生法律效力，必须具备特定的生效条件，否则要约不能成立，也不能产生法律效力。依据《民法典》第 472 条，要约的有效条件如下。

（一）要约是由特定主体作出的意思表示

要约人发出要约旨在与他人订立合同，唤起相对人的承诺，并据此订立合同。因此，要约人应当是特定的主体。例如，对订立买卖合同来说，其既可以是买受人也可以是出卖人，但必须是准备订立买卖合同的当事人。要约是一种意思表示，而不是事实行为，其符合意思表示的构成要件，经受要约人承诺后，可以在当事人之间成立合同关系。

（二）要约必须表明经受要约人承诺，要约人即受该意思表示约束

要约人发出要约的目的在于订立合同，而这种订约的意图一定要由要约人通过其发出的要约充分表达出来，才能在受要约人承诺的情况下成立合同。依据《民法典》第 472 条的规定，要约是希望和他人订立合同的意思表示，要约中必须表明要约经受要约人承诺，要约人即受该意思表示拘束。在判断要约人是否具有订约意图时，应当考虑要约所使用的语言、文字及其他情况来确定要约人是否已经决定订立合同。“决定订约”意味着要约人并不是“准备”和“正在考虑”订约，而是已经决定订约。正是因为要约具有订约的意图，所以，一经对方承诺，即可成立合同。

（三）要约必须向要约人希望与之缔结合同的受要约人发出

要约只有向要约人希望与之缔结合同的受要约人发出，才能够唤起受要约人的承诺。要约原则上应向特定的人发出，特定人可以是一个人，也可以是数个人。为什么受要约人原则上应当特定呢？因为一方面，受要约人的特定意味着要约人对谁有资格作为受要约人的问题作出了选择，也只有受要约人特定才能明确受要约人。一旦要约人确定了受要约人，这样一经对方的承诺，合同就可以成立。[①] 反之，如果受要约人不特定，则意味着发出提议的人并未选择真正的相对人，该提议不过是为了唤起他人发出要约，其本身并不是要约。例如，向公众发出某项提议，通常是提议人希望公众中的某个特定人向

① 参见徐炳：《买卖法》，78 页，北京，经济日报出版社，1991。

其发出要约。另一方面，如果受要约人不能确定，却仍可以称为要约，那么向不特定的许多人同时发出以某一特定物的出让为内容的要约是有效的，如果多人向发出要约的人作出承诺，则可能导致一物数卖，影响交易安全。但要约原则上应向特定的受要约人发出，并不是说严格禁止要约向不特定人发出。例如，在校园内设置自动售货机的行为即构成要约，此种情形即属于向不特定的受要约人发出的要约。[①] 同时，如果要约人愿意向不特定人发出要约，并自愿承担由此产生的后果，在法律上也是允许的。

(四) 要约的内容必须具体确定

依据《民法典》第472条第1项的规定，要约的内容必须具体确定，具体来说包括两个方面：一是要约的内容必须具体。所谓“具体”，是指要约的内容必须具有足以使合同成立的主要条款。要约是受要约人一旦承诺就使合同成立的意思表示，所以，如果要约不包含合同的主要条款，受要约人即难以作出承诺，或者即便作出了承诺，也会因为这种合意不具备合同的主要条款而使合同不能成立。由于要约旨在缔结具有特定内容的合同，因而要约本身必须确定或者能够确定，它必须包含特定合同的要素（essentialia negotii），从而使要约一经受要约人的承诺就可使合同成立。[②] 二是要约的内容必须确定。所谓“确定”，一方面，是指要约的内容必须明确，从而使受要约人能够理解要约的真实含义，而不能含混不清，否则受要约人将无法承诺；另一方面，是指要约在内容上必须是最终的、无保留的。如果要约人对要约保留了一定的条件，则受要约人将无法作出承诺，在此情形下，要约人的意思表示在性质上并不是真正的要约，而是要约邀请。要约的内容越具体和确定，则越有利于受要约人迅速作出承诺。

三、要约与要约邀请的区别

(一) 要约邀请的概念

要约邀请又称引诱要约，是指希望他人向自己发出要约的表示。《民法典》第473条第1款第一句规定：“要约邀请是希望他人向自己发出要约的表示。”依据这一规定，要约邀请具有如下特点：第一，要约邀请是一方邀请对方向自己发出要约[③]，而不是像要约那样是由一方向他人发出订立合同的意思表示。第二，要约邀请不是一种意思表示，而是一种事实行为，也就是说，要约邀请是当事人订立合同的预备行为，在发出要约邀请时，当事人仍处于订约的准备阶段。第三，要约邀请只是引诱他人发出要约，它既不能因相对人的承诺而成立合同，也不能因自己作出某种承诺而约束要约人。在发出要约邀请以后，要约邀请人撤回其邀请，只要没有给善意相对人造成信赖利益的损失，要约邀请人一般不承担法律责任。

关于要约邀请的性质，学说上有两种不同的观点：一种观点认为，要约邀请不是意

---

① 参见王泽鉴：《债法原理》，175页。

② Münch Komm/Busche，§145，Rn. 6.

③ 参见王家福主编：《中国民法学·民法债权》，283页。

思表示，而是事实行为，没有法律意义。① 另一种观点认为，要约邀请是希望他人向自己发出要约的意思表示。本书认为，要约邀请并不是一种没有法律意义的事实行为，但也不是意思表示，因为：一方面，意思表示必须具有法效意思，这也是意思表示的核心要素，但是在要约邀请中并不包含法效意思，要约邀请虽然是有目的、自觉自愿的行为，但并不具有法效意思。因为意思表示要产生当事人预期的法律效果，而要约邀请并不能产生这种效果，其仅属于要约的引诱。另一方面，意思表示的作出以具有行为能力为必要，如果将要约邀请界定为意思表示，则邀请人应当具有相应的民事行为能力，这并不妥当。例如，寄送价目表的行为人并不需要具有行为能力。正是因为上述原因，《民法典》第 473 条修改了《合同法》第 15 条的规定，将要约邀请界定为希望他人向自己发出要约的“表示”，而不再称为“意思表示”。

要约邀请虽然仍然是一种事实行为，但它是具有一定法律意义的事实行为，具体而言，要约邀请具有如下法律意义：第一，要约邀请的内容在特殊情况下有可能转化为合同的内容，在交易中，一方提出要约邀请后使另一方产生合理的信赖，而双方在以后的要约和承诺过程中，没有作出相反的意思表示，在某些国家的合同法中，可认为其构成合同的默示条款。第二，某些特殊的要约邀请在法律上是有一定的意义的，如招标公告。依据《招标投标法》，招标公告应载明招标人的名称、地址、招标项目的性质、数量等事项，且不得以不合理的条件限制和排斥潜在投标人，可见招标公告也具有法律效力。第三，在发出要约邀请以后，善意相对人已对要约邀请产生了合理的信赖，并为此发出要约且支付了一定的费用，如果因为邀请人的过失甚至恶意的行为致相对人损失，邀请人应当承担责任。例如，招标人在发出招标文件以后，违反招标文件的规定致投标人遭受损失，亦应依据具体情况负缔约过失责任。第四，在要约邀请阶段，邀请人作出虚假陈述也可能构成欺诈，并应当承担相应的民事责任。

（二）区分要约邀请和要约

在合同订立问题中，区分要约邀请和要约，关系到合同的成立问题，如果是一方发出要约，另一方接受要约、作出承诺，则合同关系成立；但如果一方发出的是要约邀请，则即便对方同意，也无法在当事人之间成立合同关系。如何区别要约邀请和要约，在实践中极为复杂。结合我国司法实践和理论，本书认为，可从如下几方面来区分要约和要约邀请。

（1）依法律规定作出区分。如果法律明确规定了某种行为为要约或要约邀请，即应按照法律的规定作出区分。例如，《民法典》第 473 条规定，拍卖公告、招标公告、招股说明书、债券募集办法、基金招募说明书、商业广告和宣传、寄送的价目表等行为，属于要约邀请，据此，对这些行为一般应认定为要约邀请。

（2）根据当事人的意愿作出区分。此处所说的当事人的意愿，是指根据当事人已经表达出来的意思来确定当事人对其实施的行为主观上认为是要约还是要约邀请。具体来说，一是要考虑提议的内容，要约中应当含有当事人受要约拘束的意旨，而要约邀请只

① 参见史尚宽：《债法总论》，20 页。

是希望对方主动向自己提出订立合同的意思表示。二是要考虑提议中的声明，如当事人在其行为或提议中特别声明是要约还是要约邀请。例如，某时装店在其橱窗内展示的衣服上标明“正在出售”且标示了价格，或者标示为“样品”，则“正在出售”且标明价格的标示可视为要约，而“样品”的标示可认为是要约邀请。同时，当事人也可以明确表示其所作出的提议不具有法律拘束力，此时，其所作的提议可能是要约邀请而不是要约。三是要考虑订约意图，由于要约是旨在订立合同的意思表示，所以，要约中应包含明确的订约意图。而要约邀请人只是希望对方向自己提出订约的意思表示，所以，在要约邀请中，订约的意图并不是很明确。

(3) 根据提议的内容是否包含合同的主要条款来区分。要约的内容中应当包含合同的主要条款，如此才能因受要约人的承诺而成立合同。而要约邀请只是希望对方当事人提出要约，因此，它不必包含合同的主要条款。当然，仅以是否包含合同的主要条款来作出区分是不够的，即使要约人提出了未来合同的主要条款，但如果其在提议中声明不受要约的拘束，或提出需要进一步协商，或提出需要最后确认等，都将难以确定他具有明确的订约意图，因此不能认为是要约。

(4) 根据交易的习惯即当事人历来的交易做法来区分。例如，根据交易习惯，询问商品的价格，一般认为是要约邀请而不是要约。再如，出租车司机将出租车停在路边招揽顾客，如果根据当地的规定和习惯，出租车司机可以拒载，则此种招揽是要约邀请；如果不能拒载，则认定司机负有强制缔约的义务。

此外，在区分要约和要约邀请时，还应当考虑到其他情况，诸如是否注重相对人的身份、信用、资力、品行等情况（如招聘家庭教师的广告，招聘人注重家庭教师的个人情况，需要与其实际接触和协商），是否实际接触，一方发出的提议是否使他方产生要约的信赖，等等，应当综合各种因素考虑某项提议是要约还是要约邀请。

四、几种典型的要约邀请行为

《民法典》第473条第1款规定：“要约邀请是希望他人向自己发出要约的表示。拍卖公告、招标公告、招股说明书、债券募集办法、基金招募说明书、商业广告和宣传、寄送的价目表等为要约邀请。”因此，下列行为属于要约邀请。

1. 拍卖公告

所谓拍卖，是指拍卖人在众多的报价中，选择报价最高者与其订立合同的一种特殊买卖方式。拍卖一般分为三个阶段：(1) 拍卖表示，是指拍卖人经过刊登或发出拍卖公告，在拍卖公告中对拍卖物宣传和介绍。对拍卖表示，各国合同法一般认为属于要约邀请。[①] 因为在该表示中并不包括合同成立的主要条件，特别是未包括价格条款。(2) 拍买（又称叫价），是指竞买人向拍卖人作出价款数额的意思表示。一般认为，拍买的表示属于要约，因为竞买人已就购买标的物提出了价格条件，并愿与拍卖人订立合同，竞买

① 参见［德］冯·巴尔等主编：《欧洲私法的原则、定义与示范规则：欧洲示范民法典草案》，高圣平等译，272页，北京，法律出版社，2014。

人提出价款以后，在其他竞买人提出更高的价款之前，该意思表示对竞买人具有拘束力。(3) 拍定，是指拍卖人以拍板、击槌或其他惯用方式确定拍卖合同成立或宣告竞争终结的一种法律行为。一般认为，这种行为在性质上属于承诺。一旦拍定，合同即宣告成立。在整个拍卖流程中，拍卖公告是拍卖的发起阶段，其属于典型的要约邀请。

2. 招标公告

招标是订立合同的一种特殊方式。以招标方式订立合同，要经过招标、投标、定标等阶段。所谓招标，是指订立合同的一方当事人采取招标公告的形式，向不特定人发出的、以吸引或邀请相对方发出要约为目的的意思表示。所谓投标，是指投标人（出标人）按照招标人提出的要求，在规定的期限内向招标人发出的以订立合同为目的、包括合同全部条款的意思表示。所谓定标，是指招标人在开标、评标后从各投标人中选出条件最佳者。招标行为都要发出公告。依据《民法典》第473条的规定，此种公告属于要约邀请行为。因为招标人实施招标行为是订约前的预备行为，其目的在于引诱更多的相对人提出要约，从而使招标人能够从更多的投标人中寻取条件最佳者并与其订立合同；而投标是投标人根据招标人所公布的标准和条件向招标人发出以订立合同为目的的意思表示，在投标人投标以后必须要有招标人的承诺，合同才能成立，所以投标在性质上为要约。而定标意味着招标人对投标人的要约予以承诺。

3. 招股说明书

在申请股票公开发行的文件中，招股说明书是一个十分关键的文件。它是指拟公开发行股票的公司经批准公开发行股票后，依法在法定的日期和证券主管机关指定的报刊上刊登的全面、真实、准确地披露发行股票的公司信息以供投资者参考的法律文件。根据《公司法》的规定，公司设立时向社会公开募集股份，应当经国务院证券监督管理机构注册，公告招股说明书。招股说明书应当附有公司章程，并载明发起人认购的股份数，发行的股份总数，面额股的票面金额和发行价格或者无面额股的发行价格，募集资金的用途，认股人的权利和义务，股份种类及其权利和义务，本次募股的起止日期及逾期未募足时认股人可以撤回所认股份的说明。招股说明书通过向投资者提供股票发行人各方面的信息，来吸引投资者向发行人发出购买股票的要约，但其本身并不是发行人向广大投资者所发出的要约，而只是一种要约邀请。

4. 债券募集办法

债券募集办法又称为发行章程或募债说明书，是指申请发行债券的企业，在有关债券募集的公告中，告知相关的公司债券募集办法。债券募集办法首先应当经证券管理部门批准，在获得批准之后对外公布，在债券募集办法中，要向公众告知有关债券总额、债券的票面金额、债券的利率、还本付息的期限和方式、债券发行的起止日期等事项。由于债券募集办法只是发出公告，邀请相对人向自己购买企业债券，而不是在相对人作出购买的表示后直接成立合同关系，因此，企业发布债券募集办法在性质上属于要约邀请，而不构成要约。

5. 基金招募说明书

基金招募说明书又称为公开说明书，它是指基金管理人向投资者提供的经国家有关部门认可的介绍基金各项详细内容的法律文件。该法律文件是面向投资者的，以使广大投资者了解基金详情，并帮助其作出是否投资该基金决策为目的。[①]《证券投资基金法》第53条规定：公开募集基金的基金招募说明书应当包括基金募集申请的准予注册文件名称和注册日期，基金管理人、基金托管人的基本情况，基金合同和基金托管协议的内容摘要，基金份额的发售日期、价格、费用和期限，基金份额的发售方式、发售机构及登记机构名称，出具法律意见书的律师事务所和审计基金财产的会计师事务所的名称和住所，基金管理人、基金托管人报酬及其他有关费用的提取、支付方式与比例，风险警示以及国务院证券监督管理机构规定的其他内容。企业发布基金招募说明书，邀请投资者购买其基金，只是向公众发出了购买基金的邀请，有购买意愿的投资者在向企业发出购买基金的请求后，企业作出同意投资者购买的承诺，合同关系才能成立，因此，企业发布基金招募说明书的行为在性质上属于要约邀请，而不构成要约。

6. 商业广告和宣传

广义的广告包括商业广告、公益性广告及分类广告（如寻人、征婚、挂失、婚庆、吊唁、招聘、求购、启事以及权属声明等广告），而狭义的广告仅指商业广告。我国《广告法》第2条采纳了狭义的广告概念，即广告是指商品经营者或者服务提供者承担费用，“通过一定媒介和形式直接或者间接地介绍自己所推销的商品或者服务的商业广告”。

依据《民法典》第473条的规定，商业广告一般属于要约邀请，所以发出商业广告原则上并不能产生要约的效力。法律上之所以将商业广告作为要约邀请，主要是因为：第一，商业广告旨在宣传和推销某种商品或服务，而一般并没有提出出售该商品或提供该服务的主要条款。发出广告的人通常只是希望他人向其发出购买该商品或要求提供该服务的要约，所以商业广告只是要约邀请。第二，商业广告发出后，不能因任何人接受广告的条件便使合同成立，否则广告人将要承担许多其不可预见的违约责任。第三，广告人并非针对特定的人发出，并不符合要约对象为特定主体的特点。

但是，如果商业广告的内容具体、确定，且包含了当事人订约的意思，也可以构成要约。就此，《民法典》第473条第2款规定：“商业广告和宣传的内容符合要约条件的，构成要约。”也就是说，在符合要约条件的情形下，广告本质上就成为希望与对方订立合同的意思表示，因此其性质上就是要约，而不仅仅是可以被“视为”要约。“视为”作为法律上的拟制，是立法者明知性质不同而作同等对待，但是满足要约条件的广告和宣传事实上已经具有了要约的性质，因此立法不宜再使用“视为”这一表述。例如，广告中声称“我公司现有某型号的水泥1 000吨，每吨价格200元，先来先买，欲购从速”，或者在广告中声称“保证有现货供应”，则可以依具体情况将该商业广告认定为要约。

一般认为，商业广告构成要约应当具备如下几个要件：第一，广告人具有明确的缔约意图，且有受该商业广告拘束的意思。例如，广告中明确标明“一经承诺合同即成立”或类似字样。第二，广告中必须包含合同的主要条款，或者写明相对人只要作出规定的行为就可以使合同成立，即该广告的内容具体、确定，则应该认为属于要约而不是要约邀请。《欧洲民法典草案》第2－4：201条规定，如果经营者在广告中明确表明，其要以

① 参见［英］R. R. 阿罗主编：《投资基金》，103页，北京，企业管理出版社，1999。

特定的价格来提供某种商品或者服务，则视为经营者发出了以该价格提供商品或者服务的要约。①

7. 寄送的价目表

生产厂家和经营者为了推销某种商品，通常向不特定的相对人派发或寄送某些商品的价目表。发出价目表的行为虽包含了商品名称及价格条款，且含有行为人希望订立合同的意思，但由于从该行为中并不能确定行为人具有一经对方承诺即接受承诺后果的意图，而只是向对方提供某种信息，希望对方向自己提出订约条件（如购买多少本图书或某种图书），所以，《民法典》第473条明确规定，寄送的价目表只是要约邀请，而不是要约。当然，如果行为人向不特定的相对人派发某种商品的订单，并在订单中明确声明愿受承诺的拘束，或者从订单的内容中可以确定他具有接受承诺后果拘束的意图，应认为该订单不是要约邀请，而是要约。

五、要约的法律效力

（一）要约生效的时间

要约生效的时间既关系到要约从什么时间对要约人产生拘束力，也涉及承诺期限的问题。关于要约生效的时间，理论上有三种观点：一是发信主义。此种观点认为，要约人发出要约以后，只要要约已处于要约人控制范围之外，要约即产生效力。二是到达主义。到达主义又称为受信主义，此种观点认为，要约只有在到达受要约人之时才能产生法律效力。三是了解主义。此种观点认为，要约人发出要约，在到达相对人后还不能立即生效，还必须相对人了解要约的内涵时，要约才能生效。例如，《销售合同公约》第15条规定，“（1）发价于送达被发价人时生效。（2）一项发价，即使是不可撤销的，得予撤回，如果撤回通知于发价送达被发价人之前或同时送达被发价人”。可见，该公约采纳了到达主义。

我国《合同法》第16条规定：“要约到达受要约人时生效。”可见，《合同法》采纳了到达主义。但是，《民法典》第137条区分以对话方式和非以对话方式作出的意思表示，分别确定其效力，这实际上是修改了《合同法》第16条的规定，不再采用统一的到达主义。作出此种修改的主要原因在于：一方面，虽然诸如《销售合同公约》等示范法并未对要约生效的时间进行区分，但是其针对的主要是商事交易，到达主义主要针对以非对话方式作出的意思表示，由于我国采民商合一的体例，民法典合同编所规范的合同范围广、内容多，因此适用意思表示的一般规则更合适。另一方面，因为意思表示可以以多种方式作出，到达主义主要是针对在非对话方式的情形下，当事人处于异地，通过信件、邮件、传真等方式订立合同的场合，采纳到达主义、确定到达的时间才具有意义。但如果在即时交易中，当事人面对面地订立口头合同，意思表示的发出和到达就没有必要作出区分了。一般认为，在对话方式缔约中，依法作出意思表示，只要所表示出来的意思为对方所理解，就应当发生效力。

---

① 参见［德］冯·巴尔等主编：《欧洲私法的原则、定义与示范规则：欧洲示范民法典草案》，271页。

依据《民法典》第 474 条的规定，“要约生效的时间适用本法第一百三十七条的规定”。《民法典》第 137 条对以对话方式作出的意思表示和以非对话方式作出的意思表示的生效规则分别作出了规定，这也意味着，需要区分以对话方式作出的要约和以非对话方式作出的要约，分别确定要约生效的时间。

1. 以对话方式作出的要约，相对人知道其内容时生效

所谓以对话方式作出的要约，是指当事人直接以对话的形式发出要约。例如，当事人面对面地订立口头买卖合同，或者通过电话交谈的方式订立合同。关于以对话方式作出的意思表示的生效，《民法典》第 137 条第 1 款规定：“以对话方式作出的意思表示，相对人知道其内容时生效。”在以对话方式作出的意思表示中，意思表示的发出和相对人受领意思表示是同步进行的。① 依据该条规定，对以对话方式作出的要约而言，只有在相对人知悉对话的内容时，该要约才能够生效。如果相对人并不知道要约的内容，也无法作出相应的承诺，此时，应当认定要约未生效。因此，就以对话方式作出的要约而言，其生效规则实际上是采取了了解主义。

2. 以非对话方式作出的要约，到达相对人时生效

所谓以非对话方式作出的意思表示，是指当事人以对话以外的形式作出意思表示。例如，采用邮件、传真等方式订立合同。关于以非对话方式作出的意思表示的生效，《民法典》第 137 条第 2 款规定，“以非对话方式作出的意思表示，到达相对人时生效”。依据这一规定，以非对话方式作出的意思表示，到达相对人时生效。可见，关于以非对话方式作出意思表示的生效，《民法典》采用了到达主义，即到达相对人时生效。所谓到达，是指根据一般的交易观念，已经进入相对人可以了解的范围。到达并不意味着相对人必须亲自收到，只要意思表示已进入受领人的控制领域，并在通常情况下可以期待受领人能够知悉意思表示的内容，就视为已经到达。② 这就是说，只要要约送达受要约人所能够控制的地方（如受要约人的信箱等），即为到达。如果要约人未明确限制时间，应以要约能够到达的合理时间为准。在要约人发出要约但未到达受要约人之前，要约人可以撤回要约或修改要约的内容。之所以针对以非对话方式作出的意思表示采用到达主义，是因为到达主义为我国立法和司法实践所采纳，《民法典》第 137 条延续了这一立法和司法实践经验。③

3. 以非对话方式作出的、采用数据电文形式的要约的生效

在互联网时代，采用数据电文形式作出要约也是合同订立的重要方式。《民法典》第 137 条第 2 款规定：“以非对话方式作出的采用数据电文形式的意思表示，相对人指定特定系统接收数据电文的，该数据电文进入该特定系统时生效；未指定特定系统的，相对人知道或者应当知道该数据电文进入其系统时生效。当事人对采用数据电文形式的意思表示的生效时间另有约定的，按照其约定。”依据该规定，以数据电文形式作出的要约，

---

① 参见石宏主编：《中华人民共和国民法总则条文说明、立法理由及相关规定》，328 页，北京，北京大学出版社，2017。

② 参见徐国建：《德国民法总论》，96 页，北京，经济科学出版社，1993。

③ 参见石宏主编：《中华人民共和国民法总则条文说明、立法理由及相关规定》，329 页。

其生效分为两种情形：一是相对人指定了特定的系统接收数据电文的，此时，该要约自该数据电文进入该特定系统时生效。在数据电文进入系统以后，尽管收件人尚未阅读，也认为是收到了电文。[①] 二是依据《民法典》第 137 条的规定，在相对人未指定特定的系统接收数据电文时，自相对人知道或者应当知道该数据电文进入其系统时生效。一般而言，如果相对人没有指定特定的系统接收数据电文，则将该数据电文进入其任何一个接收系统的时间作为要约生效时间，除非相对人能够举证证明其不应当知道。例如，其所用的邮箱长期不使用且对方对此明知的，对方仍继续发送至该邮箱，则可以认定相对人不应当知道。

（二）要约的存续期限

要约的存续期限是指要约可在多长时间内发生法律效力。要约的存续期限完全应由要约人决定，如果要约人在要约中具体规定了存续期限（如规定本要约有效期限为 10 天，或规定本要约于某年某月某日前答复有效），则该期限为要约的有效存续期限。如果要约人没有确定，则只能以要约的具体情况来确定合理期限。

（三）要约法律效力的内容

（1）要约对要约人的拘束力。此种拘束力又称为要约的形式拘束力。法律允许要约人在要约到达之前撤回要约。但是，在要约生效以后，要约人不得随意撤销或对要约内容随意加以限制、变更和扩张。

（2）要约对受要约人的拘束力。此种拘束力又称为承诺适格，要约生效以后，只有受要约人才享有对要约人作出承诺的权利，受要约人必须根据要约规定的期限、方式等作出承诺；否则，其不构成有效的承诺。

六、要约的撤回和撤销

（一）要约的撤回

要约的撤回，是指要约人在要约发出以后，未到达受要约人之前，有权宣告取消要约，从而阻止要约生效。如甲于某日给乙去函要求购买某种机器，但甲事后与丙达成了购买该机器的协议，即立即给乙发去传真要求撤回要约，在发出要约信函到达乙之前，这种撤回应是有效的。《民法典》第 475 条第一句规定，“要约可以撤回”，这就承认要约可以撤回。

根据要约的形式拘束力，任何一项要约都是可以撤回的，只要撤回的通知先于或同时与要约到达受要约人，便能产生撤回的效力。允许要约人撤回要约，是尊重要约人的意志和利益的体现。由于撤回是在要约到达受要约人之前作出的，因而在撤回时要约并没有生效，撤回要约也不会影响到受要约人的利益。《民法典》第 475 条规定：“要约可以撤回。要约的撤回适用本法第一百四十一条的规定。”而《民法典》第 141 条是对意思

---

① 参见胡康生主编：《〈中华人民共和国合同法〉释义》，41 页，北京，法律出版社，1999。

表示撤回规则的规定，依据该条规定，撤回意思表示的通知应当在意思表示到达相对人前或者与意思表示同时到达相对人，否则不产生撤回意思表示的效力。由于要约属于意思表示，因此要约的撤回需要遵循意思表示撤回的一般规则，既然民法典总则编已经就意思表示的撤回进行了规定，那么，可以直接适用总则编的这一规定。

（二）要约的撤销

所谓要约的撤销，是指要约人在要约到达受要约人并生效以后，受要约人作出承诺前，将该项要约取消，从而使要约的效力归于消灭。法律允许要约可以撤销的理由在于：一方面，从理论上看，要约乃是要约人一方的意思表示，并没有像合同那样对双方产生拘束力，因此，原则上应当允许要约人撤回或者撤销，而不能以合同的拘束力确定要约的效力。另一方面，从实践来看，如果要约人不得撤销要约，可能会对受要约人过多保护，从而不利于保护要约人。因为要约到达后，在受要约人作出承诺之前，可能会因为各种原因如不可抗力、要约内容存在缺陷和错误、市场行情的变化等促使要约人撤销其要约。允许要约人撤销要约对保护要约人的利益，减少不必要的损失和浪费也是有必要的。我国《民法典》第476条在借鉴比较法上先进经验的基础上，规定了“要约可以撤销”。

撤销要约与撤回要约都旨在使要约作废，并且都只能在承诺作出之前实施，但两者存在一定的区别，表现在：撤回发生在要约到达受要约人并生效之前，而撤销发生在要约已经到达并生效之后，但受要约人尚未作出承诺的期限内。由于撤销要约时要约已经生效，因而对要约的撤销必须有严格的限定，如因撤销要约而给受要约人造成损害的，要约人应负赔偿责任。

关于电子合同订立过程中要约是否可以撤销的问题，应当根据具体情况来确定。尽管在EDI交易中，要约的撤销非常困难，但在理论上仍然是可能的。例如，在要约人发出一项要约的指令以后，尽管该指令已经进入对方的系统，但对方的计算机因为出现故障或其他原因没有自动作出应答，在此情况下，要约人完全可以撤销其要约。还要看到，美国虽然采发信主义，但美国法律协会在有关电子交易的报告中认为，在EDI的交易中，无论是要约还是承诺都应该采到达主义，从而接收人在收到信息之后，能够回信确认该信息是否有误。①

需要指出的是，在法律规定的例外情形下，要约是不得撤销的。《民法典》第476条规定：“要约可以撤销，但是有下列情形之一的除外：（一）要约人以确定承诺期限或者其他形式明示要约不可撤销；（二）受要约人有理由认为要约是不可撤销的，并已经为履行合同做了合理准备工作。”允许要约人有权撤销已经生效的要约，必须有严格的条件限制，否则必将在事实上否定要约的法律效力，导致要约在性质上的变化，同时也会给受要约人造成不必要的损失。那么，如何对要约的撤销作出限制呢？依据《民法典》第476条的规定，不可撤销的要约包括两种情况。

第一，要约人以确定承诺期限或者其他形式明示要约不可撤销。

一是要约中规定了承诺期限。这实际上是指要约中明确允诺要约不可撤销或在规定

① 参见杨桢：《英美契约法论》，修订版，89页，北京，北京大学出版社，2000。

期限内不得撤销。因为要约人在发出要约的时候，已经向受要约人明确告知要约的有效期限，该期限的确定，不仅对要约人产生拘束，而且能够使受要约人产生合理的信赖。例如，要约人在要约中声称“近一个月飞机票打折，价格维持在一千元之内”，这实际上是确定了在一个月中机票价格维持在一千元之内，要约人在一个月内不能更改上述要约的内容。问题在于：在规定了承诺期限的要约到达相对人后的第二天，撤销要约的通知也到达，此时是否绝对不能撤销？本书认为，《民法典》第 476 条规定“确定承诺期限”的要约不可撤销，这实际上是为了保护受要约人的信赖利益，但是如果受要约人并不存在合理的信赖，甚至有违反诚信原则的行为，此时，就没有对其予以特别保护的必要，要约人仍然可以撤销要约。

二是以其他形式明示要约是不可撤销的。此处所说的其他形式是指除要约人明确规定承诺期限外，要约人以其他方式表明其要约不可撤销。例如，要约人在要约中声称，“我们坚持我们的要约直到收到贵方的回复”，虽然在该要约中没有明确规定要约的期限，但该要约也没有明确限定承诺的期限，且要约的内容是不可更改的。

第二，受要约人有理由认为要约是不可撤销的，并已经为履行合同做了合理准备工作。

此种情形包括两个要件：一是受要约人有理由认为要约是不可撤销的。如何理解“受要约人有理由认为要约是不可撤销的”？这实际上是指受要约人对要约行为已经产生了合理的信赖，因此要约不可撤销，其主要目的在于保护当事人的合理信赖，维护交易安全。[①] 二是受要约人已经为履行合同做了合理准备工作。例如，要约人在要约中附有某种条件，而受要约人要完成该条件，需要从事广泛的、费用昂贵的调查，如果受要约人已经为此从事了相关的准备工作，则要约人不得撤回该要约。

需要指出的是，此处所说的“不可撤销”并不是指要约人必须无条件地按照要约的内容履行义务。所谓不可撤销，并非禁止撤销，也就是说，要约仍然可以撤销，只不过，如果受要约人在收到要约以后，基于对要约的信赖，已为准备承诺支付了一定的费用，在要约撤销以后，受要约人应有权要求要约人予以赔偿。因此，要约的不可撤销规则只是为受要约人主张缔约过失责任提供了依据。

针对要约的撤销，《民法典》第 477 条区分两种情形：一是以对话方式撤销要约，《民法典》第 477 条规定，“撤销要约的意思表示以对话方式作出的，该意思表示的内容应当在受要约人作出承诺之前为受要约人所知道”。该意思表示必须在受要约人作出承诺前为其所知。在以对话方式作出的意思表示中，意思表示的发出和受领是同步进行的。[②] 依据该条规定，对以对话方式作出的意思表示而言，只有在表意人的意思表示被相对人知悉时，意思表示才能够生效。因此，在以对话方式作出的要约撤销中，该意思表示必须在受要约人作出承诺前为其所知。二是以非对话方式撤销要约，《民法典》第 477 条规定，“撤销要约的意思表示以非对话方式作出的，应当在受要约人作出承诺之前到达受要

① See Christian von Bar and Eric Clive, *Definitions and Model*, *Rules of Europe an Private Law*, Volume I, Munich: Sellier, European Law Publishers, 2009, p. 45.

② 参见石宏主编：《中华人民共和国民法总则条文说明、立法理由及相关规定》，328 页。

约人”。故该撤销的意思表示必须在受要约人承诺前到达。例如，要约规定的期限为15日，在要约发出后经历了10日才到达受要约人，受要约人需要在5日内作出承诺并到达要约人，如果撤销的意思表示在10日后到达，需要区分受要约人是否已经作出承诺：如果受要约人尚未作出承诺，则可以发生要约撤销的效果；如果受要约人已经作出承诺，则不发生要约撤销的效果，在承诺到达要约人时合同成立。

七、要约失效

要约失效，是指要约丧失了法律拘束力，即不再对要约人和受要约人产生拘束力。依据《民法典》第478条的规定，要约失效的情形主要有如下几种。

第一，要约被拒绝。拒绝要约是指受要约人没有接受要约所规定的条件。拒绝的方式有多种，既可以是明确表示拒绝要约的条件，也可以通过行为表示拒绝。受要约人一旦拒绝要约，要约即失效。不过，受要约人在拒绝要约以后，也可以撤回拒绝的通知，但撤回拒绝的通知必须先于拒绝要约的通知或与其同时到达要约人处，撤回通知才能产生效力。

第二，要约被依法撤销。要约在受要约人发出承诺通知之前，可以由要约人撤销要约，要约一旦撤销即告失效。如果撤销要约的意思表示是以对话方式作出的，则该意思表示的内容应当在受要约人作出承诺之前为受要约人所知道；若撤销要约的意思表示是以非对话方式作出的，则应当在受要约人作出承诺之前到达受要约人。

第三，承诺期限届满，受要约人未作出承诺。凡是在要约中明确规定了承诺期限的，承诺必须在该期限内作出，超过了该期限，则要约自动失效。要约没有确定承诺期限的，如果要约是以对话方式作出的，承诺人应当即时作出承诺，但当事人另有约定的除外；如果要约以非对话方式作出的，承诺应当在合理期限内到达，承诺未在合理期限内到达的，要约即失去效力。

第四，受要约人对要约的内容作出实质性变更。受要约人对要约的内容作出实质性限制、更改或扩张的，表明受要约人已拒绝了要约，但从鼓励交易原则出发，可以将其视为向要约人发出了新的要约。如果在受要约人作出的承诺通知中，并没有更改要约的实质内容，只是对要约的非实质性内容予以变更，而要约人又没有及时表示反对，则此种承诺不应被视为对要约的拒绝。但如果要约人事先声明要约的任何内容都不得改变，则受要约人虽仅更改要约的非实质性内容，也会产生拒绝要约的效果。

在要约失效后，受要约人丧失了其承诺的资格，其发出同意接受要约的表示，只能视为向要约人发出新的要约。因此，判断要约是否失效，对于认定合同是否成立十分重要。

第三节 承 诺

一、承诺的概念和要件

承诺，是指受要约人同意要约的意思表示。换言之，承诺是指受要约人同意接受要约的条件以订立合同的意思表示。《民法典》第479条规定："承诺是受要约人同意要约的意思表示。"承诺的法律效力在于，受要约人所作出的承诺一旦到达要约人，合同便告成立。如果受要约人对要约人提出的条件并没有表示接受，而是附加了条件、作出了新的提议，则意味着拒绝了要约人的要约，并形成了一项反要约或新的要约。

依据《民法典》第479条的规定，承诺一旦生效就会导致合同的成立，因而，承诺必须符合一定的条件。具体来说，承诺必须具备如下条件，才能产生法律效力。

（一）承诺必须由受要约人向要约人作出

一方面，承诺必须由受要约人作出。这是因为只有受要约人是要约人选定的，故只有受要约人才能作出承诺，第三人不是受要约人，不具有承诺资格。如果允许第三人作出承诺，则完全违背了要约人的意思。第三人向要约人作出承诺，视为发出要约。但需要指出的是，基于法律规定和要约人发出的要约规定，如果第三人可以对要约人作出承诺，则要约人应当受到承诺的拘束。如果要约是向某个特定人作出的，则该特定人具有受要约人的资格；如果要约是向数人发出的，则其均可成为受要约人。承诺可以由受要约人作出，也可以由其授权的代理人作出。

另一方面，承诺必须向要约人作出。既然承诺是对要约人发出的要约所作的答复，那么只有向要约人作出承诺，才能导致合同成立。如果向要约人以外的其他人作出承诺，则只能视为对他人发出要约，不能产生承诺的效力。

（二）承诺是受要约人决定与要约人订立合同的意思表示

《民法典》第479条规定，"承诺是受要约人同意要约的意思表示"。承诺在性质上属于意思表示，其必须符合意思表示的要件，即受要约人应当有受承诺拘束的意思。承诺在性质上是需要受领的意思表示。① 也就是说，受要约人作出承诺的意思表示后，必须到达要约人才能使合同成立。正如要约人必须具有与受要约人订立合同的目的一样，承诺中必须明确表明同意与要约人订立合同，才能因承诺而使合同成立。② 这就要求受要约人的承诺必须清楚明确，不能模糊不清。例如，受要约人在答复中提出，"我们愿意考虑你所提出的条件"或"原则上赞成你们提出的条件"等，都不是明确的订约表示，不能产生承诺的效力。如果答复中包含了承诺的意思，但订约的意图不十分明确，在此情况下，应根据诚实信用原则和交易习惯来确认承诺是否有效。

（三）承诺的内容必须与要约的内容一致

《民法典》第488条第一句规定："承诺的内容应当与要约的内容一致。"这就是说，在承诺中，受要约人必须表明其愿意按照要约的全部内容与要约人订立合同。也就是说，承诺是对要约的同意，其同意内容须与要约的内容一致，才构成意思表示的一致（合意），从而使合同成立。承诺的内容与要约的内容一致，具体表现在：承诺必须是无条件

---

① Münch Komm/Busche，§147，Rn. 3.

② 参见徐炳：《买卖法》，100页。

的承诺，不得限制、扩张或者变更要约的内容，否则，不构成承诺，应视为对原要约的拒绝并作出一项新的要约。

从现代合同法的发展趋势来看，从鼓励交易角度出发，各国立法在承诺的内容上采宽松立场，并不要求承诺必须与要约绝对一致，只要不改变要约的实质性内容，仍然构成承诺，而不是反要约。这一立法经验已经为我国合同立法所借鉴。《民法典》第488条规定："承诺的内容应当与要约的内容一致。受要约人对要约的内容作出实质性变更的，为新要约。有关合同标的、数量、质量、价款或者报酬、履行期限、履行地点和方式、违约责任和解决争议方法等的变更，是对要约内容的实质性变更。"据此可见，该条确立了承诺不得变更要约的实质性内容的规则。如果构成实质性变更，将成为新要约或反要约。何为实质性内容？所谓实质性内容，是指对当事人利益有重大影响的合同内容，其一般构成未来合同的重要条款。虽然《民法典》第488条对要约内容的实质性变更作出了规定，但对"实质性变更"的判断还需要遵循具体问题具体分析的思路，结合个案中的具体情形来判断，尤其需要考虑承诺对要约内容的变更对当事人利益的影响。另外，在认定是否构成实质性变更时，还应当考虑要约人的意思。如果要约人明确提出，要约的任何内容均不得变更，在此情形下，就无所谓实质性变更和非实质性变更的区别，任何变更都属于发出新的要约。

承诺虽然不能改变要约的实质性内容，但这并不意味着受要约人不能对要约的内容进行任何更改。对要约非实质性内容作出更改，不应影响合同的成立。例如，将履行地点由某一栋小建筑的东门改到西门，而要约人又未及时表示反对的，应认为承诺有效。当然，即使是非实质性内容的变更，根据《民法典》第489条，在以下两种情况下承诺也不能生效：一是要约人及时表示反对，即要约人在收到承诺通知后，立即表示不同意受要约人对非实质性内容所作的变更。如果经过一段时间后仍不表示反对，则承诺已生效。二是要约人在要约中明确表示，承诺不得对要约的内容作出任何变更，否则无效，则受要约人作出非实质性变更也不能使承诺生效。

(四) 承诺必须在要约规定的期限内到达要约人

1. 承诺只有到达要约人时才能生效

我国民法典合同编在承诺方面采纳到达主义的原则。所谓到达，是指承诺必须到达要约人控制的范围内。如果承诺以对话的方式作出，则可以立即到达要约人，承诺可立即生效。如果承诺以非对话的方式作出，则相关的承诺文件到达要约人的控制范围的时间为承诺的到达时间。例如，相关的承诺文件到达要约人的信箱或者放置于要约人的办公室，至于到达以后要约人是否实际阅读，则不影响承诺的效力。

2. 承诺必须在规定的期限内到达

承诺的到达必须具有一定的期限限制。《民法典》第481条规定："承诺应当在要约确定的期限内到达要约人。要约没有确定承诺期限的，承诺应当依照下列规定到达：（一）要约以对话方式作出的，应当即时作出承诺；（二）要约以非对话方式作出的，承诺应当在合理期限内到达。"这就是说，只有在规定的期限内到达的承诺才是有效的。未能在合理期限内作出承诺并到达要约人，则视为承诺的通常迟延，或称为逾期承诺。此种逾期的承诺在民法上被视为一项新的要约，而不是承诺。由于要约已经失效，受要约人也不能作出承诺。对失效的要约作出承诺，视为向要约人发出要约，不能产生承诺的效力。

（五）承诺的方式必须符合要约的要求

依据《民法典》第480条的规定，承诺应当以通知的方式作出，但根据交易习惯或者要约表明可以通过行为作出承诺的除外。这就是说，受要约人必须将承诺的内容通知要约人，但受要约人通知的方式还应当符合要约的要求。如果要约要求承诺必须以一定的方式作出，则受要约人必须按照该方式作出承诺。例如，要约要求承诺应以发送电子邮件的方式作出，则不应采取纸质邮寄的方式。如果要约没有特别规定承诺的方式，则不能将承诺的方式作为有效承诺的特殊要件。

如果要约中没有规定承诺的方式，根据交易习惯也不能确定承诺的方式，则受要约人可以采用如下方式来表示承诺：一是以口头或书面的方式表示承诺，这种方式是在实践中经常采用的。一般来说，如果法律或要约中没有明确规定必须用书面形式承诺，则当事人可以通过口头方式予以承诺。二是以行为方式表示承诺。这就是说，要约人尽管没有通过书面或口头方式明确表达其意思，但是通过实施一定的行为作出了承诺。例如，在现物要约中，接受标的物的一方虽然没有明确表示购买该标的物，但其接受并已使用该标的物，可以视为其以自己的行为作出了承诺。

二、承诺对要约内容不得作出实质性变更

（一）受要约人对要约的内容作出实质性变更将构成新要约

承诺的内容应当与要约的内容相一致，这尤其表现在承诺对要约内容不得作出实质性变更。何为实质性变更？实质性变更是指承诺对要约内容的变更，将对要约的内容和当事人的利益产生重大影响。依据我国《民法典》第488条第三句，“有关合同标的、数量、质量、价款或者报酬、履行期限、履行地点和方式、违约责任和解决争议方法等的变更，是对要约内容的实质性变更”。这就是说，受要约人对要约中有关合同标的、数量、质量、价款或者报酬、履行期限、履行地点和方式、违约责任和解决争议方法等的变更，就构成实质性变更。实质性变更其实就是对要约的实质性内容所作出的变更，所谓实质内容，是指对当事人利益有重大影响的合同内容，这些内容虽然不应当是合同的必要条款，但其一般构成未来合同的重要条款。对这些内容作出变更，从根本上违背了要约人的意思，因此，此种变更不能产生承诺的效力。

需要指出的是，《民法典》第488条所列举的实质性变更的情形，是就通常情形而言的，但合同类型繁多，对有关合同标的、数量、质量、价款或者报酬、履行期限、履行地点和方式、违约责任和解决争议方法等的变更，是否构成实质性变更，还需要考虑交易的具体情形。一方面，实质性情形不限于上述所列各项，合同的条款很多，法律很难列举穷尽，本条使用“等”这一兜底性规定，表明其不限于法律规定的情形，例如，对

纠纷解决适用法律的选择也应是实质性的条款。另一方面，在具体合同的订立中，要考虑其具体内容和情形。例如，在有些合同中，其履行方式可能并不重要，履行方式的变更就不应当作为实质性变更。再如，就标的物数量的微小调整，也不应作为实质性变更。总之，在判断实质性变更时，还需要结合交易的具体情形来判断。

实质性变更具有如下特点：第一，实质性变更是对要约内容的重大变更。依据《民法典》第 488 条的规定，有关合同标的、数量、质量、价款或者报酬、履行期限、履行地点和方式、违约责任和解决争议方法等的变更，是对要约内容的实质性变更。第二，实质性变更对当事人的利益具有重大影响。一般而言，对有关合同标的、数量、质量、价款或者报酬、履行期限、履行地点和方式、违约责任和解决争议方法等的变更，对要约人和受要约人的利益都会产生重大影响。第三，需要根据具体的交易情形予以判断。虽然《民法典》第 488 条列举了各种实质性变更的情形，但交易情形非常复杂，在特定交易中，该条所列举的情形未必都属于实质性变更的情形，例如，在同城交易中，履行地点的变化通常并不会不当增加当事人的履行负担，因此，不宜将其认定为实质性变更的情形。这就是说，如何判断某一合同内容的变化是否属于实质性变更，应当根据交易的具体情形予以判断。

在受要约人对于要约的内容作出实质性变更的情形下，不能发生承诺的效力，导致合同成立。《民法典》第 488 条第二句规定，“受要约人对要约的内容作出实质性变更的，为新要约”，在此情形下，要约人将处于受要约人的地位。其可以拒绝也可以接受该新要约。

（二）承诺对要约内容作出的非实质性变更通常有效

《民法典》第 489 条规定：“承诺对要约的内容作出非实质性变更的，除要约人及时表示反对或者要约表明承诺不得对要约的内容作出任何变更外，该承诺有效，合同的内容以承诺的内容为准。”由此可见，法律上认可了承诺可以对要约的内容作出非实质性变更。所谓非实质性变更，是指除《民法典》第 488 条所规定的实质性变更以外的内容变更。从表面上看，非实质性变更也是对要约内容的变更，但此种变更没有实质改变要约的内容，对当事人的利益也没有产生重大影响，没有实质性地增加要约人的负担，因此，该承诺可以成为有效的承诺。

具体来说，非实质性变更主要有如下情形：一是对要约中实质性变更以外的内容作出变更。对《民法典》第 488 条所列举的条款以外的内容所作出的变更，如对产品包装、售后服务等内容的变更，即属于非实质性变更。二是对要约中实质性内容的轻微变更、对当事人利益不发生实质性影响的变更，不应属于实质性变更。尽管依据《民法典》第 488 条，对有关合同标的、数量、质量、价款或者报酬、履行期限、履行地点和方式、违约责任和解决争议方法等的变更，都为实质性变更，但对这些内容作出轻微的改变，也可能仅为非实质性变更。例如，将购买 10 000 台电脑改为 9 995 台，如果要约人没有及时反对，也可以构成非实质性变更。三是受要约人对要约的主要条款未表示异议，然而，在对这些主要条款承诺后，又添加了一些建议或者表达了一些愿望和希望。如果在这些建议和意见中并没有提出新的合同成立要件，则认为承诺有效。例如，在承诺中要求所购买的物是没有设定抵押的财产，应视为对要约内容的非实质性变更。四是在承诺中增加了有关说明性条款。这就是说，受要约人为了使承诺内容表达得更为清晰，或者使当事人之间的权利义务表述得更加明确，对相关内容作出了更为详细的说明，并不会实质性增加要约人的负担，因此属于非实质性变更。五是如果承诺中添加了法律规定的义务，不应认为构成反要约。例如，受要约人在承诺中提出，欲出售货物的要约人应提供产品的说明书，此种要求只是重复了法律规定的义务，并非提出了新的合同条件，不宜认定为对要约内容的实质性变更。

从现代合同法的发展趋势来看，从鼓励交易角度出发，域外立法例在承诺的内容上多采宽松立场，并不要求承诺必须与要约绝对一致，因为在交易实践中，如果要求承诺与要约内容完全保持一致，很可能不利于合同的成立，阻碍交易的正常进行，因此，只要不改变要约的实质性内容，仍然构成承诺，而不是反要约。这一立法经验已经为我国民事立法所借鉴。《民法典》第489条的规定总结了我国立法和司法实践的经验，也允许承诺可以对要约的内容作出非实质性变更。

然而，毕竟上述非实质性变更已经改变了要约的内容，此种变更能否发生承诺的效果，要取决于要约人的意愿，依据《民法典》第489条，通常情形下，承诺对要约内容的非实质性变更，不影响承诺的法律效力，但是，在以下两种情形下，不能发生效力。

第一，要约人及时表示反对，即要约人在收到承诺通知后，立即表示不同意受要约人对非实质性内容所作的变更。在合同的订立过程中，承诺的内容应当与要约的内容保持一致，才能导致合同成立，承诺对要约的内容所作出的任何变更，都不得违背要约人的意思，因此，法律虽然许可承诺可以对要约的内容作出非实质性变更，但如果此种变更不符合要约人的意思，则要约人应当及时提出异议，阻止承诺生效。如果经过一段时间后仍不表示反对，则承诺已生效。

第二，要约表明承诺不得对要约的内容作出任何变更。所谓要约表明，是指要约人在要约中明确表示，承诺不得对要约的内容作出任何变更，否则无效，在此情形下，受要约人作出非实质性变更也不能使承诺生效。

如果不存在上述两种情形，则承诺即使对要约的内容作出了非实质性变更，仍宜认定合同有效成立。

三、承诺的方式

《民法典》第480条规定："承诺应当以通知的方式作出；但是，根据交易习惯或者要约表明可以通过行为作出承诺的除外。"本条对承诺的方式作出了规定。

（一）承诺原则上应当采取通知的方式进行

所谓通知，是指受要约人向要约人作出的、接受要约的意思表示。承诺原则上应当采取通知的方式进行，这主要是因为承诺的意思必须以某种方式表达出来，显示于外部，且须到达相对人，为相对人所知悉，才能够成为有效的承诺。这就要求承诺必须通过通知来完成。通知不仅在内容上必须包括接受要约的意思，而且通知必须到达要约人才能生效。这主要是因为我国《民法典》对意思表示的生效采到达主义，而非发信主义。从实践来看，承诺绝大多数都是以向相对人作出意思表示的方式实现的，仅在特殊的情形下，才可以通过行为等方式作出承诺。

承诺作为一种意思表示，自然可以依据意思表示作出的不同方式进行。以通知的方式作出的承诺就是典型的明示承诺，这种明示的承诺只要求当事人将承诺的意思通知于要约人，而对于该承诺是以书面还是口头的方式作出并无要求。除此之外，意思表示也可以以默示的方式作出，这种方式虽然不需要以语言或文字的方式作出表示，但是也必须为相对人所知悉，因此，默示承诺需要通过一定的行为作出。

（二）依据交易习惯或者要约表明可以通过行为作出承诺的除外

依据《民法典》第480条的规定，承诺原则上应采取通知方式，但根据交易习惯或者要约表明可以通过行为进行承诺的除外。这就是说，如果要约表明，可以通过行为作出承诺，则受要约人可以以行为的方式作出承诺。此处所说的以行为作出承诺的方式，就是以实际交付货物、支付价款等方式来作出承诺。在社会生活中，当事人经常在简单的交易中采取行为的方式承诺。例如，行为人乘坐地铁，其刷卡行为本身表明作出了承诺。再如，在自动售货机上投币，也属于以行为的方式作出了承诺。在这些情况下，受要约人之所以可以通过行为的方式作出承诺，是因为要约人允许受要约人以行为的方式承诺。此种承诺方式实际上就是德国法中所说的意思实现（Willensbetätigung）。所谓意思实现，是指行为人没有通过表达法律行为意思的方式而使法律后果产生，而是以创设相应的状态的方式，使行为人所希冀的法律后果实现。① 《德国民法典》第151条规定："根据交易习惯，承诺无需向要约人表示，或者要约人预先声明无需表示的，即使没有向要约人表示承诺，承诺一经作出，合同即告成立。应根据要约或者当时情况可以推知的要约人的意思，来确定要约约束力消灭的时间。"该条就是对意思实现的规定。② 我国《民法典》第480条规定："承诺应当以通知的方式作出；但是，根据交易习惯或者要约表明可以通过行为作出承诺的除外。"由此可知，我国民法认为意思表示的实现在特殊情形下也可成为合同成立的方式之一。

通过行为作出承诺包含如下两种情形。

第一，根据交易习惯可以通过行为作出承诺。尤其是在长期的、继续性的合同关系中，双方当事人形成一定的交易习惯。例如，在合同到期后，只要一方向对方交货，另一方没有及时表示退货，则视为合同成立。在此种情形下，按照此种交易习惯，当事人可以通过行为作出承诺。再如，在租赁合同到期后，承租人继续支付租金，对方接受租金的，视为租赁合同继续有效。

第二，要约人在要约中表明，可以以行为的方式承诺。例如，要约人在要约中载明，受要约人可以通过使用商品的方式作出承诺，则在受要约人作出此种行为时也可以认定

---

① 参见［德］卡尔·拉伦茨：《德国民法通论》，邵建东等译，429页，北京，法律出版社，2003。

② See B. S. Markesinis，W. Lorenz & G. Dannemarrn，*The German Law of Obligations*，Vol. 1，The Law of Contracts and Restilution：A Comparative Introduction，Oxford：Clarendon Press，1997，p. 57.

为作出了承诺。此时，受要约人以行为的方式承诺，也是符合要约人的意思的。例如，在一方向另一方发出的要约中，明确规定，虽未收到对方的承诺通知，但对方已交付货物，也将达成合同。在此情况下，受要约人不作通知，而直接以行为的方式承诺，也构成有效的承诺。

问题在于：如果要约人没有在要约中明确以何种方式承诺，受要约人是否可以通过行为的方式承诺？我国《民法典》并不禁止以行为承诺。《民法典》第469条规定，合同可以采取口头的、书面的或其他形式，此处所说的“其他形式”其实就是指以行为的方式承诺。所以，承诺也可以在口头和书面形式之外以行为来作出。但从两大法系的规定来看，基本上都认为，单纯的缄默或不行动（silence or inactivity）本身不构成承诺。缄默或不作为都是指受要约人没有作任何意思表示，也不能确定其具有承诺的意思，例如，甲向乙、丙同时兜售某块手表，价值100元，甲问乙、丙是否愿意购买，乙沉默不语，未作任何表示，而丙点头表示同意。乙的行为属于缄默或不作为，不构成承诺；而丙的行为属于默示作出承诺。

四、承诺的期限

承诺的期限是指受要约人作出承诺的期限，如果受要约人没有在承诺的期限内作出承诺，则可能无法产生承诺的效力，并导致合同成立。因此，承诺期限直接关系到合同的成立与生效问题。《民法典》第481条规定：“承诺应当在要约确定的期限内到达要约人。要约没有确定承诺期限的，承诺应当依照下列规定到达：（一）要约以对话方式作出的，应当即时作出承诺；（二）要约以非对话方式作出的，承诺应当在合理期限内到达。”该条对承诺的期限作出了规定，其主要包括如下规则。

（一）承诺应当在要约确定的期限内到达要约人

《民法典》第481条首先明确了承诺期限的确定规则。承诺期限确定的首要依据是要约的内容，如果要约中明确了承诺的期限，则应当适用要约中关于期限的约定。严格地说，承诺的期限应当由要约人在要约中明确，因为承诺的权利是由要约人赋予的，但这种权利不能无期限地行使，如果要约中明确了承诺的期限，受要约人只有在承诺的期限内作出承诺，才能视为有效的承诺。值得注意的是，此处所说的作出承诺的期限，应当理解为受要约人发出承诺的通知以后实际到达要约人的期限，而不是指受要约人发出承诺的期限。例如，要约人在要约中规定，10天内作出答复或5天内作出通知，此处所说的10天和5天的期限，不是指受要约人应当在10天内或者5天内答复，而是指在10天内或者5天内受要约人的承诺应当到达要约人处。因此，受要约人在收到要约的信件以后作出承诺，如果是以信件的方式作出承诺，则应当考虑信件在途的时间。

承诺作为一种意思表示，从何时开始生效，两大法系存在截然不同的规定。大陆法采纳了到达主义，或称送达主义，即承诺的意思表示于到达要约人支配的范围内时生效，合同方告成立。如《德国民法典》第130条规定，在以非对话方式向相对人为意思表示时，意思表示到达相对人时发生效力。《销售合同公约》第18条第2款规定，接受发价于表示同意的通知到达发价人时生效。可见，公约采纳了大陆法的观点。英美法采纳了送信主义，或称为发送主义（doctrine of dispatch），在美国也常常被称为“信筒规则”（mailbox ru1e），是指如果承诺的意思以邮件、电报表示，则受要约人将信件投入邮筒或电报交付电信局即生效力，除非要约人和受要约人另有约定。这一规则最早起源于1818年英国的“亚当斯诉林塞尔案”①。根据美国《合同法重述》第64条的规定，“除非另有规定，承诺采用要约规定的方法和传递工具发出即能生效，而不论要约人是否收到承诺”。

依据我国《民法典》第481条，关于承诺的生效采纳了到达主义，即承诺在要约确定的期限内及时到达要约人才能生效。所谓到达，指承诺的通知到达要约人支配的范围内，如要约人的信箱、营业场所等。至于要约人是否实际阅读和了解承诺通知，则不影响承诺的效力。承诺通知一旦到达要约人，合同即宣告成立。如果承诺以非对话的方式作出，则相关的承诺文件到达要约人的控制范围的时间为承诺的到达时间。例如，相关的承诺文件到达要约人的信箱或者放置于要约人的办公室。如果承诺不需要通知，则根据交易习惯或者要约的要求，一旦受要约人作出承诺的行为，即可使承诺生效。

（二）要约没有确定承诺期限时承诺期限的确定

《民法典》第481条第2款规定了在没有确定承诺期限的要约中，承诺期限如何确定的问题。针对要约没有规定承诺期限的情形，本款区分了以对话方式与非对话方式作出的要约，对两种情况分别作出了规定。

第一，如果要约是以对话方式作出的，应当即时作出承诺。要约中没有规定承诺期限，在以对话方式作出的要约中，由于当事人可以即时通讯，因此承诺应当在对话中即时作出。如果要约是口头要约，则意味着要约的意图是立即获得口头方式的答复。不过如果口头要约中规定了承诺期限，也应当视为承诺期限的规定。《商事合同通则》第2.7条规定：“对口头要约必须立即作出承诺，除非情况另有表明。”我国《民法典》第481条规定要约没有确定承诺期限的，如果要约以对话方式作出，应当即时作出承诺，但当事人另有约定的除外。此处所说的“当事人另有约定的除外”，就是指口头要约中另外规定了承诺期限，则受要约人应当在该期限内作出答复。例如，一方对另一方在电话中提出，“给你3天时间考虑作出答复”，这就是在口头要约中另外规定了承诺期限。

第二，如果要约是以非对话方式作出的，受要约人应当在合理期限内作出承诺。②在以非对话方式作出的要约中，当事人双方可能处于异地，并未见面，不可能要求受要约人在收到要约后即时作出承诺，而应当给予受要约人一定的考虑时间和将承诺的意思表示发出并到达要约人的时间。如果要约人未在要约中明确这一时间，则只能确定合理期限作为标准。一般来说，该期限包括三个方面：一是要约到达受要约人的时间。二是受要约人作出考虑的期间。该时间因交易的数量等而有所区别。如果要约中规定“请立即答复”“请即刻回函”，则表明要约人的意图是受要约人不应当有过多的考虑时间，在

① A dams v. Lindsell［1818］1B & Ald. 681. 其余典型案例参见：Dunlopv. Higgins（1848）1HL Case381，Household Fire Insurance Company v. Grant（1879）4ExD. 216。

② 参见《销售合同公约》第18条；《商事合同通则》第2.7条。

收到信函以后，应当在一两天之内就作出答复。三是承诺的信件到达要约人手中的合理期限。如果受要约人是在合理期限内发出的信件，但是因为送达等方面的原因而发生迟延，则构成承诺的特殊迟延，应当按照《民法典》第487条关于承诺逾期到达的规则确定其效力。

（三）以信件或者电报作出要约时承诺期限的确定

《民法典》第482条规定："要约以信件或者电报作出的，承诺期限自信件载明的日期或者电报交发之日开始计算。信件未载明日期的，自投寄该信件的邮戳日期开始计算。要约以电话、传真、电子邮件等快速通讯方式作出的，承诺期限自要约到达受要约人时开始计算。"本条是关于承诺期限起算的规定。该条区分了以信件或者电报方式作出的要约和以电话、传真、电子邮件等快速通讯方式作出的要约。

第一，对于以信件作出的要约，承诺期限以信件载明的日期起算。在要约人以信件的方式作出要约时，如果要约人在信件中明确载明了承诺期限的起算点，则按照私法自治原则，应当尊重要约人的意愿，即以要约所载明的时间点作为承诺期限的起算点。

第二，没有载明日期的以投寄邮戳日期计算。对于以信件方式作出要约，如果以要约到达受要约人作为承诺期限的起算点，显然会给要约人带来不利，因为在要约人以信件、电报等方式发出要约的情况下，要约人并不能控制要约何时才能到达受要约人，一概要求以到达时间作为起算时点，将使要约人处于不利地位。因此，为了保护要约人，本条规定此种情形下自投寄该信件的邮戳日期开始计算承诺期限。例如，要约人在要约中规定了承诺期限为15日，如果以投寄邮戳日期起算，可能会导致留给受要约人的时间较短，但即便如此，也不宜肯定应当自要约到达受要约人时再开始起算承诺期限，因为要约人作出要约后，就要受到要约的拘束；如果以要约到达受要约人起算承诺期限，由于要约人无法控制该信件的到达时间，就需一直受到该要约的拘束；况且一旦采用信件到达受要约人的时间作为起算点，要约人难以证明信件的到达时间，而受要约人可能故意拖延承诺时间，并以信件到达时间较晚为由主张承诺有效，这就可能助长这种投机行为，使承诺期限制度的立法目的落空。所以，不宜采用到达时间作为起算点。即使由于信件到达时间较晚，受要约人也可以因没有足够时间思考而拒绝缔约，这是其本应当承担的风险，而不宜牺牲要约人的利益使其一直受到要约的拘束。

第三，要约以电话、传真、电子邮件等快速通讯方式作出的，承诺期限自要约到达受要约人时开始计算。《销售合同公约》第20条和《商事合同通则》第2.8条均在关于承诺期限的起算中区分了快速通讯方式与传统通讯方式。要约以电话、传真等快速通信方式作出的，由于以此种方式发出要约，要约在途中的时间几乎可以忽略不计，此时，要约一经发出即可到达受要约人，承诺期限也开始计算。因此，如果要约是以电子邮件的方式作出的，自电子邮件到达受要约人之时开始计算。

五、承诺的迟延

（一）承诺的通常迟延

所谓承诺迟延（late acceptance），是指受要约人未在承诺期限内作出承诺。《民法典》第 481 条第 1 款规定："承诺应当在要约确定的期限内到达要约人。"这就是说，只有在规定的期限内到达的承诺才是有效的。未能在合理期限内作出承诺并到达要约人，则视为承诺的通常迟延，或称为逾期承诺。

承诺的迟延可以分为两种：一是通常的迟延，也称为逾期承诺，此种迟延是指受要约人没有在承诺的期限内发出承诺。二是特殊的迟延。此种迟延是指受要约人没有迟发承诺的通知，但因为送达等原因而导致迟延。《民法典》第 486 条规定："受要约人超过承诺期限发出承诺，或者在承诺期限内发出承诺，按照通常情形不能及时到达要约人的，为新要约……"此处所规定的迟延就是通常的迟延。

依据我国民法典合同编的相关规定，承诺的期限通常是由要约规定的，如果要约中未规定承诺时间，则受要约人应在合理期限作出承诺。超过合理期限作出承诺，该承诺不产生效力。《民法典》第 486 条规定，"受要约人超过承诺期限发出承诺，或者在承诺期限内发出承诺，按照通常情形不能及时到达要约人的，为新要约"。这就首先明确了迟到承诺的效力和性质，也就是说，一方面，迟到的承诺通常不能发生承诺的效力。另一方面，迟到的承诺应当被视为新的要约。在此情形下，要约人将处于受要约人的地位，其可以接受或者拒绝该新要约。

依据《民法典》第 486 条的规定，对迟到的承诺，如果要约人及时通知受要约人该承诺有效，可以使其发生效力。因为承诺迟延关涉要约人的利益，要约人自愿接受，表明其延长了承诺期限，该承诺仍然有效，但要约人应及时通知受要约人。一旦要约人及时通知受要约人，则该承诺有效。《民法典》第 486 条的但书规定："但是，要约人及时通知受要约人该承诺有效的除外。"这就是说，如果要约人不愿承认其效力，则该迟到的承诺为新要约，要约人将处于受要约人的地位。从《民法典》第 486 条的规定来看，在承诺迟延的情况下，该迟到的承诺在性质上转化为新要约，在迟到的承诺转化为新要约以后，要约人也应该及时承诺，以防止要约人在承诺迟到以后利用其选择权来从事投机行为。

（二）承诺的特殊迟延

承诺的特殊迟延，是指受要约人没有迟发承诺的通知，但因为送达等原因而导致承诺迟延到达的情形。《民法典》第 487 条规定："受要约人在承诺期限内发出承诺，按照通常情形能够及时到达要约人，但是因其他原因致使承诺到达要约人时超过承诺期限的，除要约人及时通知受要约人因承诺超过期限不接受该承诺外，该承诺有效。"法律之所以作出此种规定，是因为受要约人在承诺期限内作出了承诺，但因为其他原因没有按期到达，迟延的原因并不是受要约人的过错造成的，因此不应当由受要约人承担承诺迟延的责任，这是完全符合过错责任原则的精神的。同时，从鼓励交易的角度出发，承认此种承诺构成有效的承诺，有利于交易的达成。而承认此种承诺的效力也不损害要约人的利益，因为如果要约人拒绝接受此种承诺，可以及时通知受要约人。

构成特殊的迟延应具备如下条件。

第一，受要约人在承诺期限内发出承诺。这既包括受要约人在要约期限内作出承诺的情形，也包括要约没有规定明确的期限而受要约人在合理的期限内作出承诺的情形。

也就是说，在要约没有规定承诺期限时，受要约人应当在合理期限内作出承诺。

第二，承诺按照通常情形能够及时到达要约人，但因其他原因，承诺到达要约人时超过承诺期限。这就是说，按照一般的交易习惯和生活经验，此种承诺应当能够按期到达于要约人手中，但因为送信人、传达人等非因受要约人的原因而发生迟延。① 如果送信人、传达人是根据受要约人的要求从事传达的，则应当视为受要约人的过错。因此，“因其他原因”不应当包括受要约人有过错的情形，而是因第三人的原因致使承诺迟延。

第三，如果要约人未及时通知受要约人因承诺超过期限不接受该承诺，该承诺有效。要约人如果要拒绝此种承诺，应当及时通知受要约人。而且为了防止发生纠纷，要约人拒绝受要约人承诺的通知也应当在到达受要约人后生效，否则，在要约人拒绝承诺以后，若拒绝承诺的通知发生丢失，要约人并不知道，则要约人以为合同没有成立，而受要约人以为合同已经成立，这就极容易发生纠纷。承诺的特殊迟延不同于承诺的通常迟延，对承诺的特殊迟延而言，如果要约人没有及时通知受要约人承诺的迟延，则承诺可以发生效力；而对承诺的通常迟延而言，其通常不发生效力，只有要约人及时通知该承诺有效的，其才能发生承诺的效力。

六、承诺的撤回

所谓承诺的撤回，是指受要约人在发出承诺通知以后，在承诺正式生效之前撤回其承诺。承诺作为一种意思表示在作出之后，应当允许当事人在其生效前撤回。承诺的撤回对要约人也并不会产生不利的影响，因为该撤回的表示需要先于承诺或与承诺同时到达要约人。由于《民法典》第 141 条已经规定了意思表示的撤回制度，故民法典合同编并未就此予以重复规定，其第 485 条规定：“承诺可以撤回。承诺的撤回适用本法第一百四十一条的规定。”该规范在分类上属于引致规范，对其必须结合《民法典》第 141 条来予以理解。而根据《民法典》第 141 条的规定，“行为人可以撤回意思表示。撤回意思表示的通知应当在意思表示到达相对人前或者与意思表示同时到达相对人”。依据该条规定，撤回承诺意思表示只能在如下两种情况下生效：一是撤回的通知应当在承诺到达相对人之前生效。这就是说，在承诺的通知到达以前，承诺撤回的通知应当到达，则撤回有效。二是撤回的通知与承诺同时到达相对人。因为承诺一旦先于撤回的通知到达，则意味着承诺已经生效，合同已经成立。在这一点上承诺与要约不同。要约可以在合同生效前撤销，在要约到达后、合同成立前，要约虽然对要约人具有拘束力，但并未成立合同，因此可以撤销。而承诺一旦先于撤回的通知到达，合同就宣告成立，因此双方当事人就必须受到合同的拘束，不履行合同将导致违约责任的产生。

七、承诺的生效

由于《民法典》第 483 条规定了合同成立时间原则上以承诺生效时间为准，因此，

① 参见叶金强：《合同法上承诺传递迟延的制度安排》，载《法学》，2012（1）。

承诺生效的时间对于合同成立时间的判断而言至关重要。《民法典》第 484 条区分了以通知方式作出的承诺和以行为方式作出的承诺，并设置了不同的承诺生效的规则。

（一）以通知方式作出的承诺的生效

《民法典》第 484 条第 1 款规定："以通知方式作出的承诺，生效的时间适用本法第一百三十七条的规定。"以通知方式作出的承诺属于典型的明示的意思表示，因此应当适用意思表示生效的规则，即《民法典》第 137 条的规定。《民法典》第 137 条对以对话方式作出的意思表示和以非对话方式作出的意思表示的生效规则分别作出了规定。

1. 以对话方式作出的承诺的生效

所谓以对话方式作出的承诺，是指当事人直接以对话的形式作出承诺。例如，当事人面对面地订立口头买卖合同，或者通过电话交谈的方式订立合同。关于以对话方式作出的意思表示的生效，《民法典》第 137 条第 1 款规定："以对话方式作出的意思表示，相对人知道其内容时生效。"在以对话方式作出的意思表示中，意思表示的发出和受领是同步进行的。[①] 依据该条规定，对以对话方式作出的承诺而言，只有在表意人的意思表示被相对人知悉时，该承诺的意思表示才能够生效。因此，从该条规定来看，《民法典》对以对话方式作出的意思表示生效采取了了解主义。

2. 以非对话方式作出的承诺的生效

所谓以非对话方式作出的承诺，是指当事人以对话以外的形式作出承诺的意思表示，例如，采用邮件、传真等方式订立合同。关于以非对话方式作出的意思表示的生效，《民法典》第 137 条第 2 款规定，"以非对话方式作出的意思表示，到达相对人时生效"。依据这一规定，以非对话方式作出的意思表示，到达相对人时生效。可见，关于以非对话方式作出意思表示的生效，民法典采用了到达主义，即到达相对人时生效。所谓到达，是指根据一般的交易观念，已经进入相对人可以了解的范围。到达并不意味着相对人必须亲自收到，只要意思表示已进入受领人的控制领域，并在通常情况下可以期待受领人能够知悉意思表示的内容，就视为已经到达。[②]

3. 以非对话方式作出的采用数据电文形式的承诺的生效

依据《民法典》第 137 条第 2 款的规定，对于采用数据电文形式作出的承诺而言，其生效分为两种情形：一是相对人指定了特定的系统接收数据电文的，此时，该意思表示自该数据电文进入该特定系统时生效。二是相对人未指定特定的系统接收数据电文的，自相对人知道或者应当知道该数据电文进入其系统时生效。在此情形下，相关数据电文到达相对人的任何一个系统，即被推定为相对人知道或应当知道，该数据电文进入其系统时生效，除非相对人举证证明其不应当知道。例如，其所用的邮箱长期不予使用且相对人明知的，可以认定相对人不应当知道。

承诺以通知方式作出的，如果该通知未到达要约人，依据《民法典》第 137 条的规

① 参见石宏主编：《中华人民共和国民法总则条文说明、立法理由及相关规定》，328 页。

② 参见徐国建：《德国民法总论》，96 页。

定，承诺不能发生效力，即承诺不能到达要约人的风险要由受要约人承担。

（二）无须以通知方式作出的承诺的生效

《民法典》第484条第2款规定："承诺不需要通知的，根据交易习惯或者要约的要求作出承诺的行为时生效。"因此，根据交易习惯或者要约表明可以通过行为作出承诺，承诺以行为方式作出时生效，这一规则也延续了《合同法》的规则。对于以行为方式作出承诺的，主要是意思实现的方式。例如，在试用买卖中，在试用期满后，如果买受人没有拒绝购买，则应当认定已经同意购买，而不需要买受人对出卖人作出购买的通知。需要指出的是，对于以行为方式承诺的，仅限于法律有明确规定、有交易习惯或要约有明确规定的情形，在没有法律规定、习惯或要约明确规定的场合，当事人应当以通知的方式作出承诺的意思表示。

第四节　特殊形式的要约与承诺

一、确认书及其性质

《民法典》第491条第1款规定："当事人采用信件、数据电文等形式订立合同要求签订确认书的，签订确认书时合同成立。"这就确认了签订确认书的订约方式。所谓确认书，是指在双方达成合意之后，合同的正式成立还需通过特定方式予以确认。确认书通常采用书面的形式，自签订确认书之日起，合同正式宣告成立。从实践来看，在当事人初步达成的合同文本中载明"以我方最后确认为准"，这就是要求签订确认书。

签订确认书实际上是与承诺联系在一起的。如果双方达成协议以后，一方要求以其最后的确认为准，这样其所发出的确认书实际上是其对要约所作出的最终的、明确的、肯定的承诺。在签订确认书之前，合同并没有成立。可见，在此种情形下，确认书实际上是承诺的重要组成部分，是判断是否作出承诺的要素。① 但如果当事人在合同中仅仅表明"交货时间以我方确认为准"，这意味着，当事人只是对合同的某个条款进行确认，而不是对合同成立时间的约定，即当事人只是未最终确定交货时间。

依据《民法典》第491条第1款的规定，确认书主要适用于当事人采用信件、数据电文等形式订立合同的情况。这是因为当事人采用信件、数据电文等形式订立合同时，其身处两地，没有在一个文件上共同签名，任何一方提出签订确认书都是合理的。如果当事人是以口头形式订约，也就不存在签订确认书的问题。如果一方在通过信件、数据电文等方式订约时，提出要以最后的确认为准，那么，在其发出确认书以前，双方达成的协议不过是一个初步协议，当事人之间的合同关系并未成立。在商业实践中，当事人也可能在长期谈判之后，签订一份非正式文件，冠以"初步协议""谅解备忘录""意向书"等名，并明确表示，经过一方或双方最终确认合同才能成立。在此情况下，在最终

① 参见张玉卿主编：《国际商事合同通则2004》，175页，北京，中国商务出版社，2005。

确认以前的任何阶段，订约当事人虽然均可提出要求签订确认书，但当事人之间并未成立合同关系。[①] 也就是说，在订约当事人采用信件、数据电文等形式订立合同时，任何一方都有权提出确认，由一方提出签订确认书，而另一方接受的，那么签订确认书本身是双方约定的结果，应当以签订确认书的时间作为合同成立的时间。

以签订确认书的时间作为合同成立时间，是因为确认书是承诺的重要组成部分，是判断当事人是否已经作出承诺的文件。如果一方正式确认后，另一方在合理的期限内没有表示异议，则认为对方已经接受了确认的条件，双方已经形成了合意，应当受到合同的拘束，任何一方不得事后再提出重新确认，否则构成违约。

确认书通常适用于对双方达成的初步协议的确认，而不适用于以合同书形式订立合同的情况。因为在以合同书形式订立合同后，双方已经在合同书上签名盖章，除非当事人事先在合同中明确授权一方可在某个时期内再次确认，否则不可能再重新确认。如果双方先前已经达成了协议，但合同允许一方事后确认，后来当事人又签署了确认书，而且确认书对原先的协议进行了修改和补充，该确认书确认的内容是否有效？本书认为，如果当事人在合同中约定，在合同成立后一方仍然有权最后作出确认，这实际上并不是赋予其确认权，而是赋予其单方面变更、修改、补充合同的权利。一旦一方作出重新确认，另一方对此未表示异议，则双方实际上已达成变更合同的协议。当事人应当按照变更后的协议履行。当然，原先的协议中未修改和补充的部分仍然有效。

二、网上发布的商品或者服务信息符合要约条件时合同的成立时间

《民法典》第 491 条第 2 款规定："当事人一方通过互联网等信息网络发布的商品或者服务信息符合要约条件的，对方选择该商品或者服务并提交订单成功时合同成立，但是当事人另有约定的除外。"该条来自《电子商务法》第 49 条第 1 款的规定，合同编增加这一条款的目的主要在于适应电子商务发展的需要，有效解决关于电子商务合同成立时间的纠纷。依据本款的规定，如果一方通过互联网等信息网络发布的商品或服务信息符合要约条件，即由特定人作出、具有受拘束的意思、有相对人且内容确定，那么，相对方只要选择了该商品或服务，且提交订单成功，合同就宣告成立。相对方选择商品或服务并提交订单成功即意味着承诺已经到达要约人。具体而言，本条适用的条件如下。

第一，当事人一方通过互联网等信息网络发布的商品或者服务信息符合要约条件。在网上交易的情形下，当事人通常会通过网络发布相关的交易信息，但网上发布信息的形式多样，有的构成要约，有的只是构成要约邀请。如果当事人一方通过互联网等信息网络发布的广告等信息符合要约的条件，即该信息包含合同的主要条款，内容具体确定，且表明经受要约人承诺，要约人即受该意思表示约束，因此构成要约，对方提交订单应为承诺，此时合同成立。

第二，对方选择该商品或者服务并提交订单成功。在网上购物，都需要在平台上提交订单，如果没有特别约定，用户选择该商品或者服务并提交订单成功，合同成立。也

---

① 参见张玉卿主编：《国际商事合同通则 2004》，173 页。

就是说，在此种情形下，合同的成立需要具备如下两个条件：一是买受人选择了特定的商品或者服务。买受人一旦选择特定的商品或者服务，就确定了合同的标的物。二是买受人提交订单成功。如果买受人只是选择了特定的商品或者服务，则只是表明其有购买该商品或者服务的意向，还不能认定买受人有受该选择拘束的意思，不能据此认定合同已经成立。只有在买受人提交订单后，才能认定买受人已经作出了承诺，合同关系才能成立，买受人提交订单的时间就是合同成立的时间。

第三，当事人另有约定的除外。《民法典》第 491 条第 2 款但书规定，“当事人另有约定的除外”，这主要是指当事人约定买受人提交订单为要约，出卖方确定有货并且在发货时视为承诺。在实践中，有的网购平台会在格式条款中与消费者约定：提交订单成功并不意味着合同成立，而是在发货后合同才成立。因此，当事人可能约定，需要卖方确定有货并且实际发货，合同才能成立，在这种情况下，买受人提交订单在性质上应当属于要约。从实践来看，在某些网络交易中，即便当事人已经提交订单，合同关系也并不当然成立。例如，网上买机票，提交订单不一定导致合同成立，需要付款并成功出票时合同才成立。再如，作为出卖人的电商一方明确在商品宣传中声明，产品宣传无论多详细，都是要约邀请，此时买受人提交订单只是要约，要付款或者发货才能成立合同。上述情形均属于本款但书所规定的例外情形。

三、交叉要约

所谓交叉要约，是指订约当事人采取非直接对话的方式，相互不约而同地向对方发出了内容相同的要约。① 例如，甲于 2023 年 5 月 1 日在某报刊登一广告“出售位于某地区的豪华别墅一栋，价值 200 万元，有意者请与××联系”。乙于 5 月 3 日去函，表示愿以 150 万元购买，甲于 5 月 10 日复函，称不低于 190 万元。甲见乙久无回音，于 6 月 24 日再致函乙，表示愿以 170 万元出售。于 6 月 25 日到达。乙不知甲的来信，也于 6 月 24 日去函给甲，表示愿以 170 万元成交，于 6 月 26 日到达。在该案件中，甲乙同时于 6 月 24 日各自向对方去信，表示愿以 170 万元的价格购买和出售该栋房屋，因此，双方有缔约的相同意愿，这种情况就属于典型的交叉要约。邱聪智教授认为，证券市场上的上市公司股票买卖，期货交易市场上的期货商品买卖，大多采用了交叉要约的方式。上市有价证券之买卖，通常采用电脑撮合，价格符合竞价形成之买卖价格时即自动成交，无待承诺之成立及通知。② 可见，交叉要约也是常被采用的订约方式。

交叉要约具有如下特点：第一，双方各自向对方发出要约。交叉要约有两种形式：一是同时向对方发出要约，此处所说的同时，也可以是存在微小时间差的情形。二是双方先后发出要约，但是后发出要约的一方还没有收到先发出的要约。③ 第二，双方是以口头形式以外的方式发出要约。如果双方以口头形式缔约，则当事人会即时对对方的要约作出表示，

---

① 参见史尚宽：《债法总论》，29 页。

② 参见邱聪智：《新订债法各论》（上），164 页，北京，中国人民大学出版社，2006。

③ 参见桂万先：《对交叉要约成立合同的质疑》，载《政法论丛》，1998（1）。

不可能存在交叉要约的情形。交叉要约往往是以信件等方式订约时出现的。第三，双方的要约必须到达对方。无论是同时发出，还是先后发出，要约只有到达对方才会发生法律效力，也才有探讨合同成立与否的必要。① 第四，双方的要约在合同必要条款方面是一致的。如果双方的要约内容在合同必要条款上存在差异，则该合同也不可能成立。

交叉要约最大的特点在于，通过交叉要约成立合同，使合同成立时间提前，从而鼓励交易，减少交易费用。但对于交叉要约能否成立合同的最大质疑在于，双方没有经过协商，而使合同成立时间提前。② 事实上，采用交叉要约订约时，双方虽然没有经过协商，但双方已经有明确的订约意图，尤其是交叉要约中实际上对主要条款达成了合意，所以，以双方没有经过协商为由而认定合同不成立，与合同是当事人合意的本质不相符合。本书认为，交叉要约并没有损害要约人的利益，如果要约人希望在承诺之前享有撤回要约的权利，其可以在要约中作出相应表示，以保护其利益。当然，在一方要约到达另一方之后，另一方发出的要约尚未到达对方，则另一方可以在到达之前撤销该要约。

四、悬赏广告

（一）悬赏广告的概念和特征

所谓悬赏广告，是指悬赏人以广告的形式声明对完成悬赏广告中规定的特定行为的人，给付广告中约定报酬的行为。③ 例如，悬赏人在其刊登的各种寻人、寻物启事中提出，如帮助寻找到某人或完成了某事，将支付若干报酬。我国《合同法》并未明确规定悬赏广告，但司法实践一直承认悬赏广告。④《民法典》在总结司法实践经验的基础上，于第 499 条规定："悬赏人以公开方式声明对完成特定行为的人支付报酬的，完成该行为的人可以请求其支付。"这是我国首次从法律层面对悬赏广告作出规定。悬赏广告具有如下特征。

第一，悬赏广告是以公开的方式所作出的意思表示。所谓广告，即广而告之。悬赏广告既可以以招贴画张贴，也可在橱窗、路牌、霓虹灯等处刊登，还可以通过报纸、网络等媒体刊载，甚至通过电台、广播等发布信息，总之都是以公开的方式发出意思表示。悬赏广告作为意思表示的一种，是悬赏人向不特定的多数人所作出的意思表示，但悬赏广告与一般的意思表示不同，它是采取"广而告之"的方式。⑤ 也就是说，悬赏广告是面向不特定的相对人作出的意思表示。

第二，它是以对完成特定行为的人给予报酬为内容的意思表示。悬赏是悬赏人以公开方式声明对完成特定行为的人支付报酬的行为。一方面，给付报酬乃悬赏广告的题中应有之义，悬赏人可以在悬赏广告中声明报酬的种类、数额以及支付方式等。具体而言，

---

① 参见王家福主编：《中国民法学·民法债权》，302 页。

② 参见刘俊臣：《合同成立基本问题研究》，79 页，北京，中国工商出版社，2003。

③ 参见王家福主编：《中国民法学·民法债权》，285 页。

④ 例如，《合同法司法解释二》（已废止）第 3 条规定："悬赏人以公开方式声明对完成一定行为的人支付报酬，完成特定行为的人请求悬赏人支付报酬的，人民法院依法予以支持。但悬赏有合同法第五十二条规定情形的除外。"

⑤ 参见孙森焱：《民法债编总论》（上册），66 页，北京，法律出版社，2006。

各种报酬支付方式如金钱、名誉、财物等，只要不违反法律规定，均可作为悬赏报酬。另一方面，其是针对完成特定的行为作出的，在内容上并没有限制，凡是合法的行为，无论是事实行为，还是法律行为，都可以作为悬赏广告的对象。当然，该行为的内容和类型不得违反法律规定和社会公共利益。①

第三，悬赏广告是一种单方法律行为。虽然关于悬赏广告的性质存在争议，但依据《民法典》第 499 条，悬赏广告在性质上属于一项单方法律行为，其成立并不需要悬赏人与相对人就悬赏广告的内容达成合意。

第四，悬赏广告是独立的债的发生原因。悬赏人一般会在悬赏广告中对实施一定行为的人允诺支付一定的报酬，这也使其负担了一定的债务。② 这就在法律上确认了悬赏广告可以作为独立的债的发生原因。

（二）悬赏广告的性质

关于悬赏广告的性质，主要有两种观点：一是单方行为说。此种观点认为，悬赏广告在性质上属于单方行为，悬赏广告为单方行为，因为“悬赏广告人以单独之意思表示对完成一定行为的人负给与酬报之义务，在行为人方面无须有承诺，惟以其一定行为之完成为停止条件”③。单独行为说认为，悬赏广告是一种单方法律行为，广告人对完成一定行为的人单方面负有支付报酬的义务，而不需要完成行为人作出承诺。④《德国民法典》第 675 条将悬赏广告定义为单方行为，并为日本等国的判例学说所采纳。在德国法上，悬赏广告在性质上属于单方法律行为，而且属于没有相对人的单方意思表示。⑤ 二是要约说。此种观点认为，悬赏广告为一种要约，在性质上属于对不特定多数人发出的要约，只要行为人完成悬赏广告所声明的行为，即构成对该要约的承诺，在当事人之间形成悬赏合同，完成行为人享有报酬请求权。⑥《欧洲合同法原则》也有类似的规定。⑦

在我国，司法实践中的通行做法认为，悬赏人以公开方式声明对完成一定行为的人支付报酬，完成特定行为的人请求悬赏人支付报酬的，人民法院依法予以支持。但悬赏有合同无效的情形的除外。但是该条规定并没有明确指明法院支持这种请求权究竟有何种依据，即认为悬赏广告是双方当事人的合同，还是认为其是悬赏人的单方允诺，并没有明确，所以还不能够简单地认为该条就已经将悬赏广告纳入合同的范畴。《民法典》第 317 条规定，“权利人领取遗失物时，应当向拾得人或者有关部门支付保管遗失物等支出的必要费用”。但是物权编主要是明确物的归属，不涉及当事人之间的债权请求权问题，当事人之间因遗失物返还而产生的请求权关系应当依据合同法等债的关系予以确定。

关于悬赏广告的性质，《民法典》第 499 条规定：“悬赏人以公开方式声明对完成特定行为的人支付报酬的，完成该行为的人可以请求其支付。”本条实际上明确了悬赏广告

---

① 参见孙森焱：《民法债编总论》，上册，66 页，北京，法律出版社，2006。
② 参见郑玉波：《民法债编总论》，54 页。
③ 王伯琦：《民法债篇总论》，30～31 页，台北，自版，1962。
④ 参见张晓军：《悬赏广告问题研究》，载梁慧星主编：《民商法论丛》，第 6 卷，北京，法律出版社，1997。
⑤ Beck'scher Online-Kommentar BGB/Kotzian-Marggraf，§657，Rn. 2.
⑥ 参见郑玉波：《民法债编总论》，61 页。
⑦ See PECL Article2：107.

的单方行为性质，采纳了单方行为说。这意味着：一方面，悬赏广告作出后，完成特定行为的人，无论是否具有完全民事行为能力，在其完成了悬赏广告指定的行为时，就可以请求悬赏人支付报酬。另一方面，完成特定行为的人无论是否知晓悬赏广告的存在，也可以因完成悬赏行为而要求悬赏人履行义务。例如，某人张贴了自家宠物狗走失、如有人寻获其将给付报酬的广告，那么即使是儿童寻得该宠物狗，也不因其不具有完全民事行为能力而不得请求报酬。我国《民法典》之所以将悬赏广告界定为单方行为而非合同，其原因在于：

第一，采单方行为说，有利于有效约束悬赏人的行为，符合诚实信用原则。依据单方行为说，只要悬赏人发出了悬赏广告，不需要他人作出同意即能发生法律效力，悬赏人就应当受到广告的拘束。如果某人不知道悬赏人发出了悬赏广告，而完成了广告中所指定的行为，该人仍能取得对悬赏人的报酬请求权，而悬赏人不得以该人不知广告内容为由拒绝支付报酬。①

第二，采单方行为说，使限制行为能力人、无行为能力人在完成广告所指定的行为以后，也可以对悬赏人享有报酬请求权。但若采用合同说，那么限制行为能力人和无行为能力人即使完成了广告所指定的行为，也将因为其无订约能力，从而无承诺的资格，无法基于合同享有对悬赏人的报酬请求权，这显然就不利于保护限制行为能力人和无行为能力人的利益。②

第三，采单方行为说，则任何人完成广告中所指定的行为都将是一种事实行为，而非具有法律意义的承诺行为，因此，只要相对人完成了广告指定的行为即享有报酬请求权，而不必准确地判定在什么情况下存在有效的承诺以及承诺的时间等，这就可以减轻相对人在请求悬赏人支付报酬时的举证负担。

（三）悬赏人负有按照其允诺支付报酬的义务

悬赏广告一旦生效，悬赏人就负有对任何完成悬赏广告所声明的行为的人给付报酬的义务。与此相应，完成特定行为的相对人即享有报酬请求权。此处所说的特定行为是指广告所指定的行为。如果广告中确定了完成特定行为的时间，则这一时间要求也构成对相对人完成特定行为的限制。由于悬赏广告在性质上是单方行为，因此，即便完成悬赏广告指定行为的人在行为时不知道广告的存在，其也仍应有权请求悬赏人支付报酬。③例如，在“鲁某庚诉东港市公安局悬赏广告纠纷案”中，法院认为：“公安局以鲁某庚所提供的线索不符合悬赏通告所规定的条件为由，拒绝将被害人家属用于奖励的50万元全部给付鲁某庚，并将其予以占有，超出了被害人家属的委托权限，也不符合其在悬赏通告中的承诺，没有任何的法律依据。鲁某庚对其主张权利，应予支持。”④

如果数人都完成了特定行为，则应当按照先来后到的原则，认定谁最先完成了该行为，并由谁获得悬赏。例如，某人发出广告，称如果有人游过某港湾，就奖励现金若干；

①② 参见王泽鉴：《债法原理》，257页。

③ 参见梁慧星等：《中国民法典草案建议稿附理由·债权总则编》，67页，北京，法律出版社，2013。

④ 《最高人民法院公报》，2003（1）。

如果数人完成，则先完成者获得报酬；但如果数人同时完成，广告中又没有明确先后顺序，则应当由悬赏人向数人支付。而数人同时完成，原则上应当由数人平均分配报酬。①此外，完成指定行为的人开始实施行为时，没有必要通知悬赏人。即使不知道广告的存在而完成了指定行为的人，也享有债权。

如果悬赏人在悬赏广告中声明对完成特定行为的相对人支付报酬，但没有明确具体的报酬数额，则行为人在完成悬赏广告声明的行为时，仍有权请求悬赏人支付相应的报酬，当事人可以就报酬的具体数额进行协商，协商不一致的，可以由法院进行判定。法院在判定数额时，可以参考行为人完成特定行为的时间、成本、所完成工作成果的归属等因素，确定悬赏人应当支付的报酬数额。

值得探讨的是，完成悬赏广告声明行为后所获得的利益的归属问题。相对人完成悬赏广告所声明的行为时，可能产生一定的利益。例如，悬赏人在悬赏广告中声明，对于在一定期限内完成某项工作成果的人，将给予一定的报酬。此时，该工作成果应归属于悬赏人抑或归属于完成该工作成果的行为人？本书认为，如果悬赏人在悬赏广告中声明，行为人应当将完成悬赏广告中特定行为的工作成果移转给悬赏人，则行为人要获得悬赏广告中声明的报酬，其应当将该工作成果移转给悬赏人。如果悬赏人在悬赏广告中并未约定该工作成果的归属，原则上应当作不利于悬赏人的解释②，即悬赏广告中没有约定该利益归属的，其原则上应当归属于完成悬赏广告的行为人，此时，完成悬赏广告的行为人无须移转该工作成果，但其仍应有权请求悬赏人支付相应的报酬。

第五节　强制缔约

一、强制缔约的概念和特征

所谓强制缔约，是指只要一方当事人提出缔结合同的请求，另一方当事人就依法负有法定的、与之缔结合同的义务。强制缔约制度是对意思自治原则下当事人缔约自由的限制。当代合同法在保障自由价值的同时，也注重伸张社会正义和公平，以实现当事人之间及当事人与社会利益之间的平衡。③ 强制缔约即为对合同自由的限制，通过此种限制可以有效地保护弱势群体的利益，从而实现合同的实质正义。《民法典》第 494 条第 1 款规定："国家根据抢险救灾、疫情防控或者其他需要下达国家订货任务、指令性任务的，有关民事主体之间应当依照有关法律、行政法规规定的权利和义务订立合同。"这就确认了强制缔约制度。

与一般的合同缔结相比，强制缔约具有如下特点。

---

① 参见［日］我妻荣：《债权各论》（上卷），徐慧译，71 页，北京，中国法制出版社，2008。

② 参见黄茂荣：《债法总论》，第 1 册，248 页。

③ 参见王晨：《日本契约法的现状与课题》，载《外国法译评》，1995（2）。

第一，强制缔约属于法定义务。这就是说，在法律规定强制缔约的情形下，一方当事人依据法律规定而负有义务与对方订约，义务人违反该义务应当承担相应的民事责任，甚至是行政责任。因此，无论当事人是否将强制缔约义务纳入合同，当事人均负有此种义务，且当事人不能在合同中规避这一法定要求。

第二，强制缔约是对合同自由的限制。因为缔约当事人负有必须发出订立合同之意思表示的法定义务。① 另外，它也对缔约的内容施加了限制。针对要适用强制缔约的情形，当事人不仅负有缔约的义务，而且，应当按照法律规定的内容来缔约。强制缔约是对合同自由的限制。一方面，它为当事人强加了必须缔约的义务。缔约自由包括当事人有权决定是否缔约，以及选择缔约伙伴的自由，它是实现当事人利益的重要工具。② 然而，强制缔约构成对缔约自由的限制，因为缔约当事人负有必须发出订立合同之意思表示的法定义务。③ 另一方面，它也对缔约的内容加以了限制。针对要适用强制缔约的情形，当事人不仅负有缔约的义务，而且应当按照法律规定的内容来缔约。因为处于弱势地位的一方，其往往不具有谈判能力，如果仅仅对强势一方强加了缔约义务，而没有对缔约内容加以限制，仍然无法实现对弱势群体的保护。从实践来看，缔约内容的限制往往要通过特别法的形式加以明确。④ 需要指出，在强制缔约关系中，由于合同的缔结仍然需要经过要约和承诺环节，其在形式上仍然是当事人双方进行磋商、意思表达一致的产物。因此，强制缔约并没有从根本上否定合同意思自治的基本规则。“契约关系的发生，仍然有赖当事人互相意思表示一致而成立契约，准此，缔约强制尚未脱离契约原则的范畴。”⑤

第三，强制缔约的功能在于维护公共利益。强制缔约往往与特定企业具有相当市场支配力或者垄断地位有关。法律设置强制缔约制度，就是为了防止某些公共服务提供者选择性地提供公共服务、损害广大消费者利益，进而损及大众的公共利益。因为在特定情况下（如一方当事人处于垄断地位），缔约自由这一工具也可能失去其实现双方当事人利益平衡的功能，从而损害一方当事人利益，这关系到社会公共利益的实现。强制缔约制度可以有效地防止部分公共服务的提供者选择性地提供公共服务、损害广大消费者利益，并进而损害社会公共利益。⑥

第四，强制缔约仍然要经过要约和承诺的程序，只不过一方当事人必须发出要约或者必须作出承诺而已。强制缔约并非意味着合同的成立不需经过要约和承诺两个阶段，而仅是指当事人负有强制承诺的义务。在法律规定了强制缔约义务的情况下，如果当事人没有作出承诺，该合同也并非当然不成立。在例外情况下，法院可以判决该合同成立，可以依据具体情形要求一方当事人必须依据法律规定作出承诺。⑦

从比较法上来看，各国立法大多规定了强制缔约制度。该制度对保护民生、强化弱势群体保护、维护消费者权益等都具有重要意义。我国《民法典》和有关的法律法规也

---

① Staudinger/Bork，Vor145，Rn. 29f.；Busche，Privatautonomie und Kontrahierungszwang，1999，S. 243.

② Münch Komm/Busche，Vor § 145，Rn. 12，2012.

③ Staudinger/Bork，Vor § 145，Rn. 29f.；Busche，Privatau tonomieund Kontrahierungszwang，1999，S. 243.

④ Münch Komm/Busche，Vor § 145，Rn. 14.

⑤ 陈自强：《契约之成立与生效》，158 页，台北，学林文化事业出版有限公司，2002。

⑥ Münch Komm/Busche，Vor § 145，Rn. 12，2012.

⑦ 参见崔建远：《合同法总论》，上卷，127 页，北京，中国人民大学出版社，2008。

确认了强制缔约制度。例如，《民法典》第 810 条规定："从事公共运输的承运人不得拒绝旅客、托运人通常、合理的运输要求。"因此，只要旅客、托运人提出了通常合理的运输要求（要约），从事公共运输的承运人就负有强制承诺的义务。公共承运人承担着公共运输的功能，要求其负有强制缔约的义务，是为了满足社会公众运输方面的一般需求。从今后的发展趋势来看，随着法律上合同正义要求的强化，以及对弱者保护的加强，强制缔约制度的适用范围将会不断扩展。

在强制缔约的情形，负有缔约义务的一方当事人必须受到约束，不能够拒绝社会上不特定相对人的缔约请求。① 从原则上说，即使是在强制缔约的情况下，合同的成立也需要经过要约、承诺的阶段，在相对人发出要约后，负有强制缔约义务的一方应当及时作出承诺的意思表示，否则，合同不能成立。只不过，依据特殊情形，如果受要约人不进行承诺，要约人可以依法请求其承担法律责任，法院考虑法律设置强制缔约的目的等因素，强制受要约人作出承诺的意思表示，从而使合同成立。②

二、根据指令性任务或者国家订货任务签订的合同

强制缔约应当包括对缔约的限制和对内容的限制两方面的内容，因为合同一方当事人不仅负有与相对人订立合同的义务，而且负有以相对人可接受的合理、相同内容订立合同的义务。③

在我国原有高度集中的经济管理体制下，对企业的生产经营活动实行指令性计划管理，国家有关部门向企业下达指令性计划以后，企业必须严格依据计划订立合同。合同的内容必须与指令性计划的要求相一致，合同在订立后也不得以违约金和损害赔偿代替合同的履行。履行合同不仅是合同当事人的义务，也是对国家所应尽的完成指令性计划任务的义务。然而，自我国经济体制改革以来，为了搞活企业，扩大企业自主权，指令性计划的管理范围正在逐渐缩小，目前指令性计划的作用已经十分微弱。不过我国自 1992 年起开始试行国家订货制度，旨在维护全国经济和市场的稳定，保证国防军工、重点建设、防疫防灾以及国家战略储备的需要，对于国家还必须掌握的一些重要物资，将以国家订货方式逐步取代重要物资分配的指令性计划管理。④ 因此，在法律上有必要对根据指令性任务或者国家订货任务订约的规则作出规定。

《民法典》第 494 条第 1 款规定："国家根据抢险救灾、疫情防控或者其他需要下达国家订货任务、指令性任务的，有关民事主体之间应当依照有关法律、行政法规规定的权利和义务订立合同。"依据这一规定，一旦国家根据抢险救灾、疫情防控或者其他需要下达订货任务、指令性任务，民事主体就负有订约的义务。例如，在防疫期间，国家需要紧急运送医疗物资，需要给运输企业下达指令性任务。可见，国家根据抢险救灾、疫情防控或者其他需要下达国家订货任务、指令性任务签订的合同属于典型的强制缔约形

---

① Münch Komm/Busche，Vor § 145，Rn. 23.
② 参见易军、宁红丽：《强制缔约制度研究——兼论近代民法的嬗变与革新》，载《法学家》，2003（3）。
③ Staudinger/Bork，Vor § 145，Rn. 15.
④ 参见胡康生主编：《中华人民共和国合同法实用问答》，133 页，北京，中国商业出版社，1999。

态，因为：一方面，在此类合同中，当事人需要根据国家下达的指令性任务或者国家订货任务的需要，依照有关法律、行政法规规定的权利与义务订立合同。[①] 也就是说，一方当事人负有与相对人订立合同的义务。另一方面，在合同内容上必须根据指令性任务或者国家订货任务签订合同，有关企业不得依据合同自由原则加以拒绝。

三、强制要约

所谓强制要约，是指依据法律或行政法规的规定，一方当事人必须向他方当事人作出要约的意思表示。通常情形下，强制缔约主要体现为强制承诺，但在法律规定的特殊情形下，其才体现为强制要约。《民法典》第 494 条第 2 款规定："依照法律、行政法规的规定负有发出要约义务的当事人，应当及时发出合理的要约。"可见，强制缔约不仅包括对承诺的强制，还包括对要约的强制，即根据法律的规定，某一权利主体有义务及时向他人发出要约以订立合同。[②] 例如，《证券法》第 65 条第 1 款规定："通过证券交易所的证券交易，投资者持有或者通过协议、其他安排与他人共同持有一个上市公司已发行的有表决权股份达到百分之三十时，继续进行收购的，应当依法向该上市公司所有股东发出收购上市公司全部或者部分股份的要约。"法律作出此种规定主要是为了保护中小股东的利益，当某一持股者持股比例达到法定数额时，强制其向目标公司持同类股票的全体股东发出公开收购要约。这主要是为了保护中小股东的利益，强制要求持有表决权股份达到 30%的投资者向所有股东发出出售股份的要约。当然，在强制要约的情形下，要约的内容应当符合法律的要求，且要求的条件必须具有合理性，这样才能使受要约人一旦作出承诺，合同就得以成立。如果法律也对要约的内容作出了规定，要约人不能在法律规定之外另外提出要求，否则，相对人有权拒绝。

四、强制承诺

所谓强制承诺，是指依照法律或行政法规的规定，一方当事人必须针对他人的要约作出承诺的意思表示，即对接受要约义务的强制。[③]《民法典》第 494 条第 3 款规定："依照法律、行政法规的规定负有作出承诺义务的当事人，不得拒绝对方合理的订立合同要求。"在强制承诺的情形下，如果一方当事人依照法律、行政法规的规定负有作出承诺的义务，则在一方作出要约的情形下，其就必须依法承诺。例如，《电力法》第 26 条第 1 款规定："供电营业区内的供电营业机构，对本营业区内的用户有按照国家规定供电的义务；不得违反国家规定对其营业区内申请用电的单位和个人拒绝供电。"这就确认了强制承诺义务。

虽然受要约人依法负有必须订立合同的义务，但这并不意味着该合同可以依据法律的规定直接成立，当事人仍然应当依据要约、承诺的一般程序订立合同。这就要求要约

---

①② 参见朱广新：《合同法总则》，81 页。

③ Staudinger/Bork，Vor § 145，Rn. 29.

人必须作出明确的要约，强制缔约义务人负有必须作出承诺、订立合同的义务。

需要指出的是，即使一方当事人负有强制承诺的义务，合同的成立也需要经过要约、承诺的阶段，在相对人发出要约后，负有强制缔约义务的一方应当及时作出承诺的意思表示，否则合同不能成立。只不过，依据特殊情形，如果受要约人不承诺，要约人可以起诉追究其法律责任，法院应考虑法律设置强制缔约的目的等因素，可以强制受要约人为承诺的意思表示，从而使合同成立。① 例如，就强制责任保险来说，依据《机动车交通事故责任强制保险条例》第 10 条，保险公司具有强制缔约的义务，投保人选择某一保险公司投保，保险公司无故拖延或拒绝的，投保人可以向法院起诉要求保险公司与其订立保险合同，法院可以直接判决合同已经成立。因为保险公司无故拖延或拒绝给投保人造成损失的，保险公司应当负缔约过失责任。

第六节　预约合同

一、预约合同的概念和特征

预约合同也称为预备性合同，它是指当事人所达成的、约定在将来一定期限内订立合同的允诺或协议。②《民法典》第 495 条第 1 款规定："当事人约定在将来一定期限内订立合同的认购书、订购书、预订书等，构成预约合同。"据此，当事人在将来所订立的合同称为本约合同，而当事人约定在将来一定期限内订立本约的合同即属于预约合同。例如，当事人所订立的购买车票的合同为本约合同，而当事人事先达成的约定在将来购买车票的合同即为预约合同。

在交易实践中，当事人订立预约合同是将阶段化的谈判成果固定下来，并希望将未能协商一致的内容留将来磋商。③ 预约合同在实践中已经被广泛采用，时常发生纠纷。例如，甲向乙购买房屋，双方签订了购房意向书，甲向乙支付了 5 万元定金，后因房屋价格上涨，乙又将房屋转让给丙，甲请求乙承担继续履行的责任。在该案中，由于甲乙之间仅订立了预约合同，而没有订立房屋买卖合同，如果法律不承认预约合同，则购房人甲无权请求乙承担违约责任，而只能主张缔约过失责任，这对购房人甲而言显然是极其不利的。可见，在法律上承认预约合同，对消费者权益保护也是十分重要的。

二、预约合同的成立

预约合同应具备合同的一般成立要件，即内容具体确定且表明当事人受意思表示的约束。依据《民法典》第 495 条第 1 款和《合同编通则解释》第 6 条第 1 款的规定，预

---

① 参见易军、宁红丽：《强制缔约制度研究——兼论近代民法的嬗变与革新》，载《法学家》，2003（3）。

② Werk，in Münchener Kommentarzum BGB，Vor § 145，Rn. 60.

③ 参见最高人民法院起草小组：《（关于适用民法典合同编通则若干问题的解释）的理解与适用》，载《人民司法》，2024（1）。

约合同的成立应当符合如下条件：

第一，当事人约定在将来一定期限内订立合同。如果合同内容中无法确定当事人有在将来订立合同的意图，则不能将其认定为预约。《合同编通则解释》第 6 条第 1 款要求当事人应当在一定期限内订立合同，虽然当事人约定在将来订立合同，但对于何时订立合同并不确定，此时，就不能确定当事人有订立合同的意图，因而无法成立预约。

第二，能够确定将来所要订立合同的主体、标的等内容。预约合同无须包括本约合同的条款，只要能够确定将来所要订立合同的主体、标的等内容，就可以成立预约合同。至于将来所要订立合同的标的、价格等，则由当事人在未来协商。① 例如，当事人在某份买卖合同中约定，甲乙双方就购买 50 吨煤炭订立合同，价格另议，该合同究竟属于预约还是本约存在争议。在该合同中，由于已经具备了合同主要条款，只是价款尚未确定，因此，其不应当属于预约合同。

预约合同的成立可以采取预先交付定金的方式，也可以不预先交付定金。当事人为担保在将来一定期限内订立合同交付了定金，能够确定将来所要订立合同的主体、标的等内容的，也可成立预约合同。由于交付定金在性质上属于立约定金，表明当事人实际上已经具有订立本约的意图，此时还不能当然将其认定为预约合同，还必须能够确定将来所要订立合同的主体、标的等内容，才能成立预约合同。

预约不同于意向书或者备忘录。依据《合同编通则解释》第 6 条第 2 款的规定，如果当事人订立意向书等文件，只是表达一种订约意向，而没有约定在将来一定期限内订立合同，或者虽然当事人约定了在将来一定期限内订立合同，但难以确定将来所要订立合同的主体和标的，则无法成立预约合同。

三、预约合同与本约合同

从性质上看，预约合同和本约是相互独立且相互关联的两个合同。② 尽管预约是为了订立本约合同而订立的，而且是在订立本约合同的过程中订立的，但当事人已经就订立预约形成合意并且该合意具有相对独立性，因此可以与本约合同相分离，作为独立的合同类型。法律上之所以承认预约合同，是因为虽然预约合同是为了订立本约，但其又不同于本约而存在，因此有必要将两者分开。

预约合同和本约的区别在于：

第一，缔约意图不同。预约合同以订立本约合同为目的，由于本约合同的缔约目的是要形成特定的法律关系，如买卖、租赁、承揽等关系，因此订立预约合同只是向本约合同的过渡阶段。通常，要认定是否存在订立本约合同的意图，应当结合当事人在预约合同中的约定、当事人的磋商过程、交易习惯等因素，综合认定当事人是否存在此种意图。因此，当事人必须明确表达要订立本约合同的意思表示，且当事人应当有受预约合

① 参见最高人民法院民事审判第二庭、研究室编著：《最高人民法院民法典合同编通则司法解释理解与适用》，98 页，北京，人民法院出版社，2023。

② 参见宋晓明、张勇健、王闯：《〈关于审理买卖合同纠纷案件适用法律问题的解释〉的理解与适用》，载《人民司法》，2012 (15)。

同拘束的意思。①

第二，当事人约定的内容不同。预约合同的内容是将来订立本约，例如，预约租赁某个房屋，就使当事人负有订立房屋租赁合同的义务。又如，订购某件商品的预约合同，使当事人负有订立买卖该商品的合同的义务。而本约是关于合同具体内容的约定。② 例如，在房屋租赁合同中，预约合同是将来订立租赁合同的约定，而关于价金、具体房屋的约定属于本约的内容。

第三，违反合同的责任后果不同。在预约合同中，当事人一般不会约定违反本约的责任。而对本约合同而言，当事人通常都会约定违约责任条款，如违约金等。当事人违反预约合同时，非违约方可以请求违约方订立合同，或者承担违反预约合同的责任，此种责任并不是承担违反本约的责任。在一方违反预约合同的情况下，另一方也可以要求解除该预约合同，并请求违约方承担违约金、定金等责任。而当事人违反本约合同时，并不产生请求对方当事人订立合同的违约责任，而只是产生继续履行、赔偿损失等违约责任。

预约符合一定条件可以视为本约。《合同编通则解释》第 6 条第 3 款规定："当事人订立的认购书、订购书、预订书等已就合同标的、数量、价款或者报酬等主要内容达成合意，符合本解释第三条第一款规定的合同成立条件，未明确约定在将来一定期限内另行订立合同，或者虽然有约定但是当事人一方已实施履行行为且对方接受的，人民法院应当认定本约合同成立。"该条实际上包括了两种情形：一是虽然使用预约合同的名称（认购书、订购书、预订书等），但合同内容已经包括了本约的主要条款，符合本约的成立要件，应当认定本约已经成立。二是通过实际履行促成合同履行，这就是说，通过履行治愈的方式促成了本约的成立。这就是说，当事人虽然没有明确就本约合同形成明确的约定，但是一方已经实际履行合同且为对方接受，则可以认定本约已经成立。

四、违反预约合同的责任

（一）违反预约合同的两种形态

1. 预约合同生效后，当事人一方拒绝订立本约合同

预约合同的订立目的就是订立本约，换言之，在预约合同生效后，当事人均负有在一定期限内订立本约合同的义务，因此，在预约合同生效后，如果当事人一方拒绝订立本约合同，即违反了预约合同所约定的义务。

2. 磋商订立本约合同时违背诚信原则导致未能订立本约合同

这就是说，当事人订立预约合同时已经就将来要订立的本约的当事人和标的等内容作出了约定，但当事人一方在订立本约过程中提出了完全不同的标的，或者虽然没有改变标的的内容，但其所提出的数量、价格等条件与预约约定的内容存在显著区别，导致对方当事人难以接受。依据《合同编通则解释》第 7 条第 2 款的规定，认定当事人一方

---

① 参见陈进：《意向书的法律效力探析》，载《法学论坛》，2013（1）。

② 参见刘承韪：《预约合同层次论》，载《法学论坛》，2013（6）。

在磋商时是否违背诚信原则时，应当综合考虑如下因素：一是该当事人在磋商订立本约合同时提出的条件是否明显背离预约合同约定的内容。对于预约合同中已确定的本约合同内容，该当事人在后续磋商中予以否认，已经违背诚信原则。二是是否已尽合理努力进行协商。对于没有确定的内容，当事人未尽合理努力促成本约合同的订立，也违反诚信原则。① 例如，当事人在订立本约的过程中漫天要价，提出了极不合理的价格条款，此种行为即构成违背诚信原则的行为。

（二）违反预约合同的赔偿责任

当事人一方违反预约合同的，对方当事人有权依法主张赔偿损失。依据《合同编通则解释》第 8 条，当事人违反预约合同的，主要适用损害赔偿这一责任方式。依据该规定，如果当事人对违反预约合同的赔偿损失已经作出了约定，则应当依据当事人的约定确定赔偿损失的范围。例如，当事人已经在预约合同中约定了违反预约的损害赔偿的数额，则应当依据当事人的约定确定当事人的损失赔偿范围。

如果当事人没有约定赔偿责任，则在确定当事人赔偿损失的范围时应当考虑如下因素：一是预约合同在内容上的完备程度，即预约合同就将来所要订立的本约的内容是否进行了约定以及约定是否全面细致。② 预约合同在内容上越完备，则当事人对于订立本约期待越高③，当事人为订立和履行本约所做的准备也越多，此时，一方当事人违反预约合同的约定拒绝订立合同的，对方因本约未能签订而遭受的损失可能就越大，违约方因此承担的损失赔偿责任也应当越大。二是订立本约合同的条件的成就程度。在交易中，当事人之所以未订立本约，是因为订立本约的条件还不成熟。因此，当事人通常先订立预约合同，之后再订立本约合同。在预约合同生效后，订立本约合同的条件的成就程度就较高④，一旦当事人违反预约合同，即可能给对方当事人造成更大的损失。相反，如果除了主体和标的，当事人还没有就合同其他条款展开磋商，在此情形下，订立本约的成就程度就较低。一般认为，在当事人违反本约的情形下，非违约方有权主张履行利益的赔偿，而在违反预约合同的情形下，当事人的赔偿主要还是对对方当事人信赖利益损失的赔偿，即信赖本约合同能够订立而遭受的损失，而且此种信赖程度越高，损失赔偿的数额也应当越大。

在当事人违反预约合同的情形下，原则上不适用继续履行这一责任形式。而关于违反预约合同能否适用继续履行责任，《民法典》第 495 条第 2 款并没有规定在违反预约合同时可以适用继续履行的责任形式。《合同编通则解释》第 8 条在规定违反预约的责任时，主要通过赔偿损失的方式对非违约方提供救济，这实际上也排除了继续履行这一责任形式的适用。

---

①②③　参见最高人民法院民事审判第二庭、研究室编著：《最高人民法院民法典合同编通则司法解释理解与适用》，121 页。

④　参见最高人民法院民事审判第二庭、研究室编著：《最高人民法院民法典合同编通则司法解释理解与适用》，122 页。

第七节　合同成立的时间和地点

一、合同成立的时间

（一）承诺生效的时间即合同成立的时间

《民法典》第 483 条规定：“承诺生效时合同成立，但是法律另有规定或者当事人另有约定的除外。”依据该条规定，承诺的效果在于使合同成立，即一旦承诺生效，合同便宣告成立。承诺生效的时间，是指承诺什么时候产生法律效力。由于要约因承诺而使合同成立，因此，承诺生效的时间在合同编中具有重要的意义，其直接决定了合同成立的时间。因为合同在何时生效，当事人就于何时受合同关系的拘束，享有合同上的权利和承担合同上的义务。双方当事人就合同的主要条款完成要约、承诺的过程，就意味着双方当事人达成了合意，合同也就应当随即宣告成立，因此，承诺生效的时间就应当是合同成立的时间。该条规定承诺生效时合同成立，实际上是确立了合同成立的时间。此外，承诺生效的时间常常与合同订立的地点是联系在一起的，而合同的订立地点又与法院管辖权的确定以及适用法律的选择问题密切联系在一起。所以，确定承诺生效的时间意义重大。

依据《民法典》第 483 条，承诺生效时合同成立，但是法律另有规定或者当事人另有约定的除外。也就是说，在法律另有规定或者当事人另有约定时，承诺生效也不一定导致合同成立。具体而言，有两种情况。

第一，法律另有规定。此种情形又包括如下两类：一是如果法律明确规定合同应当采用特定的形式（如必须采用书面形式）订立才能成立，则只有完成该特定的形式，合同才能成立，仅当事人作出承诺，合同还不能成立。二是法律明确规定必须实际交付标的物才能使合同成立。例如，依据《民法典》第 679 条的规定，自然人之间借款合同的成立，适用“自然人之间的借款合同，自贷款人提供借款时成立”的规定。

第二，当事人另有约定。除法律另有规定的以外，当事人另有约定的，也应当遵循当事人的约定。例如，当事人约定应当采取书面形式订立合同的应当在签订书面合同后成立，或当事人约定办理公证后合同成立的，在办理公证前，即便当事人已经达成了合意，合同也并未成立。

（二）以竞价方式订约时合同成立时间的认定

1. 以招投标方式订约

依据《合同编通则解释》第 4 条第 1 款的规定，采取招标方式订立合同，订立合同自中标通知书到达中标人时合同成立。由于招标公告是要约邀请，投标人的投标在性质上是要约，而招标人向投标人发出中标通知书在性质上属于承诺，因此，合同成立时间即为中标通知书到达投标人时。由于自中标通知书到达中标人时合同成立，在中标之后，订立书面形式的合同主要是为了使当事人的权利义务关系更加明确，并起到固定合同权利义务关系的作用，但并不能据此认定当事人之间的合同关系尚未成立。因此，合同成立后，当事人拒绝签订书面合同的，构成违约，依据《合同编通则解释》第 4 条第 1 款的规定，在此情形下，法院应当依据招标文件、投标文件和中标通知书等确定合同内容。

2. 以拍卖形式订立合同

依据《合同编通则解释》第 4 条第 2 款的规定，采取现场拍卖、网络拍卖等公开竞价方式订立合同，合同成立时间为拍卖师落槌、电子交易系统确认成交时。拍卖也是一种公开竞价方式，是将物品转让给最高应价者的方式，拍卖者发布拍卖公告是要约邀请，而拍买人提出应价属于要约，在拍买人提出最高应价，拍卖师落锤确认后，拍卖合同即宣告成立。至于在拍卖成交后，当事人之间签订拍卖成交确认书，只是拍卖成交的书面证明，也是双方当事人履行合同的义务，并不意味着合同自当事人签订成交确认书之时成立。[①] 因此，合同成立后，当事人拒绝签订成交确认书的，法院应当依据拍卖公告、竞买人的报价等确定合同内容。

3. 产权交易所等机构主持拍卖、挂牌交易

依据《合同编通则解释》第 4 条第 3 款的规定，产权交易所等机构主持拍卖、挂牌交易，如果其公布的拍卖公告、交易规则等文件公开确定了合同成立需要具备的条件，则合同成立时间为该条件具备时。产权交易所是产权交易的中介，其本身并非交易当事人，而只是提供交易场所和交易规则，如果其公布的拍卖公告等文件中已经确定了合同成立需要具备的条件，则其在性质上应当构成要约，而交易相对人完成该条件在性质上构成承诺，此时应当认定合同已经成立。

二、合同成立的地点

（一）承诺生效的地点为合同成立的地点

在合同法上，合同成立的地点具有如下方面的意义：一是选择适用的法律。我国《涉外民事关系法律适用法》第 6 条规定：“涉外民事关系适用外国法律，该国不同区域实施不同法律的，适用与该涉外民事关系有最密切联系区域的法律。”合同签订地可能被解释为与合同关系有最密切联系区域，所以，可能会对涉外合同关系中适用法律的选择产生影响。二是确定诉讼管辖。《民事诉讼法》第 35 条规定：“合同或者其他财产权益纠纷的当事人可以书面协议选择被告住所地、合同履行地、合同签订地、原告住所地、标的物所在地等与争议有实际联系的地点的人民法院管辖，但不得违反本法对级别管辖和专属管辖的规定。”据此，合同签订地是选择地域管辖的依据。由于合同的成立地有可能成为确定法院管辖权及选择法律的适用等问题的重要因素，因此，明确合同成立的地点十分重要。

《民法典》第 483 条规定：承诺生效时合同成立。因此，确定承诺的生效时间，对于准确认定合同成立时间以及成立地点等，具有重要意义。依据这一规定，可以区分以下

---

① 参见最高人民法院民事审判第二庭、研究室编著：《最高人民法院民法典合同编通则司法解释理解与适用》，79 页。

几种情形分别确定合同的成立地点。

第一，以对话方式作出承诺的通知。这种情形下，承诺的生效适用《民法典》第137条的规定，在以对话方式作出承诺时，承诺生效的时间为要约人知道承诺的内容时，此时，如果双方以面对面的方式作出了要约与承诺，则当事人对话的所在地应当成为合同成立地。如果该对话并非以面对面的方式作出，如以拨打电话等方式订立合同，则要约人知晓承诺内容的地点即要约人的所在地为合同的成立地。

第二，承诺不需要通知的，可以根据交易习惯或要约的要求作出承诺。依据《民法典》第484条的规定，承诺不需要通知的，在有交易习惯或要约要求的情况下，可以根据交易习惯和要约要求作出承诺，而一旦作出承诺行为，则承诺生效。例如，要约人以现物要约，受要约人将标的物拆开包装并进行使用，根据交易习惯，如果受要约人使用了标的物，则可以认为其已经作出了购买标的物的承诺，在此情形下，承诺的行为作出时承诺生效，相应的，承诺行为作出的地点则为合同成立的地点。

第三，以实际履行的方式作出承诺时合同的成立地点。如果当事人通过实际履行来订立合同，则合同承诺到达相对人时发生效力，相应的，合同成立的地点也应当以行为承诺到达的要约人所在地为合同的成立地点。

第四，当事人采用合同书形式订立合同的。《民法典》第493条对当事人采用合同书的形式订立合同时合同的成立地点作出了特别规定，不再遵循承诺生效地的规则，即以最后签名、盖章或者按指印的地点为合同成立的地点，但是当事人另有约定的除外。

需要指出的是，合同成立的地点也可以由当事人另行约定。但承诺生效的地点是一个事实，真正有法律意义的是合同成立的地点。按照合同自由原则，当事人可以约定承诺生效的地点，也就是可以约定合同成立的地点。

（二）采用数据电文形式订立合同时合同成立的地点

《民法典》第492条规定："承诺生效的地点为合同成立的地点。采用数据电文形式订立合同的，收件人的主营业地为合同成立的地点；没有主营业地的，其住所地为合同成立的地点。当事人另有约定的，按照其约定。"该条是对以数据电文形式订立合同的合同成立地点的规定。

从原则上说，承诺生效的地点就是合同成立的地点，但以数据电文方式进行的意思表示如果遵循非对话方式的一般原则，将会导致在数据电文进入的特定系统所在地为合同成立地。由于数据电文形式的存储系统所在地往往与当事人订立合同没有紧密关系（如提供电子邮件等服务的企业的数据存储地和邮件收发地也并非准确对应），因此，《民法典》第492条第2款吸收了联合国贸法会的《电子商业示范法》第5条第4款的规则，具体而言：

第一，采用数据电文形式订立合同的，收件人的主营业地为合同成立的地点。主营业务是指营利法人或者非法人组织为完成其经营目标而从事的主要经营活动，可以根据企业营业执照上规定的主要业务范围确定，营利法人在某个地方从事其主要经营活动，该地方就是其主营业地，收件人的主营业地为合同成立的地点。

第二，没有主营业地的，收件人的经常居住地为合同成立的地点。由于一些营利法人或者非法人组织从事多种经营活动，并没有主营业地，在此情形下，应当以其经常居住地为合同成立的地点。

第三，当事人另有约定的，按照其约定。如果当事人约定以收件人主营业地和住所地以外的地点作为合同成立的地点，则按照当事人约定确定合同成立地点。例如，当事人约定以发件人住所地为合同成立地点，该约定也有效。

(三) 以合同书形式订约的合同成立地点

《民法典》第 493 条规定："当事人采用合同书形式订立合同的，最后签名、盖章或者按指印的地点为合同成立的地点，但是当事人另有约定的除外。"该条是关于采用合同书形式订立合同时如何确定合同成立地点的规定。依据这一规定，当事人采用合同书形式订立合同的，如果当事人没有就合同成立地点作出约定，则最后签名、盖章或者按指印的地点为合同成立的地点。以最后签名、盖章或者按指印的地点为合同成立的地点，必须符合如下条件。

第一，必须是当事人采用合同书形式订立合同。因为只有以合同书形式订立合同，才有必要在合同书上签名、盖章或者按指印。例如，当事人分处北京、上海两地，虽然合同是由北京一方签名后邮寄给上海一方签名，但是当事人可以在合同中明确约定本合同在北京订立，如果当事人作出了这一约定，则应当认可此种约定的效力。如果当事人采用口头形式订立合同，就没有必要签名、盖章或者按指印，也就没有必要以最后签名、盖章或者按指印的地点为合同成立的地点。

第二，当事人对于合同成立地点有约定的，依照当事人的约定。如果合同约定的签订地与实际签名或盖章地点不符，应当认定约定的签订地为合同成立地。之所以采用这一规则，是因为按照合同自由原则，合同法主要是任意法，应采取约定优先原则。就合同签订地点的判断，优先适用当事人的约定。

第三，合同没有约定合同成立地点，双方当事人签名或者盖章不在同一地点的，以最后签名或者盖章的地点为合同成立地。如果当事人在同一时间、同一地点签约，不存在最后签名、盖章、按指印的地点。但是在当事人处于异地的情况下，如一方当事人签署后，邮寄给对方签署，则会出现不止一个签名、盖章地点。因此，本条明确了当事人处于异地情况下，以最后签名、盖章或按指印的地点为合同成立地点。

第八节　缔约过失责任

一、缔约过失责任的概念

缔约过失责任是指在合同订立过程中，一方因违背其依据诚实信用原则和法律规定的义务致另一方信赖利益遭受损失，应承担损害赔偿责任。《民法典》第 500 条规定，当事人在订立合同过程中，实施了假借订立合同、恶意进行磋商等违背诚信原则的行为，造成对方损失的，应当承担赔偿责任，这就确立了缔约过失责任制度。该条不仅完善了我国债和合同制度体系，完善了交易的规则，而且有助于维护诚实信用原则。

在缔约阶段，当事人因社会接触而进入可以彼此影响的范围，依诚实信用原则，应尽交易上的必要注意，以维护他人的财产和人身利益，因此，缔约阶段也应受到法律的调整。当事人应当遵循诚实信用原则，认真履行其所负有的义务，不得因无合同约束，滥用订约自由或实施其他致人损害的不正当行为，否则，不仅将严重妨碍合同的依法成立和生效，影响交易安全，也影响人与人之间正常关系的建立。根据本条的规定，缔约过失责任的成立须具备如下条件：

（一）缔约过失发生在合同订立过程中

缔约过失责任与违约责任的基本区别在于，此种责任发生在缔约过程中而不是发生在合同成立以后。只有在合同尚未成立，或者虽然成立，但因为不符合法定的生效要件而被确认为无效或被撤销时，缔约人才承担缔约过失责任。若合同已经成立并生效，因一方当事人的过失而致他方损害，就不应适用缔约过失责任。即使是在附条件的合同中，在条件尚未成就以前，一方因恶意阻碍或延续条件的成就，视为条件已经成就，也因为合同已经成立且生效，则应按违约责任而不应按缔约过失责任处理。所以，确定合同成立的时间，是衡量是否应承担缔约过失责任的关键。

一般来说，合同成立的时间取决于缔约一方当事人对另一方当事人的要约作出承诺的时间。若一方发出了要约，而另一方尚未作出承诺，则合同尚未成立。在双方合意形成以前的阶段就是合同订立阶段。从我国立法和司法实践来看，依法必须以书面形式缔结的合同，双方虽然就合同主要条款达成口头协议，但尚未以书面形式记载下来并在合同上签名，应视为合同未成立，当事人仍处于缔约阶段。依据法律、行政法规的规定，应当由国家批准的合同，对于此类合同，如果当事人已经就合同内容达成协议，但未获批准时，则应认定当事人仍处于缔约阶段。

缔约过失责任虽发生在合同缔结阶段，但如果当事人之间没有任何缔约上的联系，无从表明双方之间具有缔约关系，因一方的过失而致他方损害，不能适用缔约过失责任。例如，某人并无购货之意思到百货店随便逛逛，不料在百货店内摔倒并遭受损害，由于双方并无订约上的联系，故对受害人的损害只能按侵权责任而不能按缔约过失责任处理。

（二）一方违背其依诚实信用原则所应负的义务

诚实信用原则是合同法的一项基本原则，民事主体在从事民事活动时，应讲诚实、守信用，以善意的方式行使权利并履行义务。根据诚实信用原则的要求，合同在订立时或成立后，当事人负有一定的附随义务。依诚实信用原则而产生的忠实、协助、保密等义务，相对于给付义务而言，只是附随义务，但它们也是依法产生的，因而也是法定义务，附随义务随着双方当事人联系的密切而逐渐产生。当事人一方如不履行这种义务，不仅会给他方造成损害，而且会妨害社会经济秩序。因此，法律要求当事人必须履行上述依诚实信用原则产生的义务，否则将要负缔约过失责任。

应当指出，在缔约阶段，一方当事人负缔约过失责任的原因可能并不仅在于其违反了与合同义务相伴的附随义务，而且在于要约人违反了其发出的有效要约。所以，缔约过失责任可能因当事人对缔约关系的破坏而产生。由于在缔约阶段，当事人均负有某种法定义务（附随义务和其他义务），这表明缔约关系并不是事实关系，也不是法律作用不到的领域。事实上，当事人为缔结合同而接触与协商之际，已由原来的普通关系进入特殊的联系阶段，双方均应依诚实信用原则负互相协助、照顾、保护等义务。违反了该义务而致他人损害，将构成缔约过失。

（三）造成他人信赖利益的损失

依据《民法典》第500条的规定，缔约过失责任的承担必须以造成对方损失为前提。缔约过失行为直接破坏了缔约关系，因此所引起的损害是指他人因信赖合同的成立和有效，但由于合同不成立和无效的结果所蒙受的不利益，此种不利益即为信赖利益或消极利益的损失。例如，信赖表意人的意思表示有效的相对人，因表意人滥用订约自由、随意撤销意思表示所受的损害。信赖利益与债权人就合同履行时可获得的履行利益或积极利益是不同的，信赖利益赔偿的结果，是使当事人达到合同未曾发生时的状态；而履行利益赔偿的结果，是使当事人达到合同完全履行时的状态。信赖利益的损失主要是指因他方的缔约过失行为而致信赖人的直接财产的减少，如支付各种费用等。当然，当事人的信赖必须是合理的，即一方的行为已使另一方足以相信合同能够成立或生效，由于另一方的缔约过失破坏了缔约关系，使信赖人的利益丧失，而且此种损失与缔约过失行为有因果关系。例如，按照交易习惯，当事人不应对合同的成立或者生效产生合理信赖，则即便其为合同的订立支付的一定的费用，也不应当属于信赖利益的损失。

二、缔约过失责任的类型

依据《民法典》第500条的规定，缔约过失责任主要有如下几种类型。

（一）假借订立合同，恶意进行磋商

假借订立合同，恶意进行磋商，将构成缔约过失。所谓“假借”，就是根本没有与对方订立合同的目的，与对方进行谈判只是个借口，目的是损害对方或者他人利益。[①] 换句话说，一方本不想和对方谈判，而是为了拖延时间或为了使对方丧失商业机会而与对方谈判。如甲就某项合同的订立与乙进行谈判，目的在于阻止乙与丙订立合同，或者使乙丧失其他商业机会。所谓“恶意”，是指假借磋商、谈判，而故意给对方造成损害。恶意包括两方面内容：一是行为人主观上并没有谈判意图；二是行为人主观上具有给对方造成损害的目的和动机。恶意是恶意谈判构成的最核心的要件，然而，受害人一方必须证明另一方具有假借磋商、谈判而使其遭受损害的恶意，才能使另一方承担缔约过失责任。

应当指出的是，在谈判过程中根据合同自由原则，双方都享有订立和不订立合同的自由，从这个意义上说，双方都有权在达成协议以前中断谈判，一方中断谈判也不需要

① 参见胡康生主编：《中华人民共和国合同法实用问答》，137页。

给另一方合理的理由，除非其进行谈判和中断谈判都出于恶意，且另一方有足够的证据证明其假借订立合同，恶意进行磋商，才可能构成缔约过失。

（二）故意隐瞒与订立合同有关的重要事实或者提供虚假情况

故意隐瞒与订立合同有关的重要事实或者提供虚假情况，属于缔约过程中的欺诈行为。所谓欺诈，是指一方当事人故意实施某种欺骗他人的行为，并使他人陷入错误而订立合同。构成欺诈，必须符合如下要件：

第一，欺诈方具有故意。这就是说，欺诈方明知自己告知对方的情况是虚假的且会使被欺诈人陷入错误认识，而希望或放任这种结果的发生。故欺诈方告知虚假情况，不论是否使自己或第三人牟利，均不妨碍故意的构成。

第二，欺诈方客观上实施了陈述虚假事实或隐瞒真实情况的行为。所谓欺诈行为，是指欺诈方将其欺诈故意表示于外部的行为。在实践中大都表现为故意陈述虚伪事实或故意隐瞒真实情况使他人陷入错误的行为。一是故意告知虚假情况，也就是指虚伪陈述。例如，将赝品说成是真迹，将质量低劣的产品说成是优质产品。二是故意隐瞒真实情况，它是指行为人有义务向他方如实告知某种真实的情况而故意不告知。例如，当事人在订立合同过程中，故意隐瞒其财产状况、履约能力，或者没有告知对方当事人标的物属于易燃、易爆或有毒物品等重要情况。在订约过程中，一方当事人故意隐瞒上述与订立合同有关的重要情况，或提供虚假情况，实际上已构成欺诈，如因此给对方造成财产损失，应负赔偿责任。

第三，相对人的认识错误与行为人的欺诈行为之间有因果联系，即相对人因行为人陈述虚假或隐瞒真实情况的行为而陷于认识错误。在欺诈的情况下，受欺诈方须因欺诈陷入了错误的认识，受害人基于虚假的情况而对合同内容发生了错误认识，如因误信对方的假药宣传而将假药当成了真药。受欺诈方未陷入错误或者所发生的错误内容并不是欺诈造成的，不构成欺诈。

（三）泄露或者不正当地使用商业秘密或者其他应当保密的信息

《民法典》第501条规定：“当事人在订立合同过程中知悉的商业秘密或者其他应当保密的信息，无论合同是否成立，不得泄露或者不正当地使用；泄露、不正当地使用该商业秘密或者信息，造成对方损失的，应当承担赔偿责任。”该条规定了当事人在订立合同过程中，对于其知悉的商业秘密或者其他应当保密的信息的保密义务。传统的合同法理论认为，当事人在谈判过程中对于彼此所交换的信息没有为对方保密的义务，“由于一方当事人通常可以自由地决定是否披露那些与所谈交易相关的问题，这类信息原则上将被认为是非秘密的信息，即使合同没有达成，另一方当事人既可以公开给第三方，又可以纯粹用于其自己的目的”①。然而，现代合同法认为，在谈判过程中，一方对另一方负有依据诚信原则产生的义务，不管一方在谈判中是否明确告诉对方其披露的信息属于商业秘密或者另一方知道或应当知道该信息属于商业秘密，另一方都应当对了解的秘密负

① 张玉卿主编：《国际商事合同通则2004》，187页。

有保密的义务，这不仅有利于维护诚实信用原则，而且有利于维护双方当事人的合法权益。有关的示范法也采纳这一规定。例如，《商事合同通则》第 2.1.16 条规定："在谈判过程中，一方当事人以保密性质提供的信息，无论此后是否达成合同，另一方当事人有义务不予泄露，也不得为自己的目的不适当地使用这些信息。在适当的情况下，违反该义务的救济可以包括根据另一方当事人泄露该信息所获得之利益予以赔偿。"

我国《民法典》第 501 条要求当事人在缔约阶段承担保密义务，是为了进一步强化落实诚实信用原则，充分体现了社会主义核心价值观，同时也加强对商业秘密的保护，从而强化对智力成果的保护，激励发明创造与提高经济效率；并有利于维护商业道德，使诚信原则得到切实遵守。我国《反不正当竞争法》和民法典侵权责任编都对侵害商业秘密的行为予以制裁，而《民法典》第 501 条也通过对有关商业秘密转让和使用的合同予以保护，从而形成了对商业秘密保护的完整的法律机制，合同编又通过缔约过失责任来保护商业秘密，从而使商业秘密的保护机制得到了进一步的完善。

依据《民法典》第 501 条的规定，当事人违反其对于所知悉的商业秘密或者其他应当保密的信息的保密义务，应当承担损害赔偿责任。此种责任的成立应当具备如下条件。

1. 当事人在订立合同过程中已知悉商业秘密或者其他应当保密的信息

依据《反不正当竞争法》第 9 条的规定，商业秘密是指不为公众所知悉、具有商业价值并经权利人采取保密措施的技术信息和经营信息。商业秘密是否为一种权利，以及属于何种性质的权利，仍然存在争议。但毫无疑问，商业秘密作为一种民事主体享有的合法利益，应当由法律予以保护。当事人在谈判过程中，可能要涉及商业秘密问题。在许多情况下，谈判的一方向另一方透露了某些商业秘密以后，可能明确要求对方不予泄露，或者明确声明某项信息属于商业秘密，但也可能并没有明确地禁止对方泄露。只要一方接触、了解另一方的信息后，知道或者应当知道该信息属于商业秘密，包括秘密配方、技术诀窍和在劳动生产、技术操作方面的经验、知识和技巧以及产品的性能、销售对象、市场营销情况等各种商业秘密，就应依据诚实信用原则负保密义务，不得向外泄露或作不正当使用。

《民法典》第 501 条规定了当事人订约中的保密义务。这一规定在《合同法》第 43 条规定的商业秘密基础上，增加了"其他应当保密的信息"。其他应当保密的信息主要是指除商业秘密外的当事人在订立过程中知悉的一经泄露可能给对方带来损失的秘密信息。诸如机关、学校甚至自然人等主体在缔约中也存在需要保密的信息，这些信息显然不属于商业秘密的范畴，但仍然值得保护。例如，在与学校订立合同中了解了学生的数据信息，在与自然人订立合同中了解了其疾病状况等，对于这些信息的保密也应当构成一种义务。

2. 泄露、不正当地使用该商业秘密或者信息

第一，披露商业秘密或者其他信息。所谓披露，是指将商业秘密透露给他人，包括在要求对方保密的条件下向特定人、少部分人透露商业秘密，以及以不正当的手段获取的，其披露行为违背权利人的意思。① 当事人在谈判过程中，可能涉及商业秘密问题。

---

① 参见孔祥俊：《合同法教程》，150 页，北京，中国人民公安大学出版社，1999。

在许多情况下，谈判的一方向另一方透露了某些商业秘密以后，可能明确要求对方不予泄露，或者明确声明某项信息属于商业秘密，但在某些情况下并没有明确禁止对方泄露。只要一方接触、了解另一方的信息后，知道或者应当知道该信息属于商业秘密，不管另一方是否告诉其披露的信息属于商业秘密，对此应依据诚实信用原则负保密义务，不得向外泄露或作不正当使用。

第二，不正当使用商业秘密或者其他信息。① 所谓不正当使用，是指未经授权而使用该秘密或将该秘密转让给他人。如将商业秘密用于自己的生产经营，由自己直接利用商业秘密的行为或状态，或非法允许他人使用，都构成侵权。无论行为人是否因此而获取一定的利益，都有可能构成缔约过失责任。

3. 泄露、不正当地使用该商业秘密或者信息造成对方损失

因泄露和不正当使用商业秘密而给商业秘密的所有人造成了损失。至于行为人主观上出于故意或过失则在所不问。

（四）其他违背诚实信用原则的行为

其他违背诚实信用原则的行为较多。例如，在合同无效和被撤销、违反强制缔约义务、无权代理等情况下，也能产生缔约过失责任。

三、缔约过失责任的赔偿范围

依据《民法典》第500条和第501条的规定，当事人在订立合同过程中，实施了假借订立合同、恶意进行磋商等违背诚信原则的行为，造成对方损失的，应当承担赔偿责任。需要指出的是，此处所说的赔偿责任并非违约责任，因为在缔约阶段，合同还没有成立，即使实施了假借订立合同、恶意进行磋商等违背诚信原则的行为，另一方也不得请求其承担违约责任。

在缔约过失责任中，应当以信赖利益作为赔偿的基本范围，这与违约责任应救济非违约方的履行利益是不同的。信赖利益的损失限于直接损失，这里的直接损失是指因为信赖合同的成立和生效所支出的各种费用，具体包括：第一，因信赖对方的要约邀请和要约有效而与对方联系、实地考察以及检查标的物等所支出的各种合理费用。第二，因信赖对方将要缔约，为缔约做各种准备工作并为此所支出的各种合理费用，如因信赖对方将要出售家具，而四处筹款借钱而为此支出的各种费用。第三，为支出上述各种费用所失去的利息。应当指出，各种费用的支出必须是合理的，而不是受害人所任意支出的。只有合理的费用才和缔约过失行为有因果联系，并且应当由行为人承担赔偿责任。

一般认为，信赖利益赔偿以不超过履行利益为限，即在合同不成立、无效或者被撤销的情况下，有过错的一方所赔偿的信赖利益不应该超过合同有效或者合同成立时的履

---

① 参见孔祥俊：《合同法教程》，150页。

行利益。[①] 本书认为，在一般情况下，基于信赖利益的赔偿，不可能超过合同有效或者合同成立时的履行利益的范围，但以此来限定信赖利益的赔偿范围，仍然是必要的。因为信赖利益不得超过履行利益乃是一项基本原则。例如，因一方的过错导致合同不能有效成立，另一方可以要求赔偿因信赖合同成立而支付的各种费用，但不能要求赔偿合同成立本应获得的利润。确立这一原则对实践中认定信赖利益的赔偿范围是十分必要的。

思考题

1. 试述合同的成立条件。
2. 试述要约的有效条件。
3. 要约与要约邀请有何区别？如何区分？
4. 试述要约的法律效力。
5. 要约的撤回与撤销有何区别？
6. 试述承诺的成立条件。
7. 如何确定合同成立的时间和地点？
8. 缔约过失责任与违约责任有何区别？

① 《德国民法典》第 307 条第 1 款中明确规定："在订立以不能给付为标的的合同时，明知或可知其给付为不能的一方当事人，对因相信合同有效而受损害的另一方当事人负损害赔偿义务，但赔偿额不得超过另一方当事人在合同有效时享有的利益的金额。"该条虽已被废止。但《德国民法典》第 179 条有类似的规定。

第四章

合同的内容和形式

案例

甲（某商场）称其代某厂家销售一种新型按摩椅，并在其营业大厅发布公告，称因该产品尚处于试验阶段，凡在本商场购买该按摩椅的顾客，“如因产品缺陷造成损失，商场概不负责”。顾客乙在甲商场购买该套按摩椅，但该产品存在缺陷，致其背部受伤，其要求商场承担赔偿责任。商场提出其早已提前发布了免责公告，因此其不应当承担赔偿责任。双方为此发生争议。

简要评析：本案涉及格式条款的法律效力问题。依据《民法典》第 497 条的规定，如果提供格式条款一方不合理地免除或者减轻其责任、加重对方责任、限制对方主要权利，该格式条款无效。在该案中，甲、乙之间订立合同时，甲引入了格式条款，其中声称“如因产品缺陷造成损失，商场概不负责”。该条款因不合理地免除了其应当承担的责任，所以应当被宣告无效。

第一节　合同内容概述

一、 合同内容的概念

合同的内容，是由法律规定和当事人的约定所确定的合同当事人的权利义务，合同的订立就是要对这些权利义务达成协议，而合同的履行就是对这些内容作出履行。合同的内容可以从如下两方面理解：

（一）合同的权利和义务

从民事法律关系的角度看，合同内容是指合同当事人享有的权利（合同债权）和承担的义务（合同债务）。[①] 换言之，合同的内容是指合同当事人依据法律规定和合同的约定所产生的权利义务关系，简称为合同权利和合同义务。

所谓合同权利，又称合同债权，是指债权人有权请求债务人为一定行为或者不为一定行为的权利。合同债权作为一种财产权利，主要有以下几项权能：一是请求履行的权利。债权人有权请求债务人依照法律和合同的规定，为一定行为或不为一定行为，如请求债务人依据合同的规定交付财产或提供劳务等。这种权利体现为一种请求权，是合同权利的核心权能，也是合同债权的主要内容。二是保全债权的权利。所谓合同的保全，是指法律为防止债务人的财产不当减少而给债权人的债权带来危害，从而允许债权人对于债务人或第三人的行为行使撤销权或代位权，以保护其债权。合同保全是债的对外效力的体现，是由法律直接规定的，其效力已经超出了请求权的范畴，是债权人所享有的一种法定权能。三是请求保护债权的权利。当债务人不履行或不适当履行债务时，债权人有权请求国家机关予以保护，强制债务人履行债务或承担违约责任。四是处分权能。债权人享有处分债权的权利，如债权人有权将债权转让给他人，有权通过免除债务人的债务而放弃债权，有权通过抵销而处分债权等。

所谓合同义务，又称合同债务，是指义务人依据法律规定和合同约定应当为一定行为或者不为一定行为。合同义务是债务的一种，义务具有强制性，即义务人必须依据法律规定或者当事人约定履行义务，义务人不履行其合同债务，债权人即有权请求其承担违约责任。合同义务是相对于合同权利而言的，是合同当事人依照法律和合同的约定而产生的义务。合同义务的确定在合同中具有重要意义，其重要性表现在：一方面，合同义务的确定直接决定债务人的履行内容，合同义务一旦确定，债务人必须全面、适当地履行；另一方面，合同义务的确定有利于维护债权人的利益和实现债权人的订约目的。还要看到，合同义务的确定也直接关系到当事人是否应当承担违约责任，以及责任范围的问题。由于违约责任从性质上说就是当事人违反合同义务所产生的后果，所以合同义务也是违约责任的前提和基础，只有在违反合同义务的情况下才会产生违约责任。但是，违约责任本身并不是债务，而是债务人违反债务所应承担的后果。我国《民法典》第176条规定："民事主体依照法律规定或者按照当事人约定，履行民事义务，承担民事责任。"可见，责任与债务具有不同性质。

现代合同法发展的一个主要趋势是合同义务来源的多样化，这就是说，在现代合同法中，合同义务的来源具有多样性。一是当事人的约定。合同义务首先是依据合同确定的。合同本身是当事人约定的产物，所以合同的内容应当由当事人依照法律的规定自由确定。我国《民法典》第470条第1款明确规定，"合同的内容由当事人约定"，这表明

① 参见孔祥俊：《合同法教程》，49页。

约定是合同内容确定的主要方式。只要当事人约定的内容符合法律法规和社会公共道德，就应当予以确认。因为当事人约定的内容不仅确立了当事人的权利义务，而且约定的内容具有优先于法律的效力。二是法律规定。基于法律规定确定合同义务，包括两个方面：一方面，基于法律和行政法规的规定，确定当事人所负有的义务；另一方面，基于诚信原则产生当事人的义务，例如，当事人之间的协助、照顾等义务。我国《民法典》第509条第2款规定："当事人应当遵循诚信原则，根据合同的性质、目的和交易习惯履行通知、协助、保密等义务。"

（二）合同条款

合同条款是合同内容的外在具体表现，是确定合同当事人权利义务的根据，合同的条款必须明确、肯定、完整，并且不应自相矛盾，否则将构成合同的缺陷。[①] 合同的权利义务与合同条款之间关联密切，如果将合同理解为一种法律关系，合同当事人的权利义务正是通过合同条款确定和反映出来的。[②] 合同的条款是当事人协商一致的产物，所以合同的权利义务除少数由法律直接规定而产生之外，大多是由当事人约定的，也就是说，是通过合同条款固定的。合同的权利义务来源于合同项下的条款。总之，合同条款越明确、清楚，当事人之间的关系越确定，就越有利于当事人正确履行合同，并在纠纷发生时能够及时依据合同条款的规定解决纠纷。

按照合同自由原则，合同的内容应当由当事人在法律规定的范围内自由约定。依据《民法典》第470条第1款的规定，"合同的内容由当事人约定"，这就强调了当事人选择合同内容的自由，即合同内容由当事人自由约定的原则。按照合同自由原则，当事人有权自由决定合同的内容，只要当事人的约定不违反法律和社会的公共道德，这种约定就能产生法律上的拘束力，但因为各种原因，当事人订立的合同所使用的名称可能与实际内容不符。应当看到，此种情形不同于阴阳合同，因为其只有一份合同，只不过名称与内容不相符合。依据《合同编通则解释》第15条的规定，不能拘泥于合同使用的名称，而应当探求当事人的真实意思表示，准确认定当事人之间的权利义务关系。但在认定当事人之间真实的权利义务关系时，应当结合缔约背景、交易目的、交易结构、履行行为以及当事人是否存在虚构交易标的等事实认定当事人之间的实际民事法律关系。例如，合同形式上是买卖合同，但从合同的内容来看，其属于赠与合同，在此情形下，即应当依据赠与合同的规则认定当事人的权利义务关系。

尽管合同的条款是当事人按照合同自由原则通过意思表示一致而确立的，但并不是说，所有的合同条款都必须要通过合意来完成。现代合同法为了鼓励交易，充分尊重当事人的意志和利益，维护交易的安全和秩序，在合同的部分条款不具备的情况下，法律并不简单地宣告合同不成立或无效，而是通过合同解释的规则来确定合同的条款的意思，或通过漏洞填补的规则填补合同漏洞。也就是说，如果合同欠缺某个条款，并不一定直接导致合同不成立或无效。由此可见，虽然合同条款是由当事人合意所形成的，但也可

① 参见董安生：《英国商法》，47页，北京，法律出版社，1991。
② 参见郭明瑞、房绍坤：《新合同法原理》，129页，北京，中国人民大学出版社，2000。

以通过合同解释的规则予以确定。

二、合同义务的分类

从不同的角度，合同义务可以作如下不同的分类。

1. 约定义务和法定义务

所谓约定义务，是指当事人在合同中经双方协商所确定的义务；法定义务是法律、行政法规所规定的，而非当事人所约定的义务。按照传统的观点，合同是当事人意思表示一致的产物，合同义务是由当事人所设立的。所以，只有当事人约定的义务才能称为合同义务，违反约定的义务才能称为违约。然而，在现代合同法中义务来源已经多样化。义务来源多样化表现在法律的规定也可以成为合同的内容。不过，从性质上看，我国合同法主要是任意性的法律，合同本质上就是当事人通过自由协商，决定其相互间权利义务关系，并根据其意志调整他们相互间的关系。只要当事人协商的条款不违背法律的禁止性规定、社会公共利益和公共道德，法律即承认其效力。只有在当事人没有约定或约定不明确的情况下，才应当适用法律的规定。

所谓法定义务，是指法律、行政法规等规定合同当事人所应当承担的义务。合同法主要是任意法，但在特别情况下，合同法也要规定一些义务。如我国《民法典》第 590 条第 1 款规定，在发生不可抗力的情况下，一方应当及时通知对方，以减轻可能给对方造成的损失。《民法典》第 591 条第 1 款进一步规定："当事人一方违约后，对方应当采取适当措施防止损失的扩大；没有采取适当措施致使损失扩大的，不得就扩大的损失请求赔偿。"这些义务无论当事人是否在合同中约定，都会自动成为合同的组成部分，违反这些义务将构成对法定义务的违反，也构成一种违约。

讨论法律、行政法规等为合同当事人所设立的义务时，必须区分两种规范：一是法律的强行性规定。它要求当事人无条件地绝对必须遵守，不允许当事人按自行协议排除其适用，当事人的协议违反法律的规定无效。二是法律的任意性规定。法律的任意性规定只是为当事人提供了一种示范性或建议性的规定，对此种规定，当事人完全可以通过其相互间的约定加以改变或排斥任意性规范的适用，但这并不意味着任意性规范绝对不能成为合同的内容。例如，《民法典》第 224 条规定："动产物权的设立和转让，自交付时发生效力，但是法律另有规定的除外。"这就意味着如果当事人没有就标的物所有权的移转达成特别的约定，就应当适用动产所有权自标的物交付时起转移的规定，而该项规则也自动成为合同的内容。

法定义务还包括依据诚实信用原则所产生的附随义务。所谓附随义务，是指合同当事人依据诚实信用原则所产生的，根据合同的性质、目的和交易习惯所应当承担的通知、协助、保密等义务。我国《民法典》第 509 条第 2 款规定："当事人应当遵循诚信原则，根据合同的性质、目的和交易习惯履行通知、协助、保密等义务。"这是对附随义务在法律上的准确概括。

附随义务的特点表现在：

第一，附随义务不是由当事人在合同中明确约定的义务，而是依据诚实信用原则产生的，或者说，是诚实信用原则的具体体现。此种义务具有强行性，当事人不得通过约定排除诚实信用义务的承担，违反此种义务将构成违约。无论当事人是否约定了附随义务，该义务都会自动转化为合同的内容，成为合同义务的组成部分。例如，出卖人在交付标的物时应当告知该标的物的使用方法，不论当事人在合同中是否对此作出约定，该义务都是出卖人所应当承担的合同义务。违反该义务也构成违约。

第二，附随义务是附随于主给付义务的，主给付义务确定以后，附随义务才能随之而存在，附随义务本身不能独立于主给付义务而存在。如出卖人在交付标的物即履行主给付义务时，应当向买受人如实告知产品的使用方法。可见，告知使用方法的附随义务与交付标的物的主给付义务是不可分割的。在通常情况下，附随义务并不是以给付为内容的，而是在维持、保护给付义务的发生、履行以及消灭的全部过程中所形成的义务。

第三，附随义务的内容是任何合同都应当具备的，但在不同的合同中，义务内容也不完全相同。尤其应当看到，与主给付义务不同的是，附随义务不是通过当事人在合同中事先确定的，也不是在合同成立时起便已经确定的，其内容将随着合同关系的发展而不断变化。例如，在合同履行期到来之前，依据诚实信用原则，当事人负有准备履约、不辜负对方履约期望的义务；在履行期到来以后，当事人应当在履行主给付义务时，履行各项附随义务。在履行完毕以后，当事人也应当依据合同的性质和交易习惯履行通知、协助、保密等义务。在不同的阶段，附随义务的内容并不完全相同，而是随着合同关系的发展而不断演化和发展的。

尽管合同义务的内容已经多样化，但总体上说合同义务主要还是约定义务。至于法定的或依据诚实信用原则产生的义务通常都是在合同约定的义务的内容不明确或存在漏洞的情况下产生的，主要起到补充约定义务的作用。这与合同自由原则具有内在的一致性。

2. 主要义务和次要义务

根据合同内容对合同成立及当事人缔约目的等的影响，可以将合同义务区分为主要义务和次要义务。我国民法典合同编相关条款提及了“主要义务”或“主要债务”的概念①，表明这种区别是不无意义的。

所谓主要义务，是指依据合同的成立和缔约目的，合同当事人双方应当承担的基本义务。例如，在房屋买卖合同中，一方交付房款，另一方办理登记手续，这是房屋买卖合同的主要义务。所谓次要义务，是指依据合同的成立和缔约目的，合同当事人双方承担的并不影响合同的成立和当事人订约目的的义务。例如，在房屋买卖合同中，买受人在办理过户登记时，出卖人应当负有提供相关资料的义务。主要义务和次要义务的区别主要表现在：

第一，是否影响合同的成立。在合同中，主要义务决定合同的成立。合同中没有约定主要义务，而法律又没有补救条款的，合同不能成立。而合同中没有约定次要义务，当事人可以继续协商，但不影响合同的成立。

第二，是否影响当事人的订约目的。主要义务与当事人的缔约目的是直接结合在一

① 参见《民法典》第490条、第528条。

起的。对主要义务的不履行将会导致债权人订立合同的目的不能实现，债务人的违约行为也会构成根本违约，因此债权人有权解除合同。而违反次要义务的情况并不一定使债权人订立合同的目的完全丧失，也就是说并不构成根本违约，非违约方不能据此主张解除合同。例如，双方在买卖合同中约定出卖人应当对特定的标的物予以特殊的包装。再如，双方在租赁合同中约定：一方向另一方交付房屋时，应当对房屋进行必要的装修。在一般情况下，对标的物的包装和房屋的装修并不会影响到买卖合同和租赁合同的订约目的，债权人不能据此而主张解除合同。

第三，是不是依据合同的性质所必备的。主要义务是由合同的性质确定的，合同的性质不同，主要义务的内容也不完全相同。例如，在买卖合同中，主要义务是一方交付标的物，另一方交付价款，而在仓储合同中，主要义务是一方储存仓储物，另一方支付费用。次要义务本身并不是由合同关系的性质所决定的，也不是合同所固有的，其存在的目的在于保障债权人的利益能够得到最大限度的满足。如果一方没有履行主要义务，另一方有权行使同时履行抗辩权，拒绝履行自己的全部义务。而在一方违反次要义务的情况下，另一方不能拒绝自己的全部义务的履行。

应当指出的是，主要义务和次要义务不能完全等同于主合同义务和从合同义务。主合同义务和从合同义务的区分，是根据合同相互间的主从关系确定的。主合同义务是指不需要其他合同义务的存在即可存在的合同义务，从合同义务是以其他合同义务的存在为存在前提的义务。例如，保证人的义务相对主债务而言，就是从合同义务。此种义务要依随于主合同义务而存在，主合同义务移转或者无效，从合同义务也将随之而移转或者无效。但是，次要义务并不依随于主要义务，其与主要义务共同存在于一个合同之中，但它们是分别的不同的义务。

3. 主给付义务、从给付义务和附随义务

所谓主给付义务，是指合同关系所固有、必备的，直接影响到合同当事人订立合同的目的的义务。例如，在买卖合同中，买方交付价款从而获取标的物的义务，卖方交付标的物从而获取价款的义务都是买卖合同中的主给付义务。所谓从给付义务，简称为从义务，是为了辅助主给付义务的功能而负有的义务。从给付义务并非特定合同关系所必需的义务。例如，在买卖合同中，卖方负有的交付相关资料和单证的义务，就是为了补助标的物的交付而负有的义务。

主给付义务与从给付义务的区别主要表现在：

一是是否属于依据合同的性质所必备的和固有的义务，合同中缺少该义务将导致合同不能成立。由于主给付义务是由合同的性质所决定的，合同的性质不同，主给付义务因而有不同的义务内容，如在赠与合同中就不存在一方交付价款的义务。而从给付义务并非特定合同所必备或固有的义务。

二是是不是法律所明确的和合同明确约定的。例如，我国《民法典》第595条规定："买卖合同是出卖人转移标的物的所有权于买受人，买受人支付价款的合同。"这就确定了买卖合同中当事人双方的主给付义务，但主给付义务并不限于合同法的规定，当事人双方也可以在合同中特别约定主给付义务，如双方在合同中将履行期限、履行地点和履行方式等约定为主给付义务。但从给付义务一般不属于法律规定的主要义务，且当事人没有将其作为主要义务予以约定。

三是是否影响到合同目的的实现。主给付义务都与当事人的订约目的有直接的关系，也就是说，只有履行了主给付义务，当事人才能实现其订约目的，而违反了主给付义务将直接导致订约目的不能实现。因此，在一方履行主给付义务之前，另一方可以行使同时履行抗辩权，拒绝履行自己的义务。因为一方违反主给付义务将构成根本违约，另一方有权解除合同。而从给付义务往往与订约目的无关，一方违反这一义务往往也不构成根本违约。

所谓附随义务，是指依据诚信原则所产生的忠实、协助、照顾、保护等义务。附随义务具有辅助主给付义务实现的功能，在任何一项合同关系中，附随义务都是附随于主给付义务的义务。主给付义务存在，才能使附随义务存在，在交易关系中，附随义务不可能独立于主给付义务而存在。当然，附随义务在任何合同关系中都可以产生，而不受合同类型的限制。主给付义务和附随义务是相辅相成、不可分割的，对附随义务的违反也可能导致主给付义务不能履行，使当事人的订约目的不能实现。然而，主给付义务和附随义务仍然有一定的区别，表现在：

一是义务的产生原因不同。主给付义务是依据法律的规定、当事人的约定或合同的性质产生的，而附随义务是依据诚实信用原则所产生的义务，或者说是诚实信用义务的具体化，它是法定的义务。

二是义务的产生时间不同。由于主给付义务直接决定着合同关系的成立，所以在合同成立时，主给付义务就应当确定，否则将从根本上影响合同关系的成立。而附随义务不是从合同成立时起便已经确定的，而是随着合同关系的发展而不断演化和发展的。也就是说，在合同成立以后，当事人究竟应当负有什么样的附随义务，应根据合同关系的发展而逐步地确定。

三是义务与订约目的的关系不同。主给付义务与合同当事人的订约目的有直接关系，违反主给付义务将构成根本违约。附随义务对合同当事人利益以及订约目的的影响，在不同的情况下的表现是不一样的，违反附随义务，有可能给当事人造成重大损害，从根本上影响当事人订约目的的实现，如违反使用方法的告知义务，导致使用人使用不当，造成其重大财产损害甚至人身的伤亡。但是在履行过程中，没有尽到协助的附随义务，使对方当事人在合同履行中遇到困难，并不一定导致当事人订约目的不能实现。在大多数情况下违反附随义务，不构成根本违约，因而不应导致合同被解除。

4. 明示义务和默示义务

所谓明示义务，是指当事人以口头或书面等形式所约定的义务。通常，明示义务是在书面合同中明确规定的，书面合同中规定的所有义务都是明示义务。但除了书面合同，当事人也可以通过口头约定而确定明示义务。当然，当事人必须举证证明该口头约定的存在。所谓默示义务，是指依据合同的性质和交易习惯所确定的义务，具体来说，包括两方面：一是依据合同的性质和目的必须由合同的当事人所承担的义务。例如，在委托合同中，当事人应当负有尽最大努力的义务；在旅客运输合同中，承运人根据合同的性质负有安全地将旅客运送到目的地的义务，无论当事人在合同中是否对此义务作出约定，都可以认为承运人负有该默示义务，如果违反该义务而未将旅客安全及时送到目的地将构成违约。二是依据交易习惯所产生的默示义务。所谓交易习惯，是指在当时、当地或者某一行业、某一类交易关系中，为人们所普遍采纳的，且不违反公序良俗的习惯做法。

明示义务和默示义务的区别主要表现在：一方面，义务的产生原因不同。明示义务通常是当事人明确约定的义务，而默示义务是基于合同性质、合同目的和交易习惯而确定的义务。另一方面，法官在确定义务时的自由裁量空间不同。因为明示义务是当事人明确约定的，法官只能基于明示的约定来确定当事人是否约定了该义务。而默示义务的确定并非基于当事人约定，法官在确定该义务时实际上享有较大的自由裁量权。正因为如此，英美法上的“默示条款”往往成为法官发展合同义务的工具。我国《民法典》第142条第1款规定：“有相对人的意思表示的解释，应当按照所使用的词句，结合相关条款、行为的性质和目的、习惯以及诚信原则，确定意思表示的含义。”这就确立了习惯解释的原则。因此，交易习惯成为确定合同默示义务的重要依据。例如，根据交易习惯通常是先住店后付款、先用餐后结账，这实际上是确定了默示的先后履行义务。当然，依据合同的性质和交易习惯确定默示义务必须客观化，如就交易习惯问题应当由当事人双方举证，法官应当考虑该交易习惯是否客观存在或是否合理，否则，不能以此作为确定默示义务的依据。

5. 给付义务与受领义务

所谓给付义务又称为履行义务，是指合同当事人双方约定，一方当事人应当从事或不从事某种行为的义务。给付既包括积极地从事一定的行为，即积极给付，也包括消极地不为一定的行为，即消极给付，这两种给付都构成给付义务。例如，甲、乙订立一项合同，约定乙方不得在其地基上建筑高楼，以免妨碍甲的客人从甲的宾馆向海边眺望，为此甲将向乙支付一定的费用。在该合同中，乙所负有的义务就是消极的不作为的义务，但也构成给付义务的内容。给付义务一般是为债务人所设定的，由于在双务合同中，当事人双方互为债权人和债务人，所以，双方都应当负有给付义务。给付义务包括的内容十分广泛，如当事人应当按照约定的时间、地点、方式以及约定的标的物的数量、质量等作出给付，从而使当事人实现其订立合同的目的。给付义务主要是由合同约定的，但也可以依据法律的规定和诚实信用原则而产生。

所谓受领义务，是指在债务人交付一定的标的物时，债权人应当依据法律和合同的规定，及时接受标的物的义务。受领义务主要是为债权人设定的义务，它实际上包括三个方面：一是必须受领的义务，即在债务人作出给付以后，债权人无正当理由不得拒绝债务人的给付。二是及时受领的义务，即在债务人作出给付以后，债权人应当及时受领，无正当理由不得迟延接受，此项义务可以说是受领义务中最重要的内容，如果债权人违反此义务也将构成违约。三是在受领中，债权人应对债务人提供必要协助的义务。

本书认为，对债权人而言，受领主要是一种义务，而不是一种权利。如果认为受领是一种权利，则债权人可以任意行使权利，可以拒绝债务人的给付，这显然是不妥当的。债权人应当负有受领给付的义务，因为：一方面，尽管债权是一种财产权，但这种财产权不同于物权等财产权，它是一种相对权，必须依赖于债务人的履行行为才能实现，所以行使此种权利要顾及债务人的行为和利益。另一方面，由于合同大多是一种双务合同，债权人接受给付是与其履行相对的义务联系在一起的。例如，接受标的物，一定要支付价款；接受承揽物，应当支付报酬等。如果债权人拒绝接受，同时也拒绝履行自己的义务，显然构成违约。即使债权人在拒绝接受给付的同时，履行了自己的义务，但是这种拒绝接受给付也会给债务人造成损害，所以拒绝受领绝不仅仅关系到债权人的利益，而且关系到债务人的利益，并影响到社会及信用关系。从诚实信用原则的角度看，如果债权人具有拒绝受领的权利，将使债权人可以对债务人的履行不提供任何协助，从而损害了协作履行原则，从根本上违背了法律要求当事人应当承担的诚实信用义务。因此，债权人拒绝受领给付，给债务人造成损害的，应当负违约损害赔偿责任。

给付义务和受领义务都是合同当事人所应当承担的义务，违反这些义务都将构成违约，但这两种义务仍然有一定的区别。一般来说，违反给付义务，特别是主给付义务，不仅构成违约而且可能构成根本违约。而违反受领义务在一般情况下不会构成根本违约。即使债权人迟延接受标的物，也并不影响风险的移转。我国《民法典》第 603 条规定："出卖人应当按照约定的地点交付标的物。当事人没有约定交付地点或者约定不明确，依据本法第五百一十条的规定仍不能确定的，适用下列规定：（一）标的物需要运输的，出卖人应当将标的物交付给第一承运人以运交给买受人；（二）标的物不需要运输，出卖人和买受人订立合同时知道标的物在某一地点的，出卖人应当在该地点交付标的物；不知道标的物在某一地点的，应当在出卖人订立合同时的营业地交付标的物。"由于债权人已构成违约，风险发生移转，由此造成的损失由债权人自己承担。债务人根本不必以根本违约为由请求解除合同，但确因债权人迟延而给自己造成损失的，债务人也可以要求赔偿。

第二节　合同条款及其分类

一、合同一般包括的条款

《民法典》第 470 条第 1 款规定："合同的内容由当事人约定，一般包括下列条款：（一）当事人的姓名或者名称和住所；（二）标的；（三）数量；（四）质量；（五）价款或者报酬；（六）履行期限、地点和方式；（七）违约责任；（八）解决争议的方法。当事人可以参照各类合同的示范文本订立合同。"该条首先强调了合同自由原则，即合同内容由当事人自由约定的原则，按照合同自由原则，当事人有权自由决定合同的内容，只要当事人的约定不违反法律和社会的公共道德，这种约定就能产生法律上的拘束力，但在当事人没有约定或者约定不明确的情况下，将要适用民法典合同编的任意性规定。其次，该条使用了"一般包括"的提法，表明本条所规定的合同的主要条款并不是任何合同都必须具备的条款，因为交易的现象纷繁复杂，合同的性质和内容也各不相同，法律上不可能要求任何合同都必须具备以上各项条款，如价金条款在买卖中是主要条款，但是在赠与合同中不是主要条款，甚至不是合同的条款。合同应当具备什么条款，需要根据不同的合同来确定，除了依据合同的性质所必须具备的主要条款，对其他内容的选择完全由当事人自由约定，"一般包括"的表述表明，本条规定主要是建议性的或者提示性的①，如果当事人在合同中的约定不具备上述某一项或者某几项条款，并不必然导致合同不能成立。

（一）当事人的名称或者姓名和住所

合同应当确定当事人的姓名和住所，并要由双方当事人签名，如果当事人是以合同书的形式订立的，则必须在合同中明确写明姓名，并且要签名、盖章。当事人的住所是表明当事人的主体身份的重要标志。合同中写明住所的意义在于通过确定住所，有利于明确债务履行地、诉讼管辖、涉外法律适用的准据法、法律文书送达的地点等事宜。当然，如果合同中没有规定住所，只要当事人是确定的，也不应当影响合同的成立。

（二）标的

标的是合同权利义务指向的对象。合同不规定标的，就会失去目的。可见，标的是一切合同的主要条款。当然，在不同的合同中，标的的类型是不同的。例如，在买卖、租赁等移转财产的合同中，标的通常与物联系在一起，换言之，标的是转移特定物使用权和所有权的行为。而在提供劳务的合同中，标的只是完成一定的行为。但由于各类合同都必须要确定标的，所以如果在合同中没有规定标的条款，一般将影响到合同的成立。在合同中，合同的标的条款必须清楚地写明标的物或服务的具体名称，以使标的特定化。

（三）数量和质量

标的的数量和质量是确定合同标的的具体条件，是某一标的区别于同类另一标的的具体特点。数量是度量标的的基本条件，尤其在买卖等交换标的物的合同中，数量条款直接决定了当事人的基本权利和义务，数量条款不确定，合同将根本不能得到履行。例如，甲向乙发出一项意思表示，问乙是否需要某种货物，如果没有提出数量条款，则该意思表示仍然可能是不确定的，因此可能不构成要约。当事人在约定数量条款时，应当明确计量单位和计量方法，并且可以规定合理的磅差和尾差。除应适用国家明文规定的计量单位以外，当事人依法有权选择非国家或国际标准计量单位，但应当确定其具体含义。

合同中的质量条款也可能直接决定着当事人的订约目的和权利义务关系。例如，购买某种类型的货物，当事人通常需要该货物达到特定的质量要求，如果质量条款规定不明确，则极容易产生争议。当然，质量条款在一般情况下并不是合同的必要条款，如果当事人在合同中没有约定质量条款或约定的质量条款不明确，可以依据《民法典》第510条和第511条的规定填补漏洞，但不宜因此简单地宣布合同不成立。

（四）价款或者报酬

价款一般是针对标的物而言的，如对买卖合同中的标的物应当规定价格。而报酬是针对服务而言的，如在提供服务的合同中，一方提供一定的服务，另一方应当支付相应

---

① 参见胡康生主编：《〈中华人民共和国合同法〉释义》，26页。

的报酬。价款和报酬是有偿合同的主要条款，因为有偿合同是一种交易关系，要体现等价交换的交易原则，所以价款和报酬是有偿合同中的对价，获取一定的价款和报酬也是一方当事人订立合同所要达到的目的。当事人在合同中明确约定价款和报酬，可以有效地预防纠纷的发生。但价款和报酬条款并不是直接影响合同成立的条款，没有这些条款，可以根据民法典合同编的规定填补漏洞，但不应当影响合同的成立。

（五）履行期限、地点和方式

所谓履行期限，是有关当事人实际履行合同的时间约定；换言之，是指债务人向债权人履行义务的时间。在合同成立并生效之后，当事人不必实际地履行其义务，在履行期到来以后才应当实际地履行义务，在履行期到来之前，任何一方都不得请求他方实际地履行义务。履行期限明确的，当事人应按确定的期限履行；履行期限不明确的，可由当事人事后达成补充协议或通过合同解释的办法来填补漏洞。在双务合同中，除法律另有规定外，当事人双方应当同时履行。凡是在履行期限到来时，不作出履行和不接受履行，均构成履行迟延。

所谓履行地点，是指当事人依据合同规定履行其义务的场所。履行地点与双方当事人的权利义务关系也有一定的联系。在许多合同中，履行地点是确定标的物验收地点、运输费用由谁负担、风险由谁承受的依据，有时也是确定标的物所有权是否转移以及何时转移的依据。

所谓履行方式，是指当事人履行合同义务的方法。例如，在履行交付标的物的义务中，是应当采取一次履行还是分次履行，是采取现实交付还是采取占有改定方式，是采用买受人自提还是采用出卖人送货的方式，如果要采用运输的方法交货，则采用何种运输方式等，这些内容也应当在合同中尽可能作出约定，以免今后发生争议。

应当指出，有关合同的履行期限、地点和方式的条款并不是决定合同成立的必要条款。在当事人就这些条款没有约定或约定不明时，可以采用《民法典》规定的方法填补漏洞。

（六）违约责任

所谓违约责任，是指违反法律规定和合同约定的义务而应当承担的责任；换言之，是指当事人在不履行合同债务时，所应承担的损害赔偿、支付违约金等责任。违约责任是民事责任的重要内容，它有利于督促当事人正确履行义务，并为非违约方提供补救。但当事人可以事先约定违约金的数额、幅度，可以预先约定损害赔偿额的计算方法甚至确定具体数额，同时也可以通过设定免责条款限制和免除当事人可能在未来发生的责任。所以，当事人应当在合同中尽可能地就违约责任作出具体规定。但如果合同中没有约定违约责任条款，也不应当影响合同的成立。在此情况下，可以按照法定的违约责任制度来确定违约方的责任。

（七）解决争议的方法

所谓解决争议的方法，是指将来一旦发生合同纠纷，应当通过何种方式来解决纠纷。

按照合同自由原则，选择解决争议的方法也是当事人所应当享有的合同自由的内容。具体来说，当事人可以在合同中约定，一旦发生争议以后，是采取诉讼还是仲裁的方式，如何选择适用的法律，如何选择管辖的法院等。当然，解决争议的方法并不是合同的必要条款。如果当事人没有约定解决争议的方法，则在发生争议以后，应当通过诉讼解决。

应当指出，《民法典》第 470 条规定了合同的内容一般应包括当事人的名称或者姓名和住所、标的、数量等条款，但本条并没有明确哪些条款是合同成立的必要条款，即合同应当具备哪些内容后才能成立。司法实践一般认为，当事人对合同是否成立存在争议，人民法院能够确定当事人名称或者姓名、标的和数量的，一般应当认定合同成立，但法律另有规定或者当事人另有约定的除外。也即只要合同中的“当事人名称或者姓名”、“标的”和“数量”等三项合同条款能够确定的，且法律未对合同成立作特别规定或当事人未对合同成立作特别约定的，合同原则上就已经成立。因此，一般而言，“当事人名称或者姓名”、“标的”和“数量”等三项内容是合同成立的必要条款。不过，该条是针对买卖合同应当具备的主要条款所作出的规定，并不适用于所有的合同，例如，在劳务合同中，并不以数量作为必要条款，因此，合同的性质不同，其必要条款也存在差别，不可一概而论。

《民法典》第 470 条第 2 款规定：“当事人可以参照各类合同的示范文本订立合同。”所谓示范文本，是指根据法规和惯例而确定的具有合同示范作用的文件。在我国，房屋的买卖、房屋租赁、建筑等许多行业正在逐渐推行各类示范文本。示范文本的推广对于完善合同条款、明确当事人的权利义务、减少因当事人欠缺合同法律知识而产生的各类纠纷具有重要作用。但由于示范文本只是当事人双方签约时的参考文件，对当事人无强制约束力，双方可以修改其条款形式和格式，也可以增减条款，因此它不是格式条款。可以说，条款的内容能否与对方协商，是格式条款与示范文本的根本区别。因为格式条款与示范文本一样，都可能是为重复使用而预先拟定的，但格式条款是固定的且不能修改的，而示范文本只是订约的参考，因此是可以协商修改的。民法典合同编之所以允许当事人可以参照各类合同的示范文本订立合同，是因为制定此类示范文本的主体大多是当事人的行政主管机关或者行业主管部门。例如，房地产管理部门制定的房屋买卖合同示范文本，土地管理部门制定的土地使用权出让合同示范文本等，它们虽然只是由有关部门制定出来提供给缔约当事人参考的，并不具有强制性，但可以有效地规范、引导当事人正确缔约，降低和减少交易成本，因此，参照各类合同的示范文本订立合同，也具有重要意义。

二、合同条款的分类

根据合同条款在合同中的地位和作用，可以将合同条款区分为如下几类。

(一) 必要条款和非必要条款

所谓必要条款，是指依据合同的性质和当事人的特别约定所必须具备的条款，缺少这些条款将影响合同的成立。依据《民法典》第 470 条的规定，合同一般包括当事人的名称和住所、标的、数量、质量、价款或报酬、履行期限、地点、方式、违约责任、解决争议的方法等。这些条款中有的是合同的必要条款，有的不一定是合同的必要条款。是不是合同的必要条款应依据合同的性质和当事人的特别约定来确定。司法实践通常认为，当事人对合同是否成立存在争议，人民法院能够确定当事人名称或者姓名、标的和数量的，一般应当认定合同成立。但法律另有规定或者当事人另有约定的除外。因此，当事人名称或姓名、标的和数量一般属于必要条款。

所谓非必要条款，是指依据合同的性质在合同中不是必须具备的条款。也就是说，即使合同不具备这些条款也不应当影响合同的成立，如有关履行期限、质量等条款。在缺少这些条款的情况下，完全可以依据《民法典》第 510 条和第 511 条的规定填补漏洞。

必要条款和非必要条款的区别主要表现在：第一，是否依据合同的性质。必要条款是依据合同的性质所必须具备的条款，如所有的合同都应具备标的条款，买卖合同应当具备价金条款等。而非必要条款是依特定合同的性质所不必具备的条款。第二，是否根据当事人的特别约定。一些必要条款是当事人特别约定合同必须具备的条款。即使是非必要条款，只要当事人在合同中特别约定并将其作为合同成立的必要条款，则这些非必要条款都可以成为必要条款。例如，当事人在合同中约定，本合同必须经过公证才能生效，则公证成为本合同的必要条款。第三，是否影响到合同的成立与生效。原则上说，必要条款是特定合同所必须具备的，所以，缺少必要条款会影响到合同的成立或生效，而非必要条款的缺少并不产生如此效果。

（二）格式条款和非格式条款

格式条款是指是由一方为了反复使用而预先制定的、在订立合同时不与对方协商的条款。非格式条款是指并不具有为反复使用而预先制定的、在订立合同时需要与对方协商的条款。

区分格式条款与非格式条款的主要意义在于加强对相对方（非格式条款制定人）权益的保护。为了加强对格式条款的规范，法律设立了三项重要规则：一是明确格式条款制定者采取合理方式，提请对方注意免除或者限制其责任的条款；二是禁止格式条款的制定者利用格式条款免除其责任、加重对方责任，排除对方主要权利；三是在解释格式条款时应当作出不利于提供格式条款一方的解释。这些规定不仅对于经济上处于弱者地位的消费者的权利提供了有力的保障，而且可以有效地防止和限制公司与企业滥用经济优势损害消费者的利益。扩大格式条款的适用范围，显然对消费者的保护是十分必要的。但是对于非格式条款而言，不受上述规则的限制，因为其主要是针对格式条款的规制而言的。

（三）实体条款和程序条款

实体条款是规定有关当事人在合同中所享有的实体权利义务内容的条款，如有关合同标的、数量、质量的规定等都是实体条款。而程序条款主要是指当事人在合同中约定的履行合同义务的程序及解决合同争议的条款，如有关标的物检验程序、关于商品房交付的质量检验程序、有关合同发生争议后的诉讼管辖或仲裁的选择、结算条款等。区分实体条款和程序条款的意义主要在于：一方面，两种条款对当事人所享有的实体权利义务的影响不同。实体条款直接影响当事人的权利义务，而程序条款只是间接地影响当事人的权利义务。另一方面，两种条款应适用的法律规范不同。实体条款主要适用《民法典》等实体法的规定，而程序条款主要适用《民事诉讼法》《仲裁法》等程序法的规则。此外，实体条款主要涉及当事人之间的权利义务关系，而程序条款涉及争议解决的方式，如仲裁条款。

第三节 格式条款

一、格式条款的概念与特征

《民法典》第496条第1款规定："格式条款是当事人为了重复使用而预先拟定，并在订立合同时未与对方协商的条款。"依据这一规定，所谓格式条款，是指由一方当事人为了反复使用而预先拟定的、并由不特定的相对人所接受的，在订立合同时不与对方协商的条款。格式条款的产生和发展是20世纪合同法发展的重要标志之一。格式条款一般都是为了重复使用而不是为一次性使用制定的，因此从经济上看有助于降低交易费用，尤其是许多交易活动是不断重复进行的，许多公用事业服务具有既定的要求，通过格式条款的方式可以使订约基础明确、节省费用、节约时间，这也符合现代市场经济高度发展的要求。格式条款的出现，不仅改变了传统的订约方式，而且对合同自由原则形成了挑战。因此，各国都纷纷通过修改和制定单行法律等方式对格式条款进行规范。

格式条款具有如下特点。

第一，格式条款是由制定方为了反复使用而预先制定的。格式条款必须是在订约以前就已经预先制定出来，而不是在双方当事人反复协商的基础上制定出来的。如果是为了一次交易而制定的条款，其仅是针对特定的交易当事人而制定的条款，则其不属于格式条款。制定格式条款的一方多为固定提供某种商品和服务的公用事业部门、企业和有关的社会团体等，当然也有些格式条款文件是由有关政府部门为企业制定的，如常见的电报稿上的发报须知、飞机票上的说明等。但依据《合同编通则解释》第9条第2款，"从事经营活动的当事人一方仅以未实际重复使用为由主张其预先拟定且未与对方协商的合同条款不是格式条款的，人民法院不予支持"。因此，一方面，如果相关的条款不是为了重复使用而拟定的，则其不属于格式条款。另一方面，虽然还未开始使用，但如果当事人是为了重复使用而拟定的相关条款，则应当将其认定为格式条款。格式条款必须是在订约以前就已经预先制定出来，而不是在双方当事人反复协商的基础上制定出来的。正是因为重复使用才能够充分发挥格式条款的提升交易效率的功能，但"为了重复使用"仅仅是当事人拟定格式条款的目的，并非要求实际被重复使用。

第二，格式条款的相对方通常是不特定的。格式条款是为与不特定的人订约而制定的，因而，格式条款在订立以前，要约方总是特定的，而承诺方都是不特定的，这就与一般合同当事人双方都是特定主体有所不同。如果一方根据另一方的要求而起草供对方承诺的合同文件，则仍然是一般合同文件而不是格式条款文件。当然，在不特定的相对人实际进入订约过程以后，其事实上已由不特定人变成了特定的受要约人。正是因为格式条款常常将要适用于广大的消费者，所以对格式条款加以规范，对保护广大消费者的利益具有十分重要的作用。

第三，格式条款的内容具有定型化的特点。所谓定型化，是指格式条款具有稳定性和不变性，它将普遍适用于一切要与起草人订立合同的不特定的相对人，而不因相对人的不同有所区别。一方面，格式条款文件，普遍适用于一切要与条款的制定者订立合同的相对人，相对人对合同的内容只能表示完全的同意或拒绝，而不能修改、变更合同的内容。因此，格式条款也就是指在订立合同时不能协商的条款。另一方面，格式条款的定型化是指在格式条款的适用过程中，要约人和受要约人双方的地位也是固定的，而不像一般合同在订立过程中，要约方和承诺方的地位可以随时改变。

值得注意的是，《民法典》第 496 条第 1 款规定，“格式条款是当事人为了重复使用而预先拟定，并在订立合同时未与对方协商的条款”。可见，格式条款的主要特点在于在订立合同时不能与对方协商。因为未与对方协商的条款并不意味着条款不能与对方协商，某些条款有可能是能够协商确定的，但条款的制定人并没有与对方协商，而相对人也没有要求就这些条款进行协商，但这并不意味着这些条款便属于格式条款。格式条款只能是不能协商的条款，如果当事人一方在能够协商的情况下而不与对方协商，或放弃协商的权利，则不能将这些未协商的条款直接确定为格式条款。

第四，相对人在订约中居于附从地位。相对人并不参与协商过程，只能对一方制定的格式条款概括地予以接受，而不能就合同条款讨价还价，因而相对人在合同关系中处于附从地位。格式条款的这一特点使得它与某些双方共同协商参与制定的格式条款不同。后一种合同虽然外观形式上属于格式条款，但因其内容是由双方协商确定的，所以，仍然是一般合同而不是格式条款。① 正是因为相对人不能与条款的制定人就格式条款的具体内容进行协商，所以格式条款的适用将限制合同自由，而且极易造成对消费者的损害。因为消费者通常都是弱者，条款的制定人通常都是大公司、大企业，它们有可能垄断一些经营与服务事业，消费者在与其进行交易时通常别无选择，只能接受其提出的不合理的格式条款。因此，格式条款的制定对制定的一方来说是自由的，而对相对人来说是不自由的。这就造成了格式条款的弊端，从而有必要对格式条款在法律上进行控制。当然，对于相对人来说，虽然其不具有充分表达自己意志的自由，但从法律上看，其仍然应当享有选择是否接受格式条款的权利，因此仍享有一定程度的合同自由。所以，格式条款的适用，并没有完全否定合同自由原则。

格式条款规则的适用具有强制性，依据《合同编通则解释》第 9 条第 1 款的规定，在符合格式条款条件的情形下，当事人不得通过约定排除其格式条款的法律属性。因为法律关于格式条款的规定，旨在规制格式条款的使用，并强调格式条款制作人负有对异常条款提请注意、解释、说明等义务，并对处于弱势订约地位的一方当事人提供倾斜保

---

① 如 1919 年的《德国海上保险约款》就是由德国海上保险公司、海上贸易关系团体及保险契约者保护所协商制定的格式条款。

护，该规定具有强制性，在符合格式条款的条件下，不允许当事人通过约定否定其格式条款的属性。合同法采用格式条款而不是格式合同的概念，意味着在一个合同中可以将所有的条款分为两类，即格式条款与非格式条款，即使不存在书面合同，那么对于已经纳入合同中的格式条款，也可以适用民法典合同编的相关规定。

格式条款常常与示范合同相混淆。所谓示范合同，是指根据法规和惯例而确定的具有示范使用作用的文件。在我国，房屋的买卖、租赁、建筑等许多行业正在逐渐推行各类示范合同。示范合同的推广对于完善合同条款、明确当事人的权利义务、减少因当事人欠缺合同法律知识而产生的各类纠纷具有一定的作用。但由于示范合同只是当事人双方签约时的参考文件，对当事人无强制约束力，双方可以修改其条款形式和格式，也可以增减条款，因而其不是格式条款。格式条款是固定的、不能修改的；而示范合同只是订约的参考，因此是可以协商修改的。依据《合同编通则解释》第 9 条第 1 款，在符合格式条款法定条件的情形下，即便相关的条款是依据合同示范文本而制作的，当事人也不得主张其不属于格式条款。这就是说，有些示范合同可能包含格式条款，故要适用有关格式条款规制的规则。

二、提供格式条款的一方负有遵循公平原则、提请注意或说明的义务

（一）提供格式条款的一方应当遵循公平原则确定当事人之间的权利和义务

《民法典》第 496 条第 2 款规定，“采用格式条款订立合同的，提供格式条款的一方应当遵循公平原则确定当事人之间的权利和义务”。所谓公平原则，是指民事主体应本着公平、正义的观念实施民事行为，司法机关应根据公平的观念处理民事纠纷，民事立法也应该充分体现公平的理念。在罗马法中，就有一项重要规则，即“无论任何人均不得基于他人的损害而受有利益”（nam hoc natura aequum est neminem cum alterius derimento ct iniuria fieri locupletiorem）①，这实际上体现的也是公平原则。从比较法上看，有的国家对公平原则作出了规定，例如，《瑞士民法典》第 4 条规定：“依本法所作的裁判，或判断具体状况，或认定重要原因是否存在时，法官应根据法理公平裁判。”我国民法历来将公平原则作为基本原则。我国《民法典》在总结这些立法经验的基础上，于第 6 条规定：“民事主体从事民事活动，应当遵循公平原则，合理确定各方的权利和义务。”这就在法律上明确确认了公平原则。

公平原则是民事活动的目的性的评价标准。这就是说，任何一项民事活动，是否违背了公平原则，常常难以从行为本身和行为过程作出评价，而需要从结果上按照是否符合公平的要求来进行评价。如果交易的结果形成当事人之间极大的利益失衡，除非当事人自愿接受，否则法律应当作出适当的调整。例如，依据过错原则所作出的裁判结果违背了公平原则，则可以依据公平原则进行调整。由于公平是一种目的性的评价标准，所以公平原则更多地体现了实质正义的要求。

---

① D.50，17，206.

由于提供格式条款的一方常常居于优势地位，而相对人在订约中居于附从地位，为了保障交易的公平，法律要求提供格式条款的一方应当遵循公平原则确定当事人之间的权利和义务，在格式条款的制定中，不得利用其优势地位损害另一方的权益，更不得利用对方的无经验或者利用自己的优势地位，从而导致民事主体之间利益关系失衡。

（二）提示义务：条款制作人应采取合理的方式提醒对方注意异常条款

《民法典》第 496 条第 2 款规定，提供格式条款的一方应当采取合理的方式提示对方注意免除或者减轻其责任等与对方有重大利害关系的条款。合同中与对方有重大利害关系的条款可能会很多，如标的、数量、质量、价款或者报酬等，都可能与对方有重大利害关系，如果对所有“与对方有重大利害关系的条款”都要提请注意，则可能导致“满页飘红”，使提示义务流于形式。[①] 这就需要对“与对方有重大利害关系的条款”作进一步的限定。据此，《合同编通则解释》第 10 条第 1 款规定：“提供格式条款的一方在合同订立时采用通常足以引起对方注意的文字、符号、字体等明显标识，提示对方注意免除或者减轻其责任、排除或者限制对方权利等与对方有重大利害关系的异常条款的，人民法院可以认定其已经履行民法典第四百九十六条第二款规定的提示义务”。该条实际上借鉴了比较法上的经验，将“与对方有重大利害关系的条款”限定为“异常条款”（surprising term）。

所谓异常条款，是指相对人不能合理预见到，且对当事人的权利、义务、责任等有重大影响的条款。该概念来自《商事合同通则》第 2.1.20 条。此类条款的特点在于：一是当事人主观上难以预见到该条款会在合同中出现。当事人对这类条款的注意义务程度较低，不能像价款、数量条款那样注意到，且按照交易的一般情况，当事人不会注意到此类条款的存在。二是该条款客观上对当事人的权利义务具有重大影响。此类条款主要包括：（1）免除或者减轻责任条款，免责条款是当事人双方在合同中事先约定的，旨在免除或限制其未来的责任的条款。（2）与对方有重大利害关系的条款，如仲裁条款、清算条款、选择鉴定单位的条款等。[②] 这些条款一旦没有提请注意，相对人盲目接受，可能会对其造成重大不利。为了防止提供格式条款的一方利用其优势地位拟订过分不利于相对人的条款，提供格式条款的一方应当采取合理的方式提示对方注意。

采用格式条款是正当的，但是对于格式条款中的异常条款，提供格式条款的一方应当负有提示、说明义务。依据《民法典》第 496 条第 2 款，提请注意的方式应该合理。这就是说，提供格式条款的一方在订约时，有义务以明示或者其他合理、适当的方式提请相对人注意，且提请注意应当达到合理的程度。所谓合理方式，主要是指能起到引起注意、提请强调和吸引对方注意作用的方式。判断其是否达到合理的程度时，应当依据以下四个方面的标准。

第一，文件的外形。从文件的外在表现形式来看，应当使相对人产生它是规定当事

---

① 参见最高人民法院起草小组：《〈关于适用民法典合同编通则若干问题的解释〉的理解与适用》，载《人民司法》，2024（1）。

② See Stefan Vogenauer, *Commentary on the UNIDROIT Principles of International Commercial Contracts (PICC)*, Oxford University Press. 2015, pp. 398－399.

人权利义务关系的合同条款的印象。

第二，提请注意的方法。根据特定交易的具体环境，提供格式条款的一方可以向相对人明示其条款或以其他显著方式如广播、张贴公告等形式提请相对人注意。在这些提请方式中，应当尽可能采用个别提醒的方式，不可能采用个别提醒方式的，应采用公告方式。①

第三，清晰明白的程度，即提起相对人注意的文字或语言必须清楚明白。如果一个正常人都难以注意到格式条款的存在，则难谓尽到了以合理的方式提请注意。例如，以公告明示方式来提请注意的，公告的内容和方式必须以使相对人容易察觉、阅读和理解为原则。②

第四，提请注意的程度，即必须能够引起一般相对人的注意。合理注意在不同情况下所确定的标准是不同的，但总的来说，应通过合理的方式提请注意而使相对人对条款的内容有足够的了解，或使相对人能够有更多的时间认真考虑格式条款。对一般的格式条款和具有免除责任的格式条款，在处理上应当有所区别，对后者应当课以制定人更高程度的说明告知义务。

对于与对方有重大利害关系的条款，条款制定人应负有以采取合理方式提请对方注意的义务。如果未尽到此种义务，将导致对方有权主张该条款不成立。

（三）说明义务：条款制作人应按照对方的要求对异常条款予以说明

《民法典》第 496 条第 2 款增加了对于“与对方有重大利害关系的条款”需要按照对方的要求进行说明。具体而言，一是由对方提出说明要求。也就是说，此种说明义务并非主动的作为义务，而是按照对方的要求所应当履行的义务。对方要求说明的，提供格式条款的一方有义务按照对方的要求说明；对方没有要求的，提供格式条款的一方没有义务说明。二是条款起草人应当对“与对方有重大利害关系的条款”进行说明。所谓对该条款予以说明，就是说应当向对方详细阐述该条款的含义，使对方清晰地理解该条款。③ 依据《合同编通则解释》第 10 条第 2 款，提供格式条款的一方按照对方的要求，就与对方有重大利害关系的异常条款的概念、内容及其法律后果以书面或者口头形式向对方作出通常能够理解的解释说明。所谓通常能够理解，是指按照一般人的标准对该条款制作人的解释能够理解。如果对方是特殊的人士，如聋哑人等，还应当采取特殊的方法作出特别的解释，让对方能够理解。解释的内容包括异常条款的概念、内容及其法律后果；解释的方式包括书面或者口头形式。

《合同编通则解释》第 10 条第 3 款对通过互联网等信息网络订立电子合同情形下条款制作人的提示说明义务作出了特别规定，依据该规定，对于通过互联网等信息网络订立的电子合同，提供格式条款的一方仅以采取了设置勾选、弹窗等方式为由主张其已经履行提示义务或者说明义务的，还不足以证明其尽到了提示和说明义务，而必须是针对

---

① 参见崔建远：《合同法总论》，上卷，148 页。

② 参见余延满：《合同法原论》，127 页，武汉，武汉大学出版社，1999。

③ 在比较法上，《商事合同通则》第 2.19 条、《德国民法典》第 305c 条和《奥地利普通民法典》第 864a 条都有类似规定。

异常条款，以合理的形式向对方作出了通常能够理解的解释说明，才能表明其已履行了提示和说明义务。因为一方采取设置勾选、弹窗等方式所提示的条款可能并不包含应当进行特别提示、说明的条款，而且当事人采取设置勾选、弹窗等方式所提示的条款可能并不是需要特别提示、说明的条款。例如，在订立电子合同时，消费者查询机票价格，页面显示的机票价格虽然较低，但是如果采用勾选的方式，会将接送机服务、休息室服务等纳入其中，从而导致结算价格高于查询价格，因而提供格式条款的一方不得仅以采取设置勾选、弹窗等方式为由主张其已经尽到了提示义务或者说明义务，其还必须举证证明其依据法律和司法解释的相关规定履行了提示或者说明义务。

（四）提供格式条款的一方未履行提示或者说明义务的后果

我国《民法典》第496条明确了未尽说明义务的法律效果。《民法典》第496条采用了“对方可以主张该条款不成为合同的内容”的表述。依据这一规定，一方面，由于该条的立法本意是保护相对人，因此必须由相对人主张该条款不成为合同的内容，而不是由该条款起草人提出此种请求。另一方面，相对人可以作出选择：如果其认可这些条款，选择将其纳入合同内容，应当认定该条款的效力；如果相对人主张该条款不成为合同的内容，则该条款不能成为合同内容。

所谓“不成为合同的内容”，是指这些条款根本没有成立，即因为条款制作人一方没有履行以合理方式提示或者说明义务，从而使对方可以主张这些条款不能成为合同的内容。需要指出的是，我国已废止的《合同法司法解释二》认为未提请合理注意的，相对人有权请求人民法院予以撤销。① 但《民法典》第496条修改了这一规则，认为条款制作人一方没有履行以合理方式提示或者说明义务，对方可以主张该条款不成为合同的内容，即这些条款不成立。条款不成立与请求撤销的区别在于：一是如果相对人请求人民法院撤销，其必须通过诉讼方式才能撤销该合同条款。但在主张合同条款不成立的情况下，可以不通过诉讼的方式进行，而可以直接主张该条款不成立，这对于相对人特别是消费者的保护更为有利。二是在条款不成立的情形下，不需要适用有关撤销权行使期限的限制。三是依据《民法典》第496条，条款制作人无权主张条款不成立，相对人才有权主张，而对撤销而言，只有撤销权人有权请求人民法院撤销相关条款。

三、格式条款的无效

（一）格式条款无效的情形

所谓格式条款的无效，是指格式条款因为违反了法律、行政法规的强制性规定以及公序良俗，应当被宣告无效。尽管格式条款与一般合同条款一样，都应当按照民事法律行为的一般生效标准来判断，但格式条款本身具有其特殊性，对于格式条款的生效，在

---

① 《合同法司法解释二》第9条规定：“提供格式条款的一方当事人违反合同法第三十九条第一款关于提示和说明义务的规定，导致对方没有注意免除或者限制其责任的条款，对方当事人申请撤销该格式条款的，人民法院应当支持。”

法律上应当有更为严格的限制。因此，《民法典》第 497 条规定：“有下列情形之一的，该格式条款无效：（一）具有本法第一编第六章第三节和本法第五百零六条规定的无效情形；（二）提供格式条款一方不合理地免除或者减轻其责任、加重对方责任、限制对方主要权利；（三）提供格式条款一方排除对方主要权利。”可见，格式条款的无效情形，较之于一般合同条款更多，对格式条款的生效限制更为严格。具体而言，格式条款的无效包括如下情形。

1. 具有《民法典》第一编（总则编）第六章第三节规定的无效情形

《民法典》第 153 条规定：“违反法律、行政法规的强制性规定的民事法律行为无效。但是，该强制性规定不导致该民事法律行为无效的除外。”依据这一规定，违反法律、行政法规的强制性规定的民事法律行为无效。该条规定不仅确立了一种无效民事法律行为的类型，而且确立了判断民事法律行为无效的标准，当然可以适用于格式条款的效力判断。此外，依据《民法典》总则编第六章第三节的规定，恶意串通损害他人合法权益、以虚假的意思表示实施的民事法律行为等，都是无效的，这些规定都可以适用于格式条款的效力认定。

2. 具有《民法典》第 506 条规定的无效情形

在市场交易活动中，由于交易充满了风险，因此当事人需要通过免责条款合理分配双方的利益和风险，事先规避风险。免责条款的设定有助于控制未来风险、合理规避风险、降低交易成本，从而有利于鼓励各类交易、促进交易的发展，也有利于及时解决纠纷。当事人在规定免责条款时，必须符合法律、行政法规的强制性规定。格式条款中也会包括格式的免责条款，对这些条款的效力也应当根据法律关于免责条款效力的认定标准予以判断。《民法典》第 506 条规定：“合同中的下列免责条款无效：（一）造成对方人身损害的；（二）因故意或者重大过失造成对方财产损失的。”该规定当然可以适用于格式条款的效力认定。例如，一方在格式条款中规定“如果因本公司售出的设备造成损害，本公司只赔偿设备本身的损害，不赔偿其他的损失”。显然，该条款免除了条款提供者未来因为其售出的设备所造成的其他财产损失以及人身伤害的责任，其也应当属于无效条款。

3. 提供格式条款一方不合理地免除或者减轻其责任、加重对方责任、限制对方主要权利

提供格式条款一方不合理地免除或者减轻其责任、加重对方责任、限制对方主要权利，意味着提供格式条款一方违反公平原则，不合理地安排当事人之间的权利和义务，导致格式条款显失公平。需要指出的是，依据《民法典》第 497 条的规定，并非在格式条款出现免除或者减轻其责任、加重对方责任、限制对方主要权利的情形后，该格式条款都无效，而要确定这些条款本身具有不合理性，即不合理地免除或者减轻其责任、加重对方责任、限制对方主要权利。关于合理和不合理的判断，需要根据一个合理的交易当事人的观点来判断。如果一个理性的交易当事人认为，有关免除或者减轻其责任、加重对方责任、限制对方主要权利的格式条款是不合理的，则应当认为存在效力瑕疵，具体而言，包括如下三种情形：一是不合理地免除或者减轻责任。免除或者减轻责任条款本身是合法的，但格式条款的制定人不得不合理地免除或者减轻其责任，如规定在合同履行过程中发生的一切不利后果都由对方负责；再如，商店中标示的“本店商品一经售出概不退换”的告示，都属于不合理地免除或者减轻责任的条款。二是不合理地加重对方责任。所谓加重责任，是指格式条款中含有在通常情况下对方当事人不应当承担的义务。如合同中约定消费者对于因不可抗力发生的后果也应承担责任，有的规定了异常高的违约金。三是不合理地限制对方主要权利。例如，条款制作人为了达到长期占有客户或者垄断市场的目的，在格式条款中约定对方不得与任何第三方交易，只能与条款制作人交易，从而限制对方自由交易的权利。

4. 提供格式条款一方排除对方主要权利

所谓排除主要权利，是指格式条款中含有排除对方当事人依据合同的性质和内容应当享有的主要权利，所对应的义务往往是主给付义务。如果将《民法典》第 497 条第 3 项与第 2 项相比较，可以看出，两者规定的内容具有明显的区别：一是第 3 项不存在不合理地限定，只要是排除对方主要权利，就可以宣告该格式条款无效。二是第 3 项是排除，而并不包括不合理地限制。所以，在不合理地限制对方主要权利时，适用第 2 项，出现完全排除对方主要权利的情况时，则适用第 3 项。

何为主要权利？民法典合同编并未作明文规定，本书认为，“主要权利”需要根据合同的性质予以确定，因为合同千差万别，性质各不相同，当事人享有的“主要权利”不可能完全一样。认定“主要权利”不能仅仅看双方当事人签订的合同的内容是什么，而应就合同本身的性质来考察。同时，主要权利也应与合同的主要义务相互对应起来考察。如果依据合同的性质能够确定合同的主要内容，则应以此确定当事人所享有的主要权利。① 例如，经营者在格式条款中规定，消费者对有瑕疵的物只能请求修理或者更换，不能解除合同或者减少价金，亦不能请求损害赔偿。再如，经营者在合同中拟定发生纠纷只能与其协商解决，而不能进行诉讼或仲裁，或者在合同中自主决定解决争议的方法而排斥消费者的选择权。② 当然，如果暂时限制起诉时间，不能认为是排除对方主要权利。例如，在“六盘水恒鼎实业有限公司、重庆千牛建设工程有限公司建设工程施工合同纠纷案”③ 中，最高人民法院认为，合同中约定在付款期限内不得提起诉讼的条款，并非排斥当事人的基本诉讼权利，该条款仅是限制其在一定期限内的起诉权，而不是否定和剥夺当事人的诉讼权利，只是推迟了提起诉讼的时间，故其主张在付款期限内不得提起诉讼的条款无效缺乏事实和法律依据。

（二）格式条款无效的后果

格式条款无效是指格式条款因违反了法律、行政法规的规定，而应当被宣告无效。

---

① 《上海市合同格式条款监督条例》第 8 条规定：“格式条款不得含有排除消费者下列主要权利的内容：（一）依法变更或者解除合同；（二）请求支付违约金或者请求损害赔偿；（三）行使合同解释权；（四）就合同争议提起诉讼的权利；（五）消费者依法享有的其他主要权利。”以上内容可资参照。

② 参见《关于〈上海市合同格式条款监督条例（草案）〉的说明》，载上海市工商行政管理局编：《上海市合同格式条款监督条例释义与应用》，60～61 页，上海，华东理工大学出版社，2001。

③ 最高人民法院最高法（2016）民终 415 号民事判决书。

格式条款一旦被宣告无效，则为自始无效；民事法律行为一旦被确认无效，就将产生溯及力，使该行为自实施之时起就不具有法律效力，以后也不能转化为有效法律行为。对已经履行的，应当通过返还财产、赔偿损失等方式使当事人的财产恢复到法律行为实施之前的状态。

1. 格式条款的无效不一定导致合同无效

格式条款本身是整个合同的某个或者数个条款，该条款无效并不当然影响整个合同的效力。《民法典》第156条规定："民事法律行为部分无效，不影响其他部分效力的，其他部分仍然有效。"依据这一规定，应当考虑格式条款无效是否会影响整个合同的效力。如果合同的内容可以分为若干部分，即有效部分和无效部分可以独立存在，一部分无效并不影响另一部分的效力，那么格式条款的无效，并不等于含有格式条款的合同的无效。格式条款的无效可能只是指某些格式条款的无效，属于部分无效，但不影响合同其他条款的效力，也不影响合同的整体效力。① 当然，如果格式条款与整个合同条款不可分开，则有关格式条款被宣告无效，整个合同也应当被宣告无效。

2. 格式条款无效的补正

如果有关格式条款违反法律、行政法规的规定而无效，当事人也可以采取补正的方式使其有效。这就是说，有关格式条款违法，当事人可以通过协商对这些条款进行修正。例如，如果格式条款不合理地免除或者减轻其责任、加重对方责任，可以对这些条款进行修改，消除其无效的原因，从而使无效的格式条款变为有效条款。

3. 格式条款无效的后果

《民法典》第157条规定："民事法律行为无效、被撤销或者确定不发生效力后，行为人因该行为取得的财产，应当予以返还；不能返还或者没有必要返还的，应当折价补偿。有过错的一方应当赔偿对方由此所受到的损失；各方都有过错的，应当各自承担相应的责任。法律另有规定的，依照其规定。"依据这一规定，格式条款被认定为无效后，应当产生返还财产、恢复原状、赔偿损失的法律后果。

四、格式条款的解释

（一）格式条款解释的必要性

所谓格式条款的解释，是指根据一定的事实，遵循有关的原则，对格式条款的含义作出说明。一般来说，如果格式条款的各项条款明确、具体、清楚，而当事人对条款的理解不完全一致，因而发生争执，便涉及合同的解释问题。例如，在我国温州等地，一些典当铺制定的格式条款中曾有"天灾人祸，皆不负责"的条款，当事人对天灾人祸含义的理解并不一致，容易产生纠纷。因此，对格式条款作出准确的解释，对于正确确定当事人之间的权利义务，保护各方当事人合法权益，并使格式条款保持合法性和公平性，

---

① 参见苏号朋：《论格式条款订入合同的规则》，载第二届"罗马法、中国法与民法法典化"国际研讨会论文集，272页。

十分必要。

由于格式条款与非格式条款之间存在诸多差异，因而格式条款的解释也具有一定的特殊性。从性质上看，由于格式条款仍然属于合同条款，而不属于法律规范，因而不能按照解释法律的方法来解释格式条款，而应当采纳一般合同解释所应遵循的原则对格式条款进行解释。例如，解释合同应考虑合同的目的，应按照合同的全部条款解释，而不能仅拘泥于个别文字；应公平合理并兼顾双方的利益，不得违反法律规定等。

（二）格式条款解释的规则

需要指出的是，格式条款虽然是合同条款，却又与一般合同条款有所区别。因为格式条款是一方为了反复使用而预先制定的，格式条款不是为特定的相对人制定的，而是为不特定的相对人制定的，所以格式条款的解释所依据的原则又具有特殊性。依据《民法典》第498条，格式条款的解释应当采取以下三项特殊的规则。

1. 应当按照通常理解予以解释

按照通常理解予以解释，是指对于格式条款，应当以可能订约者平均、合理的理解为标准进行解释。既然格式条款是为不特定的人制定的，那么格式条款就应考虑到多数人而不是个别消费者的意志和利益。因此，在就格式条款发生争议时，应以可能订约者平均的、合理的理解为标准进行解释，具体来说：

第一，除当事人有特别约定以外，格式条款的解释应超脱于具体环境及特殊的意思表示，即不应把各个具体的订约环境或特别的意思表示作为解释合同的考虑因素，并据此探求个别当事人的真实意志。

第二，对某些特殊的术语应作出平常的、通常的、通俗的、日常的、一般意义的解释。如果某个条款所涉及的术语或知识不能为某个可能订约的相对人所理解，则应以可能订约者的平均的、合理的理解为基础进行解释。同时，如果某个条款涉及的术语或知识不能为相对人的平均理解能力所理解，则条款制定人不能主张该条文具有特殊含义。当然，如果条款（如海上保险条款）所适用的对象本身是具有专门知识的人，并为其所理解，则应就条款所使用的特殊术语作出解释。

第三，若格式条款经过长期使用以后，消费者对其中某些用语的理解，与条款制定方的理解有所不同，则应以交易时消费者的一般理解为标准进行解释。

第四，应根据其适用的不同地域、不同职业团体的可能订约者的一般理解来解释合同。格式条款适用于不同地域和团体时，各个地域和团体内的相对人对格式条款内容的理解是不同的，因此应以不同地域和团体的消费者平均的、合理的理解为标准进行解释。在格式条款中，如果某些术语或文字具有特定的含义，对此种含义，虽然不能被具有平均、合理的理解能力的可能订约者所理解，但确能为某个具有专门知识的订约人所理解，在此情况下，也仍应以格式条款可能订约者平均的、合理的理解为标准进行解释。

2. 作出对条款制定人不利的解释

法谚上有所谓的“用语有疑义时，就对使用者为不利益的解释”，各国大多采纳了这一规则，我国《民法典》第498条规定，应当作出不利于格式条款提供者一方的解释。

因为既然格式条款是由一方制定的而不是由双方商订的，那么各项条款可能是其制定人基于自己的意志所作的有利于自己的条款，尤其是条款制定人可能会故意使用或插入意义不明确的文字以损害消费者的利益，或者从维持甚至强化其经济上的优势地位出发，将不合理的解释强加于消费者，所以，为维护消费者的利益，在条款含义不清楚时，就应对条款制定人作不利的解释。

3. 格式条款和非格式条款不一致的，应当采用非格式条款

在一般的合同解释中，如果个别商议的条款与一般条款不一致，那么个别商议条款应当优先于一般条款。对格式条款而言，其是由一方预先制定的，当格式条款与非格式条款的含义不一致时，应当认定非格式条款优先于格式条款。这既尊重了双方当事人的真实意思，也有利于保护广大消费者的利益。

第四节　免责条款

一、免责条款的概念与特征

免责条款是当事人双方在合同中事先约定的，旨在限制或免除其未来的责任的条款。《民法典》第506条对免责条款作出了规定。按照合同自由原则，当事人可以在法律规定的范围内，自由约定合同条款，因此当事人既可以在合同中约定合同义务和违约责任，也可以在合同中约定免责条款。依法成立的免责条款是有效的。在合同编中，免责条款具有如下特点。

第一，免责条款是一种合同条款，它是合同的组成部分。许多国家的法律规定，任何企图援引免责条款免责的当事人必须首先证明该条款已经构成合同的一部分，否则他无权援引该免责条款。[①] 采用格式条款订立合同的，提供格式条款的一方应当按照对方的要求，对该条款予以说明。提供格式条款的一方未履行提示或者说明义务，致使对方没有注意或者理解与其有重大利害关系的条款的，对方可以主张该条款不成为合同的内容。如果提供格式条款一方未尽提示和说明义务，导致对方没有注意免除或者限制其责任的条款，对方当事人可以主张该条款不成为合同的内容。

第二，免责条款是当事人事先约定的。当事人约定免责条款是为了减轻或免除其未来发生的责任，因此只有在责任发生以前由当事人约定且生效的免责条款，才能导致当事人责任的减轻或免除。若在责任产生以后，当事人之间通过和解协议而减轻责任，则不属于免责条款。

第三，免责条款旨在免除或限制当事人未来所应负的责任。根据免责条款所免除或限制责任的性质不同，可将免责条款分为完全免责条款和限制责任条款。完全免责条款是指完全免除一方责任的条款，如某些商店在其柜台上标明“货物出门，恕不退换”，就属于完全免责条款。限制责任条款是指将当事人的法律责任限制在某种范围内的条款，

---

① 参见董安生等：《英国商法》，62页。

如当事人在合同中约定，卖方的赔偿责任不超过货款的总额。此种分类在法律上的意义在于，对于完全免责条款应当从严审查，特别是在涉及消费者利益时，更应考虑该条款的合理性和公正性，而限制责任条款因只是免除部分责任，所以审查标准应相对宽松一些。

免责条款的合法性在于：一是按照私法自治原则，既然民事主体可以在不损害国家和社会公共利益以及第三人利益的情况下，自由处分其财产权益。那么，当然可以通过达成协议设定免责条款，以免除其未来的责任。只要免责条款不损害国家、社会公共利益和第三人利益，则国家不应当对其进行干预。二是严格责任。在市场交易活动中，由于交易充满了风险，因此当事人需要通过免责条款合理分配双方的利益和风险，事先规避风险。免责条款的设定有助于控制未来风险、合理规避风险、降低交易成本，从而有利于鼓励各类交易、促进交易的发展，也有利于及时解决纠纷。当然。当事人在约定免责条款时，必须符合法律、行政法规的强制性规定。我国《民法典》第 143 条规定，民事法律行为有效必须“不违反法律、行政法规的强制性规定，不违背公序良俗”。这一规定同样适用于免责条款。因此，当事人订立的免责条款必须符合法律和社会公共利益的要求，而不得通过其自行约定的条款排除法律的强行性规范的适用。此亦为我国司法实践所确认。例如，在招工登记表上注明“工伤概不负责”，违反了《宪法》和有关劳动法规，也严重违反了社会主义公德，属于无效民事行为。同时，免责条款也不得违反公序良俗。公序良俗体现的是全体人民的共同利益，对此种利益的维护直接关系到社会的安定与秩序的建立，所以当事人不得设立违反公序良俗的免责条款。

二、免责条款的生效和无效

免责条款一旦订入合同，就意味着当事人已经就免责条款达成了合意，但当事人已经达成的免责条款并不是当然有效的。我国法律从合同自由原则及经济效率考虑，允许当事人达成免责条款，但这并不意味着当事人可以对免责条款任意作出约定。虽然违约责任具有一定程度的任意性，但又具有一定的强制性。当事人在不违反法律和公共道德的情况下，可以自由设定免责条款，但免责条款必须符合法律规定，才能合法有效。依据《民法典》第 506 条的规定，合同中的免责条款在以下两种情形下是无效的。

第一，造成对方人身损害的。免责条款不得免除人身伤害的责任。对个人而言，最宝贵和最重要的利益就是人身的安全利益，个人的生命健康权是最重要的人权，保护公民的人身安全是法律最重要的任务。如果允许当事人通过免责条款免除造成对方人身伤害的责任，不仅将使侵权责任法关于不得侵害他人财产和人身权利的强制性义务形同虚设，使法律对人身权利的保护难以实现，而且将会严重危及法律秩序和社会公共道德。因此，各国合同法大都规定禁止当事人通过免责条款免除故意和重大过失造成的人身伤亡的责任。我国法律明确规定合同中的免责条款免除造成对方人身伤害责任的无效，体现了我国法律充分以人为终极目的和终极关怀这一价值取向，表明法律将对人的保护置于了最优先保护的地位。

第二，因故意或者重大过失造成对方财产损失的。“故意或重大过失责任不得免除”

的规则来源于罗马法，并为大陆法国家的民法典所广泛接受。我国民法典合同编采纳这一规则的依据在于：因故意或者重大过失致人财产损失的，不仅表明行为人的过错程度是重大的，而且表明行为人的行为具有不法性，此种行为应受法律的谴责。例如，双方当事人在合同中特别约定，“卖方交付的货物所造成的全部损失一概由买方负责”，该免责条款显然违反了上述规定。在免责条款设立以后，若一方可以随意毁损他人的财物，砸坏他人的物件，这显然是危害法律秩序的。还要看到，允许当事人通过免责条款免除因故意或者重大过失造成对方财产损失的责任，也可能违反公序良俗。

第五节　合同的形式

一、合同的形式概述

所谓合同的形式，又称合同的方式，它是当事人的合意所采取的方式。合同的形式是合同内容的表现方式，与合同的内容密不可分。从哲学上看，形式是内容的外在表现，任何形式都是为了表达一定的内容。同样，合同的形式是合同法律关系的外在表现形式。合同是一种法律关系，它可以有多种表现形式，其既可以体现为书面形式，也可以是口头形式或者其他形式。形式不过是内容的外在表现，是内容的载体。在某些情况下，合同是否具备特定的形式对于判断当事人之间是否存在合同关系，以及确定合同的具体内容等，均具有重要意义。在法律对合同形式作出明确规定的情形下，合同欠缺法定形式可能导致合同不成立或者无效。如果当事人采用口头形式，但事后无法证明当事人已经就合同的主要条款达成合意，此时也可能导致合同不能成立。

在合同的形式选择方面，各国普遍从合同自由原则出发，采纳了可由当事人自由选择合同形式的原则，因此，在合同形式方面，采纳了以非要式为原则，以要式为例外的立法模式，该原则被许多国际示范法所广泛认可。① 我国《民法典》第 469 条第 1 款规定：“当事人订立合同，可以采用书面形式、口头形式或者其他形式。”此处使用“可以采用”的表述，表明当事人可以依法自主选择合同的形式，这也是合同自由原则的具体体现。但是，对一些特殊类型的交易而言，法律也规定了书面形式的要求。我国民法典合同编对许多合同都规定了书面形式，例如，对保证合同（第 685 条）、租赁期限在 6 个月以上的租赁合同（第 707 条）、融资租赁合同（第 736 条）、保理合同（第 762 条）、建设工程合同（第 789 条）、建设工程委托监理合同（第 796 条）、技术开发合同（第 851 条）以及技术转让合同、技术许可合同（第 863 条）等，均规定了应当采用书面形式。除民法典合同编以外，其他法律、法规也对合同的书面形式作出了规定。② 但如果法律、行政法规规定某种类型的合同必须采用书面形式，则即便当事人没有采用书面形式，也

---

① 参见《销售合同公约》第 11 条，《欧洲合同法原则》第 2：101 条第 2 款，《商事合同通则》第 1.2 条。

② 例如，民法典物权编对许多合同也规定了书面形式要件，如采取招标、拍卖协议等出让方式设立建设用地使用权的合同（第 348 条），建设用地使用权转让、互换、出资、赠与或者抵押的合同（第 354 条），设立地役权的合同（第 373 条），设立抵押权的合同（第 400 条）以及设定质权的合同（第 427 条）等。

不宜简单地一概宣告合同不成立，一方当事人履行合同主要义务，对方接受的，也可以导致合同的成立。

二、合同形式的种类

《民法典》第469条第1款规定："当事人订立合同，可以采用书面形式、口头形式或者其他形式。"因此，合同的形式主要可以分为书面形式、口头形式和其他形式。

（一）书面形式

所谓书面形式，是指以文字等有形的表现形式订立合同的形式。依据《民法典》第469条第2款，"书面形式是合同书、信件、电报、电传、传真等可以有形地表现所载内容的形式"。书面形式的主要优点在于，它能够通过文字凭据确定当事人之间的权利义务，既有利于当事人依据该文字凭据作出履行，也有利于在发生纠纷时有据可查，准确地确定当事人的权利义务和责任，从而能够合理公正地解决纠纷。不过，书面形式主要起到证明合同关系存在的作用，有书面形式存在，就能够有效地证明合同关系的存在，并且通常能证明合同的内容，尤其是作为书面形式的合同书，更能够有效地证明合同关系。但合同并不等于合同书，没有书面形式并不意味着当事人间不存在合同关系，也不一定表明当事人无法通过其他形式证明合同关系的存在以及合同的内容，所以不能将合同书等书面形式等同于合同。在不存在书面形式的情况下，一方当事人要主张合同关系存在，其应当证明双方已经就合同关系的成立达成合意。可见，合同的形式原则上具有证据的效力。依据本条规定，当事人订立合同，可以选择书面形式、口头形式或者其他形式。

依据《民法典》第469条，当事人订立合同，可以选择书面形式、口头形式或者其他形式。这就是说，当事人可以自由约定是否采用书面形式，但如果法律有特别规定和当事人在合同中有特别约定需要采用书面形式，则应当采用书面形式。书面形式的主要功能在于：一是保存证据的功能，即认为书面形式的主要作用是保存证据。二是明确合同内容的功能，即通过订立书面合同，可以明确合同内容，避免事后发生争议。毕竟书面合同有据可查，条款清晰，能够进一步明确双方的权利义务关系，有利于督促双方履行合同。三是提醒慎重缔约的功能，即书面形式的目的主要是提醒当事人在缔约时要慎重。四是保护弱者的功能。例如，在不动产买卖、房屋租赁等交易领域，要求采取书面形式，国家发布了一些示范合同，这些示范合同明确将一些保护消费者的条款列入其中，而且当事人不得约定排除，其主要目的就是保护消费者，防止对方当事人利用其优势订约地位侵害消费者的合法权益。五是防止欺诈的功能。书面形式的最大好处是有助于防止欺诈和伪证，因为毕竟口头形式经常缺乏证据留存功能，极容易构成欺诈，所以以书面形式订立合同是实践中当事人采用的较多的选择。①

《民法典》第469条第2款规定："书面形式是合同书、信件、电报、电传、传真等

① 参见徐炳：《买卖法》，55页。

可以有形地表现所载内容的形式。”如何理解有形地表现所载内容的形式？这就是说，一方面，书面形式都应当具有有形的载体，如合同书、信件等，可以有形地展现合同的内容。另一方面，书面形式必须能够记载并表现合同的内容。尤其是此种表现应当是将来可以随时查询的。如果只是暂时的储存而不能随时调取、查询，则不能称为书面形式。依据《民法典》第469条第3款的规定，“以电子数据交换、电子邮件等方式能够有形地表现所载内容，并可以随时调取查用的数据电文，视为书面形式”。

书面形式包括如下四种。

1. 合同书

合同书是指载有合同条款且有当事人双方签名或盖章的文书。合同书是最典型的、也是最重要的书面形式。合同书具有如下特点：第一，必须以文字凭据的方式作为内容载体，也就是说必须要有某种文字凭据。第二，必须载有合同的条款，否则就不能成为合同。例如，收据等文字凭据尽管也可以证明合同关系的存在，但是该凭据上并未载有合同的条款，因此不是合同书。当然，如果一份合同书载有合同的全部条款或主要条款，则该合同书将可以构成一份完整的合同。如果一份合同书载有一项或者某几项条款，这样该合同书将需要和其他的合同书一起共同组成合同内容。第三，必须有当事人双方及其代理人的签名、盖章或按指印。

需要指出的是，《民法典》第490条第1款第一句规定：“当事人采用合同书形式订立合同的，自当事人均签名、盖章或者按指印时合同成立。”该条强调必须是双方均签名、盖章或者按指印时合同才能成立。因此，如果仅有一方签名、盖章或者按指印，则不能视为合同书。如果当事人双方在合同中明确约定必须采用合同书的形式缔约，那么在书面文件上只有一方签名、盖章或者按指印，不能认为合同已经成立。此种规定有利于鼓励交易、维护当事人的利益。

《民法典》第490条和第493条只是规定了采用合同书形式的，合同成立的时间和地点应当以加盖印章为准，但是没有规定签名和加盖印章对合同效力和合同效果的归属的规范意义。《合同编通则解释》第22条在总结我国司法经验的基础上，对印章和合同效力作出了较为具体的规定，其基本理念是只要法定代表人、负责人或者工作人员在职权范围内以法人、非法人组织的名义订立合同，且未超出权限范围，不能仅以公章真假作为判断合同是否对法人、非法人组织发生归属效力的依据。具体而言，一方面，如果当事人发生印章等争议，依据《合同编通则解释》第22条的规定，首先要求审查法定代表人、负责人或者工作人员以法人、非法人组织的名义订立合同且未超越权限，即当事人是否属于法人的工作人员，其是不是以法人、非法人组织的名义订立合同，以及未超越权限。当然，在确定是否超越权限时，也要考虑相对人是否尽到合理审查义务。另一方面，如果符合上述要件，则当事人不得仅以合同加盖的印章不是备案印章或者系伪造的印章为由主张该合同对其不发生效力。换言之，法人、非法人组织不得以仅有法定代表人、负责人或者工作人员签名或者按指印而未加盖法人、非法人组织的印章为由否定合同的效力。同时，法人、非法人组织也不得以合同仅加盖法人、非法人组织的印章而无人员签名或者按指印，否定合同效力。

上述规定具有合理性，因为审查签约人于盖章之时有无代表权或者代理权，可以根据代表或者代理的相关规则来确定合同的效力。代理人取得合法授权后，以被代理人名义签订的合同，应当由被代理人承担责任。同时，上述规则对于被代表或者代理的法人并非不公平，毕竟是其内部出现问题，被代表人或者代理人应当承担后果。此外，上述规则也有利于保护相对人的合理信赖，毕竟相对人订约时难以知道公章的真假，不能要求其订立合同时，就作公章鉴定，这不仅不符合交易习惯，而且会极大地增加交易成本和费用。

2. 信件

所谓信件，是指载有合同条款的文书，它是当事人双方书信交往的文件。合同法中所称的信件不同于一般的书信，其必须载有合同的条款，能够用来作为证明合同关系和合同内容的凭据。但信件又不同于合同书，表现在它不具有双方的签名或盖章，而通常只是有一方的签名或盖章。如果在一个信件上一方签名以后，另一方也在上面签名，则该信件有可能转化为合同书。《民法典》第491条第1款规定："当事人采用信件、数据电文等形式订立合同要求签订确认书的，签订确认书时合同成立。"所谓签订确认书，实际上是最终作出承诺。由于采信件的方式只有一方的签名，且信件的内容不像合同书那样规范，因而法律允许当事人采用信件缔约时要求签订确认书。但如果当事人采用合同书的形式缔约，则因为签名或盖章后合同已经成立，故不能再要求签订确认书。

3. 电报、电传、传真

电报、电传、传真是典型的书面形式，与本条所规定的"数据电文"是相区分的，"数据电文"主要是指电子数据交换和电子邮件，不包括电报、电传、传真。因为一方面，电报、电传、传真等可以以书面的载体有形地表现所载内容，而电子数据交换和电子邮件不能够以书面的载体有形地表现所载内容。在这一点上，电报、电传、传真与信件并没有本质的区别。另一方面，只有电子数据交换和电子邮件才有可能进入指定数据电文接收系统。而电报、电传、传真只存在收件地址，而不存在指定系统的问题，这显然与"数据电文"的概念不同。

我国有关法律历来将电报、电传、传真作为书面形式而不是视为书面形式。例如，《海商法》第43条规定："承运人或者托运人可以要求书面确认海上货物运输合同的成立。但是，航次租船合同应当书面订立。电报、电传和传真具有书面效力。"

4. 电子数据交换、电子邮件可视为书面形式

《民法典》第469条第3款规定："以电子数据交换、电子邮件等方式能够有形地表现所载内容，并可以随时调取查用的数据电文，视为书面形式。"依据该款的规定，电子数据交换、电子邮件等方式能够被视为书面形式，必须满足如下两个要件：第一，能够有形地表现所载内容。第二，可以随时调取查用。根据联合国国际贸易法委员会《电子商务示范法》第6条，"如法律要求信息须采用书面形式，则假若一项数据电文所含信息可以调取以备日后查用，即满足了该项要求"。可见，该规定强调了"信息可以调取以备日后查用"。根据联合国国际贸易法委员会的解释，"'可以调取'意指计算机数据形式的信息应当是可读和可解释的，应当保存读取此类信息所必需的软件。'以备'一词并非仅指人的使用，还包括计算机的处理。至于'日后查用'概念，它指的是'耐久性'或

‘不可更改性’等会确立过分严厉的标准的概念和‘可读性’或‘可理解性’等会构成过于主观的标准的概念”①。“日后查用”是指数据电文要能够成为书面的形式，只是可以有形地表现所载的内容是不够的，还必须可以调取以备日后查用。我国《民法典》第469条也要求数据电文“可以随时调取查用”，该规定是借鉴比较法上合同法立法经验的结果，通过数据电文形式订立的合同通常称为电子合同。将数据电文纳入书面形式范畴，符合世界各国商业发展与立法的趋势，也与国际电子商务的立法与实务相衔接。

(二) 口头形式

口头形式是指当事人通过口头对话的方式订立合同。在社会生活中，口头形式是最普遍采用的合同订立方式，其优点在于简单、便捷。“今天对于我们来说，不言自明的是，合同不应该要求具有任何特定形式，即使是口头合同也是可履行的，这一点已经得到广泛的认可。”② 除了即时交易，即使是在大规模的交易中，也可能采取口头形式订约，例如，通过电话预订房间、购买产品等。口头形式实际上是运用语言对话的方式缔约，也就是说，当事人只用语言为意思表示表达内容，而不用文字表达协议内容。《民法典》第469条允许当事人采用口头的形式缔约，凡是当事人没有约定或法律没有规定采用何种形式的合同，都可以采取口头形式，当然，如果采取口头形式，在发生争议的情况下，当事人应当负有举证证明合同关系存在和合同关系内容的义务。

口头形式在实践中也运用得比较广泛，一般对即时结清的买卖服务和消费合同大都要采取口头形式订立，所以在日常生活中经常被使用，其主要优点在于简便易行、快捷迅速，但其固有的缺点是缺乏文字凭据，一旦发生纠纷，也可能使当事人面临不能就合同关系的存在以及合同的内容进行举证的危险。民法典合同编允许当事人采取口头形式缔约，既尊重了当事人的合同自由，也有利于鼓励交易。尤其是在现代市场经济条件下，既要求顾及交易安全，同时也要求交易迅速达成，尽可能降低交易成本。因此，在许多情况下允许当事人采用口头形式缔约是完全符合交易的要求的。当然虽然口头形式具有缺乏文字凭据的缺点，但并非任何口头形式都不如书面形式。例如，对于一些重要的交易，当事人可以采用录音的方式将双方的对话内容录制下来，这也可以成为一种有效的证据而使用，所以在采用口头形式缔约的情况下，并不一定意味着当事人就不能就合同关系的存在和合同的内容进行举证。当然，与书面形式相比，口头形式的合同还是存在一些风险。

(三) 其他形式

所谓其他形式，是指推定形式，也有学者称之为默示形式。推定形式是当事人未用语言、文字表达其意思表示，而是仅用行为向对方发出要约，对方通过一定的行为作出承诺，从而使合同成立。在实践中，当事人在交易过程中通过协商谈判，可能并没有就

① 1996年联合国国际贸易法委员会：《电子商业示范法颁布指南》，载阚凯力，张楚主编：《外国电子商务法》，288页，北京，北京邮电大学出版社，2000。

② ［德］海因·克茨：《欧洲合同法》（上卷），周忠海等译，113页，北京，法律出版社，2001。

合同主要条款达成书面合同或者口头协议，但事后一方当事人向对方作出了实际履行（如交付了一定数量的货物），而对方又接受该履行的，可以通过当事人实际履行的行为认定合同已经成立。这种订约方式也被称为通过以实际履行的方式订立合同。此种订约方式的特点是，主要通过法律规定认定当事人具有订立合同的效果意思，从而发生法律效果。①

此外，日常生活中常见的公交车刷卡、自动售货机贩卖等合同订立方式，均难以归入口头或书面形式之中，而可以归入推定形式。在实践中，推定形式大多是指以行为的方式达成合意。也就是说，当事人既没有采用口头形式，也没有采用书面形式缔约，而是通过实际履行主要义务的方式来订约。司法实践即认可了这种推定形式。因此，本款规定了以其他方式订立合同的规则。

三、履行治愈规则

所谓履行治愈规则，是指欠缺法定或者约定形式要件的合同因当事人履行的事实而弥补合同缺陷，使本来无效的合同成为有效合同。② 在比较法上，履行治愈规则也是被普遍认可的。例如，德国民法就认可该规则。③ 拉伦茨（Larenz）教授认为，在治愈规定的情形，法律将保护因法律行为承担义务的当事人免于因操之过急而遭受损害，弥补形式要件的欠缺。如果当事人嗣后履行了义务，那么合同形式要件的目的就已经实现，所以，法律允许形式瑕疵在事后得到“补正”④。《民法典》第 490 条第 1 款规定：“当事人采用合同书形式订立合同的，自当事人均签名、盖章或者按指印时合同成立。在签名、盖章或者按指印之前，当事人一方已经履行主要义务，对方接受时，该合同成立。”第 2 款规定：“法律、行政法规规定或者当事人约定合同应当采用书面形式订立，当事人未采用书面形式但是一方已经履行主要义务，对方接受时，该合同成立。”该条对履行治愈规则作出了规定，即在法定或者约定形式欠缺的情形下，当事人可以通过实际履行的方式弥补合同形式上的瑕疵。

通过实际履行的方式促使合同成立，必须符合如下条件。

一是一方履行了主要义务。之所以要求一方履行主要义务，是因为以实际履行方式订约也必须完成要约、承诺的过程，即一方必须以实际履行的方式发出要约。由于要约的内容必须具体、确定，也就是说必须包含未来合同的主要条款，因此一方的实际履行中必须包含了未来合同中的主要条款，何为未来合同中的“主要条款”？依据《合同编通则解释》第 3 条，“当事人对合同是否成立存在争议，人民法院能够确定当事人姓名或者名称、标的和数量的，一般应当认定合同成立。但是，法律另有规定或者当事人另有约定的除外”。本书认为，该规定针对买卖合同而言是有道理的，因为买卖合同主要具备当

① 参见谢鸿飞：《合同法学的新发展》，114 页，北京，中国社会科学出版社，2014。

② 参见王洪：《合同形式欠缺与履行治愈论——兼评〈合同法〉第 36 条之规定》，载《现代法学》，2005（3）。

③ Flume，Werner，Allgemeiner Teil des Bürgerliche Rechts，Bd. 2.，Das Rechtsgeschäft，4. Auf. l，1992，S. 278.

④ ［德］卡尔·拉伦茨：《德国民法通论》，下册，王晓晔等译，563～564 页，北京，法律出版社，2003。

事人、标的和数量这三个主要条款，但对其他类型的合同而言，其未必都要具备这三项条款。例如，提供劳务的合同就未必需要具备上述三项主要条款。合同的性质不同，其主要条款也不相同，不可泛泛而论，而应当根据合同的性质确定合同主要条款。根据合同的性质，认定一方当事人所履行的义务包含了合同的主要条款，而对方接受的，应当认定合同已经成立。

二是另一方必须无条件地接受履行，且并未提出异议。对于如何判断“对方已经接受履行”，经常发生争议。此处所说的接受，应当是指完全接受，而不能附带条件或提出新的条件，且没有提出任何异议。如果接受履行的一方当事人在接受时提出了异议，或提出新的条件，可能构成反要约，或提出了新的要约，仍然不能导致合同成立。例如，如果一方向另一方交付100吨钢材，另一方只接受50吨，而不接受另外50吨，这意味着当事人可能只是就50吨钢材的买卖作出了承诺，而对于另外50吨钢材并未达成买卖协议。但如果这100吨钢材的交易是完整的、不可分割的整体，则应当认定合同并未成立，而应当认定受领钢材的一方向对方当事人发出了新的要约。

在判断合同成立时，上述两个要件缺一不可。这表明以实际履行方式订约也应当由当事人双方就合同的主要条款完成要约、承诺的过程，即就合同的主要条款形成合意，否则不能产生订立合同的效果。

思考题

1. 试述合同义务的分类。
2. 合同一般包括哪些条款？
3. 试述格式条款制作人提请注意或说明的义务。
4. 试述格式条款的无效。
5. 试述格式条款的解释。
6. 试述免责条款的特点和生效条件。
7. 试述合同的形式。

第五章

合同的效力

案例

甲公司欲建一栋大楼，经与乙公司协商谈判，双方订立了一份建设工程施工合同，乙公司按期完工，经验收工程合格，且属优质工程。但甲公司因资金紧张，未按期付款。甲公司后来发现乙公司并不具有相应的建筑资质，便主张该建设工程合同无效，并拒绝支付工程款。甲公司的主张能否成立？

简要评析：在建设工程合同中，承包人应当具备相应的建筑资质，否则不得订立建设工程施工合同。《民法典》第791条第3款规定："禁止承包人将工程分包给不具备相应资质条件的单位。禁止分包单位将其承包的工程再分包。建设工程主体结构的施工必须由承包人自行完成。"因此，承包人未取得建筑施工企业资质或者超越资质等级订立建设工程合同的，其所订立的合同无效。但《民法典》第793条第1款规定："建设工程施工合同无效，但是建设工程经验收合格的，可以参照合同关于工程价款的约定折价补偿承包人。"在该案中，由于乙公司不具有相关建筑资质，其与甲公司之间的建设工程合同应属无效合同，但该工程经验收合格，且属于优质工程，因此，乙公司仍有权请求甲公司参照约定价款支付相关费用。

第一节　合同效力概述

一、合同效力的概念

合同的效力是指依法成立的合同在当事人之间产生的法律拘束力。合同的效力反映了法律对当事人之间合意的评价，因此，已经成立的合同只有具备了法定的生效要件(或称有效要件)，才能有效。《民法典》第502条规定："依法成立的合同，自成立时生效，但是法律另有规定或者当事人另有约定的除外。"合同生效意味着合同产生拘束力，当事人应当依据合同约定行使权利和履行义务，违反合同义务应当承担相应的责任。合同一旦生效，当事人的约定就具有优先于法律规定的效力。

合同的效力可以分为对内效力和对外效力。所谓对内效力，是指合同对当事人产生的法律拘束力。《民法典》第136条第2款规定："行为人非依法律规定或者未经对方同意，不得擅自变更或者解除民事法律行为。"例如，当事人在订立合同后，即应当受到合同的严格拘束，必须严格履行合同，否则应当承担违约责任。所谓对外效力，是指民事法律行为对当事人以外的人产生的法律拘束力。例如，合同一旦生效，也可能会对合同当事人以外的第三人产生效力，其主要表现在为第三人利益的合同、债权保全制度、租赁权物权化、债权不可侵害性等方面。

合同能够产生法律拘束力，从表面上看是当事人意思自治的结果，或者说是当事人自愿选择的结果；但从实质上看，合同的法律拘束力或合同的效力不仅源于当事人的意志，而且源于法律的赋予。也就是说，由于当事人的意志符合国家的意志和社会利益，因而国家赋予当事人的意志以拘束力，并且使当事人所订立的合同能够产生其预期的效果。合同的效力体现了国家对当事人意志的评价。

《民法典》第136条第2款规定："行为人非依法律规定或者未经对方同意，不得擅自变更或者解除民事法律行为。"该条强调了民事法律行为的拘束力，就合同的效力而言，一方面，任何一方当事人不得擅自变更合同。从原则上说，合同的变更必须经当事人双方协商一致，并在原合同的基础上达成新的协议。合同的任何内容都是经过双方协商达成的，因此，变更合同的内容须经过双方协商同意。任何一方未经过对方同意，无正当理由擅自变更合同内容，不仅不能对合同的另一方产生约束力，反而将构成违约行为。由于合同变更必须经过双方协商，所以，在变更协议达成以前，原合同关系仍然有效。特殊情况下，依据法律规定可以使一方享有法定变更合同的权利，如在重大误解、显失公平的情况下，受害人享有请求法院或仲裁机构变更合同内容的权利。但享有变更请求权的人必须实际请求法院或仲裁机构变更合同，且法院或仲裁机构经过审理，确认了变更的请求，合同才能发生变更。另一方面，合同一旦成立，任何一方当事人都不得随意解除合同。从我国民法典合同编的规定来看，合同的解除要么是基于当事人行使法定解除权实现，要么是基于当事人的协议解除或者当事人约定的解除权的行使而实现。除上述原因外，任何一方当事人都不得主张解除合同，否则将构成违约。此外，即便当事人享有解除权，其解除合同的程序也应当符合法律规定，否则无法产生合同解除的效力。

二、合同生效与合同成立的区别

所谓合同的成立，是指缔约当事人就合同的主要条款达成合意。一般来说，决定合同成立的主要条款，应当根据合同的性质来决定。合同的性质不同，其所要求的主要条款也不一样。合同的成立只是解决了当事人之间是否存在合意的问题，并不意味着已经成立的合同都能产生法律拘束力。换言之，即使合同已经成立，如果不符合法律规定的生效要件，仍然不能产生法律效力。

所谓合同的生效，是指已经成立的合同在当事人之间产生了一定的法律约束力，也就是通常所说的法律效力。这里所说的法律效力，并不是指合同能够像法律那样产生约束力。合同本身并不是法律，而只是当事人之间的合意，因此不可能具有法律一样的效力。所谓合同的法律效力，只是强调合同对当事人的约束性。合同具有法律约束力，并非来源于当事人的意志，而是来源于法律的赋予。也就是说，因为当事人的意志符合国家的意志和社会利益，所以国家赋予当事人的意志以约束力，要求合同当事人严格履行合同。

此处所说的法律效力并不是指合同能够像法律那样产生约束力。合同本身并不是法律，而只是当事人之间的合意，因此不能具有法律一样的效力。所谓合同的法律效力，只不过是强调合同对当事人的拘束性。①

应当看到，合同的成立与合同的生效常常是密切联系在一起的。因为当事人订立合同旨在实现合同所产生的权利和利益，也就是使合同对当事人产生拘束力（当事人一方或双方故意订立无效合同的情况除外）。换言之，如果合同不能生效，则订约当事人所订立的合同不过是一纸空文，不能达到其订约目的。正是由于当事人合意的目的就是要使合同生效，罗马法曾规定了“同时成立之原则”（prinzip der simultanitot oder Simultan Erreichung），认为法律行为的成立与其效力同时发生。② 不过，在德国或法国继受罗马法时，已根本改变了这一原则。根据我国台湾地区学者王伯琦先生的解释，作出这种改变的原因在于，罗马法十分强调法律行为的方式，而忽视了当事人的意思。一旦法律行为的方式得到遵守，行为自然有效，因此不必要区分法律行为的成立与生效问题。而在文艺复兴以后，个人主义思潮在欧洲勃兴，意思主义在民法中占据主要地位，法律行为的方式逐渐退居次要地位，这就必须区分法律行为的成立与生效、不成立与无效问题。③ 当然，尽管如此，仍有许多国家和地区的民法并没有严格区分合同的成立与生效问题。④

依据《民法典》第 502 条第 1 款，依法成立的合同，自成立时生效。可见，在一般情况下，合法的合同一经成立便生效，合同成立的时间也就是合同生效的时间，因此合

---

① 参见苏惠祥主编：《中国当代合同法论》，98 页。

② 参见郑玉波主编：《民法债编论文选辑》，中册，892 页，台北，自版，1984。

③ 参见王伯琦：《法律行为之无效与成立》，载郑玉波主编：《民法债编论文选辑》，中册，727～729 页。

④ 参见郑玉波主编：《民法债编论文选辑》，中册，726 页。

同成立的时间可以成为判断合同生效时间的标准。[①] 但也有一些合同的成立和生效时间是不同的。如效力待定的合同虽已成立，但效力处于待定状态。合同的成立旨在解决合同是否存在的问题；同时，合同的成立也是认定合同效力的前提条件，如果合同根本没有成立，那么确认合同的有效和无效问题就无从谈起，也就谈不上合同的履行、终止、变更以及解释的问题。尽管如此，合同的成立和生效是两个不同的概念，二者的区别主要表现在：

第一，两者可能处于不同的阶段。合同成立是指当事人就合同的主要条款达成合意，在一般情况下，合同成立以后，只要内容和形式合法，合同成立同时即为有效。但在特殊情况下，合同成立以后可能因为内容不合法而导致合同无效，因此，已经成立的合同并不产生效力。合同成立是指合同订立过程的完成，即当事人经过平等协商对合同的基本内容达成一致意见，订约过程宣告结束。[②] 从法律评价标准来看，合同的生效实际上是在合同已经成立的基础上所作的价值判断，因此，合同生效的时间可能要晚于合同成立的时间，典型的情形如需要政府部门审批的合同等。同时，在判断合同是否成立时，可以运用漏洞填补方法，但在认定合同效力时，不能采取此种方式。

第二，两者的构成要件不同。[③] 合同的成立需要当事人就合同主要条款达成合意，而合同的生效要件至少应当包括合同成立的全部要件，但除此之外，还可能因为法律的规定或者当事人的特别约定而需要其他要件。《民法典》第 143 条规定，“具备下列条件的民事法律行为有效：（一）行为人具有相应的民事行为能力；（二）意思表示真实；（三）不违反法律、行政法规的强制性规定，不违背公序良俗”。此即为合同生效的一般要件，如果合同内容违法或者违背公序良俗，则虽然合同成立，但因不具备成立要件之外的“合法性要件”而归于无效。此外，当事人也可以特别约定合同的生效要件。例如，当事人在合同中约定合同必须经过公证才能生效的，“合同公证”成为合同的生效要件，非经公证，已经成立的合同不发生法律效力。此外，对实践合同而言，依据《民法典》相关规定，未实际交付标的物的，合同不成立。[④] 因此，针对实践合同而言，当事人是否实际交付标的物，涉及合同成立问题，只有在合同成立之后，才有可能涉及效力的判断。

第三，两者体现的国家干预的程度不同。合同成立涉及事实认定问题，即当事人之间客观上是否存在合同关系。而合同生效涉及的是价值判断问题，即依据法律规定，是否承认合同可以依法产生效力。进一步而言，合同的成立是当事人就合同的主要条款达成一致意见。[⑤] 因此，它主要表现了当事人的意思，而且强调合同成立过程中的合意。至于合同的内容中是否存在着欺诈、胁迫和其他违法的因素，则不是合同的成立制度而

---

① 参见赵德铭：《合同成立与合同效力辨》，载《法律科学》，1994（3）。

② 参见苏惠祥：《略论合同成立与生效》，载《法律科学》，1990（2）。

③ 参见最高人民法院民事审判第二庭、研究室编著：《最高人民法院民法典合同编通则司法解释理解与适用》，67 页。

④ 参见《民法典》第 679 条、第 586 条第 1 款、第 890 条。

⑤ 参见王家福主编：《中国民法学·民法债权》，314 页。

是合同的生效制度调整的范围。[①] 而合同的生效是指国家对已经成立的合同予以认可，如果当事人的合意符合国家的意志，将被赋予法律拘束力。如果当事人的合意违背了国家意志，不仅不能产生法律约束力，而且将要承担合同被宣告无效以后的责任。由此可见，合同生效制度体现了国家对合同关系的肯定或否定的评价，反映了国家对合同关系的干预。[②]

由此可见，合同成立与生效并非完全相同的概念，已经成立的合同需要满足法律所规定的要件，才能发生法律效力。依据《民法典》第 136 条第 1 款，在法律另有规定或当事人另有约定的情形下，合同即使依法成立，也并不一定生效，即在法律另有规定或当事人另有约定的情形下，合同成立后并非当然生效，具体而言：一是法律另有规定，这主要是指合同成立与生效相分离的情形。例如，应当依法办理批准等手续的合同，即使合同成立也不发生效力。二是当事人另有约定，主要是指附条件和附期限的合同。所谓附条件的合同，是指当事人在合同中特别约定一定的条件，以条件的是否成就来决定合同的效力的发生或消灭的合同。附生效条件的合同，自条件成就时生效。所谓附期限合同，是指当事人在合同中设定一定的期限，并把期限的到来作为合同效力的发生或消灭根据的合同。例如，当事人双方在合同中约定自 2012 年 10 月 1 日起，甲方将租赁乙方的房屋，为期两年，此合同便属于附期限合同。可见，在附有法律行为附款的合同中，均可能发生生效期限的变化。

三、合同的效力主要适用民法典总则编的规定

（一）合同效力一般主要适用民法典总则编的规定

合同效力制度是合同法的重要内容，如果合同因违反法律、行政法规而不能生效，则该合同不仅不能履行，当事人还应当依法承担责任。合同的效力瑕疵形态多样，主要包括：一是未生效合同。此类合同主要是指违反法定的报批义务而使合同无法生效。二是效力待定的合同。其指合同成立之后，是否已经发生效力尚不能确定，有待于其他行为或事实使之确定的合同。三是无效合同。无效合同是指合同虽然已经成立，但因其在内容上违反了法律、行政法规的强制性规定和公序良俗而无法律效力的合同。四是可撤销合同。所谓可撤销合同，是指当事人在订立合同时，因意思表示不真实，法律允许撤销权人通过行使撤销权而使已经生效的合同归于无效。因欠缺有效要件而不能生效的合同，在学理上一般被称为“欠缺有效要件的合同”，我国民法典合同编借鉴《商事合同通则》等国际惯例以及国外立法的经验[③]，将合同的成立与合同的效力分开，专设了第三章“合同的效力”，从而在合同法中形成了有关合同效力的制度。

然而，合同本身是民事法律行为的一种类型，有关民事法律行为效力的基本规则在民法典总则编中已经作出了规定，因此，为了避免与总则编的重复，合同编中有关合同

① 参见陈安主编：《涉外经济合同的理论与实务》，102 页，北京，中国政法大学出版社，1994。

② 参见陈安主编：《涉外经济合同的理论与实务》，103 页。

③ 《商事合同通则》中专门设立了以“合同的效力”为名的第三章。

效力的规则十分简略，有关无效、可撤销的具体类型和附条件、附期限的合同等，都是由总则编民事法律行为制度规定的。因此，关于合同的效力，《民法典》第 508 条规定："本编对合同的效力没有规定的，适用本法第一编第六章的有关规定。"由此可知，在合同效力的法律规则适用上，如果合同编没有规定，则适用总则编第六章关于民事法律行为的规定。《民法典》第 508 条在性质上属于指示适用性的规范。合同作为一种法律行为，应当适用总则编有关法律行为的规范。总则编已经就法律行为的生效、可撤销、无效等进行了规定，合同编之所以在第三章中将合同效力进行简略规定，正是因为总则编对于这些问题已经进行了详细的规定。如果在合同编再就这些内容进行规定，就会导致条文重复。例如，有关合同无效中，强行性规范的认定标准，由于民法典总则编已经进行了规定，就应当直接适用总则编的规定。合同编为了与总则编保持一致，凡是合同编没有特别规定的，均需要适用总则编的一般规定。因此，合同编对合同的效力没有规定的，适用民法典总则编第六章的有关规定。

(二) 如果合同编具有特别规定，则适用合同编的规定

依据《民法典》第 508 条，如果合同编中对合同效力有规定，则应当适用合同编的规定。在合同编有关效力的规定中，有多个条款是总则编没有规定的，例如，关于无权代理人订立合同的法律后果，关于未生效合同、超出经营范围订立合同的效力，免责条款的无效情形等，凡是合同编已经作出规定的，则应当适用合同编的规定。民法典合同编第三章关于合同的效力具体规定了未生效的合同（第 502 条）、无权代理人订立合同的法律效果（第 503 条）、法定代表人超越权限订立合同的效力（第 504 条）、超越经营范围订立合同的效力（第 505 条）、合同中免责条款无效的情形（第 506 条）、争议解决条款的独立性（第 507 条），在此主要讨论《民法典》第 504 条的内容。

《民法典》第 504 条规定："法人的法定代表人或者非法人组织的负责人超越权限订立的合同，除相对人知道或者应当知道其超越权限外，该代表行为有效，订立的合同对法人或者非法人组织发生效力。"相对人知道或者应当知道其超越权限包括两种情况：一是在订立合同时相对人对法定代表人、负责人超越权限的情况是明知的。例如，甲代表法人对外订立担保合同时，未获得董事会的授权，债权人乙明知这一情况，多次要求甲利用职权私盖公章，后甲按照乙的要求在担保合同上加盖法人印章。二是在订立合同时相对人应当知道法定代表人、负责人超越权限的情况。例如，《公司法》第 15 条明确规定公司对外担保必须要经过董事会的同意。而相对人在法定代表人未取得董事会同意的情况下，就与法定代表人订立合同，相对人应当知道法定代表人超越权限对外订立合同，该法定代表人超越职权的行为不构成表见代表。其原因在于，在此情况下相对人是恶意的、有过错的，而在相对人存在恶意的情况下，其本身并不产生合理的信赖。

第二节　合同的生效要件

已经成立的合同，必须具备一定的生效要件，才能产生法律拘束力。合同生效要件

是判断合同是否具有法律效力的标准。《民法典》第 143 条规定：“具备下列条件的民事法律行为有效：（一）行为人具有相应的民事行为能力；（二）意思表示真实；（三）不违反法律、行政法规的强制性规定，不违背公序良俗。”这是法律关于民事法律行为一般生效要件的规定。

一、行为人具有相应的民事行为能力

行为人具有相应的民事行为能力的要件，在学理上又称为有行为能力原则或主体合格原则。由于任何合同都是以当事人的意思表示为基础，并且以产生一定的法律效果为目的，所以，行为人必须具备正确理解自己的行为性质和后果、独立地表达自己的意思的能力，也就是说，必须具备与订立某项合同相应的民事行为能力。行为人如不具备相应的民事行为能力，就不能独立进行意思表示，即使订立了合同也将会使自己遭受损失。因此，各国民法大都将行为人有无行为能力作为区别法律行为有效和无效的条件。《民法典》第 143 条规定，当事人实施民事法律行为，应当具有相应的民事行为能力。这对于保护当事人的利益，维护社会经济秩序，是十分必要的。

（一）自然人应具有相应的民事行为能力

我国《民法典》将自然人分为三类，即完全民事行为能力人、限制民事行为能力人和无民事行为能力人。除法律有特别规定外，完全民事行为能力人可以独立实施所有民事法律行为。

由于限制民事行为能力人具有一定的判断和理解能力，因而，其可以独立实施一定的民事法律行为，但与完全民事行为能力人相比，其民事行为能力又是受到限制的，即只能从事与其年龄、智力、精神健康状况相适应的民事法律行为。《民法典》第 145 条第 1 款规定：“限制民事行为能力人实施的纯获利益的民事法律行为或者与其年龄、智力、精神健康状况相适应的民事法律行为有效；实施的其他民事法律行为经法定代理人同意或者追认后有效。”据此，限制民事行为能力人只能独立从事两种类型的民事法律行为：一是纯获利益的民事法律行为，即仅仅获得法律上的利益，而不会负担法律义务或减损其既有民事权利。二是与其年龄、智力、精神健康状况相适应的民事法律行为。如何判断“相适应”？要从行为与本人生活相关联的程度、本人的智力能否理解其行为，并预见相应的行为后果，以及行为标的数额等方面认定。例如，对 8 周岁以上的未成年人所从事的打赏行为，是否认定为有效，就要考虑上述因素确定。

无民事行为能力人不具有独立作出意思表示的能力，因此，其不能独立实施民事法律行为，我国《民法典》第 144 条规定：“无民事行为能力人实施的民事法律行为无效。”无民事行为能力人只能通过其法定代理人代理其实施民事法律行为。值得探讨的是：无民事行为能力人是否不能独立实施任何民事法律行为？例如，其能否独立实施纯获利益的民事法律行为？我国《民法典》没有对此作出规定。我国司法实践一般认为，无民事行为能力人、限制民事行为能力人接受奖励、赠与、报酬，他人不得以行为人无民事行为能力、限制民事行为能力为由，主张以上行为无效。

(二) 法人超越经营范围一般不影响到合同的效力

法人的行为能力是特殊的行为能力。我国传统的理论和司法实践认为，法人只能在其核准登记的生产经营和业务范围内活动，如果超越其经营范围和业务范围，即为无效民事行为。本书认为，这是值得讨论的。从现行立法规定来看，对此并没有明确规定。诚然，在19世纪，许多国家的民商法曾要求法人必须在章程规定的范围内活动。但现代民商法为促进交易，保护善意第三人的利益，对传统的越权规则已作出了一些调整。根据越权规则，法人从事章程所规定的目的以外的行为无效。这种行为即使经过全体股东的事后追认也无效，但包括于权能之内的行为或附随于权能的行为除外。自20世纪以来，这一规则已得到一些改进，许多大陆法国家的公司法大都规定，公司的缔约行为超越章程范围时，如不能证明相对人为恶意则合同仍为有效；在此情况下，仅发生有关负责人对公司的民事责任。此种观点值得我国立法借鉴。

《民法典》第143条所规定的行为人具有相应的民事行为能力，也包括法人实施民事行为应当具有相应的民事行为能力。当然，要求法人实施一定的民事行为应当具有行为能力，并不意味着营利法人超越其经营范围而行为，一概应当被宣告无效。

依据《民法典》第505条的规定，如果合同只是涉及超越经营范围的问题，不能因此而认定合同无效。当然，对此并不能从反面解释，即认定超越经营范围的合同都是有效的。毕竟对于一些特殊行业，如银行业、保险业等国家限制经营、特许经营的行业，经营范围的确定十分重要。当事人不得超越经营范围行为，否则，将构成对法律、行政法规的强制性规定的违反。对于违反国家限制经营、特许经营以及法律、行政法规禁止经营的规定而超越经营范围的，因为不仅仅是保护第三人利益和维护交易安全的问题，还涉及国家对经济的法律规制和社会公共秩序，所以作为例外，这种超越经营范围的合同应当认定为无效。

依据这一条规定，在判断超越经营范围的合同是否有效时，“应当依照本法第一编第六章第三节和本编的有关规定确定”。这是因为，总则编第六章第三节是关于法律行为效力的一般规则，超越经营范围订立的合同为民事法律行为，应当依据总则编第六章第三节来确定其效力。其中一些法律中关于特定行业经营范围限制的规则可能属于《民法典》第153条中的“法律、行政法规的强制性规定”。一旦违反这些规定，超越经营范围所订立的合同应当宣告无效。例如，《商业银行法》第11条规定：“设立商业银行，应当经国务院银行业监督管理机构审查批准。未经国务院银行业监督管理机构批准，任何单位和个人不得从事吸收公众存款等商业银行业务，任何单位不得在名称中使用‘银行’字样。”

(三) 非法人组织也应具有订约资格

所谓非法人组织，是指不具有法人资格，但能够依法以自己的名义从事民事活动的组织。依据《民法典》第102条第2款，它主要包括个人独资企业、合伙企业、不具有法人资格的专业服务机构等。《民法典》第464条第1款规定：“合同是民事主体之间设立、变更、终止民事法律关系的协议。”其中，“民事主体”就包括了非法人组织。

一般认为，未领取营业执照的非法人组织，不得以自己的名义独立从事民事活动，而只能以法人的名义订约。而领取营业执照的非法人组织，应可以对外签订合同，因为依据我国现行法律，允许领取营业执照的非法人组织对外从事经营活动，实际上是允许其对外订立合同。当然，非法人组织如果不能独立承担民事责任，则应当由法人承担。我国《民法典》承认非法人组织的主体地位，也就是认可了其具有缔约资格。

二、意思表示真实

意思表示是指行为人将其设立、变更、终止民事权利、义务的内在意思表示于外部的行为。所谓意思表示真实，是指表意人的表示行为应当真实地反映其内心的效果意思。也就是说，意思表示真实要求表示行为应当与效果意思相一致。合同在本质上乃是当事人之间的一种合意，此种合意符合法律规定，依法律可以产生拘束力；而当事人的意思表示能否产生此种拘束力，取决于此种意思表示是否与行为人的真实意思相符合，也就是说意思表示是否真实。因此，意思表示真实是合同生效的重要构成要件。在大多数情况下，行为人表示于外部的意思同其内心真实意思是一致的。但有时行为人作出的意思表示与其真实意思不相符合，在此种情况下，如何确定行为人所作出的不真实的意思表示的效力，对此各国立法和学说有如下三种不同的观点：

第一，意思主义。这种观点认为，应以行为人的内在意思为准。内心意思是意思表示的来源，如果没有内在的意思，外在的表示是没有根据的，因而应使外在表示无效，以保护表意人的意志和利益。

第二，表示主义。这种观点认为，应以行为人外部表示为准，因为行为人的内心意思如何，并不是局外人所能知道的，因而应使行为人表示的行为有效，以保护与行为人发生联系的相对人。

第三，折中主义。这种观点认为，在意思表示不真实的情况下，应根据具体情况，既考虑行为人的内心意思，也要考虑其外部表示，兼顾表意人和相对人的利益。

本书认为，在意思表示不真实的情况下，一方面，不能仅以行为人表示于外部的意思为根据，而不考虑行为人的内心意思。例如，行为人在受胁迫、受欺诈的情况下作出的意思表示，与其真意完全不符。如果不考虑行为人的真实意志，而使其外部的意思表示有效，并认为基于欺诈、胁迫等订立的合同有效，则不利于保护行为人的意思，也会纵容胁迫、欺诈等违法行为，甚至破坏法律秩序。另一方面，也不能仅以行为人的内心意思为依据，而不考虑行为人的外部表示。因为行为人的内心意思往往是局外人所无从考察的，如果行为人随时以意思表示不真实为理由主张合同无效，就会使合同的效力随时受到影响，使对方当事人的利益受到损害。如果当事人是在被胁迫、受欺诈以及重大误解等法律规定的情况下作出的与其真实意思不符的意思表示，那么，根据法律的规定，可以由人民法院或仲裁机构依法撤销该行为，并根据具体情况追究有过错的一方或双方当事人的责任。

在大多数情况下，行为人表示于外部的意思同其内心真实意思是一致的。但有时行为人作出的意思表示与其真实意思不相符合，此种情况称为“非真实的意思表示”、“意思缺乏”或“意思表示不真实”。行为人的意思表示不真实包括两个方面：(1) 行为人的意思表示不自由。行为人因受到欺诈、胁迫等外在原因导致其处于意志不自由的状态，因此其表达的意思不符合其真实意思。这种情况属于典型的意思表示不自由的情况。针对此种情况，我国《民法典》明确规定，欺诈、胁迫、重大误解、显失公平等行为将导致民事行为被撤销。(2) 行为人的意思表示不符合其真实意思，即行为人的外部表达的意思不符合其内心的真实意思。例如，甲为了逃避强制执行，与乙通谋，以赠与为名，将其房产移转给乙。在此情况下，甲、乙之间的赠与行为构成通谋的虚伪表示，应当无效。但是，如果乙将此房产转让给善意第三人丙，则甲、乙不得以其赠与行为无效对抗丙，丙可以依据善意取得制度取得该房产的所有权。

《民法典》强调意思表示必须真实，才能发生相应的法律效力，主要是为了保障当事人的自主、自愿，充分实现私法自治；同时，否定意思表示不真实情况下民事法律行为的效力，有利于保护处于弱势地位一方当事人的利益，也有利于维护交易安全。

三、不违反法律、行政法规的强制性规定和公序良俗

(一) 不违反法律、行政法规的强制性规定

从法律上看，民事法律行为之所以能产生法律效力，就在于当事人的意思表示符合法律的规定。对合法的民事法律行为，法律赋予其法律上的拘束力，而不合法的民事法律行为显然不能受到法律保护，也不能产生当事人预期的法律效果。民事法律行为不得违反法律、法规的强制性规定，否则可能导致民事法律行为被确认为无效。依据《民法典》第 143 条的规定，民事法律行为不得违反法律、行政法规的强制性规定，对该规定可以从两方面进行理解。

一方面，不得违反法律、行政法规的规定。因为违法概念的范围十分宽泛，可以把各种违反规范性法律文件的行为都纳入违法的范畴，但如此理解过于宽泛。如果一旦当事人的民事法律行为违反规范性法律文件，就被认定无效，则会不当干预当事人的私法自治，过度妨碍当事人的行为自由。所以，有必要将其限定在违反法律、行政法规的强制性规定的范围内。此处的法律是指全国人大及其常委会制定的法律，行政法规是指国务院制定的行政法规。违反其他规范性文件，并不当然导致民事法律行为无效。

另一方面，不违反法律、行政法规的强制性规定。法律规范可以分为任意性规范和强行性规范。所谓强行性规范，是指这些规定必须由当事人遵守，不得通过其协议加以改变。所谓任意性规范，是指当事人可以通过协议加以改变的规定。任意性规范通常以“可以”做什么来表示，它不要求当事人必须遵行，而只是提供了一种行为的标准；而强行性规范通常以“必须”“不得”等词语表示，它要求当事人必须严格遵守而不得通过协商加以改变。依据《民法典》第 143 条的规定，只有违反法律、行政法规的强制性规定时，民事法律行为才无效，民事法律行为违反法律、行政法规的任意性规定，并不当然导致该民事法律行为无效。在《民法典》颁布之前，我国司法解释还区分了法律的管理性强制性规定和法律的效力性强制性规定，只有在违反了法律的效力性强制性规定时，

才导致合同无效。①

（二）不违反公序良俗

民事法律行为不仅应符合法律规定，而且在内容上不得违背公序良俗。公序良俗包括公共秩序与善良风俗，是一个国家经济社会发展所必需的一般道德。公序良俗主要是指社会公共利益和社会公共道德。② 社会公共利益体现了全体社会成员的最高利益，公序良俗主要是为了以法律促进道德的调整。③ 这一原则最早起源于罗马法，并为大陆法系国家的立法所借鉴。例如，《法国民法典》第6条规定："个人不得以特别约定违反有关公共秩序和善良风俗的法律。"《德国民法典》第138条规定，"违反善良风俗的行为无效。"《民法典》第153条第2款规定："违背公序良俗的民事法律行为无效。"据此，公序良俗也是评价合同效力的重要标准。

我国《民法典》将不违背公序良俗作为合同的生效要件，极大地弥补了法律规定的不足。因为毕竟法律的规定是有限的，不能通过法律、行政法规的强制性规定涵盖所有的社会公共利益和公共道德，因此，有必要在法律、行政法规的强制性规定之外，通过公序良俗对合同的效力进行必要的控制。尤其是对于那些表面上虽未违反现行立法的禁止性规定，但实质上损害了全体人民的共同利益、破坏社会经济生活秩序和善良风俗的行为，都应认为是无效的，从而有利于维护社会公共秩序和社会公共道德。

第三节　效力待定的合同

效力待定的合同，是指合同成立之后，是否已经发生效力尚不能确定，有待于其他行为或事实使之确定的合同。效力待定的合同主要有以下四类。

一、限制民事行为能力人依法不能独立订立的合同

《民法典》第145条第1款规定："限制民事行为能力人实施的纯获利益的民事法律行为或者与其年龄、智力、精神健康状况相适应的民事法律行为有效；实施的其他民事法律行为经法定代理人同意或者追认后有效。"限制民事行为能力人依法不能独立实施的行为，可以在征得其法定代理人的同意后实施。所谓同意，即事先允许。由于同意的行为是一种辅助的法律行为，因此，法定代理人实施同意行为，必须向限制民事行为能力人及其相对人明确作出意思表示。这种意思表示可以采取口头的形式，也可以采取书面的或其他的形式。限制民事行为能力人不能独立实施的民事法律行为，在实施后也可以由法定代理人进行追认，即事后予以同意，而使该法律行为有效。限制民事行为能力人

① 已废止的《合同法司法解释二》第14条规定："合同法第五十二条第（五）项规定的'强制性规定'，是指效力性强制性规定。"该观点一直为我国司法实践所采纳。

② 参见史尚宽：《民法总论》，334～335页。

③ 参见许中缘：《民法强行性规范研究》，104～105页，北京，法律出版社，2010。

依法不能独立实施的而未经其法定代理人同意的民事行为，只能由其法定代理人代理进行。

二、基于狭义无权代理而订立的合同

（一）狭义无权代理的概念和特征

狭义的无权代理，是指表见代理以外的欠缺代理权的代理。狭义无权代理人以被代理人名义与他人订立的合同，是一种效力待定的合同，而不是绝对无效的合同。这类合同尽管因代理人缺乏代理权而存在瑕疵，但此种瑕疵是可以修补的。也就是说，因被代理人的追认可以使无权代理行为有效。《民法典》第171条第1款规定："行为人没有代理权、超越代理权或者代理权终止后，仍然实施代理行为，未经被代理人追认的，对被代理人不发生效力。"第171条第3款规定："行为人实施的行为未被追认的，善意相对人有权请求行为人履行债务或者就其受到的损害请求行为人赔偿。但是，赔偿的范围不得超过被代理人追认时相对人所能获得的利益。"

因此，无权代理合同只有经过被代理人的追认，才能对被代理人发生效力；未经被代理人追认，对被代理人不发生效力，由行为人负责。这里所谓的"追认"，是指被代理人对无权代理行为在事后予以承认的一种单方意思表示，一旦作出追认，在性质上视为补授代理权，从而使无权代理具有与有权代理一样的法律效果。追认具有溯及既往的效力。在法律上，被代理人是否作出追认，是被代理人所享有的一种权利，学者通常称其为"追认权"，它在性质上属于形成权的一种。① 追认既然是被代理人所享有的一种权利，那么被代理人有权作出追认，也有权拒绝承认。如果被代理人明确表示拒绝承认，则无权代理行为自始无效，无权代理合同不能对被代理人产生法律效力。

狭义的无权代理具有以下特征：

（1）它是指表见代理以外的无权代理。民法上通常将无权代理区分为两类，即狭义的无权代理和表见代理，在这两种情况下，代理人都不具有代理权，但就法律效果而言，表见代理和狭义无权代理是不同的。在狭义无权代理情况下，代理人完全不具有代理权，而在其实施代理行为时第三人又不可能相信其具有代理权，因此不能强制被代理人承担责任，只能由被代理人基于自身利益的考虑决定是否承认该行为的效果。可见，表见代理与狭义的无权代理在性质上是根本不同的。

（2）它是指代理人未获得相应的代理权而实施的代理行为。狭义的无权代理与滥用代理权不同，在代理权滥用的情形下，代理人仍然享有代理权。而狭义无权代理仅指欠缺代理权，并不包括无权代理人与相对人所实施的行为违反法律、法规的强制性规定以及公序良俗原则，也不包括代理人与相对人的行为涉及欺诈、胁迫等意思表示不真实的因素，否则只涉及合同的无效和可撤销问题，而不涉及狭义无权代理的效果问题。在无权代理的情况下，代理人通常具有完全的民事行为能力。

（3）狭义的无权代理是一种效力待定的行为。所谓效力待定，是指这种行为成立以

① 参见王伯琦：《民法债篇总论》，42页。

后，并不能发生符合当事人意思表示的效力。其效力能否发生，尚未确定，一般须经被代理人表示承认才能生效。我国法律认为狭义的无权代理是一种效力待定的行为。《民法典》第 171 条第 1 款规定："行为人没有代理权、超越代理权或者代理权终止后，仍然实施代理行为，未经被代理人追认的，对被代理人不发生效力。"该条对狭义无权代理作出了规定，依据这一规定，基于狭义无权代理所实施的民事法律行为属于效力待定的民事法律行为。该条之所以作出此种规定，一方面是因为无权代理行为具有代理的某些特征。由于无权代理行为并不是当然都对被代理人不利，所以法律应当给予被代理人一种追认权，由被代理人根据自己的利益和意志考虑来决定是否承认这种行为的效力，经过被代理人追认可以消除民事法律行为存在的瑕疵。由此也充分表明了我国法律对当事人利益和意志的尊重。另一方面，因被代理人的追认而使无权代理行为有效，并不违反法律和社会公共利益，相反，经过追认而有效，既有利于促成更多的交易，也有利于维护被代理人和相对人的利益。通过被代理人的追认使效力待定的民事法律行为有效，而不是简单地宣告其为无效民事法律行为，是符合当事人的意志和利益的。

（二）基于狭义无权代理订立的合同属于效力待定的合同

在狭义无权代理的情形下，代理人与相对人所订立的合同并不属于无效合同，也不属于可撤销合同，而属于效力待定的合同。

1. 被代理人的否认权

在狭义无权代理情况下，被代理人享有否认权，它是指拒绝承认无权代理行为的效力的权利。被代理人否认的意思必须向相对人明确表示或者在相对人催告以后不作表示。被代理人可以以两种方式行使否认权：一是被代理人在发现无权代理人以被代理人名义从事无权代理行为后，在相对人催告之前，直接向相对人表示否认该无权代理行为。如果被代理人仅向无权代理人作出否认的表示，还不能当然发生使无权代理行为无效的后果。被代理人和无权代理人间是一种内部关系，而无权代理人以被代理人的名义对外从事无权代理行为，将涉及与相对人之间的关系，因此，否认的表示必须向相对人作出；否则，不能当然发生使无权代理行为无效的效果。二是被代理人在相对人作出催告以后，既可以向相对人明确表示拒绝承认无权代理的效果，也可以针对相对人的催告拒绝作出答复。

此外，依据我国《民法典》第 171 条第 2 款，相对人可以催告被代理人自收到通知之日起 30 日内予以追认。被代理人未作表示的，视为拒绝追认。可见，在无权代理的情况下，相对人应当享有催告权和撤销权。催告权，是指相对人有权催促被代理人在 30 日内明确答复是否追认无权代理行为。追认权的行使必须以催告权的行使为前提，如果没有催告，被代理人无从知道无权代理人以被代理人名义实施民事行为，也不可能作出承认和拒绝的决定。法律为保护相对人的利益，除规定相对人享有催告权以外，还允许其行使撤销权。所谓撤销权，是指相对人在被代理人承认无权代理行为之前，可撤销其与无权代理人订立的合同。由于善意相对人在与无权代理人从事法律行为时，不知道无权代理人未获得授权，其主观上是善意无过失的，因此在相对人认为无权代理人实施的行为对其不利的情况下，其当然应有权在被代理人正式追认以前，撤销其行为，这对保护善意相对人的利益也是十分必要的。

2. 被代理人的追认权

如前所述，狭义无权代理在性质上属于效力待定的行为。无权代理行为未经被代理人追认，对被代理人不发生效力。依据《民法典》第171条第1款的规定，在狭义无权代理的情形下，被代理人享有追认权。所谓追认，是指被代理人对无权代理行为在事后予以承认的一种单方意思表示，其特点在于：第一，追认的意思表示应当以明示或者默示的方式向相对人作出。如果仅向无权代理人作出此种表示，则必须使相对人知晓才能产生承认的效果。第二，追认是一种单方意思表示，无须相对人的同意即可发生法律效力。第三，一旦作出追认，在性质上视为补授代理权，从而使无权代理具有与有权代理一样的法律效果，因此，追认具有溯及既往的效力。如果被代理人明确表示拒绝承认，则无权代理行为自始无效，因无权代理所订立的合同不能对被代理人产生法律效力。

被代理人的追认可以采取两种方式作出，即明示的追认和默示的追认。所谓明示的追认，是指明确向相对人表示其愿意以被代理人的身份同相对人订立合同。所谓默示的追认，即被代理人以一定行为的方式进行追认。《民法典》第503条规定："无权代理人以被代理人的名义订立合同，被代理人已经开始履行合同义务或者接受相对人履行的，视为对合同的追认。"该条就是对被代理人默示追认的规定。这种默示的追认体现为两种方式：一是被代理人履行合同义务。虽然被代理人没有明确追认，但如果被代理人已经开始履行合同，这一行为足以表明其愿意接受合同的约束。二是接受相对人的履行。如果被代理人已经接受了相对人的履行行为，同样可以构成默示的追认。这主要是因为，被代理人接受履行的行为已经向相对人传达了其愿意接受合同对自己发生效力。

(三) 职务代理人超越代理权限且相对人未尽到合理审查义务所订立的合同

所谓职务代理，是指根据代理人所担任的职务而产生的代理，即法人或非法人组织的成员以及主要工作人员在其职权范围内所从事的民事法律行为，无须法人或非法人组织的特别授权，其法律效果应当由法人或非法人组织承担。《民法典》第170条规定职务代理的原因在于，使职务代理人获得概括授权，而不需要针对日常交易进行特别授权，有利于降低交易成本、鼓励交易。但概括授权容易导致一种误解，即认为依据一定的职务，对日常交易之外的重大交易都可以概括授权，这就会损害交易安全。[①] 作为委托代理的一种类型，职务代理也可能发生越权代理的情形。

在职务代理人越权代理的情形下，《合同编通则解释》第21条第1款规定，"法人、非法人组织的工作人员就超越其职权范围的事项以法人、非法人组织的名义订立合同，相对人主张该合同对法人、非法人组织发生效力并由其承担违约责任的，人民法院不予支持"。因此，职务代理人越权订立的合同对法人、非法人组织原则上不产生效力。但依据《合同编通则解释》第21条第1款的规定，"前述情形，构成表见代理的，人民法院应当依据民法典第一百七十二条的规定处理"。法人或者非法人组织内部对执行一定职务

---

① 参见最高人民法院起草小组：《〈关于适用民法典合同编通则若干问题的解释〉的理解与适用》，载《人民司法》，2024 (1)。

的人员的职权范围限制，不得对抗善意第三人。而在判断善意的过程中，必须要求相对人对职务代理人是否超越其职权范围尽到合理审查义务：如果已经尽到合理审查义务，构成表见代理。如果相对人未尽到合理审查义务，则其不得否认合同的效力。

在职务代理中，相对人应当审查哪些内容？依据《合同编通则解释》第 21 条第 2 款的规定，相对人在与法人、非法人组织的工作人员订立合同时，应当审查如下情形：

一是依法应当由法人、非法人组织的权力机构或者决策机构决议的事项。如果法律、法规已经明确相关的交易应当由股东会、理事会等权力机构或者决策机构作出决议，则相关的工作人员不能基于职务代理而主张享有概括授权，相对人对此也应当进行审查。

二是依法应当由法人、非法人组织的执行机构决定的事项。例如，法律明确规定某类交易应当由董事会作出决议，如公司对外担保应当由公司的股东会或董事会决议，此时，职务代理人就不得单独从事相关的交易。

三是依法应当由法定代表人、负责人代表法人、非法人组织实施的事项。例如，《公司法》第 196 条规定："公司以纸面形式发行公司债券的，应当在债券上载明公司名称、债券票面金额、利率、偿还期限等事项，并由法定代表人签名，公司盖章。"从该条规定来看，上述交易应当由法定代表人签名实施，公司的其他工作人员不得基于职务代理实施上述交易。

四是不属于通常情形下依其职权可以处理的事项。其属于兜底条款，但据此应当区分日常交易和重大交易，重大交易涉及被代表法人、非法人组织的重大利益，因此对代理权限限制的可能性就会很大，基于此种社会期待，相对人对代理权负有一定的合理审查义务，符合一般的商事主体期待。日常交易是代理人与相对人经常实施的交易，相对人对代理权负有的一定合理审查义务相对较轻，针对日常交易，职务代理人依据其职权能够处理的事项，则相关的职务代理行为有效；但对其职务范围外的重大交易，职务代理人所实施的职务代理行为即构成无权代理。

相对人对内部限制原则上不负审查义务。《合同编通则解释》第 21 条第 3 款规定："合同所涉事项未超越依据前款确定的职权范围，但是超越法人、非法人组织对工作人员职权范围的限制，相对人主张该合同对法人、非法人组织发生效力并由其承担违约责任的，人民法院应予支持。但是，法人、非法人组织举证证明相对人知道或者应当知道该限制的除外。"据此，在职务代理行为并未超出上述规定所列举的职权范围，而只是超出了内部限制的范围，由于相对人对内部限制通常是无法审查的，因此，相对人不应当负有合理审查义务，即便职务代理行为超出了内部限制，相对人也有权主张该行为对法人、非法人组织是有效的。但如果法人、非法人组织能够证明相对人知道或者应当知道相关的内部限制，则该职务代理行为不能当然对法人、非法人组织发生效力，这与越权代表行为的效力具有相似性。

在职务代理人越权的情形下，如果相对人未尽到合理审查义务，则其不得否认合同的效力，代理人与相对人订立的合同在性质上属于效力待定的行为，如果被代理人追认，则该合同有效，如果拒绝追认，则该合同无效。《合同编通则解释》第 21 条第 4 款规定："法人、非法人组织承担民事责任后，向故意或者有重大过失的工作人员追偿的，人民法院依法予以支持。"职务代理人实施的越权代理行为可能给法人、非法人组织造成一定的损失，法人和非法人组织已经承担了民事责任后，其有权对有故意或者重大过失的职务代理人追偿。

三、法定代表人越权代表且相对人未尽合理审查义务所订立的合同

所谓越权代表，是指法定代表人超越代表权限实施的代表行为。在越权代表的情形下，如果相对人为善意，则依据《民法典》第504条的规定，当事人之间的合同关系应当有效，而且应当由法人、非法人组织承担相应的法律效果。而在相对人未尽到合理审查义务的情形下，此时越权代表行为的效力如何确定?《民法典》并没有对此作出明确规定，依据《合同编通则解释》第20条第1款，在相对人未尽到合理审查义务的情形下，相对人构成恶意，该合同对被代表的法人不产生效力，相对人也无权对被代表的法人主张承担违约责任。即便在越权代表的情形下，相对人具有恶意，但如果被代表的法人愿意接受合同的拘束，按照私法自治原则，法律也不必干预，因此，越权代表所订立的合同，且相对人构成恶意，该合同性质上属于效力待定合同，而非无效合同。① 其效力取决于被代表的法人是否追认该合同。如果法人追认该合同，则该合同对法人发生效力，法人应当承担法定代表人行为的法律效果。如果拒绝追认，则该合同对法人不发生效力。

可见，在越权代表的情形下，相对人的善意或者恶意将直接影响越权代表行为的效力。问题在于：如何认定相对人的善意或者恶意?《民法典》第61条第3款仅规定，对代表权的限制，“不得对抗善意相对人”，但如何认定相对人的善意，存在疑问。依据《合同编通则解释》第20条，如果相对人尽到了合理审查义务，就可以被认定为“善意相对人”。

关于相对人的合理审查义务，《合同编通则解释》第20条区分了不同的代表权限制来源，分别确定了相对人的合理审查义务。一是代表权法定限制下相对人合理审查义务的确定。《合同编通则解释》第20条规定，如果法律、行政法规为限制法人的法定代表人或者非法人组织的负责人的代表权，规定合同所涉事项应当由法人、非法人组织的权力机构或者决策机构决议，或者应当由法人、非法人组织的执行机构决定，则相对人应当尽到合理审查义务。据此，在代表权法定限制下，相对人应当审查交易事项是否属于法定限制事项，并审查决议机构是否适格以及审查决议表决程序是否有效。二是代表权意定限制下相对人合理审查义务的确定。代表权除受法定限制外，也要受到意定限制。在法律没有规定对法定代表人代表权限进行限制的情形下，也应当尊重法人通过章程等文件对法定代表人的代表权范围进行的限制。依据《合同编通则解释》第20条第2款，相对人对于意定限制，原则上并不负有审查义务，因为意定限制属于内部限制，当事人无法得知。当然，根据该款的但书，如果公司能证明相对人知道或应当知道该内部限制，此时相对人应当负有合理审查义务。

依据《合同编通则解释》第20条第1款的规定，在越权代表的情形下，法人拒绝追认将导致合同无效，此时，应当依据过错责任原则，在法人、非法人组织存在过错时，

---

① 参见刘贵祥：《公司担保与合同效力》，载《法律适用》，2012（7），21页。

其也应当分担部分损失。同时，依据《合同编通则解释》第 20 条第 3 款的规定，法人、非法人组织承担民事责任后，有权向有过错的法定代表人、负责人追偿因越权代表行为造成的损失。这就确认了越权代表情形下法人、非法人组织的追偿权，这有助于督促法定代表人、负责人尽职尽责，也有助于法人、非法人组织治理结构的完善。

四、法定代表人、负责人或者代理人与相对人恶意串通行为

法定代表人、负责人或者代理人与相对人恶意串通行为，是指法人、非法人组织的法定代表人、负责人或者代理人在以法人、非法人组织的名义实施民事法律行为时，与相对人恶意串通，损害法人、非法人组织的权益。《民法典》第 154 条规定了行为人恶意串通损害他人合法权益的民事法律行为无效，但该条规定并不能当然适用于法定代表人、负责人或者代理人与相对人恶意串通行为的情形，因为二者存在一定的区别：一方面，《民法典》第 154 条规定的是恶意串通损害他人的合法权益，而法定代表人、负责人或者代理人与相对人恶意串通行为损害的是法人、非法人组织的利益。另一方面，《民法典》第 154 条规定的恶意串通是法律行为当事人的恶意串通，而法定代表人、负责人或者代理人与相对人恶意串通行为并非法人、非法人组织与相对人的恶意串通，而是法定代表人等与相对人恶意串通。

法定代表人、负责人或者代理人与相对人恶意串通行为的成立需要具备如下要件：一是法定代表人、负责人或者代理人与相对人必须具有恶意。所谓恶意，是指当事人明知其所实施的民事法律行为将造成或可能造成对第三人的损害而故意为之。二是法定代表人、负责人或者代理人与相对人之间具有串通行为。所谓串通，是指行为人与相对人在主观上具有意思联络，在客观行为上相互配合，积极追求恶意损害他人权益的结果。[①]三是损害了法人、非法人组织的合法权益。

关于法定代表人、负责人或者代理人与相对人恶意串通行为的效力，《合同编通则解释》第 23 条第 1 款采纳了效力待定说，即认为法定代表人、负责人或者代理人与相对人恶意串通，与越权代表、越权代理行为的性质是相同的，恶意串通行为的效力取决于法人、非法人组织是否追认：如果追认，则该行为有效；如果拒绝追认，则该行为对法人、非法人组织不产生效力。[②] 从规范目的来看，《民法典》第 164 条第 2 款旨在保障被代理人的利益，那么将代理人与相对人恶意串通的行为认定为效力待定，交由被代理人进行选择，更能实现规范目的。当然，依据《合同编通则解释》第 23 条第 1 款的规定，如果恶意串通行为给法人、非法人组织造成了损失，法人、非法人组织均有权请求法定代表人、负责人或者代理人与相对人承担连带责任。

---

① 参见朱广新：《恶意串通行为无效规定的体系地位与规范构造》，载《法学》，2018（7），138 页。

② 参见最高人民法院民事审判第二庭、研究室编著：《最高人民法院民法典合同编通则司法解释理解与适用》，274 页。

第四节 未生效合同

一、未生效合同的概念和特征

所谓未生效合同，是指法律规定了合同生效应当满足特别的批准要件，在这些要件未被满足时合同的状态。① 未生效合同的典型形态是依据法律、行政法规的规定应当办理批准才能生效，而当事人并未办理批准手续的合同。可见，未生效的合同是与法律法规明确规定的审批义务联系在一起的。在实践中，有一些合同如采矿权、探矿权的转让，从事证券经纪、期货经纪业务、国有企业转让国有资产等合同，依照法律法规必须经过有关部门的批准方能生效。在当事人并未办理批准手续时，合同并未生效。此类合同在实践中发生了不少纠纷，但《合同法》对该类合同的效力、违反该合同所应承担的责任等并未作出明确规定，因此，《民法典》第502条第2款规定："依照法律、行政法规的规定，合同应当办理批准等手续的，依照其规定。未办理批准等手续影响合同生效的，不影响合同中履行报批等义务条款以及相关条款的效力。应当办理申请批准等手续的当事人未履行义务的，对方可以请求其承担违反该义务的责任。"该条对未生效合同的效力作出了规定，弥补了《合同法》规定的不足。对于《民法典》第502条第2款的规定，《合同编通则解释》对此作出了细化规定，具体而言，应当从如下方面理解报批义务对合同效力的影响：

第一，依照法律、行政法规的规定，应当办理批准等手续合同才生效的，依照其规定。未生效合同的特点在于，当事人就合同的主要条款达成合意以后，必须取得相关行政审批部门的批准才能生效，批准是合同的法定生效条件。② 法律、行政法规规定应当办理批准等手续生效的合同，主要有如下情形：探矿权、采矿权转让合同，上市公司国有股转让合同，中外合资经营的合营协议，国有土地使用权转让、抵押合同，国有企业的合并合同等。司法实践的观点认为，法律、行政法规规定合同应当办理批准手续，或者办理批准、登记等手续才生效，在一审法庭辩论终结前当事人仍未办理批准手续的，或者仍未办理批准、登记等手续的，人民法院应当认定该合同未生效；这就是说，法律、行政法规规定应当办理批准等手续生效的，可以补办，补办的时间可以延长至一审法庭辩论终结前，如果在此之后，当事人仍未办理批准手续，则合同未生效。

第二，未办理批准等手续的合同未生效。这就是说，对于法律、行政法规规定应当办理批准等手续生效的，如果当事人没有办理批准手续，该合同虽然已经成立，但并不产生效力，也就是说，在此情形下，合同的成立和生效是相互分离的。依据《合同编通则解释》第12条第3款的规定，在合同获得批准前，一方当事人无权请求对方

---

① 参见谢鸿飞：《合同法学的新发展》，179页。

② 参见最高人民法院民事审判第二庭、研究室编著：《最高人民法院民法典合同编通则司法解释理解与适用》，157页。

履行合同主要义务，因为在此情形下，合同虽然已经成立，但整个合同尚未生效，所以一方当事人不得主张对方履行合同主要义务。如果当事人要求履行合同主要义务，则法院应当对其释明，告知其应当变更诉讼请求，如果经过释明后，当事人仍然拒绝变更请求，则法院应当驳回其诉讼请求，但不影响其另行提起诉讼。① 也就是说，当事人在其主张履行合同主要义务的请求被驳回后，仍有权依法请求对方履行报批义务条款，或者依法请求对方当事人承担违反报批义务的责任；同时，在合同获得批准后，当事人也仍有权依法主张对方履行合同，以及依法请求对方当事人承担违约责任。当然，此类合同虽然未生效，但仍存在形式拘束力，任何一方都不得擅自变更和解除合同。

需要指出的是，未生效合同不同于无效合同。未生效合同是一个特定的概念，此处所说的未生效合同特指因未履行法定或者约定的审批义务，从而使合同尚未发生效力。其与无效合同的区别主要表现在：一是无效合同主要是因为合同内容违反了法律、行政法规的强制性规定或违背了公序良俗，而未生效合同的内容并不具有违法性，而只是未经过审批，程序上存在瑕疵而已。二是未生效合同仍然有未来生效的可能性，即使在发生争议后，如果当事人补办报批手续，则该合同也可能被确认为生效，而并非确定无效、当然无效。② 而无效合同是当然无效和绝对无效的，不存在未来生效的可能。三是未生效合同涉及报批义务条款和相关条款已经生效，因此，严格地说，此类合同属于未完全生效的合同，其中的报批义务和相关条款已经生效，主体权利义务条款尚未生效。而无效是指自始无效、确定无效、当然无效。同时，如果在法律上不对未生效合同与无效合同作出区分，则一方当事人可能会主张未办理批准等手续的合同为无效合同，这可能导致对方当事人的信赖落空，因此，在法律上区分未生效合同与无效合同，有利于尽量促成合同的生效，符合合同法鼓励交易的精神。

第三，合同未生效不影响报批义务条款的效力。《民法典》第 502 条第 2 款规定，“未办理批准等手续影响合同生效的，不影响合同中履行报批等义务条款以及相关条款的效力。应当办理申请批准等手续的当事人未履行义务的，对方可以请求其承担违反该义务的责任”。该款具有两层含义。

一是报批义务条款具有独立性，即报批义务条款在性质上类似于合同中的清算条款和仲裁条款，也就是说，尽管合同因未报批而未生效，但是该条款仍应被认定为有效。依据《合同编通则解释》第 12 条第 1 款，合同依法成立后，如果负有报批义务的当事人不履行报批义务或者履行报批义务不符合合同的约定或者法律、行政法规的规定，则对方有权请求其继续履行报批义务。这也意味着报批义务条款的效力具有独立性，当事人违反报批义务条款，应当承担违约责任。即便合同尚未经批准，但报批义务条款应当已经生效，因为：一方面，如果否定报批义务条款效力的独立性，则对未办理批准等手续的合同而言，当事人可能拒绝履行报批义务，此时，法律规定报批义务的目的也将难以

① 参见最高人民法院民事审判第二庭、研究室编著：《最高人民法院民法典合同编通则司法解释理解与适用》，163 页。

② 参见胡康生主编：《〈中华人民共和国合同法〉释义》，76 页。

实现。在现阶段，对合同进行行政审批仍然是政府管理特定经济领域的重要方式，其目的在于对特定行业与领域加强管理，否认报批义务条款效力的独立性，则可能影响这一立法目的的实现。另一方面，否定报批义务条款效力的独立性，不利于贯彻诚实信用原则，妨碍市场秩序的建立。如果认定合同中的报批义务条款在合同经批准前未生效，则无异于否认报批义务的存在，在此情形下，一旦负有报批义务的一方当事人不报批导致合同未生效，进而认为报批义务不复存在，这就会使得负有报批义务的一方规避其义务和责任。[1] 还应当看到，报批义务因合同被批准而生效也不符合当事人的订约目的，因为当事人订立合同的目的是使该合同有效并得以履行，只有认定报批义务条款效力具有独立性，法院才可以要求负有报批义务的当事人继续履行合同义务，以实现合同订立的目的。

二是违反报批义务条款，应当承担违约责任。在未报审批的情况下，尽管该合同整体上未生效，但由于报批义务条款具有独立性，该条款仍然有效，因此，一方当事人依法有权请求应当办理申请批准等手续的另一方当事人履行义务，如果负有履行报批义务的人不履行义务，则应当承担违反该义务的责任。

二、违反未生效合同的责任

依据《合同编通则解释》第 12 条，在认定违反未生效合同的责任时，区分了如下两种情形：

（1）判决一方履行报批义务前的责任。依据该规定，当事人违反报批义务的，对方当事人有权依法主张违约责任。由于报批义务条款具有一定的独立性，即使整个合同并未生效，其中独立的报批义务条款却已经发生效力，违反这一已经生效的条款所应承担的责任，可以适用违约责任的相关规定，此种责任主要包括如下两种：一是继续履行责任，即当事人可以请求负有报批义务的一方继续履行报批义务。二是赔偿责任。负有报批义务的一方拒绝报批的，可能产生赔偿对方所遭受的损失的责任，但由于合同未生效，此种责任性质上仍然是缔约过失责任。此外，如果负有报批义务的当事人不履行报批义务或者履行报批义务不符合约定或者法律规定，则对方当事人有权解除合同并请求赔偿损失。需要指出的是，此处的解除合同应当是指解除报批义务条款，因为对此类合同而言，其尚未生效，但报批义务条款已经生效，可以成为被解除的对象，在当事人一方违反报批义务的情形下，对方当事人有权解除报批义务条款。

（2）判决一方履行报批义务后的责任。在人民法院判决一方履行报批义务后，当事人仍不履行该义务的，其需要承担何种责任？依据《合同编通则解释》第 12 条第 2 款的规定，如果在法院判决当事人一方履行报批义务后，其仍不履行，则对方当事人有权主张解除整个合同，并主张参照违约责任条款请求其承担赔偿责任。此处的解除是一种法

---

① 参见杨永清：《批准生效合同若干问题探讨》，载《中国法学》，2013（6）。

定解除权，只要符合本条规定的条件，当事人即可主张解除合同。[①] 此处的赔偿责任在性质上应当是违约责任，之所以参照违反合同的违约责任，主要是基于如下原因：一方面，在法院判决要求当事人继续履行报批义务之后，如果其仍不履行，则拟制合同已经生效，其类似于《民法典》第 159 条的附条件法律行为，如果一方当事人恶意阻止条件成就，就视为条件成就。即在当事人拒绝履行判决确立的报批义务时，拟制合同已经生效，并据此认定当事人的赔偿责任。另一方面，从当事人不履行判决的动机来看，在法院判决后当事人仍不履行报批义务的，意味着当事人只要履行报批义务，其知道其报批申请很难被批准，因此其仍不履行报批义务，可能具有获得不当利益的动机。正是因为上述原因，一方当事人不履行判决确定的报批义务的，对方当事人有权解除合同，并主张参照违反合同的违约责任请求其承担赔偿责任。

当然，当事人虽然履行了报批义务，但由于不符合批准的条件等原因，导致合同未获批准的，将导致合同确定不生效。我国《民法典》第 157 条并没有对合同不生效的责任作出规定，《合同编通则解释》第 24、25 条将《民法典》第 157 条扩张适用至合同不成立的情形，因此，该规则也可以适用于合同不生效的情形。依据《合同编通则解释》第 12 条第 4 款的规定，在未能获得批准的情形下，需要根据报批义务人是否具有过错而确定其责任：一是负有报批义务的当事人已经办理申请批准等手续或者已经履行生效判决确定的报批义务，如果批准机关决定不予批准，则合同未生效并非可归责于该当事人的原因，负有报批义务的当事人不具有过错，因此，不应当承担损害赔偿责任。二是负有报批义务的当事人不办理或者迟延办理申请批准等手续导致合同未获批准，则合同未生效属于可归责于当事人的原因，负有报批义务的当事人对合同未获得批准具有过错的，其应当承担赔偿责任，此种责任在性质上应当属于缔约过失责任，而非违约责任。

三、合同的变更、转让、解除等情形依法应当办理批准等手续生效的情形

《民法典》第 502 条第 3 款规定："依照法律、行政法规的规定，合同的变更、转让、解除等情形应当办理批准等手续的，适用前款规定。"本条第 3 款为新增条款，立法者之所以新增第 3 款，主要是因为《合同法》中分别对合同的变更、转让、解除中的批准进行了规定。例如，《合同法》第 77 条第 2 款规定"法律、行政法规规定变更合同应当办理批准、登记等手续的，依照其规定"。第 87 条规定："法律、行政法规规定转让权利或者转移义务应当办理批准、登记等手续的，依照其规定。"第 96 条第 2 款规定："法律、行政法规规定解除合同应当办理批准、登记等手续的，依照其规定。"在民法典合同编起草中，为简化《合同法》的上述规定，合同编用本款对变更、转让和解除三种情形集中进行规定，以避免法律条文的冗杂。

本款所规定的变更、转让和解除的批准与本条第 2 款性质相同，对于法律规定需要办理批准等手续才能生效的，不办理批准就不具有合法性，在办理批准手续前就不应发

① 参见最高人民法院民事审判第二庭、研究室编著：《最高人民法院民法典合同编通则司法解释理解与适用》，163 页。

生效力。例如，《矿产资源法》第 6 条第 1 款第 2 项规定：“已取得采矿权的矿山企业，因企业合并、分立，与他人合资、合作经营，或者因企业资产出售以及有其他变更企业资产产权的情形而需要变更采矿权主体的，经依法批准可以将采矿权转让他人采矿。”依此规定，采矿权的转让在批准前并不发生转让的效力。

第五节 无效合同

一、无效合同的概念与特征

无效合同是相对于有效合同而言的，是最典型的违反生效要件的合同。无效合同是指合同虽然已经成立，但因其在内容上违反了法律、行政法规的强制性规定和公序良俗而无法律效力的合同。无效合同是否属于合同的范畴，对此我国法学界历来存在着两种不同的观点。本书认为，合同乃是当事人之间产生、变更、终止民事关系的民事行为，当事人一旦就合同的主要条款达成合意便成立合同，合同是否有效则是法律对当事人达成的合意所进行的一种价值判断，在发生争议时还需要法院来确定。所以，合同在被法院宣告无效之前，其在性质上仍然属于合同。无效合同制度体现了国家对当事人合同自由的干预，对于维护国家和社会公共利益、维护正常的交易秩序具有重要意义。

无效合同具有如下几个特点。

1. 具有违法性

无效合同的违法性，是指合同违反了法律和行政法规的强制性规定以及公序良俗原则。这就意味着：

第一，无效合同必须是违反了法律和行政法规的强制性规定。而判断无效的标准，应当以法律和行政法规的规定为依据。至于行政规章以及地方性法规等地方性文件，它们可以作为判断合同效力的参考依据，但不应作为判定合同效力的唯一依据。特别是那些不合理的，甚至与法律和行政法规的规定明显冲突的地方性法规或规章，显然不应该作为判定合同效力的依据。

第二，所谓违法，是指违反了法律和行政法规的强制性规定，而并非指违反了法律和行政法规的任意性规定。对于法律的任意性规定，当事人是可以通过协议而加以改变的。司法实践中采纳了区分效力性强制性规定和管理性强制性规定的理论，作出此种区分的主要原因在于，我国现行立法中的强制性规定过多，如果一概以此认定合同无效，则不利于鼓励交易，导致财富的损失和浪费。强制性规定种类繁多，但是应当将其解释为与合同效力有关的强制性规定，即效力性强制性规定，管理性强制性规定就不在该条的立法目的范围之内。通过限缩法律条文的文义，使法律条文的适用范围有所缩小，从而得以针对特定的法律关系。[1] 此外，由于国家强制性规定的概念过于宽泛，如果不作限缩解释，当事人就可以选择性主张合同无效，对其有利时主张合同有效，对其不利时

① 参见梁慧星：《民法总论》，2 版，318 页，北京，法律出版社，2001。

主张合同无效，这也违反了诚实信用原则。

问题在于：如何在法律上区分效力性强制性规定和管理性强制性规定？对此，在理论上和实践中一直存在争议，因此，《民法典》第153条并没有采纳此种分类。

第三，从广义上理解，违法性还包括合同的内容违反了公序良俗。例如，当事人订立进口“洋垃圾”的合同，即使其内容并未违反现行法律规定，但因其内容违反了社会公共利益和公共道德，所以也是无效的。无效合同的违法性表明此类合同根本不符合国家意志，因此不能使此类合同发生法律效力。

2. 具有应受国家干预性

由于无效合同具有违法性，因而对此类合同应实行国家干预，这种干预主要体现在：由法院和仲裁机构不待当事人请求，便可以主动审查合同是否具有无效的因素，如发现合同属于无效合同，便应主动地确认合同无效。正是从这个意义上说，无效合同是当然无效的。对无效合同的国家干预还表现在，有关国家行政机关可以对一些无效合同予以查处，追究有关无效合同当事人的行政责任。

需要探讨的是：请求确认合同无效是否应受诉讼时效的限制？本书认为，由于无效合同本质上具有违法性，从维护合法秩序的需要出发，当事人应有权在任何时候针对违法的无效合同请求法院和仲裁机构确认无效。由于对此类合同国家应进行干预，所以法院不应当考虑时效的限制而应主动宣告合同无效。如此才能维护法律的实施和合法的秩序。如果认为确认合同无效应受时效的限制，则在经过一定的时间以后，违法的合同将变成合法的合同，违法的行为将变成合法的行为，违法的利益将变成合法的利益，这显然是不符合立法的宗旨和目的的，也与法律秩序的形成相矛盾。

3. 具有不得履行性

所谓无效合同的不得履行性，是指当事人在订立无效合同以后，不得依据合同实际履行，也不承担不履行合同的违约责任。即使当事人在订立合同时不知该合同的内容违法（如不知合同标的物为法律禁止流转的标的物），当事人也不得履行无效合同。若允许此类履行，则意味着允许当事人实施不法行为。例如，保证合同在成立以后，如果主合同因违法而被宣告无效，保证人是否应当继续承担保证责任？本书认为，既然主合同因违法而被宣告无效，则意味着主合同的义务不得履行，故也不允许保证人代替主债务人继续履行，如果保证人仍然要履行保证人的义务则意味着保证人要继续履行违法的合同，这显然是不符合宣告主合同无效的目的的。

《合同编通则解释》第13条规定：“合同存在无效或者可撤销的情形，当事人以该合同已在有关行政管理部门办理备案、已经批准机关批准或者已依据该合同办理财产权利的变更登记、移转登记等为由主张合同有效的，人民法院不予支持。”依据该规定，如果合同存在无效或者可撤销的情形，即便当事人已经办理了备案、批准或者变更登记、移转登记等手续，也不得以此为由而主张合同有效。这是因为无效合同具有违法性，所以不得实际履行，也不得通过办理备案、实际履行等方式补正合同效力的瑕疵，否则无异于通过履行违法合同而将其转化为有效的合同。虽然在备案、批准或登记过程中，行政机关可能已经对合同作出过审查，但是此种审查行为主要是出于管理的需要而作出的，其不能代替法院所作出的效力性审查①，因此，即便经过行政机关的审查，也不意味着合同违法的瑕疵因此当然补正。当然，对于无效合同而言，尽管当事人不能实际履行无效合同，但当事人在实际履行以前，可以依据法律的规定，对无效合同予以修正，删去违法的合同条款，使合同的内容完全合法。如果经过修正使合同在内容上已符合法律的规定，则该合同已转化为有效合同。

4. 属于自始无效的合同

由于无效合同在本质上违反了法律规定，因而国家不承认此类合同的法律效力。合同一旦被确认无效，就将产生溯及力，使合同自订立之时起就不具有法律效力，以后也不能转化为有效合同。对已经履行的，应当通过返还财产、赔偿损失等方式使当事人的财产恢复到合同订立之前的状态。当然，之所以确认为无效合同，是因为当事人一方或双方在订立合同时违反了法律的强制性规定或社会公共利益。

关于合同无效与不成立的关系。在无效与不成立的情形下，从结果上看，无效与合同不成立都使合同对当事人没有拘束力，但是两者还存在区别。合同无效与不成立的区别主要表现在：第一，合同无效主要是因为当事人意思表示不真实或违反法律、行政法规的强制性规定；而合同不成立主要是因为当事人就合同主要条款未形成合意。如要式法律行为当事人没有依照法律和合同的规定采取要式行为导致合同不成立。再如，在实践合同中，当事人没有按照法律规定交付标的物，导致合同不成立。但是合同不成立更多是强调意思表示没有形成合意。第二，合同无效是绝对无效、确定无效、自始无效；而合同不成立可能因当事人继续履行而有效。例如，一方向另一方交付了货物，另一方接受的，合同亦可生效。第三，合同不成立主要是一个事实判断问题，而合同无效主要是价值判断问题，它是在合同成立基础上国家对当事人的合意是否真实合法所作出的评判。第四，在合同无效的情形下，应当恢复原状。依据《民法典》第 157 条的规定，“民事法律行为无效、被撤销或者确定不发生效力后，行为人因该行为取得的财产，应当予以返还；不能返还或者没有必要返还的，应当折价补偿”。此处所说的“确定不发生效力”并非指合同不成立，而是指在效力待定的合同中，因权利人拒绝承认或追认而使该合同确定不发生效力。因此，该条仅适用于无效与可撤销的情形，不适用于合同不成立的情形。

二、合同的部分无效

无效的民事行为可以分为全部无效的民事行为和部分无效的民事行为。所谓全部无效，是指整个民事法律行为的内容应当被宣告无效。所谓部分无效，仅指民事法律行为的部分内容应当被宣告无效。如果无效合同的某些条款可以与整个合同分开，违法的部分不影响合法的部分，则将只导致部分无效。我国《民法典》第 156 条规定：“民事法律行为部分无效，不影响其他部分效力的，其他部分仍然有效。”依据这一规定，要考虑无

① 参见最高人民法院民事审判第二庭、研究室编著：《最高人民法院民法典合同编通则司法解释理解与适用》，169 页。

效的原因是否及于民事法律行为的全部：如果无效的原因及于全部，则全部无效；如果无效的原因只是及于部分内容，且不影响其他部分的效力，则该部分民事法律行为无效后，其他部分仍然有效。《民法典》第507条规定："合同不生效、无效、被撤销或者终止的，不影响合同中有关解决争议方法的条款的效力。"该条也确认了合同可以部分无效。当然，如果该无效条款为合同的目的条款或核心条款，而不能成为相对独立的部分，该条款被宣告无效后，会影响其他部分的效力，则其他部分也应归于无效。①

合同部分无效的前提是合同内容具有可分性。所谓可分性，是指将无效部分分离出来，还能够使一项可以有效的行为继续存在，而且这项行为不得与当事人的愿望相违背。② 例如，在合同中，如果格式条款可以与其他条款分开，该格式条款虽然因剥夺了消费者的主要权利而无效，但其他条款（如争议解决条款等）仍可继续有效。合同部分无效须在除去无效部分的行为后，不影响其他部分的效力，在此情况下，才能发生部分无效。

三、无效合同的类型

（一）无民事行为能力人订立的合同

《民法典》第144条规定："无民事行为能力人实施的民事法律行为无效。"依据该条规定，无民事行为能力人订立的合同无效，无民事行为能力人包括8周岁以下的未成年人，以及不能辨认自己行为的成年人。例如，8周岁以下的未成年人作出的打赏行为应当认定为无效。法律作出这种规定的原因，主要是为了保护无民事行为能力人的利益，防止其受到欺诈等，因为无民事行为能力人不能判断自己行为的性质、理解自己行为的后果，很容易遭受他人的欺骗。当然，即便规定无民事行为能力人实施的民事法律行为无效，也不妨碍无民事行为能力人可由其法定代理人代为订立合同。③

（二）基于双方虚假意思表示而订立的合同

1. 基于双方虚假意思表示而订立的合同的概念

《民法典》第146条第1款规定："行为人与相对人以虚假的意思表示实施的民事法律行为无效。"该条规定了虚假的民事法律行为无效。所谓通谋虚伪订立的合同，是指行为人与相对人共同订立了意在掩盖其他真实目的的虚伪协议。此类行为常常被称为通谋虚伪表示。④ 但是事实上《民法典》第146条并未提及"通谋"二字，只需双方当事人之间成立虚假意思表示即可。如果采用"通谋"二字，则当事人需要对此进行举证，这会极大地加重当事人的举证负担，因此，《民法典》第146条第1款规定的是双方虚假意思表示行为。例如，为逃避债务而虚假赠与财产，虚构建筑物施工合同中的债权以达到

① 参见庞景玉、何志：《合同纠纷裁判依据新释新解》，133页，北京，人民法院出版社，2014。
② 参见［德］迪特尔·梅迪库斯：《德国民法总论》，邵建东译，384页，北京，法律出版社，2000。
③ 参见李适时主编：《中华人民共和国民法总则释义》，450页，北京，法律出版社，2017。
④ 参见郑玉波：《民法总则》，339页，北京，中国政法大学出版社，2003。

行使法定优先权的目的等。之所以在法律上要宣告此类行为无效，是因为：一方面，此类行为并非当事人的真实意思表示，缺乏效果意思。另一方面，此类行为可能规避了法律的规定，从而违反了某种法律秩序。例如，限购是政府为维护社会经济秩序而采取的一种调控措施，如果随意被通谋虚伪订立的合同所规避，就会损害社会经济秩序，且此类规避行为如不及时被宣告无效，将可能诱发连锁效应，极不利于交易安全和交易秩序的保护。

《合同编通则解释》第 14 条第 1 款规定，“当事人之间就同一交易订立多份合同，人民法院应当认定其中以虚假意思表示订立的合同无效”。在性质上，虚假民事行为通常以一个虚假的民事法律行为隐藏真实的民事法律行为。例如，为了逃税，当事人订立了“黑白合同”，其中的“白合同”就是虚假的意思表示，而“黑合同”就是隐藏的合同。所谓隐藏的合同，是指被虚假的意思表示所掩盖的民事法律行为。“白合同”属于虚假的行为，依据《民法典》第 146 条第 1 款的规定应当认定为无效。

2. 以虚假意思表示隐藏真实合同关系的效力

虚假的民事法律行为应当被认定为无效，但是，被隐藏的合同可能是合法的，也可能是非法的，被隐藏的合同既可能有效，也可能无效或者不生效，必须依据相关法律规定来认定。例如，在“黑白合同”中，“黑合同”是被隐藏的，但“黑合同”也可能是合法的。所以对此要依据具体情形判断：如果被隐藏的民事法律行为是合法的，则该隐藏行为是有效的；如果被隐藏的民事法律行为是非法的，则该合同是无效的。依据《合同编通则解释》第 14 条第 1 款的规定，如果当事人为规避法律、行政法规的强制性规定，以虚假的意思表示隐藏真实的意思表示，此种情形已经违反了法律、行政法规的强制性规定，因此，可以依据《民法典》第 153 条第 1 款的规定认定该合同无效；如果当事人实施隐藏行为旨在规避法律、行政法规规定的批准等手续，则应当依据未生效合同的规则认定该行为的效力。例如，被隐藏的合同涉及走私，则该合同应被认定为无效。

依据《合同编通则解释》第 14 条第 2 款的规定，如果被隐藏的行为无效或者确定不发生效力，则应当按照《民法典》第 157 条关于民事法律行为无效或者被撤销的法律规则认定当事人的责任，但在确定当事人的责任时，应当以被隐藏的合同为基础予以认定。当然，如果法律另有规定，则应依据法律的规定处理当事人之间的权利义务关系。①

在以虚假意思表示隐藏真实合同关系的情形下，当事人之间可能订有多份合同，因此阴阳合同有时会与合同变更难以区分，为此，《合同编通则解释》第 14 条第 3 款明确了合同变更与阴阳合同的关系。依据《合同编通则解释》第 14 条第 3 款的规定，在判断当事人订立的多份合同是否构成合同变更时，主要应当考虑如下因素：一是当事人就同一交易订立的多份合同是否均为其真实意思表示，且不存在其他影响合同效力情形。合同变更是当事人就合同变更达成合意，是其真实意思的表示，提出变更当事人以新的合同变更旧的合同。此时，在认定当事人之间的合同关系时，应当根据当事人最新的意思表示予以确定。这也是合同变更与隐藏行为的不同之处，在阴阳合同中不存在当事人的

---

① 参见最高人民法院起草小组：《〈关于适用民法典合同编通则若干问题的解释〉的理解与适用》，载《人民司法》，2024（1）。

新旧意思表示，而只有虚伪的意思和真实的意思，因此其不成立合同变更。同时，当事人之间订立的多份合同都不应存在影响合同效力情形。二是查明各合同成立先后顺序。在合同的变更中，原合同内容也曾经是当事人的真实合意，只不过被当事人之间的新合意所取代，在此情形下，原则上应当根据合意达成的先后顺序确定合同的效力。三是实际履行情况。在变更的情形下，当事人应当按照变更后的合同履行。而在阴阳合同中，当事人虽然订立数份合同，但可能出现的情况是，登记备案的是一份合同，实际履行的是另一份合同，此时就要根据实际履行情况判断当事人的真意。四是法律、行政法规禁止变更合同内容的，不得变更。一些法律（如《招标投标法》第46条）、行政法规禁止当事人对合同作出变更，如果当事人变更合同违反了法律、行政法规的规定，则该变更应被认定无效。① 此外，在成立合同变更的情形下，变更前后法律行为是一个法律行为，变更后原合同自动丧失效力，当事人应当按照变更后的合同履行。而在阴阳合同中，当事人表面上的行为和被隐藏的行为是两个行为，需要分别判断效力。②

（三）违反法律、行政法规的强制性规定的合同

1. 违反法律、行政法规的强制性规定的合同的构成要件

《民法典》第153条第1款规定："违反法律、行政法规的强制性规定的民事法律行为无效。但是，该强制性规定不导致该民事法律行为无效的除外。"依据这一规定，因违法而无效的合同，必须具备如下条件：

第一，必须违反了法律或行政法规。如前所述，违法性的概念比较宽泛，不仅包括违反法律、行政法规，还包括违反其他规范性法律文件。但是，从合同的角度来看，违法性的判断应当受到限制，这有利于维护交易安全。对此，《民法典》将其限定为法律和行政法规，具体而言，前者是指全国人大及其常委会制定的法律，后者是指国务院制定的行政法规。

第二，必须违反了法律和行政法规的强制性规定。法律规范大体可分为两种，即任意性规范和强行性规范。依据总则编的上述规定，如果合同违反了法律和行政法规的强制性规定，则合同无效。这里所说的"强制性规定"应理解为强行性规范。

第三，必须违反了法律、行政法规的效力性强制性规定。强制性规定可进一步区分为管理性强制性规定和效力性强制性规定。所谓管理性强制性规定，是指法律通过强制性规定禁止实施某种行为，违反该规定将对违法者加以制裁，以禁遏其行为。③ 而效力性强制性规定是指违反该规定，会导致合同归于无效。《民法典》第153条并没有明确区分效力性强制性规定和管理性强制性规定，不过该规定中指出"该强制性规定不导致该民事法律行为无效的除外"，据此，也可以从中解释出《民法典》的上述规定其实包含了进一步区分效力性强制性规定和非效力性强制性规定的意思。所谓"不导致该民事法律

---

① 参见最高人民法院起草小组：《〈关于适用民法典合同编通则若干问题的解释〉的理解与适用》，载《人民司法》，2024（1）。

② 参见最高人民法院民事审判第二庭、研究室编著：《最高人民法院民法典合同编通则司法解释理解与适用》，176页。

③ 参见王泽鉴：《民法实例研习（民法总则）》，234页，台北，自版，1995。

行为无效”，就是指该规范并不属于效力性强制性规定，违反该规定并不一定导致合同无效。

《民法典》第153条第1款表面上似乎规定了强制性规定导致合同无效是原则，有效是例外，但这仅仅是从形式上对该款所作的判断，从实质上看，该条实质上是在区分效力性强制性规定与非效力性强制性规定。法院在判断合同效力时，首先应当对二者作出界分，并以效力性强制性规定作为认定合同无效的依据。①

2. 合同无效的理论基础：违反规范目的

如何认定合同义务违反法律法规的强制性规定而无效？司法实践依据《合同法司法解释（二）》第14条，通过区分被违反的强制性规定是属于效力性强制性规定还是管理性强制性规定，来分别判断法律行为的效力。但这一做法在理论和实践中存在较大的争议：一方面，区分效力性强制性规定和管理性强制性规定的标准很难把握，这导致司法实践对二者的认定难以完全统一。另一方面，由于效力性强制性规定事实上也是以管理为目标，在广义上也是管理性规范，因此，很难对“管理性”与“效力性”作出明确的界分。我国《民法典》第153条并没有采纳此种区分，该条第1款实际上区分了效力性强制性规定与非效力性强制性规定，只有违反了效力性强制性规定，才会导致合同无效。《合同编通则解释》第16条并未直接使用上述概念，而是以合同内容是否符合规范目的作为合同效力的评价标准，该标准主要包括如下内容：

一是考察法律规则的规范目的。规范目的就是立法宗旨，即立法者通过该规范所要实现的目的。从私法层面，规范目的主要是指立法者旨在保护民事权益。对影响合同效力的规范而言，只有在合同违反法律法规的强制性规定、损害社会公共利益时才有必要认定合同无效。因此，依据《合同编通则解释》第16条，在认定合同是否违反法律的效力性强制性规定时，需要考虑相关法律规则的规范目的，即相关法律规则旨在追求的法律效果。特别是要考虑法律规范所要保护的法益究竟是公共利益还是民事权益。如果合同违反了法律的强制性规定，将导致相关法律规定的规范目的无法实现，则应当依法认定该合同无效。例如，《公司法》第140条第2款规定：“禁止违反法律、行政法规的规定代持上市公司股票。”该条的规范目的在于防止行为人通过代持上市公司股票的方式逃避相关的监管，行为人违反该规定代持上市公司股票的，将使该规定的规范目的落空，因此，该股票代持合同应当属于无效合同。

二是考察合同的内容。宣告合同无效是因为合同内容违反法律法规的强制性规定，因此合同的内容是认定合同无效的基本依据。在基于合同内容认定合同无效时，应当考虑合同内容与法律强制性规定之间的关系，即合同内容必须能够涵摄入强制性规定的文义范围之内，由于合同法的主要目的在于鼓励交易，因此，我国《民法典》在规定民事法律行为无效的事由时，采取了封闭列举的方法，即在认定合同无效时，必须找到法律明确规定的无效依据，否则不得随意否定合同的效力。如果合同的内容无法涵摄入法律强制性规定的文义范围之内，则无法依据该强制性规定认定合同无效。例如，从前述

① 参见王利明：《论效力性和非效力性强制性规定的区分—以《民法典》第153条为中心》，载《法学评论》，2023（2）。

《公司法》第140条第2款的规定来看，其调整的是上市公司的股票代持行为，如果当事人约定代持的并非上市公司的股票，则无法依据该规定认定该代持合同无效。

三是考察由行为人承担行政责任或者刑事责任是否能够实现强制性规定的立法目的。依据《合同编通则解释》第16条第1款的规定，虽然合同违反了法律、行政法规的强制性规定，但如果行为人承担行政责任或者刑事责任能够实现强制性规定的立法目的，则不必宣告合同无效，这就要求在判断合同效力时，要考量通过承担行政责任或者刑事责任能否实现强制性规定的立法目的。在某些情况下，违反刑法有可能会导致合同无效，例如，当事人串通投标，违反《刑法》第223条构成串通投标罪，此时，违反刑法中的强制性规定合同无效。但是在另一些情形下，虽然合同违反法律、行政法规的强制性规定，但如果简单宣告合同无效，可能不利于保护合同当事人，特别是无过错当事人的利益。例如，在骗贷骗保的情形下，如果能够通过公法上的责任实现维护金融安全、保障国家利益的规范目的，则不一定要宣告借款合同以及担保无效。相反，如果因行为人构成骗贷罪而宣告借款合同无效，担保合同作为从合同也因此无效，银行的借款本金和利益将难以得到偿还，从而给金融安全和国家安全造成重大损害。再如，商贩沿街占道摆摊售货，虽然违反《城市道路管理条例》第32条关于禁止占道经营的规定，但因为该合同并未严重影响社会公共利益，否定合同效力反而会给众多买家带来不利益，所以，可通过追究行为人相关行政责任的办法达到相关目的，就没有必要否定合同的效力。

四是以比例原则为辅助。所谓比例原则，就是行政机关实施的行政行为，尤其是对公民法人作出行政处罚时，必须符合一定的比例，根据行政相对人的过错来决定处罚的方式和程度。一般认为，比例原则由三个子原则所构成：适当性原则、必要性原则和均衡性原则。① 将比例原则适用于无效合同的判断过程中，要求认定合同无效的后果于规范目的相比较，应当合比例、适度、合理，确定宣告无效作为一种手段是否与规范目的相称。尤其是运用比例原则需要判断按照合同履行，对法律的强制性规定之立法目的实现的影响程度。如果当事人订立的合同将对法律的强制性规定的立法目的产生重大影响，甚至导致该立法目的无法实现，则应当认定该合同无效；相反，如果合同的内容或者履行虽然违反了法律的强制性规定，但其影响程度显著轻微，或者可以通过其他方式实现立法目的，在此情形下，就没有必要依据该强制性规定认定合同无效。

3. 不违反法律、行政法规强制性规定的典型情形

为了进一步明确强制性规定的具体类型，《合同编通则解释》第16条第1款规定还列举了合同不违反法律、行政法规强制性规定的典型情形，具体而言：

第一，强制性规定虽然旨在维护社会公共秩序，但是合同的实际履行对社会公共秩序造成的影响显著轻微，认定合同无效将导致案件处理结果有失公平公正。在此情形下，人民法院可以认定该合同不因违反强制性规定而无效，适用该规则应当符合如下条件：一是根据违反强制性规定的情节、后果，能够认定合同的实际履行对社会公共秩序造成的影响显著轻微。二是认定合同无效反而会导致案件处理结果有失公平。例如，依据相关法律规定，销售种子必须获得行政许可，某水果店在未取得种子销售许可的情形下擅

① 参见郑晓剑：《比例原则在民法上的适用及展开》，载《中国法学》，2016（2）。

自出售种子，就违反了相关强制性规范，但是该水果店出售的种子符合销售要求，且农民已经将该种子播种，擅自出售种子的行为给公共利益造成的损害并不严重，但宣告买卖种子的合同无效，则会给农民的利益造成损害。

第二，强制性规定旨在维护政府的税收、土地出让金等国家利益或者其他民事主体的合法利益，而不是为了维护合同当事人的民事权益，认定合同有效不会影响该规范目的的实现。一方面，法律、行政法规的强制性规定与当事人之间合同的效力并无直接关联，其并非针对合同的效力。另一方面，强制性规定的目的在于维护政府的税收和土地出让金，而非合同当事人的民事权益。在这种情形下，如果合同有效有利于维护政府的税收、土地出让金等利益，就不应当认定合同无效。例如，在当事人通过"阴阳合同"规避税收的场合，"阳合同"因构成虚假意思表示，应当被认定为无效，但"阴合同"所约定的劳务报酬比较高，如果认定合同有效，反而有利于国家税收的实现，因此，此类合同虽然违反了强制性规定，但不宜直接认定合同无效。

第三，强制性规定旨在要求当事人一方加强风险控制、内部管理等，对方无能力或者无义务审查合同是否违反强制性规定，认定合同无效将使其承担不利后果。例如，《商业银行法》第 39 条关于资产负债比例的规定旨在加强银行的风险控制和内部管理，某银行违反资产负债比例规定而给相关的借款人发放了大笔借款，此后银行提出该合同因违反了《商业银行法》的规定而应当被宣告无效。鉴于银行发放贷款的行为虽然违反了上述规定，但上述规定在性质上只是有关银行内部风险控制的规定，借款人难以知晓且借款人对商业银行是否违反该强制性规定难以审查，也无审查义务，如果因此认定合同无效，对其也极不公平①，此时，就不应仅因银行违反该规定就认定合同无效。

第四，当事人一方虽然在订立合同时违反强制性规定，但是在合同订立后其已经具备补正违反强制性规定的条件却违背诚信原则不予补正。该项规定包含两个要件：一是行为人虽然违背了强制性规定，但属于效力可以补正的合同。例如，建设单位在售房时虽然没有取得销售许可，而与买受人订立了房屋买卖合同，但是在合同订立后，建设单位已经具备取得销售许可条件的，即属于可以补正的行为。二是在一方可以对违反强制性规定的条件予以补正的情形下，其违反诚信原则不予补正。在此情形下，也不宜否定合同的效力，否则可能鼓励当事人实施违背诚信原则的行为。②

第五，法律、司法解释规定的其他情形。鉴于实践中违反强制性规定而不宜否定合同效力的情形较多，难以一一列举，该项设置了兜底条款，保持了该规则的开放性。③例如，依据《民法典》第 706 条的规定，当事人订立房屋租赁合同后，未依法办理备案登记，该行为也不应影响房屋租赁合同的效力。

4. 履行行为违法不当然导致合同无效

合同无效主要是指合同的内容因违反法律、行政法规的强制性规定而被宣告无效，

---

① 参见最高人民法院民事审判第二庭、研究室编著：《最高人民法院民法典合同编通则司法解释理解与适用》，197 页。

② 参见最高人民法院起草小组：《〈关于适用民法典合同编通则若干问题的解释〉的理解与适用》，载《人民司法》，2024 (1)。

③ 参见最高人民法院民事审判第二庭、研究室编著：《最高人民法院民法典合同编通则司法解释理解与适用》，198 页。

但一般不涉及合同的履行行为。合同的履行通常发生在合同生效后，其与合同效力的判断一般并不存在直接关联，因此，合同履行行为违法并不当然导致合同无效。依据《合同编通则解释》第 16 条第 2 款的规定，如果法律、行政法规的强制性规定旨在规定合同履行行为，则通常不能以履行行为违反强制性规定，而认定合同无效。例如，《中华人民共和国道路运输条例》第 34 条明确禁止了货物运输超载行为，但该规则旨在规范合同履行行为，因此运输车辆超载是合同订立后承运人的履行行为违法，而不等于运输合同本身违法，因此，对其履行合同可以依法追究其相应的行政责任，但不宜宣告合同无效。

合同履行行为违法之所以不当然导致合同无效，主要是因为：一方面，合同无效主要是涉及合同内容违法，要区分合同履行中的行为和合同约定本身，合同履行行为违反强制性规定，而合同内容并不违反强制性规定的，不能直接认定合同无效。[①] 另一方面，针对履行违法行为，民事上可以通过合同解除等方式，甚至行政上通过公法责任来追究相关行为人的责任，不宜通过认定无效的方式来解决争议。当然，如果合同履行必然导致违反强制性规定或者法律、司法解释另有规定的除外。

5. 违反赋权性规定并不当然导致合同无效

所谓赋权性规范，是指违反该规范仅构成逾越权限，并在未得到公司追认的情况下不发生效力，而非必然无效。赋权性规范解释理论主要着眼于解决对权利的设定与限制问题，未能提供判断合同效力的依据。关于当事人订立合同违反赋权性规范的效力，《合同编通则解释》第 18 条规定，法律、行政法规的规定旨在限制或者赋予民事权利，行为人违反该规定将构成无权处分、无权代理、越权代表等，或者导致合同相对人、第三人因此获得撤销权、解除权等民事权利的，人民法院应当依据法律、行政法规规定的关于违反该规定的民事法律后果认定合同效力。依据该规定，当事人订立合同违反赋权性规定并不当然导致合同无效，因为：一方面，赋权性规定虽然有“应当”“必须”或者“不得”等表述，性质上也属于强制性规范，但其主要是针对当事人的行为自由作出的规定，其通常并不涉及公共利益的维护问题。因此即便不符合相关赋权性规范的要求，也没有损害公共利益，因此，不宜宣告合同无效。另一方面，关于违反赋权性规定的后果，法律通常都有相应的规定，应当适用相关的规则认定其效力。例如，代理人不履行职责，造成被代理人损害，应当依据《民法典》第 164 条承担相应的责任。如果将这些行为都认定为无效，则法律关于无权代理、无权代表的规定都将形同虚设。此外，对于一方当事人是否违反了赋权性规则，对方当事人可能并不一定知情，如法律规定的限制代表权，可能是通过内部规定的方式进行的，此时第三人可能并不知悉。如果直接认定无效，可能会导致损害善意第三人的利益。

6. 无权处分并不因此导致合同无效

所谓无权处分，是指当事人不享有处分权而处分他人财产。在买卖合同中，出卖人应当对标的物享有所有权或者处分权，但是，由于标的物交由他人经营管理，或因出租、交付他人管理等原因，经营者、管理者、占有者等未经授权，将标的物转让给他人，便

---

① 参见最高人民法院民事审判第二庭、研究室编著：《最高人民法院民法典合同编通则司法解释理解与适用》，198 页。

形成了无权处分。① 我国《民法典》在总结司法实践经验、借鉴比较法立法经验的基础上，在第 597 条规定“因出卖人未取得处分权致使标的物所有权不能转移的，买受人可以解除合同并请求出卖人承担违约责任”，该条规定无权处分的后果是导致“解除”和“违约责任”，实际上表明买卖合同的效力不因无处分权而受到影响。《合同编通则解释》第 19 条第 1 款进一步完善了《民法典》的上述规则，具体表现在：一是《民法典》第 597 条仅适用于买卖合同，适用范围过于狭窄，而《合同编通则解释》第 19 条第 1 款扩张了无权处分的适用范围，包括“以转让或者设定财产权利为目的订立的合同”，这些合同包括了抵押合同、质押合同、设定用益物权的合同等。二是明确规定无权处分不影响合同的效力，不仅有利于保护当事人的合理信赖，也有利于保护善意买受人的利益，因为在一方实施无权处分行为的情形下，对方当事人可能难以知晓该事实，承认无权处分合同为有效合同，有利于保护当事人的合理信赖，维护交易安全；在无权处分人将财产处分给他人时，规定无权处分合同为有效合同，则买受人可以主张违约责任，请求出卖人赔偿其履行利益损失。此外，有效说可以鼓励未来财产交易。现代社会中的商业交易并非全部建立在对已经获得所有权的标的物的处分之上，在合同订立时，标的物可能尚未生产出来，或所有权仍属于他人，当事人只是就尚未生产出来的物或可从他人处购得的标的物作预先安排，从而加速财产的流动。在这些情形中，如果坚持无权处分合同效力未定，将不利于这种交易模式的展开。

《合同编通则解释》第 19 条虽然确认了无权处分并不因此导致合同无效，但无权处分合同有效并不意味着在完成交付、登记等公示方法后，受让人就可以当然取得相关的财产权利，能否发生财产权的变动，还要进一步确定受让人是否符合善意取得的成立条件。② 依据《合同编通则解释》第 19 条第 2 款的规定，在无权处分的情形下，买受人是否可以取得所有权，取决于买受人取得标的物是否符合《民法典》物权编关于善意取得构成要件的规定。

(四) 违反公序良俗的合同

《民法典》第 153 条第 2 款规定：“违背公序良俗的民事法律行为无效。”违背公序良俗的合同包括两类：一是违背公共秩序的合同。对公共秩序的维护，在法律上大都有明确的规定，危害公共秩序的行为通常也就是违反法律、行政法规的强制性规定的行为。但有时，法律规定并不可能涵盖无遗，因此，《民法典》第 153 条第 2 款可以发挥兜底性的作用。只要合同危害了公共秩序，即使没有现行的法律规定，也应当被宣告无效。二是违背善良风俗的合同。善良风俗也被称为社会公共道德，它是指由社会全体成员所普遍认许、遵循的道德准则。各国立法禁止实施违背善良风俗的行为，因为“人们不得通过法律行为，使不道德的行为变成法律上可强制要求履行的行为”③。《合同编通则解释》第 17 条对公序良俗条款的适用作出了细化规定。

---

① 参见崔建远：《无权处分辩：合同法第 51 条规定的解释与适用》，载《法学研究》，2003 (1)。

② 参见最高人民法院起草小组：《〈关于适用民法典合同编通则若干问题的解释〉的理解与适用》，载《人民司法》，2024 (1)。

③ [德] 迪特尔·梅迪库斯：《德国民法总论》，邵建东译，511 页。

（1）法律、行政法规的强制性规定优先于公序良俗条款而适用。《合同编通则解释》第 17 条规定，“合同虽然不违反法律、行政法规的强制性规定”，但违背公序良俗的，可根据《民法典》第 153 条判断合同无效。从该条规定可见，法官在判断合同无效时，首先应当寻找法律、行政法规的强制性规定，如果存在强制性规定，就应该据此来判断，只有在无法找到具体的强制性规定时，才需要判断合同违背公序良俗。因为公序良俗具有高度抽象性和概括性，而法律法规的强制性规定具有具体针对性，所以应优先适用《民法典》第 153 条第 1 款关于违法无效的规定。

（2）不确定概念的类型化。对违背公序良俗的行为进行类型化区分的功能和作用体现在两个方面。一方面，从法律适用角度来看，类型化方法可以解决作为不确定概念的公序良俗的统一适用。由于对公序良俗内涵的理解因人而异，有必要通过类型化的方法明确公序良俗的内涵和适用范围，为法官提供初步的判断指引。将公序良俗条款具体化为各种案型，法官就可以结合具体类型来判断公序良俗的范围，从而结合其他因素来判断合同效力。另一方面，从法律关系当事人的角度而言，类型化有利于保障交易当事人的合理预期，从而维护意思自治。

依据该解释第 17 条的规定，违背公序良俗合同的具体类型如下：

第一，合同影响政治安全、经济安全、军事安全等国家安全。公共秩序通常可以分为国家安全和社会公共秩序，因此国家安全是公共秩序的重要内容。《合同编通则解释》第 17 条第 1 款第 1 项是总体国家安全观的具体体现。国家安全是公共利益的重要内容，损害国家安全的民事法律行为，当然违背了公序良俗。例如，未依法取得放贷资格的出借人，反复以营利为目的向社会不特定对象提供借款的，就可能损害国家金融安全，进而应当被认定为合同无效。

第二，合同影响社会稳定、公平竞争秩序或者损害社会公共利益等违背社会公共秩序。典型的社会公共秩序包括公平竞争秩序，因为市场经济以公平竞争秩序为保障。然而，在当前市场主体间竞争日益激烈的背景下，各类不正当竞争行为已经出现，对公平竞争市场秩序带来新的冲击。例如，约定串通投标或者围标的合同，分割市场、封锁市场的协议，限制销售价格、进货渠道的协议等等，均构成对公平竞争秩序的损害。[①] 这就需要借助公序良俗否定相关行为的效力，以维护公平竞争秩序。对于这一类合同约定，在缺乏强制性法律和行政法规的情况下，均可依据违反公序良俗否定合同效力。

第三，合同背离社会公德、家庭伦理或者有损人格尊严等违背善良风俗的。公序良俗主要将公共道德和家庭伦理纳入其中，但社会道德伦理过于宽泛，需要通过类型化以保障公序良俗条款的准确适用。依据《合同编通则解释》第 17 条第 1 款第 3 项，违背良俗可以包括如下类型：一是违反社会公德。[②] 良俗通常是指公共道德，但就判断合同无效的标准而言，并非所有违背道德的法律行为都是无效的。尤其是在商事交易中，违背一般的商业道德的行为，如缺斤短两、以次充好等，并不一定需要通过法律行为无效的

---

① 参见《加强反垄断和反不正当竞争司法 维护市场公平竞争法治秩序》，载《人民法院报》2022 年 11 月 18 日，第 001 版。

② 参见［德］迪特尔·梅迪库斯：《德国民法总论》，邵建东译，511 页。

方式予以救济，完全可以通过其他方式提供救济。而如果违反社会公德较为严重，有必要否定行为效力。二是违背家庭伦理。家庭伦理是构建和谐稳定家庭秩序的基础，也是社会公共秩序的重要根基。我国民法所规定的公序良俗原则不仅适用于一般合同类型，也适用于人身关系上的协议。违背婚姻家庭伦理的行为具体表现为违反婚姻伦理、违反家庭伦理、妨害婚姻自由、违反有关收养关系以及违反性道德的行为等。例如，当事人之间订立的否认亲属关系的协议、夫妻间订立的子女只能随父或母一方姓氏的协议、被继承人死亡前继承人预立的将来分割遗产的协议、赡养义务人与被赡养人约定的不承担赡养义务的协议等等均构成对家庭伦理的违反，即便缺乏法律和行政法规的禁止性规定，也应当认定为无效。三是有损人格尊严。我国《民法典》秉持以人民为中心的理念，在价值理念上不仅确立了保护弱势群体、维护个人人格尊严等人文关怀的理念，而且当人文关怀理念与私法自治价值发生冲突时，优先保护生命健康，优先维护人身自由、人格尊严。所以双方关于一方可以侵害对方生命、健康权益的约定都应当是无效的。在实践中，曾经发生双方约定“工伤概不负责”的“生死条款”，应当被认定为无效。

需要指出的是，《合同编通则解释》第 17 条保持了公序良俗类型的开放性，其列举的三项情形都采用了“等”的表述。这是因为不确定概念的不确定性还表现在其发展的、变动的属性上。因此，其在内涵和外延上始终保持了开放性。

（3）综合考虑法定因素。鉴于公序良俗乃是不确定概念，赋予了法官过大的自由裁量权，为了避免该条款被滥用，《合同编通则解释》第 17 条第 2 款规定了认定合同违背公序良俗的考量因素：一是以社会主义核心价值观为导向。二是综合考虑当事人的主观动机和交易目的、政府部门的监管强度、一定期限内当事人从事类似交易的频次、行为的社会后果等因素。三是在裁判文书中充分说理。四是当事人确因生活需要进行交易，未给社会公共秩序造成重大影响，且不影响国家安全，也不违背善良风俗的，法院不应当认定合同无效。强调综合认定，强化说理，从而限制法官的自由裁量。

总之，由于公序良俗条款过于概括和抽象，难免在适用中给予法官过大的自由裁量权，造成同案不同判现象，《合同编通则解释》第 17 条通过明确公序良俗的适用顺位、对公序良俗类型化、综合考量法定因素等措施，并通过裁判中的充分说理，来保障公序良俗条款的准确适用。

（五）恶意串通的合同

恶意串通的合同是指双方当事人非法串通在一起，订立合同，造成国家、集体或第三人利益损害的合同。例如，招标人与某一投标人恶意串通，导致其他投标人未能中标，损害其他投标人利益。《民法典》第 154 条规定：“行为人与相对人恶意串通，损害他人合法权益的民事法律行为无效。”法律上作出此种规定的原因在于，在恶意串通的合同中，行为人的行为具有明显的不法性。恶意串通的合同的构成要件是：

第一，当事人订立合同是出于恶意。恶意是指当事人明知其所订立的合同将造成对国家、集体或者第三人的损害而故意为之。“恶意”在民法上有两种含义：一是明知，即行为人对其行为的相关客观情况是明知的，至于其主观上是否有加害他人的故意，则不予考虑。此种恶意既包括积极的侵害（直接故意），也包含对侵害后果的放任（间接故意）。这种恶意，也可以被称为故意。二是明知且具有损害他人的意图，即行为人不仅明知相关的客观事实，而且在实施行为时主观上有侵害他人的故意。对此种意义上的恶意而言，行为人具有加害他人的不良动机，且必须是民事法律行为的当事人主观上具有损害第三人合法权益的故意。相比较恶言，第二种意义上的恶意的主观恶性更大。① 本书认为，在恶意串通的情形下，行为人实施民事法律行为具有损害第三人的意图，因此，其应当属于第二种意义上的恶意。关于当事人的恶意的举证责任，应当由受害人承担。

第二，当事人之间互相串通。所谓串通，是指行为人与相对人在主观意思与客观行为上相互配合、彼此勾结，积极追求恶意损害他人权益的结果。② 串通的举证至少包括两个方面的内容：一方面，当事人之间存在意思联络，即都希望通过实施某种行为而损害他人的合法权益，且进行了意思的串通。共同的意思联络既可以表现为当事人事先达成一致的协议，也可以是一方作出意思表示，而对方或其他当事人明知实施该行为所达到的目的非法，而以默示的方式表示接受。另一方面，当事人在客观上互相配合或者共同实施了该非法的民事法律行为。例如，为了逃避侵权责任的承担，侵权责任人与其近亲属签订合同，以极低的价格出售其不动产。

第三，恶意串通的合同损害了他人合法权益。损害第三人利益的情形应当区分为是损害特定的第三人还是不特定的第三人，如果损害的是不特定的第三人的利益，实质上损害的是公共秩序，应当依据《民法典》第 153 条第 2 款认定该法律行为绝对无效。而如果损害的是特定的第三人的利益，则应当适用《民法典》第 154 条，认定其属于相对无效的民事法律行为，只能由该受害的第三人主张无效。因此，此处的损害是指特定的第三人损害，而不是国家利益、集体利益意义上的抽象利益损害。损害包括现实的损害和可能发生的损害。例如，招标人与某一投标人恶意串通，导致其他投标人未能中标，其他投标人可能在投标中支付了一定的成本，如保证金、制作招投标文本的费用、参与招投标的成本等，因为未中标而导致这些成本不能收回，就是现实的损害，而其他投标人在中标之后可能获得的利润，就是可能发生的损害。可能发生的损害是有实际可能能够获得的利润损失。

第六节　可撤销合同

一、可撤销合同的概念

“撤销”一词，在民法上的运用十分广泛，有意思表示的撤销、法律行为的撤销、非法律行为的撤销等多种情况。所谓可撤销合同，是指当事人在订立合同时，因意思表示不真实，法律允许撤销权人通过行使撤销权而使已经生效的合同归于无效。例如，因重大误解而订立的合同，误解的一方有权请求法院撤销该合同。

---

① 参见茅少伟：《论恶意串通》，载《中外法学》，2017 (1)，157 页。

② 参见朱广新：《恶意串通行为无效规定的体系地位与规范构造》，载《法学》，2018 (7)，138 页。

可撤销合同主要是意思表示不真实的合同。由于可撤销合同主要涉及当事人意思表示不真实的问题，而当事人意思表示是否真实，局外人难以判断，即使局外人已得知一方当事人因意思表示不真实而受到损害，当事人不主动提出撤销而自愿承担损害的后果，法律也应允许此类合同有效。所以，法律要将是否主张撤销的权利赋予撤销权人，由其决定是否撤销合同。对此类合同的撤销问题，法院应采取不告不理的态度。如果当事人不主张撤销权，法院不能主动地宣告合同的撤销。对于可撤销合同，撤销权人有权决定是否提出撤销。如果撤销权人未在规定的期限内行使撤销权，或者撤销权人仅仅要求变更合同的条款，并不要求撤销合同，则可撤销合同仍然有效，当事人仍应依合同规定履行义务。任何一方不得以合同具有可撤销的因素为由而拒不履行其合同义务。

《民法典》对可撤销民事法律行为的撤销权的存续期间作出了更细致也更科学的规定。依据该法第 152 条，撤销权于下列情形消灭：当事人自知道或者应当知道撤销事由之日起 1 年内、重大误解的当事人自知道或者应当知道撤销事由之日起 3 个月内没有行使撤销权；当事人受胁迫，自胁迫行为终止之日起 1 年内没有行使撤销权；当事人知道撤销事由后明确表示或者以自己的行为表明放弃撤销权；无论当事人是否知道，自民事法律行为发生之日起 5 年内没有行使撤销权。

二、可撤销合同的种类

（一）基于重大误解订立的合同

《民法典》第 147 条规定：“基于重大误解实施的民事法律行为，行为人有权请求人民法院或者仲裁机构予以撤销。”所谓重大误解的民事法律行为，是指一方因自己的过错而对民事法律行为的内容等发生误解而从事的某种民事法律行为。误解直接影响到当事人所应享有的权利和承担的义务。误解既可以是单方面的误解（如出卖人误将某一标的物当作另一物），也可以是双方的误解（如买卖双方误将本为复制品的油画当成真品买卖）。

发生重大误解的合同的成立需要具备如下条件：

一是表意人对合同的内容等发生了重大误解。《总则编解释》第 19 条第 1 款规定：“行为人对行为的性质、对方当事人或者标的物的品种、质量、规格、价格、数量等产生错误认识，按照通常理解如果不发生该错误认识行为人就不会作出相应意思表示的，人民法院可以认定为民法典第一百四十七条规定的重大误解。”可见，该条采纳了传统大陆法的模式，即只要是表意人的错误，无论相对人是否存在过错，表意人都可以撤销。当然，误解必须是重大的，在客观上实质性地影响到当事人的权利义务。一般来说，重大误解是指对民事法律行为的主要内容发生误解，而不是对次要内容发生误解，正是因为这一原因，才直接影响到当事人所应享受的权利和承担的义务。除对上述情况发生误解以外，对标的物的包装、履行方式、履行地点、履行期限等内容的误解，如果未能影响当事人的权利义务或订约目的的实现，则一般不应作为重大误解。

二是表意人因为误解作出了意思表示。构成因重大误解而订立合同，不仅要求表意人内心出现了重大误解，而且要求表意人因为该误解作出了意思表示。这就是说，表意人的错误认识与其作出意思表示之间具有因果关系。尽管误解在客观上是重大的，但如果一个合理的人在了解到真实情况后，仍然会从事该行为，则不能认为该误解是重大的。①《总则编解释》第19条第1款采用“按照通常理解如果不发生该错误认识行为人就不会作出相应意思表示”的表述，实际上也包含了此种含义。②

三是误解是由误解方自己的过错造成的，而不是因为受他人的欺骗或不正当影响造成的。在通常情况下，误解都是由意思表示受领人的过错造成的，即因其不注意、不谨慎造成的。

我国《民法典》中的重大误解是从受领人的角度出发，因而与传统大陆法系中的错误制度虽然相似，但是并不完全相同。在此需要讨论的是，在由于行为人自身的原因发生错误时，行为人能否撤销合同的问题。对于这一问题，大陆法系各国的规定并不一致。本书认为，如果错误重大，在发生错误后完全背离了当事人订立合同的目的，则可以认为行为人有权撤销合同，但是由此给相对人造成损害的，应当承担赔偿责任。

（二）因受欺诈而订立的合同

1. 因相对人欺诈而订立的合同

《民法典》第148条规定：“一方以欺诈手段，使对方在违背真实意思的情况下实施的民事法律行为，受欺诈方有权请求人民法院或者仲裁机构予以撤销。”一般而言，欺诈是指一方当事人故意告知对方虚假情况，或者故意隐瞒真实情况，诱使对方当事人作出错误意思表示的行为。因欺诈而订立合同，是在受欺诈人因欺诈行为发生错误认识而作出意思表示的基础上产生的。可撤销的因欺诈行为而订立的合同须具备以下条件：

第一，欺诈方具有欺诈的故意。所谓欺诈的故意，是指欺诈的一方明知自己告知虚假情况或隐瞒真实情况会使被欺诈人陷入错误认识，而希望或放任这种结果的发生。

第二，欺诈方实施欺诈行为。所谓欺诈行为，是指欺诈方将其欺诈故意表示于外部的行为。《总则编解释》第21条规定：“故意告知虚假情况，或者负有告知义务的人故意隐瞒真实情况，致使当事人基于错误认识作出意思表示的，人民法院可以认定为民法典第一百四十八条、第一百四十九条规定的欺诈。”依据该规定，欺诈包括两类行为：一是积极欺诈行为，它是一方故意告知虚假情况，诱使另一方当事人作出错误意思表示的行为。行为人积极实施欺诈行为，要么是捏造根本不存在的事实，要么是对客观事实进行了更改或部分伪造。③二是消极欺诈行为，又被称为不作为欺诈行为、沉默欺诈行为，它是指负有告知义务的人故意隐瞒真实情况，即行为人有义务向他方如实告知某种真实的情况而故意不告知。这就是说，行为人如果依照法律规定、诚信原则、交易习惯等负有告知义务而不告知，也构成欺诈。④

第三，被欺诈的一方因欺诈而陷入错误认识。受害人基于虚假的信息而对合同内容发生了错误认识，如因误信对方的假药宣传而将假药当成了真药。

---

① 参见《国际商事合同通则》第3.2.2条、《德国民法典》第119条。

② 参见贺荣主编：《最高人民法院民法典总则编司法解释理解与适用》，301页，北京，人民法院出版社，2022。

③ 参见杨代雄：《法律行为论》，315页，北京，北京大学出版社，2021。

④ 参见杨代雄：《法律行为论》，317页。

第四，被欺诈人因错误认识而作出了意思表示。被欺诈人在因欺诈发生了错误认识以后，基于错误的认识作出了意思表示并订立了合同。这就表明欺诈行为与受害人的不真实的意思表示之间具有因果联系。如果被欺诈人虽因欺诈行为陷入错误认识，但并未作出意思表示，则不能认为构成欺诈。

2. 因第三人欺诈而订立的合同

所谓因第三人欺诈而订立的合同，是指因第三人实施欺诈行为而使当事人一方在违背真实意思的情况下订立的合同。《民法典》第149条规定："第三人实施欺诈行为，使一方在违背真实意思的情况下实施的民事法律行为，对方知道或者应当知道该欺诈行为的，受欺诈方有权请求人民法院或者仲裁机构予以撤销。"因第三人欺诈构成可撤销的合同应当符合如下条件：一是必须是第三人实施了欺诈行为。第三人欺诈中的"第三人"应当是当事人以外的第三人，如果是当事人之间实施欺诈行为，则不构成第三人欺诈。二是受欺诈方因为第三人的欺诈行为而订立合同。在第三人实施了欺诈行为后，受欺诈方因该欺诈而作出了意思表示。三是相对人知道或者应当知道该欺诈行为。在第三人实施欺诈行为的情形下，为了保护交易安全，不应当一概允许受欺诈方主张撤销合同。因此，《民法典》第149条将相对人知道或者应当知道该欺诈行为作为受欺诈方撤销合同的条件。

(三) 因受胁迫而订立的合同

《民法典》第150条规定："一方或者第三人以胁迫手段，使对方在违背真实意思的情况下实施的民事法律行为，受胁迫方有权请求人民法院或者仲裁机构予以撤销。"依据《民法典》第150条的规定，因受胁迫而订立的合同包括一方或者第三人实施胁迫，受胁迫方因此所订立的合同。

因胁迫而订立的合同，构成可撤销的合同，应当符合如下条件：

第一，一方或者第三人实施了胁迫行为。胁迫是以将来要发生的损害或以直接施加损害相威胁，使对方产生恐惧并因此而作出的行为。依据《全国法院贯彻实施民法典工作会议纪要》的规定，以给自然人及其亲友的生命、身体、健康、名誉、荣誉、隐私、财产等造成损害或者以给法人、非法人组织的名誉、荣誉、财产等造成损害为要挟，迫使其作出不真实的意思表示的，可以认定其构成胁迫。

依据《总则编解释》第22条的规定，胁迫行为的构成要件为：一是以将要发生的损害相威胁。就自然人而言，是指涉及生命、身体、财产、名誉、自由、健康、信用等方面的损害；就法人或非法人组织而言，不仅包括对法人、非法人组织财产权益的损害，而且包括对法人、非法人组织名誉、荣誉的损害。二是胁迫者以直接面临的损害相威胁。也就是说，胁迫者通过实施某种不法行为，形成对对方当事人及其亲友人身损害和财产损害的威胁，从而迫使对方作出民事法律行为，如对对方施行暴力（殴打、肉体折磨、拘禁等）、散布谣言、毁损房屋等。当然，将来发生的损害必须是受胁迫者可以相信将要发生的情况，并足以使受胁迫者感到恐惧、害怕。三是虽然胁迫的对象是相对人，但胁迫的内容既包括对相对人本人的损害，也包括对相对人近亲属等主体的损害。如果一方所实施的将要造成损害的威胁是毫无根据、根本不可能发生的，受胁迫者根本不相信，这也就不会使受胁迫者感到恐惧，从而不构成胁迫。但只要受胁迫者在当时情况下相信损害将要发生，就可以构成胁迫。

第二，受胁迫方因胁迫而订立了合同。《总则编解释》第 22 条中的“迫使其基于恐惧心理作出意思表示”是指受胁迫方实施民事法律行为必须与胁迫行为之间具有因果关系。也就是说，表意人因为受到胁迫而产生恐惧心理，并在此种心理状态的支配下订立了合同。

第三，胁迫行为是非法的。胁迫行为给对方施加了一种强制和威胁，此种威胁必须是非法的、没有法律依据的。如果一方有合法的根据对另一方施加某种压力，则不构成胁迫。例如，合同订立以后，一方拒不履行合同，另一方以将要提起诉讼等合法手段向对方施加压力，要求其履行合同的，不构成胁迫。

需要指出的是，我国《民法典》关于第三人胁迫的规定，与第三人欺诈有所不同。在第三人欺诈的情形下，要求相对人“知道或者应当知道”该欺诈行为，受欺诈人才可以主张撤销。而在第三人胁迫的情形下，无论相对人是否知道胁迫的存在，受胁迫人都可以主张撤销。从比较法上来看，存在统一模式和区分模式。统一模式认为，应当对第三人欺诈和第三人胁迫统一作出规定，一概采取当事人知道或者应当知道标准。① 而区分模式认为，这两种情形要分别规定，不必要件一致。② 我国《民法典》采取了区分模式。笔者认为，这一做法具有一定的合理性。因为相较于胁迫而言，欺诈的恶性较低，所以要求其证明“对方知道或者应当知道该欺诈行为”是有必要的。但是，在胁迫的情形下，胁迫人的恶意更大，受害人的自由意志受到的侵害更为严重，所以，受害人应当得到更充分的保护。法律上不要求其证明对方当事人知道或者应当知道胁迫行为的存在，这是合理的。

（四）显失公平的合同

所谓显失公平的合同，是指一方在订立合同时因情况紧迫或缺乏经验而订立了对自己有重大不利的合同。《民法典》第 151 条规定：“一方利用对方处于危困状态、缺乏判断能力等情形，致使民事法律行为成立时显失公平的，受损害方有权请求人民法院或者仲裁机构予以撤销。”依据该条规定，显失公平合同的构成要件，应包括客观和主观两个方面：

（1）客观要件。客观要件是指当事人的给付与对待给付之间失衡或造成利益不平衡。依据《民法典》第 151 条的规定，只有合同成立时显失公平，表意人才能主张撤销。一是双方当事人的利益明显失衡。也就是说，交易的结果对双方的利益是明显不平衡的，即一方得到的给付明显多于另一方得到的给付。有关利益平衡或不平衡问题，应根据各种交易关系的具体情况加以认定，特别是要通过考虑供求关系、价格的涨落、交易习惯等各种因素而决定。二是必须是合同成立时显失公平。也就是说，这种利益的失衡发生于合同成立时，如果在合同成立时不构成显失公平，而在履行阶段显失公平，则表意人

① 参见《欧洲合同法原则》第 4：111 条、《商事合同通则》第 3.2.8 条。

② 参见《德国民法典》第 123 条第 2 款、《法国民法典》第 1138 条第 1 款。

不得依据《民法典》第151条主张撤销合同。

（2）主观要件。主观要件是指在订立合同时一方具有利用优势地位或利用对方轻率、无经验等而与其订立显失公平合同的故意。具体来说，主观要件分为如下几种情况：一是利用危困状态。一般是指利用某人陷入某种暂时性的急迫困境，从而急需金钱或有其他急需的状态。例如，某人的家人突患重病，急需交付医药费、住院费等，如果有人利用这种急需要求其以极低的价格出售房屋，则有可能构成显失公平。二是利用对方缺乏判断能力。所谓缺乏判断能力，主要是指欠缺一般的生活经验或交易经验；通常是指对于合同性质、合同效果以及交易存在的特定风险，缺乏相应的认知能力。例如，金融机构的从业人员向判断能力较弱的老年人高价兜售交易极为复杂、风险极高而收益较低的金融理财产品，即可以认定为利用了老年人缺乏判断能力。① 《合同编通则解释》第11条对显失公平的主观构成要件"缺乏判断能力"作出了细化规定，依据该规定，缺乏判断能力的主体是自然人，判断时点应当是合同订立时。在考量是否缺乏判断能力时，首先应当考虑当事人自身的因素，如当事人的年龄、智力、知识、经验，其次要考量所涉交易的复杂程度。此外，还应当将两者结合起来，确定行为人能否对具体交易的复杂程度、合同性质、法律后果、特定风险等具有必要的认知能力。如果缺乏判断能力、符合显失公平要件时，受损害方可以请求撤销。此外，除上述情形外，该条使用了"等"字这一表述，表明除了利用对方处于危困状态、缺乏判断能力等情形，如果存在其他类似影响当事人意思自由的情形，表意人也应当有权主张撤销合同。

三、合同不成立、无效、被撤销或者确定不发生效力的后果

依据《民法典》第155条，无效的或者被撤销的民事法律行为自始没有法律约束力。因此，合同被确认无效和被撤销以后，将溯及既往，自合同成立之日起就是无效的，而不是从确认合同无效之时起无效。尤其是对无效合同来说，因其在内容上具有不法性，当事人即使在事后追认，也不能使这些合同生效。一旦合同被确认无效和被撤销，合同关系将不再存在，原合同对当事人不再具有任何约束力，当事人也不得基于原合同而主张任何权利或享受任何利益。合同被确认无效或被撤销之后，应当依据《民法典》第157条产生返还财产和赔偿损失等后果。

（一）返还财产

《民法典》第157条规定："民事法律行为无效、被撤销或者确定不发生效力后，行为人因该行为取得的财产，应当予以返还；不能返还或者没有必要返还的，应当折价补偿。有过错的一方应当赔偿对方由此所受到的损失；各方都有过错的，应当各自承担相应的责任。法律另有规定的，依照其规定。"因此，合同无效或者被撤销后，因该合同取得的财产，应当予以返还；不能返还或者没有必要返还的，应当折价补偿。所谓返还财产，是指一方当事人在合同被确认无效或被撤销以后，对其已交付给对方的财产享有返

① 参见李适时主编：《中华人民共和国民法总则释义》，474页。

还请求权，而已经接受对方交付的财产的，负有返还对方的义务。具体来说，在合同被宣告无效或者被撤销后，当事人返还财产的对象仅限于原物及因原物所产生的孳息，返还的目的是使所有人恢复其对原物的占有。根据《合同编通则解释》第 24 条第 1 款的规定，返还财产既包括标的物占有的返还，也包括不动产登记簿册的更正等。这就是说，对动产而言，返还财产指的是返还该动产的占有，而对不动产而言，返还财产除包括返还该不动产的占有外，还应当包括更正不动产登记簿，从而使当事人的利益恢复到订约前的状态。当然，返还原物必须以原物依然存在为要件；若原物已灭失，返还原物在客观上已不可能，所有权人只能要求赔偿损失，而不能要求退还原物。但若适用不当得利责任，以受益人获利为标准，则不论原物是否存在，只要受益人获得利益，就应负返还责任。受益人在占有原物以后因占有、使用原物致原物毁损，或已改变形态，或转化成货币，受益人从占有原物中获得利益的，仍应负返还责任。如果当事人接受的财产是实物或货币，原则上应返还原物或货币，不能以货币代替实物或以实物代替货币。当事人接受的财产是劳务或利益，在性质上不能恢复原状的，应以当时国家规定的价格折合成货币返还；没有国家规定价格的，以市场价格或同类劳务的报酬标准折合成货币返还。

相互返还财产实际上在当事人之间成立了债的关系，双方互负债务，各自的给付构成对待给付。一方面，因为双方形成了对待给付的义务，应当适用同时履行原则。《合同编通则解释》第 25 条第 2 款规定，“双方互负返还义务，当事人主张同时履行的，人民法院应予支持”；据此，在双方互负返还义务的情形下，一方未履行自己的返还义务而要求对方履行时，另一方有权提出抗辩。① 另一方面，如果符合法定抵销的规则，可以依法予以抵销。依据《合同编通则解释》第 25 条第 2 款的规定，在合同被确认无效、被撤销或者确定不发生效力后，占有标的物的一方如果对标的物存在使用或者依法可以使用的情形，则对方有权依法主张标的物使用费，其与对方的资金占用费均为金钱债务，可以依法抵销，即当事人有权主张在相应的范围内予以抵销。

（二）折价补偿

所谓折价补偿，是指合同被宣告无效后，一方当事人基于合同而取得的对方的财产如果不能返还或者没有必要返还，可以按照该财产的价值进行折算，以金钱的方式对对方当事人进行补偿的责任形式。②《民法典》第 157 条中规定，“不能返还或者没有必要返还的，应当折价补偿”，这就确定了折价补偿的条件。依据该条规定，折价补偿主要适用于以下两种情形：第一，财产不能返还。在财产不能返还或者没有必要返还时，可以按照该财产的价值进行折算，采取金钱补偿的方式使财产关系恢复原状。③ 财产不能返还包括两种情形：一是事实上不能返还，即履行的标的物已经发生毁损、灭失或已经发生混合、附合等情形，客观上无法返还；二是法律上不能返还，即债权人接受标的物之

① 参见最高人民法院民事审判第二庭、研究室编著：《最高人民法院民法典合同编通则司法解释理解与适用》，294 页。

② 参见庞景玉、何志：《合同纠纷裁判依据新释新解》，134 页。

③ 参见最高人民法院民事审判第二庭、研究室编著：《最高人民法院民法典合同编通则司法解释理解与适用》，280 页。

后将其转让，第三人因善意取得等情形而取得标的物的所有权。当出现不能返还的情况时，接受履行的一方应负损害赔偿的责任。第二，没有必要返还。所谓没有必要返还，是指返还财产在经济上不具有合理性。例如，返还标的物所需费用过高。

折价补偿在性质上不是损害赔偿，而只是财产关系恢复原状的一种方式。应当自认定合同不成立、无效、被撤销或者确定不发生效力之日，以该财产的市场价值或者以其他合理方式计算的价值为基准确定折价补偿的数额。这就是说，如果应当返还的财产在公开市场有替代物，则应当以该替代物的市场价格折算金钱补偿，无法通过市场价格确定的，可以采取其他合理方式折算金钱补偿。①

在合同被宣告无效、被撤销或者确定不发生效力后，一方占有对方资金的情形下，除了返还资金，还应当支付相应的资金占用费。例如，在借款合同被宣告无效后，当事人应当返还借款，由于合同被宣告无效后，当事人无权主张利息，因此只能通过主张资金占用费的方式填补其损失。对此，《合同编通则解释》第 25 条第 1 款确认了当事人的资金占用费请求权，并根据当事人对合同不成立、无效、被撤销或者确定不发生效力是否有过错，区分确定了相应的资金占用费计算标准，即：有权请求返还价款或者报酬的当事人一方请求对方支付资金占用费的，法院应当在当事人请求的范围内按照中国人民银行授权全国银行间同业拆借中心公布的一年期贷款市场报价利率（LPR）计算。但是，占用资金的当事人对于合同不成立、无效、被撤销或者确定不发生效力没有过错的，应当以中国人民银行公布的同期同类存款基准利率计算。

（三）赔偿损失

依据我国《民法典》第 157 条，合同被确认无效或被撤销以后，将产生损害赔偿的责任。合同无效后的损害赔偿包括两方面：一是在合同订立过程中，因一方恶意谈判、欺诈、泄露商业秘密等给另一方所造成的损失。二是在合同履行过程中非过错的一方因对方的过错（如欺诈、以合法形式掩盖非法目的）所遭受的损失。但损害赔偿的直接目的应当是使受害人达到从未订立合同的效果，合同关系应恢复原状，使当事人达到合同未订立的状态。权利人请求的根据在于其因对方的过错而遭受了信赖利益的损失，即因信赖合同将有效而支付了各种订约和履行费用，而合同无效使这些费用未能补偿，因此其有权要求过错方予以赔偿，而过错方赔偿的范围主要限于因信赖合同将有效而支付的各种订约和履行费用，不应当包括合同在有效的情况下获得的期待利益的损失（如未能获得标的物及利润的损失等）。

依据《合同编通则解释》第 24 条第 2 款，合同不成立、无效、被撤销或者确定不发生效力，当事人还请求赔偿损失的，要综合考量如下因素：一是财产增值收益和贬值损失。例如，财产已经发生添附，就会形成增值收益；再如，汽车因发生事故而造成价值贬损，就会发生贬值。二是交易成本的支出，即当事人在缔约过程中所支出的相关成本。三是双方当事人的过错程度及原因力大小。在确定损害赔偿的范围时，要考虑赔偿义务

① 参见最高人民法院民事审判第二庭、研究室编著：《最高人民法院民法典合同编通则司法解释理解与适用》，282 页。

人的过错。《民法典》第 157 条规定，“有过错的一方应当赔偿对方由此所受到的损失；各方都有过错的，应当各自承担相应的责任。法律另有规定的，依照其规定”。可见，过错是合同无效的赔偿责任的重要构成要件。过错的表现形式有多种，如违反了法律规定、采取了欺诈和胁迫手段、乘人之危等。如果是单方过错，则由有过错的一方向非过错的一方承担因其过错而给对方造成的损失。如果是双方过错，则应适用双方过错原则，即根据双方的过错程度来确定其相应的赔偿责任。例如，一方是故意的而另一方仅为过失，则故意一方的责任应大于过失一方的责任。如果过错程度相当，可以由双方各自承担自己的责任。双方恶意串通，损害国家、集体或第三人利益的，因此取得的财产收归国家所有或者返还集体、第三人。四是诚信原则和公平原则。这就是说，赔偿损失的结果应当符合诚信原则和公平原则。例如，在财产返还和折价补偿之后，损失如何在当事人之间进行公平合理地分配，才能更好地体现诚信原则和公平原则，是法官应当考虑的因素。我国《民法通则》第 61 条第 2 款曾经规定了在此情形下法院可以采取追缴等措施，但在《民法典》编纂中，删除了该项规定，这主要是考虑到其在性质上为行政责任，而非民事责任，因为这一原因，不能适用行政追缴等公法上的措施剥夺行为人的违法获利。因此，法院只能通过提出司法建议等措施来应对此类问题。[①] 由于《民法通则》第 61 条第 2 款、第 134 条第 3 款以及《合同法》第 59 条之规定，民事活动当事人承担的民事法律后果，除通常的民事责任外，还有其他制裁措施，包括收缴非法财产、追缴双方合同所得、罚款和拘留等。《民法典》合同编删除了上述规定，从法律责任性质上看，这些制裁措施具有公法性质，不宜作为民事制裁方式出现在民事法律规范中，但可以归入行政责任或者刑事责任。依据《合同编通则解释》第 24 条第 3 款的规定[②]，在民事诉讼程序中，不能追究行为人的公法责任，应当通过司法建议和线索移交等方式来实现民事责任之外的制裁措施。

四、合同不成立、无效、被撤销或者确定不发生效力情形下的第三人责任

关于合同无效、被撤销等情形下的第三人责任，《民法典》第 157 条并未作出明确规定，而只是规定了民事法律行为当事人的责任。但在第三人实施欺诈、胁迫的情形下，第三人也具有过错，因此，在造成当事人损失的情形下，第三人也应当根据其过错承担赔偿责任。依据《合同编通则解释》第 5 条的规定，在第三人实施欺诈、胁迫行为，使当事人在违背真实意思的情况下订立合同时，受到损失的当事人有权请求第三人承担赔偿责任。该条在规定第三人的赔偿责任时，并不以合同被撤销为条件，但是在实践中，当事人请求第三人承担赔偿责任主要是在合同被撤销之后，因此，该条主要适用于合同

---

① 参见最高人民法院民事审判第二庭、研究室编著：《最高人民法院民法典合同编通则司法解释理解与适用》，286 页。

② 《合同编通则解释》第 24 条第 3 款规定：“合同不成立、无效、被撤销或者确定不发生效力，当事人的行为涉嫌违法且未经处理，可能导致一方或者双方通过违法行为获得不当利益的，人民法院应当向有关行政管理部门提出司法建议。当事人的行为涉嫌犯罪的，应当将案件线索移送刑事侦查机关；属于刑事自诉案件的，应当告知当事人可以向有管辖权的人民法院另行提起诉讼。”

被撤销的情形。同时，依据该条规定，当事人亦有违背诚信原则的行为的，也应当依据其过错承担责任，此种责任并非连带责任。例如，出卖人与第三人合谋欺诈买受人，出卖人也有过错，也应当承担相应的责任。此外，如果法律、司法解释对当事人与第三人的民事责任另有规定，则依照其规定，其主要适用于会计师、审计师等专业机构造成他人损害的责任，此种责任在性质上主要是侵权损害赔偿责任，而不是合同无效、被撤销等情形下的责任，因此应当适用特别规定。

五、合同无效、被撤销等不影响争议解决条款的效力

《民法典》第507条规定："合同不生效、无效、被撤销或者终止的，不影响合同中有关解决争议方法的条款的效力。"这就确立了合同中有关解决争议方法的条款的独立性规则。所谓解决争议的方法，是指将来一旦发生合同纠纷，应当通过何种方式来解决纠纷。按照合同自由原则，选择解决争议的方法也是当事人所应当享有的合同自由的内容。具体来说，当事人可以在合同中约定一旦发生争议以后，是采取诉讼还是仲裁的方式，如何选择适用的法律，如何选择管辖的法院等。当然，解决争议的方法并不是合同的必要条款。如果当事人没有约定解决争议的方法，则在发生争议以后，可以通过诉讼解决。其主要包括以下几种类型：一是仲裁条款，即双方人对争议解决方式以及仲裁机构的选择等；二是鉴定机构的条款，这一条款主要是在建设工程合同中，双方约定一旦就建设工程质量发生争议，如何选择鉴定机构；三是管辖权的约定，主要包括争议是否交由法院进行裁判以及由何地法院管辖。之所以合同未生效、无效或被撤销、终止不影响解决争议方法条款的效力，其主要原因在于，这些条款通常都具有一定的独立性。法律肯定这些条款的独立性的目的在于，避免合同不成立、无效、被撤销或终止时，纠纷无法按照当事人的意思加以解决。

依据《民法典》第507条，合同未生效、无效、被撤销或者终止的，不影响合同中有关解决争议方法的条款的效力，该条确立了有关解决争议方法的条款的独立性原则。这就是说，应当把合同中的解决争议条款与合同中的其他条款看作是两个不同的单独的协议，有关解决争议方法的条款独立于合同的其他条款而存在。尽管其依附于主合同，但其仍然可以与主合同的其他条款分离，独立于它所依附的主合同而存在。因此，有关解决争议方法的条款不因主合同的未生效、无效、被撤销或终止而失效。当主合同发生未生效、无效、被撤销、终止等情形时，合同的当事人依然可以依据合同中的有关解决争议方法的条款解决其争议。例如，依据仲裁协议向仲裁机构申请仲裁，由仲裁机构对他们之间的争议作出裁决。

为什么合同未生效、无效、被撤销或者终止的，不影响合同中有关解决争议方法的条款的效力？其原因在于：

第一，尊重当事人的合同自由。因为当事人约定了有关解决争议方法的条款，就意味着当事人希望通过适用该条款来解决其发生的争议。如果合同因为未生效、无效、被撤销或者终止，有关解决争议方法的条款也失效，则与当事人约定要实现的订约目的不符。

第二，充分发挥作为救济手段和解决纠纷的程序的作用。解决争议条款的独立性原则可以防止当事人拖延纠纷解决程序，能使纠纷得到及时、高效的解决。由于解决争议条款被看作是与主合同或基础合同完全不同的协议，具有独立的性质，因此，即便合同被确认未生效、无效、撤销、解除等，当事人仍然可以依据解决争议条款及时解决其纠纷。反之，如果该解决争议条款失效，则纠纷将难以得到及时解决。

第三，该规则也是比较法上公认的规则。[①] 例如，《销售合同公约》第 81 条规定："（1）宣告合同无效解除了双方在合同中的义务，但应负责的任何损害赔偿仍应负责。宣告合同无效不影响合同中关于解决争端的任何规定，也不影响合同中关于双方在宣告无效后权利和义务的任何其他规定……"从世界各国仲裁立法例、有关国际公约以及司法实践来看，仲裁条款独立于合同，与合同应被看作是两个不同的单独的协议，仲裁条款独立于合同的其他条款而存在。

思考题

1. 合同的生效与成立有何区别？
2. 试述合同的生效条件。
3. 试述狭义无权代理的效力。
4. 未生效合同有何特点？
5. 如何理解违反未生效合同的责任？
6. 试述无效合同的特点。
7. 试述无效合同的种类。
8. 试述可撤销合同的种类。

① 参见全国人大常委会法制工作委员会民法室编：《〈中华人民共和国合同法〉与国内外有关合同规定条文对照》，47～48 页，北京，法律出版社，1999。

第六章

合同的履行

案例

甲在乙饭店举办生日宴会，邀请一些朋友就餐，由于乙饭店的楼梯年久失修，甲邀请的朋友丙在下楼时滑落跌伤，花去医药费5 000元。甲先行代为垫付了该笔费用。甲认为，其与乙饭店之间存在餐饮服务合同，乙饭店在提供服务的过程中没有尽到其保护义务，应当承担赔偿责任。而乙饭店认为，丙的损害与其提供的餐饮服务无关，且其与丙不存在合同关系，甲无权请求其赔偿损失。双方为此发生争议。

简要评析：在合同履行过程中，依据《民法典》第509条第2款的规定，“当事人应当遵循诚信原则，根据合同的性质、目的和交易习惯履行通知、协助、保密等义务”。当事人应当全面履行自己的义务，当事人除履行其主给付义务、从给付义务外，还应当依据诚实信用原则履行相应的附随义务。在该案中，甲、乙饭店之间存在餐饮服务合同，在该合同履行过程中，乙饭店应当全面履行其义务。依据诚实信用原则，乙饭店应当对甲及其邀请的朋友在就餐过程中承担保护义务。由于乙饭店未及时维修楼梯，导致甲的朋友丙遭受损害，应当赔偿其损害。

第一节　合同履行的概念和特征

一、 合同履行的概念

合同的履行是指债务人依据法律和合同的规定作出给付的行为。合同的履行是合同关系从产生到消亡过程中的中心环节，而合同履行制度也是整个合同制度中最核心的制度。按照“合同严守（pacta sunt survanda）”原则，当事人应当严格按照合同约定以及法律规定履行债务。合同的履行是合同法律制度所要解决的核心问题，“合同履行是其他一切合同法律制度的归宿或延伸”①。因为合同当事人订立合同的目的在于履行合同，使债权债务得到实现，如果合同不能得到履行，则合同成为一纸空文，合同的订立将毫无意义。

合同的履行是债权得以实现的前提，也是建立信用经济的基础，合同得到全面履行，才能形成良好的市场经济秩序，并促进市场经济的发展和社会财富的增长。合同的履行是市场秩序的重要保障，市场本身就是成千上万以交易为内容的合同关系的总和，从这个意义上说，市场化就是契约化，市场的有序运行依赖于合同债务的严格履行和债权的充分实现。“民有私约如律令”，要维护市场的有序进行，当事人必须诚实守信，严格履行合同，这样才能保障市场经济有序发展。

二、合同履行的特征

在合同法中，合同履行具有如下特征。

（1）合同的履行是针对合同的内容作出履行。合同的履行是当事人依据法律和合同的约定作出给付、实现合同债权的行为。合同履行的形态是多样的，如交付约定的标的物、完成约定的工作并交付工作成果、提供约定的服务等。合同履行既可以是债务人实施积极的给付行为，也可以是债务人消极的不作为，后者如禁止将书稿再交给其他出版社出版，或禁止将某项权利再转交给他人等，债务人只要不从事合同规定的行为，就认为是履行了合同，而不需要其作出积极的给付行为。

（2）合同的履行必须是依据法律规定和合同的约定而作出的行为。一是合同的履行首先需要依据当事人的约定，双方当事人应当按照合同约定的标的物、数量、质量、价款等进行履行，只要合同中有约定，就应当严格按照约定进行履行。二是在合同没有约定的情况下，民法典合同编可以起到弥补当事人约定不足的作用，通过适用民法典合同编的任意性规范，可以对合同履行进行一定的补充。例如《民法典》第511条就对当事人在质量、价款、履行地点等方面没有约定或约定不明的情形，提供了确定这些履行内容的方法。

---

① 苏惠祥：《中国当代合同法论》，146页。

（3）合同的履行是债务人自觉实现给付义务的行为。这就是说，一方面，履行是债务人自觉依据法律规定和合同约定实施的行为，而不是在债务人不履行的情况下，由法院强制其履行的行为。如果债务人在履行期到来以后，符合履行中的抗辩权的行使要件，其有权通过依法行使抗辩权而拒绝作出履行。但没有法定的和约定的根据，不得拒绝履行。另一方面，虽然履行是债务人实现给付义务的行为，但依据法律和合同的规定，债权人也负有合作、协力等义务，此种义务在性质上属于不真正义务。①

（4）合同的履行必须是完全按照法律规定和合同约定的方式作出的给付行为。在履行开始以后，当事人可以在原来债的关系并未改变的情况下，通过各种方式使债发生消灭。例如双方可以通过单方抵销、提存的方式消灭债。而除此之外，履行也是使合同债务消灭的重要原因。

第二节　合同履行的原则

合同履行的原则是体现在合同履行中，指导合同当事人正确履行合同的规则。合同履行的原则是合同法基本原则在合同履行中的具体体现。

一、全面履行原则

《民法典》第509条第1款规定："当事人应当按照约定全面履行自己的义务。"合同的全面履行是指合同当事人应当依据合同和法律的规定全面履行其合同项下的义务。换言之，债务人应当全面地、适当地完成其合同义务，从而使债权人的合同债权得到完全实现。具体来说，合同全面履行的原则包括以下几方面内容：

（1）依约履行。合同全面履行的原则首先强调当事人必须依据合同约定全面履行义务，即合同当事人必须按照合同约定的履行主体、标的、时间、地点以及方式等履行其义务。按照合同全面履行的原则，债务人的履行在质量、数量、履行方法、地点等方面都必须符合合同的约定进行履行，否则均可构成违约。全面履行原则是合同必须严守规则的具体要求，也是合同拘束力的直接表现。从维护交易秩序，保障市场经济秩序正常发展的需要出发，必须强化人们诚实守信的道德观念，从法律上鼓励和督促当事人严格履行合同。

《民法典》第531条第1款规定："债权人可以拒绝债务人部分履行债务，但是部分履行不损害债权人利益的除外。"这就是说，原则上债务人必须按照约定的数量履行，而不能部分履行，但是在实践中，部分履行也可能并不损害债权人的利益。在此情形下，法律允许债权人从自身利益出发决定是否接受部分履行。不可分给付不得进行部分履行，

① 在德国法上，债权人迟延是对不真正义务的违反。我国学者的论述，参见齐晓琨：《解读德国民法典中的债权人迟延制度》，载《南京大学学报（哲学·人文科学·社会科学）》，2010（2）；韩世远：《合同法总论》，2版，386页，北京，法律出版社，2008。

而可分给付依据法律规定或合同约定可以分割履行。因此，如果法律和合同没有特别的规定，对可分债务也可以分别履行。不可分之债变为可分之债后，各债权人只能就自己的部分请求履行，各债务人亦只就其负担部分履行债务。①

（2）依法履行。依法履行包括两方面内涵：一是除当事人特别约定之外，法律还例外规定了强制性义务，即无论当事人是否有约定，该法定义务都应当纳入合同关系而成为合同义务。因此，在合同履行过程中，当事人应当严格履行上述法定义务。二是如果合同约定不明确或没有约定，则可以依据民法典合同编的相关规定，通过任意性规则完善合同，以填补合同漏洞。在此情形下，当事人也应当按照合同编的任意性规则履行义务。另外，双务合同一般应同时履行。合同的全面履行原则上是针对各类合同的履行而设定的。在双务合同中，判定当事人全面履行的一个重要标准是，如果合同未规定履行的先后顺序，则双方当事人应同时履行。如果一方不履行其义务，另一方在对方提出履行请求时，有权拒绝自己的履行。

（3）履行的义务内容包括主给付义务、从给付义务和附随义务。合同的义务是一个“义务群”，除了当事人约定的主给付义务，还有从给付义务和附随义务。《合同编通则解释》第 26 条规定：当事人一方未履行从给付义务，对方有权请求继续履行该债务并赔偿因怠于履行该债务造成的损失。在合同履行过程中，双方当事人不仅要严格按合同的约定履行义务，而且当事人在履行合同的过程中应当履行必要的协作、照顾、保护、保密等附随义务。

（4）无正当理由不得变更和解除。全面履行原则意味着合同当事人中的任何一方在未经对方同意的情况下不得随意变更合同，否则构成违约并应当承担违约责任。合同在有效成立之后，未经对方同意，当事人一方不享有法定的解除权，不得单方面解除合同。即使其享有解除权，也必须在规定的期限内行使，超过了规定的期限行使解除权则不产生合同解除的效果。

总之，《民法典》第 509 条所规定的全面履行原则是一项内容极为广泛、含义十分丰富的原则，也是合同履行中的首要原则。由于合同履行是合同法的核心，所以全面履行原则也是合同法所强调的首要原则。

二、诚信履行原则

《民法典》第 509 条第 2 款规定：“当事人应当遵循诚信原则，根据合同的性质、目的和交易习惯履行通知、协助、保密等义务。”在合同履行中，当事人不仅应当按照法律规定和合同约定履行义务，而且要按照诚信原则履行。诚信原则作为直接规范交易关系的法律原则，与债权债务关系，尤其是合同关系的联系最为密切。在合同订立、履行、变更、解除的各个阶段，甚至在合同关系终止以后，当事人都应当严格依据诚信原则行使权利和履行义务。

当然，由于诚信原则属于法律的一般条款，其内涵比较抽象，具有一定程度的不确

---

① 参见黄立：《民法债编总论》，589 页。

定性，不像合同约定那样具体、明确，因此不能以诚信原则替代当事人约定的义务。只有在合同内容存在漏洞导致不能履行的情况下，才能允许法官依据诚信原则确定合同义务。从这个角度而言，全面履行原则相较诚信原则具有第一性。诚信原则在履行中的适用范围主要包括两个方面。

(一) 附随义务的履行

诚信原则首先针对附随义务的履行而适用。所谓附随义务，是指合同当事人依据诚实信用原则所产生的，根据合同的性质、目的和交易习惯所应当承担的通知、协助、保密等义务。由于此种义务是附随于主给付义务的，因此其被称为附随义务。附随义务的产生实际上是在合同法领域中进一步强化了商业道德的体现，并使这种道德以法定的合同义务的形式表现出来。这对于维护合同的实质正义起到了十分有益的作用。依据《民法典》第509条第2款的规定，附随义务的产生与内容如下。

(1) 附随义务应当根据合同的性质、目的和交易习惯具体确定，“附随义务”的产生，极大地弥补了法律或合同所规定的义务的不足。

(2) 附随义务的内容主要包括：

第一，通知义务。在合同履行过程中，债务人应当依据诚信原则履行合同义务，包括履行使用方法的告知义务、重要情事的告知义务等。在履行过程中，债务人应当做好必要准备，履行使用方法的告知义务、重要情事的告知义务，不应做破坏债权人期待的行为。

第二，协助义务。债权人对债务人的履行应当提供必要的协助（如给予指示、提供履行条件、协助办理特定手续、接受交付等），在合同履行过程中，当事人双方都应当依据诚信原则履行义务。例如，交付大额款项时，不应当故意以硬币交付。

第三，保密义务。当事人一方在合同的订立或者履行过程中，如果了解到对方的有关商业秘密或者其他应当保密的信息，应当负有保密义务。

第四，其他附随义务。其他附随义务种类较多，具体包括：一是当事人在整个合同过程的订立或者履行过程中应保护相对人的人身权益和财产权益。当事人依据诚信原则，一方实施某种行为之后，使另一方对该行为及其后果产生合理信赖，则其应当按照另一方合理信赖的方式行事。二是在合同订立以后、尚未履行以前，当事人双方都应当依据诚实信用原则，严守诺言，认真做好各种履约准备，不得滥用抗辩权。三是在合同履行过程中，因一方的不履行或不适当履行行为，另一方可以享有同时履行抗辩权。但同时履行抗辩权的行使必须遵循诚信原则，不得滥用抗辩权而造成他人的损失。例如，虽然债务人支付数量不足，但相差数量甚微，对债权人未造成明显损害，债权人不得拒绝接受，不得援引同时履行抗辩的规定拒付货款。四是在合同发生争议以后，当事人双方都应当依据诚信原则妥善地处理争议，主动承担各自应当承担的损失，避免给对方造成不应有的损失。无论是实行替代性购买还是替代性销售，当事人都应依诚信原则进行，不得以高价购买、低价变卖的方式，损害另一方的利益。五是旧物回收义务，例如，出售打印机负有回收墨盒义务。六是如果当事人对合同约定的义务发生争议，则应当按照诚信原则作出解释，并依据诚信原则履行义务。例如，如果合同未规定履行时间，债务人提出履行，必须依据诚实信用原则，给对方必要的准备时间。

（二）其他义务的履行

根据诚信原则履行义务不仅包括应履行依诚信原则所产生的各种附随义务，还包括依诚信原则履行合同其他义务。需要指出的是，根据诚信原则履行合同其他义务，通常是双方没有约定或者约定不明，需要通过诚信原则进行补充。可见，诚信原则只能起到补充和辅助的作用，而不能通过诚信原则代替当事人的约定。例如，交付大额款项，不应当故意以硬币交付。再如，如果债务人支付数量不足，但数量甚微，对债权人未造成明显损害，债权人不得拒绝接受并援引同时履行抗辩的规定拒付货款。还应当看到，当事人根据诚信原则，一方实施某种行为之后，使另一方对该行为及其后果产生合理信赖，则一方应当按照另一方合理信赖的方式合理行事。

三、节约资源、保护生态原则

我国《民法典》第 9 条规定了绿色原则，这一规则顺应了节约资源和保护环境的现实需要，符合现代立法的发展趋势。为具体落实绿色原则，《民法典》第 509 条第 3 款规定："当事人在履行合同过程中，应当避免浪费资源、污染环境和破坏生态。"这就明确了当事人在合同履行中应负有保护环境和避免浪费资源的义务。因此，节约资源、保护生态也成为合同履行的一项原则。具体而言，该原则主要体现在如下几个方面。

一是应当节约资源，避免资源浪费。例如，《民法典》第 619 条规定："出卖人应当按照约定的包装方式交付标的物。对包装方式没有约定或者约定不明确，依据本法第五百一十条的规定仍不能确定的，应当按照通用的方式包装；没有通用方式的，应当采取足以保护标的物且有利于节约资源、保护生态环境的包装方式。"这实际上是确立了当事人在履行合同中，应当采取足以保护标的物且有利于节约资源、保护生态环境的包装方式，而不得对标的物进行过度包装，也不得以有毒有害物质对标的物进行包装。该条规定属于法定义务，即使当事人之间没有对这一义务进行约定，当事人也同样负有此种法定义务。

二是不得污染环境和破坏生态。例如，当事人订立有关种植花草、树木的合同时，不能造成土壤污染；进行装修时也不得使用有毒的涂料，不得使用甲醛超标的装修材料。

三是旧物回收义务。《民法典》第 558 条规定："债权债务终止后，当事人应当遵循诚信等原则，根据交易习惯履行通知、协助、保密、旧物回收等义务。"这就将旧物回收作为当事人的一种附随义务作出了规定。关于当事人履行旧物回收义务的具体方式，《民法典》第 625 条规定："依照法律、行政法规的规定或者按照当事人的约定，标的物在有效使用年限届满后应予回收的，出卖人负有自行或者委托第三人对标的物予以回收的义务。"例如，打印机硒鼓的出卖人负有回收义务；再如，电脑使用年限届满后，出卖人也应当负有回收的义务，以更好地实现旧物的有效利用。

第三节　合同漏洞的填补

一、合同漏洞的概念

所谓合同漏洞，是指当事人在合同中对于合同条款没有约定或者约定不明确的现象。具体来说，一是合同的内容存在遗漏，即对一些合同的条款，在合同中并没有作出规定，如合同中缺少对质量条款的约定；二是合同中的约定不明确或者约定前后矛盾。例如，当事人订立的两份合同中，有关购买黄沙的质量标准不一致，为此，需要解释两份合同之间是构成合同的变更，还是属于表述错误，此种情况也构成合同漏洞。

一般来说，合同漏洞是当事人在订立合同时所不知道的，且在合同中没有约定如何填补。如果在缔约时已经知道漏洞而故意不予约定，尤其是已经在合同中约定了填补漏洞的方法，则不能视为合同漏洞。例如，当事人在买卖合同订立时，因为考虑到市场价格在交货时会急剧波动，所以在合同中并没有约定明确的价格，而只是约定价格随行就市，这就是通常所说的"活价条款"。"活价条款"虽未设定具体的价格，但实际上当事人在缔约时已经意识到这种情况，且约定了确定价格的方法，此种情况并不属于合同漏洞。严格地说，合同漏洞的存在一般不应影响合同的成立。在当事人对合同的非必要条款未作出约定或约定不明确的情况下，可以认定合同已经成立，法院可以依据合同的性质、交易习惯以及法律的任意性规范作出解释，从而填补合同的漏洞。

二、填补合同漏洞

依据《民法典》第510条，"合同生效后，当事人就质量、价款或者报酬、履行地点等内容没有约定或者约定不明确的，可以协议补充；不能达成补充协议的，按照合同相关条款或者交易习惯确定"。《民法典》第511条也规定了在存在合同漏洞的情况下，依据第510条规定仍然不能确定的，可以采取的填补合同漏洞的方法。依据《民法典》第510条、第511条填补合同漏洞，应当按照以下程序进行。

（一）由当事人达成补充协议

填补漏洞的第一步，是由当事人达成补充协议。按照合同自由原则，合同的内容应当由当事人自由约定，在当事人就合同的条款约定不明确的情况下，应由当事人继续通过达成补充协议的方式，来填补合同的漏洞，这就充分体现了合同自由原则。同时，通过当事人达成协议来解决当事人之间的争议，也是最有效的填补漏洞的方式。由当事人达成的补充协议，可以是书面的，也可以是口头的，但补充协议必须针对合同的漏洞而达成，否则仍然不能解决合同条款的相关争议。

（二）按照交易习惯来确定

填补合同漏洞的第二步是在当事人不能达成补充协议的情况下，由法官按照合同的有关条款和交易习惯来确定。所谓按照有关合同的条款来确定，是指根据合同的性质以及现有合同的条款来确定合同究竟需要哪些条款，并在此基础上填补合同的漏洞。

交易习惯也是填补合同漏洞的确定标准。所谓交易习惯，是指在当时、当地或者某一行业、某一类交易关系中，为人们所普遍采纳的且不违反公序良俗的习惯做法。我国《民法典》第142条规定，“有相对人的意思表示的解释，应当按照所使用的词句，结合相关条款、行为的性质和目的、习惯以及诚信原则，确定意思表示的含义”。因此，合同应当依据交易习惯进行解释，这就确立了习惯解释的原则。我国民法典合同编不仅在通则中将交易习惯确定为填补合同漏洞的标准，而且在分编中有大量根据交易习惯填补合同漏洞的条文。这表明我国民法典合同编极为强调以交易习惯来填补合同漏洞，这可以说是我国合同法律制度的一大特点。

如何认定交易习惯?《合同编通则解释》第2条规定:“下列情形，不违反法律、行政法规的强制性规定且不违背公序良俗的，人民法院可以认定为民法典所称的‘交易习惯’:（一）当事人之间在交易活动中的惯常做法；（二）在交易行为当地或者某一领域、某一行业通常采用并为交易对方订立合同时所知道或者应当知道的做法。对于交易习惯，由提出主张的当事人一方承担举证责任。”这就确立了判断交易习惯的标准。具体来说，交易习惯可以包括如下几种：一是地域习惯，即交易对方订立合同时所知道或者应当知道的交易发生地的通常做法。这种习惯又称为特定区域的交易习惯，即所谓的地区习惯。由于我国地域广阔，不同地方的习惯是各不一样的，不能将某一地方的习惯套用到另一个地方去。二是行业标准，即某一领域、某一行业通常采用并为交易对方订立合同时所知道或者应当知道的做法。交易习惯具有行业性和特定交易的特殊性。不同的行业也可能具有不同的习惯。三是当事人经常采用的习惯做法。在特定的交易中，当事人所从事的交易也具有特殊性，例如当事人双方长期从事买卖建筑材料的交易，习惯采用先交货、后付款的做法。当然，交易习惯须具有合法性。只有那些遵守法律和行政法规以及公序良俗的习惯才能够用于合同的解释。需要指出的是，无论是何种交易习惯，都应当具有时间性，也就是只能以合同发生纠纷时存在的习惯为依据，而不能以过去的或者已经过时的习惯为依据，且各种交易习惯都应当为各方当事人知道或者应当知道。

（三）根据《民法典》第511条的规定作出解释

《民法典》第511条规定了当事人对合同内容约定不明确时填补合同漏洞的规则，该条分别对当事人就质量、价款或者报酬、履行地点、履行期限、履行方式、履行费用等约定不明时的补充规则作出了规定，这就解决了合同对履行义务约定不明确的情况下，应当如何履行义务的问题，明确了各种填补合同漏洞的规则。

应当指出，虽然《民法典》第511条确定的是填补合同漏洞的规则，但它们都是任意性的规则，也称为填补合同漏洞的任意性规则。也就是说，当事人可以通过其约定来排斥这些规定的适用。在当事人有特别约定的情况下，原则上应当依据当事人的约定；

在当事人没有特别约定，又不能根据交易习惯来确定当事人的意图的情况下，则应当适用这些任意性的规定。可见，我国法律将任意性的规定在适用顺位优先性的安排上置于交易习惯之后，表明了交易习惯的重要性。如果交易习惯与任意性的规定发生冲突，则应当优先适用交易习惯。

第四节　合同履行的基本规则

一、履行主体

履行主体是指履行合同债务和接受债务履行的人。债权人、债务人是履行合同义务的主体。债权人、债务人以外的第三人也可以替代债务人向债权人作出履行或者替代债权人接受债务人的履行。

（一）由第三人接受债务人履行

1. 不真正利益第三人合同

《民法典》第522条第1款规定："当事人约定由债务人向第三人履行债务，债务人未向第三人履行债务或者履行债务不符合约定的，应当向债权人承担违约责任。"该款是关于不真正利益第三人合同的规定。适用本条规则的前提是，必须明确约定由债务人向第三人作出履行，因此，向第三人作出履行是债务人依据合同应当承担的义务。但是在不真正利益第三人合同中，债务人仅仅是向债权人负担义务。不真正利益第三人合同中的第三人具有以下几个特征。

首先，不真正利益第三人合同中的第三人与受领辅助人不同。受领辅助人是由债权人指定的代其进行受领的人。而不真正的利益第三人合同中的第三人并非由合同当事人一方进行指定，而是由双方当事人在合同中进行约定。因此，不真正利益第三人合同中的第三人虽然与受领辅助人均是合格的受领主体，债务人向其作出给付均可以消灭债务，但是二者产生的方式是不同的。

其次，不真正利益第三人合同中的第三人不享有合同中的请求权。不真正利益第三人合同中的第三人不享有独立的请求权，因而，第三人只是可以接受债务人的给付，而不享有合同中的请求权，不能直接向债务人请求给付。而在真正利益第三人合同中，第三人享有独立的请求权，债务人不履行的，第三人可以直接请求债务人履行。

最后，如果债务人不履行，或不按照合同约定履行，不真正利益第三人合同中的第三人不能向债务人主张承担违约责任。此时，能够主张违约责任的主体仍然是合同债权人。

2. 真正利益第三人合同

（1）第三人享有的权利。

真正利益第三人合同又称为第三人利益订立的合同、利他合同、第三人取得债权的合同或向第三人给付的合同，它是指合同当事人约定由债务人向合同当事人之外的第三人作出给付，该第三人即因此取得直接请求债务人作出给付权利的合同。① 从广义上说，利益第三人合同可以被分为真正利益第三人合同与不真正利益第三人合同。其中，“不真正利益第三人合同”是指第三人不能直接请求债务人履行的合同，这种合同的特征在于，发生合同争议时，第三人并不享有直接的请求权。而在“真正利益第三人合同”中，第三人享有直接的请求权。《民法典》第 522 条第 2 款规定：“法律规定或者当事人约定第三人可以直接请求债务人向其履行债务，第三人未在合理期限内明确拒绝，债务人未向第三人履行债务或者履行债务不符合约定的，第三人可以请求债务人承担违约责任；债务人对债权人的抗辩，可以向第三人主张。”从该条规定来看，其规定了真正利益第三人合同。在真正利益第三人合同中，第三人享有如下权利。

第一，拒绝权。按照合同相对性原则，非合同当事人本不应享有合同权利或承担合同义务，但是在真正利益第三人合同中，法律推定合同当事人为第三人设定权利是符合第三人利益的，或至少不会侵害其权利，因而合同当事人无权为第三人设定义务，但可以为第三人设定权利。然而，这毕竟只是法律上的推定，当事人在合同中为第三人设定权利是否真正符合其利益，第三人是否接受该利益，应当由第三人自己决定，所以，《民法典》第 522 条赋予第三人拒绝权是十分必要的。当然，第三人接受合同当事人为其设定的利益，并不需要以明确表示接受的方式作出，只要第三人没有明确反对，就应当视为其已经接受该利益。一旦第三人明确表示拒绝，则真正利益第三人合同中第三人利益条款不能生效，但合同的其他条款仍可在当事人之间生效，在此种情形下，真正利益第三人合同就转化为一般的合同。第三人如果在合理期限内拒绝享有利益，则自始未取得履行请求权。

第二，履行请求权。在为第三人利益订立的合同中，第三人并非订约当事人，但其可以请求债务人向其履行债务，并接受债务人的给付。② 由于真正利益第三人合同以为第三人设定权利和利益为目的，所以，《民法典》第 522 条肯定了第三人享有履行请求权，有利于实现合同目的。③ 这就是说，在合同成立并且生效以后，债务人负有向该第三人履行债务的义务，如果债务人不履行债务，则第三人可以请求债务人及时履行。第三人可以请求的内容应当是合同中为其设定的权利和利益，其请求的范围不得超出合同的约定。④ 而请求对方履行债务和主张违约责任具有同一性，第三人既然享有履行请求权，其也应当有权依法主张违约责任。

第三，请求债务人承担违约责任的权利。《民法典》第 522 条规定，如果债务人没有依约向第三人作出给付，则第三人应当有权请求债务人承担违约责任。但此处所说的“违约责任”并未明确具体的责任形式和赔偿范围。本书认为，对“违约责任”应作限缩解释。这就是说，在真正利益第三人合同中，第三人应当享有违约损害赔偿请求权，但

---

① Vgl. MüKoBGB/Gottwald，8. Aufl. 2019，BGB § 328，Rn. 1.

② Vgl. MüKoBGB/Gott wald，8. Aufl. 2019，BGB § 328 Rn. 33.

③ 参见韩世远：《试论向第三人履行的合同——对我国〈合同法〉第 64 条的解释》，载《法律科学》，2004（6）。

④ 参见朱岩：《利于第三人合同研究》，载《法律科学》，2005（5）。

此种损害赔偿应当主要限于因债务人不履行债务使第三人为接受履行作出准备而遭受的损失。毕竟第三人不是合同当事人，因此，其违约请求权应当受到一定的限制①，第三人原则上无权主张如下违约责任：一是可得利益损失的赔偿，因为可得利益损失的赔偿是以当事人之间存在对价关系为基础的。二是违约金责任，由于违约金是债权人与债务人约定的、在债务人不依约履行债务时向债权人承担的责任，因此第三人无权主张。三是定金责任。由于定金是债权人向债务人支付的，而第三人并未向债务人支付定金，因此其无权主张定金责任。四是第三人也无权解除合同。《民法典》只是赋予合同当事人解除合同的权利，而没有赋予第三人解除权。由此可见，在真正利益第三人合同中，第三人虽然享有请求债务人履行债务的权利，但由于第三人没有向债务人支付对价，所以，其不能如债权人一样请求债务人支付违约金、赔偿可得利益损失或在债务人违约时解除合同，在债务人不依约履行债务时，其仅能够请求债务人承担有限的违约责任。同时，债务人在不依约履行债务时，其仅应当向债权人或者第三人之一承担违约责任，而不应当承担双重责任。

（2）关于债务人的抗辩。

在真正利益第三人合同中，在第三人对债务人主张权利时，债务人能否向第三人主张其对债权人的抗辩？对此，《商事合同通则》第 5.2.4 条规定："允诺人可以向受益人主张其可以向受诺人主张的所有抗辩。"该条确认了债务人可以对第三人主张其对债权人的抗辩。我国《民法典》第 522 条第 2 款最后规定："债务人对债权人的抗辩，可以向第三人主张。"该条规定也采取了相同的立场。在真正利益第三人合同中，债务人可以对第三人主张的其对债权人的抗辩主要包括：债权不成立的抗辩、产生债权的合同被撤销或者被宣告无效的抗辩、合同债权已经因履行或者清偿等原因而消灭的抗辩、同时履行抗辩、不安抗辩、先履行抗辩等。例如，因为债权人没有付清全部价款，第三人要求债务人交付货物，债务人有权对第三人提出抗辩。

（3）关于第三人的撤销权和解除权。

在真正利益第三人合同中，由于第三人不是利他合同当事人，其虽然享有履行请求权和受领权，但其并不享有撤销、解除合同的权利。所谓撤销权，是指针对合同中存在的欺诈、胁迫等意思表示瑕疵的事由而主张撤销合同的权利；所谓解除权，是指出现法律规定或者合同约定的事项后所享有的解除合同的权利。由于第三人不是合同当事人，虽然在真正利益第三人合同中，第三人享有债权人拥有的权利，但只是享有请求权，其本身不具有债权人的地位，而撤销权和解除权是作为合同当事人的债权人享有的权利，因此第三人可以撤销或者解除债权人和债务人之间的合同，干预他人的合同关系，违反了合同相对性原则。因此，依据《合同编通则解释》第 29 条第 1 款的规定，第三人并不享有撤销权和解除权。由此可见，在真正利益第三人合同中，第三人虽然享有请求债务人履行债务的权利，但在债务人违约时，也只能由债权人主张解除合同，第三人并不享有解除合同的权利。

依据《合同编通则解释》第 29 条第 2 款，"合同依法被撤销或者被解除，债务人请

① 参见叶金强：《第三人利益合同研究》，载《比较法研究》，2001（4）。

求债权人返还财产的，人民法院应予支持”。一方面，在真正利益第三人合同被撤销或者被解除的情况下，根据合同相对性原则，只有合同当事人才有权请求返还财产。因此，债务人有权基于违约责任或者缔约过失责任请求债权人返还财产。另一方面，债务人也有权基于物权请求权等绝对权的请求权向受领给付的第三人请求返还财产。

（二）由第三人向债权人履行

所谓由第三人履行的合同，是指当事人约定在不变更合同当事人的情况下合同中的债务由第三人履行。《民法典》第 523 条规定：“当事人约定由第三人向债权人履行债务，第三人不履行债务或者履行债务不符合约定的，债务人应当向债权人承担违约责任。”该条规定了由第三人履行的合同。

依据合同相对性原理，合同当事人不得为第三人设定义务和负担，除非得到第三人同意，否则，该约定不能对第三人产生效力。由于在向第三人履行的合同中，只存在债权人与债务人之间的约定，第三人没有与债权人达成合意，因此，双方当事人的合意并不能约束第三人，债权人不能直接向第三人提出请求，第三人并非当事人或合同债务人。在第三人不履行或履行不符合合同的约定时，债权人只能向债务人请求履行债务，而不能向第三人请求履行债务或主张违约责任。严格地讲，合同相对性要求当事人不能为第三人设定债务，为第三人设定债务的约定无效。因此，在由第三人履行的合同中，第三人是否履行取决于自愿，第三人可能是基于其与债务人之间的关系去履行合同，但这并不能成为债权人直接请求第三人履行或承担违约责任的依据。

此处的第三人不同于履行辅助人，履行辅助人是由债务人指定的替代债务人完成给付的人，只需要债务人进行委任即可，而不需要当事人在合同中进行约定。此处的第三人也不同于基于债务承担而加入债权债务关系的债务人。在债务承担的场合，无论是债务加入还是免责的债务承担，第三人都已加入债权债务关系之中，成为新的债务人。此处的第三人并非债务关系中的债务人。此处的第三人也不是保证人，保证人是依据保证合同承担保证责任的人。无论是一般保证还是连带保证，均以保证合同的存在为必要，此处的第三人却未与债权人签订保证合同。

此处的第三人与自愿履行的第三人也不同。在由第三人履行的合同中，债权人不能拒绝第三人的履行，债务人也不能拒绝由第三人履行。但是第三人自愿代债务人清偿债务的，债权人可以拒绝，因为在第三人自愿履行债务的情况下，并没有合同的约定，债权人不受此约束；债务人也可以提出异议，拒绝第三人的清偿。由第三人履行的合同中，往往是债务人与第三人之间存有一定的对价关系，而在第三人自愿履行中，并不一定存在此种对价关系。

（三）第三人代为履行

《民法典》第 524 条第 1 款规定：“债务人不履行债务，第三人对履行该债务具有合法利益的，第三人有权向债权人代为履行；但是，根据债务性质、按照当事人约定或者依照法律规定只能由债务人履行的除外。”该条规定了第三人代为履行的规则。第三人代为履行或基于债务人的委托，或基于其本身的赠与意思，或基于第三人对债务人的无因管理。由于债务在绝大多数情况下并不具有专属性，可以由第三人代为清偿，因此，为了促进债权的实现，同时有效保护债务人的利益，只要第三人对履行的债务具有合法利益，且不违反法律规定和当事人的约定，可以由第三人代为清偿。①

第三人代为履行应当具备如下条件。

1. 第三人是指债务人及债务履行辅助人以外的人

第三人代为清偿与债务履行辅助人的清偿不同，第三人相较于债务人具有独立的地位，其清偿不能视为债务人的清偿，在第三人履行不符合债的要求时，债权人不能据此请求债务人承担债务不履行的责任。而债务履行辅助人的履行行为视为债务人的履行行为。

2. 第三人对履行该债务具有合法利益

从表面上来看，第三人代为履行可能对债权人是具有一定利益的，因为其可以获得第三人的清偿。为何法律仍要通过“合法利益”的概念限制第三人的代为履行？因为一方面，按照合同的相对性规则，合同只对当事人产生效力，而第三人不受合同拘束。如果任由第三人介入合同关系可能会不当干涉原债权债务人之间的交易安排，甚至有可能违背债权人的意愿。另一方面，只要具有合法利益，债权人就不能拒绝第三人的履行，因为在第三人没有合法利益时，其履行有可能会使债权人利益受到损害。例如，债权人和债务人之间订立了购买某种型号设备的买卖合同，第三人主动要求代债务人向债权人交付该套设备。但是该设备涉及其质量是否合格以及交付后的维修、维护等问题，债权人如果不愿意接受第三人履行，法律上不能强迫债权人必须接受第三人履行。因此，依据《民法典》的上述规定，只有第三人在具有合法利益时，才能够进行代为履行，且债权人不能拒绝。②

哪些人属于《民法典》第 524 条规定的对履行债务具有合法利益的第三人？依据《合同编通则解释》第 30 条第 1 款，对履行债务具有合法利益的第三人包括五种类型：

第一，担保人。依据《合同编通则解释》第 30 条第 1 款，保证人或者提供物的担保的第三人都是具有合法利益的第三人。担保人之所以对债务的履行具有合法利益，是因为：一方面，担保人提供担保旨在担保债务的履行，其与债务的履行之间具有直接的关联性；另一方面，在债务人不履行到期债务的情形下，债权人有权依法请求担保人承担担保责任，因此，债务能否履行，以及在何种程度上履行，对担保人将来所要承担的担保责任具有重要影响。③ 因此，担保人属于对债务的履行具有合法利益的第三人。

第二，对特定财产享有担保权等权益的人，包括：一是依法行使涤除权的担保财产的受让人。所谓涤除权，是指在标的物之上存在抵押权时，如果抵押人将标的物转让给第三人，第三人愿意代债务人清偿债务，以消除标的物之上的抵押权。在符合涤除权的

---

① 参见郑玉波：《民法债编总论》，475 页。

② 在比较法上也存在先例。《欧洲民法典草案》在其第Ⅲ－2：107 条中也明确规定了第三方出于合法利益而代为履行义务。

③ 参见最高人民法院民事审判第二庭、研究室编著：《最高人民法院民法典合同编通则司法解释理解与适用》，350 页。

情形下，担保财产的受让人可以成为具有合法利益的第三人。二是担保财产的用益物权人。用益物权人对担保财产享有占有、使用、收益等权利，在债务人未履行到期债务时，债权人依法行使担保权，可能影响用益物权人的用益物权的实现，因此，担保财产的用益物权人有权通过代为清偿的方式消灭债务，以更好地实现其用益物权。三是担保财产的合法占有人。例如，抵押人将抵押财产出租或者借用给他人，承租人或者借用人为了维持其占有、使用抵押财产的权利，在债务人未履行到期债务时，其应当有权代为清偿，以消灭债务。四是担保财产上的后顺位的担保权人。担保财产的后顺位担保权人为了维护其担保权益，维持担保财产的价值，在债务人未履行到期债务时，其也应当有权主张代为清偿债务，因此，也属于具有合法利益的第三人。

第三，对债务人的财产享有合法权益且该权益将因财产被强制执行而丧失的第三人。债务人的财产被强制执行可能影响相关第三人的利益，因此，为了稳定法律关系，保护第三人的合法权益，相关第三人也应当有权主张对债务的履行具有合法利益，并有权主张代为清偿。例如，在房屋买卖中，当事人订立房屋买卖合同后，买受人已经支付了大部分价款，但在办理变更登记前，因为债务人未履行到期债务，该房屋被出卖人的债权人查封，在此情形下，买受人即对该债务的履行具有合法利益，其有权主张代为履行。①

第四，与债务人具有特定关系的人。此处所说的具有特定关系的人包括两类：一是债务人的出资人或者设立人。如果债务人为法人或者非法人组织，则其出资人或者设立人在法人或者非法人组织不能清偿债务时，对该债务的履行即具有合法利益，如果其愿意代为履行，则法律上应予鼓励。例如，由于子公司的债务问题可能会对母公司的信用评级产生不利影响，因此，子公司未偿还债务，母公司可代子公司清偿债务。二是债务人的近亲属。在债务人为自然人时，其近亲属对债务人的债务具有利害关系。例如，债务人的父母不愿意债务人因无法履行债务而被列入失信人名单，从而主张代为清偿债务。

第五，其他具有合法利益的第三人。该项规定实际上属于兜底条款，包括了各种法律上没有具体列举的情形。其他具有合法利益的第三人是指对债务的履行具有利害关系的人，此种利益的享有应当是合法的、正当的、合理的。当然，在对合法利益进行判断时，应当作必要的限缩解释而不是扩大解释，以防止第三人任意干预债的关系。② 合法利益应当由第三人举证证明。如果其不能对此作出举证，则债权人对第三人的履行有权予以拒绝。

即使第三人具有合法利益，但依据《民法典》第524条的规定，在根据债务性质不能由第三人清偿、按照当事人约定不得由第三人代为履行以及依据法律规定不得由第三人清偿的情形下，第三人不得主张代为清偿。

3. 第三人代为履行的例外

依据《民法典》第524条规定，在如下情况下，债务只应当由债务人本人履行，而不得由债务人之外的第三人代为履行。

---

① 参见最高人民法院民事审判第二庭、研究室编著：《最高人民法院民法典合同编通则司法解释理解与适用》，351页。

② 参见陆家豪：《民法典第三人清偿代位制度的解释论》，载《华东政法大学学报》，2021（3）。

一是依据债务性质不能由第三人清偿。某些类型的债具有人身专属性，如以提供劳务为内容的债，债权人选择债务人承担债务可能是基于对其特有的资质、能力的信赖，由第三人代为履行可能会影响债的目的的实现，因此，此类债务原则上应当由债务人本人履行，而不得由第三人代为履行。例如，表演应当由债务人亲自履行，而不能由第三人代为履行。再如，聘请名师讲座的协议，不能由第三人履行。①

二是按照当事人约定不得由第三人代为履行。除法律规定的情形外，当事人还可以约定债务必须由债务人本人履行，而不得由第三人代为履行，按照私法自治原则，此种约定具有法律效力。例如，当事人约定承揽工作必须由承揽人完成的，承揽人即不得将工作交由第三人完成。

三是依据法律规定不得由第三人清偿。在特定情形下，法律会对债的履行主体进行一定的限制，规定只能由债务人本人履行，而不能由债务人之外的第三人代为履行。例如，《民法典》第791条规定，“建设工程主体结构的施工必须由承包人自行完成”。由于承包人在建造工程方面存在一定的资质限制，而且此种资质直接关系到建设工程的质量，因此，为保障建设工程的质量，法律规定建设工程的主体结构必须由承包人自行完成，而不得转包他人。此种情形即属于依据法律规定不得由第三人清偿的情形。

一般情况下，如果第三人对履行债务具有合法利益，且不具有本条所规定的消极条件，债权人不得拒绝第三人的履行，但如果具有上述消极条件，则即便第三人对债务履行具有合法利益，债权人也可以拒绝其代为履行债务的行为。在第三人未按照约定向债权人履行清偿义务时，原则上应当由债务人对债权人承担违约责任。

第三人代为履行产生如下效果：

第一，第三人代为履行后，将导致债权人与债务人的债务在第三人代为履行的范围内消灭。第三人代为履行与债务人的履行具有同等的效果。但第三人代为履行不得损害债权人的利益。

第二，发生法定的债权移转。《民法典》第524条第2款规定：“债权人接受第三人履行后，其对债务人的债权转让给第三人，但是债务人和第三人另有约定的除外。”此处所说的“债权转让给第三人”应当如何理解？例如，某个债务人甲向银行乙借款1 000万元，并请丙提供保证，后来第三人丁为了购买债务人甲的一套房产（考虑房产可能会相应增值），故其向债权人乙主动提出帮债务人甲还债，在还清债务之后，第三人丁能否对保证人丙主张权利？本书认为，此处所说的“债权转让给第三人”，指的是第三人在发生法定债权移转后享有对债务人进行追偿的权利。这就表明，第三人代为履行将发生法定的债权移转，也就是说，在第三人代为履行后，第三人将在履行债务的范围内取得债权人对债务人的债权。如果第三人已经作出了全部清偿，则可以要求债务人向其进行全部履行；如果第三人只作出了部分的履行，则第三人只能在其履行的范围内，向债务人请求清偿。

第三，第三人代为履行不得损害债权人的利益。按照《合同编通则解释》第30条第2款，“第三人在其已经代为履行的范围内取得对债务人的债权，但是不得损害债权人的

---

① 参见孙森焱：《民法债编总论》，下册，837页。

利益”。因为第三人代为履行后，在其已经代为履行的范围内取得对债务人的债权，有权向债务人追偿，此种追偿权的产生具有法定性，其无须当事人对此作出特别约定。但第三人在向债务人主张追偿权时，不得损害债权人的利益。例如，第三人只是向债权人履行了部分债务，而债务人履行债务的责任财产有限，则第三人向原债务人追偿即可能影响债权人债权的实现。在此种情形下，应当以债务人履行债务的责任财产首先向债权人作出履行，而不得因为追偿损害债权人的利益。

第四，担保人代为履行后将依法取得债权人对债务人的债权。依据《合同编通则解释》第 30 条第 3 款的规定，担保人代为履行后，其不仅将依法取得债权人对债务人的债权，且有权向主债务人行使追偿权。[①] 对此，如果当事人之间有约定应当依据其约定。没有约定的，如果各个担保人提供的是连带共同担保，则某一担保人在代为履行后，其应当有权向其他担保人追偿；如果不存在此类情形，原则上各个担保人之间不能相互追偿，已经作出履行的担保人不能向其他担保人追偿。

（四）不得以姓名、名称等变更而拒绝履行合同义务

《民法典》第 532 条规定：“合同生效后，当事人不得因姓名、名称的变更或者法定代表人、负责人、承办人的变动而不履行合同义务。”按照合同严守的原则，合同生效以后，当事人必须严格依据合同履行。依据上述规定，当事人不得在如下情形下不履行合同义务：一是姓名、名称的变更。姓名、名称的变更并不是合同主体的变更，虽然民事主体对其姓名或名称进行了变更，但是其主体资格并未发生变化，姓名和名称变更前后的主体仍然具有同一性。基于这一原因，民事主体在姓名或名称变更前实施的民事法律行为应当仍然继续对其产生法律约束力。当事人在姓名、名称变更以前所签订的合同，以及其他法律文件，不得因为自然人姓名、法人名称的变更而失效。二是法定代表人、负责人、承办人的变动。在法人或者非法人组织内部，法定代表人、负责人、承办人时常发生变动，这些变动并不是合同主体的变更，不影响合同的效力，因此，当事人不得以这些变动为由而不履行合同。法律之所以作出此种规定，是因为：一方面，为了维护合同的效力，保障交易的安全和秩序。另一方面，这也是诚实信用原则的基本要求。诚信是社会主义核心价值观的重要内容，要求民事主体变更前实施的民事法律行为对其具有法律拘束力，就是强化诚实守信的重要体现。

二、履行标的

履行标的是指债务人应当给付的内容，包括交付实物、支付货币、提供劳务等，按照合同的全面履行原则，债务人必须按照法律和合同规定的质量、数量等履行其义务。具体来说：

---

① 参见最高人民法院民事审判第二庭、研究室编著：《最高人民法院民法典合同编通则司法解释理解与适用》，356 页。

(一) 质量要求不明确的履行

《民法典》第 511 条第 1 项规定："质量要求不明确的，按照强制性国家标准履行；没有强制性国家标准的，按照推荐性国家标准履行；没有推荐性国家标准的，按照行业标准履行；没有国家标准、行业标准的，按照通常标准或者符合合同目的的特定标准履行。"依据该条规定，合同中质量要求不明确的，按照如下标准履行。

一是按照强制性国家标准履行。对保障人身健康和生命财产安全、国家安全、生态环境安全以及满足经济社会管理基本需要的技术要求，应当制定强制性国家标准（《标准化法》第 10 条）。强制性国家标准由国务院有关行政主管部门依据职责提出、组织起草、征求意见和技术审查，由国务院标准化行政主管部门负责立项、编号和对外通报。《标准化法》第 2 条规定，"强制性标准必须执行"。第 25 条规定："不符合强制性标准的产品、服务，不得生产、销售、进口或者提供。"也就是说，强制性标准是具有法规性质的技术性规范。

二是没有强制性国家标准的，按照推荐性国家标准履行。对满足基础通用、与强制性国家标准配套、对各有关行业起引领作用等需要的技术要求，可以制定推荐性国家标准。推荐性国家标准由国务院标准化行政主管部门制定（《标准化法》第 11 条）。推荐性国家标准与强制性国家标准不同，并不是具有法律上强制力的技术性规范。但是在当事人缺乏对标的物质量约定的前提下，推荐性国家标准仍然可以成为判定标的物质量的依据，这一标准在效力上虽然不如强制性标准，但是其在适用范围和重要程度上相较于行业性标准更广和更高。

三是没有推荐性国家标准的，按照行业标准履行。《标准化法》第 12 条规定："对没有推荐性国家标准、需要在全国某个行业范围内统一的技术要求，可以制定行业标准。行业标准由国务院有关行政主管部门制定，报国务院标准化行政主管部门备案。"

四是没有国家标准、行业标准的，按照通常标准或者符合合同目的的特定标准履行。合同标的物没有国家标准和行业标准的，应当按照通常标准履行。所谓通常标准，是指在同类交易中产品应当达到的质量标准，一般根据合同的目的、产品的性能、产品的用途等各个方面来确定。如果合同中没有特殊的要求，则要交付的标的物的质量能够达到产品的一般质量要求，应认为符合了质量要求。

(二) 价款或者报酬不明确的履行

《民法典》第 511 条第 2 项规定："价款或者报酬不明确的，按照订立合同时履行地的市场价格履行；依法应当执行政府定价或者政府指导价的，依照规定履行。"这就对价款和报酬约定不明时的确定方法进行了规定。这一规定包含如下内容。

第一，首先应当判断该合同的标的是否有政府定价或政府指导价。如果有政府定价或政府指导价，则应当通过其相关规定确定价款或报酬。《价格法》第 3 条第 4、5 款规定："政府指导价，是指依照本法规定，由政府价格主管部门或者其他有关部门，按照定价权限和范围规定基准价及其浮动幅度，指导经营者制定的价格。政府定价，是指依照本法规定，由政府价格主管部门或者其他有关部门，按照定价权限和范围制定的价格。"

在通常情形下，政府定价将直接确定标的物的价格，而政府指导价通常只是确定标的物价格的幅度，只要当事人约定的价格在该幅度内，即符合政府指导价的要求。

第二，如果没有政府定价或政府指导价，则按照订立合同时履行地的市场价格履行。依据本条规定，在没有政府定价或政府指导价的情形下，应当按照合同订立时点履行地的市场价格进行确定，即市场价格的确定地点必须是履行地而非合同的订立地点，市场价格确定的时间是订立时而非履行合同时。因为通常，合同订立后至合同履行之间，标的物价格不断波动，以合同订立时点确定价格，更符合当事人订立合同的意愿。

三、履行地点

在学理上，履行地也称为清偿地，是指债务人应当作出履行的地点。以债务人的住所为履行地的，在学理上称为索取债务或往取债务；以债权人的住所作为履行地的，在学理上称为赴偿债务。① 履行地一旦确定，债务人就必须在履行地作出履行，债权人也必须在履行地接受履行。

对履行地点当事人有约定的，应当依当事人约定；当事人没有约定的，应当依照法律的规定。《民法典》第 511 条第 3 项规定："履行地点不明确，给付货币的，在接受货币一方所在地履行；交付不动产的，在不动产所在地履行；其他标的，在履行义务一方所在地履行。"依据这一规定，要区分如下情况：一是给付货币的，在接受货币一方所在地履行。货币结算主要通过银行转账来完成，通常交付货币的一方需要通过银行将需要支付的货款打入接受货币一方的开户行，而其开户行一般都在接受货币一方所在地。二是交付不动产的，在不动产所在地履行。不动产是特定物，当事人在订约时就必须要确定具体的不动产所在地。因此，涉及不动产的交付，应当在不动产所在地履行。三是其他标的（包括动产、票据、有价证券等），在交付这种标的物的合同中，如果履行地点不明确，则应当在履行义务一方所在地履行。

四、履行期限

所谓履行期限，是指债务人应当履行债务的期限。在履行期限确定以后，债务人在履行期到来之前不必要作出履行，债权人也不得要求债务人作出履行。从这个意义上说，履行期的确定体现了债务人的利益，但如果履行期限是直接为债务人的利益而确定的（如不付利息的借贷），债务人也可抛弃其期限利益提前履行。在履行期到来后，债权人也可以延缓履行期限使债务人缓期履行。

如果合同规定了履行期限，债务人在履行期届至时选择具体的履行时间时也必须遵循诚实信用原则。例如，深夜敲门还钱、趁关店时交货等，都违背了诚信原则。一般来说，依诚信原则，应当在工作日内的适当时间履行债务，而不应当在休息日或节假日作出履行。

---

① 参见史尚宽：《债法总论》，783 页。

(一) 法律和合同对履行期限规定不明确的期限确定

合同履行期限通常是当事人约定的，但在特殊情形下，法律也会对合同的履行期限作出规定。当然，法律规定的履行期限通常是在当事人约定不明时补充规定履行期限。例如，《民法典》第730条规定："当事人对租赁期限没有约定或者约定不明确，依据本法第五百一十条的规定仍不能确定的，视为不定期租赁；当事人可以随时解除合同，但是应当在合理期限之前通知对方。"

法律和合同对履行期限规定不明确的，依据《民法典》第511条第4项，"履行期限不明确的，债务人可以随时履行，债权人也可以随时请求履行，但是应当给对方必要的准备时间"。该规定包括了如下几层含义。

第一，由于合同关于履行期限的约定不明确，因此，债务人可以随时履行，债权人也可以随时要求履行。

第二，无论是债权人还是债务人，在作出履行或者请求履行时，都必须要给对方必要的准备时间。因此，在履行期限不明确的情况下，应当根据两个事实来确定具体的期限：一是当事人提出履行或要求履行的期限，二是作出履行必要的准备时间。必要的准备时间通常要根据交易的具体情况进行判定。当然，按照合同的性质，必须在特定时间作出履行债权人的利益才能实现的，债务人应当在该特定时间给付。例如，对于买受人订购月饼的合同，可推定债务人知晓在中秋节之前的合理时段内交付。

(二) 债务人提前履行债务

《民法典》第530条第1款规定："债权人可以拒绝债务人提前履行债务，但是提前履行不损害债权人利益的除外。"依据该条规定，合同生效以后，当事人应当按照合同规定的履行期限履行，债务人一般不得提前履行。但是如果提前履行不损害债权人利益，债权人不得拒绝债务人提前履行债务。在履行期到来前，债务人享有期限利益，债权人不得请求债务人提前清偿债务。所谓期限利益，是指当事人因期限的存续而享有的利益。在没有特别约定的情况下，期限利益一般属于债务人，按照私法自治原则，债务人可以通过提前履行，处分自己的期限利益。如果债务人抛弃此种利益，对于债权人可能是有利的，因此，在不损害债权人利益的前提下，债务人可以提前清偿债务①，只有在债务人提前履行可能不合理地损害债权人的利益时，债权人才有权拒绝债务人的提前清偿。在许多商事交易中，提前履行在特殊情形下也可能给债权人造成不合理的损害。② 例如，银行为了收取利息而放贷，提前还贷会打乱银行的贷款计划，可能造成银行的损失。如果提前履行损害债权人利益，债权人可以拒绝债务人提前履行债务。

《民法典》第530条第2款规定："债务人提前履行债务给债权人增加的费用，由债务人负担。"虽然提前履行时，债务人放弃了其期限利益，但毕竟提前履行不符合合同的

---

① 参见梁慧星等：《中国民法典草案建议稿附理由·债权总则编》，144页。

② 《欧洲合同法原则》第7：103条规定："1. 当事一方可拒绝在履行期限到来之前的提前履行，除非接受履行并不不合理地损害了他的利益。2. 当事一方接受另一方的提前履行并不影响合同规定的他自己履行合同义务的时间。"《商事合同通则》第6.1.5条也规定："债权人可以拒绝接受提前履行，除非债权人这样做无合法利益。"

约定。债务人提前履行债务可能会增加债权人的费用，例如，因为债权人尚未建好仓库，而委托他人保管货物，可能使债权人负担过高的保管费用，或者因债务人履行提前会增加债权人的人力、物力，由此导致费用增加。对于该增加的费用，应由债务人承担。

五、履行方式

履行方式是债务人履行义务的方法。履行方式有约定的，应严格按照约定履行。例如，在金钱之债中，约定一次付款，就应一次付清。履行方式不明确的，应当按照有利于实现合同目的的方式履行。例如，合同目的确定的是买受人要接受出卖人交付的机器设备，用于投入实际生产，因此，出卖人不能将机器设备分成若干部件进行交付，而应当一次性交付完整的设备。依据《民法典》第511条第5项的规定，履行方式不明确的，按照有利于实现合同目的的方式履行。

六、因债权人主体资格变动的债务履行

《民法典》第529条规定："债权人分立、合并或者变更住所没有通知债务人，致使履行债务发生困难的，债务人可以中止履行或者将标的物提存。"该条规定了因债权人的主体资格发生变动或住所变动时债务履行的问题。该条规定针对的是两种不同的情形。其一是债权人发生分立、合并，在这种情形下，债权人的主体发生变动。其二是债权人住所变更，这种情形的履行困难主要发生在赴偿之债中。在上述两种情形下，都可能导致债务人的履行困难，依据法律规定和诚实信用原则，债权人在发生上述变动后应当及时通知债务人，使得债务人能够继续履行债务。如果债权人未能及时通知债务人，确实导致债务人履行困难，例如不知向谁履行或在何处履行，则债务人可以选择两种方式寻求救济：一是中止履行，即有权拒绝向债权人继续进行给付，此时债务人的不履行不构成履行迟延；二是提存，即依据合同编有关提存的规定提存，以消灭债的关系。

七、履行费用

履行费用是指债务人履行合同所支付的费用。履行费用的负担不明确的，由履行义务一方负担。履行费用包括运输费、包装费、邮寄费、装卸费、登记费、关税等。即使应由债权人负担费用，债务人也只能从清偿总额中扣除该项费用的数额，或在进行清偿后请求债权人返还费用，而不能在清偿同时请求债权人支付费用，这主要是为了保证清偿的顺利进行。就此，《民法典》第511条第6项规定："履行费用的负担不明确的，由履行义务一方负担；因债权人原因增加的履行费用，由债权人负担。"当然，如果因债权人的原因而导致债务人的履行费用增加，增加的费用应当由债权人承担，这主要表现在如下三方面：第一，债权人转让债权，使债务人增加履行费用。债权人转让债权后的受让人与原转让人处于不同的地点，这样债权人转让债权就可能使债务人的履行费用增加。第二，债权人变更营业场所，增加了债务人的履行费用。第三，在原合同规定的清偿地

不能作出履行，双方当事人通过约定变更履行地点或由债权人指定新的履行地点，因此增加的费用应当由债权人承担。

第五节 合同履行中的抗辩权

一、同时履行抗辩权

（一）同时履行抗辩权的概念和特征

同时履行抗辩权，也称为履行合同的抗辩权，是指双务合同的当事人一方在他方为对待履行以前，有权拒绝自己的履行。《民法典》第525条规定："当事人互负债务，没有先后履行顺序的，应当同时履行。一方在对方履行之前有权拒绝其履行请求。一方在对方履行债务不符合约定时，有权拒绝其相应的履行请求。"该条是对同时履行抗辩权概念和行使条件的规定。同时履行抗辩权具有如下特点。

第一，同时履行抗辩权仅适用于双务合同。所谓双务合同，是指双方当事人互负对待给付义务的合同[①]，即一方当事人愿意负担履行义务，旨在使他方当事人因此负有对待履行的义务，或者说，一方当事人享有的权利也就是他方当事人所负担的义务。同时履行抗辩权是在双务合同中产生的，并且仅适用于双务合同关系，而不适用于单务合同（如无偿保管、无偿委托），以及非真正的（或称不完全的）双务合同（如委托合同）。

第二，同时履行抗辩权适用于双务合同中没有规定履行先后顺序的情况。就双务合同来说，依合同是否约定履行先后顺序可以分为两种情况：一是异时履行，即当事人在合同中明确规定应由一方先履行，另一方后履行，如合同规定，"卖方应在买方付款后的10天内交货"。因此买方应当先作出履行。二是同时履行。例如，合同规定"货到付款"就属于同时履行。一般来说，异时履行应由合同明确作出约定，如果合同未作出异时履行的约定，应认为双方负有同时履行的义务。针对异时履行和同时履行的情况，我国法律设定了不同的抗辩权。异时履行应适用先履行抗辩权和不安抗辩权，而同时履行应适用同时履行抗辩权。可见，针对双务合同中的履行无先后顺序的情况而适用，是同时履行抗辩权与其他两种抗辩权的重要区别。

第三，同时履行抗辩权主要是一种拒绝权。《民法典》第525条强调，同时履行抗辩权是指"一方在对方履行之前有权拒绝其履行要求。一方在对方履行债务不符合约定时，有权拒绝其相应的履行要求"。这就表明，同时履行抗辩权是指一方在符合法律规定的条件下享有拒绝对方请求的权利。同时履行抗辩权的内涵为：当一方不履行或不适当履行而要求对方作出履行时，对方有权拒绝其相应的履行要求。它是对抗对方请求权的一种权利。同时履行抗辩权不仅适用于买卖合同，而且适用于各类双务合同，它也绝非仅适用于现货交易和即时结清的买卖，而可以广泛适用于各类不履行和履行不符合约定的情况。

---

① 参见杨振山主编：《民商法实务研究》，249页，太原，山西经济出版社，1993。

第四，同时履行抗辩权的法律根据在于双务合同的牵连性。所谓双务合同的牵连性，是指在双务合同中，一方的权利与另一方的义务之间具有相互依存、互为因果的关系。此种牵连性表现为发生上的牵连性、履行上的牵连性以及存续上的牵连性三个方面。既然双务合同中双方当事人应同时履行自己所负的债务，一方当事人只有在已经履行或者已提出履行的前提下，才能要求对方当事人履行义务。反过来说，在对方为对待履行或未提出履行以前，可以将自己的履行暂时中止，而拒绝对方的履行请求。

（二）同时履行抗辩权的行使条件

同时履行抗辩权的行使必须符合下列要件。

（1）须由同一双务合同中双方互负债务。同时履行抗辩权乃是由于双务合同履行上的牵连性，根据诚信原则所产生的制度。同时履行抗辩权发生的前提条件是在同一双务合同中双方互负债务。具体来说，首先，须由同一双务合同产生债务，即指双方当事人之间的债务是根据一个合同产生的。其次，需双方当事人互负相互牵连的债务。所谓互负债务，是指双方根据同一双务合同互相承担债务。所谓牵连关系，是指双方所负的债务相互依存，不是相互独立的。最后，双方所负的债务之间具有相应性。

如何理解《民法典》第525条规定的“相应的履行请求”？《合同编通则解释》第31条第1款规定：“当事人互负债务，一方以对方没有履行非主要债务为由拒绝履行自己的主要债务的，人民法院不予支持。但是，对方不履行非主要债务致使不能实现合同目的或者当事人另有约定的除外。”相应的履行请求实际上也是民法上平等和公平原则的体现。具体而言，该条包含以下几方面含义：

第一，在当事人互负债务的情形下，同时履行抗辩权的行使要求两个债务之间具有相应性，其通常都是合同的主要债务，即主给付义务，一方当事人不得以对方没有履行非主要债务为由主张拒绝履行自己的主要债务，因为二者之间并不具有相应性。例如，甲乙双方订立了价值100万元的买卖合同，此时买方支付货款、卖方交付货物应该就是主要债务，在卖方已经发货但是买方没有支付货款的情况下，买方以卖方未开具增值税发票为由主张同时履行抗辩权的，就不能得到法院的支持，因为开具发票一般认为属于卖方的从给付义务，与交付货款之间不具有相应性。当然，依据司法解释的该规定，相对人虽然不能据此行使主要债务的同时履行抗辩权，但可行使非主要债务的同时履行抗辩权。① 如果一方不适当履行债务，如部分履行、履行有瑕疵等，另一方可援引我国《民法典》第525条的规定，拒绝对方相应的履行要求。

第二，如果一方不履行非主要债务致使对方不能实现合同目的，则对方当事人有权主张不履行主要债务。也就是说，一方履行主要债务后，一般情况下合同相对人的合同目的就能得到实现，在此情况下其自然不能以此为由主张行使同时履行抗辩权。但如果一方不履行非主要债务也会导致对方“合同目的”的落空，此时相对人有权行使同时履行抗辩权。例如，供货方不提供质量检验书（比如钻石、珠宝等的质量合格鉴定书），如

---

① 参见最高人民法院民事审判第二庭、研究室编著：《最高人民法院民法典合同编通则司法解释理解与适用》，320页。

果会导致标的物的品质难以确定，无法进行后续转让，此时供货方不提供质量检验书也会致使对方不能实现合同目的，在此情形下，也应当认定双方的债务具有相应性，买方有权拒绝交付货款。

第三，当事人另有约定的除外。这就是说，同时履行抗辩权的行使一般要求债务之间具有相应性，但这一规定仍然属于任意性规定，当事人之间可对此进行特殊约定排除该规则的适用。仍以前述甲乙双方订立价值 100 万元的买卖合同为例，双方在合同中约定在卖方没有出具增值税发票的情况下，买方可以此为由拒绝支付货款的，该约定就意味着买方可以此为由主张同时履行抗辩权。

（2）须双方互负的债务均已届清偿期。同时履行抗辩权的适用，是双方对待给付的交换关系的反映，并旨在使双方所负的债务同时履行，双方享有的债权同时实现。所以，只有在双方的债务同时到期时，才能行使同时履行抗辩权。[①] 这就要求双方当事人互负的债务必须是有效的。如果原告向被告请求支付价金，而买卖合同不成立、无效或已被撤销，或债务业已被抵销或免除，债务实际上不存在，原告并不享有请求权，被告在此情况下已不是主张同时履行抗辩，而是主张自己无履行的义务。因此，债务的存在是主张同时履行抗辩的前提。

（3）须对方不履行或履行合同义务不符合约定。原告向被告请求履行债务时，原告自己已负有的与对方债务有牵连关系的债务未履行，被告因此可以主张同时履行抗辩权，拒绝履行债务。如果原告已履行债务，则不发生同时履行抗辩权的问题。不过，如果原告未履行的债务与被告所负的债务之间无对价关系，则被告不得援用同时履行抗辩权。[②] 如果一方不适当履行债务，如部分履行、履行有瑕疵等情形，另一方可援引我国《民法典》第 525 条的规定，拒绝对方相应的履行要求。

（4）须对方的对待履行是可能的。同时履行抗辩的机能在于一方拒绝履行可迫使他方履行合同，这样，可促使双方同时履行其债务。但是，同时履行是以能够履行为前提的。如果一方已经履行，而另一方因过错而不能履行其所负的债务（如标的物已遭到毁损、灭失等），则只能适用债务不履行的规定请求补救，而不发生同时履行抗辩问题。如果因不可抗力发生履行不能，则双方当事人将被免责。在此情况下，如一方提出了履行的请求，对方可提出否认对方请求权存在的主张，而不是主张同时履行抗辩权。因为同时履行抗辩权的成立前提是债务存在。

（三）同时履行抗辩权的效力

同时履行抗辩权属于延期的抗辩权，不具有消灭对方请求权的效力。依据《民法典》第 525 条的规定，其效力仅表现为当事人一方在对方提出给付以前，可以暂时拒绝履行自己的义务，而并不是使自己的义务归于消灭。正当行使同时履行抗辩权不构成违约，因为行使抗辩权是合法行为，它和违约行为在性质上是根本有别的，不能将两者混淆。例如，一方交付的货物有严重瑕疵时，另一方拒付货款，乃是正当行使抗辩权的行为，

---

① 参见王家福主编：《中国民法学·民法债权》，402 页。

② 参见王家福主编：《中国民法学·民法债权》，403 页。

不应作为违约对待。当然，在不符合行使抗辩权的条件的情况下拒绝履行义务或滥用同时履行抗辩权等，不属于正当行使权利的范畴，这些行为本身已构成违约，由此造成对方损害的，应负损害赔偿责任。如合同规定甲方交付大米1万千克，甲方依约发运了货物，但乙方收到货后发现缺200千克，乙方将该批大米接受并转卖以后，仍援用同时履行抗辩权的规定拒付全部货款，此时乙方的行为已构成违约。

同时履行抗辩权的行使与合同解除也是不同的。同时履行抗辩权的行使以有效的合同关系的存在为条件，尽管该权利的行使造成合同暂时不能履行，但当事人双方仍然希望维持合同的效力；而解除合同是终止现有的合同关系，使基于合同发生的债权债务关系归于消灭，并使当事人之间的财产关系恢复到订约前的状况。

（四）同时履行抗辩的程序保障——对待给付判决（Urteil auf Erf ü llung Zug und Zug）

所谓对待给付判决，是指法院要求原告向被告提出对待给付后才可对被告进行强制执行的判决。此类判决一般表述为，“被告应在原告履行其义务时，向原告履行义务”[①]，其又被称为交换给付判决、同时履行判决、附对待给付判决。[②] 在具体履行步骤上，对待给付判决要求提起诉讼的原告（债权人）首先要自己作出给付，在其作出给付后，该判决就立刻产生了执行力，即被告应当立即作出对等给付，如被告不作出给付，则原告即可申请强制执行。[③] 对待给付判决作出之后，已经具有强制执行力。依据《合同编通则解释》第31条第2款，将对待给付判决区分为两类情形：

第一，在原告提起诉讼请求后，如果被告并未提起反诉，法院应当判决被告在原告履行债务的同时，履行自己的债务，并应当在判项中明确，原告申请强制执行的，法院应当在原告履行自己的债务的同时，对被告采取执行行为。但被告不能依据对待给付判决申请对原告的对待给付债务进行强制执行。[④] 因为被告只是消极地提出了抗辩，而没有积极主张原告向自己履行债务。法院不能径直作出裁判，要求原告作出履行，在此情形下，被告没有获得针对原告的执行依据，因此，被告无法申请强制执行。

第二，如果被告提起反诉，法院应当判决双方同时履行自己的债务，并在判项中明确任何一方申请强制执行的，人民法院应当在该当事人履行自己的债务后对对方采取执行行为。由此可见，如果被告仅主张同时履行抗辩权，则只存在一个诉讼，不存在本诉与反诉的区别。在被告没有反诉的情况下，法院仅仅针对原告的给付请求权作出了判决，所以也只有原告可以依据这一判决申请强制执行，被告不能依据该判决申请强制执行原告的对待给付。但在被告提起反诉的情况下，法院对于被告主张的对待给付请求权也应当作出判决。这就形成了同时履行判决，原、被告双方都应当向对方作出履行。任何一

---

① 刘海伟：《对待给付判决制度的理论证成与具体适用——兼论〈民法典合同编通则解释（征求意见稿）〉第32条第2款》，载《法律适用》，2023（11），72页。

② 参见肖建国、张苏平：《附对待给付义务的诉讼表达与执行法构造》，载《北方法学》，2023（1），17页。

③ 参见Emmerich，in：Münchener Kommentar zum BGB，9. Aufl.，2022，§ 322，Rn. 7；Wagner NJW 2013，198，201f.

④ 参见申海恩：《抗辩权效力的体系构成》，载《环球法律评论》，2020（4），95页。

方都有权申请强制执行，只不过申请强制执行时应当首先履行自己的债务。

对待给付判决作出之后，已经具有强制执行力。《合同编通则解释》第 31 条第 2 款明确要求，法院应当在判项中明确说明，一方要申请强制执行的，应当首先履行自己的债务，才能对另一方采取强制执行措施。该条规定了同时履行抗辩的情形下强制执行开始的条件，为执行法院作出了明确的指引，也为合同当事人的权益提供了程序保障。《合同编通则解释》第 31 条较为巧妙地衔接了实体法和程序法之间的关系，为同时履行抗辩权提供了一套程序保障机制。

(五) 同时履行抗辩权适用的排除

如出现以下情形，不得适用同时履行抗辩权。

第一，法律或合同规定一方负有先行履行的义务。此种情形意味着法律、合同确定了履行顺序，当事人必须按此顺序履行其义务，负有先为履行义务的一方当事人不得要求对方同时履行，这属于依合同履行义务的问题，不适用同时履行抗辩权。

第二，双方所负的义务无相应性或无牵连性。如果根据合同的性质或规定，合同双方所负有的义务是彼此独立、无牵连关系的，则一方违反了某项义务，不能成为另一方拒绝履行其义务的理由。例如，在混合合同中，合同规定了数项债务，各个债务的性质是不同的，如某个合同将买卖、租赁有关条款规定在一起，各个条款之间在性质上存在诸多不同，此时，当事人就无法主张同时履行抗辩权。

第三，按照诚实信用原则不适用同时履行抗辩权。[①] 诚实信用原则是债务履行中的一项重要原则。根据这一原则，双方应负有相互协力、保护、保密、忠实等义务。按照诚实信用原则，如果一方交付货物的数量不足，但不足的数量甚少，或交付的标的物的瑕疵极为轻微，对对方无明显损害，或一方违反义务并不影响另一方的履行等，对方不得以此为依据拒绝接受履行并拒绝履行自己的义务。

二、先履行抗辩权

(一) 先履行抗辩权的概念

《民法典》第 526 条规定："当事人互负债务，有先后履行顺序，应当先履行债务一方未履行的，后履行一方有权拒绝其履行请求。先履行一方履行债务不符合约定的，后履行一方有权拒绝其相应的履行请求。"该条是关于先履行抗辩权的规定。此种抗辩权是我国法律在同时履行抗辩和不安抗辩之外新增加的一种抗辩权，也是一项为我国法所独创的抗辩制度。[②]

抗辩权不仅适用于对抗对方的履行请求方面，其还可以对抗对方所提出的履行或承担违约责任的请求。一方面，如果一方未履行，而要求另一方履行，另一方有权拒绝其

---

① 参见王泽鉴：《民法学说与判例研究》，第 6 册，164 页，北京，中国政法大学出版社，1998。

② 新修改的《商事合同通则》第 7.1.3 条承认了先履行抗辩权。该条第 2 款规定：当事人各方应相继履行合同义务的，后履行的一方当事人可在应先履行的一方当事人完成履行之前停止履行。该条是不是采纳中国经验的结果，值得探讨。

履行要求。另一方面，如果一方不适当履行其债务，另一方亦有权拒绝其相应的履行要求。而在后一种情况下，必然是一方已经先作出了履行，因其履行不符合约定，而使后履行一方享有的抗辩权。在此情况下，同时履行抗辩与先履行抗辩将会发生竞合现象。

先履行抗辩权与同时履行抗辩权都适用于双方互负债务的双务合同，但两者具有明显的区别，具体表现在：第一，适用范围不同。同时履行抗辩权适用于当事人互负债务、没有先后履行顺序的情况；而先履行抗辩权适用于当事人存在先后履行顺序的情况。也就是说，同时履行抗辩权针对同时履行而适用，先履行抗辩权针对异时履行而适用。第二，权利主体不同。同时履行抗辩权是为双方提供的，即只要有一方不履行或不适当履行债务，另一方就有可能享有同时履行抗辩权；而先履行抗辩权乃是为后履行的一方所设定的抗辩权，也就是说，只有后履行一方才享有此种抗辩权。第三，是否适用于违约的情形不同。同时履行抗辩权可以适用于违约的情形，如果一方不适当履行其债务，另一方亦有权拒绝其相应的履行要求。而先履行抗辩权一般不适用于违约的情形。

（二）先履行抗辩权的行使条件

依《民法典》第526条的规定，先履行抗辩权的行使必须符合如下条件。

第一，同一双务合同中双方互负债务。与同时履行抗辩行使的条件一样，先履行抗辩权也是因双务合同履行机能上的牵连性而发生的，其行使的前提是由同一双务合同中双方互负债务。所谓同一双务合同双方互负债务，一方面是指必须由同一双务合同产生债务，也就是说，双方的债务是由一个合同产生的，而不是由两个或两个以上的合同产生的；另一方面，是指双方当事人必须互负债务，互负债务表明双方应当发生双务合同关系，因为单务合同是很难互负债务的。

第二，须由一方当事人先为履行。履行是否具有先后顺序，是先履行抗辩与同时履行抗辩的根本区别。从原则上说，履行具有先后顺序，应当由当事人双方特别约定，如双方在合同中约定，先交货后付款，或先住店后结账，或先吃饭后付款。如果当事人在合同中未规定履行顺序，可以依交易习惯来确定。如根据当地的习惯，通常是先付款后吃饭，或先结账后住店，则应以此确定履行顺序。依据交易习惯不能确定履行顺序的，应当按照等价交换的原则，推定当事人双方负有同时履行的义务。

第三，先履行的一方不履行或履行合同义务不符合约定。先履行抗辩权是针对先履行一方的履行不符合合同规定而设定的。先履行一方未履行的，后履行一方有权拒绝其履行要求。先履行一方履行债务不符合约定的，后履行一方有权拒绝其相应的履行要求。《民法典》第526条所提及的“不符合约定”包括不履行或履行合同义务不符合约定的情形（迟延履行、不适当履行、部分履行）。显然在迟延履行和瑕疵履行的情况下，债务人的违约行为必须构成根本违约，非违约方才能行使先履行抗辩权，而在部分履行的情况下，非违约方只能就违约部分拒绝相应的履行要求。

（三）先履行抗辩权的效力

既然先履行抗辩权为一种独立的抗辩权，则应当具有独立的适用范围。因先履行抗辩权的行使，将随时阻止对方当事人请求权的行使，而不是导致对方请求权的消灭，从这个意义上说，先履行抗辩权属于延期的抗辩权。由于正当行使抗辩权乃是合法行使权利的表现，因而后履行一方在一方先履行以后因为履行不适当，可以通过行使先履行抗辩权而拒绝履行自己相应的义务。因先履行抗辩权的行使致使合同迟延履行的，迟延履行责任应由对方当事人承担。当然，在行使抗辩权过程中，必须符合法律规定的条件，且必须遵循诚实信用原则，而不得滥用抗辩权。由于先履行抗辩权的行使只是阻碍对方请求权的行使，因而在对方当事人完全履行了合同义务以后，该抗辩权行使条件已不存在，后履行的一方应当履行自己的义务。

《合同编通则解释》第 31 条第 3 款规定："当事人一方起诉请求对方履行债务，被告依据民法典第五百二十六条的规定主张原告应先履行的抗辩且抗辩成立的，人民法院应当驳回原告的诉讼请求，但是不影响原告履行债务后另行提起诉讼。"这就通过规定先履行判决，为先履行抗辩权的实现程序提供了保障。

先履行判决实际上是针对先履行抗辩权的一种确认，即在一方提出抗辩时，法院应当驳回对方当事人的诉讼请求。先履行判决与对待给付判决具有明显的区别。对待给付判决中，双方当事人只能是同时履行，虽然依据《合同编通则解释》第 31 条第 2 款的规定，一方在请求对对方采取执行措施时应当先履行自己的债务，但其在性质上只是一种执行措施，其也是同时履行抗辩的一种程序保障措施，人民法院在判决中不能确定双方当事人债务的履行顺序，而应当判决双方同时履行。先履行判决与此不同。

一方面，二者的适用对象不同。对待给付判决适用于当事人享有同时履行抗辩权的情形，其在性质上是同时履行抗辩的程序保障规则。当然，就对待给付判决而言，虽然在实际履行过程中，双方当事人的履行存在先后顺序，但在诉讼中，法院只能作出一方为对待给付时另一方应为给付的判决，而不应在判决中确定双方当事人履行的先后顺序，否则就违背了同时履行抗辩权设立的宗旨。[①] 与对待给付判决适用于双方同时履行的情形不同，先履行判决针对的是异时履行的情形。也正是因为这一原因，同时履行抗辩权是为双方当事人提供的，即只要有一方不履行或不适当履行债务，则另一方就有可能享有同时履行抗辩权；而先履行抗辩权乃是为后履行的一方所设定的抗辩权，也就是说，只有后履行一方才享有此种抗辩权。

另一方面，二者的法律效果不同。就对待给付判决而言，如果被告仅提出抗辩，法院应当判决只有原告履行时才能对被告采取执行行为；如果被告提出了反诉，则任何一方只有在作出履行时才能申请对对方采取执行行为。并且，法院应当在判决书中明确双方应同时履行债务，而不得确定双方的债务履行顺序，这也符合同时履行抗辩权的基本原理。而对先履行判决来说，负有先履行义务的一方请求对方履行债务时，如果被告主张先履行抗辩权且该抗辩权成立，则法院应当驳回原告的请求，这也是先履行抗辩权的应有之义，因为负有先履行义务的一方未履行债务时，对方当事人有权对其主张顺序履行抗辩。当然，在负有先履行义务的一方的请求被法院驳回后，如果其后来履行了债务，则有权另行起诉。

---

① 参见刘文勇：《论同时履行抗辩权成立时对待给付判决之采用》，载《国家检察官学院学报》，2020（4），173 页。

三、不安抗辩权

（一）不安抗辩权的概念和行使条件

所谓不安抗辩权，是指在异时履行的合同中，应当先履行的一方有确切的证据证明对方在履行期限到来后，将不能或不会履行债务，则在对方履行或提供担保以前，有权暂时中止债务的履行。《民法典》第527条规定：“应当先履行债务的当事人，有确切证据证明对方有下列情形之一的，可以中止履行：（一）经营状况严重恶化；（二）转移财产、抽逃资金，以逃避债务；（三）丧失商业信誉；（四）有丧失或者可能丧失履行债务能力的其他情形。当事人没有确切证据中止履行的，应当承担违约责任。”该条对不安抗辩权作出了规定。不安抗辩权是与同时履行抗辩权相对应的一种抗辩权。它们分别适用于异时履行与同时履行的情况，两者共同构成了大陆法债法中保护债权的抗辩权体系。尽管不安抗辩权与先履行抗辩权一样都适用于异时履行的情况，但不安抗辩权主要是为了保护先履行一方，是由先履行一方享有的权利，而先履行抗辩权主要是为了保护后履行一方，是后履行一方所享有的权利。

虽然先履行抗辩权与不安抗辩权都是针对双务合同中异时履行的情况而规定的，但两者之间的区别是较为明显的。一方面，先履行抗辩权是由后履行一方针对先履行一方不履行或不适当履行债务而享有的抗辩权，而不安抗辩权是由先履行一方针对后履行一方将不会或不能履行债务而享有的抗辩权。另一方面，先履行一方行使不安抗辩权并不仅仅是针对后履行一方的不履行行为作出的，抗辩与后履行一方的行为之间并不一定具有“相应”性。

根据《民法典》第527条，不安抗辩权的行使应具备如下条件。

（1）须因双务合同互负债务。《民法典》第527条虽然没有将“当事人互负债务”作为不安抗辩权适用的条件之一，但从不安抗辩权的内容来看，它只能适用于双务合同。在双务合同中，一方当事人承担合同债务，通常是为了取得对方当事人的对待履行，这就使双务合同当事人之间的债务具有对等性，即一方的权利是另一方的义务，反之亦然。只有在双务合同中，才有可能发生当事人之间的债务履行具有先后顺序的现象。因此不安抗辩权只能在双务合同中发生，在单务合同中是不能适用的。由于《民法典》第527条并没有将不安抗辩权的适用限定在某一双务合同中，因而应认为该项抗辩适用于各类双务合同。

（2）须当事人约定一方应先履行债务，即当事人一方有义务向他方先作出履行。在双务合同中，如果履行在同一时间内发生，则仅发生同时履行抗辩权。而不安抗辩权是因异时履行发生的，这种异时履行必须由当事人特别约定。正是因为履行是在不同时间作出的，所以，一方在对方难以作出对待履行时，有权拒绝先作出履行。从根本上说，不安抗辩权是法律赋予先履行的一方在符合法律规定的条件下所享有的权利，这一点也是不安抗辩权与先履行抗辩权的区别。不安抗辩权的设置，可以有效地防止先履行的一方的利益受损害。如先履行的一方已有确切的证据证明另一方信用很差，如果先作出履行，对方极有可能不会作出对待履行，在此情况下行使不安抗辩权，便能预防损害的发生。

(3) 先履行的一方有确切的证据证明另一方不能或不会作出对待履行。《民法典》第527条具体列举了一方在履行后另一方将不能或不会作出对待履行的事由，这些事由主要包括以下几项：一是经营状况严重恶化。所谓严重恶化，是指相对订约时而言，其责任财产和履行能力出现严重减弱的现象，如果是企业，则表现为债务增加、资产减少、盈利能力急剧下降等现象。二是转移财产、抽逃资金，以逃避债务。这些行为均表明债务人信用不佳，存在着极大的违约危险，可能到期不会履行合同。三是丧失商业信誉，即与缔约前的状况相比，其在业界或同行中，商业信用处于不佳状态。四是有丧失或者可能丧失履行债务能力的其他情形。丧失债务能力是指已经不具有履行债务的资产或其他履行债务的能力。例如，某项特定物已遭受毁损，不可能交付该特定物。所谓可能丧失，是指虽然目前没有丧失履行能力，但是在债务到期时应当不具有履行能力的情形。例如，某演员在演出前几天已患重病而卧床不起，并且根据其病情判断，他是无法按时登台演出的，则可以认为其可能丧失履行债务的能力。上述事实既可以表明后履行一方在先履行的一方作出履行后，极有可能不会作出对待履行，也可以表明其届时不会履行。因此先履行一方在出现上述事实后，应有权行使不安抗辩权。

(二) 不安抗辩权行使的效力

依据《民法典》第528条，不安抗辩权行使的效力如下。

第一，暂时中止合同的履行。依据《民法典》第527条，先履行一方有确切证据证明对方具有法律规定的不能或不会对待履行的事由以后，可以行使不安抗辩权，暂时中止合同的履行。可见，暂时中止合同的履行乃是不安抗辩权行使的主要效果。所谓暂时中止合同履行，是指暂停履行合同。暂时中止合同履行，既不同于终止合同也不同于解除合同，因为在暂时中止合同的情况下，合同并没有发生终止或解除，它对当事人仍然是有效的，只不过合同债务暂时得不到履行。一旦另一方提供了适当的担保或恢复履行能力，合同应当继续履行。因此，即使先履行一方有确切的证据证明对方具有法律规定的不能或不会对待履行的事由以后，也只能暂时中止合同的履行，而不能直接解除合同。依据《民法典》第528条，“当事人依据前条规定中止履行的，应当及时通知对方”，从而使对方及时了解合同中止履行的原因和具体情况，并采取必要的措施。

第二，请求提供适当的担保。依据《民法典》第528条，“当事人依据前条规定中止履行的，应当及时通知对方。对方提供适当担保的，应当恢复履行”。也就是说，一方在暂时中止合同履行之后，有权要求对方在合理期限内提供担保。此处所说的“担保”是指足以消除对方当事人不安的各种合同担保方式，其不仅包括物的担保，还包括人保即保证，也包括其他的非典型担保方式，以保证其能在合理期限内履行债务。也就是说，担保的方式可以多种形式，如抵押、保证等。此处所说的“适当”，是指能够消除对方当事人不安的各种担保方式。无论采取何种形式，只要其足以消除“不安”，都可以构成有效的担保。

第三，在符合预期违约构成要件的情况下，请求承担违约责任或解除合同。《民法典》第528条规定，“中止履行后，对方在合理期限内未恢复履行能力并且未提供适当担保的，视为以自己的行为表明不履行主要债务，中止履行的一方可以解除合同并可以请求对方承担违约责任”。《民法典》第528条将不安抗辩权与预期违约制度进行了有效衔接。依据这一规定，在出现下列条件下，对方将构成预期违约：一是在合理期限内未恢复履行能力。在合理期限内恢复履行能力的情形是多样的。例如，一方经营状况只是暂时恶化，通过融资等手段在短期内缓解了经营状况恶化情形，已消除对方的不安，此种情形即构成在合理期限内恢复履行能力。二是未提供适当担保。如果当事人在合理期限内没有提供担保，或者提供的担保不适当，将不构成此处所说的提供适当担保。在具备上述两个条件的情形下，将构成预期违约。

（三）不安抗辩权与预期违约的衔接

大陆法系一般并没有认可预期违约制度，而只是设有关于不安抗辩权的规定，并将不安抗辩权作为与同时履行抗辩权相对应的一项制度加以规定。不安抗辩权与同时履行抗辩权构成了一套保护债权的抗辩权体系。而英美法中并没有关于不安抗辩权的规定，也不存在抗辩权体系，而只是设置了预期违约制度①，在预期违约的情形下，非违约方也享有中止合同履行的权利，在此种意义上，预期违约制度发挥了大陆法系不安抗辩权的制度功能。依据《美国统一商法典》第2-610条的规定，非违约方可以在商业化合理的时间内，等待违约方履行合同义务，或者请求对方当事人承担违约责任，而且即便非违约方已经通知违约方，将等待违约方履行合同，其仍然有权请求违约方承担违约责任；同时，在预期违约的情形下，非违约方可以拒绝自己的履行。

我国《民法典》第528条规定，“中止履行后，对方在合理期限内未恢复履行能力并且未提供适当担保的，视为以自己的行为表明不履行主要债务，中止履行的一方可以解除合同并可以请求对方承担违约责任”。这就有效地衔接了预期违约与不安抗辩权的关系。依据这一规定，当事人在构成预期违约的情形下，一方有权解除合同和请求对方承担违约责任。一方面，虽然履行期限尚未到来，但一方的预期违约行为在性质上已经构成了根本违约，将使对方当事人订约的目的无法实现。因此，该行为属于《民法典》第563条第1款第2项所规定的“以自己的行为表明不履行主要债务”，因此，对方有权解除合同。另一方面，预期违约实际上也是一种违约形态，在构成预期违约的情形下，应当向对方承担违约责任。《民法典》第578条规定，一方以自己的行为表明不履行合同义务的，对方可以在履行期到来之前请求其承担违约责任。此种预期违约就属于此类情况，因而非违约方可以请求对方承担违约金、损害赔偿等责任。

第六节　以物抵债协议的履行

以物抵债协议，是指当事人达成以债务人移转房屋所有权等有体物代替原合同债务履行的协议。以物抵债作为一种特殊的交易方式，在现实生活中有利于及时了清债权债

---

① 参见李中原：《合同期前救济制度的比较研究》，载《法商研究》，2003（2）。

务，保障债权的实现。但当事人可能有通过以物抵债达到逃避债务的目的。针对司法实践中产生的不少以物抵债纠纷，《合同编通则解释》第 27、28 条将以物抵债协议区分为在履行期届满后达成的以物抵债协议（清偿型以物抵债协议）与在履行期届满前达成的以物抵债协议（担保型以物抵债协议），并分别设置了不同的规则。

一、在履行期届满后达成的以物抵债协议

关于在履行期届满后达成的以物抵债协议，性质上究竟是诺成合同还是实践合同，一直存在争议。依据《合同编通则解释》第 27 条第 1 款的规定，当事人一旦达成以物抵债的协议，该协议不具有其他效力瑕疵事由的，就应当认定合法有效。该规定改变了长期以来所坚持的以物抵债是要物合同的做法，改采诺成合同的观点。因为诺成合同更符合当事人订立以物抵债协议的目的，一旦订立以物抵债协议，就应当对当事人产生拘束力，至于该协议是否履行，则应当属于合同履行的问题，不应当影响该协议的效力。[①]据此，对此类以物抵债协议而言，物的交付属于以物抵债协议中的履行行为，对于不交付的可以通过违约责任处理。

关于当事人在履行期届满后达成的以物抵债协议的效力，依据《合同编通则解释》第 27 条第 2 款的规定，此类以物抵债协议主要具有如下效力：

第一，在当事人履行以物抵债协议之前，原债务和以物抵债两个债务并存，都是合法有效的。据此，即便当事人在履行期届满后达成了以物抵债协议，在该协议履行前，其并不具有消灭原债务的效力。

第二，以物抵债协议被履行后，将导致原债务消灭。以物抵债协议作为当事人对于代替原债务的安排，一经履行就可以消灭原债务，否则债权人如果接受双重受偿将构成不当得利。据此，当事人实际履行此种以物抵债协议，既会消灭债务人依据该协议负担的债务，也会同时消灭债务人负担的原债务。

第三，债务人未按照以物抵债协议履行的，债务转化为选择之债，即债务人或者第三人未按照约定履行以物抵债协议，经催告后在合理期限内仍不履行，债权人选择请求履行原债务或者以物抵债协议。在以物抵债协议中，如果债务人没有履行，经催告后在合理期限内仍不履行，则选择权将发生移转，此时应当由债权人享有选择权，即债权人有权选择请求债务人履行原债务或者以物抵债协议。此种规定有利于保护债权人。当然，债权人虽然享有选择权，但在以物抵债协议约定的履行期间届满之后，债权人也应当先进行催告，只有债务人在催告后的合理期限内仍然没有履行，债权人才能行使选择权。[②]此外，依据《合同编通则解释》第 27 条第 2 款的规定，债权人享有的选择权可以通过法律规定或者当事人约定予以排除。例如，当事人在合同中约定，即便债务人不履行以物抵债协议，债权人也应当先请求债务人履行以物抵债协议，而不得先主张债务人履行原

---

① 参见最高人民法院民事审判第二庭、研究室编著：《最高人民法院民法典合同编通则司法解释理解与适用》，311 页。

② 参见最高人民法院民事审判第二庭、研究室编著：《最高人民法院民法典合同编通则司法解释理解与适用》，313 页。

债务，这实际上就排除了债权人的选择权。

第四，以物抵债协议并不能直接产生物权变动的效力。如前所述，以物抵债协议性质上属于诺成合同，只有当事人按照该协议约定交付标的物之后，才能引起物权的变动。依据《合同编通则解释》第 27 条第 3 款的规定，以物抵债协议经人民法院确认形成的确认书或人民法院根据当事人达成的以物抵债协议制作成的调解书并不属于《民法典》第 229 条所规定的直接导致物权变动的法律文书。基于以物抵债协议发生的物权变动仍然属于基于法律行为发生的物权变动，需要适用基于法律行为发生的物权变动的规则，即除该协议外，还必须在践行法定的物权变动公示方法后，才能引起物权变动，也才能依法产生对抗善意第三人的效力。

第五，债务人以他人之物订立无权处分协议的，构成无权处分。依据《合同编通则解释》第 27 条第 4 款的规定，债务人或者第三人以自己不享有所有权或者处分权的财产权利订立以物抵债协议的，构成无权处分，在此情形下，以物抵债协议本身并非无效，但债务人无法履行该协议的，债权人有权依法主张违约责任。在无权处分的情形下，真正权利人有权请求返还标的物，但债权人符合善意取得构成要件的，有权取得所有权，并拒绝真正权利人的返还请求。

二、 债务履行期届满前达成的以物抵债协议

债务履行期届满前达成的以物抵债协议，又称为担保型以物抵债协议。在债务履行期限届满前，债务人能否履行债务尚不确定，因此，当事人可能会通过订立以物抵债协议的方式，担保该债务的履行。

第一，债务履行期届满前达成的以物抵债协议的效力。依据《合同编通则解释》第 28 条第 1 款，由于此种情形下的以物抵债协议具有担保的功能，因此，其效力具有从属性，只有存在合法有效的主债权，该担保才有效。因此，对于此种以物抵债协议的效力，法院应当在审理主债权债务关系的基础上认定该协议的效力。按照从属性规则，如果相关的债权债务关系有效，则原则上应当认定该以物抵债协议有效；如果相关的债权债务关系无效，则应当认定该以物抵债协议无效。

第二，以物抵债协议约定的两种情形。依据《合同编通则解释》第 28 条第 2 款的规定，应当区分如下两种情形，分别认定此类以物抵债协议的效力：一是当事人约定债务人到期没有清偿债务，债权人可以对抵债财产拍卖、变卖、折价以实现债权的。该约定只是关于债务到期后债权实现方式的约定，该约定应当有效。因为该约定有效，所以在债务人不履行到期债务时，债权人可以请求对抵债财产拍卖、变卖、折价以实现债权。二是当事人不得约定债务人不履行到期债务的，抵债的财产将直接归债权人所有。此种约定类似于流押流质条款，可能会不当损害债务人的利益，因此，依据该规定，当事人作出此种约定，该约定本身无效，但该条款无效不影响以物抵债协议其他部分效力的，该协议的其他部分仍然应当有效。例如，当事人除在以物抵债协议中约定上述条款外，还约定债务人不履行债务的，债权人有权请求债务人履行原债务，或者约定债权人有权选择请求债务人履行旧债或者新债等，此类约定仍应当有效。

第三，当事人订立担保型以物抵债协议后，债务人或者第三人未将财产权利转移至债权人名下，债权人不得主张优先受偿。依据《合同编通则解释》第 28 条第 3 款的规定，债务履行期限届满前达成的以物抵债协议具有担保的功能，如果当事人没有完成公示，就不能依法产生优先受偿的效力。而在当事人已经完成公示的情形下，即债务人或者第三人已经将财产转移至债权人名下的，依据《担保制度司法解释》第 68 条的规定，债权人有权依法主张就该财产优先受偿。

第七节　情势变更

一、情势变更的概念和特征

所谓情势变更，是指在合同有效成立后、合同履行期间，因为合同的基础条件发生了当事人订约时难以预见的重大变化，致使合同不能履行或者履行结果显失公平，根据诚实信用原则，当事人可以请求变更或解除合同的制度。[①] 所谓情势，是指合同成立后出现的不可预见的情况，即必须影响社会整体或部分环境的客观情况。[②] 一般认为，情势泛指作为法律行为成立基础或环境的一切客观事实。[③] 所谓变更，是指“合同赖以成立的环境或基础发生异常变动”。而情势变更，是指在合同成立并生效以后、履行终止以前，发生了当事人在合同订立时无法预见的客观情况变化，致使合同的基础丧失，以致如果继续履行合同将对一方当事人明显不公平，因此，依据诚信原则应当允许一方当事人变更或者解除合同。[④] 该原则最早出现在 1756 年《巴伐利亚民法典》和 1794 年《普鲁士一般邦法》中。[⑤] 经过德国学者的发展，该理论逐渐被德国判例所采纳[⑥]，并为大陆法系其他国家所广泛采用。《民法典》第 533 条规定：“合同成立后，合同的基础条件发生了当事人在订立合同时无法预见的、不属于商业风险的重大变化，继续履行合同对于当事人一方明显不公平的，受不利影响的当事人可以与对方重新协商；在合理期限内协商不成的，当事人可以请求人民法院或者仲裁机构变更或者解除合同。人民法院或者仲裁机构应当结合案件的实际情况，根据公平原则变更或者解除合同。”

合同一旦有效成立，当事人就必须按照“契约必须严守”的原则来履行合同。但在合同订立后，有可能因当事人在订约时无法预见的客观情况的变化导致合同不能履行或履行过于艰难，而当事人对于情势变更的发生又没有过错，在此情况下，强迫当事人继续履行合同或承担违约责任，确实有悖于诚实信用原则。尤其是在现代社会，交易纷繁复杂、形态多样。在经济全球化的背景下，跨国贸易和投资迅速发展，电子商务

---

① 参见梁慧星：《中国民法经济法诸问题》，200 页，北京，中国法制出版社，1999。

② 参见彭凤至：《情事变更原则之研究》，240 页，台北，五南图书出版公司，1986。

③ 参见王家福主编：《中国民法学・民法债权》，399 页。

④ 参见彭诚信：《“情事变更”原则的探讨》，载《法学》，1993（3）。

⑤ Codex Maximilianeus bavaricus civilis von 1756，Ⅳ 15 § 12；ALR von 1794，Ⅰ 5 § 378.

⑥ RGZ100，129，132f.（1920）.

（e-commerce）大量取代了传统的交易方式。与此同时，当事人缔约时不可预测的风险也相伴而生，例如，亚洲金融危机、疫情等情势导致许多合同难以履行。《民法典》第533条在总结司法实践经验的基础上，对情势变更制度作出了规定。依据《民法典》第533条和《合同编通则解释》第32条第1款，情势变更应当具备如下要件：

第一，情势变更发生在合同成立后的履行阶段。从《民法典》第533条的规定来看，情势变更发生在合同成立后，即情势变更的事由发生在合同履行阶段。情势变更的事由并不是发生在合同订立过程中。在合同订立阶段，如果客观情况发生了变化，则根据合同自由原则，当事人可以选择不订立合同，从而规避相关的风险。情势变更的事由也不是合同履行完毕阶段的事由，在合同履行完毕后，合同关系已经消灭，此时，即便客观情况发生变化，也不存在变更、解除合同的问题。

第二，合同的基础条件发生了当事人订立合同时无法预见的重大变化。一是情势变更是当事人订立时无法预见的。如果当事人能够预见到相关的情形，则当事人可以选择不订立合同，或者在合同中对相关风险进行预先安排。如果当事人在合同订立阶段能够预见到相关的风险，但仍然选择订立合同，则其应当负担此种风险的不利后果。二是情势变更使合同的基础条件发生了变化。《民法典》第533条在规定情势变更时，采用了"合同的基础条件"发生变化这一表述，《德国民法典》称之为交易基础。[①]"合同的基础条件"是关系到当事人订约目的和基本权利义务的条件，它将直接影响当事人的主要权利义务。[②]合同基础条件的变化可能是因政策调整或者市场供求关系异常变动等原因所导致的。例如，当事人在订立房屋买卖合同后，政府为了调控房价，将房屋首付比例大幅度提高，对买受人的履约产生重要影响，此种情形即属于合同的基础条件发生了重要变化。基础条件需要依据个案进行判断，即：如果这些条件会对当事人是否订立合同以及订立合同的条件产生重大影响，则属于情势变更；反之，如果这些条件的变化不会对当事人的权利义务关系产生实质性影响，则不属于情势变更。三是合同的基础条件必须发生了重大变化。在合同履行过程中，只有合同的基础发生了重大变化，才有可能成立情势变更。

第三，情势变更在性质上不属于商业风险。市场交易千变万化，包含多种交易风险，当事人参与市场交易，理应负担相关的商业风险。所谓商业风险，是指市场主体作为一个理性的商人，在从事商业活动时应当意识到并自愿承担的固有风险，其最典型的表现是由于价格的涨落和市场供求关系的变化而导致的商人在财产上受到的损失。应当看到，正常的商业风险并不属于情势变更。合同本身是一种交易，任何当事人都希望从该交易中获利，同时也就应当承担相应的商业风险，这主要是因为，当事人所承受的商业风险本身是可以通过交易得到补偿的。如果出现任何正常的商业风险，当事人都可以以情势变更为由变更或者解除合同，则合同毫无拘束力可言，正常的交易秩序也难以维系。所以，在法律上能否承认情势变更制度，并使该制度得到妥当适用，必须准确区分情势变更与商业风险。例如，商业风险通常具有一定的可预测性，即便当事人声称其没有预见，

① 参见〔德〕迪尔克·罗歇尔德斯：《德国债法总论》（第七版），沈小军、张金海译，沈小军校，277页。
② 参见韩世远：《合同法总论》，4版，492页，北京，法律出版社，2018。

也应当从客观情势出发，推定当事人已经预见。[①] 在商业活动中，商业风险和收益是成正比的，即所谓风险越大、收益越大。因此，《民法典》第533条在规定情势变更时，对情势变更与商业风险进行了区分，将商业风险排除在情势变更的事由之外，这种做法值得肯定。

第四，继续履行对当事人一方明显不公平。发生情势变更之后，有可能导致合同无法继续履行，而在有些情形下，合同虽然可以继续履行，但继续履行合同可能对一方明显不公平。例如，在当事人订立采购消毒液的合同之后，发生了重大疫情，导致消毒液的生产成本和售价大幅度提升，此种情形下，如果继续按照原合同履行，将对出卖人一方显失公平。

第五，不属于高风险、高回报的情形。依据《合同编通则解释》第32条第1款，商业风险不属于情势变更，该条规定，“合同涉及市场属性活跃、长期以来价格波动较大的大宗商品以及股票、期货等风险投资型金融产品的除外”。这就排除了高风险、高回报的情况。对于市场属性活跃、长期以来价格波动较大的大宗商品以及股票、期货等风险投资型金融产品，其价格的异常波动属于正常的市场交易现象，因此，对此类交易而言，价格的异常波动通常不构成订立合同基础的重大变化。

情势变更规则具有法定性。《民法典》第533条关于情势变更规则的规定在性质上属于强制性规范，其旨在保障交易公平，维护诚实信用原则和交易的公正，因此，不允许当事人通过合同约定加以排除。《合同编通则解释》第32条第4款规定：“当事人事先约定排除民法典第五百三十三条适用的，人民法院应当认定该约定无效。”因此，当事人之间达成的排除情势变更规则适用的约定是无效的。

二、情势变更和商业风险的区别

准确适用民法典的情势变更制度，必须将其与商业风险相区分。依据《合同编通则解释》第32条第1款，可以参考下列标准对情势变更和一般的商业风险进行区分：

第一，可预见程度标准。所谓可预见性，是指当事人在缔约时对未来可能发生的风险的预见程度。商业风险通常具有一定的可预测性，即便当事人声称其没有预见，也应当从客观情势出发，推定当事人已经预见。[②] 理论上说，可预见性标准应当是一个主观标准，即要以特定的订约人在订立合同时的预见状况作为依据。然而，在具体的法律适用中，此标准逐渐客观化，它并不以特定的订约人，而是以一个抽象的一般理性交易人作为考察的依据。在商业实践中则应当按照商人的标准进行判断，因为商人长期参与商业交易活动，对相关商业风险的判断能力较强。凡是能够为一般理性商人所预见的交易风险，均不能视为情势变更。如果在缔约之时，风险的可预见性程度较高，当事人在订立合同时能够合理地考虑这些事件，就不能将其作为情势变更来对待。[③] 在这个意义上，法官在进行判断时，主要应当考虑客观标准，而非当事人的主观因素。例如，在金融危

①② 参见张建军：《情事变更与商业风险的比较探讨》，载《甘肃政法学院学报》，2004（2）。

③ 参见张玉卿主编：《国际统一私法协会国际商事合同通则2010》，479页，北京，中国商务出版社，2012。

机爆发之后，原材料价格、商品价格等必然会因货币的贬值、升值而引发急剧波动，在此情况下，当事人若仍然从事相关领域的大规模交易，则应当认为其自愿承担了相应的风险。

第二，获益标准。通常来说，在商业活动中，商业风险和收益是成正比的，即所谓风险越大、收益越大，从这个意义上来看，如果某项合同给当事人带来的利益越大，则其应当预见并承担的商业风险也就越高。如果某项交易属于高风险、高收益的范围，则出现从事该交易可预见的某种风险通常不能被认为是情势变更，而应当属于商业风险。① 例如，当事人投资股票、期货等高风险投资行业时，价格波动如同过山车一样，受价值规律的影响和利益的驱动，有人看准商机，从事高风险投资，能够连连赚钱赢利；也有人在投资中严重亏损，甚至血本无归，这都是当事人应当承担的商业风险。正是这一原因，在区分情势变更与商业风险时，就应当考虑当事人从交易中所获得的利益的程度。② 任何理性的交易主体都应当预见到该行业的高风险性，而不能在投资失败后主张适用情势变更原则，即便该领域价格的变化可能是由国家政策的变化而引起的，一般也不应将其归入情势变更的范畴。

第三，影响广泛性标准。如前文所述，造成价格波动的原因有很多，有些原因导致的价格波动只是影响到特定的当事人，而有些原因导致的价格波动会波及不特定多数的当事人。一般而言，作为情势变更风险的影响应当具有广泛性。这种广泛性表现在：一方面，该风险对诸多的、一系列的交易会产生影响，而不是仅仅对特定的、个别的交易产生影响。例如，政府对购房资格的限制就会对成千上万的购房者产生影响，而不仅仅是对某个特定购房人产生影响，此类情况就可以被视为情势变更。另一方面，该风险对一系列交易的当事人产生影响，而不限于对特定的交易当事人产生影响。

第四，外部性标准。情势变更的内容往往不是交易中所固有的因素，其通常来源于与交易无关的外部。例如，供求变化、价格涨落等是商业活动必然出现的风险，其风险是内生于该交易关系之中的。但是，因疫情的出现而引起的价格变化，则是由于交易以外的因素所带来的对交易关系的影响。所以，对于情势变更来说，情势变化的因素并非交易活动中所内在含有的，其具有外部性。③ 当然，交易中的风险来源究竟是内在的，还是外在的，还应当视特定交易而定。例如价格的波动究竟达到何种程度，才属于情势变更？对此存在不同观点。有学者认为，若价格正常浮动，属商业风险；当价格涨落幅度超过平均利润，方构成难以预见的暴涨暴跌。④ 也有人认为，可以借鉴罗马法上的短少逾半的规则，当价格涨落超过一半时即可认定为情势变更。本书认为，单纯以平均利润作为商业风险与情势变更的区分标准过于简单，很容易给法官过大的自由裁量权。因为市场供求关系时刻处于不断变动之中，许多偶然因素都可能导致价格的涨落。对于价格涨落是否属于情势变更，应当分析价格涨落的原因，而不应仅仅关注价格涨落的结果。

---

① 参见2009年《最高人民法院关于当前形势下审理民商事合同纠纷案件若干问题的指导意见》。

②③ 参见曹守晔：《最高人民法院〈关于适用中华人民共和国合同法若干问题的解释（二）〉之情事变更问题的理解与适用》，载《法律适用》，2009（8）。

④ 参见张庆东：《情事变更与商业风险的法律界定》，载《法学》，1994（8）。

如果引发价格涨落的原因并非交易本身固有的，且当事人在缔约时难以预料，则有可能被认定为情势变更。所以，情势的变化通常并不是商业活动所必然具有的，而是某种外在的因素所造成的，这就是我们所说的外部性。

第五，风险防范标准。作为情势变更的风险来说，其往往是单个当事人无法防范的。由于当事人在缔约时都无法预见到该风险的存在，因而也无法采取相应的措施对其进行防范，例如因疫情引发的风险，因政府颁布房屋限购政策等。但对于商业风险而言，当事人是可以采取一定措施进行预防的，因为当事人在从事交易时可以将潜在的商业风险计算在合同价格之中，或者通过约定的方式对商业风险的后果进行必要的防范。① 对于具有极大的商业风险的交易，当事人完全可以通过订立免责条款等方式作出事先的安排。

还需要指出的是，对情势变更和商业风险的区分应当结合个案进行考量，情势变更制度的重要特点在于，它赋予了法官干预合同的权力。也就是说，它使得法官可以解除合同或者变更合同。这种干预是否合理与必要，很大程度上取决于其能否正确区分情势变更与商业风险。从实践来看，人们对情势变更制度的担忧，也主要源于对法官在个案中是否具备准确区分情势变更和商业风险的能力的担忧。本书认为，在裁判中援引情势变更制度进行裁决时，法官应当详细地阐释其裁判理由，解释适用情势变更制度的具体依据，尤其是应当详细阐述案件中所涉及的风险不属于商业风险的理由。

三、当事人的继续谈判义务

依据《民法典》第533条，在发生情势变更后，当事人负有继续谈判义务，即在发生情势变更后，受到不利影响的一方有权要求对方继续谈判。继续谈判义务在性质上也称为再磋商义务，在成立情势变更时，规定当事人负有继续谈判的义务有利于尽量维持合同的效力，这也符合《民法典》鼓励交易的立法目的。民法典合同编的重要功能在于鼓励交易，在发生情势变更的情形下，并不当然导致合同解除，如果合同仍然有继续履行的可能，则应当课以当事人及时继续谈判的义务，以尽量促成交易。②

在出现履行艰难的情形，合同并非绝对不能履行，而只是继续履行合同将导致当事人利益失衡，因此，为了鼓励交易，防止财产的损失与浪费，各国法律普遍认为，即使发生情势变更，也应当鼓励当事人继续谈判，变更不公平的合同条款，从而尽可能维持合同的效力。有关示范法也确认了这一规则。例如，在情势变更的情况下，《商事合同通则》第6.2.3（1）条、《欧洲合同法原则》第6：111（2）条规定了当事人负有继续谈判的义务，此种义务可以看作依据诚信原则所产生的附随义务。③

在情势变更的情形下，《民法典》第533条规定了继续谈判义务。确立此种义务的理

① 参见曹守晔：《最高人民法院〈关于适用中华人民共和国合同法若干问题的解释（二）〉之情事变更问题的理解与适用》，载《法律适用》，2009（8）。

② 参见刘士国：《科学的自然法规与民法解释》，50页，上海，复旦大学出版社，2011。

③ 参见［德］英格博格·施文策尔：《国际货物销售合同中的不可抗力和艰难情势》，杨娟译，载《清华法学》，2010（3）。

由主要在于：一是鼓励交易。在情势变更的情形下，合同的履行出现困境，从鼓励交易、最大限度地维护合同关系稳定的角度出发，在当事人申请变更或者解除合同后，法院不应当直接变更或者解除合同，而应当鼓励当事人继续谈判。同时，由于合同性质的特殊性，在继续性合同和长期合同之中，继续谈判义务的作用尤为突出，甚至被称为克服僵硬的“润滑剂”[①]。二是尊重私法自治。在情势变更的情形下，法律上确定的再协商义务，实际上从程序上保障了当事人的私法自治。通过当事人之间的磋商，达成对既有交易进行变动的新协议。与法院依据职权决定变更或者解除合同相比，由当事人通过继续谈判变更或者解除合同，更能够贯彻私法自治原则。三是强化合作。课以当事人负担再谈判义务，强制当事人双方继续接触，进行谈判，在一定程度上可以强化合作。在当事人进行长期交易的情况下，通过再磋商义务的课予来强化当事人的合作，更有利于实现合同法鼓励交易的立法目的。

从《民法典》第533条的规定来看，在发生情势变更后，“受不利影响的当事人可以与对方重新协商”。该条虽然使用了“可以”这一表述，但本书认为，这实际上是赋予受不利影响的当事人请求对方当事人继续谈判的权利，而对方当事人负有继续谈判的义务，该义务既是一项法定义务，也是依据诚实信用原则产生的义务。在发生情势变更后，合同并不当然解除，课以当事人继续谈判的义务，通过变更合同的方式继续维持合同的效力，也符合鼓励交易的价值理念。这既是法定义务，也是诚信原则产生的义务。当然，此种义务也是一项不真正义务，即在当事人违反该义务后，并不会产生违约责任，但在法院或者仲裁机构变更或者解除合同后，该方当事人可能承担一定的不利后果。

四、通过诉讼或者仲裁变更和解除合同

在发生情势变更后，如果当事人在合理期限内协商不成，依据《民法典》第533条的规定，则可以请求法院或者仲裁机构变更或者解除合同。从该条规定来看，其并没有赋予当事人一方直接解除合同的权利，而只能请求法院或仲裁机构变更或解除合同。关于法院判决变更和解除合同的适用顺序，依据《合同编通则解释》第32条第2款的规定，如果合同的基础条件发生了重大变化、符合情势变更的条件，人民法院在决定变更或者解除合同时，应当贯彻鼓励交易的原则。具体而言，一是如果当事人均请求变更合同，则人民法院应当尽量变更合同，而不得解除合同。在情势变更发生以后，面对不公平的结果予以变更，称为第一次效力。如果变更合同仍然不能排除不公平的后果，就应当解除合同，这在学理上称为第二次效力。毕竟解除合同将导致合同消灭，能够变更就不必解除合同。二是如果一方当事人请求变更合同，而另一方当事人请求解除合同，则应当由人民法院决定变更合同或者解除合同，但人民法院在决定变更或者解除合同时，

① 韩世远：《情事变更若干问题研究》，载《中外法学》，2014（3）。

应当尽量贯彻鼓励交易和合同严守的原则[1]，并结合案件的实际情况，如变更合同后履行的可能性、变更合同对当事人权利义务的影响等，并根据公平原则判决变更合同或者解除合同。

关于法院判决变更或者解除合同的时间，《民法典》并没有作出规定，《合同编通则解释》第 32 条第 3 款对此作出了细化规定，依据该款，在情势变更的情形下，应当由法院判决变更或者解除合同的时间。[2] 法院判决变更或者解除合同的时间主要应当考虑如下因素：合同基础条件发生重大变化的时间，当事人重新协商的情况，因合同变更或者解除给当事人造成的损失，以及其他因素（如当事人履行合同的可能性以及履行条件等）。

思考题

1. 合同履行应当遵循哪些原则？
2. 同时履行抗辩权的行使条件有哪些？
3. 先履行抗辩权的行使条件有哪些？
4. 不安抗辩权的行使条件有哪些？
5. 同时履行抗辩权适用的排除情形有哪些？
6. 不安抗辩权与预期违约是什么关系？

---

① 参见最高人民法院民事审判第二庭、研究室编著：《最高人民法院民法典合同编通则司法解释理解与适用》，373 页。

② 参见最高人民法院民事审判第二庭、研究室编著：《最高人民法院民法典合同编通则司法解释理解与适用》，374 页。

第七章 合同的保全

案例

甲公司向乙（某贷款公司）借款1 000万元，约定1年后还本付息。由于是亲友介绍，因而，贷款公司的总经理未要求其提供担保。到期后，甲公司未能按期还款，此后一个月，甲公司将其机器设备等优良资产以远低于市场交易价格的条件出售给丙公司，并因此使甲公司丧失了向乙清偿债务的能力，丙公司也明知甲公司出售的资产远低于市场价格，但并不知道甲公司是为了逃债而出售资产。乙得知这一情况后，向法院提起诉讼，请求撤销甲公司与丙公司之间的交易，并要求甲公司向其清偿债务。

简要评析： 在合同关系中，如果债务人故意减少其财产，或者可以增加其财产而不增加，给债权人的债权带来损害，则债权人有权行使撤销权或代位权，以保护其债权。在该案中，甲公司以明显不合理的低价转让财产，导致其丧失对乙清偿债务的能力，依据《民法典》第539条的规定，在受让人丙公司知道该情形时，债权人乙即可行使撤销权，撤销甲公司与丙公司之间的合同，以保全其债权。在认定受让人丙公司的恶意时，只要乙能够举证证明丙公司知道甲公司是以明显不合理的低价转让其财产，便可以行使撤销权。至于丙公司是否具有故意损害乙的意图，或是否曾与甲公司恶意串通，在确定其恶意时不必考虑。

第一节　合同保全概述

一、合同保全的概念和特征

合同保全，是指法律为防止因债务人的财产本不应减少却被不当地减少或本应增加却不当地未增加而给债权人的债权带来损害，允许债权人行使撤销权或代位权，以保护其债权。我国民法典合同编通则单独设立一章（第五章）规定了合同的保全，在该章中，具体规定了债权人的撤销权和债权人的代位权。

合同保全主要有以下特点。

（1）合同保全的基本方法是确认债权人享有代位权或撤销权。这两种措施都旨在通过防止债务人财产不当减少或恢复债务人财产，从而保障债权人的权利实现。不论债务人是否实施了违约行为，只要债务人实施了不当处分其财产的行为而有害于债权人的债权时，债权人就可以采取保全措施。可见，合同保全与违约责任是不同的。

（2）合同保全是合同相对性规则的例外。根据合同的相对性规则，合同之债主要在合同当事人之间产生法律效力。但是代位权或撤销权的行使，都会对第三人产生效力，这种现象可以看作是合同相对性规则的例外。

（3）合同保全主要发生在合同有效成立期间。也就是说，在合同生效后至履行完毕前，债权人都可以采取保全措施，但合同如果根本没有成立、生效，或已被解除，或被宣告无效、被撤销，则不能采取保全措施。

二、合同保全与其他保障债权形式的区别

（一）合同的保全与合同的担保

在债的关系生效以后，债务人的所有财产，除对特定债权人设有担保物权以外，都应当用来作为对债权的一般担保。也就是说，债务人的全部财产应作为其清偿债务和承担责任的财产，简称为责任财产。责任财产不仅为某一债权人的担保，而且应成为全体债权人的共同担保。可见，责任财产的增减对债权的实现关系十分重大。从这一意义上说，合同的保全主要是保障债务人责任财产的稳定性，在功能上与合同的担保类似。

虽然合同的保全与合同的担保存在密切关联，但二者属于不同的债权保障制度，其区别主要体现为：

第一，二者的成立时间不同。合同的担保一般设定在合同订立之时，或在合同履行之前就已确定。担保一旦成立，债权人或对担保的财产享有优先受偿的权利，或可请求保证人承担责任，这就为债务的履行或债权的实现提供了比较现实的物质基础。因此，它极有利于督促债务人履行债务。但合同的保全不同于合同的担保，在合同保全的情形下，债权人不像担保权人那样对第三人享有优先受偿的权利，也不能对保证人主张权利，因此，对债权的保障作用不如担保方式那样明显。

第二，权利内容不同。保全是指责任财产的保全，指债权人行使代位权和撤销权，防止债务人责任财产不当减少或消极不增加，以确保无特别担保的一般债权得以清偿。担保则是通过对第三人的责任财产如一般保证、连带责任保证，以及特定物或者权利的交换价值的支配如抵押权、质权，来扩充债务人对债务清偿的能力。

第三，权利的产生基础不同。作为债权保全的代位权和撤销权是基于有效债权而产生的，是有效债权内容的延伸，因而属于法定的权利；而无论保证还是担保物权，主要是基于当事人约定产生，仅在特定情形下基于法定产生如留置权。

第四，权利实现方式的差异。根据《民法典》的规定，除行使保存行为以外，代位权和撤销权均需要以法院诉讼的方式行使，而担保的实现方式多样，既可以通过自力的方式实现如变卖、折价等，也可以通过公力的方式实现。

第五，权利行使的条件不同。合同的担保通常必须是在债务人不履行债务的情况下，担保权人才能行使其担保权；而合同保全的适用并不以债务人不履行债务为前提，即只要债务人实施了严重影响其履行债务的行为，符合债权保全条件的，债权人都可以采取债权保全措施。

（二）合同保全与民事诉讼中的财产保全

所谓民事诉讼中的财产保全，是指人民法院在案件受理前或诉讼过程中，为了保证判决的执行，或避免财产遭受损失而对当事人的财产和争议的标的物采取查封、扣押、冻结等措施。虽然合同保全与民事诉讼中的财产保全都是为了保障特定主体履行债务，防止其责任财产的转移或者减少，但二者存在一定区别：一方面，民事诉讼中的财产保全是《民事诉讼法》所规定的措施；而合同保全是实体法即《民法典》所规定的制度。民事诉讼中的财产保全是程序法所规定的措施，一般需要由当事人提出申请，而合同的保全是实体法中的制度，它是通过债权人行使代位权、撤销权而实现的。另一方面，诉讼上的财产保全的方法通常包括查封、扣押、冻结存款等措施；而合同保全只是通过债权人行使代位权、撤销权措施而实现的。此外，诉讼中的财产保全一般需要由当事人提出申请，但在特殊情况下，法院亦可主动采取诉讼保全措施，而合同保全要根据债权人提出请求而由法院决定是否采取。法院不得主动依职权采取合同保全措施。

第二节　债权人代位权

一、债权人代位权的概念和特点

债权人的代位权，是指因债务人怠于行使其到期债权及与该债权有关的从权利，对债权人造成损害的，债权人可以向人民法院请求以自己的名义代位行使债务人债权及其从权利的权利。例如，甲欠乙 100 万元，丙欠甲 50 万元，甲在其债权到期后，一直不行使对丙的债权，致使其无力清偿对乙的债务，则乙可代位行使甲的权利，督促丙履行其对甲的债务。《民法典》第 535 条第 1 款规定：“因债务人怠于行使其债权或者与该债权有关的从权利，影响债权人的到期债权实现的，债权人可以向人民法院请求以自己的名义代位行使债务人对相对人的权利，但是该权利专属于债务人自身的除外。”这就规定了债权人代位权。

债权人代位权作为一种法定的权利，具有如下特点。

(1) 代位权针对的是债务人消极的不行使权利的行为，即怠于行使权利的行为。代位权的行使是为了保持债务人的责任财产，即旨在对债务人的责任财产采取法律措施予以保持。债权人行使代位权，一般都是在债权人与债务人之间的债务已经到期的情况下，因此，债权人行使代位权以后，如果没有其他人向债务人主张权利，债权人可以直接获得该财产。

(2) 代位权是债权人以自己的名义代位行使债务人的债权及其从权利。代位权是债权人向相对人而不是向债务人提出的请求，这就不同于债权人向债务人以及债务人向相对人提出的请求。例如，甲欠乙 100 万元的债务，而丙欠甲 150 万元的债务，乙向法院起诉请求丙向其清偿对甲的债务，而甲也同时起诉丙请求其清偿对其所欠的债务。在这两个诉讼中，前一个诉讼属于代位权诉讼，后一个诉讼属于一般的债务诉讼。

(3) 代位权的行使须由债权人向人民法院提出请求。我国《民法典》第 535 条严格要求债权人行使代位权必须要向法院提起诉讼，请求法院保全其债权，而不能通过诉讼外的方式来行使代位权。这一规定有利于防止当事人以保全债权为名，采用不正当的手段抢夺债务人的财产，影响社会生活的安定。由于代位权是为了保全债权而代替债务人行使权利，并不是扣押债务人的财产或就收取的债务人的财产而优先受偿，因此它不是诉讼上的权利，而是一种实体权利。

(4) 债权人的代位权是一种权利而不是义务。代位权在性质上仍然属于债权的内容，债权人可以行使代位权，也可以不行使代位权。如果债权人不行使代位权，债权人仍然可以向债务人及其担保人提出请求，在任何时候都不能认为，因债权人没有行使代位权而认为其具有过错。

二、代位权行使的条件

(一) 债权人对债务人的债权合法、确定且已届清偿期

债权人对债务人的债权合法，是指债权人与债务人之间必须有合法的债权债务的存在。如果债权债务关系并不成立，或者具有无效或可撤销的因素而应当被宣告无效或者可能被撤销，或者债权债务关系已经被解除，或者债权人和债务人之间的债权是一种自然债权，则债权人并不应该享有代位权。依据《合同编通则解释》第 40 条第 2 款的规定，“债务人的相对人仅以债权人提起代位权诉讼时债权人与债务人之间的债权债务关系未经生效法律文书确认为由，主张债权人提起的诉讼不符合代位权行使条件的，人民法院不予支持”。这就是说，只要当事人之间存在合法有效的债权债务关系，债权人依法享有合法有效的债权，其就可以依法行使代位权，该债权并不需要再由生效的法律文书予以确认。当然，如果债务人主张债权人债权不具有合法性，其可以诉讼过程中提出抗辩，或者另行主张。

债权必须确定，是指债务人对于债权的存在以及内容并没有异议，或者该债权是已经经过了法院或仲裁机构裁判所确定的债权。只有在债权人对债务人的债权确定以后，因为债务人怠于行使其自身的债权，债权人才应当向相对人提出请求。

债权人对债务人享有的债权必须已届清偿期，债权人才能行使代位权。《民法典》第535条第2款明确规定，代位权的行使范围以债权人的到期债权为限。这一点是代位权与撤销权在构成要件上的区别所在。在行使代位权的情况下，债务人对债权人的债务必须到期，然而在债权人行使撤销权的情况下，债务人对债权人的债务不要求必须到期。另外，在债权人从事保存行为时，债权不必到期。

（二）债务人怠于行使其到期债权及其从权利

债务人怠于行使其到期债权，意味着债务人不仅应当对相对人享有债权，而且此种权利必须到期。因为没有到期，则谈不上怠于行使的问题。关于何为债务人怠于行使权利，《民法典》第535条没有作出明确规定，《合同编通则解释》第33条规定："债务人不履行其对债权人的到期债务，又不以诉讼或者仲裁方式向相对人主张其享有的债权或者与该债权有关的从权利，致使债权人的到期债权未能实现的，人民法院可以认定为民法典第五百三十五条规定的'债务人怠于行使其债权或者与该债权有关的从权利，影响债权人的到期债权实现'"。依据该规定，所谓债务人怠于行使权利，是指债务人不履行其对债权人的到期债务，又不以诉讼方式或者仲裁方式向其债务人主张其享有的债权或者与该债权有关的从权利，并因此导致债权人的到期债权未能实现。

债务人怠于行使的权利包括两类：一是债务人对相对人的债权。债务人对相对人的债权应当已经到期，否则债务人无权向相对人主张债权，因此，只有债务人的债权已经到期，才有可能构成债务人怠于行使权利。二是从权利。所谓从权利，是指依附于债务人债权的权利，如利息债权和担保债权。主权利消灭，从权利也随之消灭。由于债务人怠于行使从权利，也会影响债权人债权的实现，因此，债权人也有权依法行使代位权。例如，债务人怠于行使担保物权时，可能使债务人无法清偿对债权人的债务，此时，债权人也有权依法行使代位权。

（三）债务人怠于行使权利的行为已经对债权人的到期债权造成影响

我国《合同法》第73条规定，代位权的行使必须因债务人怠于行使其到期债权，并对债权人造成损害。但是如何认定造成债权人损害，在实践中常常难以举证，如果要求债权人举证证明自己因为债务人怠于行使到期债权，遭受了具体的、实质性的损害，则将使债权人常常面临举证不能的困难，如果因为不能举证而无法行使代位权，对债权人确实不公平。[①] 而《民法典》第535条修改了《合同法》第73条的规定，采取了"影响债权人的到期债权实现"这一表述，显然极大地减轻了债权人对损害举证的困难，《合同编通则解释》第33条强调，只要债务人怠于行使债权的行为，影响到债权人债权的实现，债权人就可以行使代位权，这就更有利于对债权人的保护。

---

① 参见曹守晔：《代位权的解释与适用》，载《法律适用》，2000（3）。

具体而言，所谓影响债权人到期债权的实现，应当从以下三个方面加以判断。

（1）债权人对债务人的债权已经到期。债务到期可以说是判断债务人怠于行使权利给债权人造成损害的第一个标准。由于债权人必须在自己的债权到期以后，才能确定债务人的行为是否有害于其债权，如果债权人的债权尚未到期，债权人不能对债务人提出实际请求，当然也不应该行使代位权，要求第三人清偿债务。

（2）债务人构成迟延履行。这就是说，在债权人对债务人的债权到期以后，债务人没有及时清偿债务，已经构成迟延，在此情况下，仍然怠于行使其对第三人的权利，造成其没有财产或没有足够的财产来清偿对债权人的债务，这就从客观上影响了债权人到期债权的实现。

（3）债务人因怠于行使自己对相对人的权利，增加了债权人到期债权不能实现的风险。这就是说，债务人怠于行使对相对人的权利，造成自己无力清偿对债权人的债务，影响到债权人债权的实现。影响到债权人债权的实现，不一定是债权人的债权全部不能实现，而只需要对债权人债权的实现产生一定的不利影响即可。

至于债务人怠于行使其债权是否造成了债权人实际的、具体的损害，则不予考虑。

（四）债务人的债权不是专属于债务人自身的权利

《民法典》第 535 条第 1 款规定，专属于债务人自身的权利，不得代位行使，据此，债权人可以代位行使的权利必须是非专属于债务人的权利。由此可见，代位权的客体必须是非专属于债务人的债权。对专属于债务人的权利，不得行使代位权。《合同编通则解释》第 34 条对专属于债务人自身的权利作出了规定，依据该条规定，专属于债务人自身的权利包括如下几类：

一是抚养费、赡养费或者扶养费请求权。债务人的抚养费、赡养费或者扶养费请求权是基于债务人的抚养关系、赡养关系、扶养关系等特定的身份关系所产生的请求权，其具有严格的人身专属性，债权人不得代位行使此类权利。

二是人身损害赔偿请求权。人身损害赔偿请求权性质上虽然属于金钱债权，但其功能在于救济受害人的人身损害，如果允许债权人代位行使，则可能使债务人的人身损害难以或者及时救济，因此，该权利也属于专属于债务人自身的权利。

三是劳动报酬请求权。债务人的劳动报酬请求权是债务人在向他人提供一定的劳动之后所享有的一项权利，其通常是基于劳动合同等所产生的一项权利，而且其具有保障债务人基本生活的功能，因此，原则上不得由债权人代位行使。但如果债务人的劳动报酬请求权超过了债务人及其所扶养家属的生活必需费用，则对于超过的部分，债权人可以代位行使。

四是请求支付基本养老保险金、失业保险金、最低生活保障金等保障当事人基本生活的权利。基本养老金等具有明显的基本生活保障功能，是民生的基本保障，且具有很强的人身专属性，不得作为代位权行使的对象。

五是其他专属于债务人自身的权利。除上述权利外，还可能存在其他债权人不得代位行使的权利，如执行程序中的应当为被执行人保留生活必需品等权利。这些权利专属于债务人自身，直接关系到有关公民的基本生活和生存的问题，不能强制执行，当然也不能作为代位权的客体。①

只有符合上述条件，债权人才能依法行使代位权，并产生相应的法律效果。依据《合同编通则解释》第40条第1款，如果人民法院经审理后认为债权人行使代位权的条件不具备，则应当驳回其诉讼请求。当然，如果债权人事后具备了行使代位权的条件，则其仍然可以再次依法行使代位权。例如，债权人在行使代位权时，其债权尚未到期，人民法院应当判决驳回其诉讼请求，但如果债权人的债权事后已经到期，则其即可依法行使代位权。

三、保存行为

所谓保存行为，是指债权人的债权到期之前，如果确实因为特殊情形，影响债权人债权实现，债权人可以为保存债权而及时行使代位权。《民法典》第536条规定："债权人的债权到期前，债务人的债权或者与该债权有关的从权利存在诉讼时效期间即将届满或者未及时申报破产债权等情形，影响债权人的债权实现的，债权人可以代位向债务人的相对人请求其向债务人履行、向破产管理人申报或者作出其他必要的行为。"法律上之所以规定保存行为，是因为债权人代位权行使的范围以其到期债权为限。依据《民法典》第535条第2款的规定，代位权的行使以债权人的债权到期为限，但是在到期之前，债务人的权利因各种原因如不及时行使，将导致债务人的权利丧失或不能实现的，从保护债权人角度出发，例外允许未到期的债权人以行使债权人代位权的方式保全债权。因此，本条属于代位权行使以到期为必要的例外规则。

在债权到期前行使债权人代位权，事实上是基于保存的需要而行使代位权，其情形主要包括以下几种。

一是债务人的权利诉讼时效即将届满的。在债务人权利的诉讼时效期间即将届满时，如果不及时主张权利，则在诉讼时效期间届满后，相对人将享有时效届满的抗辩权，该抗辩权不仅可以对抗债务人，而且可以对抗债务人的债权人。如果债务人怠于行使权利，而债权人碍于自己的债权并未到期，又无法行使代位权，此时，如果不行使该代位权将导致债务人的债权罹于诉讼时效，债权人债权到期再行使代位权将遭到诉讼时效经过的抗辩。

二是债务人的相对人进入破产程序，而债务人怠于申报债权的。在债务人的相对人进入破产程序的情况下，《企业破产法》第45条规定："人民法院受理破产申请后，应当确定债权人申报债权的期限。债权申报期限自人民法院发布受理破产申请公告之日起计算，最短不得少于三十日，最长不得超过三个月。"债务人应当在此期限内申报债权，参与破产分配。如果债务人未及时申报债权，依据《企业破产法》第56条的规定不能参与申报前的破产分配。这将给债权人带来损失，此时立法允许债权人提前基于保存的需要而行使代位权。

---

① 参见最高人民法院民事审判第二庭、研究室编著：《最高人民法院民法典合同编通则司法解释理解与适用》，391页。

三是其他情形。《民法典》第 536 条在列举了上述两种情形后使用了“等”字，表明可以在到期前行使代位权的情形不限于上述两种。一般认为，这些情形还应当包括抵销，中断时效，请求不动产的移转登记、变更登记、更正登记、涂销登记等。[①] 但是，本条在性质上属于对代位权行使中债务人的债权到期要件的突破，属于例外规定，不宜不加限制地进行扩大解释，否则将不适当地扩大代位权的行使范围，造成对债务人的不适当的干预。所以，应当仅仅在情况紧迫，如果不及时行使将影响债权人的债权无法实现的情形下，才能允许对未到期的债权主张代位权的行使。

需要指出的是，《民法典》第 536 条规定，“债权人可以代位向债务人的相对人请求其向债务人履行”，在保存行为中，债权人不是请求债务人的相对人向自己作出履行，而是请求其向债务人作出履行。这意味着，保存行为的效果与一般的代位权行使的效果不同，一般的代位权行使采取的是债权人优先受偿规则，而保存行为的效果是入库规则，因为在债权人基于保存行为的目的而行使代位权的情形下，债权人与债务人之间的债权债务尚未到期，债权人如果可以直接从债务人相对人的给付中优先受偿，就意味着会损害债务人的期限利益。因此，只有债权人的债权到期后，其才能请求债务人履行债务。这种基于保存的需要而行使代位权的对象，既可以是债务人的相对人，也可能是其他人。一般情形下，债权人的代位权应当向相对人行使，但是，在进行破产申报时，需要向破产管理人申报，在登记中可能是向登记机关请求办理登记。

四、代位权行使与仲裁协议

仲裁协议是当事人之间达成的有关将其争议提交给仲裁机构裁决的书面协议。[②] 在实践中，债权人提起代位权诉讼以后，债务人或者其相对人经常以其相互之间存在仲裁协议为由提出抗辩，在此情形下，如何妥当协调债权人权利与债务人相对人程序性权利之间的关系，是长期存在的一大难题。《合同编通则解释》第 36 条妥当协调了二者之间的关系，《合同编通则解释》第 36 条规定确立了如下规则：

一是即使存在仲裁协议，债权人也可以通过诉讼程序行使代位权。按照上述司法解释规定，即便债务人与其相对人约定了仲裁条款，如果债权人行使代位权，在此情形下，人民法院也有权受理。因为代位权诉讼是因为债务人怠于行使其债权从而影响债权人债权的实现，这就意味着，虽然债务人和其相对人之间有仲裁协议，但债务人并不提起仲裁，表明其是怠于行使债权，从保护自身利益出发，债权人应当有权行使代位权。还应当看到，债权人与债务人的相对人之间并不存在仲裁协议，其不应完全受债务人与其相对人之间达成的仲裁条款约束[③]，此时如果不允许债权人提起代位权诉讼，其利益就难以获得保障。因此，即便债务人与其相对人之间存在仲裁条款，也不能阻止债权人向债务人的相对人行使代位权。[④]

---

① 参见史尚宽：《债法总论》，467 页。

② 参见［日］新堂幸司：《新民事诉讼法》，11 页，北京，法律出版社，2008。

③ 参见韩朝炜：《债权人戴伟权诉讼管辖探析》，载《法律适用》，2005（7）。

④ 参见张芳芳：“代位请求权情形下仲裁协议的效力问题探讨”，载《河北法学》，2007（7），140～143 页。

二是债务人或者相对人在首次开庭前已申请仲裁的，可以依法中止代位权诉讼。如果债务人或相对人在一审法庭辩论终结前申请仲裁，将导致代位权诉讼中止，因为在债务人与其相对人约定仲裁协议的情形下，如果债务人或相对人已经提起仲裁，则表明当事人旨在通过仲裁的方式解决纠纷，此时，应当尊重与保护当事人对纠纷解决方式的选择，即在此情形下，人民法院应当中止审理债权人的代位权诉讼。同时，如果债务人或相对人已经提起仲裁，则表明债务人与其相对人之间的关系仍然处于不确定状态，此时，如果人民法院继续审理代位权诉讼，则可能使当事人之间的权利义务关系复杂化。此外，中止审理也有利于解决代位权纠纷，因为在债务人或相对人提起仲裁的情形下，如果人民法院继续审理代位权诉讼，则可能导致当事人之间权利义务关系的复杂化，并影响代位权诉讼以及仲裁结果的确定性。①

需要指出的是，代位权并不是单纯以债务人怠于行使债权为条件，法院还需要继续审理是不是满足代位权发生的其他条件。特别是债务人怠于行使债权的行为是否影响了债权的实现。例如，在债权人提起代位权诉讼后，如果债务人的责任财产足以保障债权人债权的实现，则债权人行使代位权的条件已不具备，其无权提起代位权诉讼。仲裁裁决确定后法院还要进一步审理才能确定债务人怠于行使债权是否会影响债权实现，甚至可能因为债务人还有其他自己的财产而否定代位权的行使。

五、代位权诉讼的主体

依据《民法典》第 535 条的规定，债权人行使代位权，可以向人民法院请求以自己的名义代位行使债务人对相对人的权利，因此，债权人可以以自己的名义向相对人行使权利，也可以向人民法院提出请求，即债权人可以提起代位权诉讼。那么，在代位权诉讼中，在债权人提起代位权诉讼以后，首先需要确定诉讼当事人。依据《民法典》第 535 条，因为债权人行使代位权，必须要以自己的名义提起诉讼，所以代位权诉讼的原告只能是债权人。

（一）代位权诉讼以债务人的相对人为被告

依据《合同编通则解释》第 35 条第 1 款，债权人在提起代位权诉讼时，应当以债务人的相对人为被告，因为：一方面，债权人提起代位权诉讼虽然是为了保全其对债务人的债权，但其是针对债务人的相对人提起的，其所解决的不是债权人和债务人之间的债务纠纷问题，而是债权人和债务人的相对人之间因代位权的行使而产生的关系问题。在代位权诉讼中，债权人不能仅以债务人作为被告，否则，不仅不能体现出代位权关系的性质和特点，而且难以与一般的债权债务诉讼相区分。另一方面，由于代位权行使的方式是债权人以自己的名义向债务人的相对人行使，而不是直接向债务人行使权利，因而也不宜将债务人和债务人的相对人作为共同被告。

---

① 参见韩健：《派生仲裁请求权和代位仲裁请求权之刍议》，载《仲裁与法律》，2001（2）。

(二) 应当将债务人追加为第三人

依据《合同编通则解释》第 37 条第 1 款，债务人应当作为第三人参加代位权诉讼，因为：一方面，在代位权诉讼中，债务人不能作为被告，因为代位权本质上是债权人以自己的名义对债务人的相对人主张的权利，因此，代位权诉讼只能以债务人的相对人为被告。同时，债务人也不能作为共同被告，因为债务人与债务人的相对人没有共同的权利和义务，其对债权人也不共同负担义务。① 另一方面，代位权诉讼所涉及的两个法律关系均与债务人有关。由于代位权行使的前提是债权人对债务人所享有的债权，这就决定了在代位权诉讼中必然要涉及债务人。例如，债权人行使代位权只能以其债权为限，其原则上不得超过债权人对债务人所享有的权利的范围，这就需要具体确定债权人对债务人所享有的债权的数额以及是否履行等问题。如果债务人不能参与诉讼，显然不能确定代位权的行使范围问题。同时，债权人对债务人的相对人提起诉讼，其所主张的是债务人对其相对人所享有的权利，该法律关系同样涉及债务人。因此，法院将债务人作为第三人，使其参加代位权诉讼，有利于查明案件事实，明确各方主体的权利义务关系。

(三) 多个债权人针对同一相对人提起代位权诉讼

在债务人怠于行使权利的情形下，其多个债权人可能针对债务人的相对人提起多个代位权诉讼，针对此种情形，《合同编通则解释》第 37 条第 2 款作出了规定。具体而言，第一，多个代位权诉讼可以依法合并审理。当然，多个代位权诉讼合并审理的前提是多个债权人对同一相对人提起代位权诉讼，如果各个债权人所提起的代位权诉讼并非针对同一相对人，则无法合并审理。第二，按比例清偿。这就是说，多个债权人对同一相对人提起多个代位权诉讼，而债务人对其相对人享有的债权又不足以同时清偿多个债权，则应当按照债权平等原则，只能按照债权人享有的债权比例，确定相对人对各个债权人履行债务的比例。但是，如果法律另有规定，则应当适用法律的特别规定。例如，如果相对人已经进入破产程序，则应当按照破产法的规定确定债务清偿规则。

六、代位权诉讼的管辖

关于代位权诉讼的管辖，《合同编通则解释》确立了如下规则：

一是代位权诉讼应由被告住所地人民法院管辖。依据《合同编通则解释》第 35 条第 1 款的规定，债权人在提起代位权诉讼时，应当由被告住所地人民法院管辖，此处遵循的是诉讼管辖的一般规则，即适用原告就被告的规则。当然，如果债务人怠于行使的对相对人的权利属于法定的专属管辖的范围，应当依法适用专属管辖。

二是针对代位权诉讼的管辖不应受到债务人与相对人之间的协议管辖的约束。依据《合同编通则解释》第 35 条第 2 款的规定，在债权人提起代位权诉讼时，即便债务人与

---

① 参见最高人民法院民事审判第二庭、研究室编著：《最高人民法院民法典合同编通则司法解释理解与适用》，423 页。

相对人之间约定了管辖协议，该协议对债权人也不具有约束力，因为按照合同相对性的基本原理，在债务人与相对人约定管辖协议的情形下，该协议原则上也仅对债务人与相对人产生拘束力，而不能约束债权人提起代位权诉讼的行为。

三是债权人起诉债务人之后又提起代位权诉讼的管辖。依据《合同编通则解释》第38条的规定，由于二者之间是代位权诉讼与本诉的关系，如果依法可以由同一法院管辖，则可以将二者合并审理。当然，在不宜将二者合并审理的情形下，法院应当告知债权人向有管辖权的法院另行起诉。此外，依据《合同编通则解释》第38条的规定，债权人对债务人的诉讼尚未终结前，债权人又提起了代位权诉讼，此时，代位权诉讼应当中止。

四是债务人对超过债权人代位请求数额的债权部分起诉相对人的管辖。对此，依据《合同编通则解释》第39条的规定，如果债务人提起的上述诉讼与代位权诉讼属于同一人民法院管辖，则可以合并审理。如果不属于同一人民法院管辖，则法院应当告知债务人向有管辖权的法院另行提起诉讼。此外，在代位权诉讼终结前，由于债务人的相对人对债权人应当履行的债务数额尚未确定，其最终对债务人应当履行的债务数额也因此无法确定，此时，债务人对相对人的诉讼应当中止。

七、代位权的行使范围

《民法典》第535条第2款规定，代位权的行使范围以债权人的债权为限。这就是说，一方面，某一债权人行使代位权，只能以自身的债权为基础，不能以未行使代位权的全体债权人的债权为保全的范围。另一方面，债权人在行使代位权时，其代位行使的债权数额应与其债权数额大致相等。当然，要求债权的数额绝对一致是非常困难的。债务人享有多项债权，债权人代位行使其中一项债权便可以使其债权得到清偿的，债权人便只能针对一项债权行使代位权。

八、代位权行使的效力

（一）对债权人的效力

代位权的行使主体是债权人，债务人的各个债权人在符合法律规定的条件下均可以行使代位权。当然，如果一个债权人已就某项债权行使了代位权，其他债权人也以该项债权行使代位权，则法院应当将多个代位权诉讼合并审理。但由于债权人在提起代位权诉讼时，债务人并没有进入破产程序，所以，也不必要求债务人的债权人申报债权。债权人行使代位权将产生如下效力。

（1）债权人可获得来自相对人的直接清偿，即优先受偿。虽然优先受偿说的理论依据有多种，如法定说、抵销说、效力说等①，但一般认为，采优先受偿说有利于鼓励债权人积极行使代位权，从而保障债权，也可以防止其他债权人“搭便车”。依据《民法

① 参见马新彦：《债权人代位权异点析》，载《法制与社会发展》，2001（3）。

典》第537条，“人民法院认定代位权成立的，由债务人的相对人向债权人履行义务，债权人接受履行后，债权人与债务人、债务人与相对人之间相应的权利义务终止。债务人对相对人的债权或者与该债权有关的从权利被采取保全、执行措施，或者债务人破产的，依照相关法律的规定处理”。该条规定了债权人行使代位权，接受债务人相对人的履行后，相应权利义务终止。这就是说，债权人行使代位权之后，对相对人的清偿优先于债务人的其他债权人而优先受偿。关于优先受偿的依据，学界存在不同的解释，一般认为，法律作出此种规定的主要目的在于激励债权人行使代位权，并且可以避免其他债权人“搭便车”，且我国司法实践历来采用优先受偿说，《民法典》在总结这一司法实践经验的基础上，再次确认了这一立场。

但问题在于：如果代位权人优先受偿的主要目的在于排除其他债权人怠于主张权利、避免债权实现“搭便车”的行为，那么在其他债权人也已经采取了相关的主张权利的措施，如已经查封扣押了债务人的财产，甚至其他债权人已经起诉了债务人获得了胜诉判决，进入强制执行阶段等情形下，代位权人是否仍然有优先受偿的效力？本书认为，在上述情形下，由于其他债权人已经采取了相关的措施，而未怠于行使其权利，甚至可能相较于代位权人更早地行使了权利，因此，在这些情况下，代位权人不应当享有优先受偿的权利。只有这样才能与强制执行法中的参与分配制度相衔接，避免出现效果上的矛盾。① 因此，民法典合同编在规定债权人代位权优先受偿效力时，应当将上述情况排除在外。

但债权人优先受偿也存在例外，《民法典》第537条第二句规定：“债务人对相对人的债权或者与该债权有关的从权利被采取保全、执行措施，或者债务人破产的，依照相关法律的规定处理。”依据本条规定，优先受偿效力存在两种例外：一是债务人对相对人的权利被采取保全、执行措施。在这种情形下，债务人对相对人的权利上存在查封优先权（司法优先权），即债权人通过申请法院对债务人的责任财产进行查封、扣押、冻结，而享有对查封财产的查封优先权。在隐匿财产逃避债务的现象时有发生的情况下，该规则可以鼓励债权人查找债务人财产，并向法院申请查封财产，可以有效提升执行效率。但需要注意的是，上述的查封优先权，仅适用于执行程序，一旦债务人进入破产程序，则不再享有上述权利。二是债务人破产。在债务人进入破产程序时，债务人的所有财产将进入破产分配，此时，应当依照破产法所规定的规定进行破产分配。

（2）在相对人向债权人作出履行后，将导致“债权人与债务人、债务人与相对人之间相应的权利义务终止”。如何理解此处的“相应的权利义务终止”？本书认为，其包含了两方面含义：一方面，债权人行使代位权后，接受了债务人相对人的履行，无论该清偿多或少，都能够导致清偿部分的债权因得到实现而消灭。另一方面，如果该履行不足以清偿债权人的全部债权，则债权人的债权并不全部消灭，对于未清偿的部分，债权人当然有权继续向债务人请求清偿。如果债务人的相对人的清偿超出债权的数额，该部分的给付应当归属于债务人，债权人应当返还给债务人。对于相对人而言，在债权人行使代位权的情形下，相对人向债权人作出履行实际上等于向债务人作出履行，所以，如果

① 参见潘重阳：《论债权人代位权制度之存废——以实体与程序交叉为视角》，载《大连海事大学学报》（社会科学版），2015（3）。

相对人作出的履行不足以完全清偿其对债务人的债务，则相对人对债务人所负担的义务仍然存在；如果相对人的清偿超出其应当承担的债务，则可能构成非债清偿的不当得利，债权人应当返还于相对人。因此，此处的“相应的权利义务终止”并不意味着代位权一经行使，就消灭所有债权债务关系，而只是相应地消灭债权范围内的已经清偿的部分。

（二）对债务人的效力

债权人行使代位权之后，如果债务人的相对人对债权人履行义务，债权人接受履行后，将对债务人发生效力：一方面，这将导致债权人与债务人之间的权利义务关系相应地终止。例如，债务人欠债权人 1 000 万元，如果相对人向债权人清偿了 500 万元，则导致债权人与债务人之间的 500 万元债务关系消灭。另一方面，债务人与相对人之间的权利义务关系也将相应地终止。

此外，债务人还应当负担债权人行使代位权的必要费用，对此，《民法典》第 535 条第 2 款第二句规定：“债权人行使代位权的必要费用，由债务人负担。”之所以要求债务人负担这一费用，原因主要在于，该费用的产生乃是由于债务人到期不履行债务，且在次债务中又怠于行使债权所致。而且这一费用即使由债务人向次债务人主张，也同样需要支付。因此，在符合债权人代位权的要件的前提下，债权人行使代位权所支出的必要费用应当由债务人承担较为合理。

（三）对相对人的效力

债权人一旦提起代位权诉讼，则将发生债权人和相对人之间的代位诉讼关系，相对人应作为被告参与诉讼，一方面，相对人不得以其与债权人之间无合同关系为由，拒绝参与诉讼或以此为由提出抗辩。相对人可以针对债权人行使代位权的条件不成立而提出抗辩。另一方面，在债权人行使代位权的请求获得法院支持的情形下，债务人的相对人应当向债权人作出履行，债权人也有权对相对人作出的给付优先受偿。

九、针对代位权的抗辩

当一方向第三人主张权利时，第三人能否根据其对合同当事人一方的抗辩而向请求权人提出抗辩，则需要分析这种抗辩能否有效地对抗对方的请求。从原则上说，在债权人行使代位权的情况下，次债务人不能以债权人与其无合同关系为由提出抗辩，因为代位权作为法定的债权权能，已经突破了合同的相对性，代位权制度乃是合同的相对性制度的例外，如果符合代位权行使的条件，次债务人必须参加诉讼，根据法院的裁判向债务人作出履行。但相对人在参加诉讼后，其也可以依法提出有关的抗辩，以维护其权利。

在代位权行使的情况下，债权人向债务人的相对人主张权利，相对人可以享有如下三种抗辩。

第一，相对人可以以代位权成立要件欠缺为由提出抗辩，以对抗债权人。例如，相对人可以举证证明债务人并未怠于行使其到期债权，或者债务人的行为并未影响债权人债权的实现，或者债务人的债权是专属于债务人自身的债权，等等。有一种观点认为，怠于行使权利的抗辩应当由债务人提起。本书认为，代位权成立要件是否欠缺，直接关系到相对人的利益，因此，相对人也可以以此抗辩。

第二，可以根据其对债务人的抗辩，对抗债权人的请求。《民法典》第 535 条第 3 款规定："相对人对债务人的抗辩，可以向债权人主张。"该规定承认了相对人对债务人的抗辩可以向债权人进行主张，因为债权人行使代位权虽然是以自己的名义向相对人提出请求，但其所行使的仍然是债务人对相对人的权利，应当允许相对人对债权人提出抗辩，而不应当因为主张权利的主体不同而使相对人处于更不利的地位。相对人对债务人所享有的抗辩主要包括权利不发生或消灭的抗辩、债权未到期或抵销的抗辩、同时履行抗辩、债务免除的抗辩、权利瑕疵的抗辩等，相对人也可以向债权人主张其对债务人的上述抗辩。① 如果债务人对相对人的债权尚未届期，债务人的相对人也可以对债权人提出抗辩。当然，在代位权诉讼过程中，应当对债务人处分其权利的权利进行必要的限制，以防止不当影响债权人代位权的行使。对此，《合同编通则解释》第 41 条规定："债权人提起代位权诉讼后，债务人无正当理由减免相对人的债务或者延长相对人的履行期限，相对人以此向债权人抗辩的，人民法院不予支持。"依据该规定，在代位权诉讼过程中，债务人不得无正当理由减免相对人的债务或者延长相对人的履行期限，否则，相对人无权以此对抗债权人的代位权。减免相对人的债务，既包括放弃全部债权，也包括放弃部分债权。延长相对人的履行期限是指不正当、不合理地使相对人的履行期限延长。通常，债务人与相对人协商变更合同可能是合理的，但如果无正当理由减免相对人的债务或者延长相对人的履行期限，已经表明其旨在恶意阻止债权人行使代位权，相对人无权以此提出抗辩，对抗债权人的代位权。②

第三，相对人可以以债务人对抗债权人的理由来提出抗辩，如认为债权人向债务人提出请求的时效已经届满等。由于债务人对于债权人的抗辩也可以有效地对抗债权人，如债权人所享有的债权不成立或者已经被宣告无效等，可以用来否定代位权的成立，因此次债务人可以以此向债权人主张。例如，甲欠乙 10 万元货款未支付，甲提出乙交付的货物有瑕疵，同时，丙欠甲 5 万元工程款未支付，丙提出甲交付的工程存在质量问题。乙是否可以行使代位权，要求丙交付工程款？本书认为，债权人可以基于其债权行使代位权，但代位权应受到抗辩权的阻碍，相对人也可以援用债务人对债权人的抗辩，对抗债权人行使代位权的请求。

第三节　债权人的撤销权

一、撤销权的概念

所谓债权人的撤销权，是指因债务人实施减少其财产的行为对债权人造成损害的，

① 参见崔建远、陈进：《债法总论》，162～163 页。

② 参见最高人民法院民事审判第二庭、研究室编著：《最高人民法院民法典合同编通则司法解释理解与适用》，458 页。

债权人可以请求人民法院撤销该行为的权利。例如，甲欠乙 1 000 万元，在法院执行甲的财产时，甲故意将其一栋价值 2 000 万元的房屋，作价 200 万元卖给其亲戚丙，乙便在法院提起诉讼，请求撤销甲与丙之间的行为。《民法典》第 538 条规定："债务人以放弃其债权、放弃债权担保、无偿转让财产等方式无偿处分财产权益，或者恶意延长其到期债权的履行期限，影响债权人的债权实现的，债权人可以请求人民法院撤销债务人的行为。"此处虽然采用了"可以请求"的表述，但撤销权的行使必须依一定的诉讼程序进行，也就是说，行使撤销权必须由债权人向法院起诉，由法院作出撤销债务人行为的判决才能发生撤销的效果，因此，撤销权又被称为"撤销诉权"或"废罢诉权"。

撤销权不是单纯的请求权，而是兼有请求权和形成权的特点。一方面，债权人行使撤销权，可请求因债务人的行为而获得利益的第三人返还财产，从而恢复债务人的责任财产的原状。另一方面，撤销权的行使又以撤销债务人与第三人的民事行为为内容。当然，撤销权的主要目的乃是撤销民事行为，而返还财产只是因行为的撤销所产生的后果。

撤销权作为债权的一项权能，是由法律规定所产生的，但它并不是一项与物权、债权相对应的独立的民事权利，而只是附属于债权的实体权利。这就是说，一方面，它必须依附于债权而存在，不得与债权分离而进行处分。当债权转让时，撤销权亦随之转让：当债权消灭时，撤销权也随之消灭。另一方面，撤销权作为债权的一项权能，本质上仍然是债权，而不能产生物权的效果。

二、撤销权制度与其他相关制度的比较

（一）撤销权与代位权

债权人的撤销权和代位权一样，都使债权能够产生对第三人的效力。这两种权利的行使都涉及了债的关系以外的第三人，并对第三人产生了法律上的拘束力。可见，合同的保全是债的对外效力的体现。撤销权与代位权都是法定的债权权能，都属于债的保全内容，且必须附随于债权而存在。然而，代位权和撤销权又是有区别的，这主要表现在：

第一，两者针对的对象不同。代位权针对的是债务人不行使债权的消极行为，通过行使代位权旨在保持债务人的财产，而撤销权针对的是债务人不当处分财产的积极行为，行使撤销权旨在恢复债务人的财产。①

第二，两者的构成要件不同。代位权和撤销权各自具有其不同的行使要件。例如，代位权的行使要求债务人必须怠于行使其到期债权，且债权人对债务人的债权必须到期，而撤销权的行使不需要具备这些要件。②

第三，两者在效果上不同。例如，债权人行使代位权，一般都是在债权人与债务人之间的债务已经到期的情况下，而行使该项权利的，因此，债权人行使代位权以后，如果没有其他人向债务人主张权利，债权人可以直接获得该财产。但是，债权人行使撤销权可能是在债权人与债务人之间的债务尚未到期的情况下行使的。所以债权人行使撤销

---

① 参见［日］我妻荣：《新订债权总论》，154 页。

② 参见李永军、易军：《合同法》，310 页，北京，中国法制出版社，2009。

权以后，第三人向债务人返还了财产，该财产不能直接交付给债权人，而应当由法院代为保管，待债务到期以后，再交付给债权人。①

第四，债权保全的行使是否需要证明主观要件不同。代位权行使不需要证明债务人的相对人存在故意或者重大过失等主观要件，而撤销权的行使，根据类型的不同，需要证明的主观要件的内容、过错的类型存在重大差异。具体而言：在债务人无偿处分财产权益的情形下，撤销权的行使不需要证明相对人存在恶意的主观要件；在延长到期债权的履行期限的情形下，则需要证明债务人存在恶意；在不合理高价受让财产、不合理低价转让财产、为他人提供担保，影响债权的实现的情形下，则需要证明相对人主观知道或者应当知道该情形。

第五，是否以债权到期为债权保全行使的要件不同。代位权以债权人对债务人的债权到期为前提，而撤销权的行使不以债权人债权到期为要件，无论债权是否到期，撤销权人均有权行使撤销权。

（二）撤销权与可撤销合同

撤销权与在可撤销的合同中一方当事人所享有的撤销权，在名称上具有相似之处，在撤销的后果上也具有相似之处，因为两种撤销权的行使都会导致民事行为自始不发生效力。所以，行使债的保全的撤销权也会发生与请求撤销意思表示不真实的行为一样的效果。但是，两者在性质上存在着根本的区别，这主要表现在：

第一，撤销权与可撤销合同制度是合同法上两套不同的制度，分别属于合同效力制度与债的保全制度。可撤销合同制度设立的目的是贯彻意思自治原则，使撤销权人针对意思表示不真实的行为请求撤销，从而实现撤销权人的意志和利益。而撤销权制度是法律为了保全债权人的利益，防止债务人的财产不当减少所设立的一种措施。其设立的目的主要是保全债权而并不在于实现当事人真实的意思。

第二，从主体上来看，可撤销合同中的撤销权人，一般是意思表示不真实的人或受害人。而在债的保全制度中，撤销权的主体是债权人。

第三，从撤销的对象来看，可撤销合同是针对一方当事人与另一方当事人之间意思表示不真实的合同而请求撤销，撤销权人请求撤销的是他与另一方当事人之间的合同。也就是说，撤销的是自己的行为。而撤销权主要是针对债务人与第三人之间实施的有害于债权人权利的转让财产的行为而设定的。债权人行使撤销权，旨在撤销债务人与第三人之间的民事行为，所以此种撤销权的行使撤销的是他人的行为。

第四，从效力上来看，在可撤销合同制度中，撤销只是在当事人之间发生的，所以撤销权的行使只是在当事人之间发生效力。而在债的保全之中，撤销权的行使将突破债的相对性原则，对第三人发生效力。

第五，从权利的存续期间来看，两种撤销权的行使都要求从撤销权人知道或者应当知道撤销事由之日起1年内行使。就债权人撤销权而言，《民法典》第541条规定："撤销权自债权人知道或者应当知道撤销事由之日起一年内行使。自债务人的行为发生之日

① 参见韩世远：《债权人撤销权研究》，载《比较法研究》，2004（3）。

起五年内没有行使撤销权的，该撤销权消灭。”但是，后一句规定并不适用于可撤销合同制度。

三、撤销权行使的条件

债权人撤销权的行使须具备客观要件和主观要件，且因债务人所为的行为是否有偿而有所不同。

（一）针对债务人无偿处分财产权益行使撤销权的条件

《民法典》第538条规定：“债务人以放弃其债权、放弃债权担保、无偿转让财产等方式无偿处分财产权益，或者恶意延长其到期债权的履行期限，影响债权人的债权实现的，债权人可以请求人民法院撤销债务人的行为。”该条专门就债务人无偿处分财产权益时行使撤销权的条件作出了规定，具体而言，包括如下条件。

1. 债务人实施了无偿处分财产的行为

无偿处分财产的行为包括放弃其债权、放弃债权担保、无偿转让财产等方式。

2. 债务人处分财产的行为已经发生法律效力

债权人之所以要行使撤销权，乃是因为债务人处分财产的行为已经生效，财产将要或已经发生了转移。如果债务人的行为并没有成立和生效，或者属于法律上当然无效的行为（如债务人与第三人恶意串通隐匿财产），或者该行为已经被宣告无效等，都不必由债权人行使撤销权。对债务人与第三人实施的无效行为，债权人可基于无效制度请求法院予以干预，宣告该行为无效。如果债务人与第三人以损害债权人为目的进行恶意串通，且客观上此种行为侵害了债权人的债权，债权人应有权对该第三人提起侵害债权之诉。当然，债务人的处分行为必须在债权发生之后，如果发生在债权成立之前，则谈不上损害债权的问题，债权人不能行使撤销权。

3. 债务人无偿处分财产的行为影响债权人债权的实现

《民法典》修改了《合同法》的相关规定，不要求债权人证明债务人无偿处分财产的行为造成其损害，而只要求该行为影响债权人债权的实现。这就是说，债务人虽然实施了无偿处分财产的行为，但如果债务人有充分的财产清偿债务，就不能认为债务人无偿处分财产的行为将影响债权人债权的实现。在此情形下，债务人无偿处分其财产是其正当行使权利的表现，法律上不能对此进行干预，债权人更不得主张撤销。那么，如何判断影响债权人债权的实现呢？只要债务人在实施处分财产的行为以后，已不具有足够资产清偿债权人的债权，就可以认定为影响债权人债权的实现。严格地说，债权人提出债务人所实施的行为影响债权人债权的实现，只是一种推断，债权人很难作出举证。既然是一种推断，则应当允许债务人通过反证加以辩驳。如果债务人能够举证证明其在实施该行为以后，仍有足够的资产清偿债务，则不能认为债务人的行为严重有害于债权。如何判断“足够”，就要看债务人实施了处分行为以后，其现有的资产是否与其债务大体相当。在确定债务人的资产时，只能以债务人实有的财产来进行计算，而不能将债务人的信用、劳力计算到债务人的资产之中。

（二）针对债务人有偿处分财产权益行使撤销权的条件

《民法典》第539条规定："债务人以明显不合理的低价转让财产、以明显不合理的高价受让他人财产或者为他人的债务提供担保，影响债权人的债权实现，债务人的相对人知道或者应当知道该情形的，债权人可以请求人民法院撤销债务人的行为。"该条针对债务人有偿处分财产权益时撤销权行使的条件作出了规定，具体而言：

1. 债务人实施了不合理的有偿处分财产权益的行为

（1）判断债务人实施的明显不合理的有偿处分行为的标准。

《合同编通则解释》第42条第1款规定："对于民法典第五百三十九条规定的'明显不合理'的低价或者高价，人民法院应当按照交易当地一般经营者的判断，并参考交易时交易地的市场交易价或者物价部门指导价予以认定。"这就确定了明显不合理的低价或者高价的标准。

一方面，判断是不是明显不合理的低价或者高价，应当以交易当地一般经营者为标准。所谓一般经营者，是指交易当地的一般的、普通的经营者，交易当地应根据交易财产的性质、种类，结合市场流通、交易管理、关税区域等综合因素判定。① 从交易的内容来看，应当按照一般经营者的认知能力、判断能力确定，而将非经营者从事的不符合交易常识或市场行情的交易行为予以排除。②"一般经营者"是虚拟的人，既不能以交易当事人为标准，也不能以法官自身为标准。例如，在"国家开发银行与沈阳高压开关有限责任公司等借款合同撤销权纠纷案"中，最高人民法院认为，"东北电气明知自己与沈阳高开交易支付的十台汽轮发电机组价值仅为2 787.88万元，还仍然与沈阳高开进行股权置换，该交易行为严重损害了沈阳高开债权人国开行的利益"。因此，国开行享有撤销权。③

另一方面，参考交易时交易地的市场交易价或者物价部门指导价予以认定。一是从时间上，必须是以交易当时的价格作为判断标准；二是应当以市场交易价或者物价部门指导价为标准。例如，在"中国工商银行蒙阴县支行与山东省蒙阴棉纺织有限公司、山东恒昌集团股份有限公司撤销财产转让合同纠纷案"中，最高人民法院指出："当事人之间商品买卖的定价依据应当是商品买卖即时的市场价格，账面成本在商品买卖的定价机制中并不起决定性作用，不宜以此作为判断是否构成低价的依据"，因此债务人的行为不属于低价转让。④

（2）债务人实施的明显不合理的有偿处分行为的类型。

第一，以明显不合理的低价转让财产。以明显不合理的低价转让财产，如将价值100万元的房屋故意以1万元的价格转让给他人，此种行为大多是一种隐匿财产、逃避

---

① 参见最高人民法院民法典贯彻实施工作领导小组主编：《中华人民共和国民法典合同编理解与适用》，536页，北京，人民法院出版社，2020。

② 参见庞景玉、何志：《合同纠纷裁判依据新释新解》，191页。

③ 参见最高人民法院（2008）民二终字第23号民事判决书。

④ 参见最高人民法院（2005）民二终字第172号民事判决书。

债务的行为。《合同编通则解释》第 42 条第 2 款规定，“转让价格未达到交易时交易地的市场交易价或者指导价百分之七十的，一般可以认定为‘明显不合理的低价’”。当然，这个标准只适用于一般情形，在特殊情形下，即便交易价格低于上述标准，也不宜认定其构成积极诈害债权，如在冷鲜食品即将变质，或者服装即将换季等情形下，债务人出于减少损失、资金回笼等需要，所设定的交易价格可能低于上述标准，此时不宜认定其行为构成诈害债权。[①]

第二，以明显不合理的高价受让他人财产。以明显不合理的高价受让他人财产，也会导致债务人责任财产的减少，在很多情况下属于变相转移财产、逃避债务的行为。这也需要结合具体的交易类型与交易情况进行综合判断，可将当地指导价或者市场交易价作为判断明显不合理的高价的标准。《合同编通则解释》第 42 条第 2 款规定，“受让价格高于交易时交易地的市场交易价或者指导价百分之三十的，一般可以认定为‘明显不合理的高价’”。此处所说的高于市场交易价或者指导价也是就一般情况而言的，在某些情形下，当事人之间可能存在系列交易，某一交易中的交易价格可能较低，而其他交易中的交易价格可能较高，这应当是当事人之间正常的商业交易安排，通常不宜认定其构成诈害债权。

当然，上述“百分之七十”“百分之三十”的判断标准只是相对的，因为市场交易纷繁复杂，很难采用一个标准判断，例如，有一些季节性很强的商品需要及时出售，有必要大幅降价，还有些高风险高回报的交易，商品价格出现大幅波动也是正常的，不能简单地采用上述“百分之七十”“百分之三十”的标准判断，还要根据交易性质、特点等具体判断。[②] 还应当看到，《合同编通则解释》第 42 条第 3 款规定：“债务人与相对人存在亲属关系、关联关系的，不受前款规定的百分之七十、百分之三十的限制。”该规则实际上是针对内部人（insider）交易所作出的规定，即债务人与相对人之间存在关联关系或者亲属关系，在此种情形下，因为当事人之间的关系十分密切，利益攸关，除标的的市场价值外，当事人之间的关联关系或者亲属关系也是当事人决定是否进行交易以及交易价格的重要考虑因素，此时，就难以用一般的市场标准来评判该交易的合理性。

（3）为他人的债务提供担保。

债务人为他人提供担保，将有可能导致其承担担保责任，这必然也会减少其责任财产，从而影响债权人债权的实现。

与《民法典》第 538 条中的放弃债权、放弃担保和无偿转让财产不同，第 539 条所规定的三种情形，除提供担保外，都是以有偿的形式作出的。此时，就需要对债务人低价转让财产和高价受让财产进行判断，以确定价格是否合理。而《民法典》第 538 条中均为无偿的行为，因而并不存在价格是否合理的问题。“明显不合理”通常应当按照一般人的评判标准，即在理性的市场主体看来，定价与实际价格相比是否差距过大，如果差距过大则应当属于“不合理的价格”。

---

① 参见最高人民法院民事审判第二庭、研究室编著：《最高人民法院民法典合同编通则司法解释理解与适用》，474 页。

② 参见最高人民法院民事审判第二庭、研究室编著：《最高人民法院民法典合同编通则司法解释理解与适用》，475 页。

（4）其他以明显不合理的价格处分财产的行为。

《民法典》第539条针对债务人有偿处分行为没有采用兜底规定，实行封闭式列举，这导致存在规范漏洞。实践中出现了各种不合理处分财产的行为，对此类行为，债权人主张撤销的，法院难以找到法律依据。因此，《合同编通则解释》第43条规定，其他以明显不合理的价格处分财产的行为具体包括：一是互易财产。互易是指双方用价值相等的财产相互交换，但如果双方交换的财产明显不对等，就可能构成以明显不合理的价格处分财产的行为。二是以物抵债，如以高价的房屋抵偿数额不大的债务，以转移财产、逃避债务。三是出租或者承租财产，例如，债务人低价出租或者高价承租财产。① 四是知识产权许可使用。例如，债务人以明显不合理的低价许可他人使用自己拥有的知识产权。虽然出租或者承租财产、知识产权许可使用并不属于严格意义上的财产转让行为，但仍然可能构成转移财产的交易行为。该条在列举了这些行为之后，采用了“等”的表述，保持了此类行为的开放性，弥补了《民法典》第539条封闭式列举的不足。例如，实践中存在的对价严重失衡的股权置换，可以适用该规定。②

2. 债务人处分财产的行为已经发生法律效力

债权人之所以要行使撤销权，乃是因为债务人处分财产的行为已经生效，财产将要或已经发生了转移。如果债务人的行为并没有成立和生效，或者属于法律上当然无效的行为（如债务人与第三人恶意串通隐匿财产），或者该行为已经被宣告无效等，都不必由债权人行使撤销权。对债务人与第三人实施的无效行为，债权人可基于无效制度请求法院予以干预，宣告该行为无效。如果债务人与第三人以损害债权人为目的进行恶意串通，且客观上此种行为侵害了债权人的债权，债权人应有权对该第三人提起侵害债权之诉。当然，债务人的处分行为必须在债权发生之后，如果发生在债权成立之前，则谈不上损害债权的问题，债权人不能行使撤销权。

3. 债务人处分财产的行为影响债权人债权的实现

《民法典》修改了《合同法》的相关规定，不要求债权人证明债务人处分财产的行为造成其损害，而只要求该行为影响债权人债权的实现。这就是说，债务人虽然实施了处分财产的行为，但如果债务人有充分的财产清偿债务，就不能认为债务人处分财产的行为将影响债权人债权的实现。在此情形下，债务人处分其财产是其正当行使权利的表现，法律上不能对此进行干预，债权人更不得主张撤销。那么，如何判断影响债权人债权的实现呢？只要债务人在实施处分财产的行为以后，已不具有足够资产清偿债权人的债权，就可以认定为影响债权人债权的实现。严格地说，债权人提出债务人所实施的行为影响债权人债权的实现，只是一种推断，债权人很难作出举证。既然是一种推断，则应当允许债务人通过反证加以辩驳。如果债务人能够举证证明其在实施该行为以后，仍有足够的资产清偿债务，则不能认为债务人的行为严重有害于债权。如何判断“足够”，就要看

①② 参见最高人民法院（2008）最高法民二终字第23号民事判决书，江苏省连云港市中级人民法院（2020）苏07民终27号民事判决书。

债务人实施了处分行为以后，其现有的资产是否与其债务大体相当。在确定债务人的资产时，只能以债务人实有的财产来进行计算，而不能将债务人的信用、劳力计算到债务人的资产之中。

4. 相对人具有恶意

《民法典》第 539 条规定，在债务人实施不合理的有偿处分财产权益的行为时，只有"债务人的相对人知道或者应当知道该情形"时，债权人才能行使撤销权。此处相对人的恶意应当是指相对人知道或者应当知道债务人不当处分财产权益的行为影响债权人债权的实现，而不是指相对人知道或者应当知道交易价格不合理。该条规定要求相对人必须主观上存在恶意，目的在于保护交易安全与相对人的合理信赖。当然，对相对人的恶意，应当由债权人举证证明。

四、撤销之诉的主体

（一）撤销之诉的原告

依据《民法典》第 538 条、第 539 条，在撤销之诉中，撤销权人应当是因债务人不当处分财产的行为而使债权受到损害的债权人。债权人撤销权的行使必须由享有撤销权的债权人以自己的名义向法院提起诉讼，请求法院撤销债务人不当处分财产的行为。如果债权人为多数人，可以共同享有并行使撤销权。对此，《合同编通则解释》第 44 条第 2 款规定："两个以上债权人就债务人的同一行为提起撤销权诉讼的，人民法院可以合并审理。"依据该规定，如果某一个债权人向债务人提出撤销之诉以后，其他债权人也针对同一债务人提起了撤销之诉，人民法院可以合并审理。在确定撤销之诉的原告是否合法时，还必须要确定在哪一些债权中债权人可以行使撤销权。也就是说，债权人不仅要对债务人享有合法有效的债权，而且这些债权能够成为撤销权行使的前提和基础。对那些根本不适合行使撤销权的债权，如劳务之债，则不能行使撤销权，自然，享有这些债权的权利人也不能成为撤销之诉的原告。

（二）撤销之诉的被告

依据《合同编通则解释》第 44 条第 1 款的规定，在撤销权诉讼中，债权人应当以债务人和债务人的相对人为共同被告，一方面，因为债权人所要撤销的行为大多是双方行为，相对人能够作为被告。[①] 另一方面，因为撤销权诉讼对相对人的实体利益将产生重大影响，将其列为共同被告有利于充分保护其诉讼权利。从司法实践来看，也大量存在将债务人和相对人列为共同被告的做法。[②] 因此，以债务人和债务人的相对人为共同被告是合理的。债务人或者相对人没有参加诉讼的，法院应当依据《民事诉讼法》第 135

---

① 参见最高人民法院民法典贯彻实施工作领导小组主编：《中华人民共和国民法典合同编理解与适用》，531 页。

② 参见最高人民法院起草小组：《〈关于适用民法典合同编通则若干问题的解释〉的理解与适用》，载《人民司法》，2024（1）。

条通知其参加诉讼。

在撤销权诉讼中，债务人和相对人诉讼当事人地位的变化，导致诉讼的管辖相应发生变化。依据《合同编通则解释》第 44 条第 1 款的规定，由于撤销权诉讼中存在债务人与债务人的相对人两个被告，债务人或者债务人的相对人的住所地人民法院均享有管辖权。当然，撤销权诉讼的管辖也不得违反专属管辖的规定，因为法律特别规定专属管辖，有利于传唤被告、调查取证、查明案情和裁判执行等，撤销权诉讼的管辖也应当遵守专属管辖的规定。①

五、撤销权行使的范围

《民法典》第 540 条规定，“撤销权的行使范围以债权人的债权为限”。依据本条规定，撤销权的行使范围以债权人的债权为限，此处所说的债权不限于到期债权，因为债权人撤销权行使的对象是债务人积极实施的不当处分财产的行为，甚至是一种积极侵害债权的行为，必须及时予以制止，因此，即便债权人的债权没有到期，只要符合债权人撤销权的行使条件，债权人即可行使撤销权。具体而言：

第一，某一债权人行使撤销权，只能以自身的债权为基础，不能以未行使撤销权的全体债权人的债权为保全的范围。

第二，各债权人都有权依撤销权起诉，其请求范畴仅限于各自债权的保全范围，债权人的撤销权的行使范围仅以作为原告的债权人的债权为限，不包括其他未行使撤销权的债权人所享有的债权。根据《合同编通则解释》第 44 条的规定，两个以上债权人就债务人的同一行为提起撤销权诉讼的，人民法院可以合并审理。当数个债权人遭受同一债务人行为侵害时，各个债权人都可以主张撤销。各个债权的数额的总和，属于债权保全的范围。对于超出这些数额的部分，债权人不应当行使撤销权。

第三，债权人在行使撤销权时，其请求撤销的数额应当与其债权数额相一致。在债务人实施了多个不当处分财产的行为时，债权人应当在其债权数额范围内行使撤销权。撤销的范围原则上应仅及于债权保全的范围，对债务人不当处分财产的行为超出债权保全必要的部分，不应发生撤销的效力，否则，势必不当地干涉债务人正当行为的自由。依据《合同编通则解释》第 45 条第 1 款的规定，应当根据撤销行为的标的是否可分来确定撤销权行使的范围，具体而言：

一是如果标的不可分，债权人应当在受影响的债权范围内行使撤销权，对债务人的行为请求撤销。一般的种类物、金钱为债权标的的，其标的通常是可分的，依据上述规定，在标的可分的情形下，债权人只能在债权保全的范围内行使撤销权，而不得在该范围之外行使撤销权。该规定确定了债权人可以行使撤销权的范围，超出该范围，其超出了债权保全的必要范围，债权人行使撤销权也将丧失正当性。债权人在受影响的债权范围之外行使撤销权的，债务人可以提出抗辩，如果抗辩成立，则法院不应当支持债权人

---

① 参见最高人民法院起草小组：《〈关于适用民法典合同编通则若干问题的解释〉的理解与适用》，载《人民司法》，2024（1）。

的撤销权请求。

二是如果标的不可分，则债权人将无法在债权范围内行使撤销权，此时，债权人可以主张撤销债务人的全部处分行为。[①] 因为此种撤销在一定程度上超过了债权保全的限度，但对于保护债权人合法有效的债权是必需的，且不违背《民法典》第 540 条的本意。[②] 例如，债务人将某台机器以不合理的低价转让给他人，由于将机器拆分将会极大地贬损该机器的价值，此时，债权人有权主张撤销债务人处分机器的行为。

六、撤销权行使的效力

（一）对债权人的效力

债权人行使撤销权以后，对债务人和受让人所返还的财产是否能够优先受偿，在各国和有关地区的法律规定中并不完全相同。从法律上说，在撤销债务人的行为以后，某一债权人取回的一定的财产或利益，应作为债务人的全体债权人的共同担保，各债权人对这些财产都应当平等受偿。依据《民法典》第 542 条的规定，在债权人行使撤销权之后，债务人所实施的行为自始没有法律约束力，但该条并没有对债权人的优先受偿权作出规定，这实际上是采纳了入库原则。所谓入库原则，是指产生恢复原状的效果，即债务人不当处分的财产应当回复到债务人的责任财产范围。

（二）对债务人的效力

《民法典》第 542 条规定："债务人影响债权人的债权实现的行为被撤销的，自始没有法律约束力。"因此，债务人的行为一旦被撤销，则该行为自始无效。所谓自始无效，是指债务人所实施的影响债权实现的行为从一开始就不发生效力。依据本条的规定，债权人行使撤销权后，产生溯及既往的效力，对于这些法律行为而言，自始不发生效力。因此，已经履行的需要恢复原状，没有履行的不再履行，不能恢复原状的则要予以损害赔偿。如果债务人的处分行为被撤销，则债务人免除他人债务的行为应视为没有免除，承担他人债务的行为应视为没有承担，为他人设定担保的行为视为没有设定，让与财产的行为应视为没有让与。

在债权人提起撤销之诉时，债权人与债务人之间的债务可能并没有到期，如果在撤销之后，债务人和受让人直接向债权人交付财产以清偿债务人的债务，则势必会剥夺债务人的期限利益。在此种情况下，可以将财产暂时交给法院代为保管，待债务到期以后，再交付给债权人。当然，如果债务已经到期，就可以该财产直接向债权人作出清偿。

此外，《民法典》第 540 条第二句规定："债权人行使撤销权的必要费用，由债务人负担。"之所以由债务人负担债权人行使撤销权的必要费用，是因为债权人之所以行使撤销权，皆由债务人的行为引起，债务人对此具有过错，因而债务人应当负担相应的费用。

---

① 参见黄薇主编：《中华人民共和国民法典释义》（中），1037 页，北京，法律出版社，2020。

② 参见最高人民法院民事审判第二庭、研究室编著：《最高人民法院民法典合同编通则司法解释理解与适用》，502 页。

《合同编通则解释》第 45 条第 2 款规定："债权人行使撤销权所支付的合理的律师代理费、差旅费等费用，可以认定为民法典第五百四十条规定的'必要费用'。"这就确定了合理的律师代理费、差旅费等费用属于必要费用。所谓所支付的合理费用，是指债权人行使撤销权所支付的必要费用。但对风险代理提成等尚未实际发生的律师费用，通常不应予支持。除了合理的律师代理费和差旅费，该款还规定了"等费用"作为兜底条款，包括确定财产价值而发生的评估费用、针对处分标的所采取的财产保全费用等必要费用。①

（三）对相对人的效力

虽然《民法典》第 537 条明确了债权人代位权行使的法律效果，即行使代位权债权人可以直接从相对人处获得给付，突破入库规则后的债权人获得了优先于其他债权人的地位，然而《民法典》在关于撤销权的规定中，回避了债权人是否可以请求相对人向自己返还财产等问题，因而出现不少债权人虽然获得撤销权诉讼的胜诉判决，但却无法顺利获得清偿的现象。为解决上述问题，《合同编通则解释》第 46 条在《民法典》第 542 条规定的行使撤销权效果的基础上，增加了撤销权行使的三重效果，即请求恢复原状和履行到期债务、向相对人申请强制执行以获得债权的清偿和申请保全，由此形成对债权人的三重保护。

第一，债权人可请求恢复原状和履行到期债务。《民法典》第 542 条只是规定债权人行使撤销权以后，被撤销行为自始没有法律约束力，在债务人不当处分财产的行为被撤销后，相对人负有恢复原状的义务，但该条并没有规定如何返还财产、恢复原状，这就导致实践中撤销权的法律效果难以实现。依据《合同编通则解释》第 46 条第 1 款的规定，债权人可以在撤销权诉讼中请求相对人向债务人返还财产、折价补偿。相应地，相对人负有向债务人返还财产的义务，因此，法院在撤销权诉讼中，应当依据债权人的请求，在依法宣告撤销之后，进一步明确相对人负有此种义务。

第二，债权人可向相对人申请强制执行以获得债权的清偿。如前述，《民法典》第 537 条规定了在代位权诉讼中"由债务人的相对人向债权人履行义务"，但在撤销权诉讼中并未作出类似规定。这就给实现撤销权的规范目的，充分保护债权人带来了难度。对此，《合同编通则解释》第 46 条第 3 款规定："债权人依据其与债务人的诉讼、撤销权诉讼产生的生效法律文书申请强制执行的，人民法院可以就债务人对相对人享有的权利采取强制执行措施以实现债权人的债权。债权人在撤销权诉讼中，申请对相对人的财产采取保全措施的，人民法院依法予以准许。"该解释采取了"撤销权＋强制执行说"的观点，以债权人与债务人诉讼和撤销权诉讼中的给付内容的强制执行，为债权人获得清偿提供保障。该规则直接赋予债权人对相对人申请强制执行，用于实现自己的债权的权利，从而确保债权人胜诉后权益的实现，鼓励了债权人积极行使撤销权②，而且有利于减少

---

① 参见最高人民法院民事审判第二庭、研究室编著：《最高人民法院民法典合同编通则司法解释理解与适用》，502 页。

② 参见谢鸿飞：《合同法学的新发展》，320 页。

诉讼环节，实现诉讼经济，符合效率原则，且体现了公平原则。

第三，债权人可在撤销权诉讼中申请保全。在实践中，如果债权人提起撤销权诉讼获得胜诉判决后且进入执行程序，或者基于撤销权诉讼产生的生效法律文书申请强制执行，债务人已经面临多个诉讼并且都申请强制执行，此时，即便《合同编通则解释》赋予了债权人申请执行的法律效果，但因为有其他债权人存在，申请强制执行仍然难以保障行使撤销权的债权人的债权，因此，《合同编通则解释》第 46 条第 3 款第二句明确了债权人可以在撤销权诉讼中对相对人财产申请保全。这一规则是《合同编通则解释》第 46 条第 1 款赋予债权人撤销权以请求效力的延续，可以起到进一步保护撤销权人的作用，有效防止行使撤销权的债权人获得清偿的目的落空。一方面，保全可以确保相对人有财产可被执行。另一方面，保全还在一些情形下可以实现撤销权人的优先受偿。虽然保全本身并不会直接使得债权人获得优先受偿的地位，但是却可以使得撤销权人的权利获得清偿的顺位提前。

七、撤销权的行使期限

《民法典》第 541 条规定：“撤销权自债权人知道或者应当知道撤销事由之日起一年内行使。自债务人的行为发生之日起五年内没有行使撤销权的，该撤销权消灭。”撤销权事由出现后，债权人应当及时行使，否则，相关的法律关系可能长期处于不确定的状态。如果撤销事由发生超过 1 年，债权人再主张撤销相关行为，则财产很难恢复原状，也不利于保护当事人的合理信赖。该 1 年期限在性质上属于除斥期间，即该撤销权的权利存续期间，该期间不因任何事由而发生中断、中止或者延长，该期间一旦届满，撤销权即消灭。

思考题

1. 合同保全制度有何特点？
2. 试述债权人代位权的特点。
3. 试述债权人代位权的成立条件和效力。
4. 债权人撤销权与可撤销合同中的撤销权有何不同？
5. 试述债权人撤销权的成立条件。
6. 试述债权人撤销权行使的效力。

第八章

合同的变更和转让

案例

乙公司曾欠甲公司1 000万元债务，一直未清偿。后来，乙公司未经甲公司同意，即和丙公司订立债务转让协议，将其一栋房屋连同其对甲公司负担的债务转移给丙公司。甲公司得知这一情况后，认为丙公司信用不佳，便请求乙公司尽快清偿债务，而乙公司主张，其已经将债务转移给丙公司，因此拒绝甲公司的请求，乙公司的主张能否成立？

简要评析：该案涉及合同义务的转移。在债务人将其债务转移给第三人的情形下，由于新的债务人是否具有履行债务的能力，或者是否诚实守信等，债权人通常无法预知。如果允许债务人随意转让债务，而受让人没有能力履行债务，或者有能力履行而不愿意履行，将直接导致债权人的债权不能实现。因此，《民法典》第551条第1款规定："债务人将债务的全部或者部分转移给第三人的，应当经债权人同意。"如果未征得债权人同意，合同义务转移无效，原债务人仍负有向债权人履行的义务。在本案中，乙公司未经甲公司同意，将其债务转移给丙公司，依据《民法典》的上述规定，该债务转移无效，甲公司仍有权请求乙公司清偿债务。

第一节　合同的变更

一、合同变更的概念和特征

合同变更，有广义和狭义之分。广义的合同变更是指合同的内容和主体发生变化。所谓主体的变更，是指以新的主体取代原合同关系的主体，即新的债权人、债务人代替原来的债权人、债务人，但合同的内容并没有发生变化。在这种变更方式中，债权人变更的，称为债权转让或债权移转；债务人变更的，称为债务移转。对此种合同的转让，下文将专门加以探讨。

合同内容的变更乃是狭义的合同变更，它是指在合同成立以后、履行或完全履行以前，当事人就合同的内容达成修改或补充的协议。《民法典》第 543 条规定："当事人协商一致，可以变更合同。"这实际上就是指此种合同的变更。这种变更具有如下特征。

（1）从原则上说，合同的变更必须经当事人双方协商一致，并在原合同的基础上达成新的协议。合同的任何内容都是经过双方协商达成的，因此，变更合同的内容须经过双方协商同意。任何一方未经过对方同意，无正当理由擅自变更合同内容，不仅不能对合同的另一方产生约束力，反而将构成违约行为。由于合同变更必须经过双方协商，所以，在变更合同的协议达成以前，原合同关系仍然有效。

（2）合同内容的变更，是指合同关系的局部变化，也就是说，合同变更只是对原合同关系的内容作某些修改和补充，而不是对合同内容的全部作变更。如标的数量的增减，交货地点、时间、价款或结算方式的改变等，均属于合同内容的变更。如果合同内容已全部发生变化，则实际上导致了原合同关系的消灭，产生了一个新的合同。因为合同内容的变更是在保持原合同效力的基础上，再形成新的合同关系，这种新的合同关系应当包括原合同的实质内容。如果新的合同关系产生以后没有吸收原合同的实质内容，就不属于合同的变更，而是在合同消灭以后订立的一个新合同。由于标的本身是权利、义务指向的对象，属于合同的实质内容，标的变更会使合同的基本权利与义务也发生变化。因此，变更标的，实际上已结束了原合同关系。当然，如果仅仅是标的数量、质量、价款发生变化，一般不会影响到合同的实质内容，而只是影响到局部内容，所以不会导致合同关系消灭的问题。

（3）合同的变更也会产生新的债权债务内容。当事人在变更合同时，可能会增加新的内容或改变某些内容。合同变更以后，不能完全以原合同内容来履行，而应按变更后的权利义务关系来履行。当然，这并不是说在变更时必须首先消灭原合同的权利义务关系。事实上，合同的变更是指在保留原合同的实质内容的基础上产生一个新的合同关系，它仅是在变更的范围内使原债权债务关系消灭，而变更之外的债权债务关系仍继续生效。从这个意义上讲，合同变更是使原合同关系相对消灭。

二、合同变更与合同更新

所谓合同更新，又称合同债务的更替，它不是使旧的债权债务由一方转至另一方，而是消灭旧的债权债务，设定新的债权债务。简单而言，合同更新就是以一个新的合同代替一个旧的合同。[①] 一般来说，合同的更新要以一项因为其标的或性质不同于原债的新债取代原债，原债消灭。我国民法典合同编规定了合同的变更，但没有规定合同更新。合同更新不同于合同的协议解除，因为合同的更新不仅是终止原合同关系，而且产生新的合同关系，新旧合同尽管存在本质的区别，但仍然有一定程度的连续性。例如，尽管合同的标的发生了变化，但有关履行期限、价款等并没有变化，新的合同中可能也要涉及已经履行的原合同的问题。所以，合同的更新不仅仅终止了原合同，同时还产生了新合同，而新的合同中可能涉及已经终止的原合同问题，而合同解除只是终止合同关系，不会产生新的合同关系。因此，合同解除制度不能适用于合同的更新。

合同的更新具有如下几种情况：一是双方当事人约定以另一种标的物代替原标的物履行，例如，以交付大米来代替交付小麦。二是当事人通过设立与原合同性质不同的合同来代替原合同。例如，甲借用乙的房屋，双方订立一个合同，以后双方又订立了一个租赁合同，以代替原借用合同，由于合同性质已经发生变化，应当视为合同发生更新。三是合同的价款、酬金条款发生了重大变更。但单纯的履行期限、履行地和履行方式的变更不能认为是债的更新。

合同变更不同于合同更新，二者的区别主要表现在：

第一，尽管合同的变更导致了合同内容的变化，但此种变化并非根本性的，变更以前的内容和变更后的合同仍保持一定的连续性，因此原合同关系仍然继续存在并有效。但是在合同的更新中，合同的内容发生了根本性变化，在新旧合同的内容之间，可能并无直接的内在联系，例如，将赠与改为买卖合同，使合同的内容发生了实质性变化。因为这种变化使原合同关系发生了消灭，产生了新合同关系。

第二，原合同是连带债务的，某一连带债务人在没有取得全体连带债务人同意的情况下，与债权人达成了更新协议，其他债务人对新债不承担责任，除非当事人另有约定。更新前到期的利息，在更新后不应当再追索。因为利息作为一种从义务，是附着于主义务的，在原债务已经终止的情况下，其自然也已经终止。但合同变更不存在这些问题。

第三，从方式上来看，合同的变更主要是通过协商而实现的，但是在特殊情况下，出现了法定的可以变更的情形（如不可抗力等），当事人可以要求变更合同。但是合同的更新方式是不同的。例如，《法国民法典》第 1271 条规定，债的更新以下列三种方式发生：（1）债务人与其债权人订立新的债务以代替旧债务人的债务，而旧债务消灭时；（2）债权人解除债务人的债务而新债务人代替时；（3）因新契约的效力，新债权人代替旧债权人，而债务人被免除对旧债权人的债务时。不过更新可以通过约定，也可以通过法定方式产生。由此可见，二者在方式上也是不同的。

---

① 参见周林彬主编：《比较合同法》，311 页。

三、合同变更的要件

合同的变更也必须具备一定的条件，只有在满足如下条件时才能变更合同。

（1）原已存在有效的合同关系。合同的变更是在原合同的基础上，通过当事人双方的协商，改变原合同关系的内容。因此，不存在原合同关系，就不可能发生变更问题。如果合同应被确认无效，则不能变更原合同。

（2）合同的变更在原则上必须经过当事人协商一致。《民法典》第 543 条规定：“当事人协商一致，可以变更合同。”合同是当事人双方协商一致的产物，因而合同的变更也必须经过双方的协商，任何一方未经协商不得单方变更合同内容，否则，将构成违约。变更合同时必须订立变更合同的合同。此种合同也必须经过要约和承诺阶段，符合民事法律行为的生效要件，任何一方不得采取欺诈、胁迫的方式来欺骗或强制他方当事人变更合同。如果当事人没有形成一致的意思表示，则不能变更合同。《民法典》第 544 条规定：“当事人对合同变更的内容约定不明确的，推定为未变更。”所谓“推定为未变更”，是指推定当事人并没有达成变更合同的协议，原合同仍然有效，当事人仍应当按原合同履行。法律作出此种规定是为了减少当事人可能就合同的变更产生的纠纷，维护合同关系的稳定性。

（3）合同变更必须使合同内容发生变化。合同的变更是指非实质性的条款的变更。合同变更不同于合同的更新，如果是实质性条款的变更，就可能导致合同丧失同一性，构成合同的更新。换言之，这些条款的变更并不导致原合同关系的消灭和新合同关系的产生。至于何种条款为实质性条款或非实质性条款，只能根据具体合同进行分析。

（4）合同的变更必须遵循法定的程序和方式。《民法典》第 502 条第 3 款规定：“依照法律、行政法规的规定，合同的变更、转让、解除等情形应当办理批准等手续的，适用前款规定。”这就要求合同的变更必须遵循法定的程序和方式。在某些情况下，法律为维护国家利益、社会公共利益和当事人利益，维护社会经济秩序，预防和减少不必要的纠纷，对一些合同规定了一定的成立方式，如抵押合同、保证合同的成立应当采用书面形式。在这些情况下，当事人仅仅达成变更合同的协议是不够的，还必须依照法律、行政法规规定采用书面形式或办理批准、登记等手续，否则，合同不能发生变更。

四、合同变更的效力

（一）合同变更对当事人的效力

合同变更后，如果当事人在合同变更前已经作出了履行，则合同的变更原则上不具有溯及力，即当事人所作出的履行仍然有效。因为在合同变更前，当事人是按照合同约定作出的履行，该履行仍应有效，如果当事人在变更合同时特别约定合同变更前的履行无效，这一约定也不发生效力。因此，合同的变更只能对未来产生效力，对于已按原合同所作的履行无溯及力，任何一方都不能因为合同的变更而单方面要求另一方返还已经作出的履行。

合同变更后，当事人应当按照变更后的合同的内容作出履行。按照私法自治原则，当事人对合同内容的变更也具有法律拘束力，合同变更属于当事人对其利益所作出的新的安排，任何一方违反变更后的合同内容都构成违约。合同没有发生变更的部分对当事人仍具有拘束力。

合同变更原则上不影响违约责任的承担。关于合同变更后，一方是否可以请求另一方赔偿因合同的变更所遭受的损失，对此存在两种观点。本书认为，对合同的变更应当区分两种不同的情况：一是依法变更合同。例如，依据情势变更制度，请求法院或仲裁机构变更合同内容，此种规定原则上不影响当事人要求赔偿损害的权利。二是约定的变更，对于约定的变更而给一方造成损失的，当事人应当在变更协议中对赔偿问题明确约定，如果未作约定，应当视为当事人已经放弃了要求赔偿的权利。因此，原则上说，合同变更不应当影响违约责任的承担。即使在依据法律规定变更内容的情形下，在法院或仲裁庭变更了合同内容以后，因为合同继续有效，所以对先前的违约行为仍然应当承担违约责任。就约定变更而言，情况就比较复杂，关键是要看双方达成协议时，是否有免除对方违约责任的意图：如果已经通过协议免除了违约方的责任，则不得再对此行为追究责任；如果并没有单方面免责的表示或双方达成免责的协议，则可以对先前的违约行为追究违约责任。

(二) 合同变更对保证人的效力

合同变更只是使合同内容发生变化，按照合同相对性的原则，合同变更原则上不会对第三人产生效力。但在合同涉及保证人的情形下，合同变更也会对保证人产生一定的影响。《民法典》第 695 条第 1 款规定："债权人和债务人未经保证人书面同意，协商变更主债权债务合同内容，减轻债务的，保证人仍对变更后的债务承担保证责任；加重债务的，保证人对加重的部分不承担保证责任。"该条规定根据合同变更对债务人债务的不同影响分别规定了保证人的各类责任：当主合同变更减轻债务人的债务时，无论保证人是否同意，保证人仍应当承担保证责任，但只需对变更后的合同债务承担保证责任。主合同变更加重了债务人的债务，此种变更得到保证人同意的，保证人应当对变更后的合同债务承担保证责任；未得到保证人同意的，保证人仍应当承担保证责任，但保证人可主张对加重的部分不承担保证责任。① 该规定在一定程度上有利于保护保证人的利益，并有利于防止债务人与债权人合谋损害保证人的利益。②

第二节　合同债权的转让

一、合同债权转让的概念和特征

合同债权的转让，是指合同债权人通过协议将其债权全部或部分地转让给第三人的

---

① 参见最高人民法院民二庭（原经济庭）编著：《担保法新释新解与适用》，278～279 页，北京，新华出版社，2001。

② 参见高圣平：《担保法论》，169 页，北京，法律出版社，2009。

行为。合同债权在性质上是财产权，具有可转让性，在现代社会，合同权利的转让实际上是金融发展、资金融通的重要手段，鼓励债权转让并维护转让的正常有序进行，对市场经济发展具有重要作用。合同债权的转让主要具有如下特征。

（1）合同债权转让的主体是债权人和第三人，债务人不是也不可能是合同债权转让的当事人。尽管权利转让时债权人应当及时通知债务人，但这并不意味着债务人成为合同债权转让的当事人。不过，转让的合同债权必须是有效的权利，无效的权利是不能转让的。

（2）合同债权转让的对象是合同债权。债权是一种财产权，因此可作为转让的标的。合同规则调整交易关系，物权的流转关系和债权的流转关系都应当受其调整。但是，由于物权具有特殊性，整个物权的处分行为还要受到物权法律的调整。合同债权转让也不同于有价证券转让：一方面，合同债权转让的对象是合同权利，而有价证券转让的对象是一种证券化的权利。另一方面，合同债权的转让通常没有形式上的要求，一般情况下，债权人与受让人所订立的债权让与协议生效时，即可产生债权转让的效果。而有价证券的转让通常还需要交付或者办理变更登记。①

（3）合同债权的转让既可以是全部的转让，也可以是部分的转让。在合同债权全部转让时，受让人将完全取代转让人的地位而成为合同当事人，原合同关系消灭，新的合同关系产生。在权利部分转让的情况下，受让人作为第三人将加入原合同关系之中，与原债权人共同享有债权。

不管采取何种方式转让，都不得因权利的转让而增加债务人的负担，否则，应由转让人或者受让人承担费用或损失。需要指出的是，民法典合同编在债权转让方面使用了“债权人转让债权”的表述，因此这就意味着债权转让不仅适用于合同债权的转让也适用于合同之外的其他债权的转让。

二、合同债权转让的条件

（1）须有有效的合同债权存在。这是合同债权转让的根本前提。如果合同根本不存在，或者已经被宣告无效或被撤销、被解除，在此情况下，所发生的转让行为都是无效的，转让人应对善意的受让人所遭受的损失承担损害赔偿责任。对于诉讼时效已经完成的合同债权是否可为让与的标的，理论上有不同的看法，但通说认为，诉讼时效完成后的合同债权也可以转让。

（2）转让双方之间须达成合同。此种合同的当事人是转让人和受让人，当事人订立债权转让合同应具备合同的有效条件。如有使合同无效的情形，转让合同不能生效。在转让合同有可撤销或可变更的事由时，当事人可以请求撤销或变更。转让合同被撤销，但受让人已经接受债务人的履行的，应作为不当得利返还给原债权人。

（3）转让的合同债权须具有可让与性。所谓不具有可让与性，是指依据债权的性质以及法律规定或者当事人约定，某项特定的债权只能由债权人享有，不得转让给他人。

① 参见《商事合同通则》第9.1.2条，《欧洲民法典草案》第3-5：101条。

对不具有让与性的合同债权，权利人不得转让。关于不得转让的合同债权，《民法典》第545条第1款规定："债权人可以将债权的全部或者部分转让给第三人，但是有下列情形之一的除外：（一）根据债权性质不得转让；（二）按照当事人约定不得转让；（三）依照法律规定不得转让。"依据该条规定，下列合同债权不得转让。

1）根据债权的性质不得转让的权利。根据债权的性质，仅能在特定当事人之间生效，则不得转让。因为如果转让给第三人，将会使债权的内容发生变更，从而使转让后的债权内容与转让前的债权内容失去联系性和同一性，且不符合当事人成立债权的目的。一般来说，根据债权性质不得让与的权利主要包括如下四种：一是根据个人信任关系而发生的债权，如雇佣人对受雇人的债权、委任人对受托人的债权。二是以选定债权人为基础发生的合同债权，如以某个特定演员的演出活动、某个作家的创作活动为基础订立的演出合同、出版合同。三是债权内容中包括了针对特定当事人的不作为义务，如禁止某人在转让其权利后再将该权利转让给他人、禁止某人使用某块土地或某项财产。四是属于从权利的合同债权，如保证合同债权。

2）按照当事人的特别约定不得转让的债权。根据债权自由原则，当事人可以在订立债权时或订立债权后特别约定，禁止任何一方转让债权，只要此约定不违反法律的禁止性规定和社会公共道德，就应当产生法律效力。任何一方违反此种约定而转让债权，将构成违约行为。当然，此种约定只能在特定当事人之间生效，不得约束第三人。也就是说，如果一方当事人违反禁止转让的约定而将债权转让给善意的第三人，则善意的第三人可取得这项权利。

3）法律规定转让债权必须经过批准的，其转让应当符合法定程序。依照法律有关规定应由国家批准的合同，当事人在转让权利义务时，必须经过原批准机关的批准。如原批准机关对权利的转让不予批准，则权利的转让不发生效力。

（4）必须通知债务人。债权的转让，是否以征得债务人的同意为要件，各国立法有三种不同的规定：一是自由主义，即债权人转让其债权，不必征得债务人的同意，也不必通知债务人。二是通知主义，即债权人转让其债权虽不必征得债务人的同意，但须将债权转让情况通知给债务人，才能对债务人发生效力。三是同意主义，即债权人转让债权必须经过债务人的同意才能生效。我国《民法典》第546条第1款规定："债权人转让债权，未通知债务人的，该转让对债务人不发生效力。"可见，我国法律采取了通知主义。这就是说，债权人转让权利时，只需将其转让权利的情况及时通知债务人，而不必征得债务人的同意。通知主义尊重了债权人处分债权的自由，也有利于鼓励债权转让和流通，符合市场经济发展的需要。

三、关于通知的效力

《民法典》第546条第1款规定："债权人转让债权，未通知债务人的，该转让对债务人不发生效力。"依据该规定，通知的效力可从如下几个方面理解：

（1）通知并不是债权让与的构成要件。对让与人与受让人之间的债权让与关系而言，是否通知不影响债权让与的效力，即一旦当事人之间达成债权让与协议，该协议即在当事人之间发生效力，债权已经发生移转，任何一方违反协议，都应当负相应的违约责任。所以，转让人不得以没有通知为由而否认债权转让的效力。

（2）如果债权人没有通知债务人，则债权转让协议对债务人不产生效力。所谓不产生效力，包括如下内容：一是该债权转让协议只能在债权人和受让人之间产生拘束力，而不能对债务人产生效力。二是债务人无须向受让人履行债务。例如，在“北京金丰国际企业家俱乐部有限公司与吉林省合浦投资咨询有限公司、长春市中麒物资经销有限公司债权转让合同纠纷案”中，最高人民法院认为：债权人转让权利的，应当通知债务人。未经通知，该转让对债务人不发生效力。故此种情况下，对债务人而言，享有债权的仍然是原债权人。① 因此，即使债务人已经实际知道债权转让的情况，但如果债权人没有对其通知，债权转让仍然对其不产生拘束力，其仍有权向原债权人作出履行。② 三是债务人向让与人作出履行的，仍然可以产生债务履行的效力，也就是说，债务人向让与人作出履行后，其债务将因此消灭。依据《合同编通则解释》第 48 条第 1 款，债务人在接到债权转让通知前已经向让与人履行了债务，则该履行行为将产生效力，其债务也因此消灭，此时，受让人也无权再请求债务人履行债务。当然，在债务人已经接到债权转让的通知后，其仍然向让与人履行债务的，无法产生消灭自身债务的效力，受让人仍然可以请求其履行债务。可见，在我国《民法典》中，通知具有保护债务人的作用。一旦作出通知，对债务人而言就确定了债权的归属，债务人可以依据通知清偿债务，债务人根据通知清偿债务以后即可免责。

（3）债权的多重让与原则上适用“通知在先、权利在先”的规则。

所谓债权的多重让与，是指债权人将同一债权转让给多个受让人。《合同编通则解释》第 50 条第 1 款原则上采取了“通知在先、权利在先”的规则，但适用这一规则时，又通过“明知”规则作出限制。例如，债权人甲将其对债务人乙的债权转让给丙、丁，应当如何确定债务人作出履行的归属？根据第 50 条第 1 款，应当按照如下规则确定债权归属：

第一，让与人将同一债权转让给两个以上受让人，债务人如果已经向最先通知的受让人作出了履行，则该履行行为有效，如果其他受让人要求债务人向其作出履行，则债务人有权予以拒绝。例如，债务人乙在收到向丙转让的通知时，已向丙作出履行，该履行有效，导致债务消灭。乙不再负担履行债务的义务，如此规定主要是为了保护债务人利益。因为在债务人收到最先通知的受让人的通知后，其对该通知具有合理的信赖，其也不负有审查谁是真正债权受让人的义务，因此，其基于通知作出了履行，即可主张免责。③

第二，债务人明知接受履行的受让人不是最先通知的受让人，而仍然向接受履行的受让人作出履行的，最先通知的受让人有权请求债务人继续履行债务或者依据债权转让协议请求让与人承担违约责任。例如，债务人乙不仅收到向丙转让的通知，同时也收到

---

① 参见最高人民法院（2006）民二终字第 219 号民事调解书。

② 参见杨明刚：《合同转让论》，132 页，北京，中国人民大学出版社，2006。

③ 参见最高人民法院民事审判第二庭、研究室编著：《最高人民法院民法典合同编通则司法解释理解与适用》，551 页。

向丁转让的通知。此时，债务人“明知”最先通知的受让人是丙，而不是丁，但其仍然向丁履行，在此情形下，最先通知的受让人丙既可以请求债务人乙作出履行，也可以请求出让人甲承担相应的违约责任。此时，因债务人乙具有过错，所以不能被免责。作出此种规定，一方面有利于激励受让人及时发出通知，一旦发出通知，其就具有优先受领的效力[①]；另一方面，其也有利于防止债务人恶意损害受让人的利益。

第三，最先通知的受让人无权请求接受履行的受让人返还其接受的财产。由于债权让与并不需要进行公示，债权让与的通知同样无须公示，因此，某一受让人在作出债权让与的通知后，其对是否有其他在先的债权让与通知并不知情，在此情形下，其接受债务人作出的履行应当受到法律保护，最先通知的受让人也无权请求其返还相关的财产。[②]同时，该条作出此种规定也有利于防止债务人与他人恶意串通损害接受履行的受让人的利益，因为如果承认最先通知的受让人有权请求接受履行的受让人返还财产，则债务人可能与他人通过虚构在先通知的方式，损害受让人的利益。最先通知的受让人既然可以向债务人请求继续履行债务或者依据债权转让协议请求让与人承担违约责任，那么没有必要要求接受履行的受让人返还财产。

第四，接受履行的受让人明知该债权在其受让前已经转让给其他受让人的，最先通知的受让人有权请求其返还。如果接受履行的受让人明知存在在先通知而仍然受领债务人的履行，则最先通知的受让人仍有权请求其返还接受的财产。司法解释作出此种规定，有利于保护最先通知的受让人的利益，同时，其也惩罚了有过错的受让人，也使其承担了不利后果。例如，受让人丁明知之前丙最先受让了债权，且债务人乙已经获得了该债权转让的通知，此时，受让人丁却仍然接受债务人的履行，在此情形下，受让人丁具有过错，其不应当受到保护，受让人丙可以向丁行使不当得利返还请求权。但如果丙无法举证证明丁具有明知的情形，则无法行使不当得利返还请求权。

（4）通知不得撤销。《民法典》第 546 条第 2 款规定：“债权转让的通知不得撤销，但是经受让人同意的除外。”债权转让通知一旦到达债务人，就直接发生上述法律效力，债权人不得撤销已经到达的通知。这主要是为了保护受让人的利益，促进债权的转让。[③]因为债权的转让不需要通过债务人的同意，所以一旦向债务人作出债权转让的通知，则债权转让已经生效，让与人当然不能再撤销其通知。如果允许撤销就意味着原债权人仍然可要求债务人向其履行，这显然不符合债权让与的目的，将造成交易的不稳定和混乱，损害受让人的利益，使已经转让的权利处于不稳定的状态。[④]依据《合同编通则解释》第 49 条第 1 款的规定，在债务人已经接到债权让与通知后，该通知即对其发生效力，在此情形下，除债权让与通知被依法撤销的情形外，让与人不得随意否定该通知的效力。如果让与人已经对债务人作出了债权让与的通知，但事后让与并未发生，或者债权让与

---

① 参见最高人民法院民事审判第二庭、研究室编著：《最高人民法院民法典合同编通则司法解释理解与适用》，552 页。

② 参见最高人民法院民事审判第二庭、研究室编著：《最高人民法院民法典合同编通则司法解释理解与适用》，554 页。

③ 参见黄薇主编：《中华人民共和国民法典释义》（中），1048 页。

④ 参见董灵：《合同的履行、变更、转让与终止》，142 页，北京，中国法制出版社，1999。

合同事后被宣告无效或者被撤销，而债务人已经向受让人作出了履行，受让人已经接受该履行[1]，则此种情形属于表见让与。在表见让与的情形下，应当区分债务人善意与恶意而分别认定其效力：如果债务人明知债权让与没有发生，即便让与人对其作出了债权让与的通知，其仍应当向让与人履行债务，其向受让人履行债务的，不应当发生债务履行的效力；如果债务人不知道未发生债权让与的情形，则应当保护债务人的合理信赖，此时，债务人的履行行为应当产生债务履行的效力，在此情形下，就让与人与受让人之间的法律关系而言，受让人保有相关的利益欠缺法律上的原因，让与人应当有权请求受让人返还该利益。

虽然债权转让的通知对受让人产生重要的效力，对受让人的利益影响较大，但是，如果受让人同意，就可以撤销该债权转让的通知。需要指出的是，一旦撤销该通知，造成受让人的损害的，债权人应当承担赔偿责任。

（5）《合同编通则解释》第 48 条第 1 款规定：“债务人在接到债权转让通知前已经向让与人履行，受让人请求债务人履行的，人民法院不予支持；债务人接到债权转让通知后仍然向让与人履行，受让人请求债务人履行的，人民法院应予支持。”该条确定了如下规则：第一，债务人接到债权转让通知后该债权转让即发生对债务人的效力。债权转让合同一旦生效，让与人退出债的关系，受让人成为债的关系的债权人；但如果没有对债务人作出通知，则对债务人不发生效力。债权让与协议的生效虽然不以通知债务人为生效要件，但是通知乃是债权让与协议约束债务人的要件，该规定的宗旨在于保护债务人，但债务人一旦收到转让通知就要受到该通知的约束。第二，债务人在接到债权转让通知前已经向让与人履行，发生债务清偿的效果，受让人不得再向债务人请求履行，否则，将导致债务人作出两次履行。依据反对解释，债务人未接到债权转让通知，受让人不得请求债务人履行。第三，债务人接到债权转让通知后仍然向让与人履行，受让人请求债务人履行的，债务人不能被免除清偿责任，其仍然有义务向受让人履行。一旦通知之后，债务人只有向受让人履行才构成清偿，如果债务人继续向原债权人进行清偿，将不会产生债的清偿的效果。这种清偿构成非债清偿，适用不当得利的相关规则。

《合同编通则解释》第 48 条第 2 款规定：“让与人未通知债务人，受让人直接起诉债务人请求履行债务，人民法院经审理确认债权转让事实的，应当认定债权转让自起诉状副本送达时对债务人发生效力。债务人主张因未通知而给其增加的费用或者造成的损失从认定的债权数额中扣除的，人民法院依法予以支持。”该条实际上明确了如下规则：一是起诉状副本送达可以发生债权转让通知的效力。因为债权转让通知为观念通知，只要向债务人告知债权转让的消息即可，而诉讼通知也可以达到此种效果。[2] 因此，在让与人未通知债务人的情况下，受让人可以直接起诉债务人请求履行债务，法院应当予以受理并进行审理。一旦确认“债权转让事实”，起诉状副本送达债务人，就可以发生对债务人通知的效力。二是因为让与人未通知债务人，所以给债务人增加的费用或者造成的损

---

① 参见朱广新：《合同法总则》，2 版，326 页，北京，中国人民大学出版社，2012。

② 参见最高人民法院民事审判第二庭、研究室编著：《最高人民法院民法典合同编通则司法解释理解与适用》，527 页。

失，应当从认定的债权数额中扣除。在债权转让后，让与人未通知债务人，造成债权债务关系不确定、不稳定，此种结果是因让与人的过错所致，因此造成的费用和损失不应当由债务人承担，而应当由让与人承担，因此，应当从认定的债权数额中扣除。[①]

（6）须依法办理有关手续。如果法律、行政法规规定，转让合同债权应当办理批准、登记等手续，则债权人在转让债权时应当办理这些手续。

四、禁止金钱债权和非金钱债权转让特约的效力

《民法典》第 545 条第 2 款规定："当事人约定非金钱债权不得转让的，不得对抗善意第三人。当事人约定金钱债权不得转让的，不得对抗第三人。"所谓金钱债权，是指以给付金钱为内容的债权，在现代社会中，保理、资产证券化和不良资产处置等，都是通过金钱债权让与的方式实现的，金钱债权让与是企业融资的重要方式，也是实现资产有效利用的重要途径，对于促进资本回收和资本流动具有重要的意义[②]，因此法律上应当支持和鼓励金钱债权的转让。因为金钱债权的转让是交易的重要形式，鼓励金钱债权的转让，有利于鼓励资金融通，促进交易的发展，所以，秉持鼓励金钱债权转让的精神，该条规定区分了金钱债权转让和非金钱债权转让，两者的区别主要表现在：

首先，对于金钱债权而言，由于金钱债权并不具有人身属性，所以法律往往鼓励金钱债权的转让；而对非金钱债权而言，尤其是涉及提供服务或者劳务等，具有一定的人身属性，法律上对其转让是有一定的限制的，当事人可以在合同中约定禁止转让的条款。

其次，就当事人的特别约定而言，当事人约定非金钱债权不得转让的，不得对抗善意第三人：如果第三人知道或者应当知道当事人存在此种约定，则该约定可以对抗第三人；如果第三人不知道，则不得对抗第三人。鉴于金钱债权让与在对于满足企业融资和实现资产证券化方面具有重要意义，不仅应当允许金钱债权的转让，而且应当鼓励转让，但是这并不意味着要禁止当事人约定不得转让金钱债权。在当事人之间达成此种约定后，即便受让人为恶意，也不影响债权让与的效果，当事人之间不得转让的特约仅在当事人之间发生效力。从比较法上看，有关的国际公约也采纳了此种立场。例如，《商事合同通则》第 9.1.9 条规定："尽管让与人和债务人之间存在限制或禁止转让的协议，请求金钱支付权利的转让仍然具有效力。但是让与人可能因此向债务人承担违约责任。"此时，可以通过要求债权人向债务人承担违约责任，给予债务人救济，而不应阻碍受让人取得该债权。例如，在汽车买卖的合同中，买受人可以与出卖人约定请求交付汽车的债权不得转让。此时，如果买受人将交付汽车的债权转让给第三人，可能就会造成出卖人履行合同的困难。因此，对于非金钱债权而言，其转让并不像金钱债权一样自由，需要受到一定限制，法律规定受让人只有在善意的情况下，才能够主张该债权转让有效。而对金钱债权而言，不论第三人是否知道当事人之间存在此种禁止转让的约定，该约定都不得对

---

① 参见最高人民法院民事审判第二庭、研究室编著：《最高人民法院民法典合同编通则司法解释理解与适用》，528 页。

② 参见邓曾甲：《日本民法概论》，288 页，北京，法律出版社，1995。

抗第三人。

五、合同债权转让的法律效力

合同债权转让的生效，首先应取决于两个条件：一是合同债权转让合同的成立；二是债权人将权利转让的事实通知债务人以后，债务人未表示异议。在符合这两个条件的情况下，合同债权转让将会产生一定的法律效力。这种效力包括对内效力和对外效力。

（一）合同债权转让的对内效力

对内效力，是指合同债权转让在转让双方即转让人（原债权人）和受让人（第三人）之间发生的法律效力，这种效力具体表现在：

第一，合同债权由让与人转让给受让人。如果合同债权转让是全部权利转让，则受让人将作为新债权人而成为合同债权的主体，转让人将脱离原合同关系，由受让人取代其地位。如果是部分权利转让，则受让人将加入合同关系，成为共同债权人。

第二，在转让合同债权时从属于主债权的从权利，如抵押权、利息债权、定金债权、违约金债权及损害赔偿请求权等也将随主权利的移转而发生移转，但专属于债权人的从权利不能随主权利移转而移转。《民法典》第 547 条第 1 款规定："债权人转让债权的，受让人取得与债权有关的从权利，但是该从权利专属于债权人自身的除外。"依据这一规定，在债权让与的情形下，该债权的从权利，如担保权、定金债权、利息债权、违约金债权及损害赔偿请求权等，将随主权利的移转而移转。但是，专属于债权人自身的权利不得转让。哪些从权利具有人身专属性，本条并没有作出细化规定。一般而言，诸如解除权、撤销权等关系到合同整体存续的权利就属于专属于债权人自身的权利。当然，在债权转让中，当事人也可以就哪些权利进行转让进行约定。例如，合同中如果约定了一些特别条款，要求债务人必须亲自实施，则该权利不得转让。

《民法典》第 547 条第 2 款规定："受让人取得从权利不因该从权利未办理转移登记手续或者未转移占有而受到影响。"这就是说，在合同债权转让的情形下，合同债权的从权利将随之移转，而不需要办理相关的权利移转登记手续。例如，在合同债权转让的情形下，为该债权实现而设定的不动产抵押权也将随之移转，即便没有办理抵押权登记手续，受让人也能够取得该抵押权，因为抵押权是债权的从权利，不能单独存在，在债权让与时，也应当随债权一并移转。

第三，转让人应保证其转让的权利有效存在且不存在权利瑕疵。在权利转让以后，因权利存在瑕疵而给受让人造成损失的，转让人应当向受让人承担损害赔偿责任。当然，转让人在转让权利时，若明确告知受让人权利有瑕疵，则受让人无权要求赔偿。

第四，转让人在某项权利转让给他人以后，不得就该项权利再作出转让。如果转让人重复转让债权，则涉及应由哪一个受让人取得受让的权利的问题。一般认为应当按照"先来后到"的规则，先前的受让人应当优先于在后的受让人取得权利。

第五，因债权让与而增加的履行费用，应当由让与人负担。《民法典》第 550 条规定："因债权转让增加的履行费用，由让与人负担。"尽管合同债权的转让一般不会增加债务人的履行费用，但在特殊情形下，债权转让也可能增加债务人的履行费用。例如，因债权让与而导致合同履行地发生变动的，即可能因此增加债务人履行债务的负担。债权转让增加的履行费用是因债权让与而产生的，而且债权让与人从中获得了利益，因此，其应当负担因此给债务人增加的履行费用。同时，依据该条规定，因债权让与而增加债务履行费用的，让与人仅需要负担因此增加的履行费用，而不需要负担所有的履行费用。此外，因债权让与导致合同履行费用增加的，具体增加的数额应当由债务人举证证明。

（二）合同债权转让的对外效力

对外效力，是指合同债权转让对债务人所具有的法律效力。合同债权转让生效且通知债务人后，针对债务人产生如下效力：

第一，债务人不得再向转让人即原债权人履行债务。如果债务人仍然向原债权人履行债务，则不构成债权的履行，不导致债权终止。如果债务人向原债权人履行，造成受让人损害，债务人应负损害赔偿的责任。同时原债权人接受此种履行，构成不当得利，则受让人和债务人均可请求其返还。

第二，债务人负有向受让人即新债权人作出履行的义务，同时免除其对原债权人所负的债务。如果债务人向受让人作出履行以后转让合同被宣告无效或被撤销，但债务人出于善意，则债务人向受让人作出的履行仍然有效。

第三，债务人的抗辩权。债务人所享有的对抗原债权人的抗辩，并不因合同债权的转让而消灭。《民法典》第548条规定："债务人接到债权转让通知后，债务人对让与人的抗辩，可以向受让人主张。"依据该条规定，在债权转让后，债务人对原债权人所享有的抗辩，仍然可以对受让人主张，这些抗辩不仅包括债务人可以对原债权人所主张的抗辩权（如同时履行抗辩权、不安抗辩权、先履行抗辩权等），也包括抗辩权之外的一些抗辩（如债权不成立的抗辩、产生债权的合同被撤销或者被宣告无效的抗辩、合同债权已经因履行或者清偿等原因而消灭的抗辩等）。从该条规定来看，不论是上述抗辩权，还是抗辩，只要债务人可以向原债权人主张，其都可以对债权受让人主张。需要指出的是，依据该规定，债务人只有接到债权让与的通知后，才可以主张上述抗辩，在接到通知前，债务人仅能向原债权人主张上述抗辩权，即便债务人已经知道债权让与的事实，其也不能向受让人主张。[①]《合同编通则解释》第47条第1款规定："债权转让后，债务人向受让人主张其对让与人的抗辩的，人民法院可以追加让与人为第三人。"依据该规定，在债权转让的情形下，如果债务人对债权的受让人主张其对让与人可以主张的抗辩（如提出让与人与债务人之间的合同不成立、无效等），则法院可以追加让与人为第三人，以便于查清案件事实，确定相关的抗辩是否成立。但如果债务人并没有对让与人的权利提出抗辩，而只是对受让人是否及时发出通知、受让人是否履行合同等提出抗辩，则不必追加让与人为第三人。[②]

---

① 参见黄薇主编：《中华人民共和国民法典合同编解读》，297页。

② 参见最高人民法院民事审判第二庭、研究室编著：《最高人民法院民法典合同编通则司法解释理解与适用》，522页。

第四，债务人接到债权转让通知时，债务人对让与人享有债权，并且债务人的债权先于转让的债权到期或者同时到期的，债务人可以向受让人主张抵销。依据《民法典》第549条的规定，在如下情形下，债务人可以向受让人主张抵销。

一是债务人接到债权转让通知时，债务人对让与人享有债权，并且债务人的债权先于转让的债权到期或者同时到期。此种情形下，债务人在主张抵销时，实际上是满足了抵销的一般条件。如果债务人对让与人所享有的债权后于转让的债权到期，则债务人不得主张抵销，否则会损害让与人的期限利益。

二是债务人的债权与转让的债权是基于同一合同产生，即债务人与原债权人基于同一合同而互负债务。该项规定了在债权转让中债务人可以行使抵销权的一种特殊情形。例如，甲与乙订立买卖设备的合同，约定甲向乙出卖该设备，并且甲将提供设备的组装服务。甲将价款的债权进行转让，丙取得了对乙的债权，如果甲拒绝提供组装服务的话，乙对甲就将取得损害赔偿请求权，由于乙对甲享有的损害赔偿请求权与价款请求权都是基于同一合同产生，乙有权将这一债权与甲转让给丙的价金债权进行抵销，且不受第1项要求主动债权先于被动债权到期或同时到期的限制。对于债权转让时债务人对让与人基于同一合同的债权可以向受让人主张抵销的问题，在比较法上得到了普遍的承认。① 合同编之所以增设这一规定，主要原因在于，在《民法典》第549条第1项中，实际上是法定抵销权在债权转让中的特殊规则，要求债务人的债权必须先于转让债权到期或同时到期。而在债务人的债权与转让的债权是基于同一合同产生时，受让人完全可以通过调查的方式判断该合同中是否可能产生可供债务人抵销的权利，因此，此时就不宜过度保护其权利，可以不再对抵销进行时间上的限制。因为在债务人的债权与被转让的债权基于同一合同产生的情形下，受让人能通过尽调预知该主动债权的存在，且能够相应地采取控制风险的措施，就没有必要特别保护，而债务人更值得保护，毕竟债权转让没有经过债务人的同意，不能使其利益受损。例如，在同一买卖合同关系中，产生了瑕疵担保的问题，买方可以依照瑕疵担保责任与支付价金的请求权进行抵销，而不需要考虑是否到期的问题，因为这是债务人基于该合同本身就享有的权利，不应因为债权转让而受到影响。但债务人的债权与被转让的债权不是基于同一合同产生的，受让人就无法预知债务人享有该主动债权，此时就应当保护受让人的利益，应通过《民法典》第549条第1项所规定的诸多要件对抵销予以限制。②

当然，从《民法典》第549条的规定来看，其在规定债务人的抵销权时，并没有对抵销的其他条件作出规定。本书认为，此种情形下的抵销属于法定抵销，债务人在行使抵销权时，也应当符合法定抵销的一般条件。

---

① 《日本民法典》（新）第469条，《荷兰民法典》第6：130条第1款，《应收账款转让公约》第18条，PECL第11：307条第2款，DCFR第3-5：116条第3款，UCC第9-404条（a），《担保交易示范法》第64条第1款均肯定了基于同一合同产生债权或债权紧密联系时的抵销规则。

② 参见黄薇主编：《中华人民共和国民法典合同编解读》，300页。

第三节　合同债务的移转

一、合同债务移转的概念和特征

合同债务的移转又称债务承担，是指基于债权人、债务人与第三人之间达成的协议将债务移转给第三人承担。合同债务移转包括免责的债务承担与债务加入。《民法典》第551条第1款规定："债务人将债务的全部或者部分转移给第三人的，应当经债权人同意。"该条是对免责的债务承担所作出的规定。第552条对并存的债务移转作出了规定。合同债务移转可因法律的直接规定而发生，也可因法律行为而发生，但后者最为常见。因此，一般所指的合同债务移转，仅指依当事人之间的合同将债务人的债务移转于第三人承担。

合同债务的移转不同于第三人代为履行。依据《民法典》第524条，"债务人不履行债务，第三人对履行该债务具有合法利益的，第三人有权向债权人代为履行"。在第三人代为履行的情形下，第三人并没有成为合同关系的当事人，从性质上说，其本质上是债务人的债务履行辅助人，在第三人不履行债务或者不完全履行债务时，债权人无权请求其承担债务不履行的责任，而只能向债务人主张债务不履行的责任。但在债务移转的情形下，不论是免责的债务移转，还是并存的债务移转，新的债务人已经成为合同当事人，在其不履行债务时，债权人有权请求其承担债务不履行的责任。

合同债务移转具有如下特征。

第一，合同债务移转时，合同内容没有发生变化，而债务人发生变化。一方面，在合同债务移转的情况下，合同的内容并没有发生变化，尤其是合同债务的内容并没有发生变化。另一方面，在合同债务移转时，债务人发生了变化。债务人的变化又包括两种情况，即原债务人退出而由第三人替代，或原债务人不退出而新债务人加入。

第二，移转的对象是债务而不是债权。如果包括债权，就成为概括移转，而不是单纯的合同债务的移转。由于合同债务移转的对象是债务，债务不是一种可以由债务人处分的财产，而是一种负担的转让，所以债务的移转必须取得债权人的同意。一般来说，转让债务必须在转让时已经有效成立，对于已不存在的债务或已履行的债务，即使当事人之间已订立转让协议，也不应发生移转的效果。①

第三，债务移转可以是全部的也可以是部分的移转。它可以是在原债务人退出债的关系的情形下，新的债务人替代原债务人的位置，成为新的债务人；也可以是原债务人不退出债的关系，共同负担债务。无论是何种移转，合同债务的移转都必须要求债务是确定的且具有可移转性，如果是必须由债务人亲自履行的债务不得转移，否则不发生移转的效力。

第四，债务的移转必须符合法定的形式要件。法律、行政法规规定应当办理批准、

---

① 参见史尚宽：《债法总论》，742页。

登记等手续的，应依法办理这些手续。

在债务承担中，债务人已经成为合同关系的当事人，如果是债务的全部转让则第三人将完全代替债务人的地位，债务人将退出该合同关系，原合同关系也将发生消灭。即使是部分转让，第三人也将加入合同关系成为债务人。但是在第三人代替债务人履行债务的情况下，第三人只是履行主体而不是债的当事人。对于债权人来说，他只能将第三人作为债务履行的辅助人而不能将其作为合同当事人对待。

二、债务移转的类型

（一）免责的债务承担

所谓免责的债务承担，是指债权人或债务人与第三人之间达成转让债务的协议，将债务全部或部分移转给第三人，由第三人全部或部分取代原债务人的地位而负担债务。《民法典》第551条第1款规定："债务人将债务的全部或者部分转移给第三人的，应当经债权人同意。"这就对免责的债务承担作出了规定。例如，债务人与第三人约定，将买卖合同中支付价款的债务全部由第三人承担，经债权人同意后，债务人不再承担该债务。此类债务承担的主要特点在于：

第一，第三人在债务移转的范围内取代债务人的地位。在债务全部移转的情形下，第三人将完全取代债务人的地位，成为新的债务人；在债务部分移转的情形下，第三人仅在债务移转的范围内取代债务人的地位，与债务人一起对债权人负担债务。

第二，第三人在债务承担的范围内对债权人负担债务。在免责的债务承担的情形下，如果是债务的部分移转，则第三人与债务人均属于债权人的债务人，二者共同对债权人负担债务，但与债务加入不同，第三人仅在债务承担的范围内对债权人负担债务，其承担的是一种按份责任。

第三，免责的债务承担应当经债权人同意。由于免责的债务承担将导致原债务人免责，而新的债务人能否履行债务，债权人对此往往并不了解，因此，此种债务承担应当经债权人同意。债权人同意既可以体现为债权人与第三人订立协议，也可以是债务人与第三人订立协议并经债权人同意。《民法典》第551条第2款规定："债务人或者第三人可以催告债权人在合理期限内予以同意，债权人未作表示的，视为不同意。"从该条规定来看，在免责的债务承担的情形下，债权人应当通过明示的意思表示或者通过行为明确表示同意，如果债权人未作表示，则视为其不同意债务承担。

（二）债务加入

1. 债务加入的概念和特点

债务加入，又称为并存的债务承担，它是指第三人与债务人约定，加入债务，或者第三人向债权人表示愿意加入债务，原债务人并没有脱离债的关系，其将与第三人共同向债权人承担债务。《民法典》第552条规定："第三人与债务人约定加入债务并通知债权人，或者第三人向债权人表示愿意加入债务，债权人未在合理期限内明确拒绝的，债权人可以请求第三人在其愿意承担的债务范围内和债务人承担连带债务。"该条对债务加入作出了规定。例如，第三人向债权人表示，其愿意与债务人共同负担债务，债权人未予以拒绝的，成立债务加入。债务加入的特点主要在于：

（1）第三人加入债的关系，成为债务人，但原债务人并没有退出债务关系，而是与第三人作为共同债务人，对债权人负担债务。

正是因为第三人与债务人均对债权人负担债务，所以，此种债务承担称为债务加入。

（2）债务加入包括两种情形。

1）第三人与债务人约定加入债务并通知债权人。此种情形下的债务承担应当具备如下条件：一是第三人与债务人约定债务承担。第三人与债务人约定债务承担的，该约定在性质上属于利益第三人合同，可以适用民法典合同编关于利益第三人合同的规定，不包括第三人与债权人约定以及第三人、债务人、债权人共同约定。二是通知债权人。这就是说，在第三人约定承担债务的情形下，虽然不需要取得债权人的同意，但应当通知债权人，使债权人了解新的债务人加入了债务。三是债权人没有在合理期间内拒绝。如果债权人认为新的债务人的加入有损其利益，其有权予以拒绝。

2）第三人向债权人表示愿意加入债务，第三人与债务人对债权人负担连带债务。此时，判断第三人是否加入债务，可以不考虑债务人的意志，只要债权人在合理期限内不拒绝即可。

需要指出的是，《民法典》第 552 条并没有规定第三人与债权人之间通过约定是否可以使第三人加入债务的问题。本书认为，此种情形属于典型的利益第三人合同，依据《民法典》第 522 条，该约定是合法有效的。

（3）第三人表示愿意加入债务。

第三人加入债务的意思表示必须明确。《有关担保制度的解释》第 36 条第 2 款规定："第三人向债权人提供的承诺文件，具有加入债务或者与债务人共同承担债务等意思表示的，人民法院应当认定为民法典第五百五十二条规定的债务加入。"因为第三人加入债务，只是使第三人承担债务，且不对债务人享有追偿权利，所以，必须要求其具有加入债务的意思表示。

（4）债权人未在合理期限内明确拒绝。

《民法典》第 552 条规定，"债权人未在合理期限内明确拒绝的，债权人可以请求第三人在其愿意承担的债务范围内和债务人承担连带债务"。这就是说，在并存债务的情形之中，第三人因为加入债的关系，成为债务人，但原债务人并没有退出债务关系，而是与第三人作为共同债务人，对债权人负担债务；因此，无论债务加入采取何种形式，并不需要经过债权人同意，只要债权人未在合理期限内明确拒绝即可。例如，债权人明确表示不同意第三人加入债务人之中，则债务加入不能成立。

2. 债务加入与相关概念的区别

在债务加入的情形下，如果第三人只是承担部分债务，则第三人仅在债务承担的范围内与债务人负担连带债务。如果没有明确表示仅仅承担部分债务，则应当就全部债务与债务人一起向债权人承担连带责任。有关并存债务承担的规则要适用民法典合同编关于连带债务的规定。

债务加入和免责的债务承担都是债务移转的形式，但事实上，二者存在一定的区别：

第一，原债务人是否退出债务关系。在免责的债务承担中，原债务人将退出债的关系，而在债务加入中，原债务人并未退出债的关系。第二，是否需要债权人表示同意。在免责的债务承担中，债务的移转需要经债权人同意，而债务加入并不需要经过债权人同意。在免责的债务承担的情形下，新的债务人加入债务后，原债务人将退出债的关系，而新的债务人是否具有清偿债务的能力，并不确定，因此，免责的债务承担应当取得债权人的同意。《民法典》第 551 条第 1 款规定："债务人将债务的全部或者部分转移给第三人的，应当经债权人同意。"而在债务加入的情形下，原债务人并未退出债的关系，而且新的债务人的加入对债权人债权的实现是有利的，因此，其不需要取得债权人的同意。只要债权人没有在合理期限内表示拒绝，则债务加入就能够发生效力。

债务加入与连带责任保证具有相似性，不论是新加入的债务人，还是连带责任保证中的保证人，都要对债权人负连带责任，但二者的区别在于：一方面，二者的地位不同。在债务加入中，新加入的债务人处于债务人的地位，其不仅对债权人负担债务，而且享有债务人的抗辩权。而保证人并不属于债务人，其不仅可以主张债务人对债权人的抗辩权，而且可以主张其基于保证合同而对债权人享有的抗辩权。另一方面，能否向债务人追偿不同。在债务加入中，除当事人另有约定外，新加入的债务人在对债权人履行债务后，其原则上不能向原债务人追偿。而在连带责任保证中，保证人在承担保证责任之后，其可以向债务人追偿。在实践中，最高人民法院的有关案例采取了"存疑推定为债务加入规则"，例如，在"中国—阿拉伯化肥有限公司、河北省冀州市中意玻璃钢厂借款担保合同纠纷案"[①] 中，最高人民法院曾认为："如承担人承担债务的意思表示中有较为明显的保证含义，可以认定为保证；如果没有，则应当从保护债权人利益的立法目的出发，认定为并存的债务承担。"这一观点显然不妥。《有关担保制度的解释》第 36 条第 3 款对此作出了修改，该条规定："前两款中第三人提供的承诺文件难以确定是保证还是债务加入的，人民法院应当将其认定为保证。"本书认为，该规定更为合理。因为连带责任保证相较于债务加入，显然债务人的责任重于保证人，根据"义务从轻解释规则"，从有利于减轻保证人责任的角度考虑，在债务加入和连带责任保证不明的情形下，应推定为保证更有利于减轻保证人的负担。

3. 债务加入的效力

债务加入的效果是原债务人并没有退出债的关系，新加入的债务人将与原债务人共同向债权人承担连带清偿责任。如果债权人与第三人就债务加入达成协议，一般而言，此种协议对债务人是有利的，至少不会损害债务人的利益，应当可以产生并存债务承担的效力。学理上通常认为，此种情形下，债权人与第三人所达成的协议属于利益第三人合同[②]，因此，法律上不需要对此种债务加入方式作出规定，而可以适用利益第三人合同的规则确定当事人之间的权利义务关系。即使没有达成此种协议，仅是在第三人向债权人表示愿意为债务人承担债务的情形下，也应当允许债务人对第三人加入债务提出异议。因为一方面，第三人与债务人之间可能因各种原因导致债务人认为第三人不宜加入

---

① 最高人民法院（2005）民二终字第 200 号民事判决书。

② 参见朱奕奕：《并存的债务承担之认定——以其与保证之区分为讨论核心》，载《东方法学》，2016（3）。

债的关系，从尊重债务人的意思自由出发，应当允许其对第三人加入债的关系提出异议。另一方面，债务人本人可能不愿意第三人取得求偿权，而成为债务人的债权人。因此，《民法典》第552条规定："第三人与债务人约定加入债务并通知债权人，或者第三人向债权人表示愿意加入债务，债权人未在合理期限内明确拒绝的，债权人可以请求第三人在其愿意承担的债务范围内和债务人承担连带债务。"依据该条规定，在债权人与第三人达成债务加入协议时，应当允许债务人提出异议，但如果债务人没有对第三人的加入提出异议，或者明知第三人代替其履行债务而没有提出异议，则应当认定债务加入有效。

4. 债务加入人对债务人的追偿权

《民法典》第552条首次明确规定了债务加入，但没有规定债务加入人对债务人的追偿权。《合同编通则解释》第51条第1款对债务加入人对债务人的追偿权作出了规定，这有利于鼓励债务加入行为，提升当事人加入债务的积极性，而且承认债务加入人的追偿权有利于鼓励交易和降低融资成本，肯定债务加入人的追偿权以鼓励债务加入行为，可以为债务人提供更为便利的增信手段。此外，承认债务加入人的追偿权有利于化解交易风险，维护金融安全。[①]

行使追偿权具有两种情形：

（1）约定追偿权。《合同编通则解释》第51条承认了债务加入人可以与债务人就追偿权作出约定。按照私法自治原则，当事人有权对追偿权作出约定，即在债务加入发生时，如果当事人确实就追偿权以及追偿的时间、数额等作出了规定，则应当尊重当事人的约定。此种约定通常具有三种方式：一是三方共同订立债务加入合同，即债权人、原债务人与债务加入人共同订立债务加入合同。二是债务加入人与原债务人约定加入债务。三是债务加入人与债权人约定加入债务，在此种情形下，原债务人处于类似利益第三人的地位。需要指出的是，原债务人虽然接受债务加入人加入债务，但如果其明确拒绝债务加入人的追偿权，在此情形下，虽然第三人加入债务的行为仍然有效，此时将依法在债务人与第三人之间成立连带债务关系，但债务加入人应当无权向原债务人追偿。如果原债务人并未明确拒绝债务加入人的追偿权，则应当认定债务加入人有权依法向原债务人追偿。

（2）未约定追偿权。《合同编通则解释》第51条第1款规定，"没有约定追偿权，第三人依照民法典关于不当得利等的规定，在其已经向债权人履行债务的范围内请求债务人向其履行的，人民法院应予支持"。该条主要采取了不当得利说作为追偿权的请求权基础，也就是说，债务加入人加入债务后，其向债权人作出清偿，债务人构成不当得利，据此，债务加入人有权追偿。不过，《合同编通则解释》第51条第1款采用"等的规定"的表述，也保持了开放性，为解释追偿权预留了空间。本书认为，《民法典》第700条规定了保证人承担保证责任后有权向债务人追偿，而《民法典》第552条没有承认债务加入人对原债务人的追偿权。而从《民法典》的规定来看，债务加入人的责任要重于保证人。但由于债务加入与保证在功能上具有相似性，可以采用类推适用的方法认定债务加

① 参见王利明：《论债务加入人的追偿权——以《合同编通则解释》第51条为中心》，载《法商研究》，2024（1）。

入人的追偿权。当然，如果当事人明确约定排除追偿权、原债务人拒绝追偿等情形，则应当对债务加入人的追偿权进行必要的限制，甚至予以排除。此外，《合同编通则解释》第 51 条第 1 款，如果第三人在加入债务时“知道或者应当知道”加入债务会损害债务人利益，则不得追偿。例如，债务人因一时陷入供货紧张状态，第三人不通知债务人，直接通过加入债务向债权人提供货物，从而抢夺了该债务人的供货机会，这甚至构成不正当竞争。

关于追偿权的数额，在追偿的情形下，债务加入人只能就其实际承担的债务部分向原债务人追偿，而不能在此范围之外行使追偿权。债务加入人追偿的具体数额又包括主债务、利息、违约金、损害赔偿金等费用，只要债务加入人实际承担了相关的债务，都应当有权向债务人追偿。

在债务加入人向债务人追偿的情形下，债务人有权依法提出抗辩。依据《合同编通则解释》第 51 条第 2 款的规定，债务人有权向债务加入人主张其对债权人享有的抗辩。例如，乙欠甲 100 万元，已经清偿 20 万元，甲认为发生清偿错误，要求乙继续清偿 100 万元，乙予以拒绝。丙加入债务后，甲要求丙清偿 100 万元债务，丙清偿了 100 万元债务。此时，如果丙向乙追偿，乙可以将其对甲享有的抗辩向加入债务的丙主张。当然，如果债务人与第三人之间约定了债务人不得向第三人提出抗辩，则按照私法自治原则，该约定也是合法有效的。①

三、合同债务移转的条件

合同债务的移转只有符合一定条件，才能产生效力。根据我国法律的规定，合同债务的移转须具备如下条件。

（一）必须有有效的合同债务存在

当事人移转的合同债务只能是有效存在的债务。如果债务本身不存在，或者合同订立后被宣告无效或被撤销，自然不能发生义务转移的后果。将来可发生的债务虽然理论上也可由第三人承担，但仅在该债务有效成立后，债务承担合同才能发生效力。例如，附生效条件的合同债务，自合同债务有效发生时，转移协议才能生效。

（二）转让的合同债务必须具有可让与性

因为合同债务移转后，合同债务主体发生变更，所以，所移转的合同债务必须具有可让与性。依据法律的规定或合同的约定不得移转的义务，不得移转。例如，因扶养请求权而发生的债务，不得移转。

（三）必须存在合同债务移转的协议

合同债务的移转，须由当事人达成移转的协议。该合同债务移转协议的订立有两种

---

① 参见最高人民法院民事审判第二庭、研究室编著：《最高人民法院民法典合同编通则司法解释理解与适用》，568 页。

形式：一是债务人与第三人订立协议。债务人与第三人之间可以订立承担债务的协议，该协议一旦成立便生效。第三人作为债务承担人将取代原债务人，原债务人被免除债务。二是在免责的债务承担的情形下，可以由债权人与第三人订立协议。在债权人与第三人之间订立合同债务移转协议时，可以认为债权人已经同意由该第三人履行债务，故债权人与第三人之间订立的合同债务移转的协议，一旦成立便生效。

(四) 必须经过债权人的同意或债权人未明确拒绝

一般来说，债权转让不会给债务人造成损害，但债务的转让有可能损害债权人的利益。因为债务人在转让其债务以后，新的债务人是否具有履行债务的能力，或者是否为诚实守信的商人等，这些情况都是债权人所无法预知的。如果允许债务人随意转让债务，而受让人没有能力履行债务，或者有能力履行而不愿意履行，将直接导致债权人的债权不能实现。传统大陆法系一般认为，债务加入并不需要经过债权人的同意。但从比较法的发展趋势来看，不论是免责的债务承担，还是债务加入，均需要经债权人同意。[①] 从我国《民法典》的规定来看，其区分了免责的债务承担与债务加入：在免责的债务承担的情形下，依据《民法典》第 551 条的规定，其应当经债权人同意；对债务加入而言，依据《民法典》第 552 条的规定，不论是债务人与第三人订立债务承担协议，还是第三人向债权人表示愿意承担债务，只要债权人未在合理期限内明确拒绝的，可成立债务加入。

(五) 必须依法办理有关手续

如果法律、行政法规规定，移转合同债务应当办理批准、登记等手续，则在移转合同债务时应当办理这些手续。

四、合同债务移转的效力

1. 新债务人负有清偿债务的义务

对于免责的债务承担而言，合同债务全部移转的，新债务人将代替原债务人的地位而成为当事人，原债务人将不再作为债的一方当事人。如果新债务人不履行或不适当履行债务，债权人只能向新债务人而不能向原债务人请求履行债务或要求其承担违约责任。

对于债务加入而言，原债务人与新加入的债务人共同对债权人承担连带责任。对于债务加入而言，无论多少新的债务人加入，原债务人和新加入的债务人都要对债权人承担连带责任。原债务人与新债务人之间应承担的债务份额应依移转协议确定。

2. 新债务人可以主张原债务人对债权人的抗辩

合同债务转移后，新债务人可以主张原债务人对债权人的抗辩。依据《民法典》第

---

① 例如，《欧洲民法典草案》第 3－5：203 条没有区分免责的债务承担与并存的债务承担，而且不论债务人是全部承担还是部分承担，只要是债务承担，均需要经债权人同意。《商事合同通则》第 9.2.3 条规定，原债务人和新债务人以协议方式转移债务，须经债权人同意，该条也没有区分免责的债务承担与并存的债务承担，而一概要求债务承担需要经债权人同意。

553条的规定，“债务人转移债务的，新债务人可以主张原债务人对债权人的抗辩”。新债务人享有的抗辩既包括合同履行中的抗辩权，如同时履行抗辩权、不安抗辩权、先履行抗辩权等，也包括其他抗辩，如合同被撤销和无效的抗辩、合同不成立的抗辩、诉讼时效已过的抗辩等。当然，这些抗辩事由必须是在合同债务转移时就已经存在的。不过，专属于合同当事人的合同解除权和撤销权非经原合同当事人的同意，不能转移给新的债务人享有。《合同编通则解释》第47条第2款规定：“债务转移后，新债务人主张原债务人对债权人的抗辩的，人民法院可以追加原债务人为第三人。”依据该规定，在债务转移的情形下，如果新债务人主张原债务人对债权人的抗辩，由于该抗辩涉及原债务人，因此，人民法院可以追加原债务人为第三人，以便于更好地查清案件事实，确定相关的抗辩是否成立。

3. 新债务人不得主张原债务人对债权人的抵销权

在合同债务移转的情形下，依据《民法典》第553条的规定，“原债务人对债权人享有债权的，新债务人不得向债权人主张抵销”，这实际上就确认了，在债务承担中，原债务人对债权人享有债权的，新债务人不得向债权人主张抵销的规则。例如，甲对乙享有债权，同时，还负有对乙的债务，丙承担乙对甲的债务后，不得主张以乙对甲的债权进行抵销。法律作出此种规定的原因在于：一方面，原债务人只是与新债务人之间达成了债务承担的协议，如果允许新债务人就原债务人对债权人所享有的债权对债权人主张抵销，实际上是允许新债务人行使原债务人对债权人的债权，这显然已经超出了债务承担的范畴。另一方面，债务承担只是使新的债务人承担了原债务人的债务，与原债务人对债权人所享有的债权并非同一债的关系，二者属于两个不同的法律关系，新的债务人不得主张抵销，因此，即便原债务人可以对债权人主张抵销，新的债务人也不得主张抵销。从这个法条所处的位置来看，其不仅适用于免责的债务承担，也适用于债务加入。

4. 从债务的移转

合同债务移转后，从债务也相应地发生移转，新债务人应当承担与主债务有关的从债务。例如，买卖合同的主要义务移转以后，有关交付单证、办理相关手续等从义务也相应移转。《民法典》第554条规定：“债务人转移债务的，新债务人应当承担与主债务有关的从债务，但是该从债务专属于原债务人自身的除外。”从债务与主债务是密切联系在一起的，不能与主债务相互分离而单独存在。所以，在主债务发生移转以后，从债务也要发生转移，新债务人应当承担与主债务有关的从债务。值得注意的是，主债务移转后，专属于原债务人自身的从债务（如特许经营资格的延续）不得移转。

第四节　合同权利和义务的概括移转

一、合同权利和义务概括移转的概念和特征

《民法典》第555条规定：“当事人一方经对方同意，可以将自己在合同中的权利和

义务一并转让给第三人。”这就是对合同权利和义务的概括移转的规定。所谓合同权利和义务的概括移转，是指由原合同当事人一方将其债权债务一并移转给第三人，由第三人概括地继受这些债权债务。这种移转与前面所说的权利转让和义务移转的不同之处在于，它不是单纯地转让债权或移转债务，而是概括地移转债权债务。由于移转的是全部债权债务，与原债务人利益不可分离的解除权和撤销权也将因概括的权利和义务的移转而移转给第三人。

合同权利和义务的概括移转具有如下法律特征。

第一，合同权利和义务的概括移转包括合同债务承担和合同债权让与。合同权利和义务的概括移转不同于前述合同权利的让与和合同义务的承担，而是概括地移转合同债权债务。在合同当事人一方与第三人达成概括移转权利义务的协议后，必须因此经另一方当事人同意后方可生效。因为概括移转权利义务，包括了义务的移转，故必须取得合同另一方的同意。在取得另一方同意之后，承担人将完全代替原合同当事人一方的地位，原合同当事人的一方将完全退出合同关系。如在转让之后不履行或不适当履行合同义务，概括承担人应承担相应责任。

第二，合同权利和义务的概括移转主要适用于双务合同。由于合同权利义务的概括移转，将要出让整个合同的权利义务，因而只有双务合同中的当事人一方才可以转让此种权利和义务。在单务合同中，由于一方当事人可能仅享有权利或仅承担义务，因而不能出让全部的权利义务，故单务合同一般不发生合同权利义务概括移转的问题。

第三，合同权利义务的概括移转，既可以依据当事人的合意而发生，也可以因为法律的规定而产生（如因企业合并、分立而发生的合同权利义务的概括移转）。需要指出的是，《民法典》第555条采用“合同中的权利和义务”概括移转的表述，表明该规则仅仅适用于合同之债，而不适用于其他债权债务关系。

二、合同权利和义务概括移转的类型

合同权利义务的概括移转，可以依据当事人之间订立的合同而发生，也可以因法律的规定而发生，在法律规定的移转中，主要包括如下情况。

第一，合同概括移转，也称为合同承担，是指一方当事人与第三人之间订立合同，并经原合同的另一方当事人同意，由第三人承担合同一方当事人在合同中的全部权利和义务。例如，在房屋租赁合同签订之后，承租人经出租人的同意，将承租人的地位全部转让给第三人，承租人不再成为合同当事人，而由第三人取代其在合同中的地位。第三人不仅要承担承租人所负的债务（如交付租金），而且要享受承租人所享有的权利（如使用房屋）。在合同当事人一方与第三人达成概括移转权利义务的协议后，必须经另一方当事人同意后方可生效。

第二，企业合并和分立。所谓企业合并，是指两个以上的企业合并在一起成立一个新的企业，由新的企业承担原先的两个企业的债权债务，或者一个企业被撤销之后，将其债权债务一并移转给另一个企业。在实践中，企业合并常常采取吸收合并或新设合并两种方式，都会引起债权债务的概括移转。所谓企业分立，是指依照法定程序，将原企业分离为两个或两个以上的新企业。企业的分立引起的债权债务移转，是指在撤销一个企业的基础上，成立一个或数个新的企业，被撤销企业的债权债务移转给新的企业承担。可见，在企业合并的情况下，因为由多个企业合并成一个企业，所以由合并后的企业行使合同权利、履行合同义务。由一个企业分立为数个企业的，由分立后的企业对合同的权利和义务享有连带债权、承担连带债务。如果债权人和债务人另有约定，则可以不适用上述规定。

三、合同权利和义务概括移转的效力

《民法典》第556条规定："合同的权利和义务一并转让的，适用债权转让、债务转移的有关规定。"依据这一规定，在合同权利义务概括转移时，要适用《民法典》合同编关于合同债权让与和合同债务承担的规则，这些法律规定的内容具体包括：第一，根据合同性质、当事人约定和法律规定不得转让的权利，不得因债权债务的概括转移而转让。第二，如果某些从权利专属于债权人，则受让人无法因合同权利义务的概括转移而享有该从权利。第三，债务人对原债权人所享有的抗辩权，仍可以对抗受让人；同时，新债务人可以主张原债务人对债权人的抗辩。《合同编通则解释》第47条第3款规定："当事人一方将合同权利义务一并转让后，对方就合同权利义务向受让人主张抗辩或者受让人就合同权利义务向对方主张抗辩的，人民法院可以追加让与人为第三人。"依据该规定，在当事人主张上述抗辩的情形下，人民法院可以追加让与人为第三人，以便于查清案件事实，确定相关的抗辩是否成立。该条实际上包括两种情形：一是原合同关系中的对方针对原合同的抗辩（如同时履行抗辩、先履行抗辩等）可以针对受让人提出。原合同关系中当事人的权利，不得因为合同转让而受到减损。二是转让合同中的受让人基于合同的相对性而对转让人提出的抗辩。第四，如果债务人对让与人享有债权且符合抵销的条件，则债务人可以向受让人主张抵销。第五，新债务人应当承担与主债务有关的从债务，但该从债务专属于原债务人自身的除外。第六，法律、行政法规规定转让权利或者转让义务应当办理批准、登记手续的，应依照其规定。

思考题

1. 合同变更须具备什么条件？
2. 合同债权的转让须具备什么条件？
3. 试述合同权利转让的效力。
4. 试述债务移转的条件和效力。
5. 试述债务加入和免责的债务承担的区别。
6. 试述债务加入与连带责任保证的区别。
7. 试述合同权利义务的概括移转。

第九章

合同权利义务的终止

案例

甲公司对乙公司负担两笔债务，数额共计 80 万元。其中 40 万元债务设定有担保物权予以担保，另外 40 万元债务未设定担保，已设定担保的 40 万元债务的履行期限已届至，而未设定担保的 40 万元债务的履行期限尚未届至。现甲公司向乙公司汇款 50 万元作为履行债务的表现形式，但并未指出清偿哪笔债务。乙公司认为，已有担保的债务不用清偿，因此，应首先用来清偿未担保的债务。但甲公司认为，已有担保的债务已经到期，所以，其汇款应当用于清偿该债务。而没有设定担保的债务并未到期，所以，已履行的债务并非用于清偿该笔债务。双方为此发生争议。

简要评析：清偿抵充是一种债务履行方式，依据《民法典》第 560 条的规定，债务人对同一债权人负担多项债务，有的债务已经到期，有的债务未届清偿期的，首先应当抵充已届清偿期债务。在该案中，甲公司支付的 50 万元应当优先抵充已届清偿期且有担保的 40 万元债务，多出的 10 万元则用于清偿剩余的 40 万元未到期债务。

第一节 合同终止概述

一、合同权利义务终止的概念与特征

合同权利义务终止，简称为合同终止。合同终止可以分为广义的终止和狭义的终止，广义的终止既包括合同关系向未来的消灭，也包括合同关系溯及既往的消灭。而狭义的终止仅指合同关系消灭，仅向将来发生效力，当事人没有恢复原状的义务。我国法采广义的终止概念。我国《民法典》第557条采用了债权债务终止这一表述，其列举的事项包括债务已经履行、债务相互抵销、债务人依法将标的物提存、债权人免除债务、债权债务同归于一人、法律规定或者当事人约定终止的其他情形，这显然是采用了广义的终止概念。

合同终止具有如下特征。

（1）合同的终止既包括向过去发生效力，同时，由于合同关系消灭使当事人不再负履行义务，因此，合同终止也包括了向将来发生效力。

（2）合同终止的对象是已经发生效力的合同。合同债权都具有期限性，不能永久存在，期限届满，债权即归于消灭。债权期限的有限性决定了合同债权的终止是一个必然现象。在这一点上它和物权，特别是所有权是不同的，因为所有权都没有期限限制，在法律上推定其永久存在，但合同债权必须受期限限制。

（3）合同的终止是使合同关系在客观上不复存在，合同一旦终止，当事人不再受合同关系的约束，合同权利和义务归于消灭。因此，合同终止不同于合同履行的暂时中止。例如，一方在行使不安抗辩权时，可以暂时中止合同的履行，但合同关系依然对合同当事人产生约束力，并没有因合同履行的中止而终止。

从广义上说，合同解除也属于合同终止的一种原因，因为合同一旦被解除，将导致合同当事人的权利义务关系终止，将在事实上消灭合同关系。正是因为这一原因，我国《民法典》第557条将解除作为合同终止的一种原因，与合同终止的其他原因一并作出规定。但是，合同解除与合同终止的其他原因又存在区别，主要表现在：第一，解除不仅仅是合同终止的原因，其也是非违约方所享有的一种违约救济手段，在违约解除的情形下，其也是非违约方所享有的一项权利。第二，在解除的情形下，合同权利义务关系并未完全终止，因为当事人之间还要依据合同进行清算，非违约方有权依据合同约定向违约方主张损害赔偿。正是因为这一原因，《民法典》第557条第2款对于“合同解除的，该合同的权利义务关系终止”不是与债权债务终止的其他原因一并规定的，而是单独作出规定的，这也表明，合同终止是合同不再向未来发生效力，但由于合同解除后，并不免除当事人因违反合同而产生的责任，因此，《民法典》第557条将合同解除作为合同权利义务终止的事项而单独予以规定。第三，由于解除仅仅适用于合同权利义务关系，所以，解除只是导致合同权利义务关系终止，而其他的终止原因将导致债权债务关系终止，因此，终止不仅适用于合同，也适用于其他债的关系。

合同的终止也不同于合同的变更。合同的变更是指合同内容的变化，合同债权债务关系在客观上依然存在并没有消灭。在合同变更的情况下，变更后的合同与原合同具有同一性，但如果当事人通过协议变更合同时，对于原合同的内容作出了实质性变更或者使合同的客体发生了变化，可以认为合同关系已经发生了更新。在此情形下，原合同关系在客观上已经消灭，而产生了一种新的合同关系，就原合同关系而言已经发生了消灭。但如果没有发生此种变更，则合同内容的变更不会导致合同关系的终止。

二、合同终止的效力

（1）合同权利义务关系归于消灭。合同终止的事由发生以后，无论是主义务还是从义务，自合同终止的事由发生之时起消灭。合同的终止解除了双方当事人履行或接受履行的全部义务。

（2）合同终止不应影响非违约方对违约方所享有的损害赔偿请求权。尽管通过终止使合同的权利义务关系消灭，主要是使合同关系不再存在，但一方对原合同的违反而给另一方造成的损害赔偿责任不因终止而被免除。除了合同因违约解除，合同的终止一般导致合同关系消灭，合同中相关条款原则上不再发生效力。但是，《民法典》第567条规定："合同的权利义务关系终止，不影响合同中结算和清理条款的效力。"因此，当事人约定的违约金责任以及损害赔偿的计算方法，虽是合同的组成部分，但因为其属于清理与结算条款，不会因合同终止而消灭。

（3）债权人负有返还负债字据或涂销该字据的义务。

此种义务属于后合同义务的范畴。负债字据是合同权利义务的证明，合同权利义务关系终止后，债权人应将负债字据返还给债务人①；如果负债字据仍留在债权人手中，则债权人将来有可能以此为依据仍请求债务人履行义务，这对债务人极为不利，因此，该字据应当返还或者予以涂销。② 如果负债字据灭失而不能返还，则债权人应向债务人出具债务消灭的字据。债权部分消灭的，债务人有权请求将消灭事由记入字据，或者出具其他证明。

（4）合同关系消灭后，依附于主权利义务关系的从权利和从义务一并消灭，如担保物权、保证债权、违约金债权、利息债权等于合同关系终止时均归于消灭。对此，《民法典》第559条规定："债权债务终止时，债权的从权利同时消灭，但是法律另有规定或者当事人另有约定的除外。"例如，就独立保证而言，即便当事人之间的债权债务关系终止，保证债务也并不当然消灭。再如，就保证人的保证责任而言，当事人可以约定，其不仅对债务人的合同债务承担保证责任，而且在合同被宣告无效或者被撤销后，保证人对债务人责任的履行承担保证责任。

（5）合同当事人之间发生后合同义务。后合同义务是指合同关系消灭以后，当事人依诚实信用原则和交易习惯应负有某种作为或不作为的义务。我国《民法典》第558条

---

① 参见董灵：《合同的履行、变更、转让与终止》，172页。

② 参见郑玉波：《民法债编总论》，466页。

规定："债权债务终止后，当事人应当遵循诚信等原则，根据交易习惯履行通知、协助、保密、旧物回收等义务。"该条确定了所谓的后合同义务，此种义务的特点表现在：

第一，它是依据诚信等原则产生的，虽然合同权利义务已经终止，合同权利义务已经不复存在。此种义务虽然是一种附随义务，但也是一种法定义务，法律规定此种义务，有利于合同目的的实现。

第二，其内容经常要依据交易习惯而定。不是说所有的合同均具有相同的附随义务，在合同履行的不同阶段以及根据合同履行的具体情形，经常要根据交易习惯确定。

第三，附随义务主要包括：一是通知义务。所谓通知，是指当事人应当根据交易习惯将合同已经履行的情况及时告知对方当事人。二是协助义务，即债务人在作出履行后，债权人也应当给予必要的协助。例如，租赁关系终止后，出租人应当将其所收到的承租人的信件及时交付给承租人。三是保密义务。在合同履行过程中，一方当事人可能掌握对方当事人的一些商业秘密以及其他私密信息，在合同关系终止后，当事人应当负有此种保密义务。四是旧物回收义务，此种义务主要是基于环保的角度考虑而增加的附随义务，与《民法典》的绿色原则保持一致。

第四，附随义务虽然是后合同义务，但当事人违反该义务的，也应当依法承担违约责任。

（6）合同中争议解决方法的条款和结算、清理条款继续有效。

在合同关系终止以后，并不是所有的合同条款都失去效力，依据法律的规定，合同某些条款的效力具有相对独立性，应当继续有效，这些条款主要包括两种情形。

一是合同中的争议解决方法的条款。《民法典》第507条规定："合同未生效、无效、被撤销或者终止的，不影响合同中有关解决争议方法的条款的效力。"所谓合同中的争议解决方法条款，是指当事人在合同中约定的解决合同争议的条款，如仲裁条款等。这些条款与当事人约定的实体权利义务关系不大，是关于争议解决的程序性事项。因此，仲裁条款的无效和被撤销或终止，不应当影响到合同其他部分的效力。由于合同中的争议解决方法条款本身涉及对合同终止后事务的处理，且在法律上具有相对独立性，所以，合同终止以后这些条款并不当然终止。

二是合同的结算、清理条款。《民法典》第567条规定："合同的权利义务关系终止，不影响合同中结算和清理条款的效力。"所谓合同中的结算、清理条款，是指当事人在合同中约定的，在合同关系终止后如何处理合同遗留问题的约定。依据该条规定，如果当事人事先约定了有关合同终止后的结算和清理条款，则在合同关系终止后，此类条款仍然有效。

《民法典》第507条与第567条虽然均规定了合同无效或权利义务终止后部分条款效力的独立性，二者在实践中容易发生混淆，但《民法典》第567条中的结算和清理条款与《民法典》第507条中的争议解决方法条款并不能混为一谈。因此，将两者区分开，主要原因在于：一方面，争议解决方法条款主要是程序性的条款，而结算和清理条款是关系到实体性的权利义务关系的条款；另一方面，争议解决方法条款通常不涉及违约的问题，而结算和清理条款主要是违约后的清算问题。合同权利义务关系终止的原因很多，仅仅是因为诸如基于违约而解除合同的情形才会涉及违约金和损害赔偿等问题。

第二节 清 偿

一、清偿的概念和构成要件

清偿就是指当事人按照合同的约定正确、适当地履行了其合同义务，并使当事人订约目的得以实现。《民法典》第557条规定的“债务已经履行”的表述实际上指的就是清偿。

构成清偿应当具备以下条件。

(1) 清偿必须是双方当事人依据合同的规定作出了履行。由于合同大多为一种双务合同，双方当事人都互负权利义务，所以合同应当由双方作出履行才能因清偿而发生合同关系的消灭。如果仅仅是一方作出了履行，而另一方没有作出履行，对一方来说已经履行了其合同义务，对另一方来说尚未履行其合同义务，则不构成合同的清偿，此时不应认定合同关系已终止。

(2) 清偿必须是当事人正确地、适当地履行合同义务。所谓正确地、适当地履行合同义务，是指当事人依据法律的规定和合同的约定，以及根据诚信原则正确地、适当地履行其义务。它与履行的概念不同。履行还应当包括不适当履行、迟延履行、部分履行等形态。尽管这些履行不符合合同的约定，不能发生因清偿而导致合同关系消灭的效果，但在法律上其仍然是一种履行。

(3) 清偿必须使当事人订立合同的目的得以实现。按照合同的目的向债权人或者其他有受领权人进行清偿，经其受领的，债权债务关系消灭。

二、清偿的主体、标的和期限

(一) 清偿的主体

清偿的主体包括清偿人和清偿受领人。

1. 清偿人

清偿人是清偿债务的人，它不仅包括债务人，还包括被授予清偿权限的人和第三人。债务人负有清偿的义务，必须向债权人作出清偿。当债务的履行不仅需要债务人的行为，而且需要其他人协助时，债务人可以使用履行辅助人。

债务人以外的第三人也可以为债务人履行。第三人代为清偿或基于债务人的委托，或基于其本身的赠与意思，或依无因管理处理。《民法典》第523条规定了当事人约定由第三人履行的情形，第524条规定了第三人对履行该债务具有合法利益的，有权向债权人代为履行。但依据法律规定、合同约定，以及合同的性质决定，必须要由债务人亲自履行的，不得由第三人代为履行。对于第三人依据法律规定或合同约定向债权人作出的清偿，债权人不得拒绝。但依据债的标的的性质或当事人的约定，债务必须由债务人亲自履行的，或第三人清偿可能对债权人造成明显损害的，或债权人有其他拒绝接受的正当理由的，债权人可拒绝接受清偿。

2. 清偿受领人

清偿受领人，即接受清偿的人。在一般情况下，若将清偿行为定性为非法律行为，无行为能力人、限制行为能力人也可以作为清偿受领人。① 我国《民法典》第522条规定了利益第三人合同，并区分了不真正利益第三人合同与真正利益第三人合同。在这两种情形下，第三人均有权受领债务人的给付。在实践中，凡是持有债权人签名的收据或者有效的债权凭证的，应当视为有受领权人。在清偿人作出清偿以后，必须由受领人予以受领，才能发生清偿的效果。债权人是当然的债权受领人，如果债权人已进入破产程序，则债权人不能亲自受领其债权，而必须由其破产清算人受领。

债务人应当向债权人作出清偿，债务人向债权人及其代理人以外的第三人作出的清偿，不发生债务消灭的效力。在作出清偿以后，接受履行的债权人，应当依债务人的请求为其出具收据并签名。清偿人对受领清偿人，也可以请求其交还受领证书。

（二）清偿的标的

清偿的标的，即履行的标的，给付的内容。清偿人应当依照全面履行和诚实信用原则全面、准确、适当地履行债务，否则即构成违约行为，应承担违约责任。当事人在合同中约定必须交付特定物的，要按照合同约定交付特定物，不得以其他标的物替代。如果确实因为标的物发生意外毁损、灭失的情况，则合同因为履行标的物的不存在而不能实际履行，但债务人仍然应当承担违约责任。债务人必须提供一定劳务的，债务人根据债的性质和交易习惯须向债权人亲自履行；如果是约定支付金钱的，债务人不能以履行不能为由而被免除实际履行的责任，也不能援引不可抗力作为免责事由。原则上，债务人必须按照合同约定的数量全部履行债务，但部分履行不损害债权人利益的除外。

（三）清偿的期限

在合同履行期确定以后，债务人原则上应当按期限履行，但是由于履行期限涉及期限利益，而期限利益一般属于债务人，因此债务人可以按照私法自治原则，通过提前履行而处分自己的期限利益。债务人抛弃自己的期限利益，在一般情况下，对债权人都是有利的，因此债务人可以提前清偿，但提前清偿给债权人造成损害的，债务人应当承担赔偿责任。

在履行期确定以后，如果合同没有规定分期履行，债务人不得分期清偿，但如果分期履行不损害债权人利益，而债务人确有正当理由需分期履行，债权人依据诚信原则应当同意债务人作出分期履行。债权人予以拒绝的，法院可以在不损害债权人利益的前提下，根据债务人的请求允许债务人分期清偿。

---

① 参见黄立：《民法债编总论》，660页。

三、清偿抵充

（一）清偿抵充的概念和条件

所谓清偿抵充，是指一人负担数宗债务，而给付的种类相同的，如清偿人提出的给付不足以清偿全部债务额时，由清偿人在清偿时指定其抵充的债务。[①] 例如，乙欠甲本金 1 万元，利息 5 000 元，费用 1 000 元，乙偿还 8 000 元，该清偿是对本金的清偿？还是对费用或利息的清偿？这就可以由清偿人作出指定，究竟其清偿的是哪部分债务。如果清偿人没有指定，应依据法定的顺序进行抵充。《民法典》第 560 条规定："债务人对同一债权人负担的数个债务种类相同，债务人的给付不足以清偿全部债务的，除当事人另有约定外，由债务人在清偿时指定其履行的债务。债务人未作指定的，应当优先履行已到期的债务；数项债务均到期的，优先履行对债权人缺乏担保或者担保最少的债务；均无担保或者担保相等的，优先履行债务人负担较重的债务；负担相同的，按照债务到期的先后顺序履行；到期时间相同的，按照债务比例履行。"本条对清偿抵充规则作出了规定。依据该条规定，清偿抵充必须具备如下几个条件。

（1）一个债务人对同一债权人负担多项债务。这一要求包含了如下几方面的内容：第一，清偿抵充的债务人应当是同一债务人。具体而言，只有在同一债权人负担多项债务时，才有可能发生清偿抵充的问题，如果是多个债务人对同一债权人负担多项债务，则各个债务人应当分别清偿其债务，从而不发生抵充问题。[②] 第二，清偿抵充的债权人应当是同一债权人。如果债务人对不同债权人负担多项债务，则原则上应当按照债权平等原则，分别对各个债权人作出清偿，而不发生清偿抵充的问题。第三，清偿抵充的成立以债务人负担多项债务为条件。如果债务人只是对债权人负担一项债务，债务人应当按照债的要求清偿该债务，如果不能完全清偿，则可能产生部分履行的问题，而无法成立清偿抵充。[③] 当然，债务人所负担的多项债务既可能是同时产生的，也可能是因债务承担等原因而发生的。

（2）债务人负担的债务给付的种类相同。所谓给付的种类相同，是指债务人所负担的给付义务应当属于同一种类，即债务人所负担的数项债务都是交付同一性质的财产或者提供同类劳务。[④] 如果债务人所负担的债务种类不同，则债务人应当严格按照债的要求履行债务，而不存在清偿抵充的问题。例如，在同一合同关系中，债务人既要交付某个标的物，也要提供某项劳务，则债务人应当严格按照合同的约定履行债务，因两项债务种类不同，不能够以交付标的物清偿提供劳务之债。[⑤]

（3）清偿人提出的给付不足以清偿全部债务。也就是说，只有在债务人所提供的给付无法清偿全部债务时，才有必要由债务人确定其所作出的给付用于清偿哪一债务。如果债务人的给付可以清偿全部债务，则债权人的各项债权都能够实现，此时就没有必要

① 参见史尚宽：《债法总论》，752 页。

② 参见孙森焱：《民法债编总论》，下册，868 页。

③⑤ 参见史尚宽：《债法总论》，793 页。

④ Münch Komm/Fetzer，§366，Rn. 4.

再确立各个债权的清偿顺序。

只有符合上述条件时，在债务人作出给付时，才能由清偿人在清偿时指定其抵充的债务，或者依据法律的规定进行抵充。

（二）清偿抵充的形式

清偿抵充具有三种形式。

（1）约定抵充。约定抵充是指当事人就抵充的方法达成合意，有约定时从约定，这是合同自由的表现。约定抵充应当优先于指定抵充和法定抵充。约定抵充既可以在清偿前约定，也可以在清偿时进行。例如，乙欠甲借款、货款各1万元，均已届期，乙向甲清偿8 000元，如果双方约定该笔给付用于抵充借款，则从其约定。《民法典》第560条承认了约定抵充优先的规则。

（2）指定抵充。指定抵充是指当事人一方以其单方意思确定债务人的清偿应抵充的债务。指定抵充符合私法自治原则，而且有利于简化法律关系。[①] 依据《民法典》第560条的规定，在当事人没有规定抵充顺序的情形下，则“由债务人在清偿时指定其履行的债务”，这实际上是赋予了债务人指定抵充顺序的权利。从该条规定来看，指定抵充的主体限于债务人。但按照私法自治原则，当事人也可以约定由债权人享有指定权，即由债权人来指定清偿何种债务。[②] 在当事人没有约定的情形下，指定权应当归属于债务人。指定权的行使，在性质上属于准法律行为，其与意思通知类似，即只要债务人对债权人作出清偿抵充的意思表示，就可以发生清偿抵充的法律效果。[③]

此外，指定抵充不得损害债权人的利益。债务人指定抵充时，不得滥用其权利。例如，要求先抵充本金，再抵充利息，这就必然给债权人带来损害。[④]

（3）法定抵充。法定抵充是指在当事人未约定抵充或作出指定抵充时，应依据法律规定的顺序和方法，对债务进行抵充。各国法律大多对法定抵充作出了明确规定。《民法典》第560条第2款规定了法定抵充顺序。依据该条规定，法定抵充顺序如下。

第一，债务人未作指定的，应当优先履行已经到期的债务。《民法典》第560条第2款作出此种规定，原因在于：一方面，保护债务人的期限利益。因为在债务未到期时，债务人并不负有清偿的义务，如果将债务人的给付用于抵充未到期的债务，则可能侵害债务人的期限利益。另一方面，在债务人的某一债务未到期的情形下，除非清偿人指定，否则，到期的债务优先抵充，这也更符合当事人的本意。例如，在“湘临天下公司与唐某某民间借贷纠纷案”中，法院认为，“鉴于湘临天下公司所负11万元债务已届清偿期，而80万元债务并未约定还款期限，唐某某有权随时要求还款，而唐某某提起诉讼视为该笔债务已届清偿期。因此，上述两笔债务的清偿存在先后顺序，根据《合同法司法解释》（二）第20条之规定，应认定7万元系抵充11万元债务，湘临天下公司应对剩余债务的

---

① 参见郑玉波：《民法债编总论》，495页。

② Münch Komm/Fetzer，§366，Rn. 8.

③ Münch Komm/Fetzer，§366，Rn. 9f.

④ 参见陈建勋：《论债的清偿抵充》，载《人民司法》，2001（11）。

本金和利息承担偿还义务”[1]。

第二，数项债务均到期的，优先履行对债权人缺乏担保或者担保最少的债务。《民法典》第560条第2款作出此种规定的原因在于：担保的债务能够得到优先受偿，优先抵充无担保或担保最少的债务，有利于对债权人的保护。已经有担保的债权或者担保较多的债权，其不能清偿的风险要小于没有担保或者担保较少的债权，因此，从保障债权人利益的角度出发，应当优先抵充没有担保或者担保较少的债权。

第三，均无担保或者担保相等的，优先清偿债务人负担较重的债务。例如，连带债务和个人债务相比较，对债务人而言，个人债务的负担显然要重于连带债务，因此，先抵充个人债务对债务人而言更为有利。对债权人而言，在连带债务中，债权人还可以请求其连带债务人清偿，因此，在债务人清偿债务时，以其给付优先抵充其个人债务，也有利于债权人债权的实现。[2] 再如，如果债务人对同一债权人所负担的两项债务的担保数额相同，但其中一项债务的违约责任较重，则应当优先抵充该债务。[3] 法律作出此种规定，主要是为了保护债务人的利益，尽量减轻债务人的负担。

第四，负担相同的，按照债务到期的先后顺序履行。因为债务已经到期，且担保相同，所以，债务人因清偿所获得的利益没有差别，此时应按照债务到期的顺序，先到期的债务优先抵充。从价值取向上来说，这是为了优先保护债权人的利益，以防止有的债权因时效经过而无法获得清偿。

第五，到期时间相同的，按照债务比例履行。各个债权人的债权到期时间相同的，按照债权平等主义，应当公平对待各个债权人的债权，因此，应当按照债务比例履行。

(三) 利息债务的清偿抵充规则

所谓利息债务，是指以利息为标的的债。利息债务实际上是主债务的从债务。在利息之债中，债务人应当按照约定的利率支付利息。但是在债务人作出的给付不足以支付本金和利息时，就涉及应当优先清偿哪一部分债务的问题。对此，《民法典》第561条规定：“债务人在履行主债务外还应当支付利息和实现债权的有关费用，其给付不足以清偿全部债务的，除当事人另有约定外，应当按照下列顺序履行：（一）实现债权的有关费用；（二）利息；（三）主债务。”依据这一规定，在涉及支付利息和费用的情况下，抵充的顺序是：一是实现债权的有关费用。此处所说的费用包括保管费用、诉讼费用、执行费用等。二是利息。利息包括法定利息和约定利息。利息是债权人预期的收益，所以，应当先于本金而抵充。[4] 三是主债务。这是根据债权的保障确立的规则，因为本金是最能够得到保障的，而实现债权的费用最难得到保障。为了保障债权人利益，需要优先抵充实现债权的费用。

---

① 北京市第一中级人民法院（2013）一中民终字第13207号民事判决书。

② 参见孙森焱：《民法债编总论》，下册，871页。

③ 参见史尚宽：《债法总论》，797页。

④ 参见郑玉波：《民法债编总论》，498页。

第三节 合同的解除

一、合同解除的概念和特征

合同解除是指合同有效成立以后，当具备合同解除条件时，因当事人一方或双方的意思表示而使合同关系自始消灭或向将来消灭的一种行为。《民法典》第557条第2款规定："合同解除的，该合同的权利义务关系终止。"合同解除将导致合同权利义务终止，但由于解除作为一种救济方式，还要与损害赔偿并存，因此，合同解除后，当事人之间的权利义务关系并非完全消灭。因此，《民法典》在合同终止中单独对其作出了规定。

合同解除具有以下特征。

（1）合同解除适用于有效成立的合同。合同解除的对象是有效成立的合同。合同只有在成立以后，履行完毕以前，才能发生解除的效力。如果合同应当被宣告无效或被撤销，也不发生合同的解除，此类合同应该由合同无效或撤销制度来调整。尽管合同无效和可撤销在效力上溯及既往，在这一点上与非继续性合同的解除具有相似性，但确认合同无效和可撤销与合同的解除在性质上是完全不同的。

（2）合同解除必须具备一定的条件。合同解除的条件可以是法定的，也可以是约定的。法定解除条件就是由法律规定在何种情况下合同当事人享有解除合同的权利。所谓约定解除条件，就是指当事人在合同中约定，如果出现了某种约定的情况，当事人一方或双方享有解除权。

（3）合同的解除必须有解除行为。即使符合解除的条件，合同也不能自动解除，必须由当事人行使约定或法定的解除权，才可以解除合同。一方行使解除权，作出解除合同的意思表示，这种意思表示不需要征得对方同意。但当事人根据约定解除权或法定解除权主张解除合同的，必须通知对方，合同自通知到达对方时解除。如果超过规定的期限不行使解除权，则该解除权消灭。享有解除权的一方事后不得再主张解除。

（4）合同解除的效力是使合同关系自始消灭或向将来消灭。在当事人有约定的情况下，只要这种约定没有损害国家利益和社会公共利益，就应尊重当事人的这种约定；当事人若没有特别约定，合同解除的效力应依据合同的相关规定而具体确定。需要根据具体情况判断解除是否产生溯及既往的效力。

二、合同解除的种类

（一）协议解除

《民法典》第562条第1款规定："当事人协商一致，可以解除合同。"这是对协议解除的立法规定。所谓协议解除，是指合同成立以后，在履行或完全履行之前，当事人双方通过协商解除合同，使合同效力消灭的行为。由于此种方式是在合同成立以后，通过双方协商解除合同，而不是在合同订立时约定解除权，因此又称为事后协商解除。

协议解除的法律特征在于：

第一，协议解除本身是通过订立一个新的合同而解除原来的合同，当事人协商的目的是达成一个解除合同的协议。对这种合同，有学者称之为反对合同，其主要内容是解除原合同关系。

第二，协议解除不需要以提出解约的一方是否享有解除权为前提。《合同编通则解释》第 52 条第 1 款规定："当事人就解除合同协商一致时未对合同解除后的违约责任、结算和清理等问题作出处理，一方主张合同已经解除的，人民法院应予支持。但是，当事人另有约定的除外。"该条规定的原因在于：一方面，协议解除本身就是通过订立一个新合同解除原合同，既然当事人就解除合同协商一致，按照私法自治原则，应当允许当事人通过协商解除合同。另一方面，协议解除的性质属于当事人双方合意"以第二次之契约终止原有之契约"①，在该合同中，违约责任、结算和清理等问题并非合同的主要条款，而是合同解除的后果，因此，即便当事人未对此达成合意，只要当事人就解除合同协商一致，也不影响合同解除的效力。②

第三，协议解除不得违背国家利益和社会公共利益，即协议解除合同的内容由当事人双方自己决定，但该内容违反了法律、损害了国家利益和社会公共利益的，协议解除无效，当事人仍要按原合同履行义务。

第四，在协议解除的情况下，合同解除后是否恢复原状、如何恢复原状，也应由当事人协商确定。这也是协议解除的方法与其他解除方法的不同之处。如果当事人在协议解除合同时未对违约损害赔偿作出约定，则首先应当探究当事人的真意，即探究当事人是否有放弃违约损害赔偿的意思，如果协议从未提到请求损害赔偿的权利或当事人并未就损害赔偿达成一致，则当事人请求损害赔偿的权利不受影响。③ 因此，如果当事人在协议中明确放弃违约损害赔偿请求权的，违约方不再负担违约损害赔偿责任；但如果当事人仅有解除合同的意思，而没有就损害赔偿达成一致意见，则当事人依法可以就违约产生的损失请求赔偿。

(二) 法定解除与约定解除的衔接

为准确适用《民法典》第 562 条第 1 款关于协商解除合同的规定，《合同编通则解释》第 52 条第 2 款规定：出现如下两种情形，除当事人一方另有意思表示外，法院可以认定合同解除：

(1) 当事人一方主张行使法律规定或者合同约定的解除权，对方同意解除。

符合该项解除事由必须具备如下条件：一是一方当事人行使法定解除权或者约定解除权，请求解除合同。其实，在合意解除的情形下，一方当事人是否享有解除权并不重要，关键在于其是否提出了解约的请求。二是经法院审理认为并不符合法定或约定解除

---

① 王泽鉴：《债法原理》，23 页。

② 参见最高人民法院民事审判第二庭、研究室编著：《最高人民法院民法典合同编通则司法解释理解与适用》，574 页。

③ Jan Harke，Schuldrecht，AT，2010，S. 102，Rn. 108.

权的行使条件。三是对方同意解除合同，表明在一方提出解除的要约以后，另一方已经作出了承诺，双方达成了解除合同的合意。在一方当事人提出解约的要求以后，无论是否合理，是否解约的选择权在另一方。另一方不同意解除合同，则因为一方不符合合同解除的条件，所以不能解除合同。① 此处所说的“同意”，既可以明示的方式表现出来，也可以实施一定的行为的方式表现出来。

如果满足上述条件，法院应当认定合同解除。其原因在于：一方面，在一方行使合同解除权以后，虽然法院认为其并不符合法定或约定条件，但因为其解除合同的请求得到了另一方的同意，则表明双方已经同意解除合同，从而导致双方已经形成了解除合同的合意②，这就与双方协商解除合同相同，可适用协商解除的相关规定。另一方面，在双方协商解除合同的情形下，不以解除权的存在为必要前提，只要双方达成解除合意，就可以解除合同。

（2）双方当事人均不符合解除权行使的条件但是均主张解除合同。

双方分别主张解除合同，虽然均不符合解除条件，但其在解除合同这一观点上意见一致，表明双方均同意解除合同（如一方起诉请求解约，另一方反诉也请求解约），此时法院不必审查双方提出解除是否符合解除的条件，可以适用双方协商解除合同的相关规定，认定合同解除。③ 但如果一方的解除主张符合解除的条件，就应当按照行使法定解除权或者约定解除权的规定处理。④

（三）基于约定解除权的解除

约定解除权是指当事人双方在合同中约定，在合同成立以后，履行或完全履行之前，当事人一方在某种解除合同的条件成就时享有解除权，并可以通过行使合同解除权，使合同关系消灭。《民法典》第 562 条第 2 款规定：“当事人可以约定一方解除合同的事由。解除合同的事由发生时，解除权人可以解除合同。”该条是关于约定解除权的规定。约定解除权的解除具有如下特征。

（1）它是指双方在合同中约定一方享有解除合同的权利。解除权可以在订立合同时约定，也可以在订立合同后另行约定。但是，约定解除权的解除属于事前的约定，它规定了在将来发生一定情况时，一方享有解除权。但即使解除条件成就，也只是导致解除权产生，其本身并不导致合同的解除，只有在当事人实际行使解除权后方可导致合同的解除。

（2）双方约定解除合同的条件。约定解除权的解除是由双方当事人在合同中约定未来可能出现的解除合同的条件。如双方在租赁合同中约定，“一旦甲方的儿子回城，则甲方有权将房屋收回自用，解除租赁合同”。条件是可能发生也可能不发生的事实，一旦产生解除合同的条件，则将使一方享有解除权。

---

① 参见最高人民法院民事审判第二庭、研究室编著：《最高人民法院民法典合同编通则司法解释理解与适用》，575 页。

② 参见姚明斌：《基于合意解除合同的规范构造》，载《法学研究》，2021（1），85 页。

③ 参见王泽鉴：《债法原理》，23 页。

④ 参见最高人民法院民事审判第二庭、研究室编著：《最高人民法院民法典合同编通则司法解释理解与适用》，576 页。

(3) 享有解除权的一方实际行使解除权。解除合同的条件成就以后，只是使一方享有解除合同的权利，即解除权，但合同本身并不能自动发生解除。合同的解除，必须要由享有解除权的一方实际行使解除权，如不行使该权利，则合同将继续有效。

约定解除权的合同与附解除条件的合同是不同的。所谓附解除条件的合同，是指当事人双方在合同中约定，以一定的条件的成就或不成就作为合同解除的条件。此种合同与约定解除权的合同的区别在于：第一，是否约定了解除权。在附解除条件的合同中，当事人并没有被赋予解除权。而在约定解除权的情况下，合同当事人被赋予了解除权。第二，合同解除的具体方式不同。在附解除条件的合同中，只要双方约定一旦条件成就或不成就，则合同自动解除。例如，双方约定"一旦甲方的儿子回城，则租赁合同自动解除"，即属于此种情况。而在约定解除权的情况下，双方以一定的条件的成就或不成就作为合同解除权的产生原因，如果双方约定条件成就时，一方享有解除权，而合同并不是自动解除，则属于约定解除合同条件的解除。如上例中，假如双方约定"一旦甲方的儿子回城，则甲方有权将房屋收回自用，解除合同"，则属于约定解除权。第三，是否适用除斥期间不同。在附解除条件的合同中，条件成就合同自动解除，没有适用除斥期间的可能。而在约定解除权的情况下，解除权必须在一定的除斥期间内行使，否则解除权消灭。

(四) 法定解除

法定解除，是指在合同成立以后、履行或履行完毕以前，当事人一方通过行使法定的解除权而使合同效力消灭的行为。在法定解除的条件方面，我国合同法采纳了根本违约的概念。所谓根本违约，也称重大违约，是指一方的违约使另一方的订约目的不能达到，或者使其遭受重大损害。《民法典》第 563 条第 1 款规定："有下列情形之一的，当事人可以解除合同：(一) 因不可抗力致使不能实现合同目的；(二) 在履行期限届满前，当事人一方明确表示或者以自己的行为表明不履行主要债务；(三) 当事人一方迟延履行主要债务，经催告后在合理期限内仍未履行；(四) 当事人一方迟延履行债务或者有其他违约行为致使不能实现合同目的；(五) 法律规定的其他情形。"依据本条规定，在如下情况下，当事人享有法定的解除权，并可通过行使解除权而解除合同。

(1) 因不可抗力致使不能实现合同目的。不可抗力发生以后，对合同的影响程度是不一样的。有些只是暂时阻碍合同的履行，有些只是影响到合同部分内容的履行。因此，只有在因不可抗力致使不能实现合同目的时，才能解除合同。所谓"不能实现合同目的"，是指当事人在订立合同时所追求的目标和基本利益不能实现。如出卖货物是希望获得价金，支付价金是希望获得货物，如果上述目的因不可抗力的发生而不可能实现，才能解除合同。

(2) 在履行期限届满之前，当事人一方明确表示或者以自己的行为表明不履行主要债务。本项规定的是预期违约的情形，其包括了明示毁约与默示毁约两种情形。所谓"当事人一方明确表示……不履行主要债务"，是指履行期前的明示毁约；所谓"以自己的行为表明不履行主要债务"，主要是指履行期届满前的默示毁约。在预期违约的情况下，表明毁约当事人根本不愿意受合同约束，也表明了该当事人具有了完全不愿受合同约束的故意，合同对于该当事人已形同虚设。在此情况下，另一方当事人应有权在要求其继续履行和解除合同之间作出选择。当非违约方选择了合同的解除时，合同对双方不再有约束力。只有允许非违约方在违约方已构成预期违约的情况下解除合同，才能使其尽快地从合同关系中解脱出来，避免其遭受不必要的损失。

（3）当事人一方迟延履行主要债务，经催告后在合理期限内仍未履行。在此需要讨论的是：债务人在履行期限到来时，未作出履行，债权人是否应经过催告才能构成迟延？根据《民法典》的有关规定，有履行期限的，不必经过催告，只要债务人违背了履行期限的规定便构成迟延；如果没有规定履行期限，必须经过催告之后，在合理期限内仍没有履行的，才构成迟延。

然而，并非债务人在履行期限到来后不履行债务，都会使债权人享有自动解除合同的权利。因为合同的解除将导致合同关系的终止，一旦解除将会消灭一项交易，如果允许债权人在债务人有任何迟延履行行为的情况下都可以解除合同，必然会导致许多不应当被解除的合同被解除，造成财产不必要的损失和浪费。因此《民法典》第563条第1款规定，只有一方迟延履行主要债务，经催告后在合理期限内仍未履行，另一方才能解除合同。据此可见，第一，必须是债务人在履行期限到来后未履行主要债务，而不是未履行次要债务。主要债务和次要债务应根据合同的内容与债务性质来确定。第二，必须经过债权人的履行催告，如债权人未催告则不能随意解除。第三，在催告后，债权人要给予债务人一段合理的宽限期，给债务人继续履行一个必要的准备时间。在合理的宽限期到来后，如果债务人仍不履行，则债权人有权解除合同。至于宽限期多长才算是合理的，本书认为对此要根据每一个合同具体的情况来判断，不能由非违约方单方面确定。第四，履行期限对合同目的的实现应依具体情况确定。例如，双方订立购买家具的合同，出卖人迟延交付家具2天，买受人并不急等该家具使用，因此迟延2天并没有导致买受人订约目的的丧失，买受人不应解除合同。在德国法上，区分绝对定期行为与相对定期行为，前者直接导致合同解除，后者并不当然导致合同解除。

（4）当事人一方迟延履行债务或者有其他违约行为致使不能实现合同目的的。该项实际上分为两种情况：1）迟延履行影响到合同目的的实现，则不需要经过催告程序，便可以解除合同。迟延履约是否导致合同目的不能实现，应考虑时间对合同的重要性。如果时间因素对当事人的缔约目的的实现至关重要，迟延履行将导致合同目的不能实现，应允许非违约方解除合同；如果时间因素对合同并不重要，迟延造成的后果也不严重，则在迟延以后，不能认为迟延造成了合同目的落空而解除合同。2）有其他违约行为致使不能实现合同目的。需要指出的是，该项规定在“有其他违约行为致使不能实现合同目的”时，非违约方有权解除合同，实际上是赋予非违约方在违约方的违约已构成根本违约（fundamental breach）的情况下享有解除合同的权利。

根本违约是指一方违反合同而致另一方损害，导致非违约方的缔约目的无法实现。在根本违约情形下，非违约的一方当事人有权解除合同。这一制度产生于普通法，是普通法从条件和担保条款的分类中所发展出来的概念，而公约借鉴了这一经验，在第25条中确立了根本违约的概念①，并在违约责任制度中确立了根本违约制度。按照公约第51条的规定，买方只有在完全不交付货物或不按照合同规定交付货物等于根本违反合同时，才可以宣告整个合同无效。例如，出售的货物被污染，且不符合明示的质量标准，构成根本违约。② 根本违约制度产生于英美法，《销售合同公约》在借鉴英美法经验的基础上，确立了根本违约制度。③公约第25条规定："一方当事人违反合同的结果，如使另一方当事人蒙受损害，以至于实际上剥夺了他根据合同规定有权期待得到的东西，即为根本违反合同，除非违反合同一方并不预知而且一个同等资格、通情达理的人处于相同情况中也没有理由预知会发生这种结果。"从该条规定来看，其根据违约的后果而非当事人违反合同条款的性质界定根本违约。《欧洲合同法原则》第8：101条、第9：301条，《商事合同通则》第7.3.1条都采纳了根本违约的概念。可见，比较法上普遍将根本违约作为合同法定解除的条件。④

《民法典》第563条在总结我国司法实践经验的基础上，并借鉴了上述比较法上的经验，规定了根本违约制度。认定是否构成根本违约，主要从四方面考虑：一是构成"重大剥夺"，即一方是否实质上剥夺了另一方依据合同有权期待的利益，除非另一方并不能事先合理预见到利益被剥夺的后果。二是是否违反了主给付义务。当然，需要指出的是，一方虽然违反主给付义务，但如果并没有给对方造成重大损害，或者并未导致其合同目的无法实现，也不宜认定其构成根本违约。依据《合同编通则解释》第26条的规定，当事人一方未根据法律规定或者合同约定履行开具发票、提供证明文件等从给付义务，因为没有导致对方合同目的不能实现，对方通常不得主张解除合同。但如果当事人一方违反该义务致使对方不能实现合同目的，则应当构成根本违约，对方当事人有权依法主张解除合同。三是违反义务导致另一方不能相信违约方将来所作出的履行，尤其是在长期性的合同中，一方违约后，另一方有证据证明，将来的履行是不可能实现的。《商事合同通则》第7.3.1条规定："不履行使受损害方有理由相信，他不能信赖另一方当事人的未来履行。"即使是附随义务的违反，在严重危害交易的情况下导致受损方不再相信违约方的，也可以构成根本违约，因而可以解除合同。⑤ 四是合同解除是否导致了另一方的重大损害。

（5）法律规定的其他情形。除了上述法定解除权，我国民法典合同编典型合同以及民事特别法之中，也规定了不少法定解除的情形。例如，在融资租赁合同中，《民法典》第752条规定："承租人应当按照约定支付租金。承租人经催告后在合理期限内仍不支付租金的，出租人可以请求支付全部租金；也可以解除合同，收回租赁物。"依据该条规定，承租人未按照合同约定支付租金，经出租人催告后仍不支付的，出租人即有权解除

---

①③ See Henry Gabriel, *Contracts for the Sale of Goods: A Comparison of US and International Law*, Oxford University Press, 2nd edition, 2008, p. 528.

② See Peter Schlechtriem, *UN Law on International Sales*, Springer, 2009, p. 111.

④ 参见崔建远：《论合同目的及其不能实现》，载《吉林大学社会科学学报》，2015（5）。

⑤ Herbert Bernstein & Joseph Lookofsky, *Understanding the CISG in Europe*, Kluwer Law International, 2003, p. 125.

合同并主张收回租赁物。该条即规定了出租人的法定解除权。①

（五）不定期合同的解除

所谓不定期合同，是指当事人未约定期限，或者期限约定不明确的合同。例如，租赁合同中，当事人没有在合同中明确约定租赁期限。关于不定期合同的解除，《民法典》第563条第2款规定："以持续履行的债务为内容的不定期合同，当事人可以随时解除合同，但是应当在合理期限之前通知对方。"该规则意在强调以持续履行的债务为合同内容的不定期合同可以随时解除，但应当在一定期限之前通知对方当事人，以保护其合理信赖。法律对不定期债务之所以允许随时解除，是因为其本身没有期限限制，当事人不受确定的合同期限的限制，对对方解除合同，任何一方都应当有合理的预期。所以，法律允许当事人随时解除合同，符合此种合同的特点。

《民法典》第563条第2款规定的是继续性合同的终止问题。所谓预告终止权，是指在不定期限的继续性合同中，一方当事人通过预告的方式终止继续性合同履行的权利。②该权利包括两个要件：第一，该权利仅适用于继续性合同；第二，该继续性合同必须是不定期的。不定期合同包括两种情形：一是当事人没有明确约定期限或约定期限不明的；二是期限届满以后一方继续履行义务，另一方没有提出异议。例如，承租人在租赁期满后继续在房屋内居住并支付租金，且出租人予以接受，在这种情况下，合同究竟会持续至何时，并不确定，因此，对于这种合同，应当允许当事人在合理期限内通知对方予以解除，以避免当事人无限制地受到约束。

在解除权的行使中，解除权人必须在合理期限之前通知对方，以使对方作出合理准备，同时必须作出通知。本款吸纳了比较法上继续性合同的终止制度的经验，旨在保护当事人的合理信赖，避免继续性合同的无限延续。

三、合同解除的程序

合同解除的程序是指合同解除所要经过的必要步骤。除协议解除之外，合同解除一般应当遵循如下程序。

（一）解除权的行使方式

1. 单方行使解除权

在单方享有解除权的情况下，当事人的解除权在性质上属于形成权。形成权是指当

---

① 需要指出的是，《消费者权益保护法》对消费者的撤回权作出了明确规定。该法第25条第1款规定："经营者采用网络、电视、电话、邮购等方式销售商品，消费者有权自收到商品之日起七日内退货，且无需说明理由……"本书认为，应当将该条所规定的消费者的撤回权解释为法定解除权，因为在消费者行使撤回权的情形，该买卖合同已经成立生效，不宜将"撤回"理解为要约或承诺的撤回；而且此种撤回在性质上不应当属于行使撤销权，因为买受人在订立合同时并不存在意思表示错误、重大误解等事由，当事人的意思表示并没有出现不一致或者不自由的情形。因此，应当将此种撤回权解释为消费者的法定解除权。

② 参见王文军：《论继续性合同的解除》，载《法商研究》，2019（2）。

事人一方可以以自己单方的意思表示，使法律关系发生变动的权利。解除权作为一种形成权，同样使解除权人享有无须合同另一方同意就可以解除合同的权利。但是如果当事人仅仅享有解除权，而不实际行使，并不能发生解除的效果。要实际行使解除权，当事人必须作出一定的意思表示。《民法典》第 565 条第 1 款规定："当事人一方依法主张解除合同的，应当通知对方。合同自通知到达对方时解除；通知载明债务人在一定期限内不履行债务则合同自动解除，债务人在该期限内未履行债务的，合同自通知载明的期限届满时解除。对方对解除合同有异议的，任何一方当事人均可以请求人民法院或者仲裁机构确认解除行为的效力。"依据该条规定，当事人在行使解除权时，必须要将解除的意思明确地向非解除权人作出通知，否则不产生解除的效力。行使解除权是形成权行使的体现，以单方的意思即可产生效力，不需征得对方的同意，但解除的意思必须要实际到达对方，否则不能产生解除权行使的效果。

在收到解除权人解除合同的通知后，非解除权人有异议的，可以请求人民法院或者仲裁机构确认解除合同的效力。在法律上赋予另一方异议权，可以防止合同当事人随意解除合同；同时，也能够使另一方最大限度地保护自己的利益，避免在不符合解除条件的情况下使自己的利益遭受损害。《合同编通则解释》第 53 条规定："当事人一方以通知方式解除合同，并以对方未在约定的异议期限或者其他合理期限内提出异议为由主张合同已经解除的，人民法院应当对其是否享有法律规定或者合同约定的解除权进行审查。经审查，享有解除权的，合同自通知到达对方时解除；不享有解除权的，不发生合同解除的效力。"该条明确了如下规则：

第一，一方通知解除合同必须以其享有合同解除权为前提。一方行使解除权能否产生解除合同的效力，主要看一方行使解除权是否符合法定或者约定解除权的行使条件：如果符合解除权的行使条件，则自解除通知到达对方时起，认定合同已经被解除；否则，不产生解除合同的效果。通知解除合同只是满足了解除合同的程序要件，但其不是解除合同的实质要件，为防止一方当事人通过合同解除的方式逃避债务，维护诚信原则，必须要求当事人通知解除时享有合同解除权。① 换言之，一方行使解除权能否产生解除合同的效果，关键是看当事人解除合同的条件是否具备。不享有解除权的，不发生合同解除的效力。

第二，即便双方当事人约定了异议期间，而另一方没有在该异议期间内提出异议的，也不意味着该解除权能够当然产生解除合同的效力。《合同法司法解释二》曾明确规定法定期限为自解除通知到达之日起 3 个月。但因为一方发出解除通知并不意味着其实际上真的享有解除权，在没有解除权的情形下，因异议期间经过而使合同被解除，这显然不符合《民法典》关于合同解除的基本规则。同时，一方发出解除通知，而另一方不提出异议可能存在多种原因，仅凭异议期间内没有提出异议而认定合同被解除，不利于对真正享有解除权人的利益的保护。例如，一方无正当理由向对方发出解除合同的通知，另一方对此不予理会，不能因为超过异议期间后就认定合同已经被解除，如此可能纵容当

① 参见最高人民法院民事审判第二庭、研究室编著：《最高人民法院民法典合同编通则司法解释理解与适用》，586 页。

事人恶意违约行为。[1]

第三，享有解除权的，合同自通知到达对方时解除。一方提出解约以后，不享有解除权的，即使通知已经到达对方，或者对方未提出异议，也不发生合同解除的效力。在此情形下，可以视为一方提出了解除合同的要约，必须要对方作出承诺，合同才能解除。[2] 但提出解约的一方享有解除权，则合同将发生解除。解除的时间应当自通知到达对方时计算。

无论是何种形式的解除，都必须遵守法定的形式要件。法律、行政法规规定解除合同应当办理批准、登记等手续的，应依照其规定。如以不动产、机动车辆、船舶为标的物的买卖合同的解除，应到原过户部门办理注销手续，否则，不发生解除的效力。

2. 通过诉讼或者仲裁方式解除合同

《民法典》第565条第2款规定："当事人一方未通知对方，直接以提起诉讼或者申请仲裁的方式依法主张解除合同，人民法院或者仲裁机构确认该主张的，合同自起诉状副本或者仲裁申请书副本送达对方时解除。"这就确认了通过司法或者仲裁程序解除合同的时间。在实践中，在法院或仲裁机构依法作出判决或裁决时，合同自何时开始解除不仅影响到权利义务的终止，还影响到违约金等责任的计算等问题。因此，该款规定了合同解除的时间，即"合同自起诉状副本或者仲裁申请书副本送达对方时解除"，以该时点作为合同解除的时间，从而避免出现纠纷。该款规则适用于有解除权的一方没有通过行使解除权的方式解除合同，而是以诉讼或仲裁的方式向人民法院或仲裁机构主张解除。在此种情况下，如果法院确认合同解除，那么合同解除的时点为起诉状副本或者仲裁申请书副本送达对方时。需要注意的是，此处法院或者仲裁机构确认解除合同，实际上是因为主张解除一方当事人享有解除权，法院或仲裁机构确认了其解除权，如果当事人并不享有解除权就不能适用该条的规定。

但当事人一方在通过诉讼的方式解除合同时，可能会撤诉，并在撤诉后再次起诉主张解除合同，此时如何认定合同解除的时间？依据《合同编通则解释》第54条的规定，在当事人起诉主张解除合同撤诉后，再次起诉主张解除合同的，合同自再次起诉的起诉状副本送达对方时解除，因为当事人在以起诉的方式解除合同时，虽然起诉状副本已经送达对方，但法院并未确认当事人的解除主张成立，而申请撤诉乃是撤回解除合同的意思表示，因此，难以按照本次起诉的起诉状副本送达对方时确定合同解除合同。在当事人一方撤诉后，双方当事人嗣后都可能继续履行合同，认定合同自起诉状副本送达对方时已经解除，可能引发不必要的争议。[3] 因此在当事人一方撤诉后再次起诉的，经法院审理认定解除权成立的，合同自再次起诉的起诉状副本送达对方时解除。但是，依据《合同编通则解释》第54条，在当事人一方撤诉后又通知对方解除合同，而且该通知已

---

① 参见最高人民法院民事审判第二庭、研究室编著：《最高人民法院民法典合同编通则司法解释理解与适用》，584页。

② 参见最高人民法院民事审判第二庭编著：《〈全国法院民商事审判会议纪要〉理解与适用》，311页，北京，人民法院出版社，2019。

③ 参见最高人民法院民事审判第二庭、研究室编著：《最高人民法院民法典合同编通则司法解释理解与适用》，597页。

经到达对方，则应当适用通知的规则认定合同的效力，此种情形即属于按照通知的方式解除合同，而非以起诉的方式解除合同。如果发出通知的一方享有解除权，则合同自通知到达对方时解除。

（二）解除权的行使期限

《民法典》第 564 条规定："法律规定或者当事人约定解除权行使期限，期限届满当事人不行使的，该权利消灭。法律没有规定或者当事人没有约定解除权行使期限，自解除权人知道或者应当知道解除事由之日起一年内不行使，或者经对方催告后在合理期限内不行使的，该权利消灭。"这一规定包括两种情形：（1）法律规定了解除权的行使期限或者当事人约定了解除权的行使期限。在此情形下，解除权必须在法律规定或者当事人约定的期限内行使。如果当事人未在约定的期限内行使解除权，则解除权消灭。（2）法律没有规定解除权的行使期限，当事人也没有约定解除权的行使期限。在此情形下，解除权行使期限按照如下规则确定：一是解除权人知道或者应当知道解除事由之日起 1 年内。所谓解除权人知道或者应当知道解除事由，是指解除权人明知存在解除事由，或者根据合同履行的情况应当知道存在解除合同的事由。此时，解除权的行使期限为 1 年。二是对方催告后的合理期限。也就是说，在此情形下，对方当事人也可以催告解除权人及时行使解除权，此时，解除权人应当在合理期限内行使其解除权，否则该合理期限经过后，其解除权消灭。

（三）相对人提出异议的权利

《民法典》第 565 条规定，"对方对解除合同有异议的，任何一方当事人均可以请求人民法院或者仲裁机构确认解除行为的效力。当事人一方未通知对方，直接以提起诉讼或者申请仲裁的方式依法主张解除合同，人民法院或者仲裁机构确认该主张的，合同自起诉状副本或者仲裁申请书副本送达对方时解除"。依据这一规定，在相对人有异议的情形下，应适用如下规则。

（1）一方依法主张解除，如果对方没有提出异议，则合同解除自通知到达对方时起发生效力。《民法典》第 565 条规定，"通知载明债务人在一定期限内不履行债务则合同自动解除，债务人在该期限内未履行债务的，合同自通知载明的期限届满时解除"。也就是说，如果解除的通知中已经明确告知了对方在一定期限内不履行债务，将导致合同解除，则对方未在该期限内履行债务的，合同关系解除。

（2）对方有异议的，可以提出异议，也可以不提出异议。如果对方提出异议，则合同不能当然解除。如果约定了异议期限，当事人应当在约定异议期限内提出异议。如果当事人没有约定异议期限，则当事人应当在法定期限内提出异议。

（3）一旦一方提出解除异议，则任何一方都可以通过诉讼或仲裁解除合同。这就是说，一方提出解除后，另一方对该解除提出异议，表明双方已经就合同解除发生争议，在此情形下，无论是主张解除的一方，还是提出异议的一方，都有权向法院请求解除合同。在任何一方提起合同解除诉讼时，法院都应当就合同解除是否符合法定条件、是否享有解除权进行审查。如果一旦确定当事人享有解除权，则应当宣告合同解除，但如果当事人不享有合同解除权，则应当继续维持合同的效力，并就当事人的相关争议进行审查。

在一方提起诉讼以后，主张解除的一方是否有权解除合同，法院应当予以审查。在法律上赋予另一方异议权，可以防止合同当事人随意解除合同；同时，也能够使另一方最大限度地保护自己的利益，避免在不符合解除条件的情况下使自己的利益遭受损害。如果当事人没有约定异议期限，则应当适用法定的异议期限。曾有解释明确了法定的期限，即自解除通知到达之日起3个月。①

一旦一方当事人提出异议，则即便解除的通知到达，也不能发生合同解除的效力。是否解除合同，由法院或仲裁机构确定。

（四）解除权的抛弃

解除权可以采取明示或默示的方式予以抛弃。所谓明示方式，就是直接向非解除权人表示放弃解除权；所谓默示方式，通常是指继续接受对方的履行。换言之，如果一方继续履行，另一方接受了对方的履行，可以认为双方的意思是使合同继续有效，而享有解除权的一方已经抛弃了其解除权。

四、合同解除的法律后果

（一）合同解除的溯及力

《民法典》第566条第1款规定："合同解除后，尚未履行的，终止履行；已经履行的，根据履行情况和合同性质，当事人可以请求恢复原状或者采取其他补救措施，并有权请求赔偿损失。"依据这一规定，合同解除的溯及力包括如下几点。

第一，向将来发生效力。民法典承认合同解除应向将来发生效力，即对于尚未履行的应终止履行。既然合同已经解除，当事人的合同权利义务将消灭，任何一方都不得继续履行合同。

第二，产生溯及既往的效果。这就是说，已经履行的，可以要求恢复原状或采取其他补救措施。恢复原状，是指当事人应恢复到订约前的状态。在合同解除以后，当事人所负有的恢复原状的义务应当根据合同现有的状态与合同订立前的状态予以比较，恢复原状就是要使当事人从现有的状态恢复到订约前的状态。如果依据合同的性质或当事人的实际状况，无法使合同履行恢复原状，当事人可以采取修理、重作、减价等措施代替返还财产、恢复原状。即便是合同解除后，也可以采取修理、重作等方式。例如，因一方交付的产品质量不合格，导致非违约方解除合同，非违约方不一定要返还财产，而可以通过减价的方式，以质论价，处理当事人之间的权利义务关系。

需要指出的是，合同解除是否产生溯及既往的效力，需要"根据履行情况和合同性

---

① 《合同法司法解释二》规定了合同当事人提出异议的期限。该解释第24条规定："当事人对合同法第九十六条、第九十九条规定的合同解除或者债务抵销虽有异议，但在约定的异议期限届满后才提出异议并向人民法院起诉的，人民法院不予支持；当事人没有约定异议期间，在解除合同或者债务抵销通知到达之日起三个月以后才向人民法院起诉的，人民法院不予支持。"

质”予以确定。所谓根据履行情况，是指合同已经履行的，应当恢复原状；如果合同尚未履行，则不产生所谓恢复原状的问题。所谓根据合同性质，是指根据合同的内容确定能否恢复原状，如对于提供劳务的合同而言，即难以适用恢复原状的规则。

第三，合同解除不影响结算和清理条款的效力。依据《合同编通则解释》第52条第3款的规定，合同解除不影响结算和清理等条款的效力。在双方协商解除合同时，如果原合同规定了结算和清理等条款，则这些条款不因合同解除而失效；如果原合同没有规定结算和清理等条款，当事人在协议解除合同之外，特别规定了结算和清理等条款，这些条款仍然合法有效。[①] 此外，在合同解除后，对于已经履行的债务事实上产生的是清算的法律效果。这就是说，并非原权利义务关系已经宣告不复存在，而只是因为解除的发生，导致原来已经履行的部分，需要发生清算的效果。

(二) 返还请求权

所谓返还请求权，是指合同解除之后，当事人请求返还其已经作出的给付。在合同解除以后，当事人要达到订约前的状态，也就是说要恢复原状，而返还请求权是实现恢复原状的效果最直接、最典型的方式。基于恢复原状而请求返还应当包括如下几方面内容：首先，已经作出履行的，除返还财产以外，还应补偿因返还所支付的费用。其次，在返还原物时，如果该物已经产生孳息，则也应当返还孳息，且一方在占有标的物时为维护标的物而支付的必要费用应返还。但是，由于解除合同本身是对受害人的一种补救方式，它体现了对违约方的制裁，所以，返还作出的履行，应充分考虑保护非违约方的利益以及对违约行为的制裁，如果非违约方已经得到孳息，则其有权依法行使抵销权。最后，采取其他补救措施，即如果无法恢复原状，或者不宜恢复原状，当事人应当采取其他补救措施。

(三) 合同的解除与损害赔偿的关系

《民法典》第566条第2款规定：“合同因违约解除的，解除权人可以请求违约方承担违约责任，但是当事人另有约定的除外。”所谓当事人另有约定，是指当事人在合同中约定，或者在解除合同时明确免除对方的违约责任。《合同编通则解释》第52条第3款规定，合同解除不影响违约责任的承担。因此，我国法律承认合同解除与损害赔偿是可以并存的。因为合同解除作为一种补救手段，只是使受害人摆脱了合同关系的束缚，从而使其可以选择新的订约伙伴，但其因对方的违约造成的损失并没有得到补救。即使是在解除后采取恢复原状的方法，也不能使受害人遭受的损失得到补偿，因为恢复原状是指恢复到双方订约前的状态。在某些情况下，要使当事人完全达到订约前的状态，仅仅通过返还履行的方法是不够的，还必须采用损害赔偿的方法。例如，一方交付的财产发生了毁损、灭失而不能返还，只能采用损害赔偿的方法。当然，如果赔偿损失已足以保护受害人权益（例如，非违约方希望保留合同标的物，而对方交付的标的物不合格），在

---

① 参见最高人民法院民事审判第二庭、研究室编著：《最高人民法院民法典合同编通则司法解释理解与适用》，579页。

此情况下，可以通过损害赔偿方法保护其利益，而不必解除合同。

对于解除后的损害赔偿问题而言，应当区分不同的解除原因而区别对待。① 在因违约而解除合同的场合，如果合同可以继续履行，非违约方主张解除合同，则其应当仅可以主张信赖利益损失赔偿，而不得主张履行利益损失赔偿。因为一方面，在合同可以继续履行时，非违约方仍可请求违约方继续履行合同，以实现其合同目的，但如果其选择解除合同，主动消灭合同的效力，则应无权再主张对合同履行享有期待利益，应无权再请求违约方赔偿其履行利益损失。另一方面，从当事人的本意看，在一方违约的情形下，如果合同仍可履行，则非违约方可以请求违约方继续履行合同，而如果其主张解除合同，则可以认定，继续履行合同对非违约方已经没有必要，或者其认为自身的信赖利益损失已经大于履行利益损失，此时，非违约方应当仅能主张信赖利益损失的赔偿。

（四）合同解除后的担保责任

《民法典》第 566 条第 3 款规定："主合同解除后，担保人对债务人应当承担的民事责任仍应当承担担保责任，但是担保合同另有约定的除外。"从实践来看，关于主合同解除后保证人是否需要承担保证责任，一直存在争议。《民法典》第 566 条对主合同解除后担保人的担保责任作出规定，明确了担保人在主合同解除后仍应当继续承担担保责任。此种规定具有合理性，因为在主合同被解除后，债务人所应当承担的责任是其合同债务的一种延续，担保人仍应当对此承担担保责任。当然，当事人在担保合同中明确约定，主合同解除后，担保人不再承担担保责任的，该约定也有效。

五、合同的司法终止

（一）合同的司法终止的概念和特征

与合同的解除具有密切关联的是合同的司法终止。所谓合同的司法终止，又称为打破合同僵局，是指合同当事人请求法院或者仲裁机构解除合同，由法院或者仲裁机构决定是否解除合同。比较法上普遍认为，只有非违约方才享有解除合同的权利，违约方无权主张解除合同②，有关国际公约和示范法也采纳了这一规则。③ 但在交易实践中，因为只有非违约方才享有解除权，可能会导致合同僵局的产生。所谓合同僵局，是指在长期合同中，一方因为经济形势的变化、履约能力等原因，导致其不可能履行长期合同，需要提前解约，而另一方拒绝解除合同。从审判实践来看，出现合同僵局大多是因为合同难以继续履行，或者事实上不可能实际履行。在出现合同僵局的情形下，有必要通过司

① 参见曾凡昌：《解除原因视角下的合同解除损害赔偿范围研究》，载《西南政法大学学报》，2011（2）。

② See Treitel，*The Law of Contract*，14th edition，Sweet & Maxwell，2015，p. 953.

③ 《销售合同公约》第 25 条规定："一方当事人违反合同的结果，使对方实际上剥夺了他根据合同规定有权期待得到的东西，除非违约方并没有预见到，且一个理性的同行在相同情况下也不可能预计到会发生这种损害结果。"显然，《销售合同公约》是将合同的法定解除权赋予了非违约方，即非违约方可以在违约方根本违约的情形下解除合同。有关的示范法也基本采纳这一观点。例如，《欧洲民法典草案》第Ⅲ-3：502 条规定，因债务人不履行合同债务，债权人可以解除合同。《商事合同通则》第 7.3.1 条也规定了在一方根本违约的情形下，非违约方享有解除合同的权利。

法终止方式打破合同僵局。

对此,《民法典》第580条第2款也规定:“有前款规定的除外情形之一,致使不能实现合同目的的,人民法院或者仲裁机构可以根据当事人的请求终止合同权利义务关系,但是不影响违约责任的承担。”该条规定借鉴了比较法的经验,同时也吸纳了我国司法实践的经验,有助于解决此种合同僵局的情况。法律上之所以要打破合同僵局,主要原因在于:一方面,有利于维护公平和诚信原则。在出现合同僵局时,享有解除权的一方当事人拒绝行使解除权,常常是为了以“敲竹杠”的方式向对方索要高价,从而要求超出自己所应获得利益的赔偿,这就违反了诚信和公平原则。如果任由非违约方拒绝解除,可能造成双方利益严重失衡。因而,在法律上有必要予以纠正。另一方面,降低交易成本。打破合同僵局可以使当事人及时从合同僵局中脱身,并及时开展其他交易,这在整体上可以降低交易的成本。

合同的司法终止的特征主要表现在:

第一,必须出现合同僵局。出现合同僵局意味着虽然一方因履行不能致使不能实现合同目的,其并不享有单方解除合同的权利。但另一方拒绝解除合同,当事人也无法达成解除合同的协议。在此情形下,合同就出现僵局,履行不能的一方无法从合同中摆脱出来,另行签订合同。

第二,不属于情势变更的情形。虽然合同僵局与情势变更具有相似性,但两者也具有明显的区别,不能将构成情势变更作为认定合同僵局的前提条件。一方面,二者产生的原因不同。情势变更的发生原因是客观原因,并且是当事人在合同订立时无法预见的客观原因。而产生合同僵局的原因大都不是当事人在合同订立时无法预见的客观原因,而可能是当事人一方的主观原因。另一方面,对当事人利益的影响不同。在情势变更的情形下,一定的客观原因的发生将导致继续履行合同对一方当事人明显不公平,或者不能实现合同目的;而在合同僵局的情形下,合同僵局的出现通常只是导致一方当事人的合同履行成本过高,并不当然导致当事人的合同目的无法实现。所以,出现合同僵局时无法完全依据情势变更规则打破合同僵局。当然,在履行不能的情形下,如果符合情势变更的适用条件,直接适用情势变更规则即可解决相关问题,而不需要适用《民法典》第580条第2款的规定。

第三,必须由法院或者仲裁机构决定是否终止合同。在出现合同僵局的情形下,当事人不享有解除权,其仅仅是享有申请司法机关终止合同的权利,最终由法院或者仲裁机构经过审查予以判断。因此,该条并没有赋予任何一方单方面解除合同的权利。[①]

(二)司法终止的条件

依据《民法典》第580条第2款的规定,如果符合如下情形,可以请求法院和仲裁机构解除合同:

第一,必须因履行不能致使不能实现合同目的。在出现合同僵局的情形下,合同本身并非完全不能履行,相反,在许多情形下,合同是可以履行的,但因为一方的原因,导致合同履行艰难,或者履行在经济上不合理。

---

① 参见黄薇主编:《中华人民共和国民法典合同编解读》,419页。

一方面，在司法终止的情形下，必须发生履行不能，履行不能既包括不能履行，也包括履行费用过高。具体而言，存在三种情形：一是法律上不能履行。例如当事人签订合同，但由于政府征收征用政策而导致合同不能履行，即构成法律上不能履行。二是事实上不能履行，即出现了一定的事由导致合同在事实上不能履行。例如，在合同订立后、债务人履行前，作为特定物的标的物发生毁损、灭失，已无法从市场上获得替代品，此时就发生事实上的履行不能。三是履行费用过高。在比较法上，履行费用过高就是在成本和收益之间作了一个相对的经济评估（comparative economic assessment），来确定是否要适用履行请求权。①

另一方面，此种履行不能导致合同目的不能实现。例如，违约方租赁房屋的目的是用于自己居住，但因为其赴外地工作，继续租赁该房屋已经无法实现其缔约目的，因此，必须终止合同。如果不能请求继续履行的仅仅是从给付义务，则可能并不会必然导致合同目的不能实现，此时当事人不能申请终止合同。

第二，非违约方拒绝违约方解除合同的请求。之所以合同会形成僵局，是因为一方继续履行无法实现合同目的，因此其要求解除合同，而非违约方因为各种原因拒绝解除合同。在许多情形下，非违约方拒绝解除合同是为了“敲竹杠”、借机发难、索要更高的赔偿。这些行为本质上都违反了诚信原则，造成当事人之间利益失衡，所以才有必要允许当事人请求司法机关决定是否终止合同。②

第三，必须由当事人提出请求，不能依职权终止合同。毕竟，在出现合同僵局的情形下，是否有必要打破合同僵局、提前终止合同关系到当事人自身的利益，应当由当事人自己提出请求，法院或者仲裁机构没必要依职权终止合同。

符合上述条件的，任何一方当事人（包括违约方）都可以请求法院或者仲裁机关确认合同关系终止。《民法典》第580条第2款最主要的法律后果是：当事人有权申请终止合同。这里所说的当事人是指双方当事人，包括守约方和违约方。当然，允许违约方主张终止合同也只是允许其请求法院或者仲裁机构通过裁判终止合同，而不是赋予违约方解除合同的权利。

依据《民法典》第580条第2款的规定，在合同终止后，违约方本应当承担的违约责任不能因此而减少或者免除。

（三）司法终止的时间

在出现合同僵局的情形下，当事人提起诉讼、申请司法终止之后，如何确定合同终止的准确时点，对此一直存在争议。依据《合同编通则解释》第59条的规定，法院一般应当以起诉状副本送达对方的时间作为合同权利义务关系的终止时间，这主要是因为：第一，有利于为司法终止情形下合同权利义务终止的时间提供明确的判断标准。与起诉状副本送达对方的时间相比，其他时间点通常不够明确，难以为合同权利义务的终止提

① See Stefan Vogenauer, *Commentary on the UNIDROITP Pinciples of International Commercial Contracts* (*PICC*), Oxford University Press, 2015, p. 1076.

② 参见黄薇主编：《中华人民共和国民法典合同编解读》，419页。

供明确的判断标准。第二，有利于鼓励当事人及时提出请求。在合同出现僵局的情形下，当事人依法享有请求司法终止合同的权利，以起诉状副本送达对方的时间作为合同权利义务终止的时间，也有利于鼓励当事人及时提出请求，以尽快打破合同僵局。①

当然，依据《合同编通则解释》第59条的规定，司法终止的情形较为复杂，一概以起诉状副本送达对方的时间作为合同权利义务终止的时间，有可能不符合公平和诚信原则。例如，在一方故意违约的情形下，其具有过错，但其并没有与对方协商，而直接申请司法解除，在此情形下，如果以起诉讼状副本送达对方的时间作为合同终止的时间，可能并不公平，此时就需要根据公平和诚信原则确定合同终止的时间，这就赋予了法官一定的自由裁量权，由法官根据公平和诚信原则，确定合同司法终止的时间点。② 因此，由法院根据案件具体情况，依据公平和诚信原则确定合同终止的时间点，有利于实现原则性与灵活性的统一。

第四节　抵　销

一、抵销的概念

所谓抵销，是指二人互负相同种类债务，各使双方债务在对等额内相互消灭的法律制度。抵销作为合同消灭的一种原因，为罗马法以来各国立法所普遍承认。在抵销中，提出抵销的一方所享有的债权，称为主动债权；被抵销的债权，称为被动债权。抵销依其产生的依据不同，可分为法定抵销和合意抵销。所谓合意抵销，是根据合同当事人双方的约定所发生的抵销，它是当事人意思自由的体现，只要双方的合意不违背法律的禁止性规定，都应予准许。而所谓法定抵销，是指在符合法律明确规定的构成要件的情况下，依当事人一方的意思表示而发生的抵销。两种抵销都会导致债权债务的消灭。

抵销具有如下法律功能：一是具有清偿功能。通过抵销的方法，免除双方互相履行的劳力、时间和费用，消灭债权债务，从而有利于降低交易费用。抵销从效果上看，与清偿并没有本质的区别，因为单方抵销实际上是不考虑对方的意思而实现自己债权的方式，通过抵销也可以使当事人双方的债权实现，从而产生与清偿相同的效果。从经济效率上说，抵销是一种能有效降低交易成本、增进效率的方法。当然，在我国民法典合同编中，抵销是作为不同于清偿的债的消灭原因规定的。二是简化法律关系的功能。在抵销的情况下，当事人不必分别履行，就可以直接终止债权债务关系。这就可以使法律关系简化，避免当事人分别计算债务的麻烦。三是担保的功能。抵销具有担保功能，因为在双方当事人互负债务时，如当事人一方只行使自己的债权，不履行其义务，那么，对方当事人就不能确保自己债权的实现，特别是在一方当事人财产状况恶化不能履行债务

① 参见最高人民法院民事审判第二庭、研究室编著：《最高人民法院民法典合同编通则司法解释理解与适用》，659页。

② 参见最高人民法院民事审判第二庭、研究室编著：《最高人民法院民法典合同编通则司法解释理解与适用》，660页。

时，对方当事人行使抵销权就免除了自己的债务，实现了其债权。① 四是代替清偿的功能。抵销从效果上看，与清偿并没有本质的区别，因为单方抵销实际上是不考虑对方的意思而实行自己债权的方式，通过抵销也可以使当事人双方的债权实现，从而产生与清偿相同的效果。从这个意义上说，抵销具有代替清偿的功能。

二、法定抵销

（一）法定抵销的概念和构成要件

法定抵销是抵销的典型形式，也可说是抵销的一般形式。法定抵销，是指在符合法律规定的条件下，经过一方作出抵销的意思表示而使双方的债权债务发生消灭的一种抵销方式。法定抵销的主要特点在于，一旦具备法律规定的抵销条件，抵销权人就可以通过单方面行使抵销权，使双方的债权债务关系消灭。因此，法定抵销需要具备法律规定的条件。在符合法定的抵销条件的情况下，当事人可以行使抵销权，而使债务发生抵销。《民法典》第568条规定："当事人互负债务，该债务的标的物种类、品质相同的，任何一方可以将自己的债务与对方的到期债务抵销；但是，根据债务性质、按照当事人约定或者依照法律规定不得抵销的除外。当事人主张抵销的，应当通知对方。通知自到达对方时生效。抵销不得附条件或者附期限。"

依据《民法典》第568条的规定，法定抵销的构成要件主要包括如下方面。

（1）当事人互负债务。一是双方当事人相互负担对应的合法债务，也相互享有对应债权，这是抵销成立的前提。一方面，抵销需要双方互负债务，如果一方对他方未负有债务，则不可能发生抵销。这就是说，被动债权的债务人须为主动债权的债权人，这种相互对立性必须在抵销的意思表示成立时就已经存在，同时也意味着一方当事人只能以自己对对方当事人所享有的债权，而不能以第三人的债权进行抵销。因为任何人对他人的债权没有处分权，不能进行抵销。例如，保证人不得以主债务人对于债权人的债权，与主债务人对于债权人所负的债务，主张抵销。另一方面，如果债务人用于抵销的债权已经在处分上受到限制（例如已经设立质权等），也不能抵销。二是双方的债权必须是合法有效的。这就是说，能够抵销的债权债务都是基于合法有效的债的关系而产生的，如果合同虽然成立，但是，其应被宣告无效或者已经被撤销，当事人也不能进行抵销。违法的债权债务本来不应当受到法律保护，因此也不能抵销。② 例如，因赌博而产生的债权，是不能抵销的。此外，不具有强制执行效力的债权（如时效届满的债权），其不能作为主动债权抵销，但可以作为被动债权抵销。

（2）抵销标的物的种类、品质相同。《民法典》第568条规定，"当事人互负债务，该债务的标的物种类、品质相同的，任何一方可以将自己的债务与对方的到期债务抵销"。给付标的物种类、品质相同，才能主张抵销。因此，抵销的标的原则上是动产。所谓种类相同，就是指动产的类型是同一的，如同为某型号的钢材或某等级的大米。所谓

① 参见潘卫东、杨坤：《贷款银行抵销权的法理研究》，载《财经问题研究》，2000（7）。

② 参见林诚二：《民法债编总论：体系化解说》，414页，台北，瑞兴图书股份有限公司，2001。

品质相同，是指标的物的质量是相同的，例如，一级大米与二级大米之间尽管种类是相同的，但品质是不同的，因此，原则上不得抵销。但是，如果主动债权的品质优于被动债权的，应当允许抵销。[①] 具体来说，第一，双方债权均以特定物为标的的，即使该特定物属于相同的种类，一般也不得抵销。[②] 因为不动产都是特定物，彼此之间品质存在很大差异，所以，不动产债务原则上不适用抵销。第二，可以抵销的债权限于种类之债。种类之债的债权人，不得以其种类债权对特定债权主张抵销，但特定债权的债权人，可以其特定债权，主张对种类债权的抵销。同属种类债权时，范围较窄的种类债权可以作为主动债权，而范围较广的种类债权，不得为主动债权。第三，货币是特殊的种类物，它们之间在种类、品质上都是相同的，因此，货币之间可以进行抵销。第四，选择之债依选择而使债权确定以后，可以成为抵销的对象，在作出选择以前，因债的标的不确定，不能适用抵销制度。第五，破产债权人在破产宣告时，对于破产人负有债务的，无论给付的种类是否相同，都可以进行抵销。

（3）主动债权已届清偿期。《民法典》第 568 条规定，“任何一方可以将自己的债务与对方的到期债务抵销”。从该条规定来看，在抵销的情形下，并不需要双方债权均届清偿期，而只需要主张抵销的一方当事人的债权已届清偿期，即主动债权已届清偿期。法律作出此种规定的原因在于，在主动债权已届清偿期的情形下，被动债权尚未届清偿期，主动债权的债权人主张抵销的，等于其放弃了期限利益，实质上是债务的提前清偿，法律应当允许。反之，如果主动债权尚未届清偿期，此时，其主张抵销将损害对方当事人的期限利益。

（4）双方的债务都不属于不能抵销的债务。抵销的债务应当具有合法性，应当说能够作为抵销标的的债权是十分广泛的，除了依据法律法规的规定以及债务的性质等不得抵销的，原则上一般债权都能够抵销，但《民法典》第 568 条第 1 款规定了“根据债务性质、按照当事人约定或者依照法律规定不得抵销的除外”。法律禁止抵销的债务以及依据债务的性质不能抵销的债务，是不能抵销的，例如，提供劳务的债权、不作为的债权等。此外，如果当事人约定某些债务不得抵销，则应当尊重当事人的约定，此类债务也不得抵销。

在法定抵销中，侵害人身权益产生的债权，侵权人不得主张抵销，从而对抵销的适用进行了限制。《合同编通则解释》第 57 条规定：“因侵害自然人人身权益，或者故意、重大过失侵害他人财产权益产生的损害赔偿债务，侵权人主张抵销的，人民法院不予支持。”作出此种规定的主要理由在于，有利于防范侵权的风险，也防止出现道德风险。因为如果允许侵权人主张上述因侵权而产生的债务抵销，可能诱发债权人在债权不能获得清偿时直接故意侵权以泄私愤的道德风险。[③] 对于侵害自然人人身权益的债务，侵权人不得主张抵销。该条的目的在于保护人身权益，因此，不考虑侵权人主观上是否具有故意或者重大过失，在这一点上不同于财产权侵害，这也是为了进一步强化对受害人生命、

---

① 参见刘春堂：《判解民法债篇通则》，233 页，台北，三民书局，1991。

② 参见余延满：《合同法原论》，506 页。

③ 参见王洪亮：《债法总论》，178 页，北京，北京大学出版社，2016。

健康、身体的保护。需要指出的是，《合同编通则解释》第 57 条规定侵权人不得主张抵销，但并不排斥被侵权人主张抵销[①]，即在侵害人身权益的情形下，受害人对侵权人所享有的侵权损害赔偿债权可以作为主动债权予以抵销，但是受害人所享有的侵权损害赔偿债权不得作为被动债权抵销，即侵权人不得主张抵销。对侵害生命权、身体权、健康权而产生的债权，不得作为被动债权抵销，这主要是因为，对于生命或身体遭受侵害而产生的债权，应当充分保障其获得实现，以充分地救济受害人，这也充分体现了民事权益的位阶要求，对于生命和身体的权益进行最为优先的保护。因此，侵权之债的抵销应当受到限制。

故意或者过失侵害他人财产权益产生的债务，侵权人不得主张抵销。依据《合同编通则解释》第 57 条的规定，因侵权人故意、重大过失侵害他人财产权益产生的损害赔偿债务，不得抵销。具体而言：一是侵权人实施侵权行为，造成他人的财产权益的损害。财产权包括了物权、债权、知识产权、数据、网络虚拟财产等，债权也包括在内。二是因侵害财产权产生了损害赔偿之债。侵权人侵害他人财产必须造成财产损害，受害人作为债权人对侵权人享有债权。三是侵权人具有故意或者重大过失。之所以将侵害他人财产权益产生的债务限定为故意或者重大过失，主要是因为，在侵害财产权益的情形下，不涉及人身权益、人格尊严的问题。针对故意或者重大过失侵害财产权的行为，法律必须予以处罚。如果允许侵权行为人抵销，就可能会鼓励行为人故意实施相关的侵害行为。[②] 当然，在行为人故意或者重大过失侵害他人财产权益的情形下，只是侵权人一方不得主张抵销，受害人仍然可以主张抵销。

（二）诉讼时效期间届满的主动债权不得自动产生抵销的效力

依据《合同编通则解释》第 58 条，对于已过诉讼时效的债权，如果债权人向债务人主张抵销，则债务人有权提出抗辩，一旦抗辩成立，已过诉讼时效的债权就不能作为主动债权抵销，其不能自动产生抵销效力。如果对方不提出抗辩，则意味着对方放弃了时效利益，将发生抵销效力。这与《民法典》第 192 条的规定是相一致的。《合同编通则解释》第 58 条规定已过诉讼时效的债权不能自动产生抵销的效力，理由主要在于：一方面，有利于保障债务人依法享有的抗辩权。因为允许超过时效的债权作为主动债权抵销，将导致损害债务人利益的后果。另一方面，有利于维护债权的确定性。罹于诉讼时效的债务性质上属于自然债务，而允许时效届满的主动债权抵销不符合自然债务的性质。此外，有利于保障公平清偿。抵销本身具有公平清偿和相互担保的功能，但这种功能发挥的前提是发生抵销的两个债务相互间具有可互换性，由于抵销的结果将导致两个债务在同等数额内消灭，因此，两个债务之间应当在价值上具有同等性。如果主动债权已经超过诉讼时效，而被动债权并未超过时效，这就表明双方的债务有一个是自然债务，效力并不完备，而另一个是效力齐备的债权，除非被动债权人自愿，否则相互抵销将违反公

---

① 参见最高人民法院民事审判第二庭、研究室编著：《最高人民法院民法典合同编通则司法解释理解与适用》，635～636 页。

② 参见最高人民法院民事审判第二庭、研究室编著：《最高人民法院民法典合同编通则司法解释理解与适用》，637 页。

平清偿原则。

已过诉讼时效债权可以作为被动债权抵销。《合同编通则解释》第 58 条规定，“一方的债权诉讼时效期间已经届满，对方主张抵销的，人民法院应予支持”。该规定具有合理性，因为：一方面，时效已经届满的债权虽然效力上不齐备，但其仍然是合法、有效的债权，在债务人作出履行时，债权人仍然有权保有该履行利益，而不构成不当得利。因此，对时效已经届满的债权而言，应当允许其作为被动债权抵销。另一方面，在一方债权的诉讼时效已经届满的情形下，如果对方当事人主张抵销，则表明其放弃了时效利益，法律上应当允许。因此，该条允许已过诉讼时效的债权可以作为被动债权抵销。至于被动债权人在主张其行使抵销权时，因为不知道被动债权已过诉讼时效，已经发生抵销效果的，其也不能主张撤销。这一观点与《民法典》第 192 条第 2 款规定一致，该条规定，“义务人已经自愿履行的，不得请求返还”。

(三) 法定抵销的方法

《民法典》第 568 条第 2 款规定：“当事人主张抵销的，应当通知对方。通知自到达对方时生效。抵销不得附条件或者附期限。”据此，主张抵销时应当注意如下几点：

(1) 当事人要有主张抵销的意思（Aufrechnung serklärung）。[①] 抵销的意思表示是以债权的消灭为目的的处分行为，也是一种旨在以发生权利关系的变动为目的的形成行为（Gestaltung sgeschäft）。[②] 只要符合抵销的法定条件，抵销权人就可以通知对方而发生抵销的效果。[③] 也就是说，抵销为形成权之一种，“为抵销时既不需相对人之协助，亦无经法院裁判之必要”，“一经向他方为意思表示即生消灭债务之效果，不待对方之表示同意”[④]。抵销实际上是对债权作出的一种处分，作出抵销的意思表示之人必须具有行为能力。由于抵销是一种单方行为，因而抵销权人行使抵销权无须征得相对人同意。不过，相对人也可能对抵销持有异议。但相对人提出异议，必须在法定的或约定的异议期内提出。

(2) 抵销的意思表示必须通知对方。[⑤]《合同编通则解释》第 55 条也明确规定，抵销的通知必须到达对方时，才能发生抵销的效力。这就是说，享有主动债权的一方应当向享有被动债权的一方作出表示，这种表示既可以向被动债权人自身作出，也可以向其代理人作出，但不得向第三人作出。如果发生债权的转让，且符合抵销的要件，则债务人必须要以受让人作为相对人，而作出抵销的意思表示。抵销的意思表示应当以通知的方式表现出来。有学者认为，对于法定抵销发生效力的时间，我国立法采用到达主义，即抵销的意思表示需在通知到达对方时，才能产生抵销的效力。[⑥] 此种观点值得赞同。

(3) 抵销的意思表示必须到达相对人。合同当事人行使抵销权的意思表示，虽然是

---

①⑤　MüKo/Schlüter，BGB § 388，Rn. 1.

②　MüKo/Schlüter，BGB § 387，Rn. 2.

③　参见崔建远主编：《合同法》，7 版，196 页，北京，法律出版社，2021。

④　黄立：《民法债编总论》，714 页。

⑥　参见陈伯诚、王伯庭主编：《合同法重点难点问题解析与适用》，255 页，长春，吉林人民出版社，2001。

单方意思表示，但是，属于有相对人的意思表示。抵销的意思表示必须到达相对人才能生效，此种表示在法律上是一种不要式的行为，也就是说，一方在通知对方的时候，既可以采取口头的形式，又可以采取书面的形式，但一般来说，必须采用明示的方式，并能够为对方所了解。

（4）抵销的意思表示不得附条件或者附期限。①《民法典》第568条第2款规定抵销不得附条件或者附期限。抵销之所以不得附条件和期限，其主要原因在于：一方面，抵销权在性质上是形成权，基于抵销权人的单方意思便可以发生效力。形成权的行使本身就是为了简化法律关系，避免使法律关系陷入不确定的状态。如果对抵销权的行使设立条件和期限，并规定必须在条件和期限到来后，才能行使抵销权，则抵销就不能产生确定的效力。另一方面，抵销的效力应当溯及于抵销的条件成立之时，如果抵销的意思表示中附有始期，则抵销就不能产生溯及力。所以，在比较法上，一般认可这一规则。例如，《德国民法典》第380条规定："抵销以向另一方作出意思表示的方式进行。附条件或期限进行表示的，表示无效。"

（5）抵销权的行使必须遵循法律规定。权利的行使都必须依法进行，抵销权的行使也不例外。例如，抵销不得违反国家有关外汇管制的政策。如果两项债权的标的是两种不同的货币，依据有关外汇管制的规定不得相互抵销。

三、合意抵销

（一）合意抵销的概念和条件

合意抵销，也称约定抵销，是指当事人双方通过订立抵销合同而使双方互负的债务发生抵销。《民法典》第569条规定："当事人互负债务，标的物种类、品质不相同的，经协商一致，也可以抵销。"可见，《民法典》允许当事人采取约定的方式抵销双方的债务。合意抵销有两种情况：一是双方在合同中约定一定的行使抵销权的条件，待条件成就时一方可以行使抵销权；二是当事人双方可通过协议将双方的债务相互抵销。在此情况下，抵销合同是一种独立的合同，并不是原合同的组成部分，而是在原合同成立后，通过订立抵销合同使双方的债务消灭。② 法律上之所以允许当事人可通过合意抵销，其主要原因在于合同债权是当事人双方约定的权利，既然法律允许当事人可以抛弃债权，当然也应当允许当事人通过合意抵销双方的债务。

合意抵销也应当符合一定的要件，具体包括：（1）当事人双方互负债权债务。此处所说的债权债务应当是合法有效的，而且与前述法定抵销中对债权合法有效的要求是相同的。合意抵销可以改变法定抵销的条件，具体来说，主要有如下两种情况：一是因为双方的债务没有到期，当事人愿意通过合意抵销债务；尤其是在主动债权没有到期的情况下，主动债权人与被动债权人希望通过达成协议抵销债务。二是在合意抵销的情形下，

---

① MüKo/Schlüter，BGB § 388，Rn. 3.

② 关于抵销合同的性质，存在不同看法。有人认为属于清偿或拟制清偿，有人认为属于代物清偿，有人认为属于无因的债务免除合同，有人认为属于两个独立的合同。参见史尚宽：《债法总论》，826页。但本书认为，此种合同应为独立合同。

按照私法自治原则，只要当事人就抵销达成合意，不论债务是否到期，均可发生抵销的效力。（2）双方当事人就合意抵销达成合意。合意抵销实际上是就抵销达成合意，该合意的内容是双方协议确定的。通常来说，当事人达成抵销的协议是在债权债务成立以后。当然，当事人也可以在合同成立时约定，一方享有抵销权的条件和行使方式等。

（二）双方合意排除抵销

所谓双方合意排除抵销，是指当事人双方在合同中明确约定，禁止行使法定抵销权。[1] 如前所述，依据我国《民法典》第568条的规定，凡是依照法律规定或者合同性质不得抵销的债务，不得抵销。但在双方互负债务时，合同当事人是否可以约定不得抵销？合同法上缺乏明确的规定。我国司法实践认为，当事人在合同中可以针对互负债务的情形，约定不得抵销的情形，即使是依据合同法的规定可以抵销的合同债权，只要当事人约定不能抵销，也不得抵销[2]，这就赋予当事人更多的意思自治空间。[3] 当事人事先在合同中明确约定禁止抵销，则已表明当事人认为，要求对方严格履行合同债务更符合其合同目的，因此，法律应当尊重当事人作出的此种安排。此时，即便符合法定的抵销条件，当事人也不能行使抵销权。从这个意义上讲，《民法典》关于抵销的规定仍然属于任意性规范，应当允许当事人加以排除。

四、抵销权行使的效力

抵销权行使的效力是指在具备法定的抵销权构成要件的情况下，当事人通过行使抵销权而发生的效果。抵销权行使的效果与抵销适状的效果是不同的。抵销适状是指因具备法定的抵销要件，将产生抵销权。而抵销权行使的效果是指在抵销适状的情况下，由当事人实际行使抵销权所发生的后果。具体来说，抵销权的行使后果表现在以下方面：

（1）抵销权的行使，使债务人和受让人之间的债权债务关系按照双方能够相互抵销的同等数额而消灭，受让人在被抵销的债权范围内，不能再向债务人主张权利；如果在抵销以后，债务人就原债务进行清偿，根据某些国家民法的规定，清偿人可以以不当得利为由请求返还。抵销的意思表示作出以后，将发生双方债权债务的消灭，因抵销的债权消灭，不得发生恢复原状的后果，当事人之间已作出抵销的意思表示的，不得撤销。

（2）抵销的发生，只是使双方在同等数额内所互负的债权发生消灭。对于未被抵销的部分，债权人仍然有权向债务人请求清偿，因此，在双方所互负的债权债务并不完全相等的情况下，并不发生债权债务的完全消灭，而只是部分消灭。

虽然抵销权的行使将使双方的债权债务关系在同等数额内消灭，但问题在于，如果主动债权数额较小，不足以抵销当事人所负担的数项债务，或者不足以抵销包括费用、利息和主债务在内的全部债务额，在此情形下，如果当事人在行使抵销权时并未指明抵

---

① 参见黄薇主编：《中华人民共和国民法典释义》（中），1095页。

② 《合同法司法解释二》第23条规定："对于依照合同法第九十九条的规定可以抵销的到期债权，当事人约定不得抵销的，人民法院可以认定该约定有效。"

③ MüKo/Schlüter，BGB § 387，Rn. 58.

销哪些债务，则需要确定抵销债务的顺序。《民法典》并未对此作出规定，依据《合同编通则解释》第 56 条的规定，在上述情形下，抵销要参照适用《民法典》第 560、561 条关于清偿抵充的规则，因为不管是抵销还是债务清偿，均属于使债务消灭的原因，债务消灭原因的不同不会影响债务消灭的先后顺序所涉及的利害关系，此时参照清偿抵充解决是较为合理的选择。① 因此，《合同编通则解释》第 56 条规定可将清偿抵充规则参照适用于抵销的情形。② 具体而言：

第一，参照适用《民法典》第 560 条。依据《合同编通则解释》第 56 条第 1 款的规定，如果行使抵销权的一方享有的债权不足以抵销全部债务，除当事人另有约定外，首先要抵销已经到期的债务；如果各项债务均到期，则应当优先抵销对方缺乏担保或者担保最小的债务；如果各项债务均没有担保，则应当抵销对债务人负担较重的债务；如果负担相同，则应当按照债务到期的先后顺序确定抵销债务的顺序；如果各个债务的到期时间相同，则按照各个债务的比例进行抵销。

第二，参照适用《民法典》第 561 条。依据《合同编通则解释》第 56 条第 2 款的规定，在行使抵销权的一方享有的债权不足以抵销其负担的包括主债务、利息、实现债权的有关费用在内的全部债务时，除当事人另有约定外，参照适用《民法典》第 561 条规定的清偿抵充的规则，应当按照下列顺序履行：实现债权的有关费用、利息、主债务。当然，即便行使抵销权的一方享有的债权不足以抵销全部债务，但当事人并没有因抵销的顺序发生争议，则不必参照适用《民法典》关于清偿抵充的规则。

（3）一旦行使抵销权，自抵销通知到达对方时产生抵销的效力。《合同编通则解释》第 55 条规定："当事人一方依据民法典第五百六十八条的规定主张抵销，人民法院经审理认为抵销权成立的，应当认定通知到达对方时双方互负的主债务、利息、违约金或者损害赔偿金等债务在同等数额内消灭。"从该条规定来看，抵销自通知到达之日起发生效力，双方互负的主债务、利息、违约金或者损害赔偿金等债务在同等数额内消灭。在通知到达前，即便出现抵销适状的状态，也不能在抵销适状时产生抵销的效力，这实际上是否定了抵销的溯及力。③

所谓抵销的溯及力，是指抵销权行使的效力溯及至抵销适状的时点。抵销适状是指在某一时间点上，双方当事人互负的债务满足了抵销条件，如果抵销具有溯及力，那么在一方行使抵销权以后，抵销权的效力将会溯及至以往曾经出现抵销适状的时点。从表面上看，承认抵销溯及力的制度构造确实有利于发挥及时了结债务等功能，但本书认为，《合同编通则解释》第 55 条规定否定抵销具有溯及力的观点是科学合理的，理由如下：一是承认抵销溯及力的最大弊病是带来债权债务的不确定性。抵销具有溯及力表明，当

---

① 参见黄薇主编：《中华人民共和国民法典解读合同编·上》（精装珍藏版），354 页，北京，中国法制出版社，2020；崔建远：《合同法》，4 版，331 页，北京，北京大学出版社，2021。

② 参见最高人民法院民事审判第二庭、研究室编著：《最高人民法院民法典合同编通则司法解释理解与适用》，618 页。

③ 需要指出的是，《合同编通则解释》第 55 条在征求意见时，列举了承认抵销溯及力和不承认抵销溯及力两种观点，供公众讨论，但最终该司法解释采纳的是否定说。

事人之间存在的悬而未决的不确定状态，不利于维持法律关系的明确性和安定性。① 二是承认抵销溯及力将会损害当事人之间的合理信赖。在出现抵销适状时，抵销权人并没有行使抵销权，其对于抵销后产生的法律后果不会产生信赖②，不应当通过溯及力规则进行保护。③ 三是抵销具有溯及力也不符合当事人推定的意思。④ 抵销权虽然效力强大，但必须自愿行使，在当事人未行使抵销权的情形下，很难认定当事人的真实意愿，且在出现抵销适状的情形后，只是表明抵销符合法定条件，如果没有实际行使抵销权，并不意味着双方的债权债务关系当然消灭。即使在符合法律规定的抵销条件的情况下，当事人可能也不愿意抵销。如果采抵销当然主义，在符合抵销的要件以后，当然发生抵销的后果，则可能违背当事人的意愿。四是抵销具有溯及力也赋予了法官过大的自由裁量权力。承认抵销具有溯及力，将由法官确定哪些债权债务符合抵销的条件，哪些不符合抵销的条件，可能赋予法官过大的自由裁量权。

第五节 提 存

一、提存的概念和特征

所谓提存，是指由于债权人的原因，债务人无法向债权人清偿其到期债务，债务人将合同标的物交付给特定的提存部门，从而完成债务的清偿，使合同债务消灭。广义而言，提存包括担保提存和清偿提存，此处所说的提存限于清偿提存。由于债权人的原因导致债务人不能履行债务，债务人可以通过提存而使债务消灭。例如，债权人下落不明，债务人可以通过提存使其债务消灭。在债务履行期限到来后，债务人一直处于应向债权人履行债务的履行准备状态之中，附随于债务的担保或者违约金条款也不能消灭，甚至使债务人处于随时有义务履行债务的状态，这对债务人是极为不利的。所以法律上要寻求一种能够使债务人从原合同关系中解脱出来的方法，这就产生了提存制度。

关于提存的性质，理论上存在一定的争议。本书认为，对提存机关来说，接受提存人的提存是其依据法律法规对提存人负有的一种公法上的义务。提存机关作为国家机关，依法负有必须接受提存的义务，而不得拒绝债务人的提存行为，否则应当承担公法上的责任。当然，提存所产生的私法关系属于私法性质，债务人从事的提存行为将导致其债务消灭，而不导致行政关系的产生、变更和终止。即使提存中包含了公法上的因素，其

---

① Vgl. Zimmermann, Die Aufre chnung-Einerechtsverg leichende Skizzezum Europäischen Vertrag srecht, in: Fests chriftfür Dieter Medicus, Köln; Heymann, p. 723.

② Vgl. Reinhard Zimmermann, Die Aufrechnung, Festschrift für Dieter Medicus zum 70. Geburtstag, Köln u. s. w. , 1999, S. 723.

③ 参见崔建远：《论中国民法典上的抵销》，载《国家检察官学院学报》，2020（4），28页。

④ 参见［日］我妻荣：《我妻荣民法讲义Ⅳ·新订债权总论》，王燚译，309页，北京，中国法制出版社，2008。

消灭债权债务关系的效果仍然是私法上的效果。[①] 而且提存并不是债务人对国家负有的义务，而只是其消灭债务的一种方式。

提存的主要特征在于：

（1）债权人的原因导致债务人不能履行债务。债务人履行其债务往往需要债权人协助。当债务人为履行其债务而向债权人交付标的物时，如果债权人不予协助，债务人将无法履行其债务，虽然此时债务人有权请求债权人承担迟延履行的责任，也可以要求债权人赔偿因债权人的原因增加的履行费用，但要求债权人承担责任并不能使合同关系终止，债务人也仍然不能免负交付标的物的义务。在因债权人原因导致债务人不能履行债务时，债务人有权通过提存的方式消灭其债务。

（2）债务人将合同标的物交付给特定的提存部门。债务人因为债权人的原因不能交付标的物，但又不能因此免除债务人交付标的物的义务，因为毕竟交付标的物属于债务人依据合同所负的主要义务，虽然债权人因为地址变更等原因使债务人难以履行义务，但毕竟债权人没有明确表示免除债务人的债务。因此，法律为了平衡债权人和债务人的利益，一方面，在上述情况下，规定不免除债务人的交付义务；另一方面，通过允许债务人向提存机关提存以消灭债务，从而保障了债务人的利益。

（3）在债务人提存后，债务人的债务消灭。提存行为尽管不是向债权人交付标的物，但在功能上也是债的履行的一种特殊方式。提存作为清偿的替代方法存在，债务人履行债务无须得到债权人的协助即可完成，债务人得以免除给付义务。提存将产生与完成履约义务、清偿到期债务完全相同的结果，有利于债务人从合同关系中及时解脱出来，对增进效率是有利的。

二、提存的条件

（一）具有法律规定的提存原因

（1）债权人无正当理由拒绝受领。债权人无正当理由拒绝受领是指债权人应当并且能够受领，却无正当理由不予受领。所谓拒绝受领的正当理由，通常是指债务人履行不适当，如债务人的履行标的、履行地点、履行时间、履行方式等不符合合同的约定，则债权人可通过行使抗辩权拒绝受领。由于不可抗力使债权人无法接受标的物，债权人也可以拒绝接受债务人交付的标的物。在债权人有正当理由拒绝受领的情况下，债务人不得提存。如果债务人的履行完全符合合同的约定，债权人能够受领却拒绝受领，其拒绝受领无正当理由，此时，债权人的拒绝接受行为已经构成违约。债务人可以请求其承担违约责任，也可以由债务人依法提存，使其债务消灭。

在履行期到来之前，债权人有权向债务人表示，如果债务人作出履行，债权人将拒绝接受履行。此时，由于债务人并不能提前清偿，其必须在履行期到来时向债权人作出履行，在债权人拒绝清偿之后再提存也为时未晚，因此没有必要在履行期前提存。

---

① 参见孙森焱：《民法债编总论》，888 页；林诚二，《民法债编总论》，553 页；郑玉波：《民法债编总论》，501 页；［日］我妻荣：《新订债权总论》，273 页。

(2) 债权人下落不明。债务人履行其债务，需要债权人在合同履行地接受其履行，如果债权人下落不明，债务人可以将标的物提存以消灭其债务。所谓下落不明，是指当事人离开自己的住所、不知去向，或因为债权人地址不清而无法查找。债权人下落不明应当也包括债权人的代理人下落不明，因为如果债权人的代理人的下落是清楚的，则债务人可以向债权人的代理人交付标的物，而不得将标的物提存。[①] 债权人离开住所后在履行期限内难以查找，即使债权人未被宣告失踪，债务人也有权提存。如果债权人已经被宣告失踪，人民法院已为债权人指定了财产代管人，则债务人应当向债权人的财产代管人履行债务，而不得将标的物提存。

(3) 债权人死亡时未确定继承人或者其丧失民事行为能力未确定监护人。债权人死亡或者丧失民事行为能力，并不必然导致债务人债务的消灭。当债权人死亡时，由于该债权人的继承人可以继承其债权，因此，在继承开始后遗产分配之前，债务人应当向遗产管理人履行债务。如果债权人死亡以后其继承人不能确定，债务人就无法履行其债务，因此，债务人可以将标的物提存。

(4) 法律规定的其他情形。例如，因债权人分立、合并或者变更住所没有通知债务人，导致债务人无法履行债务的，债务人可以将标的物提存。

(二) 标的物适合于提存

提存的标的物是指债务人依合同的约定应当交付的并且适于提存机关保管的标的物。一般来说，提存的标的物以适于提存者为限。债务人提存的标的物，原则上应当是清偿的标的物，并且在标的物是特定物时，应当是该特定物原物。标的物不适于提存或者提存费用过高的，债务人依法可以拍卖或者变卖标的物，提存所得的价款。例如，各种鲜活物品是不适合提存原物的，债务人可以将该物拍卖、变卖，并提存其价款。

关于提存标的物的范围，《民法典》未作具体规定，《提存公证规则》第 7 条规定："下列标的物可以提存：（一）货币；（二）有价证券、票据、提单、权利证书；（三）贵重物品；（四）担保物（金）或者替代物；（五）其他适宜提存的标的物。"理论上一般认为，动产可以成为适宜提存的物。标的物不适于提存或者提存费用过高的，债务人经提存机关的许可，依法可以拍卖或者变卖标的物，提存所得价款。不动产是否可以提存主要是一个能否管理的问题。由于提存机关受领不动产以后，可以自行保管，也可以由委托人进行保管，因此不动产原则上也可以提存。

在某些条件下，法律也允许债务人出卖标的物而提存价金。《民法典》第 570 条第 2 款规定："标的物不适于提存或者提存费用过高的，债务人依法可以拍卖或者变卖标的物，提存所得的价款。"据此，提存价金可以有两种情况：一是标的物不适合提存，如笨重物品，难以提交保管；再如果品肉类，因易于腐烂不适合于提存。二是标的物提存费用过高，如喂养牛马等牲口，需要支出饲养费用。当标的物不适于提存或者提存费用过高时，债务人可以将标的物变价后提存价金。

---

① 参见郭明瑞、房绍坤：《新合同法原理》，317 页。

(三) 提存主体合法

提存涉及三方当事人，即提存人、提存机关和提存受领人。一般来说，提存人主要是指债务人。债务人在提存时应当具有完全民事行为能力，无行为能力人和限制行为能力人提存应当取得其法定代理人的同意。第三人原则上不应当成为提存的主体，第三人尽管自愿表示承担债务，但毕竟第三人与债权人之间没有形成合同关系，因而第三人不得提存。

提存机关是指依法负责接受提存物，并进行寄托、保管提存物等活动的机构。提存应当在清偿地的提存机关进行。无提存机关的，应向清偿地的基层人民法院提存。提存机关的职责是：第一，负责审查债务人的提存申请是否符合条件。第二，在接受提存物以后，在提存期间对提存物负有妥善保管的责任，并不得挪用提存物，也不得在条件成就后拒绝向提存人或债权人交付提存物。提存机关及其工作人员擅自挪用提存标的物的，或因过错造成提存的标的物的毁损、灭失等的，应当向当事人承担损害赔偿责任。第三，在符合条件的情况下，应向债权人及时交付提存物。

三、提存的效力

由于提存涉及三方当事人，即债务人、债权人与提存机关，因而提存的效力可以区分三方的关系来确定。

(一) 对债务人的效力

(1) 债务人的债务得以免除。由于提存是清偿的代替方法，因而债务人将标的物提存可以使债务人与债权人之间的债权债务关系归于消灭。《民法典》第 571 条规定："债务人将标的物或者将标的物依法拍卖、变卖所得价款交付提存部门时，提存成立。提存成立的，视为债务人在其提存范围内已经交付标的物。"依据这一规定，对标的物不适于提存或者提存费用过高的，应当将拍卖、变卖价款交付给提存部门，债务人一旦将提存的标的物交付给提存部门，提存就成立。而且依据该条第 2 款规定，提存成立的，视为债务人已经交付标的物，在其交付标的物的范围内消灭其债务。

债务人依法将标的物提存的，债务人的债务消灭。虽然民法典合同编将提存作为消灭债的原因之一，但为了充分保护债权人的利益，应当允许债权人在提取提存物时，对提存物是否符合合同的约定提出异议。当然，在债权人提出异议之前，应当推定提存是符合合同约定的，并可以产生与清偿同样的后果，使该债务人免责，债权人的债权归于消灭。债权人仅能向提存机关领取提存物，而不得向债务人请求清偿。

(2) 支付利息以及收取孳息权利的消灭。在债务人将标的物提存后，债务人的债务消灭，债务人也不再负担支付利息的义务。同时，《民法典》第 573 条规定，"提存期间，标的物的孳息归债权人所有"。据此，债务人在将标的物提存后，其也不再享有收取标的物孳息的权利。

(3) 特殊情形下取回提存物的权利。一般情形下，债权人自提存之日起 5 年内不领取提存物的，提存物归国家所有。《民法典》第 574 条第 2 款规定了在下列两种情形下，债务人享有取回提存物的权利：一是债权人未履行对债务人的到期债务。例如，出卖人为完成交付标的物的义务进行提存，而提存后买受人没有支付价金给出卖人，但是 5 年后，如果债权人破产，则债务人不得不参与破产程序获得赔偿，这将对债务人很不利。此时，应当例外允许债务人可以取回提存的提存物。二是债权人书面放弃权利时，由于债权人放弃的是受领合同中给付的权利，考虑到债务人对货物有利益，例外允许债务人负担提存费用后取回提存物。

（4）风险移转。债务人将标的物提存后，标的物毁损、灭失的风险负担由债务人移转至债权人。既然提存行为等同于清偿，应当视为标的物已经交付，因而标的物的风险也就当然移转。对此，《民法典》第 573 条规定，“标的物提存后，毁损、灭失的风险由债权人承担”。既然提存行为等同于交付，应当视为标的物已经交付，因此标的物的风险也就当然移转，标的物毁损、灭失的风险负担也由债务人移转至债权人。①

（5）债务人的通知义务。《民法典》第 572 条规定：“标的物提存后，债务人应当及时通知债权人或者债权人的继承人、遗产管理人、监护人、财产代管人。”债务人及时通知债权人，可以使债权人了解债务已经履行的情形，而且债务人在作出通知后，可以使债权人及时提取提存物，避免因提存物的长期保存而增加其提存费用负担。

（二）对债权人的效力

（1）标的物所有权移转于债权人。由于提存行为本身是一种替代履行的行为，一旦提存，视为标的物已经交付，因而其所有权也就自然从债务人转移到债权人。因此，在债务人将标的物交付给提存机关之时，提存物的所有权即移转于债权人。②

（2）提存物领取请求权。依据《民法典》第 574 条第 2 款的规定，关于债权人领取提存物的权利，包含如下几方面的内容。

一是债权人享有领取提存物的权利。债务人将标的物提存以后，由于标的物所有权已经发生移转，债权人自然应对提存物享有领取的权利，该权利在性质上属于物权请求权。

二是债权人可以随时领取提存物，在行使提存物领取请求权时，债权人不仅可以请求交付提存的原物，也可以请求交付由提存物所产生的孳息。但债权人申请领取提存物及其孳息的，应当持有提存通知书并提交债权合法有效存在的证明文件。

三是债权人必须及时行使领取提存物的权利。应当看到，首先，债权人虽然在债务人提存以后可以随时领取提存物，但是如果债权人长期不行使该权利，则不但提存机关将会遭受累积充塞之苦，而且提存物将长期处于闲置状态，其使用价值得不到发挥，不利于物尽其用。因此，对债权人的提存物领取请求权的行使时间作出限制是必要的。其次，领取提存物的权利自提存之日起 5 年内不行使而消灭，也就是说，提存物领取请求权受 5 年期限的限制，该期限类似于除斥期间，不发生中止、中断以及延长的问题。

---

① MüKo/Fetzer，BGB § 379，Rn. 3.

② 参见史尚宽：《债法总论》，843 页。

如果债权人长期不提取提存物，则依据《民法典》第574条的规定，自提存之日起5年内，债权人提取提存物的权利消灭，提存物扣除提存费用后归国家所有。提存物在提存机关保管5年，由此所产生的提存费用，提存机关有权从提存物中提取。在扣除提存费用后，提存物属于国家所有。需要指出的是，对于逾期不领取提存物的，提存物归国家所有还是债权人所有，学理上存在不同看法。本书认为，此时属于国家所有比较合适，因为提存物提存后，所有权已经转移给债权人，债权人在5年之后仍然不领取提存物，可以推定债权人事实上已经抛弃该财产，此时提存物已经作为无主财产存在，根据民法典物权编关于无主财产归国家所有的规定，该物应该归国家所有。

（3）支付提存费的义务。提存的费用是指提存机关的保管费用。由于提存主要是债权人的原因造成的，并且提存机关保管提存物是为了债权人的利益，因而，因提存而支付的费用理所当然应该由债权人承担，《民法典》第573条对此作出了明确规定："提存费用由债权人负担"。不仅如此，在标的物不适于提存而需要拍卖或者变卖的情况下，拍卖或变卖的费用也应由债权人负担。当债权人领取提存物时，提存机关有权要求债权人支付此项费用，否则，提存机关有权留置提存物。

（三）对提存机关的效力

（1）提存机关负有保管义务。对此，我国《提存公证规则》第19条规定，公证处"应当采取适当的方法妥善保管提存标的，以防毁损、变质或灭失。对不宜保存的、提存受领人到期不领取或超过保管期限的提存物品，公证处可以拍卖，保存其价款"。在提存期间内，提存机关未尽妥善保管义务，因提存机关的故意或者重大过失造成提存物毁损、灭失的，应当由提存机关承担损害赔偿责任。

（2）提存机关负有交付提存物的义务。因债权人的请求，提存机关应当及时向债权人交付提存物，无法定的理由不得拒绝债权人的请求。

（3）提存机关有权向债权人收取合理的费用。在债务人将标的物提存以后，提存机关与债权人之间事实上已形成了保管关系，这种保管是有偿的，其有偿性表现在提存机关有权向债权人收取合理的费用（包括提存公证费、公告费、邮电费、保管费、评估鉴定费、代管费、拍卖变卖费、保险费等）。如果债权人拒绝支付费用，则提存机关有权留置价值相当的提存标的物（《提存公证规则》第25条第3款）。

（4）债权人对债务人负有到期债务的，提存机关有权依法拒绝债权人领取提存物。《民法典》第574条第1款规定："债权人可以随时领取提存物。但是，债权人对债务人负有到期债务的，在债权人未履行债务或者提供担保之前，提存部门根据债务人的要求应当拒绝其领取提存物。"在债务人将标的物提存后，债权人虽然可以随时领取提存物，但是这以债权人履行了自己的合同义务或提供担保为必要。在双务合同中，在债务人通过提存消灭自己的债务后，如果债权人未履行到期债务，或者债权人向提存部门书面放弃领取提存物权利的，债务人在支付相关的提存费用后，有权取回提存物。因此，在债权人并未履行自己的合同义务或提供担保的情形下，债权人并不当然直接享有与提存物相关的权利。债务人在提存后，可以向提存部门说明债权人没有履行债务，只要债权人未履行合同义务或提供担保，提存部门可以拒绝债权人领取提存物。这一规定的目的在于保护债务人，是双务合同中同时履行抗辩权的延伸。

第六节　免　除

一、免除的概念和特征

免除，是指债权人基于其单方行为，免除债务人全部或部分的债务，从而导致合同权利义务关系全部或部分地消灭。在免除债务的情况下，债权人也应当作出意思表示。当这种免除债务的意思表示的通知送达债务人时，发生债的消灭。《民法典》第575条规定："债权人免除债务人部分或者全部债务的，债权债务部分或者全部终止，但是债务人在合理期限内拒绝的除外。"该条对债务的免除作出了规定。

债务免除具有如下特征。

(1) 债务免除是一种单方行为。尽管关于债务免除的性质在法律上仍然存在不同的看法，但我国法律实质上采纳了单方行为说。由于债务免除是一种单方行为，因为依据《民法典》第575条的规定，在债务人没有明确拒绝的情况下，免除当然发生效力，在免除债务中，无须明确取得债务人的同意即可发生效力。[①] 这就意味着免除可以通过债权人的单方意思表示即可发生效力。因此，一方面，一旦债权人向债务人作出免除债务的意思表示，即可以发生免除的效力。债权人实施免除的行为不需要征得债务人的同意。但如果债务人在合理期限内予以拒绝，则不能发生免除的效果。另一方面，在债权人作出了免除的意思表示以后，该行为便产生效力，债权人不得再撤销该意思表示。

(2) 债务免除是一种无因的行为。这就是说债权人作出免除的行为时，不管其实施免除行为的原因和动机如何，都会导致免除的效果。债务人免除可能是基于赠与的动机，或基于与债务人的和解等，无论是何种原因，只要债务的免除不损害国家利益、社会公共利益或他人的利益，不违反社会公共道德，该免除的表示都是有效的。必须指出的是，债权人作出免除以后，如果该合同本身具有无效的因素，则该合同应被宣告无效，而不应适用免除的规定。

(3) 债务免除是一种无偿行为。债务免除是债权人消灭债务人的债务负担的行为，并不以债权人取得相应对价为条件，免除本身为无偿行为。一般来说，免除不应当附条件，或以债务人负担某种义务为前提，否则就不是真正意义上的免除。

(4) 债务免除是一种不要式行为。免除的意思表示无须特定的方式，书面、口头及其他形式均可。

二、免除的要件

债务免除作为一种单方的法律行为，应当符合法律行为的构成要件。

---

① 参见黄薇：《中华人民共和国民法典合同编解读》，396页。

（1）债务免除人应当享有合法的债权，或对债权享有处分权。一方面，债权人对于被免除的债务，必须享有合法的债权或处分权。也就是说，债权人即使对债务人享有诸多的债权，但对于特定的被免除的债务不享有债权或处分权，则对此亦不能免除，否则将构成无权处分。另一方面，债务免除必须是处分自己的债权，而不能是处分他人的债权。如果是代理他人作出免除债务的意思表示，则必须要获得债权人的明确授权，并有权对债权作出处分。如系共同债权，则一个债权人免除债务人的债务时应当取得其他债权人的同意。

（2）债务免除人应当具有完全民事行为能力。由于免除行为解除了债务负担，使债权人遭受了一定程度的不利益，因此，只有那些能够具有完全的行为能力，能够独立认识、理解、判断自己行为性质和后果的人，才能从事免除行为。无行为能力人或者限制行为能力人未征得其法定代理人的同意，不得为免除行为。

（3）免除的对象必须是债务人的债务。债权人如果放弃债的担保，不能认为其当然地免除了债务人的债务。在按份之债中，债权人免除了某一债务人的债务，只是使该债务人的债务被免除，其他债务人的债务并没有当然地被免除。还需要指出的是，免除应当是无偿的，在免除债务时不能要求债务人支付一定的对价或给债务人附加新的义务。而在连带债务中，如果债权人免除了连带债务人中的部分人的债务，则一般应当视为免除了全部债务人的债务，也就是说，免除对于其他债务人同样发生效力。当然，如果债权人明确表示只免除部分债务人应负担的债务部分，那么其他债务人的债务就仍然存在。

（4）免除的意思表示应当向债务人明确作出。免除既然是一种单方行为，则该意思必须要向债务人或其代理人明确作出，并且该意思表示应当直接通知债务人或其代理人。向任何第三人所作出的免除的意思表示都不能产生免除的效果。

（5）免除不得损害第三人的利益。虽然债权人有权免除债务人的债务，但是该权利的行使以不损害第三人的利益为限。例如，在债权人的债权上已经设定了质权，如果债权人免除债务人的债务，将损害质权人的利益。此时，债权人就不得免除债务人的债务。

（6）债务人未在合理期限内拒绝。在通常情形下，债权人免除债务对债务人都是有利的，但在特殊情形下，债务免除对债务人而言未必都是有利的。例如，债务人十分重视自己的个人声誉，不愿意对方免除自己的债务，认为债权人免除自己的债务会影响自己的声誉，或者认为债权人免除自己的债务会对自己产生其他不利影响，此时，依据《民法典》第575条的规定，其应当有权拒绝债权人免除债务的行为。

三、免除的效力

债务免除的直接效果是消灭合同关系。但合同关系是否完全消灭还要根据免除的内容决定。如果是免除全部债务的，则从免除生效之日起合同关系完全消灭；如果是免除部分债务的，则在免除的范围内发生合同义务的消灭。在免除债务的同时，因主债务被免除，附属于主债权的保证债权、利息债权等从权利也发生消灭。在债务全部免除以后，债权人应当向债务人返还有关债权的凭证。

第七节　混　同

一、混同的概念

混同有广义与狭义之分，广义的混同包括权利与权利的混同（如所有权与他物权的混同）、义务与义务的混同（如主债务与保证债务的混同），以及权利与义务的混同（如债权与债务的混同）三种形态。狭义的混同仅指权利与义务的混同。此处所探讨的混同是指狭义的混同，即债权与债务同归于一人，从而使合同关系消灭的事实。我国《民法典》第 576 条规定："债权和债务同归于一人的，债权债务终止，但是损害第三人利益的除外。"这就在法律上确认了此种混同可以作为合同终止的原因。

二、混同的原因

混同因债权或债务的承受而发生。债权或债务的承受包括概括承受与特定承受两种情形。第一，概括承受。它是指合同关系一方当事人概括承受他人的权利与义务。如买卖合同关系的出卖人与买受人合并，成立为一个新的法人，该法人将原来买卖关系中债权人和债务人的权利和义务全部接受过来，债权人与债务人成为一人，原买卖合同关系归于消灭。① 再如，债权人继承被继承人对其负担的债务或者债务人继承被继承人对其享有的债权，均可发生混同。第二，特定承受。它是指因债权让与或者债务承担而承受权利与义务。如债务人从债权人处受让债权，债权人承担债务人的债务，也发生混同。

三、混同的效力

混同的效力表现为合同关系归于消灭。并且，主债消灭，附随于主债的从债（如利息债权、违约金债权、担保物权等）均归于消灭，为债务人提供担保的第三人亦被解除责任。但在下列情况下合同并不因混同而消灭：第一，在涉及第三人利益的情况下，虽然债权人与债务人发生混同，但是合同关系并不消灭。如承租人经出租人同意而转租，虽出租人与承租人混同，但为了次承租人的利益，租赁权也不消灭。第二，在连带债务中，如果连带债务人中的一人与债权人混同，不能导致整个债权的消灭，只能导致该债务人份额内的债务消灭。在连带债务中，如果连带债务人中的一人与债权人混同，根据《民法典》第 520 条第 3 款，部分连带债务人的债务与债权人的债权同归于一人的，发生限制绝对效力，在扣除该债务人应当承担的份额后，其他债务人对债权人的债权继续存在，而其他债务人对该债务人不能行使追偿权。例如，甲、乙、丙对丁承担 900 万元的连带债务，甲对丁的 500 万元债权与该 900 万元的债务发生混同，此时，乙和丙对丁就

① 参见郑玉波：《民法债编总论》，524 页。

剩余400万元承担连带债务。如果乙向丁履行400万元的债务后，仅能就超出其应当承担的份额100万元，向丙追偿，而无法向甲追偿。对甲而言，超出其应当承担的份额200万元部分，能否追偿，《民法典》第520条虽然未作规定，但根据《民法典》第519条，能够向其他债务人进行追偿。

我国《民法典》第576条规定："债权和债务同归于一人的，债权债务终止，但是损害第三人利益的除外。"《民法典》第576条关于混同的规则中新增了"损害第三人利益的除外"的但书条款。从原则上讲，在债权与债务同时归属于一人的情形下，债权债务便丧失继续存在的基础。但是，在一些情形下，混同导致债权消灭可能损害第三人利益。例如，债权人以应收账款出质于第三人，债权人与债务人通谋由债务人收购债权人，此时如果基于混同消灭债权，将导致第三人遭受损害。此时，应当例外规定债权在债权人和债务人之间消灭，而对第三人不发生消灭的效力。

思考题

1. 合同的解除包括哪些类型？
2. 合同的法定解除事由有哪些？
3. 抵销应当具备哪些条件？
4. 提存的条件有哪些？
5. 混同具有哪些法律效力？

第十章 违约责任

案例

甲公司订购乙公司（某造船厂）6万吨散货船，甲公司先期支付5 000万元的预付款，船舶交货时再另行支付150 000 000元人民币。合同第11条规定："买方到期不支付价款，卖方有权将已建造的船舶出售，所获价款充抵赔偿额，并没收预付款。"后来，因为经济危机，甲公司无力支付价款，便提出解除合同。但乙公司认为，应当依据合同第11条的约定将船舶卖掉，充抵货款，并有权没收5 000万元的预付款。甲公司认为，乙公司应当依据《民法典》第584条的规定证明实际损失，否则，应当退还5 000万元的预付款。双方为此发生争议。

简要评析： 本案涉及违约责任的具体确定。《民法典》第584条规定："当事人一方不履行合同义务或者履行合同义务不符合约定，造成对方损失的，损失赔偿额应当相当于因违约所造成的损失，包括合同履行后可以获得的利益；但是，不得超过违约一方订立合同时预见到或者应当预见到的因违约可能造成的损失。"但这一规定只是法定的赔偿标准，如果当事人在合同中特别约定了违约金或损害赔偿的计算方法，只要其合法有效，就应当依据当事人的约定确定违约责任。本案中，当事人既然在合同第11条就违约损害赔偿的计算方法作出了约定，而且该约定是合法有效的，那么，法官应当依据该约定确定甲公司应承担的违约责任。

第一节　违约责任概述

一、违约责任的概念

违约责任，也称为违反合同的民事责任，是指合同当事人因违反合同义务所承担的责任。违约责任的产生是以合同的有效存在为前提的。合同一旦生效以后，将在当事人之间产生法律约束力，当事人应按照合同的约定全面地、严格地履行合同义务，任何一方当事人因违反有效合同所规定的义务均应承担违约责任，所以违约责任是违反有效合同所规定义务的后果。《民法典》第 577 条规定："当事人一方不履行合同义务或者履行合同义务不符合约定的，应当承担继续履行、采取补救措施或者赔偿损失等违约责任。"该条是对违约责任的一般规定，确定了违约责任的归责原则、责任形式。

二、违约责任的特征

（1）违约责任的产生是以合同当事人不履行合同义务为条件的。合同义务又称为合同债务，它和违约责任是两个既联系又有区别的概念。债务是责任发生的前提，债务是因，责任是果，无债务则无责任，责任是债务不履行的后果。责任的实现并不以违约当事人的意思为转移，不论违约者是否愿意，均不影响责任的实现。可见，责任体现了强烈的国家强制性。正是由于责任制度的存在，才能有效地督促债务人履行债务，并在债务人不履行债务时，给予债权人充分的补救。

违约责任是合同当事人不履行合同义务所产生的责任。如果当事人违反的不是合同义务，而是法律规定的其他义务，则应负其他责任。例如，行为人违反了侵权法所规定的不得侵害他人财产和人身的义务，造成对他人的损害，则行为人应负侵权责任。再如，订约当事人在订约阶段，违反了依诚实信用原则产生的忠实、保密的义务，造成另一方信赖利益的损失，则将产生缔约上的过失责任。所以，违反合同义务是违约责任与侵权责任、不当得利返还责任、缔约过失责任等相区别的主要特点。

（2）违约责任具有相对性。如前所述，合同关系具有相对性，合同关系的相对性，决定了违约责任的相对性，因为违约责任本身是合同当事人违反合同约定所产生的后果。违约责任具有相对性也意味着，非违约方只能请求违约方承担违约责任，而不能请求违约方之外的第三人承担违约责任；同样，违约方也只需要对非违约方承担违约责任，合同关系外的第三人原则上无权请求违约方承担违约责任。

（3）违约责任主要具有补偿性。违约责任的补偿性，是指违约责任旨在弥补或补偿因违约行为造成的损害后果。因为作为违约责任主要形式的损害赔偿应当主要用于补偿受害人因违约所遭受的损失，而不能将损害赔偿变为一种惩罚。受害人也不能因违约方承担责任而使其获得额外的不应获得的补偿。违约责任具有补偿性，从根本上说是平等、等价原则的体现，也是商品交易关系在法律上的内在要求。根据平等、等价原则，在一方违约使合同关系遭到破坏，当事人利益失去平衡时，法律通过违约责任的方式要求违约方对受害人所遭受的损失给予充分的补偿，从而使双方的利益状况达到平衡。

当然，强调违约责任的补偿性不能完全否认违约责任所具有的制裁性。因为违约责任和其他法律责任一样都具有一定的强制性，此种强制性也体现了一定程度的制裁性。在债务人不履行合同时，强迫其承担不利的后果，本身就体现了对违约行为的制裁。所以债务的成立与履行，在一定程度上体现了债务人的意愿，但是违约责任则体现了强制性与制裁性。正是因这种制裁性，这种责任能够有效地促使债务人履行债务，保证债权实现。《民法典》第 179 条规定了惩罚性赔偿，但必须以法律明确规定作为前提。

(4) 违约责任可以由当事人约定。违约责任尽管具有明显的强制性特点，但仍有一定的任意性，即当事人可以在法律规定的范围内，对一方的违约责任作出事先的安排。《民法典》第 585 条第 1 款规定："当事人可以约定一方违约时应当根据违约情况向对方支付一定数额的违约金，也可以约定因违约产生的损失赔偿额的计算方法。"当事人约定的违约金优先于法定的损害赔偿适用。此外，当事人还可以设定免责条款以限制和免除其在将来可能承担的责任。对违约责任的事先约定，从根本上说是由合同自由原则决定的。此种约定避免了违约发生后确定损害赔偿的困难，有利于合同纠纷的及时解决，也有助于限制当事人在未来可能承担的风险。当事人的约定确实可以弥补法律规定的不足，然而，承认违约责任具有一定的任意性，并不意味着否定和减弱违约责任的强制性。为了保障当事人设定违约责任条款的公正和合理，法律也要对其约定予以干预。如果约定不符合法律要求，也将会被宣告无效或被撤销。

(5) 违约责任是民事责任的一种形式。民事责任是指民事主体在民事活动中，因义务的违反而依照民法应承担的民事法律责任。违约责任不仅是合同法的核心内容，也是我国民事责任制度的组成部分。

三、违约责任的一般归责原则

所谓归责原则，乃是确定当事人民事责任的法律原则，它是确定行为人承担民事责任的根据和标准。《民法典》第 577 条规定："当事人一方不履行合同义务或者履行合同义务不符合约定的，应当承担继续履行、采取补救措施或者赔偿损失等违约责任。"据此，只要当事人不履行合同义务或者不适当履行合同义务，就要承担违约责任，不考虑其是否具有过错。在严格责任原则之下，原告只需向法院证明被告未履行合同义务的事实，即证明被告未履行或者履行不符合合同约定或法律规定，违约方就应当承担责任，严格责任既不要求原告证明被告对于违约具有过错，也不要求被告证明自己对于违约无过错。

严格责任确具有其优点，主要表现在发生违约以后非违约方只需要举证证明违约方的行为已构成违约，而没必要举证证明违约方在违约时是否具有过错，因此在举证负担上是很轻的，而被告只有证明有不可抗力的事实存在，才能被免除责任。甚至根据不可抗力而被免除责任的做法在法律上也是有严格限制的，违约方被免责的机会是很小的。违约责任采严格责任，利于贯彻合同严守原则，督促当事人严格履行合同。

但是，由于合同法上的交易类型纷繁复杂，合同法也在该一般归责原则之外针对特殊类型的合同确立了不同的归责原则。例如，《民法典》第592条第1款规定："当事人都违反合同的，应当各自承担相应的责任。"第592条第2款规定："当事人一方违约造成对方损失，对方对损失的发生有过错的，可以减少相应的损失赔偿额。"这实际上是对过错相抵的明确规定，意味着在违约责任中并非完全不考虑过错。所谓双方"应当各自承担相应的责任"，实际上是指应当根据双方的过错程度来确定双方应当承担的责任，而不能各打五十大板，由双方各自负担一半的责任。再如，在一些有名合同之中，法律也规定了过错责任。① 在特殊情形下，考虑违约方的过错，有利于缓和严格责任的严苛性，妥当地平衡当事人之间的利益关系。

第二节 违约责任的构成要件

违约责任的构成要件，是指违约当事人应具备何种条件才应承担违约责任。违约责任的构成要件可分为一般构成要件和特殊构成要件。所谓一般构成要件，是指违约当事人承担任何违约责任形式都必须具备的要件。所谓特殊构成要件，是指各种具体的违约责任形式所要求的责任构成要件。例如，损害赔偿责任构成要件包括损害事实、违约行为、违约行为与损害事实之间的因果关系、不存在法定和约定的免责事由。各种不同的责任形式的责任构成要件是各不相同的。本节仅讨论违约责任的一般构成要件。

一、违约行为

违约行为，是指合同当事人违反合同义务的行为。我国《民法典》采用了"当事人一方不履行合同义务或者履行合同义务不符合约定"的表述来阐述违约行为的概念。在学理上，违约行为也被称为不履行合同债务的行为。

违约行为具有以下特征。

（1）违约行为的主体是合同关系的当事人。也就是说，违约行为的主体具有特定性。这一特征从根本上说，是由合同的相对性原则决定的。根据相对性原则，只有合同当事人的行为才有可能构成违约，而第三人的行为不会构成违约。

（2）违约行为是以有效的合同关系的存在为前提的。也就是说，在违约行为发生时当事人已经受到有效合同关系的约束。如果合同关系并不存在（如尚未成立、已被解除、被宣告无效或被撤销），则不可能发生违约行为，任何一方当事人也不能基于合同请求另一方承担违约责任。

（3）违约行为在性质上都违反了合同义务。合同义务主要是由当事人通过协商而确定的。在特殊情况下，法律为维护公共秩序和交易安全，也为当事人设定了一些必须履

① 《民法典》第784条规定："承揽人应当妥善保管定作人提供的材料以及完成的工作成果，因保管不善造成毁损、灭失的，应当承担赔偿责任。"其中所规定的"保管不善"实际上就是要考虑承揽人的过错。

行的义务。尤其应看到，根据诚实信用原则，当事人还负有忠实、协助、保密等附随义务。可见合同义务不限于当事人所约定的义务，还包括了法定的和附随的义务，违反这些义务都可能构成违约行为。

(4) 违约行为在后果上都导致了对合同债权的侵害。违约行为不同于侵权行为的一个重要特点在于，侵权行为主要是对绝对权（如物权、人格权）的侵害，而违约行为是对相对权即合同债权的侵害；由于债权是以请求权为其核心的，债权的实现有赖于债务人切实履行其合同义务，债务人违反合同义务必然会使债权人依据合同所享有的债权不能实现。所以，任何违约行为都导致对债权人的债权的侵害。

违约行为包括各种不同的类型，如不履行、迟延履行、不适当履行等，各种违约行为发生后，行为人如不存在法定或约定的免责事由，都应当承担违约责任。

二、不存在法定或约定的免责事由

我国合同立法一直坚持合同严守，在违约责任方面原则上采纳了严格责任原则，即在一方违约的情形下，另一方只要能够证明对方的行为构成违约，在不存在法定或者约定的免责事由的情形下，就可以请求对方承担违约责任。我国民法典合同编继续采纳了这一原则，该法典第 577 条规定："当事人一方不履行合同义务或者履行合同义务不符合约定的，应当承担继续履行、采取补救措施或者赔偿损失等违约责任。"再如，《民法典》第 579 条规定："当事人一方未支付价款、报酬、租金、利息，或者不履行其他金钱债务的，对方可以请求其支付。"从该规定来看，我国《民法典》在认定违约责任时并没有考虑违约方的过错，对违约责任采纳的是严格责任。也就是说，根据这些规定，非违约方只需举证证明违约方的行为不符合合同的规定，便可以要求其承担责任，但并不需要证明其主观上具有过错。违约方要想免于承担违约责任，必须举证证明其存在法定和约定的抗辩事由，法定事由主要限于不可抗力，而约定的免责事由主要是免责条款。可见，在我国《民法典》中，已将严格责任作为一般的归责原则规定。

当然，严格责任是违约责任的一般原则，在特殊情形下，违约责任也采过错责任原则。事实上，从民法典合同编通则和典型合同的规定来看，涉及大量的有关过错责任的规定。例如，《民法典》第 824 条就规定客运合同中乘客随身携带的物品毁损、灭失，承运人只有在存在过错的情况下才承担赔偿责任。这些规定可以表现出严格责任是合同法律的一般归责原则，过错责任是合同法律的特殊归责原则。

上述两个要件是违约责任的一般构成要件。不过，当事人要请求违约方承担违反某个具体合同义务的责任，还需要根据该合同特定的性质和内容负有不同的举证责任。如在有偿保管合同中，寄存人请求保管人承担违约责任，还需要证明保管人存在过错。值得注意的是：非违约方在请求违约方承担违约责任时，是否需要证明其遭受了损害？本书认为，非违约方若要请求违约方承担损害赔偿责任，毫无疑问应当举证证明损害事实的存在，但损害事实并不应成为违约责任的一般构成要件。其原因在于：一方面，一方当事人违反合同约定的义务，并不一定必然会给另一方带来损害。例如，承租人在规定的期限内使用房屋，但该房屋很快被其他人以更高的租金租用，出租人并未遭受实际损害。另一方面，一方当事人违约给对方造成了损害，但此种损害可能难以确定，特别是要由对方当事人就其遭受的损害数额、损害与违约行为之间的因果关系举证，十分困难，可能使非违约方放弃损害赔偿的请求，而选择其他的请求，如实际履行、违约金责任、定金责任等。因此，损害赔偿以外的责任形式并不要求以实际发生的损害为前提。所以，损害事实不应成为违约责任的一般构成要件。

第三节　违约行为形态

所谓违约行为形态，是指根据违约的行为违反义务的性质、特点而对违约行为作出的分类。由于违约行为是对合同义务的违反，而合同义务的性质不同，将导致对这些义务的违反的形态也不相同，从而形成不同的违约形态。违约形态分类的主要意义在于：一方面，有助于当事人在对方违约情况下，寻求妥当的补救方式以维护自己的利益。违约行为形态总是与特定的补救方式和违约责任联系在一起的。换言之，法律设置违约形态的目的在于对不同违约形态提供相应的救济。另一方面，违约形态的确定也有利于司法审判人员根据不同的违约形态来确定违约当事人所应负的责任，并准确认定合同是否可以被解除。

依据《民法典》第577、578条，违约分为实际违约和预期违约，民法典分别规定了不同的补救措施，在实际违约下又规定了不履行与不适当履行的违约形态，从而构建了较为完整的违约形态体系。

一、预期违约

（一）预期违约的概念和特点

预期违约也称为先期违约，是指在履行期限到来之前一方无正当理由而明确表示其在履行期到来后将不履行合同，或者其行为表明其在履行期到来以后将不可能履行合同。预期违约是英美法上的制度，并为一些国际公约所采纳。[①] 我国《民法典》借鉴英美法及一些国际公约的做法，于第578条规定：“当事人一方明确表示或者以自己的行为表明不履行合同义务的，对方可以在履行期限届满前请求其承担违约责任。”事实上，该条规定了预期违约规则。从我国合同法的规定来看，预期违约包括两种形态，即明示毁约和默示毁约。由于这两种形态都是发生在履行期到来之前的违约，因而可以看作是与实际违约相对应的一种特殊的违约形态。概括而言，预期违约具有如下特点。

1. 预期违约是在履行期到来之前的违约

由于履行期尚未到来，当事人还不必实际履行其义务，此时一方的违约只是表现为

---

① 例如，《销售合同公约》第72条规定：“（1）如果在履行合同日期之前，明显看出一方当事人将根本违反合同，另一方当事人可以宣告无效；（2）如果时间许可，打算宣告合同无效的一方当事人必须向另一方当事人发出合理的通知，使他可以对履行义务提供充分保证；（3）如果另一方当事人已声明他将不履行其义务，则上一款的规定不适用。”

未来将不履行义务，不像实际违约那样表现为现实的违反义务。履行期前发生的毁约是“可能的违约”。不过，这并不意味着此种毁约就不属于违约。从债务人角度来看，履行期限不过是债务人实际从事履行行为的期限，在此期限之前，债务人已经负担了履行义务。这就是说，履行期限只是实际从事履行行为的期限而不是债务发生期限。如果债务人单方面毁约，即使这种毁约发生在履行期前，也将会使债务人违反合同规定的义务，同时表明其根本漠视其应负的合同债务，因此构成违约。当然，由于这种毁约毕竟发生在履行期前，对债权人造成的损害也不同于实际违约。

2. 预期违约侵害的是期待的债权而不是现实的债权

如果合同规定了履行期限，则在履行期限到来之前，债权人不得请求债务人提前履行债务，所以在履行期限届至以前，债权人享有的债权只是期待债权而不是现实的债权。对债务人来说，此种期限也体现为一种利益即期限利益，该利益应当为债务人享有。因此，债权人不得在履行期前要求清偿债务。法谚云“未到期限之债务等于无债务”，不过，尽管债权人不得要求债务人提前履行，但其仍然享有一种期待权利，这种权利也是不可侵害的，若债务人毁约，使其期待利益不能实现，债务人也应承担毁约的责任。

3. 预期违约在责任后果上与实际的违约责任是不同的

一般来说，实际违约通常会造成非违约方期待利益的损失，如一方亟待原材料投入生产，因对方到期不交付产品使其不能按时投入生产，而造成期待利益的损失。而就预期违约来说，一般造成的是信赖利益的损害，如因信赖对方履行而支付一定的准备履行的费用等，因此在损害赔偿的范围上不相同于实际违约。

（二）明示毁约

所谓明示毁约，是指一方当事人无正当理由，明确肯定地向另一方当事人表示其将在履行期限到来时不履行合同。我国《民法典》第578条规定：“当事人一方明确表示或者以自己的行为表明不履行合同义务的，对方可以在履行期限届满前请求其承担违约责任。”明示毁约的成立须具备如下条件。

第一，必须是一方明确肯定地向对方作出毁约的表示。换言之，一方表示的毁约意图是十分明确的，不附有任何条件，如明确表示其不愿意付款或交货等。有一种观点认为，由于毁约方在作出了毁约的表示以后，另一方应向对方发出一种要求其撤回毁约表示的催告，才能最后证实对方的表示为最终的表示，从而确定其是否构成明示毁约。但根据我国《民法典》的规定，只要一方有证据证明另一方在履行期到来前明确表示，就可以证明对方已构成明示毁约，而不必通过催告来确定其是否构成明示毁约。

第二，不履行合同的主要义务。正是由于一方表示其在履行期到来之后，将不履行合同的主要义务（如不履行买卖合同中的付款或交货义务），从而会使另一方订约目的不能实现，或严重损害另一方的期待利益，所以，明示毁约人应负违约责任。一般来说，这种拒绝履行应当对相对人从合同履行中获得的利益有重大影响，从而使合同目的落空。如果被拒绝履行的仅是合同的部分内容，并且不妨碍债权人所追求的根本目的，这种拒绝履行并没有使债权期待成为不能，就不构成预期违约。[①] 如果行为人只是表示其将不履行合同的次要义务，也不构成明示毁约。

第三，不履行合同义务无正当理由。在实践中，一方提出不履行合同义务通常有可能会找出各种理由和借口，如果这些理由能够成为法律上的正当理由则不构成明示毁约。各种正当理由主要包括：因债权人违约而使债务人享有解除合同的权利；因合同具有无效因素而应被宣告无效；合同应被撤销；合同根本没有成立；债务人享有抗辩权；因不可抗力而使合同不能履行。在具有正当理由的情况下，一方拒绝履行义务是合法的，不构成明示毁约。

在一方明示毁约的情况下，另一方有权拒绝。这就是说，另一方可以根本不考虑一方所作出的毁约表示，而单方面坚持合同的效力，等到履行期限到来以后要求毁约方继续履行合同或承担违约责任。如在某些情况下，另一方认为，在履行期到来以后请求违约方承担赔偿责任，比在履行期到来前请求其承担此种责任对其更为有利，就可以等待履行期到来后提出请求。再如，另一方相信毁约方可能会在履行期到来之前撤回其毁约的表示，从而消除毁约的状态，也可以等待履行期到来后提出请求。如果另一方认为，等待履行期到来再提出请求，将使其蒙受更大的损失，或者认为毁约方不可能撤回其毁约的表示，则可以依据《民法典》第 578 条的规定，立即提出请求，要求对方在履行期到来前承担违约责任。

尽管《民法典》允许另一方可以在履行期到来前采取各种违约补救方式，如要求毁约方在履行期到来时履行合同、赔偿损失、支付违约金以及解除合同等，但应当看到，履行期前的责任和履行期到来后的责任仍然是有区别的。例如，在确定预期违约的损害赔偿时，只能根据履行期前的市场价格而不能根据履行期到来时的市场价格来计算损失，确立毁约方应赔偿的数额。再如，在计算赔偿数额时，应当考虑到从预期违约到履行期到来，另一方可能有较长时间采取措施减少损害。如果其未采取措施减轻其应当减轻的损害，该数额应当从赔偿数额中扣除。总之，在确定预期违约的责任时，不能以履行期到来后的标准予以确定，否则将会使毁约方承担过重的责任。

（三）默示毁约

所谓默示毁约，是指在履行期到来之前，一方以自己的行为表明其将在履行期到来之后不履行合同，且另一方有足够的证据证明一方将不履行合同，也不愿意提供必要的履行担保。《民法典》第 578 条规定："当事人一方明确表示或者以自己的行为表明不履行合同义务的，对方可以在履行期限届满前请求其承担违约责任。"《民法典》第 527 条和第 528 条规定了默示毁约。

默示毁约与明示毁约一样，都发生在合同有效成立后至履行期届满前，但默示毁约与明示毁约又有不同之处，表现在：一方面，明示毁约是指毁约一方明确表示他将不履行合同义务；而在默示毁约的情况下，债务人并未明确表示他将在履行期到来时不履行合同，只是从其履行的准备行为、现有经济能力、信用情况等，可预见到他将不履行或

---

① 参见韩世远、崔建远：《先期违约与中国合同法》，载《法学研究》，1993 (3)。

不能履行合同，而这种预见又是建立在确凿的证据基础之上的。另一方面，明示毁约行为对期待债权的侵害是明确肯定的，债务人的主观状态是故意的；而默示毁约行为对期待债权的侵害不像明示毁约行为那样明确肯定，债务人对毁约的发生主观上可能出于过失。无论默示毁约因何种原因产生，都会使债权人面临一种因债务人可能违约而使自己蒙受损失的危险，这种危险应该及早予以消除，若债权人只能等待履行期限到来后才能提出请求，无异于坐以待毙。

根据我国《民法典》的有关规定，默示毁约的成立须具备如下构成要件。

第一，一方当事人具有《民法典》第527条所规定的情况，包括经营状况严重恶化；转移财产、抽逃资金，以逃避债务；丧失商业信誉；有丧失或者可能丧失履行债务能力的其他情形。无论何种情况，默示毁约方都没有明确地表示其将毁约或拒绝履行合同义务，否则构成明示毁约。当然，尽管默示毁约方没有明确表示毁约，但其行为和能力等情况表明其将不会或不能履约，从而将会辜负对方的合理期望，使对方的期待债权不能实现，所以，亦可构成违约。

第二，另一方具有确凿的证据证明对方具有上述情形。如果另一方只是预见到或推测一方在履行期到来以后将不履行合同，不能构成确切的证据。关于默示毁约的标准，我国《民法典》第527条采取了“确切证据”标准，即要求预见的一方必须举证证明对方届时确实不能或不会履约。由此可见，我国法律的规定加重了非违约方的举证负担，在实践中也更为可行。当然，非违约方所提供的证据是否确切，应由司法审判人员予以确定。例如，甲向乙购买房屋，约定10月交房，但乙在9月仍未打地基，在10月份不可能将房屋建好，此种行为即构成默示毁约。

第三，一方不愿提供适当的履约担保。另一方虽有确切的证据证明一方将不履行合同，但还不能立即确定对方已构成违约。依据《民法典》第528条，另一方要确定对方违约，必须首先要求对方提供履约担保。只有在对方不提供履约担保的情况下，才能确定其构成违约并可以要求其承担预期违约的责任。如何理解“适当的履约担保”？一般来说，履约保证应包括保证按期履行的表示、如不能履行合同如何偿付债权人的损失等。只要足以使债权人消除对债务人有可能违约的疑虑，任何保证都是充分保证。一项保证是否充分，应由债权人自己决定；如果他人认为该保证是不充分的，但债权人认为已经充分，则应认为已经足够，法律不应多加干预。如果债务人提供的保证，在一般人看来已经足够，而债权人仍要求债务人必须找到其指定的公司或个人为债务人作担保，则属于不合理的要求，债务人应有权予以拒绝。履约保证应在合理的期限内作出，超过了合理期限，则债权人亦有权拒绝。

债务人是否能够提供适当的履约保证，是确定其是否构成默示毁约的重要标准。因为即使债权人有确切证据证明债务人可能到期不会或不能履约，但债务人毕竟没有作出毁约的表示，相反，其可能会通过各种途径筹措资金、清偿债务。更何况随意允许债权人以对方毁约为借口而中止履行，对交易秩序的维护也是不利的。所以若债务人能够在合理的期限内提供履约保证，则证明不构成毁约。

只有符合上述要件，才能构成默示毁约。在默示毁约的情况下，非违约人可以暂时中止履行合同。采取此种措施，有利于减轻预见方的损失，防范一旦实际发生违约事实而使其遭受重大损失，但暂时中止合同的履行不同于解除合同。在暂时中止合同的情况下，合同并没有解除，它对当事人仍然有效，只是合同债务暂时得不到履行。

在默示毁约的情况下，非违约方可以在履行期限到来以后要求毁约方实际履行或承担违约责任，这就是说，非违约人可以不考虑对方的默示违约而等到履行期限到来后，要求对方承担违约责任。其也可以不必等待履行期限的到来而直接要求毁约方实际履行或承担违约责任。

二、实际违约

在履行期限到来以后，当事人不履行或不完全履行合同义务，都将构成实际违约。履行不符合约定又分为迟延履行、部分履行和不适当履行，据此，实际违约行为具体包括拒绝履行、部分履行、迟延履行和不适当履行这四种类型。从总体上看，实际违约包括不履行和履行不符合约定这两种情形，其都可以适用赔偿损失、违约金责任等违约责任承担方式，但二者也存在区别。

第一，不履行合同义务的行为，主观上一般是故意的，而在履行不符合约定时，债务人主观上并不当然是故意的。

第二，违约的严重程度及其后果不同。在一般情形下，不履行常常表现为故意撕毁合同，一般都构成根本违约，与履行不符合约定相比，其违约情形较为严重，所造成的损害后果也更为严重。但是，在履行不符合约定的情形下，情形较为复杂，有的构成根本违约，有的只是轻微违约，需要根据违约的具体情形予以判断。

第三，救济方式不同。对不履行而言，债权人有权请求债务人实际履行，并请求债务人承担赔偿损失等违约责任。而对履行不符合约定而言，可采取不同的救济方式。《民法典》第582条规定："履行不符合约定的，应当按照当事人的约定承担违约责任。对违约责任没有约定或者约定不明确，依据本法第五百一十条的规定仍不能确定的，受损害方根据标的的性质以及损失的大小，可以合理选择请求对方承担修理、重作、更换、退货、减少价款或者报酬等违约责任。"依据该条规定，在履行不符合约定时，首先按照当事人约定承担责任，如果当事人没有约定，则依照第510条予以确定违约责任。该条规定："合同生效后，当事人就质量、价款或者报酬、履行地点等内容没有约定或者约定不明确的，可以协议补充；不能达成补充协议的，按照合同有关条款或者交易习惯确定。"如果依据该条规定仍然无法确定违约方的责任，则可以通过修理、重作、更换、退货、减少价款或者报酬等补救措施对非违约方提供救济。

实际违约行为具有如下几种类型。

（一）拒绝履行

拒绝履行是指在合同期限到来以后，一方当事人无正当理由拒绝履行合同规定的全部义务。我国《民法典》第577条所提及的"一方不履行合同义务"就是指拒绝履行的行为。拒绝履行的特点在于：一是一方当事人明确表示拒绝履行合同规定的主要义务。如果仅仅是表示不履行部分义务则属于部分不履行的行为。二是一方当事人拒绝履行合同义务无任何正当理由。三是拒绝履行主要义务经催告在合理期限内仍不履行构成了根本违约。学理上通常认为，一方严重违反合同使另一方订约目的不能实现，或者造成期待利益的重大损失，此种根本违约行为也等同于拒绝履行行为。

在一方拒绝履行的情况下，另一方有权要求其继续履行合同，也有权要求其承担违约金责任和损害赔偿责任。但另一方是否有权解除合同，《民法典》第563条似乎没有明确作出规定，而只是规定“当事人一方迟延履行债务或者有其他违约行为致使不能实现合同目的”。实际上，根据该条的精神，在一方拒绝履行以后，其行为已转化为迟延履行，且此种违约通常构成根本违约，另一方有权解除合同。尤其应当看到，无正当理由拒绝履行合同，已表明违约当事人完全不愿接受合同约束，实际上已剥夺了受害人根据合同所应得到的利益，从而使其订立合同的目的落空，因此，受害人没有必要证明违约已造成严重的损害后果便可以解除合同。

（二）迟延履行

1. 迟延履行概述

迟延履行是指合同当事人的履行违反了履行期限的规定。履行迟延在广义上包括债务人的给付迟延和债权人的受领迟延，狭义上是指债务人的给付迟延。在迟延履行的情况下，关键问题是确定合同中的履行期限。如果合同明确规定了履行期限，则应当依据合同的规定履行。如果合同没有规定履行期限，则应当依据《民法典》第511条第4项，“履行期限不明确的，债务人可以随时履行，债权人也可以随时请求履行，但是应当给对方必要的准备时间”。必要的准备时间也就是合理的履行期限。凡是违反履行期限规定的履行，无论是债务人还是债权人，都构成履行迟延。

在履行迟延的情况下，非违约方有权要求违约方支付迟延履行的违约金，如果违约金不足以弥补非违约方所遭受的损失，非违约方还有权要求赔偿损失。问题在于：非违约方是否有权解除合同？由于迟延履行的情况复杂，并非各种迟延履行都使债权人订约目的落空，如果迟延未给非违约方造成重大损失或者使其订立合同的目的落空，非违约方就不必要解除合同。依据《民法典》第563条，非违约方可以行使解除权的情况主要有两种：一是“当事人一方迟延履行主要债务，经催告后在合理期限内仍未履行”；二是“当事人一方迟延履行债务……致使不能实现合同目的”。只有在这两种迟延的情况下，非违约方才能解除合同。

迟延履行不同于拒绝履行。首先，在迟延履行的情况下，违约当事人已经作出了履行并且愿意履行，只是履行不符合期限的规定。而在拒绝履行的情况下，违约当事人不仅没有作出履行，而且明确表示不愿意履行合同义务。可见，拒绝履行是一种公然的违约。当然，在迟延履行以后，违约当事人不愿继续履行也可转化为拒绝履行。其次，从补救上来看，在迟延履行的情况下，对债权人解除合同的权利，法律上是有一定限制的；而在拒绝履行的情况下，由于拒绝履行通常表明债务人公然毁约，主观过错程度是重大的，所以，债权人可以直接解除合同。

迟延履行也不同于不适当履行。不适当履行是指在履行期限到来时，债务人作出了履行，但履行不符合规定的质量要求；而迟延履行是在履行期限到来时没有作出履行。

从责任形式上看，两者也是不同的，不适当履行主要采取修补、替换、重作的补救方式，这些方式在迟延履行的责任中是难以适用的。

2. 债务人迟延

所谓债务人迟延，是指债务人在履行期限到来时，能够履行而没有按期履行债务。构成债务人迟延，必须满足如下要件。

第一，违反了履行期限的规定。判断债务人是否迟延履行，通常以债务是否到了履行期限且债务人是否履行债务为标准。履行期限到来之后，债务人不履行债务，将构成迟延。在许多情况下，债务人在迟延一段时间之后，还会作出履行。但如果迟延之后拒绝继续履行债务，则在拒绝之时，迟延履行已转化为拒绝履行。

第二，在迟延履行的情况下，履行是可能的。如果因为债务人的过错使债务根本不能履行，此时已构成不履行。如果履行期限到来时，债务人仍然可以继续履行，则构成履行迟延；如果履行期限到来以后，债务人已不能履行，则应区分是因债务人的过错还是非因债务人的过错所致而确定责任。

第三，在履行期限到来以后，债务人没有履行债务。此处所言没有履行，仅指迟延履行，而不包括不适当履行和其他履行不完全的行为（如履行地点不当，履行违反了附随义务等）。如果履行了部分债务，则可能构成部分履行和迟延履行。但如果债务人明确表示对未履行的部分不再履行，则构成部分履行和拒绝履行。

第四，迟延履行无正当理由。按照诚实信用原则的要求，如果在特殊情况下，债务人确有正当理由而暂时不能履行合同，可以被免除实际履行的责任，或者债务人依法行使同时履行抗辩权而暂不履行债务，则不构成迟延。但是，如果非因债务人的过错而是债权人的原因造成迟延（如债权人改变地址未及时通知债务人），则应由债权人负责。

3. 受领迟延

受领迟延又称为债权人迟延，它具有两种不同的含义：一是指债权人在债务人作出履行时，未能及时接受债务人的履行①；二是指债权人除未能及时受领债务人的履行以外，也没有为债务人履行债务提供必要的协作。② 本书认为，仅就受领迟延本身的含义来说，应将其限于应当对债务人的履行及时受领而没有受领，而不应包括未提供必要的协作。因为依据诚实信用原则，合同当事人在履行中均负有相互协作的义务，双方都有可能违反相互协作的义务。而受领迟延作为与债务人迟延相对应的概念，只是指债权人的违约，受领的固有含义中不应该包括未提供协作的行为。

受领迟延是债权人实施的过错行为。学理上有一种观点认为，债权人的受领义务在性质上属于不真正义务，即对自己的注意和保护义务，违反此种义务不构成违约，而是要自行承受其不利后果。所以，债权人迟延并非具体的违约形态。但本书认为，受领迟延应作为一种违约行为对待，在受领迟延时债权人应承担违约责任。理由主要在于：

第一，在债务人提出给付时，债权人应当负有受领的义务，违反此种义务，也会造成债务人的损失，而不仅仅造成债权人自身的损失。例如，在债务人提出交付时，债权

---

① 参见王家福主编：《中国民法学·民法债权》，169页。

② 参见崔建远：《合同责任研究》，106页。

人无正当理由迟延受领，导致债务人债务履行成本增加。在此情形下，如果将债权人的受领义务界定为不真正义务，则无法对债务人的损失提供救济。

第二，从我国司法实践来看，并没有因为债权人迟延的特点而排除债权人所应承担的责任。债权人的迟延通常是司法实践中大量存在的“双方违约”现象产生的原因，一般都是按照违约行为处理的，此种司法经验也具有其合理性。

第三，将受领给付作为债权人的义务，也有利于督促双方当事人全面履行其债务，保障合同目的的圆满实现。从理论上看，如果债权人受领债务人的履行不是其应负的义务而是其应享有的权利，那么只要此种权利不行使，并没有造成对债务人的损害，则债权人不应承担任何责任。如果认为迟延受领在没有造成任何债务人损害的情况下，债权人不应当承担任何责任，这显然将使债权人可以对债务人的履行不提供任何协助，从而损害了协作履行规则，从根本上违背了法律关于债权人应及时受领履行的义务规定，将会使许多债务难以得到切实的履行。

（三）不适当履行

不适当履行是指当事人交付的标的物不符合合同规定的质量要求，也就是说履行具有瑕疵。我国民法典合同编规定了瑕疵担保义务，但没有采取大陆法系的瑕疵担保责任，而认为不适当履行是一种独立的违约行为，违约当事人应当承担违约责任，在不适当履行的情形下，非违约方则可以选择各种违约的补救方式维护其权利。

《民法典》第582条规定：“履行不符合约定的，应当按照当事人的约定承担违约责任。对违约责任没有约定或者约定不明确，依据本法第五百一十条的规定仍不能确定的，受损害方根据标的的性质以及损失的大小，可以合理选择请求对方承担修理、重作、更换、退货、减少价款或者报酬等违约责任。”这就是说，在不适当履行的情况下，如果合同对责任形式和补救方式已经作出了明确规定（如规定产品有瑕疵应当首先实行修理、替换），则应当按照合同的规定确定责任。如果合同没有作出明确规定或者规定不明确，受害人可以根据具体情况，选择各种不同的补救方式和责任形式。

在合同法上，不适当履行可分为两种类型：（1）瑕疵给付，即该履行不符合法律规定或当事人约定的质量标准，造成对方当事人履行利益的损失。瑕疵履行如果导致对方当事人合同目的无法实现，则对方当事人有权解除合同，并请求违约方承担违约责任；如果瑕疵履行并不导致对方当事人合同目的无法实现，则其无权解除合同，而只能请求违约方承担违约责任。（2）加害给付，即债务人的不适当履行行为造成债权人的履行利益以外的其他财产损失和人身损害。例如，交付不合格的汽化炉造成火灾，致使债务人受伤等。加害给付具有如下特点：第一，债务人的履行行为不符合合同的规定。这就是说，债务人虽履行了合同，但履行不适当。第二，债务人的不适当履行行为造成了债权人的履行利益以外的损害。所谓履行利益以外的其他利益，学理上又称为固有利益或维护利益，是指债权人享有的不受债务人和其他人侵害的现有财产和人身利益。例如，交付的财产有缺陷，造成他人的人身伤害。交付财产属于履行利益，人身伤害属于履行利益以外的损失。第三，加害给付是一种同时侵害债权人的相对权和绝对权的不法行为。

从上述分析可见，债权人享有的履行利益实际上是债权人享有的债权，而债权人享有的履行利益以外的其他利益，主要是债权人享有的绝对权，这两种权利分别受到合同法和侵权责任法的保护。由于加害给付的行为将同时构成违约行为和侵权行为，因而该行为同时侵犯了债权人的相对权和绝对权。但是这并不是说在出现加害给付行为以后，受害人可以同时请求加害人承担违约责任和侵权责任，而只能根据责任竞合的规定选择一种请求权，提出请求和提起诉讼。

《民法典》第582条规定，“履行不符合约定的，应当按照当事人的约定承担违约责任。对违约责任没有约定或者约定不明确，依据本法第五百一十条的规定仍不能确定的，受损害方根据标的的性质以及损失的大小，可以合理选择请求对方承担修理、重作、更换、退货、减少价款或者报酬等违约责任。”依据这一规定，在违约责任方面，有约定的依约定。例如，当事人如果约定了违约金，则应当按照违约金确定违约责任。如果当事人没有就违约责任作出约定，可以通过协议补充。如果不能达成协议，也可以按照合同的相关条款和交易习惯确定。但如此仍然不能确定违约责任承担方式的，受损害方可以根据标的的性质以及损失的大小，合理选择请求对方承担修理、重作、更换、退货、减少价款或者报酬等违约责任。对此可作如下理解：一是要考虑标的的性质。所谓根据标的的性质，是指根据标的物的性质、特点等因素，确定合理的违约责任承担方式。例如，如果标的物是特定物，则难以采用更换的方式；如果标的物是种类物，则可以找到适当的替代物，此时就不一定要采用修理、重作的方式。再如，买受人到汽车销售店购买新车，如果该汽车存在瑕疵，则应当允许买受人主张更换。二是要考虑损失的大小。例如，如果标的物的瑕疵是轻微的，损失并不大，则可以通过修理、重作等方式弥补其损失；但如果标的物的瑕疵是重大的，在此情形下，很难通过修理等方式弥补其损失。[①] 就不适当履行所应采取的补救措施而言，应当包括：

第一，修理。所谓修理，就是指因债务人交付的标的物有瑕疵，如果该瑕疵能够修理且修理瑕疵并不影响债权人订约目的的实现，可以通过修理的方式来予以补救。修理可以采取两种方式：一是由债务人进行修理。由债务人自己修理，其也应当承担因修理产生的修理、运输等各种合理费用。二是委托他人修理，而由债务人承担修理费用。[②]

第二，重作。所谓重作，是指债务人交付的标的物有瑕疵，可以使债务人真正按照合同规定的质量重新制作标的物，并向债权人交付标的物，从而使债权人获得符合合同规定的质量的货物。例如，承揽方交付定作物或完成工作不符合合同规定的质量而定作人不同意受领的，应由承揽方负责修理或重作，若经过修理或重作以后，仍不符合合同规定，定作方有权拒收，并可援用同时履行抗辩权而拒绝支付价款或报酬。

第三，更换。所谓更换，就是指如果债务人交付的标的物不符合约定，而该标的物是种类物的，则可以通过寻找合适的替代品的方式，由债务人予以更换。在更换的情况下，更换物应当在质量、规格、品种等方面与原物保持相同。

第四，退货。退货是指由于债务人交付的标的物不符合约定，债权人将已经获得的标的物退还给债务人。退货并不一定导致合同解除，在退货的情况下，当事人还可以予

---

① 参见黄薇主编：《中华人民共和国民法典合同编解读》，398页。

② 参见黄薇主编：《中华人民共和国民法典合同编解读》，399页。

以更换，或者采取其他补救措施，从而使交付的标的物符合约定的标准。但如果债务人没有采取其他补救措施，则债权人有权解除合同。

第五，减价。所谓减价，是指债务人不履行合同义务或者履行合同义务不符合约定时，债权人主张相应减少合同价款的违约责任方式。减价实际上就是以质论价，通过减少价款或者报酬，使当事人已经作出的履行符合其价值，从而实现当事人利益的平衡。此种责任体现了交互正义，有利于物尽其用、提高交易效率。减价的适用条件主要包括：

其一，交付的合同标的物不符合约定。减价责任的产生原因在于，标的物不符合约定，影响债权人订立合同目的的实现。因此，减价应当以合同标的物不符合约定为前提条件。

其二，债权人同意接受标的物。债权人主张减价实际上是同意接受标的物，如果债权人主张更换标的物或者主张解除合同，则不得再主张减价。如果因产品交付有瑕疵，买受人可能不愿意采用减少价款或者报酬的方式，而愿意采用损害赔偿的方式。① 在此情况下就不适用减价的方式。

其三，减价必须依据一定的比例。减价必须以符合约定的标的物和实际交付的标的物按交付时的市场价值计算差价。关于减少价款或者报酬的方式，一些学者认为，可以考虑原合同价金（T）乘以卖方在交货时的不符货物的实际价值（D）与在交货时相符货物价值（C）的比例：（$T\times D/C$）。用原合同价金减去减价幅度，即 $T-T\times D/C$，即为买方应付给卖方的实际价金。②

减价对质量而言，必须依质论价；对数量而言，应按照数量占全部数量的比例计算。不过，减少价款或者报酬的方式的运用只是使已经交付的货物符合其实际价值，不属于实际履行方式。

上述各种方式都是在不适当履行情况下的补救措施，无论采取何种措施，都应当允许非违约方作出选择。

(四) 部分履行

部分履行，是指合同虽然履行，但履行不符合数量的规定，或者说履行在数量上存在不足。在部分履行的情况下，非违约方首先有权要求违约方依据合同规定的数量条款继续履行，交付尚未交付的货物、金钱以及提供尚未提供的服务。非违约方也有权要求违约方依约支付违约金。如果因部分履行造成了损失，非违约方有权要求违约方赔偿损失。由于在一般情况下，对部分不履行，债务人是可以补足的，因此不必要解除合同。如果因部分履行而导致合同的解除，则对已经履行的部分将作出返还，这将会增加许多不必要的费用。所以，除非债权人能够证明部分履行已构成根本违约，导致其订约目的不能实现，否则一般不能解除合同。

(五) 债权人无正当理由拒绝受领

合同的履行需要双方当事人的协力，在债务人履行债务之后，债权人无正当理由拒

---

①② 参见张玉卿主编：《国际货物买卖统一法》，169 页，北京，中国对外经济贸易出版社，1998。

绝受领，也会影响债务人履行债务，对此，《民法典》第589条规定："债务人按照约定履行债务，债权人无正当理由拒绝受领的，债务人可以请求债权人赔偿增加的费用。在债权人受领迟延期间，债务人无须支付利息。"该条还专门规定了债权人受领迟延以及受领迟延的法律后果，从该条规定来看，债权人受领迟延在性质上也是一种违约行为。依据本条规定，债权人无正当理由拒绝受领应当符合如下条件。

一是债务人按照约定履行债务。这就是说，在债权人无正当理由拒绝受领的情形下，债务人本身并没有可归责事由，即债务人已经按照约定履行债务，只不过债权人无正当理由拒绝受领。如果债务人作出了给付不符合约定，则债权人有正当理由拒绝受领，此时，将不构成债权人无正当理由拒绝受领。

二是债权人无正当理由拒绝受领。即在债务人按照约定履行债务时，债权人本身有协助的义务，应当及时接受债务人的履行，债权人无正当理由拒绝履行，不符合合同约定，因此应当构成违约。所谓无正当理由，是指债权人没有法定的或者约定的拒绝受领的理由。例如，债权人提出其没有足够的仓储空间用于储存货物，进而主张拒绝受领，该理由并不是债权人拒绝受领的正当理由。

在债权人无正当理由拒绝受领的情形下，将产生如下法律效果：一是债务人不构成履行迟延。因为在债权人无正当理由拒绝受领的情形下，该后果是因债权人的原因造成的，此时，即便债务人迟延履行债务，也不构成履行迟延，无须对此承担违约责任。二是债务人可以请求债权人赔偿增加的费用。虽然债权人无正当理由拒绝受领，但如果该行为并没有增加债务人履行债务的费用，则债务人无权请求债权人赔偿。《民法典》第589条增加规定了债权人无正当理由受领迟延的赔偿责任。在债权人无正当理由拒绝受领时，法律允许债务人直接依据合同编的规定，进行提存以消灭债务。债务人也可以不选择提存，而由自己保管标的物，保管中出现的必要费用由债权人承担。三是在债权人受领迟延期间，债务人无须支付利息。依据《民法典》第589条第2款，对金钱债务，债权人不及时受领金钱给付的，对于迟延期间内的利息不得请求支付。

（六）其他不完全履行的行为

按照民法典合同编的规定，债务人应当按照法律和合同的规定，全面、适当地履行合同。因此，当事人在履行合同时，除在标的、质量、数量、期限上符合法律和合同规定外，履行的地点、方式等也应符合法律和合同的规定。因此，履行地点、方式等不适当，也属于违约行为。

第四节　双方违约和第三人的行为造成违约

一、双方违约

所谓双方违约，是指合同的双方当事人都违反了其依据合同所应尽的义务。我国《民法典》第592条第1款规定："当事人都违反合同的，应当各自承担相应的责任。"双方违约的构成要件在于：第一，双方违约主要适用于双务合同。对于单务合同来说，因只有一方负有义务，故不产生双方违约问题。第二，双方当事人都违背了其应负的合同义务。例如，双方都作出了履行，但履行都不符合合同的规定。第三，双方的违约都无正当理由。如果是一方行使同时履行抗辩权或不安抗辩权，则不能认为是双方违约。例如，一方交付的货物有严重的瑕疵，另一方拒付货款，乃是正当行使抗辩权的行为，不应作为违约对待。如果当事人在对方违约后采取适当的自我补救措施，如在对方拒绝收货时将标的物以合理价格转卖，则不构成违约。

在双方违约的情况下，应当根据双方的过错程度及因其过错而给对方当事人造成的损害程度而确定各自的责任。如果双方过错程度相当，且因其过错而给对方当事人造成的损害程度大体相同，则双方应当各自承担其损失。如果一方的过错程度明显大于另一方，且给对方造成的损失较重，则应当承担更重的责任。例如，一般来说，一方交货有严重瑕疵的行为与另一方受领迟延相比较，前者的过错更重。再如，一方故意违约，而另一方未尽到减轻损害的义务，两者的过错程度也是不同的。所以，在双方违约时，必须要正确地认定各方所应承担的责任，而不能各打五十大板，使双方平均负担责任。

二、第三人的行为造成违约

在合同订立以后，当事人一方可能因为第三人的原因造成违约，在此情况下，应当如何确立违约责任呢？《民法典》第 593 条规定："当事人一方因第三人的原因造成违约的，应当依法向对方承担违约责任。当事人一方和第三人之间的纠纷，依照法律规定或者按照约定处理。"该规定实际上是进一步确认了合同责任的相对性规则。根据该规则，在因第三人的行为造成债务不能履行的情况下，债务人仍然应当向债权人承担违约责任，债权人也只能要求债务人承担违约责任。债务人在承担违约责任以后，有权向第三人追偿。这就是所谓的"债务人为第三人的行为向债权人负责的规则"。

债务人在为第三人的行为向债权人负责后，可以依据法律规定而向第三人追偿。如第三人造成标的物的毁损、灭失，致使合同不能履行，债务人可要求第三人依法承担侵权责任。债务人也可以依据其事先与第三人的合同而向第三人追偿。如第三人不依据合同向债务人交货，使债务人不能履行其对债权人的交货义务。债务人在向债权人承担责任后，可依据其与第三人的合同要求第三人承担责任，但两个合同关系必须分开。

三、债务人对履行辅助人的责任

在债务履行过程中，债务人通常需借助履行辅助人的辅助行为而履行债务，同时，对履行辅助人的过错承担责任。此项原则称为"为债务履行辅助人而负责"。在解释上可以认为，《民法典》第 593 条规定的"当事人一方因第三人的原因造成违约"既包括因履行辅助人的原因造成违约，也包括因履行辅助人以外的人的原因造成违约。

履行辅助人，顾名思义，是指辅助债务人履行债务的人。一般认为，债务履行辅助人包括两类：一是代理人，二是使用人。所谓使用人，是指根据债务人的意思，事实上从事债务履行的人。

履行辅助人具有如下特点。

第一，履行辅助人是根据债务人的意思而事实上从事债务履行的人。履行辅助人必须是出自债务人的意愿而为债务履行行为，只有这样才能将第三人的故意或过失行为归由债务人承担。倘若第三人未取得债务人的同意而介入债务的履行，是一种干涉他人事务的行为，该第三人应对自己的过错独立承担责任。例如，甲要求乙帮助修理电视机，乙因病不能前往。丙未经乙的同意，前往甲处擅自修理电视机，造成电视机损坏，乙对丙的行为不负责任。

第二，履行辅助人是依据法律规定或合同约定而产生的。绝大多数履行辅助人都是根据债务人与履行辅助人之间的委托合同而确定的，如委托某人代送信件、委托运送行李等。也有一些履行辅助人是根据雇佣合同、劳务合同等产生的，如商店的雇员根据商店的要求为某人送货等。还有一些履行辅助人是直接根据法律规定产生的，如法定代理人为了维护被代理人的利益而参与交易活动。

第三，履行辅助人必须在事实上从事了辅助履行债务的行为。也就是说，履行辅助人所从事的行为，是帮助债务人履行债务，而不是为自己履行债务或者从事其他性质的行为，否则，不能成为债务履行辅助人。

合同当事人对其履行辅助人的行为负责，并不以合同当事人自身具有过错（如选任、指示过失等）为要件。履行辅助人的行为视为合同当事人自身的行为。

第五节　实际履行责任

一、实际履行的概念与特征

实际履行也称为继续履行、强制实际履行。作为一种违约后的补救方式，实际履行是指在一方违反合同时，另一方有权要求其依据合同的规定继续履行。我国《民法典》第 179 条将继续履行作为承担民事责任的一种方式。《民法典》第 577 条规定："当事人一方不履行合同义务或者履行合同义务不符合约定的，应当承担继续履行、采取补救措施或者赔偿损失等违约责任。"《民法典》第 579 条和第 580 条针对金钱债务和非金钱债务两种情况中的实际履行问题也分别作出了规定。

实际履行的特征是：

（1）实际履行是一种违约后的补救方式。一方违约后，另一方有权要求违约方继续履行合同，也有权要求其承担支付违约金和损害赔偿等责任。是否请求实际履行是非违约方的一项权利。在学理上，常常将修理、重作、更换作为实际履行的具体形式，因为采取这些补救措施也是使违约方继续履行。然而《民法典》第 577 条将继续履行与这些补救方式区别开来，表明实际履行并不包括这些补救措施。

（2）实际履行的基本内容是，要求违约方继续依据合同规定作出履行。实际履行也是《民法典》第 509 条关于“当事人应当按照约定全面履行自己的义务”的规定的具体体现。不过对实际履行的适用，《民法典》区分了金钱债务和非金钱债务两种情况，对金钱债务，如果一方不支付价款或报酬，另一方当然有权要求对方支付价款和报酬。而对于非金钱债务，虽非违约方原则上可以请求实际履行，但在法律上有一定的限制（《民法典》第 580 条）。

（3）实际履行可以与违约金、损害赔偿和定金责任并用，但不能与解除合同的方式并用。因为解除合同旨在使合同关系不复存在，债务人不再负履行义务，所以它是与实际履行对立的补救方式。

二、金钱债务的实际履行

关于金钱债务的实际履行，《民法典》第 579 条规定：“当事人一方未支付价款、报酬、租金、利息，或者不履行其他金钱债务的，对方可以请求其支付。”依据该条规定，在债务人不履行金钱债务的情形下，债权人有权请求其实际履行，也就是说，对金钱债务而言，无论出现何种情形，债权人都可以请求债务人实际履行。法律作出此种规定的主要理由在于，金钱债务的客体为支付一定的货币，而货币具有很强的可替代性，并不存在履行不能的情形，因此，《民法典》第 579 条对所有的金钱债务均规定了继续履行的违约责任形式。

从《民法典》第 579 条的规定来看，金钱债务的范围十分宽泛，其主要包括如下几种情形：一是支付价款。支付价款的债务主要发生在买卖合同中，在买受人未支付价款的情形下，出卖人有权请求买受人支付价款。二是支付报酬。支付报酬的债务主要发生在劳务合同中，即提供劳务的一方有权依法请求接受劳务的一方按照约定支付报酬。三是支付租金。支付租金的债务主要发生在租赁合同中，即出租人有权请求承租人按照约定支付租金。四是支付利息。支付利息的债务发生在借款合同中，即贷款人有权请求借款人按照约定支付利息。五是其他金钱债务。从《民法典》第 579 条的规定来看，其在列举金钱债务的类型时采用了“其他金钱债务”这一兜底表述，这表明金钱债务的类型并不限于支付价款、报酬、租金、利息等情形，只要是以支付金钱为客体的债务，通常都属于金钱债务的范畴。

《民法典》第 579 条规定：“当事人一方未支付价款、报酬、租金、利息，或者不履行其他金钱债务的，对方可以请求其支付。”该条强调了金钱债务应实际履行，并没有提及金钱债务是否可以因不可抗力而被免责的问题。本书认为对该规定实际上也可以理解为，无论在何种情况下，只要一方未支付价款或者报酬，另一方就有权要求其支付价款或者报酬。这就表明，金钱之债在任何情况下都必须履行，债务人不得以其履行不能提出抗辩。具体来说：

第一，在借款合同中，借款人到期未归还借款和利息。在此情形下，贷款人应当催告，但不必继续为债务人确定还款的合理期限。因为确定继续履行的合理期限主要是针对交付货物而言的，对于还款迟延后，不必有继续履行的准备期限。

第二，一方交付货物以后，另一方无正当理由不支付价款，出卖人有权要求其继续履行，即支付价款。

第三，一方提供了一定的服务或者劳务以后，另一方无正当理由不支付报酬。此种情况下一方有权要求对方继续履行，即支付报酬。

第四，其他标的为金钱和报酬的债务，如一方违约以后，另一方应当支付损害赔偿金。损害赔偿之债如不履行，债权人也有权要求实际履行等。

《民法典》要求未支付价款或报酬的债务必须实际履行，有利于强化诚信观念，防止交易当事人以各种理由拒绝履行其债务。

三、非金钱债务的实际履行

关于非金钱债务的实际履行，《民法典》第580条第1款规定："当事人一方不履行非金钱债务或者履行非金钱债务不符合约定的，对方可以请求履行，但是有下列情形之一的除外：（一）法律上或者事实上不能履行；（二）债务的标的不适于强制履行或者履行费用过高；（三）债权人在合理期限内未请求履行。"从该条规定来看，对于非金钱债务，非违约方也可以要求实际履行。但对非金钱债务而言，因其具有如下特点，故可以采取其他方式替代：一方面，非金钱债务的标的大多具有可替代性，即随着市场的发达，物质的日益丰富，非违约方获得了金钱补偿以后可以到市场上获得替代品，而不必要求实际履行。另一方面，非金钱债务的不履行本身可以转化为损害赔偿，通过赔偿可以给受害人提供充分的补救。当然，在许多情况下，当事人订立合同的目的主要不是在违约以后寻求金钱赔偿，而是实现其订约目的，实际履行具有现实的需要，应当提出实际履行的请求。但是，若采取实际履行在经济上不合理，或确实不利于维护非违约方的利益，则可以采取解除合同、赔偿损失等其他补救措施。从非违约方角度来看，其有权要求对方作出实际履行，但对此违约方有权提出抗辩。依据《民法典》第580条的规定，在以下三种情况下，非金钱债务的违约方可以针对对方的履行请求提出抗辩。

（一）法律上或者事实上不能履行

法律上不能继续履行，就是说，实际履行不得违反法律的规定。一方面，在某些情况下，法律并不要求违约方负实际履行责任，而只是要求违约方承担违约金和损害赔偿责任。例如，对于提供个人服务的合同，不能采取实际履行措施。如果采取实际履行措施，则将对个人实施某种人身强制，这与我国宪法和法律关于公民的人身自由不受侵害的规定是相违背的。另一方面，法律从保护债务人的利益和交易秩序考虑，也不允许在某些情况下实际履行。例如，在债务人破产时，如果强制其履行与某个债权人订立合同，这实际上赋予了该债权人某种优先权，使其优先于违约方的其他债权人而受偿，这与破产法的有关规定是相违背的。再如，对于时效届满以后的债务，因时效届满而转化为自然债务，除非当事人自愿作出履行，否则债权人不能要求债务人实际履行。买卖合同订立后因为法律变化而导致标的物成为不流通物，该合同的履行违反法律禁止性规定，因而也不能请求强制履行。

实际履行事实上不可能，是指履行的标的客观不能或永久不能，如果债务人采取一定的行为或作出一定的努力仍可以履行合同，或者合同只是部分不能履行或暂时不能履行，则表明合同仍可以实际履行。在非金钱债务的实际履行中，债务人能够实际履行是适用实际履行责任的条件，如果违约方确实无能力继续履行合同，即使强迫其继续履行也是不可能实现的。实际履行的目的是促使违约方履行原合同规定的义务，但如果因违约方的违约使合同丧失了履行的可能性（如合同的标的物是特定物并已遭受毁损、灭失），在此情况下，强制债务人履行义务也是不可能的。

（二）债务的标的不适于强制履行或者履行费用过高

（1）债务的标的不适于强制履行。债务的标的不适于强制履行，是指依据合同的性质以及合同所确立的标的，不适合强制履行。具体来说分为两个方面：第一，从合同的性质来看，对一些基于人身依赖关系而产生的合同，如委托合同、信托合同、合伙合同等，往往是因信任对方的特殊技能、业务水平、忠诚等所产生的，因此具有严格的人身性质，如果强制债务人履行义务，则与合同的根本性质相违背，故违约发生后，最适当的办法就是采取解除合同或赔偿损害等补救方式。第二，从合同的标的来看，对于许多提供服务和劳务的合同来说，标的本身都具有不得实际履行的性质。在提供一定的服务或劳务的合同中，一般不得采用实际履行的方式。强制人身曾经在许多国家的历史上采用过，但已被现代民法所抛弃。现在大陆法系国家往往采用替代履行方式予以解决。我国宪法和民法都规定公民的人格尊严和人身自由不受侵害，这也意味着对公民个人的人身不得实行强制的方法。

（2）履行费用过高。所谓“履行费用过高”，可以从两个方面考虑：一是继续履行在经济上不具有合理性，会造成一定的损失和浪费。二是如果履行时间过长，也不适合实际履行。可见，实际履行也必须符合效率的要求。

（三）非违约方在合理期限内未提出继续履行的请求

我国民法典合同编从保护债权人的利益出发，将是否请求实际履行的选择权交给非违约方，由非违约方决定是否采取实际履行的方式。如果他认为实际履行更有利于保护其利益，则可以采取这种措施。如果非违约方决定采取实际履行的补救措施，则必须要在合理的期限内向违约方提出继续履行的要求。如果在违约方违约后，非违约方未在合理期限内提出实际履行的要求，则依据《民法典》第580条的规定，不得再提出此种要求。一般来说，如果在一方违约以后，非违约方曾经要求违约方赔偿损失或支付违约金，而没有要求违约方实际履行，可以认为非违约方未在合理期限内要求履行。

还应看到的是，如果当事人在订立合同时明确规定，一方违约时，另一方只能要求其承担给付违约金和损害赔偿责任，不得要求其强制履行，而此种约定又不违背法律和社会公共道德，应当认定其有效。根据这一约定，债权人已经不再享有要求实际履行的权利。

四、第三人替代履行

第三人替代履行，简称为代履行，是指债务不得被强制履行时，由第三人替代债务人履行，而由债务人支付费用。例如，甲因生病不能履行演出合同，由乙替代演出，甲支付费用。《民法典》第581条规定，根据债务性质不能强制履行的，非违约方可以寻求第三人履行，并由违约方支付费用。依据该条规定，在根据债务的性质不得强制履行时，非违约方可以与第三人订立合同，由第三人作出替代履行，而由违约方负担替代履行的费用，这实际上是将无法请求继续履行的非金钱债务转化为损害赔偿，既有利于债权人合同目的的实现，也有利于违约责任的承担。

第三人替代履行，从债权人角度而言，债权人获得了履行，因此类似于实际履行；从债务人角度而言，更类似于损害赔偿。例如在租赁合同中，出租人拒不履行其维修义务，如果不对租赁物进行维修，承租人的合同目的将完全落空，而维修在市场上可能是较为容易获得的。因此，在第三人替代履行的情况下，承租人的合同目的得以实现，相当于实际履行所实现的最终结果；而出租人需要支付相关费用，这类似于出租人承担了损害赔偿责任。

《民法典》第581条规定的构成要件主要包括以下方面。

第一，一方不履行或履行不符合约定。本条所规定的替代履行费用的赔偿属于违约责任的一种承担方式。因此，只有在债务人不履行或履行不符合约定时，才能够适用本条。

第二，合同债务依其性质不能强制履行。不能强制履行的债务主要包括依据委托合同、技术开发合同、合伙合同、演出合同、出版合同等具有人身专属性的合同所产生的义务，这些合同义务之所以不能被强制履行，主要是基于对人格的尊重和人身自由的保护。例如在演出合同中，演出人不能履行演出义务，该义务就不能被强制履行。

第三，债权人希望能够继续获得给付。该条主要是以保障债权人利益为目的，因此，是否采取此种方式作为违约救济应当由债权人决定。债权人选择替代给付是一项权利而非义务，只有在债权人愿意获得替代履行的情况下才有本条的适用余地。

第四，费用必须合理。在第三人替代履行的情形下，非违约方有权请求违约方承担替代履行的费用，因为第三人替代履行仍然是履行债务，该费用本应由债务人支出。第三人替代履行不同于损害赔偿，一般以第三人替代履行的实际花费为限，而且替代履行的费用应当合理。

但是《民法典》第581条的适用可能涉及替代履行的费用问题，即在替代履行的费用是否合理的问题上，双方很可能产生争议。如果债权人任意寻找替代给付，造成替代给付的费用过高，债务人可能不愿承担该费用的赔偿，双方可能就此发生纠纷。虽然在发生纠纷后，当事人可以通过诉讼等方式确定该费用是否合理，但这一过程可能还往往需要经过鉴定等环节，容易造成效率的低下和额外的费用支出。因此，本书认为，为避免上述争议的发生，在确定费用时，应当参照当时当地的市场价标准。

五、实际履行与损害赔偿

《民法典》第583条规定："当事人一方不履行合同义务或者履行合同义务不符合约定的，在履行义务或者采取补救措施后，对方还有其他损失的，应当赔偿损失。"依据这一规定，在一方已经作出了实际履行或采取了补救措施之后，并不意味着免除了其其他违约责任，毕竟实际履行只是违约责任的一种救济方式，并不当然能够为非违约方提供充足的救济。因此，在违约方作出履行后，如果非违约方还有其他损失，违约方仍应当予以赔偿。当然，此种损害赔偿与未作出实际履行的损害赔偿是有区别的，这主要表现在赔偿范围方面，也就是说，如果违约方未作出任何实际履行，则其应当赔偿非违约方的全部损失，而损失赔偿的范围是替代履行的损害赔偿；而在违约方已经承担实际履行的责任后，其仅需要赔偿非违约方在接受实际履行后仍未获得填补的损失。

需要指出的是，该条只是确定了在作出实际履行后，如果还有其他损失，应当赔偿损失，但该条并没有规定实际履行后能否适用违约金责任的问题。本书认为，违约金具有替代履行的功能，通常不能与实际履行并存。但如果当事人仅就迟延履行约定了违约金，则违约方承担违约金责任后，应当仍然可以适用继续履行责任。

第六节　损害赔偿责任

一、损害赔偿责任概述

(一) 损害赔偿责任的概念与特征

损害赔偿，又称违约损害赔偿，是指违约方因不履行或不完全履行合同义务而给对方造成损失，依据法律和合同的规定应承担损害赔偿的责任。在市场经济中，由于违约造成的损害，大多可以通过市场价格进行计算，且简便易行，能够有效弥补非违约方的损害，因而成为违约责任承担较为常见的方式。

违约损害赔偿具有以下特征。

（1）损害赔偿是因债务人不履行合同债务所产生的责任。也就是说，因债务人违约而使债权人遭受损害，当事人之间的原合同债务就转化为损害赔偿的债务关系。作为违约责任形式的损害赔偿，与缔约过失责任中的损害赔偿、合同无效后的损害赔偿、合同撤销后的损害赔偿不同的地方在于，它只能基于有效的合同提出请求，也就是说，合同关系的有效存在，是违约损害赔偿存在的前提。如果合同不存在、被宣告无效或被撤销，则不适用违约损害赔偿。当然，违约损害赔偿与其他损害赔偿在范围上也是不同的。

（2）损害赔偿原则上仅具有补偿性而不具有惩罚性。所谓惩罚性损害赔偿，是指由法院判令加害人支付给受害人的超过其财产损失范围的一种金钱赔偿。惩罚性赔偿是集补偿、惩罚、遏制等功能为一身的一项制度[①]，其具有补偿受害人遭受的损失、惩罚和遏制不法行为等多重功能，因为惩罚性赔偿在性质上是惩罚性的，而不是救济性的。本书认为，从等价交换原则出发，任何民事主体一旦造成他人损害都必须以等量的财产予以补偿。一方违约后，另一方必须赔偿对方因违约遭受的全部损失。损害赔偿也应完全符合这一交易原则。这就是说，损害赔偿应当具有补偿性，其主要目的在于弥补或填补债权人因违约行为所遭受的损害后果。合同法律中原则上不适用惩罚性损害赔偿。因此，合同法律中不宜过多采用此种赔偿方法，因为：一方面，采用这一方式不符合等价交换的赔偿原则；另一方面，采用这一方式将会给对方当事人带来了极大的、不确定的风险，不符合交易的要求。

惩罚性赔偿仅适用于法律有特别规定的情形。例如，《民法典》第179条第2款规定："法律规定惩罚性赔偿的，依照其规定。"《消费者权益保护法》第55条规定："经营者提供商品或者服务有欺诈行为的，应当按照消费者的要求增加赔偿其受到的损失，增加赔偿的金额为消费者购买商品的价款或者接受服务的费用的三倍；增加赔偿的金额不足五百元的，为五百元。法律另有规定的，依照其规定。经营者明知商品或者服务存在缺陷，仍然向消费者提供，造成消费者或者其他受害人死亡或者健康严重损害的，受害人有权要求经营者依照本法第四十九条、第五十一条等法律规定赔偿损失，并有权要求所受损失二倍以下的惩罚性赔偿。"此外，《食品安全法》第148条第2款规定："生产不符合食品安全标准的食品或者经营明知是不符合食品安全标准的食品，消费者除要求赔偿损失外，还可以向生产者或者经营者要求支付价款十倍或者损失三倍的赔偿金；增加赔偿的金额不足一千元的，为一千元。但是，食品的标签、说明书存在不影响食品安全且不会对消费者造成误导的瑕疵的除外。"惩罚性赔偿仅针对欺诈行为而适用，目的在于充分保护消费者的权益。它只是合同法律中损害赔偿的例外，而并非损害赔偿的一般原则。

（3）损害赔偿具有一定程度的任意性。当事人在订立合同时，可以预先约定一方当事人在违约时应向对方当事人支付一定数额的金钱。这种约定方式既可以用具体金钱数额表示，也可采用某种损害赔偿的计算方法来确定，同时，当事人也可以事先约定免责的条款，从而免除其未来的包括损害赔偿责任在内的违约责任。

（4）损害赔偿以赔偿当事人实际遭受的全部损害为原则。一方违反合同后，另一方不仅会遭受现有财产的损失，而且会遭受可得利益的损失，这些损失都应当得到赔偿。我国《民法典》第584条规定："当事人一方不履行合同义务或者履行合同义务不符合约定，造成对方损失的，损失赔偿额应当相当于因违约所造成的损失，包括合同履行后可以获得的利益……"只有赔偿全部损失才能使非违约方获得在经济上相当于合同得到正常履行情况下的同等收益，由此才能督促当事人有效地履行合同。

（二）损害赔偿责任与其他补救方式的区别

（1）损害赔偿与实际履行。《民法典》第583条规定："当事人一方不履行合同义务

---

① See Malzof v. United States，112 S. Ct. 711，715（1992）.

或者履行合同义务不符合约定的，在履行义务或者采取补救措施后，对方还有其他损失的，应当赔偿损失。”可见，这两种补救方式各有特点，是不能相互替代的。有时实际履行仍不足以弥补债权人的损失，例如，债务人迟延交货使债权人生产停顿，遭受重大经济损失，尽管通过实际履行获得了合同规定的货物，但已经遭受的损失仍未得到弥补。如对这一部分损失不予赔偿，不仅不能保护受害人利益，也不能有效地制裁违约当事人，维护交易秩序和安全。当然，在确定赔偿数额时，应考虑到实际履行已使当事人获得了期待利益，因而不能要求债务人再赔偿这些利益的损失。

（2）损害赔偿与支付违约金。二者都是合同责任的主要形式。如果支付补偿性违约金不足以补偿受害人所遭受的损失，债务人还要承担损害赔偿责任以弥补违约金的不足部分，即违约金可与赔偿损失并用。但在两者并用的情况下，应该以实际损失作为责任的最高限额，即受害人不得获得超过实际损失的赔偿。

（3）损害赔偿与修理、重作、更换。在瑕疵履行的情况下，如果瑕疵可以修补，债权人有权要求债务人修补瑕疵，并由债务人承担修补费用。但修补后仍使债权人遭受损失的，债权人有权要求损害赔偿。例如，债务人修补瑕疵造成迟延履行，而因迟延使债权人遭受损失，那么债权人有权要求赔偿损失。

二、约定损害赔偿

约定损害赔偿，是指当事人在订立合同时，预先约定一方违约时，应向对方支付一定的金钱或约定损害赔偿额。《民法典》第 585 条第 1 款规定：“当事人可以约定一方违约时应当根据违约情况向对方支付一定数额的违约金，也可以约定因违约产生的损失赔偿额的计算方法。”该条允许当事人约定损害赔偿。

约定损害赔偿的预定性、约定性表明了它与法定损害赔偿不同。尽管约定损害赔偿的范围与实际损害的范围可能不尽一致，它毕竟也是以违约和损害的发生为前提的，在这一点上它与法定损害赔偿相似。一般来说，损害赔偿的主要形式是法定损害赔偿，而约定损害赔偿是为了弥补法定损害赔偿的不足而产生的，该不足即法定损害赔偿常常要求考虑与实际损害完全一致，而原告时常难以证明其损害，法院也会遇到确定计算损害的范围时的困难。约定损害赔偿额解决了这一难题。约定损害赔偿一般要优先于法定损害赔偿而生效，这一规则正是合同自由下合同优先规则的具体反映。

约定损害赔偿条款与违约金条款关系非常密切，两者有相似性。一方面，两者都是事先约定的，都可以在违约发生后对受害人起到补救作用。从我国立法和司法实践来看，约定违约金与约定损害赔偿常常是相互替代的。另一方面，从担保的角度来看，约定损害赔偿金也能起到督促合同当事人履行合同的作用，在这一点上与违约金也是相似的。但损害赔偿金与违约金毕竟是有区别的。因为违约金的支付不以实际发生损害为前提，只要有违约行为的存在，不管是否发生了损害，违约当事人都应支付违约金。而约定损害赔偿的适用应以实际发生损害为前提。在约定违约金数额可能小于实际损失时，可同时适用损害赔偿；约定违约金的支付若不足以弥补实际损失，受害人可以再要求损害赔偿，因此违约金可与损害赔偿并用。而在约定损害赔偿的计算方法的场合，本身就已约定了损害赔偿，在取得了赔偿额以后，受害人就不能再另外要求违约金了。

三、完全赔偿原则

完全赔偿原则，是指因违约方的违约使受害人遭受的全部损失都应当由违约方负赔偿责任。《民法典》第 584 条规定，“当事人一方不履行合同义务或者履行合同义务不符合约定，造成对方损失的，损失赔偿额应当相当于因违约所造成的损失，包括合同履行后可以获得的利益”。该条采纳了完全赔偿原则。完全赔偿就是要通过赔偿受害人的实际损失和可得利益的损失，弥补受害人遭受的全部损失，使受害人恢复到合同订立前的状态，或者恢复到合同能够得到严格履行情况下的状态。

根据完全赔偿原则，违约方应赔偿受害人的实际损失和可得利益的损失。

（一）实际损失的赔偿

实际损失，是指非违约方因违约行为而遭受的现实损害。例如，在一方不交货的情况下，非违约方因未收到货物所致的损害、因停工或窝工而遭受的损失，以及第三人请求非违约方承担的赔偿责任等。但是，损害赔偿旨在弥补受害人遭受的全部实际损失，而并不赔偿其因从事一桩不成功的交易所蒙受的损失。如果不成功的交易所带来的损失由违约方承担，则实际上是将全部风险转给违约方，使违约方实际上充当了非违约方的保险人。如果正常交付时，市场价格已经下跌，就不应当赔偿经营利益。例如，当事人订立买卖某一型号钢材的合同，合同规定每吨价格为 4 000 元，履行期到来时，市场价格为每吨 3 000 元，卖方迟延 10 天交付货物，交付时已跌至每吨 2 500 元，那么损害赔偿额应以每吨 3 000 元减去 2 500 元（每吨 500 元）为基点来计算。因为合同若按期履行，市场价格为每吨 3 000 元，货物从每吨 4 000 元跌至每吨 3 000 元，就是买受人应承担的经营风险。

（二）可得利益的赔偿

1. 可得利益的概念

所谓可得利益，是指合同在履行以后可以实现和取得的利益。例如，在生产、销售或提供服务的合同中，生产者、销售者或服务提供者可能取得的预期纯利润，就属于可得利益。可得利益的损失与间接损失的概念是不同的，间接损失与直接损失相对应，而可得利益损失是与积极损失相对应的。一些间接损失如给第三人造成的损失，是现实遭受的实际损失，但不是可得利益的损失。[①] 可得利益的损失也不一定都是违约行为的间接后果。例如，买方因卖方不交货而无法转售，其所遭受的利润损失就是卖方违约的直接后果，很难说它只是一种间接损失。可得利益的损失具有如下特点：

第一，它是未来的利益损失。可得利益因当事人是生产企业还是经营企业而分为不同的类型：一是生产利润，即因买受人违约导致出卖人正常的生产经营计划被打乱，因

---

① 参见韩世远：《合同法总论》，796 页。

此而遭受的损失。例如，在合同签订后，因买方单方面要求取消合同，而卖方已经实际安排了生产经营计划，并购买了原材料或半成品，这时卖方的损失就属于生产利润损失。在计算生产利润损失时，可以通过非违约方之前的生产利润情况或者通过相同市场环境下的同类企业利润率进行计算。① 二是经营利润。在承包经营、租赁经营合同以及提供服务或劳务的合同中，一方的违约还可能给非违约方造成经营利润损失。例如，在租赁合同中，因出租人没有交付租赁物，导致承租人无法取得租赁物进行经营而遭受的损失。三是转售利润。转售利润是指因卖方违约而导致买方无法及时转售货物而因此失去的可得利润。例如，在当事人以同一标的物进行买卖的系列交易中，就可能出现转售利润的问题。但在确定转售利润的损失时，要求非违约方应当已经订立了转售合同，或者已经有明确的转售计划，否则不得主张赔偿此种可得利益的损失。②

第二，它必须具有一定的确定性。任何可以补救的损害都必须具有一定程度的确定性，否则是不能要求赔偿的。可得利益是一种必须通过合同的实际履行才能实现的未来的利益，是当事人订立合同时能够合理预见到的利益，因此，非违约方必须要举证证明此种利益的存在。例如，甲迟延交付设备 10 天，乙提出在机器投入正常运转以后，每天可获得产品的销售利润 10 万元，但因迟延交货，使其遭受 100 万元的利润损失，实际上，这些利润的取得要受许多因素诸如生产情况、原材料供应情况、产品的市场销售情况等的影响，只有在多种因素都具备的情况下，才能获得这些利润。因此在该例中，不能简单地认定乙有 100 万元的利润损失。因为可得利益损失具有一定的不确定性，所以，非违约方要获得此种损失的赔偿也必须要证明违约行为与非违约方可得利益损失之间应当具有一定的因果联系，正是因为从违约的视角来看，可得利益赔偿仍然是违约损害赔偿的组成部分，因而与其他的违约损害赔偿一样，都应当具有违约行为与损害后果之间的因果联系。在如下情形下，非违约方不得请求可得利益的赔偿：一是如果非违约方的可得利益损失不是因为违约导致的，而是自身原因导致的，则不得主张赔偿。二是如果可得利益损失是因为当事人以外的其他原因所致，非违约方也不得主张赔偿。

第三，必须具有可预见性。依据《民法典》第 584 条，损害赔偿不得超过违反合同一方订立合同时预见到或者应当预见到的因违反合同可能造成的损失，这就确定了可预见性规则。规定该规则的一个作用在于，限定可得利益损失赔偿的范围。在确定可得利益损失的赔偿时，受害人要证明这些损失是违约方在签订合同时能够合理预见的。可预见的损失不是准确的数额，只要预见大致的损失范围就已足够。

在标的物价格不断波动的情况下，可得利益赔偿的最高限额应该是受害人在合同完全履行的情况下所应取得的各种利益。也就是说，在此种情况下，应当以受害人在合同完全履行的情况下所应取得的各种利益作为赔偿的标准来补偿受害人的全部损失，而按此标准赔偿，就已经使受害人获得了其应取得的全部利益。但如果标的物价格在不断下跌，或者非违约方为准备履行或作出履行所支付的必要代价已经超出了合同在如期履行情况下所应得到的利益，那么在对方违约后，受害方有权基于信赖利益损失要求赔偿，

① 参见王业可：《基于诉讼支持的法务会计研究》，172 页，杭州，浙江大学出版社，2013。

② 参见黄茂荣：《债法通则之二：债务不履行与损害赔偿》，202 页，厦门，厦门大学出版社，2014。

而不必按上述标准请求赔偿。

受害人有权就其依照合同本来应获得的可得利益要求赔偿，但是可得利益必须是纯利润，而不应包括为取得这些利益所支付的费用。依据《合同编通则解释》第60条，“人民法院依据民法典第五百八十四条的规定确定合同履行后可以获得的利益时，可以在扣除非违约方为订立、履行合同支出的费用等合理成本后，按照非违约方能够获得的生产利润、经营利润或者转售利润等计算”。例如，甲、乙双方订立了一份房屋租赁合同后，承租人又与第三人订立了转租合同。在订立转租合同期间，承租人支付了广告等各项费用1万元。在出租人违约后，承租人要求赔偿原合同租金与转租合同租金的差额，同时要求赔偿因转租所支付的1万元的费用。显然，这1万元的费用就不应计算在损害赔偿额中，因为该费用是为获得转租利益所支付的必要代价，并可通过转租利润的获得而得到必要补偿。要获得转租利润，就不能主张费用损失；要主张费用损失，就不能主张利润，否则，必然导致重复计算。

并非所有可以获得的利益都可以作为可得利益赔偿，依据相关司法解释的规定①，在如下情形下，应当排除非违约方的可得利益损失赔偿请求权：一是经营者存在欺诈经营行为；二是当事人特别约定了损害赔偿的计算方法；三是因违约导致人身伤亡、精神损害等情形；四是非违约方从事违反公序良俗的行为可获得的利益应予排除。

2. 可得利益的计算标准

（1）以替代交易规则确定可得利益损失。

长期以来，对可得利益赔偿计算缺乏一致的标准，导致法院在计算可得利益时存在偏高或偏低的现象，要么对违约方苛加过重的责任，要么无法为非违约方提供充分救济、不利于当事人严守合同。这两种情形均不符合完全赔偿原则。基于这一原因，《合同编通则解释》第60条引入了替代交易规则以确定可得利益损失，并赋予非违约方在替代交易法和市场价格法之间的有限选择权。

所谓替代交易规则，是指在特定的条件下，因为一方违约，另一方可以通过与他人订立另一个合同，形成替代交易，并可以请求违约方赔偿原合同与替代交易之间的价格差。替代交易包括替代性购买与替代性销售。② 例如，在买卖合同中，当出卖人违反约定不交付货物时，买受人可以购买替代货物；当买受人违反约定不支付货款或拒绝接收货物时，出卖人可以另行寻找买受人出售货物。③《合同编通则解释》第60条第2款前半句规定：“非违约方依法行使合同解除权并实施了替代交易，主张按照替代交易价格与合同价格的差额确定合同履行后可以获得的利益的，人民法院依法予以支持。”根据该规定，非违约方可以主张以替代交易规则确定《民法典》第584条规定的可得利益损失，

---

① 《最高人民法院关于当前形势下审理民商事合同纠纷案件若干问题的指导意见》第10条规定，“存在合同法第一百一十三条第二款规定的欺诈经营、合同法第一百一十四条第一款规定的当事人约定损害赔偿的计算方法以及因违约导致人身伤亡、精神损害等情形的，不宜适用可得利益损失赔偿规则”。

② 参见最高人民法院民事审判第二庭、研究室编著：《最高人民法院民法典合同编通则司法解释理解与适用》，670页。

③ 广义上的替代交易还包括《民法典》第581条规定的替代履行中的修理等。在比较法上，也有将替代交易视为广义替代履行一部分的观点。由于修复费用的适用及其限制有独特的规则，在学说和实践上一般不将其与狭义替代交易一起考察。参见韩世远：《合同法学》，2版，295页，北京，高等教育出版社，2022。

可得利益的计算方式为替代交易价格和合同价格的差额。该条首次明确规定了替代交易规则的适用条件、方法和法律效果，完善了《民法典》违约损害赔偿体系，统一了裁判规则，也符合合同法发展的趋势。[①] 具体而言：

第一，确立了替代交易可以作为计算可得利益损失的方法。根据《合同编通则解释》第60条第2款前半句，非违约方可以主张以替代交易法确定《民法典》第584条规定的可得利益损失，可得利益的计算方式为替代交易价格和合同价格的差额。《合同编通则解释》之所以规定替代交易规则，主要是因为其符合违约损害赔偿旨在实现的公平和效率价值[②]，替代交易规则可以使得非违约方实现合同严格履行时所处的利益状态，获得完全赔偿，而且替代交易规则可以鼓励非违约方及时采取措施进行替代安排，避免影响后续生产经营、造成损害扩大。同时，替代交易规则具有很强的可操作性，解决了非违约方对损害数额的举证困难。此外，替代交易规则可以充分利用市场机制、提高资源利用效率。以买卖合同为例，当买受人违约时，出卖人可以将货物转售他人，从而避免资源闲置；当出卖人违约时，买受人可以迅速从其他渠道补购货物，以安排后续生产经营等。替代交易规则不仅有利于非违约方的利益实现，还是非违约方履行减损义务的方式，这一规则充分体现了法律鼓励替代交易的价值。

第二，应以市场价格判断替代交易的合理性。《合同编通则解释》第60条第2款后半句明确规定，替代交易需要受到合理性的限制。替代交易虽然能作为可得利益判断的有效标准，但也可能引发非违约方不当转嫁交易风险、与第三人恶意串通订立替代交易合同，以及采用极不合理的交易价格进行替代交易等行为，这就会给违约方造成损害、破坏公平清偿的规则。为此，《合同编通则解释》第60条第2款规定如果"明显偏离替代交易发生时当地的市场价格"，将排除替代交易规则的适用，即替代交易只有具有合理性时，才可以将替代交易价格与合同价格的差额作为可得利益的计算标准。当然，应当看到，替代交易的价格与市场价格存在偏差是常见的现象。在判断替代交易是否"明显偏离替代交易发生时当地的市场价格"时，必须要考虑到交易时间的有限性和替代交易本身所需的交易成本。此外，还有一些货物可能并不存在显而易见的市场价格，此时就更无法通过市场价格判断替代交易的合理性。

第三，确立了非违约方在替代交易法和市场价格法之间的选择权。实施替代交易不是非违约方必须履行的义务。依据《合同编通则解释》第60条第3款的规定，如果非违约方不进行替代交易，就可以按照其知道或者应当知道违约行为发生后合理期间内合同履行地的市场价格与合同价格的差额，确定合同履行后可以获得的利益。这一规定赋予非违约方享有在替代交易规则和市场价格法则之间进行选择的权利：如果非违约方选择进行替代交易，就可以适用《合同编通则解释》第60条第2款计算可得利益；如果非违约方选择不进行替代交易，就适用《合同编通则解释》第60条第3款的市场价格法则计

---

① 参见《联合国国际货物销售合同公约》(CISG) 第75条、第76条；《欧洲合同法原则》(PECL) 第9：506条、第9：507条，《欧洲示范民法典草案》(DCFR) 第Ⅲ.-3：706条、Ⅲ.-3：707条，《国际商事合同通则》(PICC) 第7.4.5条、第7.4.6条，《欧洲共同买卖法》(CESL) 第164条、第165条等。

② 参见最高人民法院民事审判第二庭、研究室编著：《最高人民法院民法典合同编通则司法解释理解与适用》，670页。

算可得利益。此外，《合同编通则解释》第 60 条第 3 款明确将“未实施替代交易”作为市场价格法则的前提，因此，如果非违约方实际进行了替代交易，就不能再主张市场价格法则。总之，《合同编通则解释》实际上采取了“以替代交易法为原则、以市场价格法则为补充的计算模式”①。

（2）以持续履行的债务为内容的定期合同中可得利益的计算。

以持续履行的债务为内容的定期合同中的可得利益计算问题较为复杂，所谓以持续履行的债务为内容的定期合同，也称为继续性定期合同，主要是以价款、租金等为债务内容，以财产使用期限或服务时间等作为价款计算标准的定期合同。② 针对此类合同的可得利益计算，《合同编通则解释》第 61 条第 1 款确定了如下规则：

第一，综合考量各种法定因素以确定非违约方寻找替代交易的合理期限。一方不履行支付价款、租金等金钱债务，对方主张解除合同的，在确定非违约方的可得利益损失时，应当参考合同主体、交易类型、市场价格变化、剩余履行期限等因素确定非违约方寻找替代交易的合理期限，并据此确定其可得利益损失的数额，当然，应当扣除非违约方所节省的履约成本。

第二，应当扣除非违约方所节省的履约成本。这一规则旨在填补违约方不履行合同之后、替代交易履行之前的“时间差”所对应的损失，这部分损失无法被替代交易所覆盖，因此需要额外计算这部分损失。该款规定，违反继续性合同的可得利益损害计算需要先确定“寻找替代交易的合理期限”，再按照该期限所对应的合同利益计算可得利益。在解释上应认为这一规则的适用前提是违约方未实际进行有效的替代交易。如果非违约方实际进行了有效的替代交易，那么就应当以“寻找替代交易的实际期限”代替“寻找替代交易的合理期限”对可得利益损害进行计算。

第三，不得主张按照合同解除后的剩余期限确定其可得利益损失的数额。例如，在房屋租赁合同中，双方订立 5 年房屋租赁合同，承租人租用两年后，因为工作调动需要解约，出租人不得以剩余 3 年期间所获得的租金作为可得利益的损失。该规则进一步明确了非违约方应当通过寻找替代交易减轻自身的损失，即替代交易是非违约方减损义务的表现形式。③ 当然，依据《合同编通则解释》第 61 条第 2 款的规定，如果非违约方寻找替代交易的合理期限多于合同的剩余履行期限（例如，在房屋租赁合同中，双方订立 5 年房屋租赁合同，承租人租用 4 年 7 个月后，因为工作调动需要解约，而寻找替代交易需要 6 个月），则非违约方有权主张按照合同解除后剩余履行期限扣除其履约成本后确定其可得利益损失的数额。

（3）违约方因违约获益时的可得利益计算。

《合同编通则解释》第 60 条、第 61 条虽然确定了可得利益的计算规则，但是以替代交易和市场价格为标准计算可得利益的损失，可能仍然难以具体确定一些特殊情形下非

---

① 最高人民法院民事审判第二庭、研究室编著：《最高人民法院民法典合同编通则司法解释理解与适用》，679 页。

② 参见最高人民法院民事审判第二庭、研究室编著：《最高人民法院民法典合同编通则司法解释理解与适用》，687 页。

③ 参见崔建远：《论减轻损失规则》，载《云南社会科学》，2024（1），3～5 页；内田贵：《契约的时代：日本社会与契约法》，宋健译，168 页，北京，商务印书馆，2023。

违约方的可得利益损失数额，这就需要为法官计算可得利益损失提供明确的标准。《合同编通则解释》第 62 条规定："非违约方在合同履行后可以获得的利益难以根据本解释第六十条、第六十一条的规定予以确定的，人民法院可以综合考虑违约方因违约获得的利益、违约方的过错程度、其他违约情节等因素，遵循公平原则和诚信原则确定。"该规则主要适用于侵害知识产权、个人信息等情形，在此类情形下，非违约方的损失往往难以确定，而侵权人因此获利，而按照替代交易和市场价格又难以确定非违约方的可得利益损失数额，此时就需要法院综合考虑违约方因违约获得的利益、违约方的过错程度、其他违约情节等因素，遵循公平原则和诚信原则确定非违约方的可得利益损失数额。[①]

(三) 损害赔偿的限制

1. 损害的可预见性规则

依据《民法典》第 584 条，损害赔偿不得超过违反合同一方订立合同时预见到或者应当预见到的因违反合同可能造成的损失。根据这一规定，只有在违约所造成的损害是违约方在订约时可以预见到的情况下，才能认为损害结果与违约行为之间具有因果关系，违约方才应当对这些损害负赔偿责任。如果损害不可预见，则违约方不应赔偿。可预见性规则是比较法上运用得较为广泛的理论。其在合同法上的意义主要表现在：一方面，它限制了损害赔偿的范围，有利于降低交易当事人的风险，鼓励交易。任何损害只要应当由合同法予以补救，就应当适用可预见性规则。采用可预见性规则的根本原因在于，只有在交易发生时，订约当事人对其未来的风险和责任可以预测，才能计算其费用和利润，并能够正常地从事交易活动。如果未来的风险过大，则当事人就难以从事交易活动。所以，可预见性规则将违约当事人的责任限制在可预见的范围之内，这对于促进交易活动的发展，保障交易活动的正常进行，具有重要意义。例如，一方违约造成的精神损害，按照可预见性规则不能获得赔偿，因为精神损害是违约方在缔约时不可预见的。另一方面，确定了因果关系的标准，从而实现合同法上的风险分配功能。只有违约所造成的损害是可以预见的，才表明损害结果与违约之间具有因果关系。所以，可预见性理论可以限制事实上的因果关系的发生，将赔偿责任限制在一个合理的范围内。

可预见性规则的内容具体表现在：第一，预见的主体为违约方。非违约方预见的内容不能作为确定因果关系的标准。第二，预见的时间为订立合同之时，即在订立合同时违约方所能预见到的损害。至于在合同履行过程中，违约方所能预见到的损害，则不能作为确定赔偿范围的依据。第三，预见的内容是损害的类型，并不需要违约方证明其所预见到的损害的程度。

关于违约方可预见的内容，《合同编通则解释》第 63 条第 1 款引入了动态系统论，要求根据订约目的综合考量订约因素，来确定违约方在订约时可以预见到的违约损失。依据《合同编通则解释》第 63 条第 1 款，法院应当根据当事人订立合同的目的，综合考虑合同主体、合同内容等因素确定。

---

① 参见最高人民法院民事审判第二庭、研究室编著：《最高人民法院民法典合同编通则司法解释理解与适用》，699 页。

第一，基础因素：合同订立目的。合同目的是指当事人双方订立合同时追求的利益与目标，在适用可预见规则时需要考量合同目的，既是对当事人意思自治的尊重，也是信赖保护的要求。例如，对于生产企业而言，其购买原材料的目的通常是从事生产，对于其生产利润损失，违约方应当可以预见，相反，如果该生产企业购买原材料的目的是转售，那么对于该转售利益就不具有可预见性。

第二，参考因素：合同主体、内容等。具体而言：一是合同主体。在适用可预见规则时，需要考量合同主体的预见能力，如商事主体的预见能力一般较民事主体更高。二是合同内容。合同内容包括标的、数量、价款或报酬、履行期限等。由于合同基于当事人合意而成立和生效，可预见性的判断也应围绕当事人合意展开，这就需要结合合同条款以及当事人的认识能力和预见能力来确定权利和义务。① 例如，如果价格急剧上涨，那么，违约方就可能从中获益，而非违约方可能遭受重大损失，因此，应根据非违约方寻求替代交易的市场价格所遭受的损失来计算可得利益损失。对此，违约方应当可以预见。三是交易类型。某些交易就是高风险、高收益的（如期货买卖），当事人在订立合同时，理应预见到此种风险，如果对其赔偿范围进行限制，则不符合当事人缔约目的和意愿。四是交易习惯。如果当事人之间存在系列交易、地区或行业习惯的交易，依据该交易习惯可以确定损失，则违约方应当可以合理预见。五是磋商过程。因为违约的损失赔偿额不得超过违约一方“订立合同时”预见到或者应当预见到的损失，可预见性的判断时点为订立合同时，而并非违约方实际违约时，而缔约时间如果难以确定，就需要考虑磋商过程。

第三，按照与违约方处于相同或者类似情况的民事主体予以判断。依据《合同编通则解释》第 63 条第 1 款，按照与违约方处于相同或者类似情况的民事主体在订立合同时预见到或者应当预见到的损失予以确定。这就是说，在判断违约方对损失的预见范围时，应当按照一般人的标准予以判断，该规则旨在保护非违约方的利益，因为即便参考上述因素，违约方仍然可能主张其无法预见相关的损失，此时可能不利于保护非违约方的利益，按照一般人的标准确定违约方可预见的范围，可以为合理预见规则提供相对客观的判断标准，这更有利于确定违约方的违约损害赔偿范围，从而保护非违约方的利益。

《合同编通则解释》第 63 条第 2 款明确了可预见的对象不限于可得利益，还包括其他损失，即“向第三人承担违约责任应当支出的额外费用等其他因违约所造成的损失”。这些损失必须与违约行为之间具有因果联系。例如，因为一方违约而使非违约方向第三人承担损害赔偿、非财产损害、名誉与商誉损失等，对这些损失也应当具有可预见性。

2. 损害赔偿的减轻

所谓损害赔偿的减轻，是指在一方违约并造成损失后，另一方应及时采取合理的措施以防止损失的扩大，否则，应对扩大部分的损失负责。我国《民法典》第 591 条第 1 款规定：“当事人一方违约后，对方应当采取适当措施防止损失的扩大；没有采取适当措

---

① 参见叶金强：《可预见性之判断标准的具体化——〈合同法〉第 113 条第 1 款但书之解释路径》，载《法律科学（西北政法大学学报）》，2013（3），142 页。

施致使损失扩大的，不得就扩大的损失请求赔偿。”依据《合同编通则解释》第63条第3款的规定，在确定违约损失赔偿额时，违约方主张扣除非违约方未采取适当措施导致的扩大损失，法院也应当依法予以支持。

损害赔偿的减轻具有以下几个特点。

第一，一方的违约导致了损害的发生。这就是说，受害人对损失的发生没有过错，因而不构成双方违约。从广义上讲，受害人没有尽到减轻损害的义务也表明受害人具有过错，但是，如果从狭义上认为混合过错仅指当事人双方对损害的发生具有过错，而不包括一方或双方对损害的扩大具有过错，那么减轻损害与混合过错是不同的。如果认为混合过错包括对损害扩大的过错，那么，受害人未尽到减轻损害的义务，也属于混合过错。

第二，受害人未采取合理措施而使损失扩大。如何确定受害人采取的措施是合理的，主要应考虑受害人主观上是否按照诚实信用原则，努力采取一切措施以避免损失的扩大。受害人采取的措施不仅要在经济上合理，而且要及时，不得在损害发生以后迟迟不采取措施减轻损害。例如，在违约发生后，受害人应为违约当事人妥善保管标的物，而不能置标的物于不顾使其遭受毁损、灭失。如果一方在履行期到来前明确表示不履行合同，另一方便不能在坐等履行期到来的期间内，继续支出各种花费甚至增加履行费用。

第三，造成了损失的扩大。这就是说，违约已经发生并造成了损害，而受害人未能防止损害的进一步扩大。不过，在违反减轻损害的义务的情况下，受害人并没有从违约中获得利益。如果违约方的违约行为使受害人得到了某种利益，例如，因违约方的违约而使受害人免除了履行义务，并节省了履行费用，应在确定损害赔偿额时，采取损益相抵的规则，扣除所得的利益，而不适用减轻损害的规则。

我国《民法典》第591条第1款规定：“当事人一方违约后，对方应当采取适当措施防止损失的扩大；没有采取适当措施致使损失扩大的，不得就扩大的损失请求赔偿。”这就确立了减轻损害的义务，此种义务通常称为不真正义务（Obliegenheiten）。所谓不真正义务，是指不与责任相对应的义务，违反此种义务，并不导致违约责任的产生，而只是使自己的权利遭受减损。① 相对人不能主动请求负有义务的一方履行该义务。② 由于此种义务是依据诚实信用原则而产生的，未尽到减轻损害的义务，构成对诚信原则的违反。同时，按照过错责任原则的要求，一方在另一方违约后未能采取合理措施防止损失扩大，其本身也是有过错的，应承受对自己不利的后果。当然，减轻损害的规则，对于减少财产的浪费和有效地利用资源，也具有重要意义。

受害人在采取措施减轻损害的过程中，也要支付一定的费用。《民法典》第591条第2款规定：“当事人因防止损失扩大而支出的合理费用，由违约方负担。”也就是说，依据诚信原则，在一方违约后，对方当事人负有防止损失扩大的义务，对于因防止损失扩大而支出的合理费用，毕竟该费用的支出是因违约方违约而引起的，因此，只要该费用是合理的，就应由违约当事人承担。

---

① 参见王泽鉴：《债法原理》，88页。

② 参见韩世远：《合同法总论》，809页。

3. 过失相抵

所谓过失相抵，是指根据受害人的过错程度依法减轻或免除加害人赔偿责任的制度。① 过失相抵制度，自罗马法以来，即为各国法制所采用。过失相抵实际上是一种形象的说法，并不是说过失本身可以相互抵销，而只是形象描述根据当事人的过错程度来确定责任。《民法典》第592条第2款规定："当事人一方违约造成对方损失，对方对损失的发生有过错的，可以减少相应的损失赔偿额。"虽然我国民法典合同编采严格责任原则，但应当看到，严格责任主要是就责任的成立而言，在责任承担方面，仍然需要考虑双方当事人的过错及其对损害发生的影响，从而准确认定当事人的责任。依据《合同编通则解释》第63条第3款的规定，在确定违约损失赔偿额时，如果非违约方也有过错，并造成相应的损失，则应当相应地减轻违约方的违约责任。据此，在一方违约的情形下，如果另一方对损害的发生也有过错，则应当适用过失相抵规则，减轻违约方的责任。例如，一方迟延交付货物，但另一方在接受后没有妥善保管货物，导致货物因未能得到妥善保管而受到重大损害，此时，买受人就无权请求出卖人赔偿其全部损害，而应当对因其过错导致损害扩大的部分承担责任。

需要指出的是，《民法典》第592条第2款所规定的过失相抵不同于双方违约，因为在一方违约的情形下，对方当事人可能对损害的发生具有过错，但该行为不一定与该方当事人的合同义务相关，并不当然构成违约。

4. 损益相抵

所谓损益相抵，又称为损益同销，是指受害人基于损失发生的同一原因而获得利益时，在其应得的损害赔偿额中，应扣除其所获得的利益部分。② 依据《合同编通则解释》第63条第3款的规定，在确定违约损失赔偿额时，如果非违约方因违约获得额外的利益或者减少必要的支出，则应当相应地减轻违约方的违约责任。例如，甲、乙订立建筑施工合同，甲方作为发包人没有及时提供原材料，导致承包人长期不能开工，承包人因此节省了租赁设备和支付员工工资的费用。这些节省的费用在计算损害赔偿数额时应予扣除。但这种扣除并不意味着是两个债权的相互抵销。③ 这一规则旨在确定受害人因对方违约而遭受的"净损失"，它是计算受害人所受"真实损失"的法则④，也是确定损害赔偿额的基本规则。

损益相抵的构成要件包括以下几点：

第一，非违约方从对方当事人违约行为中获得了利益。这就是说，一方面，在违约行为发生以后，受害人不仅遭受了损害，而且获得了一定的利益。此种利益既包括积极利益（如受托人逾期抛售有价证券，委托人后因有价证券涨价而获得利益），也包括消极利益（如因对方中止投资而节省建筑材料、人员工资等费用）；既可以是已经取得的利益，也可以是本来应当取得的利益。另一方面，损失与利益应是基于同一违约行为所产生的，获得利益与违约行为之间具有因果关系。强调获利与违约之间有因果关系，意味

① 参见程啸：《侵权行为法总论》，433页，北京，中国人民大学出版社，2008。
②③ 参见韩世远：《合同法总论》，4版，814页。
④ 参见崔建远：《合同责任研究》，218页。

着如果获利是因合同的订立和履行所产生的，而不是因违约所产生的，则不应将此利益从损害赔偿金中扣除。[①] 此处的利益应当限于财产利益，不包括非财产利益，因为非财产利益无法进行“相抵”。

第二，非违约方所获得的利益应当是可以扣除、可以计算的财产利益。用于扣除的利益应当是非违约方因对方违约行为所获得的额外利益，否则不得从违约方的赔偿责任中扣除。例如，一方当事人违约造成对方人身损害，非违约方因此获得一定的保险金。[②] 同时，非违约方所获得的利益应当是可以计算的利益。损益相抵只是减少部分赔偿额，而不是免除责任。利益和损失应当都是可以计算的财产损失。损益相抵规则是从损害赔偿额中扣除所得的利益，扣除所得利益的差额就是违约方应当支付的损害赔偿额。如果非违约方所获得利益并非财产利益，无法用金钱计算，则一般不得因此减轻违约方的责任。

第七节 违约金责任

一、违约金的概念和特征

违约金，是指由当事人通过协商预先确定的、在违约发生后作出的独立于履行行为以外的给付。《民法典》第 585 条第 1 款规定：“当事人可以约定一方违约时应当根据违约情况向对方支付一定数额的违约金，也可以约定因违约产生的损失赔偿额的计算方法。”可见，违约金具有以下特征。

（1）违约金的数额主要是由当事人双方通过事先约定而确定的。从原则上说，违约金必须是当事人事先约定的。明确违约金主要是由当事人约定的观点是必要的，表现在：第一，违约金由当事人约定，表明违约金必须通过当事人双方自愿的合意才能成立，史尚宽先生认为，悬赏广告中也可以设定违约金。[③] 这既强调了违约金的补偿性而非惩罚性，也充分表现了当事人的意思自治。第二，按照约定优先的原则，当违约金与法定损害赔偿并存时，首先应当支付违约金，除非违约金条款应当被宣告无效。第三，违约金作为由当事人约定的条款，在性质上是从合同，它是附属于主合同的。主合同不成立、被宣告无效或者被撤销，则违约金条款也将被宣告不成立或失效。违约金条款虽然是从合同，但也可以单独约定。违约金只要在合同履行之前确定便可，而不一定必须与主合同同时成立。《民法典》第 585 条只是规定“当事人可以约定一方违约时应当根据违约情况向对方支付一定数额的违约金”，但并没有规定违约金必须与主合同同时成立。违约金虽然是由当事人约定的，但也可以采用格式条款方式。如一些商店中规定“出现假货，买一罚十”，属于以格式条款方式确定的违约金。

① 参见韩世远：《合同法总论》，4 版，814 页。
② 参见韩世远：《合同法总论》，4 版，816 页。
③ 参见史尚宽：《债法总论》，496 页。

（2）违约金是由双方约定的，在违约后由一方向另一方支付的一笔金钱。首先，违约金是一种违约后生效的补救方式。换言之，违约金在订立时并不能立即生效，而只有在一方违约以后才能产生效力。其次，违约金必须是一方向另一方支付的一笔金钱。最后，违约金原则上是向当事人一方支付的。

（3）违约金的支付是独立于履行行为之外的给付。在大陆法系和英美法系国家，只要当事人没有特别约定，支付违约金的行为不能替代合同履行，当事人在支付违约金后并不免除履行主债务的义务，即违约金并没有给予债务人一种违约的权利。尽管合同规定了违约金条款，但不妨碍主债务的履行。我国法律和司法实践也不允许以支付违约金替代实际履行。

（4）违约金的支付是一种违约责任形式。违约金作为一种责任形式，实际上是当事人约定的内容，按照合同自由原则，当事人的约定应当优先于法律的任意性规定而适用，所以，违约金责任应当优先于法定的损害赔偿责任而适用。

二、违约金责任的成立

违约金条款是一种从合同，它是以主合同生效为条件的，也就是说，只有在双方当事人就主合同的内容达成一致的意见并且合法生效的情况下，违约金条款才能生效。如果主合同根本不成立，或被宣告无效或被撤销，那么作为主合同的一项条款，违约金条款自然也不成立或生效。

虽然违约金条款在当事人约定以后就能够成立并生效，但此种条款并不是立即发生效力的，必须在一定条件下才能产生。违约金支付须具备以下两个条件。

（1）违约行为的存在。只有在一方当事人违反合同的情况下，另一方当事人才有权要求其支付违约金。一般来说，各种违约的形态，如不履行、不适当履行、迟延履行等都可以导致违约金的支付，但是如果当事人在合同中仅就某种具体的特定违约行为约定了违约金（如仅就退货或延期付款的违约行为约定了违约金），则应以合同具体约定的特定的违约行为作为支付违约金的条件。如果没有发生此种违约行为，则不应依据合同的约定请求支付违约金。

一般认为，违约金责任的基本构成要件是违约行为和过错，并要求根据过错程度来确定违约金的数额。[①] 如果违约金在性质上兼具惩罚性和补偿性双重性质，则应以违约当事人主观上具有过错作为违约金支付的重要条件。由于我国《民法典》中的违约金主要是补偿性的，因此，一般不以过错作为违约金责任的承担要件，只要发生了违约行为就应支付违约金。

（2）合同是有效的。违约金作为从合同条款，它是依附于主合同的。只有在主合同有效的情况下，违约金条款才能发生效力。尽管不能单独宣布某个违约金条款无效，但如果整个合同是无效或可撤销的，在整个合同被宣告无效或被撤销后，违约金条款也应相应无效。需要注意的是，如果合同因违约被解除，不影响非违约方要求违约方支付违

---

① 参见崔建远主编：《新合同法原理与案例评析》（上），622页，长春，吉林大学出版社，1999。

约金的权利。①

根据一般的观点，违约金的支付不以实际的损失发生为条件，即违约金的成立根本不应当考虑实际的损失问题。② 我国民法典合同编认为违约金与损害赔偿的区别在于损害赔偿要以实际损失为前提，而违约金的支付不需要具体证明实际的损失。但如果当事人在合同中明确约定违约金为预定的损害赔偿，尽管此种违约金在性质上与预定的损害赔偿略有区别，但它毕竟是为避免计算损失的困难而确定的并旨在代替损害赔偿而发生作用，这种违约金仍然需要以实际损失的发生作为条件。

违约金条款不同于附条件的合同。在某些附条件的合同中，当事人也往往规定当某种条件（如死亡、出生、债务人破产等）成就时，将导致一笔金钱的支付。这种金钱支付的义务是主债务，而违约金条款所规定的因一方违约所产生的金钱支付的义务并不是主债务，而是一种从债务，是独立于履行行为以外的给付。

三、违约金和其他责任形式的关系

1. 违约金与损害赔偿

违约金作为一种违约的补救方式，具有损害赔偿所不具有的特点。由于违约金数额可由当事人在订立合同时约定，因而当事人对违约后承担责任的范围可以预先确定，一旦发生违约则不必具体计算损害范围，受害人就可以要求支付违约金。

一般来说，合同中约定的违约金应当视为约定的损害赔偿。当然，如果违约金的支付不足以弥补实际损失，受害人还可以要求赔偿损失，因此违约金责任与损害赔偿责任可以并存。当然，这两种形式是不同的。违约金数额是事先约定的，而损害赔偿额是在违约发生后具体计算出来的；违约金的适用可以节省损害赔偿额计算中的花费，避免就损失举证所遇到的困难。当然，违约金数额一般不超过损失额。

虽然违约金具有损害赔偿所不具有的作用，但与损害赔偿相比，也具有明显的缺陷。由于违约金是事先约定的，当事人订立违约金条款时，毕竟难以预料到违约后的实际损失，如果当事人订立违约金条款旨在弥补违约后所遭受的实际损失，则违约金可能因数额低于实际损失而不能完全弥补受害人的损害。在这方面，损害赔偿方式则具有明显的优点。一方面，损害赔偿范围是根据违约后的实际损失确定的，损失多少赔偿多少，因此在数额上较为准确。另一方面，在市场经济条件下，由于市场的发展和物质的丰富，为当事人采取替代购买和替代销售的方法提供了条件，因而损害赔偿在绝大多数情况下可替代合同履行，从而能充分实现当事人的订约目的。所以，本书认为，应按照交易的需要允许当事人自由选择补偿方式，不能完全以违约金形式取代损害赔偿方式。

关于违约金与损害赔偿是否可以并用，《民法典》并未予以规定。从比较法上看，不

---

① 例如，《买卖合同司法解释》第20条规定："买卖合同因违约而解除后，守约方主张继续适用违约金条款的，人民法院应予支持；但约定的违约金过分高于造成的损失的，人民法院可以参照民法典第五百八十五条第二款的规定处理。"

② 参见王家福等：《合同法》，491页。

同的国家有不同的立场。例如，在法国法中，除非违约金被明确约定为迟延违约金，否则不得与损害赔偿一并主张。[①] 在我国，一般认为，如果违约金不足以弥补实际损失，应当允许受害人请求违约损害赔偿。但在司法实践中，也有观点认为，既然法律没有明确规定可以并用，则当事人不能选择并用。如果违约金不足以弥补实际损失，则可以通过调整违约金数额的方式来救济非违约方。本书认为，通过调整违约金数额的方式来救济非违约方是妥当的。因为一方面，违约损害赔偿旨在填补非违约方因对方违约行为而遭受的损失，其主要具有补偿功能。如前所述，我国《民法典》所规定的违约金在性质上也主要是补偿性的，即填补非违约方因违约而遭受的损失，其与违约损害赔偿的功能是互相排斥的，因此，二者不应当并用。另一方面，违约金与违约损害赔偿并用发生在违约金数额低于实际损失的情形，而从《民法典》第585条第2款的规定来看，在违约金的数额低于实际损失时，当事人可以请求增加违约金，该条并没有规定当事人另行主张违约损害赔偿的权利。因此，即便违约金数额低于实际损失，非违约方也只能通过请求增加违约金的方式获得救济，而无权另行主张违约损害赔偿。事实上，与另行主张违约损害赔偿相比，请求增加违约金在程序上更为简便，更有利于对非违约方的救济。

2. 违约金与实际履行

违约金责任是为了担保债务的履行而存在的，其主要目的是督促当事人履行债务并制裁违约行为，违约金的支付并没有使非违约方获得其基于订立合同所预期的利益，也不可能与其根据合同所应当得到的期待利益相一致。即使违约金在客观上能够补偿非违约方的损失，但它的重要功能在于制裁违约行为，使非违约方在获得违约金后仍然可以要求实际履行，以充分保护非违约方的利益。在实践中，违约金的支付是独立于履行之外的。如果当事人没有特别约定当事人在支付违约金后而免除履行主债务的义务，则违约金的支付并没有给予债务人一种违约的权利，债务人不得以支付违约金完全代替实际履行。《民法典》第585条第3款规定："当事人就迟延履行约定违约金的，违约方支付违约金后，还应当履行债务。"这就表明违约金的支付与实际履行可以并存。例如，双方在合同中约定，在履行期到来后，一方不交付货物，每迟延一天，应按货款的万分之一支付违约金，迟延交货的一方在支付该违约金后还负有继续交货的义务。不过，要求实际履行的权利在于非违约方，也就是说，如果非违约方愿意要求实际履行，则可使违约金与实际履行并存，否则，违约方只应承担违约金责任。

3. 违约金与解除合同

合同的解除是否影响到当事人要求支付违约金的权利，我国民法典合同编未作明确规定。本书认为，在一方违约导致合同解除的情况下，不能免除有过错的一方支付违约金的责任。这样，对同一违约行为来说，违约金和解除合同是可以并用的。因为违约金的主要作用就在于制裁违法行为以担保债务履行。尽管合同因一方的违约而宣告解除，但是合同的解除是因一方过错产生的，对此过错行为应当通过支付违约金的方法来加以制裁。所以，在一方违约导致合同解除的情况下，不能免除有过错的一方支付违约金的责任。

---

① 参见韩世远：《违约金的理论问题——以合同法第114条为中心的解释论》，载《法学研究》，2003（4）。

四、对违约金数额的调整

（一）调整违约金数额的条件

违约金条款作为当事人双方约定的从合同，一旦成立以后，只要主合同是有效的，违约金条款都是有效的。如果主合同无效，则违约金条款当然无效。但这并不意味着违约金的约定是不能调整的。

我国法律采纳了对违约金条款予以干预的原则。《民法典》第 585 条第 2 款规定："约定的违约金低于造成的损失的，人民法院或者仲裁机构可以根据当事人的请求予以增加；约定的违约金过分高于造成的损失的，人民法院或者仲裁机构可以根据当事人的请求予以适当减少。"该条适用的条件如下。

第一，违约金的调整必须依据当事人的请求，不能由法院直接依据职权进行。《民法典》第 585 条第 2 款依据私法自治与自愿原则，明确规定了违约金的调整应当由当事人提出，而不能由法院依据职权主动进行，从而尊重了当事人的自愿选择。当然，依据《民法典》第 585 条第 2 款的规定，对违约金的调整，是由人民法院或仲裁机构依据当事人的请求而进行的。这也就意味着，当事人只是具有请求人民法院或仲裁机构调整的权利，而具体应当如何调整，属于法院或仲裁机构的职权。问题在于：当事人请求调整违约金，不一定必须以提起诉讼的方式进行，在司法实践中，有关合同的纠纷，一方请求调整违约金，很难以直接起诉的方式进行，如何尊重当事人请求法院调整的权利？依据《合同编通则解释》第 64 条第 1 款，当事人除通过直接向法院提出调整违约金的请求外，还可以通过反诉或者抗辩的方式提出请求。允许当事人以反诉或者抗辩方式请求调整违约金，可以方便诉讼，便利违约方提出调整违约金的请求。

第二，违约金调整中要合理分配举证责任。《合同编通则解释》第 64 条第 2 款对违约金调整中的证明责任进行了规定，依据该款规定，一是违约方在主张违约金过分高于违约造成的损失时，其应当对此承担举证责任。根据"谁主张，谁举证"的基本思路，也应当由主张酌减违约金的违约方承担证明责任。[①] 违约方对"过分高于"的证明标准应当符合民事诉讼当中的一般证明标准，也即应当达到《最高人民法院关于适用〈中华人民共和国民事诉讼法〉的解释》第 108 条所规定的"高度可能性"。二是非违约方主张违约金合理的，应当提供相应的证据。毕竟非违约方也提出了违约金合理的主张，也应当为此举证，尤其是在实践中，一些证据有关非违约方因违约所遭受的损失的证据可能掌握在非违约方的手中，违约方可能难以举出非违约方损失的全部证据[②]，因此应当由非违约方提供相应的证据。在违约方的举证责任完成后，证明违约金合理的举证责任就分配到非违约方一方，其应当提出相应的证据证明违约金合理、没有过分高于实际损失。当然，从该条规定来看，如果非违约方主张违约金合理，也只是提供相应的证据，而非

---

① 参见最高人民法院民事审判第二庭、研究室编著：《最高人民法院民法典合同编通则司法解释理解与适用》，718 页。

② 参见最高人民法院民事审判第二庭、研究室编著：《最高人民法院民法典合同编通则司法解释理解与适用》，719 页。

和违约方一样要“承担举证责任”[①]。在违约金是否合理这一事实真伪不明时，仍然应当由违约方承担不利的后果，即不能调整违约金。

第三，在违约金的调整中必须进行综合考量。《合同编通则解释》第 65 条第 2 款规定了违约金过高的判断标准，即超过损失的 30%，符合该标准也是当事人请求法院调整违约金的前提。例如，甲乙之间订立房屋买卖合同，乙因为房价下跌而拒绝支付购房款，并要求解除合同，已构成违约。依据合同约定的违约金条款计算，违约金数额应为 600 万元。法官首先要确定违约方违约造成的实际损失，如清退房屋、提前解除租赁等损失，共计 200 万元。因违约后房屋价格降低造成的 200 万元损失，为可得利益损失。此时因违约造成的损失是 400 万元（实际损失 200 万元＋可得利益损失 200 万元），400 万元超出 30%应为 520 万元。如果约定的违约金为 600 万元，就高于 520 万元，达到了法官对违约金进行调整的起点，此时法官可以依照当事人的请求对违约金进行适当的调整。问题在于，《合同编通则解释》只是明确规定了调整的起点，但是最终法院可以调整到什么数额，并没有作出具体的规定。从比较法来看，大陆法国家大多认为，即使违约金过高，也应当尊重当事人的约定；而英美法倾向于认为，过高的违约金应当认定为无效，而适用法定损害赔偿规则。这就意味着两大法系普遍认为违约金最低也应当调整到损失的 100%。我国现行立法虽然没有对这一限制作出明确规定，但学界大多认为，《合同编通则解释》第 65 条既然规定了 130%作为调整的起点，也应当以其为最终调整结果的基准线。如果没有特殊情况，应当以损失的 130%为最低线，也就是说，法院调整的结果可以高于损失的 130%，但不宜低于损失的 130%。总之，由于实践中交易类型较为复杂，在特殊情形下，即便当事人约定的违约金数额超过造成损失的 30%，也不宜将其认定为过分高于造成的损失。在违约金过高的情形下，《合同编通则解释》第 65 条第 1 款引入了动态系统论，要求以实际损失和可得利益损失为基础，综合考量如下因素：一是合同主体。所谓合同主体，主要是考虑合同主体是民事主体还是商事主体，商事主体通常对自己的行为有专业判断能力，当事人在缔约能力和预见能力方面都具有同等性，很少出现地位不对等的情形。因此，对商事主体之间的违约金调整应当更为谨慎。[②] 二是交易类型。不同的交易类型中，违约金的数额大小可能是不同的，特别是在高风险高回报的交易中，违约金也会相应提高。因此，对于高风险高收益的交易，违约金调整也应当更为谨慎。三是合同的履行情况，包括合同的履行程度、违约发生时间、违约造成的后果、是根本违约还是轻微违约等。四是当事人的过程程度。当事人的过错既包括违约方的过错以及过错程度，也包括非违约方的过错以及过错程度。五是履约背景。履行背景主要是考虑交易时的宏观经济状况等因素。例如，为鼓励中小企业度过时艰，应当适当调减过高的违约金。[③] 六是其他因素，如当事人履行合同的情况、是轻微违约还是重大违约等等。

---

① 最高人民法院民事审判第二庭、研究室编著：《最高人民法院民法典合同编通则司法解释理解与适用》，718～720 页。

② 参见王洪亮：《违约金酌减规则论》，载《法学家》，2015（3）。

③ 参见最高人民法院民事审判第二庭、研究室编著：《最高人民法院民法典合同编通则司法解释理解与适用》，729 页。

在综合考量因素后，依据《合同编通则解释》第 65 条第 1 款，还应当遵循公平原则和诚信原则。司法酌减违约金，不仅要求法官在决定是否调整违约金时应当遵循这些原则，而且对调整后的结果进行检验，应当考虑是否符合公平原则和诚信原则。

第四，必须根据损失来进行调整。依据《民法典》第 585 条第 2 款的规定，违约金高低的判断标准是当事人的损失。对于本款中的“约定的违约金过分高于造成的损失”中的“损失”应当如何理解？依据《合同编通则解释》第 65 条第 1 款，损失应当包括实际损失与可得利益损失。只有在调整的标准包括可得利益的损失的情况下，才能使非违约方因违约金责任的承担而达到如同合同被完全履行时的状态，或者说像没有发生违约行为一样。在判断违约金是否过高时，应当以第 584 条所规定的损失范围作为判断基准。因此，《合同编通则解释》第 60 条中的关于可得利益损失的计算方法也可以用于本款中损失的界定。在将可得利益损失也纳入违约金数额调整的基数后，损失的基数将因此增加，违约金数额调整的难度也将加大。法官只有在确定非违约方因违约所遭受的损失之后，才能确定违约金是否过高或过低，从而决定是否调整。

第五，恶意违约的一方不得请求调整。《合同编通则解释》第 65 条第 3 款将恶意违约排除于违约金调减的范围之外，但该条并未界定恶意违约的内涵。所谓恶意违约，是指公然毁约或者不与对方协商即不履行合同义务的行为。违约方不仅具有违约的故意，而且主观上完全不考虑违约给非违约方所造成的损失。恶意违约的一方不得请求调整，体现了对恶意违约行为的制裁，有利于鼓励当事人严守合同，维护诚信。① 不过，恶意违约行为应当局限于主给付义务的不履行或不当履行，对于从给付义务和附随义务的违反而言，不应当认为其构成恶意违约行为。

如果是专为迟延设定的惩罚性违约金，则不应当要求违约金的数额与实际损失基本保持一致，只要违约金的数额与实际的损失相比，不是过高或过低，法院和仲裁机构就不应当对违约金的数额作出调整。但是对于作为损害赔偿预定的违约金，其数额应当与实际损失大体保持一致。如果不一致，则法院和仲裁机构有权依当事人的申请予以调整。

(二) 当事人不得预先放弃请求调整违约金的权利

请求调整违约金是当事人依法享有的一项权利。《合同编通则解释》第 64 条第 3 款规定：“当事人仅以合同约定不得对违约金进行调整为由主张不予调整违约金的，人民法院不予支持。”该条明确将违约金调整规范作为强制性规范，不允许当事人事先约定排除。从这一规定来看，虽然违约金调整是一项民事权利，但是出于维护法律秩序和避免当事人权利被不当剥夺的考虑②，该条规定明确排除了当事人事先放弃违约金调整请求的可能。而且，依据本款规定，如果合同约定不得对违约金进行调整，无须考量对违约金调整请求的放弃是否实质上违反公平原则，就可以直接认定该约定无效。

---

① 参见王洪亮：《违约金酌减规则论》，载《法学家》，2015 (3)。

② 参见最高人民法院民事审判第二庭、研究室编著：《最高人民法院民法典合同编通则司法解释理解与适用》，721～722 页。

（三）违约金调整的释明

在司法实践中，一方当事人在法院起诉、主张合同无效，但法院认定合同有效，其应当承担违约责任，而违约金的数额可能过高，在此情形下，如果不对违约方进行释明，其可能就失去了请求调整违约金的机会，因此，《合同编通则解释》第 66 条确立了对违约金的调整应当释明的规则，即当事人一方请求对方支付违约金，对方以合同不成立、无效、被撤销、确定不发生效力、不构成违约或者非违约方不存在损失等为由抗辩，未主张调整过高的违约金的，人民法院应当就若不支持该抗辩，当事人是否请求调整违约金进行释明。第一审人民法院认为抗辩成立且未予释明，第二审人民法院认为应当判决支付违约金的，可以直接释明，以保障当事人对违约金过高这一事实进行充分证明的机会①，并可根据当事人的请求，在当事人就是否应当调整违约金充分举证、质证、辩论后，依法判决适当减少违约金。

依据《合同编通则解释》第 66 条第 2 款的规定，违约方一审客观原因没有到庭的，二审也可以请求减少违约金，法院可以直接改判。该规定旨在保护违约方主张调减违约金的权利。因为在一些情形下，如一方当事人众多的案件或系列案件中，违约方可能客观无法到庭，如果法院作出允许部分违约方调整违约金，而部分违约方不能调整违约金，不利于同案同判。② 此处的客观原因主要是指导致违约方无法到庭的一些客观原因，如违约方因为发生不可抗力等原因而不能到庭、未能参加诉讼。

（四）违约金调整与损害赔偿的关系

如果违约金数额过低，非违约方不请求调整过低的违约金，而是另行请求损害赔偿，从贯彻完全赔偿原则出发，应当允许。因为违约金的目的在于弥补当事人的损害，在违约金低于实际损害时，如果当事人能够证明其实际损害，约定允许其可以就实际损害未获得违约金填补的部分请求赔偿。在此情形下，非违约方也可以请求调整违约金，以提高违约金的数额，从而弥补其遭受的损失。但在请求调整违约金之后，非违约方还能否再主张赔偿损失？一般认为，鉴于现行立法并未对此作出规定，非违约方此时无权再主张赔偿损失。因此，如果法院已经依据非违约方的请求调高了违约金，在调整之后，非违约方就不能再另行请求赔偿损失。

第八节　定金责任

一、定金的概念和特点

所谓定金，是指合同双方当事人约定为担保合同的履行，由一方预先向对方给付一定数量的货币或其他代替物。定金合同也是一种合同。定金的交付将在当事人之间产生

①② 参见谭启平、张海鹏：《违约金调减权及其行使与证明》，载《现代法学》，2016（3）。

定金合同关系，该合同是当事人设立定金时所达成的协议。定金合同可以在合同的主文中载明，作为合同中的一项条款，也可以单独设立。无论采取何种形式，都要求当事人就设立定金问题达成一致的协议。此种从合同的特点在于，它是非要式的要物合同。①《民法典》第 586 条第 1 款规定："当事人可以约定一方向对方给付定金作为债权的担保。定金合同自实际交付定金时成立。"可见，定金具有如下几个特点。

第一，定金的标的物为金钱或其他可代替物。定金的标的物通常是金钱，但当事人也可以其他可代替物作为其标的，例如以粮食、食油等作为定金的标的。作为定金标的的"物"是否限于可代替物，学者对此看法不一。大多数学者认为，由于定金要在一方违约以后发生双倍返还的问题，如果作为定金标的的物是不可代替物，则在一方违约以后，不能实行双倍返还，故定金标的物必须是可替代物。② 也有学者认为，"当事人如约定以不代替物，例如随身所戴钻戒作为定金，或移转土地、房屋等不动产作为定金，约定对方违约应加倍返还相当钻戒、土地或房屋价金之现金者，……似无不许之理"③。本书认为，为减少各种不必要的纠纷，定金主要应以金钱为标的，且作为定金标的的物必须是可代替物，不可代替物因为是独特的，不能在一方违约以后实行双倍返还，即使可以折合为现金，折合的标准也很难掌握。总之，作为定金标的的物必须是可以同种类同数量替代的物。

第二，定金是当事人预先交付的。就违约定金而言，定金是当事人在合同履行前交付的，其目的在于担保合同的履行。正是因为它是预先交付的，所以才能对合同的履行产生担保作用。如果合同已经履行完毕或者在履行期限到来后一方已出现违约，则不宜再适用定金形式。

第三，定金合同是实践合同。依据《民法典》第 586 条第 1 款的规定，定金合同是实践合同，应以定金的实际交付为合同成立条件。也就是说，即使当事人就定金的设立已经达成了协议，但如果没有实际交付定金，则定金合同也没有成立。④ 一般的合同大多为诺成合同，如果定金也为诺成合同，则以诺成合同证明诺成合同的存在，是不能成立的。更何况，定金一旦约定，在对方违约后应加倍返还，如果定金没有实际交付，则不能实行加倍返还。也就是说，当事人设定的定金能否生效，取决于一方是否预先给付另一方一定数量的货币或其他替代物作为定金。在合同履行完毕后，定金应当原数退还或抵作价款。由于定金合同是实践合同，因此，在定金合同因一方不交或少交而不成立以后，任何一方都不得请求法院强制另一方依据尚未成立的定金合同履行给付定金的义务，法院也不得强制一方向另一方给付定金，正是从这个意义上，笔者赞成此种观点，即由于"定金是实践合同，定金交付后，合同生效，定金的担保效力才正式形成"⑤。

第四，定金合同是一种从合同。定金合同是主债权债务的从合同。⑥由于定金合同是为了担保主合同的履行而产生的从合同，所以它必须以主合同的成立和生效为前提条件。

---

①⑥　参见胡长清：《中国民法债编总论》，359 页，台北，自版，1964。

②　参见史尚宽：《债法总论》，493 页。

③　曾隆兴：《民法债编总论》，450 页，台北，自版，1992。

④　参见郑玉波：《民法债编总论》（修订二版），陈荣隆修订，200～435 页，北京，中国政法大学出版社，2004。

⑤　史文清等：《有关定金的几个问题》，载《政治与法律》，1986（2）。

主合同无效或被撤销，也将影响定金合同的效力。①

第五，定金具有担保合同债务的履行和制裁违约的双重功能。就违约定金而言，一方面，当事人预先设立定金可以督促双方自觉履行合同。由于定金是预先交付的，定金数额在事先也是明确的，因此通过定金罚则的运用可以起到对合同的担保作用。另一方面，定金既可以作为担保方式也可以作为违约责任形式运用，我国现行法律所规定的定金主要是违约定金，法律关于定金的规定在原则上包含了对不履行合同的制裁。而由于定金罚则是对违约行为的惩罚，即给付定金的一方如果不履行合同将无权请求返还定金，而接受定金的一方不履行合同将双倍返还定金，这样定金也可以成为一种债务不履行的责任形式，因而对违约的制裁也是定金的另一个目的。

定金不同于预付款。所谓预付款，是由双方当事人商定的在合同履行前所给付的一部分价款。定金和预付款一样都是预先交付的金钱，但二者存在明显的区别，主要表现在：一方面，预付款的交付在性质上是一方履行主合同义务的行为，也就是说，尽管履行期尚未到来，但一方自愿提前履行合同义务，给付部分价款，而另一方愿意接受这种对其有利的提前履行，但它并不起合同担保的作用；而定金的交付并不是履行主合同的行为，定金合同只是基于主合同所产生的从合同，它主要起担保合同履行的作用。② 另一方面，由于支付预付款在性质上属于部分履行合同债务，所以它不能适用定金的制裁罚则。如果合同没有履行，则预付款应当返还或者从违约损害赔偿责任中扣除。如果预付款超出了实际损失，那么超出部分也应该返还。而对定金来说完全不同，因一方不履行合同将导致丧失或双倍返还定金的后果。此外，由于给付预付款在性质上属于部分履行合同债务，因此，对预付款的数额法律上没有必要作出限制，而完全应由当事人自己决定，当事人所交付的预付款只要在主合同规定的全部的价款数额内都应当允许。但对于定金来说，因合同不履行将产生失去或双倍返还定金的作用，所以定金数额不能过高，法律需要对定金的数额作出明确的限定。③

定金不同于留置金、担保金、保证金、订约金、押金或者订金等，后者都具有担保性质或者属于预付款，容易与定金相混淆。依据《合同编通则解释》第 67 条第 1 款的规定，如果当事人在形式上约定的是留置金、担保金、保证金、订约金、押金或者订金等，而没有明确约定定金性质，则不宜将其认定为定金，无法适用定金规则。因为虽然留置金、担保金、保证金、订约金、押金或者订金等与定金相似，但在性质、功能、适用条件、效力等方面都存在区别。当然，按照合同自由原则，即便当事人在形式上约定的是留置金、担保金、保证金、订约金、押金或者订金等，但如果当事人明确约定其属于定金性质，则应当认定其属于定金，应当依法适用定金规则。④

---

① 参见李贝：《定金功能多样性与定金制度的立法选择》，载《法商研究》，2019（4）。

② 参见郑玉波：《民法债编总论》（修订二版），陈荣隆修订，311 页。

③ See G. H. Treitel, Remedies for Breach of Contract: *A Comparative Account*, Oxford University Press, 1988, p. 238.

④ 参见最高人民法院民事审判第二庭、研究室编著：《最高人民法院民法典合同编通则司法解释理解与适用》，752 页。

二、定金的种类

《合同编通则解释》第 67 条借鉴比较法的经验，并在总结我国司法实践经验的基础上，规定了以下几种定金：

第一，立约定金。它是指当事人为保证以后正式订立合同而专门交付的定金。立约定金不是合同成立的要件，也不是为了证明合同的成立而产生的，而只是为了保证当事人在未来订立合同。①《合同编通则解释》第 67 条第 2 款规定："当事人约定以交付定金作为订立合同的担保，一方拒绝订立合同或者在磋商订立合同时违背诚信原则导致未能订立合同，对方主张适用民法典第五百八十七条规定的定金罚则的，人民法院应予支持。"该款对立约定金作出了规定。当事人在订立立约合同时，常常会约定将交付定金作为订立本约的担保，在交付定金后，一方拒绝订立合同，或者在磋商订立合同时违背诚信原则导致合同无法订立（如漫天要价，导致当事人无法订立本约），在此情形下，就应当依据《民法典》第 587 条的规定适用定金罚则，即交付定金的一方拒绝订立合同，无法请求返还定金，收受定金的一方拒绝订立合同，则应当双倍返还定金。与其他类型的定金不同，当事人约定立约定金旨在保障当事人将来订立主合同，而在当事人约定立约定金时，尚未订立主合同，因此，立约定金在主合同成立之前已经成立，其效力独立于主合同。②

第二，成约定金。它是指以交付定金作为合同成立或者生效条件的定金，也就是说，合同是否成立或者生效完全取决于定金是否交付，如果一方当事人不交付定金，则主合同不能成立。《合同编通则解释》第 67 条第 3 款规定："当事人约定以交付定金作为合同成立或者生效条件，应当交付定金的一方未交付定金，但是合同主要义务已经履行完毕并为对方所接受的，人民法院应当认定合同在对方接受履行时已经成立或者生效。"该款对成约定金作出了规定。由于在通常情况下，定金不应成为合同成立或者生效的要件，是否交付定金不应影响当事人所订立的主合同的成立或者生效，因而成约定金的设立及对主合同成立的影响，应由当事人特别约定。③ 成约定金在性质上是当事人就合同成立或者生效所约定的条件，是合同成立后者生效的特殊情形。成约定金的效力主要体现为，在当事人约定成约定金的情形下，成约定金的交付将成为合同的成立条件或者生效条件。当然，在当事人约定成约定金的情形下，当事人也可以通过合同履行行为促成合同的成立或者生效，在此情形下，可以认为，当事人通过实际履行的行为变更了有关成约定金的约定。

第三，解约定金。它是指当事人为保留单方解除主合同的权利而交付的定金。一方在交付解约定金以后，可以放弃定金而解除合同，而接受定金的一方如果愿意加倍退还

---

① 参见朱广新、谢鸿飞主编：《民法典评注·合同编·通则 2》，423 页，北京，中国法制出版社，2020。

② 参见最高人民法院民事审判第二庭、研究室编著：《最高人民法院民法典合同编通则司法解释理解与适用》，750 页。

③ 参见胡长清：《中国民法债编总论》，360 页。

定金也可以解除合同。[①]《合同编通则解释》第 67 条第 4 款规定："当事人约定定金性质为解约定金，交付定金的一方主张以丧失定金为代价解除合同的，或者收受定金的一方主张以双倍返还定金为代价解除合同的，人民法院应予支持。"该款对解约定金作出了规定。对解约定金而言，通过定金的放弃和加倍返还赋予了当事人解除合同的权利。解约定金必须要由当事人在合同中特别约定，当事人可以在定金条款中规定交付定金一方可以抛弃定金而解除合同。这样定金的设定就为一方保留了解除合同的权利。[②] 同时，其也赋予了当事人通过接受定金罚则的方式取得解除合同的权利。也就是说，交付定金的一方要解除合同，将要丧失定金；而接受定金一方要解除合同，必须双倍返还定金。因此，解约定金具有担保当事人不得随意解除合同的功能。当事人采用解约定金的形式可以控制将来发生的难以预见的风险，这对于当事人在订约时计算成本、减少风险是必要的，也有利于鼓励交易。

第四，违约定金。它是指在接受定金以后，一方当事人不履行主合同，应按照定金罚则予以制裁。违约定金是实践中广泛采用的一种定金。我国《民法典》对违约定金作出了规定，违约定金的主要特点是：一是违约定金针对违约行为而设定，该定金设立的目的主要是防止一方违约，督促双方履行。违约定金罚则已经成为一种责任形式。二是违约定金必须适用定金罚则。这就是说，在当事人设定违约定金以后，如果债务人履行了债务，定金应当抵作价款或者收回。给付定金的一方不履行约定的债务的，无权要求返还定金；收受定金的一方不履行约定的债务的，应当双倍返还定金。违约定金较之于立约、证约、成约定金而言，具有明显的担保功能。因为丧失定金或者双倍返还定金的罚则，有助于督促当事人履行合同。[③] 三是违约定金也具有证明合同成立的作用。一方实际交付定金而另一方实际接受定金，这本身也可以证明合同的成立。四是违约定金是定金的一般形态。一般来说，如果当事人在合同中没有特别指明定金的类型，则应当认为当事人约定的定金为违约定金。违约定金是定金的基本类型，其他定金只是例外情形，发挥着特殊的功能，我国《民法典》第 587 条所规定的定金即为违约定金。《合同编通则解释》第 67 条第 1 款第二句规定："当事人约定了定金性质，但是未约定定金类型或者约定不明，一方主张为违约定金的，人民法院应予支持。"据此，如果当事人没有特别约定定金的类型或者约定不明，应当认定该定金为违约定金[④]，适用违约定金罚则。

总之，上述四种定金方式各有特点。在实践中，当事人完全可以从交易本身的实际需要出发，选择各种不同的定金形式。除上述定金形式以外，还有一种定金形式即证约定金，它是指当事人在订立合同时为证明合同已经成立、防止一方以合同未成立为由违约而专门设立的定金。[⑤] 与立约定金不同，证约定金并不是当事人为了保证以后正式订立合同而专门设立的定金，而只是为了证明合同关系的存在。证约定金也不同于成约定

---

① 参见韩世远：《合同法总论》，4 版，839～840 页。

② 参见孙森焱：《民法债编总论》，498 页，台北，自版，1990。

③ 参见朱广新、谢鸿飞主编：《民法典评注·合同编·通则 2》，423 页。

④ 参见最高人民法院民事审判第二庭、研究室编著：《最高人民法院民法典合同编通则司法解释理解与适用》，750 页。

⑤ 参见何孝元：《民法债编总论》，194 页，台北，自版，1977。

金，定金是否交付并不是主合同成立的要件。“证约定金谓为证明契约之成立所交付之定金，此种定金不为契约成立之要件，仅以证明契约成立为目的。”① 证约定金的效力仅在于证明合同成立，不适用定金罚则。因此，证约定金也不同于解约定金，因为在一方接受证约定金时，主合同已经成立，即使当事人一方违反合同，也不能根据证约定金而实行双倍返还。在主合同履行以后，证约定金应当全部返还。虽然我国《民法典》并未直接规定证约定金，但是按照合同自由原则，当事人约定证约定金的，也应当承认其效力，这既是合同自由的必然要求，也是符合市场经济需要的。

三、定金的数额

关于定金的数额，我国《民法典》第 586 条第 2 款规定：“定金的数额由当事人约定；但是，不得超过主合同标的额的百分之二十，超过部分不产生定金的效力。实际交付的定金数额多于或者少于约定数额的，视为变更约定的定金数额。”依据该条规定，当事人可以约定定金的数额，也就是说，按照私法自治原则，当事人可以在法律允许的范围内自由约定定金的数额。当然，当事人在约定定金数额时，也应当受到一定的限制，因为定金的数额如果过高，一旦适用，可能使合同的履行变相成为一种赌博行为。因此，依据《民法典》第 586 条的规定，当事人所约定的定金数额不得超过主合同标的额的 20%，否则超过的部分不发生定金的效力。所谓不发生定金的效力，是指不能适用定金罚则；也就是说，超过主合同标的额 20%部分的定金，并不属于法律所承认的具有定金效力的“定金”。超过主合同标的额 20%部分的定金，相对于具有给付义务的一方而言，可视为预付款；对于受领预付款的一方而言，可视为受领了预付款。

《民法典》第 586 条第 2 款规定，“实际交付的定金数额多于或者少于约定数额的，视为变更约定的定金数额”。法律之所以作出此种规定，是因为：一方面，定金合同以实际交付定金为成立条件，但有关交付的数额，有约定的，应当按照合同的约定，如果当事人交付的定金数额少于约定的数额，则应当构成违约，但另一方完全接受而没有拒绝，则应当认定当事人以实际履行的方式接受了合同的变更；另一方面，如此规定也有利于鼓励交易。

需要指出的是，我国民法典合同编所规定的定金责任并不具有补偿性，它与实际的损失并没有直接的联系，尤其是我国法律已经将定金的数额限制在主合同标的额的 20%以内，这就没有必要在当事人约定了定金以后，对定金的数额进行调整。即使定金的数额高于实际的损失，只要没有超过主合同标的额的 20%，则无论数额是否合理，都不应当对该数额进行调整。在一方违约以后，可以根据违约的情况确定是否适用定金，依据《民法典》第 587 条的规定，只有在根本违约的情况下，才适用定金罚则，如果是轻微违约，则不应当适用定金罚则。无论如何，不能根据违约的情况而减少定金责任的数额。即使是在部分履行的情况下，如果部分履行构成根本违约，也应承担定金责任。

《民法典》第 587 条规定，“债务人履行债务的，定金应当抵作价款或者收回”。这就

① 史尚宽：《债法总论》，491、494 页，台北，自版，1964。

是说，定金主要发挥担保作用，担保债务人履行债务，如果债务人已经按照约定履行债务，则应当将其抵作价款，或者债务人有权收回该定金，究竟作何种处理，可以由债务人作出选择。

四、定金罚则

任何责任形式都具有责任适用的条件，定金责任也不例外。在定金合同成立之后，当事人双方都有可能不履行合同或者不完全履行合同，都有可能适用定金责任，但适用定金责任，应当符合一定的条件。《民法典》第 587 条规定，“债务人履行债务的，定金应当抵作价款或者收回。给付定金的一方不履行债务或者履行债务不符合约定，致使不能实现合同目的的，无权请求返还定金；收受定金的一方不履行债务或者履行债务不符合约定，致使不能实现合同目的的，应当双倍返还定金”。从该条规定来看，无论是接受定金的一方，还是给付定金的一方，只有在构成根本违约的情形下，才能适用定金罚则。依据这一规定，定金责任既适用于不履行行为，也适用于不完全履行合同行为。

定金罚则的内容是，对给付定金的一方适用定金罚则的后果是无权请求返还定金，而对收受定金一方适用定金罚则的后果是应当双倍返还定金。因为定金本身是合同履行的担保，在当事人不按照约定履行合同构成根本违约时，应当适用定金罚则；同时，对当事人适用上述定金罚则，也符合当事人的真实意愿，即给付定金的一方实施给付定金的行为，就意味着其违约时不得请求返还，而对收受定金的一方而言，其收受定金也意味着，在其不履行合同时，应当向给付定金的一方双倍返还定金，这也符合权利义务相一致的原则。

如前所述，定金罚则体现了对违约一方当事人的制裁。由于适用这种制裁会给违约一方经济上带来极为不利的后果，特别是这种制裁也可与违约金、实际履行等补救方式并用，因此，应当严格限定定金责任的适用条件。

第一，定金罚则通常适用于一方根本违约的情形。《民法典》第 587 条规定：“债务人履行债务的，定金应当抵作价款或者收回。给付定金的一方不履行债务或者履行债务不符合约定，致使不能实现合同目的的，无权请求返还定金；收受定金的一方不履行债务或者履行债务不符合约定，致使不能实现合同目的的，应当双倍返还定金。”因为定金罚则具有明显的惩罚功能，而且其适用不以当事人遭受实际损失为条件。如果任何违约，哪怕是轻微的违约，都要适用定金罚则，那么将会使定金罚则的适用变成一种赌博。也就是说，在一方出现轻微违约后，如果适用定金罚则，则可能给违约一方强加极为沉重的经济负担，不利于其继续履行合同，并且与诚信原则相悖。为了防止定金罚则被不当适用，《民法典》第 587 条将定金罚则适用于违约“致使不能实现合同目的”的情形，这就是说，定金罚则仅适用于一方根本违约的情形。《合同编通则解释》第 68 条也贯彻了这一精神。因此，只有在一方完全不履行合同或者不完全履行合同的行为构成根本违约，使非违约一方基于合同所产生的期待利益丧失，订立合同的目的不能达到时，才能适用定金罚则。

在适用定金罚则的情形下，根本违约主要表现为如下几种情形：一是给付定金的一方不履行合同，如明确拒绝履行。二是一方履行债务不符合约定致使不能实现合同目的。例如，债务人应当按照约定在中秋节之前交付月饼，但其在中秋节之后才交付月饼，致使债权人无法实现合同目的，应当构成根本违约。三是一方部分履行导致根本违约。依据《合同编通则解释》第68条第2款的规定，一方已经部分履行合同，对方有权按照未履行部分所占比例请求适用定金罚则。例如，双方约定，一方应当向对方交付1 000斤大米，但一方仅交付500斤，对方接受500斤以后，可以就未交付的500斤大米请求适用定金罚则。除非部分履行已经构成根本违约，否则，非违约方不得按照合同整体请求适用定金罚则。例如，对方接受500斤以后，只能就未交付的500斤大米请求适用定金罚则，而不能就一方应当交付1 000斤大米请求适用定金罚则，但如果部分履行构成根本违约，则接受履行的一方仍有权主张按照合同整体适用定金罚则，而作出部分履行的一方也不得以其已经作出部分履行为由主张按比例适用定金罚则。

第二，双方当事人均构成根本违约，一方不得主张适用定金罚则。《民法典》第587条仅调整一方违约的情形，而没有规定双方违约情形下定金罚则的适用问题。所谓双方违约，是指双方当事人都违反了合同规定，在许多合同，特别是双务合同中，经常会发生双方违约情形。依据《合同编通则解释》第68条第1款的规定，如果双方当事人均构成根本违约，则不适用定金罚则，因为一方面，如果双方根本违约，而仅要求一方承担定金责任，显然对其是不公平的，在此情形下，定金罚则的惩罚功能无法实现。从功能上看，适用定金罚则既要体现对根本违约方的惩罚，也要保护非根本违约方，如果仅对一方惩罚，定金罚则的上述双重功能都难以实现。[①] 另一方面，适用定金罚则会导致当事人之间权利义务关系的复杂化。如果双方根本违约，允许双方都主张适用定金罚则，就会导致法律关系的复杂化，徒增纠纷解决成本，而不能从根本上解决纠纷。当然，依据《合同编通则解释》第68条第1款的规定，如果一方当事人构成根本违约，而另一方当事人仅构成轻微违约，则轻微违约的一方当事人仍有权主张适用定金罚则。如果一方仅轻微违约，而对方构成根本违约，根本违约的一方以轻微违约方也构成违约为由提出抗辩，主张不适用定金罚则的，人民法院对该抗辩不应当予以支持。

第三，因不可抗力致使合同不能履行可以免除定金责任。《合同编通则解释》第68条第3款规定："因不可抗力致使合同不能履行，非违约方主张适用定金罚则的，人民法院不予支持。"这就是说，如果当事人不能履行合同是因为不可抗力导致的，则非违约方不得主张适用定金罚则，本条之所以作出此种规定，是因为定金责任在性质上是一种违约责任，而不可抗力作为违约责任的法定免责事由，其也应当适用于定金责任。

五、定金责任与其他责任形式

（一）定金与违约金

违约定金与违约金的关系十分密切：一方面，两者都针对违约行为而适用，在一方

---

① 参见最高人民法院民事审判第二庭、研究室编著：《最高人民法院民法典合同编通则司法解释理解与适用》，759页。

违反合同的情况下，违约金和违约定金都是一种对违约的补救方式，作为责任形式，两者都以违约行为作为共同的责任构成要件。另一方面，两者都具有担保作用，或者说都是担保合同履行的手段。但是，违约定金针对违约行为而设定，违约定金罚则已经成为一种责任形式。另外，尽管两种责任具有相同的功能，但定金和违约金在性质上是不同的，即便就违约定金而言，也不能将其等同于违约金。因为一方面，违约定金是预先交付的一笔金钱，设立定金是一种要物合同，其成立以定金的交付为要件，而违约金并不需要实际交付，只需要事先约定具体数额。另一方面，违约金可以视为损害赔偿的预定，它具有补偿和惩罚的双重功能，而违约定金主要具有惩罚性，一般不能将其视为损害赔偿的预定。法律对定金的数额作出了明确的限制，但对违约金没有作出数额的限制。因此，不能将违约定金视为违约金，且两者由于在适用的对象、目的、功能等方面具有相似性，因此原则上不能并用。因为一方面，当事人约定定金与违约金的目的均在于约定违约的法律后果，二者在功能上具有重合性。另一方面，违约金和定金都具有惩罚的功能，如果叠加适用，可能使一方承担过重的责任。对此，《民法典》第 588 条第 1 款规定："当事人既约定违约金，又约定定金的，一方违约时，对方可以选择适用违约金或者定金条款。"依据该条规定，定金责任和违约金责任只能择一适用，而不能并用。

（二）违约定金与赔偿损失

违约定金和赔偿损失是两种既相区别又相联系的责任形式，二者的区别主要体现为：

一方面，定金责任的适用不以实际发生的损害为前提，即无论一方的违约是否造成实际损害都可能导致定金责任，但需要讨论的是：如果定金责任超出了实际损害是否应认定定金条款无效，或者认为交付的定金在性质上属于部分价金？本书认为，在此情况下仍然应确定定金条款的有效性并适用定金责任。其根本原因在于，定金的设定并不考虑实际的损害，定金罚则具有强烈的惩罚性，它只针对不履行或其他根本违约行为而发生效力，而无论这些违约是否产生实际损害或产生多大范围的实际损害。如果认为定金罚则的适用必须等同于实际损害，定金责任也不得超过实际的损害，这就意味着定金责任不得与法定赔偿责任相冲突，此种观点实际上等于否定了定金责任可以作为法定损害赔偿责任之外的一种单独责任存在。据此，定金乃是最低损害赔偿额的观点是不妥当的。

另一方面，定金也不是法定损害赔偿的总额。本书认为，定金不是法定损害赔偿总额的理由在于：其一，如果定金是损害赔偿的预定，为什么要由合同当事人一方先行交付呢？因为在当事人预定损害赔偿总额的情况下，并不需要当事人一方实际交付定金，而只需要在合同中约定具体的赔偿数额，便可以解决赔偿额的预定问题。其二，违约造成的损害，绝不是定金的丧失或者双倍返还能够限制的。因为当事人设立定金时并没有考虑也不可能考虑到未来所发生的损害，即使是法律规定的定金数额也与实际损害不一致。

关于定金与损害赔偿是否可以并用？《民法典》第 588 条第 2 款对此持肯定立场："定金不足以弥补一方违约造成的损失的，对方可以请求赔偿超过定金数额的损失。"其根本原因在于定金责任有数额的限制，即不能超过主合同标的额的 20%（《民法典》第 586 条第 2 款），而这一数额很可能低于非违约方的损失金额，因为在一方违约以后，违约方给非违约方造成的损失是在订立合同时难以确定的，违约方可能给非违约方造成较小的损失，甚至没有损失，但也可能造成较大的损失。这种损失之大，有可能超过全部合同标的的总值，而按照完全赔偿原则，只要这些损失是违约方在订约时能够合理预见的、依据民法典合同编能够赔偿的，则违约方都应当赔偿。绝不能因为一方已经交付了定金，便可以以定金的丧失和双倍返还来作为损害赔偿的最高数额。所以，在定金不足以弥补违约造成的损失的情况下，允许守约方请求违约方赔偿超过定额数额的部分，具有必然性。因为只有允许两者并用，才足以填补守约方的损失，从而保障其合法权益。

第九节　免责事由

一、免责事由的概念

免责是指在合同履行的过程中，因出现了法定的或合同约定的免责条件而导致合同不履行，债务人将被免除履行义务。这些法定的或约定的免责条件被统称为免责事由。此处所说的免责事由，是指合同不履行的责任事由，仅适用于合同责任。合同责任的免责事由既包括法定的责任事由，即不可抗力，也包括当事人约定的责任事由，即免责条款。在合同关系中，法律完全允许当事人自愿确立权利义务关系，也可通过设定免责条款而限制、免除其未来的责任。只有在法定的免责事由和约定的免责事由导致合同不能履行时，才能使债务被免除。合同约定的免责事由即免责条款，已在前文作了说明，在此不再赘述。

二、不可抗力

在我国合同法中，法定的免责事由仅指不可抗力。不可抗力“是指不能预见、不能避免并不能克服的客观情况”。不可抗力包括某些自然现象或某些社会现象（如战争等），其主要特点在于：一是具有不能预见性。在判断是否可以预见时，必须以一般人的预见能力及现有的科学技术水平作为能否预见的判断标准。二是具有不能避免并不能克服性。这就表明，对不可抗力事件，即使当事人已经尽到最大努力仍不能避免其发生，或者在事件发生以后，即使当事人已经尽到最大努力也不能克服事件所造成的损害后果、使合同得以履行。三是不可抗力属于客观情况，也就是说，它是独立于人的行为之外的事件，不包括单个人的行为。例如，第三人的侵害行为对被告来说是不可预见并不能避免的，但第三人的行为并不具有独立于人的行为之外的客观性的特点，因此不能作为不可抗力对待。只有同时具备上述三个特征，才构成不可抗力。

不可抗力具有如下几种。

第一，自然灾害，如地震、台风、洪水、海啸等。尽管随着科学技术的进步，人类已经不断提高了对自然灾害的预见能力，但自然灾害仍频繁发生并影响人们的生产或生活，阻碍合同的履行，因此，自然灾害属于典型的不可抗力。

第二，政府行为。这主要是指当事人在订立合同以后，政府当局颁布新政策、法规和行政措施而导致合同不能履行。如合同订立后，政府颁布禁运的法规，使合同不能履行。

第三，社会异常现象。这主要是指一些偶发的事件阻碍合同的履行，如罢工、骚乱等。这些行为既不是自然事件，也不是政府行为，而是社会中人为的行为，但对于合同当事人来说，在订约时是不可预见的，因此也可以作为不可抗力事件。

虽然不可抗力为合同的免责事由，但有关不可抗力的具体事由很难由法律作出具体列举式的规定。按照合同自由原则，当事人也可以在订立免责条款时，具体列举各种不可抗力的事由（如将罢工作为不可抗力），一旦出现这些情况，便可以导致当事人被免责。不可抗力发生以后将导致当事人被免除责任。《民法典》第 590 条第 1 款规定："当事人一方因不可抗力不能履行合同的，根据不可抗力的影响，部分或者全部免除责任，但是法律另有规定的除外。因不可抗力不能履行合同的，应当及时通知对方，以减轻可能给对方造成的损失，并应当在合理期限内提供证明。"可见，我国法律并不认为不可抗力发生后，当事人就自然被全部免除责任。

在某些情况下，不可抗力的事由只是导致合同部分不能履行或暂时不能履行，此时，当事人只能部分被免除责任，或者暂时停止履行，在不可抗力事由消除以后如能够履行还要继续履行。所以，不可抗力是否应导致当事人被全部或部分免除责任，应视不可抗力影响的范围而定。

在不可抗力事件发生以后，当事人一方因不可抗力的原因而不能履行合同，应及时向对方通报合同不能履行或者需要迟延履行、部分履行的事由，并应取得有关证明；同时，也应当尽最大的努力消除事件的影响，减少因不可抗力所造成的损失。

思考题

1. 违约责任有何特点？
2. 违约责任的构成要件包括哪些？
3. 试述违约行为的形态。
4. 如何处理双方违约和第三人行为造成违约的情况？
5. 试述实际履行的适用条件。
6. 试述损害赔偿的适用。

第十一章
合同的解释和漏洞填补

案例

甲与乙订立房屋买卖合同，甲将其房屋卖给乙。双方约定，甲在出卖房屋时，“连同其屋后的树木、庭院以及门前的一对石狮子等物”一同出售。甲的庭院中有兰花 20 盆，合同中没有就是否一同出卖兰花作出明确约定，双方当事人为此发生争议。问：该合同的标的物是否包括该 20 盆兰花？

简要评析：该案涉及合同的整体解释问题。合同的整体解释又称为体系解释，是指将全部合同的各项条款以及各个构成部分作为一个整体，从而来确定所争议的合同条款的含义。该案涉及对合同中“等物”的解释，依据《民法典》第 141 条第 2 款规定的体系解释原则，应当将此处的“等物”解释为与“树木”、“庭院”以及“石狮子”具有同等性质的物，因此，其外延不应当包括该 20 盆兰花。

第一节　合同解释概述

一、合同解释的概念

所谓合同解释，是指依据一定的事实，遵循有关的原则，对合同的内容和含义所作出的说明。合同是当事人通过合意对于其未来事务的安排，然而，由于当事人在订立合同时，即使具有丰富的交易经验和渊博的法律知识，也不能对未来发生的各种情况事先都能作出充分的预见，并在合同中将未来的各种事务安排得十分周全，所以合同中的某些条款不明确、具体，甚至出现某些漏洞，是在所难免的。当事人通过合同对于其未来的事务作出安排时，需要通过一定的言语或者文字表达其内容，但由于各方面的原因，缔约当事人对合同的某个条款和用语也可能会产生不同的理解和认识，从而也难免发生争议。这就需要对合同进行解释。《民法典》第 466 条确立了合同解释的规则。

二、合同解释的目的

合同的解释旨在确定合同是否成立，或补充和完善合同的内容。一般来说，合同的解释不涉及合同形式的确定问题，因为无论是作为合同约定的缔约方式，还是作为法律对合同特殊的形式要件要求，都是显而易见的，当事人是否完成了这些要求也是非常明显的，无须作出解释。合同解释直接的目的在于正确地确定当事人的权利义务，从而合理地解决合同纠纷。具体而言，合同解释的目的主要包括如下两个方面。

1. 判断合同的成立和生效

合同的解释常常以合同的成立为前提，但在许多合同的内容不明确或者存在漏洞的情况下，合同既可以被解释为已经成立或生效，也可以被解释为不成立或未生效，此时需要通过合同的解释来促成合同的成立和生效。① 例如，甲向乙发出一份传真求购某种型号的钢材，乙在收到该传真后即向甲发送该型号的钢材，甲拒绝收货，双方为此发生了争议，而解决此种纠纷，法官首先需要解释传真的内容和性质，确定该传真是构成要约还是要约邀请。这就是合同解释需要解决的问题。

2. 明确合同的内容

传统的合同解释方法主要是阐明解释，或称为意义发现的解释，是指当事人在合同中表示的意思不明确、不清楚，或者双方当事人对于合同中的用语在理解上发生了分歧，需要根据一定的解释方法使用语明确。阐明解释的目的在于准确地解释、明确当事人的真实意思，从而使合同得到正确履行，纠纷得到合理解决。所谓明确合同的内容，主要要解决如下问题：一是合同中的用语不明确、含混不清；二是对合同的某些用语产生多种不同理解；三是合同的内容有漏洞。合同的解释绝不限于合同所使用的文字，尤其需要填补合同的漏洞。现代合同法律发展了补充的解释方法，要求在合同内容存在漏洞的情况下通过发现当事人的真实意思，来填补合同的漏洞。

我国《民法典》通过确定合同解释的规则，在一定程度上限定了法官在合同解释方面的权限，即法官解释合同时必须依据法律规定的程序，同时，合同解释规则也给法官提供了规范的解释方法，帮助法官正确地解释合同，从而有效处理合同纠纷。

---

① 参见崔建远主编：《合同法》，5 版，352 页，北京，法律出版社，2010。

第二节　合同解释的原则

一、合同解释应当适用意思表示的解释规则

《民法典》第466条第1款规定："当事人对合同条款的理解有争议的，应当依据本法第一百四十二条第一款的规定，确定争议条款的含义。"依据这一规定，对合同条款理解有争议的，应当援引《民法典》第142条第1款进行解释。依据《民法典》第142条的规定，意思表示的解释通常分为有相对人的意思表示的解释和无相对人的意思表示的解释。所谓有相对人的意思表示的解释，是指对表意人向特定的相对人发出的意思表示进行的解释。例如，要约是一种意思表示，但要约必须要到达受要约人，因为它属于向特定人发出的意思表示。所谓无相对人的意思表示的解释，是指对不需要相对人的意思表示进行的解释。例如，发出悬赏广告、订立章程和决议就属于无相对人的意思表示。需要指出的是，《民法典》第142条第2款规定的是无相对人的意思表示的解释。由于合同为双方法律行为，其意思表示为有相对人的意思表示，因此其不适用《民法典》第142条第2款的规定。

二、合同解释的基本规则

针对有相对人的意思表示，《民法典》兼采了主观解释与客观解释两种方式，依据《民法典》第142条第1款的规定，"有相对人的意思表示的解释，应当按照所使用的词句，结合相关条款、行为的性质和目的、习惯以及诚信原则，确定意思表示的含义"。其中所谓"按照所使用的词句，结合相关条款、行为的性质和目的"解释，要求意思表示的解释应当探究表意人的主观目的和意图，主要体现了主观主义的解释方法，而按照"习惯以及诚信原则"解释，体现了客观主义的解释方法。依据《合同编通则解释》第1条第1款，法官在解释合同内容时，"应当以词句的通常含义为基础"，表明我国合同法在合同解释方法上注重当事人外部表示出来的文义，注重解释的客观化。[①] 但同时也要探究当事人的缔约目的，参考缔约背景、磋商过程、履行行为等因素确定当事人的内心意愿。从这一意义上说，有相对人的意思表示的解释实际上是两种解释方法的结合。针对有相对人的意思表示的解释，首先应当依据合同文本进行解释。在"淄博万杰医院与中国银行股份有限公司淄博博山支行等借款担保合同纠纷管辖权异议案"中，最高人民法院认为，从合同解释角度来看，当事人对合同条文发生争议时，判断当事人的真实意思表示的首要方法是判断当事人字面的意思表示。只有在文义解释不能确定该条款的准

---

① 参见最高人民法院民事审判第二庭、研究室编著：《最高人民法院民法典合同编通则司法解释理解与适用》，42页。

确含义时，才能再运用其他解释方法。①

（一）应当按照所使用的词句进行解释

所谓对用语应当按照通常的理解进行解释，是指在当事人就意思表示本身的用语发生争议以后，对于有关的用语本身，按照一个普通人的合理理解标准来进行解释。②《民法典》第142条第1款规定：“有相对人的意思表示的解释，应当按照所使用的词句，结合相关条款、行为的性质和目的、习惯以及诚信原则，确定意思表示的含义。”有合同依合同，只有在没有合同约定时，才能依据合同法的规定解决合同纠纷。但在合同用语不清晰、模糊的情形下，首先需要澄清用语的含义。合同用语的含义，当事人往往各执一词，在此种情形下，究竟应当依据何种标准确定其含义？依据《合同编通则解释》第1条第1款的规定，合同解释“应当以词句的通常含义为基础”，这就强调了文义解释方法在合同解释中的基础性作用，即解释合同内容首先需要考虑合同的文义，合同文义是解释合同内容的基础，即解释合同应当“就合同论合同”。依据合同文义解释合同内容时，应当按照理性的人对文义的通常理解来解释合同内容。这就是说，法官应当考虑一般人在此情况下对有争议的意思表示用语所能理解的含义，以此作为解释意思表示的标准，避免出现荒谬的结论。按照一个普通人的标准来进行解释，法官既不能根据当事人一方的理解来解释意思表示，更不能根据起草一方对意思表示所作的理解来解释意思表示，而应当以一个合理的人对意思表示用语的理解进行解释。一个普通人既可能是一个社会一般的人，也可能是在一定地域、行业中从事某种特殊交易的人。如果表意人本身是后一种类型的人，则法官应当按照在该地域、行业中从事某种特殊交易的合理人的标准来理解该用语的含义。例如，买卖双方对交货的计量标准“车”的含义发生争执，则应当考虑当事人双方是从事何种活动的买卖，并按照从事该种行业的一般人对“车”的理解来进行解释。当然，在按照常人的理解标准解释合同内容时，也需要考虑当事人特殊的专业和领域的一般理解。当然，解释合同内容既需要以文义为基础，也需要结合其他因素，如合同的相关条款、合同目的、其他解释方法以及缔约背景等。需要考虑其他因素、运用其他解释方法，而不能完全拘泥于文义。

在依据文义解释方法解释合同内容时，应当优先尊重当事人的共同意思。《合同编通则解释》第1条第2款规定：“有证据证明当事人之间对合同条款有不同于词句的通常含义的其他共同理解，一方主张按照词句的通常含义理解合同条款的，人民法院不予支持。”这就确立了共同真实意思优先规则，即如果有证据证明当事人之间对合同条款有不同于词句的通常含义的其他共同理解，就不能以词句的通常含义理解合同条款。共同真实意思优先，也符合合同自由的基本原理。③

---

① 参见最高人民法院（2007）民二终字第99号民事裁定书。

② Reinhard Bork，Allgemeiner Teildes Bürgerlichen Gesetz buchs，2. Auf.，Rn. 545ff，S. 203ff.

③ 参见最高人民法院民事审判第二庭、研究室编著：《最高人民法院民法典合同编通则司法解释理解与适用》，44页。

（二）结合相关条款、行为的性质和目的、习惯以及诚信原则，确定意思表示的含义

1. 体系解释

体系解释要求将合同的各项条款作为一个整体，根据争议条款与相关条款的关系，整体进行解释。[①] 依据《民法典》第 142 条第 1 款和《合同编通则解释》第 1 条第 1 款要求“结合相关条款”解释。法谚云：“最佳的解释，要前后对照。”[②] 在罗马法中，就有“矛盾行为不予尊重”（protestatio declarationi）的合同解释规则[③]，它实际上强调的是整体解释原则。它要求从整个合同的全部内容上理解、分析和说明当事人争议的有关合同的内容和含义，而不能局限于合同的字面含义，也不应当仅仅考虑合同的条款，更不能将合同的只言片语作为当事人的真实意图，断章取义。例如，采取招投标方式订立合同，即应当依据招标文件、投标文件和中标通知书等确定合同内容。也就是说，要将各项招投标的文件作为一个整体，来解释合同争议条款的内容。如果合同中的数个条款相互冲突，应当将这些条款综合在一起，根据合同的性质、订约目的等来考虑当事人的意图。再如，如果合同是由信笺、电报甚至备忘录等构成的，在确定某一条款的意思构成时，应当将这些材料作为一个整体进行解释。如果当事人同时使用多种语言作出意思表示，则即便当事人没有约定各个文本所表达意思之间的关联性，也应当将其解释为具有相同的含义。[④]

在适用整体解释原则时，还应当遵循以下规则：

第一，借助整体来理解个别的规则。法谚有云：只有理解了整体，才能理解部分。[⑤] 如果合同中有多个条款表达同一内容，其中，某一条款比另一条款含义更为明确，则含义不够明确的条款可以被删除。例如，合同中多次提到“应根据本地的市价而定”或“根据市价而定”，显然前者的含义更为明确，可以据此而确定当事人的意思。

第二，特别约定优先于普通约定的规则。如果当事人在合同中增加了特别条款，特别条款的效力可以优先于一般条款的效力。如果分合同规定的是总合同的例外和特殊的情况，当分合同条款的意思与总合同条款的意思不一致时，分合同条款优先。[⑥]

第三，在同一份合同文件中，如果印刷条款与手写条款并存，且这些条款彼此间相互矛盾，则应当认为手写条款优先。

第四，明示其一即排斥其他规则。它是指当事人在合同中明确提及特定种类的一种或者多种事项，可以视为以默示的方法排除了该种类以外的其他事项。按照该规则，如果合同中明确提及某类东西中的一些，可解释为它无意包括同一类别中并未被提及的事

---

① 参见最高人民法院民事审判第二庭、研究室编著：《最高人民法院民法典合同编通则司法解释理解与适用》，44 页。

② 郑玉波：《法谚（一）》，310 页，北京，法律出版社，2007。

③ 参见王泽鉴：《债法原理》，213 页。

④ 参见最高人民法院民事审判第二庭、研究室编著：《最高人民法院民法典合同编通则司法解释理解与适用》，45 页。

⑤ See James A. Holland & Ju Lians，*Web b. Learning Legal Rules*，Oxford University Press，2006，p. 242.

⑥ 参见张玉卿主编：《国际商事合同通则 2004》，311 页。

项。例如，合同规定："一方出售房屋连同门前屋后的树木、房屋后的庭院、门前的石狮子一对、假山一座等物"，其中是否包括在庭院中摆放的20盆名贵盆花？显然，概括性词语"等物"的外延不应包括20盆名贵盆花，因为它不是与特殊列举事物相类同的事物。

第五，数量和价格条款中，大写数字与小写数字并存，相互抵触，原则上应当确定大写数字的效力优先于小写数字。这主要是因为大写数字更为正规，较之于小写数字不易涂改，更充分地表达了当事人的真实意思。

2. 目的解释

目的解释是指通过探究合同的性质和目的，确定争议条款的含义。《民法典》第142条第1款规定："有相对人的意思表示的解释，应当按照所使用的词句，结合相关条款、行为的性质和目的……"这就要求结合合同的目的确定当事人的真实意思。《合同编通则解释》第1条第1款要求解释合同条款时，要结合合同的性质和目的等因素确定争议条款的含义，这就确定了目的解释原则。按照私法自治原则，民事主体可以在法律规定范围内，为追求其目的而表达其意思，并通过双方的协议，产生、变更民事法律关系。当事人订立合同都要追求一定的目的，目的解释在合同解释中具有重要地位。① 合同订立的目的是当事人从事交易行为所希望达到的目的，合同本身也不过是当事人实现其目的的手段。因此，在解释合同时，应当考虑当事人的订约目的。一方面，要考虑当事人双方而不是当事人一方的目的进行解释，即考虑当事人在合同订立时的合同目的。如果难以确定双方当事人的缔约目的，则应当从一方当事人表现于外部的并能够为对方所合理理解的目的来解释合同条款。② 另一方面，当事人使用的多个文本的含义不一致时，应当根据当事人订立合同的目的解释合同。如果当事人在有关合同文本中所使用的用语的含义各不相同，应当根据合同的目的进行解释。例如，当事人双方共同投资兴办一家外商投资企业，在合资合同和章程中明确规定双方共同出资，但在当事人内部的一份合同中，规定双方为借贷关系，两份合同规定的内容不同，但从当事人双方缔约的真实目的在于共同出资兴办合资企业考虑，应当宣告此借贷合同无效。

当然，在当事人双方具有不同的合同目的时，则不能完全按照一方当事人的合同目的进行解释，而应当按照一般人对合同目的的通常理解来进行目的解释。例如，在"枣庄矿业（集团）有限公司柴里煤矿与华夏银行股份有限公司青岛分行、青岛保税区华东国际贸易有限公司联营合同纠纷案"中，最高人民法院认为，在通过目的解释的方法明确合同条款的内容时，并非只按一方当事人期待实现的合同目的进行解释，而应按照与合同无利害关系的理性第三人通常理解的当事人共同的合同目的进行解释。③

3. 习惯解释

所谓习惯，是指当事人所知悉或实践的生活和交易习惯。合同乃是一种交易，所以在解释合同的时候通常根据交易习惯来解释当事人的意思。依照《民法典》第142条第1

---

① See Farnsworth, *Contracts*, second edition, Little, Brown and Company, 1990, p. 513.

② 参见张广兴等：《合同法总则》（下），246页，北京，法律出版社，1999。

③ 参见最高人民法院（2009）民提字第137号民事判决书。

款和《合同编通则解释》第1条第1款的规定，解释合同应当依据交易习惯进行，这就确立了习惯解释的原则。习惯包括生活习惯和交易习惯两大类。由于合同本质上是一种交易，因而，如果当事人就合同条款发生争议，则通常应当按照习惯解释合同条款。例如，双方订立一份租赁合同，乙方承租甲方1 000平方米的房屋，但该房屋究竟是以建筑面积还是使用面积计算，双方发生了争议，乙方提出当地的习惯都是按照使用面积来计算租赁房屋的面积。所以，在解释面积条款时，可以以交易习惯作为解释的依据。就交易习惯而言，其包括了系列交易习惯、为当事人缔约时已知和应知的地域习惯和行业习惯。各种习惯的存在以及内容应当由相关当事人举证证明，在当事人未举证证明交易习惯的情况下，法官也可以根据自己对交易习惯的理解选择某种习惯来解释合同条款。例如，在"国泰君安证券股份有限公司郑州花园路证券营业部与中国信达资产管理公司郑州市办事处借款担保合同纠纷上诉案"中，最高人民法院认为，应当考虑交易习惯，对承诺鉴证书的法律性质作出判断。通过考察交易习惯，在通常情况下，如果证券营业部为了获取高额回报，违法为客户融资融券，也要与客户有事先的细节商议。但本案缺乏证据证明当事人双方之间有过关于融资融券的意思表示。因此，本案中的承诺鉴证书的性质应当确定为监管性质，花园路证券营业部不承担保证责任。①

所谓习惯，是指当事人所知悉或实践的生活和交易习惯。合同乃是一种交易，所以在解释合同的时候通常根据交易习惯来解释当事人的意思。《民法典》第142条第1款规定，"有相对人的意思表示的解释，应当按照所使用的词句，结合相关条款、行为的性质和目的、习惯以及诚信原则"。因此，解释合同应当依据交易习惯进行解释，这就确立了习惯解释的规则。习惯包括生活习惯和交易习惯两大类。依据《合同编通则解释》第2条第1款的规定，交易习惯是指不违反法律和公序良俗的交易中的惯常做法以及地区习惯和行业习惯。交易习惯是解释合同、填补漏洞的重要依据，尤其是在长期的、继续性的交易中，交易习惯有利于澄清条款文意，明晰合同中不明确、不清晰的内容，从而准确界定当事人的权利义务关系。在对合同进行解释时，需要考虑相对人的信赖利益保护，而不能完全根据表意人的内心真意进行解释，而依据交易习惯解释合同，体现了解释的客观化。将交易习惯作为解释合同的依据，也有利于保护当事人的合理信赖，如果表意人在作出意思表示时出现错误，并使相对人基于该错误的意思表示而作出了相关的意思表示，此时，应当承认相对人实际所理解的意义是有效的。② 例如，双方订立一份租赁合同，乙方承租甲方1 000平方米的房屋，但该房屋究竟是以建筑面积还是使用面积计算，双方发生了争议，乙方提出当地的习惯都是按照使用面积来计算租赁房屋的面积。所以，在解释面积条款时，可以以交易习惯作为解释的依据。

依据《合同编通则解释》第2条第1款，交易习惯包括三种类型：一是系列交易习惯，即当事人在过去以往的系列交易中形成的惯常做法。二是地区习惯，即在交易当地为交易双方所知道或者应当知道的交易习惯。三是行业习惯，即在某一领域、某一行业通常采用并为交易对方订立合同时所知道或者应当知道的做法。如果系列交易习惯与地

① 参见最高人民法院（2008）民二终字第44号民事判决书。

② 参见［德］卡尔·拉伦茨：《德国民法通论》，上册，王晓晔等译，453～455页，北京，法律出版社，2003。

区习惯和行业习惯发生冲突，由于系列交易习惯的作用范围更窄，更具有针对性，也更接近当事人的合意，因此，其应当优先于其他两种习惯。依据《合同编通则解释》第2条第1款，在依据地区习惯或者行业习惯解释合同时，当事人应当证明该习惯也为对方当事人知道或者应当知道。此外，《合同编通则解释》第2条第2款规定："对于交易习惯，由提出主张的当事人一方承担举证责任。"因为交易习惯本质上是一种事实，应当由主张交易习惯的一方当事人举证证明，法官并没有主动依职权查明交易习惯的义务。

4. 依诚实信用原则进行解释

解释合同应依据诚信原则。从现代民法的发展趋势来看，诚信原则在合同解释中的作用日益重要，诚信原则也因此被称为"解释法"。依据《民法典》第142条第1款的规定，"有相对人的意思表示的解释，应当按照所使用的词句，结合相关条款、行为的性质和目的、习惯以及诚信原则"进行。《合同编通则解释》第1条第1款也要求依据诚信原则解释，这实际上是将商业道德和公共道德运用到合同解释之中，以公平解释合同的内容，并填补合同的漏洞。换言之，在采用此种方法进行解释时，法官应当将自己作为一个诚实守信的当事人来判断、理解合同内容和条款的含义，即如果当事人在合同中对相关事项约定不明，则应当按照一个诚实守信的人所应当作出的理智选择进行解释。法官在依据诚信原则解释合同时，需要平衡当事人双方的利益，公平合理地确定合同内容。

依据诚信原则解释合同，应当遵循如下规则：第一，当事人对合同的履行时间、地点等约定不明确的，应当作有利于债务履行的解释。例如，合同约定在6月1日交货，但究竟是在白天交货还是夜间交货并不明确，法官可以直接根据诚信原则确定交货时间应为白天而非夜间。第二，从诚信原则出发，应当认定当事人有相互协作、忠诚等义务，并尽可能按照诚信原则来理解合同条款。第三，诚信原则还可以用来填补合同漏洞。也就是说，在当事人未就相关事项作出约定或者约定不明即存在合同漏洞时，法官要考虑一个合理的诚实守信的商人，在此情况下应当如何作出履行，或者说应当如何作出意思表示，以此来填补合同的漏洞。当然，由于诚信原则较为抽象，我国《民法典》第466条第2款在确立合同解释的规则时，将诚信原则放在最后，表明了立法者认为，诚信原则只能是在其他规则不能适用时，才能加以运用。因此，通常只能在通过文义、体系、目的、习惯等解释方法难以解释时，才能运用此种解释方法。①

（三）尽量作有效解释

《合同编通则解释》第1条第3款确立了有效解释的解释规则，依据该规定，如果对合同条款有两种以上解释，部分解释可能影响该条款的效力，则"应当选择有利于该条款有效的解释"。之所以要选择有利于合同条款有效的解释方案，主要是因为，一方面，此种解释符合合同法鼓励交易基本理念，鼓励交易作为合同法的基本理念，是各国普遍认可的规则。另一方面，此种解释也更符合当事人的订约意图。因为当事人订立合同的目的在于达成交易，而并非消灭交易，尽量作有效解释，可以避免司法裁判对合同自由

① 参见黄薇主编：《中华人民共和国民法典总则编释义》，374页。

进行过度干预。①

（四）无偿合同中作有利于债务人的解释

《合同编通则解释》第 1 条第 3 款确立了无偿合同中作有利于债务人解释的解释规则。对无偿合同而言，在解释合同内容时，如果对合同文义的解释存在两种以上的合理解释，则应当选择对债务人负担较轻的解释方案，因为在无偿合同中，债务人的负担较轻，而在有偿合同中，债务人的负担相对较重，采取有利于债务人的解释方案，对债权人也并无不利，这既是市场交易中等价有偿原则的体现，也符合权利义务相一致原则。

三、针对采用两种以上文字订立的合同的解释

《民法典》第 466 条第 2 款规定，合同文本采用两种以上文字订立并约定具有同等效力的，对各文本使用的词句推定具有相同含义。各文本使用的词句不一致的，应当根据合同的性质、目的以及诚信原则等予以解释。本条第 1 款主要涉及同一文本中具体条款的解释，第 2 款则是针对多个不同文本且使用词句不一致时的解释。本条第 2 款规定了合同文本以两种以上文字订立，且合同文本使用词句不一致情形下的合同解释问题，这与第 1 款所针对的情形不同。例如，双方分别用中英文两种语言签订了买卖合同，在中文合同中约定出现争议交由北京仲裁委进行仲裁，英文文本中则约定为提交仲裁机构进行仲裁。此时就出现了两种以上文本词句不一致的情况。

（一）对各文本使用的词句推定具有相同含义

当事人使用了多种语言表达同一意思表示，即使当事人没有特别约定各意思表示文本之间的关系，也可以推定各个文本所使用的词句具有相同的含义。根据本条第 2 款的规定，合同文本采用两种以上文字订立并约定具有同等效力的，对各文本使用的词句推定具有相同含义。例如，甲乙双方在订立合同时使用了中英文两种文字，英文的翻译与中文的用语不一致，如果合同中明确规定两个文本具有同等的含义，便不应认为双方订立了两份合同，而应当考察，哪一个文本是另一个文本的翻译本，则翻译的文本应当根据基础文本确定其应有的含义。本款主要具有以下方面的意义。

一是肯定两种以上文字的合同可以在当事人之间成立合同关系。在合同文本有两种以上语言时，当事人双方可以约定以一种语言为准，但是如果双方当事人约定两种语言的文本具有相同效力，也应当认可当事人约定的效力。

二是便于解释具有两种以上文字且效力相同的合同文本。在具有两种以上文字的合同文本的情况下，由于合同使用了两种以上语言，只有推定各种语言的文本所用的词句具有相同的含义，才能有效减少合同争议，便于展开合同的解释。

三是明确举证责任的分担。本款对于两种不同语言的文本中的词句采用了“推定”

---

① 参见最高人民法院民事审判第二庭、研究室编著：《最高人民法院民法典合同编通则司法解释理解与适用》，49 页。

具有相同含义的表述。这一推定实际上是对证明责任分配的规定，即主张两种文本使用的词句具有不同含义的一方承担证明词句含义不同的证明责任，主张词句含义相同的一方不承担此种责任。

四是明确不同文本的词句含义不一致时的解释方法。在能够举证证明多种文字文本的含义不一致时，就会出现多种可能的解释方案，同时，由于当事人约定各文本具有相同的效力，因此无法确定何种文本优先，只能通过解释确认合同内容。此时，就需要根据合同的性质、目的以及诚信原则，展开合同解释，最终确定合同的内容。

（二）各文本使用的词句不一致的，应当根据合同的性质、目的以及诚信原则等予以解释

依据本款的规定，在出现这种情形时，应当根据合同的性质、目的以及诚信原则等予以解释。

一是根据合同的性质进行解释。合同性质主要是指合同类型，如买卖合同、租赁合同等，依据合同性质可以判断词句不一致时，哪一种是更符合当事人意思的解释。当然，如果是不同文本所使用词句不一致，合同性质是一样的，则不存在性质的差异问题。

二是根据合同目的进行解释。所谓根据合同目的进行解释，是指在文本出现不一致的情况下，结合合同目的确定词句的真实含义。解释合同应当首先判断当事人的目的。当事人订立合同都要追求一定的目的，目的解释在合同解释中具有重要地位。[①] 合同订立的目的是当事人从事交易行为所希望达到的目的，合同本身也不过是当事人实现其目的的手段。在这种方法中，解释者要探究当事人的目的。例如，在多个文字的原材料买卖的文本中对买卖的标的物使用了不一致的表述时，就可以结合当事人订约的目的是希望从事何种产品的生产，以确定当事人真实的购买意愿。

三是依据诚实信用原则进行解释。诚实信用原则是合同法中一项极为重要的原则。这就是说，如果当事人在合同中缺乏规定或者条款本身不明确，则应当按照一个诚实守信的人所应当作出的理智的选择进行解释。也就是说法官要考虑一个合理的诚实守信的交易者，在此情况下应当如何作出履行，或者说应当如何作出意思表示，以此来填补合同的漏洞。

四是结合合同的其他条款进行整体解释，也可以结合交易当事人的订约背景、相关资料以及交易习惯等。例如，关于仲裁机构的选择出现争议，就可以参看以往双方的合同中选择了何种争议解决方式，从而确定当事人的真实意图。

如果合同是由信笺、电报甚至备忘录等构成的，在确定某一条款的意思构成时，应当将这些材料作为一个整体进行解释。例如，当事人在合同中约定，备忘录和附件作为合同组成部分，当事人在附件中都已经签名，在备忘录中只有一方签名，而另一方没有签名，在发生争议以后，未签名的一方提出，其不同意备忘录的内容，已经签名的一方则认为对方实际上已经接受备忘录的条件。本书认为，既然当事人在合同中已经约定备忘录和附件作为合同组成部分，那么，无论当事人是否在备忘录上签名，都可以认为备

① See Farnsworth, *Contracts*, second edition, Little, Brown and Company, 1990, p. 513.

忘录已经成为合同的内容，并对当事人产生了拘束力。整体解释要求合同解释不能局限于合同的字面含义，也不应当仅仅考虑合同的条款，更不能将合同的只言片语作为当事人的真实意图，断章取义。

当事人在订立合同时所使用的文字词句可能有所不当，未能将其真实意思表达清楚，或合同未能明确各自的权利义务关系，使合同难以正确履行，从而发生纠纷。此时，法院或仲裁机构主要应当依据诚实信用以外的其他规则，考虑各种因素（如合同的性质和目的、合同签订地的习惯等）以探求当事人的真实意思，正确地解释合同，从而准确地认定责任。尤其应当看到，依据诚实信用原则来解释合同过于抽象，容易被个别法官滥用。所以，本书认为，我国《民法典》第 466 条第 2 款在确立合同解释的规则时，将诚信原则放在最后，也表明了立法者的意图，即诚信原则只能是在其他规则不能适用时，才能加以运用。

第三节　合同解释与合同漏洞填补

合同漏洞是指当事人在合同中对于合同条款没有约定或者约定不明确的现象。具体来说，一是合同的内容存在遗漏，即对一些合同的条款，当事人在合同中并没有作出约定，如合同中缺少对质量条款的约定。二是合同条款的内容不明确，或者条款之间存在矛盾。一般来说，合同漏洞是当事人在订立合同时所不知道的，且在合同中没有规定填补漏洞的方法；如果在缔约时已经知道而故意不予规定，尤其是已经在合同中规定了填补漏洞的方法，则不能视为合同漏洞。依据《民法典》第 510 条，“合同生效后，当事人就质量、价款或者报酬、履行地点等内容没有约定或者约定不明确的，可以协议补充；不能达成补充协议的，按照合同相关条款或者交易习惯确定”。这就确立了合同漏洞填补的一般规则。《民法典》第 511 条也规定了填补合同漏洞的各项法定标准，有学者将其称为“补充合同的一般原则”①。这些规则主要是用来填补合同漏洞的，因而也可以称为漏洞填补的规则。

由于合同漏洞填补的规则也针对合同条款内容约定不明确、不清晰的情形，因此，法律上涉及合同漏洞填补与合同解释规则之间的关系问题。在合同条款内容出现不清晰、不明确时，究竟是应当首先适用《民法典》第 510 条、第 511 条关于合同漏洞填补的规则，还是应当首先适用《民法典》第 142 条第 1 款所规定的合同解释规则？王泽鉴先生指出：“任意规定系立法者斟酌某类型契约的典型利益状态而设。一般言之，多符合当事人的利益，当事人对于契约未详订其内容，也多期待法律设有合理的规定，故有任意规定时，原则上应优先适用。无任意法规时，应依补充的契约解释方法，填补契约漏洞。”② 笔者赞同这一观点。在选择填补合同漏洞的方法时，首先应当适用任意性的规则，然后才能适用合同解释的方法。如果法律对合同漏洞的填补已经规定了特殊的方法

① 董灵：《合同的履行、变更、转让与终止》，266 页。

② 王泽鉴：《债法原理》，第 1 册，246 页，台北，自版，1999。

和程序，就应当首先采纳法律的特殊规定；只有在不能适用法律特殊规定的填补漏洞的方法的情况下，才能适用一般的合同解释的方法。例如，《民法典》第 510 条、第 511 条规定，填补漏洞时，首先由当事人继续通过其达成的补充协议来填补合同的漏洞，由当事人达成补充协议充分尊重了当事人的意思自治和合同自由，也完全符合合同的性质和内容。这些方法当然应当优先于一般的合同解释的方法。至于交易习惯，也因为与当事人的真实意思非常接近，所以也应当优先于一般的合同解释方法用于对合同漏洞的填补。至于法律关于填补漏洞的任意性规定，虽然不能优先于当事人的补充协议、交易习惯等而适用，但应当优先于一般的合同解释的方法而适用。其原因在于：

首先，法律关于填补漏洞的任意性规定是专门为合同漏洞的填补而设立的，具有很强的针对性，而合同解释的方法在适用方面极为广泛，它不仅可以用于合同漏洞的填补，而且可以用于对合同是否成立、合同是否生效等问题的判断。

其次，法律关于填补漏洞的任意性规定，在一定程度上体现了立法者的意思，同时也符合当事人的意愿。因为当事人通常就是期待法律设立任意性规定可以填补合同漏洞，这些填补漏洞的任意性规定从根本上也是符合当事人的利益的。合同解释的一般方法虽然也是由法律规定的，但是在适用过程中主要是由法官来认定和操作的，所以难免体现法官的主观意志。因此，针对合同漏洞的填补，应当优先适用法律的任意性规定；只有在适用任意性规范确实不符合当事人的利益时，才应针对该合同的特殊情况，作出补充的解释。①

还应当看到，从法律解释学上看，《民法典》第 142 条第 1 款规定的合同解释的方法不能优先于《民法典》第 510 条、第 511 条所规定的填补漏洞的任意性规则而适用，否则将会产生法解释学上所谓的“向一般条款的逃避”现象，此种现象是指“关于某一案例，法律本有具体规定，而适用该具体规定与适用诚实信用原则，均能获得同一结论时，不适用该具体规定而适用诚实信用原则。此种现象应予禁止”②。如果能够适用《民法典》第 510 条、第 511 条规定而不适用，却直接按照合同解释的规则，采取诚实信用原则解释合同，不仅将使法官享有过度的解释合同和填补漏洞的权限，有可能造成解释者的恣意现象，也会造成“同案不同判、同法不同解”的现象。因此，解释合同也应遵循民法典合同编关于合同解释的相关规定。

思考题

1. 合同解释的目的是什么？
2. 如何理解填补合同的漏洞与合同解释的关系？
3. 试述合同解释的原则。

---

① 参见王泽鉴：《债法原理》，第 1 册，247 页。

② 梁慧星：《诚实信用原则与漏洞补充》，载梁慧星主编：《民商法论丛》，第 2 卷，71 页，北京，法律出版社，1994。

PART THREE

3

| 第三编 |

分 论

第十二章
买卖合同

案例

甲为某机器设备生产企业，乙为某玻璃生产企业，乙向甲购买一台玻璃生产设备。双方约定，买受人乙应当在受领设备后4个月内就生产设备质量是否合格，向甲作出通报。乙在受领设备后的第五个月，就该设备质量不合格向甲提出异议，并请求甲承担违约责任，而甲主张，乙的通知已经超出了约定的通知期限，无权请求其承担违约责任。甲的主张能否成立？

简要评析：在买卖合同中，依据《民法典》第620条的规定，在受领标的物后，买受人应在约定的检验期限内对标的物进行检验。如果买受人发现标的物质量或者数量不合格，依据《民法典》第621条的规定，买受人应当在约定的期限内通知出卖人，如果买受人怠于通知，则视为标的物的质量或者数量符合约定标准。在该案中，双方约定，买受人乙应当在受领设备后4个月内就生产设备质量是否合格，向甲作出通报。该期限实际上是检验期限。买受人乙未在该期限内就机器设备不合格对甲作出通知，依据《民法典》第621条，视为该机器设备符合约定的质量标准，乙无权请求甲承担违约责任。

第一节　买卖合同概述

一、买卖合同的概念和特征

《民法典》第595条规定：“买卖合同是出卖人转移标的物的所有权于买受人，买受人支付价款的合同。”可见，买卖合同是出卖人转移标的物的所有权于买受人，买受人支付价款的合同。其中，出卖人是指按照约定交付标的物并转移标的物所有权的人，相应的，买受人是指支付价款并接受标的物所有权的人。买卖合同在合同法中居于十分重要的地位。各国合同法大多将买卖合同置于各有名合同之首，表明了买卖合同的重要性。

买卖合同的主要特点在于：

（1）移转标的物所有权。买卖合同的目的就是要移转标的物所有权，所以，出卖人仅仅交付标的物是不够的，还必须移转标的物的所有权。买卖作为一种典型的交易形式，是以一方移转标的物所有权、另一方支付价款为内容的，在这一点上，它与单纯移转使用权的合同（如租赁、借用）不同。

（2）标的物具有广泛性。在现代社会，市场经济的发展使交易的形式越来越多样。因此，买卖的形式也越来越丰富，买卖合同的标的物越来越具有广泛性。例如，未来之物的买卖、期货的买卖、各种财产权益的买卖，也都成为买卖的组成部分，从而使买卖的客体范围日益扩大。《民法典》对此也已经有所反映，依据《民法典》第600条的规定，计算机软件等标的物也可以成为买卖的客体。这就表明，无形的智力成果也可以成为买卖的对象。

（3）具有双务性。买卖合同是典型的双务合同：在买卖合同中，出卖人在移转标的物所有权时，享有受让对方支付的价款的权利；而买受人在负有支付合同价款的义务的同时，也享有取得标的物所有权的权利。这些义务是买卖双方所负有的主要义务，且买卖双方的主给付义务具有牵连性。正是因为买卖合同是典型的双务合同，所以有关双务合同的规则如同时履行抗辩、不安抗辩、先履行抗辩等规则也适用于买卖合同。①

（4）具有有偿性、诺成性、不要式性。买卖合同是有偿合同，在买卖合同中，出卖人的主给付义务是移转标的物所有权给买受人，这与买受人交付价金的义务形成对价关系。当然，标的物的价值与价金是否完全等价，由当事人自行决定，除非涉及意思表示不自由，法律一般不作干涉。买卖合同是典型的诺成合同，除了法律另有规定或者当事人另有约定，双方当事人意思表示达成一致，买卖合同即宣告成立，而并不需要将交付标的物作为合同的成立要件。买卖合同是不要式合同，其订立可以采取口头或者书面形式，但是对于一些特殊的买卖，如不动产的买卖，法律通常要求采用书

---

① 参见吴志忠：《买卖合同法研究》，11页，武汉，武汉大学出版社，2007。

面形式。

(5) 具有基础性。由于买卖合同是商品交易最典型的法律形式，它最充分地反映了等价有偿的原则，自古以来也是移转财产权利的最基本的交易形式，最典型地体现了市场交易的法律规则，因而买卖合同具有典型性和基础性的特点。因此，《民法典》第646条规定：“法律对其他有偿合同有规定的，依照其规定；没有规定的，参照适用买卖合同的有关规定。”所谓“参照”，就是可以准用买卖合同的相关规则调整其他有偿合同，如承揽、租赁、仓储合同等。从此种意义上来讲，买卖合同的规则在整个民法典合同编典型合同中可以起到拾遗补阙的作用。

二、买卖合同与相关合同的区别

(一) 买卖合同与有关财产权转让合同的区别

有关财产权的转让，主要是指除所有权以外的其他财产权利的转让。权利转让主要有如下几种：一是债权的转让。民法典合同编将其作为合同的转让规定在第一分编第六章之中，而不是将其规定在买卖合同之中。二是知识产权的转让。我国民法典合同编并没有对知识产权的转让作整体性的专章规定，有关知识产权的转让问题主要由知识产权法作出规定。三是在例外情况下人身权的转让。依据《民法典》第1013条的规定，法人的名称权可以依法转让。四是有价证券的转让，如票据、股票、债券、提单等的转让。凡是法律不禁止转让的非专属性的权利，权利人可以通过转让、抵押等方式进行法律上的处分。由于和买卖一样，权利的转让本质上也是商品交易的形式，所以，《民法典》第646条规定：“法律对其他有偿合同有规定的，依照其规定；没有规定的，参照适用买卖合同的有关规定。”依据该条规定，财产权转让可以参照适用买卖合同的规定，但二者属于不同的合同关系，主要区别表现在：

首先，适用的法律不同。买卖合同主要受到民法典合同编的调整，依据我国《民法典》第595条的规定，买卖合同是“转移标的物的所有权”的合同，因此民法典合同编原则上不调整权利转让。而权利的转让主要受到相关权利所属的法律所调整，如民法典物权编、知识产权法等。

其次，客体不同。权利转让合同的客体是权利，其属于无形财产。买卖合同则以有体物为客体，既包括动产也包括不动产。例如，房屋买卖合同与建设用地使用权的转让合同相比，前者就是物的买卖（房屋），而后者是权利的转让。

再次，移转方式不同。物的移转通常需要交付或者登记，而权利的转让原则上来说并没有交付的必要，当然在很多权利的移转过程中，交付权利的凭证和相关权利的登记也是必要的环节，但是权利凭证并不是权利本身。

最后，是否具有期限限制方面不同。买卖合同是移转物的所有权的合同，而物的所有权原则上是无期限的权利，所以，买卖合同所涉及的所有权期限原则上是无限制的。而权利的转让可能涉及期限的限制问题，因为有些权利是有期限的。例如，权利人甲享有一项期限为70年的建设用地使用权，其可以将其中一部分年限例如20年的使用权转移给乙；20年期限届满，则乙的权利消灭，该土地使用权继续由甲享有。①

（二）买卖合同与互易合同

互易是一种古老的交易。在货币出现以前，人们之间的交易都是采取物物交换的方式进行，也就是所谓的互易方式。② 比较法上，各国立法大都承认互易合同；在我国实践中，仍然大量存在以货易货的交易，尤其是在边贸市场上，大多都是采用互易的方式进行。互易合同，又称为以货易货的合同，它是双方当事人以金钱以外的财产进行相互交换而达成的合同。任何一方都要向对方交付货物，并接受对方的货物，但不需要向对方支付价款。互易有助于实现交易的便捷，弥补资金持有的不足，正是因为这些优点，其在现代市场经济社会中仍然发挥着重要的作用。《民法典》第647条规定："当事人约定易货交易，转移标的物的所有权的，参照适用买卖合同的有关规定。"该条对互易合同作出了明确规定。

互易具有如下法律特征。

（1）转移财产权。当事人从事互易的交易，不是为了仅仅取得对标的物的使用权，而是为了取得标的物的占有和所有权。在这一点上，互易不同于借用、租赁合同，而与买卖相同。因此，如果当事人之间互易的目的仅仅是占有对方的标的物并临时使用，则可能构成借用，而不构成互易。

（2）不需支付价款。互易是以物易物的合同，其不同于买卖，也不是特种买卖。两者最大区别在于买卖是一手交钱一手交货，但互易不存在价款的支付问题。在买卖中，要以货币为中介，而在互易中，并不以货币为中介。但是在互易的交易中，双方都是交付实物，所以也不存在明确的买方和卖方的区别。

（3）具有双务、有偿性。互易是一种双务合同，因为双方当事人都负有给付义务，即交付特定物的义务。关于互易是否属于有偿合同，学界存在不同看法。有人认为有偿就意味着要支付合同价金，即一定数额的货币。但是在互易中，并不需要支付货币，所以互易属于无偿合同。本书认为，对于有偿或无偿的理解，不能仅限于是否支付货币，而是要看合同双方当事人是否需承担一定的对待性的给付义务。由于在互易中，一方在接受对方的物时，应当要交付自己的物，这实际上就形成了对待给付关系。

（4）具有诺成和不要式性。互易合同自当事人双方达成合意时起就可以成立，不以物的交付为成立要件。此外，互易合同的订立也不必采取特定的形式（如书面形式等），只要当事人之间达成合意，无论采取口头还是书面形式，都可以认定合同成立。

（5）当事人双方的权利义务内容具有类似性。在互易合同中，当事人兼具类似于出卖人和买受人的地位。互易各方享有相似的权利和义务，例如，都负有交付标的物的义务或接受对方提供的标的物的义务等。在这一点上，其与权利义务具有相对性的合同是不同的。

---

① 有学者认为，此种做法并非建设用地使用权的转让，而是设定次级建设用地使用权，从而满足第三人对其占有的地块短期或者一定范围的利用要求，实现物尽其用。参见尹飞：《物权法·用益物权》，227页，北京，中国法制出版社，2005。

② 参见于光远、苏星主编：《政治经济学》，上册，46页，北京，人民出版社，1977。

互易合同与买卖合同也具有相似之处，二者都要以物进行交换，同时，都要移转标的物的所有权，二者在交易内容、交易方式以及合同履行等方面存在相似性。此外，实际生活中存在附补足金的互易交易，即互易人相互交换货物之后，如果在价值上存在差异，则差额方应以金钱补足，其在性质上实为互易与买卖的混合合同，补足金义务的履行应当按买卖合同进行。例如，双方相互以各自的旧车进行交换，在确定了各自车辆的价金之后，如果存在价值差额，就可以协商补足差额。① 正是因为这些相似性，《民法典》第647条规定："当事人约定易货交易，转移标的物的所有权的，参照适用买卖合同的有关规定。"

所以，在我国民法典合同编中，并没有将互易作为一种独立的有名合同加以规定，而主要参照适用买卖合同的相关规则。但应当看到，互易与买卖也存在一定的区别，主要表现为：

第一，是否支付价款不同。买卖合同是买卖标的物与价金的交换，买受人需向出卖人支付价金；而互易合同是标的物的交换，无须价金的支付。可以说，互易与买卖的区别点就在于是否以货币作为交换媒介进行交易。② 正是因为这一原因，所以，买卖合同有关支付价款的规则是不能适用于互易合同的。

第二，当事人不同。互易人包括自然人、法人、非法人组织，互易合同的当事人可以是双方，也可以是三方以上的当事人，如三角互换。而在买卖合同中，其主体虽然也是自然人、法人和非法人组织，但其只限于双方当事人，即买方和卖方。

第三，在违约情形下，互易与买卖的责任形式不同。在互易的情况下，一方不履行合同时，另一方有权主张其返还标的物。但是在买卖合同中，一方违约时，另一方可以采取多种补救措施，但通常不能主张返还标的物。

三、买卖合同的分类

（一）一般买卖合同与特种买卖合同

依据标的物或者交易方式的不同，可以将买卖合同分为一般买卖合同和特种买卖合同。一般买卖合同是指没有特殊要件要求的买卖合同，而特种买卖合同是指特殊形态的买卖合同，即具有特殊要件的买卖合同。在我国民法典合同编买卖合同中，既规定了一般买卖，也规定了特种买卖，包括所有权保留买卖、分期付款买卖、凭样品买卖、试用买卖、招标投标买卖、拍卖等。

一般买卖合同与特种买卖合同的区别在于：一方面，一般买卖作为通常的买卖形式，其符合买卖的一般规则。法律上对于一般买卖的程序没有特殊的规定，应当适用民法典合同编通则中关于合同订立的一般规则。而特殊买卖是一般买卖的特别形式，在订立方式、履行方式、担保规则等方面，法律有特别的规定。另一方面，特种买卖属于随着经济和社会发展而产生的特殊交易形态，而一般买卖是交易的传统形态。对特种买卖而言，

① 参见黄立：《民法债编各论》，上册，150页，北京，中国政法大学出版社，2003。

② 参见嬴尧舜：《互易的几个法律问题探析》，载《理论与实践》，2002（6）。

在法律有特别规定的情况下，要从其规定，但对法律没有特别规定的部分，应当适用一般买卖的内容。此外，两者在适用的法律方面也存在一定区别。一般买卖应当适用民法典合同编的规定，而特种买卖还要适用特别法的规定，例如，拍卖要适用《拍卖法》的规定，招标投标买卖适用《招标投标法》的规定。

（二）动产买卖合同和不动产买卖合同

这是根据买卖合同的标的物是动产还是不动产所作的区分。两者的主要区别表现在：第一，转让的标的不同。动产是可以移动，或者移动不影响其价值的物。不动产是动产以外的其他财产。第二，移转所有权的方式不同。动产买卖通常适用交付移转所有权的规则，而不动产买卖通常以登记作为所有权移转的要件。当然，针对特殊的动产（如机动车、船舶），依据《民法典》第225条的规定，实行登记对抗主义，即船舶、航空器和机动车等物权的设立、变更、转让和消灭，未经登记，不得对抗善意第三人。第三，合同的形式要件不同。动产买卖合同一般都没有形式要件的要求，要式或不要式均可。而不动产买卖合同因标的物价值较大，为避免日后的纠纷，法律一般都要求其采用书面的形式，因此属于要式合同。

（三）国内货物买卖合同和国际货物买卖合同

这是根据买卖合同的当事人、标的物的所有权是否在不同国家之间转移等的不同所作的分类。两者的主要区别在于：第一，是否具有涉外因素。在国内货物买卖中，原则上不具有涉外因素。而在国际货物买卖中，其必然包含了涉外因素，这也决定了其在法律适用等方面存在差异。第二，适用的法律依据不同。就法律适用而言，国际货物买卖一般都允许当事人约定所应适用的法律，此种法律可以是外国法，也可以是内国法。在当事人没有约定的情况下，根据我国《涉外民事关系法律适用法》第41条的规定，应适用履行义务最能体现该合同特征的一方当事人经常居住地法或其他与该合同有最密切联系的法律。而国内货物买卖一般只适用国内法。第三，时效期限不同。考虑到国际货物买卖的特殊性，法律上规定了特殊的诉讼时效期间。《民法典》第594条规定："因国际货物买卖合同和技术进出口合同争议提起诉讼或者申请仲裁的时效期间为四年。"而国内货物买卖应当适用诉讼时效期间的一般规定，即《民法典》第188条所规定的3年的诉讼时效期间。

（四）消费买卖合同和经营买卖合同

根据买卖合同的主体不同，可以将买卖合同区分为消费买卖合同和经营买卖合同。消费买卖合同是指交易的一方为消费者而另一方是经营者的买卖合同。而经营买卖合同是指在专业的经营者之间发生的买卖合同。现代市场经济社会，为了强化对消费者的保护，明确区分了这两种不同形式的买卖，适用不同的规则，以突出对消费者的保护，维护社会的公平。虽然我国民法典合同编中没有特别规定"消费者"的概念，但是许多条款的设计都倾向于对消费者的保护，如对格式条款的限制、强制缔约等规则。

这两种买卖合同形式的主要区别在：第一，主体不同。在消费买卖中，买受人一方特定为消费者，而出卖人一方特定为专业经营者，其属于传统意义上的商人。由于受信息不对称等因素的影响，消费者相对于经营者属于弱者。在法律上，往往从消费者保护的角度，对消费买卖作出特殊的规定。第二，质量担保责任不同。在消费买卖中，作为出卖人的经营者，承担着特殊的质量瑕疵担保责任，如《消费者权益保护法》中规定的经营者提供的商品或服务质量存在欺诈的，消费者可以要求经营者承担多支付3倍价款或者服务费的惩罚性赔偿责任的规则只是在消费买卖合同中特别存在的。而经营买卖的合同主体都是经营者，应适用民法典合同编的一般规则确定出卖人承担的质量担保责任。第三，信息披露义务不同。由于消费买卖中主体地位不平等，为了维护交易的公平，法律规定消费买卖中的经营者要完全披露商品的有关信息，如果由于披露不完全造成了消费者的损害，经营者要承担相应的责任；而在经营买卖中，由于双方都是专业经营者，出卖人所负担的披露义务相对较轻，买受人也负有一定的查明货物质量的义务。

（五）现货买卖合同与期货买卖合同

这是以在订立合同时标的物是否已经实际存在为标准所作的分类。所谓现货，是指双方达成买卖合同时，合同的标的物已经存在。[①] 所谓期货，是指双方买卖合同签订时，合同的标的物尚不存在，但是按照合理的预期可以出现。期货合约是买卖双方根据公认的交易规则，在规定的地点和时间，就特定商品项目，按照规定的数量和质量交货和提货而达成的协议。[②] 在民法典合同编中，并没有对期货买卖合同作出特别规定，期货买卖合同将在未来的期货法中作出规定。

两种合同的区别主要表现在，第一，交易的对象不同。期货买卖合同交易的对象是期货合约。期货交易不是移转标的物所有权，而是移转合约。而现货买卖合同交易的对象是实物，包括现有之物和未来之物。第二，是否移转标的物所有权不同。现货买卖合同需要移转标的物所有权。而期货买卖合同移转的是期货合约。第三，缔约目的不同。现货买卖合同的缔约目的是通过移转交付而取得对标的物的所有权。期货交易合同的目的不以实物交收为主，而是以锁定价格风险并获取投机利润为主。第四，履行方式不同。现货买卖合同的履行方式为标的物的交付。而期货交易合同的履行方式为实物交割和对冲平仓两种。第五，价格不同。现货买卖合同的价格由双方当事人进行单独磋商确定。而期货交易合同的价格采取在期货交易所内集中竞价的方式确定。

第二节 买卖合同的主要条款

一、买卖合同的主要条款概述

所谓买卖合同的主要条款，是指买卖合同必须包含的条款。必须包含的条款，即买

① 参见徐炳：《买卖法》，13页。

② See Robert E. Fink and Robert B. Febuniak, *Futures Trading*, New Yor kInstitute of Finance Practice-Hall, 1988, p. 10.

卖合同的必要条款，缺少了必要条款，买卖合同就不能成立。在《民法典》颁布前，我国相关司法解释规定，当事人名称或者姓名、标的和数量是买卖合同的必要条款。① 但事实上，价款也应当是买卖合同重要的因素，如果合同没有约定价款或难以确定价款，则难以确定该合同是否属于买卖合同。因此，价款应当是买卖合同的必要条款。该条虽然是就所有合同应当包括的条款作出的规定，但其主要是就买卖合同而言的，并不适用于提供劳务的合同。据此，买卖合同的必要条款应当包括：当事人的姓名或名称、标的、价款、数量。只有在具备这几项必要条款后，买卖合同才能成立。

二、买卖合同一般包括的条款

我国《民法典》第 470 条和第 596 条就买卖合同的主要条款作出了规定，但是，这一列举显然是不完全的，还需要一些提示性的规定来引导当事人正确订约。依据《民法典》的上述规定，买卖合同的主要条款包括：

（1）当事人。买卖合同的当事人包括出卖人和买受人。就出卖人而言，应当是标的物的所有权人或有权处分的人。买卖合同必须包含双方当事人，因此，仅有一方当事人，无法成立买卖合同。原则上来说，出卖人都是物的所有人或对标的物享有处分权的人，例如，在企业破产的情形，管理人享有一定的权限，其中包括在一定条件下处分破产企业财产的权利。当然，当事人可以就未来财产的交易订立买卖合同，因此，出卖人并不当然需要对标的物享有所有权或者处分权。此外，依据《民法典》第 597 条的规定，即便出卖人对标的物不享有处分权，当事人所订立的合同效力不因此受到影响，当然，在合同履行中，如果出卖人无法按照约定将标的物所有权移转给买受人，则可能构成根本违约，此时，买受人有权依法解除合同，并请求出卖人承担违约责任。

（2）标的物。我国《民法典》关于买卖的规定原则上仅限于物的买卖，不包括权利的买卖，从《民法典》第 595 条的规定来看，买卖合同的标的物限于有体物。因为只有有体物才能实际交付，并移转所有权。所谓有体物，是指具有一定的物质形体，能够为人们所感知的物。有体物一般分为动产和不动产，但其包含的范围非常宽泛，凡是具有一定价值的财产，都可以作为买卖的标的物。作为买卖合同标的物的有体物范围是十分宽泛的，它既可以是现有的物，也可以是将来之物。将来之物虽然在合同订立时尚未产生，因而无从确定出卖人是否对其享有所有权或处分权，不过，出卖人在合同履行期限届满时仍未能取得标的物所有权或者处分权，导致其不能移转标的物所有权的，应当承担违约责任。

（3）数量和质量。标的物的数量，是指当事人购买标的物的数目。数量通常要以一定的计量单位明确标识，例如，千克、吨、米等。当然，当事人也可以依据一定的交易习惯，采用行业公认的计量单位（如车皮）来计算。数量可以事先确定，也可以留待将来确定，但是，通常来说，将来确定具体的数量的条款应当在合同中有明确约定。标的

---

① 《合同编通则解释》第 3 条第 1 款规定："当事人对合同是否成立存在争议，人民法院能够确定当事人姓名或者名称、标的和数量的，一般应当认定合同成立。但是，法律另有规定或者当事人另有约定的除外。"

物的质量也是买卖合同中的重要条款。为了准确地确定标的物的质量，当事人应当就标的物的品种、规格、品质、等级、型号、级别等作出明确约定。① 当法律对标的物的质量有强制性要求时，当事人所约定的质量标准不得低于法律规定的质量标准。例如，关于食品、药品等，法律都规定了强制质量标准，当事人应当遵循这些质量标准。

(4) 价款及支付方式。价款又称为价金，由于买卖作为商品交易的典型形式，其必然以有偿性为特点，所以买卖中必须包括价款的约定。价款通常以一定的币种来确定，在我国订立的合同，通常应当以人民币作为计价标准。价款可以一次性支付，也可以分期支付，如果约定分期支付，当事人应当明确约定。如果当事人没有约定分期支付，应推定为一次性支付。价款可以采取现金的方式支付，也可以采取支票等方式支付，但是，当事人约定的支付方式不应当违反国家关于现金管理的规定。

(5) 包装方式。包装方式是买卖合同中的重要条款，其通常会对标的物的质量产生影响。例如，出卖人所交付的货物容易受潮，如果不对货物采用合适的方式进行包装，将可能会导致货物受潮而发霉、变质等。此外，在出卖人需要将货物交由承运人进行运输时，根据货物的性质（如易燃、易爆等物品）而采取合适的包装方式也可以避免货物在运输途中的毁损、灭失等。《民法典》第 619 条规定："出卖人应当按照约定的包装方式交付标的物。对包装方式没有约定或者约定不明确，依据本法第五百一十条的规定仍不能确定的，应当按照通用的方式包装；没有通用方式的，应当采取足以保护标的物且有利于节约资源、保护生态环境的包装方式。"该条不仅对包装的一般标准作出了规定，而且要求在没有通用方式的情形下，应当采取"足以保护标的物且有利于节约资源、保护生态环境的包装方式"，这实际上具体落实了《民法典》规定的绿色原则，防止因过度包装造成的财产损失和浪费。

(6) 检验标准和方法。检验标准和方法，是指标的物在交付时采取何种标准和方法进行验收。检验标准包括国家标准、行业标准以及当事人约定的标准等。检验方法是指依据检验标准采用何种方法对标的物进行验收。例如，双方订立购买煤炭的合同，是采取过磅计量的方式，还是采取估堆的方式，或是以车皮来计算。再如，对质量的确认，是否以第三人的检验报告为准，或直接根据国家标准和行业标准确定，这些都需要在合同中加以明确。我国民法典合同编对检验方法和检验标准作出了具体、明确的规定。

(7) 结算方式。所谓结算方式，是指当事人在合同中就价款的清算所作的约定。对于即时买卖而言，当事人通常要即时结清。对于非即时买卖而言，当事人需要就价款的结算方式作出约定。例如，当事人可以约定在出卖人交付货物之后，买受人应及时支付价款，或约定分期或分批次对货物的价款进行结算。

(8) 合同使用的文字及其效力等条款。合同文本可能以多种语言表达。例如，当事人用中文和英文分别订立合同，两种文本的表述可能会存在差异。当事人应当在合同中约定，在发生争议时，以哪一种合同文本为准。再如，在不同民族的主体之间进行交易时，可能涉及是采用汉语订立合同还是采用少数民族的语言订立合同的问题。

总之，法律关于买卖合同条款的规定是引导性的，而不是强行性规定。当事人完全

① 参见魏耀荣等：《中华人民共和国合同法释论（分则）》，6 页，北京，中国法制出版社，2000。

可以根据具体情形来具体约定买卖合同的各项条款。但是，法律规定的买卖合同的必备条款（当事人的姓名或名称、标的、价款、数量）是不可缺少的，否则，买卖合同无法成立。

第三节　买卖合同的效力

一、出卖人的义务

（一）交付标的物的义务

在买卖合同中，出卖人的基本义务是移转标的物的所有权。买卖本质上就是“一方交钱，一方交货”的交易，因此，交付标的物和支付价款成为买卖合同的基本义务。依据《民法典》第595条的规定，出卖人的主合同义务包括交付标的物与移转标的物所有权。移转动产所有权是通过交付来完成的，但不动产所有权转移，必须要通过登记方能完成。总体而言，出卖人应当按照如下要求交付标的物：

1. 出卖人应当按照约定的期限交付标的物

在买卖合同中，出卖人应当按照约定的期限交付标的物，否则将构成履行迟延，应当承担相应的违约责任。《民法典》第601条规定：“出卖人应当按照约定的时间交付标的物。约定交付期限的，出卖人可以在该交付期限内的任何时间交付。”依据该条规定，如果合同约定了交货期限，应当按照合同约定的期限交货。例如，合同约定5月底前交货，在此之前，出卖人必须交付标的物。如果合同约定了交货的期间，出卖人应该在该期间交付。例如，合同约定在某个月内交付，那么在该月内的任何时间交付都是符合约定的。所以这一交付时间不是交货期限，而是交货期间。

《民法典》第602条规定：“当事人没有约定标的物的交付期限或者约定不明确的，适用本法第五百一十条、第五百一十一条第四项的规定。”如果当事人没有在买卖合同中约定交付期限，则应该由当事人事后就合同履行时间达成补充协议，不能达成补充协议的，应当根据合同有关条款或交易习惯来确定。例如，当事人双方订立了购买月饼的合同，虽然合同中没有就履行时间进行明确约定，但依据交易习惯，出卖人应当在中秋节之前交付标的物。如果按照上述规则仍不能确定交付期限，则出卖人可以随时要求履行交付义务，买受人也可以随时要求出卖人履行，但应当给对方必要的准备时间。

在学说上，一般区分赴偿之债、往取之债、送交之债。所谓赴偿之债，是指出卖人前往买受人的住所、营业场所以及约定的地点交付。所谓往取之债，是指买受人应当到出卖人的住所、营业场所以及约定的地点提取标的物。① 所谓送交之债，是指买受人请求出卖人将标的物送到特定的地点，或交给特定的人。这种分类在司法实践中对于判断交付的时间具有重要意义。但无论采取何种方式，基于诚信原则，当事人均应当及时通知对方，给对方预留足够的准备时间。

---

① 参见黄茂荣：《债法总论》，第2册，99页，北京，中国政法大学出版社，2003。

2. 出卖人应当在约定的地点交付标的物

关于出卖人交付标的物的地点，如果当事人有约定，则出卖人应当在约定的地点交付标的物。例如，合同约定在出卖人所在地交付，或者在货物存放地交付，则应当在约定的地点履行交付义务。但如果当事人之间没有约定明确的交付地点，依据《民法典》第 603 条的规定，应当按照如下规则确定：首先，要依据《民法典》第 603 条第 2 款第 2 项确定交付地点。这就是说，当事人在没有明确约定交付地点时，应当在事后达成补充协议。其次，不能达成补充协议的，也可以根据合同有关条款或交易习惯来确定。例如，当事人无法达成补充协议，但买卖合同中约定买受人自提货物的，依据该条款，可以确定交付地点是出卖人所在地；或者买卖合同中约定，在出卖人所在地结算，据此也可以认为，交付地点是出卖人所在地。最后，在不能依据《民法典》第 510 条的规定确定交付地点的情况下，《民法典》第 603 条确立了以下两项规则。

一是标的物需要运输的情形。标的物需要运输的，出卖人应当将标的物交付给第一承运人以运交给买受人。本书认为，所谓"出卖人应当将标的物交付给第一承运人以运交给买受人"，实际上是"以履行义务一方所在地为合同履行地"原则的体现。依据《民法典》第 511 条，合同没有约定合同履行地点，交付货物的，应当以履行义务一方所在地作为合同履行地。在货物需要运输的情况下，虽然以出卖人所在地为合同履行地，但基于诚信原则产生的协助义务，出卖人还是应当将货物运抵第一承运人处。所以，出卖人将货物交付给第一承运人，应当认定为"在履行义务一方所在地履行了交付义务"。但适用这一规则的前提是标的物需要运输，如果标的物不需要运输，如出卖人和买受人相距不远，无须交给承运人进行运输而实现交付，则不适用该规则。《买卖合同司法解释》第 8 条规定："民法典第六百零三条第二款第一项规定的'标的物需要运输的'，是指标的物由出卖人负责办理托运，承运人系独立于买卖合同当事人之外的运输业者的情形。标的物毁损、灭失的风险负担，按照民法典第六百零七条第二款的规定处理。"

二是标的物不需要运输的情形。当事人虽未约定标的物的交付地点，而标的物不需要运输的，依据《民法典》第 603 条，交付地点的确定应适用如下两项规则：其一，出卖人和买受人订立合同时知道标的物在某一地点的，出卖人应当在该地点交付标的物。这就是说，既然当事人在订立合同时都知道该标的物的所在地，而且该标的物又不需要运输，那么法律推定当事人对于标的物的交付地点存在默示的合意，当事人意欲在标的物所在地履行。因此，除非当事人有特别约定，否则当事人应当在标的物所在地履行交付义务。其二，不知道标的物在某一地点的，应当在出卖人订立合同时的营业地交付标的物。这就是说，订约时当事人对于标的物交付地点既没有明示约定，也没有默示的合意（如订立合同时知道标的物所在地），应遵循《民法典》第 511 条的规定，在履行义务一方所在地履行货物交付义务。具体而言，该"履行义务一方所在地"就是"出卖人订立合同时的营业地"。

还需要看到，给付货币等的交货地点具有特殊性。《民法典》第 511 条第 3 项规定："履行地点不明确，给付货币的，在接受货币一方所在地履行；交付不动产的，在不动产所在地履行；其他标的，在履行义务一方所在地履行。"该规定也确定了交货地点的规则，具体包括：第一，给付货币。履行地点不明确，给付货币的，在接受货币一方所在地地履行。如何理解“给付货币的，在接受货币一方所在地履行”？在买卖合同中，在通常情形中，接受货币的一方所在地是出卖人的营业地。法律作出此种规定的原因在于，在当事人没有特别约定的情况下，履行地是出卖人交付标的物所在地。因为买卖合同最基本的特征是交付标的物和移转所有权，所以应当依据出卖人交付标的物所在地确定履行地。第二，交付不动产，在不动产所在地履行。因为不动产都有明确的地址、面积、特征等，且价值较大，因此，在当事人约定不明的情形下，在不动产所在地交付，也有利于保护买受人的利益。第三，其他标的，在履行义务一方所在地履行。《民法典》第511条总括地规定，履行地点不明确时，“其他标的，在履行义务一方所在地履行”。交付其他标的物应“在履行义务一方所在地履行”，该条规定与《民法典》第603条并不完全一致，那么，在交付地点不明确的情况下，究竟应当优先适用第511条的规定还是第603条的规定来确定交付地点？本书认为，对于买卖合同中交付地点约定不明的情形，原则上应当按照特别法优先于普通法的规则，适用《民法典》第603条。如果《民法典》第603条没有规定，就适用《民法典》第511条。实际上，两个法条的内容也是相互衔接的，并不存在所谓的冲突和矛盾。

3. 出卖人交付标的物的方式必须符合法律规定和合同约定

就交付方式而言，现实交付是最为常见的交付方式，即出卖人将动产的占有现实地交由买受人占有，由买受人直接占有该动产。但法律有特别规定或者合同有特别约定的，也可以采取拟制交付的方式，拟制交付主要包括如下几种情形：

（1）简易交付，即出卖人在转让动产物权之前，买受人已通过委托、租赁、使用借贷等方式而实际占有了该动产，则从移转标的物所有权的合同生效之时起，视为交付。

（2）指示交付，即出卖人在转让动产物权时，如果该动产由第三人占有，出卖人可以将其对第三人的返还请求权转让给买受人，以代替物的实际交付。[①] 一般来说，在指示交付中，出让人转让的返还请求权应当是对特定的第三人的返还请求权，其适用前提是出让人知道占有其动产的人是何人，否则不能适用此种交付方式。

（3）占有改定，即在动产物权转让时，如果出卖人希望继续占有该动产，当事人双方可以订立合同，特别约定由出卖人继续占有该动产，而买受人因此取得对标的物的间接占有以代替标的物的实际交付。[②] 例如，甲将其房屋出卖给乙以后，乙并没有占有该房屋，双方又达成租赁合同，约定由甲继续承租并使用该房屋，此种情况就属于占有改定。

以上三种方式都可以由合同当事人采用，如果当事人就交付方式作出了约定，则应当认可其约定。如果当事人没有约定，当事人可以采取任何一种法定的交付方式。

需要指出的是，物权法上的交付与合同法上交付的概念并不完全等同，物权法上的交付是动产物权变动的公示方法，其主要依据物权法的规则进行；而合同法上的交付是当事人按照约定将标的物的占有移转给对方，其主要是按照当事人的约定进行，当事人可以就交付的具体方式作出约定。例如，当事人在交付物的同时，还需要交付清单等。

---

① 参见王泽鉴：《民法物权》，97页，北京，北京大学出版社，2009。

② 参见王利明、尹飞、程啸：《中国物权法教程》，131页，北京，人民法院出版社，2007。

另外，电子信息产品的交付首先应当按照当事人约定的方式进行，如果当事人约定不明确，则依据《买卖合同司法解释》第 2 条："标的物为无需以有形载体交付的电子信息产品，当事人对交付方式约定不明确，且依照民法典第五百一十条的规定仍不能确定的，买受人收到约定的电子信息产品或者权利凭证即为交付。"

4. 出卖具有知识产权的标的物并不当然移转知识产权

具有知识产权的标的物既可能是知识产权的载体，也可能是按照知识产权的方法制造的物。因此，买卖具有知识产权的标的物具有特殊性。《民法典》第 600 条规定："出卖具有知识产权的标的物的，除法律另有规定或者当事人另有约定外，该标的物的知识产权不属于买受人。"该条规定了购买具有知识产权的标的物不导致知识产权的转让。此处所说的"具有知识产权的标的物"主要是指知识产权的载体，例如预装有软件的计算机、存储电影的光盘、印刷成书的小说等。法律作出此种规定的原因在于：一方面，诸如买卖计算机、光盘、书籍等行为，并不导致上述以有体物为载体的知识产权发生转让，而只是导致了知识产权载体的所有权变动，因此，买受人即使购买了载体，也不当然成为该知识产权的权利人。另一方面，知识产权转让对象是知识产权本身，而具有知识产权的标的物买卖主要针对的是知识产权的载体，客体是该有体物；知识产权的转让与许可使用需要通过专门的知识产权转让或许可使用合同实现。买卖合同所转让的只是作为知识产权载体的标的物的所有权。不能够因为购买了具有知识产权的标的物，而当然享有其中的知识产权。① 不过，标的物买卖不导致知识产权转让也有例外。例如，《著作权法》第 20 条第 1 款规定："作品原件所有权的转移，不改变作品著作权的归属，但美术、摄影作品原件的展览权由原件所有人享有。"依据该条规定，美术作品出卖后，买受人可以获得美术作品的展览权。② 当然，美术作品著作权的其他权利仍然应当由著作权人享有。

5. 买卖合同中标的物孳息的归属

孳息是指原物所产生的收益。例如，甲购买乙的一头母牛，在乙交付后母牛下崽，产下小牛，该小牛归属于哪一方？《民法典》第 630 条规定："标的物在交付之前产生的孳息，归出卖人所有；交付之后产生的孳息，归买受人所有。但是，当事人另有约定的除外。"据此，在当事人之间没有作出特别约定的情形下，应以标的物是否交付作为判断孳息归属的依据，由于该牛已经交付，因此，该小牛的所有权应当归属于买受人。立法作出此种规定的主要原因在于：一方面，孳息的收取与标的物占有人的照料关系密切，因而以交付确定孳息收取时间，便利孳息收取与对标的物进行照料；另一方面，该规则与《民法典》第 604 条所规定的风险移转时间保持一致，从而遵循"风险和利益"共担的规则。③ 买受人在取得孳息收取权利的同时，也取得了标的物所有权，因此该规定具有合理性。

---

①② 参见黄薇主编：《中华人民共和国民法典合同编解读》，470 页。

③ 参见黄薇主编：《中华人民共和国民法典合同编解读》，585 页。

（二）移转标的物所有权的义务

依据《民法典》第595条的规定，出卖人负有的主给付义务就是移转标的物的所有权。出卖人转移标的物所有权的义务是出卖人最基本的义务。如果出卖人仅仅交付了标的物，而没有移转所有权，则意味着出卖人没有完全履行其主给付义务。例如，在房屋买卖合同中，出卖人不能仅仅出卖房屋，而不为买受人办理过户手续。因为在没有办理过户手续的情况下，房屋所有权并未发生移转，买受人订立合同的目的并没有实现，出卖人也没有完全履行其义务。《民法典》第598条规定："出卖人应当履行向买受人交付标的物或者交付提取标的物的单证，并转移标的物所有权的义务。"该规定也进一步明确了出卖人在交付标的物的同时，还应移转标的物的所有权。

关于买卖合同中标的物所有权移转的时间，《民法典》区分了动产买卖和不动产买卖两种形态。

（1）动产所有权的移转。《民法典》第224条规定："动产物权的设立和转让，自交付时发生效力，但是法律另有规定的除外。"一般而言，动产标的物的所有权自交付时发生移转。交付最初是指对物的实际控制，例如，出卖人将物直接交付给买受人。随着商品交换的发展，特别是财产证券化的形成，实物的交换显然不能概括全部的交换现象，因而法律逐渐承认了拟制的交付方式。此处所说的拟制的交付，是指移转所有权的一方将标的物的所有权凭证如仓单、提单等交给买受人，以代替物的现实交付。此种拟制交付方式的发展进一步加速了财产的流转。因此，在法律上，交付是指将自己占有的物或所有权凭证移转给他人占有的行为。

因交付而移转所有权，是法律所确立的动产所有权移转的一般规则，但是法律另有规定的除外，当事人也可以约定具体的交付方式，但是不能打破因交付而移转所有权的法定规则。具体来说，不适用交付移转所有权规则的，主要有以下两种情形。

第一，法律另有规定的情形。此处所说的法律另有规定，不仅包括民法典合同编的规定，还包括物权编等其他法律规定的情形。法律关于非因交付移转所有权的规定主要涉及两种情况：一是一些特殊动产所有权的移转。《民法典》第225条规定："船舶、航空器和机动车等的物权的设立、变更、转让和消灭，未经登记，不得对抗善意第三人。"虽然该条所规定的特殊动产所有权移转自交付时发生，但未经登记的，不得对抗善意第三人，从这个意义上讲，买受人取得的仍然不是一个完整的所有权。出卖人在交付之后，仍然负有为买受人办理所有权转移登记的义务。二是所有权保留等形态。《民法典》第641条第1款规定："当事人可以在买卖合同中约定买受人未履行支付价款或者其他义务的，标的物的所有权属于出卖人。"这实际上是对所有权保留的规定。在这些交易关系中，当事人约定由出卖人保留标的物的所有权，在出现法律规定或者当事人约定的特定情形时，标的物的所有权才发生变动。

第二，当事人另有约定的情形。从《民法典》第598条的规定来看，其所说的交付包括了实际交付以及交付提取标的物的单证两种方式。但当事人可以约定关于交付的其他具体形态，如占有改定、指示交付等，如果当事人进行约定，则可以在当事人之间产生效力，从而排除实际交付方可发生所有权转移的规则。

（2）不动产所有权的移转。《民法典》第 209 条第 1 款规定："不动产物权的设立、变更、转让和消灭，经依法登记，发生效力；未经登记，不发生效力，但法律另有规定的除外。"该条确定了不动产物权登记作为一般原则的强制性，虽然条文没有使用"必须登记"的行文，但除了法律有特别规定的，所有的不动产物权变动都必须采取登记方式。因此，不动产所有权的转移，必须通过登记方可发生物权转移的效力。

（三）权利瑕疵担保义务

1. 权利瑕疵担保的概念和特征

瑕疵担保，是指债务人负有对其所提出的给付应担保其权利完整和标的物质量合格的义务。所谓权利瑕疵担保，是指出卖人应当保障买受人对标的物享有合法权益，保证任何第三人不会对该标的物主张权利。① 因为在买卖中，一旦出卖的标的物存在权属争议等问题，必将影响买受人的利益，甚至导致买受人在支付价款后无法获得标的物的权利。因此，比较法普遍确认了出卖人负有权利瑕疵担保的义务。《民法典》第 612 条规定："出卖人就交付的标的物，负有保证第三人对该标的物不享有任何权利的义务，但是法律另有规定的除外。"该条就是关于出卖人权利瑕疵担保义务的规定。此种义务是指出卖人应当保证买受人对标的物享有合法的权利，保证任何第三人不会就该标的物向买受人主张任何权利。出卖人的权利瑕疵担保义务主要包括以下情形：一是出卖人应当就该权利之上不存在任何权利负担进行担保，即不存在抵押权、质权、用益物权等权利。② 二是出卖人应当担保该标的物之上没有关于所有权的争议。如果发生争议之后，重新确权导致第三人追夺，就可能影响买受人的权利。三是出卖人应当保证标的物不属于侵犯知识产权的产品。例如，出卖人不能将仿造他人专利产品制造的产品出售给他人。

2. 权利瑕疵担保义务的排除

一般情形下，出卖人均负有权利瑕疵担保义务，但在特殊情形下，出卖人也可能不负有该项义务。依据《民法典》第 612 条，法律另有规定的，出卖人不负担权利瑕疵担保义务。所谓"法律另有规定"，主要是指合同法和其他法律对出卖人的担保义务的特别规定，此时应当适用特别规定。例如，《民法典》第 613 条规定："买受人订立合同时知道或者应当知道第三人对买卖的标的物享有权利的，出卖人不承担前条规定的义务。"可见，出卖人的权利瑕疵担保义务，也可以因为买受人明知或应知标的物有瑕疵而被免除。

依据《民法典》第 613 条，在买受人订立合同时知道或者应当知道标的物权利瑕疵的情况下，出卖人不承担权利瑕疵担保义务。作出此种规定的原因在于，买受人在订立合同时就知道或者应当知道权利瑕疵，但仍然继续订立合同，因此，其自愿承受了第三人对标的物享有权利的风险。如果标的物被第三人追索，则其应当自己承担相应的损失，而不能向出卖人主张违约责任。《民法典》第 613 条所规定的"知道或者应当知道"是指在订立合同之时或者订立合同之前，买受人就已经知道或者应当知道这些情况。如果在

---

① 参见崔建远：《合同责任研究》，269 页。

② 参见胡康生主编：《〈中华人民共和国合同法〉释义》，231 页。

合同订立之后（如接受标的物时）方知悉，则意味着买受人是没有过错的，也不应当要求其承担风险。此处所说的“知道”是指买受人的明知；“应当知道”是指按照一个通常的人在订立合同时，从相关情形应当了解到标的物存在权利的瑕疵。出卖人不承担权利瑕疵担保义务，就意味着买受人无权请求出卖人就其不能取得标的物完整的所有权承担违约责任。

3. 不安抗辩权的行使

《民法典》第 614 条规定：“买受人有确切证据证明第三人对标的物享有权利的，可以中止支付相应的价款，但是出卖人提供适当担保的除外。”该条确立了买卖合同中买受人所享有的不安抗辩权。这就是说，在买卖合同订立后，买受人确实有确切证据证明第三人对标的物享有权利，将引发争议，其有权主张不安抗辩权，中止支付相应的价款。例如，甲乙之间订立了房屋买卖合同，约定于当年年底交付首期房款，第二年 5 月交付房屋，但买受人在支付首期房款之前，发现该房屋的建设用地使用权存在权属争议，第三人正在对该建设用地使用权主张权利，因此，买受人有权主张不安抗辩权。当然，从该条规定来看，在买受人主张不安抗辩权的情形下，如果出卖人提供了适当的担保，则买受人应当按照约定支付相应的价款。此处的“适当担保”并不限于抵押、质押等物的担保，任何能够消除买受人不安的担保，都可以构成此处所说的“适当担保”。

（四）物的瑕疵担保义务

1. 物的瑕疵担保义务的概念

所谓物的瑕疵担保义务，是指出卖人应当负有担保其出卖的标的物符合法律和合同规定的质量要求的义务。在买卖合同中，买受人购买标的物，不仅要取得所有权，还要该物符合合同约定的质量要求，如此才能保证合同目的的实现，因此，出卖人还应当对买受人负有物的瑕疵担保义务。以德国法为代表的大陆法系国家认为，如果债务人违反此种担保义务，则应负瑕疵担保责任（Gewaehrleistung wegen Maengel der Sache）。[①] 此种责任与不适当履行的违约责任是相区别的。但因为两套违约责任制度不仅造成了规则的不一致，而且不利于受害人的保护，所以一直受到非议。而英美法系国家历来采取了单一的质量不合格责任（Non-conformity）制度[②]，该制度为《销售合同公约》所采纳。该公约未区分缺陷和所保证品质的欠缺。只要实际交付的物与合同要求不符，就存在物之瑕疵。[③] 我国《民法典》实际上采纳了《销售合同公约》的规定。具体来说，物的瑕疵担保义务包括如下几项内容。

一是出卖人应当按照合同约定的质量要求交付标的物。在合同中，当事人一般都会对标的物的质量作出约定。《民法典》第 615 条规定：“出卖人应当按照约定的质量要求交付标的物。出卖人提供有关标的物质量说明的，交付的标的物应当符合该说明的质量

---

① Wolfgang Ernst，in：Historisch-kritischer Kommentar zum BGB，Band Ⅲ，§§434－445，Rn. 12.

② 例如，英国早在 1893 年的《货物买卖法》中就规定，在营业性买卖合同中，卖方应负担保货物具有可销售性的义务（《货物买卖法》第 14 条第 2 款）。

③ 参见《销售合同公约》第 35、39 条。

要求。”此处所说的“约定的质量要求”，是指当事人在合同中对标的物的质量所作的具体规定。所谓“质量说明”，是指针对所交付的特定货物的质量所作的说明，其实质上是出卖人对质量标准所作的明示的承诺。因此，出卖人提供了有关标的物质量说明的，其提交的标的物在质量标准上必须符合该说明的标准，否则，即视为出卖人交付的标的物在质量上存在瑕疵，应当承担违约责任。

二是在合同没有明确约定质量标准时，应当按照《民法典》的相关规定确定质量标准。依据《民法典》第510条的规定，首先应当由当事人达成补充协议，不能达成补充协议的，按照合同有关条款或交易习惯确定。如果还不能确定质量标准，则应当适用《民法典》第511条第1项的规定，分别考察是否符合强制性国家标准、推荐性国家标准、行业标准、通常标准或特定标准。同时，依据我国有关法律，在国家标准与行业标准不一致的情况下，应当适用国家标准。例如，甲公司向乙公司出售一批面粉用于制作月饼，如果当事人没有约定且没有相应的国家、行业标准，则应当根据合同目的，即制作月饼的要求来确定面粉的质量要求，而不能以制作其他食品如馒头、蛋糕的要求来确定质量标准。

在违反物的瑕疵担保义务的情况下，我国法律也没有设置特殊的救济方式，而仍然将其作为违约的一种形态，通过违约责任加以救济。这就是说，合同法虽承认物的瑕疵担保义务，但是违反此种义务并非像传统大陆法那样适用特殊的瑕疵担保责任，而是将其统一归入违约责任之中。因此《民法典》第617条规定：“出卖人交付的标的物不符合质量要求的，买受人可以依据本法第五百八十二条至第五百八十四条的规定请求承担违约责任。”这就再次强调，违反瑕疵担保义务，应当承担违约责任，而不存在独立的瑕疵担保责任。可见，我国法律并没有承认传统大陆法系国家中的瑕疵担保责任制度。

2. 违反瑕疵担保义务责任的免责条款及其适用

《民法典》第618条规定：“当事人约定减轻或者免除出卖人对标的物瑕疵承担的责任，因出卖人故意或者重大过失不告知买受人标的物瑕疵的，出卖人无权主张减轻或者免除责任。”该条确立了如下两项规则。

第一，允许当事人可以在合同中约定减轻或者免除出卖人对标的物瑕疵承担的责任。按照私法自治原则，如果买受人愿意减轻或者免除出卖人就标的物瑕疵所承担的责任，法律也应当予以允许。例如，当事人订立房屋买卖合同中，出卖人明确告知买受人其建设用地使用权存在争议，但有办法解决，而买受人同意承担该标的物瑕疵的风险，即便因此发生损害后果，也不追究出卖人的责任，或者可以减轻出卖人的责任。

第二，如果出卖人存在故意或者重大过失不告知买受人标的物瑕疵的情形，出卖人无权主张减轻或者免除责任。当事人订立此种违反瑕疵担保义务责任的特约，其前提是出卖人事先告知买受人标的物存在的瑕疵，买受人对标的物的瑕疵情况已经了解，这样其才愿意承担风险。但如果出卖人故意或者因重大过失不告知买受人标的物的瑕疵，则仍然根据违反瑕疵担保义务责任免责条款的特约，减轻或者免除出卖人的责任，显然有失公平。比如，出卖人将标的物一物数卖，在已经将财产交付给第一个买受人之后，其仍然与第二个买受人订立合同，且出卖人不告知第二个买受人一物数卖的情况，并订立免除其违反瑕疵担保义务责任的特约，此种情形下，出卖人即不得主张减轻或者免除责任。

（五）交付单证以及其他资料的义务

出卖人除需要向买受人交付提取标的物的单证外，还应当将其他有关单证和资料交付给买受人。此处所说的单证和资料主要包括两类：一是与提取标的物相关的单证。《民法典》第598条规定："出卖人应当履行向买受人交付标的物或者交付提取标的物的单证，并转移标的物所有权的义务。"例如，在出卖人将标的物交由保管人保管的情形下，其除了需要将仓单交付给买受人，还应当将入库单等提取标的物的相关单证交付买受人。二是与标的物使用相关的单证和资料，如标的物的使用说明书以及相关的证明文件等。出卖人负担交付此类单证和资料的义务，旨在保障买受人对标的物的利用，从而更好地实现订立合同的目的。据此，可以将出卖人应当履行的交付标的物单证和其他资料的义务分为如下两种。

（1）履行作为主义务的交付单证义务。依据《民法典》第598条的规定，出卖人可以通过两种方式移转标的物所有权：一是实际交付标的物，此种方式就是指现实交付。二是交付单证。此处所说的"单证"，是指物的所有权凭证。如果交付的单证是指仓单、提单等有价证券，这些单证本身可以作为货物所有权的凭证，因此一旦将单证交付给买受人，便可以认为出卖人已履行了主给付义务。在许多情况下，单证的交付就意味着标的物所有权的移转，例如，交付仓单、提单，就等同于移转了标的物所有权。① 因此，出卖人交付单证，也是履行移转标的物所有权的义务的要求。依据该条规定，如果出卖人已经将标的物交由第三人保管，则出卖人应当将提取标的物的单证交付给买受人，并将标的物所有权移转给买受人。本条所规定的提取标的物的单证主要包括提单、仓单等凭证。

（2）履行作为从义务的交付单证义务。《民法典》第599条规定："出卖人应当按照约定或者交易习惯向买受人交付提取标的物单证以外的有关单证和资料。"如何理解此处所说的提取标的物单证以外的有关单证和资料？《买卖合同司法解释》第4条规定："民法典第五百九十九条规定的'提取标的物单证以外的有关单证和资料'，主要应当包括保险单、保修单、普通发票、增值税专用发票、产品合格证、质量保证书、质量鉴定书、品质检验证书、产品进出口检疫书、原产地证明书、使用说明书、装箱单等。"此处所说的有关资料，是指虽然不是所有权的凭证，但属于与履行主义务有关的单证资料。例如，在某个购买宠物的买卖中，双方约定在交付宠物时，还要交付血统证明，但是出卖人认为血统证明不是所有权凭证，因此拒绝交付，但是血统证明关系到该宠物的血统是否纯正，对买受人较为重要，因此买受人有权向出卖人提出交付这一资料的请求，否则就违反了从给付义务。再如，在转让债权的合同中，出卖人负有的交付必要的债权证明文件等义务。②

（六）标的物的回收义务

《民法典》第625条规定："依照法律、行政法规的规定或者按照当事人的约定，标

---

① 参见胡康生主编：《〈中华人民共和国合同法〉释义》，216页。

② 参见王泽鉴：《债法原理》，37页。

的物在有效使用年限届满后应予回收的，出卖人负有自行或者委托第三人对标的物予以回收的义务。”该条确立了买卖合同中的回收义务。该条规定贯彻了绿色原则的要求，避免有毒有害物质造成的环境污染与生态破坏，并循环利用具有回收价值的废物。该种回收义务的发生原因主要包括以下两种。

一是法律或行政法规的规定。例如，《固体废物污染环境防治法》第 65 条第 1 款规定：“产生秸秆、废弃农用薄膜、农药包装废弃物等农业固体废物的单位和其他生产经营者，应当采取回收利用和其他防止污染环境的措施。”《循环经济促进法》第 15 条第 1 款规定：“生产列入强制回收名录的产品或者包装物的企业，必须对废弃的产品或者包装物负责回收；对其中可以利用的，由各该生产企业负责利用；对因不具备技术经济条件而不适合利用的，由各该生产企业负责无害化处置。”

二是当事人在合同中约定了回收义务。在这种情况下，出卖人即使没有负担法定的回收义务，也应当按照约定的时间和方式进行回收。需要指出的是，依据《民法典》第 625 条的规定，标的物在有效使用年限届满后“应予回收的”，出卖人负有标的物的回收义务。例如，当事人约定对打印机墨盒在使用完毕后，出卖人应有回收义务，则出卖人应依约履行。

（七）履行附随义务

出卖人负有依据诚信原则产生的保密、忠实、保护等附随义务，这些义务的履行不仅有利于维护合同关系的稳定，而且有利于全面实现当事人订立合同的目的。例如，出卖人交付货物时，不能在交付期限的最后一天的深夜，上门交付货物。再如，出卖人对买受人订约时提供的数据资料等应当负有保密义务。在买卖关系中，出卖人所负有的附随义务，要根据具体的合同类型来加以确定。

二、买受人的主要义务

（一）支付价款的义务

依据《民法典》第 595 条，买卖合同是出卖人转移标的物的所有权于买受人，买受人支付价款的合同。可见，支付价款是买受人的基本义务或主给付义务。买卖合同是双务合同，所以，买受人取得标的物所有权就必须支付相应的价款。在当事人之间没有特别约定或者法律没有特殊规定的情况下，买受人应当在出卖人交付标的物的同时交付价金。买受人支付价款的义务包括如下几点：

（1）应当按照约定的数额支付价款。《民法典》第 626 条规定，“买受人应当按照约定的数额和支付方式支付价款”。通常，买卖合同中应当约定价款，如果没有约定价款，则当事人无法履行。买卖合同中对价款的约定未必一定是确定的数额，当事人也可以约定确定价格的方式。例如，在价格不断变动的情况下，当事人完全可以约定按照当日国内某个主要批发市场的价格。在当事人没有约定价格条款的情况下，依据《民法典》第 510 条的规定，应当由当事人达成补充协议，不能达成补充协议的，按照合同有关条款或交易习惯确定。如果还不能确定，应当按照订立合同时履行地的市场价格履行。

（2）按照约定的支付方式支付价款。《民法典》第 626 条规定：“买受人应当按照约定的数额和支付方式支付价款。对价款的数额和支付方式没有约定或者约定不明确的，适用本法第五百一十条、第五百一十一条第二项和第五项的规定。”如果合同约定了支付方式，就必须按照合同约定的方式进行支付，依据约定是一次缴清还是分期付款，是邮汇、电汇还是现金，是亲自支付还是由他人代为支付。凡是约定一次性支付的，就不能分期支付。一般来说，如果合同没有约定分期支付，就应当推定为一次性支付。

（3）按照约定的支付时间支付价款。《民法典》第 628 条规定：“买受人应当按照约定的时间支付价款。对支付时间没有约定或者约定不明确，依据本法第五百一十条的规定仍不能确定的，买受人应当在收到标的物或者提取标的物单证的同时支付。”买受人应当按照合同约定的时间支付价款，如果当事人没有约定价款支付时间，依据《民法典》第 628 条的规定，则按照如下两个规则确定价款支付时间：一是按《民法典》第 510 条的规定来确定履行时间。该条规定：“合同生效后，当事人就质量、价款或者报酬、履行地点等内容没有约定或者约定不明确的，可以协议补充；不能达成补充协议的，按照合同有关条款或者交易习惯确定。”二是买受人应当在收到标的物或者提取标的物单证的同时支付，按照双务合同同时履行的原则，在出卖人交货的时候，买受人就应当支付价款。这也是等价交换和公平原则的体现。

（4）按照约定的支付地点支付价款。《民法典》第 627 条规定：“买受人应当按照约定的地点支付价款。对支付地点没有约定或者约定不明确，依据本法第五百一十条的规定仍不能确定的，买受人应当在出卖人的营业地支付；但是，约定支付价款以交付标的物或者交付提取标的物单证为条件的，在交付标的物或者交付提取标的物单证的所在地支付。”依据这一规定，首先，买受人应当按照约定的地点支付价款。在实践中，价款一般都通过银行转账的方式支付，但是如果当事人约定了价款支付地点，则应当按照约定的地点支付。其次，如果当事人没有约定价款支付地点或者约定不明确，依据《民法典》第 510 条的规定，当事人可以通过达成补充协议的方式予以确定，不能达成补充协议的，按照合同有关条款或者交易习惯确定价款支付地点。最后，如果无法依据《民法典》第 511 条确定价款支付地点，则原则上应当在出卖人的营业地支付。这是因为营业地在民法上是法人的住所，在没有特别约定的情况下，一般的交易应当在法人的住所发生，且营业地对诉讼管辖的确定具有重要的意义，所以通过前述规则仍不能确定支付地点的，买受人就应当在出卖人的营业地支付价款。不过，《民法典》第 627 条对该规则作出了例外规定，即约定支付价款以交付标的物或者交付提取标的物单证为条件的，在交付标的物或者交付提取标的物单证的所在地支付。例如，当事人约定以交付仓单代替标的物交付的，买受人应当在交付仓单的所在地支付价款。再如，双方采用信用证的方式付款，则买方应当向卖方营业地的议付银行提供有关的单据，并由议付银行凭单付款。[①]

---

① 参见黄薇主编：《中华人民共和国民法典合同编解读》，516 页。

（二）及时检验并通知的义务

1. 及时检验的义务

《民法典》第 620 条规定："买受人收到标的物时应当在约定的检验期限内检验。没有约定检验期限的，应当及时检验。"该规定首先确立了买受人的及时检验义务。法律上确立买受人的及时检验义务，有利于及时发现标的物瑕疵，确定标的物是否符合合同约定的质量，及时采取补救措施，避免损害的扩大；同时，也有利于及时解决纠纷。及时检验义务在性质上应当属于不真正义务，如果买受人未履行此种义务，应当视为标的物的质量合格，由此产生的损失由买受人自己承受。但是，买受人自身并不应对出卖人承担违约责任。

《民法典》第 620 条确立了履行检验义务的期限，即检验期限。依据该规定，检验期限应当按照如下两个规则确定：一是在约定的检验期限内检验。当事人对于检验期限有约定的，就按照约定的期限进行检验。二是没有约定检验期限的，应当及时检验。所谓及时检验，即买受人应当在一个合理的期限内进行检验。合理检验期限的确定，应根据标的物的质量、交付的地点、买受人检验的能力等各个方面来进行综合判断。

《民法典》第 622 条第 1 款规定："当事人约定的检验期限过短，根据标的物的性质和交易习惯，买受人在检验期限内难以完成全面检验的，该期限仅视为买受人对标的物的外观瑕疵提出异议的期限。"该条是关于约定的检验期限或者质量保证期过短情形的规定。在实践中，许多商品（特别是药品、食物等）是否存在瑕疵，买受人在短期内根本无法作出检查、鉴定，如果当事人约定的检验期限过短，过了检验期限，就视为标的物合格，对买受人就极为不利。因此，依据《民法典》第 622 条第 1 款的规定，在当事人约定检验期限过短时，该约定的检验期限将被拟制为提出外观瑕疵异议的期限。这就是说，该条将标的物瑕疵区分为外观瑕疵与隐蔽瑕疵，由于外观瑕疵通常易于判断，因此就外观瑕疵提出异议的期限可以较短。而隐蔽瑕疵通常无法及时发现，因而，约定的检验期限过短时，就难以在该约定的期限内就隐蔽瑕疵提出异议。如果当事人约定的检验期限过短，则将当事人所约定的检验期限拟制为当事人就标的物外观瑕疵检验所约定的检验期限，而不是对整个标的物质量进行检验的期限，整个标的物的质量检验期限应当根据标的物的质量、买受人的检验能力等综合予以确定。

如何判断检验期限是否过短？依据《民法典》第 622 条的规定，主要可以从三个方面考虑：一是根据标的物的性质进行确定，如果标的物物理结构简单，可以从外观判断质量状况，则通常不需要过长的时间检验；二是根据交易习惯进行确定，即是否相较于通常的交易习惯购买此类商品所需要的检验时间过短；三是考虑买受人在检验期内完成检验的难度，如果检验标的物难度较大，通常情况下买受人在约定的检验期内难以完成检验，则可以认定约定的检验时间过短。需要指出的是，当事人约定的检验时间过短，并不导致该条款无效，依据《民法典》第 622 条第 1 款的规定，此时法律将其拟制为当事人对于标的物外观瑕疵提出异议的期限。

在实践中，有关检验期限和质量保证期，不仅需要当事人在合同中作出约定，而且法律和行政法规等规范性文件要作出必要的规定。如果当事人约定的质量检验期限和质量保证期短于法定的期限，对此应如何处理?《民法典》第 622 条第 2 款规定：“约定的检验期限或者质量保证期短于法律、行政法规规定期限的，应当以法律、行政法规规定的期限为准。”在当事人约定的检验期限或质量保证期短于法律、行政法规规定的情形，该款确定了约定检验期限或质量保证期限较短时，法定检验期限和质量保证期限优先适用的原则。法律作出此种规定更有利于保护买受人，防止因当事人约定的检验期限和质量保证期过短，导致买受人无法及时检验。当然，在当事人之间约定的检验期限和质量保证期限比法定的更长时，则应当遵循当事人的约定。

2. 对标的物的数量和外观瑕疵的检验

在实践中，大量的买卖合同纠纷涉及网购、邮购中标的物的数量、质量等方面，为此，《民法典》第 623 条规定：“当事人对检验期限未作约定，买受人签收的送货单、确认单等载明标的物数量、型号、规格的，推定买受人已经对数量和外观瑕疵进行检验，但是有相关证据足以推翻的除外。”该条规定确立了如下几个规则。

第一，当事人对检验期限未作约定。在大量的网购、邮购中，当事人可能没有对检验期限作出约定，如果当事人已经在合同中对检验期限作出了约定，则适用该约定期限，除非当事人约定的期限过短，则适用《民法典》第 622 条的规定。

第二，当事人对检验期限未作约定，买受人签收的送货单、确认单等载明标的物数量、型号、规格的，推定买受人已经对数量和外观瑕疵进行检验。依据该条规定，如果当事人没有约定检验期限，则可以从买受人签收行为中推定出买受人已经进行了数量和外观瑕疵的检验。该规则主要适用于网络购物中签收快递的行为。但需要注意的是，适用本条规则的前提是买受人签收的送货单、确认单等已经载明了货物的数量、型号、规格等，而在未载明上述信息的情形下，仍然不能推定买受人在签收时已经对数量和外观状态进行了确认。而买受人的签收行为，也仅仅能够被推定为对数量和外观瑕疵的检验，而对于隐蔽瑕疵而言，由于隐蔽瑕疵无法在签收时就即时发现，因此，其并不适用该规则。

第三，有相反证据足以证明当事人没有对数量和外观瑕疵进行检验的除外。该条规定采用了推定的法律技术，这就意味着在有相反证据可以证明存在相反事实时，该推定可以被推翻。这主要是针对部分快递服务企业推行先签收后验货的收货模式。此时，在买受人未签收的情况下，快递服务企业不允许买受人查验货物，因此采取先签后验的办法，买受人在签收时，事实上无法确定货物的数量和外观状态。此时，该条允许买受人提供相反的证据推翻前述推定，从而不发生买受人已经检验货物数量和外观状态的效果。①

《民法典》第 624 条对于向第三人交付货物情形下检验标准的确定问题进行了规定。依据该条规定，出卖人依照买受人的指示向第三人进行交付，在出卖人与买受人约定的检验标准与买受人与第三人约定的检验标准不一致时，应当以出卖人与买受人约定的检验标准为准。之所以出卖人与买受人确定的检验标准优先，其主要理由在于：一是根据合同相对性原则，出卖人交付货物乃是完成其与买受人买卖合同中的给付，因此，对于

① 参见黄薇主编：《中华人民共和国民法典合同编解读》，531 页。

该货物的检验标准应当适用出卖人与买受人的合同约定，出卖人不应受买受人与第三人合同关系的约束；二是两个合同关系中约定的检验标准不一致的，即便出卖人交付的货物不符合第三人与买受人的约定，第三人也可以要求买受人承担二者合同关系中的违约责任。

3. 通知义务

所谓通知义务，是指买受人在检验之后如发现标的物数量或质量不合格，应及时通知出卖人。经买受人检验，标的物数量或质量不合格的，买受人首先应将该情形通知出卖人。关于买受人通知义务的履行时间，依据《民法典》第621条的规定，应按如下规则处理。

（1）当事人约定检验期限时的通知义务。《民法典》第621条第1款规定："当事人约定检验期限的，买受人应当在检验期限内将标的物的数量或者质量不符合约定的情形通知出卖人。买受人怠于通知的，视为标的物的数量或者质量符合约定。"依据这一规定，首先，如果当事人明确约定了检验期限，则买受人应当在该约定的检验期限内对标的物进行检验，如果标的物的数量或者质量不符合约定，买受人还应当在合理期限内通知出卖人。例如，货物短少、品种不符或者型号不符等，一旦发现，就要及时通知。其次，买受人怠于通知的，视为标的物的数量或者质量符合约定。当事人约定了标的物检验期限的，买受人应当在该检验期限内作出通知。如果就标的物不符合约定包括标的物的数量或者质量不符合约定的情形在发现之后迟迟不予通知，就视为标的物数量和质量符合约定。

（2）当事人没有约定检验期限时的通知义务。《民法典》第621条第2款规定了在当事人没有约定检验期限情形下的通知规则。

第一，如果当事人没有约定检验期限，则买受人应当在合理期限内作出通知。如何理解"合理期限"？合理期限是指买受人发现或者应当发现标的物的数量、质量等不符合约定并提出异议的期限。发现是指买受人已经知道了标的物的数量、质量等不符合约定。应当发现是指按照通常情况，买受人应当发现标的物的数量、质量等不符合约定。对合理期限的长短的判断，《买卖合同司法解释》作出了具体规定，该解释第12条第1款规定："人民法院具体认定民法典第六百二十一条第二款规定的'合理期限'时，应当综合当事人之间的交易性质、交易目的、交易方式、交易习惯、标的物的种类、数量、性质、安装和使用情况、瑕疵的性质、买受人应尽的合理注意义务、检验方法和难易程度、买受人或者检验人所处的具体环境、自身技能以及其他合理因素，依据诚实信用原则进行判断。"

第二，买受人在合理期限内未通知或者自收到标的物之日起2年内未通知出卖人的，视为标的物合格。具体来说有两种情形：一是超过合理期限未通知；二是自标的物收到之日起满2年未通知。如果双方无法确定合理期限，或者为期限是否合理而发生争议，就可以适用根据自标的物收到之日起2年内未通知出卖人的情形来判断。[1] 如果超过这两个期限未作出通知，则视为标的物数量、质量符合合同约定。《买卖合同司法解释》第

① 参见胡康生主编：《〈中华人民共和国合同法〉释义》，241页。

12 条第 2 款规定：“民法典第六百二十一条第二款规定的‘二年’是最长的合理期限。该期限为不变期间，不适用诉讼时效中止、中断或者延长的规定。”

第三，在标的物有质量保证期的情形下，不论该期限是否超过 2 年，都应当适用该质量保证期。依据《民法典》第 621 条第 2 款，出卖人对标的物有质量保证期的，适用质量保证期，不适用 2 年的规定。质量保证期是法律规定或者当事人约定的，担保标的物在该期间内不会产生瑕疵的期限。例如，出卖人在出卖某项设备时承诺在 3 年内实行“三包”，则应当适用 3 年的规定。

《买卖合同司法解释》第 13 条规定：“买受人在合理期限内提出异议，出卖人以买受人已经支付价款、确认欠款数额、使用标的物等为由，主张买受人放弃异议的，人民法院不予支持，但当事人另有约定的除外。”但是，检验期限、合理期限、二年期限经过后，买受人主张标的物的数量或者质量不符合约定的，依据《买卖合同司法解释》第 14 条的规定，此种请求不应当受到保护。当然，出卖人自愿承担违约责任以后，也不能以上述期限经过为由翻悔。

（3）出卖人具有恶意的不受上述期限的限制。《民法典》第 621 条第 3 款规定：“出卖人知道或者应当知道提供的标的物不符合约定的，买受人不受前两款规定的通知时间的限制。”该条实际上确立了不保护恶意出卖人的规则。也就是说，如果出卖人明知或应知其提供的标的物不符合合同约定，则买受人检验标的物并提出异议的期限不受前述规则所确定的期限的限制。

（三）受领标的物的义务

关于买受人是否具有受领标的物的义务，学说上存在不同看法。一种观点认为，受领标的物是买受人的权利，而不是买受人的义务。另一种观点认为，买受人有义务及时受领标的物。我国台湾地区的通说认为，受领是债权人的一种义务，但并非主给付义务，而是从给付义务。因为受领义务不同于财产权的移转和价金的支付，性质上并非买卖合同的要素，也不能够决定买卖合同的性质。① 笔者赞成此种观点，受领标的物属于买受人的一项义务。

依据《民法典》第 595 条，买受人负有受领标的物的义务。所谓受领，是指接受并取得标的物的占有。受领标的物属于买受人的一项义务。一方面，出卖人在提出交付货物的请求之后，如果买受人不及时受领，出卖人的义务将无法履行，这既会增加出卖人保管标的物等费用的支出，增加出卖人的负担，也不利于标的物的有效利用，并将导致社会财富的浪费。另一方面，现代合同法强调双方的协力，明确买受人负有协作的义务，从而保障交易的正常进行。买受人受领标的物的义务在性质上属于一项合同义务，如果不履行此种义务，会导致出卖人无法履行其交付标的物的义务。在买受人违反该义务的情况下，不一定导致根本违约，出卖人一般不应享有解除合同的权利。但是，如果买受人因为迟延受领，造成出卖人损失，则买受人应当承担损害赔偿责任。

---

① 参见黄立：《民法债编各论》（上），96 页。

（四）履行附随义务

买受人也应当依据诚信原则负有协作、保密、保管等附随义务。例如，在出卖人交付标的物不合格的情况下，买受人在受领标的物后，仍然应当妥善保管标的物，以防止损失的扩大。又如，在不动产买卖中，当出卖人通知买受人一同前去办理过户登记时，买受人无正当理由不得拒绝此种协助办理的要求。需要指出的是，附随义务不是法律明确规定的，而是要根据合同关系的发展，根据具体的情形确定。

第四节 买卖合同中无权处分的效力

一、无权处分的效力

所谓无权处分，是指当事人不享有处分权而处分他人财产。在买卖合同中，出卖人应当对标的物享有所有权或者处分权，但是，由于标的物交由他人经营管理，或出租、交付他人管理等原因，经营者、管理者、占有者等未经授权，将标的物转让给他人，便发生了无权处分。在无权处分的情形下，既涉及物权法上受让人能否取得标的物所有权的问题，也涉及合同法中买卖合同的效力问题。

自《合同法》颁布以来，关于无权处分的效力，一直是学界争论的话题，司法实务也有不同的做法，主要有合同效力待定、合同有效以及合同无效三种观点。2012 年最高人民法院《买卖合同司法解释》第 3 条采纳了符合大陆法系通行的有效说，我国司法实践也一直采纳有效说。例如，在“王某昌、付某鑫等股权转让纠纷案”[①] 中，最高人民法院认为，“无权处分的合同并不当然无效，此类合同只要系双方真实意思表示，其买卖合同的债权行为即为有效”。但在我国民法典合同编的制定中，是否应当对无权处分合同采纳有效说，存在较大争议。《民法典》第 597 条第 1 款在总结司法实践经验的基础上，规定：“因出卖人未取得处分权致使标的物所有权不能转移的，买受人可以解除合同并请求出卖人承担违约责任。”由此可见，我国《民法典》采纳了有效说。《合同编通则解释》第 19 条第 1 款将《民法典》的上述规定进一步扩张，从而适用于抵押合同、质押合同、设定用益物权的合同等以转让或者设定财产权利为目的订立的合同。

应当看到，有效说是对我国司法实践经验的总结，也符合比较法上新的发展趋势。[②] 笔者主张采有效说，主要理由在于：

第一，有利于保护买受人。有效说可以与善意取得制度相衔接，我国司法实践认为，善意取得的成立以合同有效为必要条件。[③] 如果认定无权处分合同为效力待定合同，而

---

① 最高人民法院（2016）民再 75 号民事判决书。

② 例如，《商事合同通则》第 3.3.（2）规定：“合同订立时一方当事人无权处置该合同相关联之财产的事实本身，不影响合同的效力。”《欧洲合同法原则》第 4.102 条也采纳了这一观点。

③ 参见《最高人民法院关于适用〈中华人民共和国民法典〉物权编的解释（一）》第 20 条。

该合同后来因权利人未追认而被宣告无效，则善意取得将难以构成，这将不利于保护善意买受人的利益。[①] 由于无权处分合同发生在无权处分人与受让人之间，在合同当事人意思表示不存在瑕疵的情形下，应当肯定其效力。还应当看到，即便承认无权处分合同是有效合同，也并不当然损害权利人的利益，因为承认该合同的效力，只是使无权处分人对受让人负担交付标的物并移转标的物所有权的义务，并不当然导致标的物所有权发生变动。

第二，认定无权处分合同为有效合同，更有利于保护善意买受人的利益。无权处分人将财产处分给他人，如果不符合善意取得的构成要件，而真正权利人又拒绝追认，按效力待定说，合同应为无效，买受人也无权请求出卖人承担违约责任，而只能请求出卖人承担缔约过失责任，从而仅能主张信赖利益的损失。但如果采用有效说，则买受人可以主张违约责任，请求出卖人赔偿其履行利益损失。应当看到，在市场经济条件下，无权处分形成了两种利益的冲突，即真正权利人和善意买受人利益的冲突。善意买受人的利益代表的是交易安全，真正权利人的利益在法律上亦值得保护，当两种利益发生冲突时，原则上应当认为交易安全具有优先性，因而采纳有效说有利于对善意受让人进行保护。

第三，有效说可以鼓励未来财产交易。现代社会中的商业交易并非全部建立在对已经获得所有权的标的物的处分之上。在相当多的商业交易中，当事人采取订购的方式，约定买卖将来物，也就是说，在合同订立时，标的物可能尚未生产出来，或所有权仍属于他人，当事人只是就尚未生产出来的物或可从他人处购得的标的物作预先安排，从而加速财产的流动。在这些情形中，如果坚持无权处分合同效力未定，将不利于这种交易模式的展开。事实上，在这种交易中，认定无权处分合同有效可以鼓励交易主体在不断变动的市场行情中，尽早地安排其交易行为。

《民法典》第 597 条第 1 款规定："因出卖人未取得处分权致使标的物所有权不能转移的，买受人可以解除合同并请求出卖人承担违约责任。"依据这一规定，在无权处分的情形下，买卖合同仍然有效，如果出卖人无法按照约定移转标的物的所有权，则由于出卖人无权处分，该行为构成违约，买受人享有两项权利：一是解除合同。因为标的物所有权无法移转，已经构成根本违约，买受人享有解除合同的权利，自不待言。二是请求出卖人承担违约责任。在出卖人无法移转标的物所有权的情形下，构成违约，买受人也有权请求出卖人承担违约责任。

在无权处分的情形下，买受人是否可以当然取得所有权，取决于是否符合民法典物权编善意取得的构成要件。如果符合善意取得的构成要件，所有权将发生移转，真正权利人将无法追及；如果不构成善意取得，则真正权利人可以行使物权请求权。但即便在所有权发生移转的情形下，真正权利人也可以根据其与出卖人之间的合同关系，请求其承担违约责任。真正权利人在法律上也可能享有要求无权处分人承担侵权责任或不当得利返还的请求权。

依据《合同编通则解释》第 19 条第 2 款的规定，在无权处分的情形下，买受人是否可以取得所有权，取决于买受人取得标的物是否符合《民法典》物权编关于善意取得构成要

---

① 参见黄芬：《善意取得下转让合同效力要件之再研究》，载《广东社会科学》，2019（3）。

件的规定。如果符合该规定，将发生物权的变动，真正权利人将丧失所有权，将由善意的受让人取得财产所有权，此时，真正权利人无权请求受让人返还财产。但如果不符合善意取得的构成要件，财产所有权将不发生变动，此时，真正权利人仍然是该财产的所有权人。依据该司法解释的上述规定，真正权利人享有如下两项权利：一是有权请求认定财产权利未发生变动。在不符合善意取得构成要件的情形下，即便无权处分合同有效，且当事人已经完成了物权变动的公示方法，即动产已经完成了交付，不动产已经完成了变更登记，但其仍然无法引起物权的变动，因此，真正权利人此时有权主张财产所有权未发生变动。二是有权请求返还财产。真正权利人可以主张上述两项权利的根本原因在于，无权处分人处分财产的行为不符合善意取得的构成要件，不能引起财产所有权的变动。

二、违反法律对标的物转让的禁止性规定

《民法典》第 597 条第 2 款规定："法律、行政法规禁止或者限制转让的标的物，依照其规定。"依据这一规定，并非所有的标的物都能流转，在两种情形下，相关财产成为买卖合同的标的物受到一定的限制：一是禁止流通物，即法律、行政法规禁止某项财产进行交易，进入流通领域。法律禁止流通物不得作为买卖合同的标的物，例如，枪支弹药、淫秽书刊等。以禁止流通物为标的物订立的买卖合同因违反效力性强制性规定而无效。二是限制转让物，即法律、行政法规对某项财产的交易作出了严格限制，此种限制大多是对交易主体资格的限制，也可能是对交易规模、交易程序等方面的限制。以限制流通物为标的物的买卖合同并不当然无效，此时需要具体分析。

依据该条款规定，只有对这些财产的交易进行禁止或者限制，才有利于保护交易安全和交易秩序，维护公共利益和国家安全。

第五节　买卖合同中的标的物风险负担

一、风险负担的概念和特征

风险一词，常常用来表示实际发生的或可能发生的不利益，例如投资风险、交易风险、标的物毁损灭失的风险。但合同法上的风险是一个特殊的概念，它也称为危险，是指在买卖合同订立以后，标的物发生意外毁损灭失，应由合同的哪一方当事人承担该项损失以及相关不利后果的一项制度。严格地说，在标的涉及物的合同中，都涉及标的物风险负担的问题。具体来说，标的物风险负担问题有几种典型情形，第一，标的物在交付以前意外灭失。例如，购买房屋时，房屋在交付前，因为火灾发生的房屋的重大毁损或灭失的风险应由谁承担。第二，合同订立后，标的物交付前意外灭失的，价金如何处理。第三，合同履行过程中，一方违约造成交付迟延的，在此期间标的物发生毁损灭失，相应损失由谁来承担。

风险负担制度的特点在于：

第一，风险负担发生在双务合同之中。所谓双务合同，是指当事人双方互负对待给付义务的合同。只有在双务合同中才会存在价金风险的问题，而在单务合同中，没有对待给付的问题，可能存在标的物毁损、灭失的风险，但不会存在价金风险的问题。

第二，风险负担是因为标的物的毁损、灭失而引起的。风险负担规则中的风险，主要是指标的物的毁损、灭失等意外损失。所谓意外，就是指因不可归责于当事人双方的原因而发生的毁损、灭失。所谓毁损，是指货物因碰撞、受潮、受热等原因而造成的损坏。[1] 民法典合同编规定的风险，主要体现为标的物的毁损、灭失等导致的实际损害。也就是说，在发生标的物毁损、灭失的情况下，法律要区分发生毁损、灭失的原因，从而确立承担损失的规则。如果这种损害是因为交易当事人一方或双方当事人的违约行为而引起的，在此情况下，应当按违约责任来处理。如果损害是非因违约而造成的，而是不可归责于当事人双方的原因，如自然灾害等，则将根据风险负担的规则来分配损失。

风险主要是标的物毁损、灭失的风险，但又不限于价金，还包括费用和报酬的损失。例如，因为承租人租赁的房屋毁损、灭失造成的损失，承租人是否支付租金，这也是一种风险，但租金的风险与租赁物的毁损、灭失并不是同一个问题。因为依据《民法典》第729条的规定，这两种损失都要由出租人负担，可见出租人承担两种风险：一是标的物的毁损、灭失，二是租金的风险。除了上述损失，不应当包括有关的期待利益的损失以及违约金的支付等责任的落空，这些责任属于违约责任的范畴，不由风险负担问题进行规制。

第三，风险负担是因不可归责于双方当事人的事由而产生的损失分担制度。当事人没有事先约定、也未能事后约定损失的分担的，要依据风险负担的规则在当事人之间合理分担损失。所谓不可归责于双方的原因，也就是说双方当事人没有法定或约定的原因对损害的后果负责。风险都是一种偶然的、不可预测的事件而造成的，风险的发生具有极大的不可预测性。[2] 所谓不可归责于双方当事人的事由，具体来说，包括两种情况：一是因不可抗力的原因导致标的物的毁损、灭失，例如，因地震导致房屋倒塌，因洪水导致建筑物或农作物毁损、灭失等。依据《民法典》第590条的规定，“当事人一方因不可抗力不能履行合同的，根据不可抗力的影响，部分或全部免除责任，但是法律另有规定的除外”。不可抗力的发生虽然可以导致当事人被免除合同责任，但因不可抗力而导致的标的物的毁损、灭失的损失究竟应当由谁来承担，是违约责任制度所无法解决的问题，必须要通过风险负担规则来解决。二是意外事故。所谓意外事故，就是指当事人可以预见但难以避免或克服的现象。意外事故也可能引起标的物的毁损、灭失。例如，意外的大火导致建筑材料被烧毁，冰雹导致农作物被损坏等。我国民法典合同编违约责任原则上采严格责任，不承认意外事故可以成为免责的事由，但在某些情况下，合同编又针对一些特殊的合同规定了过错责任，例如《民法典》第784条规定：“承揽人应当妥善保管定作人提供的材料以及完成的工作成果，因保管不善造成毁损、灭失的，应当承担赔偿

---

① 当然，在买卖合同之外，也会存在一些非物上的风险，例如演出合同中演员因意外的疾病无法出演、雇佣合同中雇员因意外交通事故丧失劳动能力等，由于我国违约责任采取严格责任，在出现这些风险以后仍然要履行不能的债务人负担违约责任，这些问题只是涉及实际履行责任的免除。

② 参见李永军、易军：《合同法》，454页。

责任。”如果确实是因为意外的火灾导致建筑材料被损坏，很难确定该损失是由承揽人的保管不善造成的，在此情况下，并不能依据《民法典》第784条的规定要求承揽人承担违约责任，而只能根据风险负担的原则来合理分配已经发生的损失。

因第三人原因造成标的物的毁损、灭失能否作为风险？在适用严格责任的情况下，由于第三人实施某种行为造成标的物毁损、灭失，大都属于可归责于债务人的事由，因此应当使债务人承担违约责任。但在特殊情况下，就违约责任采过错责任为归责原则时，债务人也可能对损害的发生没有过错，即其尽到了最大的努力和注意，仍不能避免后果的发生，此时当事人应当免于承担责任。依据具体情况，如果可以归入意外事故的范畴，也应属于风险的范围，此时应当适用风险负担规则。

二、我国民法典合同编关于风险负担的规则

罗马法采取了所有人主义（res perit domino）和买方主义（periculum est emptoris）作为处理风险负担的一般规则，后世的一些法律也借鉴了罗马法的经验。[①] 从比较法上来看，各国（地区）关于标的物风险负担的一般规则并不完全一致，主要有两种不同的做法。

1. 所有人主义（res peritdomino）

所有人主义，也称风险随所有权移转模式，或者所有权责任原则，它是指标的物风险转移的时间应当与所有权转移的时间一致，即所有权转移给买受人时，风险才随之转移给买受人。所有人主义在内国法层面的风险负担规则上依然占有统治地位。[②] 在标的物转移给买受人之前，标的物风险由出卖人承担。这一原则最早为罗马法所采纳。[③] 在古代法中，就有所谓“天灾归所有人负担”的法律谚语。《法国民法典》在采纳风险从合同订立时起移转于买受人的同时，也采用了这一原则，《法国民法典》第1138条第2款规定：“自物件应交付之日起，即使尚未现实移交，债权人即成为所有人，并负担该物件受损的风险，但如交付人迟延交付，物件受损的风险由交付人负担。”据此，《法国民法典》对特定物的买卖规定，只要双方意思表示一致，标的物所有权即行转移，如果标的物在交付前意外灭失，作为该标的物所有人的买受人仍应向出卖人支付价款。如果是种类物的买卖，标的物所有权在合同成立之日并未转移，而是在该标的物“特定化”之时转移。只有在此时，风险才由买受人承担。[④] 法国法采纳风险从合同订立时起移转干买受人的规则与其采纳风险随所有权移转的规则，表面上看，似乎是矛盾的，但在实质上

① See Ingeborg Schwenzer, Pascal Hachem, Christ Opher Kee, *Global Salesand Contract Law*, Oxford University Press, 2012, p. 486.

② See Ingeborg Schwenzer, Pascal Hachem, Christ Opher Kee, *Global Salesand Contract Law*, Oxford University Press, 2012, p. 487.

③ 罗马法从葡萄酒的买卖中就已经得出风险负担随着货物的交付而移转的结论。参见［古罗马］优士丁尼：《买卖契约》，刘家安译，169页，北京，中国政法大学出版社，2001。

④ 参见尹田：《法国现代合同法》，358页。

是一致的。因为在采纳所有人主义的国家，所有权一般都是从合同订立时进行移转的。[①]按照意思主义的物权变动模式，如果标的物为特定物，则合同有效成立之时标的物所有权移转，风险当然也相应移转，正是在这个意义上，我们说法国法采纳了风险从合同订立时起移转于买受人的规则，不如说其采纳了风险随所有权移转的规则。[②]

2. 交付主义（delivery and handing over the goods）

为了更好地适应远程交易的需求，比较法上采取了将风险负担规则聚焦于标的物的交付之上。[③] 交付主义也称为风险随交付移转的模式，它是指把风险转移与所有权转移区分开来，以物的实际交付时间为标的物风险转移的确定标志，不论标的物所有权是否已经转移，均由标的物的实际占有者承担风险。[④] 所谓交付，是指权利人将自己占有的物或所有权凭证移转其他人占有的行为。简言之，交付意味着占有移转，指的是对标的物物理上的控制。[⑤]交付主义最早为《德国民法典》所采纳[⑥]，德国在2002年债法修改以后，于第446条继续保留了交付主义，但删去了原《德国民法典》第446条第2款的规定，表明德国法采用了完全的交付主义。[⑦] 该法第447条第1款将寄售合同的风险负担规定为："如果应买受人的要求出卖人交付标的物变更原履行地的，只要出卖人将标的物交付给承运人或其他执行人和机构，风险由买受人承担。"德国法所采纳的交付主义模式，对大陆法系很多国家和地区产生了影响。

美国法也采纳了交付移转风险的规则。《美国统一商法典》第2509条规定，如果出卖人为商人，则风险在买受人收到货物后转移至买受人；否则，风险在提示交付时转移至买受人。《美国统一商法典》的起草者卢埃林在解释采纳交付主义规则的理由时指出："统一商法典在货物的风险转移上完全不用所有权的概念，从而使风险转移的规范变得清楚和明确，几乎不可能产生误解。"[⑧] 由于实行从所有人主义向交付主义的转化，交付的概念不仅对法官而言，而且对于当事人而言容易判断，这就极大地减少了有关风险负担的纠纷。[⑨]

我国立法借鉴了德国法的经验，在风险移转的判断方面以交付主义为一般原则。《民法典》第604条规定："标的物毁损、灭失的风险，在标的物交付之前由出卖人承担，交付之后由买受人承担，但是法律另有规定或者当事人另有约定的除外。"这就在法律上正式确立了交付移转风险的规则。具体而言，标的物交付以前，风险由出卖人承担；标的

---

① See Ingeborg Schwenzer, Pascal Hachem, Christ Opher Kee, *Global Salesand Contract Law*, Oxford University Press, 2012, p. 487.

② 参见王轶：《物权变动论》，341页，北京，中国人民大学出版社，2001。

③⑤ See Ingeborg Schwenzer, Pascal Hachem, Christ Opher Kee, *Global Salesand Contract Law*, Oxford University Press, 2012, p. 488.

④ 参见杨永清：《买卖合同中的风险负担规则》，载《人民司法》，1999（8），4页。

⑥ 参见余延满：《货物所有权的转移与风险负担的比较法研究》，316页，武汉，武汉大学出版社，2002。

⑦ 原《德国民法典》第446条第1款规定："买卖标的物一经交付，物的意外灭失或者意外毁损的风险即移转于买受人。自交付之时起，物的收益归属于买受人，物的负担也由买受人承担。"该条第2款规定："土地或登记船舶或建造中的船舶的买受人在交付前作为所有人登入土地簿册、船舶登记簿或建造中的船舶的登记簿的，此种效力自登记时起发生。"

⑧ 徐炳：《买卖法》，257页。

⑨ 参见王轶：《物权变动论》，346页。

物交付以后，风险由买受人承担。当然，由于该规定是任意性规定，而并非强制性规定，当事人完全可以自行约定风险自何时转移。从这一规定可见：标的物的毁损、灭失的风险负担的转移以交付作为判断标准，《民法典》在采纳因交付而移转风险负担的规则的同时，也规定了一些特殊的风险移转规则。在一些具体的买卖合同类型中，其风险负担规则可能会偏离交付主义的一般规则。①《民法典》之所以在买卖合同中以交付作为风险负担认定的一般标准，是因为：

第一，就动产买卖而言，买卖合同中交付是移转动产所有权的通常的方式，因而也应该成为判断风险移转的一般标准。《民法典》第595条规定："买卖合同是出卖人转移标的物的所有权于买受人，买受人支付价款的合同。"在大多数情况下，动产的所有权都因交付而移转，因此，以交付作为判断所有权移转的标准可以适用于绝大多数动产买卖的情况。而就不动产的买卖而言，虽然登记导致所有权发生变动，但是登记并不意味着买受人已经实际上取得了对不动产的管领与使用，以登记作为风险移转的一般标准并不如同交付一般具有合理性。

第二，从有利于保管标的物免遭毁损、灭失的角度而言，占有人易于控制风险的发生。货物在谁手里，谁就较容易保护货物。因为交付后发生占有的移转，谁占有标的物谁就实际控制标的物，也就在一定程度上更便于控制风险的发生。货物易手，货物风险也应同时易手。②

第三，交付主义更为公平合理。在标的物交付之后，买受人可以对物进行利用，从物的占有中获得利益，由其承担风险符合"利之所在，损之所归"的原则。一旦标的物交付，其就处于买受人的控制之下，买受人最能够保护货物免受损失，因此，由其承担风险，符合公平与效率原则。③

第四，采取这种方式在举证上也简便易行，因为在标的物发生毁损、灭失以后，只有占有人便于证明损害的发生是由于风险还是由于过错造成的，而非占有人很难就此举证，因此采用交付主义也便于及时解决纠纷。而且相较于所有权变动的抽象，占有的变动十分具体，易于判断。④

第五，交付主义能够建立有效的风险控制激励制度，占有或控制标的物的当事人通常来说能够最有效、最经济地保护标的物免受损害，将风险分配给他有助于减轻损失的程度。⑤

《民法典》原则上以"交付主义"作为风险负担的规则，但依据《民法典》第604条，存在两个例外规则：一是法律另有规定的除外。这主要适用于法律对于标的物风险负担有特殊规定的情形。法律对于一些有名合同依其性质规定了不同于交付主义的风险负担规则。例如，对于在途标的物的买卖，《民法典》第606条就不再采用交付主义，而是规定"毁损、灭失的风险自合同成立时起由买受人承担"；对于由于货物质量不符合要

---

① 参见李永军、易军：《合同法》，456页。

② 参见徐炳：《买卖法》，255页。

③ 参见徐炳：《买卖法》，254～256页。

④ 参见黄薇主编：《中华人民共和国民法典合同编释义》，339页，北京，法律出版社，2020。

⑤ 参见余延满：《货物所有权的转移与风险负担的比较法研究》，319页。

求造成合同目的无法实现，买受人拒绝收货或解除合同的，标的物毁损、灭失的风险也不再依据交付发生移转，而是由出卖人承担风险。二是当事人另有约定的除外。法律上关于风险负担的规则还是一个任意性规定，因此应当允许当事人通过约定来改变。例如，当事人也可以约定，虽然交付了标的物，但是，在最终付款完毕之前，风险仍由出卖人负担。

《民法典》第224条规定，“动产物权的设立和转让，自交付时发生效力”。因此，在动产买卖中，绝大多数情况下标的物风险移转与所有权移转是同时进行的，交付移转风险规则和所有人主义可能会发生重合。但在一些情况下，在例外的情形下，风险的移转与标的物所有权移转并不同步。例如，在不动产买卖以及所有权保留买卖中，二者就不再重合。交付移转风险规则的特点具体表现为如下几点。

第一，标的物已经完成了交付。完成交付就是财产的占有发生移转，也就是说要由交付的一方将财产的占有转移给另一方，由另一方接受占有。例如交付一方将标的物置放于受让人控制的范围内，但未作通知，因此不能构成交付。完成交付不仅包括交付物，还包括交付有关单证。在例外情况下，如果当事人交付了所有权凭证，也应当认为与交付标的物具有同等效力。需要探讨的是：《民法典》第609条规定：“出卖人按照约定未交付有关标的物的单证和资料的，不影响标的物毁损、灭失风险的转移。”对此处所说的有关标的物单证的含义如何理解？在合同法中，标的物单证有两种含义：一是表彰所有权的凭证，如货物的仓单、提单等。二是上述单证之外的凭证。本书认为，《民法典》第609条所说的“有关标的物的单证和资料”，是指除所有权凭证之外的其他单证和资料，如出售标的物的发票、标的物的说明书、质量检验报告、技术资料等。如果这些单证属于所有权凭证，交付单证就视同交付标的物。正是因为这些单证和资料并非所有权移转的凭证，所以未交付有关标的物单证和资料的，不影响风险负担，从《民法典》第609条的规定来看，风险负担的移转取决于物的交付，单证是否交付不影响风险负担的判断。但如果是有关所有权的凭证，交付单证应当发生所有权的移转。

第二，必须采取现实交付和简易交付的方式。交付可以分为实物的交付和单证的拟制交付。交付以现实交付为原则。现实交付是指出卖人将标的物的占有现实地移转于买受人，由买受人直接占有该动产。现实交付就是将物从一个人的控制转移到另一个人的控制之下，从而发生动产占有的实际移转，这是交付的一般情况。在简易交付的情况下，标的物通常也是处于买受人的占有和控制之下，所以也应当发生风险的移转。不过，在占有改定和指示交付的情况下，标的物并没有实际交付。虽然从物权公示的角度来看，其属于物权公示方法，而且会导致物权的变动。但是，就风险负担而言，交付主义之下的“交付”不应包含指示交付和占有改定。因为在此情况下，买受人并没有实际控制标的物，也无法直接享有利用物所产生的利益，由其承担风险对其是不公平的。

第三，交付移转风险规则主要适用于买卖合同。如前所述，买卖合同主要是以移转所有权为内容，而所有权的移转大多是以交付的方式实现的，基于此，《民法典》在买卖合同中详细规定了依交付移转风险的标准。

三、风险负担规则在买卖合同中的具体适用

1. 在途标的物买卖的风险负担

《民法典》第 606 条规定："出卖人出卖交由承运人运输的在途标的物，除当事人另有约定外，毁损、灭失的风险自合同成立时起由买受人承担。"根据这一规定，买卖在途货物的，从合同成立时起，风险负担移转给买受人。所谓在途货物，是指在买卖合同订立时仍在运输途中的货物。对在途标的物交易而言，出卖人通常正在寻找买主，出卖在途中的标的物。[①]《民法典》第 606 条所规定的在途货物买卖中的风险移转是第 604 条交付导致风险移转的特殊情形。当事人买卖在途货物时，可能通过交付提单等物权凭证完成交付，也可能通过指示交付的方式完成交付，而《民法典》第 606 条在此时不以提单等物权凭证的交付作为风险移转的时间，也不以返还请求权让与的时间作为风险移转时间，而是特别规定了以合同成立时间作为风险移转时间，不过当事人有特别约定的，可以改变这一规则。

2. 不动产买卖的风险负担

对动产来说，在大多数情况下，交付既发生所有权的移转，也发生风险的移转，在此情况下所有权的移转与风险的移转往往是重合的。但是对于不动产来说，情况比较复杂，因为不动产物权变动需要变更登记，仅仅交付并不会移转不动产所有权。关于不动产交易的风险负担，《民法典》第 604 条规定："标的物毁损、灭失的风险，在标的物交付之前由出卖人承担，交付之后由买受人承担，但是法律另有规定或者当事人另有约定的除外。"从该条规定来看，其并没有区分动产与不动产，而是统一采用交付主义的标准。从该规定来看，可以解释为统一适用于所有的动产和不动产。一方面，统一适用于动产和不动产，有助于实现类似问题类似处理，符合平等原则的要求。另一方面，不动产交付之后，占有人可以以较低的成本来控制风险，因此由其承担风险符合效率原则。

需要指出的是，依据该条规定，法律另有规定和当事人另有约定的除外。例如，当事人约定，即便发生交付，也仍然由出卖人负担标的物毁损、灭失的风险，按照私法自治原则，该约定也具有法律效力，并优先于交付移转风险的规则而适用。

3. 交付地点不明情况下的风险负担

在买卖合同中，出卖人应当按照约定的时间、地点交付标的物。风险负担之适用界限为物之交付。[②] 如果交付地点不明确，则出卖人不知道应当将货物交付到何处，从而难以确定其应当履行的义务，由此也将引发如何确定标的物的风险负担的问题。

在合同并没有规定交付地点的情况下，如果货物是由买受人自提的，买受人应当到出卖人的营业地提取货物。但如果由出卖人交付货物，则首先需要确定出卖人应当采取何种方式交付，并根据交付主义分配风险。如果合同约定由出卖人代办运输，但未约定

---

① 参见黄薇主编：《中华人民共和国民法典合同编解读》，484 页。

② 参见邱聪智：《新订债法各论》（上），123 页。

交付地点或约定不明确，则出卖人应当将标的物交付给第一承运人。如果当事人没有对出卖人代办运输达成合意，出卖人和买受人订立合同时已经知晓标的物在某一地点，则出卖人应当在该地点交付标的物。不知晓标的物所在地的，以合同订立时出卖人的营业地作为交付标的物的地点。所以问题关键在于如何确定出卖人已经完成了交付。只要能够确定出卖人已完成交付行为，就应当由买受人承担风险。

在涉及多个承运人的情况下应当如何交付？《民法典》第607条第2款规定："当事人没有约定交付地点或者约定不明确，依据本法第六百零三条第二款第一项的规定标的物需要运输的，出卖人将标的物交付给第一承运人后，标的物毁损、灭失的风险由买受人承担。"而依据《民法典》第603条第2款第1项的规定，标的物需要运输的，出卖人应当将标的物交付给第一承运人以运交给买受人。因此，在此种情形下，依据《民法典》的相关规定，出卖人将标的物交付给第一承运人就构成交付，实际上仍然是交付主义的具体运用。这是对涉及多个承运人的情况下，如何完成交付和移转风险的规定。也就是说，在涉及多个承运人的情况下，尽管当事人在买卖合同中对交付地点没有约定或者约定不明确，但是约定由出卖人安排运输时，将标的物交付第一承运人的地点就是标的物的交付地点，交付给第一承运人时就已经完成交付，标的物风险负担自出卖人将标的物交付给第一承运人时起转移给买受人。① 至于第一承运人是否将标的物交付给第二承运人或是否发生交付迟延，并不影响风险的承担。法律之所以如此设计风险负担的规则，主要是考虑到在标的物需要运输的情形，第一承运人实际上处于买受人的受领辅助人的地位，其接受标的物就等同于买受人接受标的物，因此，在出卖人将标的物交付给第一承运人之后，风险应当由买受人承担。②

4. 远程买卖的风险负担

如果通过网络交易的一方为消费者，消费者通过"互联网"正式订立合同之后，即使其已接受所订购的商品，也可以在一个特定期间内单方解除该合同。《消费者权益保护法》第25条规定："经营者采用网络、电视、电话、邮购等方式销售商品，消费者有权自收到商品之日起七日内退货，且无需说明理由……"法律规定退货期或反悔期的原因在于：一方面，在普通购物中，消费者能够直接见到实物，但在网上购物时，因为消费者没有看到商品的实物，只能根据网上提供有关商品的信息来选购商品，极容易受到生产者在网上作出的各种广告的误导③，如果不允许消费者退货，当发生交货不符甚至欺诈时，消费者的权益就很难得到救济。另一方面，保证交易双方的交易信息对称。因为消费者在实际获得实物以前，其并不能占有商品，无法了解完整的商品的性能和质量等信息。而经营者实际占有着商品，对商品信息有充分的了解。这样双方对商品信息的占有是不对称的。规定一个合理的退货期，可以使消费者充分了解商品的性能，并借此最终决定是否购买。当然，退货期制度使得经过网络订立的合同的解除规则发生变化，即赋予了消费者在一定期限内单方解除合同的权利。由于消费者在一定期限内具有单方解

① 参见翟云岭等：《新合同法论》，256页，大连，大连海事大学出版社，2000。

② 参见黄薇主编：《中华人民共和国民法典合同编解读》，521页。

③ 参见赵廷光等：《电子商务安全的几点刑法对策》，载国家信息化办公室：《电子商务立法论文集》，99页。

除权，因此，标的物并没有完全实现交付，在法律上可以看作消费者代替出卖人占有商品。在退货期内，标的物风险并没有发生移转，仍然由出卖人承担风险。超过退货期，风险则由买受人承担。

5. 于特定地点交付运输的买卖的风险负担

《民法典》第607条第1款吸收借鉴了2012年《买卖合同司法解释》第12条的规则，对于买卖合同中当事人约定了在指定地点交付并交由承运人运输的情形进行了规定。该款规定："出卖人按照约定将标的物运送至买受人指定地点并交付给承运人后，标的物毁损、灭失的风险由买受人承担。"《民法典》第607条第2款规定："当事人没有约定交付地点或者约定不明确，依据本法第六百零三条第二款第一项的规定标的物需要运输的，出卖人将标的物交付给第一承运人后，标的物毁损、灭失的风险由买受人负担。"依据本条规定，出卖人将标的物交付给第一承运人之后，即发生风险负担的移转。

两个条款规定的情形并不相同：一方面，第607条第2款规定的是一般情形，且适用于当事人没有特别约定的情形，而第607条第1款规定的是特殊情形，适用于当事人有特别约定的情形。另一方面，二者的风险负担移转的条件也不同。依据第607条第2款的规定，出卖人只需要将标的物交付给第一承运人，即可发生风险负担的移转；而依据第607条第1款，出卖人需要将标的物运送至买受人指定的地点并交付给承运人，才能发生风险负担的移转。这一规定实际上将整个货物运输中的风险进行了割裂①，即到达指定交付地点交由下一承运人之前的风险由出卖人承担，此后，风险由买受人承担。

四、违约情况下标的物毁损、灭失的风险负担

在买卖合同中，风险负担和违约责任具有密切的联系。从两个制度的功能来看，违约责任是解决一方违约时另一方享有何种救济权利的问题。而风险负担规则是为了解决标的物意外灭失的风险由谁承受的问题。但是，在合同一方当事人违约的情形，也可能会导致风险负担规则的改变。在因为风险负担而承受了风险之后，违约责任如何承担，就需要探讨。我国《民法典》第611条规定："标的物毁损、灭失的风险由买受人承担的，不影响因出卖人履行义务不符合约定，买受人请求其承担违约责任的权利。"据此，即使因风险负担而使买受人承担了风险，但是，出卖人有履行债务不符合约定情形的，买受人仍然可以对其主张违约责任。例如，出卖人交付的货物迟延，买受人在码头接受了货物以后，放在第三人的仓库进行保管，后因火灾导致该货物灭失。此时，由于标的物已经交付，买受人要承担标的物毁损、灭失的风险。但是因为出卖人也违反了合同约定，依据《民法典》的规定，其也要承担违约责任，之所以将风险负担与违约责任分开，其原因主要在于：一方面，这是两项不同的制度，规范的是不同的情形，二者并非对立，因此即使风险负担发生了移转，出卖人仍需要承担违约责任。依据《民法典》第611条的规定，在出卖人违约的情形，即使在标的物交付之后，其毁损、灭失的风险由买受人承担，但买受人仍然可以要求出卖人承担违约责任。另一方面，在合同当事人违约的情

---

① 参见韩世远：《合同法学》，400页，北京，高等教育出版社，2010。

形，买受人接受标的物，只是表明占有发生了移转，但并非表明买受人认可标的物，更不表明买受人放弃了追究出卖人的责任。[①] 在上例中，出卖人交付货物迟延，已经构成违约，但买受人接受该货物后，且将其交给第三人保管，风险负担已经发生移转，但这并不意味着可以免除出卖人的违约责任。所以，买受人承担风险之后，如果出卖人违约，买受人仍然可以要求出卖人承担违约责任。在某些情况下，违约发生以后，仅仅根据违约责任不能完全解决风险的分配问题，这就需要考虑在违约情况下的风险分担问题。

（一）因买受人的原因造成标的物不能及时交付情形下的风险负担

我国《民法典》第605条规定："因买受人的原因致使标的物未按照约定的期限交付的，买受人应当自违反约定时起承担标的物毁损、灭失的风险。"该条规定的是因买受人的违约行为导致标的物不能按期交付时的风险负担规则，此时标的物未能按期交付是由于买受人的过错导致，但是该条没有规定买受人的何种行为构成"买受人的原因"。本书认为，该条所称的买受人的违约主要是指如下几种情况：第一，合同约定应当由买受人自提货物的，买受人没有在约定的期限内提取货物，使出卖人不能及时向买受人交付货物。第二，在出卖人送货的情况下，出卖人通知买受人收货以后，买受人因未做好收货的准备，致使货物不能及时交付。但买受人有正当理由拒绝收货所引起的风险移转问题，不适用该条的规定。第三，买受人负责运输的，承运人没有及时送货，导致货物无法按照约定的期限交付。此处所说的情形都是在交付完成之前发生，如果已经交付标的物，则适用交付主义的一般规则。

（二）因买受人受领迟延而造成标的物不能及时交付情形下的风险负担[②]

受领给付乃是债权人应负的法定义务，受领迟延也是违约形态之一，《民法典》规定了债权人应负的违约责任。就买卖合同而言，出卖人具有按期交付标的物的义务，而买受人也依法负有及时受领标的物的义务。如买受人迟延受领，不仅应当承担违约责任，而且应当承担标的物毁损、灭失的风险。《民法典》第608条规定："出卖人按照约定或者依据本法第六百零三条第二款第二项的规定将标的物置于交付地点，买受人违反约定没有收取的，标的物毁损、灭失的风险自违反约定时起由买受人承担。"这就是说，出卖人依据合同的规定及时交付标的物以后，并已通知买受人受领，买受人无正当理由未及时受领，致使标的物受领迟延，在迟延期间发生了毁损、灭失的风险，该风险应当由买受人承担。《民法典》的这一规定，一方面确定了在迟延受领的情况下风险负担的判断标准，另一方面也有利于督促买受人及时履行受领标的物的义务，并减少纠纷的发生。需要指出的是，该条规定从广义上说也属于因买受人原因而导致没有按期交付标的物，但《民法典》第608条单独规定了受领迟延的风险负担规则。

---

① 参见魏耀荣等：《中华人民共和国合同法释论（分则）》，32页。

② 对于出卖人给付迟延期间标的物的风险负担问题，《民法典》没有作出明确规定。对此，应当借鉴世界各国或地区的普遍做法，使出卖人原则上负担迟延标的物毁损、灭失的风险。例如，《德国民法典》第287条规定："债务人应对迟延期间的任何过失负责。即使在迟延期间发生意外，债务人也应对给付负责，但即使债务人及时给付仍不免发生意外的除外。"

(三) 出卖人交付的标的物存在质量瑕疵构成根本违约情形下的风险负担

如果出卖人交付的货物存在质量瑕疵，致使合同目的不能实现，买受人有权拒绝收货或者解除合同。在此期间，发生的货物毁损、灭失风险应当由哪一方当事人承担，是合同法无法回避的问题。《民法典》第610条规定："因标的物不符合质量要求，致使不能实现合同目的的，买受人可以拒绝接受标的物或者解除合同。买受人拒绝接受标的物或者解除合同的，标的物毁损、灭失的风险由出卖人承担。"由此可见，有关出卖人交付的标的物质量存在严重瑕疵情形下的标的物毁损、灭失的风险承担应当具备三个条件。

第一，出卖人交付的货物在质量上不合格。例如，出卖人交付的产品不符合质量标准，或者产品在规格、包装方面不符合标准，或者不具备应当具备的使用性能。如果当事人就标的物质量发生争议，但不能确定出卖人交付的货物是否合格，不适用该规定。

第二，因标的物质量不符合要求，致使不能实现合同目的。出卖人交付的标的物不合格的情况是十分复杂的。例如，交付1 000千克的水果中只有5千克的水果腐烂，出卖人已经构成违约，但此种违约是轻微的。尽管出卖人应当承担违约责任，但因为其行为并没有构成根本违约，买受人不得拒绝收货或者解除合同。相反，买受人应当接受标的物，出卖人的交付导致标的物风险的转移，但是买受人在接受标的物以后可以依法请求出卖人承担违约责任。只有出卖人交付的货物质量不符合要求，致使不能实现合同目的的，买受人才能依据《民法典》第610条的规定，拒绝收货或者解除合同，此时产生风险应由何人承担的问题。出卖人的履行不合格构成根本违约，表明出卖人的交付不构成真正的交付。由此产生的标的物毁损、灭失的风险应由出卖人承担。

第三，买受人拒绝接受标的物或者解除合同。出卖人交付的标的物不符合合同约定，买受人已经受领该标的物，即使此种不合格已经导致买受人不能实现合同目的，也可能会导致风险的移转。因为如果出卖人交付的货物不合格，买受人有可能会接受标的物而要求出卖人承担违约责任，如请求减价或者要求出卖人承担其他违约责任。在此情况下，由于标的物已经交付，且买受人已经实际接受，此时，标的物的毁损、灭失风险应当由买受人承担。但在出卖人交付标的物不合格且导致订立合同的目的不能实现时，买受人已依法享有拒绝收货和解除合同的权利，如果买受人拒绝受领标的物，则标的物视为没有交付，在此情况下，标的物毁损、灭失的风险仍然应当由出卖人承担。所以，一方当事人交付标的物不合格，买受人拒绝受领是风险不发生移转的前提条件。问题在于：如果出卖人交付的货物有瑕疵，买受人拒绝受领，但买受人代为临时性照管，在代为保管期间发生标的物毁损、灭失的风险，则风险应当由谁来承担？本书认为，由于代为保管并没有构成真正的交付，因此也不能发生风险的移转，出卖人仍然应当承担风险。在因根本违约导致的解除问题上，由于合同目的已经不能实现，所以此时不一定会产生风险的移转问题。

应当指出，法律关于风险负担的规则仍然属于任意性规范，当事人可以通过其相互间的协议改变上述规则，但如果当事人之间没有特别的协议，则应当适用这些规则。

第六节　违反买卖合同的行为及其责任

一、拒绝履行及其责任

在买卖合同中，拒绝履行是指买卖合同当事人一方拒绝履行其合同义务。其包括四种情形：一是出卖人无正当理由不交货；二是买受人无正当理由不收货；三是买受人收货后无正当理由拒不付款；四是预期违约。在履行期到来之前，买卖合同的任何一方当事人明确表示，其在履行期到来之后将不履行合同，或者以其行为表示在履行期到来之后将不履行合同，而且没有对履约提供担保，都属于预期违约。

在拒绝履行的情况下，非违约方可以请求违约方继续履行。对于依法不能强制履行，以及客观上已经不可能强制履行的，不能适用继续履行责任。由于拒绝履行通常都构成根本违约，非违约方有权解除合同，并有权要求违约方赔偿损失。

二、不适当履行及其责任

所谓不适当履行，是指债务人交付的货物不符合当事人所约定的数量。不适当履行需要区分继续性的长期供货合同与一次性的买卖合同。不适当履行可以分为两种类型。

一是交付不足。它是指出卖人交付的标的物在数量上不符合合同的约定，也称为部分履行。一般而言，出卖人仅部分履行交付义务的，买受人可以要求出卖人补交货物。一般情况下，如果履行是可分的，部分履行并不一定导致当事人订约目的的丧失或不能实现，因而，除非债权人能够证明部分履行将构成根本违约、导致订约目的不能实现，一般不能解除合同，而只能请求出卖人承担违约责任。如果履行是不可分的，非违约方证明未履行的部分对其没有利益，构成根本违约，可以解除合同。例如，出卖人应交付1 000斤苹果，却只交付50斤，未交付部分的数量所占的比例很大，应构成根本违约。

二是多交货物。它是指出卖人交付的货物超出了合同约定的数量。在买卖合同中，出卖人应当按照约定的数量交付标的物，否则即构成违约。但在出卖人多交货物的情况下，民法典合同编将寻求救济的权利赋予买受人。《民法典》第629条规定："出卖人多交标的物的，买受人可以接收或者拒绝接收多交的部分。买受人接收多交部分的，按照约定的价格支付价款；买受人拒绝接收多交部分的，应当及时通知出卖人。"依据这一规定，第一，在出卖人多交货物的情形下，如果买受人接收多交的货物，其应当就多交部分支付价款。此时，可以视为当事人已经就标的物数量达成了变更的协议。买受人当然应当就多接受的部分支付相应的价款。第二，如果买受人不愿意接收，其有权拒绝出卖人多交的货物，但应当及时通知出卖人，以减少出卖人的损失。第三，买受人拒绝接收出卖人多交付部分标的物的，应当在通知期间内代为保管。《买卖合同司法解释》第3条第1款规定："根据民法典第六百二十九条的规定，买受人拒绝接收多交部分标的物的，可以代为保管多交部分标的物。买受人主张出卖人负担代为保管期间的合理费用的，人民法院应予支持。”因此，在代为保管期间，出卖人应当负担实际支出的合理费用，并承受非因买受人过错造成的损失，以免因标的物无人管理而造成财富的浪费。但买受人也应当妥善保管标的物。《买卖合同司法解释》第3条第2款规定：“买受人主张出卖人承担代为保管期间非因买受人故意或者重大过失造成的损失的，人民法院应予支持。”第四，在买受人就多交部分通知出卖人之后，该部分货物的毁损、灭失风险通常应由出卖人负担。

在继续性合同的违约形态与责任问题上，尤其是在长期供货合同中，当事人双方约定一方于确定的或不确定的期限内，向他方继续供给一定量的货物，而他方应分期支付价金。由于长期供货合同具有特殊性，因而民法典合同编对此类合同的违约形态和责任专门作出了规定，主要有以下三种情况。

一是分批交付标的物的，一批货物不符合约定导致该批货物不能实现合同目的。《民法典》第633条第1款规定：“出卖人分批交付标的物的，出卖人对其中一批标的物不交付或者交付不符合约定，致使该批标的物不能实现合同目的的，买受人可以就该批标的物解除。”依据这一规定，在长期供货合同中，当事人约定了分批交付货物的，如果仅仅交付一批货物不符合约定，通常不会导致合同目的无法实现，当事人不能据此解除合同。如果该批货物的交付可以与其他货物的交付分开，则买受人可以就该批货物的买卖解除合同。①

二是不交付其中一批标的物或者交付不符合约定，致使今后其他各批标的物的交付不能实现合同目的的。《民法典》第633条第2款规定：“出卖人不交付其中一批标的物或者交付不符合约定，致使之后其他各批标的物的交付不能实现合同目的的，买受人可以就该批以及之后其他各批标的物解除。”该规则来源于《销售合同公约》第73条第2款。② 依据这一规定，在长期供货合同中，如果出卖人不交付其中一批标的物或者交付不符合约定，导致该标的其他部分的交付失去意义，则也可以构成根本违约。此时解除权针对的是该批交付以及以后的交付，而不及于之前已经履行的部分。③ 例如，当事人订立买卖电脑的合同，出卖人没有交付主机，导致后来要交付的配件都没有意义。此种情况与第一种情况的区别就在于：在第一种情况下，在一批交付不符合约定的情况下，后续交付仍可具有意义；但在该种情形下，该交付不符合约定会导致后续交付失去意义。因此二者存在一定区别。

三是分批交付标的物，买受人如果就其中一批标的物解除，而该批标的物与其他各批标的物相互依存。《民法典》第633条第3款规定：“买受人如果就其中一批标的物解除，该批标的物与其他各批标的物相互依存的，可以就已经交付和未交付的各批标的物解除。”依据这一规定，在长期供货合同中，如果标的物是分批交付的，一批标的物的交付不合格，但该标的物与其他标的物存在一定的依存关系，导致买受人订约目的不能实

---

① 参见胡康生主编：《〈中华人民共和国合同法〉释义》，247页。

② 《销售合同公约》第73条第2款规定：“如果一方当事人不履行对任何一批货物的义务，使另一方当事人有充分理由断定对今后各批货物将会发生根本违反合同，该另一方当事人可以在一段时间内宣告合同今后无效。”

③ 参见胡康生主编：《〈中华人民共和国合同法〉释义》，247～248页。

现，此时买受人可以直接解除整个合同。[①] 所谓相互依存关系，是指各批标的物的交付之间在功能上存在一定的共同性或者各批标的物的订约目的是一致的。例如，双方当事人订立了购买成套设备的合同，在交付了一套配件之后，还有一套配件没有交付，但是，如果已经交付的这部分标的物不合格，买受人解除合同将导致所有的配件都无法再行交付。

三、瑕疵履行及其责任

（一）瑕疵履行的概念和责任形式

所谓瑕疵履行，是指出卖人交付的标的物不符合合同约定的质量要求。瑕疵是指标的物违反法律规定的或者当事人约定的质量标准。瑕疵履行可能仅仅导致标的物本身的损害，也可能导致标的物以外的其他财产或人身的损害。瑕疵履行可以纳入广义的不适当履行的范畴，但如果对于不适当履行作狭义理解，瑕疵履行也可以作为一种独立的违约形态。我国民法典合同编仅承认了瑕疵担保义务，以统一的违约责任对违反瑕疵担保义务的情形予以救济，并没有规定与违约责任相分离的、独立的瑕疵担保责任制度。因此，在民法典合同编中，违反瑕疵担保义务，构成违约责任中的一种具体类型。在出卖人瑕疵履行的情形下，依据《民法典》第582条的规定，买受人有权请求出卖人承担如下违约责任。

一是实际履行。在瑕疵履行的情况下，买受人有权要求出卖人修理、更换、重作。如果有瑕疵的货物能够修理，则应当由出卖人修理，或者买受人修理而由出卖人支付合理的修理费用。所谓合理，就是说所支出的费用是必要的，也就是在正常情况下修理该种有瑕疵的货物所必须支出的费用。即使修理结果并不能达到合同所规定的质量，违约方也应当支付已经花费的修理费用。

二是减少价款，也称降价。它是指在维持买卖合同效力的情况下，变更合同价款。如果出卖人交付的标的物虽然有瑕疵，但是买受人愿意接受，在此情形下，买受人也可以根据“以质论价”的标准请求减少价款。《买卖合同司法解释》第15条规定：“买受人依约保留部分价款作为质量保证金，出卖人在质量保证期未及时解决质量问题而影响标的物的价值或者使用效果，出卖人主张支付该部分价款的，人民法院不予支持。”在减价时，应当以符合约定的标的物和实际交付的标的物按交付时的市场价值计算差价。[②] 但买受人在要求减价的同时，是否可以就可得利益损失请求赔偿？例如，合同约定原告购买被告某套设备，交付时原告发现设备有瑕疵，不能正常使用。交付时该设备实际价值为1万元，而符合合同的货物的价格为1.5万元。原告已先履行合同即已交付了该款。此时，原告要求返还价值差额5 000元，并要求赔偿因机器设备不能安装使用而造成的利润损失每日500元。本书认为，买受人要求降价后应有权就可得利益损失请求赔偿。如果货物因质量不合格而被退货，那么损害赔偿则完全应按出卖人未交付货物的损失来

---

① 参见胡康生主编：《〈中华人民共和国合同法〉释义》，248页。

② 参见《买卖合同司法解释》第17条。

计算，买受人可以获得合同价格与市场价格的差额；另外，买受人还可请求出卖人承担退货所支付的各种合理费用。即使买受人已经支付了价款，依据《买卖合同司法解释》第 17 条，买受人也有权主张返还减价后多出部分的价款。

三是支付违约金。在瑕疵履行的情形，如果当事人约定了违约金条款，买受人也可以请求出卖人支付违约金。但此种违约金主要是补偿性的，其发挥损害赔偿额预定的功能。从我国民法典合同编的规定来看，在标的物存在瑕疵的情况下，其并未认可当事人可以约定惩罚性的违约金。

四是损害赔偿。在瑕疵履行的情形，如果标的物的瑕疵导致了买受人的损害，则其应当有权请求损害赔偿。在买卖合同中，损害赔偿额应与买受人因出卖人违反合同而遭受的包括利润在内的损失额相等，即相当于买受人因对方违约所遭受的损失加上依据合同可预期获得的利润。此外，在买受人要求修理、更换、重作的情况下，其还有其他损失的，也可以要求出卖人予以赔偿。例如，买受人将存在瑕疵的标的物交由他人进行修理导致买受人无法使用该标的物，买受人因不能使用标的物所遭受的损失，也应由出卖人负责赔偿。

（二）瑕疵履行与合同解除

《民法典》第 610 条规定："因标的物不符合质量要求，致使不能实现合同目的的，买受人可以拒绝接受标的物或者解除合同。买受人拒绝接受标的物或者解除合同的，标的物毁损、灭失的风险由出卖人承担。"如果标的物质量不符合质量要求，致使不能实现合同目的，则买受人有权解除合同。这就是说，标的物质量不符合要求，必须达到根本违约的程度，才能解除合同。如果只是一般的、轻微的质量不符，买受人不能据此要求解除合同。例如，双方约定交付 1 000 斤苹果，只有 5 斤有质量瑕疵。鉴于此种瑕疵并不严重，买受人不能要求解除合同。

《民法典》第 631 条规定："因标的物的主物不符合约定而解除合同的，解除合同的效力及于从物。因标的物的从物不符合约定被解除的，解除的效力不及于主物。"该条规定了关于主物和从物在解除时的效力规则，其包括如下内容：第一，如果标的物的主物不符合约定，导致当事人不能实现合同目的，买受人有权解除合同，在合同解除后，解除合同的效力及于从物。法律作出此种规定的原因在于，从物是依附于主物的，主物的买卖被解除，则从物的买卖也当然不存在。例如，买卖房屋合同被解除后，在房屋门前的一对石狮子买卖合同也当然解除。第二，如果涉及从物的合同被解除，并不一定影响到涉及主物的合同。例如，在上例中，买卖石狮子的合同因标的物不符合约定而解除，则房屋的买卖合同并不当然解除。因为从物不能脱离主物而发挥经济效用，而且从物合同的解除不会当然导致主物买卖合同的目的无法实现。①

《民法典》第 632 条规定："标的物为数物，其中一物不符合约定的，买受人可以就该物解除。但是，该物与他物分离使标的物的价值显受损害的，买受人可以就数物解除合同。"该条是对标的物为数物中的一物不符合约定时买受人解除权的规定。其中，涉及

---

① 参见黄薇主编：《中华人民共和国民法典合同编解读》，549 页。

两种情形：第一，标的物为数物，数物的买卖可以分开。在实践中，当事人在订立买卖合同时，常常约定数个物为标的物，如买卖电脑一台、路由器一个和打印机一台，在该买卖合同中，数物是可以分开的，如果路由器不符合约定，依据《民法典》第632条，当事人可以解除路由器的买卖合同。第二，标的物为数物，数物的买卖难以分开。例如，打印机和电脑是配套的，如果打印机不合格，将使整个电脑的价值明显受到损害，这就是该条所规定的“该物与他物分离使标的物的价值显受损害”，在此情形下，买受人可以就数物解除合同。

我国司法实践认为，在买卖合同解除以后，非违约方有权继续主张违约金。对此，《买卖合同司法解释》第20条作出了规定。①

（三）买受人有权合理选择责任形式

依据《民法典》第582条，标的物质量不符合约定的，受损害方根据标的物的性质以及损失的大小，可以合理选择要求对方承担违约责任。如何理解此处所说的“合理选择”？所谓“合理选择”，是指虽然买受人享有选择权，但是选择权的行使应当遵循诚信原则。例如，买受人选择修理，通常是在货物所存在的瑕疵能够被修理时才能请求，在不能修理或者修理费用过高时则不应行使此种请求权。即便是在标的物质量不符合约定的情形下，非违约方根据标的物的性质以及损失的大小，可以请求减价、修理、更换、重作等方式，但这些方式也都要求是合理的，例如，如果买卖的标的物是特定物，就无法进行更换。如果标的物重作的费用更高，此时不应当允许当事人请求重作。受损害方在作出选择时应当考虑这些因素。

四、迟延履行及其责任

迟延履行，是指债务人在债务到期以后无正当理由没有履行其给付义务。判断履行迟延的关键是履行期间的确定，只要债务人在债务到期之后没有履行其合同义务，且无正当理由都构成迟延履行。在迟延履行的情形下，非违约方有权请求违约方承担以下违约责任：

一是继续履行。在迟延履行的情形，只要债务人能够履行，债权人就有权请求其继续履行，这也是实现合同目的的要求。

二是损害赔偿。在出卖人迟延交付货物的情况下，如果买受人收到了货物，要根据货物应该交付时的市场价与实际交付时的市场价的差额来计算，当然，这里是假定价格在不断下跌。如果价格在不断上涨，那么就谈不上价格方面的损失问题。如果买受人逾期支付货款，那么赔偿额应为：迟延利息＋其他损失（如为实现债权所支付的费用）。如果买卖合同没有约定逾期付款违约金或者该违约金的计算方法，出卖人以买受人违约为

---

① 《买卖合同司法解释》第20条规定：“买卖合同因违约而解除后，守约方主张继续适用违约金条款的，人民法院应予支持；但约定的违约金过分高于造成的损失的，人民法院可以参照民法典第五百八十五条第二款的规定处理。”

由主张赔偿逾期付款损失的，可以中国人民银行同期同类人民币贷款基准利率为基础，参照逾期罚息利率标准计算。

三是支付违约金。在我国，违约金主要是补偿性违约金，违约金通常不能与继续履行并用；而在迟延履行的情形，法律认可了此种违约金属于惩罚性违约金。迟延履行导致的损害已实际发生，实际履行不足以弥补该损失，此时违约金条款仍应为填补损失。《民法典》第 585 条第 3 款特别规定，当事人就迟延履行约定违约金的，违约方支付违约金后，还应当履行债务。《买卖合同司法解释》专门就逾期付款违约金作出了规定：其一，有约定应当依约定。《买卖合同司法解释》第 18 条第 2 款规定："买卖合同约定逾期付款违约金，买受人以出卖人接受价款时未主张逾期付款违约金为由拒绝支付该违约金的，人民法院不予支持。"其二，买卖合同没有约定逾期付款违约金或者该违约金的计算方法的，依据《买卖合同司法解释》第 18 条第 4 款计算："违约行为发生在 2019 年 8 月 20 日之后的，人民法院可以违约行为发生时中国人民银行授权全国银行间同业拆借中心公布的一年期贷款市场报价利率（LPR）标准为基础，加计 30～50％计算逾期付款损失。"

五、违反附随义务及其责任

在通常情形下，违反附随义务并不会影响当事人缔约目的的实现，但在例外情形下，违反附随义务也可以构成根本违约。依据《民法典》第 563 条第 1 款第 4 项"有其他违约行为致使不能实现合同目的"的规定，受害人也有权解除合同，并有权要求赔偿损失。例如，在特许经营合同中，事先没有如实告知专利的使用方法，导致受许可人无法开展经营活动，则受许可人有权解除合同。

思考题

1. 简述买卖合同的概念和特点。
2. 简述买卖合同出卖人的义务。
3. 买卖合同买受人负有哪些义务？
4. 简述买卖合同中标的物风险负担的规则。

第十三章
特种买卖

案例

甲向乙公司（汽车销售公司）购买某型号汽车，当事人在合同中约定，由甲对该汽车试用一周，之后再由甲决定是否购买。一周试用期限届满后，甲并没有将汽车归还乙公司，也没有表示愿意购买该汽车。10日后，乙公司请求甲支付价金，甲拒绝支付价款，并表示愿意归还汽车，双方为此发生争议。

简要评析：该案属于试用买卖合同纠纷，双方的争议焦点在于：在试用期限届满后，在甲未归还汽车，也没有表示愿意购买汽车的情形下，买卖合同能否成立？对此，《民法典》第638条第1款规定："试用买卖的买受人在试用期内可以购买标的物，也可以拒绝购买。试用期限届满，买受人对是否购买标的物未作表示的，视为购买。"依据该条规定，在试用期限内，买受人可以决定是否购买标的物，但在试用期限届满后，如果买受人未作表示，则视为购买。因此，在该案中，在试用期限届满后，甲未作表示的，应视为购买该汽车，乙公司有权请求甲支付价金。

一般买卖是指没有特殊要件要求的买卖，而特种买卖是指特殊形态的买卖，即具有特殊要件的买卖。特种买卖的主要特点在于：其是买卖中的特殊形态，在此类买卖的订立方式、履行方式、担保规则等方面，法律一般会有特别的规定。对特种买卖而言，在法律有特别规定的情况下，要从其规定，但在法律没有特别规定的部分，应当适用一般买卖的规则。在合同法中，某些特种买卖合同依然是有名合同，而非无名合同。我国民法典合同编专门规定了分期付款、试用买卖、所有权保留、招投标买卖、拍卖等，下面分别阐述。

第一节 所有权保留

一、所有权保留的概念和特点

所谓所有权保留（Retention of Title），是指在买卖合同中，买受人虽先占有、使用标的物，但在全部价款支付以前，出卖人对于标的物仍保留所有权。[①] 例如，某人从某汽车销售店购买汽车一辆，双方约定，在付完全款之前，买受人可将该汽车取走使用，但销售店仍然保有汽车的所有权。所有权保留制度具有一定的担保功能，因为出卖人在交付标的物以后，仍然保留标的物的所有权，出卖人保留的所有权实际上就起着一种担保的功能，即担保买受人按期支付全部价款。同时，所有权保留制度也具有一定的资金融通功能，即通过所有权保留制度，买受人可以不必一次付清价款就可以占有和利用物，这也有利于促进交易。《民法典》第 641 条第 1 款规定："当事人可以在买卖合同中约定买受人未履行支付价款或者其他义务的，标的物的所有权属于出卖人。"这就在法律上正式确认了所有权保留制度。

所有权保留的主要特点在于：

第一，它仅适用于动产买卖。所有权保留主要适用于买卖合同中。只有在移转所有权的合同中，才可能出现一方当事人在对方未清偿价款或完成其他条件的情况下，仍然保留对标的物所有权的情况。虽然我国《民法典》第 641 条的规定并没有明确指出其适用的范围，但司法实践认为，所有权保留仅适用于动产[②]，不动产的物权变动方式也决定了，其不可能采用所有权保留的方式。对于不动产来说，标的物所有权转移需要履行登记手续的，即使当事人交付标的物也并不移转所有权，而如果当事人办理了移转登记，则所有权必然移转，当事人无法约定排除。

第二，它属于交付移转所有权的例外。所有权保留的形式是由法律规定的，但作为交付移转所有权的例外，它又是当事人通过特别约定来实现的。也就是说，当事人通过约定改变了法律关于交付移转所有权的一般规则。关于动产物权的变动，《民法典》第 224 条规定："动产物权的设立和转让，自交付时发生效力，但是法律另有规定的除外。"其中并没有允许当事人通过约定来改变交付的规则，但《民法典》第 641 条第 1 款规定："当事人可以在买卖合同中约定买受人未履行支付价款或者其他义务的，标的物的所有权属于出卖人。"该条应属于《民法典》第 224 条"法律另有规定"的情形，所有权保留属于交付移转所有权的例外情形。

第三，它是一种非典型担保。所谓非典型担保，是指相对典型担保而言没有被法律所明文规定的新类型担保形式（如让与担保）。在我国民法上，所有权保留并非以典型担

---

① 参见崔建远主编：《合同法》，405～406 页。

② 根据《买卖合同司法解释》第 25 条，买卖合同当事人主张标的物所有权保留的规定适用于不动产的，人民法院不予支持。

保制度的形式出现，但其实际上属于发挥担保债权实现功能的制度，是非典型担保的一种形态。不过，所有权保留和质押是不同的，在所有权保留中享受担保利益的一方是不占有“担保物”的，而在质押中享受担保利益的一方取得了对担保物的直接占有，从这个意义上来看，和质押相比，所有权保留在担保上的性质更类似于抵押。

第四，兼具融资与担保的功能。对买受人而言，通过所有权保留买卖，其并不需要一次性支付全部价款，却可以对标的物进行占有、使用、收益，从这个意义上说，此种交易也具有一定的融资功能，且有利于促进物尽其用，有利于鼓励交易，同时，因为出卖人在交付标的物之后，仍然保留标的物的所有权，因而具有担保功能。正如王泽鉴教授所言：“保留所有权之主要功能，虽在于保障债权，但亦深具社会经济意义，盖出卖人之债权既获保障，可借分期付款方式大量出售货物，并可舍弃通常为保全价金而附加之各种苛严条款，其于增加生产，促进经济发展，改善民生，贡献甚巨。”①

二、所有权保留与附条件买卖的区别

所有权保留与附条件买卖都是当事人对交易附加一定的条件，二者可能发生交叉，附条件买卖中也可以针对所有权的移转附一定的条件。例如，当事人双方在合同中约定，如果公司发放工资，就支付某物的价款，并取得所有权。因为这一原因，有的国家法律也将所有权保留称为附条件买卖。但本书认为，两者之间存在一定的区别，主要表现在：

第一，在附条件买卖中，当事人通常可以约定一定的条件，以该条件的成就与否，作为合同成立与否的决定因素。而在所有权保留中，合同已经成立，其影响的是是否在交付时同时移转标的物所有权的问题。例如，某人从4S店购买汽车一辆，双方订立了所有权保留合同，合同一旦成立，就已生效。

第二，是否具有担保功能。在附条件买卖中，其所附条件并非以担保为目的。而所有权保留是为了实现信用交易中的担保功能。

第三，适用范围不同。附条件买卖可以广泛适用于各种买卖，不限于动产的买卖；而所有权保留的适用对象仅限于动产的买卖。

三、所有权保留的效力

（一）对出卖人的效力

在所有权保留买卖中，出卖人除了享有普通买卖中出卖人的权利（如请求买受人支付价款），还享有如下几项权利。

（1）保留所有权。

所有权保留是交付移转所有权的例外情形，在所有权保留的情形下，虽然标的物由买受人占有、使用，但其所有权仍归出卖人。不过，在约定了所有权保留的情形下，出卖人虽然保留所有权，但其不能对该物进行任意处分，如在该物之上设定抵押等，否则

---

① 王泽鉴：《民法学说与判例研究》，第1册，127～128页，北京，中国政法大学出版社，1998。

可能使买受人的合同目的落空。

（2）依法享有解除权。

此处所说的解除权是指法定解除权，也就是说，如果买受人的行为构成根本违约，符合法定解除权的行使条件，则出卖人有权依法解除合同。民法典合同编通则中有关合同解除的一般规定可以适用于所有权保留的合同中。例如，买受人未能支付价款，或者未按照约定完成特定条件等，将构成根本违约，出卖人有权依法解除合同。

（3）出卖人享有取回权。

所谓取回权，依据《民法典》第642条第1款的规定，是指当事人约定出卖人保留合同标的物的所有权，在标的物所有权转移前，买受人出现了法律规定的情形，造成出卖人损害的，除当事人另有约定外，出卖人有权取回标的物。法律之所以规定取回权，是因为：一方面，买受人已经实施了未按照约定支付价款，或者对标的物进行处分等行为，直接导致了对出卖人的损害，继续使买受人占有标的物对出卖人极为不利；当商品价值不大或易损耗时，出卖人取回权的作用确实有限，但如果标的物价值较大，且不易损耗，出卖人享有的取回权在经济上也具有重要意义。买受人不于一定期间内履行合同以回赎标的物的，出卖人有权将该标的物再行出卖。另一方面，保留标的物所有权是对出卖人价金债权的担保，在出卖人价金债权的实现受到重大影响时，允许其取回标的物，有利于保障其价金债权的实现；此外，在符合法律规定的条件下，赋予出卖人取回标的物的权利，也有利于及时制止买受人的相关行为，并督促买受人严格按照合同约定履行合同。

取回权行使的构成要件为：

第一，标的物所有权尚未转移。如果标的物的所有权已经移转，则买受人有权按照自己的意愿处分标的物，此时，即便买受人未按照合同的规定支付价款，或者其已经将该标的物转让给他人，在此情形下，出卖人也无权取回标的物。在标的物所有权移转于买受人之前，如果买受人出现第642条第1款的三种情形，出卖人可以行使取回标的物的权利。

第二，买受人实施了损害出卖人的行为，主要包括以下三种情形。

一是没有依约支付价款，且在催告后仍未在合理期限内支付。然而，如何认定未按照约定支付价款？通常，买受人在何种情况下未支付价款可使出卖人享有取回权，应当由合同约定。如果合同没有约定，则应当达到严重的程度。对此，比较法上的规定不完全相同。例如，瑞士法规定，只有在买受人连续拖欠两期付款，且欠款达到货款总额的1/10时，或欠款达到货款总额1/4时，抑或拖欠最后一期付款时，出卖人才有权行使取回权。并且出卖人在行使取回权之前要提前14天向买受人发出欠款通知。[①] 我国《民法典》对此并没有作出规定，对于买受人未支付价款应当达到何种程度，出卖人才享有取回权的判断，《买卖合同司法解释》第26条规定："买受人已经支付标的物总价款的百分之七十五以上，出卖人主张取回标的物的，人民法院不予支持。"因此，买受人已经支付标的物总价款的3/4以上的，出卖人不得主张取回标的物。

---

① See E. Allan Farnsworth, *International Encyclopedia of Comparative Law*, Vol. Ⅷ, Specific Contracts, Chapter 4, Tübingen: Installment Sales, 1973, p. 10.

二是未按照约定完成特定条件。此处的特定条件主要是指合同当事人约定的价款支付之外的条件。例如，双方在合同中约定，买受人在取得标的物的占有后可以转让标的物，但是需要将对第三人的请求权转让给出卖人，此时，如果买受人没有将该请求权转让给出卖人，第三人也并未取得所有权，则出卖人可以行使取回权。

三是买受人对于标的物作出不当处分。此处的处分应当既包括转让、出质等法律上的处分，也包括物理的破坏等事实上的处分。在当事人没有特别约定的情形下，买受人在取得标的物所有权时不得出卖标的物，但是如果当事人约定买受人可以出卖标的物，则不在此限。在买受人转售标的物的场合，如果所有权保留并未登记，则后手买受人可能依据善意取得规则取得标的物的所有权，此时依据《买卖合同司法解释》第 26 条，出卖人无法行使取回权。而如果所有权保留已经登记①，后手买受人应查阅登记，则出卖人可以对抗后手买受人，行使取回权。

第三，造成了对出卖人的损害。法律上之所以设定取回权，根本原因是买受人实施了上述行为，客观上造成了对出卖人的损害，如果让买受人继续占有标的物，将使出卖人面临极大的风险，不仅出卖人不能继续获得对价，甚至有丧失标的物的危险，因此，法律上允许出卖人取回标的物，以维护其权利。

第四，当事人没有其他特别约定。在买受人实施上述行为时，如果当事人有特别约定，则应当按照特别约定。例如，在买受人未按照约定支付价款时，当事人约定允许买受人延期半年支付价款，或者允许买受人采取其他补救措施，则出卖人不得取回标的物。

对于取回权的行使方式，《民法典》第 642 条第 2 款进行了规定。依据该款的规定，一是当事人协商取回。取回事实上将导致合同无法履行，对当事人权益影响巨大，因此，如果当事人能够协商，则应当通过协商解决。二是如果协商不成，则可以参照适用担保物权的实现程序。此处所说的担保物权的实现程序主要是指《民事诉讼法》第十五章“特别程序”中的担保物权实现程序。《有关担保制度的解释》第 64 条第 1 款规定：“在所有权保留买卖中，出卖人依法有权取回标的物，但是与买受人协商不成，当事人请求参照民事诉讼法‘实现担保物权案件’的有关规定，拍卖、变卖标的物的，人民法院应予准许。”第 64 条第 2 款规定：“出卖人请求取回标的物，符合民法典第六百四十二条规定的，人民法院应予支持；买受人以抗辩或者反诉的方式主张拍卖、变卖标的物，并在扣除买受人未支付的价款以及必要费用后返还剩余款项的，人民法院应当一并处理。”因此，出卖人可以向法院申请裁定拍卖、变卖标的物。对于拍卖、变卖获得的价款，扣除原买卖合同价款后有剩余的，应当返还给买受人；如果不足，则买受人应当继续支付剩余价款。这有利于节省诉讼程序，简化担保权的实现程序。②

在所有权人取回的情况下，合同是否当然解除？一般认为，取回权仅仅针对买受人对标的物占有而设，如合同中约定了取回权，则出卖人在符合约定条件时行使取回权，只是导致买受人占有的丧失，合同并不解除，买受人可以行使回赎权。本书赞同此种看法。这就是说，出卖人行使了取回权，并不意味着就立即解除合同，仍然应当给买受人

---

① 参见黄薇主编：《中华人民共和国民法典合同编解读》，582 页。

② 参见黄薇主编：《中华人民共和国民法典合同编解读》，583 页。

一定的回赎期，赋予买受人回赎的权利，这不仅符合合同法鼓励交易的目的，而且可以实现对买受人的保护。从这个意义上说，此时的合同解除是附条件的解除。

（4）出卖人享有再出卖权。

在买受人未行使回赎权时，依据《民法典》第643条第2款的规定，出卖人享有再出卖权。再出卖权是出卖人将没有回赎的标的物另行出卖给第三人的一项权利。立法赋予出卖人再出卖权的主要原因在于，标的物的所有权仍然属于出卖人，既然出现取回权行使的事由且未予消灭，则买受人构成违约，买受人未行使回赎权，因此应当允许出卖人继续出卖标的物。对于另行出卖标的物获得的价款，在扣除必要费用和未支付价款后，多余部分应当返还买受人，不足部分则继续由买受人清偿。①

在买受人未行使回赎权的情形下，所有权保留买卖合同是否需要继续履行，以及标的物如何处理将成为问题。此时赋予出卖人再出卖权可以有效终结所有权保留买卖合同关系，也可以促进标的物继续有效利用。但是对于出卖人行使再出卖权的方式，法律没有进行规定，这就意味着出卖人可以自行选择再出售标的物的方式，可以通过请求法院拍卖、变卖以外的方式自行出售标的物。这主要是考虑到拍卖等程序可能费用过大，且买受人的行为已经构成违约，因而需要优先保护出卖人的利益。但是，为防止出卖人低价出售，造成买受人损失，《民法典》第643条第2款要求出卖人需要以“合理”价格出售。如果出卖人出卖价格不合理，买受人可以拒绝清偿剩余部分。当然，再出卖权也是出卖人享有的一项私权，其行使不得损害公共利益和第三人利益。如果出卖人不出卖标的物，则应当继续按照所有权保留买卖合同的约定进行处理，买受人构成根本违约的，出卖人可以解除合同并请求损害赔偿，也可以请求买受人继续履行合同义务。

《民法典》第642条第2款规定：“出卖人可以与买受人协商取回标的物；协商不成的，可以参照适用担保物权的实现程序。”该条实际上是对再出卖权的实现程序的规定。实践中，出卖人与买受人协商取回标的物的，出卖人应当给买受人指定一定的回赎期，在该期限内买受人没有行使回赎权，出卖人就可以直接处分标的物。但是，在出卖人享有取回权的情形下，就标的物的处置问题，出卖人与买受人不能达成协商一致的意见，在此情况下，出卖人享有两种救济渠道：第一种是依照《民事诉讼法》“实现担保物权案件”的有关规定，直接进行拍卖、变卖标的物，并在扣除买受人未支付的价款以及必要费用后，将剩余的款项返还给买受人。第二种是当事人如果对取回权存在争议，出卖人可以提起诉讼。在此情形下，如果买受人放弃回赎权，法院可以直接对该标的物进行拍卖、变卖，并在扣除买受人未支付的价款以及必要费用后，将剩余的款项返还给买受人。

（二）对买受人的效力

在所有权保留中，买受人也享有买卖合同中的各项权利，如请求出卖人移转标的物的占有等。除此之外，买受人还享有如下权利。

（1）对标的物占有、使用、收益的权利。

在所有权保留中，在价金完全支付之前，所有权不发生移转。买受人仅仅享有占有

① 参见黄薇主编：《中华人民共和国民法典合同编解读》，626页。

和使用的权利，因为只要其支付了全部价金，就确定地取得所有权，出卖人也无法阻止其取得所有权。通过全部支付价金，买受人最终可以取得标的物的所有权。在所有权保留中，买受人享有对标的物占有、使用、收益的权利，但不能享有处分权，因此，买受人不能将动产擅自转让或设立担保。

（2）享有期待权。

所谓期待权，是指权利人依据法律或合同的规定，依法对未来的某种权利享有一种期望或期待的利益。在所有权保留买卖中，买受人虽然在尚未满足当事人约定的特定条件时不能取得标的物的所有权，但仍然享有对所有权转让的期待权利，这种权利在法律上称为期待权。也就是说，买受人并不享有所有权，但对取得所有权依法享有期待利益，因此有必要保护买受人的期待权。在全部价款支付之前，买受人虽然无权请求出卖人移转标的物的所有权，但由于买卖合同已经成立并生效，出卖人也不得随意解除合同，而使买受人的期待权落空。

（3）买受人的回赎权。

所谓回赎权，是指在出卖人已经取回标的物的情形下，买受人在双方的约定或者出卖人指定的期限内消灭取回权发生事由后，回赎标的物的权利。① 《民法典》第 643 条第 1 款规定："出卖人依据前条第一款的规定取回标的物后，买受人在双方约定或者出卖人指定的合理回赎期限内，消除出卖人取回标的物的事由的，可以请求回赎标的物。"这就在法律上规定了买受人的回赎权。法律上规定回赎权，是与出卖人的取回权相对应的，在出卖人取回标的物后，合同尚未解除，买受人又需要继续占有该标的物，此时在法律上有必要为买受人提供一定的期限用于消除导致出卖人取回权的事由。买受人行使回赎权后，已经完成清偿的，债务消灭；尚未清偿的，应当按照所有权保留合同的约定继续履行合同义务。也就是说，此时应当给买受人回赎标的物的机会，使其能够通过完成一定的行为，消除出卖人取回的事由。例如，买受人未能支付第二期的费用，导致标的物被取回，应当允许买受人继续筹款，在规定的期限内交付第二笔费用，以回赎标的物，从而及时解决当事人之间的争议。

需要指出的是，此处所说的回赎与一般意义上的回赎不同。一般意义上的回赎需要另行支付价款购回标的物，而此处所说的回赎是通过消灭取回权的发生事由进行回赎。回赎权的行使条件如下。

第一，标的物已经被出卖人取回。回赎权是针对《民法典》第 642 条规定的取回权而产生的权利。法律规定回赎权的目的是避免直接解除所有权保留合同所带来的不利影响，避免出卖人行使取回权。在回赎期限内，如能消除导致出卖人享有取回权的事由，使所有权保留合同能够继续履行，这更符合当事人双方的缔约目的，更有利于平衡双方当事人的利益。

第二，回赎权的行使将使出卖人将标的物再次返还给买受人，使买受人重新享有对标的物进行占有、使用和收益的权利，对标的物的权利回复至取回权行使前的状态。

第三，买受人应当在双方约定或者出卖人指定的合理回赎期限内回赎。依据《民法典》

---

① 参见黄薇主编：《中华人民共和国民法典合同编解读》，584 页。

第 643 条，回赎权需要在回赎期限内行使。回赎期限包括两种情形：一是双方约定的期限；如果双方对回赎的期限有约定，就按照约定。二是出卖人指定的合理回赎期限。为什么可以由出卖人指定期限？因为回赎是针对取回而言的，而出卖人将标的物取回是因为买受人的原因所导致的，对此买受人具有过错，因此买受人能否将其再次回赎，就应当由出卖人指定明确的期限。民法典合同编并未直接规定赎回权的法定行使期限，这主要是考虑到回赎期限一般并不涉及公共利益，可以由当事人依据私法自治的原则自由约定。而在没有约定的情形下，由出卖人指定合理期限。问题在于，出卖人指定的期限可能过短，不利于买受人回赎。针对这一可能，《民法典》第 643 条增加了“合理期限”对出卖人的指定进行限制。对“合理期限”的确定，需要结合交易类型与买卖标的物的性质进行判断。

第四，买受人消除了出卖人取回标的物的事由。买受人是否消除了出卖人取回标的物的事由，应当依据《民法典》第 642 条所规定的行使条件来具体确定。这就是说，买受人实施的行为必须足以使出卖人享有取回权的各种事由不复存在，这样才能符合回赎权的行使条件。

需要指出的是，买受人可以放弃行使回赎权。回赎权是由买受人享有的一种权利，旨在保护买受人，该权利在不损害公共利益和第三人利益的情形下可以放弃。买受人不行使回赎权的，将丧失标的物的占有，如果构成违约，仍应承担相应的违约责任。

四、所有权保留中的风险移转

不论是《合同法》还是民法典合同编，都没有对所有权保留中的风险移转作出规定，但一般认为，所有权保留中的风险移转适用交付原则，也就是说，一旦出卖人将标的物交付给买受人，标的物意外毁损、灭失的风险应当由买受人承担。[①] 因为在所有权保留的情况下，虽然标的物的所有权没有移转，但毕竟标的物处于买受人的控制之下，出卖人已经失去了对标的物的控制，由买受人负担风险可以以较小的成本来避免标的物的毁损、灭失。另外，买受人可以占有、使用、收益标的物，由其负担风险，也符合权利义务对等的原则。

五、关于所有权保留的登记

关于在所有权保留情形下是否可以登记，从比较法上来看，存在登记说与约定说两种类型。《民法典》在总结我国实务经验、借鉴国外先进立法经验的基础上，于第 641 条第 2 款规定：“出卖人对标的物保留的所有权，未经登记，不得对抗善意第三人。”该条确立了所有权保留可以进行登记。

所有权保留可以登记意味着我国《民法典》在担保物权部分保留形式主义的基础上兼顾功能主义，此时所有权保留为具有担保功能的制度。其作用主要在于：一是有利于保护出卖人。所有权保留如果没有登记，缺乏公示，既不利于保护出卖人的利益，也可

① See Iwan Davis ed., *Retention of Title Clauses in Sale of Goods Contractin Europe*, Asgate Public Company, 1999, p. 38.

能对第三人的利益构成侵害①，如前所述，所有权保留是权利分化（Rechtsteilung）的现象，并出现了占有和所有权归属之间的分离。② 对普通动产而言，其物权公示方法是占有，而在所有权保留中，出卖人需要将标的物交付买受人，这也意味着出卖人无法通过占有标的物的方式公示其对标的物的所有权，如果买受人将标的物转让给第三人，则第三人可能基于善意取得的规定取得标的物的所有权，这就难以保护出卖人的利益。二是有利于维护交易安全。所有权保留登记可以为交易之外的第三方查询，了解标的物上的权利负担，从而可以降低交易成本，进而有利于消除隐形担保。三是保护善意第三人。因为所有权保留只针对动产，而传统动产的公示手段主要是占有，交易第三人很难明晰该动产上的权属状态。一旦进行了所有权保留登记，可通过登记系统查阅登记的具体权属状态，从而防止欺诈等行为的发生。四是有利于明确权利顺位。所有权保留、融资租赁等，本质上也都属于担保方式，而《民法典》第 414 条第 2 款规定，对于可以登记的担保物权的清偿顺序准用抵押权受偿顺序的规则。《有关担保制度的解释》第 1 条规定："因抵押、质押、留置、保证等担保发生的纠纷，适用本解释。所有权保留买卖、融资租赁、保理等涉及担保功能发生的纠纷，适用本解释的有关规定。"建立所有权保留的登记制度，有利于明确各个担保方式的权利实现顺位。

如何理解"未经登记，不得对抗善意第三人"？本书认为：首先，该条实际上明确了登记可以由当事人自由选择，而不是一种强制性义务。依据本条的规定，在所有权保留中，当事人可以自行决定是否登记。但是，有无登记的所有权保留效果不同。在当事人进行登记后，由于所有权保留的担保权利属性，其可以适用《民法典》第 414 条第 2 款的规定确定受偿顺序。其次，所谓不得对抗善意第三人，就是指在办理了登记的情形下，其可以对抗所有的第三人。例如，所有人办理了登记之后，即便买受人在该物之上设定了抵押并办理了抵押登记，但由于出卖人的登记在先，该项权利可以对抗顺位在后的抵押权。因此，可以按照登记的先后顺序来确定权利实现的优先顺位。如果未经登记，则不得对抗善意的受让人和承租人，不得对抗查封债权人、参与分配债权人和破产管理人。至于未经登记的所有权，与动产抵押权、动产质权的关系，可类推适用《民法典》第 414、415 条的规定。此外，在所有权保留中，如果买受人在未支付价金或其他条件不满足的情形下转售标的物，则出卖人已经登记的所有权保留，可以获得对抗第三人的效力，第三人不能通过善意取得获得标的物的所有权。

第二节　分期付款买卖

一、分期付款买卖的概念和特征

所谓分期付款买卖，是指双方当事人在合同中约定，由出卖人先交付标的物、买受

---

① 参见王泽鉴：《民法学说与判例研究》，第 7 册，185 页，北京，北京大学出版社，2009。
② 参见王泽鉴：《民法学说与判例研究》，第 7 册，184 页。

人分次支付合同总价款的一种特种买卖。[①] 例如，某人到某 4S 店购买奔驰豪华轿车一部，双方约定，可按月支付价款，但每月至少支付 5 万元。《民法典》第 634 条第 1 款规定："分期付款的买受人未支付到期价款的数额达到全部价款的五分之一，经催告后在合理期限内仍未支付到期价款的，出卖人可以请求买受人支付全部价款或者解除合同。"该条实际上确认了分期付款买卖形式。分期付款买卖是一种古老的交易方式，在买卖合同出现以来，该种方式就已经存在。自 19 世纪以来，此种方式被日益广泛地采用，并对经济社会生活产生较大影响。在分期付款中，买受人可以分期支付价款，这有利于解决其资金不足的问题，有利于促进商品的销售；同时，分期付款买卖也具有资金融通的作用，因为买受人在交易时不需要筹集全部的资金。此外，分期付款买卖常常与所有权保留结合，从而发挥其担保功能。因此，随着 20 世纪消费观念的改变和信用交易的发展，分期付款交易的适用范围日益扩大。[②]

分期付款买卖的主要特征在于：

第一，它是一种特种买卖，即其具有普通买卖所不具有的一些特殊性。该种买卖符合一般买卖的规则，民法典合同编关于买卖合同的规定通常可以在分期付款合同中适用。但分期付款买卖又是一种特殊的买卖，其价款不是一次性支付的，而需要分期支付；依据《民法典》第 634 条第 1 款，只有当买受人未支付到期价款的金额达到全部价款的 1/5 时，出卖人才享有法定的合同解除权，这就构成对出卖人法定解除权的限制。

第二，它采取分期支付价金的方式。与一般买卖合同相比较，此类合同在价款的支付方面具有特殊性[③]，即价款的支付采用分期的方式。《买卖合同司法解释》第 27 条第 1 款规定："民法典第六百三十四条第一款规定的'分期付款'，系指买受人将应付的总价款在一定期限内至少分三次向出卖人支付。"在分期付款买卖中，买受人享有期限利益，有权按照合同约定的期限支付价款，无须提前支付。

第三，它可以适用于各种标的物的买卖。不论是动产买卖，还是不动产买卖，都可以采取分期付款买卖的方式，甚至分期付款买卖可以适用于权利买卖。

第四，具有融通资金和担保的功能。一方面，分期付款买卖可以提供信用支持，解决买受人的资金紧张问题，发挥资金融通的作用。在现代社会，专门为分期付款买卖提供资金融通的金融机构也大量出现。这种新兴金融机构有的是由银行筹办的，也有的是由汽车制造商为了支持它们的产品销售而筹办的。[④] 这也反过来推动了分期付款交易的发展。另一方面，它与所有权保留结合而形成担保功能。分期付款买卖常常与所有权保留结合，从而形成担保的功能。分期付款买卖属于信用交易，如果出卖人不享有任何担保，就可能无法保证其债权。从实践来看，出卖人和买受人往往约定了所有权保留，发挥所有权的担保功能。

---

① 参见郑玉波：《民法债编各论》，上册，101 页。

② See E. Allan Farnsworth, *International Encycopedia of Comparative Law*, Vol. Ⅷ, Specific Contracts, Chapter 4, Installment Sales, Tübingen, 1972, p. 3.

③ 参见房绍坤：《论分期付款买卖》，载《法学论坛》，1997 (1)。

④ See E. Allan Farnsworth, *International Encyclopedia of Comparative Law*, Vol. Ⅷ, Specific Contracts, Chapter 4, Installment Sales, Tübingen, 1972, p. 4.

分期付款与赊欠买卖具有相似性，在赊欠买卖中，买受人也并非在交付标的物时即支付价款，两种形式都能够给予买受人一定的期限利益，而对出卖人来说未实际收到价金，不免承担一定的风险，因此，买受人最终支付的价格有可能比一次性支付要高。分期付款买卖尽管与赊欠买卖具有类似之处，但与赊欠买卖具有明显区别：一方面，在赊欠买卖中，买受人虽可以迟延支付价款，但对价款的支付方式并没有明确规定，可以是一次支付也可以是多次支付。但分期付款一般是标的物交付之后还有两次以上的价款需要支付。另一方面，赊欠买卖有可能只是推迟支付价款，而并不采取分期付款的方式。分期付款买卖尽管是迟延支付价款，但该类买卖在合同中已经明确规定了所有款项的支付时间与方式。

二、所有权保留与分期付款

所有权保留适用的范围广泛，只不过分期付款也是其主要的适用对象。例如，当事人在合同中特别约定在买受人交付价金完毕之前，由出卖人保有所有权。[①] 一般来说，所有权保留中，价金的支付可能并不是一次性支付，也有可能采取分期付款。当然，虽然分期付款与所有权保留存在密切关联，但这并不意味着二者可以相互替代，而且这两项制度并非一一对应的关系。民法典合同编将分期付款买卖与所有权保留分别规定，也表明它们是两种不同的特种买卖，其区别主要表现在：

第一，适用范围不同。一方面，分期付款主要适用于买卖，即使在买卖中，分期付款也并不一定采取保留所有权的形式。在没有采用所有权保留的情形，就是单纯的价款分期支付。例如，当事人约定，交付标的物就移转所有权，但是，买受人可以分期支付价款。另一方面，所有权保留的适用不限于买卖，也可以和其他的合同形式相结合。[②] 所有权保留的含义是虽然标的物的占有已经移转，但是所有权并没有移转，其核心要素在于所有权是否移转。所有权保留通常适用于买卖合同中，但是也并不绝对。例如，在承揽合同中，承揽人和定作人也可以达成协议，在交付标的物之后，承揽人仍然拥有标的物的所有权。[③] 还应当看到，分期付款只是强调价款的分期支付。分期付款可以和所有权保留结合起来，也可以单独采用。

第二，适用的法律不同。分期付款是指价金交付的一种特殊形式，其主要适用买卖法，属于金钱债务履行的问题。而所有权保留虽然与买卖联系密切，但是其主要涉及所有权移转问题，即涉及物权法中所有权的变动规则。德国学者梅迪库斯将其称为债法与物权法之间的一种形式，认为在所有权保留的情况下已经具有了物权因素，产生了物权

---

① 参见韩世远：《合同法学》，404 页。

② 参见王轶：《所有权保留制度研究》，载梁慧星主编《民商法论丛》，第 6 卷，北京，法律出版社，1997。

③ See Iwan Davis ed., *Retention of Title Clauses in Sale of Goods Contract in Europe*, Asgate Public Company, 1999, p. 33.《欧洲民法典草案》第 9－1：103 条规定：保留所有权交易包括：(a) 买卖合同项下出卖人保留所有权；(b) 分期付款买卖合同项下供应人所享有的所有权；(c) 租赁合同项下租赁物的所有权，以承租人依合同约定在租赁期间届满时，无须支付对价或仅需支付名义上的对价，即享有取得租赁物的所有权或继续使用租赁物的选择权为前提条件（融资租赁）；(d) 意在实现担保目的或达到实现担保目的效果的寄售合同项下供应人的所有权。

关系，并适用物权法调整。①

第三，法定解除的条件不同。在分期付款买卖中，为了保护买受人的利益，《民法典》第634条第1款规定：“分期付款的买受人未支付到期价款的数额达到全部价款的五分之一，经催告后在合理期限内仍未支付到期价款的，出卖人可以请求买受人支付全部价款或者解除合同。”该规定是为了避免出卖人行使解除权而过分损害买受人的权益。而在所有权保留中，法律并没有对合同的解除设置特殊的规则。在分期付款买卖中，如果买受人未支付的到期价款达到全部价款的1/5，出卖人有权解除合同。但在所有权保留中，并不适用此种合同解除权的限制规则。

第四，标的物所有权移转是否需要进行特别约定存在不同。所有权保留是一种特殊的所有权移转方式，因此需要当事人特别约定。在所有权保留中，即使出卖人将物交付给买受人，买受人也没有获得所有权。而分期付款买卖可能与所有权保留相结合，当事人也可能不采用分期付款的方式，如果分期付款没有与所有权保留相结合，则出卖人在交付标的物后，标的物所有权即移转于买受人，出卖人并不会保留标的物的所有权。

第五，对出卖人的利益保护不同。所有权保留的实质是对交易提供一种担保。分期付款只是价款的一种支付方式，并不是一种担保方式。具体来说，在所有权保留买卖中，标的物在实际交付、所有权移转于买受人之前，因买受人不按约定履行义务、不当使用标的物或者擅自将标的物进行处分，致使损害出卖人权益的情况下，出卖人依据我国《民法典》第642条的规定享有取回标的物的权利。依据《民法典》第643条的规定，如果买受人在回赎期限内没有回赎标的物，出卖人有权将该标的物出卖给第三人。而在分期付款买卖中，当事人仅仅约定了价款的分期支付，并不涉及物权的移转问题，所以，不存在标的物的取回问题。

正是由于所有权保留和分期付款存在上述区别，因而即使在两者结合的情况下，也应当对相关的法律关系进行必要的区分，在发生争议时，应当分别按照所有权保留或者分期付款的法律规则进行处理。

三、分期付款买卖的效力

（一）对出卖人的效力

（1）请求分期支付价款的权利。出卖人在分期付款合同订立之后，享有分期请求支付价款的权利。也就是说，出卖人不享有要求买受人一次性支付价款的权利，而是在每一分期所应支付的价款期限到来之前，才享有请求支付该笔价款的权利。分期付款的期限，通常以月为单位，也有的以年或周为单位。需要指出的是，分期付款买卖中，每一期价款的支付期限都是有约定的，出卖人请求支付每一期价款都必须在其期限到来之后，才能向买受人主张。

（2）在法定条件成就时解除合同的权利。分期付款买卖和一般买卖一样，在符合法定解除条件时，出卖人享有解除合同的权利。但是，针对此种特殊的买卖，法律也规定

---

① 参见［德］迪特尔·梅迪库斯：《德国债法分论》，杜景林、卢谌译，99页，北京，法律出版社，2007。

了限制解除权行使的规则。《民法典》第 634 条第 1 款规定：“分期付款的买受人未支付到期价款的数额达到全部价款的五分之一，经催告后在合理期限内仍未支付到期价款的，出卖人可以请求买受人支付全部价款或者解除合同。”依据该条规定，分期付款买卖中，出卖人享有法定解除权，但该权利的行使必须满足如下条件。

第一，买受人在约定的期限内没有按期支付价款。在一般买卖中，买受人都是一次支付，如果不支付就构成迟延履行。而在分期付款中，买受人应分期支付。买受人迟延任何一期，都构成违约。

第二，买受人未支付到期价款的金额达到全部价款的 1/5。达到是指不少于 1/5。也就是说，只要买受人未支付的价款至少已经达到总价款的 1/5，构成根本违约，出卖人就可以解除合同。从反面解释来看，本条规定，如果买受人未按期支付的价款没有达到全价的 1/5，出卖人就不得要求买受人支付全部价款或者解除合同。

第三，当事人可以约定排除该规则的适用。该规则属于法律对出卖人法定解除权的规定，按照私法自治原则，当事人可以排除该规则的适用。例如，当事人约定只有在买受人未支付价款达到总价款的 2/5 时，出卖人才能解除合同，这就是当事人就解除权所作出的约定，该当事人约定与法定解除权不一致时，应当优先适用当事人的约定。此时，即便买受人未支付的价款达到总价款的 1/5，出卖人也不享有法定解除权。

第四，在符合法定条件下请求支付全部价款的权利。《民法典》第 634 条第 1 款规定：“分期付款的买受人未支付到期价款的数额达到全部价款的五分之一，经催告后在合理期限内仍未支付到期价款的，出卖人可以请求买受人支付全部价款或者解除合同。”这也就是说，在分期付款买卖中，出卖人通常不得享有要求买受人支付全部价款的权利，但如果符合法律规定的条件，出卖人可以请求买受人一次性支付全部价款。该条规定也被称为期限利益丧失规则，其是指买受人迟延支付价款达到法律规定的程度时，依据法律规定，出卖人有权要求买受人支付剩余的全部价款，买受人将丧失其在分期付款买卖中的期限利益。① 这里所谓期限利益，是指买受人不必一次性支付价款的利益。在分期付款合同中，由于买受人无须一次支付全部价款，因此免于承受一次性支付全部价款的负担②，并可以将尚无须支付的价款用于他处以获得其他利益。但此种期限利益只是在买受人没有违约的情形才能享有，如果买受人已经构成违约，此时仍然享有期限利益，显然不利于对出卖人的保护。因此，《民法典》第 634 条第 1 款规定，分期付款的买受人未支付到期价款的金额达到全部价款的 1/5 的，出卖人有权要求其支付全部价款。该条对期限利益的丧失作出规定，以便平衡当事人双方的利益，实现分期付款买卖的目的。③

（3）在合同解除后请求买受人支付标的物使用费的权利。《民法典》第 634 条第 2 款规定：“出卖人解除合同的，可以向买受人请求支付该标的物的使用费。”据此可见，出卖人请求买受人支付标的物使用费，是其一项权利。法律上之所以赋予出卖人此种权利，原因在于：一方面，在分期付款的情况下，因为买受人一方的违约导致出卖人解除合同，

---

① 参见房绍坤：《论分期付款买卖》，载《法学论坛》，1997（1）。

② 参见郑玉波：《民法债编各论》，上册，102 页。

③ 参见邱聪智：《新订债法各论》（上），146 页。

要求其支付标的物的使用费，也是买受人对此种违约行为所应当承担的不利后果。另一方面，由于分期付款买卖在实质上是一种信用买卖，出卖人并没有得到全部的价金，却交付了标的物，使买受人占有标的物并对其进行利用，通常可能因其利用而导致标的物的价值贬损。此时，如果不要求其支付标的物使用费，就无法达到恢复原状的效果，甚至可能使买受人故意不支付价款以达到无偿利用他人之物的目的。如果出卖人已经返还了其受领的价款，而要达到恢复原状的效果，则应当享有要求买受人支付标的物使用费的权利，这对于双方当事人来说，都是公平合理的。需要指出的是，有关标的物的使用费，应由当事人在合同中具体约定，没有约定的，依据《买卖合同司法解释》第 28 条，可参照当地同类标的物租金标准确定。一般来说，标的物价值越高、使用时间越长，其应当支付的使用费也就越高。另外，出卖人返还价款时，可以享有同时履行抗辩的权利，也就是说，如果买受人没有支付使用费，出卖人有权依据《民法典》第 525 条拒绝返还其价款。

(二) 对买受人的效力

(1) 请求出卖人交付标的物并移转所有权的权利。在分期付款合同中，买受人享有请求出卖人交付标的物的权利。在买受人价金全部支付之前，出卖人应该将标的物交付给买受人。一般而言，出卖人在买受人支付第一笔款项之后，就应该负有交付标的物的义务。[①] 当然，当事人也可以特别约定，即使买受人没有支付价款，也可以取得标的物的占有。

(2) 占有、使用标的物的权利。在当事人订立分期付款买卖合同之后，如果买受人支付了第一期价款，出卖人就应当交付标的物，买受人也有权要求出卖人交付标的物。一旦标的物交付之后，买受人就有权对其进行占有和使用。在买受人占有标的物期间，其不受出卖人的干涉。但买受人只对标的物享有占有、使用的权利，而不享有处分权，所以，买受人无权转让、抵押、质押，否则，不仅构成违约，也构成对出卖人标的物所有权的侵害。

(3) 在解除合同后请求返还价款的权利。买受人在没有支付到期价款的 1/5 时，导致合同解除，按照恢复原状的原则，买受人有权请求出卖人返还已经支付的价款。在返还价款时，买受人可以要求出卖人返还合理的利息。但是，买受人请求返还价款时，也应当支付标的物的使用费，并应当返还标的物。此时，买受人应当在标的物上享有同时履行抗辩权，以保障其价款返还请求权的实现。

(4) 具有分期支付价款的权利。分期付款买卖中，买受人并不是一次性支付价款，而享有分期支付价款的权利。在分期付款买卖中，买受人享有期限利益，有权按照合同约定的期限支付价款，非有法律规定或者当事人约定的特别事由出现，当事人不得主张买受人放弃期限利益，从实质上讲，分期付款是价金的延缓交付。[②] 正是因为分期付款采用先由出卖人交付标的物，买受人分期支付价金的方式，所以分期付款具有信用交易

---

① 参见吴志忠：《买卖合同法研究》，198 页。

② 参见吴志忠：《买卖合同法研究》，189 页。

的特点。但是，如果买受人没有按照约定支付价款，且达到总价款的1/5，就丧失此种期限利益，出卖人有权请求其一次性支付所有价款。

四、标的物毁损、灭失的风险负担

我国民法典合同编没有对分期付款买卖中标的物毁损、灭失的风险负担规则作出特别规定，《民法典》第604条规定："标的物毁损、灭失的风险，在标的物交付之前由出卖人承担，交付之后由买受人承担，但是法律另有规定或者当事人另有约定的除外。"这一规定是否可以适用于分期付款买卖？本书认为，这一规定可以适用，在分期付款买卖中风险负担应当适用交付主义的一般规定。虽然买受人支付全部价款后，标的物所有权才能移转，但标的物毁损、灭失的风险应自交付时移转，而非自所有权移转时起由买受人承担。① 因为分期付款买卖也属于买卖的一种类型，除非有特别的理由，合同法关于买卖合同的规定都应当适用于分期付款买卖。而且在标的物交付后，买受人便以自己所有的意思，占有、使用、收益标的物，且为实质上所有人，并且，标的物之实质上的支配权因物之交付而由出卖人处移转到买受人处。② 因此，买受人负担风险，符合权利义务相一致的原则；而如果由出卖人承担风险，则对其极不公平。

第三节　凭样品买卖

一、凭样品买卖的概念和特征

凭样品买卖又称货样买卖，是指双方当事人约定出卖人交付的标的物应当符合样品的买卖。所谓样品，也称为货样，是由当事人选定的用来决定货物的品质、型号、特征、构成乃至功能的物品。所谓"凭样品"，是指出卖人应当向买受人交付与样品及其说明的质量相同的标的物。此种买卖中因为有样品存在，且能依样品确定标的物的品质与属性，因此，当事人能够准确确定标的物的质量、特征，从而正确履约。此种合同不仅可以适用于直接对话的交易，而且可以适用于未能在缔结合同前检查全部商品品质与形状的远程交易。③《民法典》第635条规定："凭样品买卖的当事人应当封存样品，并可以对样品质量予以说明。出卖人交付的标的物应当与样品及其说明的质量相同。"这就在法律上确立了凭样品买卖。

凭样品买卖是一种特种买卖，与一般买卖相比较，其特殊性主要表现在：

第一，凭样品确定标的物的质量、属性等。在一般的买卖合同中，当事人必须就出卖标的物的质量作出详细规定，但是，在凭样品买卖中，无须对此作出详细规定，只需

---

① 参见刘贵祥：《合同履行与风险负担制度》，载《法律适用》，2000（9）。

② 参见刘得宽：《民法诸问题与新展望》，13页，台北，三民书局，1979。

③ 参见黄立：《民法债编各论》（上），125页。

要约定样品。即便当事人在合同订立时，没有能够亲自见到未来要见到的标的物，也能够凭借样品确定标的物的质量、属性等，样品在订立合同之前已经作为合同的主要内容存在。① 也就是说，样品本身构成了凭样品买卖合同中的主要条款。

第二，基于对样品的信赖而订约。在一般买卖中，不以样品作为判断标的物是否符合约定的标准，但凭样品买卖合同主要是基于买受人信赖样品而订立的。在凭样品买卖合同中，双方当事人必须在合同中明确规定有特定样品的存在。例如，在一般的买卖合同中，尽管出卖人在橱窗或者展览馆展览了相关样品，但当事人并未在合同中予以说明，如果此时交付的标的物没有符合样品要求，并不构成违约。再如，在房屋买卖合同中，出卖人向买受人展示了样板间，但并没有在合同中标明依据样板间进行销售，此时不能因为出售的房屋不符合样板间的要求而解除合同。

第三，样品是确定出卖人是否按照约定履约的标准。凭样品买卖中，出卖人应当保障交付的货物符合样品的品质。在凭样品买卖中，样品作为双方意思表示一致的内容，成为判断出卖人是否履行了其合同义务的标准。所以，合同一旦订立就必须封存样品，并以此确定出卖人的合同义务。“样品”就意味着交付的财产须与样品有相同的品质。如果出卖人交付的货物即使符合法定质量的要求，但并不符合样品的质量，仍然属于违约。

二、凭样品买卖的成立

凭样品买卖仍然是一种诺成合同，和一般的买卖合同相比并没有什么特殊之处，只要当事人意思表示一致便宣告成立。需要强调的是，凭样品买卖合同的成立还必须具备以下几个条件。

第一，合同订立前样品已经存在。因为合同中标的物的质量、特征等需要依据样品而确定，所以，样品必须事先已经存在，且必须在合同订立之前由一方提供，在合同订立之后提供的样品，因为买受人并不是以对该“样品”的信赖为基础而订立合同，所以，不属于凭样品买卖。②

第二，一方向另一方提供了样品，且双方具有明确依据样品订立合同的合意。样品既可以由买受人提供，也可以由出卖人提供。如果双方对彼此提供的样品并不满意，也可以由双方共同信赖的第三方提出或者由第三方特别制作样品。实践中，合同当事人在订立合同磋商过程中就需要对于一方提供的样品进行封存、固定，并以此作为订立合同以及今后履行合同的基础。

需要指出的是，凭样品买卖中，样品的交付并不是合同成立或生效的条件，凭样品买卖合同因当事人意思一致而成立，仍然属于诺成合同。如果买受人不是基于看到样品而订约，而是基于对出卖人提供的说明书中的说明甚至有关产品的介绍等产生信赖而决定订约，尽管此种情形与凭样品买卖合同具有类似之处，但由于没有依据相关的样品而订约，此种买卖不属于凭样品买卖。

① 参见胡康生主编：《〈中华人民共和国合同法〉释义》，252页。

② 参见吴志忠：《买卖合同法研究》，219页。

三、凭样品买卖的效力

凭样品买卖虽然是一种特种买卖，其与一般的买卖并没有本质上的差别，但其作为一种特殊的买卖类型，在效力上具有一定的特殊性，这主要表现在以下几个方面：

1. 样品的封存和说明义务

《民法典》第635条第一句规定："凭样品买卖的当事人应当封存样品，并可以对样品质量予以说明。"该条实际上确定了凭样品买卖的出卖人的两项义务：一是对样品的封存义务。当事人在订立凭样品买卖合同之前，需要对样品封存。这是因为在凭样品买卖中，标的物的品质、特征等都是依据样品来确定的，为了保证出卖人所交付的货物符合样品的质量等，且防止发生纠纷之后，无法确定交付的货物是否符合样品，因此，需要对样品事先进行封存，以备将来之需。一旦将来货物的品质与样品不符，出卖人就要承担相应的责任。二是说明义务。出卖人所负担的说明义务不应仅限于对样品质量的说明，还应包括对样品的物理构造、功能等进行说明的义务。因为在许多情况下，仅仅封存是不够的，因为货物的质量、形状、物理构成以及功能等较为复杂，双方难以知晓，或者存在认识上的差异。此时，出卖人不仅需要封存样品，还需要对样品进行详细说明。

2. 确保标的物符合样品的义务

《民法典》第635条第二句规定："出卖人交付的标的物应当与样品及其说明的质量相同。"依据这一规定，在凭样品买卖中，出卖人应该保证所提交的货物具备与样品相同的品质、型号乃至功能，在理论上一般称为"出卖人的符合样品的担保义务"。在凭样品买卖中，样品的存在为出卖人所交付的标的物的质量等的确定提供了一个明确的标准。出卖人交付的标的物应当与封存样品及其说明的质量相同，但是，如果封存的样品与说明的质量不一致，在此情况下，如何确定当事人履行合同的标准？也就是说，当事人交付的标的物究竟应当符合封存的样品的质量，还是符合当事人说明的样品的质量，才属于交付"符合样品"的标的物？《民法典》没有对此作出明确规定，但目前司法实践中确立的两个标准可供借鉴：一是在约定样品质量与文字说明不一致时，如果对此发生纠纷，在当事人无法达成合意的情形下，样品封存后外观和内在品质没有发生变化的，应当以样品的质量为准。例如，在购买设备的凭样品买卖中，已交付的设备与合同约定的技术参数不一致，该设备在封存以后，外观与内在品质都没有发生变化，此时就应当以该封存样品设备的质量为准。二是封存的样品的外观和内在品质发生变化，或者当事人对是否发生变化有争议而又无法查明的，应当以对样品质量的具体说明为准。① 例如，在购买设备的凭样品买卖中，已封存的样品已被解封，外观已发生改变，但是因何种原因导致被解封无法查明，则只能以合同规定的技术参数为准。

当然，在凭样品买卖中，出卖人所交付的标的物的质量与样品品质仅存在轻微的差别，不影响合同目的实现的，买受人不应当享有解除权，但其仍可以要求出卖人承担违

---

① 参见《买卖合同司法解释》第29条。

约责任。

3. 隐蔽质量瑕疵担保义务

在凭样品买卖中，出卖人不仅负有担保交付的标的物品质与其所提供的样品具有一致性的义务，而且应承担隐蔽质量瑕疵担保义务。该种义务是从买卖合同中出卖人所负担的瑕疵担保义务中产生的，也是凭样品买卖的特殊性所决定的。在凭样品买卖中，样品是确定出卖人所提交的货物的品质的标准，但样品并不具有排除隐蔽瑕疵担保义务的功能。同时，样品有隐蔽瑕疵的，买受人通常也无法事先发现，并要求出卖人进行补救。此种隐蔽瑕疵会对标的物的使用，甚至对买受人的人身、财产安全构成威胁，所以出卖人既应保证其所交付的货物符合样品，还应担保其不具有隐蔽瑕疵。《民法典》第636条规定："凭样品买卖的买受人不知道样品有隐蔽瑕疵的，即使交付的标的物与样品相同，出卖人交付的标的物的质量仍然应当符合同种物的通常标准。"该条实际上确立了出卖人的隐蔽质量瑕疵担保义务。也就是说，即使交付的标的物与样品质量相同，但样品本身存在隐蔽瑕疵的，出卖人仍需要承担违约责任。《民法典》确定出卖人承担隐蔽质量瑕疵担保义务，有利于保障其所交付的货物具备通常的品质，能够正常使用，进而也有利于保护买受人的利益。

依据该条规定，出卖人承担隐蔽质量瑕疵担保义务需要具备以下两个条件：第一，样品本身存在隐蔽瑕疵。所谓样品的隐蔽瑕疵，是指样品不符合同类货物所应具备的质量要求，但按照通常的检验方法不易发现。如果能够按照通常的方法检查出样品的瑕疵，由于买受人的过错而没有发现的，买受人也应承担此种不利后果和风险。第二，在订立合同之前买受人不知情。也就是说，在订立合同时，买受人对样品的隐蔽瑕疵并没有认识，如果已经认识到该样品所存在的瑕疵，则出卖人就不负有此种担保义务。例如，某单位通过凭样品买卖方式购买一批手表，制表公司所交付的手表符合样品的品质、规格等，但在使用过程中，手表计时出现较大误差。该瑕疵在检验样品时无法被发现，则制表公司仍应负担隐蔽质量瑕疵担保义务，保证手表具有通常的品质（能够实现准确计时）。如果检验样品可以发现此种瑕疵，或买受人对此瑕疵知情，则出卖人不再负担隐蔽质量瑕疵担保义务。

第四节　试用买卖

一、试用买卖的概念和特征

试用买卖，也称为试验买卖，是指合同成立时出卖人将标的物交给买受人试用，并以买受人在约定期限内对标的物的认可作为生效条件的买卖合同。① 我国《民法典》第637条至第640条对此类合同作出了规定。在试用买卖中，当事人双方约定由买受人试用或者检验标的物，以买受人试用后认可标的物为合同生效条件。如果买受人认可，该

---

① 参见崔建远主编：《合同法》，474页。

买卖合同将生效。[1] 例如，某公司将某产品向甲推销，双方达成协议，该公司在一周内提供产品给甲进行试用，试用期限为一个月，试用期满，甲表示满意的，就购买10件该产品，否则可以拒绝购买。在该案件中，合同是否生效取决于试用期满后试用人的决定，试用人正式表示购买时，买卖合同方才生效。

试用买卖也是买卖的一种特殊类型，其特点主要在于：

第一，买受人可试用标的物。在一般的买卖中，双方只要达成协议，合同就成立并生效。但在试用买卖合同签订之后，还必须就标的物的试用作出约定，或者在试用买卖合同订立之前，当事人也可以就标的物的试用达成合意。试用的内容一般包括使用、验证等方式。例如，将新产品交给买受人使用。在试用买卖合同签订之后，虽然在买受人正式决定购买之前，关于买卖标的物部分的约定并没有生效，但关于试用标的物部分的约定已经生效。如果出卖人不按约定让买受人试用，买受人有权依据合同要求出卖人交付标的物并由其试用。

第二，以买受人试用后同意购买为合同的生效条件。在一般买卖中，只要当事人意思表示一致，合同就成立并生效。但是，在试用买卖中，只有买受人经过试用后，认可标的物的质量、功能等，并明确表示同意购买，才能使买卖合同正式生效。从这个意义上说，试用买卖与附条件买卖类似，其以买受人经过试用并认可为条件。买受人同意购买的表示可以以明示或默示的方式作出，依据《民法典》第638条的规定，买受人虽未明确表示同意购买，但其支付部分价款或将标的物出卖、出租、设立担保物权等，视为同意购买。在试用期限届满后，如果买受人并未明确表示是否购买，法律上将其视为购买。

第三，买受人享有决定是否购买的权利。在试用买卖中，买受人试用之后，即便其认可标的物，也可以选择不购买。在试用阶段，买受人可以随时退还标的物。从这个意义上说，试用买卖赋予了买受人决定是否购买标的物的选择权。据此，《买卖合同司法解释》第30条规定："买卖合同存在下列约定内容之一的，不属于试用买卖。买受人主张属于试用买卖的，人民法院不予支持：（一）约定标的物经过试用或者检验符合一定要求时，买受人应当购买标的物；（二）约定第三人经试验对标的物认可时，买受人应当购买标的物；（三）约定买受人在一定期限内可以调换标的物；（四）约定买受人在一定期限内可以退还标的物。"这是试用买卖不同于一般买卖之处。如果买受人拒绝购买，则属于行使其合同约定的权利。

第四，标的物所有权在交付试用时并没有发生移转。在一般买卖中，适用交付移转所有权的规则，一旦交付，标的物所有权就发生移转。而在试用买卖中，标的物的交付只是使买受人享有占有和使用的权利，而不享有所有权。在试用期间，标的物所有权仍然归属于出卖人。一旦试用期届满，买受人同意购买，就发生简易交付，即从同意时起所有权发生移转。正因为这一原因，如果当事人没有特别约定，依据《民法典》第639条，出卖人无权请求买受人支付。

第五，风险负担不随标的物交付而发生移转。在《民法典》编纂中，立法者对于试

---

① 参见黄茂荣：《买卖法》，修订版，525页，北京，中国政法大学出版社，2002。

用买卖中的风险负担规则增设了全新的规定。《民法典》第640条规定："标的物在试用期内毁损、灭失的风险由出卖人承担。"因此，试用买卖与一般买卖的风险负担规则存在差异。在一般买卖中，依据《民法典》第604条的规定，在标的物交付后，应当由买受人承担标的物毁损、灭失的风险，而在试用买卖中，应当在买受人同意购买后发生风险负担的移转。

二、试用买卖与凭样品买卖

试用买卖与凭样品买卖具有一定的相似性，两者都是特殊类型的买卖合同，而且，当事人买卖标的物的特点已经通过某种方式事先确定。同时，在合同履行过程之中，出卖人提供的货物也应该与先前的货物相同。但二者存在明显差别，主要表现在：第一，标的物的使用不同。试用买卖中，买受人在订立合同之前，具有使用货物的特点。而在凭样品买卖合同中，对样品并不进行使用，而且必须予以封存。第二，是否可以成为标的物不同。在试用买卖中，出卖人交付由买受人使用的货物将会成为买卖的标的物。而在凭样品买卖合同中，样品只是合同标的物的参照物，通常并不是买卖的标的物。第三，标的物的质量担保并不相同。在试用买卖中，出卖人仅仅保证其所提供的试用货物符合一定的质量即可。而在凭样品买卖合同中，出卖人不仅应保证提供的货物符合样品品质的要求，还应负担隐蔽质量瑕疵担保义务，保证其符合同种类物的通常标准，符合货物的一般品质。

三、试用买卖的成立和生效

试用买卖是诺成合同，自双方达成合意之日起合同就已经成立。在其成立之后，已经产生了一定的拘束力，依据该合同，出卖人有义务交付标的物，买受人有权要求出卖人向其交付标的物供其试用。但买受人应当在试用期内使用标的物，不得超出这一期限。

试用买卖的生效以买受人决定购买为条件。试用买卖是特殊的买卖，一般买卖不存在试用的问题。但对试用买卖而言，因为当事人特别约定了试用条款，买受人享有就标的物进行试验并作出最终决定的权利。①《民法典》第638条第1款规定："试用买卖的买受人在试用期内可以购买标的物，也可以拒绝购买。试用期限届满，买受人对是否购买标的物未作表示的，视为购买。"第2款规定："试用买卖的买受人在试用期内已经支付部分价款或者对标的物实施出卖、出租、设立担保物权等行为的，视为同意购买。"该条确立了如下规则。

第一，买受人在试用期内享有决定是否购买的权利。试用买卖的买受人在试用期内可以购买标的物，也可以拒绝购买。既然当事人约定的是试用，则意味着是否购买标的物将由买受人作出决定。即使货物没有质量问题，买受人也完全可以拒绝购买。

① 参见吴志忠：《论我国〈合同法〉有关试用买卖规定的完善》，载《暨南学报（哲学社会科学版）》，2008（6）。

买受人决定是否购买需要以意思表示的方式作出①，买受人拒绝购买，并不构成违约。一旦买受人决定购买，当事人之间的买卖合同生效。所以，试用买卖合同的生效是从买受人正式通知出卖人其将购买之时。自通知时起，买受人已经接受的标的物的所有权发生移转。

第二，试用期限届满，买受人对是否购买标的物未作表示的，视为购买。一旦试用期限届满，买受人必须作出同意或不同意的表示，不能使当事人权利义务长期处于不确定状态。买受人的同意可以采取两种形式：一是明示同意。在一般情况下，买受人都应当采用明示同意的方式。此种方式可以是口头的，也可以是书面的，法律上对其形式没有特殊要求。二是默示的同意。在试用期限届满后，只要买受人没有明确表示拒绝，就视为默示的同意。在试用期内，如果买受人向出卖人支付了价款或者将出卖人提供的试用标的物出租等，也认为试用人已经接受了标的物。《民法典》第 638 条规定，“买受人对是否购买标的物未作表示的，视为购买”，这是法律上的拟制，作出此种意思表示的拟制的原因在于：此种拟制可以督促买受人尽快决定是否购买，从而使法律关系得以确定，避免买受人拖延作出决定，达到无偿利用他人之物的目的。法律作出此种规定，不仅有利于保护出卖人，而且有利于使合同关系明确化。

第三，试用期内买受人对标的物进行处分的，视为同意购买标的物。试用买卖要求买受人必须在标的物试用后对标的物认可，才能认定其已经同意购买。但是在实践中，买受人在试用和检验后，并没有明确表示是否购买，但其又对标的物进行了一定的处分，如对标的物实施转卖、出租、设立担保物权等行为，此时，可以从买受人的行为中认定其已经同意购买标的物。②《民法典》第 638 条第 2 款中主要列举的是买受人对标的物实施的法律上的处分。但事实上，除此之外，从买受人支付部分价款等行为中也可以推断买受人具有购买的意思，因此也构成本条中的“视为同意购买”③。

四、试用买卖的效力

（一）对出卖人的效力

第一，一旦合同签订，其应当将商品交给买受人。在试用期内，出卖人不得随意取回标的物，也不得干涉买受人以正当合理的方式试用标的物。在试用期限届满时，买受人明确表示购买，出卖人不得否认合同的效力，也不得拒绝向买受人出卖该标的物。

第二，负担标的物使用费的义务。《民法典》第 639 条规定：“试用买卖的当事人对标的物使用费没有约定或者约定不明确的，出卖人无权请求买受人支付。”依据该条规定，如果当事人没有特别约定，则应当由出卖人负担试用标的物的费用。

（二）对买受人的效力

（1）买受人有权在试用期内试用标的物。在试用买卖中，买受人有权基于试用买卖

① 参见黄薇主编：《中华人民共和国民法典合同编释义》，398 页。
② 参见黄薇主编：《中华人民共和国民法典合同编解读》，569 页。
③ 黄薇主编：《中华人民共和国民法典合同编释义》，399～400 页。

合同在适用期限内试用标的物。关于试用期限，《民法典》第637条规定："试用买卖的当事人可以约定标的物的试用期限。对试用期限没有约定或者约定不明确，依据本法第五百一十条的规定仍不能确定的，由出卖人确定。"依据这一规定可知：首先，在试用合同中，试用期限的确定可以由当事人约定。其次，当事人对试用期限没有约定或约定不明确的，依据《民法典》第510条的规定，可以由当事人事后达成补充协议。最后，当事人不能达成补充协议的，按照合同有关条款或者交易习惯确定试用期限，仍然不能确定试用期限的，应当由出卖人确定试用期限。

（2）买受人享有决定是否购买标的物的权利。依据《民法典》第638条第1款，"试用买卖的买受人在试用期内可以购买标的物，也可以拒绝购买。试用期限届满，买受人对是否购买标的物未作表示的，视为购买"。试用买卖的买受人在试用期内可以购买标的物，也可以拒绝购买。也就是说，在试用期限内，必须先由试用人试用，试用人试用后决定购买的，才能使买卖合同生效。如果没有同意，则买卖合同并不能生效。但试用期届满后，买受人必须作出同意或不同意的表示，如果买受人对是否购买标的物未作表示，则视为购买。

（3）买受人不同意购买时的返还义务。如果在试用期限届满后，买受人不同意购买，则其必须向出卖人返还标的物，而不能继续占有该物。因为在试用合同中，试用物归出卖人所有，买受人仅享有在试用期内占有和使用的权利。出卖人请求买受人返还标的物，既可以基于合同，也可以基于物权请求权。但是，对于试用过程中因买受人占有和使用标的物所产生的折旧费用，不能要求买受人返还。例如，买受人在试用手机时，可能使手机受到了一定程度的磨损折旧，对于此种折旧不能要求买受人予以补偿。

五、试用买卖中的风险负担

在试用期内，标的物因不可归责于双方当事人的事由而毁损、灭失时，该风险由谁承担？对此，由于当事人已经将标的物"交付"给买受人，应如何适用交付主义？《民法典》第640条规定："标的物在试用期内毁损、灭失的风险由出卖人承担。"该条对试用期内的标的物风险负担规则作出了规定。依据该条规定，如果标的物在试用期内因不可归责于当事人的原因毁损、灭失，则应当由出卖人负担损失。法律作出此种规定的原因在于，在试用期内，买卖合同还没有生效，标的物的"交付"并非真正意义上的交付，不是履行买卖合同的行为，因此应当由出卖人负担风险。但如果买受人已经同意购买，则买卖合同已经生效，买受人已经取得标的物所有权，此时，应当由买受人负担该风险。当然，如果试用期限届满，但买受人表示不愿意购买，则买卖合同没有生效，此时，仍应由出卖人承担风险。[①] 正如我国台湾地区学者黄茂荣所说："在试验买卖，出卖人纵为试验而将标的物交付于买受人，买卖标的物之利益及危险仍直至买受人承认标的物时，方始移转于买受人。"[②]

---

① 参见易军：《债法各论》，62页，北京，北京大学出版社，2009。

② 黄茂荣：《买卖法》，修订版，527页。

第五节　招标投标买卖

一、招标投标买卖的概念和特征

《民法典》第644条规定：“招标投标买卖的当事人的权利和义务以及招标投标程序等，依照有关法律、行政法规的规定。”所谓招标，是指进行招标的民事主体或其他组织以招标公告或招标邀请的形式，向不特定人或向特定的多个当事人所发出的，以吸引或邀请相对方发出要约为目的的意思表示。所谓投标，是指投标人（出标人）按照招标人提出的要求，在规定的期间内各自秘密地制作投标文件向招标人发出的以订立合同为目的、包括合同全部条款的意思表示。[①] 由于招标投标采取公开、公平、公正原则，所以采取此种方式订立合同能够保证一些特殊交易有序进行，防止交易过程的腐败。

依据《招标投标法》的规定，凡是需要进行招投标的项目必须严格依此程序进行，对于违反此类程序的行为须承担法律责任。此外，在招标投标过程中，要采取标书等方式来确定当事人之间的权利义务。因此，招标投标买卖应当采取书面形式，这是由此种买卖的特殊性所决定的，因为招投标涉及多人竞争，采取书面形式有利于保障招标投标程序公开、公平、公正地开展和进行。

招标投标买卖的法律特征主要在于：

第一，订约程序的特殊性。在我国，招投标一般分为三个阶段，即招标、投标和中标。我国《招标投标法》对此作出了具体规定，凡是需要进行招投标的项目必须严格依此程序进行，对于违反此类程序的行为须承担法律责任。

第二，适用范围具有明确的限制。在我国，并不是所有的合同订立都需要采用招标投标方式，通常针对涉及社会公共利益的项目以及利用国家财政资金从事的建设和采购等，法律都明确要求其通过招投标方式订立合同。例如，建设工程合同、政府采购合同等，依据法律规定必须采取招标投标的方式。[②] 此外，法律或者国务院对必须进行招标的其他项目的范围有规定的，依照其规定。对于法律没有明确规定的，当事人自愿采取此种方式的，也可以通过招标投标方式订约。

第三，交易方式的竞争性。在招标投标买卖中，其采取数个投标人竞争性报价的方式，由招标人选择最合适的报价和条件。招投标与拍卖不同之处在于，拍卖是选择最高价，而招标投标通常是选择最低价。

第四，合同的订立采取书面形式。在招标投标过程中，要通过标书等方式来确定当事人之间的权利义务。招标投标买卖应当采取书面形式，这是由此种买卖的特殊性所决定的，

---

① 参见王泽鉴：《债法原理》，第1册，244页。

② 《招标投标法》第3条第1款规定：“在中华人民共和国境内进行下列工程建设项目包括项目的勘察、设计、施工、监理以及与工程建设有关的重要设备、材料等的采购，必须进行招标：（一）大型基础设施、公用事业等关系社会公共利益、公众安全的项目；（二）全部或者部分使用国有资金投资或者国家融资的项目；（三）使用国际组织或者外国政府贷款、援助资金的项目。”

因为招投标涉及多人竞争，采取书面形式有利于保障招标投标程序公开、透明和公正。

第五，法律适用的特殊性。我国《民法典》第644条规定："招标投标买卖的当事人的权利和义务以及招标投标程序等，依照有关法律、行政法规的规定。"该条包括两层含义：一是确认了招标、投标是特种买卖的一种形式；二是该条属于引致条款。鉴于招标投标自身的特殊性，我国颁行了专门的《招标投标法》对招标投标活动进行调整，以规范招标投标活动，保护国家利益、社会公共利益和招标投标活动当事人的合法权益，提高经济效益，保证项目质量。因此，在涉及招投标的合同时，《招标投标法》有具体规定的，首先适用该法的规定；该法没有规定的，再适用民法典合同编的相关规定。

二、招标投标买卖合同的成立与生效

招标投标买卖一般经过如下三个阶段。

（1）招标。招标是以招标公告的方式邀请不特定的法人或者其他组织投标，或者以投标邀请书的方式邀请特定的法人或者其他组织投标。[①] 根据《民法典》第473条，此种公告属于要约邀请行为。因为招标人实施招标行为是订约前的预备行为，其目的在于引诱更多的相对人提出要约，从而使招标人能够从更多的投标人中寻取条件最佳者并与其订立合同。当然，如果招标人在招标公告中已明确表示将与报价最优者订立合同，那么，该招标公告已经表明招标人愿意受到该意思表示的拘束，因此，该招标即具有了要约的性质。[②]

（2）投标。投标是指投标人根据招标人所公布的标准和条件向招标人发出以订立合同为目的的意思表示，在投标人投标以后必须要有招标人的承诺（以招标人发出的中标通知书为准），合同才能成立，所以投标在性质上为要约。

（3）中标。中标是指最终确立中标人。在投标人投标之后，应当进入评标程序。评标委员会应当按照招标文件确定的评标标准和方法，对投标文件进行评审和比较，设有标底的，应当参考标底。评标委员会完成评标后，应当向招标人提出书面评标报告，并推荐合格的中标候选人。一旦最终确定中标人，合同成立。

依据《民法典》第473条，招标公告属于要约邀请行为，因此，招标人发出招标公告和有关文件只是发出要约邀请，而投标人投标是一种要约行为。依据我国《民法典》第472条和第474条，要约应当在内容上具体确定，且表明经受要约人承诺，要约人即受该意思表示约束，要约到达受要约人时生效。因此，一旦投标人将其投标书送达招标人处，该项要约便已实际生效，投标人无正当理由不得撤销其要约，否则，投标人随意撤销要约而造成对方信赖利益损失的，投标人应当承担缔约过失责任。当然，在中标以后，双方还应当继续协商，签订正式的书面合同。以招标投标的方式缔约时，如何确定合同成立的时间？本书认为，发出中标通知书时，双方当事人已经就合同的主要条款达成协议，应当认为合同此时已经成立。

① 参见《招标投标法》第10条。

② 参见刘俊臣：《合同成立基本问题研究》，73页。

三、招标投标的效力

一旦中标之后，合同就成立。经过招标投标阶段订立的合同，和一般的合同的效力等同。但是，关于投标书与合同的关系，在法律上值得探讨。本书认为，合同应当反映订立过程的内容，也就是说，在一方当事人提出要约后，另一方作出承诺，要约和承诺的内容成为合同的内容。对招标投标方式订立合同而言，其缔约过程相对于一般的交易更为复杂。一方在投标以后，另一方接受其投标，但并非投标的内容都自然转化为合同条款，在中标以后，双方还应当继续协商，签订正式的合同条款。所以，我国《招标投标法》第46条第1款规定："招标人和中标人应当自中标通知书发出之日起三十日内，按照招标文件和中标人的投标文件订立书面合同。招标人和中标人不得再行订立背离合同实质性内容的其他协议。"在协商签订正式合同的过程中，双方可能会进一步修改投标书的内容，也可能完全保留投标书的内容。这就涉及投标书与合同的关系。

根据我国《招标投标法》的相关规定，投标书与合同的关系，可从如下几个方面理解。

第一，在投标书与合同不一致的情况下，应当以合同为准。由于正式合同往往会对原投标书内容进行变更，在这种情况下，双方的权利义务就应当由正式的合同来确立。所以，我国《招标投标法》第48条第1款规定："中标人应当按照合同约定履行义务，完成中标项目。中标人不得向他人转让中标项目，也不得将中标项目肢解后分别向他人转让。"《招标投标法》强调应当按照合同而非投标书来履行合同，这就表明如果合同书和投标书的内容不一致，则应当按照合同的规定来履行。

第二，当事人通过事后签订合同对招标投标中的条件进行修改，对此应当按照《招标投标法》第46条的规定，不得实质性地改变招标投标文件的内容。所谓实质性内容，就是指合同的主要条款，当事人改变这些条款的内容是无效的。

第三，如果合同中明确约定有关价款等内容以投标书为准，此时应当尊重当事人的意思，以投标书的内容为准来确定价款。

第六节　拍　卖

一、拍卖的概念和特征

拍卖，是指以公开竞价的形式，将特定物品或者财产权利转让给最高应价者的买卖。[①] 拍卖通常称为公开买卖，区别于私下交易。这就是说，拍卖是对外公开的。《民法典》第645条规定："拍卖的当事人的权利和义务以及拍卖程序等，依照有关法律、行政法规的规定。"该条对拍卖作出了规定。拍卖作为竞争买卖的一种方式，其功能主要是通

---

① 参见《拍卖法》第3条。

过竞争机制的引进而确保一个较为公正的市场价格，以避免出现因买卖双方信息不对称、不透明或者出卖人担心其代理人不尽职责而导致价格不合理。① 拍卖大多采用委托的方式，即在拍卖开始前，应当由委托人委托拍卖人进行拍卖，在拍卖过程中，涉及委托人、拍卖人和竞买人等多个主体。

拍卖的法律特征主要表现在：

第一，竞争性。由于拍卖的性质是竞争买卖，因此在拍卖中，出卖人是与出价最高的竞买人订立合同。就拍卖及最终的成交而言，主要可通过两种方式来实现：一是由各个竞买人竞相出价，如果没有更高价格的出现，此价格的竞买人即为出价最高。我国《拍卖法》第38条规定："买受人是指以最高应价购得拍卖标的的竞买人。"可见在实践中通常采用的是此种方式。二是出卖人渐次落价，直到出现竞买人，在此种拍卖中，是由出卖人不断落价，而非如前种形式中的竞买人竞相出价。②

第二，公开性。拍卖通常称为公开买卖，以区别于私下交易。这就是说，拍卖是对外公开的。在拍卖中，应该公告拍卖的事项，展示拍卖标的物，公布拍卖的时间、地点。发布拍卖公告，可以使公众得知拍卖信息，使更多的潜在买受人参与竞买，也可以避免各种纠纷的发生。

第三，多主体性。在拍卖中，大多采用委托的方式。在拍卖开始前，应当由委托人委托拍卖人进行拍卖。拍卖人受委托人的委托进行拍卖，参与拍卖的买受人成为竞买人，这些买受人参与竞买后只有出价最高者才成为最终的买受人，并与出卖人订立合同。所以在拍卖过程中，涉及委托人、拍卖人和竞买人等多个主体。③

第四，法律适用的特殊性。因为拍卖通常需要由专门的拍卖机构进行，因此法律多对拍卖人的资格、竞价及拍定等进行专门规定。在我国，拍卖的进行主要应遵循《拍卖法》等专门性法律的具体规定。

二、强制拍卖和任意拍卖

拍卖分为强制拍卖和任意拍卖。所谓强制拍卖，是指依据法律规定而必须进行的拍卖，其是由国家机关依强制执行法规定的程序所为的拍卖。④ 例如，《民事诉讼法》第255条第1款规定："被执行人未按执行通知履行法律文书确定的义务，人民法院有权查封、扣押、冻结、拍卖、变卖被执行人应当履行义务部分的财产。但应当保留被执行人及其所扶养家属的生活必需品。"强制拍卖是必须要进行的拍卖。所谓任意拍卖，主要是根据委托人的自由意愿来决定，而不是依强制执行法所为的拍卖。二者的区别主要在于：一是是否必须进行拍卖。在强制拍卖的情形下，法律规定必须拍卖的，应当依法进行拍卖。二是拍卖程序不同。强制拍卖有严格的程序要求，当事人应当严格遵循法定程序拍卖。

①③ 参见孙应征主编：《买卖合同法律原理与实证解析》，467页，北京，人民法院出版社，2005。

② 参见黄立：《民法债编各论》（上），135页。

④ 参见郭明瑞、王轶：《合同法新论·分则》，56页，北京，中国政法大学出版社，1997。

三、拍卖与招标投标

拍卖与招标投标一样，要以公开的方式进行，都属于买卖的特殊形式。无论是拍卖，还是招标投标，都存在竞价机制，由竞买人各自提出条件，出卖人选择其中最有利的条件而达成买卖。① 但拍卖与招标投标的主要区别在于：

第一，适用法律不同。拍卖与招标投标除了都要适用民法典合同编的规定，还要适用不同的特别法的规定，拍卖主要适用《拍卖法》，而招标投标须适用《招标投标法》。

第二，适用范围不同。招标的适用范围较为宽泛，其并不限于买卖，在建筑工程等领域都可以采取招标而订立合同，而拍卖只限于买卖。即使就买卖而言，招标不仅适用于买，而且适用于卖，而拍卖只适用于卖。②

第三，当事人不同。拍卖的当事人包括委托人、拍卖人和买受人，而招标的当事人通常只包括招标人和投标人。

第四，报价方式不同。在拍卖中，所有的竞买人都要参与公开报价，而且可以反复进行多次竞争性的报价。但是在招标投标中，投标人分别进行投标，且只能进行一次报价。③

第五，拍卖通常是与出价最高者订立合同，而招标一般是与出价最低者订立买卖合同。在这一点上招标投标与拍卖正好相反。

第六，程序不同。我国《拍卖法》和《招标投标法》对二者分别设置了不同程序，故应当严格按照这些法定程序来进行。

四、拍卖合同的成立

拍卖作为买卖的一种，也需要经历要约和承诺阶段，但是它作为一种特殊类型的买卖，成立方式具有特殊性。在拍卖中，需要由竞买人竞价，由出价最高者最终购得拍卖物，进而成立合同。所以它应当经过如下几个阶段：

第一，出卖人的出价。在法律上，一般认为出卖人的出价属于一种要约邀请，引诱竞买人发出要约。既然是一种要约邀请，理应受该表示的约束。因而，出卖人在设定出价之后，不得再变更该出价。但是在竞买人发出要约后，出卖人是否能撤销其要约邀请？本书认为，虽然出卖人的出价是一种要约邀请，但这并不意味着出卖人发出了要约而必须出卖，否则将对合同自由产生限制。《拍卖法》第 29 条规定，“委托人在拍卖开始前可以撤回拍卖标的”。因此出卖人可以撤销其要约邀请。但是拍卖开始后，如果其已经明确表示凡是出价最高者即可购买该物，就不能再撤回。

第二，竞买人的出价。一般认为，竞买人的出价是一种要约。竞买人出价后，如果

---

① 参见黄茂荣：《买卖法》，修订版，549 页。

② 参见徐炳：《买卖法》，491 页。

③ 参见孙应征主编：《买卖合同法律原理与实证解析》，469 页。

出现了更高价格时其便丧失了拘束力。需要指出的是，拍卖作为一种参与性强的特殊买卖，为了能够最大限度地保障其参与的公平性，拍卖人本身不能作为竞买人出价。如果拍卖人参与拍卖，不仅其行为违反了相关程序，而且因其不具备参与资格，即便订立拍卖合同，也应当是无效的。

第三，拍定。拍定是指拍卖成交，它是拍卖人以拍板、击槌或其他惯用方式确定拍卖合同成立或宣告竞争终结的一种行为。一般认为这种行为在性质上属于承诺。一旦拍定，拍卖成交。[①] 但需要指出的是，拍卖成交并不是在拍卖人与竞买人之间成立买卖合同，而是在出卖人（委托人）与竞买人之间成立买卖合同关系。

五、拍卖的效力

拍卖一经拍定，竞买人与出卖人之间成立买卖合同关系，竞买人可请求其交付拍卖物，而出卖人可直接请求对方支付价款，双方当事人之间的权利义务与一般合同相同。出卖人负有交付标的物并移转标的物所有权的义务，并担保标的物不具有瑕疵。对于买受人而言，在拍定之后，因为合同已经成立，按照一般买卖合同的效力，其负有交付价款的义务。

《拍卖法》第 39 条第 1 款规定："买受人应当按照约定支付拍卖标的的价款，未按照约定支付价款的，应当承担违约责任，或者由拍卖人征得委托人的同意，将拍卖标的再行拍卖。"依据该规定，如果买受人没有按照约定支付价款，构成违约，此时，出卖人有权解除合同，在合同解除后，其可以委托拍卖人将标的物再行拍卖。此外，拍卖标的的再行拍卖的，原买受人应当支付第一次拍卖中委托人应当支付的佣金。

思考题

1. 简述分期付款买卖与所有权保留的区别。
2. 简述分期付款买卖合同的效力。
3. 简述凭样品买卖与试用买卖的区别。
4. 简述试用买卖的效力。

---

① 《拍卖法》第 51 条规定："竞买人的最高应价经拍卖师落槌或者以其他公开表示买定的方式确认后，拍卖成交。"

第十四章

供用电、水、气、热力合同

案例

甲公司是某开发园区新入驻的一家制造手机设备的企业，其在搬入园区之后，与供电公司乙订立供电协议。乙公司提出，甲公司的用电量较大，可能影响园区其他企业的正常用电需求，因此，乙公司要求甲公司额外预付一笔用电费用。而甲公司主张，其虽然用电量较大，但愿意按照市场价格支付电费。双方因无法达成协议，甲公司在法院提起诉讼，要求乙公司与其订立供用电合同。

简要评析：甲公司用电的要求是正当合理的，其愿意按照市场价格支付电费，乙公司不得拒绝甲公司的订约请求。对此，《民法典》第 648 条第 2 款规定：“向社会公众供电的供电人，不得拒绝用电人合理的订立合同要求。”据此，乙公司应当与甲公司订约。

第一节　供用电、水、气、热力合同概述

一、供用电、水、气、热力合同的概念和特征

供用电、水、气、热力合同，是指当事人一方和另外一方约定于一定的或者不定的期间内，向另一方提供电、水、气、热力等生产生活必需物，另一方应当按照一定的标

准支付费用的合同。《民法典》第648条第1款规定："供用电合同是供电人向用电人供电，用电人支付电费的合同。"其中，提供电、水、气、热力的一方称为供应人，利用的一方称为利用人。① 在现代社会中，电、水、气、热力等是日常生活经营必需的物品，可以说，供用电、水、气、热力合同对于民生具有重要意义。因此，我国民法典合同编为了明确当事人的权利义务，保障民生，维护正常的生产生活秩序，在第十章单独对此类合同作出了规定。

供用电、水、气、热力合同的特点主要在于：

第一，客体具有特殊性。供用电、水、气、热力合同提供的标的物是一种特殊的物。此类合同的客体与普通物的不同点在于：一方面，其不同于一般的有体物，虽然这些客体是客观存在的，但是，它们又无法以通常的方法固定或保存（如水、气等），或者难以通过外观显现（如电）。另一方面，其又与有体物具有相似性，它们是可以被感知的物，也可以作为交易的对象，作为物来对待，许多国家民法典明确规定电力等自然力为可以支配的物。正是在这个意义上，它们常常被视为有体物。② 从功能上看，电、水、气、热力关系基本民生，属于基础资源性物品，也关系到国家的重大利益，所以各国都要通过法律形式对这些物品实行宏观控制和管理，因而以这些物品的供应为客体的合同也必然具有特殊性。③

第二，主体具有特殊性。在现代社会中，电、水、气、热力等事关社会的基本运行秩序和稳定，并且具有一定的社会服务性质，所以，需要通过专门的机构或组织来提供。在我国，通常来说都是由专门的社会公共机构负责供电、供水等。这些专门社会公共机构以提供电、水、气、热力等社会必需品为业，并且承担一定的社会服务和社会福利功能。④ 所以，供用电、水、气、热力合同的一方当事人不是一般的民事主体，而是社会公共机构。合同的另一方当事人既可能是企事业单位，也可能是普通的社会公众，其具有广泛性、分散性和普遍性的特点。因为这一特点，法律上对供应人的缔约义务以及解除合同的权利作了严格限制。例如，即使出现一方当事人的根本违约，另一方也不得直接解除，而应由双方进一步协商。尤其是因为在我国，供应一方通常具有垄断地位，而用户别无选择，且在停止供应的情况下，将使用户的生活陷入困境，所以只要供应方具有供应能力，就不能随意解除合同。⑤

第三，内容具有公益性。如前所述，供用电、水、气、热力涉及千家万户，关系到基本民生，不仅关系到当事人的利益，而且关系到社会公共利益。⑥ 所以，法律上要对此类合同作出特别规定，对供应人的合同自由进行干预。在此类合同中，供应主体的特殊性也决定了合同双方当事人的地位是不平等的，作为提供方的社会公共机构往往独占此种社会必需品的提供，而作为另一方当事人的社会公众，往往并没有选择当事人的权

---

① 参见崔建远主编：《合同法》，394页。

② 参见史尚宽：《民法总论》，251页。

③ 参见孙晓编著：《合同法各论》，38页，北京，中国法制出版社，2002。

④ 参见姚德年、李长城编著：《供用电、水、气、热力合同》，24页，北京，法律出版社，1999。

⑤ 参见姚德年、李长城编著：《供用电、水、气、热力合同》，10页。

⑥ 参见崔建远主编：《合同法》，395页。

利，如果社会公共机构拒绝向某个当事人提供这项服务，则当事人很可能无法得到此项服务，这无疑会影响到其最为基本的生产和生活。因此，《民法典》第 648 条第 2 款规定了供应者的强制缔约义务。

第四，合同的形式具有格式性。供用电、水、气、热力合同通常都是通过格式条款订立的。由于合同的标的物是具有社会公益性质的公共事业，也是特殊的商品，供应方往往又具有垄断的地位，加之供应方通常要面对社会不特定的公众订立合同，其数量极为庞大，难以和单个当事人协商，因而，这些合同往往都采用格式合同的方式订立，以最大限度地提高效率，降低交易费用，但因此也导致供给方有可能利用格式条款损害消费者的权益现象的发生。① 所以，对于此类合同就需要采取立法规制、行政规制、司法规制等方式予以规范。例如，有关产品的定价并不通过和具体消费者协商而确定，通常是由当地政府统一规定，统一定价，这样一方面节约了交易成本，另一方面也防止垄断企业擅自利用垄断地位获取不正当利益。② 民法典合同编专门规定此类合同实际上属于立法规制。

第五，履行具有持续性。此类合同常常被称为继续性供给合同。所谓继续性供给合同，是指当事人约定一方于一定或者不定的期间内，向对方继续供给定量或不定量的一定种类或品质的物，而由对方按一定的标准支付价款的合同。③ 这种可持续性实际上是在合同订立之时就已经确定。④ 供应电、水、气、热力都不是一次性完成的，而是持续性的，因而属于继续性供给合同的范围。这主要表现在：一是义务履行的持续性。例如，在电力供应合同中，电力的供应与使用是连续的，因而合同的履行方式也处于一种持续状态。供电人在发电、供电系统正常的情况下，应当连续向用电人供电，不得中断；用电人在合同约定的时间内，享有连续用电的权利。二是在履行过程中，供应一方不能仅以用户尚未支付价款为理由主张同时履行抗辩权而拒绝提供电、水、气、热力⑤，除非出现了法定条件并履行法定的程序才能解除合同。三是合同解除的效力不具有溯及力，只对未来发生效力。合同解除之后，当事人不能请求恢复原状。⑥

第六，具有双务、有偿、诺成性。所谓双务性，是指在供用电、水、气、热力合同中，当事人双方都享有一定的权利，承担一定的义务，双方的权利义务具有一定的对等性。所谓有偿性，是指电、水、气、热力合同中的供应人，是以提供这些服务为业，并且在一定程度上是以获取利益为目的，所以买受人接受这些服务是需要支付对价的。⑦ 所谓诺成性，是指双方当事人意思表示一致合同便宣告成立，并不需要特殊的形式作为合同的生效要件。在这些方面，供用电、水、气、热力合同与买卖合同基本相同。

---

①⑦ 参见郭明瑞、房绍坤：《新合同法原理》，448 页。

② 参见孙晓编著：《合同法各论》，38 页。

③ 参见韩世远：《合同法学》，417 页。

④ 参见王泽鉴：《债法原理》，104 页。

⑤ 参见姚德年、李长城编著：《供用电、水、气、热力合同》，10 页。

⑥ 参见黄立：《民法债编各论》（上），144 页。

二、供用电、水、气、热力合同与买卖合同

供用电、水、气、热力合同从性质上来看，也属于广义上的买卖合同。这是因为提供电等的一方也要移转标的物的所有权，另一方支付相应的对价。只不过，此种标的物具有特殊性。此类合同与一般的买卖合同具有明显的区别，主要表现在：第一，供用电等合同的标的物具有特殊性。在一般的买卖合同中，标的物是有体物；而在供用电等合同中，标的物主要是无形的物（供水除外）。第二，供用电等合同具有一定的社会公益性。一般的买卖主要是当事人之间的交易，原则上不涉及社会公共利益。而供用电等合同具有社会公益的特点，因而在买卖合同中出卖人能够享有的很多权利，在供用电等合同中都受到了严格的限制。第三，买卖合同可能是即时清结的合同，也可能是持续性的合同，而供用电等合同是持续性的合同。第四，同时履行抗辩权的行使存在差异。在供用电、水、气、热力合同履行中，为了保障民生，有必要限制同时履行抗辩权的行使。供应人就不能够因为用户某一期没有及时地支付费用，而行使同时履行抗辩权，直接拒绝继续履行合同。正是因为这一原因，《民法典》第 944 条第 3 款规定："物业服务人不得采取停止供电、供水、供热、供燃气等方式催交物业费。"这也表明，供电、供水、供热、供燃气等不能因为业主没有及时缴纳物业费而停止。

三、供用电、水、气、热力合同的订立和履行

供用电、水、气、热力合同的订立，需要遵循合同订立的一般规则，但此类合同的订立也具有特殊性。《民法典》第 648 条第 2 款规定，"向社会公众供电的供电人，不得拒绝用电人合理的订立合同要求"。这就确立了强制缔约的规则。虽然该条是对供用电合同的规定，但依据《民法典》第 656 条的规定，"供用水、供用气、供用热力合同，参照适用供用电合同的有关规定"，那么在合同订立方面，供用水、供用气、供用热力合同，也应当参照适用供用电合同的强制缔约制度。

供用电、水、气、热力合同订立之后，当事人双方都应当按照法律和合同的规定履行合同。供应电等合同在履行方面具有其特殊性，主要包括：

第一，当事人要遵守法律规定和合同约定。例如，供电企业应当保证供电质量符合国家标准。对公用供电设施引起的供电质量问题，应当及时处理。用户对供电质量有特殊要求的，供电企业应当根据其必要性和电网的可能，提供相应的电力。

第二，当事人应当持续履行其给付义务。继续性合同的履行具有其特殊性，即当事人需要在一定的时间段中持续进行履行，但其也不同于分期履行。[①] 在继续性合同中，并没有对履行的总额有任何的限制，只要期间继续下去，就要继续履行，且每次的给付都具有一定的独立性。问题在于：当事人持续履行其给付义务时，如果有一次或者数次没有达到法定或约定的标准，是否可以适用《民法典》第 633 条关于分批交付标的物不

---

① 参见王泽鉴：《债法原理》，104 页。

符合约定的规定？依据该条规定，“出卖人分批交付标的物的，出卖人对其中一批标的物不交付或者交付不符合约定，致使该批标的物不能实现合同目的的，买受人可以就该批标的物解除”。有学者认为，如果一次或数次没有履行义务，导致不能实现合同目的，非违约方应当享有合同解除权。[①] 本书认为，此种观点有一定的合理性，但考虑到此类合同的特殊性，即便出现此类情形，当事人应当相互协商解决。

第三，当事人应当依据诚实信用原则进行履行。供用电、水、气、热电合同牵涉民生，关涉当事人切身利益，所以在合同履行过程中，当事人双方，特别是供用单位应当秉持诚信原则来履行合同，从对方当事人切实需要出发，照顾当事人合理需求。除了应履行合同的给付义务，也应当履行基于诚实信用原则产生的附随义务，以保障当事人合同利益的最大限度的满足。

第四，当事人之间的协商义务。供用电、水、气、热力合同不仅仅是持续性合同，而且又关系到社会公众基本的生产生活，所以当发生争议的时候，不能够简单地中止合同，停止公共产品的供给，这样可能损害社会公共利益，甚至影响到正常的社会秩序。继续性合同的特点使得双方当事人之间负有协商的义务，而且，因为其关系到基本的民生，提供方不能够因为对方当事人某一期没有及时的支付费用，而直接拒绝继续履行合同。因此，通常法律都规定，当供用电、水、气、热力等合同的履行发生争议时，当事人首先必须经过充分的协商[②]，提供电、水、气、热力的一方当事人不能够随便解除合同，必须先经过反复协商，如果无法达成协议，应当在充分告知相对人之后，依照国家规定的程序，才能够行使合同解除权，停止社会公共产品的供给。

第二节　供用电合同

一、供用电合同的概念和特征

《民法典》第 648 条第 1 款规定：“供用电合同是供电人向用电人供电，用电人支付电费的合同。”在实践中，电力供应是最普遍、最重要的类型，因而供用电合同具有典型性。虽然《民法典》合同编第十章规定的是“供用电、水、气、热力合同”，但法律只是对供应电合同作出了规定，并没有对供用电、水、气、热力合同全部作出规定，有关供用水、气、热力合同适用供应电合同的相关规定。《民法典》第 656 条规定：“供用水、供用气、供用热力合同，参照适用供用电合同的有关规定。”依据这一规定，在供应人供用水、供用气、供用热力的情况下，法律没有明确的规定，或者当事人没有约定或者约定不明的，可以参照供用电合同的规定确立合同当事人之间的权利义务关系。

供用电合同的特征在于：一是主体具有特殊性，供用电合同的主体主要是供电人和用电人。供电人是指依法成立的供电企业或者依法取得供电营业资格的非法人组织。在

① 参见韩世远：《合同法学》，418 页。

② 参见姚德年、李长城编著：《供用电、水、气、热力合同》，10 页。

我国，电力是由国家规定的特定的供电部门及供电局统一供应的，其他任何单位和个人都不得承担专门供电的任务。① 用电人主要是指企事业单位和社会一般公众。二是客体具有特殊性，供用电合同的标的物是电，供用电合同主要有两种：一种是工农业和其他生产经营用电合同；另一种是生活消费用电合同。三是内容具有公益性。供用电合同和供用水、气、热力合同一样具有公用性、公益性、持续性等特点。但电力是国家的基本能源，关系到国计民生，电力供应的有序性直接关系到国家经济的正常运转，所以国家要对电力供应在宏观上予以控制。这不仅体现在对供用电力合同格式条款的规制，也体现在国家要对电价实行严格管理。② 四是履行具有特殊性。电力的供应与使用是连续的，因而合同的履行方式处于一种持续状态。供电人在发电、供电系统正常的情况下，应当连续向用电人供电，不得中断；用电人在合同约定的时间内，享有连续用电的权利。

二、供用电合同的订立和内容

(一) 供用电合同的订立

供用电合同也要经过要约和承诺阶段，但是，我国法律规定供电人应当负有强制缔约的义务。《民法典》第 648 条第 2 款规定："向社会公众供电的供电人，不得拒绝用电人合理的订立合同要求。"《电力法》第 26 条第 1 款规定："供电营业区内的供电营业机构，对本营业区内的用户有按照国家规定供电的义务；不得违反国家规定对其营业区内申请用电的单位和个人拒绝供电。"据此可见，供电人负有强制缔约的义务。法律规定强制缔约制度，旨在防止某些公共服务提供者选择性地提供公共服务、损害广大消费者利益，进而损及大众的公共利益。在供用电合同中，如果仍然采用传统的绝对合同自由原则，则因为供电人作为大型企业与用电人之间处于不平等地位，且用电人又处于迫切需求状态，这就可能会使供电人肆意利用合同订立的主动权，单方面决定交易对象、交易价格等合同内容，从而使合同相对方处于被动接受的不利地位。双方当事人通过此种合同形成的利益关系就可能严重失衡，甚至有可能使合同另一方当事人不能获得必要的公共服务而影响其基本的生存。③

订立供用电合同必须符合法定的程序，《电力法》第 26 条规定，"申请新装用电、临时用电、增加用电容量、变更用电和终止用电，应当依照规定的程序办理手续。供电企业应当在其营业场所公告用电的程序、制度和收费标准，并提供用户须知资料"。可见，为了保护用电人的利益，供电企业必须依法定程序与用电人订立合同。在我国，供电人具有特殊性，一般的单位和个人都不得作为供电人。受供电企业委托供电的营业网点、营业所不具有权利能力，不能以自己的名义签订合同，因而不是供电人。④

---

① 参见姚德年、李长城编著：《供用电、水、气、热力合同》，24 页。

② 参见孙晓编著：《合同法各论》，40 页。

③ 参见韩世远：《合同法总论》，86 页。

④ 参见胡康生主编：《〈中华人民共和国合同法〉释义》，262 页。

（二）供用电合同的内容

《民法典》第 649 条规定："供用电合同的内容一般包括供电的方式、质量、时间，用电容量、地址、性质，计量方式，电价、电费的结算方式，供用电设施的维护责任等条款。"供用电合同通常应具备这些条款，这些条款对于明确供用电合同的供电人和用电人的权利义务有着重要意义。具体来说，供用电合同应当包括如下条款。

第一，供电的方式、质量、时间。所谓供电方式，是指供电人采用何种方式为用户供电，例如，是直接供电还是委托供电，是主供电源还是备用电源等。供电质量，是指供电的频率、电压和供电的可靠性应当符合法定的和约定的标准。供电时间，是指自合同生效后，何时开始和终止供电。① 在供电时间中，当事人通常也需要约定在出现断电、停电事故时如何恢复用电等。

第二，用电容量、地址、性质。用电容量，是指供电人所认定的用电人受电设备的总容量。用电性质包括行业分类和用电分类，是生活用电还是生产用电。所谓用电地址，就是指用电人使用电力的地点。《民法典》第 650 条规定："供用电合同的履行地点，按照当事人约定；当事人没有约定或者约定不明确的，供电设施的产权分界处为履行地点。"依据这一规定，履行地点首先依据合同自由原则由双方约定。没有约定或者约定不明确的，供电设施的产权分界处为履行地点。如何理解供电设施的产权分界处？它是指划分供电设施所有权归属的分界点。分界点电源侧的供电设施归供电人所有，分界点负荷侧的供电设施归用电人所有。在用电人为单位时，供电设施的产权分界处通常为该单位变电设备的第一个磁瓶或开关；在用电人为散户时，供电设施的产权分界处通常为进户墙的第一个接收点。② 在实践中，确定供用电合同的履行地，对正确确定供用电合同的地域管辖也有重要意义；同时，对于履行供用电合同、确定供电设施的维护管理责任也有重要作用。③

第三，计量方式。计量方式，是指供电人如何计算用电人使用的电量。通常来说，个人消费用电和企业用电的计量方式是不同的，计量方式是计算用电人所需支付的电费的基础，所以应在合同中对此加以明确约定。在现实生活中，供电人为了计量用电人在约定时间内所用电量，通常会安装用电计量装置。安装用电计量装置不仅是当事人在供用电合同中约定的主要内容，也是当事人必须遵守的法律规定。④ 例如，《电力法》第 31 条第 1 款规定："用户应当安装用电计量装置。用户使用的电力电量，以计量检定机构依法认可的用电计量装置的记录为准。"

第四，电价。在我国，电价通常是由国家统一规定，采取统一定价的方式。《电力法》第 35 条规定："本法所称电价，是指电力生产企业的上网电价、电网间的互供电价、电网销售电价。电价实行统一政策，统一定价原则，分级管理。"据此，供电企业不得擅

---

① 参见胡康生主编：《〈中华人民共和国合同法〉释义》，265 页。我国《全国供用电规则》第 57 条也规定了产权分界划分标准。

② 参见胡康生主编：《〈中华人民共和国合同法〉释义》，267～268 页。

③ 参见魏耀荣等：《中华人民共和国合同法释论（分则）》，105 页。

④ 参见魏耀荣等：《中华人民共和国合同法释论（分则）》，199 页。

自变更电价。这主要是因为在我国，供电企业都具有垄断性质，如果允许其自由定价，就可能导致电价偏高，对消费者的权益造成损害。

第五，电费的结算方式。为防止双方当事人因供电收费发生争议，应当在合同中约定电费的结算方式。《电力法》第 33 条第 1 款规定："供电企业应当按照国家核准的电价和用电计量装置的记录，向用户计收电费。"一般来说，对于家庭用电可以按照用电量来收费。但是企业用电比较复杂，供电企业可以和用电企业约定特殊的结算方式。例如，当事人可以采取收取电费保证金、预付电费、按月按年结算等方式进行电费的结算。

第六，供用电设施的维护责任。供用电设施是发电设施、变电设施和电力线路设施及其有关辅助设施的统称，包括已建的和在建的，处于运行状态、检修状态和备用状态的电力设施。[①] 通常来说，供用电设施应当由供电企业维护。但是，当事人也可以对此作出不同的约定。如前所述，供电设施的产权分界处为履行地点，因此，在产权分界处双方都有维护用电设施的义务和责任。

上述条款只是供用电合同的一般条款，并非合同的必要条款，缺少某些条款也不一定导致合同不成立或无效。此外，除了上述条款，当事人还可以根据具体情形在供用电合同中对其他内容进行约定，如违约责任等。

三、供用电合同的效力

（一）供电人的义务

1. 按照国家规定的供电质量标准和约定安全供电

《民法典》第 651 条规定："供电人应当按照国家规定的供电质量标准和约定安全供电。供电人未按照国家规定的供电质量标准和约定安全供电，造成用电人损失的，应当承担赔偿责任。"据此，供电人负有按照国家规定的供电质量标准和约定安全供电。这主要包括如下内容：一是供电人应按照国家规定的质量标准安全供电。因为电力供应不仅关系到国计民生，也关系着用电人的生命、财产安全，因此，国家通常会就电力的安全供应制定有关的质量标准。[②] 供电人在供用电力的过程中，应保持电压稳定，使电力供应具有稳定性、可靠性，而不能经常停电、断电。二是供电人应按照约定安全供电。在电力供应过程中，不同的用电人会根据其生产生活的用电需要而就电压、用电设施等进行特别约定，在此情况下，供电人不仅应按照国家规定的质量标准安全供电，还应按照约定安全供电。供电人既应做到其所供电力能够满足用电人的用电需要，还应保障供电的安全。例如，工业用电通常会就电压有特别的要求，在供用电合同作出约定后，供电人就应采取特定的供电设施、设备等保障特定电压。此外，供电人还应保障电力设施的安全。这主要是因为，一旦电力设施的安全不能得到保障，就可能导致失火等事故，造成人员伤亡和财产损害。

---

① 参见魏耀荣等：《中华人民共和国合同法释论（分则）》，102 页。

② 例如，《供电营业规则》第 7 条规定，"供电企业供电的额定电压：（一）低压供电：单相为 220 伏，三相为 380 伏，三相四线为 380/220 伏；（二）高压供电：为 10（6、20）、35、110（66）、220（330）千伏"。

依据《民法典》第651条的规定，如果供电人违反其安全供电义务给用点人造成损失，应承担损害赔偿责任。例如，供电人所提供的电力电压不稳，致使某工厂无法进行正常的生产。此处所说的赔偿责任，不仅要赔偿直接损失，而且要赔偿供用电合同履行后可以获得的利益，但不应超过供电人在订立合同时预见到或应当预见到因违反合同可能造成的损失。

2. 中断供电时必须事先通知用电人

《民法典》第652条规定，“供电人因供电设施计划检修、临时检修、依法限电或者用电人违法用电等原因，需要中断供电时，应当按照国家有关规定事先通知用电人”。据此确立了供电人在中断供电时必须事先通知用电人的义务。所谓检修，主要是指供电人对供电设施等进行检修，以保障用电安全，包括计划检修和临时检修。在特殊情况下，供电人可能需要检修供电设施或依法限电等而中断供电。所谓依法限电，是指当电力总量不足时，供电人需要按照计划分配的，也可能需要暂时中断供电。但是，中断供电的，应当及时通知用电人。因为用电人不知道中断供电的时间和范围，无法提前预防和作出其他准备措施，就有可能导致生产的停止或者影响用电人的生活。问题在于：供电人应当提前多长时间通知？本书认为，应当给予用电人合理的准备时间。如果供电人没有提前通知，而造成用电人损失，供电人应承担损害赔偿责任。

《民法典》第652条规定，“未事先通知用电人中断供电，造成用电人损失的，应当承担赔偿责任”。因此，供电人所应当承担的损害赔偿责任的构成要件是：一是未履行通知用电人的义务。在实践中，中断供电时有发生，而且在计划检修和临时检修、依法限电等情形下，中断供电确有必要。但在这些情形下，供电人都应该及时通知用电人。二是因供电人中断供电造成用电人损失。此处所说的损失，既包括因停电造成的直接损失，还应包括中断供电给用电人造成的利润损失等。但这种损失必须是客观的，与供电人的中断供电具有直接因果关系。

3. 及时抢修义务

《民法典》第653条规定：“因自然灾害等原因断电，供电人应当按照国家有关规定及时抢修；未及时抢修，造成用电人损失的，应当承担赔偿责任。”在实践中，因各种意外可能发生断电，断电的原因可能有如下几种：一是因不可抗力的原因而断电。例如，因地震、海啸等造成电力设施破坏，造成断电。二是因意外事故而断电。例如，因大风、暴雨等造成断电。三是因人为的破坏而导致断电。在这些情形下，供电人虽然不承担违约责任，但是负有及时抢修的义务。未及时抢修，造成用电人损失的，应当承担损害赔偿责任。这就是说，在因上述原因造成断电时，供电人没有过错，但是，其没有及时抢修是有过错的，应当对因没有及时抢修造成的损失负责。

（二）用电人的义务

1. 及时交付电费

及时交付电费是用电人的主要义务，因为供用电合同是双务有偿的合同，用电人使用电力，应当支付相应的对价。《民法典》第654条第1款规定：“用电人应当按照国家有关规定和当事人的约定及时支付电费。用电人逾期不支付电费的，应当按照约定支付违约金。经催告用电人在合理期限内仍不支付电费和违约金的，供电人可以按照国家规定的程序中止供电。”这就确立了用电人及时交付电费的义务。此种义务具体表现在：一是应当按照法律规定和当事人约定标准交付电费。针对电力的特殊性，国家通常针对不同的用电行业规定了不同的计费标准，电费的计价通常应严格遵循此种标准。法律上未对电费的具体计价方式和标准作出规定的，当事人也可以作出约定，因此，用电人应根据国家规定和当事人约定的标准，按照用电计量装置的记录支付电费。二是用电人必须按照规定的时间交付电费。通常在合同订立时，供电人要将交付电费的时间告知用电人。在合同约定的期间届满后，供电人应及时地查抄电费，按照用电计量装置的记录计算电价，而用电人应及时将电费支付给供电人。针对特殊用电人的电费的交付时间，有关的法律法规也作出了具体规定。例如，月用电量大的用电人和临时用电的用电人，其支付电费的时间需要遵循法律的规定。① 三是应当按照约定的结算方式如期交付电费。此外，用电人还应对供电人抄表收费等行为提供方便。②

《民法典》第 654 条第 1 款规定：“用电人应当按照国家有关规定和当事人的约定及时支付电费。用电人逾期不支付电费的，应当按照约定支付违约金。经催告用电人在合理期限内仍不支付电费和违约金的，供电人可以按照国家规定的程序中止供电。”依据这一规定，第一，用电人逾期不交付电费的，应当按照约定支付违约金。这是因为当事人通常会在供用电合同中约定违约金（在供用电合同中通常称为滞纳金），所以，用电人逾期不交付电费的，应当按照违约金条款支付违约金。第二，经催告用电人在合理期限内仍不交付电费和违约金的，供电人可以按照国家规定的程序中止供电。由于中止供电将可能影响到用电人的生产和生活，因而法律上对中止供电作出了严格的条件限制：一是必须存在用电人未在合理期限内交付电费和违约金的行为。严格地说，依据上述规定，必须是用电人同时未交付电费和违约金，如果用电人在合理期限内支付了电费，而仅是尚未交付违约金或部分违约金，则供电人不能采取中止供电的措施。二是经催告仍不交付。因为用电人可能因各种原因而未及时交付，所以，必须要经催告程序。例如，用电人没有收到缴费通知，也不知道其未交付电费，供电人催告也可以促使其及时交付电费，以保障其正常的生产生活。因而，只有经过催告并经过合理期限，用电人仍不交付电费和违约金的，供电人才能中止供电。第三，中止供电前应当通知用电人。《民法典》第 654 条第 2 款规定：“供电人依据前款规定中止供电的，应当事先通知用电人。”因为停电可能会给用电人的生产、生活带来极大不便，甚至可能造成重大损失，所以，必须事先通知用电人，使其做好准备。

在解除合同之后，供电人仍然享有要求用电人支付电费和违约金的权利，但是，因为合同的标的是可消耗物，所以，供电人不能要求用电人恢复原状。

2. 安全用电

《民法典》第 655 条规定，“用电人应当按照国家有关规定和当事人的约定安全、节

---

① 《供电营业规则》第 88 条规定，“对月用电量较大的用户，供电企业可以按照用户月电费确定每月分若干次收费，并于抄表后结清当月电费”。

② 参见何志：《合同法分则判解研究与适用》，120 页，北京，人民法院出版社，2002。

约和计划用电”。这就是说，在用电过程中，用电人应当遵守国家有关安全用电的规定，例如，有关规定已经明确要求用电人不能随意安装用电线路，私搭私建、随意拆换。用电人必须遵守这些规定，保障用电安全。此外，当事人也可以在合同中约定出现用电设施不合格或故障时，应当及时告知供电人，或委托专业人士进行维护和维修①，以防发生危险，或因此留下隐患。保持用电设施处于安全状态，是保证用电安全的前提条件。

在供用电合同中，用电人安全用电不仅关系到其自身的生命财产安全，也关系到供电人的供电安全和正常供电秩序。如果用电人未按照国家有关规定和当事人的约定安全用电，可能会给供电人造成损失。例如，因用电人未按照约定安全用电，引发火灾，将供电人的供电设施烧毁，甚至可能因此而导致某一供电区域内大规模停电，供电人不得不打乱正常的供电计划而进行抢修。在此情形下，应由未按照国家有关规定和当事人的约定安全用电的用电人承担损害赔偿责任。

3. 忍受义务

根据诚信原则，供用电合同的履行需要当事人双方的配合。尤其是在供电过程中，常常可能会因各种原因而进行设备的检修、限电、断电等。因各种意外事故而需要对用电设施进行检修，或是因此而停电、限电等都是较为常见的现象，也是为防止危险发生的必要措施。用电人对此应当忍受，而不得随意主张除去。唯其如此，才能保证正常的电力供应，保障电力使用的安全。

思考题

1. 简述供用电合同的概念和特点。
2. 简述供用电合同供电人的义务。
3. 供用电合同用电人负有哪些义务？
4. 简述供用电合同中的强制缔约义务。

① 参见崔建远主编：《合同法》，397 页。

第十五章

赠与合同

案例

甲是某酸奶零售商，乙是甲的邻居，双方关系良好。甲有两箱酸奶没有在保质期内及时售完，为避免浪费，甲将其中一箱送给乙，甲认为，该酸奶刚过保质期应该不会有问题，就没有告知乙酸奶已经过保质期的事实。不巧，乙将酸奶放置一天后才食用，导致食物中毒，花去医药费 2 000 元。乙请求甲赔偿该医药费，而甲主张，酸奶是赠给乙，并未收取价金，乙无权请求其赔偿损失。甲的主张能否成立？

简要评析：该案涉及赠与合同的违约责任承担问题。依据《民法典》第 662 条的规定，除非赠与人故意不告诉受赠人标的物存在瑕疵或者保证标的物无瑕疵，否则，在受赠人因标的物瑕疵遭受损害时，赠与人不应当承担损害赔偿责任。在该案中，甲虽然知道酸奶已经过期，但并非故意不告诉乙酸奶已过保质期，因此，乙无权依据《民法典》第 662 条请求甲承担赔偿责任，但仍有可能主张甲的侵权责任。

第一节　赠与合同概述

一、赠与合同的概念和特征

赠与合同是赠与人将自己的财产无偿给予受赠人，受赠人表示接受赠与的合同。《民法典》第657条规定："赠与合同是赠与人将自己的财产无偿给予受赠人，受赠人表示接受赠与的合同。"该条对赠与合同的概念作出了界定。在赠与合同中，转移财产的一方为赠与人，接受财产的一方为受赠人。"赠人玫瑰，手有余香"，在现代社会中，赠与是民事主体之间实施扶贫救危、尊老爱幼的道义行为的法律形式，同时，赠与合同对于规范赠与关系、鼓励人们从事捐赠和慈善活动等行为也具有重要意义。作为调整社会关系的重要法律规范，《民法典》对赠与作出了明确的规定，以期为民众提供行为指引并为法官裁判提供依据。

赠与合同的法律特征主要在于：

（1）标的物是财产。依据《民法典》第657条的规定，赠与合同的标的物是"财产"。这里所说的财产应当作广义的理解，它不仅包括有体财产，如常见的各种有体物等，也包括无体财产，如各种债权、股权等。赠与的财产并不限于现实取得的财产，就将来可取得的财产（如未来的利息、工资收入等）进行赠与在法律上也是允许的。但无偿的劳务合同并不是赠与。当然，赠与人应当对其所赠与的财产享有所有权或处分权，如果赠与人在作出赠与时，对其所赠与的财产并不享有处分权，不仅会侵害他人的财产权利，而且在赠与之后真正权利人可能会向受赠人请求返还受赠的财产，导致受赠人不能取得该受赠财产，因而，赠与人就可能构成违约，并需要承担违约责任。

（2）具有无偿性。赠与是无偿给予他人一定财产的行为。所谓无偿，是指一方履行给付义务，但并未从另一方当事人处获得对价或经济利益。《民法典》第657条所规定的"无偿给予"主要是从客观上判断的，即受赠人在接受赠与时并不作出相应的给付。也就是说，只要赠与人在移转财产所有权给受赠人时，并未从受赠人处获得给付或经济利益的，就应当认为该合同是赠与。① 至于在主观上是否希望获得好处，或者是否在主观上获得精神慰藉，则不必考虑。

（3）具有单务性。所谓赠与合同的单务性，是指赠与人只是单方面负担赠与义务，而受赠人并不负有作出对待给付的义务。正是因为赠与合同是单务合同，所以当事人不享有双务合同履行中的抗辩权。即便是附义务的赠与，受赠人所承担的义务也不构成赠与人赠与的对价。至于受赠人接受赠与也只是合同履行的问题，并没有对合同性质本身产生影响，如果事后受赠人不予接受，也是受赠人自己权利的放弃，其无须承担违约责任。

（4）具有诺成性和不要式性。根据《民法典》的相关规定，赠与合同应当是一种诺成合同。因此，赠与合同的成立并不以赠与物的交付为成立要件。只要当事人就赠与达成一致，合同就成立。赠与合同也具有不要式性，这就是说，除了法律特别规定的赠与类型（如捐赠），赠与合同的订立并不要求必须以书面形式作出，只要双方当事人就具体的赠与事项达成一致即可。

二、赠与合同与买卖合同的区别

赠与合同和买卖合同都是诺成合同。它们都需要移转标的物所有权，且无论是赠与

① 参见［日］我妻荣：《债法各论》，周江洪译，5页，北京，中国法制出版社，2008。

人还是出卖人都应当对其所处分的财产享有处分权。在实践中，这两个合同有可能结合在一起，例如，商家推出“买一赠一”，其中也包含了一定的赠与的意思。但二者存在区别，主要体现在：

第一，是否需要支付对价不同。买卖合同是典型的商品交易形式，其遵循等价交换的原则。买卖合同中出卖人移转标的物所有权则要求买受人支付合同对价。而赠与合同并不是一种典型的交易，在赠与合同中，一方移转标的物所有权，另一方并不需要支付对价。

第二，是否具有双务性不同。赠与合同是单务合同，而买卖合同是双务合同，即买卖双方当事人互负对待给付义务。也就是说，出卖人负有交付标的物的义务，而买受人负有支付价款的义务。

第三，瑕疵担保义务不同。在赠与合同中，《民法典》第 662 条第 1 款规定：“赠与的财产有瑕疵的，赠与人不承担责任。附义务的赠与，赠与的财产有瑕疵的，赠与人在附义务的限度内承担与出卖人相同的责任。”即便在附义务的赠与合同中，赠与人也仅在附义务的限度内承担瑕疵担保责任。而在买卖合同中，出卖人对出卖的商品负有瑕疵担保义务，如果因为标的物存在瑕疵造成买受人损害，买受人有权请求出卖人承担违反瑕疵担保义务的违约责任。

三、赠与的分类

（一）一般赠与和具有公益性、道德性的赠与

一般赠与就是指《民法典》第 657 条所规定的赠与，具有公益性和道德性的赠与是指《民法典》第 658 条第 2 款所规定的具有救灾、扶贫等社会公益、道德义务性质的赠与。一般赠与和具有公益性、道德性的赠与的主要区别在于：第一，赠与人是否享有任意撤销赠与的权利不同。这就是说，在一般赠与中，赠与人将自己的财产无偿给予受赠人，并可以在赠与财产权利移转前撤销赠与。对于具有公益性和道德性的赠与，依据《民法典》第 658 条的规定，赠与人不享有任意撤销赠与的权利。第二，能否强制赠与人履行交付义务不同。就一般赠与而言，赠与人不履行交付赠与物的义务时，受赠人不能强制其履行。但是具有公益性和道德性的赠与，受赠人可以依据《民法典》第 660 条要求赠与人交付。第三，因赠与人故意或者重大过失致使赠与的财产毁损、灭失的法律后果不同。在一般赠与中，赠与人仅需赔偿因赠与财产的毁损、灭失而发生的财产自身的损失。但在具有救灾、扶贫等社会公益、道德义务性质的赠与中，赠与人还应赔偿由此引发的其他损失。

（二）附义务的赠与和不附义务的赠与

所谓附义务的赠与，是指当事人在赠与合同中有特别约定，使受赠人承担一定的负担。《民法典》第 661 条第 1 款规定：“赠与可以附义务。”因此，当事人可以自由设定附义务的赠与。比如，赠与人与受赠人约定，赠与人赠与受赠人一笔钱，而受赠人需要为赠与人看管花园。对赠与应负何种义务，应由当事人决定。但在法律上，此种义务并不

构成对待给付，否则，赠与的性质将发生改变，即不再是赠与，而可能构成买卖等行为。所谓不附义务的赠与，是指一般的赠与，即受赠人在接受赠与时不附带任何义务。附义务的赠与和不附义务的赠与一样，赠与人都享有任意撤销权。但附义务的赠与和不附义务的赠与的区别表现在：

第一，不附义务的赠与是一般情形，附义务的赠与则是一种特殊的情形，适用法律的特殊规定。不附义务的赠与，作为一种常态的赠与，受赠人仅享有取得赠与财产的权利，而无须承担任何义务。而在附义务的赠与中，赠与人会对其赠与附加一定的条件，受赠人在接受赠与的同时，也负担着赠与人所确立的义务。

第二，瑕疵担保义务不同。在一般赠与中，赠与人不负瑕疵担保义务。但在附义务的赠与中，赠与的财产有瑕疵的，赠与人在附义务的限度内承担与出卖人相同的责任。

四、赠与合同的成立和生效

赠与合同的成立需要经过要约和承诺两个阶段，一旦当事人就赠与达成合意，赠与合同即成立。问题在于：在双方达成合意以后，是否还需要实际交付赠与物才能导致合同成立？对此，各国法律规定的不完全相同。从我国《民法典》相关规定来看，宜认定赠与合同为诺成合同：一方面，我国《民法典》第657条规定："赠与合同是赠与人将自己的财产无偿给予受赠人，受赠人表示接受赠与的合同。"从该条规定来看，只要当事人意思表示一致，赠与合同即可成立，因此，赠与合同应当是一种诺成合同。而且从赠与他人之物、将来之物的情况看，如果认为赠与合同是实践合同，由于赠与人没有所有权，在其无法实际赠与的情况下，受赠人只能依据缔约过失来主张损害赔偿，这显然不利于保护受赠人的利益。另一方面，实践合同的成立需要法律明确规定，如果法律没有明确规定，则应当将其认定为诺成合同。还要看到，《民法典》第658条第1款规定："赠与人在赠与财产的权利转移之前可以撤销赠与。"这就规定了赠与人在财产权利移转之前的任意撤销权，因此，从体系解释看，如果否认赠与合同是一种诺成合同而是实践合同，则在赠与人移转财产权利之前，合同根本就没有成立，赠与人也无法撤销赠与。

第二节　赠与合同的效力

一、赠与人的主要义务

（一）依法履行交付财产并移转财产权利的义务

赠与人的主要义务是依照合同的约定将财产权利无偿移转给受赠人。这就是说，赠与人必须要依据合同约定的标的、期限、地点、方式、标准等，履行权利移转的义务。在移转权利时，应当区分有体物和无形财产，从而确定不同的移转方式。对于有体物中的动产，应该采用交付的方式，而不动产应采用登记移转方式。对于无形财产，则应根据具体情况来判断权利移转方式。就证券上的权利，因为在我国采用无纸化的方式，故应采用登记的方式进行移转。

《民法典》第659条规定："赠与的财产依法需要办理登记或者其他手续的，应当办理有关手续。"依据该条规定，赠与人赠与他人财产时，不仅要交付财产，而且应当移转所有权，对某些财产而言，还需要赠与人办理变更登记。例如，建设用地使用权的赠与，应通过办理变更登记来完成权利移转。对于需要登记的赠与，则应当从完成登记之日起发生权利移转，即使当事人之间已经实际交付财产，仍不能认为权利已发生移转。

（二）享有任意撤销赠与的权利

由于赠与是单务、无偿的合同，所以在赠与人不愿交付财产的情况下，法律赋予赠与人以任意撤销权。赠与人应当以明示或默示的方式作出撤销赠与的意思表示，以此来行使任意撤销权。如果其只是拒绝交付财产，则不能认定其行使了任意撤销权。但是对于法律规定的特殊的赠与，赠与人不享有任意撤销权，故无权拒绝交付。《民法典》第660条第1款规定："经过公证的赠与合同或者依法不得撤销的具有救灾、扶贫、助残等公益、道德义务性质的赠与合同，赠与人不交付赠与财产的，受赠人可以请求交付。"这就确认了赠与人不得任意撤销赠与的赠与合同类型。

（三）特殊情形下的瑕疵担保义务

1. 一般赠与中赠与人不负瑕疵担保义务

《民法典》第662条第1款规定，"赠与的财产有瑕疵的，赠与人不承担责任"。依据这一规定，在一般赠与中，赠与人不负瑕疵担保义务。因为赠与合同是单务无偿的行为，其本质上是施惠行为，受赠人接受赠与财产并未支付对价，因而法律上并不要求赠与人负担瑕疵担保义务。这也是赠与合同与买卖合同的重要区别。当然，此处所说的赠与人不负瑕疵担保义务，并不包括因赠与财产的缺陷对于受赠人或第三人的人身、财产利益造成的损害。如果因为赠与的财产具有缺陷，导致受赠人和第三人财产、人身损害（如赠与他人食品造成受赠人食物中毒），赠与人仍应承担侵权责任。

2. 附义务的赠与中赠与人在附义务的限度内承担与出卖人相同的责任

《民法典》第662条第1款规定，"附义务的赠与，赠与的财产有瑕疵的，赠与人在附义务的限度内承担与出卖人相同的责任"。依据这一规定，赠与人在附义务的赠与中负有瑕疵担保责任。这是因为在附义务的赠与中，双方约定受赠人也要履行相应的义务，所以赠与人的行为也不是纯粹的施惠行为，而受赠人毕竟也作出了一定的履行义务的行为，也可能因此蒙受某种不利益，因此，赠与人应当在其所附义务的限度内负担瑕疵担保责任。例如，甲赠与乙一批电脑，但要求乙提供相应的配套设施，如果该批电脑出现瑕疵，则应当考虑乙所提供的配套设施的价值，如果该设施的价值是10万元，而造成的实际损害是100万元，那么，其应当在10万元的价值范围内承担赔偿责任。

3. 赠与人故意不告知瑕疵或者保证无瑕疵的责任

《民法典》第662条第2款规定："赠与人故意不告知瑕疵或者保证无瑕疵，造成受赠人损失的，应当承担赔偿责任。"这主要是指赠与人故意不告知瑕疵或者保证无瑕疵的责任。此种责任的构成要件是：

第一，赠与人故意不告知瑕疵或者保证无瑕疵。具体包括两种情形：一是所谓赠与人故意不告知瑕疵，是指赠与人明知其赠与的财产有瑕疵而故意隐瞒。例如，明知赠与他人的牛奶已变质而故意不告知。二是保证无瑕疵，是指赠与人明确地担保赠与的财产没有瑕疵或某种特定的瑕疵，但事后证明该赠与的财产出现瑕疵。例如，赠与人向受赠人郑重承诺赠与的食品无质量问题，但事后发现该食品存在问题。在这两种情形下，其有可能构成欺诈，或者表明赠与人具有侵害受赠人的恶意，当然必须对受赠人承担瑕疵担保责任；如果造成受赠人损失，应当承担赔偿责任。

第二，受赠人遭受了损失。《民法典》第 662 条第 2 款规定："赠与人故意不告知瑕疵或者保证无瑕疵，造成受赠人损失的，应当承担赔偿责任。"如何理解此处所说的受赠人的损失，有两种理解：一是广义的理解，此种观点认为此处所说的"损失"，就是因赠与的财产有瑕疵而造成的赠与财产本身的损失以及由此引发的全部损失，不仅包括赠与财产没有价值或者价值低于其应有的价值的损失（间接损失或者期待利益的损失），也包括接受赠与（如支出的运输费用、其他受领费用）和使用赠与财产而造成的损失（如赠与财产存在产品质量缺陷，在使用中导致受赠人或者相关人员的财产损失或者人身伤害，即直接损失或者已有财产的减少）。二是狭义的理解，即"损失"仅限于赠与财产本身的损失，而不包括因赠与财产有瑕疵造成的其他财产、人身的损失。本书认为，受赠人的损失应当作广义理解，赠与人应赔偿因赠与财产有瑕疵而造成的赠与财产本身以及由此引发的全部损失。[①] 毕竟受赠人的损害是因赠与人故意不告知瑕疵或者保证无瑕疵造成的，所有具有因果关系的损害都应当赔偿，否则，无法实现该制度设立的目的。另外，考虑到赠与人本身的过错程度，也不必对其责任作限制。

第三，受赠人所遭受的损害是因赠与人故意不告知瑕疵或者保证无瑕疵造成的。在因果关系的判断上，应当采相当因果关系说。如果赠与人证明，其行为与损害之间没有因果关系，则不必承担赔偿责任。

（四）因故意或者重大过失致使赠与的财产毁损、灭失的责任

《民法典》第 660 条第 2 款规定："依据前款规定应当交付的赠与财产因赠与人故意或者重大过失致使毁损、灭失的，赠与人应当承担赔偿责任。"该款规定针对经过公证的赠与合同或者依法不得撤销的具有救灾、扶贫、助残等公益、道德义务性质的赠与合同，在赠与财产交付之前，如果赠与人因故意或者重大过失致使赠与的财产毁损、灭失，则其应当赔偿受赠人因此遭受的损失。例如，某企业承诺向灾区捐献一批教学设备，在交付之前因其故意或重大过失致使该批设备损坏，无法交付，但受赠人已经为该设备的安装购买了配套设施。受赠人因购买该设施所遭受的损失，赠与人应当予以赔偿。法律之所以作出此种规定，主要是因为，在赠与人有故意或重大过失的情况下，表明其主观上存在过错。虽然财产所有权没有移转，毁损、灭失只是造成赠与人的财产损失，但赠与人应对其过错行为承担相应的责任，对赠与人课加此种责任也有利于使赠与人能够妥善

---

① 参见张新宝、龚赛红：《买卖合同赠与合同》，220 页，北京，法律出版社，1999。

地保管受赠物。①

依据《民法典》第660条第2款的规定，此种责任的构成要件是：

第一，适用的赠与合同类型限于经过公证的赠与合同或者依法不得撤销的具有救灾、扶贫、助残等公益、道德义务性质的赠与合同。这意味着具有救灾、扶贫、助残等公益、道德义务性质的赠与合同，在赠与财产的权利移转给受赠人之前，由于赠与人的故意或者重大过失致使赠与财产发生毁损、灭失，因而无法实际交付赠与财产的，赠与人应当向受赠人赔偿因其故意或者重大过失所造成的损失。②

第二，赠与财产在交付之前遭受毁损、灭失。需要强调的是，赠与财产毁损、灭失所生责任的时间节点必须是赠与物交付之前。一般来说，在赠与财产交付受赠人以后，赠与财产的所有权就移转给了受赠人。在交付之后，赠与物发生毁损、灭失的风险应由受赠人承担。

第三，赠与人对财产的毁损、灭失具有故意或重大过失。在赠与财产交付之前，赠与人仍然对其财产负有保管义务。但赠与人并不负有善良管理人的注意义务，而仅仅对其故意或重大过失负责。如果赠与人只是一般的过失或轻微的过失，而致赠与财产毁损、灭失，其不应再负交付义务，也不应承担损害赔偿责任。这里强调的是只有在当事人因故意或者重大过失的情况下才需要承担责任，这是因为赠与合同是无偿合同，当事人双方的权利义务并不对等，因此，不宜课以赠与人较高的注意义务，但赠与人具有故意或重大过失的，就应承担损害赔偿责任。

第四，赠与合同合法有效。赠与人承担责任的前提是，赠与合同合法有效。如果赠与合同不成立、无效或者被撤销，则赠与人也不必负担此种责任。

需要指出的是，赠与人违反不得因故意或者重大过失致使赠与的财产毁损、灭失的义务，应当承担损害赔偿责任。此处说的损害赔偿责任的范围，既包括受赠人应当得到的赠与财产的价值，也包括受赠人为接受赠与，进行必要准备而支出的费用。③例如，因为信赖赠与人将赠与一套设备而为该设备购买各种零配件，因设备遭受毁损、灭失而导致所购买的零配件失去使用价值，由此造成的损失应由赠与人承担赔偿责任。④不过，如果赠与财产是种类物，则赠与人故意或重大过失造成赠与物毁损、灭失的，仍应负担继续履行的义务。

二、受赠人的义务

（一）受领交付和接受所有权的移转

《民法典》第657条规定："赠与合同是赠与人将自己的财产无偿给予受赠人，受赠人表示接受赠与的合同。"从该规定来看，赠与的成立首先是赠与人作出赠与的意思表示之后，需要受赠人表示接受。赠与合同一旦成立，受赠人即应当受合同约束，其应负有

---

①③ 参见魏耀荣等：《中华人民共和国合同法释论（分则）》，141页。

② 参见黄薇主编：《中华人民共和国民法典释义》（中），1265页。

④ See Christian von Bar and Eric Clive, *Definitions and Model*, *Rules of European Private Law*, Volume I, Munich: Sellier, European Law Publishers, 2009, p. 2852.

接受赠与财产的义务。因而在赠与合同成立后，在赠与人向受赠人交付财产时，受赠人负有义务受领并接受标的物所有权的移转。

（二）附义务的赠与中应当履行所附的义务

在附义务的赠与的情形下，受赠人在接受赠与时，也负有履行合同所约定义务的义务。例如，某人赠与某校 1 000 万元，建造图书馆，要求该校必须配套 1 000 万元。《民法典》第 661 条第 2 款规定："赠与附义务的，受赠人应当按照约定履行义务。"在法律上之所以要求受赠人必须要履行义务，是因为附义务的赠与本质上已经不是一个纯粹的施惠行为，受赠人应当依据约定承担一定的义务。此种义务既可以是作为的义务（如提供配套服务），也可以是不作为的义务（如只能将赠与的财产用于特定用途，而不能挪作他用），这些义务必须要依据合同的约定来履行。附义务的赠与中虽然受赠人要履行一定的义务，但该义务与赠与人的赠与义务不构成对待给付。如果已经构成对待给付，则该合同就不再是赠与合同。

第三节　赠与人撤销赠与的权利

一、一般赠与中的任意撤销赠与的权利

赠与人任意撤销赠与的权利，是指一般赠与中，赠与人在赠与财产的权利移转以前，依法享有的可以无条件地撤销赠与合同的权利。《民法典》第 658 条第 1 款规定："赠与人在赠与财产的权利转移之前可以撤销赠与。"这就在法律上确认了赠与人的任意撤销权。赠与人撤销权的特点主要在于：一是此种权利是一种形成权，其依据撤销权人的单方意思表示就可以发生效力，无须相对人的同意。① 二是任意撤销赠与的权利在性质上应当属于任意解除权，因为在赠与人任意撤销赠与的情形下，赠与合同已经生效，而且当事人在订立赠与合同过程中不存在意思表示有瑕疵的情形，因此，将赠与人任意撤销赠与的权利界定为赠与人的任意解除权更为合适。三是赠与人撤销权行使后，应当发生恢复原状的法律后果，可以参照《民法典》第 566 条确定赠与人与受赠人之间的权利义务关系。

在法律上确立此种权利的主要原因在于：一方面，赠与是作为交易的例外存在的，其并不是一种等价交换。赋予赠与人任意撤销权的根本原因在于赠与人未获得对价，因此不得强制其进行交付。另一方面，由于受赠人是单方面获利，允许赠与人任意撤销，通常不会损害受赠人的利益。此外，在我国合同法认定赠与合同是诺成合同的情况下，只有赋予赠与人任意撤销权才可平衡赠与人与受赠人之间的利益。②

---

① 参见［德］迪特尔·梅迪库斯：《德国债法分论》，杜景林、卢谌译，149 页。需要指出，此处译者将其译为撤回权，但是从上下文看，应当为撤销权。

② 参见易军、宁红丽：《合同法分则制度研究》，163～167 页，北京，人民法院出版社，2003。

依据《民法典》第658条第1款的规定，行使任意撤销赠与的权利应当满足如下条件。

第一，赠与合同已经成立。虽然双方当事人已经就赠与达成了合意，赠与人只要没有交付赠与的财产，就可以行使撤销赠与的权利。如果赠与合同没有成立，撤销权的对象本身就不存在，更遑论撤销权的行使。

第二，赠与人尚未进行赠与财产的权利移转。这就确立了行使任意撤销赠与权利的时间。一方面，如果赠与人已经实际交付了财产且移转了财产权利，此时再要求撤销，就违背了诚实信用原则，同时也可能会对受赠人的正常生产、生活造成不利影响。另一方面，此处所说的移转财产权利应当区分动产和不动产：对动产而言，一旦交付就移转权利，对不动产而言则必须要经过变更登记，在登记完成之前，都可以撤销。赠与物一部分权利已经移转的，只能够撤销尚未移转的那一部分赠与。①

第三，赠与人行使任意撤销赠与的权利无须任何理由，只要撤销赠与的意思表示到达受赠人即生效。通常来说，一般赠与的受赠人没有任何理由可以对抗赠与人撤销的意思表示。②

第四，必须是非公益的赠与以及非经过公证的赠与。《民法典》第658条第2款规定："经过公证的赠与合同或者依法不得撤销的具有救灾、扶贫、助残等公益、道德义务性质的赠与合同，不适用前款规定。"据此，赠与人不得行使任意撤销权的合同包括如下两种：一是经过公证的赠与合同。经过公证的赠与合同具有一定的公信力。在赠与合同订立后，当事人交公证部门进行公证，就表明其已经十分审慎地表达了其赠与意思，而且受赠人此时对赠与人履行赠与合同具有合理的信赖，因此，对经公证证明的赠与合同，赠与人不得任意撤销，否则将损害受赠人的信赖利益。二是依法不得撤销的具有救灾、扶贫、助残等公益、道德义务性质的赠与合同。此类合同通常都是指具有社会公益性质的赠与合同。公益赠与的目的主要是用于公益事业。公益事业是指有关公共利益的事业。公益事业应当是非营利的，受赠人不得利用捐赠的财产从事以营利为目的的活动。此外，还包括一些具有道德义务性质的赠与合同。它是指当事人约定的赠与事项旨在实现某种道德上的义务，或者履行某种道德上的责任。例如，成年子女对父母具有扶养性质的赠与，即属于具有道德义务性质的赠与，不能允许当事人通过随意撤销来逃避此种义务。

由于任意撤销赠与的权利的行使是在赠与财产权利移转之前，因此，任意撤销赠与的权利的行使一般不应具有溯及既往的效力，而只是向将来发生效力。在例外情况下，如果在交付赠与财产之后，赠与财产的权利尚未发生移转，则有可能发生溯及既往的效力。但是赠与合同成立后，受赠人为受领赠与物进行了准备，此时，如果赠与人行使任意撤销权，因该项权利的行使符合法律的规定，是否意味着赠与人对受赠人的损害不负任何责任？本书认为，在赠与人行使任意撤销赠与的权利之后，如果因此给受赠人造成损失（如受赠人为接受赠与而租赁场地、交通、食宿等费用，因赠与人撤销赠与，使其遭受此种费用的损失），受赠人有权基于缔约过失要求赠与人赔偿其所受损失。其主要理

① 参见胡康生主编：《〈中华人民共和国合同法〉释义》，280页。
② 参见魏耀荣等：《中华人民共和国合同法释论（分则）》，130页。

由在于：如果赠与人的承诺，使受赠人产生了合理的信赖，并付出了一定的成本，赠与人事后的撤销破坏了这种信赖并使得受赠人受到了一定的经济损失，这种信赖和经济利益在法律上应当加以保护，否则对受赠人不甚公平。

二、法定撤销权

法定撤销权，是指在具备法律规定的事由时，由赠与人或者其他撤销权人享有依法撤销赠与的权利。法定撤销权人通常是赠与人，但又不限于赠与人。《民法典》第 663 条与第 664 条规定了赠与合同中的法定撤销权。从广义上说，一般赠与合同的任意撤销权也是由法律规定的，因此其也属于法定撤销权的范围之内。两者都赋予了赠与人撤销赠与的权利，但是两种撤销权存在明显的区别，主要表现在：

第一，适用范围不同。任意撤销权适用于一般赠与，而法定撤销权既适用于一般赠与，也可适用于特殊赠与。法定撤销权不仅可以在赠与权利没有完全移转时行使，在赠与权利移转之后也同样能够行使。

第二，适用条件不同。任意撤销权仅适用于赠与财产的权利尚未移转的情况，但在已经移转的情形下，赠与人只能行使法定撤销权。任意撤销权的行使并不需要理由，适用要件更宽松，但赠与人行使《民法典》第 663 条与第 664 条的法定撤销权的要件更为严格。这就是说，赠与人在行使法定撤销权时必须符合《民法典》第 663 条的规定。在《民法典》第 658 条规定的几种特殊情况下，任意撤销权被排除，但是法定撤销权可以不受这些限制，即便在这几种情况下，只要出现了《民法典》第 663 条规定的三种法定撤销事由，赠与人仍然可以行使撤销权。①

第三，是否承担责任不同。在法定撤销权的情况下，由于一般不会造成受赠人损失，因此，受赠人通常无权请求信赖利益损害赔偿。在符合法定撤销权规定的情况下，受赠人通常都对法定撤销事由的发生具有故意，因此，赠与人在行使法定撤销权之后，仍可以请求受赠人承担其他法律责任。但在一般赠与中，在赠与人行使任意撤销权之后，通常受赠人并不需要承担其他法律责任。

第四，是否具有溯及既往的效力不同。在赠与人行使任意撤销权时，赠与财产的权利尚未发生移转，所以任意撤销权的行使不具有溯及既往的效力。但如果在交付赠与财产之后，赠与财产的权利尚未发生移转，则有可能发生溯及既往的效力。在法定撤销权中，因赠与财产已经交付给受赠人且权利已经发生移转，法定撤销权的行使具有溯及既往的效力。②

三、法定撤销权的类型

（一）赠与人的法定撤销权

我国《民法典》区分了赠与人的法定撤销权与赠与人的继承人或者法定代理人的法

①② 参见胡康生主编：《〈中华人民共和国合同法〉释义》，288 页。

定撤销权，并对二者规定了不同的行使条件。依据《民法典》第 663 条第 1 款，赠与人的法定撤销权行使的具体事由如下。

(1) 严重侵害赠与人或者赠与人近亲属的合法权益。此类情况属于典型的对赠与人实施的忘恩负义行为，因此，法律有必要赋予赠与人法定撤销权。此类情形主要包括如下几种：一是受赠人严重侵害赠与人的合法权益。例如，因殴打赠与人致赠与人残疾，或在网络上传播侮辱、诽谤的言辞而造成赠与人名誉严重受损。二是受赠人严重侵害赠与人近亲属的合法权益。例如，受赠人在网上散布侮辱、诽谤赠与人近亲属的信息，造成赠与人近亲属严重的损害。需要指出的是，此处所说的受赠人的侵权行为是指直接侵害赠与人或赠与人近亲属法益的行为，而且受赠人的行为必须达到“严重侵害”的程度。如果受赠人只是轻微地侵害赠与人或者赠与人的近亲属，则赠与人不能行使法定撤销权。至于受赠人在实施侵权行为时是否具有故意，只要其客观上实施了这一行为，均可适用本条规定。①

(2) 对赠与人有扶养义务而不履行。此处所说的扶养义务，既包括法定的扶养义务，也包括约定的扶养义务。例如，双方约定在受赠人对赠与人尽到扶养义务时，则赠与人去世后将所有的财产赠与受赠人，但在受赠人没有尽到扶养义务的情况下，赠与人有权撤销赠与合同，如受赠人不履行遗赠扶养协议的行为。在受赠人对赠与人负有扶养义务而不履行的情况下，不仅表明受赠人已构成忘恩负义，而且违反了其应负的法定义务。

(3) 不履行赠与合同约定的义务。此处所说的“不履行赠与合同约定的义务”，主要是指违反了附义务的赠与中的义务，在一般赠与中，受赠人并不负有特定的义务，而在附义务的赠与中，受赠人在接受赠与后，还需要履行合同约定的义务，如果其不履行此种约定的义务，赠与人有权撤销赠与。此种情形下赠与人行使法定撤销权应当具备如下要件：第一，当事人在赠与合同中约定了受赠人应当履行一定的义务。例如，当事人在合同中约定受赠人在接受赠与人所赠与的设备时，应当提供一定的配套设施。第二，附义务的赠与已经合法生效。如果附义务赠与所附义务违法，或者显失公平等，该合同是无效或可撤销的。第三，受赠人没有履行赠与合同规定的义务。这里的没有履行是否包括部分履行，值得探讨。本书认为，这里的没有履行既包括完全没有履行也包括部分没有履行。当然，如果受赠人已经履行了义务的主要部分，在具体案件中，法官可以酌情考量是否允许赠与人撤销赠与。

在行使法定撤销权以后，将发生溯及既往的效力。在当事人之间应当产生恢复原状的效力，这主要是因为，法定撤销权的行使一般是在赠与财产已经交付且权利已经发生移转的情形下，一旦赠与人行使法定撤销权，赠与人有权要求受赠人返还受赠财产，恢复原状。如果赠与财产已经毁损、灭失，赠与人也有权要求受赠人赔偿赠与物的价值损失。

关于赠与人的法定撤销权的行使期限，《民法典》第 663 条第 2 款规定：“赠与人的撤销权，自知道或者应当知道撤销事由之日起一年内行使。”关于该期限的性质如何，学

① 参见黄薇主编：《中华人民共和国民法典合同编解读》，643 页。

界存在两种观点：第一种观点认为该期限属于除斥期间，第二种观点认为此期限为诉讼时效期间。本书认为，由于诉讼时效主要适用于请求权，而撤销权属于形成权，因此该期限属于除斥期间，该期间一旦开始计算就不产生中止、中断、延长的效果，期限届满则撤销权归于消灭。

（二）赠与人的继承人或者法定代理人的法定撤销权

法定撤销权人通常是赠与人，但又不限于赠与人。《民法典》第 664 条第 1 款规定："因受赠人的违法行为致使赠与人死亡或者丧失民事行为能力的，赠与人的继承人或者法定代理人可以撤销赠与。"该条实际上确立了赠与人以外的其他主体也有权行使法定撤销权。具体来说：一是赠与人的继承人，这是指在赠与人已经死亡的情况下，应当由赠与人的继承人行使撤销权。如果赠与人有多个继承人，只要有一位继承人行使了此项权利，即可发生效力。二是赠与人的法定代理人，这主要是指在赠与人丧失行为能力的情况下，撤销赠与的权利可以由其法定代理人行使。赠与人以外的其他主体行使法定撤销权的条件较为严格，其构成要件是：

（1）受赠人从事了违法行为。本书认为，受赠人的违法行为是指受赠人所实施的依法应当承担法律责任的行为。如果受赠人的行为属于一种正当行为，如构成正当防卫、紧急避险等，则不满足该要件。同时，从本条规定来看，违法行为应只适用于受赠人的行为造成赠与人本人丧失民事行为能力或死亡的情形，并不包括造成赠与人以外的人的人身伤害等情形。

（2）受赠人从事的违法行为导致赠与人死亡或者丧失民事行为能力。具体来说：一是违法行为导致赠与人死亡，即赠与人的民事权利主体的资格已经消灭。二是违法行为导致赠与人丧失民事行为能力，即赠与人从事民事行为的能力受限或丧失。例如，由于受赠人的殴打行为，致使赠与人脑部受到损害，失去了行为能力，则其法定代理人可以行使撤销权，撤销之前的赠与合同。需要指出的是，赠与人死亡或者丧失民事行为能力与受赠人从事的违法行为之间应具有因果关系。

（3）赠与人的继承人或者法定代理人应当在规定期限内行使撤销权。《民法典》第 664 条第 2 款规定："赠与人的继承人或者法定代理人的撤销权，自知道或者应当知道撤销事由之日起六个月内行使。"该条就是关于撤销权的行使期限问题，一般认为，该条所规定的期限在性质上属于除斥期间，不存在终止、中断或者延长的问题。该期限应当从赠与人的继承人或者法定代理人知道或者应当知道撤销事由时开始计算，经过 6 个月而消灭。

法定撤销权的行使将发生溯及既往的效力。《民法典》第 665 条规定："撤销权人撤销赠与的，可以向受赠人请求返还赠与的财产。"该条规定了撤销权行使的效果。因此，在法定撤销权行使之后，应当在当事人之间产生恢复原状的效力。① 如果财产已经交付，因为赠与法律关系已经消灭，当事人双方就具有恢复原状的义务，赠与人有权针对受赠

① See Christian von Bar and Eric Clive, *Definitions and Model*, *Rules of European Private Law*, Volume I, Munich: Sellier, European Law Publishers, 2009, p. 2845.

人行使所有物返还请求权，主张赠与物的返还。如果赠与财产已经毁损、灭失，赠与人也有权要求受赠人赔偿赠与物的价值损失。

第四节　赠与人的穷困抗辩权

一、赠与人穷困抗辩权的概念

穷困抗辩权（Einrede des Notbedarfs），是指在赠与合同成立后，因赠与人的经济状况严重恶化，如果继续履行赠与合同将造成赠与人生产经营或家庭生活受到严重的影响，赠与人因此可享有的不履行赠与义务的权利。[①]《民法典》第666条规定："赠与人的经济状况显著恶化，严重影响其生产经营或者家庭生活的，可以不再履行赠与义务。"该条规定赋予赠与人以穷困抗辩权。法律承认穷困抗辩权的主要原因在于：一方面，赠与合同是无偿的单务合同，受赠人因赠与而纯获利益，在赠与人的经济状况显著恶化，履行赠与则会严重影响其生计的情形下，如果强迫赠与人继续履行赠与义务，将给赠与人的生活或生产造成重大妨害。另一方面，即使允许赠与人反悔，允许其不再履行赠与义务，通常而言并不会给受赠人造成某种损害。还应当看到，法律作出此种规定也体现了对赠与人的人文关怀，避免其因为出现经济状态恶化等情形，继续履行赠与合同义务而影响其生计。

需要指出的是，《民法典》第666条并没有限定其适用范围，因此，不论是对一般的赠与，还是经过公证的赠与，以及依法不得撤销的具有公益性质和道德义务性质的赠与，赠与人均可以依法主张穷困抗辩权。

二、赠与人穷困抗辩权的行使条件

赠与人穷困抗辩权的行使应当符合如下条件。

第一，赠与合同已经成立，但赠与财产的权利尚未移转或者尚未完全移转。《民法典》第666条规定的是"可以不再履行赠与义务"，这就表示此项抗辩权的行使，必须在当事人约定交付的赠与标的物尚未交付时，此种情况尤其适用于赠与人的赠与行为非为一次性行为，而是长期的持续性行为。[②] 如果赠与人已经交付了赠与物，或已经移转了赠与财产的权利，则赠与行为已经完成，无从行使穷困抗辩权，否则也会严重影响受赠人的生产生活，也不利于社会财产关系的稳定。[③]

第二，赠与人的经济状况显著恶化。所谓显著恶化，是指在赠与合同成立之后，赠与人的经济状况出现明显恶化的状态。例如，因为经营不善导致负债明显增多，等等。

---

① 参见郑玉波：《民法债编各论》，上册，162页。

② See Christian von Bar and Eric Clive, *Definitions and Model*, *Rules of European Private Law*, Volume I, Munich: Sellier, European Law Publishers, 2009, p. 2872.

③ 参见胡康生主编：《〈中华人民共和国合同法〉释义》，292页。

如果是轻微的经济状况的变化（如某月工资中奖金有所减少），则不属于显著恶化。此处所说的显著恶化应当仅限于经济状况，而非社会状况、健康状况等其他方面的内容。在赠与合同成立之前赠与人已经无力捐赠，却仍然作出了捐赠的表示，就表明赠与人主观上缺乏诚意。[①] 对于合同成立前的已出现的显著恶化情况，如果允许赠与人提出穷困抗辩，将违反诚信原则，甚至可能会引发道德风险。

第三，经济状况显著恶化达到严重影响其生产经营或者家庭生活的程度。所谓严重影响，是指经济状况的恶化导致赠与人生活状况急剧下降，或者生产活动无法进行。如果赠与人的情况虽然恶化，但是并未达到严重的程度，则不能主张穷困抗辩。此处所说的"影响生产经营"主要是针对赠与人是企业或者个体经营者的情况，赠与人必须将财产投入正常的生产经营中才能够正常地继续经营，如果强制要求赠与人继续履行赠与义务，将对其生产经营活动产生重大影响。所以，法律于此情形下应当允许赠与人提出抗辩。[②] 而影响家庭生活主要指因赠与人的经济状况严重恶化，导致其家庭开支严重拮据。如果强制要求赠与人继续履行赠与义务，将会对其正常的家庭生活产生重大影响。

第四，受赠人已经提出要求赠与人履行赠与义务的请求。由于此项权利为抗辩权，只能够在受赠人请求履行时，才能够行使。如果受赠人没有提出这样的请求，则穷困抗辩权无行使的必要。

三、赠与人行使穷困抗辩权的法律效果

《民法典》第 666 条规定："赠与人的经济状况显著恶化，严重影响其生产经营或者家庭生活的，可以不再履行赠与义务。"依据这一规定，赠与人行使穷困抗辩权的效果是"可以不再履行赠与义务"，如何理解这一表述？本书认为，其主要包含如下几方面含义。

第一，赠与人享有抗辩权。"可以不再履行赠与义务"实际上是赋予赠与人一种抗辩权。当对方当事人请求赠与人履行给付时，经济状况严重恶化的赠与人可以此条对抗对方的请求权。当然，赠与人的此种抗辩权的行使以受赠人请求赠与人履行义务为条件，如果受赠人没有要求赠与人履行，则赠与人没有行使此种权利的必要。

第二，赠与人在行使该权利后，可以不再履行赠与合同的义务，也无须承担违约责任。也就是说，在赠与人行使穷困抗辩权时，赠与人可以不再继续履行赠与合同的义务，但是已经履行的部分，赠与人也不得请求返还。可见，该权利的行使主要是向将来发生效力。

第三，赠与人在行使穷困抗辩权时，并不意味着其要解除赠与合同。赠与人行使穷困抗辩权仅导致其不履行部分赠与义务，如其事后又因经济状况改善等原因而恢复了经济能力，则应当继续履行其赠与义务。[③]

---

① 参见胡康生主编：《〈中华人民共和国合同法〉释义》，291 页。

② 参见易军：《债法各论》，87 页。

③ See Christian von Bar and Eric Clive，*Definitions and Model*，*Rules of European Private Law*，Volume I，Munich：Sellier，European Law Publishers，2009，p. 2872.

思考题

1. 简述赠与合同的特点。
2. 赠与合同具有哪些效力?
3. 哪些赠与合同不得任意撤销?
4. 赠与合同法定撤销权的行使条件有哪些?
5. 赠与人穷困抗辩权的行使条件有哪些?

图书在版编目（CIP）数据

合同法. 上册 / 王利明著. -- 3 版. -- 北京：中国人民大学出版社，2024. 8. --（新编 21 世纪法学系列教材）. -- ISBN 978-7-300-32980-2

Ⅰ. D923. 6

中国国家版本馆 CIP 数据核字第 2024VC9214 号

新编 21 世纪法学系列教材

总主编　曾宪义　王利明

合同法（第三版）（上册）

王利明　著

Hetongfa

出版发行	中国人民大学出版社		
社　　址	北京中关村大街 31 号	**邮政编码**	100080
电　　话	010－62511242（总编室）		010－62511770（质管部）
	010－82501766（邮购部）		010－62514148（门市部）
	010－62515195（发行公司）		010－62515275（盗版举报）
网　　址	http://www. crup. com. cn		
经　　销	新华书店		
印　　刷	北京密兴印刷有限公司	**版　　次**	2015 年 7 月第 1 版
开　　本	787 mm×1092 mm　1/16		2024 年 8 月第 3 版
印　　张	32 插页 1	**印　　次**	2024 年 12 月第 2 次印刷
字　　数	729 000	**定　　价**	129.00 元（上、下册）

《　　　　　　》※任课教师调查问卷

为了能更好地为您提供优秀的教材及良好的服务，也为了进一步提高我社法学教材出版的质量，希望您能协助我们完成本次小问卷，完成后您可以在我社网站中选择与您教学相关的 1 本教材作为今后的备选教材，我们会及时为您邮寄送达！如果您不方便邮寄，也可以申请加入我社的**法学教师 QQ 群：436438859（申请时请注明法学教师）**，然后下载本问卷填写，并发往我们指定的邮箱（cruplaw@163.com）。

邮寄地址：北京市海淀区中关村大街 59 号文化大厦中国人民大学出版社 1202 室收

邮　　编：100872

再次感谢您在百忙中抽出时间为我们填写这份调查问卷，您的举手之劳，将使我们获益匪浅！

基本信息及联系方式：※

姓名：________ 性别：________ 课程：________________

任教学校：________________ 院系（所）：____________

邮寄地址：________________ 邮编：____________

电话（办公）：________ 手机：________ 电子邮件：________

调查问卷：※

1. 您认为图书的哪类特性对您选用教材最有影响力？（　　）（可多选，按重要性排序）
   A. 各级规划教材、获奖教材　　B. 知名作者教材
   C. 完善的配套资源　　D. 自编教材
   E. 行政命令
2. 在教材配套资源中，您最需要哪些？（　　）（可多选，按重要性排序）
   A. 电子教案　　B. 教学案例
   C. 教学视频　　D. 配套习题、模拟试卷
3. 您对于本书的评价如何？（　　）
   A. 该书目前仍符合教学要求，表现不错将继续采用
   B. 该书的配套资源需要改进，才会继续使用
   C. 该书需要在内容或实例更新再版后才能满足我的教学，才会继续使用
   D. 该书与同类教材差距很大，不准备继续采用了
4. 从您的教学出发，谈谈对本书的改进建议：________________

____

____

选题征集：如果您有好的选题或出版需求，欢迎您联系我们：

联系人：黄　强　联系电话：010-62515955

索取样书：书名：________________________

书号：________________________________

备注：※ 为必填项。

新编21世纪法学系列教材

总主编 曾宪义 王利明

合同法

第三版

下册

王利明 著

Contract Law

中国人民大学出版社
·北京·

下册目录

第十六章
借款合同

案例

甲、乙二人是亲戚，乙因承包某项建筑工程，急需一笔资金，便向甲借款50万元。乙向甲出具一份借条，借条中写道："借给乙五十万元，借期一年，利息酌定。"一年后甲多次向乙催促还款，并要求乙按照同期银行一年期借款利率支付利息，但乙始终以他人拖欠其工程款为由拒绝偿还，后甲在法院起诉要求乙支付本金和利息共80万元。问：甲能否请求乙支付本金和利息？

简要评析：本案涉及自然人之间借款合同的利息支付问题。《民法典》第680条第3款规定：借款合同对支付利息约定不明确，"自然人之间借款的，视为没有利息"。该条规定仅适用于自然人之间的借款，即在自然人之间就利息问题约定不明的情形下，推定该借款是无息的。本案属于自然人之间的借款纠纷，由于借条中约定对于利息酌定，因而属于对利息约定不明的情形，依据《民法典》的上述规定，视为没有约定，但由于乙已构成违约，因而甲可以请求其支付逾期利息。

第一节　借款合同概述

一、借款合同的概念和特征

依据《民法典》第667条规定，借款合同是借款人向贷款人借款，到期返还借款并支付利息的合同。换言之，借款合同是指贷款人将一定数量的货币转移给借款人，借款人在约定的期限内返还同等数量货币并支付利息的协议。在借款合同中，交付金钱的一方称为贷款人，接受金钱的一方称为借款人。借款合同是最古老的合同形式之一，在古代罗马法中，借贷合同是典型的有名合同，近代各国民法都普遍将借贷合同作为一种有名合同在合同立法中予以规定。在中国古代，通常将借款称为债。《正字通说》所谓“责，逋财也”，此处所说的“责”就是指债务。《周礼·天官·小宰》云：“听称责以傅别。”一般认为，“称责”是指借贷债务。凡有借贷债务纠纷的，根据契约借券来判断。①

借款合同是一种特殊的消费借贷合同。所谓消费借贷（loan for consumption），是指当事人约定，一方移转金钱或者其他替代物之所有权于他方，而他方以种类、品质、数量相同之物返还的合同。② 由此可见，消费借贷的对象不仅包括一般的种类物，还包括金钱这种特殊的物，而且消费借贷以支付报酬为原则。在消费借贷中，当事人的权利义务关系所指向的主要是消费物，并以此区分于使用借贷。消费借贷一般以消费物为标的物，而使用借贷一般以不可消费物为标的物。所谓消费物，是指依通常的用途，只能将物耗损、转让才能使用的物，如米面、煤炭等。货币虽然在物质上不能实际消费，但一旦交付，基于货币之债占有即所有的原理，即发生实际消费的结果，所以也视为消费物。③ 所谓不可消费物，是指依通常的用途不耗损物的形体的物。例如，房屋、家具等，正常使用可能发生价值的减少，但其形体不因正常使用而消灭，因此称为不可消费物。如果消费借贷的对象是金钱，则消费借贷的特征就和借款合同一致，此时消费借贷也就表现为借款合同。所以，从这个意义上说，消费借贷是借款合同的上位概念，两者也不完全等同。

在《民法典》中，虽然以银行借款合同作为典型形式加以规定，但是，从《民法典》关于借款合同的规定来看，实际上包含了两大类：一是一般借款合同，此类合同中，贷款人包括经金融监管部门批准设立的从事贷款业务的金融机构及其分支机构，以及以自由资金出借但并非以借款为业的自然人、法人和非法人组织。④ 二是自然人之间的借款合同，即典型的民间借贷合同。所以，从广义上理解，借款合同应当包括民间借贷合同；而从狭义上理解，借款合同仅指一般借款合同。此处所说的借款合同是从广义上理解的。借款合同的法律特征在于：

1. 标的物具有特殊性

借款合同的标的物是金钱，而非金钱以外的实物。在借款合同中，当事人所转移的是货币的所有权，而在实物借贷合同中，借用人所取得的只是实物的使用、收益等权利，而非实物的所有权，其所有权仍然归出借人所有。借款合同不同于一般的消费借贷，原因在于借款合同的标的物只能是金钱，而消费借贷的对象除了金钱还包括其他的种类物，如日常生活中的鸡蛋、牛奶等。

---

① 参见林尹：《周礼今注今译》，22 页，北京，书目文献出版社，1985。
② 参见郑玉波：《民法债编各论》（上册），311 页，台北，三民书局，1986。
③ 参见史尚宽：《民法总论》，253 页，北京，中国政法大学出版社，2000。
④ 参见黄薇主编：《中华人民共和国民法典合同编解读》（上册），696 页，北京，中国法制出版社，2020。

2. 移转货币所有权

借款合同的标的物是货币，因货币的特性决定了借款合同中当事人之间的权利义务关系具有特殊性。从经济上看，货币是一种种类物，但相比较其他的种类物，货币也有其特殊之处。货币具有交付后移转所有权的特性，即只要一方当事人将货币交付于另一方当事人，无论交付的原因为何，都将发生货币所有权移转的效果。货币的占有人即推定为货币所有人。[①] 因此，在借款合同中，贷款人将货币交付给借款人，则货币的所有权也随之移转给借款人。

3. 主体的特殊性

在借款合同中，通常对借款人并无特殊的要求，任何具有完全行为能力的自然人和法人都可以成为借款人，但贷款人则具有特殊性。它主要包括两种类型：一是取得了一定从事金融业务资质的特定的金融机构，如商业银行、农村信用合作银行及其分支机构等。金融机构通常具有特殊性，其设立、运营和监管等事项都要适用国家有关金融的法律法规的规定。我国《商业银行法》对金融机构的资质、设立等都规定了严格的条件。二是以自有资金出借但并非以贷款为业的自然人、法人与非法人组织。[②] 由于第一种类型借款合同是借款合同的典型形式，因此，《民法典》所规定的借款合同的主体具有特殊性。

4. 具有要式性、诺成性

《民法典》第668条第1款规定："借款合同应当采用书面形式，但是自然人之间借款另有约定的除外。"由于借款合同涉及金融安全和秩序，且合同中只有明确表达双方的借款意图，才能避免借款与其他法律关系之间的混淆[③]，尤其是为了防止当事人双方就借款的数额、期限、利息等发生争议，据此，《民法典》从维护金融安全和秩序，以及有利于金融监管等角度出发，明确规定借款合同原则上应采取书面形式，因此，银行借款合同属于要式合同。但是对自然人之间订立的借款合同，虽然提倡采用书面形式，但是法律并没有强制性的要求。

《民法典》第667条规定："借款合同是借款人向贷款人借款，到期返还借款并支付利息的合同。"可见，借款合同原则上具有诺成性，只要当事人就借款的主要内容达成一致即可，并不要求货币的实际移转。但是对自然人之间的借款合同，依据《民法典》第679条，性质上属于实践合同，必须自贷款人提供贷款时成立。

5. 原则上具有双务性、有偿性

依据《民法典》第667条，在金融机构借款合同中，借款人一般都要向贷款人支付利息，所以借款合同原则上具有双务性和有偿性。即使当事人在借款合同中没有约定利息，除了法律有特别规定的情形之外，借款合同原则上应是双务、有偿合同，借款人仍

---

① 参见孙鹏：《金钱"占有即所有"原理批判及权利流转规则之重塑》，载《法学研究》，2019 (5)。

② 参见黄薇主编：《中华人民共和国民法典合同编解读》(上册)，696页。

③ 参见谢鸿飞、朱广新主编：《民法典评注·合同编：典型合同与准合同1》，401页，北京，中国法制出版社，2020。

应按照中国人民银行关于贷款利率的相关规定支付利息。但是自然人之间的借款合同原则上具有单务性、无偿性。

二、一般借款合同和自然人之间的借款合同

所谓一般借款合同，是指民法典合同编第十二章所规定的借款合同。《民法典》第667条规定："借款合同是借款人向贷款人借款，到期返还借款并支付利息的合同。"此类借款合同中最典型的形式是以金融机构为贷款人的借款合同，此处所说的"金融机构"应当作广义上的理解，即经金融监管部门批准设立的从事贷款业务的金融机构及其分支机构①，除此之外，也包括了以自由资金出借但并非以借款为业的自然人、法人和非法人组织。② 自然人之间的借款合同就是指完全行为能力人之间作为贷款人和借款人而发生的借款合同关系。我国《民法典》第679条和第680条专门对此类借款合同作出了规定。

一般借款合同和自然人之间的借款合同的主要区别在于：

第一，贷款人不同。在一般借款合同中，提供借款的一方当事人通常都是严格遵循国家法律规定而设立的银行等金融机构，其设立、经营和监管等都需要符合法律的金融监管要求。此类借款合同还包括非以借款为业的法人、非法人组织。因为如果自然人、法人和非法人组织以借款为业，可能转化为变相的金融机构，这不仅违反我国现行法律法规的规定，而且依据《民间借贷司法解释》第13条第1款第3项，"未依法取得放贷资格的出借人，以营利为目的向社会不特定对象提供借款的"民间借贷合同应当被宣告无效。而在自然人之间的借款合同中，合同的双方当事人都是具有完全民事行为能力的自然人，其订约的主要义务具有互助互惠性质。

第二，合同的形式不同。《民法典》第668条第1款规定："借款合同应当采用书面形式，但是自然人之间借款另有约定的除外。"因此，对于一般借款合同，《民法典》规定以要式合同为原则，而对于自然人之间的借款合同，《民法典》则不要求必须订立书面合同，当事人之间也可以采取打借条甚至口头的形式作出，只要当事人能证明存在借款关系，此种债权也受到法律保护。

第三，合同的性质不同。一般的借款合同都是诺成合同，一旦双方当事人意思表示一致，合同即告成立。而自然人之间的借款合同依据《民法典》第679条的规定，应当在提供借款时合同才成立，这主要是因为法律规定自然人之间的借款合同为实践合同，实际上是允许自然人在正式交付金钱之前还有机会慎重考虑和反悔。③

第四，权利义务内容不同。在银行借款合同中，国家通常会就银行等金融机构的放贷行为设置严格的监管规则和限制。例如，《民法典》第672条规定："贷款人按照约定可以检查、监督借款的使用情况。借款人应当按照约定向贷款人定期提供有关财务会计

---

① 参见郭明瑞、王轶：《合同法新论·分则》，195页，北京，中国政法大学出版社，1997。

② 参见黄薇主编：《中华人民共和国民法典合同编解读》（上册），696页。

③ 参见黄薇主编：《中华人民共和国民法典合同编解读》（上册），729页。

报表或者其他资料。”借款人通常需要按照相关规定提供担保，而贷款人应当按照约定对借款的使用情况进行检查和监督等。而对自然人之间的民间借款合同，受国家金融监管的程度较低。

第五，是否具有有偿性和单务性不同。在我国《民法典》中，一般借款合同是借款合同的典型形态，原则上具有有偿性。因为此类借款合同主要是金融机构为贷款人的借款合同，而金融机构都是以金融业务为业、通过借款获取利息的机构，因而其与借款人订立的合同一样都是有偿的，具有商事合同的特点。但自然人之间的借款合同大多具有互助性质，在许多情况下可能构成一种无偿的借款关系。如果借款人需要支付相应的利息的，则需要当事人进行特别约定。依据《民法典》第 680 条第 2 款和第 3 款，自然人之间的借款合同对支付利息没有约定或者约定不明的，视为没有利息。另外，一般借款合同是双务的，而在自然人借款合同中，只有借款人负有义务，贷款人提供贷款属于合同成立要件，并非贷款人的给付义务。

第二节 借款合同的订立和内容

一、借款合同的订立

（一）当事人必须具有借款意图

借款合同的订立必须要双方当事人意思表示一致，但在订立借款合同中，无论是银行借款合同还是民间借贷合同，当事人都应当具备借款的真实意思。因为借款在实践中经常与合伙等其他法律关系发生混淆，且不少借款纠纷大多是因为假借借款的名义从事高利转贷、非法吸收公众存款等活动而引发的。因此，在发生有关借款合同的纠纷中，法院必须确定当事人之间是否具有真实的借款意图①，从而明确借款合同的法律性质。对于当事人的虚构借贷行为，应当依据《民法典》第 146 条的规定认定该虚假的意思表示行为无效。同时要严格区分合法借贷与非法集资、非法诈骗等犯罪的界限，保障合法借贷当事人的合法权益。

（二）借款人应当如实告知借款用途等真实情况

《民法典》第 669 条规定：“订立借款合同，借款人应当按照贷款人的要求提供与借款有关的业务活动和财务状况的真实情况。”依据《民法典》该条规定，借款人应当如实告知的内容包括：第一，与借款有关的业务活动。业务活动是指借款人所从事的生产经营活动，这特指所借款项是从事生产而非生活用途，借款人如果是将款项用于扩大生产、进行投资，则应当向贷款人如实告知项目的风险、预期收益等情况。第二，财务状况。这是指借款人的资产状况，包括其盈利能力、负债状况、固定资产和流动资产状况等。因为借款人的资产将构成偿还贷款的责任财产，所以了解借款人的资产状况，有利于贷

---

① 参见谢鸿飞、朱广新主编：《民法典评注·合同编：典型合同与准合同 1》，396 页。

款人正确评估借款人未来的偿还能力。①

上述规定实际上是确立了借款合同中的先合同义务，即如实告知与借款有关业务活动与财务状况的义务。借款人负有如实告知真实情况的义务，是缔约时依据诚信原则而产生的先合同义务。确定此种义务，一方面是为了保护贷款人的利益。借款人如实告知其真实情况，有利于贷款人对其进行监督，确保借款人按期偿还本息、防止欺诈行为。另一方面是因为借款人向贷款人如实告知其真实业务活动和财务状况，也可以使贷款人对借款人的偿还能力进行判断，从而决定是否对其进行放贷。如果借款人违反此项义务，则可能构成欺诈，或者应承担缔约过失责任。

法律之所以要求借款人负有如实告知真实情况的义务，主要是基于如下原因：一方面，法律上对借款人课以如实告知的义务，是基于国家对借款人借款所从事用途的监管，以防止借款人将所借款项从事非法活动。另一方面，从诚实信用原则出发，这有利于保护贷款人的利益。借款人如实告知其真实情况，就有利于贷款人对其进行监督，确保借款人按期偿还本息、防止欺诈、造成国有资产流失。

二、借款合同的主要条款

《民法典》第 668 条第 2 款规定：“借款合同的内容一般包括借款种类、币种、用途、数额、利率、期限和还款方式等条款。”据此可见，借款合同的内容包括如下。

1. 借款种类

借款种类是指金融机构作为贷款人的情况下，针对不同的贷款对象和贷款需求而提供的贷款类型。例如，根据资金的来源不同，借款种类可分为自营贷款、委托贷款和特定贷款；按照借款的时间，借款可以分为短期借款和长期借款；按照借款的作用，短期借款又可分为生产周转借款或商品周转借款、临时借款、结算借款、预购定金借款、专项储备借款等。②

2. 币种

所谓币种，是指贷款人所提供的借款是人民币形式还是外币。在借款合同中，借款人应当以其所借的同种币种归还。根据我国现行的外汇管理规定，在中国境内，禁止外币流通，并不得以外币计价结算，但法律并不禁止外币的借贷。如果借款人所借的币种是外币，当事人无特定约定的，其应归还同种外币。依据《民法典》第 514 条：“以支付金钱为内容的债，除法律另有规定或者当事人另有约定外，债权人可以请求债务人以实际履行地的法定货币履行。”例如，当事人在国内订立的借款合同，如果法律没有特别规定或当事人没有特别约定的，就应当以人民币为标的。

3. 借款用途

所谓借款用途，是指借款的使用目的。借款用途通常都是由借款的种类和条件所决

---

① 参见黄薇主编：《中华人民共和国民法典合同编解读》（上册），703～704 页。

② 参见《贷款通则》第 7 条。

定的，各金融机构在借贷管理中通常都会对借款用途作出较为严格的限制，以保证资金能够按期收回，确保资金安全。① 尤其是在借款人将借款用于非法目的、从事违法活动的情况下，就会违反借款合同的订立目的。一般来说，借款用途应当在借款合同中进行明确约定，如果合同没有约定，则难以确定借款人是否改变了借款用途，也不能认定违约。

4. 数额

所谓数额是指借款数量的多少，包括借款总金额，以及分批支付借款时每一次需支付借款的金额。在借款合同中，数额属于必备条款，如果数额无法确定，则合同不能成立。从实践来看，数额是借款合同中重要的条款，它对借款合同的相关条款，如利率的确定以及借款人是否需要提供担保、担保金额等都会产生影响。

5. 利率

贷款利率，是指借款期限内利息数额与本金额的比例。在我国，金融机构贷款利率由中国人民银行统一管理，并实行贷款的基准利率和法定利率，中国人民银行确定的利率经国务院批准后执行。②

贷款利率条款是借款合同的主要条款。贷款利率可分为固定利率与浮动利率。所谓固定利率是指约定一个确定的利率不再变动，而浮动利率则是指可以随银行业的平均利率水平而发生相应的变化、进行相应调整的利率。无论是固定利率还是浮动利率，都应当遵循中国人民银行的相应规定。③《民间借贷司法解释》第 25 条规定："出借人请求借款人按照合同约定利率支付利息的，人民法院应予支持，但是双方约定的利率超过合同成立时一年期贷款市场报价利率四倍的除外。前款所称'一年期贷款市场报价利率'，是指中国人民银行授权全国银行间同业拆借中心自 2019 年 8 月 20 日起每月发布的一年期贷款市场报价利率。"这也就是说，虽然自然人之间的有偿借款合同的利息可以由当事人进行自由约定，但仍不得违反国家有关限制借款利率的规定。

6. 借款期限

借款期限是从借款合同订立，贷款人提供借款后到应当还清本息的期间。借款期限与有效期限是不同的，有效期限是指合同从订立到终止的期限，而借款期限是指从借款人取得借款到应当归还借款的期限。例如，合同规定的有效期限为 3 年，而借款期限可能短于或等于该期限，且借款人可能在贷款到期后没有归还贷款，此时合同依然是有效的。在实践中，借款期限通常分为短期、中期和长期贷款。不同的借款期限，直接影响借款的利率高低。

7. 还款方式

还款方式实际上是合同履行方式。在借款合同中，是指贷款人和借款人约定以什么结算方式偿还借款给贷款人。例如，借款人是到期后一次偿还本金和利息，还是分期返

---

① 参见肖玉萍编著：《借款合同》，26 页，北京，法律出版社，1999。

② 参见肖玉萍编著：《借款合同》，27 页。

③ 参见肖玉萍编著：《借款合同》，28 页。

还，或是先逐期返还利息，到期后一次还本等。[①] 如果合同约定了还款方式，必须严格按照合同的约定履行。

除了以上七项以外，当事人还可以对其他需要约定的内容进行约定。上述内容并非借款合同全部都应具备的条款，欠缺上述合同条款并不当然导致合同不成立，只要具备了当事人标的、数量等条款，借款合同即告成立，至于其他的内容，完全可以由当事人事后协商或者依据《民法典》第 510 条等规定来进行填补。

第三节　借款合同的效力

一、贷款人的主要权利与义务

1. 依据约定提供借款的义务

依据《民法典》第 667 条的规定，贷款人负有依照约定向借款人提供借款的义务。具体来说，包括如下几项内容。

第一，贷款人必须按期提供借款。在借款合同中，按期提供借款是贷款人所负担的一项主给付义务。这就是说，借款合同成立以后，贷款人必须及时向借款人提供借款，不得拖延提供借款的期限，否则应承担违约责任。《民法典》第 671 条第 1 款规定："贷款人未按照约定的日期、数额提供借款，造成借款人损失的，应当赔偿损失。"所谓贷款人未按照约定的日期、数额提供借款，是指贷款人未按期足额发放借款。所谓未按期，是指贷款人未能按照合同约定的期限将借款发放给借款人。所谓未足额，是指贷款人发放借款时的数额少于合同约定的数额。依据该条规定，贷款人应当赔偿借款人所遭受的损失。例如，当事人约定贷款人应采用银行转账的方式，将约定的款项划拨到借款人的账户的，贷款人违反此种约定造成借款人损失的，应当赔偿损失。

第二，贷款人必须按照约定的数额、币种向借款人提供借款。如果当事人就币种作出特别约定的（例如，提供美元等），则贷款人必须如期提供约定币种的借款。而且贷款人必须足额提供借款，不得将利息预先扣除。

第三，如果当事人对借款的具体交付方式有约定，那么贷款人也必须按照约定方式提供。例如，当事人在借款合同中约定贷款人应当将借款直接打入借款人在某个银行的账户，贷款人应当按照该约定履行提供借款的义务。

在贷款人未按期足额发放借款的情形下，其赔偿损失的范围如何界定？即是赔偿履行利益还是信赖利益的损失？对此学界存在不同观点。本书认为，此处所说的赔偿范围既包括没有足额提供借款的差额损失，也包括没有足额资金导致的借款人的其他损失，因为违约造成的损失都要予以赔偿，这是符合损害赔偿的完全赔偿原则的。此处所说的损失既包括没有提供足额借款的差额损失，也包括没有及时得到足额的资金导致借款人受到的其他损失。例如，农民由于没有及时得到足额资金，导致其不能按时购买种子和

---

① 参见魏耀荣等：《中华人民共和国合同法释论（分则）》，167 页，北京，中国法制出版社，2000。

化肥，错过了最佳播种时间而遭受的损失。当然，贷款人没有及时提供借款，借款人也应当积极采取措施避免损失的发生或扩大，对于因借款人没有尽到减轻损失的义务而造成的损失，贷款人不必负责。

2. 按照法律规定收取利息的权利

贷款人将借款借给借款人后，有权收取利息。但在收取利息时，必须遵守法律规定的有关利息的规定。

（1）遵循国家有关利率的规定

《民法典》第680条第1款规定："禁止高利放贷，借款的利率不得违反国家有关规定。"所谓高利放贷，是指超出国家法律法规规定的法定利率上限而进行放贷的行为。我国在现行借贷利率的管理体制上实行贷款的基准利率和法定利率，由中国人民银行提出方案报经国务院批准后实施。对于自然人之间的借款合同，当事人可以自由约定是否支付利息以及利息的具体数额，但借款的利率不得违反国家有关限制借款利率的规定。《民法典》之所以明令禁止高利放贷的规定，一方面，有利于维护金融安全和秩序。近几年来，由于非法放贷、"套路贷"、"校园贷"等大量产生，因P2P网贷引发的社会问题层出不穷，严重扰乱了我国社会秩序和金融秩序，特别是一些网贷平台资金断裂，导致不少投资者血本无归，引发社会矛盾和恶性案件发生。因此，《民法典》明确规定，贷款人不得进行高利放贷，这就有利于维护国家的金融安全与交易秩序。另一方面，高利放贷促使民间资本"脱实向虚"，阻碍了实体经济的健康发展，也对整个国民经济的发展造成重大损害。过高利率加重了企业的负担，很容易导致资金链断裂，出现企业倒闭、坏账等恶性循环。此外，禁止高利放贷也有利于保护债务人。在借款合同中，借款人出于经济方面的需要，在合同订立过程中往往处于弱势地位，如果不对借款合同的利率进行控制，而完全交由当事人自由约定，则可能会过分加重借款人的负担。

（2）不得预先扣除利息

《民法典》第670条规定确定了两项规则：第一，借款的利息不得预先从本金中扣除，这主要是为了保障借款人的利益。在实践中，有些贷款人利用借款人急需获得金钱的窘迫地位，事先从本金中将利息扣除，剩余的价款作为本金发放给借款人。一方面，造成借款人借到的本金减少，其实际上得到的借款少于合同约定的借款数额；另一方面，本来利息通常是在本金投入之后才能够产生，但由于将借款利息预先从本金中扣除，使得借款人实际获得的借款远低于合同约定的数额，对借款人极不公平，也加重了借款人的负担。① 第二，利息预先从本金中扣除的，应当按照实际借款数额返还借款并计算利息。这就是说，当事人约定利息预先扣除的，该约定并不能当然发生效力，而应按照实际发放的贷款数额计算本金和利息。例如，借款人贷款100万元，这100万元的利息是4万元，贷款人如果在出借时先扣除4万元，只交付给借款人96万元，那么最终借款人还款时只需要按照贷款96万元计算本金和利息。法律这样规定的原因是，为了保证交易的公平，防止贷款人利用其优势地位损害借款人的利益。

---

① 参见黄薇主编：《中华人民共和国民法典合同编解读》（上册），705页。

3. 保密义务

所谓保密义务，是指贷款人应当对借款人在银行借贷中的相关信息保守秘密，未经允许不得向他人非法披露。贷款信息反映了借款人的资产状况、财务状况和信用信息，其既可能属于个人隐私的范围，也可能属于作为借款人的企业的商业秘密。因此，贷款人应当为借款人保守秘密。此外，借款人对自己财产（包括债务）本身也有一定的规划，但如果公开借款行为本身，这种规划就很可能无法实现，影响借款人的利益和安全。①因此，中国人民银行《贷款通则》第 23 条规定："贷款人应当对借款人的债务、财务、生产、经营状况保密。"但是，依照法律的规定应当披露借款人的借款信息的，则贷款人有义务进行披露。例如，根据《刑事诉讼法》第 144 条第 1 款的规定："人民检察院、公安机关根据侦查犯罪的需要，可以依照规定查询、冻结犯罪嫌疑人的存款、汇款、债券、股票、基金份额等财产。有关单位和个人应当配合。"由此可见，公安机关在侦查过程中，有权依照法律规定的程序查询借款人的贷款情况。

贷款人违反保密义务，造成借款人的损失，应当承担赔偿责任。在违反保密义务的情形下，通常依据当事人的约定来确定损失，在没有约定的情形下，应当赔偿因违反保密义务所造成的全部损失。需要指出的是，如果在合同终止后一方违反保密义务，此时就不再是违约责任问题，而应当类推适用缔约过失责任。

4. 贷款人有权检查、监督贷款的使用情况

《民法典》第 672 条规定："贷款人按照约定可以检查、监督借款的使用情况。借款人应当按照约定向贷款人定期提供有关财务会计报表或者其他资料。"为了保障借款能够及时收取并且借款人能按照特定用途使用，贷款人有权对借款的使用情况进行检查和监督，并且借款人应当按照约定及时、定期向贷款人提供相关的财务会计报表或者其他资料，以使贷款人能够及时了解借款使用情况以及借款人的资金与信用状况。

二、借款人的主要权利与义务

借款人的权利主要是在法律规定和合同约定的范围内，合法使用借款进行投资等活动，他人不得干涉。

借款人主要负有如下义务。

1. 支付利息义务

《民法典》第 674 条规定："借款人应当按照约定的期限支付利息。对支付利息的期限没有约定或者约定不明确，依据本法第五百一十条的规定仍不能确定，借款期间不满一年的，应当在返还借款时一并支付；借款期间一年以上的，应当在每届满一年时支付，剩余期间不满一年的，应当在返还借款时一并支付。"该条包含了如下几方面内容。

第一，借款人应当按照约定的期限支付利息。支付利息义务是借款人的主给付义务。

---

① See Christian von Bar and Eric Clive，*Principles*，*Definitions and Model*，*Rules of European Private Law*，Volume Ⅳ，（Sellier，European Law Publishers GmbH，Munich，2009），pp. 2484 - 2485.

一般来说，在金融机构借款合同中，当事人通常会就利息支付条款作出明确约定。依据合同的规定，借款人首先应当按照约定支付利息。例如，约定利息是按照年结息或按照月结息，借款人应当按照约定的方式支付利息。

第二，对支付利息的期限没有约定或者约定不明确。这就是说，当事人约定要支付利息，但是对支付利息的期限没有约定或者约定不明确，在此情形下，依据《民法典》第510条的规定由当事人达成协议补充，对支付利息的期限没有约定或者约定不明确，如果能达成补充协议，该补充协议就成为借款合同的组成部分，如果不能达成补充协议的，可以根据合同的有关条款和交易习惯确定。例如，如果交易习惯是按照按季度结算，则即便合同中没有明确约定，也可以按照按季结算的方式计息。

第三，如果按照《民法典》第510条的规定仍然不能够确定的，依据《民法典》第674条，采取如下办法：一是借款期间不满一年的，应当在返还借款时支付。按照《民法典》第511条第4项的规定，如果履行期限不明确的，债务人可以随时履行，债权人可以随时请求履行，但是必须要给债务人必要的履行时间。但是按照第674条的规定，应当优先适用第674条的规定，这就是说，这属于对借款合同排除适用第511条的漏洞填补的任意性规定，从而确立了借款合同情形下的法定漏洞填补规则，具有特别规定的优先适用效力。[①] 也就是说，当借款期限未满一年的，在支付本金的时候，应当连同利息一起支付，因为借款期限不满一年的情况，期限较短，在我国通常采取年利率，没有必要在不满一年的期限内再分成数个支付期间分别支付利息，如此可为双方当事人减少履行成本。我国《民间借贷司法解释》也对此作出了详细规定。[②] 二是借款期间一年以上的，应当在每届满一年时支付，从该规定看，我国实际上采用了以年利率作为计算和支付利息的标准方式。三是剩余期间不满一年的，应当在返还借款时一并支付，例如当事人约定借款期限为两年半，在前两年期限中，都是满一年后支付利息，但是最后半年经过以后，应当在还款的同时支付最后半年的利息。[③]

《民法典》第680条第2款规定："借款合同对支付利息没有约定的，视为没有利息。"所谓视为，是一种法律推定，法律推定在此情形下当事人没有约定利息的，推定为当事人的真实意思是无息的。[④] 这主要是因为利息不是借款合同的必备条款，当事人可以约定支付利息，也可以约定不支付利息。如果没有约定的，应推定为不支付利息。[⑤] 该条规定是仅适用于自然人之间的借款合同还是适用于所有的借款合同？对此该规定并不清晰，从该规则的文义解释来看，其并没有限定于自然人之间借款的合同，因而应当

---

① 参见王轶等：《中国民法典释评·合同编·典型合同》（上卷），174页，北京，中国人民大学出版社，2020。

② 《民间借贷司法解释》第28条规定："借贷双方对逾期利率有约定的，从其约定，但是以不超过合同成立时一年期贷款市场报价利率四倍为限。未约定逾期利率或者约定不明的，人民法院可以区分不同情况处理：（一）既未约定借期内利率，也未约定逾期利率，出借人主张借款人自逾期还款之日起参照当时一年期贷款市场报价利率标准计算的利息承担逾期还款违约责任的，人民法院应予支持；（二）约定了借期内利率但是未约定逾期利率，出借人主张借款人自逾期还款之日起按照借期内利率支付资金占用期间利息的，人民法院应予支持。"

③ 参见胡康生主编：《中华人民共和国合同法释义》，304页，北京，法律出版社，1999。

④ 参见黄薇主编：《中华人民共和国民法典合同编解读》（上册），202、733页。

⑤ 参见王轶等：《中国民法典释评·合同编·典型合同》（上卷），164页。

适用于所有的借款合同。[①] 法律之所以作出这种规定的主要理由是：一方面，利息是借款合同中的重要条款，如果当事人没有对利息作出约定，可认为贷款人一方已经放弃了其要求借款人支付利息的权利。依照私法自治原则，此种处分也是有效的。另一方面，法律作出这种规定也有利于督促当事人在合同中明确约定。当然，在实践中，金融机构一般都在其示范文本中确定了贷款利率，极少出现不支付利息的情形，但在自然人之间则有可能基于互助、互惠而不收取利息，对此法律也不予以禁止。[②]

《民法典》第 680 条第 3 款规定："借款合同对支付利息约定不明确，当事人不能达成补充协议的，按照当地或者当事人的交易方式、交易习惯、市场利率等因素确定利息；自然人之间借款的，视为没有利息。"这就确立了对支付利息约定不明确时的合同漏洞的填补规则。

按照《民法典》第 510 条，当事人要达成的补充协议是针对利息签订补充协议。补充协议实际上是借款合同的组成部分，是针对借款合同漏洞所作的填补，在补充协议中要针对利息支付的具体要求作出明确规定。如果不能达成补充协议的，按照当地或者当事人的交易方式、交易习惯、市场利率等因素确定利息；所谓交易方式，主要指的是金融机构的金钱结算方式、拟定的磋商方式与合同条款、约定履行期限、履行方式等，都属于交易方式的范畴。[③] 所谓交易习惯，是指交易行为当地或者某一领域、某一行业通常采用并为交易对方订立合同时所知道或者应当知道的做法，或者是当事人双方经常使用的习惯做法。对于交易习惯，由提出主张的一方当事人承担举证责任。所谓市场利率，在没有约定的情况下，根据《民间借贷司法解释》第 25 条的规定："出借人请求借款人按照合同约定利率支付利息的，人民法院应予支持，但是双方约定的利率超过合同成立时一年期贷款市场报价利率四倍的除外。前款所称'一年期贷款市场报价利率'，是指中国人民银行授权全国银行间同业拆借中心自 2019 年 8 月 20 日起每月发布的一年期贷款市场报价利率。"当事人应当按照一年期贷款市场报价利率来作为市场利率的参考。

此外，在约定不明的情形下，依据《民法典》第 680 条第 3 款规定："自然人之间借款的，视为没有利息。"这就是说，此种约定不明的规则排除了自然人之间的约定不明情形下可适用该条规则的推定。因为自然人间的借贷通常起到一种互通有无、相互协助的特点，法律并不排斥当事人订立此种互相协助的无利息的合同。

2. 按照约定的时间和数额收取借款

《民法典》第 671 条第 2 款规定："借款人未按照约定的日期、数额收取借款的，应当按照约定的日期、数额支付利息。"据此可见，我国《民法典》实际上是确立了借款人收取借款也是一种义务。否则将构成受领迟延，从而借款人应当承担相应的责任。其包含两方面内容：一是借款人应当按照约定的日期和数额收取借款。二是借款人仅负有按照约定的日期和数额支付利息的义务。这就是说，如果贷款人没有按照约定的日期和数额收回借款，借款人仅负有按照实际还款日期和数额支付利息的义务。贷款人不能主张

---

① 参见黄薇主编：《中华人民共和国民法典合同编解读》（上册），733 页。
② 参见谢鸿飞、朱广新主编：《民法典评注·合同编：典型合同与准合同 1》，471 页。
③ 参见黄薇主编：《中华人民共和国民法典合同编解读》（上册），734 页。

该日期以后的利息。

从比较法上看，一些国家的法律或示范法也规定了借款人的领取借款的义务。[①] 我国《民法典》确立借款人的及时收取借款的义务的主要理由在于：从保障合同订立的目的实现的角度来说，如果借款人没有及时领取借款，则可能会打乱银行的金融计划，损害贷款人的合法权益。[②] 需要指出的是，只有以金融机构为一方的借款合同才有适用该规则的可能，因为自然人之间的借贷合同是实践合同，只有在当事人实际交付了本金之后才能成立合同，所以并不存在适用该规则的前提。换言之，该条规定并不适用于自然人之间的借款。[③]

如前所述，借款合同是一种诺成合同，当合同订立之后，借款人就有领取借款的义务，如果其没有按期领取借款，就需要承担相应的责任。借款人未按照约定的日期、数额收取借款的，其法律效果主要在于：第一，应当按照约定的日期、数额支付利息。这就是说，如果没有收取借款，借款合同已经实际生效，借款人仍然需要按照原来的数额支付利息。从性质上来说，所谓利息，指的是原本债权的收益，利息的计算通常按原本（本金）的数额和价值以及债权人不得利用或债务人使用原本（本金）期间的收益计算。[④] 第二，贷款人未按照约定的日期、数额提供借款，造成借款人损失的，应当赔偿损失。

《民法典》第678条规定："借款人可以在还款期限届满前向贷款人申请展期；贷款人同意的，可以展期。"所谓借款展期，是指借款人在合同约定的借款期限届满不能偿还借款，在征得贷款人同意的情况下，延长原借款的期限，使借款人能够继续使用借款。[⑤] 一般而言，借款人应按期返还借款。借款人不按期偿还借款，贷款人有权追回借款，并按银行的规定加收罚息。但在现实生活中，借款人可能因各种资金流转困难等原因，需要对原借款合同进行展期。在这种情况下，依据《民法典》第678条规定，借款人不能按期归还借款的，其应当在借款到期日之前，向贷款人申请展期。这主要是为了给贷款人预留考虑时间，允许借款人向贷款人提出展期申请，但是否同意展期应由贷款人自行决定。展期实际上就是对合同期限的变更，因此必须由双方当事人重新协商达成合意。借款人申请保证贷款、抵押贷款、质押贷款展期的，还应当由保证人、抵押人、出质人出具同意的书面证明。[⑥] 如果贷款人不同意展期的，借款人不能按期返还借款的，贷款人有权要求其承担相应的违约责任。

3. 按照约定用途使用借款的义务

《民法典》第673条规定："借款人未按照约定的借款用途使用借款的，贷款人可以停止发放借款、提前收回借款或者解除合同。"依据该规定，借款人应当按照约定的用途

---

① 例如，《欧洲民法典草案》第4.6—1：103条规定："（1）贷款是采取货币贷款形式的，借款人应当依合同约定，在一定期间内，以一定方式，领取贷款。（2）借款人领取贷款的时间无法依合同加以确定的，借款人应当在贷款人提出请求后的合理期限内领取贷款。"

② 参见谢鸿飞、朱广新主编：《民法典评注·合同编：典型合同与准合同1》，421页。

③ 参见魏耀荣等：《中华人民共和国合同法释论（分则）》，178页。

④ 参见史尚宽：《债法总论》，253页，北京，中国政法大学出版社，2000。

⑤ 参见魏耀荣等：《中华人民共和国合同法释论（分则）》，192页。

⑥ 参见《贷款通则》第12条。

使用借款，而不能擅自将借款用于其他用途。例如，借款合同约定，借款用于开发新能源，则借款人不能将该笔借款用于开发房地产。在法律上之所以要求借款人必须按照约定用途使用借款，主要是因为：一方面，借款用途涉及贷款人贷款资金的安全，与借款人能否按期偿还借款也有着直接的关系。① 例如，如果借款人未按照约定将所借款项用于购置工厂的生产设备，而是将其投入房地产建设，这无疑会增加借款人的还款风险，也会导致贷款人如期收回贷款的不确定性大为增加。另一方面，如果借款人按照合同约定的借款用途使用借款，不仅可以实现借款的目的，而且能够最大限度发挥借款的效益，增加如期返还借款的可能性、确定性。从实践来看，借款合同大多约定了借款用途，贷款人在合同生效后，有权检查借款人的使用情况，以防止借款人挪作他用。② 即使合同没有对借款用途作出约定，借款人也应当负有此种义务。

《民法典》第 673 条规定："借款人未按照约定的借款用途使用借款的，贷款人可以停止发放借款、提前收回借款或者解除合同。"依据这一规定，一旦借款人违反贷款用途使用借款，没有按照合同约定来使用借款，则贷款人可以采取如下三种措施：一是停止发放借款。在针对分期交付借款的情形下，不再发放新的贷款。类似于对继续性合同中的停止履行。③ 二是提前收回借款。这实际上是提前终止合同。提前收回借款在贷款业务中被称为"加速到期条款"，这是国际金融组织和国外金融机构的通行做法。④ 三是解除合同。在借款人违反规定使用贷款时，贷款人享有法定解除权，可以直接行使解除权而解除合同。解除合同与提前收回借款是两种不同的责任形式，只有在借款人不按照约定的用途使用借款构成根本违约导致合同目的不能实现，才能解除合同。而提前收回借款不考虑是否根本违约都可以采取。由此，这三种情形由当事人根据具体情形来作出自由选择。⑤

4. 按期还款义务

《民法典》第 675 条规定："借款人应当按照约定的期限返还借款。"据此，借款人负有按期还款的义务，即借款人应按照合同约定的还款期限返还借款。借款人的按期还款义务，是其应负有的主要义务。并且借款与还款并支付利息本身构成对价关系，只有按期还款才能实现其缔约目的。当事人之间之所以订立借款合同，也是因为信任借款人到期后能够支付本金及其利息。⑥

在实践中，当事人可能对于借款期限没有作出约定或者约定不明。对此，《民法典》第 675 条规定："对借款期限没有约定或者约定不明确，依据本法第五百一十条的规定仍不能确定的，借款人可以随时返还；贷款人可以催告借款人在合理期限内返还。"依据这一规定，对借款期限没有约定或者约定不明确时，需要采取如下步骤确定。

第一，依据《民法典》第 510 条，当事人可以事后达成补充协议，如果不能达成补

---

① 参见魏耀荣等：《中华人民共和国合同法释论（分则）》，180 页。
② 参见肖玉萍编著：《借款合同》，26 页。
③ 参见王轶等：《中国民法典释评·合同编·典型合同》（上卷），172 页。
④ 参见魏耀荣等：《中华人民共和国合同法释论（分则）》，182 页。
⑤ 参见王轶等：《中国民法典释评·合同编·典型合同》（上卷），172 页。
⑥ 参见黄薇主编：《中华人民共和国民法典合同编解读》（上册），717 页。

充协议，应根据合同的有关条款和交易习惯来确定还款期限。

第二，如果仍不能就还款期限达成协议的，则借款人可以随时返还，贷款人可以催告借款人在合理期限内返还，但应该给借款人必要的准备时间。如果合同约定了还款的方式，应当按照约定的方式返还。例如，约定分期返还，就应当每期按照约定的数额返还。否则，应当支付逾期的利息。①

第三，贷款人可以催告借款人在合理期限内返还。如果对借款期限没有约定或者约定不明的，贷款人需要履行催告义务，给借款人必要的准备时间，在合理的期限还款，为了给借款人能够履行返还义务提供必要的准备时间，也不会给借款人增加多余的损失和负担。该合理期限的长短应当由贷款人根据具体情况来进行确定。②

在此需要讨论的是，借款人能否提前偿还借款？对此，《民法典》第677条规定："借款人提前返还借款的，除当事人另有约定外，应当按照实际借款的期间计算利息。"这是对借款人提前还款行为作出的规定。依据合同法一般原理，在合同履行期限确定以后，债务人原则上应当按期限履行，但因合同履行期限而产生的期限利益原则上属于债务人所有，按照私法自治原则，债务人可以通过提前履行而处分自己的期限利益，但债务人提前履行不得损害债权人的利益。依据《民法典》第677条，除当事人另有约定的以外，借款人可以提前还款，在提前还款的情况下，应按照实际借款的期间计算利息。

借款人未按照约定的期限返还借款应承担相应的责任。《民法典》第676条规定："借款人未按照约定的期限返还借款的，应当按照约定或者国家有关规定支付逾期利息。"在借款合同中，双方当事人通常会就具体的还款期限作出明确约定，借款人应严格按照该期限将借款予以返还。依据这一规定，借款人不能按期还款的，应当承担相应的违约责任。据此，依据这一规定，借款人不能按期还款的，应当承担相应的违约责任。此种责任主要是指支付逾期的利息。通常而言，逾期利息带有惩罚性，而且会高于借款合同所约定的一般利息。在比较法上，也采取了此种做法。依据《民法典》第676条，应当按照约定或者国家有关规定支付逾期利息。具体而言：一是依据当事人的约定支付逾期利息，如果当事人就逾期利息有明确约定的，则借款人应按照约定予以支付。二是如果借款合同未作约定的，应当按照国家有关规定支付逾期利息。③《民间借贷司法解释》第28、29条也作出了相应的规定。

5. 接受贷款人检查、监督的义务

《民法典》第672条规定："贷款人按照约定可以检查、监督借款的使用情况。借款人应当按照约定向贷款人定期提供有关财务会计报表或者其他资料。"依据这一规定，借

---

① 参见孙晓编著：《合同法各论》，109页，北京，中国法制出版社，2002。

② 参见王轶等：《中国民法典释评·合同编·典型合同》（上卷），176页。

③ 《中国人民银行关于人民币贷款利率有关问题的通知》（银发〔2003〕251号）第3条规定："逾期贷款（借款人未按合同约定日期还款的借款）罚息利率由现行按日万分之二点一计收利息，改为在借款合同载明的贷款利率水平上加收30%～50%；借款人未按合同约定用途使用借款的罚息利率，由现行按日万分之五计收利息，改为在借款合同载明的贷款利率水平上加收50%～100%。"该规定是目前国家针对逾期利息的计算标准所作出的具体规定。在当事人没有就逾期利息作出约定的情况下，应依据前述规定来计算并由借款人支付。

款人在使用借款的过程中，应当按照约定接受贷款人的检查和监督。在借款合同中，通常都规定了贷款人有权检查、监督借款人的借款使用情况，了解借款人的计划执行、经营管理、财务活动、物资库存等情况。如果发现借款人使用借款造成损失浪费或利用借款进行违法活动的，贷款人有权追回贷款本息。如果合同作出了此种约定之后，借款人应当配合贷款人的检查、监督行为的展开，并应当按照约定向贷款人定期提供有关财务会计报表等资料，这些资料包括资产负债表、损益表、财产状况变动表、现金流量表、附表及会计报表附注和财务状况说明书等。[①] 借款人应当按照约定向贷款人定期提供有关财务会计报表等资料。但贷款人对借款人贷款资金的使用情况所进行的检查、监督应严格依合同的约定进行，不得干预借款人的正常经营活动。[②] 借款方如不按合同规定使用贷款，贷款方有权收回部分贷款，并对违约部分参照银行规定加收罚息。

第四节　自然人之间的借款合同

一、自然人之间的借款合同概述

所谓自然人之间的借款合同，是指具有完全民事行为能力的自然人之间发生的借款合同关系。在实践中，自然人之间经常因为生产和生活需要向他人临时借款，这种借款关系具有偶然性、互助性和互惠性，为民间互通有无、满足人民群众的生活生产发挥着重要作用。

然而，《民法典》所规定的自然人之间的借款合同和民间借贷合同并非同一概念。《民间借贷司法解释》第 1 条规定："本规定所称的民间借贷，是指自然人、法人和非法人组织之间进行资金融通的行为。经金融监管部门批准设立的从事贷款业务的金融机构及其分支机构，因发放贷款等相关金融业务引发的纠纷，不适用本规定。"依据该规定，除一方当事人是经金融监管部门批准设立的从事贷款业务的金融机构及其分支机构所订立的借款合同外，其他在自然人、法人和非法人组织之间订立的借款合同，均属于民间借贷合同。因此，自然人之间的借款合同实际上属于广义的民间借贷合同的组成部分，但我国《民法典》将民间借贷其实分为了两部分：一是非以金融放贷为业的自然人、法人和非法人组织作为贷款人与借款人之间发生的民间借贷合同，贷款人通常是以自有资金来提供贷款。二是自然人之间的借款合同，前者可包括在一般借款合同之中，而后者则属于典型的民间借贷合同，《民法典》对自然人之间的借款合同特别作出了规定。此类合同的主要特点在于：

第一，此类合同的主体是具有完全民事行为能力的自然人。至于自然人与法人、法人与法人、法人与非法人组织、非法人组织之间的借款合同，不属于自然人之间借款合同的范围。

---

① 参见魏耀荣等：《中华人民共和国合同法释论（分则）》，180 页。

② 参见魏耀荣等：《中华人民共和国合同法释论（分则）》，179 页。

第二，性质上是实践合同。《民法典》第 679 条规定："自然人之间的借款合同，自贷款人提供借款时成立。"由此可见，自然人之间的民间借贷合同在性质上属于实践合同，当事人之间仅达成借款的合意，借款合同并不能生效，必须贷款人实际提供借款，借款合同才能生效。①

第三，可以是非要式合同。《民法典》第 668 条第 1 款规定："借款合同应当采用书面形式，但是自然人之间借款另有约定的除外。"依据该条规定，借款合同原则上具有要式性，当事人应当订立书面形式的借款合同。但是，对自然人之间的借款合同而言，法律也允许自然人之间以约定来排除书面形式的要求。② 也就是说，自然人之间可以采取非书面形式订立借款合同。

第四，原则上具有单务性。此处所说的单务，是指借款合同中可以不约定利息。由于自然人之间的借款合同大多都具有无偿性、互助性的特点，本身是互通有无的，此类借款合同大多都是无偿的，据此，《民法典》第 680 条规定："借款合同对支付利息约定不明确，当事人不能达成补充协议的，按照当地或者当事人的交易方式、交易习惯、市场利率等因素确定利息；自然人之间借款的，视为没有利息。"《民间借贷司法解释》第 24 条也作出了类似规定。依据上述规定，如果自然人之间的借款合同中对利息没有约定或约定不明确，则视为没有利息，这也意味着，自然人之间的借款合同原则上具有单务性。

二、自然人之间的借款合同的订立

《民法典》第 679 条规定："自然人之间的借款合同，自贷款人提供借款时成立。"由此可见，自然人之间的借款合同是实践合同。所谓实践合同，又称要物合同，是指除当事人双方意思表示一致以外尚需交付标的物才能成立的合同。此类合同通常都是由法律明确规定的。需要注意的是，自然人之间的借款合同与金融机构作为一方的借款合同的重要区别表现在，金融机构作为一方的借款合同是诺成合同，而自然人之间的借款合同为实践合同。③

我国《民法典》将自然人之间的借款合同作为实践合同的规则设计，主要理由在于：一方面，通过严格合同成立要件，使贷款人在合意达成之后借款交付之前有机会进一步慎重考虑是否成立借款合同，以充分保护贷款人的利益。④ 另一方面，由于自然人之间的借款合同一般发生在亲属、朋友之间，具有无偿性和互助性，因此应当允许贷款人事后基于自己财务状况的变化以及对借款人信用状况的评估及其他因素自由决定是否提供贷款，这也充分保障了贷款人的利益。⑤ 本条规定实质上赋予贷款人以

---

① 需要指出的是，《合同法》第 210 条关于自然人之间的借款合同表述为"自贷款人提供借款之日起生效"，而《民法典》第 679 条的表述为"自贷款人提供借款时成立"，这就进一步明确了自然人之间借款合同实践合同的属性。

② 值得注意的是，《民间借贷司法解释》第 2 条虽然规定了出借人应当提供借据、收据、欠条等债权凭证，但其只是借贷合同成立的证明，而不是民间借贷合同的成立条件，民间借贷合同具有不要式性。

③ 参见黄薇主编：《中华人民共和国民法典合同编解读》（上册），729 页。

④ 参见谢鸿飞、朱广新主编：《民法典评注·合同编：典型合同与准合同 1》，461 页。

⑤ 参见王轶等：《中国民法典释评·合同编·典型合同》（上卷），188 页。

在实际交付之前单方反悔的权利。此外，自然人之间的借款合同一般数额较小，在当事人达成合意后，即便贷款人不实际提供借款，也不会对借款人的生产、生活造成重大影响，而且自然人之间的借款合同大多为无偿的。因此，有必要将自然人之间的借款合同界定为实践合同。

正是因为自然人之间的借款合同是实践合同，因此在贷款人实际提供借款之前，合同尚未成立，借款合同对当事人尚无法律约束力，借款是否交付应遵循自愿原则，贷款人不提供借款时，不构成违约责任，贷款人以不实际交付借款的方式变相撤回承诺的，借款人不能诉请法院强制交付，贷款人未按约定金额提供借款时，借款人亦无权要求按协商时的一致意思足额提供借款。① 当然，对于自然人之间订立有偿借款合同，贷款人违背诚实信用原则故意不提供借款，导致借款人损失的，仍有可能成立缔约过失责任。②

三、自然人之间的借款合同的利息

（一）借款利息的约定

关于自然人之间的借款合同的利息，《民法典》第680条确立了以下两个规则。

一是当事人对利息没有约定。《民法典》第680条第2款规定："借款合同对支付利息没有约定的，视为没有利息。"合同无约定的，推定当事人具有无息借款之合意。这一款既适用于金融借款，也适用于民间借贷。③ 此时法律拟制规定为没有利息，不仅有利于指引当事人的行为，也有利于统一裁决结果，最终有利于维护社会和经济秩序。④

二是当事人对利息约定不明。《民法典》第680条第3款规定：借款合同对支付利息约定不明确，"自然人之间借款的，视为没有利息"，该条规定仅适用于自然人之间的借款，即在自然人之间就利息问题约定不明的情形下，推定该借款是无息的。这就表明了民间借贷与金融机构为一方当事人的借款合同存在区别。对于一般借款合同而言，如果约定不明的情况下，仍然不能适用无息，而应当依据《民法典》第680条第3款的规定来弥补合同漏洞并确定利息条款。但对自然人之间的借款合同而言，不能适用《民法典》第680条第3款的规定，即不能由当事人之间达成补充协议，而只能推定为无息。法律之所以作出此种规定，主要是因为，对自然人之间的借款合同而言，主要起到一种互通有无的作用⑤，是否支付利息原则上系由当事人自愿协商约定，加上自然人之间的借款数额通常不大，且大多属于临时性借用，故很少约定利息或者约定不明确；少数自然人之间进行大额借贷的，根据日常生活经验法则，原则上均会对支付利息作出明确约定。因此根据实践情况，对自然人之间的借款，如果约定不明并且不能通过补充解释进行漏

---

① 参见谢鸿飞、朱广新主编：《民法典评注·合同编：典型合同与准合同1》，463页。
② 参见王轶等：《中国民法典释评·合同编·典型合同》（上卷），189页。
③ 参见谢鸿飞、朱广新主编：《民法典评注·合同编：典型合同与准合同1》，471页。
④ 参见黄薇主编：《中华人民共和国民法典合同编解读》（上册），733页。
⑤ 参见谢鸿飞、朱广新主编：《民法典评注·合同编：典型合同与准合同1》，472页。

洞填补的，应当视为没有利息。[①] 对此，《民间借贷司法解释》作出了同样规定。[②]

对非自然人之间的借款合同而言，则即便当事人对利息约定不明，也应认定当事人已经约定了利息。[③] 当事人可以就利息的数额达成补充协议，如果当事人无法达成协议，则利息的数额需要按照当地或者当事人的交易方式、交易习惯、市场利率等因素确定利息；自然人之间借款的，视为没有利息。《民间借贷司法解释》第24条也作出了类似规定。可见，对非自然人之间的借款合同而言，在当事人对利息约定不明时，原则上应当认定其属于有偿合同，借款人仍应当向贷款人支付利息。

（二）借款利率

《民间借贷司法解释》第25条规定："出借人请求借款人按照合同约定利率支付利息的，人民法院应予支持，但是双方约定的利率超过合同成立时一年期贷款市场报价利率四倍的除外。前款所称'一年期贷款市场报价利率'，是指中国人民银行授权全国银行间同业拆借中心自2019年8月20日起每月发布的一年期贷款市场报价利率。"该条修改了原司法解释的相关规定，而采取了动态的利率，一年期贷款市场报价利率是由市场形成的，反映了市场上的合理利率水平，相比原来的司法解释更为合理。具体而言：一是利率降幅较大。据统计，以一年期贷款为例，从原来的36%降到了15.4%，这有利于减轻借款人的负担、防止高利贷。二是不再采取区分为"两限三区"的做法。[④] 按照原《民间借贷司法解释》的规定，对于借款利率达到36%的情形，仍然可以受到法律保护，这显然不利于保护借款人的利益。而修改后的《民间借贷司法解释》确立以一年期贷款市场报价利率为标准，对借款合同的利率进行了相对严格的控制，也更符合中国国情。

（三）复利问题

为了控制高利贷问题，我国立法和司法实践历来禁止计算复利。所谓复利，是指将利息计入本金，并以此为本金再次计算所生的利息，也就是实践中所说的"利滚利""驴打滚"[⑤]。关于民间借贷的复利问题，《民间借贷司法解释》第27条规定："借贷双方对前期借款本息结算后将利息计入后期借款本金并重新出具债权凭证，如果前期利率没有超过合同成立时一年期贷款市场报价利率四倍，重新出具的债权凭证载明的金额可认定为后期借款本金……按前款计算，借款人在借款期间届满后应当支付的本息之和，超过以最初借款本金与以最初借款本金为基数、以合同成立时一年期贷款市场报价利率四倍

---

① 参见黄薇主编：《中华人民共和国民法典合同编解读》（上册），735页。

② 《民间借贷司法解释》第24条第2款明确规定："自然人之间借贷对利息约定不明，出借人主张支付利息的，人民法院不予支持。除自然人之间借贷的外，借贷双方对借贷利息约定不明，出借人主张利息的，人民法院应当结合民间借贷合同的内容，并根据当地或者当事人的交易方式、交易习惯、市场报价利率等因素确定利息。"

③ 参见杜万华主编：《最高人民法院〈民间借贷司法解释〉理解与适用》，440～441页，北京，人民法院出版社，2015。

④ 根据原《民间借贷司法解释》第26条，以年利率36%作为当事人约定的利率的上限，超出36%以外的利息，不受法律保护。对于年利率24%至36%之间约定的利息，如果当事人之间已经自愿履行，且未发生争议，那么法院也应当认可该履行行为的效力。对于超过36%的部分，即便当事人已经实际履行，法律也不承认其效力，在此情形下，贷款人保有超出36%的部分的利息，构成不当得利，借款人有权请求其返还。

⑤ 杜万华主编：《最高人民法院〈民间借贷司法解释〉理解与适用》，491～492页。

计算的整个借款期间的利息之和的，人民法院不予支持。”依据该条规定，如果前期贷款合同的本金以及到期后所产生的合法受保护的利息共同计入下一期借款合同的本金中，并重新出具债权凭证，这就构成复利。至于出借人能否以前述计算复利的方式，要求借款人支付复利，需要将借款人依约定应当支付的本息之和，与法律上所认可的复利保护的上限相比较，确定是否超出法定的上限，该上限是指“最初借款本金与以最初借款本金为基数、以合同成立时一年期贷款市场报价利率四倍计算的整个借款期间的利息之和”，如果复利超出了法律保护的上限，则超出部分是无效的，只有未超出部分才是有效的。

从该条规定来看，其并没有完全禁止复利，而只是对复利进行了一定限制，禁止高利的复利。[①] 复利只要没有超出法律所规定的最高利率标准，则应当认定其有效。例如，2009 年甲从乙处借款 10 万元，借期一年，约定借款年利率为 10%，假定合同订立时一年期贷款市场报价利率是 3%，那么约定的贷款利率并没有超过一年期贷款市场报价利率的 4 倍，因此是合法的，那么一年后甲应该向乙支付本息和为：10 万元＋10 万元×10%＝11 万元。该借款合同到期后，甲提出续借一年，当事人又订立了新的借款合同，乙重新出具借款凭证，将前期借款合同的本息作为该期借款合同的本金，即第二期的借款本金为 11 万元，借期仍为一年，约定的借款年利率仍为 10%，假定第二期合同成立的一年期贷款市场报价利率仍是 3%，则第二期借款合同到期后，此时甲应支付的本息和为：11 万元＋11 万元×10%＝12.1 万元。乙能否要求甲支付 2.1 万元的利息？此时需要与“最初借款本金与以最初借款本金为基数、以合同成立时一年期贷款市场报价利率四倍计算的整个借款期间的利息之和”相比较，如果没有超过，就应当得到保护。在上例中，最初借款本金为 10 万元，首次借款合同成立时的一年期贷款市场报价利率的 4 倍为3%×4＝12%，然后计算整个借款期间即两年，受法律保护的利息上限为 10 万元×12%×2＝2.4 万元。当事人按照约定计算的复利 2.1 万元低于法定保护上限 2.4 万元，所以在法律上是可以得到支持的。

借款合同利率本是当事人意思自治的结果，法律不应过多干预，但是为了防止利率过高，所以司法解释设定了法定的上限，起到一种规范与引导的作用。[②] 合法受保护的复利应当满足以下条件：一是这一期当事人约定的利率要合法，不得超过这一期借款合同成立一年期贷款市场报价利率的 4 倍。二是这一期的本金也要合法，要求是上一期结算之后合法受保护的本息和，超出部分不得计入。三是计算整个贷款合同的利息总和，要与以“最初借款本金与以最初借款本金为基数、以合同成立时一年期贷款市场报价利率四倍计算的整个借款期间的利息之和”计算的法定上限相比较。如果按照当事人的约定计算的利息和超出了法定上限，则超出的部分无效，未超出的部分仍然受到法律保护。

（四）利息不得从本金中预先扣除

利息从本金中预先扣除的方法被称为“抽头”“贴水贷款”，对于此种情形，依据

---

① 参见郑孟状、薛志才：《论放高利贷行为》，载《中外法学》，1992（3）。

② 参见杜万华主编：《最高人民法院〈民间借贷司法解释〉理解与适用》，499 页。

《民法典》第 670 条规定：利息不得预先在本金中扣除，如果贷款人预先扣除了本金，则以贷款人实际交付的借款数额为本金数额，贷款人预先扣除的利息不再纳入本金数额。如果贷款人将利息从本金中预先扣除，其无权请求借款人按照约定的本金数额还本付息。

（五）逾期利息的支付

所谓逾期利息，是指当事人约定的，在借款合同期限届满后，借款人未按照约定归还借款时应当向贷款人支付的利息。即便自然人之间在借款合同中没有明确约定利息或者对利息约定不明，依据《民法典》第 676 条规定，也不应当影响其请求支付逾期利息。因为逾期利息本质上是一种违约责任形态，即便当事人没有明确约定，也可以请求当事人支付该逾期利息。

关于民间借贷合同逾期利息的计算，《民间借贷司法解释》第 28、29 条确立了如下规则。

第一，允许当事人就逾期利息的利率作出约定。依据《民间借贷司法解释》第 28 条第 1 款的规定，如果当事人就逾期利率已经作出了约定，则应当按照当事人约定的利率标准计算逾期利息数额。当然，该条也对当事人约定逾期利率的自由进行了一定的限制，即当事人约定的逾期利率不得超过合同成立时一年期贷款市场报价利率的 4 倍。

第二，当事人未约定逾期利率时逾期利息的计算。依据《民间借贷司法解释》第 28 条第 2 款的规定，在当事人约定了逾期利息但没有约定逾期利率或者对逾期利率约定不明时，应当区分以下情形分别处理：一是如果当事人既没有约定借期内利率，也没有约定逾期利率，则贷款人有权主张借款人自逾期还款之日起承担逾期还款违约责任。二是如果当事人约定了借期内的利率，但没有约定逾期利率，则出借人有权请求借款人自逾期还款之日起按照借期内利率支付资金占用期间利息。

第三，关于逾期利息与违约金或其他费用的适用关系。当事人在约定逾期利息的同时，也可能同时约定了违约金责任，在此情形下，依据《民间借贷司法解释》第 29 条的规定，如果当事人同时约定了逾期利息、违约金时，在借款人逾期还款的情形下，贷款人有权选择主张逾期利息、违约金或者其他费用，也可以一并主张上述各种责任，但贷款人请求的总额不得超过合同成立时一年期贷款市场报价利率的 4 倍。

四、禁止高利放贷

《民法典》第 680 条第 1 款已经规定："禁止高利放贷，借款的利率不得违反国家有关规定。"该条明确禁止高利放贷行为，要求借款的利率不得违反国家有关规定。法律作出此种规定的目的是维护正常的金融秩序，促进实体经济和市场经济的高质量发展，也有利于维护债务人的利益。违反高利放贷的法律效果主要是超过国家规定的一年期市场贷款利率报价的 4 倍，超过的部分无效，不受到法律的保护。未超过部分应当受到法律保护。

需要指出的是，在计算利率时，不仅应当包括当事人的约定利率是否明确超过了法律、法规规定的利率上限，还应当包括各种违约金、服务费、中介费、保证金等变相的高利贷行为。

思考题

1. 简述借款合同的法律效力。
2. 自然人之间的借款合同有哪些特殊性？
3. 违反借款合同将产生哪些法律效果？
4. 简述复利的概念。
5. 试述禁止高利放贷的规则。

第十七章
保证合同

案例

甲向银行乙借款 1 000 万元，请求丙作为保证人担保该笔债务的清偿，乙丙在保证合同中约定“保证人承担一般保证责任直到本息还清”。债务到期后，甲无法清偿借款，在此期间，乙多次向甲主张权利未果。8 个月后，乙向丙请求承担保证责任，丙提出保证期间已经超过 6 个月，因而其保证债务消灭。乙提出双方在合同明确约定，“保证人承担一般保证责任直到本息还清”，该约定已经排除保证期间，因此不适用法定的 6 个月的保证期间的规定，保证人仍然应当承担保证责任。

简要评析：由于本案中的保证属于一般保证，因而在主债务到期后，债权人应当在 6 个月内向债务人提起诉讼或者申请仲裁，否则将因债权人未在保证期间内行使权利，进而保证期间经过，导致保证人不再承担保证责任。在本案中，虽然乙丙在保证合同中约定“保证人承担一般保证责任直到本息还清”，但该约定属于对保证期间约定不明确的情形，依据《民法典》第 692 条的规定，保证期间必须明确约定，如约定不明确，保证期间为主债务履行期满后 6 个月。债权人未在主债务履行期限届满后 6 个月内主张权利，因此，保证人不再承担保证责任。

第一节 保证合同概述

一、保证合同的概念

保证，又称人的担保，是一种与物的担保相对应的债权担保形式。古汉语中的“保”是多义词，有安、占有、担保、保证等多层意思。[①] 徐锴《说文解字系传》道：“任，保也。”[②] 可见，保证具有信任、信用的属性。它主要是基于信任关系而产生的。[③] 我国《民法典》第681条规定：“保证合同是为保障债权的实现，保证人和债权人约定，当债务人不履行到期债务或者发生当事人约定的情形时，保证人履行债务或者承担责任的合同。”据此可知，保证合同是在保证人与债权人之间订立的、由保证人以自己的责任财产为债务履行提供担保的合同，是保证人与债权人意思表示一致的产物。

保证最早起源于古代的“人质”，即债务人以其人身作为履行债务的保证。不过，近现代意义上的“人的担保”，仅指以第三人的信用及其全部责任财产作为债权实现的担保。公元前240年至公元前130年间，古罗马的《阿普莱拉法》（Lex Apulela）中确认了允诺保证。[④] 在我国古代社会，保证担保较为发达，如“令五家为比，使之相保”（《周礼·地官·大司徒》）。秦律中也有关于约定或法定的由第三人担保并负连带之责的规定。保证在各类担保方式中占据着重要的地位。汉代，债务设担保人，称任人、任者，可见，当时债的担保制度已经较为发达。[⑤] 鉴于保证制度在担保制度中的重要地位，许多国家的立法如德国、法国、日本等，都详细规定了保证制度。在我国，保证也是《民法典》所明确认可的典型合同，它与抵押、质押等物上担保相并列，属于一种重要的债权担保类型。

与其他担保方式相比较，保证合同具有以下几个特征。

1. 性质属于人的担保

保证是一种典型的人的担保方式。所谓人的担保，是指民事主体（自然人、法人等）以其自身的责任财产担保债务履行的法律制度，实际上就是以设立合同债权的方式来担保某一债权的实现。保证之所以被称为“人的担保”，是因为它并不是在特定的物上设立的担保，不产生担保物权。一方面，保证合同不涉及物权的效力，而只是产生债的关系。保证合同生效后，债权人不能直接支配保证人的特定财产，而只能在债务人不履行债务时，请求保证人以其责任财产履行债务或承担保证责任。另一方面，作为一种人的担保，保证合同具有较强的人身信赖性。或者说，保证是以债权人对保证人的信用（即债务履

---

① 参见徐朝贤：《中国古代主要担保方式及特点探略》，载《广东商学院学报》，2002（6）。
② 张传玺：《中国历代契约会编考释》（上册），29页，北京，北京大学出版社，1995。
③ 参见郑玉波：《民法债编各论》（下册），821页，台北，三民书局，1986。
④ 参见周枏：《罗马法原论》（下册），883页，北京，商务印书馆，2002。
⑤ 参见徐朝贤：《中国古代主要担保方式及特点探略》，载《广东商学院学报》，2002（6）。

行能力）的信任为基础的。古人云：“使之保，犹任也。”① 这也表明保证是基于信任关系而产生、存续的。

2. 应以保证人的全部财产担保他人债务的履行

保证属于人的担保，一般而言，保证人要以自己的全部财产承担保证责任。也就是说，在当事人没有特别约定的情况下，保证责任原则上及于保证人的全部财产，并不局限于某种或某类特定的财产。债权人可以请求就保证人的所有财产强制执行。在这一点上，保证作为人保与物保恰好相反，因为在物的担保中，担保责任仅存在于抵押物、质物等特定的担保财产之上。正是因为保证是为担保他人债务的履行而设定的，因此，保证必须以主债务的存在为前提，因主债务的消灭而消灭。因为主债务一旦得到清偿，保证的目的就已经实现，保证也就不必再存在。

3. 主体是债权人与保证人

《民法典》第 681 条规定：“保证合同是为保障债权的实现，保证人和债权人约定，当债务人不履行到期债务或者发生当事人约定的情形时，保证人履行债务或者承担责任的合同。”因此，保证合同是在保证人与债权人之间成立的。无论是自然人、法人还是非法人组织，都可以成为保证人。从实践来看，保证人也可能只是在主合同之上以保证人的身份签名或盖章的人，此时，保证合同的主体仍然是保证人和债权人，债务人不可能成为保证合同的当事人。

在认定保证合同的主体时，应当区分保证合同与委托保证合同。所谓委托保证合同，是指以债务人委托保证人提供保证为内容的合同。委托保证合同属于委托合同的一种类型，它虽然与保证合同之间存在一定的关联，但是与保证合同是两种截然不同的合同。委托保证合同的主体是债务人和保证人，而保证合同的主体是债权人和保证人。

4. 保证人负有代为履行债务或者承担债务不履行的责任

保证责任是保证人代主债务人履行债务或承担债务不履行后果的责任。依据前述《民法典》第 681 条的规定，保证责任的形式包括两种：一是代为履行，即在主债务人不履行债务时，保证人代主债务人履行其债务；二是承担债务不履行的责任，即因为主债务人不履行债务而产生的责任，由保证人承担。

二、保证合同的属性

（一）从属性

保证合同的从属性，是指保证合同的产生、效力、消灭等均与主债权债务合同紧密相关，这是保证合同的根本属性。《民法典》第 682 条、第 696 条等就保证合同效力的从属性作出了规定。由于保证合同具有从属性，保证合同也被称为从合同，而从债权人层面来看，其享有从权利。有关保证合同的从属性问题，将在下文阐述。

---

① 阮元：《十三经注疏：附校勘记》，707 页，北京，中华书局，1980。

（二）单务性

保证合同具有单务性，这具体表现在，在保证合同中，保证人只是单方向债权人负担一定的保证债务，而债权人无须负担对待给付义务。因此，其属于单务合同。① 保证合同的单务性能否通过约定改变？本书认为，从保证合同的性质而言，单务性是其固有属性，当事人不可以通过合同约定对此加以改变。如果允许当事人通过约定改变其单务性，那么该合同就不再是保证合同。正是基于保证合同的单务性，法律设置了一系列的规则以平衡当事人的利益，如保证人有权行使主债务人的合同抗辩权、允许约定保证期限等，都与保证的单务性相关。单务性不能通过约定而改变。如果保证人和主债权人达成合意，约定主债权人应当支付一定的对价，则该合同已经不再是单纯的保证合同，而转化为其他合同关系。

（三）无偿性

保证合同的无偿性，是指保证人向债权人负担一定的保证债务时，债权人无须支付相应的对价。在保证合同中，保证人为确保债权人的债权获得满足而向其提供担保，债权人在接受该保证时，并不需要支付相应的对价②，至于保证人与债务人之间通常存在一定的有偿关系，并不影响保证合同的无偿性。例如，债务人对保证人支付一定的报酬或提供反担保，虽然表明他们之间存在有偿的合同关系，并不能改变保证合同本身的无偿性质。但如果在保证合同订立时，债务人须支付保证对价，则该保证关系不再是真正的保证，而转化为信用保险关系。③

（四）要式性

保证合同的要式性，是指保证合同必须依据法律规定的形式订立。就此《民法典》第 685 条第 1 款规定："保证合同可以是单独订立的书面，也可以是主债权债务合同中的保证条款。"据此，保证合同既可以在债权人和保证人之间单独订立，也可以由第三人单方以书面形式向债权人出具保证条款，还可以是在主债权债务合同中由第三人承诺成立保证合同。一般认为，《民法典》的这一规定相当于明确了保证合同的成立必须要求书面形式，立法机关也持这一立场。④ 从法理上而言，这主要是因为保证人所承担的责任具有无偿性、单务性，对保证人而言具有较大的风险，而采取书面形式可以督促保证人谨慎订立保证合同。同时，法律要求采取书面形式，也是为了避免产生纠纷。⑤ 从实践来看，由于保证责任是无偿的、单务的，如果不采书面形式，保证人在承担责任时就极有可能会找出种种借口来否认合同的存在及内容，从而引发纠纷。

---

① 所谓单务合同，是指当事人之间不具有对待给付关系的合同。

② "保"之所以由"人"、"呆"二字组成，很大程度上就是因为保证合同是无偿合同。

③ 对此，史尚宽先生曾言："有偿的约定，债权人既可以给予保证人，也可以对于主债务人，但以受对价而为保证者，虽依当事人的意思也可以适用保证责任的规定，但非保证契约，乃为保证契约的预约，契约的性质已有根本的变更，是信用保险。"史尚宽：《债法各论》，363 页，台北，自版，1957。

④ 参见黄薇主编：《中华人民共和国民法典合同编解读》（上册），749 页。

⑤ 参见郑玉波：《民商法问题研究》（一），327 页，台北，自版，1984。

值得注意的是，《民法典》第 388 条规定，“担保合同包括抵押合同、质押合同和其他具有担保功能的合同”，该条虽然未明确规定担保合同的设立必须采纳书面方式，但是从《民法典》的规定来看，抵押合同、质押合同、融资租赁合同、保理合同都要求书面形式，所以从体系解释角度来看，可以认为《民法典》要求保证合同也应采取书面形式。

三、保证的分类

（一）一般保证和连带责任保证

根据保证人承担责任的不同，保证可以分为一般保证和连带责任保证。就此，《民法典》第 686 条规定：“保证的方式包括一般保证和连带责任保证。”其中，一般保证是指当事人在保证合同中约定在债务人不能履行债务时由保证人承担保证责任的保证。连带责任保证是指保证人与主债务人对主债务的履行承担连带责任的保证。《民法典》第 687 条第 1 款和第 688 条第 1 款分别对此予以了明确。一般保证和连带责任保证都属于保证的具体形态，都旨在担保债权的实现，保证人都享有债务人对债权人所享有的抗辩权和其他抗辩，而且都适用诉讼时效和保证期间规则。但二者在成立方式、保证人的责任承担、保证人的抗辩、保证期间、保证债务诉讼时效等方面，均存在一定区别。

（二）一人保证与共同保证

根据保证人人数的不同，保证合同可以分为一人保证与共同保证。所谓一人保证，是指仅存在单一保证人的保证。① 所谓共同保证，是指存在两个或者两个以上保证人的保证。就此，《民法典》第 699 条规定：“同一债务有两个以上保证人的，保证人应当按照保证合同约定的保证份额，承担保证责任；没有约定保证份额的，债权人可以请求任何一个保证人在其保证范围内承担保证责任。”

一人保证和共同保证的区别在于：第一，保证人人数的不同。一人保证的保证人仅为一人，而共同保证的保证人为两人以上。第二，是否存在内部责任份额的划分不同。一人保证中，不存在内部责任份额的划分，而共同保证中，就存在内部责任份额的划分问题。在共同保证中，根据保证人承担保证责任方式的不同，又可以将其分为连带共同保证和按份共同保证。连带共同保证是指各保证人对债务的履行承担连带保证责任的保证。按份共同保证是指各保证人仅依其约定的份额对债务的履行承担保证责任的保证。

（三）普通保证和最高额保证

普通保证，是指担保的主债权在保证合同订立时数额就已确定的保证，保证人应就已经存在的某一特定债权提供担保。最高额保证是指债权人与保证人之间约定，在最高债权额限度内由保证人对未来连续发生的债权作担保。此类保证合同在订立时主债权数额尚未确定。普通保证是保证的典型形态，而最高额保证是当事人约定的特殊形态。两

---

① 参见高圣平：《担保法新问题与判解研究》，137 页，北京，人民法院出版社，2001。

者在是否存在最高限额、是否为特定债权设定担保以及是否为被担保的债权设定了期限等方面存在一定区别。

（四）部分保证与全部保证

根据保证人承担责任范围的不同，保证可分为部分保证与全部保证。部分保证，也称为限额保证[①]，是指当事人在保证合同中明确约定了保证责任范围的保证。在部分保证中，保证人仅在约定的保证责任范围内承担保证责任，保证责任不应超过主债务人所应承担的责任范围。部分保证主要可分为如下几种类型：一是约定对部分主债务担保。二是只对主债务担保，对附随于主债务的利息债务、违约金和损害赔偿债务不负保证责任。三是约定保证责任的最高限额。

全部保证，也称全额保证或无限保证，是指保证人对债务人的全部债务担保，当债务人不履行债务时，保证人对债务人的全部债务承担保证责任的保证。[②] 两者的主要区别在于：第一，部分保证是保证的特殊形态，而全部保证是一般形态。在当事人没有特别约定时，应当推定当事人都负有全部保证责任。第二，部分保证需要特别约定，而全部保证可以由法律推定。如果保证合同未约定保证责任的范围或者约定不明的，保证人则应承担全部保证责任，保证责任的范围包括主债权、利息、违约金、损害赔偿金等。[③]

（五）定期保证和不定期保证

依据保证合同是否有一定的存续期限，保证可以分为定期保证与不定期保证。[④] 定期保证，是指保证合同中明确约定了保证期间的保证。不定期保证，是指当事人没有约定保证期间的保证。[⑤] 在定期保证中，当事人所约定的保证期间是保证人承担保证责任的期间，一旦该期间经过，而债权人仍未向保证人请求承担保证责任的，保证人不再承担保证责任。保证期间的约定实际上是对保证责任的限定，既可以保障债务的及时履行，也有利于保护保证人的利益，便于其尽早摆脱期限不确定的保证责任的承担。而在不定期保证中，保证人所承担的保证责任则并无期限限制。

（六）从属保证与独立保证

按照保证合同与主债权债务合同之间的关系，保证合同可分为从属保证与独立保证。从属保证，是指从属于主债务合同的保证合同，即具有从属性的保证。独立保证则是指通过当事人之间的特别约定而与主债务合同之间没有从属关系的保证。[⑥] 在独立保证中，主合同无效或被撤销并不导致独立保证的效力丧失，同时，独立保证人也无权主张主债务人对债权人的抗辩事由。

---

① 参见高圣平：《担保法新问题与判解研究》，137页。

② 参见最高人民法院民二庭编著：《担保法新释新解与适用》，83页，北京，新华出版社，2001。

③ 参见郭明瑞：《担保法》，39页，北京，法律出版社，2010。

④⑤ 参见最高人民法院民二庭编著：《担保法新释新解与适用》，83页。

⑥ 参见曹士兵：《中国担保诸问题的解决与展望》，22页，北京，中国法制出版社，2001。

四、保证与相关制度的区别

（一）保证与履约保证金

履约保证金是债务人向债权人预先支付的，以作为其将按照合同约定履行其义务的保证。在债务人未能按照合同约定履行其债务时，其无权请求债权人返还该保证金。例如，当事人在预购房屋时，由购房人交付一笔保证金，以保证其购买该房屋。

履约保证金与保证的区别主要表现在：第一，是否属于法律明确规定的担保方式上不同。保证属于人的担保，是由《民法典》所规定和确立的担保方式。但履约保证金在法律上并没有明确规定，关于其具体性质的认定应当考虑当事人之间的约定和交易习惯等具体情形而定。第二，主体不同。履约保证金通常是由债务人向债权人提供的，旨在保障合同的履行。而保证需要由债务人与债权人之外的第三人提供，所以，保证合同的法律关系也更为复杂。第三，责任承担不同。一方面，在保证中，保证人并不需要预先向债权人提供任何财产以作为担保，其仅于债务人不履行其债务时才承担保证责任。而在履约保证金中，保证金一般需要由债务人预先提供给债权人。① 另一方面，在债务人不履行债务时，保证人需要以其全部财产向债权人承担保证责任。而在履约保证金中，未按合同约定履行债务的债务人无权向债权人主张返还保证金，且应承担违约责任。第四，是否享有先诉抗辩权不同。在保证中，保证人享有先诉抗辩权。而在履约保证金中，债务人并不享有此项权利。

（二）保证与债务加入

所谓债务加入，是指第三人加入债务中，作为新债务人和原债务人一起向债权人负有连带债务。② 在债务加入的情形下，新债务人和保证人一样，都要对债务人的债务承担责任。从实践来看，债务人与第三人达成协议，或者第三人单独向债权人表示，愿意为债务人履行债务，此种行为究竟是债务加入还是保证，在实践中一直存在争议。依据我国《民法典》相关规定，保证与债务加入属于不同的法律制度，保证在性质上属于债的担保，而债务加入则属于债的移转的范畴，二者存在明显区别。尤其应当看到，就第三人承担责任而言，区分债务加入和保证，十分必要。具体而言：

第一，二者的内涵不同。依据《民法典》第 681 条规定："保证合同是为保障债权的实现，保证人和债权人约定，当债务人不履行到期债务或者发生当事人约定的情形时，保证人履行债务或者承担责任的合同。"可见，保证人的担保责任包含两大类型：一是代为履行，即在主债务人不履行债务时，保证人代主债务人履行其债务；二是承担债务不履行的责任，即因为主债务人不履行债务而产生的责任。而在债务加入的情形下，第三人加入债的关系，本质上是对自己的债务负责，在债务履行期限届满的情形下，不论原债务人能否履行债务，债权人均可请求该第三人履行债务；同时，在债务加入中，在该

① 参见高圣平：《担保法论》，596 页，北京，法律出版社，2009。

② 参见黄薇主编：《中华人民共和国民法典释义》，202 页，北京，法律出版社，2020。

第三人不履行债务时，其也应当就其不履行债务的行为承担责任。

第二，二者的成立方式不同。保证是保证人为保障债权人债权的实现提供担保，它是在保证人与债权人之间订立的合同，债务人并不是合同当事人。而就债务加入而言，依据《民法典》第552条："第三人与债务人约定加入债务并通知债权人，或者第三人向债权人表示愿意加入债务，债权人未在合理期限内明确拒绝的，债权人可以请求第三人在其愿意承担的债务范围内和债务人承担连带债务。"可见，债务加入有两种类型：一是当第三人与债务人约定加入债务时，需要通知债权人；因此，在第三人与债务人之间可以通过合意而形成债务加入。二是第三人向债权人表示，其愿意与债务人共同负担债务，只要债权人在合理期限内不拒绝，即可成立债务加入。

第三，当事人的地位不同。保证人在法律上并不是债务人，他只是在债务人不能清偿债务的情形下，代替债务人履行债务或者承担责任。其不仅可以主张债务人对债权人的抗辩权，而且可以主张其基于保证合同而对债权人享有的抗辩权。在一般保证中，保证人的责任在性质上是一种补充责任，在责任的承担顺序上具有次位性，其承担责任以债务人不履行债务为条件。在债务加入的情形下，新加入的债务人处于债务人的地位，其不仅对债权人负担债务，而且享有债务人的抗辩权。同时，在债务履行期限届满的情形下，债权人可以直接请求新加入的债务人履行债务，而不以原债务人不履行债务为条件。因此，新加入的债务人与原债务人在债务承担的顺序上是相同的。

第四，能否向债务人追偿不同。在保证关系中，保证人在承担保证责任人后，其可以向债务人追偿。而对债务加入而言，除当事人另有约定外，新加入的债务人在对债权人履行债务后，原则上不能向原债务人追偿，因为新加入的债务人对债权人履行债务本质上是履行自己的债务，而不是代原债务人履行债务。由于存在着追偿权方面的区别，因而，债务加入中新加入的债务人的责任要重于保证人的责任。

第五，责任的限制不同。就保证关系而言，无论是一般保证还是连带责任保证，债权人对保证人所享有的保证债权既受诉讼时效制度的限制，也受保证期间制度的限制。① 而对债务加入而言，债权人对新加入的债务人的债权仅应受诉讼时效的限制。也就是说，该债务诉讼时效期间届满后，新加入的债务人有权主张时效抗辩。但债务加入后的债务，并不受保证期间的限制。

在判断某种关系究竟是债务加入还是保证时，重点考虑的就是当事人的真实意愿，如果无法探明当事人的意思，《有关担保的司法解释》第36条第3款确立了"存疑时优先推定为保证"的规则。该条之所以作出此种规定，主要原因在于，与保证相比，债务加入中第三人的责任更重。因为债务加入人既不享有对原债务人的追偿权，也不享有原债务人针对债权人的各种抗辩权，故此其法律责任更重。因此，在当事人意思表示不清晰时，如果将其认定为债务加入，则会加重第三人的责任。②

---

① 参见黄薇主编：《中华人民共和国民法典释义》，203～204页。

② 例如，有德国民法学者就认为，当更重的债务加入（gravierendere Schuldbeitritt）原则上仅在债务之履行不仅符合债务人实际利益，同时也对债权人的债权具有实际利益时才符合当事人的意思，此种利益不必限于单纯经济上的类型。在当事人希望采取何种担保形式存有疑问时，保证的解释规则具有优先性。Esser/Schimdt，Schuldrecht，Band Ⅰ，Allgemeiner Teil，Heidelberg，2000，§37 Ⅱ，S. 322.

五、反担保

所谓反担保，是指债务人或第三人向保证人作出保证或设定物的担保，在担保人因清偿保证人的债务而遭受损失时，向保证人作出清偿。例如，甲向乙借款 1 000 万元，甲请求丙作为保证人，丙提出甲必须请第三人丁提供一套房产为其提供反担保，一旦丙履行保证责任之后，如果其不能向甲追偿，则丙有权将该房产拍卖、变卖，并就此房产优先受偿。反担保只是与本担保相对应的概念。《民法典》第 689 条对反担保作出了明文规定："保证人可以要求债务人提供反担保。"在反担保中，与反担保相对应并作为设定反担保前提的担保称为本担保。本担保中的担保人称为本担保人，而反担保中的担保人称为反担保人。

反担保的核心功能在于担保保证人的追偿权的实现，其宗旨在于保障保证人的追偿权。[①] 保证人为债务人承担担保责任之后，其对债务人享有追偿权，为了保障这种追偿权的实现，就有必要设立反担保。反担保可以适用于各种担保形式，不管是物的担保还是人的担保，担保人都可以要求债务人提供反担保。因为反担保的设立极大降低了保证人的风险，有利于鼓励第三人提供保证。[②]

反担保的成立需具备下列几个条件。

（1）反担保以本担保的存在为前提。如果没有本担保，就无所谓反担保。此处所说的"本担保"，是指由债务人以外的第三人提供的担保。之所以要以本担保的存在为前提，是因为反担保的设立就是为了保障本担保人追偿权的实现，如果没有本担保，就不存在反担保。

一般情况下，反担保责任是以本担保责任的承担为前提的，如果本担保无效，就没有本担保责任的承担，也就不产生追偿权，在此情况下，反担保人自然也无须承担反担保责任。所以，依据《有关担保的司法解释》第 19 条第 1 款规定："担保合同无效，承担了赔偿责任的担保人按照反担保合同的约定，在其承担赔偿责任的范围内请求反担保人承担担保责任的，人民法院应予支持。"此时，反担保承担的并非担保责任，而是合同无效后的赔偿责任。

但反担保毕竟是一种独立于本担保的法律关系，其独立性主要表现在：一方面，法律关系的当事人不同。本担保关系发生在担保人和债权人之间，而反担保关系发生在担保人与反担保人之间。另一方面，担保的范围不同。本担保所担保的主要是主债权等权利的实现，反担保人担保的是本担保人的追偿权，只要本担保人承担了一定的责任，反担保人就要对这种责任的承担负担保责任，即便担保合同被宣告无效，但如果担保人需要承担赔偿责任，则反担保责任也不应当免除。正是从这个意义上说，反担保的责任又有一定的独立性，并不完全依附于本担保。还应当看到，当事人可以在反担保合同中约

---

① 参见刘保玉、吕文江主编：《债权担保制度与研究》，66 页，北京，中国民主法制出版社，2000。

② 参见谢鸿飞、朱广新主编：《民法典评注·合同编：典型合同与准合同 2》，61 页，北京，中国法制出版社，2020。

定，反担保合同的效力可以独立于本担保合同的效力，此种约定也是有效的。[1] 因此，反担保合同的效力并不当然从属于担保合同。对此，《有关担保的司法解释》第19条第2款规定："反担保合同无效的，依照本解释第十七条的有关规定处理。当事人仅以担保合同无效为由主张反担保合同无效的，人民法院不予支持。"这就是说，与担保合同相比，反担保合同是一个独立于担保合同的合同，其并非担保合同的从合同，而只是担保担保人代为清偿之后的追偿权，即便担保合同无效，担保人仍然可能承担赔偿责任，这就符合了反担保合同的适用条件，此时不应当认为反担保合同当然无效。

（2）提供反担保的主体不限于债务人，还包括债务人以外的其他人。关于反担保提供者的范围，无论是《民法典》第689条还是第387条第2款，都仅仅规定债务人为反担保的提供者。但该条文本涵盖的反担保提供者的范围过于狭窄[2]，因为债务人充当反担保人时，只能提供物的担保，不能将保证作为反担保的形式。如果反担保人是债务人以外的其他人，则不仅可以提供物的担保也可以提供人的担保。在原担保关系中是担保人的，在反担保关系中就成为被担保人，如果原担保人是债务人以外的其他人，则在反担保中，他们将成为被担保人。反担保既可以设立人的担保，也可以设立物的担保；既可以产生合同关系，也可以产生物权关系。

（3）反担保的请求人为提供担保的第三人。因为第三人为债务人提供担保以后，可能债务人的财产状况不佳，使第三人的追偿权无法实现，因而才有必要要求债务人提供反担保。所以，《民法典》第387条第2款规定："第三人为债务人向债权人提供担保的，可以要求债务人提供反担保。"

（4）反担保也应当有一定的形式要求。依照我国《民法典》的规定，本担保都要采取书面形式，因此原则上反担保也应当采取书面形式。

在设立反担保之后，如果保证人代主债务人作出清偿，在清偿后，保证人有权向主债务人追偿，也可以依据反担保实现其求偿权。

第二节　保证合同的从属性

一、保证合同的从属性概述

保证合同的从属性，是指保证合同的成立、效力等均从属于主合同。《民法典》第682条第1款规定："保证合同是主债权债务合同的从合同。主债权债务合同无效的，保证合同无效，但是法律另有规定的除外。"依据这一规定，保证合同是主债权债务合同的从合同。在民法上，根据两个合同之间的主从关系，可以将它们区分为主合同与从合同。主合同是指可以单独存在的主债权债务合同，而从合同就是以主债权债务合同的存在为

---

① 参见陈本寒：《担保法通论》，58页，武汉，武汉大学出版社，1998。

② 参见黄薇主编：《中华人民共和国民法典合同编解读》（上册），756～757页。

存在前提的合同。[①] 保证合同与其所担保的主债权债务合同的关系就是典型的从合同与主合同的关系。保证合同无论是在成立、生效，还是在范围、移转等多方面都依赖于主债权债务合同而存在。具体来说，保证合同的从属性体现在以下几方面。

1. 成立上的从属性

保证合同随主合同的产生而产生，主合同不成立，则保证合同也不成立。换句话说，保证合同是以主债权债务合同的存在为前提的，在主债权债务合同尚未成立时，不可能存在保证合同。[②] 问题在于，如果保证人为将来的债务或附条件的债务提供担保的情形，即在主债务尚未实际发生的情况下所订立的保证合同是否可以有效成立？本书认为，在法律有特别规定的情形，也可以对未来的债务或附条件的债务提供保证。例如，我国《民法典》第 690 条规定的最高额保证，就允许保证人对将来发生的、现时并不存在的债务提供保证。这就是说，被保证的主债权的存在虽是保证合同存在的前提，但并不意味着保证合同的成立时间必须要在主债权合同之后。根据当事人之间的特别约定，保证人也可以为未来的主债权作担保。[③]

2. 效力上的从属性

保证合同的效力应当从属于主合同的效力。主合同无效或者被撤销，保证合同也失去效力。《民法典》第 682 条第 1 款规定："主债权债务合同无效的，保证合同无效，但是法律另有规定的除外。"这就确认了保证合同在效力上的从属性。值得探讨的是，如果保证人明知主合同存在无效或可撤销事由（如债务人无行为能力或合同存在重大误解），仍然为债务人提供保证的，依据大多数国家民法的规定，此时即便主合同被撤销或被宣告无效，保证人仍应承担保证责任。[④] 依据我国《民法典》第 682 条第 1 款，在法律就保证合同的特殊性没有作出特别规定的情况下，主债权债务合同的无效或者被撤销将导致保证合同也自始无效。

3. 范围上的从属性

保证责任的范围取决于主合同债务，并应当从属于主债务的范围。一方面，保证人承担的债务不应超过或重于主债务人所承担的债务范围。如果保证人承担的债务范围超过了主合同债务的范围，应将其保证责任的范围缩减至主合同债务的范围。保证合同旨在担保主债务的履行，不得给保证人强加其他责任。另一方面，如果约定保证债务的利息高于主合同债务的利息的，应将其范围缩减为主合同的债务的利息。《有关担保的司法解释》第 3 条第 1 款规定："当事人对担保责任的承担约定专门的违约责任，或者约定的担保责任范围超出债务人应当承担的责任范围，担保人主张仅在债务人应当承担的责任范围内承担责任的，人民法院应予支持。"这就是说，在保证中，即便当事人约定的保证责任范围超出了债务人应当承担的责任范围，基于保证责任范围的从属性，保证人仅对债务人应当承担的责任承担保证责任，因此，保证人承担保证责任的范围不得超过债务

---

① 参见史尚宽：《债法各论》，14 页，北京，中国政法大学出版社，2000。

② 参见程啸：《保证合同研究》，213 页，北京，法律出版社，2006。

③ 参见高圣平：《担保法论》，107 页。

④ 参见《法国民法典》第 2012 条，《日本民法典》第 449 条，《瑞士债法典》第 492 条。

人应当承担的责任范围。

另外，《有关担保的司法解释》第 3 条第 2 款规定："担保人承担的责任超出债务人应当承担的责任范围，担保人向债务人追偿，债务人主张仅在其应当承担的责任范围内承担责任的，人民法院应予支持；担保人请求债权人返还超出部分的，人民法院依法予以支持。"依据该规定，在保证中，即便保证人实际承担的保证责任范围超出了债务人应当承担的责任范围，保证人也仅能在债务人应当承担的责任范围内对债务人追偿；同时，在保证人承担的保证责任范围超出债务人应当承担的责任范围时，对于超出的部分，债权人应当构成不当得利，保证人有权请求债权人返还。

4. 抗辩上的从属性

债务人享有的对债权人的有效抗辩，保证人也可以享有。即使债务人放弃其对债权人的抗辩权，保证人仍然可主张行使该抗辩权。对此，《民法典》第 701 条规定："保证人可以主张债务人对债权人的抗辩。债务人放弃抗辩的，保证人仍有权向债权人主张抗辩。"当然，保证人可以自行放弃其所享有的主合同抗辩权。例如，主债权时效届满，保证人因此取得时效届满的抗辩权，其可以自由决定是否主张该项抗辩权，保证人放弃该项抗辩权后，就不得以此事由提出抗辩。①

5. 债权转让上的从属性

保证债务附属于主债权，原则上随主债权的移转而移转。就此，《民法典》第 696 条第 1 款规定："债权人转让全部或者部分债权，未通知保证人的，该转让对保证人不发生效力。"由此可知，主债权与保证合同在移转上具有主从关系，主债权不得与保证债务相分离。主债权移转后，保证债务也应当随之移转，因为保证人无论向哪一个债权人承担保证责任，都不会增加保证人的负担，不会使其责任发生变化，所以保证人仍应对债权的受让人承担保证责任。主债权人在转让债权时，不能仅移转保证债权而保留主债权，也不能仅移转主债权而保留保证债权。当然，保证债权的这一从属性特征受当事人特别约定的限制，就此，《民法典》第 696 条第 2 款规定："保证人与债权人约定禁止债权转让，债权人未经保证人书面同意转让债权的，保证人对受让人不再承担保证责任。"

值得注意的是，保证合同的从属性特征仅体现在债权让与的情形中，在债务承担的情况下，保证合同并不跟随债务的移转而当然发生移转，因为保证合同是基于保证人与债务人之间的人身信赖关系而产生的，因此，保证债务具有一定的专属性②，而且在债务承担的情形下，新的债务人履行债务的能力如何，并不确定，因此，债务人的变化会影响保证人的利益，自然应当允许保证人自行决定是否继续承担保证责任。就此，《民法典》第 697 条规定："债权人未经保证人书面同意，允许债务人转移全部或者部分债务，保证人对未经其同意转移的债务不再承担保证责任，但是债权人和保证人另有约定的除外。"

6. 消灭上的从属性

消灭上的从属性是指当被担保的主债务因清偿、提存、抵销、免除、混同等原因而

---

① 参见曹士兵：《中国担保诸问题的解决与展望》，21 页。

② 参见程啸：《保证合同研究》，213 页。

消灭时，保证合同也相应地失去效力。主合同债务消灭的，保证债务将也不复存在，保证人的保证责任自然随之消灭。[①] 需要指出的是，《民法典》第566条第3款规定："主合同解除后，担保人对债务人应当承担的民事责任仍应当承担担保责任，但是担保合同另有约定的除外。"依据该规定，在主合同解除后，如果债务人应当依法承担损害赔偿责任的，则保证人仍应当对此承担担保责任。当然，当事人也可以对此作出特别约定，即债权人可以与保证人约定，在主合同解除的情形下，保证人无须对债务人的责任承担保证责任。

二、保证合同无效、被撤销后保证人的责任

依据《民法典》第682条第1款规定，主债权债务合同无效的，保证合同无效，但是法律另有规定的除外。因此，在主合同无效的情形下，保证合同也因此无效是保证合同从属性的重要体现。《民法典》第682条第2款规定："保证合同被确认无效后，债务人、保证人、债权人有过错的，应当根据其过错各自承担相应的民事责任。"这就明确了在保证合同被确认无效后，保证人也应当对其过错承担责任。问题在于，在主合同和保证合同都被宣告无效后，保证人应当如何承担责任，理论上一直存在争议。本书认为，根据保证合同的从属性，保证人所应当承担的责任不属于保证责任，在法律上应当属于缔约过失责任。[②]

（一）主合同有效而保证合同无效时保证人的责任

保证合同效力上的从属性体现为主合同无效将导致保证合同无效，但保证合同无效并不当然影响主合同效力，而在主合同有效的情形下，保证合同也并不当然有效。在审判实践中，此类情形主要表现为，担保人越权担保或者因法定代表人违反法定程序担保等，导致保证合同被宣告无效，但主合同并不因此无效。另外，保证合同作为保证人与债权人之间的合同，如果保证人实施欺诈或者胁迫行为，或者具有重大误解等，也可能导致担保合同因被撤销而无效。《有关担保的司法解释》第17条第1款根据当事人对担保合同无效是否有过错不同，区分为如下三种责任。

第一，债权人与担保人均有过错的，担保人承担的赔偿责任不应超过债务人不能清偿部分的1/2。之所以将保证人的责任限制在不能清偿部分的"二分之一"，是因为债权人、担保人均有过错，应当分担损失，债权人、担保人作为两方，按照均分计算，担保人承担的责任份额为1/2。[③] 例如，甲乙之间订立一份进出口合同，丙为该合同提供保证，在合同订立后，因该合同未能获得批准而无法履行，并最终导致丙所提供的保证无效。在该案中，甲、丙二人对于保证的无效都具有过错。在此情形下，保证人丙所承担的保证责任不超过债务人不能清偿部分的1/2。

第二，担保人有过错而债权人无过错的，担保人对债务人不能清偿的部分承担赔偿

---

①② 参见高圣平：《担保法论》，86页。

③ 参见曹士兵：《中国担保诸问题的解决与展望》，32页。

责任。例如，债务人与保证人恶意串通骗取债权人的借款，保证合同后来被认定无效，而债权人没有过错的，则保证合同的无效就应当由保证人负责，保证人承担的责任范围即债务人未能履行的债务的范围。需要指出的是，在保证合同无效后，保证人对债权人所承担的责任在性质上属于缔约过失责任，即保证人应当承担的责任是债权人因信赖保证合同有效而遭受的损失，即保证人应当对债务人不能清偿的部分承担赔偿责任。

第三，债权人有过错而担保人无过错的，担保人不承担赔偿责任。例如，债权人与债务人恶意串通，骗取保证人的担保，后保证人撤销该保证合同，此种情况即属于债权人有过错而保证人无过错的情形。在此情形下，担保人不承担赔偿责任。法律之所以作出此种规定，主要是因为，在保证合同无效的情形下，保证人无须承担保证责任，而仅需要依法承担缔约过失责任，在保证人没有过错的情形下，其就不应当对债权人承担责任。

（二）因主合同无效导致保证合同无效时的责任

在主合同无效时，依据《民法典》第 682 条第 2 款规定："保证合同被确认无效后，债务人、保证人、债权人有过错的，应当根据其过错各自承担相应的民事责任。"这就明确了因主合同的原因导致保证合同无效时的责任范围和责任承担限额。依据该条规定，在保证合同被确认无效后，保证人有过错的，则其应当承担相应的民事责任。关于保证合同被确认无效后，保证人承担责任的具体情形及其责任范围，《民法典》没有作出明确规定，对此，《有关担保的司法解释》第 17 条对此作出了规定，该条规定的核心是，在确定保证合同无效时保证人的责任时，应当根据保证人是否有过错以及过错的程度来确定保证人是否应当承担责任以及其应当承担责任的范围。

《有关担保的司法解释》第 17 条第 2 款规定："主合同无效导致第三人提供的担保合同无效，担保人无过错的，不承担赔偿责任；担保人有过错的，其承担的赔偿责任不应超过债务人不能清偿部分的三分之一。"据此，因主合同无效而导致保证合同无效的，保证人责任的承担应当区分两种情形。

一是保证人无过错的，则保证人无须承担责任。法律作出此种规定的主要原因在于，在因主合同无效导致保证合同无效的情形下，保证人所承担的责任在性质上属于缔约过失责任，如果保证人无过错，则不符合缔约过失责任的成立条件，保证人无须承担责任。例如，债权人与债务人恶意串通，导致主合同无效，或者主合同订立过程中一方实施了欺诈、胁迫等行为，导致主合同被撤销，而保证人对此并不知情。

二是保证人有过错的，则其承担的赔偿责任不超过债务人不能清偿部分的 1/3。司法解释作出此种规定的原因在于，毕竟主合同无效是因债权人和债务人造成的，保证人只是起到了一定的推动作用。且债务毕竟是债务人的债务，合同仍然是在债权人和债务人之间发生的，所以，无效之后不能完全由保证人承担责任。① 尤其是债权人、债务人、担保人作为三方，按照均分计算的结果，担保人承担的责任份额为 1/3。② 例如，债务人

---

① 参见程啸：《保证合同研究》，168 页。

② 参见曹士兵：《中国担保诸问题的解决与展望》，34 页。

与保证人恶意串通，骗取债权人的借款，后债权人主张撤销借款合同，并因此导致保证合同无效，此时，债权人有权请求债务人承担缔约过失责任，保证人所承担的责任赔偿责任不应超过债务人不能清偿部分的 1/3。此种限制保证人责任范围的做法具有一定的合理性，为司法实践提供了责任标准确定的依据。

三、独立保函的效力

独立保函，也称见索即付的担保、备用信用证，它是指与主合同之间不具有从属关系的保证。[①] 在一般保证合同中，保证人所应承担的保证责任具有从属性，即以主合同的成立和存在为前提，且具有一定的可撤销性。但是在市场交易中，尤其是在国际贸易中，对保证人的信用状况以及保证责任的独立性、不可撤销性具有更高的要求，因为这一原因，独立保函的功能日益突出，其适用范围日益宽泛，目前，两大法系都普遍认可了独立保函的效力。

《民法典》第 682 条第 1 款规定："保证合同是主债权债务合同的从合同。主债权债务合同无效的，保证合同无效，但是法律另有规定的除外。"从该条规定来看，保证合同的效力具有从属性，主合同被宣告无效后，保证合同也随之无效。但依据该条规定，只有在法律有明确规定的情形下，保证合同的效力才可以独立于主合同，当事人不得通过特别约定改变保证合同效力的从属性。然而，我国司法实践历来认可独立保函的效力。按照《审理独立保函的规定》第 1 条第 1 款的规定，"本规定所称的独立保函，是指银行或非银行金融机构作为开立人，以书面形式向受益人出具的，同意在受益人请求付款并提交符合保函要求的单据时，向其支付特定款项或在保函最高金额内付款的承诺"。因而，独立保函只能由银行和非银行金融机构出具，该保函才是有效的，而其他的主体出具的独立保函是无效的。这就意味着，在我国，银行或非银行金融机构出具的独立保函作为一种独立保证的形式，仍然具有法律效力。《有关担保的司法解释》第 2 条第 2 款规定："因金融机构开立的独立保函发生的纠纷，适用《最高人民法院关于审理独立保函纠纷案件若干问题的规定》。"这不仅承认了上述司法解释的效力，而且承认了独立保函的效力。具体而言，独立保函具有如下法律特征。

（1）必须是银行或者非银行金融机构出具的保函。独立保证的形态较多，如果允许当事人约定保证合同效力从属性的例外，则独立保证的类型将更加多样。但从我国《民法典》规定来看，其对保证合同效力从属性的例外进行了严格限制，其仅限于法律有特别规定的情形。从我国立法和司法解释的规定来看，其仅认可银行或者非银行金融机构所出具的独立保函的效力，而没有认可此种独立保函之外其他类型独立保证的效力。

（2）排除了从属性规则。一般而言，保证合同是为担保主合同的履行而订立的，它以主合同的成立和存在为前提，保证合同是从属于主合同的法律关系，不能与主合同相脱离，主合同的效力直接决定了保证合同的效力。但独立保函却不同，它突破了保证合

---

① 参见《见索即付保函统一规则》（URDG758）第 5 条 a 款。Bertram，*Bank Guarantees in International Trade*，Kluwer Law & Business，4th revised ed.，2012，p. 11.

同从属性的规则，即保证合同的效力不受主合同效力的影响。① 保证合同生效后，保证人只需审查附单据索赔是否符合保函文本的规定，而不对基础交易是否实际违约进行判断，因此保证人负有凭相符交单的独立付款义务。② 在国际贸易中，当事人经常运用独立保函。例如，当事人在合同中约定“该保证为不附任何条件和不可撤销的”，或约定“本保证是保证人向债权人作出的独立的保证，该保证不因主合同无效而无效，保证人在该保函项下的保证人责任和保证责任的履行不因基础合同即借款合同的任何原因和抗辩而减弱、减少、减免和免除”。在这些约定中，当事人都对保证责任的独立性作出了约定，即在主债务人不履行债务时，只要债权人提出承担保证责任的请求，不论主合同效力如何，保证人都应当立即承担保证责任。

在一般保证下，保证人责任的成立以主债务成立并生效为前提，主债务不成立或者无效，则保证合同无效，与主债务合同相比，保证合同在效力上具有从属性。而在独立保函中，保证人的责任具有一定的独立性，独立保函的主要特点在于排除了保证合同中的从属性规则③，使独立保函原则上不存在效力上的从属性。虽然独立保证的成立应当以主债务成立为前提，但独立保函的效力独立于主债务合同。也就是说，独立保函的效力原则上并不从属于主债务，独立保函一旦生效，通常都是不可撤销的，任何一方都不能单方面撤销合同或解除合同。④ 在独立保函中，独立保函的不可撤销性是指在独立保函法律关系中，一经出具，非经当事人的同意，不得撤销该保函。⑤《审理独立保函的规定》第 4 条第 3 款同样肯定了独立保函的不可撤销性，依据该规定：“独立保函未载明可撤销，当事人主张独立保函开立后不可撤销的，人民法院应予支持。”即便主债权人允许债务人转让其债务，保证人也不能免于承担责任。独立保证效力上的独立性是发挥独立保函担保功能、保障债权人利益的基本要求。

（3）排除了先诉抗辩权。在一般保证中，保证人享有先诉抗辩权，即如果债权人不先向主债务人提出履行债务的请求，则保证人有权拒绝债权人请求其承担保证责任的请求。但在独立保函中，保证人并不享有先诉抗辩权，只要独立保函生效，保证人就应当依据保函的约定承担付款义务，而不考虑主债务人是否作出了清偿。在独立保证的情形下，只要单证相符，且不存在欺诈，独立保证人都必须无条件地承担保证责任。⑥ 保证人不需要审查主合同当事人之间基础关系的有效性。在付款之前也不需要考虑主合同有效无效、是否实际违约、是否已经履行完毕等问题，只根据单证审查结果即承担付款义务。在付款之后，可以进一步就这些问题产生争议，但这不影响保证人义务的履行。这

---

① 参见《联合国独立担保和备用信用证公约》第 3 条。该条 a 款规定：“担保人/开证人对于受益人的义务不取决于任何基础交易的存在或有效性”。

② 参见《联合国独立担保和备用信用证公约》第 3 条。该条 b 款规定：“担保人/开证人对于受益人的义务不取决于承保中未写明的任何条款或条件，除出示单据以外也不取决于任何未来不确定的行为或事件，或担保人/开证人业务范围内的另一此类行为或事件”。

③ 参见《联合国独立担保和备用信用证公约》第 3 条；李燕：《独立担保法律制度》，338 页，北京，中国检察出版社，2004。

④ 参见《联合国独立担保和备用信用证公约》第 7 条 d 款；《见索即付保函统一规则》（URDG758）第 4 条 b 款。

⑤ 参见李双元、周辉斌：《备用信用证法律特征之考察》，载《法律科学》，2001（3）。

⑥ 参见《见索即付保函统一规则》（URDG758）第 20 条。

就是所谓"先付款，后争论"（pay first，argue later）的机制。一般而言，此种做法比较有利于保护债权人的利益，但这并不意味着债权人一方可以随意索赔。① 债权人索赔不得违反基础交易合同以及保证合同的约定，基础交易合同以及保证合同会对债权人所申请的保证范围、索赔的条件以及债权人应该履行的义务等作出规范，如果受益人违反基础交易合同或者保证合同的约定索赔，则保证人有权拒绝，同时，主债务人或者保证人也可以请求债权人返还不当得利。②

（4）存在对付款金额的限定。在独立保证中，通常要有确定的或可确定的金额。在该金额范围内，独立保证人负有保证的义务。③ 但保证金额并非与主合同毫无关联，其还是来源于主合同，当事人往往约定不超过主合同金额的一定比例。当事人为了降低风险，通常会直接在文本中明确界定责任。无论主合同有效无效，独立保函的当事人都在此金额范围内承担责任。但独立保证只是意味着付款义务具有独立性，并非意味着付款义务是绝对的。如果单证不符，独立保证人有权拒绝支付④；如果主合同当事人存在欺诈（主要是债权人欺诈），担保人有权拒绝付款。⑤ 同时，债务人和担保人也有权向法院申请中止付款。⑥ 这主要是因为独立保证的风险太大，要通过该制度适当减轻保证人的付款义务，其最终也有利于保护债务人。

（5）具有见索即付的特点。所谓见索即付，是指相对人只要在保函有效期内提出了符合保函条件的要求书（通常是书面形式）或者保函规定的任何其他单据，保证人即应当承担保证责任。国际商会在其2010年制定的《见索即付保函统一规则》（URDG758）中，将见索即付的保函定义为："见索即付保函或保函，无论其如何命名或描述，指根据提交的相符索赔进行付款的任何签署的承诺。"⑦ 按照这一定义，见索即付的保函虽然在实践中可能以完全不同的称谓出现，但是只要其具有该条中所定义的特征，即被国际商会认定为适用该规则的独立保证。《联合国独立保证与备用信用证公约》指出，独立保函"在国际惯例中称之为独立担保或备用信用证，此种承诺系由银行或其他机构或个人作出，保证当提出见索即付要求时，或随同其他单据提出付款要求，表明或示意因发生了履行义务方面的违约事件，或因另一偶发事件，或索还借支或垫付款项，或由委托人/申请人或另一人的欠款到期而应作出支付时，即根据承保条款和任何跟单条件，向受益人支付一笔确定的或可确定数额的款项"⑧。这一立法将见索即付纳入独立保证之中。本书认为，见索即付属于独立保证的类型。独立保证见索即付的特点并不仅限于排除保证的

---

① See Dr. Jens Nielsen，Nicolai Nielsen，*The German bank guarantee Lessons to be drawn for China*，unpublished，p. 2.

② 请参考《美国统一商法典》有关条文（UCC Article 5 1995 revision Section 5－110. WARRANTIES）。

③ 《见索即付保函统一规则》（URDG758）第12条规定："保函项下担保人的责任范围担保人对受益人仅根据保函条款以及与保函条款相一致的本规则有关内容，承担不超过保函金额的责任。"

④ 《见索即付保函统一规则》（URDG758）第20条a款规定："当担保人确定一项索赔不是相符索赔时，其可以拒绝该索赔"。

⑤ 参见《联合国独立担保和备用信用证公约》第19条；UCC Article 5 1995 revision Section 5－109（a）（2）。

⑥ 参见《联合国独立担保和备用信用证公约》第20条；UCC Article 5 1995 revision Section 5－109（b）；《审理独立保函的规定》第13条。

⑦ 《见索即付保函统一规则》（URDG758）第2条。

⑧ 《联合国独立担保和备用信用证公约》第2条a款。

从属性特点，其还有利于避免保证交易产生各种争议，使交易过程过于冗长，无形之中就会增加交易成本，降低交易效率[①]，因此，见索即付应当是独立保证的重要类型。当然，本书认为，见索即付也存在一个例外，即如果主债务本身是无效的，则保证人所作出的保证也应当是无效的，此时，保证人所作出的独立保函也不再具有见索即付的特点。

第三节 保证合同的成立和生效

一、保证合同的成立

保证合同的成立，是指保证人与债权人之间就保证合同的主要条款达成合意。保证合同必须是在保证人和债权人之间订立的。如果债权人未在保证合同上签名，则该协议可能只是委托保证，或者是补偿协议，而不是保证合同。[②] 保证人必须具备完全的民事行为能力，无行为能力人不能为他人提供保证；限制行为能力人只有经过其法定代理人同意，才能为他人提供保证。

保证合同的订立通常基于委托、赠与等原因，这些原因构成保证合同订立的基础关系。[③] 基础关系通常包括如下三种类型：一是委托合同，即主债务人与保证人之间订立委托合同，由主债务人委托保证人提供保证，保证人基于主债务人的委托而与债权人订立保证合同。在此情形下，保证的成立要分别采取委托保证和保证合同的方式订立。债务人和保证人之间属于委托保证关系，此种委托既可能是无偿的，也可能是有偿的。例如，担保公司为他人有偿提供的保证，就是基于有偿委托合同。基于该委托合同，主债务人委托保证人与债权人订立保证合同，而主债务人并不参与保证合同的订立，此种合同在性质上是无偿的。[④] 二是无因管理。如果保证人未经债务人同意而自愿与债权人订立保证合同，在此情形下，保证人既无法定义务也无约定义务而管理他人事务，从而与主债务人之间成立无因管理关系，在保证人向债权人承担保证责任或者代为清偿债务后，其与主债务人的内部关系可以按无因管理的相关规则进行处理。[⑤] 例如，甲向乙借款，甲的朋友丙在没有告知债务人甲的情况下，主动为甲的债务提供保证，此时，丙与甲之间应当成立无因管理关系，丙代甲向乙清偿借款后，丙可基于无因管理的规定向甲追偿。三是赠与。例如，保证人为债务人提供保证，但其明确向债务人表示，其承担保证责任后将不再向债务人追偿，且债务人同意的，则应当认定其属于基于赠与而产生的保证。

保证合同的成立只是当事人就保证合同的内容达成合意，保证合同成立后，即对当事人产生形式拘束力，任何一方当事人都不得随意变更或者解除合同。当然，保证合同成立后，并不当然生效，其还必须具备合同的生效条件，才能产生当事人约定的法律效力。

---

① 参见高圣平：《担保法前沿问题与判解研究》（第1卷），101页，北京，人民法院出版社，2019。

② 参见程啸：《保证合同研究》，62页。

③ 参见蔡永民：《比较担保法》，45页，北京，北京大学出版社，2004。

④ 参见郭明瑞：《担保法》，47页。

⑤ 参见高圣平：《保证合同重点疑点难点问题判解研究》，11～12页，北京，人民法院出版社，2005。

二、保证合同成立的一般要件

与一般要式合同一样，保证合同的成立必须具备如下要件。

（一）当事人适格

作为保证人的自然人必须具备完全民事行为能力。保证合同是单务合同，保证人仅对债权人负有给付义务，而无权请求债权人为对待给付。由于保证合同具有无偿性、单务性，故无民事行为能力人不能为他人设立保证。问题在于，限制民事行为能力人能否提供保证？依据《民法典》的规定，限制民事行为能力人可以从事与其年龄、智力状况相适应的行为，因此，如果限制民事行为能力人作为保证人所提供的保证所担保的债务数额较小，也应当允许其作为保证人提供保证。

法人和非法人组织能否作为保证人？我国《民法典》采取负面清单模式，即只要不属于法律禁止提供保证的主体范围，则均应当允许其提供保证。

（二）当事人就保证的主要条款达成合意

合同的成立必须就合同的主要条款达成合意，问题在于，保证合同究竟应当具备哪些条款？《民法典》第684条规定："保证合同的内容一般包括被保证的主债权的种类、数额，债务人履行债务的期限，保证的方式、范围和期间等条款。"然而，关于上述条款是否是保证合同的必备条款，是存在争议的。一种观点认为，这些条款并非都是保证合同的必备条款，实际上，当事人可以在保证合同订立后，在上述条款的基础上增加或补充部分条款，也可以在保证合同中约定这些条款。① 另一种观点认为，这些条款应当属于保证合同的主要条款，不具备所有相关条款，不能有效成立保证合同。本书认为，上述规定列举的条款并非都属于保证合同的必备条款：一方面，本条所列举的条款仅仅是提示当事人应当尽可能作出详细的约定，缺乏特定的条款并不影响保证合同的成立。另一方面，民法典合同编确立了诸多补充当事人意思的规定（如保证的方式、保证的范围、保证的期限），从体系解释的角度来看，也表明本条中的一些条款并非必备条款。

（三）保证人具有提供保证的意思

保证合同是单务合同，因此，保证人需要作出愿意提供保证的意思表示。② 保证意思，是指保证人对某一债权债务关系，愿意以自己的财产担保债务的意思表示。通常而言，保证的意思都是通过保证合同的形式来体现的。在保证合同的订立过程中，保证人只有表达了为主债权的实现而提供担保的意思表示，才能认定其为保证人，并认定该合同为保证合同。③ 如果只是承诺保证债务得到履行，但并没有明确表明是为主债务提供

---

① 参见高圣平：《担保法新问题与判解研究》，140～141页。

② 参见陈本寒：《担保法通论》，76页。

③ 参见高圣平：《担保法论》，103页。

担保，则不一定构成保证。例如，在商业实践中，由银行出具的安慰信（letter of comfort），仅仅只是表明出具此文件的一方知晓主债务的存在，并表示愿意为主债务人履行债务提供便利以及支持，但并没有明确的提供保证的意思，因此，不能认为安慰信包含愿意提供保证的意思。又如，当事人在合同中约定，由第三人来监督、协调债务人按时履行债务等，这种约定并不是愿意提供保证的意思。如果主合同中约定了要由第三人提供保证，但第三人并没有在合同书上签名，则不能认为该第三人具有提供保证的意思。

（四）应当具备法定的形式

在比较法上，保证合同是否应当采取特定的形式，有不同的模式：一是要式主义。例如，《德国民法典》第 766 条、《瑞士债法典》第 493 条明确规定，保证合同必须采取特定形式。二是非要式主义。我国《民法典》原则上采要式主义。《民法典》第 685 条规定："保证合同可以是单独订立的书面合同，也可以是主债权债务合同中的保证条款。第三人单方以书面形式向债权人作出保证，债权人接收且未提出异议的，保证合同成立。"依据该条规定，关于保证合同的形式，可以从以下几个方面理解。

第一，书面形式的保证合同。如果当事人单独订立保证合同，则应当采用书面形式。如前所述，保证合同是要式合同，其应当采取书面形式，这主要是因为，保证人所承担的责任具有无偿性、单务性，为了促使当事人在订立保证合同前进行审慎的考虑，也为了减少和避免纠纷的发生，应当以书面形式订立保证合同。此外，从体系解释而言，依据《民法典》第 388 条规定，设立担保物权应当采用书面形式，担保合同中的抵押合同和质押合同应当采用书面形式，从体系解释来看，保证合同也应当采用书面形式。

第二，保证合同可以是主债权债务合同中的保证条款。保证合同虽然具有要式性，但由于保证合同的成立方式不限于订立合同的方式，其也可以体现为主债权债务合同中的保证条款。从《民法典》第 685 条规定来看，对体现为主债权债务合同中的保证条款的保证合同而言，其虽然没有要求主债权债务合同必须是要式合同，但按照体系解释的方法，应当将此种形式的保证合同也解释为书面形式的保证合同条款，即此种形式的保证合同也具有要式性。

第三，第三人单方以书面形式向债权人作出保证，债权人接受且未提出异议的，也可认定保证合同成立。在此情形下，只要债权人接受且未提出异议，则可以认定保证合同也可以成立。但第三人单方面提供的保证应当采取书面形式。[①] 需要指出的是，在此情形下，保证合同并不是书面形式的保证合同，第三人以书面形式单方面向债权人表示愿意提供保证，在性质上应当属于要约，而债权人接受且未提出异议，则属于默示承诺，因而也可以成立保证合同。从比较法上看，不少国家和地区的法律都规定可以通过单方允诺的形式设立保证。例如，《德国民法典》第 766 条第 1 款规定，只要保证人单方作出保证的允诺，就可以成立保证。[②] 但依据我国《民法典》第 685 条规定，此种情形下仍然成立保证合同，而非单方允诺。在此种成立方式中，第三人单方面的要约必须以书面

---

① 参见黄薇主编：《中华人民共和国民法典合同编解读》（上册），749 页。

② 《德国民法典》第 766 条规定："为使保证合同有效，必须以书面作出保证的表示。"

形式体现。

在此需要讨论的是，保证和保函二者之间究竟是何关系？保函一般是由第三人单方面向债权人所出具的同意提供保证的文件。如果保函中明确表明第三人具有“担保的意思表示”或者“保证交易合同全面履行的意思表示”，则可以将其认定为发出了愿意提供保证的要约。通常来说，保函包括了为他人特定的债务提供保证的意思，并且明确了所担保的债务。显然，保函已经具备了保证合同的主要条款，只要债权人表示接受，合同即可成立。[①]这就意味着，出具保函的一方所作出的允诺视为要约，而债权人接受了该保函且没有表示异议的，视为承诺，保证合同即可成立，自债权人收到保函且没有表示异议之时保证合同生效。

保证合同成立后，其内容还必须符合法律、行政法规的强制性规定和公序良俗，保证合同成立后才能生效。如果保证合同存在合同无效的事由，则将导致保证合同无效。

第四节　保证合同的内容

依据《民法典》第 684 条规定，保证合同的内容包括如下几个方面。

一、被保证的主债权种类、数额

主债权即被担保的债权，也是保证合同的标的。主债权既可以是金钱债权，也可以是非金钱债权。但主债权只有具备如下特点，才能成为保证合同的标的。

第一，主债权必须已经成立并且合法有效。如果主债权尚未成立，或者虽然已经成立，但因违反法律的强行性规定而无效，则不能成为保证合同的标的。自然债务虽然不具有强制执行力，其履行与否完全由债务人自己决定，但自然债务也可以成为保证的标的。如果债权人和保证人都接受对于自然债务的担保，法律没有理由予以禁止。当然，在最高额保证中，在保证合同成立时，其所担保的债权可能尚未成立。

第二，主债权必须特定化。这就是说，当事人应当在保证合同中明确为何项债权提供保证。对一般保证而言，当事人应当在保证合同订立之时明确主债权。而对最高额保证而言，保证合同所担保的主债权并不需要在保证合同订立时特定化，但在承担保证责任之时，其必须已经特定。

第三，主债权必须已经确定。通常，保证合同所担保的债权应当是确定的，否则将难以确定保证人的保证责任，也不符合保证的设立目的。对一般保证而言，主债权的数额必须在保证合同订立时确定，而对最高额保证而言，并不要求主债权数额在保证合同成立时确定，只需在保证责任承担前确定即可。《民法典》第 690 条承认了最高额保证，由于最高额保证实际上是以将来之债作为其标的的，因而，该条实际上认可了将来之债

① 参见程啸：《保证合同研究》，81 页。

可以成为保证合同的标的。[①] 在最高额保证中，虽然债权的具体数额并不确定，但在特定期限到来时是可以确定的，因此可以成为保证合同的标的。

如果主合同是附条件合同，则基于该合同产生的债权是否可以成为保证合同的标的？本书认为，附条件之债可以成为保证的标的，因为附条件之债的范围和数额是确定的，至于条件是否成就，只是对保证人是否承担保证责任产生影响，不应当对保证合同的成立与生效产生影响。

就主债权的类型而言，其既可以是长期的债权，也可以是短期的债权，既可以是合同之债，也可以是侵权之债。主债权的范围不包括因该债权产生的利息、违约金以及损害赔偿金等。当然，因该债权产生的利息、违约金、损害赔偿金等，虽然不属于债权，但其仍然可以成为保证人担保的对象。

二、债务人履行债务的期限

保证合同担保主债务的履行，而债务人能否履行债务通常必须在债务履行期限届满时才能确定，保证合同中之所以要明确债务人履行债务的期限，是因为债务人履行债务的期限对保证人保证责任期间的起算具有重要意义。在债务履行期限届满后，债务人未能履行债务的，则保证责任期间开始起算，保证人就可能需要承担保证责任。如果债权人没有在保证期限内请求保证人承担保证责任，则保证人不再承担保证责任。《民法典》第 695 条第 2 款规定："债权人与债务人变更主债权债务合同的履行期限，未经保证人书面同意的，保证期间不受影响。"据此，债权人和债务人变更了主合同的履行期限的，除非保证人书面表示同意继续按照新的履行期限计算保证期间，否则保证期间不受影响。

三、保证的方式

保证的方式，是指保证人承担保证责任的方式。保证的方式可以依据不同标准进行不同的分类。如根据保证人保证责任的不同，保证可以区分为一般保证和连带责任保证。依据保证人人数的不同，保证可以区分为单一保证和共同保证。共同保证又可以区分为按份共同保证与连带共同保证。

由于保证的方式对当事人利益影响重大，因此，当事人在订立保证合同时，应当对保证的方式作出明确约定。

四、保证担保的范围

保证担保的范围，是指保证责任所担保的债务范围。在保证合同中，即使明确了被担保的债权，也并不意味着就已经确定了保证所担保的范围。因为被担保的债权仅仅明确了主债权，而保证担保的范围不限于主债权，所以保证担保的范围究竟如何，应当在

---

① 参见高圣平：《保证合同重点疑点难点问题判解研究》，131 页。

合同中加以约定。《民法典》第 691 条规定："保证的范围包括主债权及其利息、违约金、损害赔偿金和实现债权的费用。当事人另有约定的，按照其约定。"这就是说，确定保证责任的范围，原则上应当依据当事人意思自治予以确定。依据上述规定，在当事人没有特别约定的情形下，保证担保的范围包括如下几个方面。

第一，主债权。主债权是保证责任范围中最主要的内容，当事人设立保证合同，就是为了担保主债权的实现。一方面，主债权首先属于保证人担保责任的范围，因此，在主债务人不履行债务的情况下，保证人首先应当代主债务人履行债务。[①] 但这并不意味着，保证责任仅限于代主债务人履行债务，在债务人不履行债务的情况下，由保证人代主债务人赔偿债权人全部期待利益的损失，足以代替实际履行，也可达到代主债务人履行债务的目的。另一方面，将保证人的责任仅限于代主债务人履行债务，可能会过分加重保证人的负担，也可能会增加各种履行费用和不必要的开支，不利于法院的执行。因此，本书认为，保证人的责任是担保主债权的实现，而主债权的实现方式可以是多样的，除一些实际履行是必要的情况以外，不必强制要求保证人代主债务人实际履行债务。

第二，利息。利息是指作为金钱债权的主债权所产生的孳息。例如，债务人借款 100 万元，每年应当支付 5 万元利息，保证人是否应当就该利息承担责任，应当在保证合同中加以明确。利息包括法定利息和约定利息两种。所谓法定利息，是指依照法律规定而产生的利息，如迟延履行的利息。法定利息是按照法定的利息率而计算的。约定利息是指依据当事人的约定而产生的利息，例如，当事人约定的迟延履行的利息。当事人虽然可以自行约定利率，但是，该利率必须符合法律规定，超过法律规定部分的利息无效。[②] 对超出法定幅度的高利贷，法律不能予以保护，也不能成为保证的对象。[③]

第三，违约金。违约金是指由当事人通过协商预先确定的、在违约后一方向另一方支付一定数额的金钱。违约金具有从合同的性质，它以主合同的生效为前提条件，违约金是违反有效合同所产生的责任，在合同根本不存在的情况下，自然谈不上违约金的适用问题，也不应使保证人承担此种责任。通常而言，合同当事人都会对违约金作出约定，违约金纳入保证担保的范围之内，这也是普通保证人可以预见到的。所以，在没有约定保证范围的情况下，也应当推定保证人要对违约金负责。但是，当事人亦可在保证合同中将其排除在保证责任的范围之外。

第四，损害赔偿金。损害赔偿金是指一方违约时应向另一方承担的损害赔偿责任。在担保关系中，担保的对象也包括损害赔偿金。因为损害赔偿金是在违约情况下对非违约方的重要补救方式，因而也应当将其纳入担保的范围。如果保证人是对侵权之债提供保证，则侵权损害赔偿金属于主债权的范畴，并不属于《民法典》第 691 条所规定的"损害赔偿金"。

第五，实现债权的费用。它通常包括诉讼费用，申请扣押、执行等的费用。实现债权的费用与主债权之间存在密切关系，而且是实现主债权过程中通常会产生的必要支出，

---

① 参见邓曾甲：《中日担保法律制度比较》，95 页，北京，法律出版社，1999。

② 参见高圣平：《保证合同重点疑点难点问题判解研究》，398 页。

③ 参见田先纲等：《担保合同诉讼实务》，120 页，广州，广东经济出版社，2002。

所以，要求保证人对该费用负责，并不会对保证人造成过重的负担。[①]

需要指出的是，《民法典》第 691 条关于保证范围的规定在性质上属于任意性规定，即当事人可以通过约定对其作出变更。只有在没有特别约定的情况下，才能依据法律规定来确定保证责任的范围。例如，当事人可以约定，保证人仅对全部或者部分主债权的履行承担保证责任，也可以约定仅对利息、违约金等承担保证责任。需要指出的是，此处所说的当事人的约定应当限于保证合同的约定，如果保证人仅仅只是向主债务人表示仅承担部分债务的担保责任，而在保证合同中仍然约定由保证人对全部债务承担保证责任，则此种情形不属于当事人就保证责任的范围达成了特别约定，保证人仍然应当依据保证合同的约定承担全部保证责任。

五、保证期间

保证期间是指保证人承担保证责任的期限。保证期间可以是法定期间，也可以是约定期间。[②]《民法典》第 692 条第 2 款规定："债权人与保证人可以约定保证期间，但是约定的保证期间早于主债务履行期限或者与主债务履行期限同时届满的，视为没有约定；没有约定或者约定不明确的，保证期间为主债务履行期限届满之日起六个月。"如果当事人没有就保证期间作出特别约定，则可以适用法定期间。保证合同中之所以要规定保证期间，是因为保证期间可以起到督促债权人主张权利、限制保证人责任的作用。当然，《民法典》第 691 条属于任意性规定，其允许当事人通过约定予以改变。如果保证合同没有约定保证期间，就应当适用法定的期间。

六、其他事项

当事人在合同中还可以约定其他事项，例如，承担保证责任之后的追偿、反担保等。只要当事人所约定的内容不与法律的强制性规定相悖，就应当承认其效力。

第五节 保证人的范围

一、保证人的范围概述

保证合同的主体就是指保证合同的当事人，即主债权人与保证人，债务人不属于保证合同的主体。在债的关系中，债务人当然应以其全部责任财产对其债务承担责任，因此，保证合同中能够为债务人提供担保的当事人应当是债务人之外的第三人。在这一点上，保证不同于抵押、质押等物上担保。在物的担保中，主债务人可以以自己的财产设

---

① 参见郭明瑞：《担保法》，50 页。

② 参见黄薇主编：《中华人民共和国民法典合同编解读》（上册），764 页。

立抵押、质押，也可以由第三人来提供物上担保。但是，在保证关系中，保证人只能由第三人担任，而不能由主债务人担任。因为一方面，按照合同的约定和法律规定，债务人本来就应当以其全部财产履行债务，无须另行以其财产设立保证。况且债务人的财产本来就是履行债务的责任财产，债务人作出的这种保证也没有增强其履行债务的能力。因此，保证人只能由第三人担任。另一方面，保证人虽然受主债务人的委托而提供保证，但是，其与主债务人并非同一人。

民事主体担任保证人，必须具备保证人的资格。所谓保证人的资格，也就是法律规定的能够担当保证人的条件。保证是一种人的担保而非物的担保，在主债务人到期不能清偿债务的情况下，保证人应当承担代为清偿等保证责任，因此，并非任何民事主体都能充任保证人。如前所述，对自然人而言，只有完全民事行为能力人才能担任保证人，限制民事行为能力人只能独立在其行为能力的范围内提供保证，否则应当经其法定代理人同意。关于法人和非法人组织能否担任保证人，我国《民法典》对此采负面清单模式，即除法律规定不得担任保证人的情形外，法人和非法人组织均可以担任保证人。

需要指出的是，具有代为清偿能力是否应当作为充当保证人的条件？值得探讨。所谓代为清偿能力，是指保证人能够以自己的财产清偿债务人债务的能力，主要包括保证人的现有固定资产、流动资金、技术、知识产权、商业秘密和信用状况等。《担保法》第 7 条规定："具有代为清偿债务能力的法人、其他组织或者公民，可以作保证人。"从该条规定可以看出，《担保法》将具有代为清偿能力作为充当保证人的条件，但《民法典》并没有作出此种规定。这也意味着，具有代为清偿能力并不是担任保证人的条件，主要理由在于：一方面，保证人尽管通常是受债务人委托出面担保的，但选择保证人是债权人的权利。保证人是否具有代为清偿能力，只是关系到债权能否实现的问题，不应当影响保证合同的效力。① 另一方面，保证人是否具有代为清偿能力，在设立保证时难以判断，将其作为充当保证人的条件可能影响保证合同效力的稳定性。因此，从维护保证合同效力的稳定性、充分发挥保证制度的功能角度，不应当以保证人具有代为清偿能力作为充当保证人的条件。此外，从司法实践来看，将具有代为清偿能力作为保证人的资格条件容易引发不必要的纠纷。实践中经常出现保证人以不具备代为清偿能力为由而主张保证合同无效的案件，这可能使债权人的债权清偿面临较大风险，容易引发各种纠纷。

二、保证人资格的限制

我国《民法典》以及相关的法律从维护经济秩序、保障相关公益目的实现出发，对相关主体担任保证人的资格进行了一定的限制。一般而言，营利法人都可以作为保证人，但是对于非营利法人而言，依据《民法典》第 87 条的规定，其又进一步区分为公益目的法人和其他非营利目的法人两种类型。在解释上，具有公益目的的非营利法人不能充当保证人，但是，其他非营利目的的非营利法人则可以在一定条件下担任保证人。对于特

① 参见高圣平：《担保法论》，98 页。

别法人，需要根据特别法人的具体类型来进行区分。

（一）机关法人原则上不能作为保证人

《民法典》第 683 条第 1 款规定："机关法人不得为保证人，但是经国务院批准为使用外国政府或者国际经济组织贷款进行转贷的除外。"《有关担保的司法解释》第 5 条第 1 款规定："机关法人提供担保的，人民法院应当认定担保合同无效，但是经国务院批准为使用外国政府或者国际经济组织贷款进行转贷的除外。"机关法人之所以不得作为保证人主要原因在于：一方面，这不符合国家机关的设立目的。国家机关是行使公权力的机构，其设立的宗旨和目的是依法行使国家权力，维护社会公共利益，其不能直接参与经济活动。如果允许国家机关为他人的债务作保证，则与其设立目的相背离，也超出了其为履行职能所需要的民事活动的范围。另一方面，国家机关作为保证人将影响国家机关的正常公务活动。国家机关的财产和经费都是由国家财政划拨的，这些财产和经费主要用来维持国家机关的公务活动和日常开支，保障国家机关履行职责。如果允许国家机关可以为他人的债务作保证人，则可能影响国家机关正常职责的履行和公共职能的正常行使。①此外，允许国家机关担任保证人，也使得国家机关实质性地利用其公权力从事了经济活动，其与其他市场主体之间处于不平等地位，不利于维护市场经济的正常秩序。因此，机关法人提供担保的，人民法院应当认定担保合同无效。

当然，依据《有关担保的司法解释》第 5 条第 1 款规定，在经国务院批准为使用外国政府或者国际经济组织贷款进行转贷的情形下，机关法人也可以提供担保。此种情形下，机关法人提供担保需要具备两个条件：一是使用外国政府或者国际经济组织贷款进行转贷。此处所说的"国际经济组织"，主要是指世界银行、国际货币基金组织等机构。二是必须经国务院批准。只有经过国务院的批准，才能表明此种担保是以国家的名义对外提供担保，这也有利于控制政府对外担保的债务数额，以防范地方政府过度举债而可能诱发的金融风险。

（二）基层群众性自治组织法人原则上不能充当保证人

《有关担保的司法解释》第 5 条第 2 款规定，"居民委员会、村民委员会提供担保的，人民法院应当认定担保合同无效，但是依法代行村集体经济组织职能的村民委员会，依照村民委员会组织法规定的讨论决定程序对外提供担保的除外"。依据该规定，一是居委会、村委会原则上不能充当保证人。作出此种规定的主要原因在于：居委会、村委会具有特定的职能，其只能从事为履行职能所必要的民事活动，但是不从事经营活动，其财产也不能承担代偿责任，我国《民法典》第 101 条第 1 款规定："居民委员会、村民委员会具有基层群众性自治组织法人资格，可以从事为履行职能所需要的民事活动。"因此，基层群众性自治组织法人作为保证人提供保证的，实际上就超出了其从事为履行职能所需要的民事活动的范围。因此，其原则上不能充当保证人。二是依法代行村集体经济组

---

① 参见全国人大常委会法制工作委员会民法室编著：《中华人民共和国担保法释义》，11 页以下，北京，法律出版社，1995。

织的职能的村民委员会可以提供担保，但其提供担保也需要依照村民委员会组织法规定的讨论决定程序作出决议。应当看到，《民法典》第 101 条第 2 款允许未设立村集体经济组织的，村民委员会可以依法代行村集体经济组织的职能，但由村委会代行农村集体经济组织职能，容易形成政经不分的局面，因此对其对外提供担保应加以严格限制。

（三）以公益为目的的非营利法人、非法人组织不得为保证人

《民法典》第 683 条第 2 款规定："以公益为目的的非营利法人、非法人组织不得为保证人。"依据这一规定，凡是以公益为目的的非营利法人以及非法人组织，不得为保证人。因为这些机构的设立目的是从事教育、医疗、卫生等各种公益事业，旨在实现公共利益，一旦从事担保活动就违背了其公益目的。例如，学校存在的主要目的是办学育人，如果允许其担任保证人与其设立目的不符。尤其是如果允许这些单位充当保证人，则其一旦承担保证责任，可能导致本应用于公益目的设施、资金被用来偿还债务人的债务，势必造成教学秩序混乱、公益目的无法实现。[①]

《有关担保的司法解释》第 6 条第 1 款对《民法典》第 683 条第 2 款作了进一步细化规定，该条规定："以公益为目的的非营利性学校、幼儿园、医疗机构、养老机构等提供担保的，人民法院应当认定担保合同无效……"以公益为目的的非营利性民办学校、幼儿园、医疗机构，不具有担保资格，但存在如下两种例外情形：第一，在购入或者以融资租赁方式承租教育设施、医疗卫生设施、养老服务设施和其他公益设施时，出卖人、出租人为担保价款或者租金实现而在该公益设施上保留所有权。例如，某个医院为了购买两台 CT 设备，与某厂商签订了所有权保留协议，以担保该 CT 设备价款债权的实现，如果该厂商已经就该设备进行了所有权保留登记，在此情形下，该所有权保留的协议是有效的。所有权人有权在医院不能清偿债务的情形下在此公益设备上实现担保物权。该条将担保的方式限于购买和采用融资租赁的方式从事交易，且是为了购买教育设施、医疗卫生设施、养老服务设施和其他公益设施，其担保的债权为价款或租金债权。第二，以教育设施、医疗卫生设施、养老服务设施和其他公益设施以外的不动产、动产或者财产权利设立担保物权。例如，某个学校将自己的宾馆对某项债务提供抵押，由于该宾馆并不属于服务于教学的公益设施，因此，该担保是有效的。需要指出的是，在上述两种例外情形，以公益为目的的非营利性学校、幼儿园、医疗机构、养老机构等所提供的担保方式并不是保证，而是所有权保留和担保物权，因此，即便在上述两种情形下，如果上述机构就特定债权的实现提供保证，则该保证合同也应当是无效的。

2016 年颁布的《民办教育促进法》规定对民办学校实行非营利性与营利性的分类管理，依据《民办学校分类登记实施细则》，营利性的民办学校、幼儿园和医疗机构可以到工商部门办理登记。所以，凡是已经在工商部门办理了营利性法人登记的，才能具有担保资格。但登记为事业单位的，不具有担保资格。对于营利性的民办学校、幼儿园、医疗机构，既可以提供保证，也可以以自己的财产提供抵押。因此，《有关担保的司法解释》第 6 条第 2 款规定："登记为营利法人的学校、幼儿园、医疗机构、养老机构等提供

① 参见全国人大常委会法制工作委员会民法室编著：《中华人民共和国担保法释义》，13 页。

担保，当事人以其不具有担保资格为由主张担保合同无效的，人民法院不予支持。”据此，登记为营利法人的学校、幼儿园、医疗机构、养老机构与其他的有限责任公司等都应当享有对外提供担保的资格，其中就包括了可以对外提供保证，这主要是因为，既然《民法典》允许营利法人可以对外从事经营活动，其中也包括了其可以依法对外提供担保。因此，已经登记为营利法人的学校、幼儿园、医疗机构、养老机构等，可以对外提供担保，包括可以对外提供保证。

三、关于公司担保的法律问题

（一）公司对外提供保证应当遵循法定程序

公司作为营利法人，当然有权对外提供担保，但公司对外提供保证，应当由公司通过其章程、董事会、股东会的决议决定。《公司法》第 15 条规定：“公司向其他企业投资或者为他人提供担保，按照公司章程的规定，由董事会或者股东会决议；公司章程对投资或者担保的总额及单项投资或者担保的数额有限额规定的，不得超过规定的限额。”依据这一规定，法律并不禁止公司对外提供保证，但公司对外提供担保应当由公司章程规定或者董事会、股东会决议。《公司法》的相关规定进一步区分了为公司股东和实际控制人所提供的担保（关联担保）与为其他主体提供的担保（非关联担保），从而在决议程序方面存在一定的区别。公司违反法定程序对外提供担保，除了相对人是善意的以外，该担保对公司不发生效力。

公司违反法定程序对外提供担保，通常都表现为公司的法定代表人越权提供担保。《民法典》第 504 条规定，“法人的法定代表人或者非法人组织的负责人超越权限订立的合同，除相对人知道或者应当知道其超越权限外，该代表行为有效，订立的合同对法人或者非法人组织发生效力”，相对人知道或者应当知道其超越权限包括两种情况：一是在订立合同时相对人对法定代表人、负责人超越权限的情况是知道的。例如，甲代表法人对外订立担保合同时，未获得董事会的授权，债权人明知这一情况，多次要求甲利用职权私盖公章，后甲按照乙的要求在担保合同上加盖法人印章。二是在订立合同时相对人应当知道法定代表人、负责人超越权限的情况。例如，法律明确规定企业的分立、合并必须要经过董事会的同意，仅由法定代表人一人同意不能决定企业的分立合并问题。而相对人在法定代表人未取得董事会同意的情况下，就与法定代表人订立合同，相对人知道或者应当知道法定代表人、负责人超越权限对外订立合同，该法定代表人超越职权的行为不构成表见代表。其原因在于，在此情况下相对人是恶意的、有过错的，而在相对人存在恶意的情况下，其本身并不产生合理的信赖。

公司原则上必须通过作出决议等方式对外依法提供担保，但公司类型非常复杂，《有关担保的司法解释》第 8 条第 1 款对此作了几种例外规定，即在如下几种情形下，有关公司即使未依照公司法关于公司对外担保的规定作出决议，对外提供担保，相对人也可以请求公司承担担保责任。

第一，金融机构开立保函或者担保公司提供担保。一方面，在我国，金融机构以从事金融活动为主要业务，每天都要出具大量的保函，金融机构无法就每个保函单独作出决议，而且保函都采用标准化的格式，相对人对此能够产生合理的信赖，无法要求相对人审查公司是否就对外出具保函作出了决议，否则也会影响交易的安全和效率。另一方面，担保公司对外主要以提供担保为主要经营业务，其与金融机构开具保函具有相似性，也无法就每次提供担保作出决议。

第二，公司为其全资子公司开展经营活动提供担保。公司为其全资子公司提供担保完全符合其利益，与为自己提供担保相似，因此，其形式上是对外提供担保，但本质上是为自己的利益提供担保，法律不应当对公司提供此种担保进行严格的限制，也不宜要求相对人对此种程序进行合理审查。

第三，担保合同系由单独或者共同持有公司 2/3 以上对担保事项有表决权的股东签名同意。公司对外提供担保，依法需要作出决议，但如果有表决权的大多数股东都签名同意，则虽然没有通过一定的会议作出决定，并形成形式上的决议，也可以认定该决定实质上已经符合了表决程序，且能够使相对人产生合理信赖。

(二) 公司的法定代表人越权担保的效力

依据《民法典》第 504 条规定，《有关担保的司法解释》第 7 条第 1 款规定："公司的法定代表人违反公司法关于公司对外担保决议程序的规定，超越权限代表公司与相对人订立担保合同，人民法院应当依照民法典第六十一条和第五百零四条等规定处理。"这就是说，公司的法定代表人违反公司法关于公司对外担保决议程序的规定对外提供担保，依据《民法典》第 504 条规定，原则上该合同对法人或者非法人组织发生效力。但根据《有关担保的司法解释》第 7 条第 1 款，越权担保要区分几种情形。

第一，相对人是善意的，担保合同对公司发生效力；相对人请求公司承担担保责任的，人民法院应予支持。根据《有关担保的司法解释》第 7 条第 3 款规定，在判断相对人是否善意时，采纳了合理审查而非形式审查的标准。所谓合理审查，是指依据交易当时的具体情形，需要对公司决议的情况进行审查。也就是说，需要根据交易的具体情况，如相对人的情况、交易金额等多种情况，具体判断相对人是否对公司决议进行了合理审查。同时，对特定的交易而言，相对人在进行审查时，不能仅因为法定代表人提供了公司决议而当然认定其有对外提供担保的资格，例如，在法定代表人代表公司对外提供大额担保时，相对人可能还需要审查公司的章程，以最终确定其是否有提供担保的资格。按照公司章程，如果法定代表人对外提供担保的金额超过一定数额，则需要股东会决议，如果法定代表人仅提供了董事会决议，则其并不能对外提供担保，此时，如果相对人没有进行合理的审查，则不能认定其是善意的。另外，还要区分关联担保与非关联担保。根据《公司法》第 15 条，如果是关联担保需要股东会决议，非关联担保只需要按照公司章程规定，由董事会或股东会决议即可。

第二，相对人是恶意的，担保合同对公司不发生效力。所谓相对人为恶意，是指相对人知道或者应当知道法定代表人没有对外提供相应担保的资格。在相对人非善意的情形下，虽然担保合同对公司不发生效力，公司不需要承担担保责任，但如果因此给相对人造成损失的，则相对人仍然有权请求公司承担赔偿责任。《有关担保的司法解释》第 7 条第 1 款规定："相对人请求公司承担赔偿责任的，参照适用本解释第十七条的有关规定。”该解释第 17 条的规定，实际上就是依据过错来确定当事人之间的责任范围。问题在于，此种责任的依据是什么？本书认为，此种赔偿责任在性质上属于缔约过失责任，公司法定代表人属于公司的组织机构，其行为代表公司的行为，因此，即便其对外提供的担保不能对公司发生效力，即担保合同无效，此时应当按照担保合同无效的规则认定各方的责任。

因为公司的法定代表人越权对外担保导致担保合同无效，公司并非不承担任何责任，鉴于在实践中，法定代表人越权担保的情形下，法定代表人可能具有承担责任的能力，因此，公司承担责任的同时，也应当依法追究其法定代表人的民事责任。对此，《有关担保的司法解释》第 7 条第 2 款规定：“法定代表人超越权限提供担保造成公司损失，公司请求法定代表人承担赔偿责任的，人民法院应予支持。”依据这一规定，在担保合同无效的情形下，公司对相对人承担赔偿责任后，其有权请求公司法定代表人承担赔偿责任，如果公司章程等文件就此种情形下公司对法定代表人的请求权作出了规定，则公司可以按照该约定主张赔偿责任；即便公司章程等没有对此作出规定，公司也可以依据上述规定依法请求法定代表人承担赔偿责任。

（三）上市公司提供担保

上市公司存在特殊的规则，上市公司是公众公司，涉及许多中小投资者的权益保护问题，然而在实践中，上市公司对外担保纠纷频发，严重扰乱了资本市场，对众多股民的利益造成了重大损害，因此，上市公司提供担保也应当遵循法定的程序，否则可能会造成对资本市场的秩序的损害。① 根据有关的规定，上市公司提供担保的，应当对外披露相关信息。《有关担保的司法解释》第 9 条第 1 款规定：“相对人根据上市公司公开披露的关于担保事项已经董事会或者股东大会决议通过的信息，与上市公司订立担保合同，相对人主张担保合同对上市公司发生效力，并由上市公司承担担保责任的，人民法院应予支持。”因此，上市公司在对外提供担保时，不仅要严格依据《公司法》由董事会与股东会作出决议，而且还必须要对该决议进行公开披露，只要相对人在与上市公司订立合同时，查阅其公开披露的信息，包括其公开披露的董事会和股东会的决议，依据这些信息订立担保合同，该担保合同对上市公司将发生效力，因为相对人根据这些公开披露的信息而签订担保合同，表明其是善意的。如果相对人并非根据这些披露的信息签订担保合同，则上市公司可以主张该合同对其不发生效力。对此，《有关担保的司法解释》第 9 条第 2 款规定：“相对人未根据上市公司公开披露的关于担保事项已经董事会或者股东大会决议通过的信息，与上市公司订立担保合同，上市公司主张担保合同对其不发生效力，且不承担担保责任或者赔偿责任的，人民法院应予支持。”依据该规定，如果相对人并非根据上市公司公开披露的有关担保的决议而签订担保合同的，则上市公司有权主张该担保合同对其不发生效力。

此外，如果上市公司没有对外披露有关担保事项的决议情况，而相对人能够举证证明当时公司确实提交了相关决议，相对人也审查了决议，但是无法判断真伪，此时也应

① 参见徐强胜：《公司纠纷裁判依据新释新解》，230～231 页，北京，人民法院出版社，2014。

当认定其为善意的。如果相对人是善意的，担保有效，上市公司应当承担担保责任。但问题在于，如果相对人是非善意的，而上市公司也存在过错，此时上市公司是否应当承担责任？本书认为，一般情形下，应当根据担保合同无效的规则认定公司是否需要依法承担缔约过失责任，但在特殊情形下，如果相对人与上市公司法定代表人恶意串通订立担保合同，则公司无须承担责任。例如，法定代表人伪造或者变造了相关决议，相对人知道或者应当知道决议是伪造的，此时类似于恶意串通，公司不应当承担任何责任。

(四) 一人公司为其股东提供担保

一人公司是指股东为一人的公司。一人公司为股东提供担保，其特点在于一人公司与股东虽然是两个主体，但是具有密切联系。《有关担保的司法解释》第 10 条规定："一人有限责任公司为其股东提供担保，公司以违反公司法关于公司对外担保决议程序的规定为由主张不承担担保责任的，人民法院不予支持。公司因承担担保责任导致无法清偿其他债务，提供担保时的股东不能证明公司财产独立于自己的财产，其他债权人请求该股东承担连带责任的，人民法院应予支持。"据此，一人公司为股东提供担保，由于二者具有不可分离的关系，因此，原则上不需要作出决议。公司不得以违反公司法关于公司对外担保决议程序的规定为由主张不承担担保责任。且对一人公司而言，也无法形成决议，相对人也很难审查一人公司的决议。所以只要提供了担保，一人公司对外就要承担担保责任。但是在一人公司的情形下，如果出现了财产混同，即公司财产与股东财产无法区分，此时，如果一人公司的股东不能证明公司财产独立于股东自己的财产，且因承担担保责任导致其无法履行其他债务的，则其他债权人可以请求该股东承担连带责任，这实际就是公司法人人格否认的一种特殊情形。

(五) 公司的分支机构对外提供担保

公司的分支机构并不具有独立的法人人格，其仍然应当属于公司的组成部分，因此，《民法典》第 74 条第 2 款规定："分支机构以自己的名义从事民事活动，产生的民事责任由法人承担；也可以先以该分支机构管理的财产承担，不足以承担的，由法人承担。"但是分支机构以自己的名义对外提供担保，应当取得公司的授权，法人的分支机构对外提供保证，应当符合两项条件：一是法人作出授权的决议，允许其分支机构提供保证。一旦法人作出了书面授权，法人的分支机构就可以以自己的名义对外提供保证。如果法人授权其以法人名义对外承担保证责任，则保证责任可能由法人承担。二是法人应当明确其授权的范围。法人明确其授权范围，有助于被保证人了解法人分支机构的权限。当然，出于保护被保证人的考虑，即便法人的授权范围不明，只要保证合同是以法人分支机构的名义签订的，依据上述司法解释，也应当由法人的分支机构对保证合同约定的全部债务承担保证责任。如果具备上述两项条件，法人的分支机构就可以作为保证人对外提供保证。依据这一规定，《有关担保的司法解释》第 11 条对公司的分支机构对外提供担保作出了更具体的规定。该条包括如下三方面的内容。

第一，在分支机构以自己的名义对外提供担保时，相对人必须对公司股东会或者董事会是否对分支机构以自己名义对外提供担保作出了授权进行审查。但是在实践中，分支机构的情形十分复杂，例如，金融机构的分支机构可能只有一个法人，其余的机构都是分支机构，而金融机构的分支机构的对外活动是非常频繁的，要其每次担保都要作出决议是极其困难的，金融机构往往有许多分支机构，而金融机构从事对外开具保函等业务，相对人无法要求总公司就每笔交易都作出授权的决议，且通常会对分支机构开具的保函和提供的担保产生合理信赖。据此，《有关担保的司法解释》第 11 条第 2 款规定："金融机构的分支机构在其营业执照记载的经营范围内开立保函，或者经有权从事担保业务的上级机构授权开立保函，金融机构或者其分支机构以违反公司法关于公司对外担保决议程序的规定为由主张不承担担保责任的，人民法院不予支持。金融机构的分支机构未经金融机构授权提供保函之外的担保，金融机构或者其分支机构主张不承担担保责任的，人民法院应予支持，但是相对人不知道且不应当知道分支机构对外提供担保未经金融机构授权的除外。"

第二，如果相对人是善意的，即不知道且不应当知道分支机构对外提供担保未经公司决议程序的，此时，相对人仍然有权请求公司或者其分支机构承担担保责任。

第三，分支机构对外提供担保，如果相对人是非善意的，则公司的分支机构和公司都不承担担保责任，但并不意味着其不承担任何责任。依据《有关担保的司法解释》第 11 条第 4 款规定，"公司的分支机构对外提供担保，相对人非善意，请求公司承担赔偿责任的，参照本解释第十七条的有关规定处理"。也就是说，需要按照担保合同无效的规则认定各方当事人的责任。

总之，公司分支机构对外提供担保时，适用公司对外担保的一般规定，如果相对人通过审查相关决议后确实无法判断真伪，则应当认为相对人是善意的，此时该担保合同是有效的。如果相对人没有审查的，该担保合同无效。

第六节　保证的方式

一、一般保证的概念和特征

所谓一般保证，是相对于连带责任保证而言的，它是指保证人在债权人没有对债务人的财产依法申请强制执行，且仍然不能履行之前，保证人有权拒绝承担保证责任。一般保证是保证的一般形态，而连带责任保证是保证的特殊形态。具体而言，一般保证具有如下几个特点。

第一，设立的方式通常都是通过约定而产生。依据我国《民法典》的规定，如果当事人要设立连带责任保证，只能通过明确约定的方式。在当事人没有约定保证方式或者对保证方式约定不明的情形，应当推定为一般保证，因此，即便当事人没有明确约定保证方式为一般保证，但如果对保证方式约定不明，则应将其认定为一般保证。

第二，一般保证的保证人享有先诉抗辩权。保证人的先诉抗辩是指在一般保证中，在债权人无法通过强制执行程序等方式从债务人处获得清偿前，债权人向保证人主张保证责任的，保证人有权主张不承担保证责任。保证人是否享有先诉抗辩权是一般保证区别于连带责任保证的重要标准，也是保护保证人的重要规则。

第三，一般保证具有补充性。《有关担保的司法解释》第 25 条第 1 款规定："当事人在保证合同中约定了保证人在债务人不能履行债务或者无力偿还债务时才承担保证责任等类似内容，具有债务人应当先承担责任的意思表示的，人民法院应当将其认定为一般保证。"依据这一规定，保证方式的意思表示解释规则为：如果当事人在保证合同中所表达出的意思为在主债务人不履行到期债务之时，保证人需要承担保证责任，此时应当解释为连带责任保证。如果当事人的意思表示是在债务人不能履行到期债务之时，保证人承担保证责任的，应当解释为一般保证。因此，在一般保证中，保证人的责任具有补充性。

二、连带责任保证

（一）连带责任保证的概念

所谓连带责任保证，也称为连带保证，是指保证人与债务人对债权人所享有的债权承担连带清偿责任。也就是说，在债务人未履行到期债务时，债权人可以选择请求债务人或者保证人承担责任。从责任形态上而言，保证人与债务人属于不真正连带责任。如果当事人约定在主债务人不如期履行到期债务时，保证人应当承担保证责任，则应当将其认定为连带责任保证。连带责任保证主要具有如下特点。

第一，连带责任保证是由当事人特别约定的责任。《有关担保的司法解释》第 25 条第 2 款规定："当事人在保证合同中约定了保证人在债务人不履行债务或者未偿还债务时即承担保证责任、无条件承担保证责任等类似内容，不具有债务人应当先承担责任的意思表示的，人民法院应当将其认定为连带责任保证。"该条实际上是对连带责任保证特别约定的内容作出了规定，即通过对意思表示的解释，确定当事人所作出的约定属于连带责任保证。一般保证可以由法律推定，而连带责任保证不能由法律推定。

第二，连带责任保证中保证人承担保证责任的情形主要是如下两种：一是债务人到期不履行债务，在此情形下，债权人可以不请求债务人履行债务，而直接请求保证人承担保证责任。二是发生当事人约定的情形。例如，当事人约定，如果债务人从事某项业务失败，就应当提前清偿债务，此时，即便债务人的债务履行期限尚未届至，债权人也有权请求保证人承担保证责任。

第三，保证人不享有先诉抗辩权。在连带责任保证中，债务履行期限届满后，债权人可以直接请求保证人承担保证责任，保证人不享有先诉抗辩权。也就是说，不论债权人是否就主债务人的财产已申请强制执行，保证人均应按保证合同的约定承担保证责任。①

应当指出的是，连带责任保证与连带共同保证是两个完全不同的概念。连带责任保证是根据保证人与债务人之间的关系而对保证方式作出的界定，而连带共同保证则是判断保证人之间的关系。连带共同保证的成立与保证人的保证方式并无必然联系，也就是

---

① 参见王轶等：《中国民法典释评·合同编·典型合同》（上卷），243 页。

说，连带共同保证人既可以都是连带责任保证人，也可以都是一般保证人，还可以由连带责任保证人与一般保证人组成。当连带共同保证人由一般保证人与连带责任保证人组成时，如果债权人先要求一般保证人承担保证责任的，此时，保证人有权行使先诉抗辩权，但并不意味着债权人必须首先要求连带责任保证人承担责任，因为一般保证人与连带责任保证人都不是最终的责任承担人，其法律地位是平等的，所以，应当允许债权人直接要求一般保证人承担保证责任。

（二）连带责任保证与一般保证

如前所述，依据保证人承担责任方式、保证人人数的多寡等，可以对保证的方式进行不同的区分，但一般都将保证区分为一般保证与连带责任保证。可以说，一般保证与连带责任保证是保证的两种基本方式，两者具有诸多的共同之处，如都适用从属性规则等。但是，两者之间也存在一些区别。

第一，保证设立的方式不同。《民法典》第 686 条第 2 款规定："当事人在保证合同中对保证方式没有约定或者约定不明确的，按照一般保证承担保证责任。"由此可见，连带责任保证的设立只能通过当事人明确约定的方式来设立，而一般保证既可以通过当事人的约定也可以通过法律推定的方式。

第二，保证人是否享有先诉抗辩权不同。一般保证中，保证人享有先诉抗辩权，这就是说，依据《民法典》第 687 条第 2 款规定，一般保证中保证人有权要求债权人先请求债务人承担责任至强制执行不能，否则有权拒绝承担保证责任。而在连带责任保证中，保证人并不享有先诉抗辩权，保证人与债务人共同承担连带责任。一旦发生主债务未获清偿时，债权人即可以请求保证人承担保证责任，而连带责任保证人不能够主张先诉抗辩权。因此，在连带责任保证中，保证人与债务人位于同一顺序，保证人也并不享有顺序利益。[①] 而在一般保证中，保证人与债务人对债务的清偿有顺序之分，债务人为第一顺序，而保证人处于第二顺序。

第三，保证期间的计算规则不同。《民法典》第 693 条规定："一般保证的债权人未在保证期间对债务人提起诉讼或者申请仲裁的，保证人不再承担保证责任。连带责任保证的债权人未在保证期间请求保证人承担保证责任的，保证人不再承担保证责任。"

第四，保证债务的诉讼时效起算规则不同。依据《民法典》第 694 条第 1 款规定，一般保证中，保证债务诉讼时效自主债务判决或者仲裁裁决执行不能之时起算，而依据本条第 2 款规定，连带责任保证中保证债务诉讼时效的起算自债权人向保证人主张保证债务时起算。其理论基础在于，一般保证人享有先诉抗辩权，有权要求债务人承担责任至强制执行不能时止，这就意味着，债权人首先需要强制执行债务人责任财产，仍不能实现债权的情形下，才能要求一般保证人承担保证责任，所以，一般保证的诉讼时效应从主债务依法经强制执行不能时起算。而连带责任保证中，债权人有权在不向债务人主张债务的情形下，直接请求保证人承担保证责任，因此，其诉讼时效应当自债权人请求保证人承担保证责任时起算。

---

① 参见高圣平：《担保法论》，91 页。

三、没有约定或约定不明推定为一般保证

《民法典》第686条第2款规定："当事人在保证合同中对保证方式没有约定或者约定不明确的，按照一般保证承担保证责任。"该规则确立了约定不明推定为一般保证的规则。一方面，此种规定符合比较法的通常做法。另一方面，在当事人约定不明时，推定为一般保证，有利于减轻保证人的负担，从而鼓励当事人提供担保，以更好地发挥保证制度的功能。尤其是在民间借贷纠纷中，在很多情况下，当事人是基于情感或道义上的原因为他人提供担保，甚至可能采用了"连环担保"或者互保等方式。在这种情况下，如果将当事人约定不明推定为连带责任保证，使在债务人本来拥有可供清偿的财产时，债权人仍然出于求偿的便利，而向保证人主张承担责任，从而不当地加重保证人的负担，也可能因此引发更多的纠纷。甚至因为互相担保或者连环担保导致资不抵债或者破产的问题，从而对正常的生活和经营秩序尤其是金融秩序产生不利的影响。还应当看到，连带责任是一种加重责任，只能由法律规定或者当事人明确约定，而不能采取推定的方式。《民法典》第178条第3款就明确规定："连带责任，由法律规定或者当事人约定。"而推定连带责任保证的规定显然与该规定不符合，也与连带责任的法理不相符合，因为保证人在订立保证合同时，并没有承担连带保证责任的意愿，如果仅仅因为当事人约定不明确，就由法律推定其承担连带保证责任，有违当事人的真实意愿。① 因此，依据《民法典》第686条第2款，在当事人欠缺约定或约定不明时，保证人承担的是一般保证责任。

关于何为"约定不明"，学理上存在一定的争议。从实践来看，当事人并没有明确使用"一般保证""连带责任保证"的表述，此时，如何认定当事人所提供的保证的方式，值得探讨。《有关担保的司法解释》第25条第1款规定："当事人在保证合同中约定了保证人在债务人不能履行债务或者无力偿还债务时才承担保证责任等类似内容，具有债务人应当先承担责任的意思表示的，人民法院应当将其认定为一般保证。"这就采用了对意思表示进行解释的方法，即如果对当事人意思表示进行解释，不能解释出连带保证的，推定为一般保证。尤其需要注意的是，不得以当事人未在保证合同中明确使用"一般保证"或者"连带责任保证"措辞为由，径直认定当事人没有约定保证方式或者约定不明确。② 如果当事人约定了债务承担的先后次序，就应当认定为是一般保证。如果在保证中没有约定先后次序，不具有债务人应当先承担债务的意思表示，应当认定为连带责任保证。要求法官必须进一步进行意思表示的解释，只有在穷尽意思表示解释之后依然无法探知当事人关于保证方式的约定究竟为何时，才可以适用推定规则。③

总之，要从当事人意思表示中保证人有无顺序利益来进行综合判断。有顺序利益的为一般保证，没有顺序利益的为连带责任保证。

---

①　参见黄薇主编：《中华人民共和国民法典释义》，704页。

②③　参见谢鸿飞、朱广新主编：《民法典评注·合同编：典型合同与准合同2》，45页。

四、一般保证中的先诉抗辩权

（一）先诉抗辩权的概念

所谓先诉抗辩权（right of discussion），也称检索抗辩权，或顺序利益抗辩（benefit of discussion），它是指在一般保证中，在债权人无法通过强制执行程序等方式从债务人处获得清偿前，债权人向保证人主张保证责任的，保证人有权主张不承担保证责任。保证人的先诉抗辩权起源于罗马法，近代大陆法系国家民法也普遍承认了此种抗辩权。[①] 依据《民法典》第 687 条第 2 款规定，“一般保证的保证人在主合同纠纷未经审判或者仲裁，并就债务人财产依法强制执行仍不能履行债务前，有权拒绝向债权人承担保证责任”。先诉抗辩权在本质上是一种拒绝履行权，先诉抗辩权的行使只是延缓保证责任的承担，并不导致保证责任消灭。

（二）先诉抗辩权的行使条件和程序

1. 先诉抗辩权的行使要件

《民法典》第 687 条第 2 款前半句规定：“一般保证的保证人在……就债务人的财产依法强制执行仍不能履行债务前，有权拒绝向债权人承担保证责任”。依据这一规定，必须符合以下条件，保证人才能享有先诉抗辩权。

第一，先诉抗辩权仅适用于一般保证。从比较法上来看，各国立法大都规定，如果保证人未明确放弃先诉抗辩权，则其依法享有先诉抗辩权。[②] 因此，先诉抗辩权可适用于各类一般保证。[③] 保证人仅在一般保证中享有先诉抗辩权，这就排除了连带责任保证中保证人享有先诉抗辩权。[④] 即在连带责任保证中，在主债务履行期限届满时，债权人既可以请求债务人履行债务，也可以请求保证人履行保证责任，保证人不享有先诉抗辩权。

第二，先诉抗辩权在性质上属于一时抗辩权，即延期性抗辩权。[⑤] 行使此种抗辩权只是导致保证人承担责任的时间被推迟，并不导致责任的消灭。

第三，先诉抗辩权的适用可以基于保证合同当事人的特别约定也可以基于法律的规定。依据《民法典》第 686 条第 2 款的规定，“当事人在保证合同中对保证方式没有约定或者约定不明确的，按照一般保证承担保证责任”。当事人没有对保证方式作出约定的，该保证合同被推定为一般保证合同，保证人享有先诉抗辩权。因此，如果当事人在保证合同中没有明确约定保证的方式，或者约定不明时，保证人均享有先诉抗辩权。

---

① 例如，《法国民法典》第 2022 条规定：“保证人在最初被诉而主张应先向主债务人追索时，债权人应负追索主债务人财产的义务。”《德国民法典》第 771 条规定：“只要债权人未尝试对主债务人强制执行而无结果，保证人即可以拒绝向债权人清偿（先诉抗辩权）。保证人提出先诉抗辩权的，债权人对主债务人的请求权的消灭时效中止，直到债权人尝试对主债务人强制执行而无结果之时。”

② 例如，《法国民法典》第 2022 条，《德国民法典》第 771 条等。

③ 参见高圣平：《保证合同重点疑点难点问题判解研究》，365 页。

④ 参见程啸：《保证合同研究》，267 页。

⑤ 参见王轶等：《中国民法典释评·合同编·典型合同》（上卷），251 页。

第四，先诉抗辩权应当依据法定程序行使。既然债务人是第一顺位的债务清偿人，则只有在主债权人对债务人采取强制执行措施而未能实现债权时，才可要求一般保证人承担责任。《民法典》第 687 条第 2 款前半句规定："一般保证的保证人在……就债务人的财产依法强制执行仍不能履行债务前，有权拒绝向债权人承担保证责任"。依据这一规定，在主合同虽经审判或者仲裁，但是对主债务人的财产没有依法强制执行之前，保证人有权行使先诉抗辩权，拒绝债权人要求其承担保证责任的请求。①

2. 先诉抗辩权的行使程序

《民法典》第 687 条第 2 款规定："一般保证的保证人在主合同纠纷未经审判或者仲裁，并就债务人财产依法强制执行仍不能履行债务前，有权拒绝向债权人承担保证责任。"依据该规定，只有在债权人就债务人的责任申请财产强制执行后，仍不能使其债权获得清偿，债权人才可以主张保证人承担保证责任。在此种情形下，如果债权人请求一般保证人承担保证责任，保证人有权行使先诉抗辩权。

具体而言，先诉抗辩权的行使应当符合如下条件和程序。

（1）债权人必须向债务人提起诉讼或者申请仲裁

传统民法认为，在认定先诉抗辩权的行使条件时，债权人既可以向债务人提起诉讼或者仲裁，也可以以其他方式向债务人提出请求。但依据我国《民法典》规定，债权人必须向债务人提起诉讼或者申请仲裁，否则，保证人仍可行使先诉抗辩权。当然，债权人不仅仅要向债务人提起诉讼或者仲裁，而且法院或者仲裁机构需实际受理。《有关担保的司法解释》第 26 条第 1 款规定："一般保证中，债权人以债务人为被告提起诉讼的，人民法院应予受理。债权人未就主合同纠纷提起诉讼或者申请仲裁，仅起诉一般保证人的，人民法院应当驳回起诉。"这主要是因为，为了保障保证人先诉抗辩权的行使，债权人必须在法院起诉债务人，否则，不得单独向一般保证人主张，要求保证人承担保证责任。

在债权人同时起诉保证人和债务人的情形下，由于保证人享有先诉抗辩权，在债权人就债务人的责任财产强制执行不能获得完全清偿前，保证人无须承担保证责任，因此，即便债权人同时起诉保证人与债务人，在强制执行债务人的责任财产不能获得清偿前，保证人仍然享有先诉抗辩权，有权主张不承担保证责任。对此，《有关担保的司法解释》第 26 条第 2 款规定："一般保证中，债权人一并起诉债务人和保证人的，人民法院可以受理，但是在作出判决时，除有民法典第六百八十七条第二款但书规定的情形外，应当在判决书主文中明确，保证人仅对债务人财产依法强制执行后仍不能履行的部分承担保证责任。"依据该条规定，允许一般保证的债权人可同时起诉债务人和保证人，但是严格地说，一般保证中，债权人可以直接起诉债务人，而没必要起诉保证人，以减少保证人的讼累。同时，在债权人同时起诉债务人与保证人的情形下，法院也可以判决，债务人与保证人对债权人承担责任，但保证人承担保证责任的前提是债务人的财产经依法强制执行仍然无法履行债务。该条作出此种规定，既便于执行，也便于债权人主张权利，即在债务人的责任财产无法清偿债务时，债权人无须再单独起诉保证人，这就有利于减少

① 参见郭明瑞：《担保法》，44 页。

债权人主张权利的负担。

（2）必须就债务人财产依法强制执行仍不能履行债务

依据我国《民法典》第 687 条的规定，只有在通过强制执行仍然无法实现债权的情形下，保证人的先诉抗辩权才消灭。通过这些措施，极大地减轻了保证人的负担，维护了保证人的权益。因为只有在通过强制执行仍然无法实现债权的情形下，保证人的先诉抗辩权才消灭。如果主合同纠纷已经审判或者仲裁，并且财产经依法强制执行仍不能履行主债务，则保证人不能继续行使先诉抗辩权。① 据此，有人认为，应当将先诉抗辩权称为先执行抗辩权，更符合《民法典》的上述规定。对此，本书认为，先诉抗辩权还不能完全等同于先执行抗辩权，因为从《民法典》的相关规定来看，先诉抗辩权既可能发生在债权人向债务人提起诉讼或者仲裁的情形，也可能发生在其他情形，而并不当然需要进入执行阶段。

依据《民法典》第 687 条，《有关担保的司法解释》第 26 条第 3 款规定："债权人未对债务人的财产申请保全，或者保全的债务人的财产足以清偿债务，债权人申请对一般保证人的财产进行保全的，人民法院不予准许。"依据该规则，在无法确定债权人就债务人的责任财产强制执行能否获得完全清偿之前，由于保证人享有并行使了先诉抗辩权，债权人不得对保证人的责任财产申请保全，否则将侵害其顺序利益。

在一般保证中，依据《民法典》第 693 条的规定，一般保证的债权人必须在保证期间内对债务人提起诉讼或者申请仲裁，否则保证人不再承担保证责任。但是，《有关担保的司法解释》第 27 条规定：" 一般保证的债权人取得对债务人赋予强制执行效力的公证债权文书后，在保证期间内向人民法院申请强制执行，保证人以债权人未在保证期间内对债务人提起诉讼或者申请仲裁为由主张不承担保证责任的，人民法院不予支持。"债权人在保证期间内向保证人主张权利的方式不限于诉讼或者仲裁，也包括公证债权文书的形式，《公证法》第 37 条第 1 款规定："对经公证的以给付为内容并载明债务人愿意接受强制执行承诺的债权文书，债务人不履行或者履行不适当的，债权人可以依法向有管辖权的人民法院申请执行。"这种具有强制执行力的债权文书与裁判文书、仲裁裁决实质上具有同等效力，承认此类法律文书的效力也并不违背先诉抗辩权的制度目的。

（三）先诉抗辩权的排除

依据《民法典》第 687 条第 2 款规定，在以下四种情形，实际上都不需要债权人向债务人提起诉讼或申请仲裁。该条规定对先诉抗辩权的排除规则作出了规范，从该条规定来看，先诉抗辩权的排除主要有以下情形。

第一，债务人下落不明，且无财产可供执行。《民法典》第 687 条第 2 款第 1 项将"债务人下落不明，且无财产可供执行"作为保证人不得行使先诉抗辩权的情形之一。此时，债权人请求主债务人履行债务发生重大困难，也无法要求债务人作出履行。② 因此在债务人下落不明且无财产可供执行时，保证人不得行使先诉抗辩权。也就是说，必须

---

① 参见王轶等：《中国民法典释评·合同编·典型合同》（上卷），250 页。

② 参见王轶等：《中国民法典释评·合同编·典型合同》（上卷），252 页。

同时具备债务人下落不明，且无财产可供执行两个条件，如果只是债务人下落不明，但债务人仍然有财产可供执行，则债权人仍然可以通过债务人的责任财产获得清偿，此时，债权人应当首先从债务人的责任财产中获得清偿，保证人仍然享有先诉抗辩权。例如，在“中信实业银行诉北京市某某房地产开发总公司保证合同纠纷案”中，北京市高级人民法院认为，外方投资者的情况不明，保证人不得行使先诉抗辩权。① 需要指出的是，按照体系解释，应当将此处的“无财产可供执行”解释为债务人的责任财产无法完全清偿债权人的债权。也就是说，如果债务人虽然有责任财产，但债权人有证据证明债务人的责任财产不足以清偿债权的，则保证人不应再享有先诉抗辩权。

第二，在债务人破产案件中，中止执行程序时。依据《民法典》第687条第2款第2项的规定，在“人民法院受理债务人破产案件”时，保证人不得行使先诉抗辩权。在人民法院已经受理债务人破产案件的情形下，表明债务人已经处于资不抵债的情形，这也表明债权人将无法就主债务人的财产依法强制执行，并从债务人处获得完全清偿，从而使得先诉抗辩权丧失了存在的基础。②《有关担保的司法解释》第23条第1款规定：“人民法院受理债务人破产案件，债权人在破产程序中申报债权后又向人民法院提起诉讼，请求担保人承担担保责任的，人民法院依法予以支持。”在已经中止了执行程序的债务人破产案件中，债务人的财产通常最终无法满足主债权人的债权。此时，债权人在破产程序中申报债权后，既可以在债务人的破产程序中申报破产债权，也有权请求保证人承担保证责任。

《有关担保的司法解释》第23条第3款规定：“债权人在债务人破产程序中未获全部清偿，请求担保人继续承担担保责任的，人民法院应予支持。”这就是说，在进入破产程序后，一般保证人已经不再享有先诉抗辩权，因此，债权人如果不能在破产程序中获得全部清偿，可以请求保证人继续承担保证责任。

第三，债权人有证据证明债务人的财产不足以履行全部债务或者丧失履行债务能力。由于先诉抗辩权行使的前提是债务人已没有财产可供执行，如果债权人有证据证明债务人的财产不足以履行全部债务或者丧失履行债务能力，再行使先诉抗辩权就不具有现实意义了。此时从简化程序、提高效率层面考虑，应允许债权人直接向保证人主张保证责任，可以有效提高效率，避免浪费司法资源。③

第四，保证人以书面形式放弃先诉抗辩权的。先诉抗辩权是法律赋予保证人所享有的，其本质上是一种私权，在不损害国家利益、他人利益和社会公共利益时，保证人可以对该权利进行处分。如果保证人愿意放弃，法律也不禁止。但《民法典》第687条第2款要求保证人放弃先诉抗辩权，必须采用书面形式。因为毕竟先诉抗辩权关系到保证人的重大利益，为了防止当事人发生重大争议，仅口头作出的，不能发生效力。而且保证合同本身要求书面形式，先诉抗辩权是其重要条款，因而也应当采用书面形式。④ 因此，为避免纠纷的发生，应要求保证人审慎处分其先诉抗辩权，据此，《民法典》规定保证人

① 参见《最高人民法院公报》，2002（6）。

② 参见王轶等：《中国民法典释评·合同编·典型合同》（上卷），252页。

③ 参见谢鸿飞、朱广新主编：《民法典评注·合同编：典型合同与准合同2》，53页。

④ 参见黄薇主编：《中华人民共和国民法典释义》，704页。

应当以书面形式放弃其先诉抗辩权。在放弃先诉抗辩权的情形下，实际上发生了保证方式的转换，即从一般保证转化为连带责任保证。①

第七节　保证合同的效力

一、债权人有权依法请求保证人承担保证责任

在保证合同中，保证合同成立之后，保证债务即随之产生，即在债权人与保证人之间成立债权债务关系。但在保证合同约定的情形出现后，债权人才能依法行使保证债权。

保证合同是主债权人和保证人之间的合同，一旦保证合同生效，在主债务人不能清偿债务的情况下，主债权人可依据法律和合同规定请求保证人承担保证责任。保证合同订立的目的就是使主债务获得担保，因此，主债权人享有的最重要的权利就是请求保证人承担保证责任。在比较法上，关于保证人应承担的责任范围，有两种立法例。第一种立法例认为，保证人所应承担的责任应仅限于主债务的履行，即保证人代负履行责任。②法国和日本采取此种立法体例。第二种立法例认为，保证人所应承担的责任是代为履行和承担债务不履行时的责任。在主债务人届期不履行债务时，债权人可以请求保证人承担的保证责任主要包括：一是债权人可以请求保证人承担代为履行的责任。二是债权人可以请求保证人承担违约损害赔偿责任。当然，债权人请求权的行使因保证的方式不同而存在差异。在一般保证中，主债权人应当先向主债务人请求履行债务，只有主债务人不能履行时，才能向保证人请求履行。而在连带责任保证中，债务人不履行债务时，债权人既可以向主债务人请求履行，也可以向保证人请求履行。

由于保证合同是单务合同、无偿合同，所以主债权人在保证合同中虽享有权利，但不负有对待给付义务。当然，主债权人也可能负有一定的义务，这些义务主要是依据诚信原则所产生的附随义务。例如，保证人在承担保证责任时，主债权人应当负有协助、配合的义务，如应当及时提供账户、履行地址等信息，使保证人能够及时履行其保证责任。

二、保证人可以依法对债权人主张抗辩

（一）保证人的抗辩概念

保证人的抗辩，是指保证人能够对抗债权人请求的所有事由。保证合同具有无偿性，保证人只负有合同义务，不享有合同权利，但《民法典》通过规定保证人的抗辩权对其进行了特别保护。从内容上看，保证人的抗辩包括保证人的抗辩权和其他抗辩事由。保证人的抗辩既可以依据约定产生，也可以基于法律规定产生。一般而言，保证人所享有

---

① 参见高圣平：《保证合同重点疑点难点问题判解研究》，370～371 页。

② 参见薛祀光：《民法债编各论》，378 页，台北，三民书局，1960；蔡章麟：《民法债编各论》（下册），183 页，台北，自版，1959；戴修瓒：《民法债编各论》（下），377 页，台北，三民书局，1995。

的抗辩分为两类：一是抗辩权，二是其他抗辩事由。通常抗辩包括权利未发生的抗辩、权利已消灭的抗辩与拒绝履行的抗辩。[①]《民法典》第701条并没有对债务人对债权人的抗辩范围作出限定，尤其是没有将其限定为“抗辩权”，而是使用了“抗辩”这一表述，这表明，保证人享有债务人对债权人的抗辩，其既包括实体法上的抗辩，也包括程序法上的抗辩；其既包括抗辩权，也包括抗辩权之外的其他抗辩事由。抗辩的事由包括一切私法上的抗辩。在各种抗辩中，可以分为基于保证合同所援引的抗辩与非基于保证合同所援引的抗辩。所谓基于保证合同所援引的抗辩，如保证合同未成立、未生效或已经消灭而产生的抗辩。所谓非基于保证合同所援引的抗辩，包括依据《民法典》第702条有抵销、撤销、解除等，以及依据《民法典》第700条援引债务人对债权人的抗辩。

区分抗辩与抗辩权的意义在于：抗辩是一个上位概念，抗辩权是其下位概念，抗辩包括了抗辩权，如果是抗辩事由，可不待权利人主张，法官即可依职权主动审查。如果是抗辩权，抗辩权的行使通常需要权利人行使，法官不能依职权进行主动审查。

（二）保证人抗辩的分类

1. 保证人的抗辩权

所谓保证人的抗辩权，是指保证人所享有的、对抗债权人请求的权利。一是一般抗辩权，即保证人可以行使主债务人享有的抗辩权，来对抗债权人的请求权。例如，保证人可以行使主债务人对债权人享有的同时履行抗辩权、不安抗辩权、先履行抗辩权、时效抗辩权等。二是专属于保证人的抗辩权，即保证人基于保证合同而享有的抗辩权，它不同于前述一般抗辩权。专属于保证人的抗辩权主要包括先诉抗辩权、催告抗辩权、保证合同无效抗辩权等。[②] 在保证合同关系中，保证人对债权人是一种单务的、无偿的关系，但这并非意味着保证人没有任何权利，保证人也应当享有对债权人的抗辩权。一般而言，保证人享有的一般债务人的抗辩如下。

第一，保证人行使主债务人的抗辩权。保证人享有主债务人所享有的抗辩权，是指在主债权人请求保证人承担保证责任时，保证人有权主张主债务人对债权人享有的各项抗辩权，这也是保证从属性的重要体现。《民法典》第701条规定：“保证人可以主张债务人对债权人的抗辩。债务人放弃抗辩的，保证人仍有权向债权人主张抗辩。”依据这一规定，凡是主债务人所享有的抗辩权，保证人都能够主张，这些抗辩包括：主合同未生效的抗辩、主合同无效的抗辩、主合同已经终止的抗辩、主合同已过诉讼时效的抗辩、抵销抗辩，以及主债务人享有的各类抗辩权（包括同时履行抗辩权、不安抗辩权和先履行抗辩权）。例如，如果保证所担保的主合同的债权人与债务人之间符合法定的抵销条件，或者双方经过约定形成抵销的合意，则债务人对债权人享有抵销权。在发生抵销的情形，保证人有权向主债权人主张仅就剩余的债权承担保证责任。[③]

第二，保证人自身享有的抗辩权，它是专属于保证人所享有的抗辩权，即保证人基

---

① 参见王轶等：《中国民法典释评·合同编·典型合同》（上卷），344页。

② 参见高圣平：《担保法新问题与判解研究》，286页。

③ 参见最高人民法院民二庭编著：《担保法新释新解与适用》，235页。

于保证合同而享有的对债权人的抗辩权：包括保证合同未成立的抗辩；保证债务已消灭的抗辩；保证债务未届清偿期的抗辩；保证期间已经过的抗辩；保证债务罹于时效的抗辩权；等等。《担保法》第 20 条只是曾笼统地赋予保证人享有抗辩权，明确保证人享有债务人的抗辩权，也即保证人享有债务人根据法定事由所享有的对抗债权人行使请求权的权利。[①] 就此，《民法典》进一步完善了保证期间、诉讼时效以及先诉抗辩权等规则，丰富了保证人抗辩权体系，充分保障了保证人抗辩权的行使。例如，在一般保证中，债权人必须在保证期间内对债务人提起诉讼或者仲裁，如果保证期间届满前，债权人没有对债务人提起诉讼或申请仲裁，而只是向保证人主张权利，也会导致保证期限届满，则保证人不再承担保证责任。

2. 保证人的其他抗辩事由

《民法典》第 702 条规定："债务人对债权人享有抵销权或者撤销权的，保证人可以在相应范围内拒绝承担保证责任。"依据该规定，保证人所享有的抗辩权包括了"债务人对债权人享有抵销权或者撤销权"的情形，这实际上采纳了广义的抗辩权概念。因为该条所说的撤销权是指可撤销法律行为中的撤销权，例如，在债权人欺诈债务人而订立合同的情形下，债务人享有请求撤销合同的权利，并非保全中的撤销权和效力待定法律行为中的撤销权，其本不属于抗辩权范畴。[②] 但如果债务人不主张撤销合同，则保证人可以拒绝承担保证责任。再如，债务人本来对债权享有抵销权（例如债权人和债务人互负金钱债务），债务人如行使抵销权将使主债务消灭，但在债务人不行使抵销权的情形下，保证人也可以据此提出抗辩，拒绝承担保证责任。从这一意义上讲，撤销权与抵销权都可以属于广义的抗辩范畴。

在此需要讨论的是，解除是否也应当包含于上述抗辩事由的范围之内。就此本书持肯定立场，解除虽然并非一般抗辩事由，但若债务人享有解除权而不主张，如果认为保证人不得拒绝履行，将对保证人至为不利。因为依据《民法典》第 701 条的规定，保证人享有债务人对债权人的抗辩权，此处的抗辩权宜做广义理解，所以当债务人对债权人享有法定解除权时，自然也应当肯定保证人可主张这一抗辩权。从域外立法例来看，《日本民法典》第 457 条就对此予以明确列举，值得肯定。[③]

（三）债务人放弃抗辩对保证人抗辩的影响

《民法典》第 701 条首先明确："保证人可以主张债务人对债权人的抗辩。债务人放弃抗辩的，保证人仍有权向债权人主张抗辩。"从该条规定来看，即使主债务人放弃这些抗辩权，保证人仍可以主张。这是因为，这些抗辩权既是主债务人享有的抗辩权，也是法律赋予保证人的抗辩权，主债务人放弃此类抗辩权不应当对保证人的抗辩权产生影响。同时，保证人只有通过行使主债务人的抗辩权，才能够依法保护自己的权益。

---

① 《担保法》第 20 条规定："一般保证和连带责任保证的保证人享有债务人的抗辩权。债务人放弃对债务的抗辩权的，保证人仍有权抗辩。抗辩权是指债权人行使债权时，债务人根据法定事由，对抗债权人行使请求权的权利。"

② 参见谢鸿飞、朱广新主编：《民法典评注·合同编：典型合同与准合同 1》，131 页。

③ 参见《日本民法典》，刘士国、牟宪魁、杨瑞贺译，北京，中国法制出版社，2018。

三、保证人享有对主债务人的追偿权

所谓追偿权，是指保证人承担保证责任后，有权向债务人进行追偿。就保证人承担保证责任后的追偿权问题，《民法典》第700条仅规定了承担保证责任的保证人有权在承担的责任范围内向债务人追偿，而没有明确承担保证责任的保证人是否有权要求其他保证人予以分摊。[①] 就此，可做如下几方面的分析。

《民法典》第700条规定："保证人承担保证责任后，除当事人另有约定外，有权在其承担保证责任的范围内向债务人追偿，享有债权人对债务人的权利，但是不得损害债权人的利益。"《有关担保的司法解释》第18条第1款规定："承担了担保责任或者赔偿责任的担保人，在其承担责任的范围内向债务人追偿的，人民法院应予支持。"据此，保证人在承担保证责任后，有权对债务人进行追偿，因为虽然保证人向债权人承担保证责任是其依保证合同所应承担的义务，但毕竟保证人对债权人承担保证责任是代主债务人履行债务，保证人为了主债务人的利益而遭受了损失，从公平和等价交换原则出发，应当赋予保证人向主债务人追偿的权利。一般而言，保证人向债务人行使追偿权应当具备如下条件。

第一，保证人已向债权人承担了保证责任。保证人所清偿的债务并非自己的债务，而是代主债务人承担的债务，因此，在保证人向债权人清偿债务或者承担保证责任后，其有权向主债务人追偿。[②]

第二，债务人因保证人承担保证责任而全部或部分免责。这就是说，在保证人清偿债务以后，债务人对债权人的债务因此而全部或部分消灭。保证人必须履行了主债务人全部或者部分的债务，如果债务不是因保证人的履行，而是因主债务人履行或者不可抗力，或者因债权人免除而消灭的，保证人都不应当享有追偿权。[③]

第三，保证人未放弃追偿权。追偿权是保证人享有的权利，保证人对该权利享有处分权，可以放弃行使。因此，在保证人代主债务人清偿债务之后，只要其没有放弃追偿的权利（如表示不再行使追偿权），则依据法律规定享有追偿的权利。为了维护当事人之间的利益平衡，应当允许保证人进行追偿。

第四，追偿权的范围为保证人承担保证责任的范围。根据本条规定，保证人承担保证责任后，除当事人另有约定外，有权在"其承担保证责任的范围内"向债务人追偿。从《民法典》第700条规定来看，保证人在承担保证责任后，其有权在承担保证责任的范围内向债务人追偿，如果保证人承担的保证责任范围大于主债权，如包括主债权的利息、违约金等，则保证人也有权向债务人追偿。当然，保证人仅能在其承担保证责任的范围内向债务人追偿，如果其仅承担了部分保证责任（如仅清偿了部分债务），则其只能在该范围内向债务人追偿。

---

① 《民法典》第700条规定："保证人承担保证责任后，除当事人另有约定外，有权在其承担保证责任的范围内向债务人追偿，享有债权人对债务人的权利，但是不得损害债权人的利益。"

② 参见程啸：《保证合同研究》，288页。

③ 参见郭明瑞：《担保法》，46页。

第五，保证人行使追偿权不得损害债权人的利益。依据《民法典》第700条规定，已经承担保证责任的保证人在向债务人行使追偿权时，原债权人的利益不应因保证人履行保证债务而受影响。① 这就意味着保证人的追偿权要劣后于债权人的债权，即债务人的责任财产要优先用于履行对债权人的债务。例如，在债务人的责任财产较少时，则首先应当将其用于清偿债权人的债权，而不能直接用于清偿保证人的追偿之债，只有在债权人的债权得到完全实现后，剩余的财产才能用于清偿保证人的追偿之债。因为如果该债务人将其财产全部用于满足保证人的追偿权，将无法清偿债权人的债权。

四、保证人承担保证责任后取得债权人的权利

《民法典》第700条规定："保证人承担保证责任后，除当事人另有约定外，有权在其承担保证责任的范围内向债务人追偿，享有债权人对债务人的权利，但是不得损害债权人的利益。"该条规定确定了如下规则。

第一，保证人承担保证责任后取得债权人的权利。如何理解取得债权人的权利？一种观点认为，保证人在承担保证责任之后，应享有代位权。例如，如果主债务之上有抵押、质押、保证等其他担保，则保证人在承担保证责任后，将有权代位向其他担保人追偿。另一种观点认为，保证人承担保证责任之后，将成立清偿承受，即保证人将在承担保证责任的范围内取得债权人对债务人的债权，此时就发生法定的债的移转。本书认为，所谓"享有债权人对债务人的权利"，主要是指保证人在承担保证责任后，可以在其承担保证责任的范围内取得债权人对债务人的债权，并有权据此对债务人进行追偿，但没有规定保证人对其他担保人的追偿权。这也意味着，保证人在承担保证责任后，仅能在承担保证责任的范围内向债务人追偿，而不能向其他担保人追偿。当然，如果保证人与债务人或者其他担保人之间有特别约定，则保证人在承担保证责任后，也可以基于该约定向其他担保人行使追偿权。

第二，保证人取得债权人的权利，不得损害债权人的利益。例如，债务人甲欠债权人乙100万元债务，债务人无力清偿，丙作为保证人承担了50万元的保证责任，在保证人承担保证责任后，债权人乙还对甲享有50万元的剩余债权，此时如果丙要找债务人进行追偿，而债务人仅剩50万元，在此情形下，债务人应当优先清偿债权人乙的债务，该部分债权在清偿顺位上要优先于保证人丙得以实现。

第八节　保证责任

一、保证责任的概念和特征

保证责任，是指在债务人不履行债务时，保证人依据保证合同的约定而应承担的责

① 参见刘春堂：《民法债编各论》（下），371页，台北，三民书局，2008。

任。《民法典》第 681 条规定："保证合同是为保障债权的实现，保证人和债权人约定，当债务人不履行到期债务或者发生当事人约定的情形时，保证人履行债务或者承担责任的合同。"依据该条规定，保证责任主要包括两方面内容：一是代为履行责任，即主债务人不履行债务时，保证人代债务人履行债务。二是债务不履行的责任，即主债务人不履行债务时，保证人代主债务人承担的债务不履行责任，其通常是一种损害赔偿责任，即在主债务人不履行债务时，则应当就债权人因此而遭受的损害，由保证人向其承担赔偿责任。[①] 在主债务人不能按期清偿债务时，债权人有权选择请求保证人承担代为履行的责任或者承担违约责任。保证责任具有如下特点。

第一，保证责任是保证合同效力的主要内容。保证合同一旦生效，就产生法律上的效力，其主要体现为保证人在债务人不履行债务时承担代为履行或赔偿损失的责任，这也是由保证合同订立的目的决定的。保证人责任的承担以主债务人不履行债务为前提，只有在主债务人不履行债务时，保证人才需要依据法律规定和保证合同的约定向债权人承担责任。因此，保证责任也常被称为保证义务、保证债务。[②] 但严格地说，保证责任和保证义务之间仍然存在明显的区别，表现在：一方面，保证义务是指保证合同生效以后，保证人所负有的、在主债务人不履行债务时担保债务履行的义务；而保证责任则是指债务人实际不履行主债务时，保证人所应承担的担保债务履行的责任。除了主债务人必须亲自履行的债务之外，保证人都应当在主债务人不履行债务时，代主债务人履行债务，这也是保证责任的基本内容。[③] 另一方面，二者的范围不同。保证义务的范围限于主债务，而保证责任的范围除了主债务之外，还包括因主债务人不履行而产生的责任，如利息、违约金、损害赔偿金等。因此，两者在内容上并不完全一致。正是因为保证责任是保证合同效力的主要内容，所以，其是保证合同制度中的重要组成部分。

第二，保证责任的范围是基于约定和法律规定而确定的。[④] 一方面，保证责任的范围与保证人的责任都来源于当事人的约定。保证人究竟在何种范围内承担责任以及承担何种保证责任，原则上应当依据保证合同的约定而确定。保证人约定的范围可以等于或小于主债务的范围，但不得超过主债务的范围。[⑤]《有关担保的司法解释》第 3 条第 1 款规定："当事人对担保责任的承担约定独立的违约责任，或者约定的担保责任范围超出债务人应当承担的责任范围，担保人主张仅在债务人应当承担的责任范围内承担责任的，人民法院应予支持。"这就进一步明确了保证责任的范围不得超过主债务的范围。另一方面，在当事人未作出约定或约定不明时，应当依据法律规定确定保证责任的范围。如果当事人没有约定时，则在法律上推定保证人应对主债务人所应承担的全部责任负责。

第三，保证责任的承担以主债务人不履行债务为前提。保证人担保的债务并非保证人的债务，而是主债务人的债务，只有在主债务人到期未清偿时，保证人才承担保证责任。这主要是由保证合同的从属性所决定的。这一点无论是对于一般保证，还是连带责

① 参见邓曾甲：《中日担保法律制度比较》，95 页。
② 参见高圣平：《担保法新问题与判解研究》，207 页。
③ 参见高圣平：《担保法论》，163 页。
④ 参见史尚宽：《债法各论》，901 页。
⑤ 参见郑玉波：《民法债编各论》（下），830 页。

任保证，都具有可适用性。在连带责任保证中，保证人承担保证责任的前提是主债务人到期未清偿债务①，而一般保证中，债务人到期未履行债务，只有经过强制执行仍没有实现债权，债权人才可请求保证人承担保证责任。无论是一般保证还是连带责任保证，保证人承担保证责任的前提都是债务人到期不履行债务。保证责任在承担方面的这一特殊性也决定了，保证责任的范围限于主债务人未实际履行的责任部分。对于主债务人已经履行的部分，债权人无权向保证人主张，即使是在连带责任保证中，保证责任的范围同样以主债务人未履行的部分为限。②

二、保证责任的内容

（一）代为履行责任

在主债务人不履行债务的情况下，保证人有义务代为履行。一方面，所谓代为履行是指在主债务到期后，主债务人不履行其债务时，保证人应当代其履行债务。另一方面，保证人代为履行责任的范围也取决于保证人提供保证的范围。关于保证责任的范围，《民法典》第 691 条规定："保证的范围包括主债权及其利息、违约金、损害赔偿金和实现债权的费用。当事人另有约定的，按照其约定。"据此可见，保证合同是确定保证责任范围的重要依据，如何理解此处的"当事人另有约定"？本书认为，其包含如下几层含义。

第一，当事人可以就保证责任的范围作出特别约定，这也是合同自由原则的具体体现。

第二，依据《有关担保的司法解释》第 3 条规定，当事人约定的保证责任的范围不得超过债务人应当承担的责任范围，这也是保证合同从属性的具体体现。保证责任的从属性规则一般不允许当事人约定的保证责任范围超过法定保证责任范围。其原因在于：一方面，保证的目的在于担保债权的实现，因此，只要债权获得实现，保证的目的即已经达到，保证人无须再承担保证责任，否则，不仅过分加重了保证人的负担，而且使债权人获得了额外的利益，这显然是不妥当的。另一方面，保证责任在发生、消灭和范围等方面都具有从属性。这就意味着，保证人所承担的保证责任应以债务人应当承担的责任范围为限，其不得超过债务人应当承担的责任范围，债权人也仅能在法定范围内请求保证人承担保证责任，超过法定范围的部分无效。③ 此外，还应当看到，法律所规定的保证责任范围，实际上是保证人责任的最高限额，虽然保证人承担多少保证责任取决于其意思自由，但如果允许当事人通过约定而加重保证责任，无疑会不合理地加重保证人的负担，不利于保护保证人的利益。

第三，当事人约定的保证责任的范围可以小于债务人应当承担的责任范围。例如，保证人与债权人约定，其仅对债务人的主债务或者利息债务等承担保证责任，按照私法自治原则，该约定也具有法律效力。

---

① 参见高圣平：《担保法论》，88 页；叶金强：《担保法原理》，33 页，北京，科学出版社，2002。

② 参见史尚宽：《债法各论》，901～902 页。

③ 参见田土城、宁金成主编：《担保制度比较研究》，118 页，开封，河南大学出版社，2001。

保证责任的范围主要取决于当事人的约定，只有在当事人没有就保证责任的范围作出约定时，才应依据法律规定确定保证责任的范围。依据上述规定，在当事人没有对保证责任的范围作出约定时，保证的范围主要包括如下内容：主债权及利息、违约金、损害赔偿金和实现债权的费用。

在此需要讨论的是，代为履行是否可称为代位清偿？所谓代位清偿，也称“第三人清偿”或“第三人代为履行”，是指在法律没有规定或者当事人没有约定的情形下，第三人自愿代债务人履行债务。[①] 由于保证人承担保证责任也属于债务人之外的第三人向债权人清偿债务，因而二者具有一定的相似性。许多学者认为，保证责任实际上就是代位清偿。本书认为，保证责任中的代为履行与代位清偿存在区别。一方面，在第三人代为清偿的情况下，第三人代为清偿可能是基于第三人与债务人之间的合同关系产生的，也可能出于无因管理，还可能是基于履行错误造成的。但在保证合同中，保证人承担保证责任的依据是保证合同。另一方面，在代位清偿的情形下，第三人可以向债务人进行完全追偿，也可以对债务人的其他担保人追偿。但在保证人承担保证责任的情形下，其原则上仅能向债务人追偿，而不能向债务人的其他担保人追偿。

（二）代为承担债务不履行的损害赔偿责任

在主债务人的违约行为给债权人造成损害的情况下，保证人也应当承担相应的损害赔偿责任。因此，除当事人明确约定保证责任的范围，或者特别约定排除就违约损害赔偿金承担保证责任外，违约损害赔偿金应当属于保证责任的范围。值得注意的是，保证人所承担的违约损害赔偿责任，不同于主合同被宣告无效或被撤销时保证人应承担的责任。二者的区别主要表现在：

第一，责任的性质不同。保证人代主债务人承担的违约损害赔偿责任，仍然属于保证责任的范畴。而在主合同被宣告无效或被撤销的情形，保证人所应承担的责任应当属于缔约过失责任的范畴。

第二，责任的承担是否以担保合同的有效为前提不同。在主合同无效而导致担保合同无效的情形，保证人承担责任以主合同无效为前提，而且保证合同也因主合同无效而失去效力。而在保证人承担违约损害赔偿责任的情形下，保证人承担保证责任是以主合同有效为前提的，并且其承担保证责任的依据是保证合同的约定或者法律的规定。

第三，责任的承担是否考虑保证人的过错不同。保证人代主债务人承担的违约损害赔偿责任，并不考虑保证人是否具有过错。而在保证人就主合同无效或者被宣告无效或者被撤销的情形，保证人是基于其自身的过错承担责任。《民法典》第 682 条第 2 款规定：“保证合同被确认无效后，债务人、保证人、债权人有过错的，应当根据其过错各自承担相应的民事责任。”因此，在主合同被宣告无效或被撤销时，保证人无须代主债务人承担保证责任，但如果保证人具有过错，则应当承担相应的民事责任。

在债务人擅自扩大债务范围的情形下，保证责任的范围是否随之扩大？保证合同成立后，如果未经保证人的同意，债务人扩大其债务范围（如将原来未附利息的借贷债务

---

① 参见史尚宽：《债法总论》，776 页。

变为附利息的债务），保证人的保证责任范围不能因此而扩大，这是因为保证责任虽附随于主债务，但又具有相对独立性。即使推定保证人就全部债务承担保证责任，也只能推定保证人仅就保证合同订立时的全部债务承担保证责任。①

三、债的变更、转让与保证的承担

（一）债的变更对保证责任的影响

《民法典》第695条第1款规定："债权人和债务人未经保证人书面同意，协商变更主债权债务合同内容，减轻债务的，保证人仍对变更后的债务承担保证责任；加重债务的，保证人对加重的部分不承担保证责任。"依据该条规定，债权人和债务人协商变更债的内容，只要经过了保证人的书面同意，则不论是加重债务，还是减轻债务，保证人都应当对变更后的债务承担保证责任。法律之所以要求经保证人书面同意，一方面是因为，保证合同原则上具有要式性，如果经过保证人同意而变更债的内容，实际上是变更了保证合同的内容，则应当经过保证人的书面同意。另一方面，由于保证合同具有单务性，在因主债的内容发生变化而导致保证责任发生变化时，要求其必须经过保证人书面同意，也有利于减少争议的发生。

在债权人和债务人未经保证人书面同意变更债务的，应当区分两种情况认定其效力。

（1）债权人和债务人协商变更主债权债务合同内容，减轻债务的，保证人应当对变更后的债务承担保证责任。由于市场情况千变万化，在主合同订立以后，债务人确有可能变更主合同的内容。如果任何变更都直接导致保证人责任免除，则对于债权人和债务人的合同自由作了不必要的限制。② 在实践中，一些合同的变更对于保证人而言可能是有利的。例如，主债权人和债务人约定，减轻债务人的债务，或者免除债务人的利息，在此情形下，保证人的保证责任也应当相应减轻。由于减轻保证责任对保证人是有利的，因此，《民法典》第695条中所要求的必须经保证人书面同意，实际上不适用于此种情形。③

（2）加重债务的，保证人对加重的部分不承担保证责任。按照合同相对性的原理，合同仅能对当事人产生效力，合同当事人原则上不能为第三人设定负担，因此，在保证合同订立后，如果主债权人和债务人变更债的内容、加重债务的，应当取得保证人的书面同意，否则，无异于由债权人和债务人擅自为第三人增加了义务和负担，如果没有取得保证人的同意，则该约定对保证人是不产生效力的，保证人对加重的部分不承担保证责任。但对变更前的债务，保证人仍然应当承担保证责任。如果主合同变更加重了债务人的债务，此种变更已得到保证人同意的，保证人应当对变更后的合同债务承担保证责任。④

---

① 参见蔡青峰：《关于保证责任的几个问题》，载《法学》，1995（7）。

② 参见高圣平：《担保法论》，169页。

③ 参见谢鸿飞、朱广新主编：《民法典评注·合同编：典型合同与准合同2》，100页。

④ 参见最高人民法院民二庭编著：《担保法新释新解与适用》，278～279页。

(二) 以新贷偿还旧贷对保证责任的影响

以新贷偿还旧贷是指借新债还旧债。严格地说，以新贷偿还旧贷实际上构成债的更新，即通过成立新债的方式消灭旧债，原债的关系将因此而消灭。正是因为这一原因，《有关担保的司法解释》第 16 条第 1 款规定："主合同当事人协议以新贷偿还旧贷，债权人请求旧贷的担保人承担担保责任的，人民法院不予支持。"这就是说，在以新贷偿还旧贷的情形下，旧债的担保已经随着原债的消灭而消灭，债权人也不得再请求旧债的保证人承担保证责任。但依据该条规定，在如下两种情形下，应当分别处理。

第一，新贷与旧贷的担保人相同的，债权人可请求旧贷的担保人承担担保责任。因为在担保人相同的情形下，表明保证人已经知道并且同意既担任旧债的保证人，又担任新债的保证人。

第二，新贷与旧贷的担保人不同，或者旧贷无担保新贷有担保的，在此情形下，债权人不得请求保证人继续对新贷承担保证责任。在以新还旧的情形下，两个债务都是债务人所负担的债务，但是，毕竟其是两个不同的法律关系。如果保证人只是针对旧的债务提供担保，对新的债务的发生并不知道或不应当知道的，保证人可主张不再承担担保责任。在此情形下，通常不能直接认定保证人知道或者认定保证人知道新贷，从保护保证人利益考虑，债权人不得请求保证人承担保证责任。但依据《有关担保的司法解释》第 16 条，如果债权人有证据证明，新贷的担保人提供担保时对以新贷偿还旧贷的事实知道或者应当知道的，则保证人仍应当承担保证责任。这主要是因为：如果债权人能够证明上述事实，表明保证人知道以新还旧的事实，并且仍然愿意提供保证。此时，按照私法自治原则，应当认定保证人仍需要依法承担保证责任。

(三) 变更债务履行期限应经保证人书面同意

《民法典》第 695 条第 2 款规定："债权人和债务人变更主债权债务合同的履行期限，未经保证人书面同意的，保证期间不受影响。"这就规定了变更主债权债务合同的履行期限须经保证人书面同意的规则。由于保证期限与主债务履行期限密切联系，保证期限通常要长于主债务履行期限才能实现保证合同的目的。如果保证期限早于主债务履行期限或者同时届满，依据《民法典》第 692 条第 2 款的规定，则视为没有约定保证期限。如果当事人对主合同中约定的履行期限进行变更，会显著影响保证人的利益。[1] 因此，《民法典》从维护保证人利益出发，要求债权人与债务人对主债务履行期限的变更必须取得保证人的书面同意。在未经保证人书面同意的情况下，无论是延长还是缩短主债务履行期限，这一变更都不对保证人发生效力，保证人的保证期间不受影响。此处之所以强调必须采用书面形式，主要是为了避免出现争议，并提示保证人谨慎同意。

(四) 债权转让对保证责任的影响

债权转让是指债权人与第三人之间达成协议，将债权人的债权转让给第三人。原则

---

① 参见黄薇主编：《中华人民共和国民法典合同编解读》(上册)，771 页。

上说，债权转让并不会加重保证人的责任，因为保证是为债务人履行债务的行为提供保证，债权转让通常不会加重债务人的负担，因此相应地也不会加重保证人的保证责任。但是，为保护保证人的利益，《民法典》第 696 条第 1 款规定："债权人转让全部或者部分债权，未通知保证人的，该转让对保证人不发生效力。"该条实际上设立了如下两个规则。

1. 债权转让应通知保证人

如前所述，债权转让一般不会影响保证责任的承担，因为任何新的债权人承受债权之后，保证人都应当对新的债权人承担保证责任。但是，债权转让应当通知保证人，其原因在于：一方面，债权让与后，如果不通知保证人，会导致保证人错误清偿，或增加保证人承担保证责任的成本和负担；另一方面，由于保证债务具有从属性，在债权让与的情形下，保证债权也随之转让，按照债权让与的一般规则，债权让与应当通知债务人，因此，保证债权的让与也应当通知保证人。① 此外，只有通知保证人，才能让保证人知道谁是新的债权人，从而有利于保证人向新的债权人履行保证债务，这也可以减少其负担。所以，依据该条规定，无论债权全部转让还是部分转让，其都应当通知保证人。②

2. 如果未通知保证人，债权转让对保证人不发生效力

依据《民法典》第 696 条规定，转让对保证人不发生效力。所谓不发生效力：第一，是指其不导致保证责任的消灭。这就是说，在通知保证人后，债权转让只是引起债权人身份的变化，而不会影响保证责任的承担。这一规定是保证债权在移转上的从属性的具体体现。即便债权转让没有通知保证人，保证人也不得据此主张不承担保证责任。第二，如果没有通知保证人，保证人并不知道新的债权人，此时，新的债权人向保证人主张承担保证责任的，保证人有权予以拒绝。第三，在债权转让未通知保证人的情形下，如果原债权人向保证人主张保证责任，保证人向原债权人作出履行的，仍然可以消灭其保证责任。在债权转让通知保证人之后，除非保证人与原债权人约定禁止债权转让，或者约定保证人仅对特定的债权人承担保证责任，否则保证人应当在原保证责任的范围内对新的债权人承担保证责任。③

《民法典》第 696 条第 2 款规定："保证人与债权人约定禁止债权转让，债权人未经保证人书面同意转让债权的，保证人对受让人不再承担保证责任。"该条确立了债权人违反保证人与债权人之间的禁止债权转让特约的法律效果。

所谓禁止转让特约，包括两类情况：一是保证人与债权人约定仅对特定的债权人承担保证责任。在此种情形下，当事人虽然没有明确约定债权人不得转让债权，但在保证合同中约定，保证人仅对特定的债权人承担保证责任，此种情形实际上属于变相禁止让与特约。二是保证人与债权人约定，在保证合同订立后，禁止债权人转让债权。达成该协议之后，并不意味着债权人不能转让债权，也不意味着导致债权让与无效。依据《民法典》第 696 条第 2 款规定，债权人违反禁止债权转让约定将导致保证人对受让人的债权不再承担保证

---

① 参见黄薇主编：《中华人民共和国民法典释义》，704 页。

② 参见谢鸿飞、朱广新主编：《民法典评注·合同编：典型合同与准合同 2》，106 页。

③ 参见程啸：《保证合同研究》，212 页。

责任，具体而言：第一，必须要经过保证人书面同意，也就是说，在保证人与债权人之间已经约定了禁止债权让与特约的情形下，债权人转让债权的，应当取得保证人的同意，而且此种同意也应当采用书面形式。第二，如果债权人违反了禁止转让的约定，并不导致债权转让行为无效。也就是说，债权人违反禁止债权让与特约转让债权的，也只是对保证人的保证责任产生影响，而不会影响债权让与的效力。第三，债权人违反约定，保证人不再承担保证责任。因为双方当事人已经明确约定了保证人的责任对象仅限于原债权人，符合私法自治的基本原理。在这种情况下，保证人不对受让人承担保证责任，即使导致受让人预期利益受损，其也只能向债权让与人主张违约责任，而与保证人无关。尤其应当看到，保证人和债权人之间订立禁止债权转让的特约，可能是因为保证人和债权人之间具有特殊的商业关系，保证人不愿向其他债权人承担保证责任，同时，债权让与也常常涉及保证人的切身利益。例如，原债权中可能涉及诉讼管辖或者有关争议解决方法的特别规定，一旦发生债权转让，将会改变相关的规则，可能对保证人不利。①

（五）债务移转对保证责任的影响

债务移转又称免责的债务承担，是指债务人与第三人达成协议，债务人脱离原债的关系，而由第三人承担债务人的债务。债务移转通常会对保证人的责任产生影响，因此，《民法典》第 697 条第 1 款规定："债权人未经保证人书面同意，允许债务人转移全部或者部分债务，保证人对未经其同意转移的债务不再承担保证责任，但是债权人和保证人另有约定的除外。"该条实际上确立了如下规则。

1. 债务移转必须取得保证人的书面同意

依据《民法典》第 697 条，债权人允许债务人移转全部和部分债务，应当取得保证人书面同意。所谓书面同意，是指保证人应当通过书面方式表示同意债务人移转债务。《民法典》之所以要求债务移转必须经过保证人书面同意，主要原因在于：一方面，保证人承担保证责任一般以债务人不履行债务为前提，因此，债务人的财产状况直接关系到保证人应否承担保证责任以及清偿后追偿权能否实现的问题。在主债务转让的情形，新的债务人是否具有清偿能力将直接影响保证人保证责任的承担。即便新的债务人具有清偿能力，如果其不履行债务，甚至逃避债务，保证人仍应承担保证责任。另一方面，保证人一般是基于其与债务人之间的人身信赖关系而提供保证担保的，保证人基于对原债务人的信任而提供担保，但其与新债务人之间通常并不存在信任关系，因此，债务人转让债务应当得到保证人的书面同意。作出书面同意后，表明保证人认可了该债务转让行为，并表明保证人愿意对该债务的受让人承担保证责任。如果债务人转让债务未经保证人书面同意，则保证人对转让的部分不再承担保证责任。② 此外，要求保证人书面同意，也有利于保存证据，减少纠纷。

2. 债务移转未经保证人书面同意的法律效果

如果债务移转未经保证人书面同意，将产生如下效果。

---

① 参见程啸：《保证合同研究》，358 页。

② 参见郭明瑞：《担保法》，57 页。

第一，债务移转仍然发生效力。债务移转是债务人与债务承担人之间的合同关系，只要当事人就债务移转达成合意，不存在民事法律行为无效的事由，就将产生法律效力，至于保证人是否同意，并不影响债务已经发生移转的效力。在债务移转下，如果保证人没有书面同意，此时原债务人向法院起诉，要求确认债务移转协议有效的，法院不能以未经保证人同意为由而否定债务移转的效力。

第二，保证人不再承担保证责任。一方面，在债务移转的情形下，由于债务人发生了变化，保证人是否愿意为新的债务人担保，应由其自己决定。另一方面，保证人承担的保证责任依赖于其所担保的债务人是否履行债务，因为不同债务人的偿债能力与履约能力是不同的，所以债务移转要对保证人发生效力，则应经保证人书面同意。

需要指出的是，此处需要区分全部移转与部分移转，如果是全部移转未经保证人同意，则保证人不再承担保证责任。但如果是部分移转未经保证人同意，则保证人仅就未经其同意的部分不再承担保证责任。当然，此处的决定权在保证人，如果保证人愿意继续承担保证责任，则其可以继续承担保证责任。①

第三，即便债务移转没有取得保证人同意，但如果债权人和保证人特别约定，保证人仍应承担保证责任的，则保证人不得拒绝承担保证责任。也就是说，按照私法自治原则，如果债权人与保证人特别约定，债务移转不影响保证责任的承担，则该约定也具有法律效力。此处债权人与保证人的约定既可以是债务移转之前的约定，也可以在债务移转之后作出约定。

（六）债务加入对保证责任的影响

所谓债务加入，又称并存的债务承担，它是指第三人加入债的关系，成为新的债务人，与原债务人共同负担债务。在第三人加入债务的情形下，债务加入显然会增加债权人债权获得清偿的可能性，对债权的实现是有利的，因此，保证人不得主张免责。② 但由于保证责任是保证人以自己的责任财产提供信用担保，保证人的保证责任并不会因为第三人债务加入而减少或增加。也就是说，保证人的保证责任不会受到第三人加入债务的影响。③ 因此，《民法典》第697条第2款规定："第三人加入债务的，保证人的保证责任不受影响。"

如何理解"保证人的保证责任不受影响"？本书认为，所谓"不受影响"，主要包括如下三个方面的含义。

第一，保证人仍对原债务人履行债务的行为提供担保。也就是说，在债务加入的情形下，除非保证人有明确的意思表示，否则保证人仅仅只针对原债务人履行行为提供保证，但并未对新加入的债务人履行债务的行为进行保证。例如，在一般保证中，在新加入的债务人未能履行债务时，债权人请求保证人承担保证责任的，则保证人有权要求债权人请求原债务人继续履行，如果原债务人无法履行债务的，保证人才需要依法承担保证责任。

第二，保证人提供保证的方式不受影响。也就是说，保证人基于保证合同而承担一

---

①② 参见黄薇主编：《中华人民共和国民法典释义》，728页。

③ 参见谢鸿飞、朱广新主编：《民法典评注·合同编：典型合同与准合同2》，111页。

般保证或者连带责任保证的，该保证方式并不因并存的债务承担而受到影响。

第三，保证人提供担保的份额不受影响。《民法典》第699条允许保证人与债权人约定其应承担保证份额，保证人仅在该约定的份额内承担保证责任。如果当事人对保证人提供担保的份额作出了约定，该份额也不受债务加入行为的影响。

由于公司对外担保是一种无偿行为，会对公司正常经营、股东利益、债权人债权实现产生不利影响。为此，《公司法》专门规定了公司对外担保的程序和要件。而债务加入的责任更重，举轻以明重，承担担保这种从属性债务尚且需要符合公司法的程序要求，则债务加入也应符合相关的程序。据此，《有关担保的司法解释》第12条规定："法定代表人依照民法典第五百五十二条的规定以公司名义加入债务的，人民法院在认定该行为的效力时，可以参照本解释关于公司为他人提供担保的有关规则处理。"依据这一规定，法定代表人以公司名义加入债务的，必须作出加入债务的决议，遵守决议程序，而不能通过债务加入来规避公司对外担保规则的适用。

(七) 第三人提供差额补足、流动性支持

所谓差额补足，是指当事人约定或第三人承诺，如果债务人没有按照贷款合同支付主债权款项，致使主债务没有实现，债权人有权要求差额补足人依约补足差额款项。换言之，如果主义务人未按约定履行义务时，由第三人按照约定履行差额补足义务。所谓流动性支持，是指基于当事人约定或第三人承诺，由流动性提供方就流动性接收方发生的差额提供金钱给付义务。这些措施是在交易中作为一项增信措施使用的，但它们究竟属于何种法律关系?《有关担保的司法解释》区分了如下几种情况。

第一，具有提供担保的意思表示。《有关担保的司法解释》第36条第1款规定："第三人向债权人提供差额补足、流动性支持等类似承诺文件作为增信措施，具有提供担保的意思表示，债权人请求第三人承担保证责任的，人民法院应当依照保证的有关规定处理。"因此，第三人向债权人提供差额补足、流动性支持等类似承诺文件作为增信措施时，要认定当事人是否具有担保意思。一是要考虑差额补足等是否要以债务人不履行债务为前提，如果当事人义务的履行并不以债务人不履行债务为前提，则不宜将其认定为担保。二是要考虑是否存在承担保证责任的意思。如果差额补足、流动性支持符合保证的条件，就构成非典型保证。

第二，具有加入债务或者与债务人共同承担债务等意思表示。《有关担保的司法解释》第36条第2款规定："第三人向债权人提供的承诺文件，具有加入债务或者与债务人共同承担债务等意思表示的，人民法院应当认定为民法典第五百五十二条规定的债务加入。"也就是说，如果当事人并没有提供担保的意思，而是为了加入债务，与债务人共同负担债务，如果符合债务加入的构成条件，则应当将其认定为债务加入，而非保证。

第三，"存疑推定为保证"。《有关担保的司法解释》第36条第3款规定："前两款中第三人提供的承诺文件难以确定是保证还是债务加入的，人民法院应当将其认定为保证。"即如果难以判断当事人究竟是为了提供保证还是债务加入，则应当将其认定为保证。确认此规则的主要理由在于，与债务加入行为相比，提供保证对保证人更为有利，

因为在债务加入的情形下，债务加入人在履行债务后不能向原债务人追偿，而在保证的情形下，保证人在承担责任后，其有权向债务人追偿，因此，在难以判断当事人究竟是提供保证还是债务加入时，将其认定为保证，更有利于保护当事人的利益。

第四，不能确定属于上述三种情况的责任。《有关担保的司法解释》第 36 条第 4 款规定："第三人向债权人提供的承诺文件不符合前三款规定的情形，债权人请求第三人承担保证责任或者连带责任的，人民法院不予支持，但是不影响其依据承诺文件请求第三人履行约定的义务或者承担相应的民事责任。"依据这一规定，如果差额补足等并不构成保证或者债务加入，也不意味着其不具有任何法律效力，如果基于约定而产生，则其本身已经构成了独立的合同条款，合同条款已经生效，当事人也应当按照约定履行义务，否则应当承担违约责任。

四、保证责任的消灭

由于保证责任具有从属性，保证人所应承担的保证责任的大小取决于主债务人债务的大小，因而，在保证合同成立以后，主合同的当事人不能随意加重保证人的责任。保证人的责任可能因以下原因免除或者消灭。

（一）主债务消灭

保证合同的目的是担保主债务合同的履行。按照保证合同从属性规则，主债务合同因为清偿、抵销、免除等原因而消灭，则保证合同自然归于消灭。由于保证责任具有从属性，所以主债务因清偿、免除、提存、抵销、混同等原因而发生全部或部分消灭的，则保证责任也相应地消灭。如果主债务部分消灭（如债务人履行了部分债务，或者主债务因不可抗力或意外事故造成不能履行而减少等），则保证人的责任也要随之减轻。

（二）债权人免除保证人的保证责任

保证合同是债权人与保证人之间达成的协议，如果债权人与保证人约定免除保证人的保证责任，保证人也可以不再承担保证责任。[①] 问题在于，债权人与保证人约定减轻保证责任是否需要取得债务人的同意？本书认为，债权人与保证人之间约定免除保证人保证责任不需要得到债务人同意，因为债务人不是保证合同的当事人，因此免除不必征得债务人同意。但是，如果保证人与债权人达成的免除保证责任的协议，违反了保证人与主债务人之间的保证委托合同，则债务人有权请求保证人承担违约责任。

（三）一般保证中债权人放弃或怠于行使对主债务人的权利

《民法典》第 698 条规定："一般保证的保证人在主债务履行期限届满后，向债权人提供债务人可供执行财产的真实情况，债权人放弃或者怠于行使权利致使该财产不能被执行的，保证人在其提供可供执行财产的价值范围内不再承担保证责任。"该条设立了一

---

① 参见陈本寒：《担保法通论》，94 页。

种免责抗辩权。[①] 依据该条规定，在一般保证中，如果保证人在债务履行期限届满后向债权人提供了债务人可供执行财产的真实情况，此时，债权人应当就保证人所提供的债务人的财产的状况积极主张权利，如果因为债权人不积极主张权利，导致自身债权无法实现的，则债权人应当负担其债权不能实现的风险，保证人有权在其提供可供执行财产的价值范围内主张不再承担保证责任。法律作出此种规定，既有利于督促债权人积极行使权利，也有利于避免道德风险。如果债权人放弃或怠于行使对主债务人的权利，将导致债务人的责任财产流失，难以强制执行，势必会加重保证人的保证责任，因此，应当使保证人在其提供可供执行财产的价值范围内不再承担保证责任。[②] 需要指出的是，该条规定只适用于一般保证，而不适用于连带责任保证，因为在连带责任保证中，在债务人不履行到期债务时，债权人有权选择请求债务人或者保证人承担责任，保证人承担保证责任不以债权人就债务人责任财产强制执行无法获得清偿为条件。

需要指出的是，从《民法典》第 698 条规定来看，在债权人放弃或怠于行使对主债务人的权利的情形下，保证人只能在其所提供的债务人可供执行财产的价值范围内主张不承担保证责任，而不能主张完全不承担任何保证责任，对该可供执行财产的价值范围之外的债务，保证人仍应当依法承担保证责任。

（四）保证期间经过

保证期间是法定的或约定的保证责任的存续期间，债权人应该在保证期限内请求保证人承担保证责任，保证人也仅在该期限内负担保证责任。保证期间届满，保证人的责任也归于消灭。《有关担保的司法解释》第 34 条第 2 款规定："债权人在保证期间内未依法行使权利的，保证责任消灭。保证责任消灭后，债权人书面通知保证人要求承担保证责任，保证人在通知书上签字、盖章或者按指印，债权人请求保证人继续承担保证责任的，人民法院不予支持，但是债权人有证据证明成立了新的保证合同的除外。"依据该条规定，保证期间届满后，保证人的保证责任即消灭，此时，即便保证人在债权人要求保证人承担保证责任的书面通知中签字、盖章或者按指印，其也无须承担保证责任，因为在此情形下，保证人的保证责任已经消灭，保证人仅在该通知中签字、盖章或者按指印，也无法恢复其保证责任。当然，如果债权人能够证明保证人有重新提供保证的意思，能够在当事人之间成立新的保证合同的，则保证人仍应当依据该新的保证合同承担保证责任。

（五）保证债务消灭

保证责任产生的基础是保证合同，如果保证合同被解除，或者被宣告无效或被撤销，则保证债务将不再存在，将导致保证责任的消灭。另外，基于保证债务的从属性，主债务被宣告无效或撤销，保证人也不再承担保证责任。保证债务消灭，但可能依法承担赔偿损失等责任。

---

① 参见李国光等：《最高人民法院〈关于适用中华人民共和国担保法若干问题的解释〉理解与适用》，126 页，长春，吉林人民出版社，2000。

② 参见王轶等：《中国民法典释评·合同编·典型合同》（上卷），327 页。

第九节　保证期间与诉讼时效

一、保证期间

（一）保证期间的概念和特征

所谓保证期间，是指在保证合同的当事人之间约定，或者依法律规定由保证人承担保证责任的期限。《民法典》第692条规定："保证期间是保证人承担保证责任的期间，不发生中止、中断和延长。"这是法律关于保证期间的明确规定。如前所述，保证合同具有单务性、无偿性，保证合同为保证人单方面设定了义务，为避免保证人的责任过重，法律设定了保证期间制度，其目的在于平衡当事人之间的利益。

保证期间的设立，主要基于如下立法目的的考量：一是限制保证人的责任。保证期间确定了保证人承担责任的期限，这不仅有利于明确保证人的责任范围，而且有助于合理限制保证人的责任，从而避免保证人无限期地承担责任。二是督促债权人行使权利。保证期间直接关系到保证责任的承担，即保证人只需在保证期间内负保证责任，而债权人也只能在保证期间内请求保证人承担保证责任。保证期间一旦经过，保证人的保证责任即消灭，债权人也无权向保证人提出请求。因此，法律设置保证期间制度，也有利于督促债权人积极行使权利。

保证期间是"保证责任的存续期间"。该期间一般由当事人在保证合同中作出约定。在当事人没有特别约定的情况下，则应适用法律的规定。[①] 依据《民法典》第692条，保证期间具有如下特征。

第一，保证期间是就保证责任的承担所设定的期间。从性质上说，保证期间是保证责任的存续期间，它既非保证合同的有效期间，也非附期限合同中的期限，而仅仅是针对保证责任的承担所设定的期限。也就是说，如果债权人在保证期间内未向保证人或主债务人提出请求，则保证责任自动消灭。[②]

第二，保证期间由当事人约定或法律规定。一方面，保证期间可以由当事人约定。保证期间设立的目的在于限制保证人的责任、保障保证人的利益，当事人可以就保证期间作出特别约定，按照私法自治的原则，此种约定应当有效。[③] 保证合同本身是意思自治的产物，保证期间的长短也可以由当事人通过特别约定确定，当事人约定的保证期间超过诉讼时效期间，在法律上都是有效的。当然，如果当事人约定的保证期间过短，如当事人约定的保证期间短于主债务履行期间，或者与债务履行期间同时届满，则是没有意义的，此时，视为当事人没有约定保证期间，而适用法定的保证期间。另一方面，法律对保证期间作出了规定，例如，《民法典》第692条第2款规定："没有约定或者约定

---

① 参见于玉：《简论最高额保证的保证期间》，载《法学杂志》，2000（3）。

② 参见刘保玉主编：《担保法疑难问题研究与立法完善》，251页，北京，法律出版社，2006。

③ 参见谢鸿飞、朱广新主编：《民法典评注·合同编：典型合同与准合同2》，84页。

不明确的，保证期间为主债务履行期限届满之日起六个月。”这就是法定的保证期间的规定。但法律关于保证期间的规定属于任意性规定，允许当事人通过约定排除。所谓没有约定，是指保证人与债权人没有约定保证期间。所谓约定不明，是指当事人虽然约定了保证期间，但无法根据当事人的约定确定具体的保证期间。对此，《有关担保的司法解释》第 32 条规定：“保证合同约定保证人承担保证责任直至主债务本息还清时为止等类似内容的，视为约定不明，保证期间为主债务履行期限届满之日起六个月。”该条就规定了当事人约定不明的一种典型情形，因为无法从“直至主债务本息还清时为止”这一表述中确定具体的保证期间，因此应将其认定为保证期间约定不明，从而适用法定保证期间。

第三，保证期间是保证合同的组成部分。保证合同的当事人可以就保证期间作出约定，只要此种约定不违反法律的强制性规定，该约定就是有效的，其应当成为保证合同的重要组成部分。按照保证合同从属性规则，保证合同以担保主债务的履行为目的，保证期间的设定不得违背这一目的。《民法典》第 692 条第 2 款规定：“债权人与保证人可以约定保证期间，但是约定的保证期间早于主债务履行期限或者与主债务履行期限同时届满的，视为没有约定；没有约定或者约定不明确的，保证期间为主债务履行期限届满之日起六个月。”因此，如果当事人之间约定的保证期间早于或者等于主债务履行期限的，视为没有约定。因为此种约定违反了保证责任的从属性规则，也违背了当事人订立保证合同的目的。[①] 如果当事人没有就保证期间作出特别约定或者约定不明，则法律规定的保证期间可以自动成为保证合同的内容。[②]

第四，保证期间为不变期间。《民法典》第 692 条第 1 款规定：“保证期间是确定保证人承担保证责任的期间，不发生中止、中断和延长。”法律作出此种规定的原因在于，保证期间作为权利存续期间，在性质上属于不变期间。例如，在一般保证中，在保证期间内，一旦债权人以提起诉讼或者申请仲裁的方式向债务人主张权利，则保证期间所具有的督促债权人行使权利的制度目的就已经实现，保证期间也将失效，保证期间并不会发生中断、中止或者延长。

依据《民法典》第 692 条第 2 款的规定，保证期间不因任何事由发生中断、中止、延长的法律后果。据此，有学者认为保证期间在性质上属于除斥期间。但本书认为，保证期间不能等同于除斥期间。一方面，从规范性质来看，除斥期间属于法律的强行性规定，不得由当事人改变。而保证期间以约定为原则，法定为例外[③]，当事人可以就保证期间作出约定。同时，在合同有效期间内，当事人也可以对保证期间进行变更。另一方面，从适用对象来看，除斥期间的适用对象主要为形成权。因为形成权将会根据一方的意志而发生法律关系发生、变更和消灭的效果，通过除斥期间对形成权进行限制，可以使其在较短的时间内消灭该形成权，以维护社会秩序的稳定性。[④] 而保证期间主要适用于请求权，即适用于债权人请求保证人承担保证责任的请求权。

---

① 参见程啸：《保证合同研究》，504 页。

② 参见谢鸿飞、朱广新主编：《民法典评注·合同编：典型合同与准合同 2》，86～87 页。

③ 参见高圣平：《担保法论》，114 页。

④ 参见芮沐：《民法法律行为理论之全部》，162 页，台北，三民书局，2002。

（二）保证期间的起算

依据《民法典》第692条的规定，保证期间从主债务履行期届满之日开始计算。从该规定来看，保证期间的开始并不要求债权人通过诉讼、仲裁等方式无法从主债务人处获得清偿，只要债务履行期限届满或者宽限期经过，保证期间即开始起算。关于主债务的履行期限，通常依据当事人的约定确定，但如果当事人没有约定债务履行期限，或者约定不明确的，则依据《民法典》第692条第3款确定。该款规定："债权人与债务人对主债务履行期限没有约定或者约定不明确的，保证期间自债权人请求债务人履行债务的宽限期届满之日起计算。"依据这一规定，在债权人与债务人没有约定主债务履行期限，或者约定不明时，则保证期间自债权人请求债务人履行债务的宽限期届满之日起计算。此处所说的"债权人请求债务人履行债务的宽限期届满之日"，实际上也是为了确定当事人没有明确约定债务履行期限时确定债务履行期限何时届满。因此，严格地说，其并非保证期间起算的特殊规则。

《民法典》第511条第4项规定："履行期限不明确的，债务人可以随时履行，债权人也可以随时请求履行，但是应当给对方必要的准备时间。"本项中的"必要的准备时间"即为宽限期。在宽限期届满之后，如果主债务人仍未清偿主债务的，应承担违约责任。① 而保证期间作为保证人承担保证责任的期间，在主合同对主债务的履行期限没有约定或约定不明时，保证人显然应于宽限期届满时起承担保证责任，而宽限期的届满之日也应作为保证期间的起算点。这一规定与保证期间自主债务履行期届满之日起算的规则是一致的。

（三）保证期间失效

所谓保证期间失效，是指在保证期间内，基于特定法律事实的发生，使保证期间不再具有法律意义，保证人也不得再以保证期间届满为由主张不承担保证责任。

确定保证期间是否失效，要区分一般保证与连带责任保证两种情形。

第一，一般保证中保证期间的失效。依据《民法典》第693条第1款的规定，"一般保证的债权人未在保证期间对债务人提起诉讼或者申请仲裁的，保证人不再承担保证责任"。在一般保证中，如果债权人通过向法院提起诉讼或者申请仲裁的方式请求债务人履行债务，则保证期间即失效。这是因为，保证期间的主要意义在于督促债权人积极主张权利，并对保证人的责任进行限制，而一旦债权人在保证期间内向债务人提起诉讼或者申请仲裁，则保证期间即失去了存在意义。当然，从《民法典》第693条第1款规定来看，债权人必须在保证期间内以提起诉讼或者申请仲裁的方式向债务人提出请求，否则，一旦保证期间经过，保证人即不再承担保证责任。

需要指出的是，在一般保证中，如果债权人仅起诉保证人，人民法院在追加债务人为共同被告时已经超过保证期间的，则保证人不再承担保证责任。同时，在一般保证中，即便债权人向主债务人提出了请求，但如果没有以提起诉讼或者申请仲裁的方式向债务

---

① 参见曹士兵：《中国担保诸问题的解决与展望》，136页，北京，中国法制出版社，2001。

人提出请求，一旦保证期间届满，则不论债权人是否在保证期间内向保证人提出请求，保证人均不再承担保证责任。因为从《民法典》第693条规定来看，对一般保证而言，保证期间失效的必要条件是债权人在保证期间内向债务人提起诉讼或者申请仲裁，否则，一旦保证期间经过，保证人即不再承担保证责任。①

在共同保证中，各个保证人的保证责任具有相对独立性，这也意味着对保证期间失效的认定也具有独立性。对此，《有关担保的司法解释》第29条第1款规定："同一债务有两个以上保证人，债权人以其已经在保证期间内依法向部分保证人行使权利为由，主张已经在保证期间内向其他保证人行使权利的，人民法院不予支持。"依据该规定，在共同保证中，如果债权人仅向部分保证人行使权利，并不能产生向其他保证人行使权利的效力，对其他保证人而言，一旦其保证期间经过，则其就不再承担保证责任。

第二，连带责任保证中保证期间的失效。《民法典》第693条第2款规定："连带责任保证的债权人未在保证期间请求保证人承担保证责任的，保证人不再承担保证责任。"在连带责任保证中，债权人必须在保证期间内向保证人请求承担保证责任，否则，一旦保证期间经过，则保证人不再承担保证责任。同时，对连带责任保证而言，一旦债权人在保证期间内向保证人主张承担保证责任，保证期间即失效。

从司法实践来看，债权人在起诉债务人或者保证人之后，可能会撤诉。此种情形是否导致保证期间失效？对此，《有关担保的司法解释》第31条区分了一般保证和连带责任保证，分别规定撤销对保证期间的影响，对一般保证而言，该条规定："一般保证的债权人在保证期间内对债务人提起诉讼或者申请仲裁后，又撤回起诉或者仲裁申请，债权人在保证期间届满前未再行提起诉讼或者申请仲裁，保证人主张不再承担保证责任的，人民法院应予支持。"依据该规定，对一般保证而言，如果债权人起诉债务人或者申请仲裁后又撤诉或者撤回仲裁申请的，意味着并没有对债务人起诉或申请仲裁，则保证期间并不失效。

就连带责任保证而言，《有关担保的司法解释》第31条第2款规定："连带责任保证的债权人在保证期间内对保证人提起诉讼或者申请仲裁后，又撤回起诉或者仲裁申请，起诉状副本或者仲裁申请书副本已经送达保证人的，人民法院应当认定债权人已经在保证期间内向保证人行使了权利。"依据该规定，在连带责任保证中，如果在保证期间内债权人已经对保证人提起诉讼或者申请仲裁，但是其后又撤诉或者撤回仲裁申请的，如果起诉状副本或者仲裁申请书副本已经送达保证人，则应当认定债权人已经向保证人主张了权利。此时，保证期间将失效。上述规定之所以区分一般保证和连带责任保证，而分别确定撤诉和撤回仲裁申请对保证期间的影响，主要是因为：在一般保证中，确定保证期间的失效要求债权人必须在保证期间内对债务人提起诉讼或者申请仲裁，因此，债权人撤诉或者撤回仲裁申请的，保证期间并不失效；而在连带责任保证中，债权人向保证人提出的方式不限于诉讼和仲裁，因此，债权人只需要在保证期间内对保证人主张权利，就可以使保证期间失去意义，因此即便债权人撤诉或者撤回仲裁申请，只要起诉状副本

① 参见谢鸿飞、朱广新主编：《民法典评注·合同编：典型合同与准合同2》，88页。

或者仲裁申请书副本已经送达保证人，则应当认定债权人已经向保证人提出了请求，如此可以产生使保证期间失去意义的法律效力。

（四）保证期间届满的法律效果

保证期间届满的法律效果是指在保证期间内，如果债权人没有向保证人或者主债务人主张权利，保证人将不再承担保证责任。但保证期间届满要产生此种效果，必须要区分一般保证和连带责任保证：第一，在一般保证中，由于保证人依法享有先诉抗辩权，《民法典》第 693 条第 1 款规定："一般保证的债权人未在保证期间内对债务人提起诉讼或者申请仲裁的，保证人不再承担保证责任。"因此，如果债权人没有在保证期间内向主债务人提起诉讼或者申请仲裁，则保证人不再承担保证责任。第二，对于连带责任保证而言，《民法典》第 693 条第 2 款规定："连带责任保证的债权人未在保证期间对保证人主张承担保证责任的，保证人不再承担保证责任。"因为在连带责任保证中，在主债务履行期限届满后，债权人可以直接请求保证人承担保证责任，保证人也必须承担保证责任，因而在连带责任保证期间以内，如果债权人未对保证人提出请求，则保证期间经过后，保证人即不再承担保证责任。① 由此可见，保证期间和时效的区别在于，保证期间的届满会导致权利本身的消灭，而不仅仅是导致抗辩权的产生；而时效届满的后果是义务人可以据此提出抗辩。

正是因为保证期间届满涉及债权人是否有权要求保证人承担保证责任的问题，《有关担保的司法解释》第 34 条第 1 款规定："人民法院在审理保证合同纠纷案件时，应当将保证期间是否届满、债权人是否在保证期间内依法行使权利等事实作为案件基本事实予以查明。"依据该规定，对于保证期间届满的效果，人民法院应当依据职权进行审查。因为保证期间届满发生权利消灭的后果，且一旦保证责任消灭，债权人即无权请求保证人承担保证责任，因此，其关系到债权人是否有权向保证人主张权利的问题，所以不必由当事人主张，法院应当主动进行审查。当然，保证人也可以提交相关的证明材料，以证明保证期间已经届满。②

《有关担保的司法解释》第 33 条规定："保证合同无效，债权人未在约定或者法定的保证期间内依法行使权利，保证人主张不承担赔偿责任的，人民法院应予支持。"作出这种规定的原因在于，既然合同被确认无效之前，债权人没有在保证期间内主张权利，保证期间已经失效，保证人不应当承担担保责任，在保证责任无效后反而要保证人承担保证责任，这对保证人本身不公平。因此，如果保证期间届满，在保证合同被宣告无效的情形下，保证人也不应当承担赔偿责任。

二、保证债务的诉讼时效

（一）保证债务诉讼时效的概念和特征

所谓保证债务的诉讼时效，是指当债权人请求保证人履行保证债务，经过法定的保

---

① 参见高圣平：《保证合同重点疑点难点问题判解研究》，277 页。

② 参见上海市高级人民法院民二庭《关于审理担保、票据等民商事纠纷案件若干问题的处理意见》。

证时效期间，保证人享有拒绝承担保证责任的抗辩权。《民法典》第 694 条对保证债务的诉讼时效作出了规定，保证债务的诉讼时效期间适用一般的诉讼时效期间，即其时效期间为 3 年。[①] 法律规定保证债务诉讼时效的意义在于，债权人在保证期间内向主债务人或保证人主张权利后，保证期间即失去意义，保证人不能够主张保证期间抗辩，但在此情况下，保证债务也不能一直存续，否则将使保证人承担过重的责任，因此，法律上确认保证债务可适用单独的诉讼时效。从法理上而言，保证期间是债权人选择是否要求保证人承担保证责任的期间，如果债权人要求保证人承担保证责任，则会导致保证之债的出现，保证之债与普通的债务无异，理应存在时效问题。

保证债务诉讼时效制度的设立，使保证人享有两种期限利益：一是保证期间利益；二是时效利益。如果债权人没能在保证期间内向债务人或者保证人主张其债权，则一旦保证期间届满，保证人的保证责任也随即消灭。而如果债权人在保证期间内依法向债务人或者保证人已经主张权利，则保证期间即失去意义，但此时保证债务的诉讼时效并未开始起算，因为保证债务诉讼时效的起算仍然需要区分一般保证与连带责任保证，对一般保证而言，在债权人对债务人提起诉讼或者申请仲裁的情形下，保证债务诉讼时效自保证人拒绝承担保证责任的权利消灭之日起计算；而对连带责任保证而言，保证债务诉讼时效自债权人在保证期间内依法向保证人主张权利之日起算。

需要指出的是，保证债务诉讼时效不同于主债务的诉讼时效，在实践中应当分别予以计算，特别是在如下两种情形下，对二者届满的效果也应当分别予以认定。

一是主债务诉讼时效期间届满，但保证债务诉讼时效并未届满。此时，保证人虽然无法主张保证债务诉讼时效届满的抗辩，但其可以主张债务人对债权人的时效届满的抗辩。《有关担保的司法解释》第 35 条规定："保证人知道或者应当知道主债权诉讼时效期间届满仍然提供保证或者承担保证责任，又以诉讼时效期间届满为由拒绝承担保证责任或者请求返还财产的，人民法院不予支持；保证人承担保证责任后向债务人追偿的，人民法院不予支持，但是债务人放弃诉讼时效抗辩的除外。"依据该条规定，如果主债务诉讼时效已经届满，则保证人仍然可以对该债务的履行提供保证，保证人也可以在主债务诉讼时效届满后仍然承担保证责任。但在主债务诉讼时效届满后，保证人继续承担保证责任的，则除债务人放弃诉讼时效抗辩的情形外，保证人不得向债务人追偿。

二是主债务诉讼时效期间没有经过，但是保证债务诉讼时效期间已经经过。由于主债务诉讼时效与保证债务的诉讼时效产生的基础不同，且起算点各不相同，并可以发生中止、中断、延长的效果，所以就会发生保证债务诉讼时效与主债务诉讼时效不同期的现象。如果主债务诉讼时效期间没有经过，但保证债务诉讼时效期间已经过，此时保证人可以基于保证合同主张时效经过的抗辩。

（二）保证债务诉讼时效与保证期间

在《民法典》颁行前，虽然我国立法和有关司法解释同时规定了保证期间与保证债务的诉讼时效制度，但并没有妥当衔接二者的适用关系，也由此引发了一些争议。本书

---

① 参见黄薇主编：《中华人民共和国民法典释义》，728 页。

认为，保证期间与保证债务诉讼时效制度虽然都是限制保证责任的制度，但二者的功能不同，不能互相代替，我国《民法典》同时规定的保证期间与保证债务诉讼时效，虽然都是权利行使的期限，但二者存在如下区别。

第一，是否可以由当事人自由约定不同。保证期间既可以是约定的，也可以是法定的，如果当事人约定了保证期间，则该约定期间将优先于法定期间而适用。在当事人约定保证期间的情形下，其一般是保证合同的组成部分。而保证债务诉讼时效是法定的，不论是保证债务的诉讼时效期间，还是诉讼时效的起算规则，都是由法律规定的，当事人不能另行作出约定。

第二，期限长短不同。从《民法典》规定来看，法定保证期间为 6 个月，但当事人也可以自由约定保证期间，《民法典》并没有对当事人约定保证期间的自由进行过多限制。当然，如果当事人约定的保证期间过长，则对保证人将是极为不利的。而保证债务诉讼时效期间的长短则是法定的，《民法典》并没有对保证债务的诉讼时效期间作出特别规定，其应当适用诉讼时效期间的一般规则，即应当为 3 年。

第三，期限是否可以变更不同。保证期间是不变期间，《民法典》第 692 条规定："保证期间是确定保证人承担保证责任的期间，不发生中止、中断和延长。"因此，不论是当事人约定的保证期间，还是法律规定的保证期间，都不发生中止、中断和延长。而诉讼时效可能因为法定事由的存在而出现中止、中断的情形，因此，诉讼时效期间是可以发生变更的。

第四，起算点不同。关于保证期间的起算，依据《民法典》第 692 条第 2 款和第 3 款的规定，法定保证期间自主债务履行期届满之日开始计算，如果没有约定履行期间或者约定不明的保证期间"自债权人请求债务人履行债务的宽限期届满之日起计算"。可见，保证期间自主债务履行期限届满之日开始起算。关于保证债务诉讼时效的起算，《民法典》区分了一般保证与连带责任保证，分别规定了其诉讼时效的起算规则。

第五，期限届满的后果不同。保证期间届满，债权人在该保证期间内未主张权利的，则保证责任消灭。保证债务的诉讼时效届满的，并不导致保证债务的消灭，但债权人在诉讼时效届满后请求保证人承担保证责任的，保证人有权提出时效抗辩。

（三）保证债务诉讼时效的起算

1. 一般保证中保证债务诉讼时效的起算

《民法典》第 694 条第 1 款规定："一般保证的债权人在保证期间届满前对债务人提起诉讼或者申请仲裁的，从保证人拒绝承担保证责任的权利消灭之日起，开始计算保证债务的诉讼时效。"该条对一般保证中保证债务诉讼时效的起算规则作出了规定。

一般保证中，保证债务诉讼时效的起算应当适用诉讼时效起算的规则，依据《民法典》第 188 条规定，诉讼时效采主观主义的起算模式，即自债权人知道或者应当知道其权利遭受损害且知道具体的义务人之日起算。在保证债务中，由于保证合同是在债权人与保证人之间订立的，因此，债权人并不存在是否知道债务人的问题，关键是如何确定债权人知道或者应当知道其权利遭受损害。本书认为，在一般保证中，保证人享有先诉抗辩权，在债权人对债务人提起诉讼或者申请仲裁的情形下，如果保证人的先诉抗辩权消灭，则保证人应当承担保证责任，如果保证人未承担保证责任的，则应当认定债权人已经知道或者应当知道其保证债权已经受到损害，此时即开始起算保证债务的诉讼时效。①

如何理解“从保证人拒绝承担保证责任的权利消灭之日”？一般认为，拒绝承担保证责任的权利是指保证人不能主张各种抗辩，拒绝承担保证责任的权利即消灭。② 例如，在债权人起诉债务人的情形下，如果债权人通过强制执行程序无法从债务人处获得完全清偿，即应当认定保证人拒绝承担保证责任的权利消灭，此时即应当开始起算保证债务的诉讼时效。在债权人对债务人提起诉讼或者申请仲裁的情形下，如何确定债权人何时无法从债务人处获得完全清偿，值得探讨。对此，依据《有关担保的司法解释》第 28 条规定，在债权人无法从债务人处获得完全清偿时，则人民法院需要作出终结执行裁定，自人民法院作出的终结执行裁定或者终结本次执行裁定送达债权人之日，即可开始起算保证债务的诉讼时效。但从实践来看，法院常常并不作出此种裁定，此时，依据司法解释的上述规定，保证债务的诉讼时效自人民法院收到申请执行书满一年之日起计算。当然，在债权人对债务人提起诉讼或者申请仲裁的情形下，如果债权人能够证明存在《民法典》第 687 条第 2 款所规定的保证人先诉抗辩权消灭的情形，则自债权人知道或者应当知道该情形之日起开始计算保证债务的诉讼时效。③

2. 连带责任保证的诉讼时效的起算

《民法典》第 694 条第 2 款规定：“连带责任保证的债权人在保证期间届满前请求保证人承担保证责任的，从债权人请求保证人承担保证责任之日起，开始计算保证债务的诉讼时效。”由此可见，与一般保证的诉讼时效起算不同，在连带责任保证中，法律并不要求债权人必须要债务人在法院提起诉讼或向仲裁机构申请仲裁，才开始计算保证期间，因此如果债权人在保证期间届满前就已经要求保证人承担保证责任，则从债权人要求保证人承担保证责任之日起，即开始计算保证合同的诉讼时效④，而不应当自起诉和仲裁之日起算。从该条规定来看，其实际上也适用的诉讼时效起算的一般规则，即在连带责任保证中，主债务人未按期履行债务时，债权人在保证期间内请求保证人承担保证责任的，则保证人即应当依法履行保证债务，保证人未履行保证债务的，即应当认定债权人知道或者应当知道其保证债权遭受了侵害，此时即可开始起算保证债务的诉讼时效。例如，债权人甲与保证人乙订立连带责任保证合同，在主债务到期以后，乙的保证债务的诉讼时效起算之日即为甲向乙主张保证责任之日。对连带责任保证而言，由于《民法典》并未对保证债务的诉讼时效作出特别规定，因此，其也应当适用 3 年的诉讼时效期间。

（四）保证债务诉讼时效届满的效果

保证债务诉讼时效届满的效果是使保证人产生了主张时效抗辩的权利。从保证人的角度看，保证合同诉讼时效届满后，保证人享有时效经过抗辩，在债权人请求其承担保

---

①② 参见谢鸿飞、朱广新主编：《民法典评注・合同编：典型合同与准合同 2》，93 页。

③ 参见《有关担保的司法解释》第 28 条。

④ 参见程啸：《保证合同研究》，555 页。

证责任时，有权提出抗辩并拒绝履行。[①] 当然，保证人可以抛弃该时效利益。依据《民法典》第192条："诉讼时效期间届满的，义务人可以提出不履行义务的抗辩。诉讼时效期间届满后，义务人同意履行的，不得以诉讼时效期间届满为由抗辩；义务人已自愿履行的，不得请求返还。"在保证合同中，保证债务诉讼时效届满后，保证人可主张时效抗辩，但债权人请求保证人承担保证责任的实体权利并未消灭，在保证人自愿履行保证责任的情形下，债权人接受保证人的履行的，该履行仍发生法律效力，而不构成不当得利，保证人不得主张返还相应的给付。

三、保证期间与保证债务诉讼时效的衔接

依据《民法典》第693条、第694条的规定，在一般保证的场合，如果债权人在保证期间内向债务人提起诉讼或者仲裁的，保证期间便丧失意义，在保证人先诉抗辩权消灭后，保证债务的诉讼时效开始起算。因此，保证期间届满的抗辩与保证债务诉讼时效届满的抗辩并不可能同时存在。而对连带责任保证而言，债权人需要在保证期间内向保证人主张保证责任，而且如果债权人在保证期间内向保证人提出了请求，保证期间便丧失效力，此时，保证人拒绝履行保证债务的，保证债务的诉讼时效开始起算。

第十节　共同保证

一、共同保证的概念和特征

所谓共同保证，是指两个或两个以上的保证人为同一债务而向债权人所提供的担保。共同保证是相对于一人保证而言的，它是指数人为同一债务提供担保。例如，甲、乙、丙三人共同为债务人的同一借款提供保证。《民法典》第699条规定："同一债务有两个以上保证人的，保证人应当按照保证合同约定的保证份额，承担保证责任；没有约定保证份额的，债权人可以请求任何一个保证人在其保证范围内承担保证责任。"这就确立了共同保证制度。由于在共同保证中，有多个保证人为主债权提供担保，因而能够为债权的实现提供更有力的保障。具体来说，其特点主要表现在：

（1）数个保证人为同一债务提供担保。这就是说：一方面，共同保证所担保的债务必须具有同一性，如果数个保证人虽为同一债务人作保，但保证的债务不同（如甲为债务人的借款担保，乙为债务人修缮房屋所产生的费用提供担保，丙为债务人购买货物的债务提供担保），则其在性质上仍然属于个别保证，而不具有共同性。所以，即使债务人是同一人，但如果各个保证人所担保的债务并非同一债务，则也无法成立共同保证。另一方面，共同保证强调债务的同一性，就债务人而言，其既可以是单个的债务人，也可以是数个债务人，但债务应当是同一债务。可见，债务的同一性是共同保证不同于个别

① 参见古锡麟等：《适用诉讼时效制度若干问题研究》，载《人民司法》，2004（5）。

保证的另一个特点，即数个保证人共同为同一债务提供担保。此外，只要数个保证人均有为同一债务提供保证的意思，即可构成共同保证，而并不要求数个保证人必须形成提供共同保证的合意。例如，某个保证人在为他人提供保证时，并不知道其他保证人也已经为该债务人提供保证，但这并不影响共同保证的成立。

（2）共同保证人的责任可以是连带的，也可以是按份的。共同保证既可以是按份共同保证，也可以是连带共同保证，二者是共同保证的两种基本形式。① 保证人采取何种方式提供共同保证，完全由共同保证人与债权人进行约定。

（3）责任具有相对独立性。《有关担保的司法解释》第 29 条第 1 款规定："同一债务有两个以上保证人，债权人以其已经在保证期间内依法向部分保证人行使权利为由，主张已经在保证期间内向其他保证人行使权利的，人民法院不予支持。"依据该规定，在共同保证的情形下，债权人在保证期间内向部分保证人主张保证责任的，并不能当然产生向其他保证人主张权利的效果，在此情形下，如果债权人没有在保证期间内向其他保证人主张保证责任，则其他保证人的保证责任消灭。

共同保证与保证人承担保证责任的方式（一般保证与连带责任保证）是不同的概念。一方面，共同保证是指多个保证人为同一债务提供担保。而保证责任的方式则涉及保证人与债务人承担责任的方式。共同保证涉及的是保证人之间的关系，而保证责任的方式涉及的是保证人与债务人之间的关系。② 另一方面，共同保证主要涉及的是各个保证人承担保证责任的问题，而不涉及先诉抗辩权的问题，而在保证责任方式中，则涉及保证人先诉抗辩权的适用问题。

二、共同保证的两种形式

《民法典》第 699 条规定："同一债务有两个以上保证人的，保证人应当按照保证合同约定的保证份额，承担保证责任；没有约定保证份额的，债权人可以请求任何一个保证人在其保证范围内承担保证责任。"依据该规定，共同保证主要具有两种方式。

（一）按份共同保证

所谓按份共同保证，是指保证人与债权人在保证合同中约定各个保证人所承担的保证责任的份额，债权人只能在约定的份额限度内向各个保证人请求承担保证责任。③ 依据《民法典》第 699 条规定，如果各共同保证人与债权人之间已特别约定了保证的份额，则各共同保证人应依据约定的份额承担保证责任。

按份共同保证的特征主要在于：

第一，各个保证人与债权人就保证份额作出明确约定。例如，甲乙共同为债务人丙作保，在保证合同中与债权人丁约定，甲乙各承担 50%的保证责任，此种保证在性质上

---

① 参见谢鸿飞、朱广新主编：《民法典评注·合同编：典型合同与准合同 2》，117 页。

② 参见黄薇主编：《中华人民共和国民法典合同编解读》（上册），778 页。

③ 参见曹士兵：《中国担保诸问题的解决与展望》，72 页。

属于按份共同保证。保证合同成立后，债权人对各保证人并不享有连带债权，其只能请求各个保证人就其保证份额承担责任，而不能请求各保证人承担全部保证责任。[①] 按份共同保证不同于连带共同保证，其中最主要的区别就在于各个保证人之间是否与债权人就保证份额作出约定。如果仅仅是各个保证人内部约定按份为主债务人的债务提供保证，则该约定仅在各个保证人内部责任分担方面具有意义，而不能以此对抗债权人的请求权。

如果数个共同保证人与债权人特别约定，由某一部分共同保证人对全部债务负保证责任，另一部分保证人仅对部分债务负保证责任，则构成了连带共同保证和按份共同保证的混合。例如，保证合同当事人约定，保证人甲与保证人乙对全部的主债务即 100 万元的借款提供保证，而保证人丙与债权人约定仅对其中 20 万元的债务提供保证。在此情况下，如果债务人到期不能履行债务，债权人可享有如下请求权：一是依法请求甲或乙对全部债务负连带清偿责任。如果甲或乙未能清偿全部债务，则债权人仍有权请求丙在 20 万元的范围内承担清偿责任。二是债权人可以依法请求丙承担 20 万元的清偿责任，对于剩余 80 万元债务，债权人可以请求甲乙承担连带清偿责任。

第二，各个保证人按照约定的份额承担责任。《有关担保的司法解释》第 13 条第 1 款规定："同一债务有两个以上第三人提供担保，担保人之间约定相互追偿及分担份额，承担了担保责任的担保人请求其他担保人按照约定分担份额的，人民法院应予支持。"在按份共同保证中，各个保证人与债权人就保证份额事先作出明确约定，保证人只需要在约定份额内承担保证责任，对于约定份额之外的保证责任，保证人可以拒绝履行。如果保证人承担的保证责任超出约定保证份额的，则债权人将构成不当得利，保证人有权向债权人请求返还超出约定份额的部分；如果能够认定某个保证人是代主债务人或者其他保证人清偿，则该清偿有效，主债务人与其他保证人的责任在该超出的份额内免除[②]，此时，保证人与主债务人或者其他保证人之间成立无因管理，该保证人有权依据无因管理的规定向主债务人或者其他保证人追偿。

第三，在按份共同保证中，如果保证人按照保证合同约定的保证份额承担保证责任后，其有权在其履行保证责任的范围内对债务人行使追偿权。这主要是因为，保证人所承担的保证责任虽然也是对自己所负担的保证债务的履行，但在根本上是代替债务人履行债务，所以，在按份共同保证人承担保证责任后，其有权在履行保证责任的范围内向债务人追偿。[③]

第四，按份共同保证的保证人必须分别与债权人约定按份承担保证责任，如果当事人没有就保证责任的份额作出约定，或者约定不明的，则依据《民法典》第 699 条，保证人应当在其保证责任的范围内各自承担保证责任。但如何理解各自的份额？对此有两种观点：一种观点认为，应当依据《民法典》第 519 条规定，在份额难以确定时，视为份额相同；另一种观点认为，在没有约定或约定不明时，债权人可以请求任何一个保证人承担全部保证责任，保证人承担保证责任之后，可以向债务人追偿，但不能向其他保

---

① 郑玉波先生认为：这种分别负责的情况，并非严格的共同保证，而属于分别的一般保证。参见郑玉波：《民法债编各论》，891 页。本书认为，在上述情况下，各个保证人仍然是共同地为同一债务人的同一债务负责，因此仍具有共同性。

②③ 参见程啸：《保证合同研究》，560 页。

证人追偿。[1] 本书认为，第二种观点更为合理，在当事人没有约定或者约定不明确时，则视为各个保证人对债务人全部债务的履行承担保证责任，即债权人有权请求任何一个保证人承担全部责任。

(二) 连带共同保证

1. 连带共同保证的概念

所谓连带共同保证，是指各共同保证人与债权人并未就保证责任的份额作出约定，各个保证人对债务承担连带清偿责任。《民法典》第699条后半句规定："没有约定保证份额的，债权人可以请求任何一个保证人在其保证范围内承担保证责任。"连带共同保证的主要特点在于，各个保证人与债权人之间并未约定保证责任的份额，债权人可以请求任意一个保证人在其保证范围内承担保证责任。如果各个保证人的保证范围均是全部债务，则债权人可以向任一保证人主张全部债务的保证责任，从而形成连带共同保证。[2] 连带共同保证的特点在于：

第一，连带共同保证可以依据当事人约定或法律规定产生。连带共同保证分为一般连带共同保证和推定连带共同保证。一般连带共同保证是指各保证人约定均对全部主要债务的承担负担连带清偿责任的保证。例如，数个保证人与主债权人明确约定，连带地对全部100万元的债务提供保证。推定连带共同保证是指各保证人与债权人没有约定保证份额的共同保证，但符合法定的推定条件，应被认定为连带共同保证。

第二，连带共同保证是指各个保证人之间的连带保证。连带共同保证与连带责任保证是不同的，连带责任保证是指保证人与主债务人之间的连带保证责任，换言之，是保证人与债务人之间的连带，因为此种连带的存在而排除了保证人的先诉抗辩权。[3] 而在连带共同保证中，数个共同保证人与债权人之间达成协议，共同对债权人负连带保证责任，此种连带是就各保证人之间的关系而言的，即债权人可请求任何一个连带共同保证人对主债务负担全部保证责任。

第三，各个保证人必须是为同一债务负担连带保证责任。各个保证人可以同时与主债权人订立保证合同，也可以分别订立保证合同。各保证人就同一债务的履行而作出的保证可以不在同一时间内发生。因此，多个共同保证是同时成立，还是先后成立，均不影响共同保证的成立。[4] 只要由数人为同一债务的履行提供保证，就成立共同保证。

依据《有关担保的司法解释》第13条第2款，如果各个担保人在同一份合同书上签字、盖章或者按指印，则可以认定其有提供连带共同担保的意愿。当然，连带共同保证中，如果各个保证人仅对部分债务的履行提供连带共同保证，则该约定也具有法律效力，此时，各个保证人也仅对该部分债务的履行承担连带责任。因此《民法典》第699条后半句不再规定各个连带保证人承担全部保证责任，而是规定在其保证范围内承担保证责任。

---

① 参见黄薇主编：《中华人民共和国民法典合同编解读》(上册)，781页。

② 参见谢鸿飞、朱广新主编：《民法典评注·合同编：典型合同与准合同2》，117～118页。

③ 参见谢鸿飞、朱广新主编：《民法典评注·合同编：典型合同与准合同2》，117页。

④ 参见何志：《担保法判解研究与适用》，224页，北京，人民法院出版社，2010。

2. 连带共同保证与按份共同保证的区别

按份共同保证和连带共同保证都是共同保证的形式，都涉及在保证人为多数的情况下，相互之间所应承担的责任份额。但二者有明显区别，主要表现在：

第一，各个保证人在承担保证责任方面的关系不同。对按份共同保证而言，各个保证人的保证责任相互独立，各自在法定或者约定的范围内承担责任，债权人对某一保证人主张权利的，并不当然对其他保证人产生效力。在按份共同保证中，原则上，债权人对各个保证人的权利是相互独立的，对某一个保证人行使的行为，并不及于其他保证人。《有关担保的司法解释》第29条第1款规定："同一债务有两个以上保证人，债权人以其已经在保证期间内依法向部分保证人行使权利为由，主张已经在保证期间内向其他保证人行使权利的，人民法院不予支持。"该条规定可以适用于按份共同保证。而连带共同保证中，各保证人对债权人承担连带的担保责任，因此债权人请求任何一个保证人承担责任都会对其他保证人产生效力。

第二，对责任份额是否需要作出明确约定不同。依据《民法典》第699条的规定，当事人必须就保证责任的份额作出明确约定，才能成立按份共同保证，否则应推定成立连带共同保证，因此，连带共同保证的成立既可以基于当事人的约定，也可以基于法律的推定。问题在于，如果各个保证人与债权人约定承担按份保证责任，但各个保证人之间的份额不明的，保证人是否承担连带保证责任？《民法典》并没有对此作出规定。本书认为，对于按份共同保证和连带共同保证的约定，主要考虑保证人和债权人之间的约定，而不考虑保证人之间的内部约定，因为保证合同只是在债权人和保证人之间订立，所以连带责任抑或按份责任的确定也应当依据保证合同来确定。[①] 共同保证的责任形式取决于各个保证人与债权人之间约定，各个保证人之间的责任份额约定属于内部责任分担的范畴，不应当影响外部保证责任的承担。如果各个共同保证人在保证合同中"未约定保证份额"，现行法律从保障债权人利益的角度出发推定保证人对全部债务承担保证责任，此时如果债权人和保证人之间约定了承担按份保证责任，也应当认定各个保证人在特定份额范围内与其他保证人承担连带保证责任。

第三，所承担的责任份额不同。在按份共同保证中，各共同保证人仅需在约定的份额内承担各自的保证责任，债权人也只能在其与各个保证人约定的保证份额内请求各个保证人承担保证责任。而在连带共同保证中，各共同保证人对债权人承担连带保证责任。依据《民法典》第699条第2款规定，在连带共同保证中，保证人对外要承担连带责任，对内如果保证人之间存在约定的，可以按照约定的保证份额承担保证责任。实践中，数个保证人对同一债务同时或先后提供担保时，各保证人与债权人之间没有约定保证份额，应当将其认定为连带共同保证，各个保证人都要共同承担连带责任。

第四，对其他保证人是否享有追偿权不同。在连带共同保证中，债权人有权请求全部或者部分保证人承担全部保证责任，如果部分保证人承担了全部保证责任，则其有权要求其他保证人承担相应份额。从《民法典》第699条的规定来看，其并没有规定向主债务人或其他连带责任保证人追偿时的先后顺序；但对连带共同保证而言，保证人承担保证责任后，向债务人不能追偿的部分，由各连带保证人按其内部约定的比例分担。而

---

① 参见程啸：《保证合同研究》，566页。

在按份共同保证中，债权人仅有权请求保证人在约定保证份额内承担保证责任，如果某一保证人因清偿错误等原因，承担了超出其保证份额的责任，其有权依据不当得利的规定向债权人请求返还，而不能向债务人或其他保证人追偿。①

《有关担保的司法解释》第 14 条明确规定："同一债务有两个以上第三人提供担保，担保人受让债权的，人民法院应当认定该行为系承担担保责任。受让债权的担保人作为债权人请求其他担保人承担担保责任的，人民法院不予支持；该担保人请求其他担保人分担相应份额的，依照本解释第十三条的规定处理。"在共同保证中，各个保证人之间相互没有追偿权，但从实践来看，某一保证人在承担保证责任后，可以受让债权人的债权，并基于该债权向其他保证人追偿，这实际上是变相规避了按份共同保证中各个保证人不能相互追偿的规则，显然不利于保护其他保证人的利益，因此，在该条规定的情形下，受让债权的保证人不得请求其他保证人承担保证责任。在某一保证人受让债权的情形下，只有能够将其认定为连带共同保证时，该保证人才能依据《有关担保的司法解释》第 13 条关于连带共同保证追偿权的规则向其他保证人追偿，而不能基于债权的行使变相向其他保证人全额追偿。因为在连带共同保证中，某一保证人承担保证责任后，只能部分追偿，而如果受让债权，则可以全额追偿，显然也不利于保护其他保证人的利益。

三、关于保证人之间的追偿问题

（一）共同保证中保证人约定相互追偿是合法有效的

在共同保证中，如果当事人事先约定了各个保证人之间可以相互追偿，则该约定是有效的，承担了保证责任的保证人有权向其他保证人追偿。对此，《有关担保的司法解释》第 13 条第 2 款规定："同一债务有两个以上第三人提供担保，担保人之间未对相互追偿作出约定且未约定承担连带共同担保，但是各担保人在同一份合同书上签字、盖章或者按指印，承担了担保责任的担保人请求其他担保人按照比例分担向债务人不能追偿部分的，人民法院应予支持。"该条实际上确立了推定连带共同担保的规则，连带共同保证概念主要解决保证人之间能否相互求偿这一内部问题，即便不是连带共同保证，各保证人之间仍然可能都对债权人承担全部责任而非按份责任。连带共同保证只能由当事人约定产生，不存在法定情形。如果各个保证人在同一份合同书上签字、盖章或者按指印，则可以认定其有提供连带共同保证的意愿，因此即便担保人之间没有特别明示的共同担保的意思表示，也可以推定担保人之间构成了连带共同保证，但这属于当事人可以举证推翻的推定，如果当事人举证证明存在特别约定，例如，能够证明债权人与某一担保人明确约定其不承担连带共同担保责任，则可以推翻此种推定。

（二）按份共同保证中当事人没有约定相互追偿时，各个保证人间不能相互追偿

在我国《民法典》编纂过程中，对按份共同保证中各个保证人相互之间能否追偿，曾经引发了激烈的争议。但《民法典》最终排除了保证人间的追偿权。《民法典》第 392

① 参见谢鸿飞、朱广新主编：《民法典评注·合同编：典型合同与准合同 2》，118 页。

条规定在混合共同担保的情形下，提供担保的第三人承担保证责任之后，有权向债务人进行追偿，但并没有规定是否有权向其他担保人追偿。《有关担保的司法解释》依据《民法典》的规定，在第13条第3款规定："除前两款规定的情形外，承担了担保责任的担保人请求其他担保人分担向债务人不能追偿部分的，人民法院不予支持。"这就进一步明确了保证人之间不得相互追偿。在按份共同保证中，之所以禁止保证人之间相互追偿，主要是基于如下原因：第一，在保证人之间没有约定有权相互追偿的情形下，保证人之间的保证责任是相对独立的，此时允许保证人之间进行相互追偿，不仅有违各个保证人的意愿，也会对保证人带来不公平。第二，承认追偿权可能会导致诉讼成本增加，十分烦琐，由于债务人才是最终的责任承担者，允许保证人承担责任后仅向债务人追偿也是公平合理的。第三，保证人之间并不构成风险共同体，保证人之间可能也并不相互熟识，保证合同只是保证人与债权人之间达成约定为债务人承担保证责任的合同，法律上赋予可能是完全陌生的保证人之间的相互追偿权，对保证人而言也不公平。

（三）连带共同保证中的追偿权

在连带共同保证中，各个保证人对债权人承担连带责任，某一保证人承担保证责任后，有权就其责任中超过其按照保证人内部约定应当承担的部分向其他保证人追偿。在连带共同保证中，如果债权人没有在保证期间内向保证人主张保证责任的，则该保证人的保证责任宣告消灭，在此情形下，其他保证人在承担保证责任后，也不能向该保证人进行追偿，因此，其他保证人在该保证人免责的范围内不对债权人承担责任。对此，《有关担保的司法解释》第29条第2款规定："同一债务有两个以上保证人，保证人之间相互有追偿权，债权人未在保证期间内依法向部分保证人行使权利，导致其他保证人在承担保证责任后丧失追偿权，其他保证人主张在其不能追偿的范围内免除保证责任的，人民法院应予支持。"

关于连带共同保证中保证人之间的追偿权应当依合同自由原则，有约定依约定。在连带共同保证中，如果当事人就追偿问题作出了约定，则依据当事人的约定确定各个保证人之间的追偿规则。《有关担保的司法解释》第13条第1款规定："担保人之间约定承担连带共同担保，或者约定相互追偿但是未约定分担份额的，各担保人按照比例分担向债务人不能追偿的部分。"在连带共同保证中，当事人如果约定了内部责任分担份额，则应当依据当事人的约定认定保证人之间的追偿责任。即便当事人没有约定分担份额，但如果约定了相互追偿，则也应当按照平均分担的比例确定其内部责任分担份额。在保证人没有就追偿问题作出约定时，如果可以认定当事人之间成立连带共同保证，则各个保证人之间享有追偿权。连带共同保证不同于连带责任保证，其既可能是一般保证，也可能是连带责任保证，在构成一般保证时，各个保证人均享有先诉抗辩权[①]，而在构成连带责任保证时，在债务人不履行债务时，债权人既可以请求债务人履行债务，也可能直接请求各个保证人中任何一个保证人承担保证责任，或者请求全部保证人承担保证责任。承担了保证责任的保证人，有权按照内部关系向其他保证人进行追偿，此种追偿并不属于全额追偿。

---

① 参见黄薇主编：《中华人民共和国民法典合同编解读》（上册），779页。

第十一节　最高额保证

一、最高额保证的概念与特点

最高额保证，是指保证人在最高债权额限度内为一定期间连续发生的债权提供的保证担保。[①]《民法典》第 690 条规定："保证人与债权人可以协商订立最高额保证合同，约定在最高债权额限度内就一定期间连续发生的债权提供保证。最高额保证合同除适用本章规定外，参照适用本法第二编最高额抵押权的有关规定。"据此可见，法律允许保证人与债权人协议在最高债权额限度内就一定期间连续发生的借款合同或者某项商品交易合同订立一个保证合同。例如，甲向某银行借款，双方约定"在一年之内将根据市场行情，分多次借款，但最高限额为一千万元"，并请乙提供保证，在保证一栏中，乙与银行之间约定"从合同订立起一年后停止借款并结算债权"，乙已在该栏中签名。此时，当事人约定的保证即属于最高额保证。

最高额保证不同于普通保证。普通保证是指债权人与保证人之间约定，由保证人对实际发生的债权作担保。而最高额保证是指债权人与保证人之间约定，在最高债权额限度内由保证人对未来连续发生的债权作保。

与普通保证合同相比，最高额保证合同的主要特点如下。

第一，最高额保证是为将来发生的债权作担保。在普通保证的情况下，必须先有债权，然后才能设定保证，亦即保证的设定是以债权的存在为前提的，否则普通保证就无从设立。但在最高额保证设立时，主债权并不确定。例如，在前例中，甲尚未从银行实际借款，因而主债权还没有产生，但仍可以订立最高额保证合同。也就是说，当事人可以约定为未来连续发生的债权提供担保。最高额保证合同就是针对将来发生的多个主债务而设定的保证，这就要求最高额保证合同先于实际发生的主合同债务而设立，而不以债权的实际存在为前提。[②] 由于最高额保证是为将来发生的债权提供保证，因而，当事人在保证合同中对此应作明确的约定，如无特别约定则一般只能认为是普通保证，而不能随意认定为最高额保证。当然，如果双方当事人要将最高额保证合同设立之前已经存在的债务纳入最高额保证所担保的债务范围之内，从有利于债权人权益保障和意思自治的角度出发，应当肯定该合意的效力。

第二，最高额保证所担保的债权具有不确定性。普通保证所担保的债权都是确定的，这不仅表现为债权类型是确定的，而且债权的数额也是确定的。普通保证是为特定债权提供的担保，而最高额保证是为将来要发生的不特定的债权提供担保。最高额保证所担保的债权自保证合同生效之后，直到被担保的债权最终确定之前，都处于变动之中。在

---

① 参见程啸：《保证合同研究》，584 页。

② 参见史卫进：《论最高额保证》，载《烟台大学学报（哲学社会科学版）》，2000（3）。

此期间所发生的债权，只要在约定的最高额限度内，都属于最高额保证所担保的范围。[①] 在前例中，甲还没有向银行借款就请来乙提供保证，但是，在订立最高额保证合同时，甲究竟何时借款、借款多少、分几次借款都是不确定的。通常，在最高额保证的情况下，必须到决算期时，才能确定保证所担保的实际债权数额。当然，最高额保证所担保的债权具有最高限额，只要在最高限额的范围内，将来所发生的债权都是保证人应当担保的债权。[②]

第三，最高额保证是为将来一定期限内连续发生的债权作担保。普通保证是为已经存在的债权作担保，通常没有为被担保的债权设定期限。而对最高额保证而言，是对一定期限内连续发生的债权作担保，它适用于连续发生的债权法律关系，而并不适用于仅发生了一个独立债权的情形。[③]《民法典》第 690 条规定："保证人与债权人可以协商订立最高额保证合同，约定在最高债权额限度内就一定期间连续发生的债权提供保证。"其中，所谓"连续发生的"债权是指在约定的期间内连续发生的数次债权。在前例中，凡是甲在一年之内、在 1 000 万元限度内向银行所借款项，乙都有义务提供保证。由于最高额保证是为未来连续发生的债权提供担保，因而，在最高额保证所担保的债权被确定之前，这些在约定的期限内连续发生的债权仍处于变动的状态。从保证合同生效之时至被担保的债权确定之时，仍有可能发生一部分旧债权消灭、一部分新债权产生的情况，债权总是处于一种不断变动的过程之中。

第四，最高额保证所担保的债权具有最高限额。普通保证所担保的债权额没有最高额的限制，而最高额保证约定了保证债权的最高数额，该最高数额也是保证人应当承担的保证责任的限额，在该限额之内，都属于保证人责任的范围。所谓"最高额"，是指保证合同的当事人约定的所担保的债权的最高限额。[④] 在前例中，1 000 万元就是最高限额。如果保证合同约定保证人对一定期间内发生的债务承担保证责任，却没有约定最高限额的，显然不属于最高额保证，此种情形属于连续保证，而非最高额保证。最高额保证中的最高限额是对保证责任的最高限制，以免使保证人为将来发生的无穷债务提供保证，否则将会给保证人造成极大的负担。在最高额保证中，最高额就是保证人承担保证责任的最大限度。如果实际发生的债权数额低于最高限额的，则保证人仅对实际发生的债权数额承担保证责任。[⑤] 如果实际发生的债权数额高于最高限额的，保证人则仅以最高额为限承担保证责任。

根据承担保证责任方式的不同，最高额保证又可以分为两种：一是一般最高额保证，它是指当事人在保证合同中约定，当债务人不能履行债务时，由保证人于最高债权额限度内承担一般保证责任的保证。二是连带最高额保证，它是指当事人在保证合同中约定，债务人不履行债务时，保证人在最高债权额限度内，应当与债务人负连带

① 参见程啸：《保证合同研究》，586 页。

② 参见史卫进：《论最高额保证》，载《烟台大学学报（哲学社会科学版）》，2000（3）。

③ 参见于玉：《简论最高额保证的保证期间》，载《法学杂志》，2000（3）。

④ 参见高圣平：《担保法新问题与判解研究》，520 页。

⑤ 参见高圣平：《担保法论》，203 页。

责任的保证。① 区分这两种最高额保证形式的意义在于确定最高额保证人是否享有先诉抗辩权。换言之，在一般最高额保证中，保证人享有先诉抗辩权，只有在债权人向债务人主张履行债务且经强制执行仍得不到实现的情况下，才需要承担保证责任。然而，连带最高额保证中的保证人不享有先诉抗辩权，债权人可以在债权期限届满后直接向其主张债务的履行。

最高额保证与最高额抵押都是最高额担保的重要方式，虽然最高额保证属于人保，而最高额抵押属于物保，但二者之间存在相似之处，由于民法典物权编详细规定了最高额抵押的规则，因此，《民法典》第690条第2款规定："最高额保证合同除适用本章规定外，参照适用本法第二编最高额抵押权的有关规定。"民法典物权编关于最高额抵押权的规定相较于最高额保证更为详尽，在最高额抵押中规定了最高额抵押的概念和担保的范围（第420条）、担保的部分债权转让的效力（第421条）、债权确定前的内容变更（第422条）、最高额抵押所担保的债权的确定时间（第423条），这些规定虽然是对物上担保的规定，但是基于担保功能的共同性，最高额保证也可以参照适用上述这些规定。

二、最高额保证所担保的债权范围

《有关担保的司法解释》第15条第1款规定："最高额担保中的最高债权额，是指包括主债权及其利息、违约金、损害赔偿金、保管担保财产的费用、实现债权或者实现担保物权的费用等在内的全部债权，但是当事人另有约定的除外。"因此，最高额担保中的最高债权额应当由当事人作出约定，在当事人没有特别约定的情况下，最高额保证所担保的债权范围包括主债权、利息、违约金、损害赔偿金等。由于在设立最高额保证时，债权尚未实际发生，因而，最高额保证所担保的债权范围具有特殊性。主要表现在：

第一，在订立合同时，主债权尚未确定，需要在合同订立之后的一定期限内才能确定。但是，最高额保证所担保的债权范围不得超过最高限额。

第二，双方当事人既应明确规定担保债权的最高限额，还应规定债权的类型和具体范围等内容。例如，在前例中，保证人乙为甲所担保的债务是甲向银行借款，如果甲因针对银行发生侵权行为之债，则并不属于担保的范围。只有依据约定的合同关系而发生的债权，才能被纳入最高额保证的范围。② 也就是说，对未来的主债权确定的方法，双方应在合同中事先约定，否则极易发生纠纷。特别是在担保因商品交易而发生的债权时，应当明确规定就何种商品连续交易而发生的债权额进行担保。否则，应推定双方同意就各种商品交易所发生的债权进行担保。

第三，对于最高额保证设定之前已经发生的债权，只要当事人同意，也可以作为最高额保证担保的债权。因为在设立最高额保证时，其所担保的债权就是不特定的，既然双方当事人同意将先前已经存在的债权纳入其中，且不损害公共利益和第三人利益，法律也应当允许。但是，在将其纳入最高额保证之后，不得超过约定的债权最高限额。

---

① 参见程啸：《保证合同研究》，589页。

② 参见叶金强：《担保法原理》，54页。

三、最高额保证所担保的债权的确定

1. 决算期届满

所谓决算期，是指债权人与保证人在保证合同中约定的确定最高额保证所担保的债权的时间。决算期日是指当事人约定的据以将最高额保证担保的连续发生的债权特定化的期日，是最终确定最高额保证所担保的债权的实际数额的日期。[①] 在最高额保证中，如果当事人对所担保的债权的存续期间有约定，即约定保证人对在何种期限内发生的债权承担保证责任，则保证人应当在约定的最高额限额内、对该期限内发生的债权的清偿承担保证责任。例如，合同约定“从合同订立起一年后停止借款并结算债权”，该期限就是决算期。一旦该决算期到来，则债务人将停止继续向债权人借款，已经发生的债权应通过计算来确定。也就是说，一旦决算期到来，则不特定的债权将要确定，只要已经确定的债权未超过最高限额，则对于所有在该期限前已经发生的债务，保证人都要承担保证责任。最高额保证的保证范围以决算期确定。在决算期内发生的债务，其余额为最高额保证的保证范围。[②]

2. 合同未约定决算期时最高额保证所担保债权的确定

在最高额保证中，如果当事人并未在合同中约定决算期，则应当参照最高额抵押的规则予以确定。对此，依据《民法典》第423条的规定，“没有约定债权确定期间或者约定不明确，抵押权人或者抵押人自最高额抵押权设立之日起满二年后请求确定债权”，该规则也适用于最高额保证，据此，没有约定决算期的最高额保证的决算期应当为设立之日起的两年。

3. 最高额保证中债权未届清偿期对保证责任的影响

在最高额保证所约定的期间内，债权人与债务人之间可以连续发生多笔债务。在决算期到来之后，如果债权都已届清偿期而债务人未清偿债务的，债权人自然可以要求保证人承担责任。但如果其中有一笔或数笔债务未届清偿期，债权人可否要求保证人承担责任？对此，有学者认为，在此情况下，债权人不能要求保证人承担保证责任，而只能在每一笔债务都到期后才能请求保证人承担责任。[③] 本书认为，所谓最高额保证所担保的债权的确定，是指因法定的事由或约定的债权确定期限届满，而使最高额保证所担保的债权特定化。决算期的目的在于确定最高额保证中担保债权的范围，但决算期届满只是使债权额确定，并不意味着债权就应当清偿，也不意味着保证人必须承担保证责任。在决算期内发生的债权，只要在最高额限额内，保证人都应承担保证责任。但在此情形下，债权人能否向保证人实际主张保证责任的承担，应取决于各笔债权的清偿期是否届满。决算期到来后，对于清偿期仍未届满的债权，由于主债务履行期限尚未届满，因而，债权人不得向保证人主张承担保证责任。[④]

---

① 参见程啸：《保证合同研究》，593页。

②③ 参见王水云：《最高额保证研究》，载《重庆大学学报（社会科学版）》，2004（6）。

④ 参见郑玉波：《民法物权》，288页，台北，三民书局，1963。

四、最高额保证中的保证期间

在最高额保证中，保证期间的计算和起算方式与普通保证的保证期间并没有本质差异。① 如果最高额保证对保证期间有约定的，应当依照当事人的约定来计算保证期间。最高额保证合同对保证期间没有约定或者约定不明，保证期间为债务清偿期限届满之日起 6 个月。但是由于最高额保证合同担保的对象是一定期限内连续发生的债权，其保证期间的计算具有特殊性，其相对于普通保证具有相对独立性。依据《有关担保的司法解释》第 30 条第 2 款，最高额保证的保证期间的特殊的计算规则，包括如下两点。

第一，最高额保证合同对保证期间的计算方式、起算时间等没有约定或者约定不明，被担保债权的履行期限均已届满的，保证期间自债权确定之日起开始计算；《有关担保的司法解释》第 30 条第 3 款规定："前款所称债权确定之日，依照民法典第四百二十三条的规定认定。"因为最高额保证所担保的债权是连续发生的不确定的债权，在计算保证期间时，必须要通过债权的确定将被担保的债权确定下来，在该债权确定下来之后，最高额保证已经转化为普通保证，就可以适用普通保证的保证期间计算规则来进行确定。

第二，被担保债权的履行期限尚未届满的，保证期间自最后到期债权的履行期限届满之日起开始计算。最高额保证可能存在多笔债权，这些债权的履行期限可能存在尚未届满的情形，在此种情况下，保证期间必须自最后到期债权的履行期限届满之日起开始计算。例如，最高额保证中一年内担保了三笔债务，但是最后一笔直到年底才到期，此时保证期间也应当是自最后一笔年底到期之日起开始计算。

思考题

1. 应如何理解保证合同的从属性？
2. 试述保证与债务加入制度的区别。
3. 试述一般保证中的先诉抗辩权。
4. 试述保证责任的内容。
5. 试述保证期间的概念和特征。
6. 试述连带共同保证与按份共同保证的区别。
7. 试述最高额保证的概念和特点。

---

① 《有关担保的司法解释》第 30 条第 1 款规定："最高额保证合同对保证期间的计算方式、起算时间等有约定的，按照其约定"。

第十八章

租赁合同

案例

甲、乙是邻居，甲需要到外地调研一年，便将其房屋出租给乙。半年后，乙在未经甲同意的情况下，将甲的房屋转租给丙，并收取高额租金。甲得知后，认为乙无权转租房屋，并主张乙、丙之间的转租合同无效。乙则认为，甲并未禁止其转租，因此，其有权转租。双方为此发生争议。

简要评析：该案主要涉及转租合同的法律效力问题。依据《民法典》第716条的规定，在租赁合同中，承租人未经出租人同意转租的，构成违约，出租人可以享有解除权。但转租合同并非当然无效，承租人未经出租人同意转租的，虽然出租人享有解除合同的权利，但不能因此而直接导致转租合同无效。出租人在解除合同后，仍有权请求承租人承担违约责任。

第一节　租赁合同概述

一、租赁合同的概念

租赁在汉语中由“租”和“赁”合成，其最初是与租赁他人田地联系在一起的。例如，《说文》中解释为："租，田赋也。"《民法典》第703条规定："租赁合同是出租人将租赁物交付承租人使用、收益，承租人支付租金的合同。"其中，交付租赁物供对方使用、收益的一方，称为出租人；使用他人租赁物并支付租金的一方，称为承租人。租赁合同是出租人暂时让渡财产的使用、收益权能给他人以获取租金的合同。

租赁合同是实践中常见的一类合同，其具有如下法律特征。

1. 仅移转标的物的占有和使用权

租赁合同的目的不在于移转标的物的所有权，而只是移转标的物的占有与使用权，这是其与买卖合同、赠与合同的最大区别。因此，租赁合同成立后，承租人在合同存续期间内享有对租赁标的物的占有和使用权，而处分权仍属于出租人。由于租赁合同中承租人享有对物的占有和使用权，因而租赁不同于保管等合同。不过，租赁合同使承租人获得债权性的使用权，而不是物权性的使用权，这是租赁与用益物权的区别所在。故租赁合同并未直接导致物权的变动。①

2. 具有有偿性、双务性

在租赁合同中，承租人不是无偿利用租赁物，其使用出租人的财产需以交付租金为前提，因此租赁合同具有有偿性。如果承租人无须支付租金，则该合同的性质就转化成借用合同。在租赁合同中，出租人必须将租赁物交付给承租人，而承租人必须按期支付租金。可见，租赁合同是双务合同。正是因为其属于双务合同，所以应适用双务合同履行中的抗辩权规则。

3. 标的物是有体物和非消耗物

在租赁合同中，承租人需要占有、使用租赁物，因而租赁合同的标的物应当是有体物和非消耗物。一方面，租赁的标的物必须是有体物，只有有体物才能够被占有、使用，在租赁期满后才能返还，而无形财产则无法加以物理占有并使用。② 另一方面，租赁是将财产交付给承租人占有使用，并在租期届满后返还给出租人。因此，租赁合同的标的物必须是不可消耗物，一次性使用的物品或很快能够被消耗完的物品，就不能作为租赁的标的。例如，食品属于消耗物，利用以后就要消耗掉，因而不能成为租赁合同的标的物。

4. 具有期限性

租赁合同都是出租人将其财产交给承租人在一定期限内占有、使用、收益，承租人享有的权利具有一定的期限限制。从比较法来看，各国法律在定义租赁合同时，大多都要规定租赁合同的期限，即租赁合同只能持续一定的时间，而不能够永久地持续下去。③ 依据我国《民法典》第705条第1款的规定，租赁合同最长不能超过20年，当事人约定的租赁期限超出20年的，则超过的部分是无效的。

5. 具有继续性

租赁合同是继续性合同，承租人持续地对租赁物进行占有、使用和收益。因此，在

---

① 参见谢鸿飞、朱广新主编：《民法典评注·合同编：典型合同与准合同2》，139页。

② 参见胡康生主编：《中华人民共和国合同法释义》，313页。

③ See Kare Lilleholt, et al., *Lease of Goods*, Oxford University Press, 2008, p. 115.

租赁合同解除时，也仅向未来发生效力，无法发生溯及力。在租赁合同解除之前，承租人对标的物的占有、使用是有效的，即便在合同解除之后，此前的占有、使用不受影响，合同的解除只向未来发生效力。

6. 具有诺成性、不要式性

租赁合同的成立只需双方当事人意思表示达成一致即可，而无须实际交付标的物。法律虽然没有对一般的租赁合同具有形式要件的要求，但是，《民法典》第 707 条规定："租赁期限六个月以上的，应当采用书面形式。当事人未采用书面形式，无法确定租赁期限的，视为不定期租赁。"租赁合同原则上是不要式合同，当事人可以采取口头或书面的形式，但如果租赁期限在 6 个月以上，就应当采取书面形式。法律之所以作出此种规定，一方面是因为，6 个月以上的租赁合同的租赁期限较长，特别是在长期租赁中，租赁物的价值较高，租金一般也较高，租赁物的消耗往往也较大，有必要通过书面形式确定合同的具体内容。另一方面，对长期租赁而言，法律要求采用书面形式，有利于确定当事人的权利义务，避免发生纠纷，同时在纠纷发生后，也有利于判断事实，便于当事人的举证。当然，对长期租赁而言，书面形式的要求并不是法定生效要件，如果当事人没有采取书面形式的，通常并不导致合同的无效，只是可能被认定为不定期租赁。

二、租赁的分类

（一）动产租赁与房屋租赁

这是根据租赁的财产是动产还是不动产而作出的区分。动产租赁是指出租人将其动产的占有、使用和收益权以有偿的方式交付给承租人享有，而承租人支付租金的动产利用方式，例如，汽车、船舶、自行车、耐用消费品等的租赁。房屋租赁本质上是不动产租赁，是指出租人将出租的房屋交给承租人使用，承租人交付租金，并在合同终止时把房屋返还给出租人的协议。房屋租赁合同是财产租赁合同中的一种，它具有财产租赁合同的一般特征，所不同的在于其标的物是房屋即不动产，而不是其他财产。房屋租赁是不动产租赁的典型形态，这两种合同的区别主要表现在：

第一，租赁的财产标的不同。动产租赁合同中，其租赁的财产为动产，而房屋租赁合同中，租赁的财产是不动产。一般而言，如果动产的价值不是太高，也可能不一定采用正式的书面合同，但房屋租赁大多需要采用正式的书面合同。《民法典》第 707 条规定："租赁期限六个月以上的，应当采用书面形式。当事人未采用书面形式，无法确定租赁期限的，视为不定期租赁。"

第二，是否涉及居住权的保护不同。动产主要涉及财产的利用，而不动产租赁尤其是房屋租赁，还涉及对承租人以及与其共同居住的人的居住权的保护问题。法国曾有判决认为，房屋出租合同不能剥夺承租人为其亲友提供住宿的权利[①]，有关合同必须尊重

① Cass. civ. 3ème, 6 mars 1996, RTD. civ. 1996, p. 897, obs. J. Mestre et 1024, obs. J.-P. Marguénaud.

承租人的家庭生活权利。出租人的宗教信念不能导致要求承租人必须忍受某项特殊义务。[①]《民法典》第732条规定:"承租人在房屋租赁期限内死亡的,与其生前共同居住的人或者共同经营人可以按照原租赁合同租赁该房屋。"因此,在房屋租赁合同中,当代合同法越来越多地体现了人文关怀,而动产租赁中一般不存在这一问题。

第三,关于维修义务不同。动产租赁合同中,一般由承租人负责标的物的维修。而在房屋租赁中,对标的物的修缮任务主要由出租人负责。《民法典》第731条规定:"租赁物危及承租人的安全或者健康的,即使承租人订立合同时明知该租赁物质量不合格,承租人仍然可以随时解除合同。"此外,在房屋租赁合同中,当代法律还要求合同当事人承担保护环境等义务。例如,德国法上的房屋租赁合同中,就会涉及环境保护的问题,出租人负有节能、减少废物排放等方面的环境保护义务。债权人也负有保护环境的责任。[②]

第四,期限不同。动产租赁的期限一般较短,而房屋租赁的期限一般较长。《民法典》第705条规定:"租赁期限不得超过二十年。超过二十年的,超过部分无效。租赁期限届满,当事人可以续订租赁合同;但是,约定的租赁期限自续订之日起不得超过二十年。"该规定通常适用于房屋租赁。

(二)定期租赁与不定期租赁

在租赁合同中,存在定期租赁与不定期租赁之分,所谓定期租赁,是指当事人明确约定租赁期限的租赁合同。所谓不定期租赁,是指当事人没有明确约定租赁期限,或者约定不明确,以及依法被认定为不定期租赁的情形。从《民法典》的规定来看,不定期租赁包括如下几种情形。

第一,当事人没有明确约定租赁期限,或者约定的租赁期限不明确。《民法典》第730条规定:"当事人对租赁期限没有约定或者约定不明确,依据本法第五百一十条的规定仍不能确定的,视为不定期租赁;当事人可以随时解除合同,但是应当在合理期限之前通知对方。"依据该规定,在当事人没有约定或者约定不明时,首先应当依据《民法典》第510条规定,由当事人就租赁期限再次协商,达成补充协议,一旦当事人达成补充协议,则其将转化为定期租赁。其次,如果当事人不能就租赁期限事后达成补充协议,又不能根据合同的相关条款或交易习惯确定租赁期限,在此情形下,因为租赁合同属于不定期租赁,按照不定期租赁的一般规则,双方当事人均可以随时解除合同,当然,当事人在解除合同时,应当在合理期限内通知对方,给对方必要的准备时间。

第二,依据法律规定应当视为不定期租赁的情形。此种情形又包括如下三种。

一是租赁期限超过6个月但无法确定租赁期限的。《民法典》第707条规定:"租赁期限六个月以上的,应当采用书面形式。当事人未采用书面形式,无法确定租赁期限的,视为不定期租赁。"依据这一规定,一方面,6个月以上的租赁合同应当采用书面形式。

① Cass. civ. 3ème, 18 décembre 2002, Bull. civ. III, n°262 ; D. 2004, somm., p. 844, obs. Damas ; RTD. civ. 2003, p. 290, obs.

② See Richard Hooley, "Lender Liability for Environmental Damage", 60 *The Cambridge Law Journal* 405 (2001).

如果未采取书面形式，即便当事人口头约定了租赁期限，在当事人没有发生争议的情况下，就可以按照当事人的口头约定来进行，在当事人就期限发生争议又不能确定时，应当视为不定期租赁。[①] 另一方面，无法确定租赁期限。即使是在未采取书面形式的情况下，如果能够通过各种方式确定租赁期限，此时也应当视为定期租赁，只有在既不采取书面形式，采取其他方式又无法确定租赁期限的情况下，才视为不定期租赁。

二是租赁期限届满承租人继续使用租赁物，而出租人没有提出异议的。《民法典》第734条规定："租赁期限届满，承租人继续使用租赁物，出租人没有提出异议的，原租赁合同继续有效，但是租赁期限为不定期。"一般而言，租赁期限届满后，承租人应当将租赁物返还出租人，出租人也有权请求承租人返还租赁物，但依据该条规定，租赁期限届满后，如果承租人继续使用租赁物，而承租人又没有提出异议的，则构成默示的合同更新[②]，原租赁合同继续有效。此处所说的"原租赁合同继续有效"只是指仍然根据原租赁合同确定当事人的权利义务关系，如租金的数额、支付方式等，而不是指当事人按照原租赁期限订立了新的租赁合同，在此情形下，由于当事人并没有明确约定该租赁合同的期限，因此，该合同在性质上属于不定期租赁。

三是我国《民法典》第705条规定了租赁合同的期限不得超过20年，如果当事人订立了租赁期限超过20年的租赁合同，超过部分无效，但在该期限届满后，承租人继续使用租赁物而出租人没有提出异议的，同样可以适用《民法典》第734条的规定，将其认定为不定期租赁。[③]

定期租赁合同和不定期租赁合同的区别主要表现在：其一，合同的期限是否可以确定。定期租赁合同的租赁期限在合同中有着明确的约定，即使没有约定，但事后能够通过当事人的补充协议加以确定。而不定期租赁合同的期限是不确定的，何时终止取决于当事人一方或双方的意思表示。其二，法律效果上不同。定期的租赁合同，在期限到来时，承租人必须交还租赁物，否则构成违约。但是不定期租赁合同因为租期尚未确定，所以交还租赁物的时间也不能确定。其三，是否可以随时解除合同不同。依据《民法典》第730条，不定期租赁合同中的出租人可以随时解除租赁合同，当然，在解除前应当提前通知承租人，并应为承租人留出合理的期限以准备履行。其四，形式要件不同。定期租赁合同在6个月以上的应当采用书面形式，否则将视为不定期租赁合同。《民法典》第707条规定："租赁期限六个月以上的，应当采用书面形式。当事人未采用书面形式，无法确定租赁期限的，视为不定期租赁。"依据该条规定，对6个月以上的租赁合同而言，当事人应当采用书面形式，但如果当事人未采用书面形式，并因此导致无法确定租赁期限的，则将该租赁合同视为不定期租赁。

三、租赁合同与买卖合同的比较

租赁合同与买卖合同具有相似性。从经济上看，承租人支付租金，是为了获得出租

① 参见黄薇主编：《中华人民共和国民法典合同编解读》（下册），801页，北京，中国法制出版社，2020。

② 参见谢鸿飞、朱广新主编：《民法典评注·合同编：典型合同与准合同2》，368页。

③ 参见黄薇主编：《中华人民共和国民法典合同编解读》（下册），747页。

人财产的使用权，在一些租赁合同中，当事人也可能约定在租赁期限届满后，由承租人购买租赁物的残余价值，此时可能已由租赁转化为买卖。但租赁和买卖存在着明显的区别，主要表现在：一方面，是否移转标的物的所有权不同。一般认为，凡是永久移转所有权的合同，就属于买卖合同；而暂时性地移转使用权的合同，则属于租赁合同。[①] 另一方面，买卖的标的物非常宽泛，既可以是有形物，也可以是无形物，既可以是动产，也可以是不动产，既可以是现在的物，也可以是将来的物。但是对于租赁而言，通常必须是有形的、现存的物。无形的、将来的物等都不能作为租赁合同的标的物。此外，二者在风险负担以及权利瑕疵担保等方面都存在明显区别。

在实践中，租赁常常与分期付款买卖发生混淆，但两者之间存在明显的区别，主要表现在：第一，分期付款买卖合同仍然是以转让标的物所有权为目的的，只要正常支付价款，买受人就能够取得标的物所有权。而在租赁合同中，即便承租人按期支付租金，也仍然无法取得标的物的所有权。第二，在分期付款买卖合同中，买受人享有对标的物所有权的期待权，但在租赁合同中，由于不涉及标的物所有权的移转，因而承租人并不享有对租赁物所有权的期待权，只有在出租人将租赁物出售给第三人的情况下，承租人才享有优先购买权。第三，分期付款买卖中的买受人支付的是价金，而在租赁合同中，承租人支付的是租金。两者所支付对价的性质不同，通常不能在同一法律关系中并存。

第二节　租赁合同的订立和内容

一、租赁合同的订立

基于租赁合同本身诺成合同的性质，在承租人与出租人意思表示达成一致时即可成立。尽管租赁权在诸多方面被赋予了类似于物权的效力（例如，依据《民法典》第725条的规定，租赁物的所有权在租赁合同存续期间内发生变动的，不影响租赁合同的效力），但租赁权在性质上仍应当被界定为债权，不适用于我国法上关于不动产登记要件主义的原则。因此，《民法典》第706条规定："当事人未依照法律、行政法规规定办理租赁合同登记备案手续的，不影响合同的效力。"根据该条规定，租赁合同的当事人是否办理登记备案手续与租赁合同本身的效力无涉。换言之，我国有关法律法规所规定的登记备案更多是出于管制方面的需要，保障租赁关系的稳定性和维护承租人的利益[②]，而不应当影响租赁合同的效力。这主要是因为：法律、行政法规所规定的登记备案手续只是管理性的规则，而并非租赁合同的成立或生效要件，只要租赁合同满足法律规定的一般生效要件，即可生效，这既有利于尊重租赁合同当事人的意思自治，也有利于准确认定租赁合同的效力，且与租赁权债权性质的定位也是一致的。[③]

---

① 参见黄立：《民法债编各论》（上），190页，北京，中国政法大学出版社，2003。

② 例如，《城市房地产管理法》第54条规定，房屋租赁应当签订书面合同，并向房屋登记管理部门备案。

③ 参见黄薇主编：《中华人民共和国民法典合同编解读》（下册），749页。

就租赁合同订立的形式要件而言，《民法典》第707条规定：“租赁期限六个月以上的，应当采用书面形式。当事人未采用书面形式，无法确定租赁期限的，视为不定期租赁。”从该条规定来看，一般而言，租赁期限为6个月以上的，才应当采用书面形式，租赁期限为6个月以下的租赁合同在性质上属于不要式合同，出租人和承租人订立租赁合同时，只要双方就合同的标的物、租金、期限等条款意思表示一致，合同即可成立。对于租赁期限不满6个月的短期租赁，可以采用口头形式，也可以采用书面形式订立租赁合同。当然，如果租赁合同当事人没有采取书面形式订立长期租赁合同的，并不会影响租赁合同本身的效力，而是如果无法确定租赁期限，则将其视为不定期租赁。① 因此，当事人不遵守长期租赁合同的要式性，并不影响租赁合同的成立与生效。

二、租赁合同的内容

《民法典》第704条规定：“租赁合同的内容一般包括租赁物的名称、数量、用途、租赁期限、租金及其支付期限和方式、租赁物维修等条款。”根据该条规定，租赁合同一般包括如下内容。

（一）租赁物

租赁合同的标的物可以是动产也可以是不动产，但都必须是法律允许出租的物，法律规定的违禁品（如枪支武器、毒品等）不得作为租赁标的物。租赁物一般具有有体性、可利用性、不可消耗性和特定性，当事人双方在订立租赁合同时，应当明确如下内容。

一是租赁物的名称。租赁合同的标的物应当是特定的物。当事人双方签订租赁合同时，应当对租赁物加以明确界定。如果是不动产，应当约定不动产的具体位置等信息，如建筑面积、使用面积等。如果是动产，要将标的物的型号、特征等具体标明。租赁物可以是特定物，也可以是种类物。对动产来说，租赁物大多是种类物，但是在交付时，应予以特定化。②

二是租赁物的数量。例如，租用车辆的数量。当事人在合同中明确约定租赁物的数量，这是租赁关系内容确定的必要条款，而且这既可以确定出租人的交付义务，也可以明确承租人的返还义务。

三是租赁物的用途。它是指承租人计划将租赁物投入使用所追求的目的。由于租赁物的用途将直接关系到使用人的使用范围、方式、方法等，而且确定租赁物的用途也有利于确定当事人是否已经按照合同约定的方式利用租赁物，因此，当事人应当在合同中明确约定租赁物的用途。例如，双方约定租赁汽车用于载人，则承租人就不能将汽车用于载货。如果当事人明确约定将汽车用于短途运输，则承租人就不能将汽车用来进行长途货运。

---

① 参见黄薇主编：《中华人民共和国民法典合同编解读》（下册），749页。

② 参见胡康生主编：《中华人民共和国合同法释义》，316页。

（二）租金及其支付期限和方式

租金是指因承租人对出租人提供的租赁物进行使用、收益而支付的对价。支付租金是承租人的主要合同义务，取得约定租金也是出租人的主要合同目的，因此，租金条款是租赁合同的主要条款。租金的方式可以是多样化的，除了现金之外，其他的对价形式也在法律允许的范围之内。例如，双方约定，一方将车辆提供给另一方使用，但另一方必须每天负责接送其上下班，这种提供劳务的方式也属于租赁合同的租金。在租赁合同中，当事人应当就租金的数额、支付方式、支付期限等作出明确约定，以免事后发生争议。

当事人可以在租赁合同中明确约定租金的支付方式，即是通过现金支付还是转账支付，是按月支付还是按年支付，是一次性支付还是分期支付，是预先支付还是事后支付，是以人民币支付还是以外汇方式支付，等等。同时，由于租赁合同本身具有长期性、继续性的特点，当事人往往采取分期支付租金的约定方式，因此支付租金的期限也是租赁合同的重要内容。

三、租赁期限

（一）租赁期限的概念

租赁期限是租赁合同所约定的当事人权利义务的存续期限。租赁期限不仅关系到租赁物的使用期限，还关系到租赁物的交还时间等。租期的计算可以按照年、月、日计算，也可以按照周计算，甚至按小时计算。由于租赁期限也是租赁合同的重要条款，法律要求当事人尽量约定租赁期限，以确定租赁物的使用、返还等时间，同时，也能够确定租金的数额。

（二）租赁的最长期限

按照私法自治原则，当事人原则上可以自由约定租赁期限，但从《民法典》的规定来看，法律对租赁期限也设置了最长期限的限制。租赁的最长期限是指法律确定的租赁合同最长的存续期限。《民法典》第 705 条第 1 款规定：“租赁期限不得超过二十年。超过二十年的，超过部分无效。”因此，无论是动产还是不动产租赁，最长的期限是 20 年。该期限既不是诉讼时效，也非除斥期间，而是法定的租赁最长期限。法律之所以规定租赁期限不得超过 20 年，其原因在于：第一，租赁本身是对物的一种临时性的使用，对期限要有一定的限制，否则就在性质上和买卖混淆。租赁期限可以是定期的，也可以是不定期的，但不能是永久的。因为永久的租赁将使所有人事实上丧失了对物的占有、使用和处分权能，这就使租赁合同在性质上转化为买卖合同。第二，租赁是一种合同，租赁权本质上是债权，而不是物权，债权本身都是有期限限制的，如果允许当事人创设长期甚至无期的租赁合同，则相当于将债权物权化、创设一种新的物权类型。而我国采取物权法定的原则，不允许当事人自行创设新的物权类型。第三，如果不对租赁合同设置最长期限限制，可能导致所有权的虚化。超过 20 年的租赁关系，可能使租赁关系异化为买卖关系，会导致当事人以订立租赁合同为名，买卖标的物。[①] 当然，租赁期限过短，也可能不利于一方当事人的保护，因此，需要确定一个平衡点，兼顾双方的利益，法律规定租赁期限的最长期限为 20 年是较为合理的。从比较法上看，一些国家也采取了此种立场。

此外，在 20 年最长的租赁期限届满后，当事人可以续订合同。《民法典》第 705 条第 2 款规定："租赁期限届满，当事人可以续订租赁合同；但是，约定的租赁期限自续订之日起不得超过二十年。"依据该条规定，在租赁期限届满后，当事人虽然可以续订租赁合同，但当事人所续订的租赁合同仍然应当受到 20 年最长期限的限制，也就是说，当事人续订合同的期限超过 20 年的，超过的部分无效。但当事人可以在 20 年的期限届满后，继续续订租赁合同。

四、租赁物的维修条款

租赁物的维修条款是指当事人在合同中约定的、应由哪一方具体负担租赁物的维修义务、维修费用等条款。从《民法典》的相关规定来看，明确租赁物的维修义务应由出租人承担，但根据商业习惯和民间习俗，在一些租赁合同中，承租人也可能负有维修义务。例如，在我国许多地区，房屋租赁就存在"大修为主，小修为客"的说法，表明承租人也具有一定的维修义务。[②] 但是《民法典》允许当事人就租赁物的维修作出特别约定，以防止因租赁物的维修而产生各种纠纷。此时，关于维修义务究竟如何确定和分配，应当根据合同约定予以确定。

上述条款是合同应当约定的重要条款，其中有关租赁物和租金的条款属于合同的必备条款，缺少了这些条款，合同不能成立。除了上述条款外，当事人还可以就违约责任、争议解决方式等作出约定。

第三节　租赁合同的效力

一、出租人的义务

（一）按照约定交付租赁物

《民法典》第 708 条规定："出租人应当按照约定将租赁物交付承租人，并在租赁期限内保持租赁物符合约定的用途。"该条确定了出租人按照约定交付租赁物的义务，取得租赁物的占有权、使用权、收益权是承租人的主要合同目的，因为只有当出租人将租赁物交付给承租人，承租人才能够实现对租赁物的占有、使用和收益，从而实现合同的目

---

① 参见吴启宾：《租赁法论》，27 页，台北，五南图书出版公司，1998。

② 参见黄薇主编：《中华人民共和国民法典合同编解读》（上册），246 页。

的。[1] 所谓按照约定交付租赁物，是指出租人不仅应当将其对租赁物的占有移转给承租人，不得以其他物替代租赁物。而且应当按照合同约定的名称、数量、交付方式、时间、地点等向承租人交付租赁物。此处所说的交付，应当从狭义上理解，即仅限于实际交付。

出租人不得将同一租赁物分别出租给多人，否则将会导致承租人不能对租赁物实际占有、使用，性质上也构成违约行为，应当承担相应的违约责任。但是在一物数租的情况下，如何确定哪一个承租人可以获得租赁物的使用？依据《房屋租赁合同司法解释》第5条规定：如果出租人就同一房屋订立数份租赁合同，在合同均有效的情况下，承租人均主张履行合同的，应当按照下列顺序确定履行合同的承租人：一是已经合法占有租赁房屋的，这就是说如果房屋已经交付给某一承租人，则该承租人可以继续占有使用该房屋；二是已经办理登记备案手续的，即在数个承租人均未获得交付时，已经办理登记备案手续的承租人可以占有使用该房屋；三是合同成立在先的，在数个承租人均未获得交付，也均未办理登记备案手续时，由租赁合同成立在先的承租人占有使用该房屋。但是不能取得租赁房屋的承租人有权请求解除合同，并要求出租人赔偿损失。

（二）瑕疵担保义务

所谓瑕疵担保义务，是指出租人应当保证承租人享有使用租赁物的权利，以及租赁物的质量能够满足合同约定的租赁目的。[2] 我国《民法典》并没有采纳以德国法为代表的瑕疵担保责任，没有明确规定违反瑕疵担保义务而产生的瑕疵担保责任，但明确规定了瑕疵担保义务，并规定了当事人违反瑕疵担保义务的违约责任。[3] 瑕疵担保义务包括物的瑕疵担保义务和权利瑕疵担保义务两种。在租赁合同中，出租人也对承租人负担上述瑕疵担保义务。

（1）物的瑕疵担保义务。《民法典》第708条规定："出租人应当按照约定将租赁物交付承租人，并在租赁期限内保持租赁物符合约定的用途。"该条规定出租人应当在租赁期间保持租赁物符合约定的用途，从而确立了出租人的物的瑕疵担保义务。具体来说，这种义务就是指出租人应当保证租赁物符合约定的用途。一方面，如果当事人约定了租赁物的特定用途，则租赁物应当符合约定的用途。例如，当事人在合同中约定由出租人提供长途运输的载货大汽车的，则出租人所提供的载货大汽车就应满足此用途。另一方面，如果当事人没有在合同中约定租赁物应当符合特定的用途，则出租人应当保证租赁物符合通常的作用。例如，如果租赁物是电冰箱，则其应当能够正常制冷，从而起到储藏食物的作用。再如，如果租赁物是汽车，则其应当能够正常行驶，否则就不符合其通常的作用。

按照物的瑕疵担保义务的一般理论，如果承租人在订立合同时已经明知租赁物具有质量瑕疵，而仍然愿意承租，则出租人原则上就不再负担相应的瑕疵担保义务。[4] 不过，针对租赁物威胁承租人生命安全或者健康的情形，《民法典》第731条规定："租赁物危

---

① See Kare Lilleholt, et al., *Lease of Goods*, Oxford University Press, 2008, p. 113.

② 参见王利明主编：《民法》，8版，下册，246页，北京，中国人民大学出版社，2020。

③ 参见谢鸿飞、朱广新主编：《民法典评注·合同编：典型合同与准合同2》，278页。

④ 参见史尚宽：《债法总论》，171页。

及承租人的安全或者健康的，即使承租人订立合同时明知该租赁物质量不合格，承租人仍然可以随时解除合同。”该条确定了在租赁物的瑕疵危及承租人的安全或者健康时承租人享有的随时解除合同权。所谓“危及”，是指存在现实的、紧迫的危险和威胁他人安全或者健康时的风险。例如，出租的房屋因为长期没有维修，屋内装饰存在坠落的危险，在承租人搬进该屋时，出租人已经明确告知。后来，发生了因屋内装饰坠落导致承租人受伤的事故，此时，不能因出租人事先已经告知而否认承租人的解除权。《民法典》作出此种规定主要是为了保障承租人的生命、健康权，这也体现了《民法典》的人文关怀理念。出租人违反此种物的瑕疵担保义务，其所承担的责任仍然属于违约责任。也就是说，所谓的瑕疵担保责任本身就属于违约责任的一种类型，并不存在单独的、特殊的瑕疵担保责任。

（2）权利瑕疵担保义务。它是指出租人应当保证在租赁期间，租赁物不因第三人主张任何权利而影响对租赁物的正常使用。[①] 为此，《民法典》第 723 条对出租人的权利瑕疵担保义务作出了规定，出租人应当保证租赁物不因第三人主张权利而影响承租人对租赁物的使用、收益。法律规定出租人负担权利瑕疵担保义务的目的在于保障承租人对租赁物的占有、使用和收益，防止因第三人对租赁物主张权利而影响承租人权利的实现。关于出租人违反权利瑕疵担保义务的法律后果，《民法典》第 723 条第 1 款规定：“因第三人主张权利，致使承租人不能对租赁物使用、收益的，承租人可以请求减少租金或者不支付租金。”依据该条规定，在出租人违反权利瑕疵担保义务的情形下，其违约责任的成立需要具备如下条件：一是租赁物因存在权利瑕疵而致使第三人主张权利。例如，某个共有人未经其他共有人同意而擅自将共有物出租，其他共有人有权主张权利。二是因第三人主张权利致使承租人不能对租赁物使用、收益。即便出现第三人主张权利的情况，但没有影响到承租人的使用、收益的，承租人也不能主张出租人承担违反权利瑕疵担保义务的违约责任。三是承租人对于瑕疵的存在不知情。如果承租人明知存在瑕疵，如明知出租人对租赁物没有处分权，仍然与之订立合同，则由其自己承担相应的后果。[②] 依据《民法典》第 723 条第 1 款，在出租人违反权利瑕疵担保义务，致使承租人不能对租赁物使用、收益时，承租人有权请求减少租金或者不支付租金，这实际上赋予了承租人减价请求权。

此外，《民法典》第 723 条第 2 款规定：“第三人主张权利的，承租人应当及时通知出租人。”据此，在第三人对租赁物主张权利时，承租人负有相应的通知义务。如果承租人没有及时履行通知义务致使产生权利瑕疵损害的，出租人对这些损害不再承担相应的赔偿责任。

（三）维修义务

所谓维修，就是指在租赁期限内，租赁物出现了损坏、不能保持租赁物处于约定用途时，对租赁物进行修缮使其恢复正常的使用功能。《民法典》第 712 条规定：“出租人应当履行租赁物的维修义务，但是当事人另有约定的除外。”因此，在合同没有对维修义

---

① 参见王利明主编：《民法》，8 版，下册，247 页。

② 参见胡康生主编：《中华人民共和国合同法释义》，338 页。

务作特别约定的情形下，应当由出租人负维修义务，通过维修保证承租人能够正常使用租赁物。法律作出此种规定的原因在于：第一，在出租合同成立之后，租赁物仍然归出租人所有，所有人应当修缮租赁物，使其适合承租人使用。如果租赁物交付以后，承租人不能利用，则当事人的缔约目的就不能实现。第二，出租人有义务保持租赁物符合约定用途的状态。所谓保持租赁物符合约定用途的状态，是指出租人不仅负有交付的义务，而且应当在租赁期间保持租赁物符合约定的用途。第三，出租人的维修义务与出租人对租赁物的物的瑕疵担保义务存在直接关联，这也是出租人应当负有的主给付义务。因此，在租赁物出现质量问题，可能影响承租人的正常使用时，出租人应当及时维修。第四，出租人修缮租赁物也是一种权利，即出租人有权修缮租赁物，因为出租人修缮是为了保存租赁物的完好状态，使其财产权始终保持良好的使用状态，因而在出租人对租赁物进行修缮时，承租人也有义务配合。

依据《民法典》的相关规定，出租人履行维修义务应当具备如下条件。

一是租赁物确有维修的必要。所谓维修的必要，是指保持租赁物符合合同约定和缔约目的所需要的使用收益状态。对承租人的添加的部分，如果已经经过出租人同意，且已经因为添附等原因而成为租赁物的组成部分，此时，如果其客观上需要维修，则出租人也应当负有维修义务①；但如果承租人从事添加行为没有经过出租人同意，则出租人对添加物并不负有维修义务。

二是租赁物必须具有维修的可能。在租赁物损坏之后，如果租赁物在遭受损害后客观上不能修复（如租赁物已经灭失），或者维修的代价过高，则没有必要进行维修。

三是租赁物的毁损不能归责于承租人。在租赁期间内，非因承租人的原因造成的租赁物的毁损，出租人应当负有维修的义务。但如果是因为承租人的原因而造成租赁物的毁损（如承租人擅自装修，将墙壁凿穿破损），则其无权要求出租人承担维修义务。对此，《民法典》第 713 条第 2 款规定：“因承租人的过错致使租赁物需要维修的，出租人不承担前款规定的维修义务。”需要指出的是，在因承租人的原因造成租赁物毁损、灭失时，出租人不仅有权拒绝维修，其还可以请求承租人承担损害赔偿责任。

四是出租人应当在合理期限内维修。《民法典》第 713 条第 1 款第一句规定：“承租人在租赁物需要维修时可以请求出租人在合理期限内维修。”依据该条规定，在租赁物需要维修时，出租人应当在合理期限内进行维修。法律之所以作出此种规定，主要是因为，维修的期限长短直接关系到承租人对租赁物的使用。此处所谓的“在合理期限内”，应当根据物的损坏程度、承租人需要维修的紧急状态以及出租人的维修能力等因素综合考虑。

在具备上述条件的情形下，出租人应当及时维修租赁物。依据《民法典》第 713 条第 1 款规定，第一，在租赁物具有维修的必要和可能时，出租人应当及时履行维修义务，如果出租人未及时履行维修义务，承租人有权请求出租人履行维修义务，因为出租人毕竟没有直接占有、使用租赁物，对租赁物需要维修的情形并不知情，在此情形下，一旦租赁物需要维修，就认定出租人应当立即维修，也存在一定的困难，因此，该条规定承租人有权请求出租人履行维修租赁物的义务。第二，确定出租人未履行维修义务，通常

① 参见史尚宽：《债法总论》，167 页。

应当首先由承租人提出请求，而出租人在合理的期限内仍然没有进行维修，才构成该条所规定的“出租人未履行维修义务”的情形。① 第三，在“出租人未履行维修义务”的情形下，承租人可以自行维修，但维修费用应当由出租人负担。法律在该情形下赋予承租人自行维修的权利，主要是为了及时维修租赁物，以保障承租人对租赁物的使用和收益。但毕竟维修租赁物的义务是由出租人负担的，因此，承租人维修租赁物所产生的费用应当由出租人负担。② 第四，如果因为对租赁物进行维修而暂时影响承租人对租赁物的使用的，应当由出租人进行补偿。补偿的方式具体包括两种：一是相应减少租金。减少的程度应当与承租人不能使用租赁物的损失状况相适应。二是适当延长租期，出租人应当在延长的期限内免收租金。

当然，依据《民法典》第 712 条规定，如果当事人对租赁物维修义务的负担另有约定的，则按照当事人的约定确定租赁物的维修义务。在租赁合同中，租赁物的维修义务较为复杂，法律规定在一般情形下由出租人负担维修义务，但考虑到出租人可能维修不便，或者降低租金等因素，当事人可能对租赁物的维修义务作出特别约定，此时应当尊重当事人的约定。

（四）费用返还义务

所谓费用返还，是指在租赁关系存续期间内，承租人已经支付了必要费用和有益费用，出租人应当将该费用返还给承租人。具体而言，包括如下几点。

（1）必要费用的返还。所谓必要费用，是指维持租赁物处于正常使用状态而由承租人支出的费用，例如，机器零部件的更换、维修费等。这些本应由出租人承担而承租人已经支出的费用，都构成必要费用。关于必要费用的范围，通说认为，必要费用不仅指维持原状的费用，也包括保持租赁物符合基本状态的费用。③ 依据《民法典》第 713 条的规定，应当由出租人负责必要的维修。但在出租人未履行维修义务的情况下，由承租人自行维修、支付了维修费用的，则承租人有权向出租人主张必要费用的返还。因为出租人应当保持租赁物处于正常使用的状态，支付必要费用属于其合同义务，承租人支付了此种费用，自然应当允许其请求出租人返还。出租人不履行此项义务的，承租人可以相应地减少租金数额或者在租金中扣除。④ 关于返还租赁物的费用负担问题，通常有约定要依约定，没有约定应该由承租人自己承担。

（2）有益费用的返还。所谓有益费用，是指租赁物在客观价值上增加的费用。《民法典》第 715 条第 1 款规定：“承租人经出租人同意，可以对租赁物进行改善或者增设他物。”依据这一规定，承租人在租赁期间，如果认为对租赁物有必要进行改善或增设他物，经出租人同意，承租人可以以自己的费用进行改善或增设他物，使得租赁物价值增加。对有益费用的判断，一是必须要征得出租人的同意。依据上述规定，只有在出租人同意的情况下，承租人才有权对租赁物进行改善、增设他物。如果未经出租人同意而对

---

① 参见黄薇主编：《中华人民共和国民法典合同编解读》（下册），765 页。

② 参见王轶等：《中国民法典释评·合同编·典型合同》（上卷），414 页。

③ 参见郑玉波：《民法债编各论》（上册），197 页。

④ 参见崔建远主编：《合同法》，4 版，413 页，北京，法律出版社，2007。

租赁物进行改善、增设，则不能构成有益费用，甚至可能构成对出租人所有权的侵害。二是要依据客观标准来判断。如果一般人都认为此种行为增加了租赁物的价值，则该价值就属于有益费用，出租人应当返还相应的价款给承租人。通常认为，有益费用应当仅限于合同终止时租赁物增加的价值额，而不能以承租人实际支付的数额为准。①

二、承租人的义务

（一）支付租金义务

租金是承租人按规定有偿使用租赁物所支付的对价，支付租金是承租人的主给付义务。《民法典》第721条规定："承租人应当按照约定的期限支付租金。"据此，承租人应当按照约定的金额支付租金。支付的金额通常由合同约定。但是，在合同没有约定的情况下，当事人应当依据《民法典》第510条的规定，事后达成补充协议，或者根据市场行情来确定租金的水平。

依据《民法典》第721条规定，如果当事人没有在合同中约定租金支付期限或者约定不明确，应当按照如下规则处理：首先，当事人可以事后达成协议，无法达成协议的，可以考虑根据合同的相关条款或交易习惯确定。其次，租赁期限不满一年的，应当在租赁期限届满时支付；最后，租赁期限一年以上的，应当在每届满一年时支付，剩余期限不满一年的，应当在租赁期限届满时支付。例如，在2010年9月签订租赁房屋合同，租赁期限为3年，但是没有明确约定支付租金的期限，也无法通过《民法典》第510的规定来确定，此时就应当在2011年9月、2012年9月和2013年9月分期支付租金。

《房屋租赁合同司法解释》第4条第1款规定："房屋租赁合同无效，当事人请求参照合同约定的租金标准支付房屋占有使用费的，人民法院一般应予支持。"依据该规定，在房屋租赁合同无效的情形下，当事人使用租赁房屋构成了不当得利，此时不当得利的返还标准实际上是通过合同租金的标准进行确定。因此，在租赁合同无效的情况下，承租人支付的占有使用费应当与合同约定的租金相同。

在转租的情形下如何支付租金？对此应当区分合法转租与非法转租。

（1）在合法转租情形下，经出租人同意，承租人可以将租赁物转租给第三人，即次承租人。对于承租人拖欠租金的情形，《民法典》第719条第1款规定："承租人拖欠租金的，次承租人可以代承租人支付其欠付的租金和违约金，但是转租合同对出租人不具有法律约束力的除外。"据此，次承租人可以代承租人支付其欠付的租金和违约金。这实际上就是第三人代为履行规则在转租情形中的具体体现。依据《民法典》第524条，次承租人在此种情形下具有合法利益。一方面，在出租人同意承租人转租的情形下，转租合同已经合法有效，而如果仅仅因为承租人没有及时交付租金导致租赁合同被解除，并因此影响转租合同的效力，将不利于保护次承租人的利益。因此，也应当允许次承租人代承租人支付其欠付的租金和违约金。② 另一方面，毕竟租金合同和转租合同合法有效

---

① 参见魏耀荣等：《中华人民共和国合同法释论（分则）》，219页。

② 参见黄薇主编：《中华人民共和国民法典合同编解读》（下册），825页。

后，已经形成了两个合法有效的租赁关系，在承租人不支付租金的情形下，如果不允许次承租人代为支付租金，出租人依法解除租赁合同后，将消灭两个租赁合同关系，这将影响租赁物的有效利用，并因返还原物、恢复原状而造成财产的损失和浪费。该规定是与《民法典》第524条规定的第三人代为履行制度相衔接的，在第三人对债务履行具有合法利益时，第三人可不经过债务人同意代为清偿。①

（2）在非法转租的情形下，因为次承租人对于租赁关系不具有《民法典》第524条所规定的合法利益，所以次承租人此时并不能通过第三人代为履行制度来产生法定债权移转的效果。次承租人代承租人支付欠付租金和违约金的规则仅适用于合法的转租，即承租人的转租行为已经取得了出租人的同意，如果是承租人非法转租，则次承租人代为支付欠付租金和违约金的，出租人有权予以拒绝。

关于次承租人代为清偿的法律效果，《民法典》第719条第2款规定："次承租人代为支付的租金和违约金，可以充抵次承租人应当向承租人支付的租金；超出其应付的租金数额的，可以向承租人追偿。"依据这一规定，一方面，次承租人清偿的效果为法定债权移转。也就是说，次承租人代为支付的租金和违约金可以冲抵次承租人应当向承租人支付的租金和违约金。此处所说的欠付的租金是指承租人未按照约定向出租人支付的租金，对于承租人已经支付的部分租金，则应当允许扣除。此处所说的违约金，主要是指承租人因为拖欠租金而产生的违约金。另一方面，如果次承租人代为履行的租金数额超出其应付的租金数额的，可以向承租人追偿，按照第三人代为履行的规则，此时次承租人已经是承租人的债权人，其本身就有权要求承租人向其履行返还租金义务。②

（二）合理使用租赁物的义务

在租赁期间内，承租人只对租赁物享有使用权，而不享有所有权，但是，此种使用也并非无限制的任意使用。因为承租人使用租赁物时，使用的范围非常宽泛，使用的方式也多种多样。因为对于同一财产的使用，不同的承租人有不同的目的。为此，有关使用的方法必须要由当事人之间的协议、租赁的目的以及相关默认规则来确定。③ 就租赁物的使用而言，承租人负有如下义务。

（1）按照约定的方法使用。承租人对租赁物的使用也并非无限制的任意使用，其必须负有按照约定使用租赁物的义务，这也是承租人所负有的基本义务。为此，《民法典》第709条特别规定："承租人应当按照约定的方法使用租赁物。对租赁物的使用方法没有约定或者约定不明确，依据本法第五百一十条的规定仍不能确定的，应当根据租赁物的性质使用。"依据这一规定，首先，承租人应当依据约定使用租赁物，使用租赁物必须首先由出租人按照约定将租赁物交由承租人实际占有，并保证租赁物在租赁期间内符合约定的使用状态。在此前提下，承租人也应当依据当事人之间的协议、租赁的目的等确定的使用方法进行使用。④ 例如，当事人在租赁合同中约定用于租赁的房屋只能用于生活居住，而不能用

---

① 参见王轶等：《中国民法典释评·合同编·典型合同》（上卷），443～444页。

② 参见王轶等：《中国民法典释评·合同编·典型合同》（上卷），445页。

③④ See Kare Lilleholt, et al., *Lease of Goods*, Oxford University Press, 2008, p. 108.

于商业使用，但是承租人违反了租赁合同的约定，将房屋用于开饭店进行商业化经营，则构成违约。使用方法的约定不仅包括如何使用租赁物，还包括对租赁物的利用方式和手段等作出明确的限制。例如，禁止将租赁物客车用于货运用途，禁止将租赁物房屋用于经营活动等。① 其次，如果当事人对租赁物使用方法没有约定或约定不明确的场合，当事人可以依据《民法典》第 510 条的规定协议补充。如果不能达成补充协议的，按照合同相关条款或者交易习惯确定。最后，如果当事人按照前述方法仍然无法确定租赁物使用方法的，则承租人应当根据租赁物的性质进行使用。例如，租赁几台大型模具机器设备，承租人应当在室内使用，而不能将其放置于室外日晒雨淋，从而加速其折损。

（2）合理使用造成的损耗不负赔偿责任。因为租赁物虽然是不可消耗物，但其也有合理损耗的问题，承租人只要按照约定的方法使用租赁物，本质上是正当行使租赁权的行为，应当受到法律保护。《民法典》第 710 条规定："承租人按照约定的方法或者根据租赁物的性质使用租赁物，致使租赁物受到损耗的，不承担赔偿责任。"这就是说，按照约定的方法或者租赁物的性质使用租赁物，即使租赁物发生损耗，也被认为是一种自然的损耗，在当事人没有特别约定的情形下，出租人不能因为租赁物的正常损耗而请求承租人承担损害赔偿责任。例如，在设备租赁合同中，设备在使用过程中会发生正常的折旧、价值贬损等现象，但只要承租人是合理使用的，其就不需要承担损害赔偿责任。任何财产都会折旧，承租人按照约定的方法或者租赁物的性质使用租赁物，表明其是依据合同进行的合理使用。因为承租人已经支付租金，这实际上是其合理使用租赁物的对价，也就不必再为租赁物的合理损耗承担赔偿责任。②

（3）使用租赁物产生的收益的归属。《民法典》第 720 条规定："在租赁期限内因占有、使用租赁物获得的收益，归承租人所有，但是当事人另有约定的除外。"依据这一规定，在租赁期限内因为占有、使用租赁物而获得的收益，原则上归承租人所有，法律作出此种规定的主要原因在于，承租人之所以与出租人订立租赁合同，就是为了取得租赁物的占有权和使用权，并据此取得相关的收益，因此，将该收益归属于承租人，符合当事人订立合同的目的。通常而言，因占有、使用租赁物而获得的收益主要包括两类：一类是因为占有租赁物而产生的收益，另一类是使用租赁物而产生的收益。③ 在租赁期限内，承租人因占有、使用而产生的收益，本身属于承租人对于租赁物收益权的体现，而且承租人已经支付合理对价。当然，从该条规定来看，如果当事人明确规定该收益归属于出租人，则应当尊重当事人的私法自治，承认该约定的效力。

（4）不合理使用的后果。在承租人不合理使用租赁物的情形下，《民法典》第 711 条规定："承租人未按照约定的方法或者未根据租赁物的性质使用租赁物，致使租赁物受到损失的，出租人可以解除合同并请求赔偿损失。"该条实际上规定了承租人不合理使用租赁物的两种情形。

一是承租人未按照约定的方法使用租赁物。未按照约定的方法使用租赁物既包括合同明确约定租赁物使用方法的情形，也包括当事人虽然没有明确约定租赁物的使用方法，但

①② 参见黄薇主编：《中华人民共和国民法典合同编解读》（下册），757 页。
③ 参见黄薇主编：《中华人民共和国民法典合同编解读》（下册），827 页。

可以依据《民法典》第 510 条规定确定租赁物的使用方法。在承租人未按照约定方法使用租赁物时，将给租赁物造成损失，而非租赁物的自然损耗，此时承租人的行为构成违约。

二是承租人未根据租赁物的性质使用租赁物。所谓根据租赁物的性质，实际上就是根据租赁物的通常用途使用租赁物。例如，将客运的小轿车用于拉货，实际上就不是按照租赁物通常的用途使用租赁物。承租人未按照约定使用租赁物，既包括承租人自己未按照约定使用租赁物，也包括与承租人共同生活的人或者生产经营的人未按照约定使用租赁物。[①] 据此，在承租人不合理使用租赁物的情况下，致使租赁物受到损害的，出租人有权解除合同，并请求承租人赔偿损失。

（三）妥善保管租赁物的义务

《民法典》第 714 条规定："承租人应当妥善保管租赁物，因保管不善造成租赁物毁损、灭失的，应当承担赔偿责任。"这就确立了承租人的妥善保管租赁物的义务，并构成承租人所应当负担的基本义务。由于租赁合同是有偿合同，因而承租人应当对租赁物尽到善良管理人的保管义务，此种义务在程度上要高于承租人对自己的物应负的注意义务。所谓妥善保管义务，应当理解为善良管理人的注意义务，即一个理性的善良的主体在置于相同地位与情境时会采取的保管方法或保管方式。[②] 此种妥善保管义务应当包括如下几项：一是按照租赁物的性质采取妥当的方法保管租赁物。例如，租赁他人的汽车，应当在停车场停放，不应长期停放在路边。二是要对租赁物进行正常的维护、保养。虽然对租赁物的维修义务主要由出租人负担，但在正常使用过程中，承租人也有必要对租赁物进行必要的维修和保养，以防止租赁物不当毁损、灭失。例如，租赁的汽车应当定期进行检查和保养。三是及时通知出租人维修的义务。租赁物不能正常使用，承租人应当及时通知出租人维修，而不能长期搁置已经损坏的租赁物，造成更大的损失。

如果承租人没有尽到这种善良管理人的注意义务，则构成违约，需要承担义务违反的损害赔偿责任。依据《民法典》第 714 条的规定，在租赁物毁损、灭失的情况下，不能一概课以承租人赔偿义务，而应当进一步确定造成毁损灭失的原因，只有租赁物损失是因承租人未尽到善良管理人的注意义务而产生时，承租人才负担损害赔偿责任。

（四）不得擅自改善或增设他物的义务

承租人在使用租赁物的过程中，应当保持租赁物的良好状态，才能有利于租赁物的正常利用，实现其订立合同的目的。如果承租人擅自改善或者增设他物的，可能造成租赁物的损害，已经超出了租赁物合理使用的范围，应当属于违约行为。在租赁合同终止后，承租人还应当将租赁物返还出租人，承租人擅自改善或者增设他物的，也可能导致承租人难以圆满履行其返还租赁物的义务。因此，《民法典》第 715 条规定："承租人经出租人同意，可以对租赁物进行改善或者增设他物。承租人未经出租人同意，对租赁物进行改善或者增设他物的，出租人可以请求承租人恢复原状或者赔偿损失。"该条规定包括如下内容。

---

① 参见黄薇主编：《中华人民共和国民法典合同编解读》（下册），760 页。

② 参见史尚宽：《债法总论》，191 页。

第一，承租人必须经出租人同意对租赁物进行改善或者增设他物。由于承租人对租赁物并不享有处分权，其并非租赁物所有权人，所以必须经过出租人同意，如果未经出租人同意擅自进行改善或增设他物的，本身构成对出租人物权的侵犯，同时也构成违约，出租人可以要求承租人恢复原状。所谓改善，是指并不改变租赁物的外观进行改变，但对其性能进行改良。所谓增设他物，是指在租赁物之上又添加其他的物。[①]《房屋租赁合同司法解释》第 8 条规定："承租人经出租人同意装饰装修，租赁期间届满或者合同解除时，除当事人另有约定外，未形成附合的装饰装修物，可由承租人拆除。因拆除造成房屋毁损的，承租人应当恢复原状。"只要经过出租人的同意进行装饰装修，在租期届满或合同解除后，应当依据添附的规则判断装饰物等是否构成了附合，如果没有构成附合，则应当由承租人予以拆除，如果构成附合，则依据添附规则处理。依据《房屋租赁合同司法解释》第 9 条，在当事人没有约定的情况下，且租赁合同已经解除时，应当按照如下规则处理：一是因出租人违约而导致合同解除，承租人有权请求出租人赔偿剩余租赁期内装饰装修残值损失。二是因承租人违约而导致合同解除，承租人无权请求出租人赔偿剩余租赁期内装饰装修残值损失。但出租人同意利用的，应在利用价值范围内予以适当补偿。三是因双方违约导致合同解除，剩余租赁期内的装饰装修残值损失，由双方根据各自的过错承担相应的责任。四是因不可归责于双方的事由导致合同解除的，剩余租赁期内的装饰装修残值损失，由双方按照公平原则分担。法律另有规定的，适用其规定。

第二，承租人在未经出租人同意的情况下，擅自对租赁物进行改善或者增设他物的，本身属于违背出租人意志而对租赁物进行性能改良或添附的情形，该行为已构成对租赁物的损害，在此情形下，对于因装饰装修或者扩建产生的费用，由承租人负担。[②] 承租人此时不仅不能要求出租人返还其所支付的费用，出租人还有权请求承租人承担违约责任。[③] 依据《房屋租赁合同司法解释》第 6 条的规定，"承租人擅自变动房屋建筑主体和承重结构或者扩建，在出租人要求的合理期限内仍不予恢复原状，出租人请求解除合同并要求赔偿损失的，人民法院依照民法典第七百一十一条的规定处理"。在承租人擅自变动房屋主体和承重结构等情形，应当允许出租人解除合同，并请求损害赔偿。

(五) 不得擅自转租的义务

《民法典》第 716 条第 1 款规定："承租人经出租人同意，可以将租赁物转租给第三人。承租人转租的，承租人与出租人之间的租赁合同继续有效；第三人造成租赁物损失的，承租人应当赔偿损失。"依据该条规定，在租赁关系存续期间内，承租人负有不得擅自转租的义务。从法律上看，转租包括两种情况。

(1) 经出租人同意的转租。依据《民法典》第 716 条第 1 款规定，转租应当经出租人同意，这主要是因为：一方面，租赁合同是在出租人与承租人之间签订的，当事人之间存在一定的人身信赖关系，出租人对第三人并不了解，如果承租人擅自转租，会破坏

① 参见黄薇主编：《中华人民共和国民法典合同编解读》(下册)，818 页。
② 参见《房屋租赁合同司法解释》第 11 条。
③ 参见黄薇主编：《中华人民共和国民法典合同编解读》(下册)，818 页。

当事人之间的人身信赖关系，也不符合出租人的意愿。另一方面，承租人擅自转租的，也可能增加租赁物毁损、灭失的风险。还应当看到，允许房屋等租赁物转租，还可能造成租赁市场中层层牟取暴利的后果，导致租赁价格上涨，影响租赁市场正常的秩序。因此，我国《民法典》要求转租必须经过出租人同意，这也符合租赁合同的性质和特点。①

转租的许可可以采取明示，也可以采取默示的方式。依据《民法典》第718条，"出租人知道或者应当知道承租人转租，但是在六个月内未提出异议的，视为出租人同意转租"。也就是说，如果承租人已经知道或应当知道承租人转租，其有权提出异议，但如果其在6个月内未提出异议的，则可以认定出租人以沉默的方式作出了同意的意思表示。因为如果出租人在6个月内没有作出任何肯定或否定的意思表示，则将导致转租行为的效力始终处于不确定的状态，不利于相关财产秩序的维护。因此，《民法典》规定，在此情形下，视为出租人同意转租，所谓"视为"，是指法律上推定出租人以沉默的方式作出了同意。这是一项法律关于沉默的意思表示的特殊规定。②

出租人同意转租产生如下效果。

第一，转租合法有效。如果转租经过出租人同意，意味着在租赁合同中，出租人允许承租人转租，或者合同中虽然没有约定转租事项，但是转租后取得了出租人的同意。

第二，形成两个租赁关系。经出租人同意的转租，并不导致原租赁法律关系发生实际的变动。在此情形下，实际上存在两个租赁合同关系，即出租人与承租人之间的租赁合同关系以及承租人与次承租人之间的租赁合同关系。不过，虽然存在两个有效的法律关系，但基于债的相对性，如果第三人对租赁物造成任何损失，都应视为承租人对租赁物造成的损失，因为出租人只受到其与承租人的合同关系的拘束。③ 这就是说，承租人和出租人的原有法律地位不变，出租人只与承租人之间存在合同关系，与次承租人之间则不存在合同关系。

第三，转租期限不得超过承租人剩余租赁期限。在法律上，任何人所移转的权利不得超出其所享有的权利的范围。法谚云："一方不得把自己不享有的权利转给他人。"在转租的情形下也是如此，也就是说，如果承租人仅仅享有10年的承租权，则其不得与他人订立超出10年的租赁合同。《民法典》第717条规定，"承租人经出租人同意将租赁物转租给第三人，转租期限超过承租人剩余租赁期限的，超过部分的约定对出租人不具有法律约束力，但是出租人与承租人另有约定的除外。"依据这一规定，如果是经过出租人同意的转租，则承租人应当在租赁期限内确定转租期限，转租的期限不得超过租赁合同的期限。如果转租的期限超出租赁合同的期限，超出部分的转租期限的约定对出租人不具有法律约束力，但在承租人与第三人之间仍然有效。该条规定主要是为了保护出租人的利益，也是合同相对性原理的体现。如果转租期限超出租赁合同的期限，则超出的部分对出租人不产生效力④，在租赁合同期限届满后，出租人仍有权请求次承租人返还租赁物，如因此导致承租人无法履行转租合同的，次承租人有权依法请求承租人承担违约

---

① 参见黄薇主编：《中华人民共和国民法典合同编解读》（下册），769页。

② 参见黄薇主编：《中华人民共和国民法典合同编解读》（下册），823页。

③ 参见王轶等：《中国民法典释评·合同编·典型合同》（上卷），433页。

④ 参见谢鸿飞、朱广新主编：《民法典评注·合同编：典型合同与准合同2》，236页。

责任。当然，出租人和承租人之间也可以特别约定，转租合同的期限可以超出租赁合同的期限，此时，转租合同超出租赁合同期限的部分对出租人也应当具有约束力。①

（2）未经出租人同意的转租。承租人未经出租人的同意而擅自将租赁物转租给他人，构成无权处分。虽然承租人擅自转让的只是占有权、使用权，并非转让他人的财产所有权，但承租人擅自将其占有权、使用权转让他人，也属于非法处分他人财产所有权权能的行为。依照民法典合同编关于无权处分的规定，无权处分不影响合同的效力。② 但是擅自转租毕竟破坏了承租人与出租人之间的信任关系，且增加了租赁物到期后承租人返还的困难，并可能增加租赁物毁损、灭失的风险。在承租人擅自转租的情形下，《民法典》第 716 条第 2 款特别赋予了出租人解除合同的权利，以对其权利提供保护。依据《民法典》第 716 条第 1 款，转租合同并非当然无效，从该条规定来看，未经出租人同意的转租，构成违约，出租人可以享有解除权，这已经足以保护出租人的权益。

（六）返还租赁物的义务

当租赁合同终止时，承租人应及时将租赁物返还给出租人。这既是出租人享有的所有权的效力的体现，也是承租人依据租赁合同所应当负有的义务。《民法典》第 733 条规定：“租赁期限届满，承租人应当返还租赁物。”如果逾期交还，造成出租人损失的，承租人应承担损害赔偿责任。在租赁期限届满之后，租赁关系不复存在，承租人应当向出租人返还租赁物，而无权继续占有、使用租赁物，否则构成无权占有。在无权占有的情况下，出租人有权基于物权请求权或侵权请求权要求承租人返还租赁物。在无权占有期间，承租人基于租赁物而获得的收益，构成不当得利，应当返还给出租人。

租赁物通常是有体物、非消费物，租赁合同终止时，租赁物依然存在，承租人应及时将租赁物返还出租人。《民法典》第 733 条规定：“返还的租赁物应当符合按照约定或者根据租赁物的性质使用后的状态。”这就是说，返还时应当根据两种标准确定返还状态：一是符合约定的状态。这就是说，合同约定返还时是什么状态，就应当按照什么状态返还。二是符合根据租赁物的性质使用后的状态。承租人不得擅自对租赁物进行改善或者增设他物，否则，应当恢复原状。③

第四节　优先购买权和优先承租权

一、房屋承租人的优先购买权

优先购买权又称为“先买权”，它是特定的民事主体依照法律规定享有的优先于他人购买某项特定财产的权利。《民法典》第 726 条第 1 款规定：行使优先购买权，房屋按份

① 参见王轶等：《中国民法典释评·合同编·典型合同》（上卷），433 页。
② 参见王轶等：《中国民法典释评·合同编·典型合同》（上卷），436 页。
③ 参见黄薇主编：《中华人民共和国民法典合同编解读》（下册），800 页。

共有人行使优先购买权或者出租人将房屋出卖给近亲属的除外。这就确立了房屋租赁合同中承租人的优先购买权。

承租人优先购买权的特点在于：

第一，它是一种法定的权利。在房屋租赁关系中，承租人优先购买权是一种法定的权利，它是法律、行政法规创设的一项财产请求权，也是法律对出卖人所附加的义务，法律关于优先购买权的规定可以自动地成为租赁关系的组成部分。

第二，它是依附于债权的权利。一方面，它是一项债权的内容，而非物权。此种权利依附于租赁合同，如果租赁合同被解除、宣告无效和撤销，该权利也不复存在。① 另一方面，优先购买权是基于房屋租赁合同产生的，如果租赁合同无效或被撤销，则承租人的优先购买权也将不复存在。承租人优先购买权不能独立于租赁合同而单独转让，不能分别由不同的主体享有合同债权与优先购买权。因此，此种优先购买权可以看作是租赁权物权效力的体现。

第三，它是指在同等条件下权利人所享有的优先于第三人购买承租房屋的权利。优先购买，顾名思义，是指在同等条件下，权利人享有优先于第三人购买承租房屋的权利。此种优先是在与第三人所享有权利的对比中体现出来的。因此，承租人必须在同等条件下才能享有优先购买权。

第四，它是具有对抗第三人效力的债权。如果第三人在妨害承租人行使优先购买权的情况下购买标的物，优先购买权人有权要求出卖人与自己订立合同，并将标的物出卖给自己。

关于优先购买权究竟是形成权，还是请求权，学界存在不同的看法。一是形成权说，此种观点认为，承租人将行使优先购买权的意思通知出租人，不需要出租人表示同意，就可以与其成立房屋买卖合同。② 这在效果上类似于强制缔约。二是请求权说，此种观点认为，承租人行使优先购买权必须要向出租人提出请求，要求解除其与第三人的合同，并同意与承租人订立房屋买卖合同。两种观点都不无道理。本书认为，一方面，优先购买权在本质上仍然是请求权，因为承租人所享有的对抗第三人的利益是有限的。又因为其毕竟不是物权，因而不能直接产生对抗第三人的效力。另一方面，形成权说实际上意味着一旦行使请求权当事人就需要强制缔约。从《民法典》第728条的规定来看，只是规定了侵害承租人优先购买权的赔偿责任。尤其是依据该条规定，即便出租人侵害了承租人的优先购买权，但出租人与第三人订立的房屋买卖合同的效力不受影响。由此表明，优先购买权并没有产生强制缔约的效果。

二、优先购买权的行使

（一）主体适格

承租人优先购买权的主体应当是承租人，承租人必须是基于合法有效的租赁合同，

---

① 参见杨立新主编：《最高人民法院审理城镇房屋租赁合同纠纷案件司法解释理解与运用》，149页，北京，中国法制出版社，2009。

② 参见崔建远主编：《合同法》，5版，433页，北京，法律出版社，2010。

才能享有优先购买权，除承租人之外，在合法转租的情形下，次承租人也应享有优先购买权。

《民法典》第 726 条第 1 款规定："出租人出卖租赁房屋的，应当在出卖之前的合理期限内通知承租人，承租人享有以同等条件优先购买的权利；但是，房屋按份共有人行使优先购买权或者出租人将房屋出卖给近亲属的除外。"依据这一规定，在如下两种情形下，承租人并不享有优先购买权。

一是买受人为租赁房屋的按份共有人。如果已经出租的房屋在出售时，房屋共有人行使优先购买权，则共有人的优先购买权应当优先于承租人的优先购买权，因为一方面，按份共有人的优先购买权是基于物权产生的，而承租人的优先购买权是基于债权产生的，因此按份共有人的优先购买权应当优先于承租人的优先购买权。即使租赁权已经物权化，但就其效力而言，与纯粹的物权相比仍然是受限制的。也就是说，租赁权本质上仍然是合同关系，而共有权属于物权关系，按照物权优先于债权的原理，在租赁权与共有权发生冲突的情况下，应当使共有权优先于租赁权。另一方面，从时间上看，共有关系发生在先，租赁关系发生在后，即便租赁权物权化以后，发生在先的物权也应该优先于发生在后的物权。此外，法律设定承租人的优先购买权，目的在于使承租人取得租赁物所有权并继续保持其对该物的占有、利用。如果共有人优先购买权与承租人优先购买权发生竞合，规定共有人的权利优先，有利于稳定财产关系。当然，通常而言，两种优先购买权并不会存在权利冲突，因为各自行使的权利客体是不同的，按份共有人的优先购买权针对的是共有份额，而承租人的优先购买权所针对的是租赁物的整体的所有权，两者之间存在显著区别。

二是买受人为出租人的近亲属。如果房屋买卖在近亲属之间进行，当事人之间签订了买卖合同，而且约定了一定的价款，但考虑到双方当事人亲属关系的存在，这种交易并非市场经济条件下通常的交易；合同中约定的价格通常并非市场价格，往往是所谓的"半卖半送"。因此，如果允许承租人行使优先购买权，以同等价格优先购买房屋，显然对出租人和买受人都是极不公平的，也不利于近亲属之间相互扶养、协助。

（二）仅适用于租赁的房屋因买卖而发生物权变动的情形

优先购买权，顾名思义是因租赁的房屋买卖而产生的一种权利。因此，一方面，承租人优先购买权仅适用于房屋租赁的情形，如果是其他的租赁关系，则即便出租人将租赁物转让，承租人也不享有优先购买权。另一方面，此种权利仅适用于租赁的房屋因买卖发生物权变动的情形。如果是因赠与、出资、房屋被征收或者基于生效的法律文书等发生物权变动，则承租人并不享有优先购买权。

此处所说的因买卖合同而发生物权变动，也包括租赁房屋因拍卖而发生物权变动的情形。对此，《民法典》第 727 条规定："出租人委托拍卖人拍卖租赁房屋的，应当在拍卖五日前通知承租人。承租人未参加拍卖的，视为放弃优先购买权。"依据这一规定，如果出租人将房屋采用拍卖的方式出售，承租人也同样享有优先购买权，这是因为，承租人优先购买权的行使是在同等条件下享有，而拍卖时也恰恰是要等待最高竞买者确定价格条件，此时，承租人也有权在该条件下主张优先购买，可见，拍卖方式与承租人的优先购买权并不冲突。[①] 当然，在拍卖的情形下，出租人应当在拍卖 5 日前通知承租人，承租人也不需要向出租人表示是否购买，而只需要参加拍卖即可，在拍卖过程中，承租人同样可以主张在同等条件下优先购买该房屋。但如果通知后承租人未参加拍卖，则视为其已经放弃了优先购买权。

（三）必须明确表示购买

依据《民法典》第 726 条，承租人在行使优先购买权时，必须“明确表示购买”，即承租人应当明确向出租人表示愿意以同等条件购买租赁房屋。至于承租人作出表示的方式，该条并没有作出限定，书面形式或者口头形式均可。《民法典》第 726 条第 2 款规定：“出租人履行通知义务后，承租人在十五日内未明确表示购买的，视为承租人放弃优先购买权。”由此可见，如果承租人在 15 日内没有明确表示购买，就可以认定为其已放弃了优先购买权。这也是基于维护交易秩序和交易安全所作出的考虑。[②]

（四）必须在同等条件下行使

优先购买权的行使前提是承租人与其他买受人处于同等条件。同等条件是对优先购买权人行使先买权的基本要求。此种限制尊重了出卖人的所有权，不至于因优先购买权的行使使其利益遭受损失。此处所谓的“同等条件”，应当主要指的是价格条件，也就是说，先买权人支付的价格应当与其他买受人支付的价格条件相同，或者高于其他买受人支付的价格。除价格条件外，同等条件还应当适当考虑租赁物使用方式或使用用途、环境因素、品牌效应、无形资产的增值以及其他可能影响出租人经济利益的因素，此外，也应当适当考虑支付方式。例如，即便承租人愿意支付的价金高于第三人，但如果承租人主张分期支付价款，则也不得主张其构成同等条件。当然，就价格而言，同等条件的确定也应当考虑由出卖人事先确定一个房屋价格的幅度。因为，出卖人与第三人之间就转让事宜特别是价格问题可能会进行反复的协商，经过艰苦的讨价还价，再支付相当交易费用。

（五）应当在合理期限内行使

1. 出租人负有通知义务

《民法典》第 726 条第 1 款规定：“出租人出卖租赁房屋的，应当在出卖之前的合理期限内通知承租人，承租人享有以同等条件优先购买的权利；但是，房屋按份共有人行使优先购买权或者出租人将房屋出卖给近亲属的除外。”依据这一规定，出租人出卖租赁房屋的情形下，负有在合理期限内通知承租人的义务。具体包括：第一，通知义务的主体是出租人，但除出租人之外，如果出租人和房屋所有人不是同一主体，则仍应由出租人负担通知义务。第二，必须是在出卖之前作出通知。此处所说的“出卖之前”，既可以

---

① 参见最高人民法院民法典贯彻实施工作领导小组主编：《中华人民共和国民法典合同编理解与适用》（三），1563 页，北京，人民法院出版社，2020。

② 参见黄薇主编：《中华人民共和国民法典合同编解读》（下册），789 页。

是指出租人与他人订立买卖合同之前，也可以是指买卖合同订立后，房屋所有权移转之前。第三，通知必须在合理期限内作出，合理期限应当根据交易的具体情形予以判断，通常应当考虑通知到达承租人的时间，以及承租人考虑的时间。第四，通知的内容，既包括出售租赁物房屋的情况，也包括价格及其他重要的交易条件。出租人履行通知义务，包括将通知送达承租人。第五，通知的形式，可以采取口头形式，也可以采取书面方式。如果是口头通知，则应当为承租人所了解；如果是书面通知，则应当到达承租人。如果出租人的通知没有到达承租人，则视为出租人没有履行其通知义务。适格通知的到达是承租人行使优先购买权期限计算的起点，也是承租人知晓交易条件、行使优先购买权的前提。

2. 承租人行使优先购买权的期限

承租人自收到通知之后，不能无限期地享有优先购买权。否则，过长的期限会导致出卖人长期不能出卖租赁物，这不仅将使得其处分权受到影响，而且可能使其丧失最佳出售时机，从而对其造成损害。同时，这也使得出卖人和第三人之间的法律关系处于不稳定状态，并会造成第三人的损害。因此《民法典》第726条第2款规定："出租人履行通知义务后，承租人在十五日内未明确表示购买的，视为承租人放弃优先购买权。"这就是说，在收到出租人的通知后，承租人应当在法律规定的期限内明确表示是否购买，如果承租人没有在15日内表示是否购买，则意味着其以沉默的方式放弃了优先购买权，即便其此后再主张，也不应当得到支持。该15天的规定本质上是一个失权条款，表明承租人在15日内未明确表示购买的，则应视为承租人放弃了优先购买权，实际上就是丧失了优先购买的权利。

三、优先购买权应当依据诚信原则行使

优先购买权的行使也应当符合诚信原则。例如，在某个案例中，出租人出售价值约一亿元的不动产，而承租人所承租的面积仅占其总面积的5%，其是否可以享有优先购买权？本书认为，在此情况下，依据诚信原则，承租人不能就全部不动产享有优先购买权。但是，究竟承租人所承租房屋面积占全部出售房屋面积达到多少比例，才享有优先购买权？根据有关司法解释，应当从诚信原则出发，考虑承租人承租的部分房屋与房屋的其他部分是否可分、使用功能整体性是否明显、承租人承租的部分房屋占全部房屋的比例来进行综合考虑，决定承租人是否可以行使优先购买权。①

---

① 最高人民法院于2005年7月26日发布的〔2004〕民一他字第29号《关于承租部分房屋的承租人在出租人整体出卖房屋时是否享有优先购买权的复函》中指出："……经研究认为：目前处理此类案件，可以从以下两个方面综合考虑：第一，从房屋使用功能上看，如果承租人承租的部分房屋与房屋的其他部分是可分的、使用功能可相对独立的，则承租人的优先购买权应仅及于其承租的部分房屋；如果承租人的部分房屋与房屋的其他部分是不可分的、使用功能整体性较明显的，则其对出租人所卖全部房屋享有优先购买权。第二，从承租人承租的部分房屋占全部房屋的比例看，承租人承租的部分房屋占出租人出卖的全部房屋一半以上的，则其对出租人出卖的全部房屋享有优先购买权；反之则不宜认定其对全部房屋享有优先购买权。请你院结合以上因素，根据案件具体情况，妥善处理。"

四、优先购买权的保护

《民法典》第728条规定："出租人未通知承租人或者有其他妨害承租人行使优先购买权情形的，承租人可以请求出租人承担赔偿责任。但是，出租人与第三人订立的房屋买卖合同的效力不受影响。"据此，在出租人妨害承租人优先购买权行使的情形下，将产生如下两个法律效果。

（一）损害赔偿

在妨害优先购买权的情况下，究竟应当产生何种效力？理论上存在两种不同的观点：一是无效说，此种观点认为，承租人可以请求确认转让合同无效，要求将已经转让出去的应有份额归于自己。二是损害赔偿说，此种观点认为，在优先购买权受到侵害的情况下，不应当确定转让合同无效，而应当由优先购买权人请求出租人承担损害赔偿责任。本书赞成损害赔偿说，理由主要在于：一方面，无效说增加了交易成本。在出租人与第三人已经就房屋买卖订立合同的情形下，当事人已经为此支出了交易成本，如果宣告合同无效，将导致财富的浪费。另一方面，无效说不符合鼓励交易原则。如果认定买卖合同无效，则导致恢复原状等后果，不符合效率原则，也与合同法鼓励交易的宗旨不符。从房屋买卖的市场来看，只要承租人可以证明损失存在，通过赔偿其损失，就足以保障其权益，而不必要宣告出租人与第三人之间的房屋买卖合同无效。

《民法典》第728条规定："出租人未通知承租人或者有其他妨害承租人行使优先购买权情形的，承租人可以请求出租人承担赔偿责任。但是，出租人与第三人订立的房屋买卖合同的效力不受影响。"从本条的立法意旨可以看出，立法者对侵害优先购买权的后果采取了损害赔偿说。这就是说，如果因为出租人未通知承租人，或者实施了其他妨害承租人行使优先购买权的行为，如出租人干扰承租人行使优先购买权，或者在承租人主张优先购买权时，出租人仍然将房屋出卖给第三人等，此类行为均构成对承租人优先购买权的侵害。①

就具体赔偿范围而言，侵害承租人优先购买权产生的损失主要是一种购房费用损失。但此种损失究竟是一种信赖利益损失还是一种履行利益损失？对此学界存在不同观点，本书认为，既然优先购买权性质上是一种请求权，不能产生强制缔约的效果，故无法在侵害优先购买权上拟制产生买卖合同订立的效果。因而，通常不能要求赔偿履行利益，而只能请求信赖利益的损害赔偿。这就是说，损害赔偿应当以所受损失作为赔偿的范围，通常应当以房屋目前的市场价值减去合同中约定的房屋售价之差与承租人另找房屋等必要费用之和。② 具体来说：一是另找房屋等支出的必要费用。例如，出租人甲将其房屋出卖给他人，售价500万元，本来承租人可以在该条件下购买该房屋，但因甲没有通知

---

① 参见黄薇主编：《中华人民共和国民法典合同编解读》（下册），792页。

② 参见最高人民法院民法典贯彻实施工作领导小组主编：《中华人民共和国民法典合同编理解与适用》（三），1570页。

承租人而导致承租人无法购买该房屋，承租人在同样的区域购买类似的房屋，因为房屋价格的上涨而多支出的费用，即属于此处所说的损失，出租人有义务向承租人作出赔偿。二是缔约机会的丧失。由于出卖人侵害了承租人的优先购买权，使承租人无法以同等价格另行购买类似房屋，如果其能够证明由此所造成的实际损失，则其可以主张缔约机会丧失的损失。这种损失的计算通常是以房屋目前的市场价值减去合同中约定的房屋售价之差来确定。但由于其优先购买权受到侵害，无法购买房屋，因此导致承租人损失的，其也有权请求出租人赔偿损失。①

（二）出租人与第三人订立的房屋买卖合同的效力不受影响

在出租人侵害承租人优先购买权的情形下，虽然承租人可以向出租人主张损害赔偿，但无论承租人是否主张损害赔偿，对出租人与第三人之间的买卖合同的效力不产生影响。所谓不受影响，是指出租人与第三人之间的买卖合同有效，该合同继续在出租人与第三人之间有效。如果出租人为履行合同而将房屋所有权变更登记给第三人，则第三人也可以据此取得该房屋所有权。

五、房屋承租人的优先承租权

（一）概念

所谓房屋承租人的优先承租权，是指在房屋租赁合同中，租赁期限届满后，房屋承租人享有在同等条件下优先承租房屋的权利。《民法典》第 734 条第 2 款规定："租赁期限届满，房屋承租人享有以同等条件优先承租的权利。"该条对房屋承租人的优先承租权作出了规定。由于租赁合同的稳定性直接关系到人民群众居住的需求。租赁关系不稳定，将对人们的正常生活产生重大影响。例如，在租赁期限届满之后，出租人未与承租人协商就将该房屋出租给第三人，在此情形下，承租人可以基于相同的条件要求出租人将该房屋出租给自己。② 房屋承租人的优先承租权保障了租赁关系的稳定性，有利于推进"租购并举"的政策，这对于规范租赁市场秩序、保障承租人的居住利益具有重要意义。③ 此外，我国《民法典》没有规定经营性租赁与居住型租赁，但是经营性租赁具有长期投资性和投资回报期限长的特点，故对于经营租赁而言更需要依赖优先承租权的保护。尤其是承租人可能会对房屋进行装修、装饰，更换新的承租人也可能会造成资源不必要的浪费。

优先承租权与优先购买权一样，都是由法律明确规定的权利，且都要求在同等条件下享有权利。也就是说，法律规定这两种权利都是为了兼顾对承租人的保护，对这两种权利的行使都做了一定的限制，但是优先承租权与优先购买权的区别主要表现在：一方面，其适用的情形不同。优先购买权针对的是房屋所有权的转让，而优先承租权则针对

---

① 参见王轶等：《中国民法典释评·合同编·典型合同》（上卷），478 页。

② 参见黄薇主编：《中华人民共和国民法典合同编解读》（下册），802 页。

③ 参见黄薇主编：《中华人民共和国民法典合同编解读》（下册），853 页。

的是房屋的租赁关系继续的问题。另一方面，其法律效果存在不同。优先购买权的行使将使承租人可能获得租赁物的所有权，而优先承租权只是获得租赁关系的存续。

承租人优先承租权主要具有如下特点。

第一，具有法定性，即优先承租权是由法律规定承租人享有的一项权利。一般认为，其是一种基于法律规定的方式，当事人可以重新订立新的合同以代替原来的合同关系。问题在于，该项权利是否可以基于当事人之间的约定排除？考虑到该条规定主要是基于强化租赁关系的稳定性，以及对弱势利益群体的保护产生的，如果能够通过约定排除，将不符合制度目的。因此，本书认为，当事人不能通过约定排除该条。

第二，是在同等条件下所享有的优先承租房屋的权利。也就是说，这种权利的行使有特定的条件限制。这种同等条件必须与第三人的承租条件相比较才能确定。只有具备同等条件，才有资格行使该项权利。

第三，适用范围具有受限制性。该权利仅适用于房屋租赁合同关系，对其他合同关系并不适用。因此，此种权利的主体仅限于房屋承租人。需要指出的是，优先承租权指的是承租人相较于其他承租人的承租权的优先，如果不存在其他承租人加入竞争，则无须考虑优先承租权的问题。

第四，性质上应当是请求权。关于该权利的性质，存在不同观点：一是附条件形成权说，即在法律规定的条件成就时，承租人单方作出缔约意思表示的，即可在承租人与出租人之间成立房屋租赁合同关系。① 二是形成权说，即在房屋租赁期限届满后，在出租人与第三人订立租赁合同时，在符合法律规定条件的情形下，只要承租人作出同意承租房屋的意思表示，即可在承租人与出租人之间成立房屋租赁合同关系。②

本书认为，优先承租权从性质上属于请求权。理由如下：第一，承租人必须提出请求，才能够成立租赁合同关系。第二，即便是同等条件，双方仍然需要针对租赁期限、租金金额等事项进行协商，如果认为承租人单方意思即可续租可能会给出租人带来不利益，也与合同自由的理念相悖。第三，租赁权虽然是债权物权化的体现，但它的性质归根结底仍属于债权，对于债权不应当赋予过强的形成效力。

（二）行使要件

第一，当事人必须具有合法的房屋租赁合同关系。如前所述，法律明确将权利限定在房屋租赁合同关系中，只有该房屋租赁合同合法有效，承租人才能主张该权利。如果房屋租赁合同被宣告无效，或者被撤销，则承租人并不享有优先承租权。

第二，必须在同等条件下行使。所谓同等条件，主要是指租金数额，但也不限于租金数额，还包括租金的支付方式、支付期限等条件。除租金条件外，此处所说的同等条件还包括对承租人设定的一些其他义务，如不得翻建、改建。但这些义务要求必须具有合理性，不得违反法律、行政法规的相关规定。之所以要求承租人的优先购买权必须在

---

① 参见最高人民法院民法典贯彻实施工作领导小组主编：《中华人民共和国民法典合同编理解与适用》（三），1606页。

② 参见黄薇主编：《中华人民共和国民法典合同编解读》（下册），853页。

同等条件下行使，是因为只有承租人在同等条件下行使优先承租权，才不会给出租人带来不利益。

(三) 承租人行使优先承租权的效力

承租人行使优先承租权，将产生如下效果。

第一，出租人与承租人之间将形成租赁合同关系，但该租赁合同的达成必须以出租人与第三人之间的同等条件为依据。① 在此需要讨论的是，《民法典》第 734 条第 1 款规定了自动续租规则，而《民法典》第 734 条第 2 款则规定了优先承租权。在此有必要区分承租人优先承租权与租赁合同的自动续租：一方面，在承租人行使优先承租权的情形下，租赁期限届满后的租赁条件可能会改变，但是自动续租时，租赁合同的条件不发生改变。另一方面，在租赁期限届满的自动续租场合，租赁关系可能会转变为不定期租赁，但是在行使优先承租权场合，租赁合同不会当然续期，也不会当然转变为不定期租赁。此外，自动续租制度原则上只涉及出租人与承租人的双方关系问题，而在优先承租权情形下，除了原承租人之外，还存在其他意欲订立租赁合同的民事主体。

第二，如果出租人拒绝与承租人订立租赁合同，则将构成对承租人优先承租权的侵害，承租人有权请求出租人赔偿损失。

第五节　买卖不破租赁

一、买卖不破租赁的概念

买卖不破租赁，是指在租赁期间，租赁物的所有权变动，并不导致租赁关系的解除或者效力受到影响。《民法典》第 725 条规定："租赁物在承租人按照租赁合同占有期限内发生所有权变动的，不影响租赁合同的效力。"该条确立了买卖不破租赁的规则，使租赁权在实际上具有了物权的效力。

买卖不破租赁规则是租赁权物权化的具体体现。从比较法上来看，租赁权在当代发展的重要趋势之一，就是租赁权的物权化，许多国家的法律为了强化对承租人的保护、促进对租赁物的有效利用，大多承认了这一规则。如果出租人将租赁物出售，而不赋予承租人对抗买受人的权利，承租人的租赁权将会落空，其仅能针对出租人主张违约责任②，这对承租人而言是不公平的，也不利于保护个人的居住利益。严格地讲，"买卖不破租赁"只是一种形象的说法，因为在租赁期间，任何租赁物所有权的变动都不得影响租赁合同的效力。例如，赠与、确权等，都可能导致租赁物的所有权变动，也都要适用这一规则。法律规定买卖不破租赁的主要目的就是稳定租赁关系，保护作为弱势群体的承租人的利益。

---

① 参见谢鸿飞、朱广新主编：《民法典评注·合同编：典型合同与准合同 2》，373 页。

② 参见黄薇主编：《中华人民共和国民法典合同编解读》（下册），835～836 页。

二、买卖不破租赁的要件

依据《民法典》第725条的规定，该规则的适用应当具备如下要件。

第一，租赁合同必须已经成立并生效。因为买卖不破租赁主要是为了保护承租人的利益，而承租人占有租赁物必须基于有效的租赁合同，如果租赁合同尚未成立或被宣告无效，则承租人无权占有租赁物就不存在适用可能。因此，只有在房屋租赁合同合法有效的情况下，才有可能产生对抗第三人的效力。①

第二，承租人取得了对租赁物的占有。从《民法典》第725条规定来看，适用“买卖不破租赁”规则的基本条件之一，是“承租人按照租赁合同占有期限内”，这就修改了《合同法》第229条的规定，强调必须承租人依据按照租赁合同占有租赁物。具体而言，一方面，此种占有必须是合法的占有，承租人非法占有租赁物，不适用该条件。另一方面，承租人对租赁物的占有原则上应当是对租赁物的持续地、实际地占有，不包括指示交付、占有改定情形对租赁物的占有。如果承租人占有租赁物之后，因各种原因而中止了直接占有，是否适用该规定？例如，承租人未经出租人同意转租，导致直接占有的中断。本书认为，此处所说的“中止占有”限于承租人基于自己的意思而将租赁物返还给出租人，如果承租人被第三人侵夺占有、非基于自愿而丧失占有，则仍然视为占有持续，并不视为占有中止。

法律之所以作出此种规定，主要是因为，如果在实践中租赁权的物权效力不进行必要公示，会对交易安全造成损害，而且容易诱发道德风险。这在实践中表现为房屋租赁中出现了大量的倒签租赁合同对抗租赁物抵押权实现的情形，并引发了许多争议。因此，该条将承租人实际占有租赁物作为买卖不破租赁的适用条件，即只有在承租人占有租赁物的情况下，才能主张“买卖不破租赁”的效力，并可对抗在租赁物上之后设立的抵押权。因此，房屋买受人必须在签订合同前了解房屋的使用情况，如果房屋已经被他人占用，则应当谨慎订约，否则将会承担在房屋所有权转让之后，因为有承租人占有房屋而使其承受租赁合同的负担。②

第三，在租赁期间内发生所有权的变动。如何理解“所有权变动”？对此学界的观点也不一致。一种观点认为，买卖不破租赁特指因买卖而发生的所有权变动对租赁权的影响，也就是说，出租人在租赁合同的有效期间内，将租赁物所有权转让给第三人。③ 另一种观点认为，所谓发生所有权的变动，并不仅限于买卖，而是指发生所有权移转的结果，其原因可以是买卖，也可以是互易、赠与、遗赠等。④ 笔者赞成第二种观点，应当看到，引起所有权变动的原因可以是多方面的，买卖是其中最为典型的一种类型，但不应限于买卖。从《民法典》第725条的规定来看，其使用“租赁物在租赁期间发生所有权变动”的表述，并未将其限于因买卖而导致的所有权变动。另外，从该制度的设立目

---

① 参见乔燕主编：《租赁合同》，154页，北京，人民法院出版社，2000。

② 参见黄薇主编：《中华人民共和国民法典合同编解读》（下册），784页。

③ 参见胡康生主编：《中华人民共和国合同法释义》，339页。

④ 参见韩世远：《合同法学》，456页，北京，高等教育出版社，2010。

的来看，如果将其适用范围限于因买卖发生的所有权变动，则无法实现其稳定租赁关系的目的。

关于所有权变动的时间点，依据《民法典》第725条的规定，限于在租赁期间发生。如何理解租赁期间？租赁期间是指从合同生效之后，到合同履行完毕的期间。例如，甲与乙之间先签订了房屋买卖合同，甲又将其所有的房屋出租给承租人丙，并将租赁房屋交付给丙实际占有，后甲又将房屋的所有权移转给乙，此时丙仍可以适用买卖不破租赁规则来对抗受让人乙。当然，在占有租赁物之前，如果出租人将财产转让给第三人，导致其不能交付给承租人，在此情况下，由于承租人并没有取得占有，不满足买卖不破租赁的构成要件，此时承租人可以请求出租人承担违约责任或者解除合同并赔偿损失。

第四，主要适用于不动产。关于买卖不破租赁的规则是否仅适用于不动产？从比较法上来看，一些国家的立法规定这一规则仅适用于不动产。例如，《德国民法典》第566条规定："所出租的住房在交给承租人后，被出租人让与第三人的，取得人代替出租人，加入到在出租人的所有权存续期间因使用租赁关系而发生的权利、义务中。"我国《民法典》第725条对此采纳了"租赁物"的表述，而没有明确限定为"动产"或"不动产"。通过文义解释可见，"租赁物"显然既包括动产，也包括不动产。由此可见，我国民法典合同编规定，无论动产或不动产，都适用买卖不破租赁规则。这实际上是扩张了买卖不破租赁的适用范围。① 但本书认为，此处有必要采用限缩解释，将其限于不动产。② 因为买卖不破租赁规则的立法目的，主要是保障承租人的居住利益。不动产的承租人应当享有居住的权利，这属于基本人权的范畴。基于此，才在例外情形使租赁权具有了物权的效力，并且法律倾向于保护承租人的生存权。③ 对于动产而言，因不涉及居住利益的问题，因而不必适用该规则。且动产通常都是种类物，在市场上可替代性强，即便租赁关系因所有权变动受到影响，承租人也可以通过租赁、购买等方式实现其利用物的目的。如果承租人需要较长时间的使用，其可以直接到市场上购买。

三、买卖不破租赁的效力

买卖不破租赁的效果是"不影响租赁合同的效力"。所谓不影响租赁合同的效力，是指原租赁合同的效力仍然是有效，对承租人来说，既不用消灭原租赁关系，也不用通过订立新的租赁合同成为新的租赁合同的承租人。④ 虽然《民法典》第725条使用了"不影响租赁合同的效力"的表述，但是，其实际的法律后果应当是新的受让人概括承受了

① 参见胡康生主编：《中华人民共和国合同法释义》，339页。

② 如王文宇教授指出："即使'保护经济上弱者'为民法立法之初的立法理由，时至今日，承租人之资力与出租人相较，常非经济上之弱者，故此一立法理由已显不足……盖自规范目的而言，租赁契约物权化的立法，本可自提升土地使用效益等观点而予以正当化，而无须假借'保护经济上弱者'之名。"王文宇：《从财产权之保障论释字349号解释》，载刘孔中等主编：《宪法解释论证与实务》，448～449页，台北，台湾中山人文社会科学研究所，1998。

③ 参见最高人民法院民事审判第一庭编著：《最高人民法院〈关于审理城镇房屋租赁合同纠纷案件司法解释的〉理解与适用》，262页，北京，人民法院出版社，2009。

④ 参见胡康生主编：《中华人民共和国合同法释义》，339页。

原出租人的法律地位。如果取得租赁物所有权的人要求承租人搬出房屋，则新的所有人将违反租赁合同，承租人可以主张继续履行、损害赔偿等违约责任。由此可见，买卖不破租赁的规则赋予了承租人对抗新的所有权人的权利。具体而言，买卖不破租赁主要产生如下效力。

第一，承租人有权继续占有租赁物，并对其进行使用收益。在买卖合同生效后，受让人成为租赁物的新所有人，但其必须依法继受原所有权人在租赁合同中的法律地位，即合同权利义务发生概括转移，受让人取代原出租人的地位，而承租人在租赁合同中的地位并不发生变化。[①] 买受人也不得妨害承租人的占有，不得请求承租人返还租赁物。

第二，承租人仍然按照原租赁合同的约定支付租金，买受人不得擅自变更租金。新的受让人应受原租赁合同条款的约束，不得擅自变更原租赁合同的租金条款，承租人应按原租赁合同继续支付租金。如果出租人没有告知承租人有关租赁物的所有权变动的事项，承租人继续向原出租人支付租金，效力及于受让人。[②]

第三，新的所有人负有修缮义务。租赁物的买受人取代原出租人的法律地位，而成为新的出租人，其有权依据原租赁合同的约定请求承租人支付租金。当然，在租赁物出现质量问题影响承租人的正常使用时，买受人也负有一定的修缮义务。[③]

四、租赁权与担保物权的权利冲突及其解决

如果租赁物之上设置了担保物权，担保物权人已经办理了物权登记，此时，该登记具有对抗第三人的效力，问题在于，担保物权人能否对抗承租人？对此，在质权与留置权情形下，这两种担保物权通常不会产生与租赁权的权利冲突问题。租赁权与担保物权的权利冲突主要存在于租赁权与抵押权之间，尤其是在不动产之上的租赁权和抵押权之间。

《民法典》第405条规定："抵押权设立前，抵押财产已经出租并转移占有的，原租赁关系不受该抵押权的影响。"据此，在发生权利冲突时，判断租赁权和抵押权何者得以优先实现，主要判断标准是抵押权设立的时点与租赁权设立并实际移转占有的时点何者在先。如果抵押权设立在先，则抵押权优先于租赁权得以实现。具体而言，就租赁物之上的担保物权实现时，承租人不得依据买卖不破租赁来对抗租赁物上的新的买受人。依据《房屋租赁合同司法解释》第14条，如果房屋在出租前已设立抵押权，因抵押权人实现抵押权发生所有权变动的，则承租人不得主张买卖不破租赁。但如果租赁权设立且实际占有的时点先于抵押权设立的，则此时租赁权优先于抵押权的实现，租赁关系不受担保物权实现的影响，承租人可以基于买卖不破租赁规则来对抗新的买受人。

---

① Vgl. Münchener Kommentar，§571，Rn. 16. Medicus，Rn. 231；Ernst，Schuldrecht，Besonderer Teil II，C. H. Beck Verlag，1999，S. 59.

② 参见黄薇主编：《中华人民共和国民法典合同编解读》（下册），786页。

③ See Christian von Bar & Eric Clive，*Principles*，*Definitions and Model Rules of European Private Law*，Sellier，European Law Publishers，2009，pp. 1588－1589.

第六节 租赁物的风险负担

在租赁合同中，租赁物可能因各种原因而遭受毁损、灭失，这既可能是基于可归责于承租人的原因所致（如承租人违反约定使用大功率电器而引发火灾，致使租赁物被烧毁），又可能是基于不可归责于承租人的原因所致。《民法典》第729条规定："因不可归责于承租人的事由，致使租赁物部分或者全部毁损、灭失的，承租人可以请求减少租金或者不支付租金；因租赁物部分或者全部毁损、灭失，致使不能实现合同目的的，承租人可以解除合同。"依据该条规定，如果因不可归责于承租人的事由，致使租赁物部分或者全部毁损、灭失的，承租人可以要求减少租金或者不支付租金。这就意味着，租赁物的风险由出租人负担。具体而言，租赁关系中的风险负担主要包括以下两种。

（一）租赁物的风险责任负担

租赁物毁损灭失的风险负担，既包括全部的灭失也包括部分的灭失。自罗马法以来，就形成了由物的所有人负担风险的规则①，即天灾归物权人负担②，比较法上大多都采纳了这一规则。我国《民法典》没有对租赁物的风险负担规则作出明确规定，但从《民法典》的相关规定可以看出，租赁物的风险负担实际上是由所有人负担。因为一方面，依据《民法典》第729条规定，因不可归责于承租人的事由发生租赁物的毁损灭失以后，承租人可以要求减少租金或者不支付租金，这实际上是由出租人承担风险；另一方面，因租赁物部分或者全部毁损、灭失，致使不能实现合同目的的，承租人可以解除合同。可见，就租赁物的风险负担而言，《民法典》实际上是采纳了所有人承担风险的原则。③采纳这一主张的理由在于：一是在租赁关系中，所有权并没有发生移转，仍然由出租人享有所有权，由于租赁大多是不动产租赁，而不动产的价值较大，在发生标的物毁损、灭失之后，完全由承租人承担风险，承租人通常是难以承受的。二是在租赁关系中，移转的是标的物的使用权，承租人只是取得了对标的物的占有、使用权，其从标的物中享有的利益是有限的。④ 如果由承租人承担该风险，显然是不公平的。三是在租赁合同中，对租赁的房屋主要是由出租人承担维修义务，据此也可以认为，其对标的物的风险应当负责。

（二）租金的风险负担

因租赁物毁损灭失，导致承租人不能实际地利用租赁物，依据《民法典》第729条的规定，在此情况下，承租人可以要求减少租金或不支付租金。这就意味着在租金的风险承担中，仍然由出租人承担。依据该条规定，承租人所享有的权利包括如下几点。

---

① 参见崔建远主编：《合同法》，4版，416页。

② 参见崔建远：《关于制定合同法的若干建议》，载《法学前沿》。

③ 参见谢鸿飞、朱广新主编：《民法典评注·合同编：典型合同与准合同2》，325～326页。

④ 参见黄茂荣：《买卖法》，446页，北京，中国政法大学出版社，2002。

1. 减少或不支付租金

在租赁物因不可归责于承租人的事由毁损、灭失时，承租人可以主张减少租金或者不支付租金。具体而言：

首先，在租赁物部分毁损、灭失的情况下，承租人可于何时主张减少租金的请求权？对此存在争议。本书认为，承租人在请求减少租金的同时，也有权要求出租人对租赁物继续修缮。如果租赁物虽有部分灭失，但不影响租赁物的使用收益，则不发生租金的减少问题。① 有关减少或不支付租金的比例，应当根据灭失部分的比例来确定。② 当然，确定灭失部分的比例，不应以灭失部分的面积大小为标准，而应以灭失部分的使用收益的价值大小为标准。

其次，对于承租人请求减少租金是否具有溯及力的问题。一般认为，承租人请求减少租金的抗辩权仅对未来生效，即从租赁物受损开始，承租人才享有此种抗辩权，因此这种抗辩权不能溯及既往。由于租赁合同是继续性合同，对于已经支付的租金承租人不得主张返还，但如果承租人在合同成立之初就一次性支付所有租金的，出租人应将合同不能履行期间的租金予以返还，但就已经实际履行期间内的租金，承租人不得主张返还。

最后，如果只是造成租赁物部分毁损、灭失的，一般情形下，承租人只能针对毁损、灭失的部分未来的租金的支付提出抗辩，对已经支付的租金不能要求返还。但是，如果该部分的毁损、灭失影响到了整体租赁物的使用，则承租人可拒绝支付全部租金。例如，某套房屋的厨房部分严重受损，导致承租人无法在房屋内居住生活，从而不得不另行暂时承租其他房屋，则厨房部分的受损就影响到了租赁物整体的使用。在这种情况下，承租人基于租赁物部分毁损、灭失却导致整体不能使用的事实，可对整体租赁物的全部租金拒绝支付，或行使法定解除权。③

2. 解除合同

依据《民法典》第 729 条规定，“因租赁物部分或者全部毁损、灭失，致使不能实现合同目的的，承租人可以解除合同”。从这一规定可见，在租赁物的毁损灭失尚未导致无法实现合同目的时，表明租赁物虽然暂时存在使用上的障碍，但是经过修复等可以恢复，则基于物尽其用的原则，承租人应当继续承租标的物，只是可以要求减少租金的支付。否则，只要租赁物出现任何轻微的毁损情况，都允许承租人解除租赁合同，则必将造成租赁物的闲置浪费，不符合物尽其用的原则。但是，在标的物的毁损情况较为严重，或者完全灭失，致使承租人承租标的物的目的无法实现时，此时租赁合同对其而言不再具有任何价值，则立法者考虑对承租人的利益保护，赋予其解除租赁合同的权利。

问题在于，如何理解此处所说的“致使不能实现合同目的”？一般认为，其是指标的物毁损、灭失导致当事人订立租赁合同时所追求的目的不能实现。例如，承租人租赁房屋是为了居住，但是现在已经无法居住。又如，承租人租赁标的物是为了开店，但是租

---

① 参见王轶编著：《租赁合同　融资租赁合同》，59 页，北京，法律出版社，1999。

② 参见崔建远主编：《合同法》，4 版，416 页。

③ 参见魏耀荣等：《中华人民共和国合同法释论（分则）》，230 页。

赁物已经不再适合作为商铺使用。一般认为，轻微的毁损或部分灭失，不影响承租人对标的物的利用的，承租人只能要求减少租金，而不能解除合同。

第七节 租赁关系的终止

一、租赁关系终止的原因

（一）期限届满

在通常情况下，租赁关系都是因期限届满而终止。在定期租赁合同中，期限届满之后，没有续订合同，则租赁合同终止。对于不定期的租赁合同而言，当事人可以随时提出终止合同的请求，但应当给对方合理的准备期限。

《民法典》第734条第1款规定："租赁期限届满，承租人继续使用租赁物，出租人没有提出异议的，原租赁合同继续有效，但是租赁期限为不定期。"该条实际上确认了当事人可以在租赁期限届满后通过默示行为形成不定期租赁。也就是说，在租赁期满后，如果承租人继续使用租赁物，而出租人又没有提出异议的，此时可以认定双方通过默示方式达成了继续延长租赁期限的合意。但问题在于，继续延长租赁期限又没有明确的期限约定，此时，应当认定双方当事人以默示方式形成了不定期租赁关系。从性质上，此种不定期租赁关系实际上是采用了默示更新方式。所谓默示更新，指的是当事人以默示的方式就成立新的债务关系达成合意，来代替旧的债务关系。[①] 需要指出的是，对此种不定期租赁而言，当事人仍然按照原租赁合同的条款履行该租赁合同，只是租赁期限变更为不定期。任何一方违反租赁合同仍然构成违约。

（二）不定期租赁的解除

《民法典》第730条规定："当事人对租赁期限没有约定或者约定不明确，依据本法第五百一十条的规定仍不能确定的，视为不定期租赁；当事人可以随时解除合同，但是应当在合理期限之前通知对方。"该条确立了在不定期租赁的情形下当事人享有的任意解除权。依据这一规定，在不定期租赁的情形下，当事人可以随时任意解除合同，之所以规定当事人享有任意解除权，是因为：一方面，合同已经到期本应对双方失去拘束力，当事人本来对该合同的长期存续也没有合理期待。所以行使任意解除权是理所当然的。另一方面，任意解除权的行使可将出租人从不能获得利益的合同关系中解脱出来。[②] 当然，任何一方在行使任意解除权时，需要在合理期限内通知对方。

（三）因违约而依法解除合同

因违约而解除合同，仅限于严重违约的情形。租赁合同的双方当事人都可能构成严

---

① 参见谢鸿飞、朱广新主编：《民法典评注·合同编：典型合同与准合同2》，368页。

② 参见谢鸿飞、朱广新主编：《民法典评注·合同编：典型合同与准合同2》，336页。

重违约，此时守约方都有权要求解除合同。《民法典》第 563 条第 1 款规定了合同解除的一般事由，在租赁合同中，如果出现上述法定解除事由，当事人即可依法解除合同。例如，如果承租人明确地表示，其将不支付租金，则属于预期违约。在预期违约的情况下，出租人可以依据《民法典》第 563 条第 1 款第 2 项的规定解除合同。此外，如果当事人就合同解除权有特别约定的，此种权利的行使也可以导致租赁关系的终止。

除合同编通则关于合同法定解除的一般规则外，我国《民法典》还在租赁合同一章中规定了租赁合同法定解除的特殊事由，具体包括如下几种。

1. 承租人未合理使用租赁物

《民法典》第 711 条规定："承租人未按照约定的方法或者未根据租赁物的性质使用租赁物，致使租赁物受到损失的，出租人可以解除合同并请求赔偿损失。"依据该规定，承租人未依约定或租赁物的性质合理使用租赁物，导致租赁物受到损失，在此情形下，出租人享有合同解除权。当然，如果承租人未按照约定使用租赁物，只是造成租赁物的一种正常损耗，而不是遭受实际损失，则出租人不得解除合同。此外，如果承租人未按照约定使用租赁物只是使租赁物存在遭受损失的危险，而没有造成租赁物的实际损失，出租人也不得依据本条规定解除合同。

2. 承租人擅自转租租赁物

如前所述，擅自转租本身构成无权处分，承租人未经出租人同意进行转租的，也增加了租赁物返还的困难和毁损、灭失的风险，因此，为保护出租人的利益，《民法典》第 716 条第 2 款规定："承租人未经出租人同意转租的，出租人可以解除合同。"可见，法律允许出租人在此情形下依法解除合同。鉴于擅自转租已经构成对合同义务的违反，出租人也有权在不确认转租合同无效的情况下，要求承租人承担违约责任。[①] 在擅自转租的情形下，如果出租人没有解除租赁合同，则次承租人基于承租人与其之间的租赁合同而占有租赁物，相对于转租人即承租人而言，其仍然属于有权占有。因此，出租人不能要求次承租人返还租赁物，如果出租人解除了租赁合同，则出租人有权基于物权返还请求权要求次承租人返还。[②]

3. 承租人未按照约定支付租金

《民法典》第 722 条规定："承租人无正当理由未支付或者迟延支付租金的，出租人可以请求承租人在合理期限内支付；承租人逾期不支付的，出租人可以解除合同。"该条规定是《民法典》第 563 条第 1 款第 3 项所规定"当事人一方迟延履行主要债务，经催告后在合理期限内仍未履行"的具体化。在租赁合同中，如果承租人无正当理由未支付租金，或者迟延支付租金的，则出租人不能立即解除合同，因为承租人不支付租金的情形较多，承租人未支付的租金数额可能较小，不宜承认出租人有权立即解除合同，而应当给承租人一个补救的机会，即要求出租人给承租人一个合理期限。只有在合理期限届满之后，承租人仍然没有支付的，则出租人可以依法解除合同。

---

① 参见王利明主编：《民法》，8 版，下册，247 页。

② 参见谢鸿飞、朱广新主编：《民法典评注·合同编：典型合同与准合同 2》，234 页。

4. 非因承租人的原因导致租赁物无法使用

在租赁关系存续期间内，也可能非因承租人的原因导致租赁物无法使用，使承租人订约目的无法实现，在此情形下，法律为保护承租人的利益，特别规定了承租人的法定解除权。所谓非因承租人的原因，是指租赁物无法使用不可归责于承租人。依据《民法典》第724条，非因承租人的原因导致租赁物无法使用的具体情形如下。

一是租赁物被司法机关或者行政机关依法查封、扣押。在实践中，查封、扣押有"活封"和"死封"之分，在"死封"的情形下，将彻底排除任何人对该被查封财产的使用、收益，也因此导致承租人无法使用租赁物，承租人应当有权解除合同。这本身构成了法律上的不能，出租人无法在租赁物被查封、扣押的情况下移转标的物的占有，并进而让承租人进行使用，此时合同目的不能实现，法律便赋予承租人解除合同的权利。当然，在"活封"的情形下，如果承租人还可以继续利用租赁物，还能够实现合同目的，则承租人不得解除合同。①

二是租赁物权属有争议的。所谓租赁物权属有争议，是指租赁物的归属存在争议。在租赁物权属有争议的情形下，第三人可能对租赁物主张权利，并因此导致租赁物无法使用，造成承租人的合同目的无法实现，此时，承租人应当有权依法解除合同。当然，如果租赁物权属状态不清，并没有导致承租人无法使用租赁物，则承租人无权主张解除合同。②

三是租赁物具有违反法律、行政法规关于使用条件的强制性规定的情形。此处所说法律、行政法规主要包括建筑法、消防法等强行法的规定。例如，出租人以违章建筑出租，该租赁合同属于无效合同。依据《房屋租赁合同司法解释》第2条规定，出租人就未取得建设工程许可证或者未按照建设工程规划许可证规定建设的房屋，与承租人订立的租赁合同无效。同时该司法解释第3条第1款规定，出租人就未经批准或者未按照标准内容建设的临时建筑，与承租人订立的租赁合同无效。这些均属于因建筑物违法而导致租赁合同无效的情形。当然，如果当事人在一审辩论终结前取得相关的许可证或者得到批准，该租赁合同应当认定为有效。③ 在出租人交付的租赁物违反法律、行政法规的规定，已经构成违约时，承租人也应当享有解除合同的权利。

需要注意的是，该条规定只是解决因违约而解除租赁合同的问题，而不是规定合同解除后的损害赔偿问题，在上述情形下，承租人是否有权主张损害赔偿，还应当根据具体情形予以判断。例如，如果因为出租人的原因导致租赁物被查封、扣押，进而导致承租人无法使用租赁物的，则承租人在解除合同后，仍然有权请求出租人承担违约责任。

5. 因不可归责于承租人的事由致使租赁物毁损、灭失

《民法典》第729条规定："因不可归责于承租人的事由，致使租赁物部分或者全部毁损、灭失的，承租人可以请求减少租金或者不支付租金；因租赁物部分或者全部毁损、灭失，致使不能实现合同目的的，承租人可以解除合同。"所谓因不可归责于承租人的原

---

① 参见黄薇主编：《中华人民共和国民法典合同编解读》(上册)，783页。

② 参见谢鸿飞、朱广新主编：《民法典评注·合同编：典型合同与准合同2》，287页。

③ 参见黄薇主编：《中华人民共和国民法典合同编解读》(下册)，833页。

因，主要有如下几种情形：一是不可抗力导致租赁物毁损、灭失。不可抗力是指出现了当事人所不能预见、不能避免并不能克服的客观情况。因不可抗力而导致合同解除的规定，可以适用于所有类型的合同，因而也包括租赁合同。例如，房屋因为地震而倒塌，则出租人和承租人都可以解除租赁合同。再如，承租人租赁的房屋被列入拆迁计划，居住环境已发生重大变化，不再适合承租人居住和生活，此时承租人便有权主张情势变更而解除合同。二是意外事故导致租赁物毁损、灭失。意外事故主要是指不可抗力之外、当事人不可预料的客观原因。例如，暴雨使车辆受雨水浸泡而毁损。三是出租人的原因导致租赁物毁损、灭失。例如，出租人在维修房屋的过程中导致房屋坍塌，致使承租人无法使用。四是第三人的原因导致租赁物毁损、灭失。例如，作为租赁物的机动车在行驶过程中被第三人碰撞，造成车辆毁损，无法使用。①

在出现上述情形时，并非一概都要解除合同，依据该条规定，承租人可以依据具体情况而享有如下两种权利：一是租赁物部分或者全部毁损、灭失，不影响承租人合同目的实现的，或者虽然影响承租人合同目的的实现，但尚未导致其合同目的的完全落空，则从鼓励交易的角度，不必解除合同，承租人可以请求减少租金或者不支付租金。例如，承租人承租的房屋只是坍塌一间，另外两间房屋仍然可以使用的，则承租人可以请求减少租金或者不支付租金，而不得主张解除合同。二是致使租赁物部分或者全部毁损、灭失，导致承租人合同目的无法实现的，则承租人可以解除合同。

6. 租赁物危及承租人的安全或者健康

《民法典》第 731 条规定："租赁物危及承租人的安全或者健康的，即使承租人订立合同时明知该租赁物质量不合格，承租人仍然可以随时解除合同。"我国《民法典》作出该规定的立法目的在于，强化了对承租人生命健康权的保护。从性质上看，其也体现了生命健康权优先于财产权受到保护的理念。这就是说，即使承租人订立合同时明知租赁物质量不合格、危及承租人的安全或健康的，虽然租赁合同已经生效，则承租人仍然随时有权解除合同。从比较法上来看，许多国家和地区的立法都作出了类似的规定。

《民法典》第 731 条规定赋予承租人享有随时依法解除合同的权利，具体是指承租人在任何时候均可主张依法解除合同，但承租人要行使该项权利，必须证明存在租赁物危及承租人的安全或者健康的情形。所谓"危及"，是指存在现实的、紧迫的危险和威胁，即损害尚未发生但有发生的可能性。判断"危及"应当采用常人的标准，即一般人都认为存在威胁人的健康和安全的状况，即便承租人或出租人主观认为不存在任何危险，也仍然认为存在"危及"安全和健康的情况。② 如果租赁财产本身有瑕疵，影响正常的租用，但不影响承租人的健康或安全，则不适用该条规定。问题在于，危及安全和健康的对象是否仅限于承租人？是否包含租赁物的具体使用人？本书认为，"危及"的对象不仅包括承租人本人，也包括其家庭成员和其他共同居住的人。还要看到，我国《民法典》第 731 条在适用范围上不限于房屋租赁，还包括其他租赁物，如附属物等。也就是说，

---

① 参见黄薇主编：《中华人民共和国民法典合同编解读》（下册），793 页。

② 参见谢鸿飞、朱广新主编：《民法典评注·合同编：典型合同与准合同 2》，346 页。

任何租赁物只要危及承租人的健康或安全，即使其订立合同时明知此种情形的存在，承租人也可以随时解除合同。①

二、共同居住或者共同经营的人的租赁权

在通常情形下，合同一方当事人死亡或者终止后，合同关系将因一方当事人主体资格消灭而消灭，但在房屋租赁合同中，承租人死亡后，与其共同居住的人和共同经营人虽然不是合同当事人，但为了保护其合法权益，法律仍然允许其按照原租赁合同继续租赁该房屋。对此，《民法典》第 732 条规定："承租人在房屋租赁期限内死亡的，与其生前共同居住的人或者共同经营人可以按照原租赁合同租赁该房屋。"本条作出此种规定，主要是为了保护共同居住或共同经营人的一方的居住利益，保障民生和维护正常的生活和生产秩序。

依据《民法典》第 732 条，共同居住的人和共同经营人享有租赁权必须符合如下条件。

第一，承租人在房屋租赁期间死亡。一方面，该条仅适用于房屋租赁合同关系，而不适用于其他的租赁合同，在租赁期间内承租人死亡的，由于租赁合同尚未到期，此时只要共同居住人和共同经营人继续按照合同约定的价款交付租金，则并不损害出租人的利益，因此应当维持合同的效力。另一方面，租赁合同尚未到期。如果承租人在租赁期限届满后去世，则不适用本条规定。

第二，必须是与承租人生前共同居住或共同经营的人。依据该条规定，享有继续租赁房屋权利的人限于如下两种：一是与承租人生前共同居住的人。所谓共同居住人，这些人应当是与承租人持续生活、居住的自然人。从《民法典》第 732 条规定来看，其并不注重共同居住人与承租人之间是否具有血缘关系，而是注重保护同居者的共同生活和经营关系。所以，不能简单地以血缘关系来界定共同居住人的范围。也就是说，"与其生前共同居住的人"不限于配偶、子女，还应当包括与其共同居住的其他亲属，以及不具有亲属关系的共同居住人（例如长期共同居住的人）。共同居住人一般是与承租人有一段时间的共同生活经历，具体的时间长短则需要根据具体情形予以判断。承租人死亡后，生前未与其共同生活的亲属或者法定继承人，如果确需继续租用住房的，其属于承租人的，则享有优先承租权，可以与出租人另行签订房屋租赁合同。二是与承租人生前共同经营的人。所谓共同经营人，是指在租赁的房屋中与承租人共同经营的人。例如，在承租人将租赁房屋用于生产经营的情况下，可能会将租赁房屋登记为营业场所，并且可能已经办理了工商登记，如果办理变更登记，则可能需要履行一系列的手续，在此情形下，承租人死亡后，其共同经营人的经营活动仍然可能持续进行，此时，如果认定租赁合同终止，则共同经营人可能需要办理一系列的工商登记手续，显然不利于维护其经营活动的稳定性。

依据《民法典》第 732 条，与承租人生前共同居住或者共同经营的人可以按照原租

① 参见胡康生主编：《中华人民共和国合同法释义》，345 页。

赁合同租赁该房屋，所谓"按照原租赁合同租赁该房屋"，一是原租赁合同仍然有效，与承租人生前共同居住的人不需要与出租人另行订立合同，其只需通过继续交付租金、履行承租人的义务就可以享有租赁合同中约定的各种权利。当然，在此情形下，与承租人生前共同居住的人或者共同经营人将成为新的承租人。二是与承租人生前共同居住的人可以按照原租赁合同的条件承租房屋。《民法典》第 732 条采用"可以"的表述，这意味着，在承租人死亡后，本条实际上是赋予与承租人生前共同居住的人或者共同经营人一种选择权，即如果其选择按照原租赁合同租赁该房屋，则出租人应当允许其继续租赁，如果其选择不继续承租该房屋，则原租赁合同将终止。三是与承租人生前共同居住的人承租房屋的权利期限为原合同的有效期限，原合同期限届满后，如果双方当事人没有就合同的续期达成一致协议的，则租赁合同因期限届满而终止。

三、租赁关系终止后的效力

（一）租赁期限届满承租人返还租赁物的义务

《民法典》第 733 条规定："租赁期限届满，承租人应当返还租赁物。返还的租赁物应当符合按照约定或者根据租赁物的性质使用后的状态。"租赁期限届满之后，承租人继续占有租赁物就失去法律依据，因此应当及时将租赁物返还给出租人。依据《民法典》第 733 条规定，承租人返还租赁物的义务包括如下两方面内容。

一是承租人应当返还租赁物。租期届满以后，承租人应当将租赁物返还出租人，如果承租人继续使用或通过转租获得利益，除依法构成不定期租赁的情形外，承租人的行为将构成无权占有，此时，出租人有权基于物权请求权或侵权请求权要求承租人返还租赁物。即使承租人只是使用租赁物，而没有通过转租获得利益，也因为此种违法的使用而使承租人减少了必要的花费（如租赁其他人的财产应花费的租金），此时，出租人也可以基于侵权请求权、物权请求权和不当得利请求权，选择一种对其最为有利的请求权而行使。

二是承租人所返还的租赁物应当符合约定的或者根据租赁物的性质使用后的状态。也就是说，承租人在返还租赁物时，并不需要按照使用租赁物之前的状态返还，而只需要将符合按照约定或者根据租赁物的性质使用后状态的租赁物返还出租人。法律作出此种规定的原因在于，在租赁合同中，承租人需要按照约定对租赁物进行使用、收益，这也是其订立租赁合同的主要目的，而承租人对租赁物的使用也必然会造成租赁物的正常损耗，因此，承租人仅需要保证租赁物符合按照约定或者根据租赁物的性质使用后的状态即可。《民法典》第 733 条确立了两种情形：第一，应当按照约定的状态返还租赁物，例如，租赁汽车时，双方约定租赁期限届满时，汽车应当至少是七成新，则承租人对于汽车的使用和磨损状况，不能使汽车低于七成新的状态，否则就违反了合同的约定。第二，根据租赁物的性质使用后的状态返还租赁物。所谓符合"租赁物的性质使用后的状态"，是指租赁物在正常状态下经过使用所应当达到的状态。也就是说，承租人按照约定的用途利用租赁物，也会构成租赁物的正常损耗，但是只要在正常的损耗范围之内，则仍然符合合同的约定。因此，原则上，只要承租人返还的租赁物符合合同约定状态，或者符合承租人正常使用收益后合理损耗的状态，其返还义务的履行就是适当的。[①] 如果此种损耗明显超出正常使用所造成的损耗的范围，则不属于按照租赁物的性质正常使用后的状态，此时承租人就构成违约。当然，如果承租人未按照约定或者根据租赁物的性质使用租赁物，造成租赁物不当损耗的，则出租人有权请求承租人赔偿损失。

（二）恢复原状的义务

所谓恢复原状，是指在租赁合同终止后，依据法律规定或者当事人约定，承租人所负有的恢复租赁物原状的义务。《民法典》第 715 条规定："承租人经出租人同意，可以对租赁物进行改善或者增设他物。承租人未经出租人同意，对租赁物进行改善或者增设他物的，出租人可以请求承租人恢复原状或者赔偿损失。"依据这一规定，承租人在经出租人同意而对租赁物进行改善或者增设他物的情形下，如果当事人没有作出特别约定，则承租人并不负有恢复原状的义务。但如果承租人未经出租人同意而对租赁物进行改善或者增设他物，则出租人有权请求承租人恢复原状，因此造成出租人损失的，承租人还应当赔偿损失。例如，承租人未经出租人同意而对房屋进行大面积的装修、改造，在租赁关系终止后，出租人有权请求承租人将相关的装修材料、设施等予以拆除，以恢复原状。承租人经出租人同意装饰装修，租赁期间届满或者合同解除时，除当事人另有约定外，未形成添附的装饰装修物，应当按照《民法典》第 322 条关于添附的规定进行处理。如果没有形成添附的，可由承租人拆除。因拆除造成房屋毁损的，承租人应当恢复原状。

（三）后合同义务的承担

在租赁合同终止以后，当事人均负有依据诚实信用原则和交易习惯而产生的附随义务（后合同义务）。例如，该合同终止后，在承租人没有新的邮寄地址接受信件时，出租人对于所受到的承租人的信件不能丢弃，而应当保管该信件并通知承租人取回，此时，出租人保管和通知承租人的义务就属于后合同义务。如果出租人违反该后合同义务，具有可归责性，造成承租人损失的，应当依法赔偿。

思考题

1. 试述租赁合同的法律特征。
2. 租赁合同中出租人负有哪些义务？
3. 租赁合同中承租人负有哪些义务？
4. 试述买卖不破租赁规则。
5. 租赁合同中承租人优先购买权的行使条件有哪些？

---

① 参见谢鸿飞、朱广新主编：《民法典评注·合同编：典型合同与准合同 2》，361 页。

第十九章

融资租赁合同

案例

甲为某钢材生产企业，乙为某融资租赁公司，丙为某钢材生产设备经销商。甲为生产某种型号的钢材，需要购买丙所生产的某种钢材生产专用设备，但由于甲资金紧张，便与乙订立融资租赁合同，并在该合同中约定，由乙从丙处购买该机器设备，而甲则分期向乙支付租金，若该生产设备存在质量问题给承租人造成损失的，承租人可依法享有索赔的权利。在生产过程中，甲发现该机器存在质量问题，致使其所生产的钢材不合格，使甲遭受经济损失 10 万元。甲应向谁请求承担违约责任？

简要评析：该案涉及融资租赁合同中违约责任的承担问题。《民法典》第 741 条规定："出租人、出卖人、承租人可以约定，出卖人不履行买卖合同义务的，由承租人行使索赔的权利。承租人行使索赔权利的，出租人应当协助。"依据该条规定，在融资租赁合同中，只有出租人、出卖人与承租人作出约定时，承租人才能向出卖人行使索赔的权利。而在本案中，甲乙在融资租赁合同明确约定，若该生产设备存在质量问题给承租人造成损失的，承租人可依法享有索赔的权利，因此，虽然买卖合同是在乙和丙之间订立的，但依据《民法典》的上述规定，如果丙交付的货物不符合买卖合同规定的质量标准，此时甲直接享有向丙索赔的权利，乙应当在甲行使索赔的权利时，提供必要的协助。所以在该案中，在出卖人丙所提供的标的物存在质量问题时，承租人甲有权直接请求丙承担违约责任。

第一节 融资租赁合同概述

一、融资租赁合同的概念和特征

融资租赁合同是指出租人根据承租人的要求和选择，出资购买承租人所选定的设备并出租给承租人使用，承租人分期交付租金，租期届满后，承租人根据融资租赁合同可以退回、续租或留购租赁设备的协议。典型的融资租赁结构是：一方（出租人）根据另一方（承租人）提供的规格，与第三方（供货方）订立一项合同（买卖合同）。根据此合同，出租人按照承租人在与其利益有关范围内所同意的条款取得工厂、资本、货物或其他设备（设备）；并且与承租人订立一项合同（租赁合同），以承租人支付租金为条件授予承租人使用设备的权利。《民法典》第735条规定："融资租赁合同是出租人根据承租人对出卖人、租赁物的选择，向出卖人购买租赁物，提供给承租人使用，承租人支付租金的合同。"融资租赁合同具有如下特征。

（1）内容具有复合性。在融资租赁合同中，在承租人和出租人之间签订融资租赁合同以后，由出租人按照承租人的要求，向出卖人购买标的物，交付给承租人使用。因此，融资租赁交易关系实际是买卖合同和租赁合同的结合，其中包括了三方当事人，即出卖人、出租人（买受人）、承租人。但融资租赁合同应当仅包括双方当事人，即出租人与承租人。因此，虽然融资租赁交易是由出卖人和买受人（出租人）之间的买卖合同以及出租人和承租人之间的租赁合同构成，但融资租赁合同不是买卖合同和租赁合同的简单相加，而是一种相互交错在一起的关系。一般认为，融资租赁集借贷、租赁、买卖于一体，是将融资和融物结合在一起的交易方式。①

（2）具有融资和融物双重目的性。融资租赁合同具有融资和融物双重功能，这是融资租赁合同不同于租赁合同和金钱借贷合同的特点。一方面，融资租赁合同具有融资功能。在设立融资租赁的时候，出租人（通常是专业的融资租赁公司或者金融公司）支付了标的物的全额价款，为承租人的用途购买了标的物，这实际上相当于出租人贷款给承租人，用以购买后者所需要的租赁物。所以，它通常被认为是信贷的一种形式。② 另一方面，融资租赁合同具有融物的功能。这是因为承租人从出租人那里获得的并非现金，而是实物，同时承租人要向出租人支付租金。承租人在支付租金之后，又取得对租赁物的使用、收益等权利。因此，就出租人与承租人之间的关系而言，既有融资的特点，又有融物的特点。

（3）出租人具有特殊性。一般的租赁合同对出租人的身份并没有特别的限制，但是在融资租赁合同中，出租人应当具有融资租赁业务的资质。③ 这是因为租赁公司从事融资租赁，其应当具有从事融资的资质和实力，这是融资租赁合同在主体上的特征。在我

---

① 参见何志：《合同法分则判解研究与适用》，274页，北京，人民法院出版社，2002。

② Pascal Puig, Contrats spéciaux, 2e éd., Dalloz, Paris, 2007, p. 348.

③ 参见王轶编著：《租赁合同 融资租赁合同》，134页。

国，考虑到融资租赁交易具有融资性，只有经有关部门批准许可经营的公司，才有从事融资租赁交易、订立融资租赁合同的资格。

(4) 所有权和使用权的长期分离。在融资租赁中，合同生效之后，租赁物虽然被交付给承租人使用，但是所有权归属于出租人，形成所有权和使用权长期分离的状态，这与一般租赁合同是有区别的。一般的租赁合同是为了满足临时性使用标的物的需要，所以，其期限不能过长。依照我国《民法典》的规定，不能超过 20 年。此种租赁虽然存在所有权和使用权的分离，但是，分离的时间较短，而在融资租赁中，法律并没有设置最长租赁期限，所以，其分离的时间往往较长。

(5) 具有双务、诺成、要式性。融资租赁合同是双方互负对待给付义务的合同，出租人要履行其按照承租人的要求购买标的物，并交付承租人使用的义务。承租人要履行其支付租金等义务。而且，融资租赁合同的成立和生效并不以标的物的实际交付为要件，属于诺成性的合同。换言之，只要双方意思表示一致，合同即成立。此外，《民法典》第 736 条第 2 款规定："融资租赁合同应当采用书面形式。"之所以要采用书面形式，是因为此类合同内容复杂，且涉及多方当事人，并且合同的标的物一般价值较大，履行期限较长，甚至包含一些涉外因素。因此，融资租赁合同具有要式性。

融资租赁合同本身不仅是一种合同关系，而且其还起到担保功能，融资租赁交易功能化转向，是担保制度的新发展。[①] 我国《民法典》担保物权制度在保持形式主义模式下，兼顾功能主义，将融资租赁合同、保理合同等视为具有担保功能的合同。《民法典》第 388 条第 1 款规定："设立担保物权，应当依照本法和其他法律的规定订立担保合同。担保合同包括抵押合同、质押合同和其他具有担保功能的合同。"这就扩大了担保合同的范围，将融资租赁合同、保理合同等纳入"其他具有担保功能的合同"。最高人民法院《有关担保的司法解释》第 1 条也将融资租赁纳入具有担保功能的合同的范畴。尤其是在与动产和权利担保登记系统的配合下，出租人在将其对租赁物的所有权进行登记后，其不仅将取得对抗善意第三人的效力，而且可以明确其与各种担保物权以及其他担保的效力顺位关系。

二、融资租赁合同的法律性质

关于融资租赁合同的法律性质，有借款合同说、分期付款买卖合同说、特殊租赁说、无名合同说以及动产担保交易说等。[②] 在我国《民法典》中，融资租赁合同既不同于租赁合同，也不同于借款合同，而是一种特殊的典型合同。在实践中，此类合同容易与其他合同相混淆，应当加以区别。依据《融资租赁合同司法解释》第 1 条第 2 款："对名为融资租赁合同，但实际不构成融资租赁法律关系的，人民法院应按照其实际构成的法律关系处理。"

(一) 融资租赁合同与租赁合同

融资租赁合同和租赁合同存在一定的相似之处，在两种合同中，承租人都要承租他

---

① 参见王轶等：《中国民法典释评·合同编·典型合同》(上卷)，501 页。
② 参见谢鸿飞、朱广新主编：《民法典评注·合同编：典型合同与准合同 2》，383～384 页。

人的财产，要向出租人支付一定的租金，且两种租赁可以相互转化。例如，在一般的租赁中，当事人在合同中增加了融资条款，从而可以转化为融资租赁。从性质上讲，融资租赁仍然属于租赁的一种，其自身所具有的融资的特点并不能改变其作为租赁合同的本质属性，法律上有关租赁合同的规则也可以准用于融资租赁合同。但是，融资租赁合同和租赁合同也具有明显的区别，主要体现为：

第一，所有权和使用权的分离程度不同。在租赁合同中，出租人享有租赁物的所有权，只是在短期内将其交付给承租人使用，分离出其使用权能。因此，出租人对其租赁物仍然具有一定的支配力。但在融资租赁合同中，所有权和使用权是长期分离的，出租人将财产出租以后，主要目的是获得租金，而不是恢复对物的占有和使用。因为这一原因，二者在租金的计算上存在区别，一般租赁中的承租人支付的租金是其享有租赁物使用权的对价，而融资租赁是重在获得融资利益，而非租赁利益。[①]

第二，租赁物的选择权不同。在租赁合同中，出租人在租赁之前已经取得了租赁物，承租人不能要求出租人为了租赁的需要而购买租赁物。因此，在一般的租赁中，承租人虽然可以选择是否签订租赁合同，但是一旦选择签订合同，就只能租赁出租人提供的标的物，而不能再选择标的物。而在融资租赁合同中，承租人根据自己的需要选择出卖人和租赁物。租赁物是为了满足承租人的需要，根据承租人的选择而从出卖人处购得。

第三，租赁的期限不同。融资租赁期限，一般根据租赁物的使用年限，利用租赁物所产生的效益。[②] 融资租赁的租赁期限一般较长，我国《民法典》第 705 条规定租赁合同的期限不能超过 20 年。但对融资租赁合同则没有作出此种限制。实践中，融资租赁合同的期限往往与财产的使用期限相近[③]；一般占租赁物预期寿命的大部分（约占 70%）。[④] 这主要是因为融资租赁具有融资的功能，出租人订立合同的目的并非是要重新获得对标的物的占有和使用，所以一般由承租人在租赁物的使用寿命内进行充分利用。

第四，租赁期限届满后标的物的归属不同。在一般的租赁合同中，租赁期限届满后，标的物仍然归属于出租人，承租人应当返还租赁物。但在融资租赁合同中，租赁期限届满后，租赁物所有权虽然归属于出租人，但为了充分发挥租赁物的经济效用，出租人往往与承租人协商，将标的物无偿转让或折价转让给承租人，而且期满后的出售价格比市场价格要明显优惠得多，以鼓励承租人购买标的物。[⑤]

第五，是否负有瑕疵担保义务不同。一般而言，融资租赁合同中租赁物都是由承租人自己选择的，而且融资租赁的经济意义是为承租人提供融资，出租人对租赁物没有实际需求，也不存在直接占有、控制。[⑥] 所以出租人并不负担瑕疵担保义务。但是在一般的租赁合同中，出租人向承租人提供租赁物，必须承担瑕疵担保义务，包括物的瑕疵担保义务与权利瑕疵担保义务，以确保承租人能够按照合同约定的目的和用途使用租赁物。

---

① 参见王轶等：《中国民法典释评·合同编·典型合同》（上卷），500 页。
② 参见王轶等：《中国民法典释评·合同编·典型合同》（上卷），522 页。
③ Pascal Puig, Contrats spéciaux, 2e éd., Dalloz, Paris, 2007, p. 346.
④ 参见李鲁阳主编：《融资租赁若干问题研究和借鉴》，22 页，北京，当代中国出版社，2007。
⑤ Pascal Puig, Contrats spéciaux, 2e éd., Dalloz, Paris, 2007, p. 346.
⑥ 参见王轶等：《中国民法典释评·合同编·典型合同》（上卷），581 页。

第六，风险负担不同。在融资租赁合同中，标的物交付给承租人之后，毁损灭失的风险就由承租人承担。因为标的物是由承租人选择购买，并且由承租人使用，其有能力控制标的物的风险，因而应当对标的物意外毁损灭失的风险承担责任。而在一般的租赁合同中，出租人应当负担标的物毁损灭失的风险。①

第七，租赁物维修义务的承担不同。在融资租赁合同中，租赁物的维修义务由承租人承担，因为标的物是根据承租人的需要而购买，承租人在使用标的物的过程中，也有专门的技术与人员来对其进行养护、维修。但是在一般的租赁合同中，《民法典》第712条规定："出租人应当履行租赁物的维修义务，但当事人另有约定的除外。"因此，应当由出租人负担租赁物的维修义务。

（二）融资租赁合同与借款合同

融资租赁合同与借款合同具有相似性，因为在融资租赁合同中，出租人通常是根据承租人对租赁物的选择而向出卖人购买租赁物，并将其交付给承租人使用，在此种融资租赁合同中，出租人通过购买租赁物，解决承租人难以一次性支付租赁物价款的需求，而承租人则分期向出租人支付租金，此种关系与借款合同具有相似性。从实践来看，有时当事人之间所订立的合同名义上是融资租赁合同，但并没有租赁物，双方的关系实际上是借款合同关系。本书认为，融资租赁合同不同于借款合同，二者的区别主要体现为：

第一，是否具有租赁物不同。融资租赁具有融资与融物的双重属性，如果当事人所订立的融资租赁合同没有融物的属性，则可能是无效的合同。对此，依据《民法典》第737条规定，当事人以虚构租赁物的方式订立的融资租赁合同无效。而借款合同中并不存在租赁物。

第二，是否具有担保功能不同。在融资租赁合同订立后，出租人仍然保留租赁物的所有权，以担保其租金债权的实现。在承租人不按照约定支付租金的情形下，出租人有权依法取回租赁物，以实现其租金债权，出租人有权取回租赁物和负担实行功能化担保物权清算义务。可见，融资租赁合同具有担保的功能。而在借款合同，贷款人虽然也可以要求借款人提供担保，但借款合同本身并不具有担保功能。②

第三，交易方式不同。在融资租赁合同中，出租人虽然向承租人提供融资，但其是通过向出卖人购买租赁物，将价款交付给出卖人而实现对承租人的融资。而在借款合同中，贷款人直接向借款人交付借款。可见，融资租赁合同的当事人虽然仅限于出租人与承租人，但其也涉及第三人（即租赁物的出卖人），而借款合同通常并不涉及第三人。

第四，是否移转所有权不同。在融资租赁合同中，只要在租赁期限内，租赁物的所有权归出租人所有，而承租人只是享有使用权。而在借款合同中，由于金钱的占有推定为所有，因此，一旦贷款人将金钱移转给借款人，则金钱的所有权将发生移转，由借款人享有。

---

① 参见李鲁阳主编：《融资租赁若干问题研究和借鉴》，22页。

② 参见王轶等：《中国民法典释评·合同编·典型合同》（上卷），501～502页。

第二节　融资租赁合同的内容

一、融资租赁合同的一般条款

《民法典》第 736 条第 1 款规定："融资租赁合同的内容一般包括租赁物的名称、数量、规格、技术性能、检验方法，租赁期限，租金构成及其支付期限和方式、币种，租赁期限届满租赁物的归属等条款。"据此可见，《民法典》第 736 条第 1 款是从租赁的角度规定了融资租赁合同的一般条款，具体来说主要包括：

（一）租赁物

1. 租赁物的概念

租赁物包括租赁物名称、数量、规格、技术性能、检验方法。租赁物是融资租赁合同的必备条款，通常来说，租赁物都是价格高昂、使用寿命较长的动产，尤其是大型机器设备。从我国实践来看，航空器、船舶等都是常见的租赁物。如果购买的是进口的技术设备，有关海关的关税、增值税及其他税款、运费等由谁支付也应明确约定。① 在实践中，存在大量的不动产租赁。《民法典》没有对不动产是否可以作为融资租赁合同的标的物作出规定，但《融资租赁合同司法解释》第 1 条并没有否定不动产可以作为融资租赁的客体，而只是规定应当结合标的物的性质、价值、租金的构成以及当事人的合同权利和义务，对是否构成融资租赁法律关系作出认定。②

2. 虚构租赁物方式订立的融资租赁合同

《民法典》第 737 条规定："当事人以虚构租赁物方式订立的融资租赁合同无效。"从该条规定来看，如果当事人所订立的融资租赁合同并不存在租赁物，而是虚构租赁物，则该合同应被认定为无效。虚构在实践中主要表现为名为融资，实为借贷，并从中收取保证金等费用。法律作出此种规定，主要是为了防止当事人借助虚构租赁物的方式，以从事融资租赁物交易的名义变相从事金融借贷。具体而言：第一，《民法典》第 146 条规定了虚假的民事行为无效。而虚构租赁物本身也属于虚假的民事行为，符合第 146 条规定的情形。第二，虚构租赁物会导致脱离金融监管。例如，放贷应当符合一定的资质，而行为人可能没有该资质，有的当事人便通过虚构租赁物的方式，并没有实际交付租赁物，当事人约定的内容实际上是借贷关系，但形式上为融资租赁合同。③ 第三，通过虚构租赁物收取保证金、首付款，该行为本身也是非法的，应当通过宣告无效否定其效力。在确认合同无效后，整个融资租赁合同无效，至于当事人隐藏的借款行为的效力，依据《民法典》第 146 条第 2 款的规定，"以虚假的意思表示隐藏的民事法律行为的效力，依

---

① 参见魏耀荣等：《中华人民共和国合同法释论（分则）》，245 页。
② 参见王轶等：《中国民法典释评·合同编·典型合同》（上卷），409 页。
③ 参见黄薇主编：《中华人民共和国民法典合同编解读》（下册），858 页。

照有关法律规定处理”。这也意味着，如果当事人以虚构租赁物的方式订立融资租赁合同，但实际上有订立借款合同的意愿，则应当认定在当事人之间成立借款合同，该借款合同是否有效，则应当依据具体情形判断。①

需要指出的是，虚构租赁物方式订立的融资租赁合同不同于售后回租。售后回租也是融资租赁的一种方式，其并不是以虚构租赁物的方式订立融资租赁合同的情形。所谓售后回租，是指承租人将其自有物转让给出租人，再通过租赁的方式获得对该物的占有和使用。售后回租主要是为了使承租人获得现金流的保障。② 在以售后回租方式订立融资租赁合同的情形下，承租人应当使出租人取得租赁物的所有权，然后再从出租人处租回该物。我国相关司法解释也认可了售后回租的方式。③

3. 对于租赁物的经营使用应当取得行政许可

《民法典》第738条规定：“依照法律、行政法规的规定，对于租赁物的经营使用应当取得行政许可的，出租人未取得行政许可不影响融资租赁合同的效力。”依据该条规定，第一，如果依据法律、行政法规的规定，租赁物的经营使用需要取得经营许可，则当事人应当办理相关的经营许可，否则不得对租赁物进行经营使用。第二，在法律、行政法规对特定租赁物的经营使用应当取得行政许可作出规定的情形下，如果出租人并未取得相关的经营许可，则并不影响融资租赁合同的效力。也就是说，不能因为出租人未取得相关的经营许可而宣告融资租赁合同无效。法律之所以作出此种规定，主要原因在于，在融资租赁交易中，出租人主要是按照承租人的要求购买租赁物，并将其交付给承租人使用，而出租人自身并不对租赁物进行使用，在融资租赁交易中，租赁物所有权和经营权的分离几乎是永久性的，出租人主要享有观念上的所有权，所以，对出租人而言，只需要其具备融资租赁的资格即可，出租人未取得租赁物经营使用资格，并不影响合同的效力。④ 因此，并不需要出租人取得相关的租赁物经营使用许可。第三，承租人应当依法取得租赁物的经营许可。从本条规定来看，其只是规定出租人未取得相关经营许可时不影响融资租赁合同的效力，但并没有规定承租人是否需要取得相关的经营许可。本书认为，由于承租人是租赁物的直接经营使用人，其应当取得相关的经营使用许可，否则可能导致融资租赁合同无法发生效力。我国审判实践一般认为，此类合同属于未生效合同。⑤

（二）租赁期限

租赁期限，是指融资租赁合同规定的从生效至终止的时间。融资租赁以承租人对设备的长期使用为前提，因此，租赁期限一般比较长，大体相当于租赁设备的估计经济寿

---

① 我国司法实践也采取此种立场，《融资租赁合同司法解释》第1条第2款规定：“对名为融资租赁，但实际不构成融资租赁法律关系的，人民法院应按照其实际构成的法律关系处理。”

② 参见［德］梅迪库斯：《德国债法总论》，杜景林、卢谌译，483页，北京，法律出版社，2003。

③ 《融资租赁合同司法解释》第2条规定：“承租人将其自有物出卖给出租人，再通过融资租赁合同将租赁物从出租人处租回的，人民法院不应仅以承租人和出卖人系同一人为由认定不构成融资租赁法律关系。”

④ 参见黄薇主编：《中华人民共和国民法典合同编解读》（下册），809页。

⑤ 参见谢鸿飞、朱广新主编：《民法典评注·合同编：典型合同与准合同2》，423页。

命的大部分年限。由于融资租赁合同需要考虑到出租人收回全部成本与合理利润的年限，因而期限通常较一般的租赁合同更长。租赁期限的长短也决定着租金的数额，期限越长，租金也就越低。租赁期限届满之后，租赁物的处理可以根据约定选择留购、续租和退租三种方式之一来处理租赁物。

问题在于，融资租赁合同的期限是否受租赁合同最长期限的限制。对此，《民法典》第705条第1款规定："租赁期限不得超过二十年。超过二十年的，超过部分无效。"本书认为，本条所规定的20年最长期限是针对一般的租赁合同而设置的，其适用范围仅限于租赁合同。从我国《民法典》规定来看，其并没有规定融资租赁合同需要参照适用租赁合同的规则，二者属于独立的合同关系。而且从实践来看，一些租赁物，如使用期限较长的大型机械，其租赁期限往往较长，将其最长期限限定为20年也并不合理。

（三）租金

在融资租赁合同中，支付租金是承租人的主合同义务，当事人应当对租金的计算方式作出约定，如果当事人没有约定租金的计算方式，或者约定不明确的，《民法典》第746条规定："融资租赁合同的租金，除当事人另有约定外，应当根据购买租赁物的大部分或者全部成本以及出租人的合理利润确定。"依据该规定，租金应当考虑如下因素确定：第一，购买租赁物的大部分成本或者全部成本。全部成本是指标的物在租赁期间，其使用价值全部耗尽，无法再租赁给他人使用，此时承租人就需要支付相当于租赁物全部的成本作为租金。大部分成本是指如果在租赁结束后，标的物仍有一定的使用价值，出租人还可将之出租给他人继续使用，此时就只需要收取标的物大部分的成本。购买租赁物的成本主要是其价款，也包括相关的费用。例如，出租人支付的运输费、保险费、律师费、谈判费用等。这些都是为了取得标的物而支付的必要费用。第二，合理利润。在融资租赁中，出租方通常都是企业，其从事融资租赁交易的目的就是要获得利润。对于利润是否合理①，判断标准一般是行业的平均利润水平。例如，某台设备的价格为1 000万元，如果按照行业惯例，出租人的经营利润约为12%，如果出租人将该设备出租给承租人使用，租赁期限为10年，而且当事人约定租赁期限届满后，该设备就归属于承租人所有，在此情形下，当事人约定的租金大概每年为120万元。由于融资租赁的标的物也可能需要在国外购买，此时，当事人可能需要在租金支付中就币种作出约定。此外，由于融资租赁合同的期限一般较长，当事人应当在合同中明确约定租金的支付方式、支付期限以及币种等，以免发生争议。

（四）租赁期限届满租赁物的归属

一般租赁中的所有权依法归属于出租人，因而租赁期满之后，承租人负有返还租赁物的义务。但是在融资租赁中，虽然在租赁期间内依据法律的规定，租赁物仍然归属于出租人所有，但是出租人的所有权实际上只是承租人租金的担保，租赁物是为了承租人

---

① 参见谢鸿飞、朱广新主编：《民法典评注·合同编：典型合同与准合同2》，473页，北京，中国法制出版社，2020。

特别定作或者购买的，其对于承租人以外的人而言，可能没有直接的利用价值，并且由于租赁期间很长，在期限届满后，租赁物返还对出租人而言可能没有太大的意义。所以在融资租赁合同中，租赁期限届满以后，标的物并不自然归属于当事人的任何一方，需要重新约定。对租赁期限届满后标的物的归属，承租人有选择权，一般有三种方式，即续租、退租和购买。无论采取哪一种方式，都需要在合同中明确约定。依据《民法典》第 757 条规定，出租人和承租人可以约定租赁期限届满租赁物的归属。如果当事人没有约定租赁物的归属，或者约定不明确，应依据《民法典》第 510 条的规定予以确定，仍不能确定的，则租赁物的所有权归出租人。

二、融资租赁合同中的特别条款

按照合同自由原则，当事人可以根据其需要，在《民法典》第 736 条规定的一般条款之外约定特别条款，只要不违反法律规定，都应当认可这些条款的效力。通常，当事人自由约定的条款主要包括如下几种：一是中途解约禁止条款。它是指出租人和承租人约定，在融资租赁合同存续期间，双方都不得任意解除合同。通过规定中途解约禁止条款，对于承租人而言，就能够保证其对标的物享有长期稳定的使用权；对于出租人而言，因为禁止中途解约，就不会使其遭受标的物浪费的损失。① 二是风险负担条款。它是指双方约定，在租赁物交付之后，如果发生标的物因意外毁损、灭失，应当由谁承担该风险。鉴于我国《民法典》没有对租赁物的风险负担作出明确规定，当事人通常有必要约定风险负担条款，以防止出现纠纷。如果当事人作出了特别约定，各国判例和通说均承认此类条款是有效的。② 三是担保条款。它是指出租人和承租人约定的，担保租金债权实现的条款。在融资租赁中，出租人为了保障租金权益的实现，往往要求承租人签署担保条款，提供一定的担保，包括物的担保和人的担保（如担保公司的保证）。例如，当事人可以约定，在出现周转不灵的状态时，可以通过执行保证金等来获得周转的时间。③ 此外，当事人还可以在合同中约定租赁物的使用、保养、维修、保险、违约责任、合同发生争议后的解决方法等。

三、出租人对租赁物所有权的登记

《民法典》第 745 条规定："出租人对租赁物享有的所有权，未经登记，不得对抗善意第三人。"在租赁物为普通动产的情形下，由于出租人负有将租赁物交付承租人使用的义务，因此，其无法通过占有租赁物的方式公示其所有权，这就需要通过登记等方式公示出租人的所有权。在融资租赁交易中，出租人保留租赁物所有权是担保其租金债权实现的重要方式，依据《民法典》第 745 条规定，融资租赁中租赁物的所有权可以登记，

---

① 参见谢鸿飞、朱广新主编：《民法典评注·合同编：典型合同与准合同 2》，473 页。

② 参见佟强：《关于融资性租赁问题的理论探讨》，载《中外法学》，1992（2）。

③ 参见朱家贤：《租赁合同 融资租赁合同》，210 页，北京，中国法制出版社，1999。

登记的意义在于：

第一，实现了从所有权向担保物权的转化，有利于强化所有权的担保功能。《民法典》将融资租赁中出租人保留所有权视为一种担保方式，并通过登记的方式确定其在各种担保方式中的效力顺位，有利于明确各种担保方式之间的效力顺位关系，消除隐形担保，改善营商环境。因为隐形担保的存在会导致当事人无法查询，这可能对交易安全产生妨害；同时，对被担保人而言，由于缺乏公示方法，其担保权益的实现可能会被善意第三人的权利所消灭；此外，对其他债权人而言，其债权的实现也可能会被该隐形担保所影响。①

第二，有利于明确各种担保权之间的清偿顺位。在担保物权中，《民法典》第 414 条确立了以登记作为清偿顺序的依据，办理登记后，就可以明确各种担保权的优先顺位。《民法典》第 414 条规定："同一财产向两个以上债权人抵押的，拍卖、变卖抵押财产所得的价款依照下列规定清偿：（一）抵押权已经登记的，按照登记的时间先后确定清偿顺序；（二）抵押权已经登记的先于未登记的受偿；（三）抵押权未登记的，按照债权比例清偿。其他可以登记的担保物权，清偿顺序参照适用前款规定。"依据这一规定，出租人在租赁物上办理登记之后，如果承租人又再次将租赁物抵押、质押或者设立其他担保，则出租人可以优先于其他担保权受偿。②

第三，有利于消除各个担保权之间的权利冲突。从实践来看，融资租赁标的物之上还可能存在其他担保方式，各种担保方式之间可能存在一定的效力冲突。而借助于登记系统，则有利于消除各种担保权之间的冲突。也就是说，在后的权利人可能不知道有融资租赁关系的存在，通过登记可以起到警示作用。③

依据《民法典》第 745 条规定，未经登记，不得对抗善意第三人。如何理解动产担保的登记对抗主义呢？本书认为，其主要包含如下几层含义。

第一，登记对抗主义是与登记要件主义相对应的，登记对抗模式意味着动产担保是否办理登记，完全由当事人自由选择。关于融资租赁的登记，法律上并没有设置一个强制性的规范，要求必须办理登记，至于是否选择办理登记，取决于当事人的自主意愿。④而从效力上讲，登记对抗强调的是如果没有办理登记，就不得对抗善意的第三人。依反面解释，如果该动产担保办理了登记公示，其对世性更强，可以对抗所有的第三人。例如，在出租人已经办理登记后，第三人如果在租赁物之上设置其他担保，不论该第三人是否为善意，出租人的权利均可对抗该第三人的权利。⑤

第二，如果没有办理登记，不得对抗善意第三人。所谓不得对抗善意第三人，一是指在办理了登记的情形下，登记的所有权可以对抗所有的第三人。例如，所有人办理了登记之后，即便买受人在该物之上设定了抵押并办理了抵押登记，但由于出租人的登记在先，该项权利可以对抗顺位在后的抵押权。因此，可以按照登记的先后顺序来确定权

---

① 参见朱虎：《民法典动产和权利担保的变革》，载《人民法院报》，2020－07－30。

② 参见谢鸿飞、朱广新主编：《民法典评注·合同编：典型合同与准合同 2》，457～458 页。

③ 参见高圣平：《统一动产融资登记公示制度的建构》，载《环球法律评论》，2017（6）。

④ 参见谢鸿飞、朱广新主编：《民法典评注·合同编：典型合同与准合同 2》，458 页。

⑤ 参见王轶等：《中国民法典释评·合同编·典型合同》（上卷），570～571 页。

利实现的优先顺位。二是如果没有办理登记，除非是租赁物的受让人明知承租人不享有所有权仍然购买，否则不得对抗善意的受让人。未经登记也不得对抗查封债权人、参与分配债权人和破产管理人。

第三节　融资租赁合同的效力

一、出租人的主要义务

（一）按照约定交付标的物且不得干预承租人对租赁物和出卖人的选择

《民法典》第739条规定："出租人根据承租人对出卖人、租赁物的选择订立的买卖合同，出卖人应当按照约定向承租人交付标的物，承租人享有与受领标的物有关的买受人的权利。"依据这一规定，出租人的主要义务是依据合同交付标的物。此处所说的交付主要是指现实交付，其既包括出租人向承租人现实交付，也包括出卖人直接向承租人交付。例如，因为出租人没有付清相关的报关费用，导致出卖人迟延交付标的物。[①] 具体而言：一是按照约定的质量、数量等交付标的物。有关标的物的质量、数量等，通常都是按照承租人的要求而确定的。在实践中，都是由出卖人直接将标的物交付给承租人。但即便由出卖人交付，也应当符合承租人的要求。如果买卖合同的标的物与融资租赁合同的标的物不符合，则承租人有权拒绝履行融资租赁合同。二是按照约定的期限交付标的物。标的物的交付期限对于承租人的利益影响也较大，因而，如果当事人有约定的，应当按照约定的期限交付。三是按照约定的地点进行交付。当事人通常约定了标的物的交付地点，如以航空器为租赁物的，可能以承租人的公司住所地为交付地点。在出租人违反交付义务的情形，已经构成对承租人的违约，应当考虑违约的程度，采用适当的补救方式。

如何理解"承租人享有与受领标的物有关的买受人的权利"？严格地说，承租人并不是买卖合同的买受人，但依据《民法典》的这一规定，承租人享有买受人的受领权利。这就意味着，一方面，无论买卖合同中是否约定承租人享有受领权，承租人可以依据《民法典》关于买卖合同的规定，享有买受人的部分权利：一是对租赁物的检验权利，二是拒绝受领不符合质量要求的租赁物的权利。[②] 这些权利都属于"与受领标的物有关的买受人的权利"。另一方面，此种权利是依据法律的规定由承租人享有的权利。因为此项权利已经突破了合同相对性规则，所以，法律上需要对其作出特别规定。既然承租人享有受领的权利，也负有相应的义务，即在规定的时间地点受领标的物，并且应当按照合同的约定支付运输等费用。从买卖合同的角度来看，其具有利益第三人合同的特点。这是因为出租人和出卖人之间订立了买卖合同，使承租人享有与受领标的物有关的买受人

---

① 参见俞宏雷：《论融资租赁合同的中途解约》，载《法学》，1996（10）。

② 参见肖学治：《融资租赁合同》，91页，北京，中国民主法制出版社，2003。

的权利。法律赋予承租人享有此种权利，也有利于防止纠纷的发生，简化纠纷的解决。①

承租人常常要从出卖人那里受领租赁物。因为作为出租人的买受人通常只是提供资金，并不关注租赁物的情形，也没有能力详细检验租赁物。为了保障承租人的权利，依据《民法典》第740条规定，出卖人违反向承租人交付标的物的义务，在如下两种情形下，承租人可以拒绝受领出卖人向其交付的标的物：一是标的物严重不符合约定。毕竟融资租赁是以融物为核心的一种交易形式，租赁物通常都是一些价值较大、使用期限较长，通常是用于生产经营的大型器械设备，承租人对租赁物的质量要求较为严格，如果租赁物严重不符合约定，将导致承租人融物的目的无法实现。② 需要指出的是，必须是标的物严重不符合约定，承租人才能拒绝受领，毕竟融资租赁关系到多方主体的利益，承租人随意拒绝租赁物将可能导致出卖人、出租人的利益受损。如果标的物只是轻微瑕疵，不影响承租人的正常使用，则承租人应当允许出卖人进行维修、调试、更换，而不得拒绝受领。③ 二是未按照约定交付标的物，经承租人或者出租人催告后在合理期限内仍未交付。这主要是指出卖人迟延交付和未交付的情形，因为租赁物需要投入承租人正常的生产经营活动中，如果出卖人迟延交付标的物或者未交付标的物，则对承租人生产经营活动的影响较大，因此，在出卖人迟延交付或者未交付租赁物的情形下，承租人可以依法拒绝受领标的物。但毕竟租赁物可能是按照承租人的要求生产的，如果直接允许承租人拒绝受领，则可能造成财产的浪费，因此，在出卖人迟延交付的情形下，承租人应当对其进行催告，并给予出卖人合理的期限交付标的物，如此才能更好实现利益平衡。此外，依据《民法典》第740条第2款规定，承租人拒绝受领标的物的，应当及时通知出租人。这主要是为了保护出租人的利益，因为出卖人迟延交付标的物，或者未交付租赁物，也构成对租赁物买卖合同的违反，承租人及时通知出租人，也便于出租人及时向出卖人主张权利。如果承租人迟延通知或无正当理由拒绝受领租赁物造成出租人损失的，出租人有权请求承租人承担损害赔偿责任。④

因为融资租赁是为了承租人占有、使用特定的租赁物而设立的，所以，出租人应当按照承租人对于租赁物和出卖人的选择购买标的物。《民法典》第744条规定："出租人根据承租人对出卖人、租赁物的选择订立的买卖合同，未经承租人同意，出租人不得变更与承租人有关的合同内容。"《民法典》第744条确认承租人享有选择租赁物和出卖人的权利，出租人不得干预承租人对租赁物和出卖人的选择，违反此种义务应承担相应的责任。⑤

（二）应当保证承租人对租赁物的占有和使用的义务

《民法典》第748条第1款规定："出租人应当保证承租人对租赁物的占有和使用。"出租人负有保证承租人对租赁物的占有和使用的义务，此项义务也称为保障承租人平静

① 参见谢鸿飞、朱广新主编：《民法典评注·合同编：典型合同与准合同2》，429页。
② 参见谢鸿飞、朱广新主编：《民法典评注·合同编：典型合同与准合同2》，434页。
③ 参见秦国勇编著：《融资租赁法律实务》，50页，北京，法律出版社，2011。
④ 参见黄薇主编：《中华人民共和国民法典合同编解读》（下册），863页。
⑤ 参见谢鸿飞、朱广新主编：《民法典评注·合同编：典型合同与准合同2》，451页。

占有的义务。平静占有既包括了排除出租人对承租人正当使用的干扰和妨碍，也包括了租赁物上不存在权利瑕疵，以防止第三人对租赁物的追夺。[①] 依据该条规定，出租人所负有的此项义务具体包括：

一是出租人不得无正当理由收回租赁物。在融资租赁交易中，虽然出租人享有租赁物的所有权，但租赁物应当由承租人实际占有和使用，以保障其正常的生产经营活动。因此，出租人无正当理由不得收回租赁物。所谓正当理由，是指依据法律规定和合同约定的理由。例如，依据《民法典》第 758 条规定，如果承租人不支付租金，则出租人有权解除合同并收回租赁物。在融资租赁合同存续期间，出租人应当保障承租人对租赁物的占有和使用，出租人无正当理由收回租赁物的，承租人有权请求出租人赔偿损失。

二是不得无正当理由妨碍、干扰承租人对租赁物的占有和使用。融资租赁合同的目的之一就是要使承租人获得对标的物的占有和使用，出租人不得不当妨碍承租人对租赁物的正常使用，其应当保障承租人能够持续、和平地占有和使用租赁物，以保障承租人能够对租赁物进行持续、有效的利用。[②] 从实践来看，出租人为了保障自己的租金债权的实现，可能会与承租人特别约定，享有监督租赁物使用的权利，但出租人行使监督权时，也不得不当影响承租人对租赁物的使用。例如，出租人在行使监督权过程中，无正当理由故意将大型车辆、设备封锁，致使承租人无法正常利用租赁物，导致承租人的重大利益损失。对承租人占有、使用该租赁物产生影响的，则应当认定出租人违反了平静占有担保义务。[③]

三是负有保障第三人不对租赁物主张权利的义务，避免第三人对租赁物主张权利，影响承租人对标的物的利用。出租人应当对租赁物负担权利瑕疵担保义务，即其应当保障承租人对租赁物进行稳定、持续的利用，保障第三人不得对租赁物主张权利。例如，出租人出租后，不得妨碍承租人对租赁物的正常利用。[④] 再如，因出租人将第三人的财产出租，致使第三人追夺，影响承租人的占有和使用。在融资租赁合同中，出租人享有租赁物的所有权，因此，在租赁关系存续期间，出租人有权在租赁物上设定担保。如果出租人和承租人就租赁物上设立担保有特别约定的，依其约定。没有约定的，也应当允许出租人设定担保。例如，融资租赁期间为 10 年，但是，在经过 9 年后，出租人将标的物设置担保。此时，债权人愿意接受该担保的，表明其自愿承受标的物上的残余利益。但是，出租人在租赁物上设立担保，不得妨碍承租人行使其租赁权。因为设定担保可能导致第三人的追夺，进而危及承租人的使用，在此情形下，承租人有权请求出租人承担违约责任。

四是出租人不得实施其他不当影响承租人对租赁物占有和使用的行为。除上述情形外，出租人也不得实施其他影响承租人占有和使用租赁物的行为，如果因为出租人实施相关行为影响承租人对租赁物的使用的，承租人有权请求出租人赔偿损失。

五是出租人不得通过擅自转让、抵押租赁物等致使第三人对租赁物主张权利。例如，

---

① 参见谢鸿飞、朱广新主编：《民法典评注·合同编：典型合同与准合同 2》，481 页。

②③ 参见谢鸿飞、朱广新主编：《民法典评注·合同编：典型合同与准合同 2》，482 页。

④ 参见江必新主编：《融资租赁合同纠纷》，207 页，北京，法律出版社，2014。

在融资租赁合同履行过程中，出租人转让租赁物，导致买受人对承租人主张权利（例如，抵押权人主张对已经抵押的租赁物实行拍卖、变卖），影响承租人使用并造成承租人损失的，承租人也有权请求出租人赔偿损失。在此需要讨论的是，在租赁期间内，出租人是否可以转让标的物？在融资租赁合同中，由于在租赁期间内，标的物的所有权仍归属于出租人，因而出租人应有权转让标的物，但是，不能因转让而影响承租人的占有和使用。由于出租人仍然享有租赁物的所有权，其有权转让租赁物，但在出租人转让租赁物的情形，承租人可以主张适用一般租赁合同中的“买卖不破租赁”原则，因而即便是出租人在合同履行期间将租赁物出售，买受人也不得向承租人主张取回租赁物。

如果承租人无法占有、使用、收益是由于出租人的原因所致，依据《融资租赁合同司法解释》第 6 条，由于在融资租赁合同中，承租人的占有、使用、收益决定了融资租赁的合同目的，如果因为出租人的原因导致承租人无法占有、使用、收益，导致融资租赁合同的目的不能实现，出租人应承担违约责任，承租人也因此有权解除合同。

(三) 协助承租人行使索赔权的义务

《民法典》第 741 条规定：“出租人、出卖人、承租人可以约定，出卖人不履行买卖合同义务的，由承租人行使索赔的权利。承租人行使索赔权利的，出租人应当协助。”依据这一规定，承租人享有索赔权。所谓索赔权，是指承租人依据法律规定或者当事人约定请求出卖人在特定情形下赔偿损失的权利。索赔权包括两种类型：一是约定的索赔权，即《民法典》第 741 条允许当事人约定在出卖人不履行义务的情形下，承租人可以向出卖人索赔。严格地说，买卖合同是在出租人与出卖人之间成立的，在三方约定的情形下，承租人可以直接取得，这也意味着，由出租人作为买受人将其权利转让给了承租人。承租人享有类似于买受人的权利。此种转让并不需要出卖人同意，仅通知出卖人即可生效。[①] 二是法定的索赔权。依据《民法典》第 747 条规定，在租赁物不符合约定或者不符合使用目的时，出租人不承担责任，在此情形下，承租人应当有权请求出卖人承担损害赔偿责任。由承租人行使索赔权有利于简化索赔权的行使程序，避免重复诉讼，因为在不承认承租人索赔权的情形下，需要承租人首先向出租人索赔，再由出租人向出卖人索赔，这就会形成两个诉讼，导致法律关系的复杂化。

然而，承租人在行使索赔权过程中必须依赖出租人的协助。《民法典》第 741 条规定：“承租人行使索赔权利的，出租人应当协助。”这就是说，为了保证承租人能够行使该项权利，法律规定，当事人作出了此种约定，承租人行使索赔权利的，出租人应当协助，此种义务具体包括：一是帮助寻找出卖人。这主要是因为有一些融资租赁人的出卖人是出租人指定的，必须依靠出租人才能找到出卖人。二是帮助调查取证。在买卖合同的签订过程中，可能主要是出租人与出卖人在进行协商谈判，因此出租人应当提供合同文本、订约资料等证据材料。三是诉讼过程中的协助义务，例如出租人要在诉讼中出庭作证等。[②]

---

① 参见谢鸿飞、朱广新主编：《民法典评注·合同编：典型合同与准合同 2》，441 页。

② 参见谢鸿飞、朱广新主编：《民法典评注·合同编：典型合同与准合同 2》，443 页。

需要指出的是，《民法典》第 741 条的规定只是在当事人通过约定移转索赔权的情形下，出租人负有协助承租人行使索赔权的义务。但在当事人没有约定的情形，仍然应当由出租人向出卖人主张违约的请求权，在此情况下，也就不存在协助的义务。《民法典》第 743 条规定，出租人有下列情形之一，致使承租人对出卖人行使索赔权利失败的，承租人有权请求出租人承担相应的责任。

第一，出租人明知租赁物有质量瑕疵而不告知承租人。如果出租人明知租赁物存在瑕疵而不告知承租人，并因此造成承租人损失的，则承租人有权请求出租人赔偿损失。所谓明知，是指出租人完全了解租赁物有质量瑕疵，但其故意隐瞒，没有告知承租人。例如，在融资租赁合同成立时，出租人明知租赁物有瑕疵而不告知承租人，因检验期间经过，甚至诉讼时效已经届满，并因此导致承租人索赔失败，在此情形下，出租人应当承担损害赔偿责任。

第二，承租人行使索赔权利时，出租人未及时提供必要协助。如前所述，出租人应当负有协助承租人进行索赔的义务，以保障承租人索赔权的顺利实现，如果因为出租人未进行必要协助影响承租人索赔权的实现，造成其损失的，承租人有权请求出租人赔偿损失。

第三，出租人怠于行使只能由其对出卖人行使的索赔权利，造成承租人损失的，承租人有权请求出租人承担赔偿责任。毕竟买卖合同是在出租人与出卖人之间订立的，按照合同相对性原则，在很多情形下，仅出租人享有对出卖人进行索赔的权利，在出租人怠于行使其对出卖人的索赔权时，可能导致承租人的损失难以获得救济，此时，承租人有权请求出租人承担赔偿责任。此处所说的只能由出卖人行使的索赔权利包括两种情形：一是当事人没有约定由承租人直接对出卖人行使索赔权。此时，索赔权只能由出租人享有。二是当事人约定部分索赔权由承租人享有，而对当事人未约定的索赔权而言，则只能由出租人进行索赔。在索赔权只能由出租人享有的情形下，如果涉及承租人的利益，则出租人也应当负有及时索赔的义务，而且出租人在进行索赔后，还应当将相关的利益移转给承租人。如果出租人怠于行使索赔权，将导致承租人的损失难以获得救济。① 此时，即可以认定出租人怠于行使索赔权已经造成承租人损失，承租人有权请求出租人承担赔偿责任。

需要指出的是，承租人在行使索赔权时，并不影响其支付租金的义务。对此，《民法典》第 742 条规定："承租人对出卖人行使索赔权利，不影响其履行支付租金的义务。但是，承租人依赖出租人的技能确定租赁物或者出租人干预选择租赁物的，承租人可以请求减免相应租金。"这就是说，由于租金并非融物的对价而为融资的对价，承租人支付租金的义务具有不可解约性和独立性，不受其他违约救济措施的影响。② 在融资租赁中，出卖人和租赁物通常都是由承租人指定的，所以，出卖人没有交付租赁物的风险，应当由承租人自行承受。但如果承租人依赖出租人的技能确定租赁物或者出租人干预选择租赁物，则出卖人没有交付租赁物的风险由出租人承受。此时，如果出卖人没有履行交付

---

① 参见黄薇主编：《中华人民共和国民法典合同编解读》（下册），869 页。

② 参见谢鸿飞、朱广新主编：《民法典评注·合同编：典型合同与准合同 2》，443 页。

义务，出租人又不能在合理期间内提供符合约定的替代物，则构成根本违约，承租人享有解除合同的权利。与前述解除事由“由于出租人的过错致使承租人无法对租赁物占有和使用的”不同，此处强调，承租人依赖出租人的技能确定租赁物或者出租人干预选择租赁物。而前述解除事由的适用前提是，承租人自己选择租赁物。

(四) 不得擅自变更买卖合同内容的义务

在融资租赁交易中，虽然买卖合同是在出租人与出卖人之间签订的，承租人并没有参与合同的订立。但因为租赁物是依据承租人的要求而购买选定的标的物，订立买卖合同最终是为了履行融资租赁合同。《民法典》第744条规定：“出租人根据承租人对出卖人、租赁物的选择订立的买卖合同，未经承租人同意，出租人不得变更与承租人有关的合同内容。”因此，出租人在与出卖人订立买卖合同时，必须按照其与承租人之间的约定来确定相关合同内容，而不得擅自变更与承租人有关的合同内容的情况，擅自变更主要包括如下几种：一是擅自变更标的物。例如，出租人未按照合同的约定，而擅自变更标的物的种类和内容。二是擅自变更交付租赁物的时间。租赁物的交付时间直接影响承租人的使用，不得擅自变更。例如，出租人违反其与承租人的约定，推迟交付租赁物的时间，影响承租人的经营活动。三是擅自变更标的物的质量。有关标的物的质量通常在合同中有明确的约定，对于这种明确的约定出租人不能够擅自变更，如果当事人在合同中没有直接约定，出租人应当根据交易习惯，购买通常标准的租赁物。四是擅自变更标的物的交付时间和地点。《民法典》第744条规定：“未经承租人同意，出租人不得变更与承租人有关的合同内容”，是为了使融资租赁合同实现其预定的目的，使承租人能够发挥标的物的最大效用。如果出租人擅自变更与承租人有关的合同内容，实际上已经构成了对其与承租人之间约定的违反，承租人有权主张违约责任。

(五) 附随义务

在融资租赁合同中，双方都负有依诚信原则所产生的附随义务。就出租人而言，其应当负有必要的告知、说明、协助等附随义务。例如，《民法典》第747条规定：“租赁物不符合约定或者不符合使用目的的，出租人不承担责任。但是，承租人依赖出租人的技能确定租赁物或者出租人干预选择租赁物的除外。”据此，原则上出租人不应当承担瑕疵担保义务，但是，如果出租人明知租赁物有瑕疵，而没有告知，则属于违反附随义务的行为。① 如果承租人有证据证明出租人和出卖人之间有恶意串通的行为，出租人仍然应当承担瑕疵担保义务。在融资租赁关系存续期间，承租人行使多项权利都有赖于出租人的协助。例如，如果承租人行使索赔权，出租人应当协助（如提供买卖合同的文本、提供出卖人的地址和联系方式等），这实际上是合同法的诚实信用原则所产生的附随义务。

---

① 参见胡康生主编：《中华人民共和国合同法释义》，361页。

（六）不负有对租赁物的瑕疵担保义务

《民法典》第747条规定："租赁物不符合约定或者不符合使用目的的，出租人不承担责任。但是，承租人依赖出租人的技能确定租赁物或者出租人干预选择租赁物的除外。"依据该条规定，出租人原则上不承担租赁物的瑕疵担保义务，这主要是因为：一方面，出租人的主要义务是向承租人提供融资，并从租金中收回投资、获取利益。虽然出租人名义上对租赁物享有所有权，但其实际上对租赁物并不行使权利，且一般并不了解租赁物的质量是否符合约定。另一方面，通常情形下，出租人是根据承租人对出卖人以及租赁物的选择而购买租赁物，其对租赁物的质量状况通常并不了解，当事人甚至可能约定，由出卖人直接向承租人交付租赁物，出租人并不接触租赁物，因此，法律不应当使出租人负担租赁物的瑕疵担保义务。①

依据《民法典》第747条的规定，出租人不承担租赁物瑕疵担保义务应当符合以下条件。

第一，租赁物已经交付给承租人。如果出卖人没有将租赁物交付给承租人，而交付给了出租人，该标的物出现瑕疵，应当由出卖人向出租人负责，显然不适用该规则。

第二，租赁物不符合约定或者不符合使用目的。这又分为两种情况：一是租赁物不符合约定。这就是说，只要出卖人向承租人交付的标的物不符合约定，出租人都不负责。此处所说的不符合约定，是指买卖合同中的约定。二是租赁物不符合使用目的。这通常是指买卖合同没有对租赁物作出约定的，应当考虑其使用目的来确定。

第三，不存在承租人依赖出租人的技能确定租赁物或者出租人干预选择租赁物的情况。所谓依赖出租人的技能确定租赁物，是指在出租人和出卖人订立买卖合同时，租赁物的确定是借助于出租人的专业知识、经验等而确定的，承租人是基于对出租人的信赖确定了租赁物。在实践中出租人大多是一些租赁公司，其对特定行业较为了解，可以更低的报价为承租人购买特定设备，出租人对租赁物的最后选定发挥了关键作用，因而出租人应当承担此担保义务。② 所谓出租人干预选择租赁物，是指在选购租赁物的过程中，出租人影响了承租人选择租赁物，导致承租人不能按照自己的意愿选择租赁物，甚至不能按自己的意愿选择出卖人，在此情形下，出租人也应负有瑕疵担保义务。③

第四，不存在"明知租赁物有质量瑕疵而故意不告知承租人的情形"。如果出现此类情况，应当适用《民法典》第743条的规定，并由出租人承担相应的责任。

二、承租人的主要义务

（一）支付租金

《民法典》第752条规定："承租人应当按照约定支付租金。承租人经催告后在合理

---

① 参见黄薇主编：《中华人民共和国民法典合同编解读》（下册），825页。

② 参见王轶等：《中国民法典释评·合同编·典型合同》（上卷），582～583页。

③ 参见黄薇主编：《中华人民共和国民法典合同编解读》（下册），825页。

期限内仍不支付租金的，出租人可以请求支付全部租金；也可以解除合同，收回租赁物。”在融资租赁中，收取租金是出租人订立合同的主要目的，因此，支付租金是承租人的主要义务。所谓“按照约定支付租金”，是指承租人应当按照约定的时间、地点、方式、币种等支付租金。如果承租人没有按照约定支付租金，承租人应当作出催告，承租人在催告后的合理期限内仍不支付租金的，出租人享有两项权利：一是请求承租人支付全部租金。所谓全部租金，是指融资租赁合同中所约定的、已到期并且应当由承租人所支付的租金。① 法律之所以作出此种规定，是因为在融资租赁合同中，租赁物通常是按照承租人的要求购买的，其可能是为了满足承租人特定的生产经营需求。也就是说，租赁物对承租人的经济效用较大，而对出租人的价值较小，因此，在承租人不按照约定支付租金时，即便出租人取回租赁物，也可能难以有效填补其损失，因此，法律赋予出租人请求承租人支付全部租金的权利。二是出租人也有权解除合同，收回租赁物。②

依据《融资租赁合同司法解释》第 5 条，在承租人不缴纳租金的情形下，出租人有权解除租赁合同，但是在解除时应当符合如下条件：一是在合同由约定的情形下，应当符合合同约定的解除条件。且出租人在催告后的合理期限内，承租人仍不支付的，出租人可以解除合同。二是如果合同没有约定解除条件，在承租人欠付租金达到两期以上，或者数额达到全部租金 15%以上，则出租人可以在催告后要求承租人在合理期限内支付，但承租人在合理期限内仍不支付时解除合同。如果承租人逾期履行支付租金义务或者迟延履行其他付款义务，出租人有权按照融资租赁合同的约定要求承租人支付逾期利息、相应违约金。③ 当然，出租人既请求承租人支付合同约定的全部未付租金又请求解除融资租赁合同的，此时因为解除合同与支付租金发生冲突，当事人只能择一主张。④

在承租人不支付租金的情形下，出租人也有权收回租赁物并通过拍卖、变卖租赁物所得的价款优先受偿。《有关担保的司法解释》第 65 条第 1 款规定：“在融资租赁合同中，承租人未按照约定支付租金，经催告后在合理期限内仍不支付，出租人请求承租人支付全部剩余租金，并以拍卖、变卖租赁物所得的价款受偿的，人民法院应予支持；当事人请求参照民事诉讼法‘实现担保物权案件’的有关规定，以拍卖、变卖租赁物所得价款支付租金的，人民法院应予准许。”由于融资租赁本身是一种非典型担保，其担保的是租金债权的实现，当租金债权无法实现的，可以通过实现担保物权案件的非讼程序来实现其担保物权。

依据《民法典》第 742 条，承租人对出卖人行使索赔权利，不影响其履行支付租金的义务。承租人也可能基于合同约定而直接享有对出卖人的索赔权。承租人对出卖人行使索赔权，并不影响其履行融资租赁合同项下支付租金的义务。不过，在承租人依赖出租人的技能确定租赁物或者出租人干预选择租赁物的情形，承租人有权主张减轻或者免除相应的租金支付义务。

---

① 参见黄薇主编：《中华人民共和国民法典合同编解读》（下册），825、832 页。

② 参见王轶等：《中国民法典释评·合同编·典型合同》（上卷），582～583 页。

③ 参见《融资租赁合同司法解释》第 9 条。

④ 参见《融资租赁合同司法解释》第 10 条。

（二）及时受领租赁物

《民法典》第739条规定：“出租人根据承租人对出卖人、租赁物的选择订立的买卖合同，出卖人应当按照约定向承租人交付标的物，承租人享有与受领标的物有关的买受人的权利。”依据这一规定，承租人既有请求出卖人交付租赁物的请求权，同时负有及时受领租赁物的义务，如果未及时受领，承租人会构成受领迟延。① 虽然《民法典》第739条确认了承租人享有受领的权利，但按照权利义务一致的原则，承租人也相应地负有受领租赁物的义务。这就是说，出卖人向其交付标的物时，承租人也应当负有像买受人一样的受领义务。《融资租赁合同司法解释》第3条规定：“承租人拒绝受领租赁物，未及时通知出租人，或者无正当理由拒绝受领租赁物，造成出租人损失，出租人向承租人主张损害赔偿的，人民法院应予支持。”这也确认了承租人及时受领租赁物的义务。这种义务包括：

一是受领标的物的义务。即承租人应当按照合同约定的时间、地点接受标的物。承租人之所以负有受领的义务，原因在于：一方面，租赁物是基于承租人的选择而购买，出租人并不了解租赁物的特点和性能，也没有受领租赁物的技术和能力，因此接受租赁物不但应为承租人的权利，还应当是其义务，承租人应按照约定的时间、地点和方式受领租赁物。另一方面，如果出租人和出卖人约定了出卖人向承租人交付标的物，此时，出租人无法受领标的物，如果承租人不负有受领标的物的义务，则买卖合同中的交付就无法顺利进行。从比较法的经验来看，也大多采纳了这一做法。②

二是对标的物进行及时验收。承租人及时验收标的物，有利于确定标的物是否符合约定的标准，以减少纠纷的发生。当事人也可以对验收标的物的方法作出约定，此时，承租人验收的方法也应当符合合同的约定。

三是承租人在验收标的物时，如发现标的物不符合约定，则应当及时通知出租人。③ 当然，在特殊情况下，承租人有权拒绝受领租赁物。例如，如果租赁物严重不符合约定，在此情况下，承租人不仅可以拒绝受领标的物，而且可以依据《民法典》第525条关于同时履行抗辩的规定，拒绝支付租金。

（三）妥善保管和使用租赁物

《民法典》第750条第1款规定：“承租人应当妥善保管、使用租赁物。”由于承租人不享有标的物的所有权，而只是享有占有和使用的权利，因而承租人应当妥善保管和合理使用标的物，避免因保管不善而损害出租人的权益。所谓妥善保管，是指承租人应当尽到善良管理人的保管义务。所谓妥善使用，是指承租人应当按照租赁物所应当具有的

---

① 参见黄薇主编：《中华人民共和国民法典合同编解读》（下册），862页。

② 例如，《国际统一私法协会融资租赁示范法草案》第13条第1款规定：“在以下情况下认为是承租人受领了租赁物：承租人向出租人或供货人表示租赁物符合合同的约定；承租人在合理的检验机会之后没有拒收租赁物；承租人使用了租赁物。”

③ 参见江必新主编：《融资租赁合同纠纷》，165页。

使用性能对租赁物进行利用。妥善使用义务是妥善保管义务的组成部分。[①] 例如，承租人没有按照惯例将其租赁的船舶停靠在港口进行必要的维护维修，就没有尽到其妥善保管的义务。如果因承租人未尽到保管和使用租赁物的义务，导致租赁物在租赁期间毁损灭失，则应当由承租人承担损失，且不能免除其支付租金的义务。

（四）不得擅自处分租赁物

《民法典》第753条规定："承租人未经出租人同意，将租赁物转让、抵押、质押、投资入股或者以其他方式处分的，出租人可以解除融资租赁合同。"在融资租赁合同中，虽然租赁物实际由承租人进行长期经营使用，出租人享有的权利往往是一种名义上的所有权，但出租人在法律上仍然享有所有权。在融资租赁合同中，租赁物所有权没有办理登记时，承租人基于占有融资租赁标的物而拥有了足以使人相信其就是权利人的外观。在此情形下，承租人有可能擅自处分租赁物，并造成对出租人利益的损害。

依据《民法典》第753条规定，承租人擅自处分租赁物的行为，包括将租赁物转让、抵押、质押、投资入股或者以其他方式处分。《民法典》第753条采用了"其他方式"的表述，表明还包括承租人以其他方式处分租赁物的行为。例如，未经出租人同意转让租赁物或者在租赁物上设立其他物权，这些擅自处分行为变相构成单方面解约，导致合同无法履行，也会损害出租人利益。承租人擅自处分租赁物，已经构成了根本违约，出租人应当有权依法解除合同，该条赋予出租人解除权，也符合《民法典》关于根本违约的一般规则。

（五）维修租赁物

《民法典》第750条第2款规定："承租人应当履行占有租赁物期间的维修义务。"这就确立了承租人的维修义务。在一般的租赁合同中，出租人负有维修的义务，应当负有保证承租人对租赁物的使用的义务，但在融资租赁合同中，出租人并不负有维修义务，而由承租人承担该义务。法律上作出此种规定的原因在于：一方面，在融资租赁合同中，承租人享有实质意义上的所有人权益，与此相适应，其也应当负有维修租赁物的义务。另一方面，承租人对标的物和出卖人进行了选择，而且具有专业技术，因此，承租人才最有能力对标的物进行维修。此外，由承租人负担此种义务，有利于促使其妥善保管和使用标的物，从而更能够达到融资租赁合同的缔约目的。

当然，从《民法典》第750条规定来看，承租人的维修义务限于占有租赁物期间，这就意味着，只有在占有租赁物期间，承租人才负有此种义务，而在租赁物交付之前以及租赁物返还给出租人之后，承租人就不应负有此种义务。同时，如果在租赁期间，租赁物被出租人取回或因其他原因而丧失占有，承租人都不必负有维修义务。

（六）承担租赁物造成第三人损害的赔偿责任

《民法典》第749条规定："承租人占有租赁物期间，租赁物造成第三人人身损害或

---

① 参见张桂龙、刘向东：《融资租赁合同》，225页，北京，人民法院出版社，2001。

者财产损失的，出租人不承担责任。”依据这一规定，承租人应当承担租赁物造成第三人损害的赔偿责任。依据这一规定，承租人应当承担租赁物造成第三人损害的赔偿责任。其构成要件是：第一，租赁物造成第三人的损害。此种损害既包括人身伤害，也包括财产损害。严格地说，租赁物造成的损害包括两类情况：一是租赁物在正常使用过程中对第三人造成了人身或财产的损害，例如，承租人租赁汽车开车因为交通事故导致他人损害，在此情况下应当由承租人承担责任。二是租赁物自身固有的缺陷造成了第三人的损害，在此情况下，如果租赁物的缺陷是由制造者造成的，那么承租人在承担责任后还可以向制造者追偿。对租赁物属高度危险作业设备而致第三人损害的情形，出租人不负损害赔偿责任。[①] 无论是何种情形，都属于该条中所说的租赁物造成第三人的损害。第二，租赁物造成损害发生于承租人占有租赁物期间。通常来说，它是指租赁物自交付承租人之日起至租赁期限届满租赁物被返还给出租人之日止。承租人的占有既包括直接占有，也包括间接占有。第三，租赁物造成第三人损害，满足了侵权责任的构成要件。例如，如果租赁物是因为第三人原因造成损害（如有人将承租人的汽车开走撞伤他人），则应当由第三人负责。

（七）到期后返还租赁物

《民法典》第757条规定：“出租人和承租人可以约定租赁期限届满租赁物的归属；对租赁物的归属没有约定或者约定不明确，依据本法第五百一十条的规定仍不能确定的，租赁物的所有权归出租人。”据此，融资租赁合同期限届满后，如果当事人没有对租赁物的归属作出约定，或者约定不明确的，租赁物的所有权仍归出租人所有，承租人负有返还义务。在融资租赁合同期间届满后，除当事人明确约定租赁物归承租人所有的外，如果因租赁物毁损、灭失或者附合、混同于他物导致承租人不能返还的，出租人有权请求承租人予以合理补偿。

第四节　融资租赁合同的风险负担

一、融资租赁合同风险负担概述

在标的物意外毁损灭失的情况下，承租人是否负有继续支付租金的义务，这涉及融资租赁合同中的风险负担问题。所谓融资租赁合同中的风险负担，是指租赁物意外毁损灭失的风险如何承受。对此，我国《民法典》并没有作出明确规定。本书认为，对此问题，首先应当考虑当事人是否通过合同作出了约定。如果作出了约定，就应当尊重当事人的约定。在当事人没有约定，而在租赁期间发生租赁物意外毁损灭失的风险时，应当由承租人负担风险。这就意味着，在标的物意外毁损灭失的情况下，承租人仍然负有继续支付租金的义务。主要理由在于：

---

① 参见胡康生主编：《中华人民共和国合同法释义》，363页。

第一，出租人享有的所有权主要具有担保功能，不能因此要求其承受标的物毁损灭失的风险。出租人虽然享有所有权，但不能据此认为，其就应当负担标的物毁损灭失的风险。在这一点上，融资租赁合同与租赁合同是不同的，不能类推适用租赁合同的一般规则。

第二，承租人占有标的物，并对其进行了实际控制。在融资租赁关系存续期间，标的物置于承租人的占有、控制和管领之下，承租人易于知悉标的物所面临的风险，便利地消除其危险，有利于为标的物投保。从效率的角度来看，承租人负担风险有利于减少事故预防的成本。① 此外，由承租人负担标的物毁损灭失的风险，也有利于避免和防范承租人的道德风险。如果承租人占有使用标的物，却又不用负担标的物毁损灭失的风险，则极容易引发承租人恶意导致标的物毁损灭失的道德风险。

第三，从权利义务对等的角度考虑，承租人实际上享有了所有人的权益。虽然从原则上说，物的风险由所有人负担，但是，在融资租赁的情形，承租人实际上享有了所有人的权益，仅仅只是缺少名义上的所有权。因此，要求承租人承担风险，符合权利义务对等的原则。

第四，从比较法的经验来看，有关的国际公约和示范法对此也作出了规定。例如，《国际统一私法协会融资租赁示范法草案》第 11 条第 1 款规定："融资租赁中，(租赁物）灭失风险由承租人承担。如果没有约定风险转移时间，则自租赁合同签订之时，灭失风险即转移由承租人承担。"第 2 款规定："融资租赁之外的其他租赁，灭失风险仍由出租人承担，并不转移予承租人。"这表明，承租人承受风险的规则在比较法上是受到认可的。

既然风险应当由承租人负担，因此，在承租人占有租赁物期间，租赁物毁损或者灭失，出租人有权要求承租人继续履行合同义务。也就是说，在租赁期间，租赁物毁损或者灭失的风险由承租人承担。租赁物毁损或者灭失的，不影响承租人按照融资租赁合同应承担的义务，即仍然应当继续支付租金。

二、租赁物的风险负担

在标的物毁损、灭失的情形下，《民法典》第 756 条规定："融资租赁合同因租赁物交付承租人后意外毁损、灭失等不可归责于当事人的原因解除的，出租人可以请求承租人按照租赁物折旧情况给予补偿。"依据这一规定，如果租赁物交付给承租人发生意外毁损、灭失，且不可归责于双方当事人（如因台风造成租赁物毁损、灭失），在此情形下，因双方都没有过错，应由双方承担风险。由于合同目的已不能实现，双方都有权解除合同。在合同被解除后，出租人可以就租赁物的残值请求承租人给予补偿。

《民法典》第 751 条规定："承租人占有租赁物期间，租赁物毁损、灭失的，出租人有权请求承租人继续支付租金，但是法律另有规定或者当事人另有约定的除外。"从该条规定来看，在承租人占有租赁物期间，租赁物毁损、灭失的，除法律另有规定或者当事人另有约定外，并不影响承租人支付租金的义务，法律之所以作出此种规定，一方面是

① 参见梁慧星：《融资性租赁契约法律性质论》，载《法学研究》，1992（4）。

因为，在承租人占有租赁物期间内，与出租人相比，承租人更有能力控制租赁物毁损、灭失的风险，也更有能力防止租赁物毁损、灭失，故由承租人负担租赁物毁损、灭失的风险更为合理。当然，从本条规定来看，其在规定租赁物的毁损、灭失时，并没有将其限定为不可归责于当事人的原因而毁损、灭失，因此，其调整范围并不限于风险负担问题，只要租赁物在承租人占有期间发生毁损、灭失，不论其是否是因为不可归责于当事人的原因而毁损、灭失，均可适用本条规定。

三、租金的风险负担

就融资租赁合同中的租金风险负担问题，《民法典》没有明确的规定。在普通的租赁合同中，租金风险通常由出租人承担，而融资租赁合同是以融资为目的、融物为手段的交易形态，承租人享有对租赁物的选择、占有、使用、收益等权利，因而由其承担租赁物毁损灭失的租金风险是公平合理的。也就是说，在此情形下，承租人仍应当负有支付租金的义务。

第五节　融资租赁合同的解除

一、融资租赁合同中解除权的限制及其必要性

融资租赁合同是为了承租人的长期使用而订立的合同，其虽然不是继续性合同，但是，为了实现融资租赁合同的缔约目的，应当保持租赁物的利用关系的稳定性。因此，比较法上大多允许当事人订立中途解约禁止条款。所谓中途解约禁止条款，是指出租人和承租人约定，在融资租赁合同存续期间，双方都不得任意解除合同。融资租赁合同是长期性的、继续性的合同，出租人是按照承租人的指定购买租赁物，而非基于自己的需要购买，而且很难向其他人出租。如果融资租赁合同中途被解约，对于买受人来说，在取回标的物以后，难以实现其使用价值，因此造成资源的浪费。融资租赁合同的缔约目的实现需要保持租赁物利用关系的稳定性。① 所以，在融资租赁合同中，当事人需要特别约定禁止中途解约。通过规定中途解约禁止条款，对于承租人而言，就能够保证其对标的物享有长期稳定的使用权；对于出租人而言，因为禁止中途解约，就不会使其遭受标的物浪费的损失。

我国《民法典》对融资租赁合同的解除没有严格限定。本书认为，考虑到融资租赁合同的特殊性，应当认可限制合同解除的规则。之所以在融资租赁合同中，关于合同解除的事由，应当由法律明确规定，当事人不得随意终止和解除合同，主要理由在于：

第一，租赁物是按照承租人的要求购买的，并不是以出租人的需求为出发点购买的，因此，如果承租人可以任意解除合同，租赁物就回归出租人，而出租人实际上不需要该物。所以，如果允许融资租赁合同可随意解除，就可能导致租赁物的闲置，损害出租人

---

① 参见谢鸿飞、朱广新主编：《民法典评注·合同编：典型合同与准合同2》，507页。

的利益。

第二，出租人为租赁物的购买已投入较大的费用和成本，如果承租人任意解除，会对出租人的利益造成严重的不利影响。因为出租人购买租赁物所需资金除自有资金外，绝大部分是来自第三者的融资（如从银行贷款），且出租人还要投入各种税收、保险费、手续费等，在融资租赁期间采用租金形式分期偿还。出租人需从承租人支付的租金中偿还其从第三者手中融资所需支付的本息，如果允许承租人可单方面解除合同，则出租人便很难收回投入的资金，且难以偿付融资本息及其他资金成本。① 所以，如果融资租赁合同的解除不受到严格限制，就可能因承租人解除合同而导致一系列的连锁反应，给相关当事人都带来不利影响。

第三，从承租人的角度考虑，如果合同的解除不受严格限制，也可能给其造成重大不利影响。融资租赁是一项以融物为手段、以融资为目的的业务，它可以缓解承租人缺乏资金又难以获得贷款的困难。因此，在融资租赁的情形，合同的解除对承租人的影响也较为重大。在合同签订前，承租人可能已做好生产准备，对租赁物件使用的配套设施也可能投入了相当的资金。在租赁物交付之后，承租人要将其投入生产经营活动之中，如果出租人解除合同的权利不受严格限制，承租人的生产经营计划将被打乱，可能使承租人蒙受极大损失。

二、融资租赁合同解除的事由

融资租赁合同属于我国《民法典》合同编典型合同所规定的一种有名合同类型，合同编通则关于合同解除的一般规则，不论是合同法定解除规则，还是约定解除规则，均可以适用于融资租赁合同。当然，融资租赁合同又具有其特殊性。

（一）双方解除的事由

依据《民法典》第 754 条规定，有下列情形之一的，出租人或者承租人可以解除融资租赁合同。

第一，因出租人与出卖人之间所订立的买卖合同被解除、被确认无效或者被撤销，又未能重新订立买卖合同。之所以在此情形下赋予出租人和承租人均享有合同解除权，其理由在于：融资租赁合同与买卖合同本身存在紧密关联，买卖合同是融资租赁合同的基础和前提，融资租赁合同的履行有赖于买卖合同的有效履行②，在买卖合同解除、被确认无效或者可撤销情形下，承租人将难以继续对租赁物进行占有、使用、收益，此时，融资租赁合同的目的难以实现。因而，应当允许双方当事人通过行使合同解除权来从融资租赁合同中脱身。即便发生存在买卖合同被解除而确认无效的情形，此时应当由当事人重新进行协商，只有在协商未果不能重新订立买卖合同的情形下，才能够基于该条规定享有合同解除权。考虑到融资租赁合同的长期性，以及为了维持当事人关系的稳定性，

---

① 参见高圣平、乐沸涛：《融资租赁登记与取回权》，12 页，北京，当代中国出版社，2007。

② 参见王轶等：《中国民法典释评·合同编·典型合同》（上卷），610 页。

必须要对其作严格限制。[①]

第二，租赁物因不可归责于当事人的原因毁损、灭失，且不能修复或者确定替代物。从《民法典》第754条的规定来看，当事人在此情形下解除合同需要同时满足如下条件：一是租赁物因不可归责于当事人的原因毁损、灭失。例如，因发生不可抗力导致租赁物毁损、灭失。二是不能修复或者确定替代物。也就是说，即便租赁物因不可归责于当事人的原因毁损、灭失的，但如果租赁物可以修复或者从市场上购买予以替代，则仍然可以履行合同，出于鼓励交易的考虑，不应当允许当事人解除合同。只有在租赁物既无法修复，且无法确定替代物时，双方当事人才有权解除合同。

第三，因出卖人的原因致使融资租赁合同的目的不能实现。因出卖人原因主要是指因出卖人没有交付标的物，或者交付的标的物不合格，导致承租人不能对标的物进行占有和使用，此时，当事人可以主张解除合同。如果出卖人没有履行供货义务，出租人不能在合理期限内提供可供替代的标的物，此时，双方均可主张解除合同。同时，在因出卖人的原因导致融资租赁物合同目的不能实现的情形下，由于出租人与承租人对此均不具有可归责性，因此，在此情形下，双方当事人均应当有权依法解除合同。[②]

（二）出租人解除合同的事由

1. 承租人未按照约定支付租金

《民法典》第752条规定："承租人应当按照约定支付租金。承租人经催告后在合理期限内仍不支付租金的，出租人可以请求支付全部租金；也可以解除合同，收回租赁物。"依据该条规定，在承租人未按照约定支付租金，导致出租人合同目的无法实现时，承租人的行为将构成根本违约，出租人有权依法解除合同。在融资租赁合同中，支付租金是承租人的主给付义务。一般来说，承租人轻微的违约行为（如支付迟延数日），不应当赋予出租人解除合同的权利。但是，如果承租人不支付租金，已经严重影响了出租人的利益，达到根本违约的程度，也应当允许出租人享有解除权。依据《民法典》第752条的规定，如果承租人未按照约定支付租金，经出租人催告后在合理期限内仍不支付租金的，出租人有权选择请求承租人支付全部租金，也有权解除合同。依据该条规定，出租人解除合同应当符合下列条件。

第一，承租人未按照合同约定的期限和数额支付租金。当然，为了维持融资租赁合同的效力，只有在承租人未按期支付的租金占总租金的比例较大时，才构成根本违约，《融资租赁合同司法解释》第5条第2项规定，"合同对于欠付租金解除合同的情形没有明确约定，但承租人欠付租金达到两期以上，或者数额达到全部租金百分之十五以上，经出租人催告后在合理期限内仍不支付的"，则出租人有权解除合同。

第二，出租人应当催告。即便承租人未按照约定的期限支付租金，出租人一般也不得直接解除合同，而应当先进行催告。出租人应当确定合理的期限，要求承租人支付租金。本书认为，催告原则上仅适用于迟延支付租金的情形，如果承租人拒绝支付租金，

---

① 参见王轶等：《中国民法典释评·合同编·典型合同》（上卷），609页。
② 参见黄薇主编：《中华人民共和国民法典合同编解读》（下册），890页。

则构成根本违约，出租人无须进行催告即可直接解除合同。

第三，承租人经催告后在合理期限内仍不支付租金。合理期限应当根据具体情况来判断，主要考虑交易习惯、准备履行的期限等。承租人在催告后的合理期限内仍不支付租金的，即构成根本违约，出租人有权解除合同。

2. 承租人擅自处分租赁物

在融资租赁合同中，租赁物的所有权仍然归属于出租人，而且，此种所有权还具有担保租金债权实现的功能。在租金全部支付完毕之前，未经出租人同意，承租人将租赁物进行抵押、转让、转租或投资入股的，不仅严重违反了合同约定，而且也侵害了出租人的所有权。依据《民法典》第753条规定，承租人未经出租人同意，将租赁物转让、抵押、质押、投资入股或者以其他方式处分的，因为承租人的行为均侵害了出租人对租赁物的所有权，并造成出租人的损害，出租人有权依法解除合同。在解除合同的同时，如果因为承租人实施上述行为，造成出租人的损害，出租人有权请求承租人赔偿损失。

依据《融资租赁合同司法解释》第5条第3项规定，“承租人违反合同约定，致使合同目的不能实现的其他情形”。例如，在承租人破产的情形下，出租人应当享有解除权。因为一方面，承租人已经破产，导致其不需要继续利用租赁物，融资租赁合同的存在也变得没有意义，出租人也无法再收取租金，所以出租人要求解除合同，有利于保障其租金债权的实现。另一方面，租赁物可能已经办理登记，该登记的所有权相较于一般债权在破产程序中具有优先性。承租人进入破产程序，应允许出租人解除合同并基于其享有的功能化的担保物权在破产程序中获得清偿。

（三）承租人解除合同的事由

《融资租赁合同司法解释》第6条规定，“因出租人的原因致使承租人无法占有、使用租赁物，承租人请求解除融资租赁合同的，人民法院应予支持”。依据该规定，承租人应当在如下几种情况下行使法定解除权。

第一，因出租人原因导致承租人不能及时受领标的物。在承租人占有租赁物之前，虽然融资租赁合同已经生效，但如果因出租人的原因致使承租人无法受领并占有标的物，则承租人有权解除合同。例如，出租人没有及时向出卖人付款，而导致出卖人行使同时履行抗辩权，拒绝交付租赁物。但如果是因承租人的原因致使出卖人不向承租人交付货物（例如，承租人不支付价款，致使出卖人无法向承租人交付货物，使合同无法履行），在此情况下，承租人不得行使解除权。

第二，因出租人原因导致出卖人没有履行供货义务。依据我国《民法典》第747条的规定，在融资租赁中，出卖人和租赁物通常都是由承租人指定的，由于出租人没有向出卖人支付价款，在此情形下构成根本违约，承租人享有解除合同的权利。与前述解除事由“由于出租人的过错致使承租人无法对租赁物占有和使用的”相同。

第三，因出租人的原因致使承租人不能行使对租赁物的占有、使用权利（例如，出租人没有正当理由收回租赁物、妨碍承租人对租赁物的占有和使用）。在此情形下，承租人有权依法解除合同。此外，如果第三人对租赁物主张权利，影响承租人对租赁物的使用，并导致承租人的合同目的无法实现，则承租人也有权依法解除合同。

三、合同解除的效果

（一）恢复原状

在融资租赁合同解除之后，应当产生恢复原状的法律后果。不过，考虑到融资租赁合同的特点，此种合同的解除并不具有溯及既往的效力，而仅向未来发生效力，类似于大陆法系国家合同法上的“终止”。解除合同后，出租人有权要求承租人返还租赁物，承租人也负有返还的义务。出租人要求返还租赁物，可以基于合同解除的效力而产生，也可以基于其所有权人的地位而产生。因为承租人占有租赁物是基于合同的约定，出现合同终止或解除的情况时，承租人便丧失了占有的基础，构成无权占有，出租人作为租赁物的所有权人有权直接向无权占有人即承租人行使所有物返还请求权，承租人应当将租赁物以其交付时的状态返还给出租人。一旦承租人不支付租金等，出租人享有返还请求权，从而也可以担保租金债权的实现。①

问题在于，出租人收回租赁物以后，由于融资租赁本身是功能化的担保方式，所以出租人在收回租赁物以后应当负有清算义务。依据《有关担保的司法解释》第 65 条第 2 款规定：“出租人请求解除融资租赁合同并收回租赁物，承租人以抗辩或者反诉的方式主张返还租赁物价值超过欠付租金以及其他费用的，人民法院应当一并处理。”如果当事人对租赁物的价值有争议的，应当按照下列规则确定租赁物的价值：第一，约定优先，如果融资租赁合同已经对租赁物折旧或者残值的计算作出了约定的，在因合同解除收回租赁物的情形下就有权直接依据当事人的约定来确定折旧后的残值。第二，融资租赁合同未约定或者约定不明的，根据约定的租赁物折旧以及合同到期后租赁物的残值来确定。这就是说，如果合同没有约定或者约定不明，可以根据约定的租赁物折旧的计算方法以及折旧方式来确定租赁物的价值，也可以以到期后经过计算确定的租赁物的残值来确定。第三，根据前两项规定的方法仍然难以确定，或者当事人认为根据前两项规定的方法确定的价值严重偏离租赁物实际价值的，根据当事人的申请委托有资质的机构评估，也就是采取由第三方评估的方式来确定租赁物的残值。需要注意的是，确定租赁物价值的规则是存在顺位要求的，当事人不能直接以请求第三方介入评估的方式来确定租赁物的价值。

（二）损害赔偿

在解除合同后，如果因当事人一方的违约而造成另一方的损失，也可以请求违约损害赔偿。依据《融资租赁合同司法解释》第 7 条：“当事人在一审诉讼中仅请求解除融资租赁合同，未对租赁物的归属及损失赔偿提出主张的，人民法院可以向当事人进行释明。”由此可见，解除与违约损害赔偿是可以并存的。例如，因承租人的过错导致合同被解除，出租人损失了其可能获得的合理利润，也可以要求承租人予以赔偿。

因买卖合同被解除、被确认无效或者被撤销而导致融资租赁合同被解除的后果具有

---

① 参见王轶编著：《租赁合同　融资租赁合同》，167 页。

特殊性，对此，《民法典》第755条第1款规定："融资租赁合同因买卖合同解除、被确认无效或者被撤销而解除，出卖人、租赁物系由承租人选择的，出租人有权请求承租人赔偿相应损失；但是，因出租人原因致使买卖合同解除、被确认无效或者被撤销的除外。"依据这一规定，如果融资租赁合同是因为买卖合同效力终止而被解除的，而租赁物是出租人干预承租人作出的选择，则出租人应当自行负担相关的损失；如果租赁物是由承租人选择的，则出租人应当有权请求承租人赔偿相应的损失。

第一，承租人选择出卖人、租赁物的，应由其自己承担损失。通常，融资租赁合同中，出租人支付租赁物价款后，其已经履行了应尽的义务，在买卖合同中，承租人虽然不是合同当事人，但出租人是根据承租人对出卖人的选择而购买租赁物，承租人对买卖合同的订立发挥了重要的作用，在此情形下，承租人可以按照约定向出卖人索赔，在因买卖合同被解除、被确认无效或者被撤销的情形下，承租人也应当负担相应的损失。因此，出租人因此遭受损失的，应当有权请求承租人赔偿相应损失。在融资租赁合同中，一般而言，租赁物通常是由承租人选择的，依据《民法典》第755条规定，如果租赁物是由承租人选择的，则在融资租赁合同因买卖合同解除、被确认无效或者被撤销而解除的情形下，出租人有权请求承担赔偿相应的损失。① 反之，如果租赁物是由出租人自己选择的，则出租人无权请求承租人赔偿损失。

第二，因出租人原因导致买卖合同被解除、被确认无效或者被撤销的，出租人不得请求承担赔偿损失。例如，出租人不履行支付价款的义务，导致买卖合同被解除，出租人因此而遭受的损失，应当由其自己承担。② 如果因出租人的原因而导致买卖合同被解除、被确认无效或者被撤销的，则出租人也不得请求承租人承担违约损害赔偿责任。如果因出租人的原因导致买卖合同被解除、被确认无效或者被撤销，即使出租人因此遭受了损失，此种损失也与承租人无关，其无权请求承租人赔偿损失。

第三，出租人赔偿损失的折抵。《民法典》第755条第2款规定："出租人的损失已经在买卖合同解除、被确认无效或者被撤销时获得赔偿的，承租人不再承担相应的赔偿责任。"依据该条规定，在买卖合同被解除、被确认无效或者被撤销的情形下，如果出租人的损失已经获得赔偿，则应当相应地减轻或者免除承租人的责任。例如，在因出卖人的原因导致买卖合同被解除的，出租人可以依法请求出卖人承担违约责任，其可以获得相应的赔偿，此时，就应当相应地减轻或者免除承租人的责任。也就是说，如果出租人的损失已经得到了有效填补，其就不得再请求承租人赔偿相应的损失，法律作出此种规定，主要是为了防止出租人因此获得额外的利益。在买卖合同被解除、被确认无效或者被撤销时，出租人对出卖人可能依法享有赔偿请求权，如果其损失已经从中获得了填补，则承租人不再承担赔偿责任。

《融资租赁合同司法解释》第11条第2款规定："前款规定的损失赔偿范围为承租人全部未付租金及其他费用与收回租赁物价值的差额。合同约定租赁期间届满后租赁物归出租人所有的，损失赔偿范围还应包括融资租赁合同到期后租赁物的残值。"依据该款的

---

① 参见黄薇主编：《中华人民共和国民法典合同编解读》（下册），891页。

② 参见黄薇主编：《中华人民共和国民法典合同编解读》（下册），839页。

规定，在收回租赁物后，出租人还有权请求未付租金及其他费用与租赁物价值的差额，因此，此处规定的损害赔偿范围实际上是履行利益的损害赔偿。

需要指出的是，上述规则仅适用于融资租赁合同因买卖合同解除、被确认无效或者被撤销而解除的情形。《民法典》第 755 条关于融资租赁合同解除的效力规则仅适用于此种情形下的合同解除，而不适用于其他合同解除的情形。如果融资租赁因为其他原因，如因为承租人或者出租人违约而被解除，则无法适用本条规定。

此外，依据《民法典》第 756 条，在租赁物因不可归责于当事人的原因毁损、灭失的情形下，合同因此解除的，承租人只需要按照租赁物折旧情况对出租人予以补偿，而不需要按照约定支付租金。此种规定较为合理。因为在租赁物因不可归责于当事人的原因毁损、灭失时，如果承租人仍然需要按照约定支付租金，则意味着承担需要同时负担租赁物毁损灭失的损失与租金风险，显然会不当加重承租人的负担。依据《民法典》第 756 条规定，在解除以后，出租人可以请求承租人按照租赁物折旧情况给予补偿。法律作出这种规定，是因为在租赁物因为意外毁损、灭失的情形下，当事人都不具有可归责性，承租人尚未支付的租金也不再支付，因为标的物毁损、灭失，客观上也返还不能，所以，此时，承租人应当承担代物返还义务，即将租赁物折旧后的价值返还给出租人。①

第六节　融资租赁合同的终止

一、融资租赁合同终止概述

（一）融资租赁合同终止的原因

融资租赁合同终止的原因主要有如下几种。

（1）租赁期限届满。融资租赁合同是设定债权性使用权的合同，其应当有一定的期限，否则，与该合同的性质相悖。在租赁期限届满之后，承租人可以返还标的物、购买标的物或者续租。除非承租人与出租人协议继续租赁，否则，融资租赁合同将因租赁期限届满而终止。

（2）融资租赁合同的解除。此处所说的解除包括法定解除和约定解除。融资租赁合同的解除既包括法定解除，也包括约定解除，按照合同自由原则，当事人也可以协议解除合同，或者约定一方解除合同的条件。在融资租赁合同解除的情况下，当事人之间的权利义务关系终止。

（3）承租人丧失主体资格。例如，承租人因破产被兼并、解散等。在承租人破产的情形，融资租赁合同的缔约目的无法实现，其应当终止。此时，租赁物并不属于承租人的破产财产，出租人有权行使取回权。

（4）当事人约定的其他事由。例如，当事人约定，出租人合并、分立，合同自动终止。

---

① 参见谢鸿飞、朱广新主编：《民法典评注·合同编：典型合同与准合同 2》，513 页。

（二）融资租赁合同终止的法律效果

在融资租赁合同终止以后，承租人负有返还租赁物的义务，出租人享有请求返还租赁物的权利。在合同终止之后，当事人双方依据诚信原则，仍负有附随义务。例如，出租人负有就其知悉的商业秘密保密的义务。需要指出的是，在融资租赁合同中，也可能因有关当事人的破产产生租赁物的归属确定、合同的履行、合同的解除等问题。

二、融资租赁合同期限届满后租赁物的归属

（一）融资租赁合同期限届满后所有权的归属关系

融资租赁合同期限届满后租赁物所有权的归属，原则上应当依当事人约定来确定，如无约定则一般归出租人所有。具体来说，确定租赁物的归属应当采用如下两项规则。

（1）依据约定确定归属。依据《民法典》第 757 条规定，首先，出租人和承租人可以约定租赁期限届满租赁物的归属；有约定必须按照约定。其次，如果在当事人对租赁物的归属没有约定或者约定不明确，则应当依据《民法典》第 510 条的规定确定归属，即由当事人就租赁物的归属达成补充协议，如果不能达成补充协议，按照合同有关条款和交易习惯确定租赁物的归属。例如，如果当事人合同中规定："租赁期满，双方没有约定，合同自动续期。"据此可以解释为，允许承租人继续承租，则在归属上可以理解为，出租人保留所有权。最后，如果不能依据《民法典》第 510 条的规定确定归属，则应当认为租赁物归出租人所有。

（2）没有约定或者约定不明确，租赁物的所有权归出租人。租赁物归属作出约定是当事人的特殊安排，在没有约定时，租赁物的所有权归出租人所有。这一规则也是符合国际通行做法的。[①] 因为在融资租赁合同中，出租人并没有将租赁物的所有权转让给承租人。承租人虽然依照租赁合同享有对租赁物的占有、使用和收益的权能，但是处分的权能仍然由租赁物的所有权人即出租人享有。如果在租赁期间内，承租人没有经过出租人的同意，将租赁物转让、抵押、出租等，都构成对出租人权利的侵害。如果租赁物与其他动产、不动产发生附合，而当事人对添附情形下的所有权归属问题没有进行约定，则应当按照添附规则确定所有权的归属。如不能确定的，可以将租赁物附合后的动产、不动产转让，在租赁物价值范围内的转让价款归属于出租人。但在租赁期限届满后，承租人也仍然应当负有返还租赁物的义务。

一般情况下，融资租赁合同终止后，如果当事人对租赁物的归属没有约定或者约定不明确，则租赁物的所有权应当归属于出租人。但在特殊情形下，考虑到案件的具体情况，也可以由承租人取得所有权，并给予出租人合理的补偿。因承租人原因导致合同无效，出租人不要求返还租赁物，或者租赁物正在使用，返还出租人后会显著降低租赁物价值和效用的，法院也可以判决租赁物所有权归承租人，并根据合同履行情况和租金支

---

① 例如，《国际融资租赁公约》第 9 条第 2 款规定："当租赁协议终止时，承租人应将处于前款规定状态的设备退还给出租人，除非承租人行使权利购买设备或继续为租赁而持有设备。"

付情况，由承租人就租赁物进行折价补偿。[①]

（二）在融资租赁合同期限届满后确定租赁物所有权归属的方法

在融资租赁期间届满之后，当事人可以约定租赁物的归属，毕竟融资租赁合同已经终止，此种约定不会对合同的性质产生影响。尤其是就租赁合同而言，重新确定租赁物的归属更有必要。因为在融资租赁合同中，租赁物是按照承租人的指定购买的，而且融资租赁的主要目的是融资，出租人无意再将其取回利用，所以，出租人与承租人协商确定租赁物的归属可以实现双方的利益。在融资租赁合同期限届满后，当事人一般采用退租、续租、留购三种方法之一来确定所有权的归属。

（1）退租。它是指在融资租赁合同期限届满后，承租人将租赁物返还给出租人。

（2）续租。在租赁期限届满以后，承租人可以与出租人协商，以确定是否延长租赁期限。如果延长租赁期限，则该合同继续有效，只不过租赁期限延长。

（3）留购。它是指承租人与出租人协商通过支付一定价款的方式以取得租赁物的所有权。此种方式通常表现为，承租人仅仅支付名义性质的价款，便可以获得租赁物的所有权。应当看到，虽然在融资合同期限届满后，出租人仍然依法享有所有权，但该所有权的享有主要具有担保租金债权实现的功能，一旦承租人不支付租金等，出租人享有取回权，从而担保租金债权的实现。[②] 在租赁期间届满以后，由于租赁物对出租人并没有利用价值，还不如留在承租人手上可以发挥其应有的作用。对融资租赁合同而言，在合同期间届满后，出租人的租金债权已经实现，而且租赁物是按照承租人的要求购买的，租期届满后租赁物的残值对出租人的经济意义较小，因此，可以允许当事人约定租期届满后租赁物的归属，承租人可以以较低的价值留购租赁物。

（三）租赁物价值的部分返还

租赁物价值的部分返还，是指当事人约定租赁期间届满后租赁物归承租人所有，但在期满之前出租人解除合同，其应当返还租赁物与债权额之价值差额。如果承租人已经支付大部分租金，但无力支付剩余租金，出租人因解除合同收回租赁物的，收回的租赁物的价值超过承租人欠付的租金以及其他费用的，承租人可以要求部分返还。出租人因为合同的提前解除获得了超出其合同约定的利益，如果此种利益完全归出租人，将使出租人和承租人之间利益失衡，此时进行强制清算能避免出租人因提前解约而过分得利，这将对当事人更为公平。[③] 租赁合同的解除，使出租人既取得了大部分租金，又取回了标的物，获得了双重的利益。如果当事人约定了清算条款，则可以依据约定进行清算。但是，如果当事人没有相关的约定，则应当适用《民法典》第 758 条的规定，允许承租人请求部分返还，出租人也负有返还部分价值的义务。

《民法典》第 758 条第 1 款规定：“当事人约定租赁期限届满租赁物归承租人所有，

---

① 参见《融资租赁合同司法解释》第 4 条。

② 参见王轶编著：《租赁合同　融资租赁合同》，167 页。

③ 参见黄薇主编：《中华人民共和国民法典合同编解读》（下册），898 页。

承租人已经支付大部分租金，但是无力支付剩余租金，出租人因此解除合同收回租赁物，收回的租赁物的价值超过承租人欠付的租金以及其他费用的，承租人可以请求相应返还。”依据《民法典》第758条，租赁物价值的部分返还应当满足如下要件：第一，当事人约定租赁期间届满租赁物归承租人所有。如果租赁物归出租人所有，则没有设立这一规则的必要。因为无论租赁物的剩余价值多大，出租人取回租赁物都是取回自己之物，不必将其部分价值返还给承租人。第二，承租人已经支付大部分租金，但无力支付剩余租金。如果承租人支付的租金较少，租赁物的价值可能还不足以清偿债务，在此情形下就没有适用该规则的必要。第三，出租人行使解除合同的权利，并收回租赁物。出租人必须行使解除的权利后，才能够收回租赁物。且根据该条规定，出租人解除合同的原因是承租人欠付租金致使其缔约目的不能实现。如果出租人未行使解除权，融资租赁合同没有解除，出租人不可能收回租赁物，也不可能返还租赁物的部分价值。第四，收回的租赁物的价值超过承租人所负的债务。在融资租赁合同解除之后，出租人可以要求承租人返还租赁物。出租人收回租赁物的主要目的是保障其债权的实现。但是，如果其收回的租赁物的价值超过承租人欠付的租金以及其他费用的，承租人可以要求部分返还。这实际上是不当得利返还制度的具体化。①

《民法典》第758条第2款规定：“当事人约定租赁期限届满租赁物归出租人所有，因租赁物毁损、灭失或者附合、混合于他物致使承租人不能返还的，出租人有权请求承租人给予合理补偿。”该条确立了租赁物无法返还时的补偿责任，具体而言：一是融资租赁合同对租赁物的归属作出明确的规定，即约定在租赁期限届满后归出租人所有；二是租赁物发生了毁损灭失或添附；三是因租赁物发生毁损灭失或添附导致承租人不能返还租赁物，如果当事人约定租赁期限届满后租赁物归出租人所有，则在租赁物无法返还时，出租人有权请求承租人给予合理补偿。在租赁期限届满后，出租人本应获得租赁物的残值，但因为租赁物毁损、灭失或者附合、混合，使出租人无法获得租赁物的残值的，出租人有权请求承租人给予合理补偿。② 此处所说的合理补偿并不是完全赔偿租赁物的价值，而只是要考虑租赁物在租赁期限届满后应有的残值，对出租人进行适当补偿。

三、融资租赁合同被宣告无效后租赁物归属的确定

《民法典》第760条规定：“融资租赁合同无效，当事人就该情形下租赁物的归属有约定的，按照其约定；没有约定或者约定不明确的，租赁物应当返还出租人。但是，因承租人原因致使合同无效，出租人不请求返还或者返还后会显著降低租赁物效用的，租赁物的所有权归承租人，由承租人给予出租人合理补偿。”该条对融资租赁合同无效情形下确定租赁物所有权归属的规则作出了规定，具体而言，本条主要确立了如下规则。

第一，当事人有约定的，按照其约定。从该条规定来看，即便融资租赁合同无效，当事人也可以就租赁物的归属作出约定。例如，当事人可以约定，在融资租赁合同被宣

① 参见王轶编著：《租赁合同　融资租赁合同》，160页。

② 参见黄薇主编：《中华人民共和国民法典合同编解读》（下册），898页。

告无效时，租赁物归属于承租人，按照私法自治原则，该约定也具有法律效力。

第二，当事人没有约定或者约定不明确，则租赁物应当返还出租人。也就是说，如果当事人没有就融资租赁合同被宣告无效后租赁物的归属作出约定，则其应当属于出租人，此时，承租人应当将租赁物返还出租人。

第三，因承租人原因致使合同无效时租赁物的归属。依据《民法典》第 760 条规定，在因为承租人的原因致使合同无效的情形下，如果出租人不请求承租人返还租赁物，或者返还租赁物会导致租赁物效用显著降低的，则租赁物的所有权归承租人，而由承租人给予出租人合理补偿。法律之所以作出此种规定，主要是因为，在融资租赁合同中，租赁物通常是按照承租人的要求购买的，其对出租人而言，经济效用可能较低，在因承租人的原因导致融资租赁合同无效的情形下，如果租赁物的所有权归属于出租人，则可能造成出租人的损失，因此，该条赋予了出租人选择权，即如果出租人认为取回租赁物对其有利，则其可以取回租赁物；反之，如果其认为获得承租人的合理补偿更为有利，则其可以不请求承租人返还租赁物，而由承租人对其进行合理补偿。此处的合理补偿不同于完全赔偿，而是在考虑租赁物价值的基础上，合理确定补偿的数额。

《民法典》第 759 条实际上是基于双方当事人意思自治对租赁期限届满后的租赁物的归属作出规定，此时应当尊重当事人的真实意思，确定租赁物的归属。① 允许支付象征性价款是为了实现一个从租到买的质变，从而导致所有权的移转。但是这种约定必须以当事人的约定有效为前提。在当事人没有特别约定的情形下，承租人不能取得租赁物所有权，租赁物所有权仍然属于出租人。只要该约定有效且当事人按照约定支付了相应的价款，此时租赁物的所有权应当移转给承租人。之所以允许承租人通过支付象征性价款而购买租赁物，主要还是因为租赁物经过较长时间的使用，出租人已经获得了相应的对价，其已经分期收回了相应的对价②，而且出租人并不追求物的归属价值，租赁物此时的残值也较低，承认其归属于承租人更能发挥物的效用。

思考题

1. 试述融资租赁合同的效力。
2. 融资租赁合同中承租人享有哪些权利？
3. 融资租赁合同中，承租人行使索赔权时，出租人负有哪些义务？
4. 试述融资租赁合同解除的事由。
5. 如何确定融资租赁合同期限届满后租赁物的归属？

①② 参见谢鸿飞、朱广新主编：《民法典评注·合同编：典型合同与准合同 2》，522 页。

第二十章
保理合同

案例

甲公司将一批货物作价 100 万元卖给丙公司，并约定收货后 6 个月收款。现甲公司与乙银行达成有追索权的保理交易，将这笔应收账款转让给乙银行，乙银行为此向甲公司提供 85 万元的融资款。6 个月后，丙公司因经营不善无力偿还全部债务，仅能向乙银行清偿 20 万元，问：乙银行可以采取何种救济方式来维护自己的权益？

简要评析：本案中乙银行构成有追索权的保理，依据《民法典》第 766 条，“当事人约定有追索权保理的，保理人可以向应收账款债权人主张返还保理融资款本息或者回购应收账款债权，也可以向应收账款债务人主张应收账款债权。保理人向应收账款债务人主张应收账款债权，在扣除保理融资款本息和相关费用后有剩余的，剩余部分应当返还给应收账款债权人”。本案中，丙公司因经营不善无力偿还全部债务，仅能向乙银行清偿 20 万元。乙银行享有两种救济方式：第一种救济方式是继续向丙公司主张应收账款债权；第二种救济方式是向应收账款债权人甲公司行使追索权，主张返还保理融资款本息或者要求其回购应收账款债权。对于第一种救济方式，由于丙公司已经没有清偿能力，乙银行向应收账款债务人丙公司主张应收账款债权已无意义。对于第二种救济方式，依据《民法典》第 766 条第一句，乙银行有权向甲公司追索剩余的 65 万元（85 万元融资款减去 20 万元已清偿债务）融资款及利息。乙银行也有权向甲公司主张回购应收账款债权。

第一节 保理合同概述

一、保理合同的概念和特征

保理（Factoring），起源于出口货物寄售[①]，现在广泛运用于赊销贸易与金融行业。《民法典》第 761 条规定："保理合同是应收账款债权人将现有的或者将有的应收账款转让给保理人，保理人提供资金融通、应收账款管理或者催收、应收账款债务人付款担保等服务的合同。"保理是指应收账款的债权人将应收账款转让给保理人，保理人提供资金支持以及对应收账款进行管理、催收等。在实践中，保理对资金的融通、开通融资渠道以及缓解中小企业融资难等问题，都发挥了重要作用。保理合同具有如下几个法律特征。

第一，以应收账款的转让为前提。应收账款是一个会计学术语。[②] 所谓应收账款，是指债权人因转让货物、提供劳务等，对债务人所享有的请求付款的权利。应收账款包括现有的应收账款和将有的应收账款。依据《民法典》第 440 条第 6 项规定，现有的以及将有的应收账款都可以被出质。应收账款一般都是基于合同而产生。所谓现有的应收账款债权，是指已经发生的应收账款债权。例如，在保理合同订立时，卖方已经将货物出卖给买方，并根据买卖合同对其享有 1 000 万元的债权，如果将其设定保理，此时即为以现有的应收账款债权设定保理。所谓未来的应收账款债权，是指目前尚不存在，但是未来基于一定的交易关系能够发生的债权。例如，基础设施的收费常常就是未来所取得的债权。

应收账款债权也可以从有无基础关系的角度分为有基础关系的应收账款债权与无基础关系的应收账款债权。这实际上是允许权利人对将来债权进行利用和处分。具体而言：一是有基础关系的将有应收账款，如继续性的供需买卖、长期租赁、承揽等，基于此种基础关系，债权人将来会享有请求债务人付款的权利。二是没有基础关系的将有应收账款，例如，当事人预约将来要订立买卖、租赁等合同，并因此将获得一定的付款。[③] 对于有基础关系的应收账款债权转让，学界对此基本没有争议。但是，对于是否允许没有基础关系的将来应收债款债权的转让，学界存在一定的争议。因为在没有基础关系的情况下，虚构债权的可能性会增大，并且其存在很大不确定性，尤其是对未来的应收账款债权，难以确定其未来是否发生，所以对这一类债权转让仍然应当在法律上作一定的限制，但法律也不宜禁止，毕竟未来债权也很有可能获得。[④] 鉴于我国《民法典》第 761

---

① 参见方新军：《现代社会中的新合同研究》，196 页，北京，中国人民大学出版社，2005。

② 中国人民银行《应收账款质押登记办法》第 2 条第 1 款规定："本办法所称应收账款是指权利人因提供一定的货物、服务或设施而获得的要求义务人付款的权利以及依法享有的其他付款请求权，包括现有的和未来的金钱债权，但不包括因票据或其他有价证券而产生的付款请求权，以及法律、行政法规禁止转让的付款请求权。"

③ 参见黄薇主编：《中华人民共和国民法典合同编解读》（下册），851 页。

④ 如《国际保理公约》第 5 条第 2 款，《应收账款转让公约》第 8 条第 1 款。

条没有对"将有的应收账款"的范围作出限定，因此，在解释上也应当承认没有基础关系的将有应收账款的可让与性。

第二，保理人应提供必要的保理服务。关于保理人应当提供哪些服务，依据《国际保理公约》第1条规定，保理关系的主体是应收账款债权人与保理人，保理人的主要义务是提供贸易融资、销售分户账管理、应收账款的催收、信用风险控制与坏账担保，在这四项职能中，保理人至少需要履行两项。这就意味着，如果合同内容仅有应收账款转让，还不能成立保理。依据我国《民法典》第761条规定，保理人应当提供资金融通、应收账款管理或者催收、应收账款债务人付款担保等服务。当事人达成应收账款转让的约定，但如果没有约定保理人应提供相关的保理服务，则该约定无法构成保理合同。从该规定来看，其没有严格限定保理服务的范围，在具体的交易实践中保理人应当提供哪些服务，应当交由当事人自主选择，并由当事人自主约定，但是至少必须满足一项上述的保理服务，否则不构成保理交易。

第三，保理合同关系的主体具有特殊性。在保理合同中，合同的当事人包括应收账款债权人与保理人。保理人通常是商业银行与商业保理公司。中国银保监会于2019年10月发布、实施的《关于加强商业保理企业监督管理的通知》有意清理存量商业保理企业，并明确"严把市场准入关"，故应当被视为国家在保理行业的市场准入方面存在限制性规定。无保理从业资格而以保理为常业的市场经营主体所订立的保理合同，可以认定为无效。[①] 保理合同的主体，即保理合同的当事人，主要包括应收账款债权人与保理人。保理合同关系本身不涉及债务人，但是保理合同主体在行使权利和履行义务时涉及债务人。从保理交易的角度而言，其涉及三方主体。例如，保理人与债权人之间通常会设立一个保理专户，在有追索权的保理的情形下，保理人有权向债务人请求将价款汇入保理专户，这就涉及对债务人的权利的行使。保理合同是保理法律关系的核心，但在保理法律关系中，除保理合同外，还涉及保理人与债务人之间的关系。依据《民法典》第766条规定，对有追索权的保理而言，"保理人可以向应收账款债权人主张返还保理融资款本息或者回购应收账款债权，也可以向应收账款债务人主张应收账款债权"，这就涉及保理人与债务人之间的关系。当然，应收账款债务人虽然也与保理合同关系密切，但是其并非保理合同的当事人。保理合同只约束保理人与应收账款债权人。

第四，具有要式性。《民法典》第762条第2款规定："保理合同应当采用书面形式。"依据该条规定，保理合同属于要式合同，应当采用书面形式。这主要是基于以下考虑：一是保理合同内容较为复杂，以口头形式订立保理合同可能导致合同内容模糊，纠纷频发，不利于当事人之间的高效、便捷交易；口头形式的合同难以留存证据，在发生纠纷后难以举证证明法律事实。[②] 二是保理合同主要适用于商事交易中，当事人都具有一定的专业能力，也具备以书面形式订立合同的能力，采取要式行为的规定不会显著增加当事人的负担。三是依据《民法典》的相关规定，保理合同关系下的应收账款债权转

① 参见李志刚：《民法典保理合同章的三维视角：交易实践、规范要旨与审判实务》，载《法律适用》，2020（15）。

② 参见王轶等：《中国民法典释评·合同编·典型合同》（下卷），8页，北京，中国人民大学出版社，2020。

让可以登记。登记的内容应当包括保理合同，而书面的保理合同是登记内容的基础之一。

二、保理合同的性质

关于保理合同的性质，存在债权转让说与让与担保说两种观点。债权转让说认为，保理合同本质上仍然是一种债权转让合同。通过债权让与发挥资金的融通功能。[①] 有学者认为，应将有追索权的保理认定为有特别约定的债权让与，附加的追索权本身是当事人的自由约定，不为法律所禁止。[②] 让与担保说则认为有追索权的保理与担保常态相适应，在本质上应定性为让与担保。[③] 有追索权的保理是让与担保的特殊形式，追索权是保理合同双方对于应收账款债权人承担债务人履行能力保证义务的特别约定。[④] 在有追索权的保理中，保理人是担保权人，如果债务人到期难以偿还应收账款，保理人享有相应的追索权以确保其债权能够实现。

本书认为，保理是兼具债权转让与担保功能的混合合同。一方面，保理具有债权转让的功能，其本质上确实是特殊的债权转让，但又具有担保功能，债权转让的定位无法全然囊括保理的非典型担保功能。另一方面，保理又具有担保功能。《有关担保的司法解释》第 1 条规定："因抵押、质押、留置、保证等担保发生的纠纷，适用本解释。因所有权保留买卖、融资租赁、保理涉及担保功能发生的纠纷，适用本解释的有关规定。"但将保理仅定位为担保，难以涵盖保理本身与债权转让规则的密切联系，也无法与《民法典》第 769 条关于"本章没有规定的，适用本编第六章债权转让的有关规定"的规定相衔接。综上所述，无论是债权转让说还是让与担保说，它们都只总结了保理合同的某些特征，因此本书认为，将其在性质上定位为兼具担保功能与债权转让功能的混合合同更能凸显保理合同的法律性质。

三、保理合同的分类

（一）公开型保理与非公开型保理

公开型保理是指在合同中明确约定应将应收账款转让事实通知债务人，此种方式也称为"明保理"[⑤]。非公开型保理，也称为"隐蔽型保理""暗保理"[⑥]。它是指在合同签订后的一定时期内，并不将应收账款转让的事实通知债务人，而只是在约定期限届满或约定的事由出现后，保理人将应收账款转让的事实通知债务人。[⑦]

公开型保理与非公开型保理的区别主要体现在：第一，是否通知债务人。在公开型保理中，应将应收账款转让的事实通知债务人。而在非公开型保理中，保理人一般不将

① 参见谢鸿飞、朱广新主编：《民法典评注：合同编：典型合同与准合同 2》，533 页。

② 参见方新军：《现代社会中的新合同研究》，214～215 页。

③ 参见黄和新：《保理合同：混合合同的首个立法样本》，载《清华法学》，2020（3）。

④ 参见陈学辉：《国内保理合同性质认定及司法效果考证》，载《西北民族大学学报（哲学社会科学版）》，2019（2）。

⑤⑥ 黄薇主编：《中华人民共和国民法典合同编解读》（下册），908 页。

⑦ 参见冯宁：《保理合同纠纷案件相关法律问题分析》，载《人民司法·应用》，2015（17）。

应收账款转让的事实通知债务人。第二，收款主体不同。在公开型保理中，通常需要债务人直接向保理人支付应收账款。在非公开型保理中，一般认为债务人没有查阅登记系统的义务，因此，在不向债务人作让与事实通知的情况下，仍由让与人向债务人收取应收账款。

对于非公开型保理而言，应收账款债权人往往不需要保理人提供账户管理或坏账催收等服务，而只是希望获得融资，其往往以“发票贴现”的形式进行。[①] 由于非公开型保理具有与公开型保理不同的功能，因此在实践中也有大量的隐蔽保理业务。依据《民法典》第546条的规定，债权让与未通知债务人的，并不影响债权让与在债权人与受让人之间生效。因此，对于非公开型保理而言，保理人仍然可以取得应收账款债权，只不过债务人对债权人的付款仍然可以发生使债之关系消灭的清偿效果。

（二）有追索权的保理和无追索权的保理

保理合同区分为有追索权的保理与无追索权的保理。所谓有追索权的保理，又称为回购型保理，是指保理人不承担应收账款债务人的信用风险，在应收账款债权因债务人支付能力不足或无理由拒绝支付而无法实现的情况下，保理人可以请求原债权人回购应收账款债权或返还保理融资款本息，并承担相关合理费用。在有追索权的保理中，保理人保留了对债权人的应收账款的追索权。所谓无追索权的保理又称为买断型保理，是指保理人在保理合同生效后若无商业纠纷，就只能向债务人请求付款，在债务人因为经营状况恶化而无力支付应收账款的情况下，其无权向债权人进行追索。如果债务人因信用风险，而不能向保理人支付应收账款，保理人不能向债权人追索，此种方式又称为“买断型的保理”。我国《民法典》第766条与第767条分别对有追索权的保理和无追索权的保理作出了规定。这二者的区别主要在于：保理人是否可以根据保理合同的约定向债权人主张返还保理融资款本息或者回购应收账款债权。通常，对有追索权的保理而言，保理人不承担为债务人核定信用额度和提供坏账担保，债务人无法履行债务的风险仍应当由债权人负担。

在各国立法例中，有的以有追索权保理为原型，即规定保理人有追索权，但合同另有约定的除外；有的以无追索权保理为原型，但合同另有约定的除外；还有的同时规定有追索权保理和无追索权保理，由当事人自己选择。基于我国当前的保理实践，当事人一般都会在保理合同中就有无追索权作出约定，因此，我国《民法典》同时规定了有追索权保理和无追索权保理，以供当事人自己选择。[②]

有追索权的保理与无追索权的保理的区别主要体现在如下方面。

第一，是否保留追索权，在无追索权的保理情形下，保理人追求的是高风险、高收益，所以相较有追索权的保理，保理人承担了更高的信用风险。

第二，有追索权的保理仅仅提供了一种融资服务，而无追索权的保理不仅需要提供

① 参见［英］弗瑞迪·萨林格：《保理法律与实务》，刘园、叶志壮译，16～17页，北京，对外经济贸易大学出版社，1995。

② 参见黄薇主编：《中华人民共和国民法典释义》，1413页。

融资服务，而且要核定债务人的信用额度、在信用额度之内承担应收账款坏账的担保责任。[①] 有追索权的保理相较于无追索权的保理，保理人不提供应收账款债务人付款担保的服务，不承担债务人支付不能与无正当理由拒绝支付的信用风险。

第三，在有追索权的保理中，保理人负有清算义务。依据《民法典》第766条的规定，保理人向应收账款债务人主张应收账款债权的，在扣除保理融资款本息和相关费用后有剩余的，剩余部分应当返还给应收账款债权人；而无追索权的保理的保理人不负有清算义务，依据《民法典》第767条的规定，保理人取得超过保理融资款本息和相关费用的部分，无须向应收账款债权人返还。无追索权保理属于真正的债权让与，保理人要承担债权不能实现的风险，即便保理人实际获得的清偿超过保理融资款本息和相关费用，亦不构成不当得利。[②]

第四，无追索权的保理类似于真正的债权转让，而有追索权的保理是一种非典型的担保交易，它可以充分发挥保理交易的担保功能。

（三）国际保理和国内保理

所谓国际保理，主要是指债权人和债务人至少有一方在境外的保理。而国内保理，是指债权人和债务人均在境内的保理。二者的区别主要在于，国际保理因为有一方当事人在境外，因此，涉及准据法的适用问题。[③] 此外，其还涉及资金监管等问题。

第二节　保理合同与相关概念的区别

一、保理合同与债权转让

保理以应收账款的转让为前提。保理本身就是一种特殊的债权转让。[④] 对保理人来说，其可以通过受让债权来获得一种特殊的担保以保障其资金安全。[⑤] 债权转让是保理合同的核心要素，《民法典》761条规定："保理合同是应收账款债权人将现有的或者将有的应收账款转让给保理人，保理人提供资金融通、应收账款管理或者催收、应收账款债务人付款担保等服务的合同。"应收账款本质上是一种债权，应收账款债权转让是保理的核心要素。基于此原因，保理与债权转让的关系非常密切。一方面，《民法典》第769条规定："本章没有规定的，适用本编第六章债权转让的有关规定。"另一方面，《民法典》第768条规定的多重保理的优先顺位规则也可以适用于债权转让。

保理合同的基本交易架构是以债权转让的法律构造为基础的，因而必须要以债权转让为基本要素。同时，保理需要适用债权转让的相关规则。例如，债权转让的通知规则

---

① 参见黄薇主编：《中华人民共和国民法典释义》，1405页。
② 参见最高人民法院民法典贯彻实施工作领导小组主编：《中华人民共和国民法典的理解与适用》，1786页。
③ 参见王轶等：《中国民法典释评·合同编·典型合同》（下卷），7页。
④ 参见谢鸿飞、朱广新主编：《民法典评注·合同编：典型合同与准合同2》，533页。
⑤ 参见谢鸿飞、朱广新主编：《民法典评注·合同编：典型合同与准合同2》，534页。

可以适用于保理交易中。因此，《民法典》第 769 条规定："本章没有规定的，适用本编第六章债权转让的有关规定。"保理合同以应收账款债权为客体，根据中国人民银行 2019 年公布的《应收账款质押登记办法》第 2 条的规定："应收账款是指权利人因提供一定的货物、服务或设施而获得的要求义务人付款的权利以及依法享有的其他付款请求权，包括现有的和未来的金钱债权，但不包括因票据或其他有价证券而产生的付款请求权，以及法律、行政法规禁止转让的付款请求权。"依据这一规定，应收账款债权应当局限于金钱债权。

但应当看到，两者也存在一定的区别，保理不能因此简单地与债权转让相等同。其主要有如下区别：第一，适用范围不同。普通的债权转让在民事主体之间也经常发生，应收账款转让经常发生于商事交易中。债权转让可以适用于所有的合同债权，保理则仅适用于特定的合同关系中。第二，法律关系内容不同。对于保理合同而言，除了债权转让之外，还应包括提供资金融通、应收账款管理和催收、应收账款付款担保等业务。① 因此，其权利义务范围更加宽泛。第三，在普通的债权转让中，一般不会发生因债务人无法支付而产生的追索权问题，但在保理合同中，则会发生有追索权的保理的问题。第四，当事人不同。保理主要适用于商事交易中，而债权让与无论是客体还是当事人，其范围都更为广泛。

二、保理合同与应收账款质押

保理和应收账款质押具有相似性。一方面，两者都是对债权的法律处分。保理是对债权的转让处分，而应收账款质押是在债权上设置担保权利负担，均是对债权价值的支配。另一方面，两者均具有担保功能，有追索权的保理和应收账款质押都是为了保障债权的实现。此外，两者均可在应收账款统一登记系统进行登记公示，均具有登记能力，通过登记确定权利实现的顺位。在实践中，保理合同也需要债权人移转发票等单据给保理人，因此与应收账款质押具有一定的相似性。②

但是保理合同不同于应收账款质押合同。具体表现在：第一，二者性质不同。保理关系是合同关系，而应收账款质押的性质是一种具有典型性的担保物权。保理合同作为独立的有名合同类型，以转让应收账款为内容。而应收账款质押合同则旨在以应收账款债权作为标的，在其上设定质权，以担保主债权的实现。第二，应收账款债权的权利人不同。保理合同中，保理人成为应收账款的债权人。而在应收账款质押中，应收账款的债权人并不发生变化，仍然为原债权人，质权人取得的只是以应收账款为标的的质权。第三，二者的功能不同。应收账款质押以为获得融资提供担保为目的，而保理合同除具有获得融资的功能外，还可能具有应收账款管理和催收的功能。

① 参见包晓丽：《保理项下应收账款转让纠纷的裁判分歧与应然路径》，载《当代法学》，2020（3）。

② 参见方新军：《现代社会中的新合同研究》，209 页。

三、保理合同与坏账催收合同

保理合同可能具有的一项重要内容是应收账款管理与催收。保理人有义务依据保理合同的约定提供催收服务。因此，保理人虽然也可能与债务人约定催收义务，但这并不是一项专门服务。保理与应收账款质押在催收方面的要求是不同的，保理合同也不同于坏账催收合同。坏账催收、托收类似于一种委托关系。两者的区别表现在：第一，二者的合同性质不同。保理合同属于独立的有名合同类型，而坏账催收合同则一般属于委托合同。[①] 第二，是否发生债权的转让不同。在保理合同中，应收账款债权人将应收账款债权转让给保理人，保理人成为应收账款的债权人；而在坏账催收合同中，并不会发生债权的转让，催收人并非债权人。第三，保理人、催收人与债务人的法律关系不同。在保理合同中，账款催收仅仅是一项可选择的服务，保理人不一定负有此义务。保理人成为债权人，保理人向债务人请求履行债务是基于自己的债权请求权。而在坏账催收合同中，催收人是基于其与债权人之间的委托合同而向债务人请求履行债务的。催收人只是作为债权人的代理人请求债务人履行债务[②]，而自身并不享有该债权。第四，二者的法律适用不同。在法律适用上，保理合同应当适用民法典合同编保理合同一章的规定，在该章没有规定的情况下，适用合同编第六章有关债权转让的规定。而坏账催收通常要适用委托合同的相关规定。

第三节　保理合同的订立与内容

一、保理合同的订立

保理合同以应收账款债权的转让为核心内容，但保理本身约定的不是一种实践合同，保理合同虽然要求以应收账款债权转让约定为核心，该债权转让义务尚未实际履行的，并不意味着保理本身不能成立，保理人仍可依据保理合同的效力，要求债权人转让债权。为了防止合同订立后出现虚构应收账款等情形，使保障合同能够有效履行，在合同订立过程中保理人应就交易基础关系是否真实负有尽职调查义务，当然，此项义务是一项不真正义务。保理人只有尽到了尽职调查义务，才能有效防止债权人与债务人虚构基础交易关系，并避免最终造成对保理人的损害。但是其涉及保理法律关系与应收账款法律关系，尤其是其涉及追索权问题，因此，保理合同不仅涉及债权人与保理人，其还涉及债务人。

保理合同应当采取书面形式。《民法典》第 762 条第 2 款规定：“保理合同应当采用书面形式。”依据这一规定，保理合同在性质上是要式合同。之所以要求保理合同必须以

---

① 参见李志刚：《〈民法典〉保理合同章的三维视角》，载《法律适用》，2020（15）。

② 参见孔炯炯等：《商业保理概论》，144 页，上海，复旦大学出版社，2016。

书面形式订立，是因为只有通过书面形式才能清晰确定保理合同的类型以及当事人的权利义务，并具有良好的证据留存功能。

保理合同订立后，当事人可以就保理交易中的应收账款债权转让办理登记，但是依据我国《民法典》第768条的规定，保理登记并非保理合同的生效要件，仅提供对抗其他保理人的效力，是否办理登记由当事人自主决定，因此，实践中也存在许多保理交易中的应收账款债权转让未登记的现象。保理登记主要为了解决多重保理中的优先顺位的问题。保理在办理登记之后，其可以依据《民法典》768条取得如下效力：第一，在办理登记后，保理人可以取得优先顺位。已经办理登记的保理将优先于未办理登记的保理。第二，具有阻却善意取得的功能。如果受让人继续进行保理交易，则不会产生善意取得的问题。

如果未经登记，就不得对抗善意的受让人，不得对抗查封债权人、参与分配债权人和破产管理人。依据《有关担保的司法解释》第66条，同一应收账款同时存在保理、应收账款质押，当事人主张参照《民法典》第768的规定确定优先顺序的，人民法院应予支持。

二、保理合同的内容

《民法典》第762条第1款规定："保理合同的内容一般包括业务类型、服务范围、服务期限、基础交易合同情况、应收账款信息、保理融资款或者服务报酬及其支付方式等条款。"该条是对保理合同内容的规定，在规范性质上属于任意性规范，欠缺本条所规定的合同内容并不影响合同的效力。在双方当事人合同约定不明或不完整时，应当依据《民法典》第510条的规定达成补充协议或通过相关条款及交易习惯进行确定。如果仍然无法确定，则需要通过《民法典》第511条的规定进行确定。

（一）业务类型

所谓业务类型，主要是指依据该保理人从事的不同业务区分为何种不同类型的保理。我国《民法典》业务类型上主要在将保理区分为有追索权的保理与无追索权的保理。但保理的业务分类不仅仅限于此类分类，还可以依据债务人所在地、保理人的数量等标准，区别出其他保理的业务类型。第一，根据保理人是否将债权转让事实通知债务人，可以将保理区分为明保理与暗保理。第二，依据提供融资的时间，可区分为到期保理与预付保理。① 第三，依据债权人和债务人的所在地，可以将保理区分为国内保理与国际保理。第四，依据保理人的数量与关系，可以将保理区分为单保理、双保理和共同保理。② 第五，依据保理合同涉及的应收账款范围与移交方式，可以将保理区分为逐笔保理和批量保理。第六，根据保理业务发起的事实流程，可以将保理分为正向保理和反向保理。③

---

① 参见王轶等：《中国民法典释评·合同编·典型合同》（下卷），7页。

② 参见黄薇主编：《中华人民共和国民法典合同编解读》（下册），909页。

③ 参见孔炯炯等：《商业保理概论》，22～26页。

反向保理是指保理人与规模较大、资信较好的买方达成协议，由保理人为买方的供应链上游的作为其供货方的中小企业提供保理服务。反向保理仅在交易的事实流程上具有特色，是一种保理营销策略，而不是真正意义上独特的保理类型。①

上述各种保理形态均属于保理业务的不同类型，当事人在合同中的具体约定决定了保理业务的不同类型。

（二）服务范围

服务范围主要是指保理人在保理合同中提供的服务内容。《民法典》第 761 条列举了四项主要的保理服务。

第一，提供资金融通服务。所谓提供资金融通，是指保理人为应收账款债权人提供与应收账款债权转让具有对价意义的资金。这种融资可以是预付的，也可以是在债权到期之后再行支付的。通常来说，该笔资金要比应收账款的数额小。

第二，提供应收账款管理服务。所谓应收账款管理，是指保理人根据应收账款债权人的要求，对应收账款及相关事项进行管理。比如，根据债权人的要求，定期或不定期向其提供关于应收账款的回收情况、逾期账款情况、对账单等财务和统计报表，协助其进行应收账款管理。②

第三，提供坏账担保服务。它是指保理人在保理协议签订后为债务人核定信用额度，并在核准额度内，对债权人无商业纠纷的应收账款，提供约定的付款担保。例如，某保理人以 800 万元受让了 1 000 万元的债权，最终债务人因支付能力不足或者破产只清偿了 100 万元债务，如果保理人核定了 200 万元的信用额度，其必须独自负担该 200 万元与 100 万元的差额的风险与损失，但仍然有权对剩余的 600 万元债权额度进行追索。

第四，提供应收账款催收服务。所谓应收账款催收，通常是保理人根据债权人的要求，采取各种合法的方式对应收账款的债务人进行债权催收，催收的范围通常就是应收账款债权人所享有的债权范围。

依照《民法典》的规定，保理人可以与应收账款债权人约定提供上述四种类型的服务中的一个或数个。此外，当事人当然还可以约定提供法律不禁止的其他服务。例如，有的保理人还提供推销、储运等服务。③

（三）服务期限

服务期限是指保理合同中约定的特定服务的履行期限。出于风险管理的需要，保理

---

① 参见王轶等：《中国民法典释评·合同编·典型合同》（下卷），87 页。

② 《商业银行保理业务管理暂行办法》第 6 条规定："本办法所称保理业务是以债权人转让其应收账款为前提，集应收账款催收、管理、坏账担保及融资于一体的综合性金融服务。债权人将其应收账款转让给商业银行，由商业银行向其提供下列服务中至少一项的，即为保理业务：（一）应收账款催收：商业银行根据应收账款账期，主动或应债权人要求，采取电话、函件、上门等方式或运用法律手段等对债务人进行催收。（二）应收账款管理：商业银行根据债权人的要求，定期或不定期向其提供关于应收账款的回收情况、逾期账款情况、对账单等财务和统计报表，协助其进行应收账款管理。（三）坏账担保：商业银行与债权人签订保理协议后，为债务人核定信用额度，并在核准额度内，对债权人无商业纠纷的应收账款，提供约定的付款担保。（四）保理融资：以应收账款合法、有效转让为前提的银行融资服务。以应收账款为质押的贷款，不属于保理业务范围。"

③ 参见［英］弗瑞迪·萨林格：《保理法律与实务》，刘园、叶志壮译，16 页。

人一般会严格控制保理期限。保理人一般依据保理服务类型的不同而设定了不同的最长保理期限。所谓服务期限，就提供资金融通服务而言，是保理融资款的还款期；就提供应收账款管理服务而言，是提供管理销售分户账的期限；就坏账催收而言，即收取坏账的时间。各种服务期限可以由当事人在保理合同中明确约定，并可根据不同的服务类型予以确定。

(四) 基础交易合同情况

基础交易合同是指产生应收账款债权的合同。绝大多数应收账款都是有基础交易关系的，例如买卖、租赁、服务合同等。[①] 其中最为常见的是买卖合同，但无论合同类型如何，该合同必须是以金钱给付为对价的合同。因为这些交易所产生现有的或将要取得的应收账款将是保理合同的基础。在保理合同中要记载基础交易的合同当事人、性质、双方的主要权利义务等基本信息。保理合同中之所以要记载基础交易的情况，一方面，是为了准确描述、确定应收账款的存在及其权利义务关系；另一方面，是为了进一步核实交易关系，并降低交易风险。[②]

(五) 应收账款信息

应收账款信息主要是指应收账款的数额、履行方式、履行期限、可能存在的限制和抗辩，以及其他权利上的负担与瑕疵，也包括有关的争议解决条款，如法院管辖协议与仲裁条款等。

(六) 保理融资款或者服务报酬及其支付方式

保理融资款主要是在提供资金融通的保理中保理人为债权人提供的融资数额。它既包括保理人向债权让与人支付的具有对价意义的预付款，也包括债权到期后才向债权让与人支付的具有对价意义的资金。例如，应收账款债权人以数额为 1 000 万元的应收账款债权叙作保理，保理人提供资金融通服务，向其支付了 800 万元的债权受让款。在不提供资金融通服务的保理合同中，自然也不需要对保理融资款作出约定。服务报酬则是保理人为其提供的应收账款管理与催收服务而收取的费用。其支付方式亦可能是多样化的，无论是通过现金交易还是汇款交易，无论是一次性支付还是分期支付，都可基于当事人的约定采取不同的支付方式。但是在实践中，服务报酬往往并不直接支付。如果保理人同时提供融资服务，则保理人一般会贷记债权买价，借记服务报酬，并在约定时间向债权人支付二者之间的差额；或者保理人先行支付债权价金的部分，并将剩余部分留待以后与费用请求权抵销。[③]

---

① 参见方新军：《〈民法典〉保理合同适用范围的解释论问题》，载《法治与社会发展》，2020（4）。

② 参见关丽等：《保理合同纠纷中基础交易合同债务人拒绝付款的司法认定》，载《法律适用》，2019（23）。

③ 参见方新军：《现代社会中的新合同研究》，242 页。

第四节　保理合同的效力

一、保理人的权利和义务

（一）提供金融服务的义务

依据《民法典》第761条规定，保理人的主给付义务是提供资金融通、应收账款管理、应收账款催收、应收账款债务人付款担保等四种主要的保理服务。法律并没有对这四种服务是否应同时具备或者至少应该具备其中几项作出明确要求，因此，在解释上，应当认为本条规定只是对保理人所可能应负的主给付义务的列举，只要满足其一即可构成保理合同。① 这就意味着保理合同的类型是多样的，但它还是以提供金融服务为基础。保理人的基本义务是依据保理合同的约定向应收账款的债权人提供金融服务，也就是说，其一方面应当依据保理合同接受应收账款的转让，另一方面，应当根据保理合同的要求，在应收账款转让的基础上提供至少一项保理服务。

（二）按照约定支付保理融资款的义务

在保理合同中，应收账款转让是核心内容。从实践来看，完全没有对价的应收账款转让是很少发生的，而保理中的转让对价通常就是保理融资款。例如，债权人将其1 000万元的应收账款折价800万元转让给保理人，保理人受让该应收账债权后就应该及时支付800万元保理融资款。如果保理人不及时支付，就构成违约。当然，当事人也可以在合同中约定保理融资款可以在应收账款债权到期后才向债权人支付。

（三）自行通知债务人的权利

《民法典》第764条规定："保理人向应收账款债务人发出应收账款转让通知的，应当表明保理人身份并附有必要凭证。"依据该规定，如果当事人约定的是明保理，则保理人可以按照约定尽快通知债务人应收账款转让的事实；如果是暗保理，则在约定的期限届满或者当事人约定的事由出现时，保理人也可以按照约定将应收账款转让的事实通知债务人。明保理和暗保理的主要区别在于，是否通知债务人。因此，本条实际上是对明保理中的保理人作出通知的规定。

1. 通知的原因

在明保理中，保理人之所以要向应收账款债务人发出应收账款转让通知，理由在于：第一，应收账款转让本质上是债权转让的一种形式。依据我国《民法典》第546条第1

---

① 在我国已颁布的规范性文件中，有中国银监会2012年颁布的《商业银行保理业务管理暂行办法》第6条规定，银行保理合同是以"债权人将其应收账款转让给商业银行"为前提，且银行必须提供应收账款催收、应收账款管理、坏账担保、保理融资中至少一项服务的合同。中国银行业协会2016年印发的《中国银行业保理业务规范》第4条第2款也采用了相同的规则。

款规定："债权人转让债权，未通知债务人的，该转让对债务人不生效力。"既然一般债权转让需要通知，则在应收账款转让中也需要进行通知。第二，在明保理的情形下，还涉及债务人应向谁清偿的问题。原则上，在通知后，债务人应当向受让人清偿债务，但当事人也可以作出别的约定。如果未通知的，债务人还是可以向原债权人作出清偿。①第三，在没有通知的情形下，该应收账款转让对债务人不生效力。尤其是在多重保理的情形下，依据《民法典》第768条，如果都没有进行登记的，则按照通知的先后顺序确定债权的受让顺位。《有关担保的司法解释》第66条规定："同一应收账款同时存在保理、应收账款质押和债权转让，当事人主张参照民法典第七百六十八条的规定确定优先顺序的，人民法院应予支持。"同时也存在如果保理人没有将应收账款转让的事实通知债务人，债务人因为不知道转让事实，仍然向债权人作出履行，也将发生债务履行的效果的情况。但是在保理人通知债务人后，债务人就应当向保理人负担履行义务，并可以拒绝债权人的履行请求，如果债务人继续向债权人履行债务，则不发生债务履行的效力。②

2. 通知的性质

通知应收账款转让是保理人的一项权利，保理人本身可以选择自己通知或者请求债权人进行通知；如果保理人能够通知但是没有进行通知，并不会影响债权转让的效力，只不过他不能直接请求债务人向其作出履行。《有关担保的司法解释》第61条第3款规定："以现有的应收账款出质，应收账款债务人已经向应收账款债权人履行了债务，质权人请求应收账款债务人履行债务的，人民法院不予支持，但是应收账款债务人接到质权人要求向其履行的通知后，仍然向应收账款债权人履行的除外。"该条实际上与《民法典》第546条第1款关于债权转让应当通知债务人的规定是一致的。在保理合同，尤其是在暗保理中，就应收账款转让的事实，保理人和应收账款债权人均未通知应收账款债务人，此时应收账款转让对应收账款债务人不发生效力。应收账款债务人自然可以以原约定向应收账款债权人清偿债务。

3. 通知的内容

通知的内容是债权转让事实。作出通知实际上是要告知债务人应收账款债权已经转让给保理人的事实。但是，应收账款的转让不同于一般的债权转让，它还涉及未来债权的收取问题。此时，仅仅通知债务人债权已被转让还是不够的，还必须要在合同中对未来债权有清楚的描述。即便其提交了书面的转让合同或保理合同，但鉴于实践中伪造此类文件的行为时有发生，也不能仅仅依据上述证明文件，就认定债务人应当相信应收账款债权转让的事实并受该债权转让效力的拘束。③ 因为这一原因，《民法典》第764条要求保理人在作出通知时，"应当表明保理人身份并附有必要凭证"。之所以要附上相关必要凭证，是因为要证明应收账款转让事实的真实性，减轻债务人的调查核实的成本。具体而言：一是表明保理人身份。表明身份主要是指保理人应当提供自己的身份证明、单位信息、营业执照等能够证明其真实身份的信息。二是附上必要凭证。必要凭证主要是

① 参见李永军：《合同法》，3版，373页，北京，法律出版社，2010。

② 参见黄薇主编：《中华人民共和国民法典合同编解读》（下册），862页。

③ 参见黄薇主编：《中华人民共和国民法典释义》，610页。

指债权转让合同、保理合同和由债权人出具并签名盖章的转让通知等书面文件。但这些凭证是否必须经过公证，该条并没有作出规定。如果确实已经进行了公证，则更能增强其可信度。如果没有附上必要的凭证，则债务人可以否认转让的事实。

4. 通知的主体

在保理合同订立后，究竟应当由保理人还是债权人来进行通知，存在一定的争议。但从《民法典》第 764 条来看，其只是规定了保理人可以向债务人作出通知，尽管债权人是可以进行通知的，但是这并不意味着只能由债权人进行通知，保理人作为应收账款的受让人也可以进行通知。法律作出此种规定的主要原因在于，从实践来看，大多是由保理人作出通知。① 因为应收账款转让与保理人具有重大利害关系，保理人应当有权对债务人作出通知，以便于保理人主张权利，如果保理人无权通知，则保理人在向债务人作出通知并要求其只能对保理人为清偿时，债务人有权拒绝，因此，法律允许保理人作出通知，主要是为了保护保理人的利益。但这并不意味着，仅保理人可以作出通知，而债权人无权作出通知。因为应收账款债权发生在债权人与债务人之间，由债权人对债务人作出通知，自然成本更低且更具可信度。②

5. 通知的效果

通知的直接效果是明确应收账款债务人应当向应收账款受让人即保理人作出履行，但是即便在没有作出通知的情况下，债权转让仍会发生效力，只不过对债务人不生效。

（四）依据约定享有追索权

1. 有追索权的保理

如前所述，保理可分为有追索权的保理和无追索权的保理。《民法典》第 766 条规定："当事人约定有追索权保理的，保理人可以向应收账款债权人主张返还保理融资款本息或者回购应收账款债权，也可以向应收账款债务人主张应收账款债权。保理人向应收账款债务人主张应收账款债权，在扣除保理融资款本息和相关费用后有剩余的，剩余部分应当返还给应收账款债权人。"这就对有追索权的保理作出了规定。有追索权的保理的主要特点在于：

第一，保理人可以向应收账款债权人主张返还保理融资款本息或者回购应收账款债权。保理人在提供资金融通服务时可以请求债权人返还保理融资款本息。例如，双方在订立保理合同时约定保理人为债权人提供 800 万元的保理融资款，800 万元的融资款本金都已支付给债权人，并受让了数额为 1 000 万元的应收账款债权。后经过保理人的催收，发现债务人无法清偿，此时保理人可以要求应收账款债权人返还 800 万元加上 20 万元利息的融资款本息。当然，关于回购款的数额，应当按照事先约定的价款进行回购。③

第二，保理人也可以向应收账款债务人主张应收账款债权。当事人订立了有追索权的保理合同之后，保理人在向债务人作出通知之后便有权要求债务人向其清偿到期的应

---

① 参见王轶等：《中国民法典释评·合同编·典型合同》（下卷），15 页。

② 参见方新军：《现代社会中的性合同研究》，253 页。

③ 参见方新军：《现代社会中的新合同研究》，248 页。

收账款债权。例如，在上例中，保理人受让了数额为1 000万元的应收账款债权，其可向债务人要求清偿1 000万元的债权，在此情况下还需要进行清算。依据《民法典》第766条后句，保理人向应收账款债务人主张应收账款债权，在扣除保理融资款本息和相关费用后有剩余的，剩余部分应当返还给应收账款债权人。

有追索权的保理对应收账款的债权人而言，并不具备坏账担保功能。如果债务人破产、拒绝清偿或无力清偿债务时，保理人有权请求应收账款债权人返还保理融资款本息或回购债权。① 因而，有追索权的保理主要是以获得包括保理融资款在内的其他金融服务作为目的。② 但是对保理人而言，该保理也具备对保理融资款的担保功能。因为此种保理能增加可供清偿保理人所提供的保理融资款本息的责任财产，从而有效保障保理人债权的实现。

在保理融资款到期的情况下，依据有追索权保理的性质，保理人可以请求债权人返还保理融资款或回购债权。与此同时，保理人作为应收账款债权的受让人，也可以向债务人主张债权。首先，如果当事人有特别约定的，按照私法自治原则，应当尊重当事人的约定。因为毕竟本条的规则终究是任意性规则。如果当事人以约定的方式排除本条规范的适用也并无不可。如果债权人与保理人约定，保理人在保理融资款届期时，不得自行选择向债权人或债务人主张权利，应先向债务人主张应收账款债权或者应向债权人主张保理融资款本息债权，这就明确限制了保理人行使权利的顺序，此时应当遵照当事人的约定。其次，在当事人没有约定的情况下，根据本条的规定应当允许当事人自行选择。之所以可以由保理人选择，理由在于：一方面，有追索权的保理对于保理人而言，具备一定的让与担保功能。为担保保理融资款的清偿，应收账款债权人将其债权让与保理人，以确保其债权的实现。因此，保理人可选择向债务人主张权利或向债权人追索。③ 另一方面，从本条的表述来看，其采取的就是“可以……也可以”的表述，从文义上解释，其实际上是允许保理人有选择权。

2. 无追索权的保理

《民法典》第767条规定：“当事人约定无追索权保理的，保理人应当向应收账款债务人主张应收账款债权，保理人取得超过保理融资款本息和相关费用的部分，无需向应收账款债权人返还。”该条是对无追索权保理的规定。与有追索权的保理不同，无追索权保理是指保理人只能向应收账款债务人主张应收账款债权而自行承担债务人支付不能或无理由拒绝支付的风险。相较于有追索权的保理，其性质更类似于真正的债权转让。因此，无追索权的保理也被称为“买断型保理”④。在应收账款债务人破产、无力支付或无正当理由拒付时，无追索权保理人不能向债权人行使追索权。⑤

就无追索权保理而言，其在性质上类似于债权的转让。一方面，因为保理人只能向债务人请求债务履行，而一旦在债务人因为支付不能或无理由拒绝支付等情形下，所有

① 参见王轶等：《中国民法典释评·合同编·典型合同》（下卷），19页。

② 参见黄和新：《保理合同：混合合同的首个立法样本》，载《清华法学》，2020（3）。

③ 参见何颖来：《〈民法典〉中有追索权保理的法律构造》，载《中州学刊》，2020（6）。

④ 谢鸿飞、朱广新主编：《民法典评注合同编·典型合同与准合同2》，574页。

⑤ 参见萧朝庆：《国际保付代理》，9页，北京，中国商务出版社，2005。

风险都要由保理人自行承担，因此，其所有利益都从其提供的保理融资款与债权数额的差价中实现。其实这也是一种高风险、高回报的交易方式。另一方面，应收账款债权人应当负有类似于实物买卖中的瑕疵担保责任，以保证债权真实存在且其有处分权利，担保债权上不存在限制、抗辩与抵销权等权利负担，以及担保债务人不享有解除权、抗辩权、抵销权等危及保理人债权实现之权利的义务。但是，应收账款债权人并不负担担保债务人具有履行能力的义务。①

基于对无追索权保理性质的认识，此处所谓的“无追索权”只是相对的。这并不是说，保理人并不享有任何追索权。② 例如，因为应收账款债权人的原因使债务人享有抗辩权、解除权等，并因此导致债权无法实现的，保理人有权向债权人进行追索。又如，作为卖方的债权人存在未将货物交付给债务人等违约行为，使债务人有权拒绝支付的，保理人可向债权人提出追索。③ 因此，所谓“无追索权保理”并非绝对没有任何追索权的保理，而只是指因债务人无正当理由拒绝履行或无履行能力造成其未能清偿债务而又不能向债权人追索的情形。④

由于无追索权的保理在性质上类似于对债权的买断，因此保理人应当自负债权不能实现的风险，同时也不必负担清算义务。这就是说，其受让债权之后，如果从债务人那里获得了超出保理融资款本息及相关费用的清偿，那么其也没有必要向债权人返还超出的部分。因而，此种交易实际上就是一种高风险、高回报的交易。

二、债权人的主要权利和义务

（一）按照约定转让应收账款债权

应收账款债权人的首要义务是应当按照约定向作为受让人的保理人转让应收账款债权。应收账款债权转让是保理合同订立的前提，也是保理合同的核心内容。但在保理合同订立后，债权人未及时转让应收账款的，并不影响保理的成立及生效，保理人仍有权请求债权人进行转让。

债权人应当按照约定时间和方式，将应收账款债权转让给保理人。在保理合同中，债权人的主要合同义务就是按照约定将应收账款债权转让给保理人，如果债权人违反该义务，导致保理人合同目的无法实现的，将构成根本违约，保理人有权依法解除合同，并请求债权人承担违约责任。

（二）不得与债务人虚构应收账款作为转让标的

应收账款的真实性是保理合同生效与最终得以履行的关键。据此，《民法典》第763条规定：“应收账款债权人与债务人虚构应收账款作为转让标的，与保理人订立保理合同的，应收账款债务人不得以应收账款不存在为由对抗保理人，但是保理人明知虚构的除

---

① 参见黄薇主编：《中华人民共和国民法典释义》，615页。

② 参见黄和新：《保理合同：混合合同的首个立法样本》，载《清华法学》，2020（3）。

③ 参见朱虎：《债权转让中的受让人地位保障：民法典规则的体系整合》，载《法学家》，2020（4）。

④ 参见王轶等：《中国民法典释评·合同编·典型合同》（下卷），24页。

外。”本条针对应收账款债权人与债务人虚构应收账款的情形进行了特别规定。依据本条的规定，债务人不得以虚构应收账款不存在对抗保理人。该条规定包括如下要件。

1. 应收账款债权人与债务人虚构应收账款作为转让标的

我国司法实践一直认为，保理融资业务以应收账款债权的转让为核心，但该应收账款债权虚构并不当然导致保理合同无效。[①]《民法典》第 146 条规定：“行为人与相对人以虚假的意思表示实施的民事法律行为无效。以虚假的意思表示隐藏的民事法律行为的效力，依照有关法律规定处理。”据此，虚构应收账款构成了通谋虚伪的意思表示。因此，该虚构应收账款的基础交易合同应当被认定为无效，保理合同成立的前提无法被满足。实际上，在虚构应收账款情形下，当事人虚构应收账款的交易行为无效，但并不导致保理合同无效，保理虽然要以应收账款为基础，但是保理与应收账款的基础交易关系为两个独立的交易关系，这两种行为的效力是存在区别的，所以应收账款的基础交易关系本身的效力并不影响保理的效力。[②] 尤其是在保理人是善意的情况下，对其利益的保护就尤为重要。在实践中，可能是债权人与债务人通谋虚构了应收账款，保理人对此毫不知情。如果因为虚构行为导致保理合同无效，保理人只能向债权人主张损害赔偿，而不能依据保理合同项下的应收账款债权转让向债务人请求履行，这对保理人也是不公平的。依据通谋虚伪表示不得对抗善意第三人的规则，保理人可以要求债务人按照该虚构的基础交易合同的约定履行相应的义务，这本身是为了保障保理人的利益。另外，《民法典》第 154 条虽然明确规定了当事人恶意串通损害第三人的合法权益的民事法律行为是无效的，但这只是就恶意通谋本身而言的，该规则不能适用于保理合同。因此，债权人、债务人恶意通谋虚构应收账款的行为的无效性，不能影响保理合同本身的效力，不能因此损害保理人的利益。因此，《民法典》第 154 条关于恶意串通的规则不应影响保理合同的效力。

当然，如果保理人明知该债权是虚构的，此时就不存在保理人的合理信赖，就没有对其进行特别保护的必要。此时虚构债权的无效性就及于保理人，进而导致保理合同不成立。

2. 保理人并不明知该虚构行为

所谓保理人明知是指保理人已经确切知道应收账款债权人与债务人之间的基础交易合同与相关债权系虚构的，而仍然订立保理合同。此处所说的“知道”的判断时点应当是合同订立时。如果是合同订立后，保理人才知道应收账款基础交易关系系虚构的，不影响保护保理人的规则的适用。在保理人明知应收账款债权系虚构的情形下，则保理人不再具有受保护的必要，此时应当认为，该基础交易关系无效的效力及于保理人。

“明知”指已经知道，但不包括因重大过失而不知应收账款为虚构。从本条的含义来看，并没有将“因重大过失不知”的情形纳入“明知”的范围。这主要是因为，在保理实践中，保理人对应收账款的真实性应当负有一定的审查义务，但法律上不能对保理人课以过重的审查义务，保理人难以对内容真实性进行实质的、全面的调查，债权本身具

① 参见最高人民法院（2014）民二终字第 271 号民事判决书。

② 参见谢鸿飞、朱广新主编：《民法典评注·合同编·典型合同与准合同 2》，542 页。

有相对性，保理人难以完全知晓应收账款债权的内容，更难以判断应收账款的真实性，故法律上不应当期待保理人对应收账款真实性具有全面审查的能力。这就需要保护保理人对债权的合理信赖。① 因此，该条偏重于保护保理人。

3. 债务人不得以应收账款不存在为由对抗保理人

如何理解“不得以应收账款不存在为由对抗保理人”？本书认为，其应当包括如下几点。

第一，对保理人而言，视为应收账款债权确实存在，保理合同的效力不因此受到影响。

第二，如果保理人要求债务人清偿应收账款债务，债务人不得以应收账款实际不存在为由对保理人提出抗辩。也就是说，在债务人虚构或者确认债权的范围内，保理人仍有权请求债务人如同债权真实存在般履行相对应的债务。② 这本身是保理人在虚构应收账款情形中的保护规则的具体体现。

第三，保理人可以主张基于欺诈或第三人欺诈而产生的撤销权，撤销保理合同。③ 由于应收账款的债权人与债务人虚构应收账款，恶意通谋，构成了欺诈。保理人可以依据《民法典》第148、149条所规定的欺诈与第三人欺诈制度主张撤销。因为债权人与债务人的虚构行为，使保理人陷入了债权人与债务人所虚构的应收账款基础交易关系真实、合法、有效的错误认知。在债权人与债务人虚构保理合同标的的情形下，保理人的意思表示不自由，且由于债权人知情，因而保理人可以依据《民法典》第148条或第149条的规定请求人民法院或仲裁机构撤销保理合同，并请求相应的损害赔偿。

第四，在应收账款债权为虚构的情形下，应收账款债权人事实上违反了瑕疵担保义务，从而构成违约，保理人有权请求应收账款债权人承担违约责任。

（三）负有权利瑕疵担保义务

应收账款转让在本质上也是一种买卖行为，其在一定程度上要适用买卖合同的规则，出卖人负有瑕疵担保义务。④ 这就是说，应收账款债权人应当向保理人担保其转让的应收账款是真实合法的，不存在虚构行为，在债权之上不存在权利负担与其他可能妨碍保理人实现债权的瑕疵。如果保理人在受让债权之后遇到第三人主张其对应收账款的权利或债务人主张转让人在订立保理合同时未予说明的抗辩情由，给保理人造成损害的，转让人应当承担违约责任。

（四）负有不减损应收账款债权价值的义务

债权人负有不减损应收账款债权价值的义务，是指债权人负有不得作出导致应收账款债权价值减损或落空的行为的义务。取得应收账款债权是保理人的主要合同目的，应

① 参见谢鸿飞、朱广新主编：《民法典评注·合同编：典型合同与准合同 2》，543～544 页。

② 参见黄薇主编：《中华人民共和国民法典释义》，1409 页。

③ 参见黄薇主编：《中华人民共和国民法典释义》，606 页。

④ 参见方新军：《现代社会中的新合同研究》，238 页。

收账款债权的实现程度也会对保理人的经营利润产生直接影响。因此，在保理合同订立后，债权人不得实施减损应收账款债权价值的行为。① 所谓债权人的行为对保理人产生不利影响，主要是指债权人和债务人通过协商变更或终止基础交易合同，使得应收账款债权的价值减损甚至落空，从而对保理人产生不利影响。② 具体而言：

1. 在基础交易合同关系中，应收账款的债权人应当积极履行其义务

债权人应当及时交付合格的标的物。一旦债权人不能及时履行，不仅导致债务人享有对债权人的抗辩权，还可以使其援引该抗辩权来对抗保理人，并主张以履行迟延损害赔偿作抵销，从而使保理人受让的债权价值减损。

2. 不得通过协商变更、终止基础交易合同对保理人产生不利影响

《民法典》第765条规定："应收账款债务人接到应收账款转让通知后，应收账款债权人与债务人无正当理由协商变更或者终止基础交易合同，对保理人产生不利影响的，对保理人不发生效力。"该条确立了债权人与债务人不得通过无正当理由协商变更、终止基础交易合同对保理人产生不利影响。此种行为必须是发生在应收账款债权转让通知后，因为在通知之前，债权转让对债务人不生效力。其当然享有与基础交易合同相对人协商变更或终止基础交易合同的权利。该条确立了两种情形。

一是，无正当理由协商变更基础交易合同，对保理人产生不利影响。例如，双方经过协商延展债务履行期限、双方达成和解协议、通过协商解除合同、通过协议抵销终止债的关系等。所谓协商变更合同对保理人产生不利影响，指的是债权人与债务人通过协商变更使应收账款债权的价值贬损或者落空，妨害保理人权利的实现。③ 例如，债权人部分免除了债务人的应收账款债务，此种免除行为会造成应收账款债权的价值贬损，此时应当认为这种免除行为对保理人产生了不利影响，在法律上对保理人不发生效力。

二是，双方无正当理由解除合同或者通过抵销、免除的方式消灭债务，并对保理人产生不利影响。由于当事人无正当理由终止基础交易合同，导致基础交易关系消灭，使保理人已经无法向债务人主张应收账款债权。在此种情形下，保理人当然有权主张此种变更或终止对其不产生效力。④ 但前提是，这两种行为都不是基于正当理由而作出的。所谓基于正当理由的行为，是指在交易实践中基于诚实信用原则而作出的对正常商业行为的调整，同时也包括对商业风险的正当预防措施，并且保理人对此无合理理由反对。⑤ 无正当理由是指债权人与债务人对基础交易关系的变更或者终止违反诚实信用原则，不符合正常交易实践的需要与合理的商业标准，因为变更的理由不合理，会对保理人产生不利。⑥ 此时，是否"有正当理由"，应当由债权人、债务人承担举证责任，这也体现了原则上不允许债权人、债务人变更、终止基础交易合同的立法意旨。

《民法典》第765条规定的内容，借鉴了联合国国际贸易法委员会《国际贸易应收账

① 参见［美］E. 艾伦·范思沃斯：《美国合同法》，葛云松等译，722页，北京，中国政法大学出版社，2006。
② 参见黄薇主编：《中华人民共和国民法典合同编解读》（下册），865页。
③ 参见黄薇主编：《中华人民共和国民法典释义》，1411页。
④ 参见黄薇主编：《中华人民共和国民法典合同编解读》（下册），919页。
⑤ 参见王轶等：《中国民法典释评·合同编·典型合同》（下卷），17页。
⑥ 参见［美］E. 艾伦·范思沃斯：《美国合同法》，葛云松等译，723～724页。

款转让公约》第 20 条的规定。该规定实际上允许应收账款债权人和债务人一定程度上享有修改基础交易合同的自由，以便应付不断变动的商业形势的变化。但不当变更如果对保理人产生不利影响的，则对保理人不发生效力。所谓对保理人不发生效力，是指保理人仍然可以按照变更或终止前的基础交易合同条款向债务人和债权人主张权利，该不利变更或终止条款对保理人不产生拘束力。①

《民法典》第 765 条规定的目的在于保护保理人的利益。② 当然，如果保理人放弃上述条款对其的保护，他也可以向债权人主张相应的违约责任。换言之，保理人享有请求依照变更、终止前的合同条款履行或者向债权人主张违约责任的选择权。③

第五节　保理债权的清偿顺序

一、有追索权保理的债权的实现

如前所述，依据《民法典》第 766 条的规定，有追索权保理的保理人既可以向应收账款债权人主张返还保理融资贷款本息或者回购应收账款债权，也可以向应收账款债务人主张应收账款债权。在具体的法律适用中，此二者处于选择适用的关系，也存在竞合的问题。这就是说，如果保理人向债权人行使追索权已完全实现其融资债权时，就不得再向债务人主张应收账款债权了，反之亦然；当保理人向债权人行使追索权，部分实现其融资债权的，在向债务人主张权利时，就应扣减或放弃其已到实现的部分，或在清算义务中增加返还其已实现的部分，反之亦然。否则，会发生重复清偿的问题。④

在有追索权的保理中，保理人选择向应收账款债务人主张应收账款债权的，债务人向保理人作出履行之后，如果其履行不足以完全清偿其融资款本息及相关费用，则保理人可以直接向债权人主张追索。如果保理人获得的清偿超出了其融资款本息及相关费用，则其应当负有清算义务，将超出部分返还给应收账款债权人。在清算时，应当扣除如下费用：一是融资款本息。所谓融资款本息，指的是保理人实际上出借的借款本金加上利息。二是各项费用，包括保理手续费、保理首付款使用费等各种费用⑤，在扣除这些费用之后，剩余部分应当返还给应收账款债权人。

在实践中，因为保理合同的解除、终止以及保理人行使追索权等原因，债权人向保理人返还了融资的本息，而保理人要求债权人回购应收账款，在此情形下，应收账款的权利人又重新获得了原有的应收账款债权。《有关担保的司法解释》第 66 条第 3 款规定："应收账款债权人向保理人返还保理融资款本息或者回购应收账款债权后，请求应收账款

① 参见王轶等：《中国民法典释评·合同编·典型合同》（下卷），18 页。

② 参见黄薇主编：《中华人民共和国民法典合同编解读》（下册），866 页。

③ 参见王轶等：《中国民法典释评·合同编·典型合同》（下卷），18 页。

④ 参见李志刚：《民法典保理合同章的三维视角：交易实践、规范要旨与审判实务》，载《法律适用》，2020（15）。

⑤ 参见王轶等：《中国民法典释评·合同编·典型合同》（下卷），22 页。

债务人向其履行应收账款债务的，人民法院应予支持。”这就是说，既然应收账款的权利人又重新获得了原有的应收账款债权，那么其当然有权依据该债权请求债务人向其履行。

在有追索权的保理中，保理人既可以通过向债权人行使追索权，也可以依据其受让的债权向债务人主张权利，这两种诉讼的当事人、诉讼标的、管辖均有不同，能否一并审理？对此，《有关担保的司法解释》第 66 条第 2 款规定：“在有追索权的保理中，保理人以应收账款债权人或者应收账款债务人为被告提起诉讼，人民法院应予受理；保理人一并起诉应收账款债权人和应收账款债务人的，人民法院可以受理。”依据该规定，保理人既可以单独分别起诉，也可以一并起诉。需要指出，保理人能否一并起诉应收账款债权人和债务人，应当由人民法院具体判断。

二、无追索权保理的债权的实现

当事人如果约定无追索权保理的，依据《民法典》第 767 条规定，保理人在受让债权之后就只能向应收账款债务人主张应收账款债权，无追索权的保理实际上就是买断式的债权转让。保理人在受让应收账款债权后就要承担因债务人支付不能或无正当理由不支付的风险，但是这并不意味着其没有任何追偿权。在无追索权的保理交易中，仍有可能发生保理人向债权人进行追索的情形。例如，债务人因不可抗力而无法支付，或者债务人依法主张基础交易合同所产生的抗辩、抵销权或者依法解除基础交易合同而拒绝付款等情形。[①] 这就是说，因为债权人的原因导致保理人所受让的债权不能实现，保理人有权向债权人继续追索。例如，双方签订了货物买卖合同，保理人对债权人与债务人的基础交易合同关系产生了交易上的合理信赖，并为此订立了无追索权的保理合同，为了保护这种信赖，即使该买卖合同最终因根本违约而被解除，债务人有支付能力但可拒绝支付，也应当允许保理人向债权人主张追索权以实现其保理合同项下的权利。

三、保理债权的实现应当参照适用债权转让的规定

《民法典》第 769 条规定：“本章没有规定的，适用本编第六章债权转让的有关规定。”债权转让合意是保理合同的基础，如果没有债权转让，就不会存在保理交易。保理合同规则本身是对债权转让的特殊性规定，债权转让规则是保理合同规则的一般性规则。所以，《民法典》在保理合同部分对保理合同相关问题没有规定的，应当适用作为基础性规则的债权转让的有关规定。例如，禁止债权转让特约的规定（《民法典》第 545 条）、债权转让通知的效力和撤销的规定（《民法典》第 546 条）、债务人对受让人的抗辩与抵销的规则（《民法典》第 548 条、第 549 条）等，都可以在保理合同的法律实践中进行适用。

需要指出的是，保理的相关规则对债权转让的实践问题也具有参照适用意义。从文义上来说，多重保理的优先顺位规则的文义辐射范围不能包括债权多重转让的优先顺位

---

① 参见黄薇主编：《中华人民共和国民法典合同编解读》（下册），926 页。

问题，但是由于保理合同中的债权转让合意与一般的债权转让具有相似性，基于制度的相似性以及《民法典》的体系性，应当认为可以对《民法典》第768条采取目的性扩张的解释方法，即多重保理的优先顺位规则，可以在一般性的意义上适用于债权多重让与的优先顺位的确定。

四、多重保理的债权取得或清偿顺序

所谓多重保理，是指债权人就同一应收账款与多个保理人订立多个保理合同，致使多个保理人主张应收账款债权。产生多重保理的原因是多方面的，有的是债权人故意隐瞒应收账款转让的事实，有的是当事人明知债权人已经将应收账款转让，而仍然与其订立保理合同。但其核心仍然是应收账款债权的重复转让问题。这就是说，因为同一债权的多重转让，导致了多个保理人主张权利，此时就会发生权利的冲突问题。究竟应当如何确定由哪个保理人取得应收账款债权？比较法上存在三种模式。

一是让与主义模式。此种观点认为，应收账款转让合同生效在先的受让人取得债权。《德国民法典》第398条采纳了该规则①，我国台湾地区民法理论主流观点也支持这一规则。②

二是通知主义。此种观点认为，应收账款转让通知在先的，优先取得债权。在英国法中，早在1828年的Dearle v. Hall案中，法院就确立了第一个发出通知的善意保理人在多重保理中取得债权的原则。③ 这一原则在随后的一百多年的时间内一直被遵循。

三是登记主义。此种观点认为，登记在先的，优先取得债权。《美国统一商法典》第9-322条采纳此种模式，规定取得登记的担保权益人可以较未登记的获得更优先的顺位。④

依据《民法典》第768条："应收账款就同一应收账款订立多个保理合同，致使多个保理人主张权利的，已经登记的先于未登记的取得应收账款；均已经登记的，按照登记时间的先后顺序取得应收账款；均未登记的，由最先到达应收账款债务人的转让通知中载明的保理人取得应收账款；既未登记也未通知的，按照保理融资款或者服务报酬的比例取得应收账款。"该条实际上确立了债权多重转让时决定权利归属的一般性规则。具体而言：

第一，已经登记的先于未登记的取得应收账款债权；在债权多重转让情形下，存在让与主义、通知主义、登记主义的争议。⑤ 但是无论是让与主义还是通知主义都存在一定的缺陷。让与主义既存在倒签合同的道德风险，又缺乏公示性，还会增加交易中的调查核实成本。通知主义也存在类似于让与主义缺乏公示性的问题以及债务人与保理人串通的道德风险。因为让与通知的规范目的主要在于保护债务人，并不在于处理决定多重

---

① 参见［德］迪尔克·罗歇尔德斯：《德国债法总论》，沈小军、张金海译，396页，北京，中国人民大学出版社，2014。

② 参见陈自强：《契约之内容与消灭》，274页，台北，元照出版有限公司，2018。

③ 参见何宝玉：《英国合同法》，268页，北京，中国政法大学出版社，1999。

④ 参见李珂丽：《国际保理法律机制研究》，171页，北京，知识产权出版社，2014。

⑤ 参见方新军：《现代社会中的新合同研究》，264页。

债权转让中的权利冲突问题，所以只有采取登记主义，才能有效避免上述弊端。在解决多重保理的权利冲突问题时，采取让与主义与通知主义的道德风险极高，社会交易成本也会相应升高，在此情况下，登记主义有助于降低交易成本，避免道德风险。《民法典》采取了“登记在先，权利优先”的规则来保护已登记的保理人的权利。由于登记具有公示公信力，因此，采取登记主义还有利于帮助债权人的潜在保理交易人规避风险。

第二，已经登记的，按照登记时间的先后顺序取得应收账款。此时采取登记在先的顺位确定方式，先登记的保理人优先于后登记的保理人取得应收账款债权。

第三，均未登记的，由最先到达应收账款债务人的转让通知中载明的保理人取得应收账款。由此可见，《民法典》第 768 条采取的是登记对抗主义，未登记并不影响债权转让的效力。实践中仍然存在很多应收账款债权转让并未登记的情形，因此，在采取登记主义的同时适用通知主义作为补充，来妥善解决此问题。也就是说，均未登记的，谁先通知，谁就先取得权利。

第四，既未登记也未通知的，按照保理融资款或者服务报酬的比例取得应收账款。本条规则与《民法典》第 414 条第 1 款第 3 项所采取的末位适用的按照所担保的“债权比例清偿”的方式一致。值得注意的是，此时需要区分有追索权的保理与无追索权的保理，如果多个保理人全是有追索权的保理，就按照保理融资款比例清偿；如果都是无追索权保理，需要按照受让的应收账款数额的比例清偿。

五、保理与其他非典型担保的竞存

《民法典》第 768 条规定了多重保理的情形下，应当以登记为中心确定由哪一个保理人优先取得应收账款债权的顺位规则。但在实践中，存在着某一应收账款的权利人将同一应收账款设立保理、应收账款质押和债权转让的方式，实际上是一种变相的“一物数卖”行为。《有关担保的司法解释》第 66 条第 1 款规定：“同一应收账款同时存在保理、应收账款质押和债权转让，当事人主张参照民法典第七百六十八条的规定确定优先顺序的，人民法院应予支持”。严格地说，《民法典》第 768 条只能用来解决同一应收账款债权上有多个保理人冲突的问题，而不能解决同一个应收账款债权上同时有保理人、权利质权人、普通的债权转让的受让人的权利冲突的问题。为了解决实际生活中确实存在的问题，《有关担保的司法解释》第 66 条第 1 款扩大了这一条的适用范围。但由此参照适用《民法典》第 768 条确实仍存在一定的问题，这主要是因为普通应收账款债权的转让并不一定需要登记，因此可能难以适用该条规定。

思考题

1. 试述保理合同的内容及其法律性质。
2. 试述有追索权保理与无追索权保理的区别。
3. 虚构应收账款的保理合同效力如何？
4. 试述多个保理权竞合时的优先顺位规则。

第二十一章
承揽合同

案例

甲为某家具经销商，乙为某家具加工企业。甲与乙订立定作合同，约定由乙在 2 个月内为甲制作红木家具 50 套，在交付家具后，甲应向乙支付报酬 5 万元，木材由甲提供。一个月后，因当地发生泥石流，导致甲提供的木材以及乙已经加工好的 25 套红木家具灭失。甲请求乙赔偿其木材损失 10 万元，而乙则请求甲支付约定报酬，并主张，甲的木材因意外原因灭失，不应由其赔偿。双方为此发生争议。问：哪一方合同当事人应承担该损失?

简要评析：本案涉及承揽合同中的材料风险负担和报酬风险负担的问题。关于承揽合同中材料的风险负担，《民法典》主要采纳的是所有人主义，如果定作的材料是由定作人提供的，那么应由定作人承担材料毁损、灭失的风险。在该案中，甲木材的损失是因泥石流造成的，乙对此并不存在过错，无须赔偿甲的木材损失。至于承揽合同中报酬的风险负担问题，我国《民法典》没有作出明确规定，如果在工作成果交付之前，鉴于工作成果的所有权原则上是由承揽人所享有，此时工作成果因不可归责于当事人任何一方而毁损、灭失时，应当由承揽人承担报酬风险。在该案中，已加工的 25 套红木家具意外灭失，乙应当自行负担报酬的风险，无权请求甲支付约定报酬。

第一节　承揽合同概述

一、承揽合同的概念和特征

《民法典》第 770 条第 1 款规定："承揽合同是承揽人按照定作人的要求完成工作，交付工作成果，定作人支付报酬的合同。"据此，承揽合同是承揽人按照定作人提出的要求完成一定的工作，并将工作成果交付给定作人，定作人接受该工作成果，给付约定报酬的合同。《说文解字》云："承，奉也。受也。"而"揽"，则是指揽持、把持。因而，从字面来看，承揽就是揽下他人的工作而交付工作成果。承揽合同历史悠久，自罗马法以来一直为各国民法所普遍认可。我国《民法典》也将其规定为典型合同。

承揽合同具有如下法律特征。

（1）性质上属于结果之债。所谓结果之债，是指依据法律规定、当事人约定以及交易惯例，只有因债务人的行为实现了特定后果时，债务人才履行了其义务。承揽合同是结果之债。在承揽合同中，承揽合同以承揽人完成一定工作并交付工作成果为目的，承揽人仅仅提供劳务并不意味着其义务的完成，而必须将其劳务最终凝结为一定的工作成果、一定的物，并将之交付给定作人，才真正实现了合同目的。定作人的目的是为了获取一定的工作成果，并不仅仅是为了获得承揽人所提供的劳务本身。①

（2）工作成果具有特定性。所谓工作成果的特定性，是指承揽人按照定作人的特定要求而完成特定的工作成果。在承揽合同中，承揽人最终所完成的工作成果应当是符合定作人在合同中所作出的要求的成果，工作成果必须按照定作人的要求来完成，其质量等有赖于特定承揽人的技术、经验、技能等。因而，通过承揽人的工作完成的工作成果自然也应当是特定的。

（3）具有一定的人身属性。从广义上讲，承揽合同属于一种提供劳务的合同，其与交付标的物的货物合同不同，具有一定的人身属性。一方面，定作人选择与某一承揽人订立合同，都是基于对特定承揽人技术、经验、技能等的信赖。因而，承揽人应当按照定作人的要求，凭借其自身的技术、经验、技能而提供一定的劳务，完成一定的工作成果。另一方面，承揽人不能将其承揽的主要工作交由第三人完成。此外，如果定作人丧失了对承揽人的此种信赖，可以依法任意解除合同。

（4）具有双务、有偿、诺成性。从《民法典》对承揽合同的规定来看，该合同中承揽人负有按照定作人的要求完成工作、交付工作成果的义务，而定作人则负有给付报酬的义务，故而该合同为双务、有偿合同。由于《民法典》未要求承揽合同的成立或生效以特定给付为条件，只需双方达成合意即可成立，因此其为诺成合同。

（5）具有基础性。承揽合同不仅是典型的有名合同，而且在提供工作成果性劳务的合同中也具有基础性。建设工程合同实际上就是从承揽合同中分离出来的，而且其在性

---

① 参见崔建远主编：《合同法》，4 版，425 页。

质上是一种特殊的承揽。虽然我国《民法典》将建设工程合同独立出来，但在建设工程合同的订立、履行等过程中，如果法律没有明确规定的，可以适用承揽合同的相关规定。《民法典》第 808 条就明确规定："本章没有规定的，适用承揽合同的有关规定。"此处没有采用参照适用而是采用直接适用的表述，表明了承揽合同的基础性地位。

二、承揽合同的内容

承揽合同的内容，是指承揽合同的一般条款。《民法典》第 771 条规定："承揽合同的内容一般包括承揽的标的、数量、质量、报酬，承揽方式，材料的提供，履行期限，验收标准和方法等条款。"依据该条规定，承揽合同一般包括如下内容。

（一）标的

承揽合同的标的是承揽合同中权利义务所指向的对象，具体而言，是承揽人向定作人所应当交付的工作成果。《民法典》第 770 条第 2 款规定："承揽包括加工、定作、修理、复制、测试、检验等工作。"所有这些都应该属于承揽人所从事的具体工作，也是标的所指向的对象。但具体从事哪一类工作，应该在合同中加以明确。我国《民法典》不仅对承揽合同的定义作了界定，而且对承揽的具体工作形式进行了列举，包括加工、定作、修理、复制、测试、检验等工作。

第一，加工（process）。加工是承揽的典型形态，在实务中，承揽也通常被称为加工。加工，是指一方使用他人的财产加工改造为具有更高价值的财产，换言之，其是指在定作人提供材料的基础上，经过承揽人以自己的技能、设备和劳力，按照定作人的要求，将定作人提供的材料加工成某种成品。① 例如，服装店根据顾客的要求，用顾客提供的布料为其裁缝衣服。在加工的情况下，加工人已对加工物的形成提供了自己的劳动。

第二，定作。定作是指承揽人按照定作人的要求以自己的财产来完成工作并提交工作成果。加工和定作的区别，主要表现为提供材料的区别。加工是由定作人提供材料，而定作则是由承揽人提供材料。在定作的情况下，通常来说，完全是由承揽人自备全部的材料。例如，裁缝店为顾客制作衣物，尽管选料是由定作人选取，而裁缝店要根据定作人所选取的材料来完成衣物。而在加工的情况下，尽管不要求全部材料都由定作人提供，但至少主材料是要由定作人提供的。

第三，修理，是指通过承揽人的劳务将定作人毁损的物品恢复通常应有的使用状态。它既包括承揽人为定作人修复损坏的动产，如修理汽车、修理手表、修理电器、修理自行车、修理鞋等；也包括对不动产的修缮，如检修屋顶的防水层。②

第四，复制，是指承揽人按照定作人的要求，根据定作人提供的样品，重新制作类似的成品，定作人接受复制品。复制包括复印文稿，也包括拓印、临摹等行为。

第五，测试，是指承揽人根据定作人的要求，利用自己的技术和设备为定作人提供

---

① 参见魏耀荣等：《中华人民共和国合同法释论（分则）》，371 页。

② 参见崔建远主编：《合同法》，4 版，424 页。

的样品或者从事的活动，为确定是否具备某种功能和性能而进行检测试验，例如，对汽车质量进行的碰撞测试等。

第六，检验，是指承揽人以自己的技术和设备等为定作人提供的样品的功能、问题、质量等进行检查化验。例如，各类专业检测机构，对食品是否含有专业添加剂做的检测。检验与测试的区别主要表现在，检验主要利用物理方法检测样品的某种属性，而测试则是利用化学或者生物的方法进行检测。

当事人在承揽合同中就合同的标的进行特别约定时，不仅要规定承揽的类型，还需要对具体成果的名称、规格、性能、款式、成分以及标的的色泽、图案、式样、时尚等特性，味道、触感、音质、新鲜度等内容作出特别约定。

(二) 数量

由于一些承揽并非仅仅定作单个物，而有可能定作多个物，因而需要确定数量。数量不确定，合同标的物也不明确。例如，定作家具，一般应当约定定作家具的数量。

(三) 质量

标的的质量除了应当符合当事人约定的规格、功能之外，也应当在强度、硬度、弹性、延度、抗蚀性、耐水性、耐热性、传导性、牢固性等性能方面达到特定的要求。如果没有约定的质量标准，应当按照货物的平均品质水平来确定其标准。有些工作成果在短期内很难发现其缺陷，因此当事人一般都约定有质量保证期。[①] 如果在保证期内出现质量问题，除因定作方的原因造成的之外，承揽方应负责修复和退换。

(四) 报酬

承揽人完成工作之后，定作人应当向其支付酬金。承揽人之所以完成一定的工作，就是要获得报酬，两者之间构成对价关系。报酬条款也是承揽合同的主要条款，在合同中应当约定报酬的具体数额、计算方法、支付方式、支付时间等。

(五) 承揽方式

承揽方式是指应该由承揽人独立完成还是可以转承揽。一般来说，如果没有明确约定采用何种承揽方式，都应该由承揽人亲自、独立完成，未经定作人允许，不得转承揽。

(六) 材料的提供

在承揽合同中，材料的提供通常应由双方当事人进行约定。如果当事人没有约定或约定不明确的，依据交易习惯应由定作人提供。至于实践中所出现的“包工包料”的承揽，实际上是当事人之间的特别约定。材料的提供除了约定提供人以外，还必须约定提供的时间、地点、数量、质量。如果是由承揽人提供材料，定作人在支付材料费用时还有权要求承揽人提供发票。

---

① 参见胡康生主编：《中华人民共和国合同法释义》，373页。

（七）履行期限

在承揽合同中，履行期限主要是指承揽人交付工作成果和定作人支付报酬的时间。承揽人履行义务的期限，包括履行义务的开始期限，即承揽人着手工作的期限；履行义务的中间期限，即局部完成任务或部分交付工作成果的期限；履行义务的终了期限，即全部完成任务或最后交付工作成果的期限。[①] 在具体的承揽合同中，如何规定履行义务期限，由双方当事人约定。在承揽合同没有明确规定履行期限的情形下，应该根据工作的性质和工作成果的完成时间来确定履行期限。例如，要求别人代为打印书稿，则应该将书稿打印完成之时，作为履行交付的期限。

关于交付工作成果日期的计算，双方有约定的，按约定的方法计算；没有约定的，承揽人自备运输工具送交定作物的，以定作人接收的戳记日期为准；委托运输部门运输的，以发运定作物时承运部门签发戳记的日期为准；自提定作物的，以承揽人通知的提取日期为准，但承揽人在发出提取定作物的通知中，必须给定作人留出必要的途中时间。

（八）验收标准和方法等条款

任何一方依约定交付材料时，对方应当进行及时验收，以确定是否符合合同要求。另外，在工作成果交付时，也应当及时验收。在验收时，还应当约定验收的标准和具体的方法。如果没有规定，应当按照交易习惯或者同类产品或服务的通常标准来确定。

需要指出的是，上述条款只是承揽合同一般应当包含的条款，但缺少这些条款并不必然导致合同不成立。另外，按照合同自由原则，当事人也可以约定这些条款以外的条款，如果当事人作出了特别约定，这些约定也可以成为合同的条款。

三、承揽合同与买卖合同的区分

买卖合同和承揽合同都是有偿、双务的合同。在承揽合同中，承揽人应当交付工作成果，定作人负有支付报酬的义务，因而，承揽合同的当事人之间也形成了一种交易关系，在这一点上，其与买卖合同具有相似性。尤其是在承揽合同中，如果由承揽人提供加工材料，就涉及合同本身究竟是买卖还是承揽问题。本书认为，承揽合同与买卖合同之间仍然存在明显的区别，主要体现在：

（1）目的不同。买卖合同是以一方移转所有权而另一方支付价款为目的，而承揽合同是以一方完成特定的工作成果而另一方支付报酬为目的。[②] 依据这一区分，如果双方当事人在合同中约定，一方按照对方的要求制作一定的工作成果，就属于承揽合同，而不是买卖合同。

（2）标的物不同。承揽合同的标的物是特定的工作成果，在订立合同时是不存在的。它要在合同订立后，由承揽人依照约定通过其设备、技术和劳力创造出来。而买卖合同

---

① 参见谢鸿飞编著：《承揽合同》，38页，北京，法律出版社，1999。

② 参见李勇主编：《买卖合同纠纷》，27页，北京，法律出版社，2011。

订立时，合同标的物一般是已经存在的，标的物为未来之物的买卖合同是特殊现象。此外，承揽合同的标的物总是特定物，而买卖合同的标的物既可以是特定物，也可以是种类物。

（3）是否享有监督检查的权利不同。在承揽合同中，承揽人应按照定作人交付的任务完成工作，定作人有权对承揽人进行必要的监督检验。如果承揽人未按约定的条件和期限进行工作，不能按时保质完成工作的，定作人有权解除合同并要求赔偿损失。在买卖合同中，买受人只能在合同履行期限到来时才能要求履行，即使是供应合同，当事人约定的商品尚在生产中，需求方也无权监督或检查供应方如何组织生产。

（4）是否以人身信任为基础不同。承揽合同具有浓厚的人身信赖性质，承揽合同的订立是以定作人对特定承揽人的能力和技能的信赖为基础的。① 而买卖合同通常并不以人身信任为基础，买受人取得标的物的所有权一般并不考虑出卖人的能力、技能等个人特点，只要标的物质量合格，究竟应由谁制造该标的物对买受人并没有意义，买受人也无权就此提出请求。

四、承揽合同的分类

（一）主承揽和次承揽

所谓主承揽，是由承揽人独立从事一定工作并交付工作物的承揽，承揽人独立完成工作，并不转包给他人。次承揽也叫再承揽，是指承揽人自任为定作人，转给他人承揽其工作的全部或一部，并支付报酬。相对于次承揽合同而言，承揽人与定作人签订的承揽合同叫作承揽合同。② 而次承揽是指通过转承揽而形成的承揽。我国《民法典》要求承揽人独立完成工作，但并不禁止次承揽。经过定作人的同意，可以将其承揽的主要工作转交给第三人或者将承揽的辅助工作交给第三人完成。在此情况下，就形成了次承揽。③ 这两种承揽的区别主要在于：第一，主承揽是承揽活动的常态，而次承揽则是特殊情形。通常情况下，定作人都是基于对特定承揽人的信任订立合同的，自然也应当由承揽人亲自完成工作。而次承揽只是对辅助工作而言的，如果对主要工作发生次承揽，必须经过定作人的同意。第二，合同关系的当事人不同。承揽合同的当事人包括定作人和承揽人双方；次承揽合同的当事人则是承揽人和次承揽人。次承揽合同与原承揽合同各为独立的承揽合同，次承揽合同的成立、生效乃至效力如何，与原承揽合同无关。如次承揽合同不成立或无效，不影响原承揽合同的效力。第三，基于合同的相对性，次承揽人与原定作人之间不发生权利义务关系，原定作人对次承揽人无完成工作并交付工作成果的请求权，次承揽人对原定作人无报酬请求权。④

---

① 参见崔建远主编：《合同法》，4版，427页。

② 参见崔建远：《承揽合同四论》，载《河南省政法管理干部学院学报》，2010（2）。

③ 参见韩世远：《合同法学》，484页。

④ 参见郑玉波：《民法债编各论》（下），349页。

（二）单独承揽和共同承揽

所谓单独承揽，是指承揽人为一人的承揽。共同承揽是指承揽人为二人以上的承揽。共同承揽与次承揽相比，虽然其也有多个承揽人，但是在共同承揽中，多个承揽人均是由定作人选定，而次承揽中的次承揽人是由承揽人选择的。两者的主要区别在于：第一，承揽人的人数不同，单独承揽人只有一个，共同承揽人是多个。第二，权利义务内容不同。单独承揽的情况下，承揽人自行承担权利义务；而共同承揽中，多个承揽人对定作人承担连带债权债务。在共同承揽中，承揽人不履行义务而造成定作人损害的情况下，共同承揽人应当承担连带赔偿责任。《民法典》第 786 条规定："共同承揽人对定作人承担连带责任，但是当事人另有约定的除外。"这就意味着，在当事人没有特别约定的情况下，共同承揽人都要对定作人承担连带责任。如果承揽人违约，定作人有权请求任何一个承揽人承担全部赔偿责任。

（三）一般承揽和特别承揽

一般承揽是指由民法典合同编所规定的承揽。特别承揽是指根据其他法律法规的规定而形成的承揽。建设工程合同在合同法上属于特殊承揽，一般是在特别法中进行规定的，但是我国《民法典》将其作为独立的典型合同作出规定。因此，建设工程承揽属于承揽的特殊形态。两者的主要区别在于：一般承揽是承揽的常态，而特别承揽是特殊形态。法律关于一般承揽的规定与对特别承揽的规定，形成了一般法与特别法的关系。《民法典》第 808 条规定："本章没有规定的，适用承揽合同的有关规定。"可见，在建设工程合同没有特别规定时，承揽合同的有关规定，对建设工程合同也是可以适用的。

第二节　承揽合同的效力

一、承揽人的主要义务

（一）亲自完成主要工作的义务

《民法典》第 772 条第 1 款规定："承揽人应当以自己的设备、技术和劳力，完成主要工作，但是当事人另有约定的除外。"据此，承揽人负有亲自完成主要工作的义务。它包括两方面内容：一是承揽人应当以自己的设备、技术和劳力完成主要工作。所谓"自己的设备"，不仅应包括承揽人自己所有的设备，也应当包括自己租用的设备。承揽人租赁他人的设备，或者雇佣他人也应符合法律或者当事人约定的要求。二是承揽人必须自己完成"主要工作"。所谓"主要工作"，是指完成承揽合同约定任务中的主体性的、基础性的和大部分的工作。主要工作一般对工作成果的质量起着决定性作用，通常来说，其技术要求也相对较高。例如，在定制服装时，量体裁剪和整体裁剪是承揽人的主要工作。[①] 当然，在具体的合同类型中，还要根据合同的性质和当事人的约定来确定主要工作的具体内容。就承揽人所负有的亲自完成主要工作的义务而言，双方当事人也可以另行作出约定。具体而言，承揽人亲自完成主要工作的义务可从两方面理解。

第一，在当事人没有特别约定的情形下，承揽人必须亲自完成主要工作。未经定作人同意不得将主要工作交给第三人完成。《民法典》第 772 条第 2 款规定："承揽人将其承揽的主要工作交由第三人完成的，应当就该第三人完成的工作成果向定作人负责；未经定作人同意的，定作人也可以解除合同。"因为承揽合同是定作人基于对承揽人的特别信赖关系而订立的，如未经定作人同意，将承揽主要工作交由第三人完成，不符合定作人的缔约目的，也构成对其信赖的损害，此时应由定作人自主选择是否行使法定的合同解除权，也可在不解除合同的前提下，要求承揽人就第三人完成的工作成果负责。如果经过了定作人同意，承揽人将主要工作交给第三人完成的，应当对第三人完成的工作成果的质量向定作人负责。

第二，承揽人可以将辅助工作交给第三人完成，而不需要取得定作人同意。《民法典》第 773 条规定："承揽人可以将其承揽的辅助工作交由第三人完成。承揽人将其承揽的辅助工作交由第三人完成的，应当就该第三人完成的工作成果向定作人负责。"据此，承揽人可以不经定作人同意而将辅助工作交由第三人完成。所谓"辅助工作"，是相对于"主要工作"而言的，它是指承揽工作中主要工作之外的部分。一般而言，辅助工作只是对主要工作起协助和完善性质的工作，其并不构成承揽工作的主要内容，可以协助承揽工作的完成。[②] 例如，在加工产品的承揽合同中，定作人完成产品的加工之后，将包装工作交给第三人完成，则第三人的工作就属于辅助工作的性质。当然，如果承揽人将其承揽的辅助工作交由第三人完成，应当就该第三人完成的工作成果向定作人负责。

(二) 按照约定选定材料，并接受定作人检验的义务

承揽合同应当对由哪一方提供材料作出明确约定。在当事人没有明确约定时，由于承揽人是按照定作人的要求完成工作并交付工作成果，通常应当由定作人提供材料。但是在实践中也可以根据交易习惯确定承揽人负有提供材料的义务。例如，承揽人帮助他人粉刷墙壁，通常都是由承揽人自备材料来完成工作。再如，在包工包料的情形下，是由承揽人自己提供材料。《民法典》第 774 条规定："承揽人提供材料的，应当按照约定选用材料，并接受定作人检验。"这就确立了在承揽人提供材料的情形下，其应当承担两项义务：一是按照合同的约定选定材料，承揽人对其提供的材料负有瑕疵担保义务。承揽人不得以次充好或者故意隐瞒材料瑕疵，如因此造成工作成果质量不符合约定的，应当承担违约责任。二是应当接受定作人检验。为了保证承揽人提供的材料符合合同约定，承揽人在选定材料后，必须要接受定作人的检验，以确定材料是否符合约定的要求，以及是否满足承揽工作的需要。

---

① 参见胡康生主编：《中华人民共和国合同法释义》，376 页。

② 参见魏耀荣等：《中华人民共和国合同法释论（分则）》，279 页。

（三）检验和受领定作人提供的材料的义务

在定作人提供材料的情况下，《民法典》第775条第1款规定：“定作人提供材料的，应当按照约定提供材料。承揽人对定作人提供的材料应当及时检验，发现不符合约定时，应当及时通知定作人更换、补齐或者采取其他补救措施。”承揽人负有检验和保管定作人提供的材料的义务，具体包括：一是及时检验定作人提供的材料的义务。如果经承揽人检验，定作人提供的原材料符合约定，承揽人应当确认并通知定作人。如果材料不符合约定，承揽人有权拒绝，并且可要求定作人替换。二是如果发现材料质量不符合合同规定的要求时，应及时通知定作人更换、补齐或者采取其他补救措施。所谓采取其他补救措施，包括支付价款，由承揽人代购等其他方式。三是不得擅自更换定作人提供的材料的义务。《民法典》第775条第2款规定：“承揽人不得擅自更换定作人提供的材料，不得更换不需要修理的零部件。”例如，在修理手表时，修理师不得将定作人手表中贵重的零部件偷换成廉价的零部件。此种义务的履行既是诚信原则的具体要求，也是维护定作人的合法利益所必需的。如果确实有必要进行更换，按照诚信原则，也应当以中等品质以上的零部件进行更换。不需要修理的部分，不需要更换。使用定作人提供的原材料，还应当符合约定的损耗量，尽量避免材料的损失浪费。

（四）妥善保管定作人提供的材料和工作物的义务

《民法典》第784条规定：“承揽人应当妥善保管定作人提供的材料以及完成的工作成果，因保管不善造成毁损、灭失的，应当承担赔偿责任。”依据该条规定，承揽人的保管义务包括三方面：一是妥善保管定作人提供的材料的义务。妥善保管材料，包括妥善保管包装物及其他物品等。例如，定作人将一批钢材交付给承揽人，委托承揽人加工某种型号的机器部件，承揽人即应当妥善保管该批钢材，而不应将其放在潮湿的地方使其生锈。二是定作人提供的设备应当负有妥善保管的义务。三是对完成的工作成果也应当负有妥善保管义务。在定作期限内，承揽人在交付工作物之前，也应当对标的物尽到善管义务，妥善保管，以防止发生毁损灭失的情形。此种义务是法定合同义务。因违反这一义务而造成损害，承揽人应当承担损害赔偿责任。[①]

（五）及时通知义务

《民法典》第776条规定：“承揽人发现定作人提供的图纸或者技术要求不合理的，应当及时通知定作人。因定作人怠于答复等原因造成承揽人损失的，应当赔偿损失。”在承揽合同中，承揽人应当按照定作人提供的图纸来进行加工，才能保证工作成果符合合同的要求。因此，一旦承揽人发现提供的图纸或技术要求不合理，应当及时通知定作人。因为一方面只有承揽人及时通知，定作人才能及时采取措施，修正或更改不合理的图纸或技术要求。另一方面，要求承揽人及时通知，有利于加工承揽工作的正常进行，并保证承揽人能够按照定作人的要求完成工作，交付工作成果，这也有利于防止纠纷的发生，

---

① 参见韩世远：《合同法学》，486页。

避免最终责任的不明确。未及时通知定作人的，怠于通知期间的误工损失由承揽人自己承担，造成工期拖延的，给定作人造成损失的，承揽人应当赔偿定作人损失。定作人在收到承揽人的通知之后，应在规定期间或合理期间内给予答复，并采取措施。因定作人怠于答复等原因，使承揽人造成工期延误或者重新修改或返工等，由此造成承揽人损失的，应当由定作人承担赔偿责任。

（六）接受定作人监督检验的义务

《民法典》第779条规定：“承揽人在工作期间，应当接受定作人必要的监督检验。定作人不得因监督检验妨碍承揽人的正常工作。”这就确立了承揽人有接受定作人监督检验的义务。所谓监督检验，是指定作人在承揽人工作期间，对承揽人的工作（如工程进度等）进行必要的检查、监督，对材料的使用是否符合图纸和技术的要求等进行必要的检验。所谓“必要的监督检验”，应当依据合同的性质和工作的难度等因素具体确定。一是若合同中已经约定定作人监督检验的范围，则应当依据该特定的范围而确定。二是根据承揽工作的性质，对承揽工作质量进行检验，保证工作如期完成。承揽人负有接受定作人的监督检验的义务。承揽人不得以合同未约定而拒绝。定作人在检查时，不得妨碍承揽人，定作人在检验前，应当通知承揽人检验的时间和内容，以便于承揽人对工作作出适当的安排。之所以在法律上确立此种义务，主要原因在于：一方面，承揽人是按照定作人的要求完成一定的工作，所以，承揽人在完成工作的过程中，应接受定作人必要的检查，以保证承揽人所完成的工作完全适合定作人的需要。为了保障工作的成果符合约定，定作人有必要进行检查监督。例如，承揽人使用的材料是否符合环保的要求、是否被偷换，这些都影响到最终的工作成果。另一方面，在工作成果完成之后，定作人很难对工作成果完成过程中所出现的问题进行检验。比较法上也大多承认定作人享有此种权利。①

依据《民法典》第779条规定，定作人在监督检验承揽人的工作时，不得妨碍承揽人的正常工作，也不能将其在监督检验过程中所获知的承揽人的商业秘密透露给他人。定作人进行监督检验虽然是为了保障工作成果符合合同约定的质量标准等，但其监督检验活动应保持在合理的限度内，否则将会给承揽人加工、修理等活动的正常展开造成不便，对其正常工作造成妨碍，给承揽人带来不合理的负担。对于定作人不合理的监督、检验工作，承揽人有权拒绝。② 如果因定作人不合理的监督、检验活动给承揽人的正常工作造成妨碍的，定作人应承担损害赔偿责任。

（七）完成并交付工作成果的义务

在承揽合同中，承揽人所应履行的义务在性质上属于结果性债务，承揽人完成定作人交付的工作并交付工作成果，这是承揽人所负担的基本义务。《民法典》第780条规定：“承揽人完成工作的，应当向定作人交付工作成果，并提交必要的技术资料和有关质

---

① 参见《欧洲合同法原则》第3：106条。在德国，监督检验也是定作人所享有的一项权利，而非义务。

② 参见魏耀荣等：《中华人民共和国合同法释论（分则）》，228页。

量证明。定作人应当验收该工作成果。”依据《民法典》第 780 条，交付工作成果的义务主要包括如下三项内容。

一是承揽人负有按期交付工作成果的义务。如果工作成果的交付迟延是因承揽人自身原因造成的，则承揽人就应当承担违约责任。如果承揽人没有在约定的期限内交付工作成果，定作人应当有权请求承揽人继续履行，但继续履行会过分加重承揽人负担的除外。

二是承揽人应当按照合同规定的质量交付。承揽人交付的工作成果应当与合同的约定相一致，非经定作人同意，不得擅自修改或变更，更不能偷工减料、粗制滥造、以次充好。未按合同规定的质量交付定作物或完成工作，定作人同意利用的，应当按质论价；不同意利用的，应当负责修整或调换，并承担逾期交付的责任。经过修整或调换后，仍不符合合同规定的，定作方有权拒收并可要求赔偿损失。此外，承揽人也应当提交必要的技术资料和有关质量证明。

三是承揽人应当按照合同规定的数量交付。承揽人未按规定的数量交付的，应照数补齐，少交部分定作人不再需要的，定作人有权解除合同或要求赔偿损失。例如，承揽人按照他人的要求定作十套西服，但在规定的期限内只能交付一套，定作人有权拒绝接受其交付的一套西服。承揽人未按合同规定包装标的物的，应负责返修或重新包装，并承担因此而支付的费用。

（八）保密义务

《民法典》第 785 条规定：“承揽人应当按照定作人的要求保守秘密，未经定作人许可，不得留存复制品或者技术资料。”该条确立了承揽人所负有的保密义务。因为承揽人在订立和履行承揽合同的过程中，可能了解定作人的一些商业秘密和技术秘密，如果泄露出去，将会给定作人造成损失。所以，在工作期间，承揽人应当对定作人的技术资料、信息和文件等妥善保管。在承揽合同终止后，承揽人应当将有关定作人的信息资料返还给定作人，承揽人不得私自复制和保留这些技术信息资料。保密义务不仅适用于合同订立前，而且在合同关系结束后，此项义务也仍然存在。

二、定作人的主要义务

（一）依照合同提供材料的义务

《民法典》第 775 条第 1 款规定：“定作人提供材料的，应当按照约定提供材料。承揽人对定作人提供的材料应当及时检验，发现不符合约定时，应当及时通知定作人更换、补齐或者采取其他补救措施。”在比较法上，一般认为，应当由定作人提供材料。[①] 定作人提供材料包括两种情况：一是从事承揽工作所需要的原材料，如制作家具的木材，制作衣服的面料等。在学理上，有人认为，这是承揽工作所附的基础，简称为工作基底

---

① See Christian von Bar and Eric Clive, *Definitions and Model*, *Rules of European Private Law*, Volume Ⅰ, (Munich: Sellier, European Law Publishers, 2009), p. 1781.

(Subtract)，如家具的重大维修，该待修的旧家具就是工作所附基础。[①] 二是承揽工作的对象，如修理手表合同中的手表，印刷合同中的原稿等。如果合同约定由定作人提供材料，定作人未按合同规定的时间和要求向承揽人提供原材料、技术资料、包装物等或未完成必要的辅助工作和准备工作，承揽人有权解除合同，定作人应当赔偿承揽人由此造成的损失；承揽人不要求解除合同的，除交付定作物的日期得以顺延外，定作人应当偿付承揽人停工待料的损失。

（二）接收并验收工作成果的义务

定作人应及时接收标的物，从承揽合同债务的性质来看，其属于结果性债务。在工作成果完成之后，承揽人应当及时通知定作人，并向定作人交付工作成果。与此同时，定作人有义务接受工作成果。《民法典》第 780 条第二句规定："定作人应当验收该工作成果。"从文义解释来看，其中就包含了要求其在合理期限内接受并验收的义务。接受是验收的前提，定作人只有接受工作成果后才能对该工作物是否合格进行验收，一旦验收合格，则工作成果的风险应由定作人负担。

定作人应当按照合同规定的期限验收标的物。承揽人已经通知定作人要求定作人验收，定作人在合理期限内不验收的，承揽人应当暂时保管该工作成果，以避免财富的损失和浪费。如果定作人在接受工作成果的同时，并未提出瑕疵抗辩，而此种瑕疵在承揽人工作结束的时候是可以通过检验发现的，表明定作人已经认可该瑕疵，承揽人则不再对此瑕疵承担责任。定作人经检验发现承揽标的物不符合约定或有明显瑕疵的，应于接收后及时通知承揽人，以便双方及时进行核实和分清责任。

（三）支付报酬的义务

在承揽合同中，支付报酬是定作人的主给付义务。《民法典》第 782 条规定："定作人应当按照约定的期限支付报酬。对支付报酬的期限没有约定或者约定不明确，依据本法第五百一十条的规定仍不能确定的，定作人应当在承揽人交付工作成果时支付；工作成果部分交付的，定作人应当相应支付。"依据该条的规定，定作人支付报酬的义务包括如下几个方面。

第一，定作人负有依据约定支付报酬的义务。如果定作人无故拒绝或迟延给付承揽报酬，则应负不履行或迟延履行合同的责任。在这种情况下，承揽人有权行使留置权拒绝交付承揽标的物，以保障自己的债权的实现。如果承揽人交付了工作成果，经验收合格，定作人无故不支付报酬，承揽人也有权行使同时履行抗辩权拒绝交付工作物。而如果承揽人没有完成工作并交付工作成果，则定作人可援用同时履行抗辩权，拒绝支付报酬或价款。

第二，定作人支付报酬的期限应当按照合同的约定进行。如果没有约定或者约定不明的，就要按照《民法典》第 510 条的规定，通过补充协议的方式来确定，或者按照合同条款的解释或交易习惯来确定。如果通过上述方式仍然不能确定报酬支付时间的，则

---

① 参见崔建远：《承揽合同四论》，载《河南省政法管理干部学院学报》，2010（2）。

应当在承揽人交付工作成果时支付。例如，粉刷墙壁，只有在全部粉刷完毕之后，定作人才支付报酬。再如，修理电器只有在修理完毕之后，定作人才需要支付报酬。

第三，如果工作成果部分交付的，定作人应当相应支付。这就是说，如果工作成果不是一次性整体交付的，而是分期、分批交付的，则在报酬支付期限没有明确约定、也无法确定的情况下，每交付一部分工作成果，承揽人都有权主张定作人应当支付相应部分的报酬。例如，定作三套不同类型的家具，约定分三次交付，而关于支付报酬的时间无法确定，则每交付一套家具，承揽人都有权要求定作人支付该套家具的报酬。

（四）协助义务

在承揽过程中，承揽工作的顺利进行通常需要定作人的协助，如需要定作人提供相关的图纸、技术信息等资料。《民法典》第 778 条规定："承揽工作需要定作人协助的，定作人有协助的义务。定作人不履行协助义务致使承揽工作不能完成的，承揽人可以催告定作人在合理期限内履行义务，并可以顺延履行期限；定作人逾期不履行的，承揽人可以解除合同。"该条实际上对定作人的协助义务作出了明确规定，在定作人不履行协助义务导致承揽工作不能完成时，承揽人有权催告定作人在合理期限内履行协助义务，并有权顺延债务履行期限；经承揽人催告后，定作人仍不履行协助义务的，定作人即构成根本违约，承揽人有权解除合同。

三、承揽合同中的风险负担

承揽合同中的风险既包括承揽人所完成的工作成果在定作人没有受领之前，因不可归责于双方的事由发生毁损灭失，也包括定作人提供的材料的毁损灭失的风险，以及承揽人在工作成果发生毁损灭失后定作人是否应支付报酬的风险。① 由此可见，承揽合同中的风险类型具有多样性，其不仅包括物的毁损、灭失的风险，还包括价金的风险。而且承揽合同中风险负担的判断标准具有多样性。在承揽合同中，风险负担的判断标准既有所有人主义，也有交付主义。前述风险负担分配应考虑合同的具体情况，并非一概归属于承揽人或定作人。

（一）材料的风险负担

关于材料的风险，通常要区分是由定作人提供还是由承揽人自己提供而确定。在定作人提供的情况下，我国《民法典》对此并没有作出明确的规定，但《民法典》第 784 条规定："承揽人应当妥善保管定作人提供的材料以及完成的工作成果，因保管不善造成毁损、灭失的，应当承担赔偿责任。"通过对该条进行解释，可以认为该条主要采纳的是所有人主义，即由定作人承担材料风险的规则。② 主要理由在于：一方面，依反面解释，可以认为如果材料不是因为承揽人保管不善而毁损灭失的，承揽人不承担责任。另一方

① 参见黄立：《民法债编各论》（上册），443 页。

② 参见王轶等：《中国民法典释评·合同编·典型合同》（下卷），90 页。

面，在定作人提供材料的情况下，材料的所有权仍归属于定作人。此外，按照权利义务一致性的原则，定作人虽然交付了材料，但是承揽人并没有取得定作人所提供的材料的所有权，且对材料不享有任何收益，如因不可抗力等而造成的毁损、灭失风险由承揽人负担，当事人之间的利益就会处于一种不平衡状态。① 因此，应当采纳所有人主义，由定作人承担材料的毁损、灭失风险。

如果材料是由承揽人自己提供，应由其负担材料毁损、灭失的风险。② 一方面，在承揽人自己提供材料的情况下，定作人并没有占有该材料，要求定作人负担风险并不利于风险的防免。对于定作人而言，在材料是由承揽人自己提供的情况下，定作人根本不能对该材料形成任何占有，甚至不知道承揽人提供的材料是什么，哪些材料发生了毁损灭失，要由定作人承担风险显然也是不合理的。另一方面，承揽人自己对于材料既享有占有权也享有所有权，对于自己提供的材料的毁损、灭失的风险理所当然应由承揽人自己承担。

（二）工作成果的风险负担

在我国，学理上一般认为，对于工作成果的风险原则上采交付主义。这就是说，在承揽人占有工作成果期间，发生工作成果的意外毁损灭失应当由承揽人负责。而交付之后，定作人占有工作成果的，则由定作人承担风险。③ 笔者赞成这一看法。在承揽合同中，就工作成果的风险负担而言，如果双方没有特别约定，应当采取交付主义，具体而言：第一，如果承揽人完成了工作成果并已经交付给定作人，此时，工作成果的所有权移转给了定作人。如果发生了工作成果的意外毁损、灭失风险，就应当由定作人承担。④ 这主要是因为工作成果在未交付之前，占有和所有权都归承揽人，理所当然应当由承揽人负担风险。但在工作成果交付之后，所有权已经发生移转，且工作成果处于定作人的控制之下，因此，由工作成果的所有人（定作人）负担工作成果的毁损、灭失风险是合理的。第二，如果因为定作人受领迟延，虽然此定作物仍然处于承揽人的控制之下，在此期间发生意外，造成标的物毁损灭失，但由于该意外的发生与定作人的违约有一定的联系，因而应当由定作人来承担风险。⑤ 第二，在没有交付之前，应当由承揽人承担工作物毁损、灭失的风险。

（三）关于承揽人所应当获得的报酬的风险

关于承揽人所应当获得的报酬的风险，这实际上是一种债的风险，而并不是我们所说的物的毁损灭失的风险。就价金或者说报酬风险而言，一般应完全由承揽人自行负担。

---

① 参见易军、宁红丽：《合同法分则制度研究》，75页，北京，人民法院出版社，2003。

② 参见崔建远主编：《合同法》，4版，432页。

③ 参见李永军、易军：《合同法》，559页，北京，中国法制出版社，2009。

④ 参见王轶等：《中国民法典释评·合同编·典型合同》（下卷），91页。

⑤ 《德国民法典》在第644条第1款中规定：承揽人负担风险，直至工作被验收之时。定作人陷于迟延的，风险转移给定作人。

第三节 承揽合同的终止

一、承揽合同终止的原因

1. 承揽人依据合同的规定交付了工作成果

在承揽合同中，承揽人按照合同规定的时间、地点、质量标准和要求等交付了工作成果，履行其义务，经定作人验收，承揽合同就因履行而终止。在承揽人提出交付工作成果时，如果定作人拒绝验收，则构成违约，应当承担违约责任，但这并非意味着，承揽人已经依据合同规定交付了符合要求的工作成果。此时承揽人要终止合同，应当以提存的方式履行其合同义务。

2. 定作人解除合同

（1）约定解除权。这就是说，如果当事人约定了特定的解除事由，且约定条件具备，就可以解除合同。例如，当事人约定，承揽人工作迟延一个月，定作人可以解除合同，就属于此种情况。

（2）法定解除权。法定解除权分为两种。

第一种是依据民法典合同编通则和合同编第十七章规定的因承揽人违约而使定作人享有的解除权。例如，《民法典》第 772 条第 2 款规定："承揽人将其承揽的主要工作交由第三人完成的，应当就该第三人完成的工作成果向定作人负责；未经定作人同意的，定作人也可以解除合同。"定作人行使此种解除权，可以导致合同终止。

第二种是民法典合同编所规定的定作人的任意解除权。《民法典》第 787 条规定："定作人在承揽人完成工作前可以随时解除合同，造成承揽人损失的，应当赔偿损失。"这就在法律上确立了定作人的任意解除权。所谓任意解除权，是指定作人可以不以任何理由而随意解除承揽合同。法律规定定作人任意解除权的主要原因在于：一方面，承揽合同是基于定作人对承揽人的高度信任而订立的，定作人对承揽人资质、能力等方面的高度信任是承揽合同得以履行的基础；另一方面，承揽合同是为了定作人的利益，如果定作人认为合同履行已无实际必要，则应当允许解除，否则会造成资源的浪费。还应当看到，只要由定作人赔偿了承揽人的损失，则承揽人所受的损失也得到了填补。因此行使任意解除权也不会给承揽人造成损失。任意解除权是一种形成权，也是一种法定的解除权。在承揽人完成工作前，定作人可以不经过承揽人的同意而单方面解除承揽合同，但应当将解除合同的意思表示通知承揽人。已经完成了工作成果，此时如果定作人再拒绝接受则会造成资源不必要的浪费。①

从解除的后果来看，其不具有溯及既往的效力。定作人的任意解除权，仅向未来发生效力，不能溯及既往。因此，解除权行使以后，当事人双方不负有恢复原状的义务。

---

① 参见李永军主编：《合同法学》，326 页，北京，高等教育出版社，2011。

只不过，承揽人不再继续履行其完成工作成果的义务。从法律上看，定作人享有此种权利，可能是因为未来的工作成果不符合其需要。① 但是，对于解除之前已经完成的工作，定作人应当支付报酬或者赔偿损失。

3. 承揽人解除合同

承揽人同样享有法定和约定的解除权。如果合同约定了解除事由，在该事由出现之后，承揽人也可以解除合同。法律规定承揽人在特定情况下享有解除权，在符合法律规定的条件时，承揽人也有权解除合同。例如，《民法典》第 778 条规定："承揽工作需要定作人协助的，定作人有协助的义务。定作人不履行协助义务致使承揽工作不能完成的，承揽人可以催告定作人在合理期限内履行义务，并可以顺延履行期限；定作人逾期不履行的，承揽人可以解除合同。"这就赋予了承揽人在特定情况下享有法定的解除权，一旦行使此种解除权就导致合同的终止。但需要指出的是，承揽人不享有类似于定作人所享有的任意解除权。

4. 当事人破产

无论是承揽人破产，还是定作人破产，都可以导致承揽合同无法继续履行。而承揽合同又是建立在双方信任的基础上，因此，破产可以导致合同的终止。但是，在破产后，破产管理人应当进行清算，针对有关报酬支付等债权进行清理。在特殊情况下，如果有必要继续履行的，破产管理人也有权决定继续履行合同。

二、承揽合同终止的法律后果

合同终止以后，当事人之间的债的关系消灭。当然，合同终止的原因不同，相应的法律后果不同。例如，在合同解除的情形，当事人可能负有恢复原状的义务，甚至可能要承担损害赔偿责任。就合同履行而言，合同终止后，承揽人合法地取得报酬，而定作人取得工作成果。

在承揽合同终止后，应当明确定作物所有权的归属。如果当事人在承揽合同中约定了定作物所有权的归属，则应当按照当事人的约定予以确定。如果当事人没有在合同中约定定作物所有权的归属时，在定作物交付后，其所有权应当归属于定作人，在定作物交付前，则应当区分不同情形分别加以判断。如果定作物的材料是由定作人提供的，则其所有权原则上应当归属于定作人；如果定作物的材料是由承揽人提供的，则定作物的所有权应当归属于承揽人；如果定作物的材料是双方共同提供的，则定作物的所有权应当归属于主要材料的提供者。②

合同终止以后，双方当事人还应当负担一定的后合同义务，即在合同终止后，基于诚实信用原则，双方当事人还应当负担一定的保护、保密等后合同义务。例如，在承揽合同履行过程中，承揽人可能因此掌握定作人相关的技术资料，按照诚实信用原则，承揽人在合同履行完毕后仍应当负有保密义务。

---

① 参见李永军、易军：《合同法》，562 页。

② 参见崔建远主编：《合同法》，4 版，447 页。

第四节　违反承揽合同的责任

一、承揽人的违约责任

（一）工作成果不符合质量要求的责任

依据合同约定的质量要求交付工作成果是承揽人的主给付义务，违反此种义务自然应当承担违约责任。《民法典》第 781 条规定："承揽人交付的工作成果不符合质量要求的，定作人可以合理选择请求承揽人承担修理、重作、减少报酬、赔偿损失等违约责任。"这一规定确立了承揽人违反约定的质量要求应当承担的违约责任。此种责任的承担必须符合如下条件。

第一，承揽人交付的工作成果不符合质量要求。通常来说，承揽合同中的质量要求都是在合同中明确约定的。凡是不符合合同约定的质量要求的，都构成违约。如果合同没有特别约定质量标准和要求，则应当符合工作成果的通常效用。[①] 例如，没有按照定作人指定的材料施工，将定作人提供的材料偷换，或者不按照合同约定的技术要求、技术条件和图纸进行工作，违反规定的技术规程等。

第二，工作成果经验收不合格。承揽人完成了工作成果之后，应当由定作人验收。如果经验收确定不符合约定的，定作人应当通知承揽人。定作人在承揽人提出验收的要求后，在合理期限内没有验收，或者超出合理期限没有提出异议，视为工作成果合格。[②]

第三，工作成果不符合质量要求，不可归责于承揽人。如果工作成果不合格是因为定作人的原因造成的，承揽人不承担瑕疵履行的责任。有学者认为，承揽人承担的瑕疵履行责任是一种无过错责任。[③] 本书认为，虽然民法典合同编确立了严格责任，但是，就承揽合同而言，并非完全不考虑过错。尽管承揽合同所确立的债务属于结果性债务，但是，在确定责任时必须要考虑不能实现特定的给付结果的原因。如果确实是因为定作人的原因造成的，承揽人则不应当负责。

依据《民法典》第 781 条，在承揽人完成的工作成果不符合质量要求的情况下，定作人可以要求承揽人承担修理、重作、减少报酬、赔偿损失等违约责任。具体来说，承揽人的责任形式包括如下几种：一是修理、重作。所谓修理，通常也称为修复，是指在交付的工作成果不符合质量要求时，承揽人以自己的费用修理该工作成果。所谓重作，是指承揽人通过制作等方式形成替代的工作成果。从承揽合同来看，修理、重作更符合定作人的合同目的。二是减少报酬。如果定作人接受了不符合质量要求的工作成果，则应当以质论价，根据工作成果不符合质量要求的情况，减少报酬的支付。三是赔偿损失。这就是说，因为交付不合格的工作成果，造成定作人的损失，应当赔偿。例如，因交付

---

① 参见郭明瑞、王轶：《合同法新论 · 分则》，229～230 页。

② 参见魏耀荣等：《中华人民共和国合同法释论（分则）》，293 页。

③ 参见王洪亮：《承揽合同 · 建设工程合同》（合同法原理与适用丛书），31 页，北京，中国法制出版社，2000。

的工作成果不合格，导致定作人未能履行其他的合同义务，定作人对其他人承担的赔偿也属于此处所说的损失。

（二）不按期交付工作成果的责任

承揽人交付工作成果，不仅要符合质量要求，而且应当符合约定的期限。承揽人在规定的期限内不交付工作成果的，要承担违约责任。但如果承揽人能够证明是由于定作人的原因造成的迟延，或者证明由于不可抗力致使定作物或原材料毁损、灭失的，承揽人在取得合法证明后，可免于承担违约责任，但应当采取积极措施，尽量减少损失。

（三）因保管不善造成损害的责任

《民法典》第784条规定："承揽人应当妥善保管定作人提供的材料以及完成的工作成果，因保管不善造成毁损、灭失的，应当承担赔偿责任。"承揽人的保管义务包括两个方面：一是对于定作人提供的材料负有保管义务，二是对工作成果负有保管的义务。违反这两项义务，都可能构成违约责任。另外，对于定作人提供的材料因过错造成毁损灭失的，还可能构成侵权。

二、定作人的违约责任

（一）定作人未按照约定支付报酬的责任

在承揽人交付工作成果之后，定作人应当支付报酬，这是其主给付义务。在定作人未按照约定支付报酬的情况下，其应当承担违约责任。《民法典》第783条规定："定作人未向承揽人支付报酬或者材料费等价款的，承揽人对完成的工作成果享有留置权或者有权拒绝交付，但是当事人另有约定的除外。"在定作人未支付报酬的情况下，承揽人享有留置权，由此产生两个问题：一是在承揽人不行使留置权的情况下，其是否可以请求定作人承担违约责任？毫无疑问，如果承揽人不行使留置权，其也可以请求定作人承担违约责任。承揽人不行使留置权，只不过使其无法获得物权性的担保而已。二是在承揽人行使留置权的情况下，其是否可以请求定作人承担违约责任？本书认为，原合同义务和违约责任具有同一性，留置权的担保范围既包括原合同义务也包括违约责任，因此，行使留置权之后，如果仍不能使承揽人的报酬等债权实现的，承揽人有权要求定作人履行支付报酬的义务和承担违约责任。

（二）因提供材料、图纸等不合格造成损害的责任

《民法典》第776条规定："承揽人发现定作人提供的图纸或者技术要求不合理的，应当及时通知定作人。因定作人怠于答复等原因造成承揽人损失的，应当赔偿损失。"依据该条规定，定作人在接到承揽人关于图纸或者技术要求不合理的通知后，应当立即采取措施，修改图纸和技术要求。修改完成后，定作人应当及时答复承揽人，并提出修改意见。在承揽人发出通知至收到定作人答复期间，承揽人可以停止工作，工期顺延，定

作人还应当赔偿承揽人在此期间的误工以及其他损失。① 如果定作人所提供的材料或者图纸不合格，造成承揽人损失的，承揽人有权请求定作人承担违约责任。

（三）中途变更承揽工作要求造成损害的责任

《民法典》第777条规定："定作人中途变更承揽工作的要求，造成承揽人损失的，应当赔偿损失。"依据该条规定，在承揽合同中，承揽人应当按照定作人的要求进行工作，如果定作人中途变更对承揽工作的要求的，如修改设计图纸，提出新的质量要求等，承揽人应当按照定作人的新要求工作。承揽人认为定作人提出的新要求不合理的，应当及时通知定作人，定作人接到通到通知后，应当及时答复承揽人并提出修改意见。定作人不予修改的，承揽人不应当按照原要求履行，否则会导致损失的扩大。② 可见，定作人虽有权变更承揽工作要求，但如果因此造成承揽人损失，承揽人有权请求定作人赔偿。

思考题

1. 简要论述承揽合同的法律特征。
2. 承揽合同中定作人享有哪些权利？
3. 试述承揽人的违约责任。
4. 试述承揽合同中的风险负担规则。

① 参见黄薇主编：《中华人民共和国民法典合同编解读》（下册），954页。
② 参见黄薇主编：《中华人民共和国民法典合同编解读》（下册），956页。

第二十二章 建设工程合同

案例

甲为某房地产企业，计划在某地建造一栋大楼，乙为某建设公司。甲、乙订立一份建设工程承包合同，由乙承建该栋大楼。合同订立后，乙将该大楼的建设分拆为六个部分，并将其分别分包给六家建设公司。甲得知后，认为乙未亲自进行建设施工，违反了合同约定，请求解除合同。而乙认为，合同并没有禁止其分包，只要工程质量合格，到期交付，其就未违反合同约定。双方为此发生争议。

简要评析：对于建设工程合同，《民法典》第 791 条第 2 款规定："承包人不得将其承包的全部建设工程转包给第三人或者将其承包的全部建设工程支解以后以分包的名义分别转包给第三人。"该条对承包人的分包行为作出了规定。依据《民法典》第 806 条第 1 款的规定，在承包人违法分包的情形下，构成根本违约，发包人有权解除合同。因此，在该案中，乙将其承包的工程全部分包给其他建设公司，构成根本违约。同时，《建设工程施工合同司法解释》第 1 条第 2 款规定："承包人因转包、违法分包建设工程与他人签订的建设工程施工合同，应当依据民法典第一百五十三条第一款及第七百九十一条第二款、第三款的规定，认定无效。"因而甲也可以主张，乙与第三人所订立的分包合同无效。

第一节　建设工程合同概述

一、建设工程合同的概念和特征

所谓建设工程合同，是指发包人与承包人所签订的由承包人按照要求完成工程建设，发包人支付一定价款的合同。对“建设”一词虽然存在不同的理解，但一般认为主要是指从事建筑的活动，包括建筑工程的勘察、设计、施工等活动。[①] 建设工程合同有广义和狭义两种，广义上的建设工程合同包括建筑物的勘察、设计、建造、装修、改进、修缮等各种合同，而狭义上的建设工程合同仅仅是指建设工程的勘察、设计和施工合同。《民法典》第788条第1款规定：“建设工程合同是承包人进行工程建设，发包人支付价款的合同。”可见，我国《民法典》采纳了狭义的概念。建设工程合同的客体是工程。该定义体现了合同双方当事人即发包人和承包人的基本义务。[②]

建设工程合同是承揽合同的一种，或者说其是承揽合同的一种特殊类型，建设工程合同从承揽合同中适当分离是现代合同法新的发展。在罗马法中，承揽合同（locatio conductio operis）不仅包括加工合同，而且包括建筑合同，这一传统也被后世的大陆法系国家所遵从。在《德国民法典》中并没有关于建设工程合同的专章规定，而是将其置于承揽合同中。但近几十年来，随着合同法的发展，一些国家的合同法已经逐步将建设工程合同分离出来，作为一种单独的合同类型。《欧洲合同法原则》对此类合同也作了专门规定。我国《合同法》在规定了承揽合同之后，单设一章专门规定建设工程合同，将其从承揽合同中分离出来，适应了建设工程管理的特殊需要。《民法典》合同编延续了《合同法》的做法，这不仅有利于全面规范建设工程合同，保障建设工程的质量，而且为解决由建设工程引发的各种争议提供了基本的法律依据。

建设工程合同主要具有如下法律特征。

（1）标的物具有特殊性。在建设工程合同中，合同的标的物不是一般的加工定作成果，而是建设工程。所谓建设工程，是指通过实施一定的建设活动而建造的土木工程、建筑工程、线路管道和设备安装工程及装修工程等。建设工程合同不仅包括了国民经济中的基本建设，还包括各种建筑物、构筑物及其附属设施的设计、勘察和施工。在各种建设工程合同中，建筑活动主要是围绕建筑物、构筑物及其附属设施所展开的承揽活动，其最终的工作成果是附着于土地的地上定着物。无论是勘测、设计还是施工，都是围绕着不动产而展开的。在建设工程合同中，建造房屋是最为典型、最常见的一种类型。

（2）主体具有特殊性。对建设工程合同中的发包人的资质，法律一般并无特殊要求，但要求承包人应当具备特定的资质。这是因为建设工程通常具有资金投入量大、工程复杂、技术含量高、专业性强的特点，尤其是建设工程的质量不仅涉及发包人的利益，而

---

① 参见欧海燕：《标准建筑合同比较研究——以中英为视角》，1页，北京，法律出版社，2010。

② 参见黄薇主编：《中华人民共和国民法典合同编解读》（下册），989页。

且更关系到社会上不特定第三人的人身财产安全，甚至关系到国计民生和社会稳定。所以法律对于建设工程承包人的资质有明确要求，从事承包活动的承包人必须具备法律明确规定的资质。如果合同中的承包人未达到特定要求，就可能导致承包合同的无效。《建设工程施工合同司法解释》第1条明确要求，承包人要取得建筑施工企业资质，不得超越资质等级订立施工合同，否则将导致施工合同无效。

（3）合同种类具有多样性。依据《民法典》第788条的规定，建设工程合同可以包括三类合同，即工程勘察合同、工程设计合同、建设工程施工合同。需要指出的是，建设工程合同虽然包括了多种合同类型，但这并不意味着建设工程合同是一个混合合同。在建设工程合同中包括了工程勘察、设计、施工合同，它们都是分别订立的，即使当事人所订立的建设工程合同同时包括勘察、设计和施工这三项内容，但因其在《民法典》中有特别的规定，因而是一种有名合同而非混合合同。正是因为合同种类的多样性，所以在建设工程合同中，合同的主体具有多样性，其主要包括发包人和总承包人或勘察人、设计人、施工人等。

（4）性质上是结果之债。从本质上讲，建设工程合同属于结果之债。这就是说，承包人应提供质量合格的建设工程，作为发包人接受建设工程时应支付价款。建设工程合同作为一种结果之债，其特别强调的是承包人所提交的工作成果既应符合当事人约定的标准，还应符合国家规定的质量标准，因为承包人所提交的工作成果与居住人及第三人的生命财产安全有着直接、密切的联系。考虑到建设工程质量事关公共利益，因此对建设工程的质量较之于一般承揽的工作成果而言，应当具有更高的要求。

（5）合同管理具有特殊性。建设工程的质量关系到人民群众的基本生活，关系到国家的基础设施建设和国民经济的正常运转，为了强化建设工程的质量管理，就有必要建立严格的建设工程质量的监管机制。由此决定了在建设工程合同中，对承包人的资质管理等方面具有特殊的要求。《民法典》第789条至第792条对建设工程合同管理的特殊性主要表现在：一是对承包人的资质进行了明确的要求，依据《民法典》第791条，欠缺相应资质将直接导致合同无效。二是建设工程的发包必须实行招标、投标。三是对建设计划实行严格的审批制度。四是有关的法律法规对建设工程合同所应设立的主要条款存在强制性规定，对于验收、监理、价款等都有特别规定。[①] 五是对于特定领域的建设工程，还存在特别法律法规的特别要求。例如，从事核电站建设工程，还需要遵守核电领域的相关规定，取得相关资质，并接受相关行政监管。

（6）具有要式、双务、有偿性。《民法典》第789条规定："建设工程合同应当采用书面形式。"由此可见，建设工程合同具有要式性。在实践中，较大的工程建设一般采用合同书的形式订立合同。通过合同书，当事人与明各自的名称、地址，工程的名称和工程范围，明确规定履行的内容、方式、期限、违约责任以及解决争议的方法等。[②] 依据我国《民法典》第788条，在建设工程合同中，承包人负有进行工程建设、及时提交质量合格的建设工程的义务，发包人负有及时支付价款的义务。因此，建设工程合同具有

---

① 参见黄强光编著：《建设工程合同》，4页，北京，法律出版社，2000。

② 参见黄薇主编：《中华人民共和国民法典合同编解读》（下册），991页。

双务性和有偿性。

二、建设工程合同与相关合同的区别

（一）建设工程合同与一般承揽合同

如前所述，建设工程合同是承揽合同的一种特殊形态，但由于现实的需要，法律又必须对建设工程合同作出特别的规定，实行特别调整。民法典合同编在第十七章中规定了承揽合同。立法者考虑到建设工程合同的复杂性和重要性，因此又在第十八章中专门规定了建设工程合同。但由于建设工程合同是从承揽合同中分离出来的，在性质上仍然属于承揽合同的特殊类型，其和承揽合同之间具有很大的共通性，其都以完成一定的工作为目的，标的物都具有一定程度的特定性。因而《民法典》第808条又规定："本章没有规定的，适用承揽合同的有关规定。"在此意义上说，建设工程合同是承揽合同的特别合同，因而在建设工程合同没有特别规定的情况下，承揽合同中的一些规定，对建设工程合同都是可以适用的。但建设工程合同和一般承揽合同也是存在区别的，主要表现在：

第一，工作成果的不同。一般承揽合同的工作成果通常是动产，而建设工程合同的工作成果主要是建设工程，包括建设房屋、公路、桥梁、水库等各种建设工程①，其主要涉及不动产。

第二，权利义务内容不同。在建设工程合同中，建筑物的质量合格与否不仅会影响居住者的居住利益，甚至会威胁社会公众的安全。因此，建设工程合同的当事人的权利义务内容要比一般的承揽合同更为复杂。例如，工程建设不仅有发包、承包、监理和验收等法定程序，还需遵循法律规定的严格管理要求。

第三，合同主体的资质要求不同。在一般的加工承揽合同中，对承揽人的资质并无特殊要求，而在建设工程合同中，承包人必须具有相应的资质。尤其是在建设工程中，可能涉及多个主体，因为工程的建造需要勘察、设计、监理、施工等各个环节。《民法典》第791条规定，"禁止承包人将工程分包给不具备相应资质条件的单位"。在建设工程合同中，要求承包人具有特定的资质既有利于保证建设工程的质量，也有利于保护公民的人身安全。

第四，在加工承揽合同中，主要是由定作人提供材料，而在建设工程合同中，一般由承包人自备材料，合同当事人也可以具体约定究竟由哪一方提供材料。

第五，是否存在任意解除权不同。在承揽合同中，定作人具有任意解除权。但是在建设工程合同中，发包人并不享有任意解除权，这主要是因为建设工程相较于一般的承揽物而言价值更大、施工周期长、涉及的人员物力较为复杂，一旦允许发包人享有任意解除权，会产生巨大社会影响，也会造成资源浪费。

（二）建设工程合同和委托合同

建设工程合同包括工程勘察合同、工程设计合同和建设工程施工合同。其中，有

① 参见胡康生主编：《中华人民共和国合同法释义》，440页。

些具体的合同（如建设工程设计合同）在性质上属于委托合同，受托人应当根据委托人的要求，向委托人提供一定的服务或者完成一定的工作（即完成工程设计工作）。这表明建设工程合同和委托合同有一定的相似性。虽然两者都是受托人按照委托人的要求从事一定的工作，但两者之间也有一定的区别，主要表现在：第一，建设工程合同中的承包人要以自己的名义，按照发包人的要求从事建设工程活动，但在委托合同中，受托人大多以委托人的名义从事行为。第二，建设工程合同必须要交付特定的工作成果，即对债务履行的结果有特别的要求，而在委托合同中，并不一定对结果有特定的要求。第三，在建设工程合同中，对承包人有特别的资质要求，而在委托合同中却并不一定存在对受托人的特别资质要求。第四，在委托合同中，受托人应当按照委托人的指示处理委托事务，且负有报告的义务。但在建设工程合同中，承包人是按照自己制订的计划和安排进行工程建设，其所负担的主要义务是按期完成工程建设，并交付质量合格的建设工程。第五，合同当事人的权利义务内容不同。例如，在委托合同中，委托人享有介入权。而在建设工程合同中，发包人则不享有此种权利。再如，建设工程竣工后，发包人应当根据施工图纸及说明书、国家颁发的施工验收规范和质量检验标准及时进行验收。而委托人一般不负有此种验收义务。

第二节　建设工程合同的订立

建设工程合同的订立，应当适用合同订立的一般程序（如经过要约和承诺阶段）。但是，法律对建设工程合同也作出了特殊规定，例如，要求当事人签订书面合同。订立建设工程合同应当遵循如下几项原则。

一、必须遵守法定的程序

与一般承揽合同的订立不同，在我国，订立任何建设工程合同都要依据一定的程序，根据有关法律规定，在项目确定过程中，一般要经过以下几个阶段，即提出项目建议，编制可行性报告，选定建设地点。一旦经过批准，就可以根据可行性研究报告，进行勘察设计。在初步设计经获得批准后，应当根据批准的初步设计、技术设计、施工图纸和总概算等签订施工合同，并应当及时组织施工。① 建筑工程开工前，建设单位应当按照国家有关规定向工程所在地县级以上人民政府建设行政主管部门申请领取施工许可证。《建设工程施工合同司法解释》第3条第1款规定："当事人以发包人未取得建设工程规划许可证等规划审批手续为由，请求确认建设工程施工合同无效的，人民法院应予支持，但发包人在起诉前取得建设工程规划许可证等规划审批手续的除外。"依据这一规定，如果发包人未取得建设工程规划许可证等规划审批手续，而与承包人签订施工合同，该合同无效。当然，在发生纠纷以后当事人仍然可以继续补办该审批手续。

---

① 参见胡康生主编：《中华人民共和国合同法释义》，413页。

此外，依据《民法典》第792条的规定，国家重大建设工程合同，应当按照国家规定的程序和国家批准的投资计划、可行性研究报告等文件订立。由于国家重大建设工程项目事关国民基本经济生活，涉及人民群众的切身利益，故在程序上相较一般的建设工程而言设置了更为严苛的条件。在实践中，并不是政府投资的项目就都属于国家重大建设工程，只有那些列入国家重点投资计划而且投资额巨大、建设周期特别长、由中央政府全部投资或者参与投资的工程，才属于国家重大建设工程（如三峡工程）。有些虽然未列入国家重点投资计划，投资额不算巨大，但影响很大的工程项目，可属于国家重大建设工程项目（如国家大剧院工程）。也有些工程，虽然属于地方政府投资，但投资额巨大、影响广泛，也属于国家重大建设项目（如亚运工程项目）。[①] 所以，到底哪些属于国家重大建设工程项目，必须就其实质规模与影响力进行具体综合判断，而不能仅仅进行形式化判断。

二、承包人具有相应的资质等级

为了确保建筑工程质量和安全，我国《建筑法》等有关法律也对建设工程的承包人规定了资质要求。[②] 因此，在建设工程领域，无论是建设工程的施工、勘测，还是设计，均要求承包人具备一定的资质等级。法律严格禁止承包人在无资质和超越资质的情况下承揽建筑工程，禁止承包人以任何形式借用其他企业的资质等级承揽工程。[③]《建设工程施工合同司法解释》第1条第1款规定：承包人未取得建筑业企业资质或者超越资质等级的；没有资质的实际施工人借用有资质的建筑施工企业名义的；建设工程必须进行招标而未招标或者中标无效的。当然，只要在建设工程竣工之前取得相应的资质的，该施工合同仍然有效。[④] 设置承包人资质等级条件要求，核心目的是保证建设工程质量，故而在订立建设工程合同之后，承包人应当自行完成建设工程主要部分。

三、通常必须经过招标与投标程序

《民法典》第790条规定："建设工程的招标投标活动，应当依照有关法律的规定公开、公平、公正进行。"所谓公开，就是要针对建设工程的招标投标活动做到信息公开，公开透明本身是招标投标活动公平公正的前提条件。而所谓公平公正，是指要对所有投标人一视同仁，确保程序上的公正，不得进行"暗标"、寻求寻租空间。建设工程合同的订立可以采取两种方式：一是直接发包，此种方式是指发包人经过批准或按照有关规定，未采取招投标的方式，而直接与承包人协商订立合同。二是依法招标投标。此种方式是

---

① 参见黄薇主编：《中华人民共和国民法典合同编解读》（下册），1002页。

② 《建筑法》第12条规定："从事建筑活动的建筑施工企业、勘察单位、设计单位和工程监理单位，应当具备下列条件：……（二）有与其从事的建筑活动相适应的具有法定执业资格的专业技术人员；（三）有从事相关建筑活动所应有的技术装备；（四）法律、行政法规规定的其他条件。"

③ 参见王建东：《建设工程合同法律制度研究》，86页，北京，中国法制出版社，2004。

④ 《建设工程施工合同司法解释》第4条规定："承包人超越资质等级许可的业务范围签订建设工程施工合同，在建设工程竣工前取得相应资质等级，当事人请求按照无效合同处理的，人民法院不予支持。"

指作为招标方的发包人依法发布招标公告，邀请特定或者不特定的具备相应资质、有意承包工程项目的承包人作为投标方，向自己提出工程报价及其他工程条件，根据投标结果确定建设工程合同承包人的行为。通过招标与投标方式订立一般建设工程合同，有助于实现公平竞争、降低工程造价，同时也有利于保障建设工程的质量。① 在完成招标投标程序后，当事人必须依据中标合同确定当事人之间的权利义务。在实践中，有的当事人为规避招投标程序，签订阴阳合同，对此，《建设工程施工合同司法解释》第 2 条第 1 款规定："招标人和中标人另行签订的建设工程施工合同约定的工程范围、建设工期、工程质量、工程价款等实质性内容，与中标合同不一致，一方当事人请求按照中标合同确定权利义务的，人民法院应予支持。"依据这一规定，当事人另行签订的合同在实质性内容方面不符合中标合同的，该合同对当事人不能发生效力，其应当按照中标合同来确定其内容。

第三节　建设工程合同的生效及无效后的法律效果

建设工程合同成立后，必须符合法定的生效要件，才能产生拘束力。除了满足合同法对于合同生效的一般要求之外，建设工程合同还应当满足特殊的生效要件，主要包括：

一、建设工程合同应当遵守法律、行政法规的强制性规定

建设工程的质量关系国计民生和社会公共利益，也关系社会公众的安全，因此，当事人在订立施工合同的过程中应当遵守法律法规的规定。我国法律法规对其作了严格规定，其中大量涉及法律行政法规的效力性强制性规定，违反这些规定将导致合同无效。从实践上来看，违反法律行政法规情形的施工合同主要包括如下两个方面。

第一，因不具有企业资质或超越企业资质而签订的合同。依据我国《建筑法》等法律的相关规定，禁止以任何形式借用其他有资质的建筑施工企业名义承揽工程，禁止有资质的建筑施工企业向其他单位或个人出借、出租本企业的资质证书、营业执照，以本企业的名义承揽工程。② 此种行为不仅扰乱了建筑市场的正常秩序、破坏管理秩序，而且会造成严重的质量隐患，危害公共安全。但在实践中，因不具有企业资质而延揽工程或者出借、出租资质以及非法挂靠等情形时有发生。③《建设工程施工合同司法解释》第 7 条规定："缺乏资质的单位或者个人借用有资质的建筑施工企业名义签订建设工程施工合同，发包人请求出借方与借用方对建设工程质量不合格等因出借资质造成的损失承担连带赔偿责任的，人民法院应予支持。"依据这一规定，借用资质的，出借方和借用方都应当对因借资质造成的损失对发包人承担连带赔偿责任。

---

① 参见黄强光编著：《建设工程合同》，23 页。

② 参见《建筑法》第 26 条、第 66 条。

③ 参见石佳友：《〈民法典〉建设工程合同修订的争议问题》，载《社会科学辑刊》，2020（6）。

第二，违反建设工程招标、投标程序的规定。根据《招标投标法》等法律的规定，大型基础设施、公用事业等关系社会公共利益、公众安全的项目必须采取招投标的方式订约。[①] 中标是发包单位与承建单位签订建设施工合同的前提条件，只有符合法律规定的中标，才会形成合法的建设工程施工合同。中标无效，必然导致建设工程施工合同无效。[②] 但在实践中，投标人相互串通投标、围标或者与招标人串通投标的情形也时有发生，从而也影响工程质量。

二、不得违法分包、非法转包

（一）不得违法分包

所谓建设工程的分包，是指工程总承包人、勘察承包人、设计承包人、施工承包人承包建设工程后，将其承包的某一部分工程或某几部分工程，再发包给其他承包人，与其签订承包合同项下的分包承包方式。[③] 法律并不禁止分包，但是禁止违法分包。一是分包必须取得发包人的同意。依据《民法典》第 791 条第 2 款规定，“总承包人或者勘察、设计、施工承包人经发包人同意，可以将自己承包的部分工作交由第三人完成。”一般来说，建设工程的承包人是经过严格的招标投标程序而被选定的，即便第三人具有相应的资质，但其完成工作未必满足发包人的要求，所以总承包人或者勘察、设计、施工承包人进行分包的，应取得发包人同意。如果允许其任意分包，不仅会损害发包人与承包人之间的信任关系，也会违反有关法律的规定。所以，凡是未经发包人同意而进行的分包，都构成非法分包。二是禁止将工程分包给不具有相应资质条件的单位。《民法典》第 791 条第 3 款规定，“禁止承包人将工程分包给不具备相应资质条件的单位。”依据这一规定，在经发包人同意进行分包的情况下，承包人所选定的第三人应具有承担建设工程施工、安装等项目的资质条件。三是禁止将建设工程主体结构的施工分包他人完成。这就是说，在分包的情况下，并不是说承包人可以将其所承包的建设工程项目的任何部分交由第三人完成，《民法典》第 791 条第 3 款规定：“建设工程主体结构的施工必须由承包人自行完成。”依据这一规定，实行施工承包的，建设工程主体结构的施工必须由承包人以自己的技术、资金、设备和人员自行完成，即使发包人同意，也不得将建设工程主体结构的施工分包给他人。[④] 所谓建设工程的主体结构，是指立于地基基础之上，接受、承担和传递建设工程所有上部荷载，维持上部结构整体性、稳定性和安全性的有机联系的系统体系。例如，房屋中的承重墙、顶梁等。主体结构是建设工程结构安全、稳定、可靠的载体和重要组成部分，保障建设工程主体结构质量，是保证建设工程安全和人们生命财产安全的基础，也是建设工程抵御自然灾害、保证生命财产安全的关键。因此，就主体结构的施工，必须由承包人对发包人亲自负责，不能交由第三人完成。

---

① 参见《招标投标法》第 3 条。

② 参见最高人民法院民事审判第一庭编著：《最高人民法院建设工程施工合同司法解释的理解与适用》，29 页，北京，人民法院出版社，2015。

③ 参见黄薇主编：《中华人民共和国民法典合同编解读》（下册），998 页。

④ 参见魏耀荣等：《中华人民共和国合同法释论（分则）》，411 页。

（二）不得非法转包

所谓转包，是指建设工程的承包人将其承包的建设工程整体转让给第三人，使该第三人实际上成为该建设工程新的承包人的行为。① 转包与分包的根本区别在于：在转包情形下，原承包人将其工程全部转让给他人，自身并不实际施工，也不实际履行合同约定的义务；而在分包行为中，承包人只是将其承包工程的某一部分或几部分再分包给其他承包人，承包人仍然要就承包合同约定的全部义务的履行向发包人负责。②《民法典》第 791 条第 1 款规定："发包人不得将应当由一个承包人完成的建设工程支解成若干部分发包给数个承包人。"法律作出这种规定的原因在于，对于全部分包而言，其与转包并无实质差别。而建设工程项目往往极其复杂、工程期限较长，本身就依赖于发包人与承包人之间的信任关系。如果承包人将工程转包或全部分包，实际上就意味着承包人自身不再承担任何合同约定的义务，这不仅会破坏发包人与承包人之间的信任关系，也极可能会危及建设工程的质量安全。因此，《民法典》严格禁止承包人进行此种行为。

《建设工程施工合同司法解释》第 1 条规定：" 承包人因转包、违法分包建设工程与他人签订的建设工程施工合同，应当依据民法典第一百五十三条第一款及第七百九十一条第二款、第三款的规定，认定无效。"据此，承包人从事非法分包、转包行为，因此所订立的合同应被宣告无效。同时，由于承包人进行分包时未取得发包人的同意，其行为也构成违约，应承担相应的违约责任。法律关于承包人必须在取得发包人同意的情况下才能分包，以及有关禁止转包的规定，性质上是强行性规范，不管该项义务是否由当事人约定，都应转化为合同的重要组成部分。违反了该种义务，也有可能构成违约，应当承担违约责任。

在建设工程分包的情形下，《民法典》第 791 条第 2 款规定："第三人就其完成的工作成果与总承包人或者勘察、设计、施工承包人向发包人承担连带责任。"依据该规定，在分包的情况下，如果第三人所完成的工作成果存在瑕疵，承包人应与第三人承担连带责任。需要注意的是，总承包人或者勘察、设计、施工承包人只能就部分工程分包给具有相应资质条件的分包人。同时，分包工程还必须要经过发包人的同意，以确保第三人是与发包人建立信任关系的。如果没有经过发包人的同意，第三人的分包不能生效。在建设工程分包的情形下，如果分包的工程出现了问题，则第三人应当与承包人承担连带责任，即发包人既可以要求分包人直接承担责任，也可以要求总承包人或者勘察、设计、施工承包人承担责任，还可以要求上述主体同时承担责任。法律规定其承担连带责任，有利于督促总承包人、第三人等在工程建设过程中尽到合理的注意义务，保证工程建设的质量。③

---

①② 参见黄薇主编：《中华人民共和国民法典合同编解读》（下册），999 页。

③ 参见最高人民法院民法典贯彻实施工作领导小组主编：《中华人民共和国民法典合同编理解与适用》（三），1927 页。

三、建设工程施工合同无效后的法律效果

应当看到，不具备相应资质等级并导致建设工程施工合同无效的情形下，并不意味着完成的建设工程质量必然不合格。例如，某个施工单位的技术、资本等实力雄厚，仅因不具备已完成的建设工程业绩而无法取得相应资质等级的情形，其实际从事施工行为并不一定会影响建设工程的质量。因此，《民法典》第793条第1款规定："建设工程施工合同无效，但是建设工程经验收合格的，可以参照合同关于工程价款的约定折价补偿承包人。"在建设工程验收合格的情况下，双方约定的价款在一定程度上是当事人意思的体现，在验收合格以后，对该价款的支付双方都有合理预期，这也是合同双方当事人对合同风险的预先安排，因此，承包人有权请求参照合同关于工程价款的约定折价补偿。此处所说的"参照"，并不是说完全按照合同有效的情形来处理，因为毕竟该合同因为违法而无效，如果完全按照合同有效的规定来处理，将会使合同无效的法律效果没有实质意义。由于建设工程施工合同的性质，已经建成的工程无法进行劳务或建筑材料的返还，因此应当适用折价补偿的规定。①

（一）施工合同无效但工程质量经验收合格

依据《民法典》第793条第1款的规定，在无效的情形下，"可以参照合同关于工程价款的约定折价补偿承包人"。这和我国《民法典》第157条民事法律行为的无效的法律效果是相衔接的②，在法理上具有一脉相承性。应当注意的是，折价补偿只是一个折价标准，并不会影响相关主体行政责任与刑事责任的承担。关于折价标准，司法实践普遍认为，应当按照工程价款的约定来进行处理。采取这种折价方应当按照当事人在建设工程合同中的约定造价而非实际造价确定。理由在于：第一，实际造价需要鉴定人进行鉴定，这就又涉及鉴定单位、时间点等一系列问题。如果采用这种方式，就会引发新的纠纷。由于当事人因为合同无效已经产生了争议，如果又因为鉴定问题产生新的争议，则将纠纷复杂化。第二，约定毕竟是当事人真实的意思表示。即便实际造价比约定高，但承包人本身对合同无效具有过错，其不应当再获得比在合同有效的情况下更多的利益，否则可能会产生不公平的适用结果。第三，在司法实践中便于法官对案件裁判进行实务操作，避免了评估工程造价本身的复杂性。这种折价方式既可以保证工程质量，又可以确保合同当事人在合同无效的情况下获得不超过合同有效情形下的利益，并且还可以最大程度上保护当事人的合法权益，尽量地实现利益平衡。③

如果当事人就同一建设工程签订了数份施工合同，在多份施工合同均无效的情况下，应以实际履行的合同来确定补偿标准；如果实际履行的合同难以确定的，应当依据《建

---

① 参见黄薇主编：《中华人民共和国民法典合同编解读》（中册），666～667页，北京，中国法制出版社，2020。

② 《民法典》第157条规定："民事法律行为无效、被撤销或者确定不发生效力后，行为人因该行为取得的财产，应当予以返还；不能返还或者没有必要返还的，应当折价补偿。"

③ 参见黄薇主编：《中华人民共和国民法典合同编解读》（下册），1007页。

设工程施工合同司法解释》第24条，采取两种标准进行确定：一是按照实际履行的建设施工合同关于工程款的约定来折价补偿承包人。二是实际履行的合同难以确定，当事人应当请求参照最后签订的合同关于工程价款的约定折价补偿承包人。

（二）施工合同无效但工程质量验收不合格

依据《民法典》第793条第2款，建设工程施工合同无效但工程经验收不合格，按照以下原则进行处理。

第一，修复后的建设工程经验收合格的，发包人可以请求承包人承担修复费用。如果建设工程经过修复得以验收合格，表明建设工程本身仍有可利用的价值，且能够满足发包人的需要，只不过这种价值需要经过修复才得以体现。而修复的费用一般都由发包人先行垫付，但是由于工程未验收合格的原因是承包人没有按照约定的工程期限交付符合验收条件的工程，故发包人可以请求承包人承担因此所生的修复费用。通常，修复存在两种情形：第一种情形是承包人自己修复，在建设工程合同验收不合格的情况下，承包人应当承担返修义务，返修费用由承包人自行承担①；第二种情形是发包人请他人进行修复，并可以请求承包人承担费用。《民法典》第793条第2款第1项指的是上述第二种情形。应当认为，此种修复费用原则上应当以市场价为标准，不得过度高于市场价，过度高于市场价的，超出部分由发包人自己承担。

第二，修复后的建设工程经验收不合格的，承包人无权请求参照合同关于工程价款的约定折价补偿。也就是说，在建设工程合同被宣告无效后，建设工程经修复后仍然不合格的，则说明建设工程的质量可能存在严重问题，该建设工程不具有发包人期待的价值，发包人有权拒绝该工程，此时，承包人的利益不再值得保护，其也无权请求参照合同关于工程价款的约定折价补偿。② 这本身就体现了法律政策的倾向性保护。

第三，发包人对因建设工程不合格造成的损失有过错的，应当承担相应的责任。在建设工程施工合同被宣告无效后，如果建设工程不合格，则承包人应当对因其过错给发包人造成的损失承担赔偿责任。《建设工程施工合同司法解释》区分了两种情形：一是损失可以确定的。该解释第6条第1款规定："建设工程施工合同无效，一方当事人请求对方赔偿损失的，应当就对方过错、损失大小、过错与损失之间的因果关系承担举证责任。"二是损失无法确定的。《建设工程施工合同司法解释》第6条第2款规定："损失大小无法确定，一方当事人请求参照合同约定的质量标准、建设工期、工程价款支付时间等内容确定损失大小的，人民法院可以结合双方过错程度、过错与损失之间的因果关系等因素作出裁判。"该条对在损失难以确定的情形下如何认定损害赔偿确立了基本的参照标准，其确定赔偿的基本标准是依据过错程度和原因力的大小来确定赔偿数额，这也是《民法典》第157条关于无效后依据过错赔偿规则的具体化。

需要指出的是，如果发包人对建设工程不合格也有过错的，则应当按照过失相抵规则，承担相应的责任。例如，发包人提供的设计图纸有缺陷，或者提供的建筑材料不合

---

① 参见最高人民法院民事审判第一庭：《最高人民法院建设工程施工合同司法解释的理解与适用》，37页。

② 参见黄薇主编：《中华人民共和国民法典合同编解读》（下册），1008页。

格，导致建设工程不合格的，则发包人也应当对其过错承担责任。

第四节　建设工程合同的类型

一、建设工程合同的类型概述

《民法典》第 788 条第 2 款规定："建设工程合同包括工程勘察、设计、施工合同。"因此，建设工程合同是由建设勘察合同、建设设计合同和建设施工合同构成的。这三种合同类型是根据建设工程的订约步骤及参与主体及合同类型的差异而作出的分类。在某些情况下，如果承包人实行总承包，同一个合同涵盖以上三种合同类型，则此种区分就没有太大必要。但如果采取分别订约的方式，上述区分就是必要的。依据《民法典》第 791 条第 1 款的规定，发包人可以与总承包人订立建设工程合同，也可以分别与勘察人、设计人、施工人订立勘察、设计、施工承包合同。因此，发包人可以仅与总承包人订立一个建设工程合同，其中包括勘察、设计和施工三个部分，也可以与各个主体分别订立合同，从而形成三种类型的合同。

（一）总承包合同

所谓总承包，是指发包人与总承包人就建设工程各个方面的内容订立一个总合同，其通常包括勘察、设计、施工承包等内容的合同。总承包合同又称为"交钥匙承包"，该种称谓形象地说明了总承包人需要负责工程的各个项目建设，直至整个工程竣工，向发包人交付整个建设工程成果。① 由于在总承包中，总承包人要从事勘察、设计、施工等各个方面的工作，因而总承包人通常具有勘察、设计、施工等各个方面的资质，能够独立完成整个工程项目。②

采取总承包的承包方式的优势在于：有利于充分发挥大承包商专业技术能力强、经验丰富、组织管理能力强等优势，而且有利于保障工程建设的统一，保证工程的质量与进度，也符合专业化大生产社会分工的要求。③ 在总承包的方式下，由该承包人就建设工程的全过程向发包人负责。如果总承包人经发包人同意，将自己承包的部分工作交由第三人完成，此时第三人应就其完成的工作成果与总承包人向发包人承担连带责任。

（二）单项工程承包合同

所谓单项工程承包，是指发包人采取订立专业承包的方式，分别与勘察人、设计人、施工人订立勘察、设计、施工承包合同。单项工程承包与总承包不同，主要表现在：单项承包合同中，各承包人分别负责建设工程的勘察、设计、建筑等工作，依据各自与发

---

① 参见最高人民法院民法典贯彻实施工作领导小组主编：《中华人民共和国民法典合同编理解与适用》（三），1925 页。

② 参见胡康生主编：《中华人民共和国合同法释义》，409 页。

③ 参见黄薇主编：《中华人民共和国民法典合同编解读》（下册），997 页。

包人订立的承包合同与发包人产生债权、债务关系。[①] 因此，整个工程的建设需要发包人与多个承包人订立合同，即当事人之间并不是订立一个合同，而是订立多个合同，发包人仅有一个，而承包人有多个。虽然采用分别订立单项合同的方式程序复杂，主体具有多样性，但其优势主要在于，其可以吸引更多的在勘察、设计、施工某个方面具有较强优势的企业参与工程的勘察、设计、施工等工作。不过，在分别订立单项工程承包合同的情况下，发包人与各承包人分别形成合同关系，各承包人需要就合同规定的勘察、设计、施工等工作对发包人负责。

究竟是采取总承包还是单项工程承包，应完全由发包人根据工程的建设需要，以及整个建设工程项目的特点来自由决定。《民法典》第 791 条第 1 款规定："发包人不得将应当由一个承包人完成的建设工程支解成若干部分发包给数个承包人"。这一规定实际上是对发包人分包的法定限制，而非对承包人的分包行为的约束。依据这一规则，发包人在进行发包时，应由一个承包人独立完成的建设工程，如对建设工程的勘察和设计工作，其不得将其拆分而交由多个承包人承担。例如，在某一图书馆的建设过程中，发包人不得将图书馆的施工任务中一部分交给甲施工单位，而将另一部分施工工作交由乙施工单位。因为如果将工程支解以后进行发包，不仅会造成工程成本上升，质量难以监控，而且会导致多个建筑主体相互之间难以协调、配合，也会为建设工程领域中承包人的寻租行为提供可乘之机，给最终责任的确定和追究制造障碍。从实践来看，某些发包单位为了降低施工成本，获取更大利润，便将本应由某个承包单位整体承包的工程支解成若干部分，分别发包给多个承包单位，导致整个工程建设在管理和技术上缺乏应有的统筹协调，造成施工现场秩序的混乱，甚至导致责任不清，严重影响工程建设质量，产生问题后甚至很难找到责任者。[②] 基于这一原因，我国《民法典》严格禁止发包人将应由一个承包人完成的建设工程予以支解而进行发包。

二、勘察、设计合同

(一) 勘察、设计合同概述

《民法典》第 788 条第 2 款规定："建设工程合同包括工程勘察、设计、施工合同。"所谓建设工程勘察、设计合同，是指发包人与勘察人、设计人之间订立的由勘察人、设计人完成发包人委托的勘察设计任务，而发包人应支付相应价款的合同。勘察是指根据发包人的要求，对工程的地理状况进行调查，包括对工程进行测量、查明、分析，评价建设场地的地质地理环境特征和岩土工程条件，编制建设工程勘察文件的活动等。[③] 勘察主要是对地形、地貌和地质条件、周边环境进行选址、勘测；通过勘察，方可确定是否适合在某地进行特定的施工工作。设计是指设计人按照委托人的要求，对工程结构进

① 参见王利明、崔建远：《合同法》，305 页，北京，北京大学出版社，2004。

② 参见最高人民法院民法典贯彻实施工作领导小组主编：《中华人民共和国民法典合同编理解与适用》（三），1927 页。

③ 参见胡康生主编：《中华人民共和国合同法释义》，415 页。

行设计，对建设工程所需的技术、经济、资源、环境等条件进行综合分析、论证，编制建设工程设计文件的活动。① 勘察是设计的前提，在完成建设工程勘察的基础上，方可展开建设工程设计。而只有在完成建设工程设计后，才可开展施工活动。

虽然勘察、设计可以分别订立合同，但在实践中，勘察和设计又通常联系在一起。《建设工程质量管理条例》第 5 条明确强调，“从事建设工程活动，必须严格执行基本建设程序，坚持先勘察、后设计、再施工的原则”。因此，工程勘察是工程建设的第一个环节，而设计人又必须根据勘察人所提供的勘察结果，进行因地制宜的设计。例如，经勘察人勘察之后，某一地区地震多发，设计人在得知这一勘察结论之后，在进行设计时应加强建设工程的防震设计。正是因为勘察设计通常是密切联系在一起的，因而在法律上，勘察、设计合同通常是作为一种合同类型对待的。依据我国《民法典》第 791 条的规定，发包人可以与总承包人订立一个包括勘察、设计和施工在内的合同，也可以与勘察、设计人分别订立勘察、设计合同，从而形成了独立的勘察与设计合同。

由于勘察、设计是开展建设工程施工的前提，对于保障建设工程质量有着重要的意义。所以，对于建设工程勘察、设计，国家也同样实行资质管理，依据《建设工程质量管理条例》的规定，要求建设工程勘察、设计单位应当依法取得相应等级的资质证书，并在其资质等级许可的范围内承揽工程，不得超越其资质等级许可的范围或者以其他建设工程勘察、设计单位的名义承揽建设工程勘察、设计业务，而且禁止勘察、设计单位允许其他单位或者个人以本单位的名义承揽工程。

（二）建设工程勘察、设计合同的内容

《民法典》第 794 条规定：“勘察、设计合同的内容一般包括提交有关基础资料和概预算等文件的期限、质量要求、费用以及其他协作条件等条款。”《民法典》第 794 条就建设工程勘察、设计合同的内容作出规定，既可以为当事人订立合同提供指引，也可以明晰双方当事人之间的权利义务关系，从而尽量避免或减少纠纷。但该条规定的内容是建议性质的，当事人可以根据合同的性质和建设工程的实际需要协商确定其他条款。② 依据该条规定，建设工程勘察、设计合同一般应当具备下列条款。

（1）提交有关基础资料和文件（包括概预算）的期限。有关的基础资料和文件，应包括经批准的项目可行性研究报告或项目建议书、城市规划许可文件、概预算、工程勘察资料等。在这些文件中，合同应明确有关工程的概预算内容。同时，合同还应明确发包人应向设计人提交的有关资料和文件在合同内需约定资料和文件的名称、份数、提交的时间和有关事宜。由于有关资料和文件的提交直接影响到工程的进度，所以在合同中需要规定提交有关基础资料和文件（包括概预算）的期限。

（2）质量要求。此处所说的质量要求，是指发包人对勘察设计工作提出的标准，如建筑物的合理使用年限设计要求、设计深度要求、设计人配合施工工作的要求等。勘察人和设计人必须严格按照规定的质量标准进行勘察、设计，并提交符合质量要求的勘察、

---

① 参见魏耀荣等：《中华人民共和国合同法释论（分则）》，320 页。

② 参见黄薇主编：《中华人民共和国民法典合同编解读》（下册），1463 页。

设计方案。

（3）勘察、设计费用。它是指发包人对勘察人、设计人在完成勘察、设计工作之后所支付的报酬[①]而支付勘察费、设计费是发包人在勘察、设计合同中应当承担的义务，而勘察人、设计人从事勘察、设计活动的目的也是要取得报酬，因此，当事人应当在合同中对报酬的支付作出明确约定。

（4）其他协作条件。这主要是发包人应对勘察、设计人的工作开展提供便利，协作其进行勘察、设计。例如，发包人应为勘察、设计人提供现场工作条件。

（三）建设工程勘察、设计合同的效力

1. 发包人的主要义务

（1）及时提供有关资料和文件的义务。勘察、设计合同的内容应当确立发包人提供有关基础资料和文件的期限，因此，发包人应当按照合同的约定按时提交有关勘察设计所需要的基础资料、技术资料以及计划任务书、选址报告等。发包人不仅应按时提交有关资料和文件，还应保证其所提交的有关资料和文件的质量，使其能够满足勘察、设计的需要。因为发包人未及时提交或提供资料有误，或未按期提供资料造成工期延误的，应由发包人负责。[②]

（2）按期支付费用的义务。发包人应当按照合同约定的期限和方式支付相应的费用。通常，发包人支付费用是分期支付的，发包人应按照合同的约定，及时支付费用。如果合同没有约定分期支付的期限的，发包人应在勘察、设计人完成勘察、设计任务之后支付费用。因发包人提供的资料不准确等原因而造成勘察、设计的返工、停工或者修改设计，发包人应当按照勘察人、设计人实际消耗的工作量增付费用。

（3）接受工作成果的义务。在勘察、设计合同中，勘察、设计人依据合同约定最终提交勘察、设计报告后，发包人对此工作成果应负有接受的义务。

（4）协作义务。发包人应为勘察、设计人的工作开展提供必需的便利条件，使其能够了解建设工程项目的有关情况，在勘察、设计人进入场地进行实地考察时，发包人应为其提供必要的工作条件和便利。[③]

2. 勘察人或设计人的主要义务

（1）按期从事勘察、设计工作的义务。勘察、设计人在进行勘察、设计活动时，应当严格按照合同约定的标准和要求进行工程测量、技术设计等工作。勘察和设计单位应当以项目批准文件、城市规划、工程建设强制性标准、国家规定的建设工程勘察设计的深度要求以及相关专业规划的要求等为依据，按时完成建设单位约定的勘察和设计项目，提交建设工程勘察、设计文件。

（2）按照约定的质量标准完成工作的义务。在勘察、设计的过程中，勘察、设计人应严格按照合同约定和国家的相关规定对建设工程项目进行勘察、设计工作。例如，设

---

① 参见魏耀荣等：《中华人民共和国合同法释论（分则）》，321页。

② 参见郭明瑞、王轶：《合同法新论·分则》，247页。

③ 参见黄薇主编：《中华人民共和国民法典合同编解读》（下册），1463页。

计文件中选用的材料、构配件、设备，应当注明其规格、型号、性能等技术指标，其质量要求必须符合国家规定的标准。①

（3）及时提交工作成果的义务。勘察、设计人的主要义务是提交工作成果，以方便建设工程施工的开展，所以其应当按照合同约定及时提交工作成果。如果勘察、设计人未按照合同约定及时履行该义务的，应承担违约责任。

（4）附随义务。一方面，勘察人、设计人也有义务配合建设工程的施工，及时解决工程施工中的设计问题，负责设计、变更和修改预算等。② 另一方面，勘察、设计人负有保密义务。勘察、设计人对于发包人提供的有关资料和图纸等应当保密，不得对外泄露。此外，在交付工作成果之后，如果确有需要勘察人、设计人继续对其报告进行说明或者参加有关工程竣工验收工作的，依据诚实信用原则，其应当参与。③ 建设工程勘察、设计单位应当在建设工程施工前，向施工单位和监理单位说明建设工程勘察、设计意图，解释建设工程勘察、设计文件。建设工程勘察、设计单位应当及时解决施工中出现的勘察、设计问题。

《民法典》第800条规定："勘察、设计的质量不符合要求或者未按照期限提交勘察、设计文件拖延工期，造成发包人损失的，勘察人、设计人应当继续完善勘察、设计，减收或者免收勘察、设计费并赔偿损失。"依据这一规定，勘察、设计的质量不合格或未及时提交工作成果，构成违约，勘察人、设计人应承担违约责任。如因此种违约行为造成发包人损失的，勘察人、设计人应承担如下三种违约责任：一是继续履行，即勘察人、设计人应当继续完善勘察、设计工作。二是减收或者免收勘察、设计费。如果质量不合格或者其未及时提交工作成果的，应当减收或免收勘察、设计费。三是赔偿损失，即因为违约行为造成发包人损失的，应赔偿其损失。

三、施工合同

（一）施工合同概述

施工合同又称为建设工程承包合同，它是指发包人与承包人之间签订的、由承包人从事一定的施工活动并建设交付工程成果，发包人应依据合同约定支付报酬的协议。④ 此类合同是建设工程合同的主要类型和典型形态，同时也是工程建设质量控制、进度控制、投资控制的主要依据。建设工程施工包括各类房屋建筑及其附属设施的建造、装修装饰和与其配套的线路、管道、设备的安装，以及城镇市政基础设施工程的施工。建设工程施工合同可以通过招标发包或者直接发包的方式订立。

依据建设工程施工的时间长短，其可以分为长期施工合同和短期施工合同。这种分类的主要意义在于，对施工期在一年以上的大中型项目，建设单位应根据已批准的总工程项目、初步设计和总概算同施工单位签订总合同（或总协议书），双方即可据此进行施

---

① 参见王建东：《建设工程合同法律制度研究》，309页。

② 参见黄薇主编：《中华人民共和国民法典合同编解读》（下册），915页。

③ 参见郭明瑞、王轶：《合同法新论·分则》，247页。

④ 参见黄薇主编：《中华人民共和国民法典释义》，1464页。

工准备工作，然后每年再根据批准的年度基本建设计划及工程概算签订年度施工合同。如果全部工期在一年以下的，施工工作应当在约定的工期内完成，此类合同可以不必签订总合同。

（二）施工合同的内容

《民法典》第795条规定："施工合同的内容一般包括工程范围、建设工期、中间交工工程的开工和竣工时间、工程质量、工程造价、技术资料交付时间、材料和设备供应责任、拨款和结算、竣工验收、质量保修范围和质量保证期、相互协作等条款。"因此，施工合同的内容包括如下几项。

（1）工程范围。工程范围是指施工的界区，是施工人进行施工的工作范围。① 也就是说施工人应当在何地进行施工。该条款是建设施工合同的必备条款。②

（2）建设工期。建设工期是施工人完成建设工程施工的期限。在建设施工合同中，建设工期作为必备条款而存在。建设工期不仅关系到发包人何时可以接受工作成果，也关系到工程质量。例如，如果发包人缩短工期，有可能会造成施工人仓促施工，而影响工程质量。

（3）中间交工工程的开工和竣工时间。在施工过程中，可能存在一些阶段性工程，这些工程在完成后需要及时交付验收，此类工作属于中间交工工程。例如，修建铁路的过程中，桥墩的施工通常属于中间交工工程。对此类工程的开工时间，应在合同中作出明确约定，以保证最终工程能够顺利完成。

所谓竣工时间主要指的是工程的实际完工时间。由于实际竣工时间对确定权利义务特别是工程款的支付具有直接的决定作用，因此，依据《建设工程施工合同司法解释》第9条的规定，当事人对建设工程实际竣工日期有争议的，应当分别按照以下情形予以认定：一是建设工程经竣工验收合格的，以竣工验收合格之日为竣工日期；竣工验收合格意味着工程完全符合合同的约定，所以理应以验收合格之日为竣工日期。如果经验收属于不合格工程，则承包人应当按照合同约定和有关的工程质量规定进行整改，在符合合同和有关规定的标准后，重新验收且以重新验收合格之日作为实际竣工日期。③ 二是承包人已经提交竣工验收报告，发包人拖延验收的，表明发包人是有过错的，因此应当以承包人提交验收报告之日为竣工日期而不能以后来的验收合格之日为竣工日期。三是建设工程未经竣工验收，发包人擅自使用的，以转移占有建设工程之日为竣工日期。工程未经验收就被发包人擅自使用意味着承包人已经完成了合同义务，因此工程发生的意外风险由发包人承担，所以应当以工程移转占有之日为竣工日期。④

（4）工程质量。这是施工合同的必备条款，其包括施工的方案、技术标准、建设质量和安全标准等。虽然我国法律法规对建设工程质量有明确规定，但不同的建设工程项目有其不同的质量要求。因此，当事人需要在建设施工合同中就工程质量作出具体约定。

---

① 参见魏耀荣等：《中华人民共和国合同法释论（分则）》，322页。

② 参见黄薇主编：《中华人民共和国民法典释义》，1464页。

③ 参见最高人民法院民事审判第一庭：《最高人民法院建设工程施工合同司法解释的理解与适用》，111页。

④ 参见最高人民法院民事审判第一庭：《最高人民法院建设工程施工合同司法解释的理解与适用》，115页。

通常而言，当事人对工程质量的约定只能高于国家所规定的强制性标准，而不应低于此类标准。[①] 工程质量必须符合国家设定的强制性标准，不得偷工减料。

（5）工程造价。是指施工人建造工程所需要的费用，包括材料费、人工费等。建设工程造价应当按照国家有关规定，由发包单位与承包单位在合同中约定。工程造价并不等同于发包人所应支付的全部费用，但是明确了工程造价之后，其在工程款发生争议的情况下具有重要的参考意义。

（6）技术资料交付时间。技术资料主要是指发包人提交给施工人的各种施工资料，例如勘察、设计文件等，它对于顺利进行施工、保证工程质量具有重要意义。

（7）材料和设备供应责任。它是指应由哪一方来具体供应施工中所需要的材料和设备。通常施工中的有关材料和设备应由施工人自己提供，并最终计入工程造价之中。但当事人也可以对此作出特别约定。例如，有一些材料施工人无法提供，或者发包人有特别要求的，可以由发包人提供。再如，合同也可以约定由发包人委托施工人购买，并由发包人支付费用。如果需要就此作出特别约定的，合同应予载明。[②]

（8）拨款和结算。拨款，既包括工程所需费用的支付，也包括工程分期交付之后的工程款的支付。结算是指在工程交付以后，按照当事人的约定方式或者根据实际造价等确定工程款。[③] 两者的区别主要在于，拨款只是合同约定的由发包人支付给施工人的费用，但其并非结算时发包人所应实际支付的造价。通常来说，实际结算额高于拨款数额，最终应以实际结算额计算。

（9）竣工验收。是指工程完成之后，应当经过发包人的验收，经验收合格，发包人才予以接受并支付工程款。竣工条款一般包括验收的范围和内容，验收的标准和依据，验收的方式和日期等，竣工后，发包人应当及时验收。[④]

（10）质量保修范围和质量保证期、双方相互协作等条款。保修范围主要是指在工程交付之后，在合理使用期内，施工人所应负有的保修范围和责任。承办人应当保证建设工程在合理使用期限内的质量状况，当事人约定的质量保证期限不得低于法定标准，以维护使用者的合法权益。[⑤]

以上这些条款有的是合同的必备条款，有的非为必备条款，当事人在约定时可以进行选择，也可以约定这些条款之外的其他条款。《民法典》第 795 条的规定具有倡导性和示范性，是典型的任意性规范，并非所有的建设施工合同均需对前述条款作出明确约定。[⑥]

---

① 参见黄薇主编：《中华人民共和国民法典释义》，1465 页。

② 参见最高人民法院民法典贯彻实施工作领导小组主编：《中华人民共和国民法典合同编理解与适用》（三），1959～1960 页。

③ 参见魏耀荣等：《中华人民共和国合同法释论（分则）》，323 页。

④ 参见黄薇主编：《中华人民共和国民法典释义》，1465 页。

⑤ 参见黄薇主编：《中华人民共和国民法典合同编解读》（下册），1014 页。

⑥ 参见最高人民法院民法典贯彻实施工作领导小组主编：《中华人民共和国民法典合同编理解与适用》（三），1960～1961 页。

四、委托监理合同

所谓建设工程监理，是指具有相应资质的工程监理企业，接受建设单位的委托，依照法律、法规以及有关技术标准、设计文件和建设工程承包合同，代表建设单位对承包人在施工质量、建设工期和建设资金等方面所从事的专门性监督管理的活动。[①] 《民法典》第 796 条规定："建设工程实行监理的，发包人应当与监理人采用书面形式订立委托监理合同。发包人与监理人的权利和义务以及法律责任，应当依照本编委托合同以及其他有关法律、行政法规的规定。"依据这一规定，发包人应当与监理人订立委托监理合同，此种合同的特征主要在于：

第一，委托任务具有专门性。在委托监理合同中，监理人所从事的主要活动是对承包人在施工质量、建设工期和建设资金等方面进行专门性的监督管理，如控制工程建设的投资、建设工期和工程质量，进行工程建设合同管理，协调有关单位间的工作关系。[②] 工程监理单位应当代表建设单位对施工质量实施监理，并对施工质量承担监理责任。发包人为了保证工程的质量，控制工程的造价和工期，有必要采用监理的方式。一些工程项目如由国家规定需要实施强制监理的，发包人必须订立此类合同。[③] 如果无强制性规定的，则由发包人自由决定是否订立委托监理合同。[④] 工程监理单位应当依照法律、法规以及有关技术标准、设计文件和建设工程承包合同，代表建设单位对施工质量实施监理，并对施工质量承担监理责任。工程监理人与承包人恶意串通，损害发包人利益的，应当与承包人承担连带赔偿责任。[⑤]

第二，主体具有特殊性。在委托监理合同中，监理人必须具有专门的资质。国家对工程监理实行资质等级管理，工程监理单位应当依法取得相应等级的资质证书，并在其资质等级许可的范围内承担工程监理业务。工程监理单位不得超越本单位资质等级许可的范围或者以其他工程监理单位的名义承担工程监理业务，也不得允许其他单位或者个人以本单位的名义承担工程监理业务。

第三，合同须采用书面形式。建设工程实行监理的，发包人应当与监理人采用书面形式订立委托监理合同。这有利于明晰发包人与监理人之间的权利义务关系，确立各自的责任，使监理人能够更好地对承包人的活动进行监督管理，保证工程质量，保证建设工程按期保质交付使用。工程建设监理合同一般应当包括下列条款：监理的范围和内容、双方的权利与义务、监理费的计取与交付、违约责任、双方约定的其他事项。

建设工程监理合同的效力主要是监理人应当按照发包人的委托对承包人进行监督管

---

① 参见胡康生主编：《中华人民共和国合同法释义》，420 页。

② 参见最高人民法院民法典贯彻实施工作领导小组主编：《中华人民共和国民法典合同编理解与适用》（三），1970 页。

③ 《建设工程质量管理条例》第 12 条第 2 款规定了强制监理的情形："下列建设工程必须实行监理：（一）国家重点建设工程；（二）大中型公用事业工程；（三）成片开发建设的住宅小区工程；（四）利用外国政府或者国际组织贷款、援助资金的工程；（五）国家规定必须实行监理的其他工程。"

④ 参见胡康生主编：《中华人民共和国合同法释义》，421 页。

⑤ 参见黄薇主编：《中华人民共和国民法典释义》，1467 页。

理，因此，监理人所从事的活动主要是为了发包人的利益而进行的，并有利于保证工程质量。故而，为保障监理人妥善履行监理职责，工程监理单位与被监理工程的承包单位以及建筑材料、建筑构配件和设备供应单位不得有隶属关系或者其他利害关系，工程监理单位不得转让工程监理业务。① 如果工程监理单位与被监理工程的施工承包单位以及建筑材料、建筑构配件和设备供应单位有隶属关系或者其他利害关系的，则不得承担该项建设工程的监理业务。② 同时，在施工监理过程中，工程监理单位应当选派具备相应资格的总监理工程师和监理工程师进驻施工现场。未经监理工程师签字，建筑材料、建筑构配件和设备不得在工程上使用或者安装，施工单位不得进行下一道工序的施工。未经总监理工程师签字，建设单位不拨付工程款，不进行竣工验收。

至于发包人与监理人之间的权利义务和法律责任，除了依据生效的委托监理合同外，还应当适用民法典合同编委托合同章以及其他有关法律、行政法规的规定，因为委托监理合同是委托合同的特殊类型，可直接适用委托合同章的相关法律规则。

第五节　建设工程合同的效力

一、发包人的主要义务

（一）按期支付工程价款

《民法典》第 788 条规定，“建设工程合同是承包人进行工程建设，发包人支付价款的合同。”据此，在建设工程合同中，支付价款的义务是发包人的主要义务，是承包人进行工程建设的对价。在建设工程合同中，承包人需要凭借其技术、人员等进行工程建设，并交付一定的工作成果，而发包人应当按照约定支付价款。依据《建设工程施工合同司法解释》第 19 条：“当事人对建设工程的计价标准或者计价方法有约定的，按照约定结算工程价款。”因此，关于建设工程的计价标准或者计价方法有约定的，应当按照当事人的约定计算。但是当事人另行约定的建设工程合同与备案的中标合同存在实质性差异时，依据《建设工程施工合同司法解释》第 22 条，应以中标合同作为结算工程款的依据。③

工程款的支付方式也是多样的，如可以采用预付款、期中付款、竣工后结算三种形式。如果合同约定采取一次性支付的，则不能采取分期支付的方式。工程款应当按照约定的时间支付，如果当事人没有约定工程款的支付时间，则依据《民法典》第 799 条第 1 款的规定，“验收合格的，发包人应当按照约定支付价款，并接收该建设工程”。因此，在建设工程施工合同中，发包人应在建设工程竣工并验收合格后支付价款。在竣工报告被批准后，承包人应当按照法律规定或者当事人约定的时间、方式向发包人及时提出结算报告，并办理竣工结算。发包人在收到结算报告后，应当及时给予批准或者提出修改

---

① 参见《建筑法》第 34 条。

② 参见《建设工程质量管理条例》第 35 条。

③ 参见最高人民法院民事审判第一庭编著：《最高人民法院建设工程施工合同司法解释的理解与适用》，120～121 页。

意见，在合同约定的时间内将拨款通知送经办银行，由经办银行支付工程款，并将副本送承包人。承包人在收到工程款后将竣工的工程交付发包人，发包人接收该工程。发包人无正当理由在收到结算报告后迟延办理结算的，应当承担相应的违约责任。① 在施工合同的履行中经常发生涉及变更导致的工程量或者质量标准发生变化，当事人应当先进行协商，协商不成的，可以按照签订建设工程施工合同时当地建设行政主管部门发布的计价方法或者计价标准结算工程价款。②

关于工程款的结算常常涉及工程款的鉴定问题，依据《建设工程施工合同司法解释》第 28 条，如果当事人在合同中已经约定了工程结算采取固定价结算工程价款（即所谓“工程款包死合同”），在此情形下，一方当事人不得再请求对建设工程造价进行鉴定。依据该司法解释，如果合同中已经就合同工程价款的结算达成了协议，根据合同严守原则，当事人必须遵守约定，不得再另行请求对工程款进行重新鉴定。但是如果是因设计变更导致建设工程的工程量的实际标准与原定的工程量发生变化的，此时新增部分应当按照该司法解释第 19 条的规定进行处理。

(二) 按期提供原材料、设备、场地、资金、技术资料等

建设工程是一个复杂的整体工程，如果要按时保质完成工程，则不仅需要承包人按照合同的约定及时进行工程建设，而且需要发包人在整个建设工程中对承包人的建设活动予以协助。发包人履行协助义务是建设工程得以顺利进行的必要条件，而协助义务的具体内容和范围，则应当根据当事人的约定、建设工程的特点等予以确定。

《民法典》第 803 条规定：“发包人未按照约定的时间和要求提供原材料、设备、场地、资金、技术资料的，承包人可以顺延工程日期，并有权请求赔偿停工、窝工等损失。”因此，发包人负有按照合同的约定及时提供原材料和设备，按照合同约定及时提供场地、资金、技术资料等义务，发包人未履行上述义务造成承包人损失的，承包人有权请求发包人承担违约责任，赔偿承包人因此造成的停工、窝工、倒运、机械设备调迁、材料和构件积压等损失和实际费用。例如，在当事人约定发包人负有按照合同约定及时提供技术资料的义务时，如果发包人无故拖延或者隐瞒相关技术信息，造成承包人损失的，承包人有权请求发包人承担违约责任。

(三) 及时检查隐蔽工程

《民法典》第 798 条确立了发包人对隐蔽工程的及时检查义务。所谓“隐蔽工程”，是指铺设在装饰表面内部的工程，如给排水工程、电器管线工程、地板基层、护墙板基层、门窗套板基层、吊顶基层等。《民法典》第 798 条规定：“隐蔽工程在隐蔽以前，承包人应当通知发包人检查。发包人没有及时检查的，承包人可以顺延工程日期，并有权请求发包人赔偿停工、窝工等损失。”这一规定确立了如下规则：第一，对于隐蔽工程，特别是基础工程结构的关键部位，一定要在隐蔽之前经过检验合格，并做好原始记录，

---

① 参见黄薇主编：《中华人民共和国民法典合同编解读》(下册)，1024 页。

② 参见《建设工程施工合同司法解释》第 19、20 条。

才能进行下一道工序。隐蔽之后，如果出现对工程的质量争议，则将会影响整个工程的顺利进行。第二，承包人应及时通知发包人检查。这就是说，承包人负有及时通知的义务。发包人有权要求对已隐蔽的工程进行检查，承包人应当按照要求进行剥露，并在检查后重新隐蔽。第三，发包人在接到对于隐蔽工程的交工验收通知后，应及时到现场进行检查和验收，如果需要修复，在修复后应当重新隐蔽作业。如果经检查，隐蔽工程不符合质量要求，则承包人应当返工，并于返工经验收合格后重新进行隐蔽。在这种情况下，检查隐蔽工程所发生的费用，如检查费用、返工费用、材料费用等应由承包人负担，承包人还应承担因此出现的工期延误的违约责任。① 当发包人无正当理由没有及时检查时，会导致承包人正常的施工活动无法进行，给承包人带来窝工、延期等额外的费用支出和实际损失，此时承包人可以顺延工期，并要求发包人赔偿损失。②

(四) 及时验收竣工工程

工程在竣工之后，发包人应当及时组织验收。所谓竣工验收，是指承包人按照设计要求完成了建设工程的全部工作，在交付给发包人投入使用之前，由发包人依据国家的相关规定，对该工程是否符合合同的条件所进行的检查与验收工作。建设工程的竣工验收直接影响着建设工程款的结算、支付，以及建筑工程的交付等，就确保工程质量而言，如果不及时验收，验收关系到发包人自身的利益，也关系到不特定第三人的利益，如果发包人将工程出售给第三人，则未经验收的工程可能对第三人的利益造成损害。因此，竣工验收对双方利益影响甚巨，发包人无正当理由应当及时验收竣工工程。《民法典》第799条第2款规定："建设工程竣工经验收合格后，方可交付使用；未经验收或者验收不合格的，不得交付使用。"如果因为发包人的原因而迟延验收，就可能导致承包人不能够及时交付，无法及时获得价款，风险不能及时移转。如果因为发包人的原因不能及时交付，应当由发包人承担相应的后果。发包人负有的及时验收竣工工程的义务如下。

第一，发包人负有及时进行验收的义务。如果承包人已经提交竣工验收报告，发包人就应当按照合同的约定及时验收。《建设工程施工合同司法解释》第21条规定："当事人约定，发包人收到竣工结算文件后，在约定期限内不予答复，视为认可竣工结算文件的，按照约定处理。承包人请求按照竣工结算文件结算工程价款的，人民法院应予支持。"

第二，应当依据相关验收的标准验收。《民法典》第799条第1款规定："建设工程竣工后，发包人应当根据施工图纸及说明书、国家颁发的施工验收规范和质量检验标准及时进行验收。"这就是说，发包人应当根据施工图纸及说明书进行验收。参加验收的人员应当以施工图纸及说明书、国家颁发的施工验收规范和质量检验标准为依据，实事求是地对工程质量作出评价。

第三，应当对工程进行全面验收。具体包括：一是工程是否符合规定的建设工程质

---

① 参见黄薇主编：《中华人民共和国民法典合同编解读》（下册），1020～1021页。

② 参见最高人民法院民法典贯彻实施工作领导小组主编：《中华人民共和国民法典合同编理解与适用》（三），1978页。

量标准；二是承包人是否提供了完整的工程技术资料；三是承包人是否有建设工程质量检验书；四是工程是否具备国家规定的其他竣工条件。①

（五）接收建设工程

竣工验收是交付的前提。只有在竣工验收合格后，发包人才有义务接收该建设工程。而且建设工程必须经过验收合格之后，才可以交付使用。《民法典》第 799 条第 1 款规定："验收合格的，发包人应当按照约定支付价款，并接收该建设工程。"据此，确立了发包人在验收合格后负有接收建设工程的义务。对发包人而言，竣工验收是接收工程的前提，但竣工验收并不等同于接收。如果验收不合格，发包人可以拒绝接收。如果验收合格，则应当及时接收。没有正当理由而不及时接收的，发包人应负担建设工程毁损灭失的风险，并且此时发包人构成受领迟延，由此所产生的风险与因此增加的费用，亦应由发包人负担。② 在竣工验收之前，发包人擅自使用工程的，如果发生质量问题，发包人应当承担相应的责任。如未经验收，发包人就使用建筑物，则视为建筑物已经被接收。

二、承包人的主要义务

建设工程的承包人，即承包工程建设的单位，包括对建设工程实行总承包的单位和承包分包工程的单位。③ 其依法应当承担的义务包括如下方面。

（一）按期完成建设工程

按期完成工程并及时交付工作成果，是承包人的主要义务。在施工过程中，承包人应当及时进入场地开展施工，保证每个阶段的工期顺利完成。在施工过程中，承包人应当独立完成主体工程的施工，不得将主体工程分包他人或者将其承包的全部建设工程支解以后以分包的名义分别转包给第三人，更不得将工程分包给不具备相应资质条件的单位。在施工过程中，承包人所完成的工程量是请求支付价款的基础。如果当事人对于工程量的确定有约定的，按照合同约定；如果当事人对实际完成的工程量发生争议后，应当按照施工过程中形成的现场签证等书面文件确认工程量，如果承包人未能提供相关的签证文件，但承包人能够证明发包人同意其开展施工的，则可以按照当事人所提供的其他证据确认实际发生的工程量。

（二）保证建设工程质量

保证工程质量是承包人的基本义务。为了保证建设工程质量，承包人应当认真做好施工前的准备工作。例如，承包人应做好施工场地的平整，以及施工现场内用水、用电、道路和临时设施的施工，还要编制施工组织设计和工程预算。承包人应当严格按照施工

---

① 参见魏耀荣等：《中华人民共和国合同法释论（分则）》，330 页。

② 参见刘心稳：《债权法总论》，157 页，北京，中国政法大学出版社，2015。

③ 参见魏耀荣等：《中华人民共和国合同法释论（分则）》，308 页。

图纸和操作规程施工，确保工程质量。如果工程是分阶段施工的，则每一阶段的工程都必须达到预计的质量标准。在施工过程中，必须按照工程设计图纸和施工技术标准施工，不得擅自修改工程设计，如果发现设计文件和图纸有差错的，应当及时提出意见和建议。在施工中，不得偷工减料、以次充好。① 在因承包人的原因造成工程质量不合格的情形下，承包人应当以修理、返工、改建的方式继续履行，发包人也有权请求减少支付工程款。

为保证工程质量，发包人也可依据质量保修的规定进行保修。建筑工程质量保证制度对于强化建设工程的质量，保护消费者的合法权益，保障社会公共安全等具有重要意义。② 国务院颁布的《房屋建筑工程质量保修办法》第8条即规定："房屋建筑工程保修期从工程竣工验收合格之日起计算。"建设工程承包单位在向建设单位提交工程竣工验收报告时，应当向建设单位出具质量保修书。依据《房屋建筑工程质量保修办法》第6条规定，当事人应当在工程质量保修书中约定保修范围、保修期限和保修责任等。保修的期限应当按照保证建筑物合理寿命年限内正常使用，维护使用者合法权益的原则确定。③ 依据《建设工程质量管理条例》第41条的规定，建设工程在保修范围和保修期限内发生质量问题的，施工单位应当履行保修义务，因保修人未及时履行保修义务，导致建筑物毁损或者造成人身或者财产损害的，保修人应当承担赔偿责任。保修义务是法定义务，不得通过合同约定排除。④ 如果承包人违反保修义务，依据《建设工程施工合同司法解释》第18条："因保修人未及时履行保修义务，导致建筑物毁损或者造成人身损害、财产损失的，保修人应当承担赔偿责任。"如果导致建筑物毁损或者导致人身或者财产损害的，发包人既可以违反合同约定的质量保证义务为由主张承担违约责任，也可要求承担侵权损害赔偿责任，发包人可以择一行使。⑤

（三）按期提交竣工验收

《民法典》第799条第2款规定："建设工程竣工经验收合格后，方可交付使用；未经验收或者验收不合格的，不得交付使用。"因此，在建设工程完成之后，承包人应当及时将工程提交发包人进行竣工验收。实践中，承包人应按期完成基本建设工程，在完成之后，承包人应遵守国家有关交付验收规则，做好交付准备工作，如绘制竣工图等，将工程交付给发包人。由于隐蔽工程具有其自身的特殊性，承包人应当在工程隐蔽前就通知发包人检验，并办理验收交接手续，经双方签字盖章后发生交付的法律效力。如果整个工程可以分为若干单项工程的，则在单项工程竣工之后，承包人都应当及时向发包人提出书面交工验收通知。发包人在接到通知后，应当及时进行验收。

工程经验收合格，由发包人和承包人签署交工验收证书，承包人即完成了交付任务。

① 参见马俊驹、余延满：《民法原论》，3版，699页，北京，法律出版社，2007。

② 参见孙镇平：《建设工程合同》，135页，北京，人民法院出版社，2000。

③ 参见最高人民法院民法典贯彻实施工作领导小组主编：《中华人民共和国民法典合同编理解与适用》（三），2002页。

④ 参见最高人民法院民法典贯彻实施工作领导小组主编：《中华人民共和国民法典合同编理解与适用》（三），1965页。

⑤ 参见最高人民法院民事审判第一庭编著：《最高人民法院建设工程施工合同司法解释的理解与适用》，193页。

如果合同规定有保修期的，在保修期内对属于承包人责任的工程质量问题，应由承包人负责无偿修理。承包人未按期交付工程的，应承担相应的违约责任。

（四）接受发包人的必要监督

《民法典》第 797 条规定："发包人在不妨碍承包人正常作业的情况下，可以随时对作业进度、质量进行检查。"虽然该条确认的是发包人的检查权利，但同时也意味着承包人有义务接受发包人的合理检查。也就是说，承包人有义务接受发包人在任何时候对工程作业进度、质量进行检查。《民法典》第 797 条采用"随时"二字，就表明发包人可以在任意时间进行检查。当然，发包人的检查不得影响承包人的正常作业。例如，发包人要求进入正在进行紧张施工的工地进行现场勘查检验，则必将造成工地的停工，此种检查就妨碍了承包人的正常作业。

（五）防止损害发生

依据《民法典》第 802 条的规定，如果因承包人的原因导致建设工程的质量不合格，造成他人损害的，承包人应当承担损害赔偿责任，这就在法律上确立了承包人保证工程质量防止损害发生的义务，违反该义务需要承担相应的民事责任，其构成要件包括：

第一，因承包人的原因导致建设工程造成他人人身损害和财产损失。① 所谓"承包人的原因"，是指因为承包人的原因导致建设工程的质量不合格，造成他人受伤或死亡，以及承包的工程有漏水、塌陷等损害后果。需要指出的是，如果是因承包人聘请的施工人的原因造成建设工程质量不合格，则也属于此处的"承包人的原因"。例如，承包人聘请的施工人偷工减料、不按照工程设计和施工标准施工等情形，造成工程质量不合格，使工程倒塌、脱落、坠落等情形。如果不是因为承包人的原因而是因为发包人的原因或受害人自身的原因导致的损害，则承包人不需要对此承担责任。②

第二，在验收合格之后的合理期限内发生损害。超出该合理期限则承包人不再负有质量保证的义务。例如，如果建筑工程年久失修，已经属于"危楼"，而因此倒塌造成人身损害和财产损失的，则不应属于合理使用期限的范畴，此时承包人不需要对此损害结果承担责任。③ 在验收合格之前，建设工程尚未投入使用，因此造成损害的，自然应由承包人承担责任。但是这种责任不是无限期的，应当是在建设工程的合理使用期限内产生的。合理期限应当从交付发包人时起算，依据有关法律法规来确定。④

第三，必须实际造成了对他人的人身损害和财产损失。此处的受害人必须是他人，而该条规定的"他人"，并非限于存在建设工程合同关系的发包人，也涵盖不存在合同关系的第三人，如路上的行人。此处的损害也包括两种：一种是人身损害，例如房屋坠落

---

① 参见谢鸿飞、朱广新主编：《民法典评注·合同编：典型合同与准合同 3》，157 页，北京，中国法制出版社，2020。

② 参见黄薇主编：《中华人民共和国民法典释义》，1475 页。

③ 参见最高人民法院民法典贯彻实施工作领导小组主编：《中华人民共和国民法典合同编理解与适用》（二），2008 页。

④ 例如，建设部于 2005 年制定的《民用建筑设计通则》（现已失效）第 1.0.4 条规定："以主体结构确定的建筑耐久年限分下列四级：一级耐久年限 100 年以上适用于重要的建筑和高层建筑。二级耐久年限 50～100 年适用于一般性建筑。三级耐久年限 25～50 年适用于次要的建筑。四级耐久年限 15 年以下适用于临时性建筑。"

将人砸成重伤的情形，另一种是财产损害，造成这些损害承包人应负赔偿责任。

第四，此处所指的损害赔偿，既包括违约损害赔偿，也包括侵权损害赔偿责任。违约损害赔偿责任主要是针对发包人而言的。在因建设工程致使发包人受到损害的情形下，发包人的损害赔偿请求权，可能同时包含违约损害赔偿与侵权损害赔偿两种不同的请求权基础规范，此时构成请求权竞合，当事人可择一行使，以救济其合法权益；如果造成第三人的损害，则应当适用民法典侵权责任编的相关规定处理。例如，《民法典》第1252条关于建筑物倒塌、塌陷致人损害的规定，如果发包人根据侵权责任编的规定对第三人负有侵权损害赔偿责任的，发包人承担后，可以向承包人追偿。①

第六节　承包人的建设工程优先权

一、建设工程优先权的概念和特征

所谓建设工程优先权，是指在建设工程竣工以后，发包人未按照约定支付价款，承包人对其承包的建设工程，通过折价、拍卖等方式而获得的价款优先受偿的权利。《民法典》第807条规定："发包人未按照约定支付价款的，承包人可以催告发包人在合理期限内支付价款。发包人逾期不支付的，除根据建设工程的性质不宜折价、拍卖外，承包人可以与发包人协议将该工程折价，也可以请求人民法院将该工程依法拍卖。建设工程的价款就该工程折价或者拍卖的价款优先受偿。"这就规定了承包人享有的建设工程优先权。实践中，许多承包人是带资建设，而在工程完工之后，发包人不及时支付工程款，将使得承包人正常的经营受到极大影响，许多承包人资金严重困难，甚至发生破产。因此，建设工程优先权具有以下特征。

第一，建设工程优先权为法定权利。一般而言，优先权都是由法律直接规定的，承包人在何种情形下享有优先权，完全由法律以列举的方式明确规定。承包人所享有的优先权是否可以依据当事人的约定而排除？在实践中，金融机构在借款时经常要求承包人和发包人在合同中规定放弃优先权，以防范抵押权不能实现的风险。本书认为，承包人的工程款等债权是当事人的私权，应当允许当事人放弃优先受偿，但工人的工资债权的优先受偿，则不应当允许承包人事先放弃。②

第二，建设工程优先权的内容是就建设工程的变价优先受偿。所谓优先，是承包人针对其所承包的建设工程，在拍卖变卖之后，就拍卖、变卖、折价所得价款得以优先于其他债权人受偿。优先的含义是通过与债权人的比较而确立的。虽然建设工程归属于发

① 参见最高人民法院民法典贯彻实施工作领导小组主编：《中华人民共和国民法典合同编理解与适用》（三），2012页。

② 参见王涛、俞悦：《建设工程价款优先受偿权放弃的法律效力》，载《人民司法（应用）》，2016（16）。根据2020年最高人民法院发布的《关于审理建设工程施工合同纠纷案件适用法律问题的解释（一）》第42条的规定，"发包人与承包人约定放弃或者限制建设工程价款优先受偿权，损害建筑工人利益，发包人根据该约定主张承包人不享有建设工程价款优先受偿权的，人民法院不予支持。"

包人，但发包人未能按期支付工程款，承包人可以依法就其所承包的工程进行拍卖、变卖、折价，就所得价款优先受偿。从这一点来讲，优先权具有类似物权的效力。

第三，建设工程优先权的设立无须公示。一般物权的产生必须要经过一定的公示方法。例如，动产要交付并移转占有，不动产应当登记。而优先权的取得不以占有和登记为要件。因为优先权是直接依据法律规定产生的，且民法典物权编没有将其作为一种物权加以承认，所以其无须进行公示。只要承包人符合法律规定的条件，即可取得此种权利。

第四，法定优先权的标的是承包人所建设的工程本身。承包人的优先权仅限于其所承包的建设工程本身，这就意味着只能针对建筑物而主张优先权，而且此种建筑物必须是承包人所承包的建筑物。尽管从《民法典》第807条的规定来看，在建设工程交付之后，承包人仍然可以享有优先权，但是在实践中，如果建设工程已经交付给发包人，则承包人再主张优先权将会存在较多障碍。

第五，法定优先权仅适用于建设工程施工合同。《民法典》第807条将此种权利规定在建设工程合同之中，表明其仅适用于建设工程合同。该优先权只限于建设工程合同，而并不适用于建设工程承包以外的承揽关系。如果在一般的加工承揽合同中，因为定作人逾期不支付价款，承揽人一般不得享有承揽物的优先权。

承包人的建设工程优先权在性质上应当是一种法定优先权，此种权利是由法律直接规定的担保建设工程债权实现的权利，是法律为了保护弱势群体的利益，赋予债权人对某种特殊的债权即工程拍卖、变价款的请求权，享有优先于一般债权人而优先受偿的权利。

二、承包人的建设工程优先权的性质

关于承包人的建设工程优先权的性质，理论上存在不同观点。一是法定留置权说。此种观点认为，《民法典》第807条扩大了留置财产的范围，建设工程合同的债权人对不动产同样可以行使留置权。[①] 二是法定抵押权说。此种观点认为，建设工程优先权是一种抵押权，优先于一般债权，只不过是直接由法律规定而产生的。三是优先受偿权说。此种观点认为，法定优先权在本质上就是一种优先受偿权，其在性质上与抵押权类似，不过其是依据法律规定所产生的。本书认为，承包人的建设工程优先权在性质上应当是一种法定优先权，主要理由在于：

第一，从《民法典》第807条的规定来看，所谓“建设工程的价款就该工程折价或者拍卖的价款优先受偿”，其中就强调了该权利的优先受偿性。《建设工程施工合同司法解释》第36条也规定了该权利可以优先于抵押权和其他债权，表明其性质是一种法定的优先权。

第二，此种权利作为一种法定的权利，无须当事人的约定，即该权利的成立并不以当事人约定为条件，承包人享有此种权利以符合法律规定的条件为前提，无须与发包人

---

① 参见江平主编：《中华人民共和国合同法精解》，223页，北京，中国政法大学出版社，1999。

约定。[①] 只要发包人没有按时支付工程价款，承包人对该建设工程即享有优先权。强调此种权利的性质为优先权，也是为了将其与抵押权等担保物权区别开，因为担保物权都需要采用一定的公示方法，但优先权并没有法定的公示方法，所以优先权在性质上不同于担保物权。

第三，从法律设定该权利的目的来看，其主要是为了保障建设工程承包人的优先受偿权，保障工程款债权能够得到及时的实现，从而维护弱势群体农民工等人的利益。在实践中，许多承包人是带资建设，而在工程完工之后，发包人不及时支付工程款，将使得承包人正常的经营受到极大影响，许多农民工无法拿到工钱，损害了农民工的合法权益。[②]

总之，采用优先权的概念，比较准确地概括了发包人的优先受偿权的性质和特点。

三、承包人建设工程优先权担保的债权范围

关于承包人建设工程优先权担保的债权范围，理论上一直存在争议。依据《民法典》第 807 条规定，承包人有权对建设工程的价款就该工程折价或拍卖的价款优先受偿。需要指出的是，并非承包人对发包人所享有的所有债权都能纳入承包人建设工程优先权担保的范围。承包人建设工程优先权担保的债权应当包括如下几个方面。

第一，发包人未支付的工程款。工程款由多部分组成，其中既有承包人因为建设工程所获得的收益，又包括承包人必要的费用支出，这些费用支出包括建筑施工材料费用、管理费用，以及具有劳动或劳务关系的劳动者的工资报酬。[③] 设备、运输管理等实际支出的、直接用于工程建设的费用，也应当包括在工程款中。虽然关于《民法典》第 807 条的立法目的一直存在争议，即对该条的立法目的究竟是保护劳动者的利益，还是优先保护承包人的利益，存在不同看法，但本书认为，首先应当优先保护劳动者的利益，使工人工资得到优先受偿。承包人建设工程优先权的成立必须以发包人未支付工程款为行使的条件和前提。需要指出的是，发包人已经支付的工程款属于正常的债务清偿，只有发包人尚未支付的工程款，才属于承包人建设工程优先权的担保范围。[④]

如果建设工程是分阶段、分工期完成的，那么已经完成的阶段工程经验收质量合格的，该部分也可以就工程价款优先受偿。《建设工程施工合同司法解释》第 39 条规定："未竣工的建设工程质量合格，承包人请求其承建工程的价款就其承建工程部分折价或者拍卖的价款优先受偿的，人民法院应予支持。"

第二，承包人垫付的资金。承包人垫付的资金应当属于承包人建设工程优先权的担保范围，因为承包人所垫付的费用在性质上属于为完成建设工程合同而实际发生的费用，而且该垫付资金已经物化成为建设工程的组成部分，所以应当得到优先受偿。[⑤] 当然，发包人在合同履行期间因违约而应当承担的赔偿责任并不属于工程款本身的费用，其在

---

①② 参见谢鸿飞、朱广新主编：《民法典评注・合同编：典型合同与准合同 3》，177 页。

③ 参见王旭光：《建设工程优先受偿权制度研究——合同法第 286 条的理论与实务》，77 页，北京，人民法院出版社，2010。

④⑤ 参见雷运龙、黄锋：《建设工程优先权若干问题辨析》，载《法律适用》，2005（10）。

性质上属于因发包人不支付工程款而引发的损失，不能纳入承包人建设工程优先权的担保范围。

第三，建设工程的材料款。材料款是指由承包人提供原材料时，购买原材料所支付的价款。本书认为，建设工程的材料款属于为建设工程所支出的必要费用，应当属于承包人建设工程优先权的担保范围。为了防止当事人恶意串通，虚构工程材料款，可以考虑通过登记制度逐步解决。

第四，装饰装修工程。承包人建设工程优先权以建设工程为承包人债权的担保，建设工程的范围也应当包括装饰装修工程。国务院颁发的《建设工程安全生产管理条例》第 2 条第 2 款规定："本条例所称建设工程，是指土木工程、建筑工程、线路管道和设备安装工程及装修工程。"装修装饰工程在本质上属于建设工程的必要组成部分，因此，并没有排除的正当理由，应当将装饰装修工程纳入建设工程的范围之中。[①]《建设工程施工合同司法解释》第 37 条规定："装饰装修工程具备折价或者拍卖条件，装饰装修工程的承包人请求工程价款就该装饰装修工程折价或者拍卖的价款优先受偿的，人民法院应予支持。"依据该规定，承包人对装饰装修工程也可以享有优先受偿权，但其行使优先受偿权必须要求装饰装修工程具备折价或者拍卖条件。

《建设工程施工合同司法解释》第 40 条第 2 款规定："承包人就逾期支付建设工程价款的利息、违约金、损害赔偿金等主张优先受偿的，人民法院不予支持。"依据这一规定，优先受偿权的担保范围不包括逾期利息、违约金和损害赔偿金。因为建设工程优先受偿权主要担保的是工程款，而利息、违约金本身不是工程款的内容，而属于违约责任的方式，其仍然属于普通债权，应通过违约责任制度解决，而不应当享有优先受偿权。

四、建设工程优先权的适用条件

1. 发包人未支付工程款

在建设工程合同中，发包人在工程建设完成以后，对竣工验收的工程应当按照合同约定的方式和期限进行工程决算，支付价款，并及时向承包人支付价款后接受工程。而承包人一旦收到工程价款即不得再继续占有该工程，而应当将该工程立即交付给发包人，发包人也应当接受该工程。但是在发包人未及时支付工程款时，法律为了保护承包人的利益，设置了优先权制度。因此，优先权必须以发包人未支付工程款为行使的条件和前提。

2. 经催告仍未支付

在发包人不按期支付价款的情况下，承包人尚不能立即行使优先权，而应当催告发包人在合理期限内支付价款，如果发包人经催告后支付了价款，则承包人便不得再行使优先权。只有在催告之后，发包人仍然不支付价款，则承包人才可以行使优先权。催告的期限相当于赋予发包人一个宽限期，使其有一定的准备时间去筹措款项、履行支付义

---

① 参见《建设工程施工合同司法解释》第 37 条。

务。在这一宽限期经过之后仍然未能履行支付义务的，承包人就可以行使优先权。当然，由于发包人逾期支付价款，承包人也可以请求其承担违约责任，如支付违约金、支付逾期利息等，但无论如何不得直接行使优先权。

3. 标的为竣工验收合格的建设工程

一方面，如果工程没有竣工，则承包人尚不享有工程价款的请求权，因此其无权主张优先权。另一方面，只有在竣工验收合格的情况下，发包人才应当按照约定，支付工程价款。如果工程验收不合格，发包人不仅有权拒绝支付工程价款，而且有权请求承包人承担违约责任。在此情况下，承包人当然无权享有并行使法定优先权。正是在这个意义上，许多学者将该优先权称为建设工程价款优先受偿权。

4. 应当在合理期限内行使

《建设工程施工合同司法解释》第 41 条规定："承包人应当在合理期限内行使建设工程价款优先受偿权，但最长不得超过十八个月，自发包人应当给付建设工程价款之日起算。"依据这一规定，因为优先受偿权的行使直接关系到当事人与第三人的权利义务，所以不能使该权利的行使长期处于未定状态，因此司法解释规定承包人应当在合理期限内行使优先受偿权。关于合理期限，应当依据交易习惯及交易的具体情形来确定，该条为优先受偿权的行使期限确定了最长期限，即不能超过 18 个月，自发包人应当给付建设工程价款之日起算。该期限实际上是一个权利最长保护期限，不适用中止、中断、延长。

五、建设工程优先权具有优先于一般债权和抵押权的效力

（一）建设工程优先权具有优先于一般债权的效力

《民法典》第 807 条规定："发包人未按照约定支付价款的，承包人可以催告发包人在合理期限内支付价款。发包人逾期不支付的，除根据建设工程的性质不宜折价、拍卖外，承包人可以与发包人协议将该工程折价，也可以请求人民法院将该工程依法拍卖。建设工程的价款就该工程折价或者拍卖的价款优先受偿。"依据这一规定，在发包人逾期不支付的情况下，承包人对建设工程应当采取如下方式进行变价。

一是折价。折价即由双方协商确定建设工程的价格，折抵债务人所欠的债务。折价首先要求标的物按其性质是可以折价的，例如，国家重点工程、具有特定用途的工程等，不宜折价或拍卖的，则不能折价；其次，折价必须要经由双方当事人达成一致协议，而不能由一方当事人自行决定折价的价格。在折价过程中，双方可以参照市场价格。如果工程的价值大于债务总额的，承包人应当返还多余的变价款给发包人；折价之后仍然不足的部分，由发包人继续承担支付义务。

二是拍卖。在双方不能达成折价协议或协议规定不明确的情形下，只能请求法院拍卖建设工程。需要指出的是，《民法典》第 807 条只允许法院以拍卖的方式处置建设工程，而不允许以变卖的方式进行处置。因为通过法院以拍卖的方式处置更加公平合理，可以避免当事人通过变卖方式损害其他当事人的利益。

在通过折价或拍卖的方式将建设工程变价之后，承包人有权从变价所得价款中优先

受偿。此处所说的优先，是相对发包人的一般债权人优先。例如，发包人在经营过程中对第三人所欠下的债务，即使这些债权人向法院主张拍卖建设工程，承包人仍然依法享有优先于这些债权人的受偿权。

(二) 建设工程优先权具有优先于抵押权的效力

在建设工程优先权和抵押权同时并存的情况下，应当由哪一种权利优先受偿，对此存在如下不同观点：第一，一般抵押权优先说。此种观点认为，法定优先权并没有经过登记，没有进行公示，因此第三人很难知道，而一般抵押权大多经过了登记，因此，一般抵押权效力应当优先。第二，法定优先权优先说。此说认为，法定优先权应当优先于一般抵押权受偿，因为法定优先权是直接依法产生的，不需要公示，可以直接对一般抵押权产生优先效力。① 第三，依成立的先后定其次序。② 此种观点认为，在法定优先权与一般抵押权之间很难说哪一种物权比另一种更优先，两种物权都应当受到平等的保护，应当根据其设立的时间先后顺序，来确定应当优先保护哪一种权利。第四，平等受偿说。在两项物权发生冲突的情况下，由于两项物权都是优先受偿权，任何一项物权都不能优先于另一物权，所以可以将两项物权视为具有同等效力的权利，并使其平等受偿。

《建设工程施工合同司法解释》第 36 条规定："承包人根据民法典第八百零七条规定享有的建设工程价款优先受偿权优于抵押权和其他债权。"据此，建设工程优先权具有优先于抵押权的效力。一方面，如果发包人未按照约定支付工程价款，承包人固然可以请求发包人承担违约责任，但是违约责任在许多情况下并不能充分保护承包人的利益，因为发包人在兴建工程的过程中为了融资，常常要将土地使用权或在建工程以及已经建成的工程抵押给他人。在承包人和发包人的其他债权人同时向发包人主张清偿债务的情况下，其他享有抵押权的债权人就会要求行使抵押权，对发包人已经竣工验收合格的工程优先受偿。如果承包人不享有法定优先权，其所享有的债权便无优先受偿的效力。承包人很可能因发包人没有资产，而致使其债权不能实现或者不能完全实现。因此，为了维护承包人的利益，法律规定了建设工程优先权。由此可见，如果抵押权可优先于法定优先权而实现，那么法定优先权的设定目的就无法实现。③ 另一方面，在发包人拖欠的工程款中，相当一部分是承包人应当支付给工人的工资和劳务费。根据我国《民事诉讼法》的一贯规定，在执行债务人的财产时，应当对工人的工资等优先支付，这也符合我国《劳动法》保护劳动者利益的宗旨。如果因为一般抵押权优先受偿，导致承包人的工程款不能实现，则工人的工资将难以保障，显然有违《劳动法》的立法宗旨。④

本书认为，建设工程优先权优先于一般抵押权必须满足一个条件，即工程款是预先登记的。也就是说，如果建设工程优先权只优先于一般债权，可以不必登记，但如果承包人所享有的建设工程优先权要优先于抵押权等其他担保物权，则必须将工程款预先予以登记，该登记的工程款也是承包人优先权实现的最高数额。如果实际结算的工程款高

① 参见王全弟、丁洁：《物权法应确立优先权制度——围绕合同法第 286 条之争议》，载《法学》，2001 (4)。
② 参见谢鸿飞编著：《承揽合同》，138 页。
③ 参见王全弟、丁洁：《物权法应确立优先权制度——围绕合同法第 286 条之争议》，载《法学》，2001 (4)。
④ 参见谢鸿飞、朱广新主编：《民法典评注・合同编：典型合同与准合同 3》，177 页。

于登记的数额，则应当以登记的数额为准。如果低于登记的数额，则应当以实际结算的数额为准。其他的一般抵押权人可以从工程款预先登记中，了解将来可能发生的承包人的优先权。如果工程款已预先登记，抵押权人已事先知道优先权的存在，则其继续接受债务人以建设工程作出抵押，意味着其已自愿接受抵押权可能无法实现的风险。更何况，如果发包人与承包人恶意通谋，故意虚报工程款，将使得承包人的优先权受偿以后，一般抵押权人蒙受损害，建设工程的工程款预先登记将有效避免此类问题产生。①

（三）放弃建设工程优先权不得损害建筑工人利益

在实践中，发包人在与承包人签订施工合同时，就要求承包人必须在合同中放弃优先受偿权，关于当事人是否有权放弃优先权，一直存在争议。本书认为，优先受偿权虽为法定权利，但该权利仍然是承包人的私权，依据私法自治原则，应当允许承包人放弃该项权利，但是该权利的放弃也有可能涉及建筑工人的利益问题，法律有必要对此种放弃作出必要的限制。《建设工程施工合同司法解释》第 42 条规定："发包人与承包人约定放弃或者限制建设工程价款优先受偿权，损害建筑工人利益，发包人根据该约定主张承包人不享有建设工程价款优先受偿权的，人民法院不予支持。"依据这一规定，当事人不得通过放弃优先受偿权而损害建设工程建筑工人的利益，因为之所以赋予承包人享有该项权利，主要是保护弱势群体的利益，即使当事人签订了放弃该权利的协议，就职工工资部分的放弃应认定为无效，而其他部分的放弃应当认定为有效。

第七节　违反建设工程合同的责任

一、发包人的违约责任

发包人的违约责任主要包括如下几种。

（一）未按期支付工程款所应承担的责任

依据《民法典》第 788 条的规定，在建设工程合同中，支付工程款是发包人的主要合同义务。如果发包人没有按期支付工程款，承包人有权要求发包人继续支付，并在构成根本违约的情形下，有权要求解除合同、支付违约金、赔偿损失。另外，依据《民法典》第 793 条的规定，即使建设工程合同无效，但建设工程经验收合格的，承包人也有权请求发包人参照合同关于工程价款的约定折价补偿。

在发包人逾期支付工程款时，承包人不仅有权请求发包人按照约定支付工程款，而且有权请求发包人支付逾期利息。依据《建设工程施工合同司法解释》第 26 条的规定："当事人对欠付工程价款利息计付标准有约定的，按照约定处理。没有约定的，按照同期同类贷款利率或者同期贷款市场报价利率计息。"这就是说，关于利息的支付，有约定的

① 参见蒋子翘：《建设工程款优先受偿权研究》，载《上海政法学院学报（政法论丛）》，2012（2）。

按约定，如果当事人没有约定或者约定不明确，则可以参考合同成立时一年期贷款市场报价利率予以确定。逾期利息从应付工程价款之日计付。当事人对工程价款的付款时间没有约定或者约定不明的，建设工程已实际交付的，为交付之日；建设工程没有交付的，为提交竣工结算文件之日；建设工程未交付，工程价款也未结算的，为当事人起诉之日。由于按期支付工程价款是发包人的主要义务，此种义务的不履行，将会导致发包人的根本违约。① 依据我国《民法典》第 807 条的规定，发包人未按照约定支付工程款的，承包人享有法定优先权。在发包人拖欠工程款的情形，承包人不仅有权要求其继续支付，而且有权要求其支付利息。

关于逾期利息计算的时间，因为利息是发包人逾期支付工程价款的法定孳息，因此在发包人逾期支付工程款的情形下，承包人有权要求发包人支付工程款利息，依据《建设工程施工合同司法解释》第 27 条，应当从应付工程价款之日开始计付。如果当事人对付款时间没有约定或者约定不明的，建设工程已实际交付的，为交付之日；建设工程没有交付的，为提交竣工结算文件之日；建设工程未交付，工程价款也未结算的，为当事人起诉之日。该条主要是要确定发包人支付逾期利息的起算日期。

（二）未及时提供原材料、设备、场地、资金等的责任

在建设工程合同中，承包人顺利施工可能需要发包人及时提供原材料、设备等，承包人可以在合同中约定由发包人提供相应的设备、原材料等。在此情况下，如果发包人违反其提供相关的设备、原材料等义务，造成承包人无法顺利施工，或者造成承包人其他损失的，依据《民法典》第 803 条的规定，承包人有权顺延工程日期，并有权请求发包人赔偿其停工、窝工等损失。

（三）因发包人的原因造成工程质量不合格的责任

在建设工程合同中，承包人顺利进行相关的施工活动离不开发包人的协助，在由发包人提供材料和设备等的情形下，如果因发包人提供的建筑材料、建筑构配件、设备等不符合强制性标准，或者因发包人直接指定分包人分包专业工程，从而造成建设工程质量不合格的，发包人应当承担过错责任。《民法典》第 806 条第 2 款规定："发包人提供的主要建筑材料、建筑构配件和设备不符合强制性标准或者不履行协助义务，致使承包人无法施工，经催告后在合理期限内仍未履行相应义务的，承包人可以解除合同。"依据这一规定，发包人提供合格的主要建筑材料等义务，不是一般的附随义务，而是发包人应负担的给付义务，如果其提供的主要建筑材料、建筑构配件和设备不符合强制性标准或者不履行协助义务，将构成根本违约。如钢筋与水泥的承重比例，必须要符合国家规定的标准。如果不符合强制性标准，则可能导致工程质量不合格，甚至会危及用户和公众的安全。在此情形下，致使承包人无法施工，经催告后在合理期限内仍未履行相应义务的，承包人可以解除合同。当然，应当看到，《民法典》第 806 条第 2 款与《民法典》

---

① 参见最高人民法院民事审判第一庭编著：《最高人民法院建设工程施工合同司法解释的理解与适用》，126 页。

第806条第1款关于禁止转包、违法分包不同，如果是违反第1款中的义务，则发包人可以直接解除合同。但如果属于第2款所规定的情形，则承包人要解除合同必须先进行催告，并且要留出合理期限，只有在合理期限内发包人仍然不履行，才能解除合同。

《建设工程施工合同司法解释》第13条第1款规定：发包人具有下列情形之一，造成建设工程质量缺陷，应当承担过错责任。

第一，提供的设计有缺陷；或者因发包人提供的设计有缺陷，或者发包人所提供的技术实施方案存在缺陷，并因此导致建设工程质量不合格的，承包人有权请求发包人承担相应的责任。

第二，提供或者指定购买的建筑材料、建筑构配件、设备不符合强制性标准；在建设工程合同中，需要发包人提供原材料、设备，或者提供相关的技术实施方案等，如果因发包人所提供的原材料、设备等不符合质量要求，发包人应当负责。

第三，直接指定分包人分包专业工程。即在建设工程施工合同中，发包人自己将工程进行指定分包，因而直接影响了工程的质量。

需要指出的是，在上述情形下，发包人应该承担的责任主要是过错责任，也就是说，在确定责任过程中需要按照发包人的过错程度来确定其应承担的相应的责任。在确定责任过程中，一方面，要考虑到发包人的过错与损害之间的因果联系，并依据其过错程度确定责任。另一方面，也要考虑承包人是否有过错。如果承包人有过错的，依据《建设工程施工合同司法解释》第13条第2款，承包人也应当承担相应的过错责任。①

二、承包人的违约责任

（一）转包、违法分包应承担的责任

《民法典》第806条第1款规定："承包人将建设工程转包、违法分包的，发包人可以解除合同。"该条将承包人违法分包规定为发包人的法定解除事由。也就是说，如果承包人将建设工程违法分包的，则发包人有权依法解除合同。如前所述，承包人在工程违法分包转包的情形下，因违反了法律的强制性规定，合同应当被宣告无效。当事人应当承担无效后的损害赔偿等责任，在发包人和承包人之间的合同关系中，因承包人将建设工程转包、违法分包的，承包人已构成根本违约，并使发包方享有解除合同权利。

在承包人将建设工程违法转包、分包的情形下，依据《民法典》第791条，该合同应当被宣告无效。但依据《民法典》第793条，如果建设工程施工合同无效，但是建设工程经验收合格的，可以参照合同关于工程价款的约定，折价补偿承包人。

（二）因建设工程质量不合格应承担的责任

在建设工程合同中，承包人是缔约的主体，因此承包人应当对建设工程质量不合格向发包人承担违约责任。因承包人的原因造成工程质量不合格，包括偷工减料、使用不

---

① 参见最高人民法院民事审判第一庭编著：《最高人民法院建设工程施工合同司法解释的理解与适用》，105～106页。

合格的建筑材料以及未严格按照设计的图纸进行施工建设等，只要是因承包人的原因所致，承包人应依法承担违约责任。当然，如果建设工程质量不合格并非出于承包人的原因，而是因发包人的原因或者用户自身的原因而造成的，则不应使承包人承担责任，否则对承包人将过于严苛，且不符合公平原则，同时也有悖于责任自负原则。[①] 具体而言：

第一，修理、返工、改建的方式继续履行。《民法典》第 801 条规定：“因施工人的原因致使建设工程质量不符合约定的，发包人有权请求施工人在合理期限内无偿修理或者返工、改建。经过修理或者返工、改建后，造成逾期交付的，施工人应当承担违约责任。”由此可看出，在建设工程质量不合格的情况下，如果该种建筑质量的瑕疵能够补正，可以采取修理、返工、改建的方式继续履行。据此，在施工过程中，施工人对建设工程所出现的任何质量问题都应承担继续履行的责任。如果因施工人原因致使建设工程质量不符合约定的，则需要承担相应的瑕疵担保责任，发包人可以请求施工人在合理期限内无偿修理或者返工、改建。而如果在经过修理或者返工、改建后，造成逾期交付的，此时已经构成履行迟延，属于违约责任的调整范畴，故施工人应当承担违约责任。[②]

第二，减少支付工程价款。所谓减少工程款，其实就是依质论价。《建设工程施工合同司法解释》第 12 条规定：“因承包人的原因造成建设工程质量不符合约定，承包人拒绝修理、返工或者改建，发包人请求减少支付工程价款的，人民法院应予支持。”依据该规定，在工程质量不合格的情况下，发包人应当要求承包人先承担修理、返工或者改建等继续履行的责任，如果承包人拒绝继续履行的，发包人享有减少支付工程价款的请求权。这就是说，发包人有权要求以质论价，根据具体情况减少工程价款。

第三，支付违约金和赔偿损失。因承包人的原因造成工程质量不合格，这就是说，承包人应当依据合同约定支付违约金。此处所说的违约金，主要指的是逾期交付的违约金。当然，违约金如果规定过高的，当事人有权请求调整。因承包人的原因造成工程质量不合格，由此造成的所有损失，承包人都有义务进行赔偿。

因承包人的原因造成工程质量不合格，对第三人造成财产和人身损害的，承包人应当依据民法典侵权责任编承担侵权责任。《民法典》第 802 条规定：“因承包人的原因致使建设工程在合理使用期限内造成人身损害和财产损失的，承包人应当承担赔偿责任。”因承包人的过错造成建设工程质量问题，例如施工人掺杂掺假、以次充好，造成建筑材料不合要求而引发房屋倒塌等。对于由此引发的质量问题，应由承包人承担相应的违约责任。

(三) 未能按期交工的责任

承包人未按期交工，应承担支付违约金和赔偿损失的责任。建设工程合同中，按照约定期限交工是承包人的主合同义务之一。如果承包人未能在约定的期限内完成建设工程，则构成违约，发包人有权请求其承担违约责任。在约定的交工期限届满后，承包人

---

① 参见胡康生主编：《中华人民共和国合同法释义》，431 页。

② 参见谢鸿飞、朱广新主编：《民法典评注·合同编：典型合同与准合同 3》，149～150 页。

未能交工的，发包人有权催告承包人在合理的期限内完工，承包人在该合理的期限内仍未完工的，发包人有权请求解除合同，并请求承包人承担违约责任。

三、施工人的违约责任

建设工程施工是施工人按照建筑设计标准和勘察、设计文件等来建造建设工程的行为。建设工程施工既可以由承包人亲自完成，也可以由承包人委托的施工单位来完成。施工人可能与发包人质检订立合同，但也有可能与发包人没有合同关系，也从事了施工活动。

《民法典》第801条规定："因施工人的原因致使建设工程质量不符合约定的，发包人有权请求施工人在合理期限内无偿修理或者返工、改建。经过修理或者返工、改建后，造成逾期交付的，施工人应当承担违约责任。"依据这一规定，因施工人的原因致使建设工程质量不符合约定的，发包人可主张施工人承担违约责任，但承担违约责任的前提必须是发包人要求施工人在合理期限内进行修理、返工或改建，且经过质量改进后造成逾期交付。如果施工人在合理期限内修理、返工或改建之后，未造成逾期交付的，发包人不应再要求施工人承担违约责任。一方面，如果因施工人的过错造成建设工程质量不符合约定，施工人拒绝修理、返工或者改建，发包人有权请求减少支付工程价款。也就是说，发包人可以直接请求其承担违约责任。[①] 另一方面，施工人同意修理、返工或者改建，但没有在合理期限内完成此项工作，造成逾期交付的，或者施工人经修理、返工或改建之后完成的建设工程的质量仍不符合要求的，施工人应当承担违约责任。在此情形下，建设工程质量不合格系因施工人自身的原因造成的，故而依据责任自负原则，施工人因此而逾期交付的，应当承担责任。

四、其他主体的违约责任

此处所说的其他主体，主要是指分包关系中的分包人。《建设工程施工合同司法解释》第43条规定："实际施工人以转包人、违法分包人为被告起诉的，人民法院应当依法受理。实际施工人以发包人为被告主张权利的，人民法院应当追加转包人或者违法分包人为本案第三人……发包人在欠付建设工程价款范围内对实际施工人承担责任。"据此可见，承包人将工程转包、分包给其他人，不应当免除其对工程质量的责任，其仍然应当对第三人的行为负责。[②] 但是，次承包人、分包人因为工程质量不合格，也应当对发包人负责。

---

① 参见《建设工程施工合同司法解释》第11条。

② 参见最高人民法院民法典贯彻实施工作领导小组主编：《中华人民共和国民法典合同编理解与适用》（三），1997～1998页。

五、违约的救济

（一）实际履行

在建设施工合同中，如果建设工程质量不合格是因为施工人的原因所致，发包人有权要求施工人在合理期限内无偿修理或者返工、改建。经过修理或者返工、改建后，造成逾期交付的，施工人应当承担违约责任。可见，在此情形下，施工人负有实际履行的责任。而且依据《民法典》第 801 条的规定，实际履行是承担其他违约责任的前提。只有在施工人经过修理或者返工、改建后，造成逾期交付的，才应当承担其他违约责任。因为发包人没有及时提供场地、原材料、设备等，其也负有继续履行的义务。发包人没有按期支付工程款的，其也负有继续支付的义务，并应当承担相应的违约责任。

（二）支付违约金

在建设工程合同中，当事人之间通常会就质量不合格约定违约金条款。违约金通常有两种形态：一是因质量不合格而应支付的违约金，二是因迟延交付的违约金，这两种形式在建设工程合同中都有可能适用：如果当事人同时约定了质量不合格的违约金与迟延交付的违约金，在工程质量未达到约定标准的，非违约方有权请求违约方承担质量不合格的违约金，或者要求返工、改建、修理的，另一方在采取这些质量改进措施后，导致建设工程逾期交付的，则非违约方还有权请求违约方承担迟延交付的违约金。违约金的约定可以使双方当事人在订立合同之初就完全了解如果违约将可能需要承担的责任，并可以使守约方无须通过耗时的诉讼程序来获取补偿①，因此，在建设工程合同中，如当事人约定有违约金的，应优先适用。

（三）损害赔偿

在合同关系中，当事人一方违约的，损害赔偿可以作为一种普遍的方式予以适用。一般而言，损害赔偿的数额仍应视其所遭受的损害而定，并由其承担举证责任。损害赔偿不仅包括实际损失，而且包括可得利益的损失。例如，因工程延期支付，不仅使发包人支付了对购房人的违约金，而且使发包人不能正常使用该工程，导致利润的损失。

（四）减少工程款

《民法典》第 582 条规定履行不符合约定的，受损害方可以合理请求对方承担减少价款等违约责任。② 因此，如果工程质量不合格，而承包人又拒绝修理、返工或改建的，发包人还可以请求减少工程款。如果当事人就减少工程款的数额达成协议的，应当承认该协议的效力。如果双方无法就此达成协议，发包人可以请求人民法院确定减少工程款的具体数额。法院应当考虑建设工程合同的具体情况，尤其是工程质量不合格的严重程

---

① 参见欧海燕：《标准建筑合同比较研究——以中英为视角》，143 页。

② 参见吴志忠：《买卖合同法研究》，156 页，武汉，武汉大学出版社，2007。

度、工程质量不合格对工程价值的影响、返工等需要支出的费用等合理确定。

（五）解除合同

此处所说的解除合同，是指因违约而发生的解除。除了《民法典》第 563 条与合同编通则部分规定的法定解释权外，合同编分则建设合同章还针对建设工程合同专门规定了其解除问题。

1. 发包人的解除权

如果承包人的违约行为导致根本违约，发包人有权解除建设工程施工合同。《民法典》第 806 条第 1 款规定："承包人将建设工程转包、违法分包的，发包人可以解除合同。"在工程转包或者违法转包的情形下，不仅违反了法律的强制性规定，也破坏了发包人的信赖，致使建设工程的质量难以保障，因而构成了根本违约，此时发包人享有合同的解除权。①

2. 承包人的解除权

发包人的违约行为，也可能构成根本违约，此时，承包人也享有合同解除权。此外，依据《民法典》第 806 条第 2 款的规定，"发包人提供的主要建筑材料、建筑构配件和设备不符合强制性标准或者不履行协助义务，致使承包人无法施工，经催告后在合理期限内仍未履行相应义务的，承包人可以解除合同"。该条实际上就《民法典》第 563 条第 1 款第 3 项在建设工程领域"迟延履行主要义务"作了具体规定。据此，发包人提供的主要建筑材料、建筑构配件和设备不符合强制性标准或者不履行协助义务，致使承包人无法施工，即属于迟延履行主要义务的情形。虽然此时承包人可以要求顺延工期，主张因此造成的停工、窝工损失，但是，在已经给予发包人合理宽限期后，继续强制要求承包人维持履行无望的合同关系，不能从已无履行困难的合同中解脱出来，对承包人也过于苛刻，因此，此种情况下，应当允许承包人请求解除建设工程施工合同。②

在建设工程施工合同解除以后，要发生恢复原状的后果。但是，建设工程具有其特殊性，其往往都是为了特定发包人的需要而建造的，如果其已经建成，恢复原状会造成巨大的浪费。③ 因此，《民法典》第 806 条第 3 款针对建设工程施工合同解除的后果作出了特殊规定："合同解除后，已经完成的建设工程质量合格的，发包人应当按照约定支付相应的工程价款；已经完成的建设工程质量不合格的，参照本法第七百九十三条的规定处理。"依据该款，建设工程施工合同解除后，如果已经完成的建设工程质量合格，发包人应当按照约定支付相应的工程价款；修复后的建设工程经竣工验收合格，发包人有权请求承包人承担修复费用；如果已经完成的建设工程质量不合格，修复后的建设工程经竣工验收仍然不合格，承包人则无权请求支付工程价款。另外，依据《民法典》第 793 条第 3 款，如果因建设工程不合格造成损失，发包人有过错的，其也应承担相应的民事责任。

---

① 参见谢鸿飞、朱广新等主编：《民法典评注 • 合同编：典型合同与准合同 3》，172 页。

② 参见黄薇主编：《中华人民共和国民法典合同编解读》（下册），1042 页。

③ 参见黄薇主编：《中华人民共和国民法典释义》，1482 页。

思考题

1. 试述建设工程合同的概念和特点。
2. 建设工程合同具有哪些效力？
3. 违反建设工程合同有哪些违约责任形式？

第二十三章
运输合同

案例

甲经营某海鲜批发市场，乙经营某货运公司。甲与乙订立货运合同，约定由乙在两天内将一批海鱼送至邻市的经销商丙处。后来，乙迟延一天取货，不巧在运送过程中遭遇台风，导致交通瘫痪，乙在5天后才到达丙处。由于时间拖延太久，大部分海鱼已经腐败、变质，造成甲经济损失10万元。甲认为乙没有及时将海鱼运送至丙处，导致其遭受损失，请求乙赔偿该损失。而乙则认为，其是因为遭遇台风才未按时将货物送达，其不应承担责任。

简要评析：在货运合同中，承运人应当负有将货物安全运送至约定地点的义务，但依据《民法典》第832条的规定，如果承运人能够证明货物的毁损、灭失是因不可抗力、货物本身的自然性质或者合理损耗以及托运人、收货人的过错造成的，则其无须承担损害赔偿责任。在该案中，虽然是因为台风导致了损失，但是，乙是在迟延一天后取货，正好遭遇台风，依据《民法典》第590条第2款的规定，“当事人迟延履行后发生不可抗力的，不免除其违约责任”。本案中，乙构成迟延履行，在迟延履行之后遭遇台风，因而乙不能依照不可抗力而主张免责。

第一节 运输合同概述

一、运输合同的概念和特征

运输合同又称为运送合同，是指承运人将旅客或者货物安全及时地送达运输地点，由旅客、托运人或者收货人支付运输费用的合同。“运输合同是承运人将旅客或者货物从起运地点运输到约定地点，旅客、托运人或者收货人支付票款或者运输费用的合同”（《民法典》第809条）。我国民法典合同编单列第十九章对运输合同的一般规则进行了规定。运输合同主要包括旅客运输合同和货运合同两大类。随着运输业的发展，出现了新的运输方式，如多式联运合同。针对运输方式的多样性，我国有关的法律，如《铁路法》《民用航空法》《海商法》等都对运输合同进行了专门规定。以上单行法律有关运输的规则与民法典合同编的相关规则构成了运输合同法律制度的整体。

运输合同具有如下特征。

（一）主体具有特殊性

运输合同中，主体为承运人与托运人、旅客。所谓承运人，是指已与托运人订立合同的当事人一方。在我国，承运人都是需要取得客运或货运资质，或取得运输许可的人。对于铁路、航空等，法律上对承运人的资格有严格的限制。① 所谓托运人，是指货运合同中托送货物的人，托运人既可以是自然人，也可以是法人或者其他组织。所谓旅客，是指在客运合同中的一方当事人，其也是承运人运输的对象。此外，货运运输合同的主体还包括收货人。在货物运输中，一些托运人常常为了第三人的利益而运输货物，因而货运合同的当事人，除托运人和承运人外，还应当包括第三人即收货人。从我国实务来看，在托运人与收货人不一致的情况下，一旦合同规定第三人为收货人，则在承运人将货物运送到目的地以后，收货人就有权请求承运人交付货物。一旦托运人确定第三人为收货人，该合同在性质上是利益第三人合同。

（二）客体具有特殊性

运输合同的客体是运送行为，无论是客运合同还是货运合同，其所指向的都是承运人利用交通工具，使物品或旅客发生空间变动的行为。② 即使在旅客运输合同中，客体是承运人运送旅客的行为，而不是旅客本身。一方面，在旅客运输合同中，旅客支付价款这一主要义务所指向的应是承运人的运输行为，而非旅客本身。在货运合同中，托运

---

① 例如，《民用航空法》第92条规定：“企业从事公共航空运输，应当向国务院民用航空主管部门申请领取经营许可证。”第93条规定：“取得公共航空运输经营许可，应当具备下列条件：（一）有符合国家规定的适应保证飞行安全要求的民用航空器；（二）有必需的依法取得执照的航空人员；（三）有不少于国务院规定的最低限额的注册资本；（四）法律、行政法规规定的其他条件。”

② 参见郭明瑞、王轶：《合同法新论·分则》，256页。

人或收货人支付价款所针对的也是承运人运输货物的行为，而非针对货物本身。另一方面，运送不是简单从事交通工具运送的行为，必须由承运人将旅客或货物安全、及时运送到目的地，运送行为才能完成。因而，运输行为从广义上来讲是一种提供劳务的行为。①

（三）具有标准性

运输合同大都采取标准合同形式。由于运输合同中的承运人大多是经营运输的企业，而托运人和旅客都可能是普通的消费者，其很难与承运人具有同等的谈判地位，与承运人单独订立合同的费用也通常较高，所以运输合同一般采用示范合同的形式，一些合同条款采取了格式条款的形式，当事人之间不能协商。② 例如，货运单、提货单、客票等所载的主要内容和条款（如注意事项、收费项目、赔偿责任）一般是由国家授权交通运输部门统一制定的，双方当事人无权自行变更。对托运人和乘客而言，他们要托运货物、乘坐交通工具就必须接受国家规定的条件，不得携带易燃易爆品，否则，合同就不能成立。国家将运输合同规定为标准合同，是为了更好地维护双方当事人的利益，防止由承运人控制运输工具而任意加收运费的现象。

（四）具有诺成性、双务性、有偿性

运输合同是诺成合同，原则上双方达成合意即可，无须实际交付标的物。《民法典》第 814 条规定："客运合同自承运人向旅客出具客票时成立，但是当事人另有约定或者另有交易习惯的除外。"随着互联网技术的发展，传统的购票方式发生了很大变化，客票的无纸化已成为普遍趋势，所以客运合同原则上自承运人向旅客出具而不是交付客票时成立。但是，在运输合同的当事人另有约定的情况下，旅客运输合同的成立可以不是在承运人出具客票时成立。例如，某个体运输户与托运人特别约定在实际接收货物后，运输合同才正式订立。另外，在另有交易习惯的情况下，客运合同的成立时间也可以不再出具客票时成立。③

运输合同是双务的、有偿的合同。依据《民法典》第 809 条的规定："运输合同是承运人将旅客或者货物从起运地点运输到约定地点，旅客、托运人或者收货人支付票款或者运输费用的合同"。在运输合同中，一方从事运输的行为，另一方支付运费和票款，故其为双务有偿合同。

二、运输合同与承揽合同

运输合同与承揽合同一样，都要完成一定的工作，并且也要提供一定的工作成果。在运输合同中，不仅要运输货物或旅客，还要把货物或旅客安全、及时地运送到目的地。

---

① 参见马俊驹、余延满：《民法原论》，3 版，702 页。

② 参见魏耀荣等：《中华人民共和国合同法释论（分则）》，351 页。

③ 参见黄薇主编：《中华人民共和国民法典合同编解读》（下册），1071 页。

因此，许多学者认为，此类合同具有结果的要求，因而属于一种特殊的承揽合同。[①] 也有人认为，运输行为必须借助一定的交通工具实施，如通过火车、汽车、轮船等进行运输，若仅以人力搬运物品或人身（如背负他人过河），仅成立承揽合同而不成立运输合同。[②] 本书认为，就运输合同而言，虽然其性质与承揽合同颇为相近，但与承揽合同存在着明显区别，主要表现在：一方面，在运输合同中，安全及时运输是对运输行为的具体要求，而非作为结果存在。而在承揽合同中，承揽人所提供的是一种物化的成果。运输合同的承运人须向旅客或托运人提供运送服务，而不是某项工作成果。[③] 从此种意义上来讲，运输合同并不是一种提供工作成果的合同，而是一种提供服务的合同。另一方面，从提供服务的性质来看，承揽人需要对材料进行加工进而形成工作成果，而运输人则是借助一定的运输工具对旅客或货物进行运输，而非加工性质的行为。还应当看到，在货运合同中，还可能存在收货人，但在承揽合同中，并不存在收货人，所以其一般不可能形成利益第三人合同。

三、运输合同的分类

运输合同种类很多，根据不同的标准可以将它们作出不同的分类。

（一）货运合同和旅客运输合同

以运输合同的标的划分，有货运合同和旅客运输合同之分。货运合同是指将特定的货物运送至特定地点，由托运人或者收货人支付费用的合同。货物运输的种类很多，又可以分为一般货物的运输合同、特种货运合同（如运送鲜活货物，包括易腐、易变质货物和活动物等货物的合同）、危险货运合同（指运输易燃、易爆、有剧毒和放射性的物品的合同）。所谓旅客运输合同，是由承运人将旅客安全及时送达目的地、旅客支付票款的合同。由于这两类合同基本概括了运输合同的两种类型，因而我国《民法典》主要将运输合同分为货运合同与客运合同两类。货运合同和旅客运输合同的主要区别在于：

第一，运输对象不同。在客运合同中，承运人所运输的通常是旅客本身，而在货运合同中，承运人所运输的对象则是托运人所交付的货物。在客运合同中，由于其涉及旅客的身体及生命，所以在具体的规则适用上与一般的货物运输有很大的不同。

第二，当事人不同。在客运合同中，不存在收货人的情形，其当事人主要是旅客和承运人。而货运合同的当事人主要是托运人和承运人，但还存在以第三人作为收货人的情形。如果托运人与承运人约定将货物交付给特定的第三人（收货人）的，收货人作为货运合同的当事人，可主张承运人履行交付货物等义务。

第三，义务内容不同。在客运合同中，承运人负有将旅客安全运送至目的地的义务。

---

① 参见韩世远：《合同法学》，509页。

② 参见江平主编：《中华人民共和国合同法精解》，224页。但我国台湾地区学者大多认为运输工具并不重要，即使是以人力搬运也构成运输。参见欧阳经宇：《民法债编各论》，184页，台北，汉林出版社，1978。

③ 参见郭明瑞、王轶：《合同法新论·分则》，256页。

所以，《民法典》第 822 条规定，承运人在运输过程中，应当尽力救助患有急病、分娩、遇险的旅客。但在货物运输中，不存在该种义务。

（二）铁路、公路、水上（海上和内河）、航空运输合同

从运输工具来看，可以区分为铁路运输合同、公路运输合同、水上（海上和内河）运输合同、航空运输合同。在实践中，运输合同按照运输工具来进行分类也具有一定的意义，主要表现在：一是适用的法律不同。我国专门颁布了《民用航空法》《铁路法》《海商法》等，分别调整了各种特殊交通工具的运输合同关系。二是从免责事由来看，在航空运输中，一般认为不可抗力不能作为免责事由，而在其他运输方式中则可以适用。三是从承运人的特殊要求来看，一般来说，航空、铁路运输都对承运人的资质有相对严格的要求。例如，在我国，铁路运输由铁路部门专营，对航空运输企业的资质也有严格要求。

（三）单一承运人的运输合同与联运合同

从运输方式来看，运输合同可分为单一承运人的运输合同与联运合同。单一承运人的运输，是指仅由单一的承运人负担运输义务的合同。联运合同，又称连续运输，是指两个以上的承运人采用相同或不同的交通工具共同完成货物运输任务。[①] 联运合同在签订、变更、当事人的权利义务、违约责任等方面与货运合同和旅客运输合同相似。但联运合同有多个承运人，这是联运与普通运输的主要区别之一。虽然联运中的承运人是多人，但联运合同的签订者仅是第一承运人。除第一承运人以外的其他承运人并不参加合同的签订，但他们必须向托运人或旅客履行各自的承运义务。

联运合同可以区分为单式联运合同和多式联运合同。所谓单式联运合同，是指存在多个承运人，在托运人与第一承运人订立运输合同之后，由第一承运人与其他承运人以相同运输方式完成同一货物运输的合同。所谓多式联运合同，也可称为复式运送，是由两个或两个以上不同运输方式的承运人结合为承运人一方，与托运人或旅客之间订立的协议。[②] 从我国《民法典》的现有规定来看，单式联运和多式联运合同中承运人的责任承担规则也有较大区别。

（四）国内运输合同和远洋运输合同

国内运输主要是指运输路线发生在一个国家内部的运输，包括陆路、公路以及铁路运输等。而远洋运输主要是指在一国或多国海域进行的运输路线发生在一个以上国家的运输。由于海洋运输情形较为复杂，涉及的问题很多，一般要制定专门的海洋运输法对此进行调整。我国专门制定有《海商法》对远洋运输进行特别规定，该法第 1 条就明确指出其所调整的对象，即为了调整海上运输关系、船舶关系，维护当事人各方的合法权益而制定。

---

① 参见黄薇主编：《中华人民共和国民法典合同编解读》（下册），1111 页。

② 参见林一山：《运送法》，11 页，台北，自版，2005。

第二节　运输合同的订立

一、运输合同自合同当事人就主要条款达成合意时成立

关于运输合同是诺成合同还是实践合同，存在争议。本书认为，其属于诺成合同，因为一方面，在运输合同中只要双方当事人就运输事项达成一致时，合同就宣告成立，并不需要另行交付标的物才成立。如果要等到交付货物时货运合同才宣告成立，则不利于保护托运人的利益。承运人很可能以托运人未交付货物，而不提前进行运输的准备，如在铁路运输中，由于未在运输计划中为托运人提前预留火车车皮，而导致托运人的货物无法运输。另一方面，即便在旅客运输合同中，旅客购买客票时合同成立，但这并不意味着此类合同是实践合同。在客运合同，双方当事人就运输合同主要条款形成合意，合同关系即为成立。除非有当事人特别约定或者存在交易习惯的，出具客票仅仅只起到了证明作用，并非合同的当然成立要件。

二、从事公共运输的承运人负有强制缔约义务

《民法典》对运输合同的订立规定了特定的规则，即对从事公共运输的承运人施加了强制缔约义务。《民法典》第810条规定："从事公共运输的承运人不得拒绝旅客、托运人通常、合理的运输要求。"该条即确立了公共承运人的强制缔约义务，其适用的基本条件如下。

第一，负有强制缔约义务的主体是从事公共运输的承运人。从事公共运输须具备特别许可的资格，未经许可的不能开展营运。也就是说，从事公共运输的人通常对这种运输服务具有相当程度的垄断，如果不对其课以强制缔约义务，将会对公众的出行便利造成很大影响。其特点主要表现在以下几个方面：一是服务对象的不特定性。从事公共运输的对象并不是特定的某些人或者某个人，而是公众。例如，某个企业有专门接送公司员工的班车或者从事较为固定路线运输货物的货车，因为运输对象是确定的，所以不属于公共运输的内容。二是承运人要有专门的运输许可。一般而言，我国对运输的经营实行特许，根据相关的法律规定，从事运输的人需要具有相关部门的特别许可。如果未取得特许资格，不得从事公共运输事务。三是承运人从事商业运营，并且根据审批的固定路线、价格以及时间进行营运。而且这种运输路线、营运时间、运输价格具有较为固定的特点，非经批准同意，不得随便进行更改。[①] 四是内容的格式化。在公共运输中，由于运输的时间、价格、路线都在特别许可中予以载明，并且需要接受相关部门的监督，所以，合同的主要内容已经较为固定。托运人或者旅客不具有洽谈的能力，而承运人也不能对此进行随意更改，它是一种典型的格式化合同。《民法典》对从事公共运输的承运

---

① 参见胡康生主编：《中华人民共和国合同法释义》，447页。

人规定强制缔约义务的原因在于，避免从事公共运输一方利用交易优势地位损害不特定公众的正当、合理的利益。

第二，旅客、托运人的运输要求必须是“通常、合理”的，承运人才负有强制缔约义务。判断是否为“通常、合理”，不是依单个旅客或者托运人的判断，而是依一般旅客或者托运人的判断。[①] 对于旅客通常、合理的运输要求，从事公共运输的承运人不得拒绝。通常合理的要求也是旅客正当利益的体现。如果对旅客通常合理的缔约要求不能满足，将会严重损害旅客的利益。此外，强制缔约义务能够维护正常的运输秩序。满足旅客通常合理的要求，这是营运许可所规定的内容，如果此种要求不能得以满足，就不能实现正常的运输秩序。

违反强制缔约义务的法律后果如何？强制缔约的直接效力在于，负有强制缔约义务的一方当事人必须受强制缔约规定的约束，不能拒绝社会上不特定相对人的缔约请求。[②] 从法律上看，强制缔约义务虽然是在合同法中规定的，但其性质属于强行性规范，而不是任意性规范，当事人不能约定排除其适用。负有强制缔约义务的一方必须应相对人的请求与其订立合同。如果负有缔约义务的一方拒绝订立合同，其应当承担相应的法律后果，即要承担损害赔偿等责任。[③]

第三节　运输合同的效力

一、承运人的主要义务

（1）安全及时送达的义务。《民法典》第811条规定：“承运人应当在约定期限或者合理期限内将旅客、货物安全运输到约定地点。”该条规定确定了如下义务：第一，承运人必须按照规定的时间进行运输。如果合同对运送期限有明确规定，应该在合同约定的期限内进行运输，如果没有规定期限，应该在合理期限内进行运输。如果承运人未能在规定的运输期限内将旅客或货物运输到目的地，将承担违约责任。第二，承运人应当将旅客、货物安全、及时运输到约定地点。也就是说，承运人仅仅将旅客与货物送到合同约定的地点是不够的，还需要将旅客或货物安全送达。所谓安全送达，是指必须在运输过程中保障旅客与货物的安全。对于货物而言，安全就是要按照托运时候的包装方式、形状构造等送达约定地点。[④] 在运输过程中，即使由于外来原因，造成旅客伤害或者货物毁损的，承运人也需要根据合同约定和相关法律规定承担民事责任。

（2）按照规定的运输路线运送的义务。《民法典》第812条规定：“承运人应当按照约定的或者通常的运输路线将旅客、货物运输到约定地点。”这就是说，在运输中，承运

---

① 参见黄薇主编：《中华人民共和国民法典合同编解读》（下册），1063页。

② MünchKomm/Busche, vor § 145, Rn. 23.

③ Staudinger/Bork, vor § 145, Rn. 20; MünchKomm/Busche, vor § 145, Rn. 12; Bamberger/Roth/ Eckert, § 145, Rn. 16.

④ 参见黄薇主编：《中华人民共和国民法典合同编解读》（下册），1001页。

人应当按照约定的或者通常的运输路线进行运输，包括两个方面：一是按照约定的运输路线运送。约定的路线，是合同当事人明确约定的路线。承运人因各种原因可能舍近求远，或者选择并不通常行驶的路线。只要双方约定了路线，承运人就应当按照该路线行驶。二是按照通常的运输路线运送。通常的路线，是指人们一般的、惯常行走的路线。一般而言，运输路线是已经确定较为安全的路线，特别是在航空运输中，运输路线的改变将会增加运输的风险。① 通常路线大多是由承运人设计，并公之于众的，且该路线常常与运输费用有密切联系，线路越长，运输费用越高。② 但如果当事人事先已就运输路线进行了特别约定的，即使该约定与通常的路线不符，承运人也应当按照约定的运输路线进行运输。当然，在特殊情况下，如果原来的运输路线不畅通或者出于救助等原因，承运人可以与托运人协商改变运输路线。如在铁路运输中，出现了山体滑坡，原来的运输路线无法通行。因此增加的费用，由双方共同协商确定。再如，《海商法》第 49 条第 2 款规定："船舶在海上为救助或者企图救助人命或者财产而发生的绕航或者其他合理绕航，不属于违反前款的规定的行为。"在此情况下，承运人的合理绕行具有法定理由，不需要取得旅客或者承运人的同意。

《民法典》第 813 条中规定："承运人未按照约定路线或者通常路线运输增加票款或者运输费用的，旅客、托运人或者收货人可以拒绝支付增加部分的票款或者运输费用。"依据该规定，承运人未按照约定路线或者通常路线运输，实际上已经构成了违约，应当承担相应的违约责任。如果当事人已经在合同中约定了违约金或者损害赔偿额，则应当依该约定确定责任。在没有约定救济方式的情况下，旅客、托运人或者收货人可以拒绝支付增加部分的票款或者运输费用。这就是说，承运人无权要求收取增加的费用，旅客、托运人或者收货人也不负有相应的义务。例如，运输过程中，汽车司机故意绕行，增加了费用支出，此种费用应该由承运人自行负责。当然，如果因为此种行为造成了托运人、旅客等的其他损失，受害人也可以要求赔偿损失。

（3）从事公共运输的承运人应满足旅客、托运人通常、合理的运输要求。《民法典》第 810 条规定："从事公共运输的承运人不得拒绝旅客、托运人通常、合理的运输要求。"该条规定了从事公共运输的承运人的强制缔约义务。如前所述，公共运输，是指面向社会公众的、由取得营运资格的营运人所从事的商业运输行为。该条对从事公共运输的承运人施加了一种强制缔约的义务。依据该条规定，在订立合同时，托运人或旅客提出了与承运人缔约的要求，只要其要约的内容是通常、合理的，承运人就应当接受该要约。通常、合理的要求，包括运输线路的确定、运输工具的要求、票价的确定等要合理。如果该要求是不合理的，则承运人有权拒绝。③ 例如，托运人选择的线路非常危险，或者愿意支付的运输费用过低，承运人也可以拒绝。同时，通常、合理的运输要求还可以包括在运输过程中的要求。例如，航空运输中应该提供基本的、能够保障旅客正常饮用的相关物品，如矿泉水等。

---

① 参见胡康生主编：《中华人民共和国合同法释义》，450 页。

② 参见魏耀荣等：《中华人民共和国合同法释论（分则）》，360 页。

③ 参见黄薇主编：《中华人民共和国民法典合同编解读》（下册），1000 页。

（4）附随义务。承运人除了需要履行根据合同约定的义务之外，还需要履行根据诚信原则而产生的附随义务。也就是说，在运输旅客或者货物的过程中，由于出现了其他外来原因或者合同订立时没有预见的情况，承运人应该将该种情况及时告知托运人。如在货物运输过程中，由于运输途中发生连续降雨，货物发生变质、霉烂，承运人应该及时告知托运人，并且需要采取一定措施，防止损失的进一步扩大。

二、旅客和托运人的义务

（1）托运的货物应当符合运输的法定或约定要求。具体而言，一是托运的货物必须符合法律允许托运的要求，对于那些违禁品、易燃、易爆、有毒的物品以及其他禁止托运的货物，承运人有权予以拒绝。二是托运的货物满足运输的基本条件。在运输合同中，由于装载工具的限制，托运的货物必须符合托运的要求，如大小、形状等符合托运的要求。如果不符合要求，承运人可以拒绝托运。《民法典》第810条明文规定："从事公共运输的承运人不得拒绝旅客、托运人通常、合理的运输要求。"这就说明，只要是不合理的运输要求，承运人都可以予以拒绝。

（2）支付票价或者运输费用的义务。托运人应当按照合同的约定或者交易习惯，支付相应的票款或运输费用。对此，如果承运人未按照约定路线或者通常路线运输增加票款或者运输费用的，则有权拒绝。该行为通常构成承运人的违约行为。一般而言，运输费用常常是和运输的线路、货物的数量、交通工具的种类等因素联系在一起的。对于货物运输而言，如果当事人没有特别约定，一般都是在完成运输任务以后支付。在运输过程中，除了运输费用之外，还存在必要的杂费，如保险费、装卸货物费用的必要支出，应该由托运人或者旅客承担。

（3）附随义务。在运输过程中，托运人也具有与承运人协作、如实告知等附随义务。如果合同出现了运输合同中所没有约定的客观情况，托运人应该密切配合，予以处理。

第四节　客运合同

一、客运合同的概念和特征

客运合同，也称旅客运输合同，是指承运人应将旅客及其行李包裹按约定时间运送到目的地，而旅客应支付约定运费的合同。在我国，铁路、公路、海上、内河、航空等各运输企业都办理旅客运输。客运合同是运输合同中的一种类型，其基本特征在于：

（1）客运合同的标的是运输旅客及其自带行李的行为。客运合同不同于一般的合同，主要在于客运合同的对象具有特殊性。一般而言，在客运合同中，订立客运合同的主体同时也是客运合同所指向的对象。① 而在货运合同中，承运人的运输行为所指向的是托

① 参见郭明瑞、王轶：《合同法新论·分则》，258页。

运人所交付的货物。正因如此，在客运合同中，承运人所应负担的义务具有特殊性。例如，承运人负有救助义务，其在运输过程中，应当尽力救助患有急病、分娩、遇险的旅客。此外，在客运合同中，承运人还负有将旅客的自带行李运送至目的地的义务。所谓自带行李，是指依照法律的相关规定或合同约定，旅客于限定的标准内被允许自带，而不必另行向承运人支付运费的行李。[①]《民法典》第817条规定："旅客随身携带行李应当符合约定的限量和品类要求；超过限量或者违反品类要求携带行李的，应当办理托运手续。"因此，在客运合同中，自带行李的携带也属于客运合同的一个条款，合同一经成立，旅客就应当遵守有关随身携带行李的约定。[②] 而对于旅客托运的行李，则应当适用货物运输的有关规定。

(2) 客运合同是诺成、不要式的合同。如前所述，运输合同是诺成合同，因在客运合同中，客票的出具并不是作为合同的成立要件，当事人仅需就运输事项达成一致时，合同即宣告成立。《民法典》第814条规定："客运合同自承运人向旅客出具客票时成立，但是当事人另有约定或者另有交易习惯的除外。"承运人向旅客出具车票，但承运人出具客票仅仅是证明合同成立的凭证。只要双方当事人就客运合同主要条款达成合意，合同即成立。如果当事人就合同成立存在约定或存在特定的交易习惯，则应按照当事人约定或者交易习惯来确定。因此，客运合同自承运人向旅客出具客票时成立，出具客票并非要实际交付客票，因为现在客票已经无纸化了，不需要实际交付客票。[③] 当然，当事人另有约定或者另有交易习惯的除外。例如，在出租车运输中，按照一般的交易习惯，通常是乘客先上车，在到达目的地时才给付费用。

客运合同是一种不要式合同，该种合同一般不要求采用书面形式。虽然在客运合同中，需要向乘客出具车票，但车票并不是运输合同本身，它只是旅客已经支付了票款的凭证。客运合同成立的特殊性在于双方一般不必订立正式的书面合同。[④]

(3) 客运合同是双务、有偿合同。在客运合同中，旅客支付票价是作为承运人履行运输义务的对价而存在的，因此客运合同是双务、有偿合同。《民法典》第815条集中体现了客运合同双务有偿性的体现。在乘客未支付足够对价、承运人依据有效承运合同要求补交票款的，乘客应当补交票款，承运人可以按照规定加收票款。如果旅客不支付票款的，承运人有权拒绝运输。

二、客运合同的效力

(一) 旅客的主要义务

(1) 持有有效客票乘车的义务。《民法典》第815条第1款第1句规定："旅客应当按照有效客票记载的时间、班次和座位号乘坐。"持有效客票乘车是客运合同中旅客最基本的义务。有效客票的一般形式为无记名的纸质化客票，具有流通性与一次性的特点。

---

① 参见孙晓编著：《合同法各论》，220页。

② 参见魏耀荣等：《中华人民共和国合同法释论（分则）》，368页。

③ 参见黄薇主编：《中华人民共和国民法典合同编解读》（下册），1007页。

④ 参见谢鸿飞、朱广新主编：《民法典评注·合同编：典型合同与准合同3》，225页。

随着科技的发展，旅客可以通过手机等客户端下载电子客票，并以此作为乘车凭证。因此，所谓有效客票，并不仅限于无记名的有纸化客票，同时还包括无纸化客票。

旅客违反此种义务的形态主要有如下几种：无票乘运、越级乘运、超程乘运或者持无效的客票乘运。所谓无票乘运，是指旅客没有购买车票或者车票遗失后进行乘车。所谓越级乘运，是指旅客乘坐的等级席位已经超出客票指定的范围。例如，本应该是二等舱的旅客乘坐了头等舱。所谓超程乘运，是指旅客乘坐超出了约定的既有客票的目的地，在没有另外补缴价款的情况下继续乘运。所谓持无效的客票乘运，是指旅客持有已经过期或者伪造的车票乘车。① 如果旅客违反该义务，承运人有权采取如下措施。

第一，按照规定加收票款。如果旅客无票乘运、超程乘运、越级乘运或者持无效客票乘运的，旅客应当补交票款。但是否要求旅客补交是作为承运人的一项权利而存在的，因而是否按规定要求旅客补交，应当交由承运人决定，由其自身酌情处理。②

第二，拒绝运输。在违反该义务的情况下，乘客有义务补缴票款。对承运人而言，其有权加收乘客票款或者直接拒绝运输，这是承运人的权利，承运人此时享有一种选择的权利。如果旅客不交付票款，承运人可以拒绝运输。此外，《海商法》第 112 条规定了“承运人有权向其追偿”。这就是说，承运人嗣后发现乘客有此种情形的，可以要求乘客补偿。

此外，依据《民法典》第 815 条第 2 款规定：“实名制客运合同的旅客丢失客票的，可以请求承运人挂失补办，承运人不得再次收取票款和其他不合理费用。”因为客票实际上是对客运关系的证明凭证，承运人不得以客票丢失为由，否定客运关系存在，更不得以此为名要求加收票款和其他不合理费用。同时，如果旅客丢失客票，有权请求承运人挂失补办。

（2）携带规定限额的行李乘车的义务。在客运合同中，旅客有权携带必备的行李，而携带行李搭乘交通工具一般无须额外支付价款。《民法典》第 817 条规定：“旅客随身携带行李应当符合约定的限量和品类要求；超过限量或者违反品类要求携带行李的，应当办理托运手续。”依据该条规定，旅客虽然有权随身携带行李，但该行李的携带须符合合同约定或法律规定的限量。如果旅客携带的行李超过限量的，必须办理托运手续。对于超过规定数量的旅客行李，旅客需要凭客票办理托运，承运人应向旅客交付行李票。行李票是旅客托运行李的货运合同的表现形式。③

（3）不得携带违禁物品的义务。在客运合同中，为了保障客运运输合同的安全，旅客不能携带违禁物品。依据《民法典》第 818 条第 1 款规定，“旅客不得随身携带或者在行李中夹带易燃、易爆、有毒、有腐蚀性、有放射性以及可能危及运输工具上人身和财产安全的危险物品或者违禁物品”。据此确立了旅客不得携带违禁物品的义务。通常，违禁物品（如易燃、易爆、有毒、有腐蚀性、有放射性等危险物品）具有很强的危险性，而承运人所进行的客运多具有公共运输的性质，因此，旅客携带违禁物品不仅会对旅客自身的生命健康造成威胁，还会对承运人的运输安全以及其他旅客的生命健康安全等造

---

① 参见张代恩：《运输合同·保管合同·仓储合同》，39～40 页，北京，中国法制出版社，1999。

② 参见胡康生主编：《中华人民共和国合同法释义》，455 页。

③ 参见郭明瑞、王轶：《合同法新论·分则》，259 页。

成威胁。[①] 该条所确立的是强制性义务，是旅客必须遵守的义务。[②] 因为此种义务是法定义务，如果旅客违反此种义务，承运人有权拒绝承运。另外，依据《民法典》第 818 条第 2 款规定，承运人可以将危险物品或者违禁物品卸下、销毁或者送交有关部门。旅客坚持携带或者夹带危险物品或者违禁物品的，承运人应当拒绝运输。此处所说的拒绝运输，是指旅客坚持携带或者夹带违禁物品的，承运人可以不再负担运输义务，而承运人在此情况下的拒绝承运也不构成通常所言的“拒载”。

（4）在约定期限内办理退票或变更手续的义务。依据《民法典》第 816 条的规定，旅客因自己的原因不能按照客票记载的时间乘坐的，应当在约定的期限内办理退票或者变更手续，所谓变更是指旅客可以在规定的时间和范围内变更合同内容，如由坐席改为卧铺、由四等舱改为三等舱，或者改变乘车时间或到站地点。经承运人认可，办理换乘手续即可换乘。所谓退票是指在规定的时间内解除客运合同，但需要满足以下几个条件。

第一，必须是旅客因自己的原因不能按照客票记载的时间乘坐。旅客因自己的原因不能按照客票记载的时间乘坐的，可以退票或变更。此处所说的“自己的原因”，是指旅客因自身的健康状况、工作计划变动等原因造成的不能按照约定时间搭乘。如果是因为承运人的原因而造成旅客不能按时搭乘的，承运人构成违约，应承担违约责任。承运人应当根据旅客的要求安排改乘其他班次或退票。旅客要求退票的，承运人应全额退还票款。[③] 在此需要探讨的问题是，按时搭乘是否是旅客的一项义务？一些学者认为，这是旅客应该承担的一项义务。[④] 本书认为，按时搭乘只是旅客的一项权利，如果其不能按时搭乘，则会失去相关的利益，但并不需要因此承担责任。如果因为承运人的原因无法按时搭乘，旅客可以依据《民法典》第 820 条的规定要求安排改乘其他班次或者退票。例如，飞机出现故障，航班不能正常起飞，此时航运公司应该及时安排旅客改乘其他航班或者退票。

第二，必须在约定的时间内办理。因为如果没有在约定时间内进行办理的，将会导致承运人的损失。通常，办理退票或变更手续等的时间已经由承运人事先告知并载入票证或有关文件之中，并因旅客支付票款，推定旅客已经接受合同所约定变更或退票的时间，因此，旅客未在约定期限内办理退票或变更手续等，应视为其放弃合同所约定的权利。

第三，《民法典》第 816 条规定：“逾期办理的，承运人可以不退票款，并不再承担运输义务。”也就是说，旅客单方解除或变更运输合同是有时间限制的，如果旅客没有及时办理退票等手续，即便其没有实际乘坐，但承运人也已经实际作出了履行，且支付了相应的运输成本，所以基于公平原则，承运人可以不退票款，而且不再承担运输义务。[⑤]

---

① 参见魏耀荣等：《中华人民共和国合同法释论（分则）》，369 页。

② 参见胡康生主编：《中华人民共和国合同法释义》，457 页。

③ 参见胡康生主编：《中华人民共和国合同法释义》，455～456 页。

④ 参见韩世远：《合同法学》，512 页。

⑤ 参见谢鸿飞、朱广新主编：《民法典评注·合同编：典型合同与准合同 3》，237～238 页。

（二）承运人的主要义务

（1）安全运送义务。承运人的主要义务是将旅客和行李按规定的时间送到目的地。这是承运人在客运合同中所应履行的主给付义务。《民法典》第811条规定：“承运人应当在约定期限或者合理期限内将旅客、货物安全运输到约定地点。”据此确立了承运人所负有的安全运送义务。在旅客运输过程中，承运人应当负有此种义务，该义务是其主给付义务。倘若承运人违反义务，未将旅客安全、及时送到目的地，将构成违约。

（2）对旅客人身安全的保护义务。《民法典》第823条第1款规定：“承运人应当对运输过程中旅客的伤亡承担赔偿责任；但是，伤亡是旅客自身健康原因造成的或者承运人证明伤亡是旅客故意、重大过失造成的除外。”据此，确立了承运人对旅客人身安全的保护义务。第一，要求必须是在客运合同的履行过程中发生的旅客的伤亡。在客运合同中，承运人作为专门从事运输义务的当事人，其所承担的是公共运输义务，必须保证其运输活动的安全性。[①] 例如，旅客在列车上被持刀抢劫，乘警没有及时制止，就表明其没有尽到必要的安全保障义务。第二，必须是旅客遭受了人身伤亡，如果仅仅只是遭受财产损失的，则不应该适用本条的规定。第三，旅客不属于无票乘运的情形。承运人所负担的对旅客人身安全的保护义务是作为一项法定义务存在的，但这种义务是有限制的。承运人仅仅对持有有效客票乘运的旅客负有人身安全的保护义务，对无票乘车又未经承运人许可的人的伤亡，不属于本条所说的“旅客”，因此也不应当适用本条的规定。[②] 第四，不存在法定的免责事由，依据《民法典》第823条第1款规定，伤亡是旅客自身健康原因造成的或者承运人证明伤亡是旅客故意、重大过失造成的除外。具体来说，包括如下两种情况：一是伤亡是旅客自身健康原因造成的。这主要是指因旅客自身患病而突然死亡或发病造成其人身伤亡。二是伤亡是由旅客故意、重大过失造成的。例如，在车辆行驶中，旅客擅自从窗口跳车导致其摔伤。如出现了法定的免责事由，承运人也可以免于承担责任。由此可见，《民法典》第823条第1款所规定的责任是一种严格责任。法定的免责事由仅限于旅客自身健康原因或者承运人能够证明伤亡是由于旅客故意或者重大过失造成的。[③]

需要指出的是，此种义务与民法典侵权责任编规定的安全保障义务不同，此种义务仅仅适用于合同存续期间，而且，其范围限于旅客，不是对社会一般人所负有的义务。但因承运人的过错导致旅客的人身伤亡，也会出现侵权责任和合同责任的竞合，此时，受害人可以择一主张侵权责任或合同责任。

（3）告知义务。在客运合同中，由于运输过程中可能会存在相应的风险，为了使此种风险能够得以及时避免，承运人具有将相关情况进行告知的义务。《民法典》第819条规定：“承运人应当严格履行安全运输义务，及时告知旅客安全运输应当注意的事项。旅客对承运人为安全运输所作的合理安排应当积极协助和配合。”据此，如果承运人有不能

---

① 参见魏耀荣等：《中华人民共和国合同法释论（分则）》，374页。

② 参见崔建远主编：《合同法》，4版，453页。

③ 参见黄薇主编：《中华人民共和国民法典合同编解读》（下册），1086页。

正常运输的重要事由，如航班因为有雾不能正常起飞等，应当及时告知旅客，使旅客及时安排出行事宜。告知内容主要包括两个方面：一是有关不能正常运输的重要事由。如因为恶劣天气、航空管制等不能使飞机正常起飞，如果不及时进行告知，造成的损失应该由承运人承担。二是安全运输应当注意的事项。在客运合同中，承运人不仅在开始运输之时应该将特定安全事项进行告知（如在飞机起飞之前，飞机上的相关服务人员需要对紧急情况的处理事项进行告知），而且在起飞过程中，遇到了相关影响安全通行的事项，承运人也应该将安全处理事项进行告知。及时告知也应当依据具体情形来判断，违反了该种告知义务导致顾客损害的，承运人应该承担相应的责任。①

（4）按照客票载明的时间和班次运送旅客的义务。客票不仅是乘车的凭证，而且通常也记载有乘车的时间和班次，这些都构成了合同的主要内容。如果一方无故变更，势必会对乘运人的利益造成影响。《民法典》第820条规定："承运人应当按照有效客票记载的时间、班次和座位号运输旅客。承运人迟延运输或者有其他不能正常运输情形的，应当及时告知和提醒旅客，采取必要的安置措施，并根据旅客的要求安排改乘其他班次或者退票；由此造成旅客损失的，承运人应当承担赔偿责任，但是不可归责于承运人的除外。"根据该条规定，承运人负有按照客票载明的时间和班次运送旅客的义务。承运人在发生迟延运输或者其他不能正常运输的情形下，负有及时告知和提醒旅客的义务，需要采取必要的安置措施来应对突发情况，由此造成的损失由承运人负担。② 该条所说的迟延运输，是指未按客票载明的时间和班次运送旅客，包括出现法定事由与约定事由导致运输的迟延（如因为出现恶劣天气不能起飞）。在此情形下，承运人应该安排旅客换乘其他班次的交通工具或者为旅客办理退票手续。尤其需要指出的是，即使出现法定迟延运输的事由，也不能对顾客的利益不加顾及，应该为旅客办理换乘或者退票手续。

因迟延运输或者其他不能正常运输的情形给乘客造成了损失，乘客有权要求承运人予以赔偿，但该赔偿责任以承运人具有可归责性为前提。所谓不可归责于承运人，主要是指不可抗力等客观条件所造成的以及因旅客自身原因所导致的，比如气象条件不具备无法起飞等。这实际上就意味着承运人没有过错，因此对造成的损害后果无须承担赔偿责任。③

（5）不得擅自变更运输工具或降低服务标准的义务。在客运合同中，承运人应当按照约定的运输工具进行运输。《民法典》第821条规定："承运人擅自降低服务标准的，应当根据旅客的请求退票或者减收票款；提高服务标准的，不得加收票款。"据此确立了承运人负有的不得擅自变更运输工具而降低服务标准的义务。通常，运输工具与承运人所提供的服务标准紧密结合在一起，如果承运人擅自变更运输工具，则意味着承运人变更了服务标准。如果承运人变更运输工具后降低了服务标准，例如，将豪华运输工具变更为普通运输工具，则属于违反合同的约定，应当承担违约责任，乘客有权要求退票或减收票款。但如果承运人变更运输工具后提升了服务质量和标准，则无须承担违约责任。

---

① 参见黄薇主编：《中华人民共和国民法典合同编解读》（下册），1016页。

② 参见郭明瑞、王轶：《合同法新论·分则》，262页。

③ 参见谢鸿飞、朱广新主编：《民法典评注·合同编：典型合同与准合同3》，255～256页。

例如，将普通运输工具变更为豪华运输工具，这对于旅客是有利的。[①] 如果承运人提高服务标准事先取得了旅客同意，则可以视为双方达成了变更合同的合意，此时旅客应当增加支付提升服务标准的费用。

（6）妥善保管旅客自带行李的义务。虽然客运合同不是保管合同，但承运人还负有妥善保管旅客行李的义务，此种保管义务分为两个方面。

第一，对自带行李的保管义务。所谓自带行李，是指旅客在运输中按照约定的限量随身携带的行李。《民法典》第 824 条第 1 款规定："在运输过程中旅客随身携带物品毁损、灭失，承运人有过错的，应当承担赔偿责任。"据此确立了承运人保管乘客随身携带行李的义务，这是承运人负有的从给付义务。依据《民法典》第 824 条规定，对于旅客的自带行李，只有在承运人有过错的情况下，才应对旅客自带物品的毁损、灭失承担责任。法律作出此种规定的原因在于，自带行李是处于旅客自己的直接控制之下的，而不是处于承运人的保管之下，其应尽到足够的注意义务，此时承运人所应负担的注意义务相对较轻。[②] 旅客自己也应对其随身携带的物品负有一定的保管责任。因而承运人对旅客自带行李负担相对较轻的注意保管义务。[③] 在旅客随身携带物品毁损、灭失的情形下，实际上确立的是承运人的过错赔偿责任，只有在承运人对旅客随身携带的物品的毁损灭失存在过错时，才应承担赔偿责任。这是因为旅客自身携带的物品处于旅客自身的控制范围之内，应由其本人承担相应的不利后果。而且就其赔偿范围而言，也不应超过托运行李毁损灭失情形下的赔偿责任。[④]

第二，对托运行李的保管义务。《民法典》第 824 条第 2 款规定："旅客托运的行李毁损、灭失的，适用货物运输的有关规定。"如果旅客托运行李，则承运人就该行李运输与旅客之间订立了一个新的货运合同，该合同具有独立性。如果旅客携带行李办理托运的，则该行李毁损灭失的赔偿应当适用有关货物运输的相关规定[⑤]，即应适用《民法典》第 832 条、第 833 条以及特别法关于货物运输损害赔偿的相关规定。此种责任的归责原则应当属于严格责任。

（7）运输过程中的尽力救助义务。《民法典》第 822 条规定："承运人在运输过程中，应当尽力救助患有急病、分娩、遇险的旅客。"依据这一规定，在旅客运输中，承运人负有对患病等旅客的尽力救助义务。所谓尽力救助，是指承运人应当尽到最大的努力，采取各种合理措施，以帮助、照顾旅客，或对旅客实施救援。法律上之所以采用"尽力"一词，意味着承运人应当以自己的能力和条件努力救助旅客。这是承运人所负有的附随义务的法定化，也是以人为本和人文关怀的体现。具体来说，尽力救助的对象包括三种，即患有疾病、分娩、遇险的旅客。在这些情形下，由于旅客的生命健康受到威胁，迫切需要得到救助，确立承运人负有此种救助义务，有利于保障旅客在运输途中的生命健康安全。

---

① 参见魏耀荣等：《中华人民共和国合同法释论（分则）》，372～373 页。

② 参见黄薇主编：《中华人民共和国民法典合同编解读》（下册），1089 页。

③ 参见胡康生主编：《中华人民共和国合同法释义》，377 页。

④ 参见谢鸿飞、朱广新主编：《民法典评注・合同编：典型合同与准合同 3》，276～277 页。

⑤ 参见黄薇主编：《中华人民共和国民法典合同编解读》（下册），1089 页。

第五节　货运合同

一、货运合同的概念和特征

货运合同是承运人将承运的货物运送到指定地点，而托运人向承运人支付运费的协议。货运合同是运输合同的一种类型，但与客运合同不同，其是以货物的运输行为为标的，而且货运合同通常有第三人参加。此外，货运合同的效力也与客运合同有很大差异。货运合同的履行不仅须将货物运至约定地点，还须将货物交付给约定的收货人，如此才表明履行了合同义务。

货运合同虽由托运人与承运人签订，但双方当事人可约定以第三人为交付对象，即非以托运人为收货人。在合同法中，货运合同常常被称为利益第三人合同，有些货运合同即构成"真正利益第三人契约"[①]。从我国《民法典》第 830 条的规定来看，承运人在货物运达目的地之后，如果其知道收货人的，应当及时通知收货人，收货人则有权领取货物。当然，收货人可以放弃货物的接收，在此情形下，为保护承运人的利益，应当认为货物毁损、灭失的风险发生移转。从我国实务来看，在托运人与收货人不一致的情况下，一旦合同规定第三人为收货人，则当承运人将货物运送到目的地，收货人就有权请求承运人交付货物。不过，收货人虽然享有收货权利，但是其也可以放弃，一旦放弃其权利，该权利就转归托运人享有。

二、货运合同的订立和变更

（一）货运合同的订立

在货运合同中，其所涉及的主要当事人是托运人与承运人。托运人将货物交给承运人，由承运人将货物运至约定地点或交付给特定的收货人。具体订立货运合同，要经过两个阶段。

（1）托运。托运人首先要向承运人提交货物的托运单，填写托运单是为了确认托运货物的有关情况，以便承运人据以查验和交货[②]，也便于承运人准确、安全地进行运输。这就要求托运人应如实填写托运单，如托运货物的名称、件数、包装、发货站与到达站的名称、发货人和收货人的名称和住址等，然后将货物托运单交给承运人。如果托运的货物需要办理海关、检疫或其他法定手续，托运人还应同时向承运人提交有关证明文件。

（2）承运。承运人要根据托运单和证明文件验收货物，验收合格后，即办理交接手续，核收运输费用，并签收承运凭证。承运凭证包括货物托运单、货票或提单等多种形式。通常，承运人所交付凭证的内容应包括：货物的品名、标志、包数或者件数、重量

---

① 黄立：《民法债编各论》（下），655～656 页。

② 参见魏耀荣等：《中华人民共和国合同法释论（分则）》，379 页。

或者体积，以及运输危险货物时对危险性质的说明；承运人的名称和主营业所；运输工具；托运人的名称；收货人的名称；交付货物的地点；签发日期、地点和份数；运费的支付；承运人或者其代表的签字等。

（二）货运合同的变更

货运合同的变更，可分为承运人依特殊原因变更货运合同和依托运人的要求而变更货运合同的内容。承运人可依特殊原因变更货运合同的情形可包括：一是由于自然灾害或气象原因，必须变更运输情况；二是执行抢险救灾任务；三是法律规定应优先运输其他货物。承运人变更合同内容的，应征得托运人的同意。运输变更后可根据具体情况增加或减少运费。

《民法典》第 829 条规定："在承运人将货物交付收货人之前，托运人可以要求承运人中止运输、返还货物、变更到达地或者将货物交给其他收货人，但是应当赔偿承运人因此受到的损失。"该规定实际上确认了托运人的处置权，即货运合同成立之后，托运人有权不经承运人的同意而变更、中止运输和返还货物、解除合同，承运人也无权过问托运人变更、中止和解除合同的原因。① 例如，在货物交付收货人之前，因市场价格的波动或交易关系的变动，将货物由承运人运至目的地并交付给收货人可能已无实际的必要性。此时，允许托运人行使处置权，既可有效地保护托运人的利益，也有利于节省运输费用，避免托运人遭受无谓的损失。在中止货物运输的情况下，并不一定解除合同，而只是暂时停止货物的运输。但托运人或收货人应向承运人支付必要的费用，因此造成承运人损失的应负责赔偿。对于托运人或收货人的这些要求，承运人如无正当理由，无权加以拒绝。但是对于违反货物流向、违反运输限制的变更，承运人有权拒绝变更。

三、货运合同的效力

（一）托运人的主要义务

（1）告知义务。《民法典》第 825 条规定："托运人办理货物运输，应当向承运人准确表明收货人的姓名、名称或者凭指示的收货人，货物的名称、性质、重量、数量，收货地点等有关货物运输的必要情况"（第 1 款）。"因托运人申报不实或者遗漏重要情况，造成承运人损失的，托运人应当承担赔偿责任"（第 2 款）。该条规定了托运人负有的告知义务以及告知义务的具体内容。依照该条的规定，托运人告知义务的范围主要包括：一是收货人的名称或者姓名，以及凭指示的收货人。告知收货人不仅有助于明确货物的具体交付对象，也有利于维护托运人的利益。如果在托运人办理货物运输时并没有明确具体收货人的，托运人则应将提取货物的凭证交付承运人。二是货物的名称、性质、数量和重量，这些信息都涉及货物本身的情况。托运人必须向承运人告知货物的具体情况，才能使承运人采取恰当的措施，确保货物在运输过程中不会发生意外。三是收货地点等其他有关运输的必要情况。托运人只有告知收货地点，承运人才能明确货物运输的具体

① 参见胡康生主编：《中华人民共和国合同法释义》，471 页。

目的地，也便于承运人采取适当的运输方式，安排恰当的运输时间和计划，保证货物如期运至。

如果因为托运人违反告知义务导致自己遭受了损失，表明托运人对损失的产生是有过错的，理应由托运人自己承担损失。① 如果托运人未告知货物的具体情况的，承运人所应承担的保管义务则应减轻或免除。例如，如果运输的是需要冷冻的货物，而托运人又没有将其告知承运人，承运人只按照通常的手段运输货物，导致在途中货物变质，则此种损失应当由托运人自己承担。依据《民法典》第 825 条第 2 款的规定，因托运人申报不实或者遗漏重要情况，造成承运人损失的，托运人应当承担赔偿责任。换言之，托运人应承担未履行如实告知义务给承运人造成损失的责任，例如，托运人告知托运货物的重量只有 5 吨，但其交付的货物的重量达到了 8 吨，从而导致承运人在运输时所安排的运输车辆因超载而受损，对此，托运人应当承担损害赔偿责任。

（2）协助办理相关手续的义务。《民法典》第 826 条规定："货物运输需要办理审批、检验等手续的，托运人应当将办理完有关手续的文件提交承运人。"依据该条的规定，托运人负有协助办理相关手续的义务。所谓审批、检验等手续，是指在进行货物运输以及货物通关等需要办理的有关手续。例如，特种货物的运输需经特定部门批准。② 而国际货物的运输，则需要办理检验及进口等各种审批手续。托运人向承运人提交需要办理审批、检验等手续的有关文件，是因为承运人作为专门从事运输义务的人，法律上只是要求其在运输时持有已经获得审批、检验等手续的文件③，至于审批、检验等手续的文件的获得，则属于托运人应完成的事项，与承运人无关。④ 对于托运人没有向承运人提供这些手续或者提供的手续不完备或者没有及时提供这些手续，给承运人造成损失的，托运人应当赔偿损失。

（3）合理包装义务。《民法典》第 827 条第 1 款规定："托运人应当按照约定的方式包装货物。对包装方式没有约定或者约定不明确的，适用本法第六百一十九条的规定。"这就确立了托运人的合理包装义务。托运人应对货物进行合理包装，是因为妥当的包装既可以保护运输货物的安全，也可以维护承运人的运输安全。例如，托运人托运的货物是易燃、易爆等危险物品的，进行合理包装就可以避免货物自身的泄漏，避免事故的发生。如果当事人对包装货物的方式存在约定的，应当按照当事人的约定。如果当事人对包装方式没有约定或者约定不明确的，依据《民法典》第 619 条的规定，首先要通过协议进行补充，如果不能进行补充的，应当按照通用的方式包装，如果没有通用方式的，应当采取足以保护标的物且有利于节约资源、保护生态环境的包装方式。在货运合同中，依据货物的不同性质以及不同货物的危险系数的差异，对货物的具体包装也有着不同要求。如托运人交付运输的是水产品等鲜活货物或易燃、易爆等危险物品的，则须采用符

---

① 参见胡康生主编：《中华人民共和国合同法释义》，466 页。

② 例如，《固体废物污染环境防治法》第 22 条规定："转移固体废物出省、自治区、直辖市行政区域贮存、处置的，应当向固体废物移出地的省、自治区、直辖市人民政府生态环境主管部门提出申请。移出地的省、自治区、直辖市人民政府生态环境主管部门应当商经接受地的省、自治区、直辖市人民政府生态环境主管部门同意后，在规定期限内批准转移该固体废物出省、自治区、直辖市行政区域。未经批准的，不得转移。"

③ 参见胡康生主编：《中华人民共和国合同法释义》，467 页。

④ 参见黄薇主编：《中华人民共和国民法典合同编解读》（下册），1089 页。

合货物性质、便于其保存的包装方式。

依据《民法典》第827条第2款的规定，托运人违反包装义务的，承运人可以拒绝运输。这是因为包装托运货物是托运人的义务，如果其不愿包装，即不愿履行自己的义务，承运人当然也应当享有拒绝履行运输义务的权利，以体现双方当事人权利与义务的平等性。[①] 由于货物包装不符合要求，导致在运输过程中造成其他货物受损，甚至人身伤亡的，托运人应对此承担损害赔偿责任。

（4）托运危险货物的法定作为义务。《民法典》第828条规定："托运人托运易燃、易爆、有毒、有腐蚀性、有放射性等危险物品的，应当按照国家有关危险物品运输的规定对危险物品妥善包装，做出危险物品标志和标签，并将有关危险物品的名称、性质和防范措施的书面材料提交承运人。托运人违反前款规定的，承运人可以拒绝运输，也可以采取相应措施以避免损失的发生，因此产生的费用由托运人负担。"对于易燃、易爆、有毒、有腐蚀性、有放射性等危险物品的运输而言，托运人在托运时应具体告知货物的具体情况，并依据上述规定将有关危险物品的名称、性质和防范措施的书面材料提交承运人。鉴于此类物品的高度危险性，托运人在运输过程中所面临的风险也较高，托运人应采取不同于普通货物运输的保管和运输措施。具体来说，一是依法对危险物品妥善包装。也就是说，托运人应根据危险物品的具体性质进行妥善包装，以防止危险物品在运输过程中发生事故或损害。二是作出危险物标志和标签。例如，在易爆物品上以醒目的大字进行特殊标注。三是将有关危险物品的名称、性质和防范措施的书面材料提交承运人。[②] 这些书面材料的提交，有利于承运人合理安排运输人和运输计划，并针对危险物品的具体性质采取特殊的防范措施，以避免危险物品在运输过程中可能带来的危险，也有利于具体运输人在运输过程中及时有效地采取应对措施。如果托运人违反国家有关危险物品运输的规定，承运人可以拒绝运输，也可以采取相应措施以避免损害的发生，因此产生的费用由托运人承担。[③]

（5）支付费用的义务。就货运合同而言，其为双务有偿合同。因此，托运人应当依据合同约定向承运人支付费用。《民法典》第836条规定："托运人或者收货人不支付运费、保管费或者其他费用的，承运人对相应的运输货物享有留置权，但是当事人另有约定的除外。"依据该条规定，托运人所应支付的费用包括三项：一是运费。所谓运费，是指承运人为履行货物运输义务，将货物安全、及时地运至目的地而支付的必要的费用。二是保管费。所谓保管费，主要是指承运人将货物安全、及时运至目的地之后，收货人未及时收货而由承运人代为保管，由此产生的费用。三是其他运输费用。所谓其他运输费用，是指承运人在运输过程中，为将货物及时、安全运至目的地而支出的必要费用，且并未包含在运费之中的其他必要费用。

依据《民法典》第836条，在托运人或者收货人不支付费用的情况下，承运人依法享有对托运货物的留置权。所谓留置权，是指在债权债务关系中，债权人依法事先合法

---

① 参见魏耀荣等：《中华人民共和国合同法释论（分则）》，383页。

② 参见魏耀荣等：《中华人民共和国合同法释论（分则）》，384～386页。

③ 参见郭明瑞、王轶：《合同法新论·分则》，266页。

占有了债务人的动产，在债务人不履行到期债务时，债权人有权依法留置该财产，并可以将该留置的动产折价或者以拍卖、变卖所获得的价款优先受偿的权利。依据《民法典》第836条，承运人的留置权的成立条件是：第一，留置权的主体必须是承运人，这就是说在此种留置权中，权利主体是特定的，应由承运人享有。第二，留置的对象是承运人所占有的托运人所托运的货物。承运人留置的货物应当是托运人托运的，如果该货物非为托运人所托运，则承运人无权留置。第三，托运人或者收货人不支付费用。在合同约定的期限届满之后，托运人或收货人未支付费用的，承运人才可以主张此种留置权。需要指出的是，在行使留置权之前，承运人是否应负有催告义务？本书认为，依据《民法典》第836条，承运人无须进行催告，但依据该条规定，承运人只能对相应的运输货物享有留置权。这就是说，留置货物的价值应当与托运人或收货人未支付的费用之间具有相应性，如果货物的整体价值远超过托运人或收货人未支付的费用的，承运人只能留置相应的部分货物，而不应就整体货物全部进行留置。[①] 第四，当事人另有约定的除外。这就是说，如果当事人明确约定在货运合同中承运人不享有留置权的，承运人不应对托运的货物进行留置。如果托运人或收货人提供了适当的担保，则承运人也不能留置货物。[②]

关于留置权的行使，在承运人对托运货物进行留置后，需要通知收货人或托运人在一定期限内支付相应的费用。如收货人或托运人未在约定期限内支付费用的，承运人有权就其所留置的托运货物依法进行折价或者拍卖、变卖，在扣除托运人或收货人应交的费用后，剩余的价款应当返还给托运人或收货人，不足部分仍应由收货人或托运人清偿。

（二）承运人的主要义务

1. 将货物运达指定的地点并交付收货人

承运人的主要义务就是将货物及时送达指定地点。依据《民法典》第829条，承运人不仅应将货物及时送达指定地点，还应依托运人的指示将货物交付给收货人。这就是说，如果承运人在将货物及时送达指定地点之后，将货物交付给错误的收货人的，则不构成有效的交付，承运人仍应承担违约责任。

《民法典》第829条规定："在承运人将货物交付收货人之前，托运人可以要求承运人中止运输、返还货物、变更到达地或者将货物交给其他收货人，但是应当赔偿承运人因此受到的损失。"由此可见，在承运人将货物交付收货人之前，托运人对其托运的货物享有单方面的解除或终止的权利。具体来说，托运人在货物交付前，享有如下权利：一是中止运输、返还货物。中止运输，是指托运人要求承运人立即停止运输托运货物。返还货物，是指托运人要求承运人将已经办理托运手续的货物返还给托运人或提货凭证持有人，这实际上是解除货运合同。[③] 中止运输、返还货物既可能只是暂时停止货物运输，也可能行使了法定解除权，解除了货物运输合同，法律之所以允许解除，主要是因为托

① 参见黄薇主编：《中华人民共和国民法典合同编解读》（下册），1049页。

② 参见胡康生主编：《中华人民共和国合同法释义》，482页。

③ 参见魏耀荣等：《中华人民共和国合同法释论（分则）》，388页。

运人可能因为客观情况的变化使其无法按照原定计划进行运输，允许其解除可以避免不必要的浪费。[①] 二是变更到达地，这是指托运人在货物交付给收货人之前，有权改变原来约定的到达地，对此承运人不得拒绝变更。变更到达地实际上意味着托运人有权单方面变更运输目的地。三是要求承运人将货物交给其他收货人。这实际上就是指托运人有权单方面变更收货人，在托运人作出变更后，承运人应将托运货物交付给变更后的收货人。需要指出的是，托运人享有的此种权利应于货物交付收货人之前行使，在承运货物已经交付收货人之后，其不得行使也无法行使此种权利。同时，如果因托运人单方面行使变更或解除的权利，给承运人造成了损失，托运人应当承担赔偿责任。

2. 妥善保管义务

《民法典》第 832 条规定："承运人对运输过程中货物的毁损、灭失承担赔偿责任。但是，承运人证明货物的毁损、灭失是因不可抗力、货物本身的自然性质或者合理损耗以及托运人、收货人的过错造成的，不承担赔偿责任。"该条确立了承运人的妥善保管义务。所谓妥善保管，是指承运人应根据托运货物的性质采取合理的运输方式，对承运的货物进行妥善保管，保证货物安全地送达目的地，防止货物遭受毁损、灭失。如果货物在运输中发生了毁损、灭失，承运人应当负赔偿责任，此种责任在性质上属于严格责任。即该损害赔偿责任的成立，不以承运人在运输过程中存在过错为前提条件。[②] 这是因为，一方面，与客运合同不同，在货运合同中，承运人所应负担的主要义务是将货物安全地送达目的地。在运输过程中，货物处于承运人的实际控制之下，由承运人承担严格责任，如此可促使承运人尽力履行自身所承担的妥善保管义务，将货物安全地运送至目的地。另一方面，在运输合同中，承运人一方通常是专门从事货物运输的企业，其具有较强的经济实力和应对风险的能力。另外，在货物运输中常常有货物毁损、灭失的赔偿的法定限额的规定，以及保险等分散风险的机制，这也有利于采取严格责任。

承运人对运输过程中货物的毁损、灭失的责任并非不存在免责事由。依据《民法典》第 832 条的规定，承运人的免责事由具体包括：一是不可抗力。如果货物的毁损、灭失是因不可抗力造成的，承运人不承担赔偿责任。所谓不可抗力，是指当事人不能预见、不能克服、不能避免的客观情事。例如，在运输过程中遭遇了泥石流等自然灾害的，此时承运人即可主张不可抗力免责。二是货物本身的自然性质和合理损耗。所谓货物本身的自然性质，主要是指因货物的物理属性和化学属性。例如，承运人运输的液体状物质的自然挥发。所谓合理损耗，是指货物在长途或长期的运输过程中而必然发生的部分损失，例如，茶叶在长途运输过程中会发生合理的损耗。[③] 三是因托运人、收货人的过错。例如，承运人将货物运达目的地之后，因托运人未告知收货人致使承运人无法交货，造成货物损失的，承运人不承担损害赔偿责任。当然，是否存在上述免责事由应由承运人举证证明。

《民法典》第 833 条规定了货物赔偿的具体计算方式。该规定确立了如下内容：第

---

① 参见谢鸿飞、朱广新主编：《民法典评注·合同编：典型合同与准合同 3》，302～303 页。

② 参见魏耀荣等：《中华人民共和国合同法释论（分则）》，393 页。

③ 参见胡康生主编：《中华人民共和国合同法释义》，476 页。

一，约定优先。如果当事人有约定的，按照当事人的约定进行赔偿额计算。第二，如果当事人没有约定或者约定不明确的，则可以通过当事人事后协商予以确定或依据交易习惯予以补充。第三，如果仍然不能确定的，则按照交付或者应当交付时货物到达地的市场价格进行计算。例如，甲托运一箱行李，行李中夹带了几件贵重的瓷器，但在托运时未作声明，后该行李中的瓷器在运输过程中遭受损害，则承运人应按照该物品的市场价格来进行赔偿。第四，如果有关法律、法规允许当事人就货物保价作出约定的，而当事人所约定的保价条款也并未违反法律、法规的具体规定的，则该条款有效。[①] 例如，《民用航空法》第 129 条规定，国际航空运输承运人的赔偿责任限额按照下列规定执行：对货物的赔偿责任限额，每公斤为 17 计算单位。

3. 及时通知义务

《民法典》第 830 条规定："货物运输到达后，承运人知道收货人的，应当及时通知收货人，收货人应当及时提货。"依据这一规定，首先，承运人知道收货人的，应负有及时通知的义务。通知义务涉及收货人能否及时收货以及承运人运输义务是否履行完毕等问题。如果不及时作出通知，在货物到达后，收货人不知道收取货物的具体时间，货物也会存在毁损灭失的风险。当然，如果承运人不知道收货人的，则承运人也无法履行通知义务。其次，承运人作出通知后，收货人应当及时提货。因为如果收货人不及时收货，就会增加承运人相关的保管费用，也会导致承运人无法及时履行其义务，必然会损害其利益。因此，依据《民法典》的该条规定，如果收货人没有及时提货，应当承担相应责任。如果收货人没有正当理由拒绝受领，承运人可以依法提存。

4. 单式联运合同中的订约承运人承担全程运输责任

所谓联运，是指两个以上的承运人以同一或者多样的运输方式从事运输活动。如前所述，联运可以分为单式联运和多式联运。所谓单式联运合同，是指有多个承运人的，托运人与第一承运人订立运输合同之后，由第一承运人与其他承运人以相同运输方式完成同一货物运输的合同。学理上可将相继运送分为部分运送、转托运送、共同运送。[②]《民法典》第 834 条规定："两个以上承运人以同一运输方式联运的，与托运人订立合同的承运人应当对全程运输承担责任；损失发生在某一运输区段的，与托运人订立合同的承运人和该区段的承运人承担连带责任。"据此，一方面，与托运人订立合同的承运人应当对全程运输承担责任。所谓对全程运输承担责任，是指订约的第一承运人应当对货物安全、及时送达目的地负责，如果货物因其他承运人的原因而未能安全、及时送达目的地的，订约的第一承运人仍应就此对托运人或收货人负责。[③] 另一方面，如果损失发生在某一运输区段的，与托运人订立合同的承运人和该区段的承运人应承担连带责任。例如，在单式联运合同中，第一承运人将货物先运输至北京，

① 例如，《铁路法》第 17 条规定："……托运人或者旅客根据自愿申请办理保价运输的，按照实际损失赔偿，但最高不超过保价额……托运人或者旅客根据自愿，可以办理保价运输，也可以办理货物运输保险。"

② 参见邱聪智：《新订债法各论》（中），388 页以下，北京，中国人民大学出版社，2006；黄立：《民法债编各论》（下），691～692 页。

③ 参见黄薇主编：《中华人民共和国民法典合同编解读》（下册），1113 页。

再由其他承运人从北京运至武汉，如果货物在北京运至武汉的过程中毁损、灭失，则第一承运人应当与该段的承运人承担连带责任。这有利于保障托运人的利益，使其可以对所受损失进行直接追偿。①

（三）收货人的主要义务

所谓收货人，是指因运输合同托运人指定，取得受领运输物权利的人，收货人既可以是托运人，也可以是第三人。② 收货人作为利益第三人享有收取货物的权利，并且，在承运人没有向其交货时，有权请求其向自己交货，但其也应当负有如下几个方面的义务。

（1）及时受领货物的义务。《民法典》第830条规定："货物运输到达后，承运人知道收货人的，应当及时通知收货人，收货人应当及时提货。"在承运人通知以后，收货人负有及时提货的义务。否则，不仅会对承运人造成保管货物之累，徒增保管货物的费用，也会增加货物毁损、灭失的风险，还有可能会造成货物经济价值的减损。此外，《民法典》第830条还规定："收货人逾期提货的，应当向承运人支付保管费等费用。"这就是说，迟延受领所增加的费用应由债权人负担。如果收货人在通知之后没有收取货物，所发生的保管等费用应该由收货人承担。

《民法典》第837条规定："收货人不明或者收货人无正当理由拒绝受领货物的，承运人依法可以提存货物。"该条所说的"收货人不明"主要是指收货人下落不明，或者托运人没有指明收货人。③ 依据该条的规定，在收货人不明或者无正当理由拒绝受领货物的情形下，承运人可以通过提存的方式履行自己的债务，在提存的范围内视为已经交付相应的标的物。提存的费用由收货人承担。

（2）检验货物的义务。我国《民法典》第831条规定："收货人提货时应当按照约定的期限检验货物。"所谓检验货物，是指收货人按照货运合同记载的货物的数量、质量等事项进行核对和校验。在货运合同的履行过程中，托运的货物可能会在运输途中发生毁损等情形，因此在货物运交收货人之时，由其对货物进行检验，这既是对承运人是否按照合同约定履行其运输义务的确定，也是对收货人自身利益的维护，收货人一旦发现货物存在毁损、灭失等情形的，应当及时主张权利。

《民法典》第831条规定："对检验货物的期限没有约定或者约定不明确，依据本法第五百一十条的规定仍不能确定的，应当在合理期限内检验货物。收货人在约定的期限或者合理期限内对货物的数量、毁损等未提出异议的，视为承运人已经按照运输单证的记载交付的初步证据。"依据这一规定，检验货物应当在约定的期限内进行。不过，当事人可能在合同中并未就检验货物的期限进行约定或约定不明确，在此情况下，应当依照《民法典》第510条的规定予以确定。如根据该条仍不能确定的，收货人需要在合理期限内进行检验。所谓合理期限，应当根据实际情况来确定。例如，承运人运输的货物是鲜

---

① 参见黄薇主编：《中华人民共和国民法典合同编解读》（下册），1089、1113页。

② 参见邱聪智：《新订债法各论》（中），384页。

③ 参见黄薇主编：《中华人民共和国民法典合同编解读》（下册），1051页。

活易腐的水产品，收货人进行检验的合理期限应相对较短。[1] 毕竟超出了合理期限之后，对于货物的毁损、灭失是否是在运输过程中造成的难以举证，也不利于维护承运人自身的合法利益。因此，收货人应当在合理期限内检验货物。

如果收货人超过约定的期限或合理期限对货物的数量、毁损等未提出异议的，依据《民法典》第831条的规定，视为承运人已经按照运输单证的记载交付的初步证据。这就是说，一方面，未及时提出异议并不意味着收货人已经完全认可，也不意味着其已经丧失了请求赔偿的权利。另一方面，初步证据表明承运人可以以此为由证明其已经完成了交付，但是如果收货人有相反的证据，仍可以推翻此种推定。

（3）支付费用的义务。在运输合同中，托运人或收货人支付费用是作为承运人承担运输义务的主要对价而存在的。收货人虽然享有接收货物的权利，但其应当负有支付费用的义务。如果合同规定由收货人支付费用的，收货人应当在规定的期限内支付费用。如果货运合同中已经就收货人支付费用的期限作出具体约定的，收货人应当在约定期限内支付。如果货运合同未作约定的，应当依据《民法典》第510条确定支付期限。如果依据该规定仍不能确定，按照同时履行的原则，收货人应当在提货时支付。

四、货运合同中的风险负担

货运合同中的风险主要是指在货物运输的过程中因不可归责于合同当事人双方的事由，而造成的货物毁损、灭失以及运输费用不能支付的风险。可见此种风险包括两方面。

一是标的物的风险，即货物在运输过程中遭受毁损或灭失的风险。对于此类风险，原则上应当采取所有人主义。换言之，货物在运输过程中因不可抗力而毁损、灭失的风险，应当由所有人承担。具体来说，要由托运人承担此风险。因为在运输过程中，货物的所有权并没有发生移转，承运人只是暂时占有该货物。货物的毁损灭失是由不可抗力、货物本身的原因或者托运人、收货人的过失造成的，承运人不负赔偿责任。

二是价金的风险，所谓价金的风险，其实也就是运输费用的风险。《民法典》第835条规定："货物在运输过程中因不可抗力灭失，未收取运费的，承运人不得请求支付运费；已经收取运费的，托运人可以请求返还。法律另有规定的，依照其规定。"依据这一规定，运输费用的风险应当由承运人负担。这是因为如果在货运过程中发生了标的物的意外毁损或灭失，货物的所有人已经承担了标的物风险，不能使托运人同时承担价金风险。因为货物的意外灭失，对双方当事人来说都是一种意外的损害，对此损害应当在当事人之间进行一种公平的分配。对托运人而言，不能既使其承担货物的风险，又要其承担运费的风险。如果托运人已经承担了货物的风险，就不应再承担运费的风险。所以货物在运输过程中因不可抗力灭失，未收取运费的，该运费的损失由承运人负担，其不得要求托运人支付运费。已经收取的，托运人有权要求返还。

---

① 参见胡康生主编：《中华人民共和国合同法释义》，474页。

第六节　多式联运合同

一、多式联运合同的概念和特征

所谓多式联运合同，又称为混合运输合同、联合运输合同，是由两个或两个以上不同运输方式的承运人共同作为承运人一方，与托运人或旅客订立的协议。① 根据这一协议，托运人或旅客一次交付费用，使用同一运输凭证，而承运人用各自的运输工具互相衔接地将货物或旅客送达指定的地点。② 多式联运既可以在一国之内进行，也可以是跨国的。例如，某公司从南美运输一批货物到中国，运输方式约定为先由铁路将货物运输至港口，然后经航空运输至中国某机场，再经公路运输至目的地。多式联运合同主要具有以下特点。

第一，多式联运是联运的一种方式。联运有多种形式，如铁路与水路联运，铁路与公路联运，铁路、水路、公路联运，航空、铁路或公路联运等。除此之外，还有地区和地区运输部门之间互相为对方配载的联运以及国际联运等。实行联运可以使各种运输工具得到综合利用，使各个运输环节有机地衔接，紧密合作，从而发挥运输设备的能力，有效地完成各项运输任务。

第二，多式联运采取了不同的运输方式。联运可以分为单式联运和多式联运。在多式联运中，存在两种或者两种以上的运输方式。采用不同的运输方式是多式联运和传统运输合同的主要区别。③ 在单式联运中，两个或两个以上的承运人所采用的运输方式同一，如都为铁路运输或海运。但在多式联运中，承运人所采用的运输方式不同，如海运和航空运输的结合、铁路运输和内河运输的结合等。

第三，多式联运中存在缔约经营人和实际承运人的区别。在一般的联运中，承运人通常以自己的运输工具实际承担合同约定的运输义务，但在多式联运中，缔约经营人可能并不参与实际运输，而是由其他实际承运人进行货物或旅客的运输。多式联运经营人既可以是缔约承运人，也可以是缔约承运人兼实际承运人。④ 联运经营人在联运实务中有两种表现形式：一是以自有的运输工具，或者租赁运输工具，实际参与联合运输的某一区段；二是与托运人订立联运合同，签发联运单据，但无任何运输工具，也不参与实际运输。但是在多式联运合同中，与旅客或托运人订约的当事人就是联运经营人。⑤ 依据我国《民法典》第 838 条的规定，联运经营人应对全程负责，“多式联运经营人负责履行或者组织履行多式联运合同，对全程运输享有承运人的权利，承担承运人的义务”。

---

① 参见魏耀荣等：《中华人民共和国合同法释论（分则）》，405 页。

② 参见马俊驹、余延满：《民法原论》，3 版，711 页。

③ 参见胡康生主编：《中华人民共和国合同法释义》，484 页。

④ 参见马俊驹、余延满：《民法原论》，4 版，711 页，北京，法律出版社，2010。

⑤ 参见方新军：《货物联合运输之承运人责任研究》，载梁慧星主编：《民商法论丛》，第 13 卷，128 页，北京，法律出版社，2000。

第四，在多式联运合同中，托运人或旅客一次交付费用，使用同一运输凭证。多式联运一般实行“一次托运，一次收费，一票到底，全程负责”的综合性运输方式，托运人或旅客与第一承运人订立运输合同之后，旅客或托运人即无须再付费，经某一承运人换至下一承运人进行运输时，也无须再签发其他单据，凭多式联运经营人所签发的多式联运凭证即可。托运人或旅客一次交费并使用同一运送凭证，货物由一承运人转交另一承运人运输或旅客换乘另一种运输工具时，不需要另外交费和办理托运手续或购票。[①]采取这种方式有利于托运人追究货物毁损灭失的责任。

二、多式联运合同的效力

（一）多式联运经营人的义务

（1）对全程运输负责的义务。我国《民法典》第838条规定：“多式联运经营人负责履行或者组织履行多式联运合同，对全程运输享有承运人的权利，承担承运人的义务。”依据这一规定，多式联运经营人要对全程运输负责。之所以采取这一规则，是因为一方面，多式联运经营人是作为运输合同的相对人而存在的；另一方面，多式联运合同的实际承运人一般为两个以上，所以，旅客或托运人通常无法真正了解实际承运人，由多式联运经营人对全程负责既有利于运输合同的实际订立，也方便旅客或托运人主张违约责任。所谓对全程运输承担承运人的义务，是指在运输过程的任何一个区段，即使多式联运经营人并未实际提供运输工具，参与运输活动，其仍应对货物是否安全、及时到达目的地承担责任。但是，多式联运经营人在负担承运人的义务时，也对全程运输享有承运人的权利，如其可以要求旅客或托运人就全程运输交付全部的票价或价款，而不是就各个区段分别交付给实际承运人。

依据《民法典》第838条的规定，在多式联运合同中，多式联运经营人可以与各区段承运人约定相互之间的责任，但该约定仅为内部约定，不产生对抗旅客或托运人的效力。因为多式联运经营人在与旅客或托运人订立合同后，需要组织多个实际承运人进行运输，其自身也可能并不参与实际运输。在联运经营人组织联运的过程中，经营人通常需要与各实际承运人分别订约，并进行内部责任的约定。在旅客遭受人身或财产损失以及托运的货物毁损或灭失时，多式联运经营人作为运输合同的相对人不得以此内部约定而主张免除其义务。在经营人实际承担责任之后，其可基于此约定向实际承运人追偿，该规定系对合同相对性原则贯彻的结果。

（2）签发多式联运票据的义务。《民法典》第840条第一句规定：“多式联运经营人收到托运人交付的货物时，应当签发多式联运单据。”依据这一规定，多式联运经营人负有签发多式联运票据的义务。所谓多式联运票据，是指由多式联运经营人签发的，用以证明多式联运经营人已经收到托运人交付的多式联运合同项下的货物，并保证据此交付货物的单证。[②]多式联运票据是作为权利的证明而存在的，托运人可据此主张合同上的

---

① 参见郭明瑞、王轶：《合同法新论·分则》，273页。

② 参见魏耀荣等：《中华人民共和国合同法释论（分则）》，408页。

权利，如确定的运输方式、运达时间以及货款等，而承运人亦可以此明晰运输合同的内容，确认自身的义务。如果是凭指示交付货物的单据，该单据只有通过背书才能转让。① 依据《民法典》第 840 条，按照托运人的要求，经营人签发的多式联运单据既可以是可转让单据，也可以是不可转让单据。据此，多式联运经营人在签发多式联运单据时必须尊重托运人的意见。之所以要由托运人决定，是因为在货运合同中，托运人是货物的权利所有者，票据是否可以转让，直接关系货物所有权能否移转，以及托运人自身经济利益的实现。例如，在某些情况下，托运人为了实现融资，而需要将货物所有权进行移转。但是，一旦托运人要求多式联运经营人签发可转让或不可转让的多式联运票据之后，其不得再行变更。

（3）多式联运经营人的赔偿责任。就联运合同而言，与托运人订立合同的经营人需要对全程负责，这既适用于多式联运合同，也适用于单式联运合同。因为与托运人订立合同的经营人是作为货运合同的一方当事人而存在的，其需要对全程负责。《民法典》第 838 条规定："多式联运经营人负责履行或者组织履行多式联运合同，对全程运输享有承运人的权利，承担承运人的义务。"所以，在多式联运合同中，如果货物在运输过程中发生毁损、灭失的，多式联运经营人应承担责任，托运人不应向实际承运人请求承担损害赔偿责任。

《民法典》第 842 条规定："货物的毁损、灭失发生于多式联运的某一运输区段的，多式联运经营人的赔偿责任和责任限额，适用调整该区段运输方式的有关法律规定；货物毁损、灭失发生的运输区段不能确定的，依照本章规定承担赔偿责任。"这一规定体现了目前国际通行的多式联运经营人的"网状责任制"，其有利于使多式联运经营人承担的赔偿责任与发生损失区段承运人所负责任相同，便于多式联运的组织工作和多式联运的发展。② 例如，货物毁损、灭失发生在铁路区段的，则适用我国《铁路法》第 17 条、第 18 条等的规定，依据是否办理保价运输承运确定赔偿责任。如发生在航空运输区段的，则可适用我国《民用航空法》第 128 条、第 129 条等的规定，确定相应的赔偿限额。而如果货物毁损、灭失发生的运输区段不能确定的，经营人依照《民法典》关于运输合同的相关规定承担损害赔偿责任。这也就是说，货物毁损、灭失所发生的运输区段不能确定的，经营人所应承担的具体责任的归责原则、免责事由及具体赔偿数额的确定，应依据《民法典》关于运输合同的规定而确定。

虽然多式联运经营人和实际承运人之间的内部约定不发生对抗旅客或托运人的效力，但其仍可以适用于多式联运经营人和实际承运人之间的责任分担。在单式联运合同中，与托运人订立合同的承运人应对全程运输承担责任，如果确定损失发生在某一运输区段的，与托运人订立合同的承运人和该区段的承运人承担连带责任。而在多式联运合同中，则应由与托运人或旅客订立运输合同的第一承运人就全程运输承担责任，各区段的实际承运人并不向托运人承担责任，第一承运人在承担责任之后，可以依据与其他承运人之

---

① 参见黄薇主编：《中华人民共和国民法典合同编解读》（下册），1057 页。

② 参见胡康生主编：《中华人民共和国合同法释义》，489 页。

间的内部约定进行求偿。①

(二) 托运人的义务

托运人的义务和一般货运合同中的托运人的义务基本相同，但在多式联运合同中，托运人的损害赔偿责任具有特殊性。在多式联运合同中，托运人一般应承担的责任主要包括：保证其所提供的货物品类、件数、重量及危险特性的陈述准确无误的责任、托运人或其受雇人或代理人的故意或过失而造成多式联运经营人损失的责任，以及运送危险物品的特殊责任。②《民法典》第 841 条规定："因托运人托运货物时的过错造成多式联运经营人损失的，即使托运人已经转让多式联运单据，托运人仍然应当承担赔偿责任。"据此，如果托运人在托运货物时有过错而造成多式联运经营人损失的，其当然应当承担赔偿责任。③ 同时，鉴于多式联运票据也可以是能够转让的，因此，托运人完全有可能在托运货物造成多式联运经营人损失之前已经将多式联运票据转让。此时，即使托运人已经转让多式联运票据的，其仍应承担损害赔偿责任。在此情形下，如果仅因多式联运票据的转让，而将因托运人的过错产生的责任归之于受让人，对受让人无疑是不公平的，因此，托运人仍应承担损害赔偿责任。④

思考题

1. 简要论述运输合同的概念和特点。
2. 运输合同有哪些类型？
3. 如何理解运输合同中承运人的强制缔约义务？
4. 客运合同的承运人负有哪些义务？
5. 多式联运合同在效力上具有哪些特殊性？

① 参见黄薇主编：《中华人民共和国民法典合同编解读》（下册），1055 页。
② 参见胡康生主编：《中华人民共和国合同法释义》，487～488 页。
③ 参见孙晓编著：《合同法各论》，236 页。
④ 参见魏耀荣等：《中华人民共和国合同法释论（分则）》，411 页。

第二十四章 技术合同

案例

甲是某技术咨询公司，乙是某炼钢厂。乙打算生产某种型号的合金钢，便请甲提供相关的咨询意见，并列明该咨询意见应当符合的具体技术参数。一个月后，甲向乙提供了具体的技术参考方案，并通过了乙的验收。后乙按照甲提供的技术参考方案生产的钢材并不符合建筑要求，导致50万元的经济损失。乙认为，甲所提供的技术方案不合格，要求甲赔偿其经济损失；而甲则主张，其是按照乙的具体要求提供相关的技术咨询方案，并已通过乙的验收，不应当承担赔偿责任。双方为此发生争议。

简要评析：在技术咨询合同中，如果受托人所提供的技术咨询方案符合约定，是否采纳该咨询方案是由委托人所自主决定的，即便此后造成损失，也应由其承担。依据《民法典》第881条第3款的规定，除当事人另有约定外，即便委托人因此遭受损失，其也无权请求受托人赔偿。在该案中，甲按照乙的要求出具了技术参考方案，并且该方案已经通过乙的验收，因此，即便乙按照该方案进行生产遭受了损失，其也无权请求受托人甲赔偿损失。

第一节　技术合同概述

一、技术合同的概念、种类和特征

技术合同因技术的研发、转让、许可、咨询而订立。所谓技术（Technology），是指根据生产实践经验和科学原理而形成的，作用于自然界一切物质、设备的操作方法和技能。[①]技术通常具有知识性与实用性，能够应用于生产生活实践并产生有益的效果。依据《民法典》第843条规定："技术合同是当事人就技术开发、转让、许可、咨询或者服务订立的确立相互之间权利和义务的合同。"技术合同是随着科学技术的不断发展、社会的进步而逐渐产生的，在传统的有名合同类型中并不存在，其是随着近代科学技术发展以及技术商品化的发展而出现并独立出来的。我国早在1987年就单独制定了《技术合同法》，后在统一的《合同法》的制定中，将原来《技术合同法》的主要内容纳入该法之中，形成"技术合同"一章。

依据我国《民法典》的规定，技术合同可以具体划分为技术开发合同、技术转让合同、技术许可合同、技术咨询合同以及技术服务合同。由此可以看出，技术合同是一个集合性的概念，包含着丰富的内容，是多种具体合同类型的集合体。技术合同的主要特征在于：

（1）标的具有特殊性。本书认为，技术合同的标的主要是技术成果。所谓技术成果，是指利用科学技术知识、信息和经验作出的涉及产品、工艺、材料及其改进等的技术方案，包括专利、专利申请、技术秘密、计算机软件、集成电路布图设计、植物新品种等。[②]技术合同之所以以技术成果为标的，因为一方面，典型的技术合同都需要以技术成果为依托来规范当事人的行为，例如技术的开发、转让等都需要有技术成果的存在为前提。如果没有具体的技术成果的描述，而只是泛泛约定转让或开发技术，则合同的标的就不具有特定性和确定性。如果仅仅只是将"技术"作为此种合同的标的，则过于抽象。另一方面，技术合同本身是为了实现技术成果的商品化和市场化而产生，其所规范的最终是技术成果的开发、转让等关系。因此《民法典》关于技术合同的规则也主要是围绕技术成果来展开。例如，关于技术成果的产生、归属、开发和利用等，构成了技术合同的主要内容。所以技术合同的标的是技术成果，而不是技术。当然，在技术服务合同、技术咨询合同中，不一定以具体的技术成果为标的，但这些合同不是技术合同的典型形态。

（2）主体具有特殊性。技术合同涉及新技术的开发、转让、技术服务或咨询等内容，因此，合同一方或双方不仅需要具有民事权利能力和完全的民事行为能力，而且必须具有一定专业知识或技能，因此在实践中，技术合同的主体大多是科研机关和科研人员。

---

① 参见郭明瑞、王轶：《合同法新论·分则》，398页。

② 参见《技术合同纠纷司法解释》第1条。

（3）内容具有多样性。技术合同是围绕技术从研发到应用的全过程而展开的，因而技术合同的内容具有多样性，可以针对技术产生和运用中的每一个阶段来进行。依据合同标的的不同，技术合同可分为技术开发合同、技术转让合同、技术咨询合同及技术服务合同。在技术合同项下，又可以细分为多种类型。而且随着科技的发展和社会的进步，还会出现对技术的新的运用和研发方式，这些都可以纳入技术合同的范畴，从而使技术合同的内容具有包容性。技术成果的交易应该受到民法典合同编调整，而技术成果所有权归属，还要受到知识产权法律制度的调整。①

（4）履行的内容具有复杂性。由于技术合同的类型不同，其内容也存在一定的区别，有的以提交技术成果为内容，有的以提供咨询或改进建议为内容，有的则需要授权他人在一定期限或一定范围内利用技术成果。与其他合同相比，技术合同的履行环节较多，履行期限较长，价款、报酬或使用费的计算方式较为复杂，而且技术的开发本身具有一定的不可预期性，因而，技术合同具有一定的风险性。例如，在技术开发合同中，当事人约定的是就新技术、新产品、新工艺或者新材料及其系统的开发研究，此种开发研究是否能够开发成功，存在具有不确定性和极大的风险性，受托人能否顺利履行合同、实现合同目的，也不完全受当事人的主观控制，而是要受制于很多客观因素甚至偶然因素影响。

（5）具有双务性及有偿性。技术合同是在传统的双务合同基础上发展起来的，只不过其合同标的具有特殊性，但是其所应有的双务合同的性质并没有改变。由于技术合同的当事人一方进行开发、转让、咨询或服务，另一方通常应支付价款或报酬，因而技术合同一般都是有偿合同。

二、技术合同的内容

技术合同的内容具有特殊性。《民法典》第845条第1款规定：“技术合同的内容一般包括项目的名称，标的的内容、范围和要求，履行的计划、地点和方式，技术信息和资料的保密，技术成果的归属和收益的分配办法，验收标准和方法，名词和术语的解释等条款。”该条使用了“一般包括”的用语，表明该条所规定的技术合同条款仅具有指导性作用，旨在为技术合同的签订提供一个参考和指引，并不要求合同必须全部具备这些条款。技术合同一般应包括以下条款。

（1）项目名称。所谓项目名称，是指技术合同标的的名称。② 因为技术合同具有集合性，并不是所有的技术合同都具有技术合同所能包含的全部内容，而往往只是集中于某一方面，例如，集中于技术的开发、转让等方面。技术合同应当用简明、规范的专业技术术语对合同项目的名称进行明确，力求反映其技术特征和法律特征。③ 在技术合同中，明确项目名称对于确定合同纠纷的解决规则有着重要意义。

---

① 参见崔建远主编：《合同法》，4版，463页。

② 参见魏耀荣等：《中华人民共和国合同法释论（分则）》，421页。

③ 参见段瑞春：《技术合同》，70页，北京，法律出版社，1999。

（2）标的的内容、范围和要求。技术合同标的的内容和项目名称是直接相关联的。不同类型的技术合同，其标的的内容、范围和要求是不同的。例如，在以新技术、新产品、新工艺或者新材料及其系统的研究开发为内容的技术开发合同中，其所指向的标的是尚不存在或尚未研发的新技术等；而在技术转让合同中，其标的则是已存于世的技术成果。① 因此，在技术合同中，不同的标的也将导致其所面临的风险和适用的法律规则不同，当事人之间的权利、义务关系也有差异。因此在技术合同中，当事人应根据不同的技术合同类型，就合同标的的内容、范围和标的要求（标的的具体指标）进行约定。

（3）履行的计划、进度、期限、地点、地域和方式。无论是技术开发合同、技术转让合同抑或技术服务合同和技术咨询合同，都存在当事人如何履行的问题。例如，在技术开发合同中，具体的履行内容包括技术开发经费的支付、技术资料和原始数据的提供、开发失败的风险约定、研究开发的进度、期限和技术成果的交付等。在专利实施许可合同中，具体的履行内容则包括实施许可的专利名称、内容、专利号，实施许可的期限、地域（如许可在一国范围内或仅是在某一省份内实施）以及方式（如独占实施许可、排他实施许可或普通实施许可）等。确定履行的计划、进度、期限、地点、地域和方式，不仅有利于技术合同的正确履行，也有利于确立双方当事人的责任。但诸如履行计划、进度、期限、地点、地域和方式等并不是所有技术合同均需具有的内容，应当根据技术合同的标的来确定技术合同的形式要求。② 例如，履行地域通常是专利实施许可合同所应约定的事项。

（4）技术情报和资料的保密。技术情报和资料的保密是技术合同的重要条款，这是由技术合同的性质及特殊的标的所决定的。在技术合同中，无论是技术合同具体履行过程还是交付使用的研究开发成功的技术成果或技术秘密等，都存在保密的问题。除专利技术外，技术合同的标的一般都是不对外公开的，一旦公开，其经济价值就大大下降。因此，技术合同的保密条款是十分重要的。当事人应当对需要保密的技术情报和资料的事项、范围、期限、责任等作出具体的约定。对于技术合同中的技术情报和资料，例如，委托开发合同的委托人按照约定提供的技术资料和原始数据、专利实施许可合同的让与人按照约定交付的与实施专利有关的技术资料等，当事人应按照合同的约定负有保密义务。

（5）风险责任的承担。在技术合同的履行过程中，合同所约定的内容可能因某种无法克服的技术困难而不能完全实现，甚至不能实现，因而技术合同的履行往往伴随着一定的风险。③ 尤其是在技术开发合同中，技术开发具有不确定性，开发人需要凭借其所掌握的技术知识进行研究开发，在这一过程中，可能会因无法克服的技术困难而致使研究开发失败。这就需要当事人就风险责任的承担进行约定，从而有利于研究开发人大胆进行研究开发和实验，促使技术的革新，也有利于避免争议的发生。

（6）技术成果的归属和收益的分成办法。在技术开发合同中，研究开发人按照合同

---

①② 参见魏耀荣等：《中华人民共和国合同法释论（分则）》，422 页。

③ 参见胡康生主编：《中华人民共和国合同法释义》，494 页。

约定，依照研究开发计划，最后一般会形成特定的技术成果。在技术转让合同、技术咨询或服务合同中，受让人或受托人也有可能会利用现有的技术成果，并借助委托人提供的技术资料和工作条件等形成新的技术成果，这就是通常所说的后续改进，在后续改进的基础上也会形成新的技术成果。① 这就需要当事人在合同中对技术成果的归属以及对由此取得的收益如何进行分成进行约定。

（7）验收标准和方法。验收标准和方法是确定当事人是否依据合同约定履行义务的依据。此处所说的验收，主要是技术合同的当事人就研究开发人或受让人等所交付的技术成果是否符合合同约定而进行检验。研究开发人验收标准既可以由双方当事人直接约定按照国家规定的标准进行，也可以由双方直接约定具体标准。而验收方法也是多种多样的。②

（8）价款、报酬或者使用费及其支付方式。技术合同是双务合同，因此在研究开发人、专利权人、专利实施许可人等按照合同约定履行自己的义务之后，另一方当事人应当支付价款、报酬或使用费。此处所说的价款主要是指在涉及技术成果权属的技术转让合同中受让人应支付的对价，报酬主要是指技术委托开发合同、技术咨询合同和技术服务合同的委托人所应支付的金钱，而使用费主要是指专利实施许可合同和技术秘密许可使用合同中被许可人应支付的金额。③ 依据《技术合同纠纷司法解释》第 14 条，对技术合同的价款、报酬和使用费，应当由当事人通过约定予以明确，如果当事人没有约定或者约定不明确的，则可以按照以下原则处理：第一，对于技术开发合同和技术转让合同、技术许可合同，根据有关技术成果的研究开发成本、先进性、实施转化和应用的程度，当事人享有的权益和承担的责任，以及技术成果的经济效益等合理确定，实际上就是要根据技术成果的研发成本、效益、转化应用的程度等因素来合理确定价款报酬和使用费；第二，对于技术咨询合同和技术服务合同，主要是根据现有的、公开的技术提供咨询和服务，因此应当根据有关咨询服务工作的技术含量、质量和数量，以及已经产生和预期产生的经济效益等合理确定。

价款、报酬或者使用费的具体支付方式由当事人进行约定。《民法典》第 846 条特别规定了三种情形：一是一次总算、一次总付或者一次总算、分期支付。所谓一次总算、一次总付是指一次性计算出价款和报酬的总数。所谓分期支付，是指当事人按照合同约定将总的价款、报酬或者使用费分为多期、多批次而进行支付。④ 这两种方式的主要区别在于在一次性将所有的价款、报酬或使用费算清之后，是一次总付，还是分期支付。二是提成支付。依据《民法典》第 846 条第 1 款，当事人也可以采取提成支付或者提成支付附加预付入门费的方式。《民法典》第 846 条第 2 款规定："约定提成支付的，可以按照产品价格、实施专利和使用技术秘密后新增的产值、利润或者产品销售额的一定比例提成，也可以按照约定的其他方式计算。提成支付的比例可以采取固定比例、逐年递增比例或者逐年递减比例。"该条确定了提成支付的计算基准和提取比例，可以按照产品

① 参见段瑞春：《技术合同》，201 页。

② 参见魏耀荣等：《中华人民共和国合同法释论（分则）》，423 页。

③ 参见蒋志培主编：《技术合同司法解释的理解与适用》，33 页，北京，科学技术文献出版社，2007。

④ 参见马俊驹、余延满：《民法原论》，3 版，743 页。

价格、实施专利和使用技术秘密后新增的产值、利润或者产品销售额等作为计算基准，至于提取比例既可以采取固定比例，也可以采取浮动式，由当事人自主约定。三是提成支付附加预付入门费，是指在合同成立之初先向对方支付报酬、价款或者部分使用费，剩余部分按照比例提成。① 另外，关于提成支付的计算方式，《民法典》第 846 条第 3 款规定："约定提成支付的，当事人可以约定查阅有关会计账目的办法。"该规定是为了保护提成支付中接受价款、报酬或者使用费一方当事人的合法权益，这是其享有的合法权利。

三、职务技术成果

（一）职务技术成果的认定

职务技术成果是指个人执行法人或者其他组织的工作任务，或者主要是利用法人或者其他组织的物质技术条件所完成的技术成果。在现代市场经济中，虽然单位不可能真正从事思考和研发任务，但是其可以凭借自身的资金和人员优势，组织员工从事具体科研任务，并为员工提供实验设备、劳动保护、科研奖励等重要物质条件，以完成技术成果的研发。因此，单位可依据约定享有此类技术成果的使用权和转让权，研发者个人未经单位同意擅自转让该技术成果的，将侵害单位的权益。②

《民法典》第 847 条第 2 款规定："职务技术成果是执行法人或者非法人组织的工作任务，或者主要是利用法人或者非法人组织的物质技术条件所完成的技术成果。"这就确立了对职务技术成果的认定标准。具体而言，其包括如下原则。

1. 尊重当事人的约定

依据《技术合同纠纷司法解释》第 2 条第 2 款的规定，法人或者其他组织与其职工就职工在职期间或者离职以后所完成的技术成果的权益有约定的，人民法院应当依约定确认。由此可见，在职务技术成果的认定过程中，应尊重当事人的意思自治。毕竟，技术成果属于私权，国家不必过多干涉，如果当事人约定技术成果归个人所有，或约定技术成果归单位所有，应当尊重此种约定，并依据当事人的约定来确定权利归属。

2. 当事人无约定时的认定标准

如果相关的技术成果属于"执行法人或者其他组织的工作任务"或"利用法人或者其他组织的物质技术条件"，即可认定为职务技术成果，例如，依据《专利法》第 6 条的规定，执行本单位的任务或者主要是利用本单位的物质技术条件所完成的发明创造为职务发明创造。职务技术成果的认定包括如下两种标准。

（1）执行法人或者其他组织的工作任务。依据《技术合同纠纷司法解释》第 2 条，法人或者非法人组织与其职工就职工在职期间或者离职以后所完成的技术成果的权益有约定的，则依据当事人的约定来确定权益，如果没有约定，则从两方面考虑：一是履行

---

① 参见黄薇：《中华人民共和国民法典合同编解读》（下册），1140 页。

② 参见胡康生主编：《中华人民共和国合同法释义》，498 页。

法人或者非法人组织的岗位职责或者承担其交付的其他技术开发任务；如果个人的本职工作与某项技术合同的研发没有直接关系，则可能不属于职务技术成果。[①] 例如，某企业的技术员的本职工作是从事本单位污水处理的化学研究，该技术员在上班闲暇之时，自行研发了一套电脑游戏软件，则该软件的开发就不属于其本职工作范围。二是离职后一年内继续从事与其原所在法人或者非法人组织的岗位职责或者交付的任务有关的技术开发工作，但法律、行政法规另有规定的除外。也就是说，如果个人在离职后一年之内，仍从事与原单位的工作任务有关的技术开发工作，在此情况下，也应当将相关的技术成果认定为职务技术成果。

（2）主要利用法人或者其他组织的物质技术条件。所谓“物质技术条件”，包括资金、设备、器材、原材料、未公开的技术信息和资料等。[②] 其既包括物质条件（如资金、设备等），也包括技术条件（如未公开的技术信息）。如果个人主要利用法人或者其他组织的物质技术条件，其所完成的技术成果属于职务技术成果。[③]

《民法典》第 847 条强调必须是“主要是利用”。所谓“主要是利用”，是指“包括职工在技术成果的研究开发过程中，全部或者大部分利用了法人或者非法人组织的资金、设备、器材或者原材料等物质条件，并且这些物质条件对形成该技术成果具有实质性的影响；还包括该技术成果实质性内容是在法人或者非法人组织尚未公开的技术成果、阶段性技术成果基础上完成的情形”[④]。因为在个人研究开发技术成果的过程中，也可能会完全利用自身的物质技术条件，或只是部分地利用法人或其他组织的物质技术条件，而且其所利用的部分物质技术条件对技术成果的完成通常不具有实质性作用。但如果当事人事先约定了利用这些物质技术条件，将返还资金或者交纳使用费的；或者仅仅只是利用这些物质技术条件对技术方案进行验证和测试的，则不属于主要利用法人或者其他组织的物质技术条件。[⑤] 一般认为，如果利用单位物质技术条件对最终技术成果的形成产生了实质性的影响，就可以认定为主要利用单位物质技术条件。

为了尊重技术成果完成人的劳动，鼓励研发和创新，《民法典》第 849 条规定：“完成技术成果的个人享有在有关技术成果文件上写明自己是技术成果完成者的权利和取得荣誉证书、奖励的权利。”因此，完成技术成果者对该项成果享有人身权，包括署名权、荣誉权和获得奖励权。

此外，在单位转让职务技术成果时，职务技术成果完成人享有优先受让权。所谓优先受让权，是指权利人在转让职务技术成果时，职务技术成果完成人享有优先受让的权利。依据《民法典》第 847 条第 1 款的规定，法人或者非法人组织订立技术合同转让职

---

① 参见邰中林：《〈关于审理技术合同纠纷案件适用法律若干问题的解释〉的理解与适用》，载《人民司法》，2005（2）。

②③ 参见《技术合同纠纷司法解释》第 3 条。

④ 《技术合同纠纷司法解释》第 4 条。

⑤ 参见《技术合同纠纷司法解释》第 4 条。

务技术成果时，职务技术成果的完成人享有以同等条件优先受让的权利。[①] 法律作出此种规定的原因在于，职务技术成果的具体研究开发工作是由完成人所从事和完成的，而且完成人对该职务技术成果享有特定的人身权，如署名权、荣誉权和获得奖励权，因此，完成人在同等条件下享有优先受让权，这既是对其自身劳动的尊重，也方便完成人利用该技术成果，充分发挥该技术成果的效用和价值。

(二) 非职务技术成果

非职务技术成果是与职务技术成果相对应的概念，它是指不属于执行法人或者其他组织的工作任务完成的技术成果，包括个人非为执行法人或者其他组织的工作任务，而且未利用法人或其他组织的物质技术条件，或仅是部分利用法人或者其他组织的物质技术条件，但尚未构成“主要利用”的情况下形成的技术成果。[②] 依据《民法典》第 848 条的规定，非职务技术成果的完成人并非仅享有对该技术成果的人身权，同时还完整地享有转让、利用该技术成果的财产权。而在职务技术成果中，使用、转让技术成果的权利属于法人或其他组织，职务技术成果的完成人仅享有获得奖励或报酬的权利、优先受让权、署名权和荣誉权等权利。

由于区分职务技术成果和非职务技术成果，对保障当事人的合法权利，鼓励个人进行智力创造并积极从事研究开发技术成果的活动具有重要意义，还有利于促进国家科学技术的进步和发展，因此《民法典》规定了区分的一般规则。一是尊重当事人的约定。依据《民法典》第 848 条的规定，“完成技术成果的个人可以就该项非职务技术成果订立技术合同”。这就意味着非职务技术成果归属的认定，按照私法自治原则，如果当事人对该技术成果的归属有约定的，则应尊重当事人的约定。二是当事人无约定或者约定不明的情形，依据《民法典》第 848 条的规定，此时非职务技术成果的使用权、转让权属于完成技术成果的个人。

四、无效技术合同

无效技术合同是指技术合同违反了法律法规的强制性规定或公序良俗，而导致合同无效。无效技术合同主要包括如下情形。

(1) 非法垄断技术、妨碍技术进步。《民法典》第 850 条规定：“非法垄断技术或者侵害他人技术成果的技术合同无效。”因此，限制他人合法进行技术改进、阻碍技术进步的合同应当无效。[③] 所谓非法垄断技术，是指当事人通过合同条款的规定限制他方当事

① 依据《技术合同纠纷司法解释》第 6 条，所谓“职务技术成果的完成人”，“包括对技术成果单独或者共同作出创造性贡献的人，也即技术成果的发明人或者设计人。人民法院在对创造性贡献进行认定时，应当分解所涉及技术成果的实质性技术构成。提出实质性技术构成并由此实现技术方案的人，是作出创造性贡献的人”。但是，提供资金、设备、材料、试验条件，进行组织管理，协助绘制图纸、整理资料、翻译文献等人员，不属于职务技术成果的完成人。

② 参见黄薇主编：《中华人民共和国民法典合同编解读》(下册)，1145 页。

③ 有关国际条约亦有类似规定。例如，TRIPs 协议在第二部分第八节第 40 条之 1 规定：“各成员同意，一些限制竞争的有关知识产权的许可活动或条件可对贸易产生不利影响，并会妨碍技术的转让和传播。”

人在既有技术上的开发、从其他渠道获得技术，或者阻碍正当合理的专利实施和技术秘密的运用。[①]《技术合同纠纷司法解释》第 10 条对非法垄断技术作出了详细的规定。[②]《民法典》第 850 条之所以规定非法垄断技术、妨碍技术进步的技术合同无效，是因为其与《民法典》第 844 条所规定的原则是相悖的，即“订立技术合同，应当有利于知识产权的保护和科学技术的进步，促进科学技术成果的研发、转化、应用和推广”。

（2）侵害他人技术成果。《民法典》第 850 条规定：“非法垄断技术或者侵害他人技术成果的技术合同无效。”在实践中，侵害他人技术成果的行为经常表现为，未经权利人的许可非法转让其发明创造的合同，合同约定技术成果使用权归一方的，另一方未经许可就将该项技术成果转让给第三人。[③] 本书认为，从有利于对真正权利人的保护，促进技术进步的角度考虑，显然将其作为效力待定的合同来处理更为妥当。

在技术合同被确认无效或被撤销以后，当事人应当依据无效合同的规定恢复原状，因履行合同所完成新的技术成果或者在他人技术成果基础上完成后续改进技术成果的权利归属和利益分享，首先应当由当事人重新协商确定，如果当事人之间不能达成协议的，依据《技术合同纠纷司法解释》第 11 条第 2 款，人民法院可以判决由完成技术成果的一方享有。

第二节　技术开发合同

一、技术开发合同的概念和特征

《民法典》第 851 条第 1 款规定：“技术开发合同是当事人之间就新技术、新产品、新工艺、新品种或者新材料及其系统的研究开发所订立的合同。”所谓技术开发，是指在利用基础研究成果的基础上，经过发明创新和生产试验等环节而创造新的技术成果。例如，某汽车生产企业为了开拓市场，需要研制新能源汽车，因此与国内某研发机构签订技术开发合同，由该汽车生产企业投入资金，研发机构则承担新能源汽车的具体研发工作。所谓“新技术、新产品、新工艺、新品种或者新材料及其系统”，是指当事人在订立技术合同时尚未掌握的产品、工艺、材料及其系统等技术方案，但对技术上没有创新的

---

① 参见黄薇主编：《中华人民共和国民法典合同编解读》（下册），1089、1146 页。

② 该条规定：“下列情形，属于民法典第八百五十条所称的‘非法垄断技术’：（一）限制当事人一方在合同标的技术基础上进行新的研究开发或者限制其使用所改进的技术，或者双方交换改进技术的条件不对等，包括要求一方将其自行改进的技术无偿提供给对方、非互惠性转让给对方、无偿独占或者共享该改进技术的知识产权；（二）限制当事人一方从其他来源获得与技术提供方类似技术或者与其竞争的技术；（三）阻碍当事人一方根据市场需求，按照合理方式充分实施合同标的技术，包括明显不合理地限制技术接受方实施合同标的技术生产产品或者提供服务的数量、品种、价格、销售渠道和出口市场；（四）要求技术接受方接受并非实施技术必不可少的附带条件，包括购买非必需的技术、原材料、产品、设备、服务以及接收非必需的人员等；（五）不合理地限制技术接受方购买原材料、零部件、产品或者设备等的渠道或者来源；（六）禁止技术接受方对合同标的技术知识产权的有效性提出异议或者对提出异议附加条件。”

③ 参见段瑞春：《技术合同》，105 页。

现有产品的改型、工艺变更、材料配方调整以及对技术成果的验证、测试和使用除外。[①] 在现代社会中，技术作为第一生产力而存在，其作为国家的核心竞争力而日益凸显其重要性。技术开发合同作为规范技术开发关系的合同，对于促进技术开发的实现和技术成果的产生有着重要意义。

技术开发合同的特征在于：

（一）目的具有特殊性

技术开发合同的订约目的是追求新技术，其核心体现在“新”。如何理解“新”的含义？一般认为，它是指合同双方当事人在订立技术开发合同时尚未掌握的技术、产品、工艺或者材料及其系统等技术方案[②]，这就要求合同标的具有技术创新成分和技术进步特征。技术开发合同要求作为合同标的的技术成果必须具有一定的新颖性。但此处所说的“新”也只是相对的，只要是技术开发合同的双方当事人尚未掌握的即可，并不要求技术成果是世界新颖、国内首创或者在行业、地区排名第一。[③] 在研究开发的过程中，当事人会面临技术开发失败及在开发成功前被公开的风险。依据《民法典》第857条的规定，如果在技术开发合同的履行过程中，作为技术开发合同标的的技术已经由他人公开，成为公开技术，在此情形下，技术开发合同的履行已经没有意义，当事人可以解除合同。

（二）标的具有特殊性

技术开发合同的标的是凝聚着人类智慧和创造性劳动的科学技术成果，但与其他技术合同的标的相比较，其特殊性表现在：一是技术开发合同所指向的技术成果，是尚未面世的技术成果，其最终能否开发成功取决于研究开发人的智力创造。二是该技术成果具有“新”的特性。它是具有创造性的技术成果。“新”技术成果是在订约之时当事人尚未掌握的新的技术、产品、工艺或者材料及其系统等技术方案。三是该技术成果能够满足委托人的特定需要。研究开发人是按照委托人的特别要求进行科学技术创造活动的，其科研成果只是为了满足委托人在生产上的某种需要。技术开发合同与技术转让合同在标的上的区别也体现于此，在技术转让合同中，转让人所转让的是现有技术成果。

（三）风险承担具有特殊性

正是因为技术开发合同以新技术成果为合同的标的，这就意味着技术开发合同需要面临特殊的风险，该风险是指在研究开发过程中，虽经当事人一方或者双方主观努力，却因受现有科技知识、认识水平和试验条件限制，面临无法预见、防止和克服的技术困难，导致研究开发失败或者部分失败所发生的损失。[④] 一般来说，只有在技术开发合同中当事人才会面临此种技术风险，因为技术开发合同的标的主要是尚不存在的技术成果，

---

① 参见《技术合同纠纷司法解释》第17条。

② 参见胡康生主编：《中华人民共和国合同法释义》，439页。

③ 参见段瑞春：《技术合同》，122页。

④ 参见段瑞春：《技术合同》，150页。

而在技术转让、技术咨询和技术服务合同中，当事人一方所转让或利用的是既存的技术成果，因此在这些合同中技术风险的负担规则没有适用的可能性和必要性。

（四）具有双务性、有偿性和诺成性

在技术开发合同中，研究开发人应提供技术商品，委托人应提供研究开发经费和相应的报酬，双方协作进行研究开发工作。所以，技术开发合同是双务、有偿合同。技术开发合同自当事人就技术开发合同的主要条款达成合意时，该合同即成立，因此它又是诺成合同。

（五）要式性

《民法典》第 851 条第 3 款规定："技术开发合同应当采用书面形式。"这主要是因为技术开发合同内容复杂，风险大，周期长，所需要的经费、人员、设备技术等较多，采书面的形式可以有效明晰各方当事人的权利义务关系，避免纠纷和争议。

《民法典》第 851 条第 4 款规定："当事人之间就具有实用价值的科技成果实施转化订立的合同，参照适用技术开发合同的有关规定。"所谓科技成果实施转化订立的合同，是指当事人之间就具有实用价值但尚未实现工业化应用的科技成果包括阶段性技术成果，以实现该科技成果工业化应用为目标，约定后续试验、开发和应用等内容的合同。① 法律上之所以要规定科技成果实施转化合同要参照适用技术开发合同，是为了适应技术创新和科技产业化，推动科学技术成果的转化与实践需要，且从实践来看，此类合同已经广泛采用，且纠纷时有发生，但是缺乏法律依据，通过参照适用的方式也弥补了此类纠纷法律适用的空白。② 另外，此种技术转化合同与技术开发合同存在诸多相似之处，例如新技术开发转化的风险、后续技术的革新等，故可以参照适用技术开发合同的相关规则。

二、委托开发合同

（一）委托开发合同的概念

委托开发合同，是指研究开发人与委托人之间达成的有关研究开发人完成开发工作，并向委托人提交开发成果，委托人接受该项开发成果并向开发人支付约定的开发费用的协议。《民法典》第 852 条规定："委托开发合同的委托人应当按照约定支付研究开发经费和报酬，提供技术资料，提出研究开发要求，完成协作事项，接受研究开发成果。"严格地说，委托开发合同是在委托合同基础上产生的，从广义上也属于委托合同的范畴，但鉴于其以技术开发为目的，因而其区别于委托合同，而作为一种独立的有名合同类型而存在。

---

① 参见《技术合同纠纷司法解释》第 18 条。

② 参见黄薇主编：《中华人民共和国民法典合同编解读》（下册），1153 页。

（二）委托开发合同的效力

《民法典》第 852 条规定："委托开发合同的委托人应当按照约定支付研究开发经费和报酬，提供技术资料，提出研究开发要求，完成协作事项，接受研究开发成果。"依据该规定，概述如下。

1. 委托人的主要义务

（1）按照约定支付研究开发经费和报酬。委托人负有按照合同约定支付开发经费和报酬的义务。研究开发经费不同于报酬。它是指完成研究开发工作所需要的成本，如购买研究必需的设备仪器、研究资料、试验材料、能源和试制、安装以及获取情报资料等项费用[①]，而报酬则是研究开发成果的使用费和研究开发人员的科研补贴。[②] 由此可见，研究开发经费是委托开发合同履行所必需的费用，对于受托人的研究开发工作的启动和顺利进行发挥着重要作用。因此，委托人应当按照合同约定支付开发报酬。但如果双方当事人在合同中约定将研究开发经费的一定比例作为使用费和科研补贴的，可以不单列报酬。[③] 换言之，委托人所应支付的报酬已经包含在研究开发经费之中，以研究开发经费的名义予以支付。鉴于研究开发经费和报酬的性质差异，双方当事人须就此种情形作出明确约定。

委托人无故拒绝或迟延支付研究开发经费和报酬，应负违约责任。《民法典》第 854 条规定："委托开发合同的当事人违反约定造成研究开发工作停滞、延误或者失败的，应当承担违约责任。"其中，委托人违反约定造成研发工作停滞或延误，当然也包括其无正当理由未按照合同约定支付研究开发费用和报酬所导致的研发停滞或延误的情形，此时委托人应承担违约责任。

（2）协作义务。《民法典》第 852 条也确立了委托人的协作义务。一是提供技术资料和原始数据。技术资料和原始数据是研究开发人进行研究开发的基础，委托人是否负有提供义务应依合同约定，如果合同约定委托人负有提供义务的，其应当提供。二是提出研究开发要求，具体包括新开发技术的技术特征、性能、开发周期、质量标准。三是其他协助义务。例如，研究开发人也有权要求委托人补充必要的背景资料，介绍与研究开发工作有关的市场信息等，但不得超过履行合同所要求的范围。[④] 只有在委托人履行了这些协助义务之后，研究开发人才能顺利地开展研究开发工作。依据我国《民法典》第 854 条的规定，委托人违反约定造成研究开发工作停滞、延误或者失败的，应当承担违约责任。因此，委托人未按照约定或拒绝提供技术资料、原始数据等也应包括在"违反约定"之中，由此造成研究开发工作停滞、延误或失败的，委托人应当承担违约责任。

（3）及时接受研究开发成果。依据《民法典》第 852 条的规定，在研究开发完成之后，合同约定的技术成果已经形成的情形下，委托人负有及时接受的义务。工作成果的表现形式可以是多样的，它可以是产品设计、材料配方以及技术发明方案，也可以是新技术、新产品的论文报告，还可以是新设备、新仪器。一旦对方提出交付，委托人就应

---

① 参见胡康生主编：《中华人民共和国合同法释义》，504 页。

②③④ 参见魏耀荣等：《中华人民共和国合同法释论（分则）》，442 页。

当及时接受。

2. 研究开发人的主要义务

《民法典》第853条规定："委托开发合同的研究开发人应当按照约定制定和实施研究开发计划，合理使用研究开发经费，按期完成研究开发工作，交付研究开发成果，提供有关的技术资料和必要的技术指导，帮助委托人掌握研究开发成果。"依据该条规定，研究开发人负有如下合同义务。

（1）按照约定制定和实施研究开发计划的义务。在委托开发的过程中，研究开发人通常需要事先拟定研究开发的具体内容和步骤，如研究开发的基本目标、研究开发的方法与方案、研究开发的进度、研究开发的实验方法、研究开发的期限等。① 在研究开发的过程中，如果因委托开发合同的当事人的过错而致使研究开发工作停滞、延误或者失败的，依据《民法典》第854条规定，违约一方应承担违约责任。

（2）合理使用研究开发经费的义务。研究开发经费不同于报酬，其是为了研究开发工作的正常启动和开展而由委托人支付的经费。合理使用研究开发经费，既是为了尽可能地减少委托人的支出，又有利于研究开发工作的顺利进行。当然，如果合同当事人约定将研究开发费用的一部分作为报酬的，应依照当事人的约定。

（3）按期完成工作并及时交付工作成果的义务。依据《民法典》第853条的规定，研究开发人应当按期完成研究开发工作，交付研究开发成果。一方面，研究开发人应当按照合同约定的期限完成研究开发工作，不得无故拖延或延误研究开发工作；另一方面，研究开发人在完成工作成果后，应及时交付。在委托开发合同中，委托人委托研究开发人进行研究开发工作，其所追求的是最终的工作成果。工作成果的表现形式可以是多样的，可以是产品设计、材料配方以及技术发明方案，也可以是新技术、新产品的论文报告，还可以是新设备、新仪器。② 工作成果的及时交付，通常是与委托人的切身利益相联系的。例如，委托人已经将实施受托人所研发的技术成果的设备、人员等准备就绪，如果受托人按照合同约定及时交付的，委托人就可以将该成果投入生产，从而产生经济效益。因此，研究开发成果的及时交付有利于实现该成果的及时转化。此外，及时交付成果也有利于实现技术成果风险的转移。

（4）协助义务。依据《民法典》第853条的规定，研究开发人应当"提供有关的技术资料和必要的技术指导，帮助委托人掌握研究开发成果"。这就确立了研究开发人的协助义务。通常，技术成果具有专门性和技术性，委托人并不完全了解该技术成果。由研究开发人提供有关的技术资料和必要的技术指导，既可以帮助委托人掌握研究开发成果，也有利于实现技术成果的转化。③ 在技术开发合同中，由于作为合同标的的技术成果具有新型的特点，通常只有研究开发人才了解该项技术成果的具体特性以及如何应用等，要求其履行协助义务，有利于合同目的的实现。还需要指出的是，在一般情况下，技术开发合同的标的大都是未取得专利的技术，因此，合同约定有保密义务的，研究开发人

---

① 参见魏耀荣等：《中华人民共和国合同法释论（分则）》，443页。

② 参见黄薇主编：《中华人民共和国民法典合同编解读》（下册），1158页。

③ 参见王轶等：《中国民法典释评·合同编·典型合同》（下卷），267～268页。

不得向第三者泄露技术秘密。当然，当事人可以在订立合同时就发明创造的专利申请权以及技术秘密成果的使用权、转让权作出约定，或对双方当事人的保密义务作出约定。

(三) 委托开发合同中技术风险责任的承担

技术风险，是指在技术开发过程中，出现无法克服的技术困难导致技术开发工作失败的可能性。此种风险，并不包含作为不可抗力的自然事件、社会事件和人员风险、市场风险等因素在内。在技术开发中，受托人所研究开发的技术是作为“新”技术存在的，而非现有的技术成果，因此，在研究开发中，经常面临着不可预知的、可能导致技术开发失败或部分失败的风险。由于现有的知识水平、技术水平等的限制，开发的技术成果具有不确定性，经过当事人双方共同努力，可能达到预期的效果，也可能达不到预期的效果。《民法典》第 858 条第 1 款规定：“技术开发合同履行过程中，因出现无法克服的技术困难，致使研究开发失败或者部分失败的，该风险由当事人约定；没有约定或者约定不明确，依据本法第五百一十条的规定仍不能确定的，风险由当事人合理分担。”依据这一规定，首先，可以由双方当事人就风险责任的负担进行约定，如果当事人有约定的，从其约定。由于技术开发合同中当事人之间的利益关系比较复杂，其内容涉及双方当事人的利益分配、开发技术的使用期限、专利费用、转让权限以及成果转化的利益归属等诸多问题，所以，就有关技术风险分担问题，最好由当事人双方进行约定，找出合理分担风险的方法。其次，在当事人没有约定或约定不明确时，应依照《民法典》第 510 条由当事人事后达成协议补充。不能达成补充协议的，按照合同有关条款或交易习惯确定。如果仍不能确定的，应由各方当事人合理分担。所谓合理分担，并不是平均分担，而要根据合同的具体情况，如资产的承受力、损失程度、产生风险前各方付出的劳动量等进行合理确定。① 采纳这一原则的主要原因是，科学研究和技术开发本身是一种高风险的活动，对于技术成果的获得具有很大的不确定性，或者说，这种活动从一开始就充满了风险，如果当事人不能达成协议，且不能事后确定，则只能采取由双方当事人合理分担的方法。

《民法典》第 858 条第 2 款规定：“当事人一方发现前款规定的可能致使研究开发失败或者部分失败的情形时，应当及时通知另一方并采取适当措施减少损失；没有及时通知并采取适当措施，致使损失扩大的，应当就扩大的损失承担责任。”据此，在技术开发中，有可能出现不可克服的风险，一旦出现这些不可克服的风险，可能导致技术开发全部或部分失败。为了减轻当事人由此可能遭受的损失，该款规定了两项义务：一是如果当事人发现了有可能导致研究开发失败的风险时，应当及时通知对方。此种通知可以采取口头或书面的方式作出，从而使对方及时采取措施减轻损失或避免损失的扩大。二是当事人应当采取适当措施减少损失。在出现不可克服的风险后，只有采取适当措施才有可能减少损失，例如，应当及时停止研究开发，避免继续加大投入。此时当事人采取的措施应当是合理的，具体采何种措施具有合理性应当依据具体情形判断。此种措施是减

---

① 参见魏耀荣等：《中华人民共和国合同法释论（分则）》，455 页。

损义务的具体体现，对于违反该义务造成损失扩大的，应当就扩大部分承担赔偿责任。①

(四) 专利申请权的权属

所谓专利申请权，是在技术成果研发成功之后，依据《专利法》等法律的规定申请专利的权利。《民法典》第 859 条第 1 款规定："委托开发完成的发明创造，除法律另有规定或者当事人另有约定外，申请专利的权利属于研究开发人。研究开发人取得专利权的，委托人可以依法实施该专利。"依据这一规定，对于委托开发完成的发明创造，首先，有关专利申请权，如果法律另有规定或者当事人另有约定，应当依据法律的特别规定或者当事人的约定。例如，《专利法》第 6 条关于职务发明的规定，应当优先得到适用。遵循当事人的约定既可以最大限度地满足双方当事人的利益，也有利于将技术成果及时转化为生产力。其次，如果当事人没有约定，专利申请权则属于研究开发人。这是因为在委托开发合同中，委托人所负担的主要义务是投资义务，而实际的研究开发工作则是由研究开发人开展的。在当事人没有约定的情况下，由研究开发人享有专利申请权既是对其付出的智力劳动的尊重，也便于研究开发人实施该专利技术。

《民法典》第 859 条第 1 款规定："委托开发完成的发明创造，除法律另有规定或者当事人另有约定外，申请专利的权利属于研究开发人。研究开发人取得专利权的，委托人可以依法实施该专利。"从该条的规定可以看出，在法律没有规定或者当事人没有另有约定的情况下，委托开发完成的发明创造的专利申请权专属于研究开发人。这与《专利法》第 8 条的规定是相互衔接的。换言之，在委托开发完成发明创造的场合，在研究开发人取得专利权后，委托人可以依法实施该专利，无须向研发人员另行支付使用费，因为委托人已经支付了研发成本，这也符合公平原则的要求。② 而在法律另有规定与当事人另有约定的场合，则按照法律规定或当事人的约定来进行处理。例如，当事人约定专利申请权属于委托人与研究开发人共有，应从其约定。又如《专利法》第 6 条第 3 款规定："利用本单位的物质技术条件所完成的发明创造，单位与发明人或者设计人订有合同，对申请专利的权利和专利权的归属作出约定的，从其约定。"这就属于法律另有规定的情形，此时应当遵循法律的规定。

此外，为了方便技术成果的有效利用，维护委托人的合理权益，依据《民法典》第 859 条第 2 款的规定，" 研究开发人转让专利申请权的，委托人享有以同等条件优先受让的权利"，可见，在研究开发人转让专利申请权的场合，委托人享有同等条件下优先受让的权利。因为基于发明创造的委托开发关系，委托人与研究开发人之间具有相互间的信任关系，委托人又是该项发明创造专利的合法使用人，对于该技术发明的情况较为了解，此举也可以有效平衡委托人和技术开发者之间的利益，维护委托人作为技术投资方和实际实施者的合法权益。③ 但如果不满足同等条件的要件，例如转让费用低于他人的场合，委托人则没有优先受让的权利。

---

① 参见黄薇主编：《中华人民共和国民法典合同编解读》（下册），1100 页。

② 参见王轶等：《中国民法典释评·合同编·典型合同》（下卷），282 页。

③ 参见戴孟勇：《论〈民法典合同编草案〉中法定优先购买权的取舍》，载《东方法学》，2018（4）。

三、合作开发合同

（一）合作开发合同的概念和特征

合作开发合同是指两个或两个以上的民事主体，为了完成一定的技术开发工作，共同投资，共同进行研究开发工作，共享技术成果，并且共担风险的协议。《民法典》第855条规定："合作开发合同的当事人应当按照约定进行投资，包括以技术进行投资，分工参与研究开发工作，协作配合研究开发工作。"此处所说的"分工参与研究开发工作"，是指当事人按照约定的计划和分工，共同或者分别承担设计、工艺、试验、试制等工作。[①] 严格来讲，合作开发合同实际上就是合伙协议的一种，但与一般的合伙协议不同。二者的主要区别表现在：一方面，合作开发合同是以新技术成果的研究开发为目的，而不是像一般的合伙协议那样，为了实现投资经营营利。另一方面，在合作开发合同中，当事人所面临的主要风险是因技术困难而导致研发失败的风险，而在一般的合伙协议中，合伙人所面临的主要风险则是经营失败的风险等。

与委托开发合同相比较，合作开发合同的主要特点表现在：

第一，目标具有一致性。在合作开发合同中，当事人目标基本一致，具有共同的利益关系。各方当事人共同投资，共同参与研究开发工作，共享成果和利益。各方当事人都有权在合同规定的范围内充分实施研究开发成果。当然，经其他当事人的同意，一方当事人可以对全部研究开发成果享有优先实施权或独占权，但应向其他当事人作出补偿。任何当事人向第三人转让全部研究开发成果，应取得协商一致的意见。而在委托开发合同中，当事人的目标并不相同，开发人的目的是获得报酬，而委托开发人的目的是取得技术成果。[②]

第二，实质性地参与研发活动。在合作开发中，当事人都分工参与研究开发工作，对技术成果的形成都具有实质性的贡献。这一点也是其与委托开发合同的重要区别，因为在委托开发中，只有受托人才从事研发活动，而委托人并不从事此种活动，因此，技术开发合同当事人一方仅提供资金、设备、材料等物质条件或者承担辅助协作事项，另一方进行研究开发工作的，属于委托开发合同。[③]

第三，类似于共同行为。委托开发合同中，当事人之间实际上是类似于双务合同关系，双方互负权利义务关系。而在合作开发中，各个当事人因为目标具有一致性，权利义务也应当是相同的。因此，此类合同类似于共同行为。

（二）合作开发完成的发明创造归属

在无约定的情况下，申请专利的权利属于合作开发的当事人共有。《民法典》第860条第1款中规定："合作开发完成的发明创造，申请专利的权利属于合作开发的当事人共

① 参见《技术合同纠纷司法解释》第19条。

② 参见黄薇主编：《中华人民共和国民法典合同编解读》（下册），1163页。

③ 参见《技术合同纠纷司法解释》第19条第2款。

有；当事人一方转让其共有的专利申请权的，其他各方享有以同等条件优先受让的权利。但是，当事人另有约定的除外。”该条针对合作开发完成的发明创造的专利申请权归属作出了明确规定。具体而言：首先，专利申请权归属应尊重当事人的约定。尊重当事人的约定既可以有效实现当事人之间的权益分配，也有利于将该技术成果及时转化为生产力。其次，如果当事人没有约定的，专利申请权应当归合作开发的当事人共有。毕竟在合作开发完成的发明创造中，合作开发者各方都付出了相应的努力和各自的劳动，其都按照各自所分配的任务共同完成了发明创造，所以除了当事人另有约定外，申请专利的权利应当属于合作开发的当事人共有，符合共同投资、共担风险、共享收益的基本准则。① 由合作开发的当事人共有专利申请权既是出于对其实际参与研究开发工作的尊重，也有利于维护当事人的利益。② 此种共有究竟是按份共有还是共同共有？本书认为，在合作开发合同中，既然各个合作开发人需要进行投资，那么应当依据合作开发人的投资额确定，将其认定为按份共有。

依据《民法典》第 860 条，合作开发当事人行使专利申请权还应遵循以下四条规则。

一是优先受让权。在共有关系之上，当事人一方转让其共有的专利申请权的，无须得到其他共有人的同意，但是该转让不得损害其他共有人的利益。在当事人一方转让其共有的专利申请权的，其他各方享有以同等条件优先受让的权利。③ 这既有利于维护其自身的利益，也方便技术开发人实施和利用该技术成果。

二是共有权人的法定承受权。④《民法典》第 860 条第 2 款规定：“合作开发的当事人一方声明放弃其共有的专利申请权的，除当事人另有约定外，可以由另一方单独申请或者由其他各方共同申请。”依据这一规定，合作开发的当事人一方声明放弃其共有的专利申请权的，属于权利的抛弃行为，这在法律上属于单方行为，仅需当事人一方的意思表示即可实现。如果当事人没有另有约定，一方放弃了专利申请权的，则另一方可以单独申请专利。如果存在多人，则其他各方可以共同申请。保护共有权人的此种权利，既可以使合作开发的技术成果获得法律保护，也可以实现其他当事人的合法权益。⑤

三是共有权人的单方否决权。合作开发的发明创造的专利申请权本身属于当事人共有，应属于共同合作的劳动成果。因而就申请专利的事项，必须要合作开发的各方当事人同意。依据《民法典》第 860 条第 3 款规定，只要有一方不同意申请专利的，另一方或者其他各方都不得申请专利，这也符合共有本身的制度意旨。这就是说，合作开发的当事人一方不同意申请专利的，另一方或者其他各方不得申请专利。例如，一方主张申请专利保护，而另一方主张采取技术秘密保护的，在当事人就共有技术成果知识产权的处理方式尚未达成一致的情况下，一方共有人违背另一方意志申请专利，就是不妥当的。⑥

---

① 参见王轶等：《中国民法典释评·合同编·典型合同》（下卷），284 页。

② 参见魏耀荣等：《中华人民共和国合同法释论（分则）》，458 页。

③ 参见黄薇主编：《中华人民共和国民法典合同编解读》（下册），1172 页。

④ 参见谢鸿飞、朱广新主编：《民法典评注·合同编：典型合同与准合同 3》，470 页。

⑤ 参见段瑞春：《技术合同》，141 页。

⑥ 参见段瑞春：《技术合同》，142 页。

四是放弃专利申请权一方的免费实施权。《民法典》第 860 条第 2 款规定："申请人取得专利权的，放弃专利申请权的一方可以免费实施该专利。"这就确立了放弃专利申请权一方的专利免费实施权。在技术成果的研发过程中，放弃专利申请权的一方当事人既履行了投资义务，又分工参与了研究开发工作，考虑到放弃专利申请权人的贡献和权益，从公平合理的原则出发，允许放弃专利申请权的一方当事人免费实施该专利也完全符合正确的协作精神和分配原则。[①]

（三）关于技术秘密成果的使用权、转让权以及收益的分配办法

《民法典》第 861 条确定了委托开发或者合作开发技术秘密成果的相关规则，具体如下。

第一，约定优先。对于委托开发或者合作开发完成的技术秘密成果的使用权、转让权以及收益办法，在当事人有约定的情况下，应当尊重当事人的意思自治。

第二，在没有约定或约定不明确的情况下，应当按照《民法典》第 510 条的规定来确定，事后达成补充协议。如果不能达成补充协议的，可以按照合同的相关条款或者交易习惯来确定技术秘密成果的使用权、转让权以及收益的分配方法。

第三，如果仍然无法确定的，在没有相同技术方案被授予专利权前，当事人均有使用和转让的权利。如何理解"当事人均有使用和转让的权利"？依据《技术合同纠纷司法解释》第 20 条，它是指对于自己使用或普通许可使用而言，所有当事人均可以在未经对方同意的情况下进行。但是对于转让或排他性地许可使用，则必须由当事人全部同意方可进行。

第四，当事人一方将技术秘密成果的转让权让与他人，或者以独占或排他使用许可的方式许可他人使用技术秘密，未经对方当事人同意或者追认的，应当认定该让与或者许可行为无效。[②] 而如果研究开发人要转让委托人委托开发的技术秘密成果，时间节点必须是在向委托人交付该项成果之后。委托开发的研究开发人在向委托人交付研究开发成果之前，不得将研究开发成果转让给第三人，否则将构成对委托开发或者合作开发协议的违反，应当承担相应的违约责任。

（四）合作开发合同的效力

《民法典》第 855 条规定："合作开发合同的当事人应当按照约定进行投资，包括以技术进行投资，分工参与研究开发工作，协作配合研究开发工作。"依据这一规定，在合作开发合同中，当事人所负担的主要义务是：

（1）按照约定投资的义务。合作开发合同中的投资，既可以是资金投入，也可以是其他实物（如场地、设备等）或技术的投人。在合作开发合同中，当事人可以采取的投资方式可归纳为三种：一是以资金出资，二是以设备、材料、场地、试验条件等物质条件出资，三是以发明创造专利、计算机软件版权、植物新品种、含有技术秘密的技术成

---

① 参见黄薇主编：《中华人民共和国民法典合同编解读》（下册），1172 页。

② 参见黄薇主编：《中华人民共和国民法典合同编解读》（下册），1175 页。

果以及技术情报资料等技术投资。[①] 无论采取何种形式，当事人都应按照合同约定的投资比例、投资形式以及投资期限等进行投资。投资的财产可以均等，也可以不均等，具体比例由当事人确定。如果当事人是以无形财产出资的，则应进行价值评估，将其折算为一定的出资比例。如果当事人不按照约定进行投资，由此造成研究开发工作停滞、延误或者失败的，当事人应依据《民法典》第 856 条规定承担违约责任。

（2）分工参与研究开发工作的义务。在进行技术成果的合作开发过程中，任何一方当事人所进行的研究开发工作都只是整个技术成果研发的一部分，在最终的技术成果构成中包含着各方当事人的技术投入和智力创造。当事人分工参与研究开发工作的形式具有多样性，既可以是按照约定的计划和分工共同进行研究开发工作，也可以是分别承担设计、工艺、试验、试制等研究开发工作。[②] 合作开发合同与委托开发合同的重要区别之一就在于合作开发合同的各方当事人都实际参与研究开发工作，而在委托开发合同中，只有研究开发人从事研究开发工作。如果合同当事人一方仅提供资金、设备、材料等物质条件或承担辅助协作事项，另一方进行研究开发工作的，则该技术开发合同应当属于委托开发合同。

（3）协作配合开展研发工作的义务。合作开发是以双方当事人的共同投资和共同劳动为基础的，各方在合作研究中的协作配合是取得研究开发成果的关键。[③] 依据《民法典》第 855 条的规定，合作开发合同的当事人负有协作配合开展研发工作的义务。在合同有效期限内，任何当事人无正当理由，不得擅自退出合作开发工作，否则应承担违约责任。经其他当事人同意中途退出合作开发工作的，可以请求其他当事人返还其投入的财产。如果财产不能退还，可以协商作价偿还。

（五）技术风险的分担规则

所谓技术风险，是指在技术开发过程中，出现无法克服的技术困难导致技术开发工作失败的可能性。在技术开发中，受托人所研究开发的技术是作为“新”技术存在的，而非现有的技术成果，因此，在研究开发中，经常面临着不可预知的、可能导致技术开发失败或部分失败的风险。[④] 由于现有的知识水平、技术水平等的限制，开发的技术成果具有不确定性，经过当事人双方共同努力，可能达到预期的效果，也可能达不到预期的效果。《民法典》第 858 条第 1 款规定：“技术开发合同履行过程中，因出现无法克服的技术困难，致使研究开发失败或者部分失败的，该风险由当事人约定；没有约定或者约定不明确，依据本法第五百一十条的规定仍不能确定的，风险由当事人合理分担。”该条确立了技术风险的分担规则，具体而言：首先，针对技术风险的分担应尊重当事人的约定。由于技术开发合同中当事人之间的利益关系比较复杂，其内容涉及双方当事人的利益分配、开发技术的使用期限、专利费用、转让权限以及成果转化的利益归属等诸多问题，所以，就有关技术风险分担问题，最好由当事人双方进行约定，找出合理分担风

---

① 参见段瑞春：《技术合同》，134 页。

② 参见魏耀荣等：《中华人民共和国合同法释论（分则）》，499 页。

③ 参见胡康生主编：《中华人民共和国合同法释义》，508 页。

④ 参见黄薇主编：《中华人民共和国民法典合同编解读》（下册），1167 页。

险的方法。其次，在当事人没有约定或约定不明确时，应依据《民法典》第 510 条由当事人事后达成补充协议。不能达成补充协议的，按照合同有关条款或交易习惯确定。再次，如果仍不能确定的，应由各方当事人合理分担。所谓合理分担，并不是平均分担，而是根据合同的具体情况，如资产的承受力、损失程度、产生风险前各方付出的劳动量等进行合理确定。① 采纳这一原则的主要原因是，科学研究和技术开发本身是一种高风险的活动，对于技术成果的获得具有很大的不确定性，或者说，这种活动从一开始就充满了风险，如果当事人不能达成协议，且不能事后确定，则只能采取由双方当事人合理分担的方法，这符合科学研究的内在规律，也是公平原则的体现。②

对于已发现的技术风险，当事人应负有通知和采取合理措施减少损失的义务。《民法典》第 858 条第 2 款规定："当事人一方发现前款规定的可能致使研究开发失败或者部分失败的情形时，应当及时通知另一方并采取适当措施减少损失；没有及时通知并采取适当措施，致使损失扩大的，应当就扩大的损失承担责任。"该条款确定了在技术风险发生时，技术合同当事人的通知义务和采取合理措施的义务。该条款的制度目的是防止在技术开发存在失败风险时，避免技术开发人消极不作为，从而导致资源的无价值浪费和损失的扩大，这是诚信原则的必然要求。③ 这就是说，当技术开发面临研发失败或者部分失败的情形，应当将此种技术风险及时通知对方当事人，使对方当事人及时知悉该情况；同时应当及时采取适当和合理的措施，例如暂时中止研发、选择替代方案等，以避免损失的扩大；在未尽到前述通知义务和采取必要措施的情形下，对于扩大的损失负有过错的当事人，对于由此扩大的损失部分不能按研究开发风险处理④，应当对此承担损失赔偿责任。

第三节　技术转让合同与技术许可合同

一、技术转让合同与技术许可合同概述

（一）技术转让合同与技术许可合同的概念与联系

技术转让合同是指合法拥有技术的权利人，将现有特定的专利、专利申请、技术秘密的相关权利让与他人所订立的合同（《民法典》第 862 条第 1 款）。权利人主要是指合法拥有技术的主体，也包括其他有权对外转让技术的人，技术转让合同实际上是一种无形财产的买卖。⑤ 在现代社会，技术转让合同的推广有助于促进科技成果的转化，也有利于促进科技进步，实现资源的优化配置。

技术许可合同是指合法拥有技术的权利人，将现有特定的专利、技术秘密的相关权

① 参见魏耀荣等：《中华人民共和国合同法释论（分则）》，455 页。
② 参见谢鸿飞、朱广新主编：《民法典评注·合同编：典型合同与准合同 3》，457 页。
③ 参见黄薇主编：《中华人民共和国民法典合同编解读》（下册），1169 页。
④ 参见谢鸿飞、朱广新主编：《民法典评注·合同编：典型合同与准合同 3》，460 页。
⑤ 参见《技术合同纠纷司法解释》第 22 条。

利许可他人实施、使用所订立的合同（《民法典》第 862 条第 2 款）。技术许可合同并不涉及技术的整体转让，而只是一方许可另一方在一定期限内利用其技术。技术许可合同是实践中应用最为广泛的合同，与技术转让合同相比，由于技术许可的成本更低、支付的费用更低，因此其有利于技术的推广，促进技术的进步。

我国民法典合同编第二十章第三节同时规定了技术转让合同和技术许可合同，这就表明两者之间存在密切的联系和规则的相似、相通之处，二者的相似之处主要表现在：

（1）技术转让与技术许可的标的是已经开发出来的、权利人合法拥有的技术成果。因此技术转让和技术许可合同的标的必须是权利人合法拥有的、现有特定的专利申请、技术秘密等相关权利。其标的不是一般的有形财产，而是属于智力成果范畴的技术，这些技术主要包括专利申请权、专利权、技术秘密以及专利和技术秘密的实施权、使用权。技术成果与知识产权是两个既有交叉而又不等同的概念。① 技术转让和许可合同中的技术应当包括如下三类：一是已经获得专利权的发明、实用新型和外观设计。二是没有获得专利的技术，通常称为专有技术，这一类技术未向社会公开，但可以通过秘密的方式转让知识、工艺程序、操作方法等。三是其他技术，如计算机软件著作权、集成电路布图设计专有权等。依据《技术合同纠纷司法解释》第 22 条第 1 款："就尚待研究开发的技术成果或者不涉及专利、专利申请或者技术秘密的知识、技术、经验和信息所订立的合同，不属于民法典第八百六十二条规定的技术转让合同或者技术许可合同。"

（2）技术转让、技术许可合同的类型具有多样性。与一般的典型合同不同，此类合同本身又包含多种具体类型的合同。依据《民法典》第 863 条第 1 款规定：技术转让合同包括专利权转让、专利申请权转让、技术秘密转让等合同。依据《民法典》第 863 条第 2 款规定：技术许可合同包括专利实施许可、技术秘密使用许可等合同。当然，虽然技术转让合同与技术许可合同均包含多种合同类型，但其不同于混合合同，而是一种独立的典型合同。因为技术转让合同、技术许可合同的每一种合同类型的权利义务是确定的，它既不是典型和非典型合同的结合，也不是典型和非典型合同在内容上的结合，其每一种合同类型都可以独立作为一种典型合同而存在。因此，"技术转让或技术许可合同"这一概念既可以是指某一种具体类型的合同（如技术秘密转让合同、专利权转让合同等），也可以是涵盖这些具体合同的一个上位概念。

（3）具有要式性。《民法典》第 863 条第 3 款规定："技术转让合同和技术许可合同应当采用书面形式。"由此可见，技术转让合同必须采取一定的书面形式。因为技术转让合同的内容较为复杂，不仅涉及转让技术的范围、对象、买受人所取得的技术范围、使用期限、出卖人保留的权利，还涉及技术在使用过程中产生的新技术的归属、转让费用等，这些都必须通过合同以书面形式加以确认，以防止事后发生纠纷。因此，我国《民法典》要求转让技术合同必须采用书面形式。

（4）具有双务性、有偿性。根据技术转让合同，出卖人转让技术成果，有权获得转让费，买受人接受技术成果，应支付转让费。因此，这种合同是双务、有偿的合同。而对技术许可合同而言，被许可人也需要向许可人支付许可使用费，其也属于双务、有偿合同。

---

① 参见徐来：《最高法院：依法审理技术合同纠纷案件》，载《法制日报》，2004－12－24。

（二）技术转让合同与技术许可合同的区别

虽然技术转让合同与技术许可合同具有多项共同特点，但是应当看到，二者之间也存在显著的区别，《合同法》将其统称为技术转让合同，而《民法典》将两者予以区分，采取狭义的技术转让合同概念，是因为考虑到技术转让和技术许可具有不同的法律含义①，避免将许可和转让概念杂糅在一起，以明确两者之间的并列关系，实现概念的准确性、规则的科学合理性。② 具体而言，两者的区别主要体现在：

一是是否会导致技术权属的变动不同。技术转让是权利人将有关技术的权利转让给他人，而技术许可只是许可他人实施和使用其技术权利。技术转让合同会导致技术成果的权利移转给受让人，出让人将不再享有该技术成果财产权③，而技术许可合同则不会导致技术成果的相关权利的权属变更，被许可人享有在特定时间、区域、范围等限制下对技术的使用权，是对技术成果财产权的部分让渡④，技术许可人并不丧失对原技术的权利。例如，在普通许可的情形下，技术许可人仍可以将其技术再次许可给其他人。

二是技术转移的程序要件不同。在技术转让的情形下，可能需要依法办理相应的手续。如对专利申请权或者专利权的转让合同，我国采取登记生效主义，当事人需要向专利行政部门申请登记，并提交书面合同。⑤ 再如，专利的转让需要按照专利法的规定，履行法定程序和公示要件。而在技术许可的情形下，因为通常不涉及技术的转让和权属变更，因此，其原则上并不需要办理登记，当事人只需要签订技术许可合同即可。

三是是否具有时间限制不同。对技术转让合同而言，让与人在将相关的技术成果转让给受让人时，通常并不会对该合同设定期限限制；而在技术许可使用合同中，由于许可人只是允许被许可人在特定期限内使用其技术成果，因此，技术许可合同通常会有明确的期限限制。

二、技术转让合同的标的

技术转让合同的标的是已经开发出来的技术成果，技术转让合同的标的的特点主要在于：

第一，无形性。这就是说，此类标的物不是一种有形财产，而是属于智力成果范畴的无形财产。当然，作为技术转让合同的标的，其必须具有一定的价值，否则将无法在市场中投入运用。技术可以转让，但并不是所有的技术都可以转让，通常只有那些能够用于生产实践，有助于开发新型产品、提高产品质量、降低产品成本、改善经营管理、提高经济效益的技术才能够转让。

第二，载体性。单就技术而言，其是存在于人的大脑之中的，具有无形性。但作为技术转让合同标的的技术成果必须具有载体，如此才可实现技术的商品化。在技术转让

---

① 参见黄薇主编：《中华人民共和国民法典合同编解读》（下册），1176 页。

② 参见黄薇主编：《中华人民共和国民法典合同编解读》（上册），477 页。

③④ 参见王轶等：《中国民法典释评·合同编·典型合同》（下卷），288 页。

⑤ 参见王轶等：《中国民法典释评·合同编·典型合同》（下卷），292 页。

合同中，转让人需要就技术成果进行转让或者许可他人实施，如果缺乏必要的载体将无法实现。此外，转让的技术成果应当是一个比较完整的技术方案，而不应仅仅是技术信息或者思路。[①] 需要指出的是，与一般的有形财产不同，一般的有形财产通常只能由一个人占有和利用，而技术成果通常可以为多人实施或使用。

第三，合法性。此处所说的合法性包含两方面的含义：一方面，转让的技术应该具有合法性。[②] 也就是说，转让的技术必须在法律上是允许转让和流通的，违反国家法律和政策规定的技术不得转让。如果转让的技术涉及国家安全或重大经济利益而需要保密，则应按照国家有关规定办理。例如，涉及国防科学工业、尖端前沿军事科技等领域的技术，其转让就受到较多的限制。另一方面，依据《民法典》第 862 条，让与人必须是合法拥有技术的权利人，即让与人必须对所转让的技术享有合法的权利，任何人都不能转让自己并不拥有的或侵害他人技术成果的技术。

第四，技术性。作为技术合同标的的技术成果应当是一种技术方案，不包含技术内容的其他智力成果，如一般作品和商标等，不能够成为技术合同的标的。虽然计算机软件也是一种文字作品，但其包含了技术内容，故也可以作为技术成果。

第五，现实性。这就是说，技术转让合同的标的是已经存在的，这与技术开发合同的标的不同。转让的技术必须是现有的特定的技术，尚待研究开发的技术属于技术开发合同的范畴，应当适用技术开发合同的相关规定。[③] 至于不涉及专利、专利申请或者技术秘密的知识、技术、经验和信息，由于其处于公有领域，不属于技术转让合同的范畴，提供这些技术可以作为技术服务合同的内容，但不能作为技术转让合同的内容。[④]

基于技术转让和许可合同标的的特殊性，技术转让和许可合同也要包括有关转让人和许可人的配套服务。《民法典》第 862 条第 3 款规定："技术转让合同和技术许可合同中关于提供实施技术的专用设备、原材料或者提供有关的技术咨询、技术服务的约定，属于合同的组成部分。"据此，转让人和许可人的配套服务也应当成为合同的组成部分。法律之所以作出此种规定，主要是因为，技术转让合同及技术许可合同的标的具有高度的技术性，与传统的商品有着很大的差别，导致技术转让合同与技术许可合同的相对人利用技术本身需要技术提供者的帮助，因此技术提供者如何提供帮助，以及提供哪些帮助，需要当事人在合同中作出明确约定。在传统的交易关系下，作为合同的相对人自己利用标的本身往往问题不大。但是在技术合同项下，由于双方技术能力的差异，双方当事人对标的技术的理解和应用可能存在巨大差异。因此，当事人往往需要就技术转让或者许可后的技术咨询、技术服务单独作出约定。同时，特定技术目的的实现往往需要专门的技术设备或者原材料，而技术的受让人和被许可人往往缺乏专门的技术，或者缺少原材料，因此，当事人有必要在合同中就专门技术设备或者原材料的提供作出约定。[⑤]

---

① 参见段瑞春：《技术合同》，163 页。

② 参见［美］Jay Dratler：《知识产权许可》（上），王春燕等译，3 页，北京，清华大学出版社，2003。

③ 参见段瑞春：《技术合同》，164 页。

④ 参见蒋志培主编：《技术合同司法解释的理解与适用》，52 页。

⑤ 参见王轶等：《中国民法典释评·合同编·典型合同》（下卷），292 页。

（一）技术转让合同与买卖合同的区别

技术转让合同和买卖合同具有相似性，二者都是双务、有偿合同，都要遵循等价交换的规则。在这两类合同中，都需要一方移转财产权，另一方支付相应的对价。从比较法上来看，技术转让合同属于一种特殊的买卖合同，因为这一原因，实践中通常将技术转让合同称为技术买卖合同。但本书认为，技术转让合同不同于买卖合同，主要表现在：

第一，转让的标的物不同。技术转让合同作为技术合同的一种类型，其转让的标的物主要是技术成果。而买卖合同转让的标的物主要是有形财产。技术通常可以被多人同时占有和利用，而有形财产一般仅可以为一人占有和利用。

第二，转让的权利不同。尽管这两类合同都要转移权利，但其转让的权利内容显然是不同的。在买卖合同中，出卖人需要移转标的物的所有权。但是在技术转让合同中，依据我国《民法典》第 863 条，出让人所移转的权利既可以是所有权（如专利权转让合同），也可以是使用权，如在专利实施许可合同中，受让人只是取得了专利的使用权。

第三，当事人是否负有保密义务不同。通常情况下，在买卖合同中，买受人取得标的物之后并不负有保密义务。而在技术转让合同中，如果当事人所转让的技术成果尚未公开或者是技术秘密成果的，则受让人应负有保密义务。

第四，程序要求不同。技术转让的标的是专利技术时，需要在行政管理机关办理登记，而买卖合同一般不需要践行此种法律程序。

（二）技术许可合同与租赁合同的区别

技术许可合同与租赁合同具有相似性，从性质上看，技术许可合同是将技术成果的权能暂时让渡他人使用，使用者对此应支付相应的对价，这与租赁合同的权利义务关系存在相似性。在实践中，也经常混淆技术许可与技术成果租赁的概念。但应当看到，二者之间存在显著区别：一方面，租赁合同的客体通常是有体物，而技术许可合同的标的是无形的智力成果。因为这一原因，租赁合同中的许多规则，如买卖不破租赁、承租人的优先购买权等规则，难以适用于技术许可合同中。另一方面，除独占许可以外，技术许可合同的权利人在进行许可以后，仍可以继续利用技术。但租赁合同的客体具有天然的排他性，在交付租赁物后，权利人自己已经无法实际利用标的物。同时，权利人也无法针对某个特定的动产或者不动产订立多个租赁合同。而由于技术许可并不当然具有排他性，如果不是技术的独占许可，则权利人可以同时与多人订立技术许可合同。

三、技术转让合同、技术许可合同的类型

（一）技术转让合同的类型

《民法典》第 863 条第 1 款规定：“技术转让合同包括专利权转让、专利申请权转让、技术秘密转让等合同。”由此可见，技术转让合同包括如下类型。

1. 专利权转让合同

所谓专利权转让合同，指专利权人作为让与人将其获得的专利权转让给受让人，受

让人接受该项专利权，并按照约定支付价款的合同。专利权转让中，转让人将专利权整体作为财产权而转让给他人，受让人通过转让获得专利权。因为专利技术转让合同是专利技术的整体转让，转让之后，受让人就成为权利人，享有自主决定专利技术使用的权利。由于专利权客体的无形性，许多专利技术可以在同一时间为多个人所利用。因此，从司法实践来看，在专利权转让合同生效后，即便让与人自己已经实施发明创造，受让人也有权要求让与人停止实施。此外，一旦技术转让合同生效，转让人就不再享有对专利技术使用的权利，除非合同特别约定允许转让人继续使用。

2. 专利申请权转让合同

专利申请权转让合同是指当事人之间就专利申请权的转让所订立的合同。与专利权不同，专利申请权是指发明人或者设计人对其专利技术享有的一种专属性权利，它是授予专利权以前依法享有的权利。专利申请权是获得专利权的基础性权利，通常专利权人只有在获得专利申请权之后，通过提出专利申请并经过国务院专利行政部门的审核和批准，才能取得专利权。因此，专利申请权不一定产生专利权，申请专利可能因为不符合法律规定的各种条件而不被授予专利权，专利权则是指经过权利人的申请和国家专利管理机关的审核批准之后的知识产权。

3. 技术秘密转让合同

所谓技术秘密转让合同，是指权利人将其拥有的技术秘密转让给受让人，受让人支付一定费用的合同。在技术秘密转让合同中，让与人既可以转让整体的权益归属，也可以转让技术秘密的使用权益。在转让整体权益归属之后，受让人取得技术秘密的权益归属，让与人在通常情况下不得再使用该技术秘密或将该技术秘密再作转让。如果让与人所转让的仅仅是技术秘密的使用权益，则让与人在转让之后通常仍可以允许第三人在不妨碍第一受让人权利的情况下使用该技术秘密。由于技术的秘密性，因而在技术秘密转让合同中，受让人在缔约过程中往往需要先了解技术秘密的内容，才会决定是否订立技术秘密转让合同。因此，让与人需要负担信息披露的义务，而受让人则需要负担保密义务。

4. 其他技术转让合同

除上述三种类型的技术转让合同外，随着科学技术的发展，新的技术类型将不断出现，因此，法律有必要对技术转让合同的类型采开放式列举的方式。《民法典》第 876 条规定："集成电路布图设计专有权、植物新品种权、计算机软件著作权等其他知识产权的转让和许可，参照适用本节的有关规定。"该条实际上确立了除上述三种技术转让合同之外，有关集成电路布图设计专有权、植物新品种权、计算机软件著作权等其他知识产权转让的合同也属于技术转让合同的类型。

（二）技术许可合同的类型

《民法典》第 863 条第 2 款规定："技术许可合同包括专利实施许可、技术秘密使用许可等合同。"由此可见，技术许可合同包括如下几种类型。

1. 专利实施许可合同

专利实施许可合同，是指专利权人及其授权的人作为许可方许可被许可人在约定期限和范围内实施专利，而被许可人应支付约定使用费的合同。[①] 所谓专利实施，是指专利权人或者其授权的人许可被许可人在约定的范围内实施专利。[②] 所谓许可，是指在不转让专利权的前提下，授权他人在一定范围和期限内使用其专利技术的合同。许可在本质上是让渡财产权利，但并非权利的整体转让。[③] 依据《专利法》第12条规定，许可他人实施专利时，应当订立专利实施许可合同，明确当事人之间的权利义务关系。

依据《技术合同纠纷司法解释》第25条，专利的实施许可包括独占实施许可、排他实施许可和普通实施许可。一是独占实施许可，是指许可人在约定许可实施专利的范围内，将该专利仅许可一个被许可人实施，许可人依约定不得实施该专利；二是排他实施许可，是指许可人在约定许可实施专利的范围内，将该专利仅许可一个被许可人实施，但许可人依约定可以自行实施该专利；三是普通实施许可，是指许可人在约定许可实施专利的范围内仍可许可他人实施该专利，并且可以自行实施该专利。在专利实施许可中，普通实施许可是一般情形，而排他和独占许可属于特殊情形，需要当事人明确约定。如果当事人对专利实施许可方式没有约定或者约定不明确的，可认定为普通实施许可。专利实施许可合同约定被许可人可以再许可他人实施专利的，认定该再许可为普通实施许可，但当事人另有约定的除外。[④]

《民法典》第865条规定："专利实施许可合同仅在该专利权的存续期限内有效。专利权有效期限届满或者专利权被宣告无效的，专利权人不得就该专利与他人订立专利实施许可合同。"依据该条的规定，专利实施许可合同有效的基本前提是专利权有效且尚处于存续期中，该条确立了在两种情形下，专利权人不得与他人订立专利实施许可合同：一是专利权有效期限届满。《专利法》第42条规定："发明专利权的期限为二十年，实用新型专利权的期限为十年，和外观设计专利权的期限为十五年，均自申请日起计算。"如果专利权超过了法定期限，实际上属于公共知识的范畴，任何人都可以免费使用，如认可此种技术合同的效力，将造成技术的非法垄断。[⑤] 二是专利权被宣告无效。依据《专利法》第45条，自授予专利权之日起，任何单位或者个人认为该专利权的授予不符合《专利法》所规定的条件的，可以请求国务院专利行政部门宣告该专利权无效。专利权一旦被宣告无效，就自始无效，其也不再受法律保护，专利权人不得再将该专利与他人订立实施许可合同。

在专利实施许可合同中，依据《民法典》第866条的规定，许可人应按照约定许可被许可人实施专利，交付实施专利有关的技术资料，提供必要的技术指导，这是其负有的主要义务，以满足被许可人合同目的的充分实现。而依据《民法典》第867条的规定，被许可人应当按照约定实施专利，不得未经许可人同意许可第三人实施该专利，否则将

---

① 参见段瑞春：《技术合同》，177页。

② 参见黄薇主编：《中华人民共和国民法典合同编解读》（下册），1112页。

③ 参见［美］Jay Dratler, Jr.：《知识产权许可》上，王春燕译，1页。

④ 参见《技术合同纠纷司法解释》第25条第2款。

⑤ 参见谢鸿飞、朱广新主编：《民法典评注·合同编：典型合同与准合同3》，490～491页。

构成违约，需要依据《民法典》第 873 条的规定承担相应的违约责任。此外，基于专利实施许可合同的有偿性、双务性，被许可人应按照约定支付使用费。

2. 技术秘密使用许可

技术秘密使用许可合同是指技术秘密的权利人将技术秘密成果提供给被许可人，允许其依约定的时间、范围、用途等享有使用权，被许可人依约支付相应使用费的技术许可合同。[①] 技术秘密的实施许可包括独占实施许可、排他实施许可和普通实施许可。[②] 在技术秘密使用许可合同中，依据《民法典》第 868 条的规定，许可人应当按照约定提供技术资料，进行技术指导，保证技术的实用性、可靠性，承担保密义务，以确保被许可人可以有效使用该技术秘密成果，实现合同目的。依据《民法典》第 869 条的规定，技术秘密使用被许可人的主要义务是按照约定使用技术，支付使用费，承担保密义务，否则将构成违约甚至是侵权行为。

3. 其他技术许可合同

《民法典》第 863 条第 2 款在规定技术许可合同的类型时，采用了“等”字的表述，表明其不限于专利实施许可、技术秘密使用许可两种类型，实践中存在集成电路布图设计专有权、植物新品种权、计算机软件著作权等其他知识产权的许可，针对出现的新的知识产权的许可，《民法典》第 876 条规定可以参照适用技术许可合同的规则，这也与本章第 876 条的规定相衔接，体现出技术合同章内部的体系性、协调性。

四、技术转让、技术许可合同的效力

（一）技术让与人、技术许可人的主要义务

（1）转让技术或者许可被许可人实施、使用其技术。在技术转让和技术许可合同中，转让人、许可人的主要义务是转让技术或者许可被许可人实施、使用其技术。依据《民法典》第 862 条的规定，技术合同转让人负有将合法拥有的、现有特定的技术转让给受让人的义务，技术许可合同的许可人负有将合法拥有的许可他人使用的义务，这构成其主要合同义务，该义务的履行事关受让人、被许可人订约目的的有效实现。如果让与人、许可人违反该义务，相对人有权请求其承担相应的违约责任。

（2）权利瑕疵担保义务。技术让与人、技术许可人应当保证自己是合法拥有技术的权利人，并使受让人在获得技术后，不受他人的追夺。《民法典》第 870 条规定：“技术转让合同的让与人和技术许可合同的许可人应当保证自己是所提供的技术的合法拥有者，并保证所提供的技术完整、无误、有效，能够达到约定的目标。”该条确立了技术转让合同的让与人和技术许可合同的许可人的权利瑕疵担保义务，该义务的履行是为了保障受让人、被许可人可以获得合法有效的技术成果，能够通过对技术成果的实施实现自己的订约目的。具体而言：一是保证技术完整、无误、有效。所谓技术完整，是指技术让与人或者技术许可人应当按照约定将整套技术方案或者技术资料交付

---

① 参见黄薇主编：《中华人民共和国民法典合同编解读》（下册），1181 页。

② 参见《技术合同纠纷司法解释》第 25 条第 3 款。

给相对人，以保障其合同目的的实现。如果技术让与人或者技术许可人交付的技术方案或者技术资料不完整，可能导致相对人无法有效实施该技术，影响其合同目的实现。所谓技术无误，是指所提供的技术应当准确，没有误差。[①] 所谓有效，是指所提供的技术必须具有有效性，能够解决受让人和被许可人的技术难题。二是保证技术能够达到约定的目标。所谓约定的目标，实际上是当事人的订约目的，即通过技术转让和许可达到何种效果或者目的，此种目标通常由当事人在合同中作出明确约定。无论技术成果是非法获取的或者技术成果不完整、错误、无效，均构成对权利瑕疵担保义务的违反，需要承担相应的违约责任。[②]

此外，《民法典》第874条规定："受让人或者被许可人按照约定实施专利、使用技术秘密侵害他人合法权益的，由让与人或者许可人承担责任，但是当事人另有约定的除外。"该条明确了违反权利瑕疵担保义务造成第三人损害的责任，其构成要件如下：一是必须受让人和被许可人按照约定使用专利和使用技术秘密。所谓技术秘密，是指不为公众所知悉、具有商业价值并经权利人采取相应保密措施的技术信息。[③] 如果受让人和被许可人未按照约定使用技术秘密，则应当由受让人和被许可人承担责任。二是受让人和被许可人所使用的是让与人和许可人所提供的技术，而不是他人所提供的技术。三是使用技术秘密侵害他人合法权益，如果使用该技术造成他人损害，表明该技术本身具有不合法性，而受让人和被许可人对此并不了解，其属于善意的受让人和被许可人，特别是因为技术成果的复杂性、专业性，是否具有不法性，通常不为受让人、被许可人所知悉，也难以作出判断。[④] 因此，因为使用技术秘密造成他人损害的，应当由提供技术的一方即让与人和许可人承担责任。此种规定有利于保护善意的受让人或者被许可人的合法权益，当然如果当事人对此种情形下责任的承担，有特别约定的，则应当尊重当事人的意思自治。

(3) 不得限制技术竞争和技术发展的义务。《民法典》第844条规定："订立技术合同，应当有利于知识产权的保护和科学技术的进步，促进科学技术成果的研发、转化、应用和推广。"鼓励技术转让，有利于保护知识产权、促进技术创新，刺激财富增长。[⑤] 依据这一原则，《民法典》第864条明确规定："技术转让合同和技术许可合同可以约定实施专利或者使用技术秘密的范围，但是不得限制技术竞争和技术发展。"因此，无论是技术转让合同的当事人抑或技术许可合同的当事人，均不得在合同中约定限制技术竞争和技术发展。此种义务属于法定义务。此处所说的"实施专利或者使用技术秘密的范围"，是指实施专利或者使用技术秘密的期限、地域、方式以及接触技术秘密的人员等。[⑥] 此处所说的"限制技术竞争和技术发展"，主要表现在，通过合同条款限制另一方在合同标的技术的基础上进行开发、研究，改进现有技术，推动技术发展和进步[⑦]，也

---

①② 参见黄薇主编：《中华人民共和国民法典合同编解读》（下册），1123页。

③ 参见《技术合同纠纷司法解释》第1条。

④ 参见黄薇主编：《中华人民共和国民法典合同编解读》（下册），1123、1198页。

⑤ 参见王宏军：《我国技术合同无效制度的立法缺陷》，载《政治与法律》，2008（9）。

⑥ 参见《技术合同纠纷司法解释》第28条第1款。

⑦ 参见张瑞萍：《反垄断法应如何对待知识产权》，载《清华大学学报（哲学社会科学版）》，2001（4）。

包括通过合同条款限制另一方从其他渠道获取新技术，以及完善现有的技术，还包括利用合同条款阻碍另一方根据市场需求实施转让的技术等情形。所有这些行为都会阻碍技术的进步和发展，且有违《民法典》鼓励技术进步的原则。

（4）按照约定提供资料和指导的义务。技术转让合同和技术许可合同的特殊性在于，作为合同标的物的技术具有复杂性，受让人和被许可人通常并不能立即将此技术转化为生产力，而需要让与人和许可人提供进一步的帮助和指导，以方便受让人和被许可人掌握受让的技术。有些技术秘密的实施需要让与人和许可人提供相应的技术资料和技术指导，所以，当事人有必要在合同中约定，让与人和许可人必须按照约定提供相应的资料和技术指导，当事人应当按照该约定履行其义务。即便当事人没有约定让与人提供资料和指导的义务，鉴于技术转让的特殊性，依据《民法典》第868条第1款的规定，让与人和许可人也应当承担此种义务，以保证其转让和许可的技术具有合同约定的实用性和可靠性，能够使受让人和许可人按照合同的约定进行使用并获取收益。

（5）保密义务。在技术秘密转让、许可合同中，技术秘密的转让人、许可人依照约定当然负有保密义务，但是为了鼓励许可人申请专利，促进技术的公开，造福社会公众[①]，《民法典》第868条第2款即规定："前款规定的保密义务，不限制许可人申请专利，但是当事人另有约定的除外。"据此，在当事人之间没有特别约定的情形下，法律并不限制许可人申请专利。

（二）技术受让人、技术被许可人的主要义务

（1）支付转让费、使用费的义务。与让与人、许可人所承担的转让技术、许可他人使用技术义务相对应，受让人、被许可人所承担的主要义务即为支付转让费、使用费的义务。支付转让费、使用费是受让人接受转让的技术、被许可人使用技术应当支付的对价。有关转让费、使用费的支付，应当由双方当事人对费用的总额以及计算标准、支付时间、支付方式等进行约定。如果受让人、被许可人未支付转让费和使用费，则让与人和许可人可以以此为抗辩，拒绝履行自身合同义务，也可以向受让人和被许可人主张违约责任。《民法典》第873条明确规定，被许可人、受让人未按照约定支付使用费、转让费的，应当补交使用费、转让费并按照约定支付违约金；不补交使用费或者支付违约金的，应当停止实施专利或者使用技术秘密，交还技术资料，承担违约责任。

（2）按照合同约定使用、实施技术的义务。在技术转让合同、技术许可合同签订之后，受让人、被许可人应按照合同的约定对技术进行使用和实施。所谓按照约定使用技术，首先是指受让人不能超越约定的范围使用该技术。例如，在专利实施许可合同中，当事人约定受让人仅能在某特定的区域内实施该专利技术的，受让人不得超越约定的范围使用。同时，受让人、被许可人还应当在约定的使用期限内、按照约定的方法使用受让的技术。例如，合同只允许受让人使用，而不允许其制造产品的，受让人不得制造产品。此外，不得未经许可人同意擅自许可第三人实施该专利或者使用该技术秘密。例如，在专利实施技术普通许可合同中，被许可人即无权再许可他人实施该专利技术。受让人

---

① 参见黄薇主编：《中华人民共和国民法典合同编解读》（下册），1190页。

或者被许可人违反该义务的，依据《民法典》第873条的规定，出让人、许可人有权要求其停止违约行为，承担违约责任。

（3）保密义务。《民法典》第871条规定："技术转让合同的受让人和技术许可合同的被许可人应当按照约定的范围和期限，对让与人、许可人提供的技术中尚未公开的秘密部分，承担保密义务。"依据这一规定，受让人和被许可人应当负有对转让人和许可人提供的技术的保密义务，不得将相关的技术资料、技术信息、交易内容等属于约定保密义务范畴的内容泄露给其他人，否则可能导致相关技术成果价值的贬损，这将损害让与人和许可人的利益。基于技术转让合同、技术许可合同的特殊性，受让人、被许可人通常可以接触到大量的技术秘密信息，受让人、被许可人的保密义务是一种基于诚信原则的法定义务，此种义务的履行会直接影响到出让人、许可人的合法权益。例如，在泄密之后，许可人就无法再次将技术许可他人使用，导致其利益受到重大损害。① 受让人、被许可人违反此保密义务，既是对双方约定的违反，也会极大损害让与人的权益。依据《民法典》第873条的规定，被许可人、受让人违反约定的保密义务的，应当承担违约责任。

（三）技术后续改进的成果分享

《民法典》第875条规定："当事人可以按照互利的原则，在合同中约定实施专利、使用技术秘密后续改进的技术成果的分享办法；没有约定或者约定不明确，依据本法第五百一十条的规定仍不能确定的，一方后续改进的技术成果，其他各方无权分享。"该条规定了后续技术成果的归属和分享规则。所谓后续改进，即在技术转让合同有效期内，一方或双方对作为合同标的的专利技术或者技术秘密成果所作的革新和改良。② 后续技术成果通常是在原有的基础上进行改进的结果，如没有让与人所转让的专利或技术秘密，后续改进也无从谈起。但在技术后续改进之后，就涉及技术成果的分享问题，依据《民法典》上述规定，首先，须遵守约定优先的原则。当事人可以按照互利的原则，在技术转让合同中约定实施专利、使用技术秘密后续改进的技术成果的分享办法。该约定应当遵循互利的原则，如果违反了互利原则，形成所谓"片面收回条款"，当事人可主张合同显失公平而请求法院或仲裁机构予以撤销。③ 其次，遵守在没有约定时依协议补充的原则。在当事人之间没有约定或者约定不明确，应当依据《民法典》第510条的规定进行事后协议补充，协议不成的，通过适用合同的相关条款或者交易习惯来处理。最后，遵守由后续改进方享有的原则。依前述两项原则仍不能确定技术后续改进的成果分享的，由实施后续改进的一方享有该技术成果，其他各方无权分享，这实际上是按照实质贡献要素确定新技术成果归属的原则。④

（四）其他知识产权转让与许可的参照适用

《民法典》第876条规定："集成电路布图设计专有权、植物新品种权、计算机软件

① 参见谢鸿飞、朱广新主编：《民法典评注·合同编：典型合同与准合同3》，512～513页。
② 参见胡康生主编：《中华人民共和国合同法释义》，521页。
③ 参见马俊驹、余延满：《民法原论》，3版，759页。
④ 参见王轶等：《中国民法典释评·合同编·典型合同》（下卷），314页。

著作权等其他知识产权的转让和许可，参照适用本节的有关规定。”该条明确了诸如集成电路布图设计专有权、植物新品种权、计算机软件著作权等其他知识产权的转让和许可，可以参照适用民法典合同编第二十章第三节的规定。虽然民法典合同编第二十章第三节规定的“技术转让合同和技术许可合同”，主要调整的对象是专利技术、技术秘密等技术成果，但是这些知识产权客体的转让、许可合同关系与其他技术合同转让、许可之间存在明显的相通之处，因而通过参照适用的立法技术，既可以实现立法技术的简约，避免规则的重复、臃肿，也可以关照到不同类型的知识产权客体的差异性，也为这些知识产权客体的转让、许可法律关系的调整，提供明确的规范依据。

科学技术日新月异，新型知识产权不断涌现，《民法典》保持对知识产权相关规则设立的开放性尤为必要。《民法典》第123条对此已经作出了相应的规定，除了列举已经较为典型的知识产权类型外，还使用“法律规定的其他客体”进行兜底，这能更好地应对未来知识产权的发展。《民法典》第876条规定：“集成电路布图设计专有权、植物新品种权、计算机软件著作权等其他知识产权的转让和许可，参照适用本节的有关规定。”该条关于“等”字的规定也同样体现出这样的理念，保持了规则必要的开放性，为未来新类型的知识产权的转让、许可的适用预留了解释空间。

（五）技术进出口合同或者专利、专利申请合同的特别法适用

《民法典》第877条规定：“法律、行政法规对技术进出口合同或者专利、专利申请合同另有规定的，依照其规定。”随着改革开放实践的推进，技术进出口已经成为对外开放的重要领域，但是技术进出口主要是技术转让，这可能涉及国内行业发展、国计民生，甚至国家安全，因而对于重要领域的核心关键技术的进出口，需要获得有关部门的审批。[①] 如果特别法对此有专门规定，则依据特别法优于一般法适用的法理，应当优先适用特别法的规定。例如《技术进出口管理条例》的规定应优先得以适用。就专利、专利申请合同而言，《专利法》《专利法实施细则》都有相关的规定，则应当优先适用特别法的规则，只有在特别法没有规定或者规定不明确时，才应当适用民法典合同编有关技术合同章的有关规定。

第四节　技术咨询合同和技术服务合同

一、技术咨询合同

（一）技术咨询合同的概念和特征

技术咨询合同是指受托人凭借其自身所掌握的技术，就委托人所要求的特定技术咨询项目和课题等提供的咨询服务。《民法典》第878条第1款规定：“技术咨询合同是当事人一方以技术知识为对方就特定技术项目提供可行性论证、技术预测、专题技术调查、

① 参见黄薇主编：《中华人民共和国民法典合同编解读》（下册），1204页。

分析评价报告等所订立的合同。”这就对技术咨询进行了特别界定。现代社会已经进入了一个知识爆炸的信息社会，技术已经广泛渗入人们日常生活的方方面面，技术咨询合同在生活中的运用也越来越宽泛。技术咨询合同的特点主要在于：

第一，主体具有特殊性。技术咨询合同是知识密集型产业服务于科技、经济、社会发展的法律形式。① 在技术咨询合同中，受托人是对委托人所要求的特定技术咨询项目和课题提供咨询服务，如提供可行性论证、技术预测、专题技术调查、分析评价报告等，这就决定了受托人的特殊性。通常而言，在技术咨询合同中，从事咨询服务的受托人有自身的技术人员、技术知识等，多是专门机构和咨询公司。

第二，咨询服务内容具有特殊性。首先，技术咨询合同的受托人所提供的咨询服务是针对特定的技术项目。依据《技术合同纠纷司法解释》第30条的规定，所谓“特定技术项目”，包括有关科学技术与经济社会协调发展的软科学研究项目，促进科技进步和管理现代化、提高经济效益和社会效益等运用科学知识和技术手段进行调查、分析、论证、评价、预测的专业性技术项目。其次，受托人就特定技术项目所提供的咨询服务包括可行性论证、技术预测、专题技术调查、分析评价报告等多种方式。

第三，咨询意见具有参考性。在技术咨询合同中，受托人所提供的咨询和报告意见只是为委托人作出最终的决策提供参考，在受托人提供了咨询意见以后，只要该提供的意见符合合同约定的要求，是否采纳是由委托人自行决定的。委托人在采纳该咨询意见后，即便因此遭受了损失，也只能由自己承担该损失，而不能要求受托人赔偿。依据《民法典》第881条第3款规定：“技术咨询合同的委托人按照受托人符合约定要求的咨询报告和意见作出决策所造成的损失，由委托人承担，但是当事人另有约定的除外。”据此，委托人采纳受托人按照合同约定的要求所提供的咨询报告和意见而作出决策，如果由此产生损失的，在当事人没有特别约定的情况下，应由委托人自担损失。

（二）技术咨询合同的效力

1. 委托人的主要义务

（1）按照约定阐明咨询问题的义务。我国《民法典》第879条规定：“技术咨询合同的委托人应当按照约定阐明咨询的问题，提供技术背景材料及有关技术资料，接受受托人的工作成果，支付报酬。”因此，委托人负有按照约定阐明咨询问题的义务，这实际上是要求委托人明确委托的事项，只有明确该事项之后，受托人才可以就特定技术项目为委托人提供咨询服务。所谓按照约定阐明咨询问题，是指委托人所应阐明的事项不应当超出合同约定的范畴，应当与其所欲咨询的问题相关。

（2）提供技术背景材料及有关技术资料、数据的义务。依据《民法典》第879条规定：“技术咨询合同的委托人应当按照约定阐明咨询的问题，提供技术背景材料及有关技术资料，接受受托人的工作成果，支付报酬。”委托人所提供的技术背景材料及有关技术资料、数据是受托人了解委托事项的前提，也是受托人开展技术咨询服务的基础。一般而言，委托人所提出的技术问题是较为复杂、专业的，是一般人所不了解

---

① 参见段瑞春：《技术合同》，206页。

的，只有当委托人提供其所欲咨询的技术项目的相关背景资料及技术资料、数据等以后，受托人全面了解特定的技术问题，受托人才能开展具体的技术咨询服务工作。《技术合同纠纷司法解释》第32条规定：委托人提供的技术资料、数据应当准确。如果受托人发现委托人提供的资料、数据等有明显错误或者缺陷，在合理期限内通知委托人的，委托人在接到受托人的补正通知后未在合理期限内答复并予补正的，产生的损失由委托人承担。

（3）接受受托人的工作成果的义务。依据我国《民法典》第879条的规定，技术咨询合同的委托人应当“接受受托人的工作成果”。所谓工作成果，是指受托人根据委托人的委托所形成的技术成果，一般表现为特定技术项目的咨询意见和报告。在技术咨询合同中，受托人的工作成果可以是可行性论证方案，也可以是技术预测结论、专题技术调查报告或者是分析评价报告等。但这些工作成果应当是符合合同约定的，是由受托人按照委托人的要求而作出的。受托人按照约定就委托人所咨询的特定技术项目完成特定的工作成果之后，委托人负有接受的义务。

（4）支付报酬的义务。依据我国《民法典》第879条的规定，技术咨询合同的委托人应当“支付报酬”。技术咨询合同作为双务、有偿的合同，受托人应按照约定就特定技术项目提供咨询服务，完成咨询报告，而委托人应向其支付报酬。在技术商品化和产业化的背景下，受托人利用自身的科学技术知识和技术手段为委托人提供咨询服务，委托人理应支付报酬，这是等价有偿原则的具体体现。依据上述规定，即使双方当事人在合同中并未约定要支付报酬的，也应推定委托人负有支付报酬的义务。

2. 受托人的主要义务

（1）按期完成咨询报告或者解答问题的义务。《民法典》第880条规定：“技术咨询合同的受托人应当按照约定的期限完成咨询报告或者解答问题，提出的咨询报告应当达到约定的要求。”依据这一规定，受托人应当根据委托人的要求，完成咨询报告或者解答问题。同时，受托人应按照约定的期限完成咨询报告或解答问题。《民法典》第881条第2款规定：“技术咨询合同的受托人未按期提出咨询报告或者提出的咨询报告不符合约定的，应当承担减收或者免收报酬等违约责任。”因此，技术咨询合同的受托人未按期提出咨询报告的，应当承担迟延履行的责任。此种责任主要包括减收或者免收报酬，赔偿委托人所遭受的损失等。

（2）按照约定的要求提出咨询报告的义务。《民法典》第880条规定：“技术咨询合同的受托人应当按照约定的期限完成咨询报告或者解答问题，提出的咨询报告应当达到约定的要求。”此处所说的“约定的要求”，是指应当符合合同所约定的质量要求；而所谓“咨询报告应当达到合同约定的要求”，是指在当事人无特别约定的情况下，受托人提出的咨询报告应当符合合同约定的形式内容和份数，能够按照约定的验收或评价办法通过。①

《民法典》第881条规定了委托人违反技术咨询合同的两种违约行为：一是未按照合同约定提供必要的资料。例如，委托人拒绝提供或迟延提供必要的资料，或提供的资料

① 参见何志：《合同法分则判解研究与适用》，529页。

存在重大的缺陷等，影响了受托人提供咨询意见；二是不接受或逾期接受咨询成果，这就是说，在受托人完成工作成果后，委托人拒绝接受或迟延接受。[①]《民法典》第881条第1款规定："技术咨询合同的委托人未按照约定提供必要的资料，影响工作进度和质量，不接受或者逾期接受工作成果的，支付的报酬不得追回，未支付的报酬应当支付。"因委托人未按时提供资料，造成受托人迟延的，委托人不得主张拒绝支付报酬或请求返还报酬。而对于非因委托人原因而造成的逾期或不提交咨询意见所造成的损失，应当由受托人承担。

《民法典》第881条也规定了受托人违反技术咨询合同的违约形态，主要包括两种：一是未按照合同约定的期限提供咨询报告、提交咨询意见，因为提交咨询报告和意见是主给付义务，受托人不提供或逾期提供均构成违约。二是受托人提交的咨询报告不符合合同约定。[②]《民法典》第881条第2款规定："技术咨询合同的受托人未按期提出咨询报告或者提出的咨询报告不符合约定的，应当承担减收或者免收报酬等违约责任。"因此，在受托人违反技术咨询合同的情形下，委托人有权减少或拒绝支付报酬，因此造成委托人损失的，委托人也有权请求赔偿。

（3）发现委托人提供的资料、数据等有明显错误或者缺陷，应当及时通知。《技术合同纠纷司法解释》第32条规定"技术咨询合同受托人发现委托人提供的资料、数据等有明显错误或者缺陷，未在合理期限内通知委托人的，视为其对委托人提供的技术资料、数据等予以认可。"这就是说，受托人根据委托人的资料和数据来从事咨询活动，如果其在接受了委托人提供的资料和数据后发现其有明确的错误而在合理期限内不及时通知的，事后又以该数据资料存在错误为由对其提供的咨询服务错误主张不承担责任，在法律上不应当认可此种抗辩。

（三）违反技术咨询合同的责任

1. 委托人的违约责任

在技术咨询合同中，委托人的主要义务是按照约定提供必要的资料，接受受托人所提供的工作成果。但如果委托人违反了相应的义务，应当承担违约责任。《民法典》第881条第1款规定："技术咨询合同的委托人未按照约定提供必要的资料，影响工作进度和质量，不接受或者逾期接受工作成果的，支付的报酬不得追回，未支付的报酬应当支付。"该条实际上确立了委托人违反技术咨询合同两种违约行为：一是未按照合同约定提供必要资料。例如，委托人没有按照受托人的要求提供资料，需要指出的是，要求提供资料的义务对于受托人正确作出决策是十分必要的。二是拒绝接受或者逾期接受工作成果。这就是说，如果委托人没有任何正当理由拒绝接受或者逾期接受工作成果，在此情形下，应当承担违约责任。

2. 受托人的违约责任

第一，受托人未按照合同约定的期限提供咨询报告。受托人及时按照合同约定提供

---

① 参见黄薇主编：《中华人民共和国民法典合同编解读》（下册），1213页。

② 参见黄薇主编：《中华人民共和国民法典合同编解读》（下册），1214页。

咨询报告是其基本义务，其不及时提供构成履行迟延。《民法典》第 881 条第 2 款规定：“技术咨询合同的受托人未按期提出咨询报告或者提出的咨询报告不符合约定的，应当承担减收或者免收报酬等违约责任。”依据这一规定，在不及时提供的情况下，其应承担减收或者免收报酬等违约责任。具体包括：一是减价。减价责任是指当事人一方履行合同不符合约定，根据受损害方的选择，在接受不完全履行的基础上，依“按质论价”的评定而使价款或者报酬相应减少的违约责任。① 故在此基础上如果受托人构成违约，应当承担减价责任。二是免收报酬，如果受托人构成严重违约，实际上受托人丧失了相应的报酬请求权，其无权向委托人主张报酬。三是如果在构成迟延履行的情形下，受托人还需要承担履行迟延的违约损害赔偿。

第二，受托人提供的咨询报告不符合约定。这实际上意味着受托人提出的咨询报告必须要在内容上符合合同的约定，否则受托人即便提交了报告，也无法实现合同约定的目的，因此，《民法典》第 881 条第 3 款规定：“技术咨询合同的委托人按照受托人符合约定要求的咨询报告和意见作出决策所造成的损失，由委托人承担，但是当事人另有约定的除外。”依据该规则，受托人只要依据合同提交了合格的咨询报告和意见，委托人最终是否采纳受托人提供的报告，仍然应当由其自己决定。即使委托人采纳了该资讯报告和意见而遭受损失，只要受托人的报告是符合约定的，则受托人无须承担责任。② 如果受托人提供的咨询报告和意见不符合合同约定的，则需要承担相应的违约责任。

二、技术服务合同

（一）技术服务合同的概念和特征

《民法典》第 878 条第 2 款规定：“技术服务合同是当事人一方以技术知识为对方解决特定技术问题所订立的合同，不包括承揽合同和建设工程合同。”据此，技术服务合同是指当事人一方用自己的知识、技术信息和劳务，为他方解决特定技术问题，他方接受服务工作并支付报酬（服务费）的协议。其中，技术服务工作的一方称为服务方，接受服务成果的一方称为委托方。依据《技术合同纠纷司法解释》第 33 条，此处所说的“特定技术问题”是指“需要运用专业技术知识、经验和信息解决的有关改进产品结构、改良工艺流程、提高产品质量、降低产品成本、节约资源能耗、保护资源环境、实现安全操作、提高经济效益和社会效益等专业技术问题”。严格来讲，技术服务合同是服务合同的一种类型。但与一般的服务合同相比较，技术服务合同所提供的服务涉及技术问题。与技术咨询合同相比较，技术服务合同的法律特征主要是：

（1）标的具有特殊性。在技术服务合同中，其标的是一定的技术行为，此类合同是一方向另一方提供技术服务工作，以解决特定技术问题。与技术咨询不同的是，其需要提供技术成果，而不仅仅是提供咨询意见或报告。从总体上来看，技术服务合同通常需

---

① 参见谢鸿飞、朱广新主编：《民法典评注·合同编：典型合同与准合同 3》，564 页。

② 参见王轶等：《中国民法典释评·合同编·典型合同》（下卷），333 页。

要提供一定的技术成果，因此，其在性质上属于给付工作成果之债，而技术咨询合同类似于一种劳务之债。

（2）合同目的具有特殊性。如前所述，当事人订立技术咨询合同的主要目的在于就特定技术项目提供可行性论证、技术预测、专题技术调查、分析评价报告等。但是在技术服务合同中，当事人订立合同的目的在于受托人向委托人提供技术服务工作，以解决特定技术问题。而技术咨询合同的当事人则并无此种订约目的，即技术咨询合同的受托人并不需要为委托人解决特定的技术问题。

（3）类型具有多样性。技术服务合同的类型多样，其主要包括一般技术服务合同、辅助服务合同、技术培训合同以及技术中介合同。上述合同类型在性质上属于独立的合同，而非混合合同。严格地说，技术咨询也是服务的一种类型，但是由于《民法典》对技术咨询与技术服务合同予以区分，所以它们成为两种不同类型的合同。

（4）双务、有偿、诺成。一些简单的技术服务合同可以采取口头形式，因此技术服务合同是非要式的。

(二) 技术服务合同与技术转让合同的区别

虽然技术服务合同与技术转让合同都是技术合同的一种类型，但二者存在明显区别，主要表现在：一方面，合同所涉及的具体技术不同。在技术服务合同中，受托人是凭借其所掌握的技术知识为委托人解决特定的技术问题。但就其所掌握的技术而言，主要是公有技术，即已经进入公有领域的技术。而在技术转让合同中，让与人所转让的是受法律保护的尚未进入公有领域的技术，如专利权、技术秘密等。① 因此，如果当事人就公有领域的技术签订了技术转让或技术许可合同，且技术提供方进行了技术指导、传授技术知识，则该合同应当按照技术服务合同处理。② 另一方面，在技术服务合同中，受托人提供技术服务的主要目的是解决委托人所面临的特定技术问题。而技术转让合同的让与人并非为了解决受让人所面临的技术问题，其主要目的在于实现特定技术成果的转让。

(三) 技术服务合同的效力

1. 委托人的主要义务

（1）按照约定提供工作条件，完成配合事项的义务。《民法典》第 882 条规定：“技术服务合同的委托人应当按照约定提供工作条件，完成配合事项，接受工作成果并支付报酬。”所谓提供工作条件既包括通常所理解的物质条件，也包括相关的数据、图纸、资料，技术已经完成的情况以及场地、样品等。③ 所谓完成配合事项，是指技术服务合同的委托人交付有关样品、材料和技术资料以及从事其他的行为。例如，在设备、产品的鉴定和测试项目中，委托人应提供所要鉴定、测试的物品，做好有关准备工作，以帮助

---

① 参见蒋志培主编：《技术合同司法解释的理解与适用》，76 页。

② 参见《技术合同纠纷司法解释》第 34 条第 1 款。

③ 参见魏耀荣等：《中华人民共和国合同法释论（分则）》，493 页。

受托人全面了解该技术问题及为受托人开展技术服务工作提供帮助。如果技术服务合同受托人发现委托人提供的资料、数据、样品、材料、场地等工作条件不符合约定，在合理期限内通知委托人的，委托人在接到受托人的补正通知后未在合理期限内答复并予补正的，由此发生的损失由委托人承担。①

（2）接受工作成果的义务。《民法典》第882条规定："技术服务合同的委托人应当按照约定提供工作条件，完成配合事项，接受工作成果并支付报酬。"技术服务合同与技术咨询合同不同，受托人需要就特定技术问题的解决提供工作成果，而并不仅仅是提供技术咨询报告或意见。这些工作成果既可以表现为特定的技术方案（如改进现有产品结构的设计），也可以表现为特定的技术分析报告（如新产品、新材料性能的测试分析报告）。在受托人按照合同约定的质量和期限完成技术成果之后，委托人负有按时接受工作成果的义务。②

（3）支付约定报酬的义务。《民法典》第882条规定："技术服务合同的委托人应当按照约定提供工作条件，完成配合事项，接受工作成果并支付报酬。"技术服务合同的委托人应当在接受工作成果时支付报酬。由于技术服务合同是双务、有偿的合同，所以委托人应当在接受工作成果时按照约定支付报酬。

2. 受托人的主要义务

（1）按照约定完成服务项目、解决技术问题的义务。《民法典》第883条规定："技术服务合同的受托人应当按照约定完成服务项目，解决技术问题，保证工作质量，并传授解决技术问题的知识。"因此，受托人负有按照约定完成服务项目，解决技术问题的义务，其应当充分利用自己的知识、技术、信息和经验，按照合同约定完成服务项目，并解决特定的技术问题。③ 这是受托人所负担的主要义务。

（2）保证工作质量，并传授解决技术问题的知识的义务。《民法典》第883条规定："技术服务合同的受托人应当按照约定完成服务项目，解决技术问题，保证工作质量，并传授解决技术问题的知识"。因此，技术服务合同中受托人所应当保证的工作质量，是与解决技术问题联系在一起的。这就是说，受托人所提交的工作成果应当能够解决委托人所提出的特定技术问题，但是合同中应就受托人所提交的工作成果的质量提出具体的要求。例如，技术培训应达到特定的要求，技术中介应有助于促成合同的订立等。在作出约定以后，受托人所提供的服务应符合合同的要求。

（3）妥善保管和使用委托人交给的样品、材料和技术资料的义务。在技术服务合同中，委托人为明确其所提出的特定技术问题，可能会将一些样品、材料和技术资料交给受托人，以便于受托人开展技术服务工作。受托人接受这些样品和材料以后，应妥善地保管和使用，对技术资料也应当予以保密，不应将其挪作他用，也不得擅自披露相关样品、材料和技术资料。如因受托人保管不善造成委托人交给的样品、材料和技术资料毁损、灭失等的，受托人应负赔偿责任。

---

① 参见《技术合同纠纷司法解释》第35条。

② 参见何志：《合同法分则判解研究与适用》，531页。

③ 参见魏耀荣等：《中华人民共和国合同法释论（分则）》，494页。

（4）发现委托人提供的资料、数据、样品等不符合约定的，应当及时通知委托人。《技术合同纠纷司法解释》第35条规定："技术服务合同受托人发现委托人提供的资料、数据、样品、材料、场地等工作条件不符合约定，未在合理期限内通知委托人的，视为其对委托人提供的工作条件予以认可。"这就是说，受托人接受了委托人提供的资料、数据等后发现其不符合合同约定，而在合理期限内不及时通知的，事后又以该资料、数据等存在错误为由作为自己不负责任的抗辩，在法律上不应得到支持。

（5）费用负担义务。对于受托人提供服务所需要的费用，委托人是否应当负担？《民法典》第886条规定："技术咨询合同和技术服务合同对受托人正常开展工作所需费用的负担没有约定或者约定不明确的，由受托人负担。"该条是根据相关司法解释转化而来，该条规定的内容具体包括：第一，关于技术咨询合同和技术服务合同对受托人正常开展工作所需费用的负担，原则上需要当事人通过约定进行处理。法律对费用负担问题尽量鼓励当事人通过约定予以明确，如果当事人有约定的，应依照约定进行处理。所谓"开展正常工作所需费用"，是指履行技术咨询、技术服务合同所支出的必要费用，只适用于通常所需要的履行费用，对于特殊情况下所需要增加的费用不包括在内。[①] 第二，如果当事人没有约定或者约定不明的，基于技术服务合同与技术咨询合同的有偿性，受托人所获得的报酬已经吸收了开展工作所需要的费用，在没有约定或约定不明时，应当由受托人负担。同时，由于开展具体工作的是受托人，费用的成本控制的主体也是受托人，因此在没有约定或者约定不明的情形下，要求受托人承担开展具体工作所需要的费用也有利于受托人进一步节省开支，避免不合理浪费。由于开展正常工作所需要的费用属于正常的开支，由受托人承担该成本也是合理的。[②] 第三，该条规定与《民法典》第511条第6项的履行费用不明确的，由履行义务一方负担的规定是一致的。受托人正常开展工作所需费用是其履行义务与获得报酬的必要前提，既然委托人已经支付了相应的报酬，就无须再另行支付相应费用。但是如果是因委托人原因而新增费用，此时应当要求其承担。[③]

（四）违反技术服务合同义务的责任

1. 委托人的违约责任

所谓委托人的违约责任，是指委托人因没有按照合同约定履行或者未完全履行其义务所应承担的责任。依据《民法典》第884条第1款规定："技术服务合同的委托人不履行合同义务或者履行合同义务不符合约定，影响工作进度和质量，不接受或者逾期接受工作成果的，支付的报酬不得追回，未支付的报酬应当支付。"委托人的违约责任主要体现在如下几个方面。

第一，如果委托人没有按照技术服务合同的约定提供相关的技术资料、样品、数据等材料的，并因此影响了工作进度和质量，应当支付报酬。委托人不接受或者逾期接受

---

① 参见谢鸿飞、朱广新主编：《民法典评注·合同编：典型合同与准合同3》，584～585页。
② 参见蒋志培主编：《技术合同司法解释的理解与适用》，81页。
③ 参见谢鸿飞、朱广新主编：《民法典评注·合同编：典型合同与准合同3》，585页。

工作成果的，已经支付的报酬本身属于受托人的劳动所得，支付的报酬不得追回，未支付的报酬应当支付。而如果当事人约定了违约金的，委托人还应当支付相应的违约金或者损害赔偿金。①

第二，委托人迟延接受工作成果的，在法律上构成受领迟延，委托人应当支付受托人保管工作成果所生的保管费，以及赔偿因为受领迟延给受托人带来的损害。

第三，如果委托人违反相应的附随与协助义务，也应承担相应的违约责任，赔偿受托人所受的损失。例如，委托人泄露受托人需要完成的工作成果的秘密信息，造成受托人损失的，需要承担相应的违约责任。

2. 受托人的违约责任

所谓受托人的违约责任，是指受托人因没有按照合同约定履行或者未完全履行其义务所应承担的损失。依据《民法典》第 884 条第 2 款规定："技术服务合同的受托人未按照约定完成服务工作的，应当承担免收报酬等违约责任。"受托人的违约责任主要体现在如下几个方面。

第一，如果受托人没有在合同约定期限内交付工作成果的，构成迟延履行，应当承担迟延责任。而受托人逾期不交付工作成果，导致合同目的不能实现的，委托人享有合同解除权，受托人应当返还委托人已经支付的报酬，并且承担迟延损害赔偿责任。

第二，受托人对委托人交付的样品、技术资料保管不善，造成损失、缺少、变质、污染或者损坏的，应当支付违约金或者赔偿损失。②

第三，如果受托人的服务存在缺陷，则委托人享有选择权，如果委托人同意利用的，受托人应当减少报酬并采取适当的补救措施。如果缺陷严重的，使得合同约定的技术问题并没有得到合理解决，那么受托人不得主张报酬请求权，同时还要承担违约的损害赔偿责任。受托人违反合同约定的保密条款等义务，也要承担违反附随义务所生的违约责任。

三、技术咨询合同与技术服务合同中新技术成果的归属

在技术服务合同和技术咨询合同中，当事人可能利用对方提供的资料、数据、样品、材料和场所或相关的技术成果，而进一步开发出新的技术成果。这既包括受托人利用委托人提供的技术资料和工作条件完成的新的技术成果，也包括委托人利用受托人既有的工作成果完成的新的技术成果。《民法典》第 885 条规定："技术咨询合同、技术服务合同履行过程中，受托人利用委托人提供的技术资料和工作条件完成的新的技术成果，属于受托人。委托人利用受托人的工作成果完成的新的技术成果，属于委托人。当事人另有约定的，按照其约定。"依据这一规定，首先，新技术成果的归属由双方当事人进行约定，有约定的按照约定处理。尊重当事人的约定既有利于避免纠纷发生，也方便新技术成果的利用。其次，双方当事人无约定的，则依据"谁完成，谁拥有"的原则确定新技

---

① 参见黄薇主编：《中华人民共和国民法典合同编解读》（下册），1148 页。

② 参见黄薇主编：《中华人民共和国民法典合同编解读》（下册），1220 页。

术成果的权属。[1] 在技术咨询合同、技术服务合同履行过程中，受托人利用委托人提供的技术资料和工作条件完成的新的技术成果，属于受托人。委托人利用受托人的工作成果完成的新的技术成果，属于委托人。这既有利于防止不必要的纠纷[2]，有利于尊重新技术成果完成人所投入的智力劳动和创造，也有利于新技术成果的利用。

此外，《民法典》第887条规定："法律、行政法规对技术中介合同、技术培训合同另有规定的，依照其规定。"此处所说的"技术培训合同"，是指当事人一方委托另一方对指定的学员进行特定项目的专业技术训练和技术指导所订立的合同，不包括职业培训、文化学习和按照行业、法人或者非法人组织的计划进行的职工业余教育。[3] 此处所说的"技术中介合同"是指"当事人一方以知识、技术、经验和信息为另一方与第三人订立技术合同进行联系、介绍以及对履行合同提供专门服务所订立的合同"[4]。由于我国有关法律、行政法规对技术中介合同与技术培训合同已经存在特别规定了（例如《促进科技成果转化法》对科技中介服务的内容作出了相关规定），所以本条具有引致条款的功能，即在发生技术中介合同、技术培训合同纠纷时，可依据该条，援引法律、行政法规有特别规定的相关条款，如此既保障了民法典的体系性，也避免条文过多而显得臃肿。该条实际上是承认了这些特别规定在效力上是继续有效的，这些规则与《民法典》共同构成了一个有机整体。

思考题

1. 简要论述技术合同的法律特征。
2. 如何确定技术开发合同中技术成果的法律归属？
3. 技术开发合同的当事人分别负有哪些义务？
4. 如何理解技术服务合同与技术转让合同的区别？
5. 如何确定技术咨询合同与技术服务合同中新技术成果的归属？

---

① 参见魏耀荣等：《中华人民共和国合同法释论（分则）》，498页。
② 参见魏耀荣等：《中华人民共和国合同法释论（分则）》，497页。
③ 参见《技术合同纠纷司法解释》第36条。
④ 《技术合同纠纷司法解释》第38条。

第二十五章
保管合同

案例

甲、乙是邻居。甲要出国一段时间，便在临行前将自己的一盆兰花搬到乙的院子里，请求乙代为保管，但并没有就报酬问题作出约定。乙时常将兰花搬到室外，几天后，由于突然下雨，乙急忙将甲的兰花搬到室内，在搬运过程中不慎滑倒，导致甲的兰花毁损。甲回国后得知该情况，认为乙没有尽到其保管义务，请求乙赔偿损失；而乙则认为，其并不存在故意或者重大过失，也未收取保管费用，不应当承担责任。双方为此发生争议。

简要评析：在保管合同中，保管人应当妥善保管寄存人所交付的标的物，如果保管人没有尽到妥善保管义务导致标的物毁损、灭失的，保管人应当承担赔偿责任。《民法典》第 897 条规定：“保管期内，因保管人保管不善造成保管物毁损、灭失的，保管人应当承担赔偿责任。但是，无偿保管人证明自己没有故意或者重大过失的，不承担赔偿责任。”在本案中，甲和乙并没有就保管兰花的报酬作出约定，应当认定为无偿保管，且乙对其不慎滑倒造成甲兰花的毁损、灭失不存在故意或者重大过失，因而依据《民法典》上述规定，乙无须承担赔偿责任。

第一节 保管合同概述

一、保管合同的概念和特征

《民法典》第888条第1款规定：“保管合同是保管人保管寄存人交付的保管物，并返还该物的合同。”据此，保管合同是指双方当事人约定一方将物交付他方保管的合同。其中，保管物品的一方称为保管人，交付物品保管的一方称为寄存人或寄托人。在保管合同中，保管人所负担的主要义务是妥善保管寄存人交付的保管物，并按照合同约定将保管物返还给寄存人，因此保管合同是一种提供服务的合同。保管合同主要具有如下法律特征。

（一）目的的特殊性

当事人订立保管合同是为了保管特定的标的物，对寄存人而言，其订立保管合同主要是为了保管特定的财产，而保管人的主给付义务就是提供保管服务。因此，保管合同属于提供服务行为的一种具体类型，但保管合同又不同于其他提供服务的合同，此种服务的内容是特定的，即保管寄存人所交付的物。

（二）标的物的范围具有广泛性

在一般保管合同中，标的物既包括不动产，也包括动产。但在比较法上，存在不同的看法。一般认为，在保管合同中，标的物仅限于动产，并不包括不动产。《民法典》第888条并没有将保管物的概念作严格限定。在解释上，其既可以包括动产，也可以包括不动产。从实践来看，不动产的保管也较为普遍，例如，房屋代管在现实生活中是大量存在的。

《民法典》第888条第2款规定：“寄存人到保管人处从事购物、就餐、住宿等活动，将物品存放在指定场所的，视为保管，但是当事人另有约定或者另有交易习惯的除外。”该条进一步扩张了保管的标的物的范围，有利于增强对消费者的保护。因为在实践中，一些消费者从事购物、住宿、就餐等活动，可能需要存包、存车等，此时在当事人没有明确约定和不存在特定的交易习惯的情形下，则应当推定从事购物、就餐、住宿等活动的消费者与特定场所的管理者之间形成了保管合同关系，管理者负有对消费者的物品进行保管的义务。①

（三）具有要物性

从比较法上来看，大陆法系许多国家都将保管合同规定为要物合同。② 我国《民法

① 参见王轶等：《中国民法典释评·合同编·典型合同》（下卷），345页。

② 参见《德国民法典》第688条；《法国民法典》第1919条；《日本民法典》第657条。

典》第 890 条规定："保管合同自保管物交付时成立，但是当事人另有约定的除外。"这就表明，在当事人没有特别约定的情况下，保管合同是要物合同。也就是说，从寄存人向保管人交付保管物时，合同宣告成立。不过，这一规定可以由当事人约定排除，如果当事人另有约定的，则其可以成为诺成合同。

（四）原则上具有无偿性

在当事人没有特别约定时，保管合同原则上是无偿合同。《民法典》第 889 条规定："寄存人应当按照约定向保管人支付保管费。""当事人对保管费没有约定或者约定不明确，依据本法第五百一十条的规定仍不能确定的，视为无偿保管。"据此，保管合同一般具有无偿性，只有在当事人有特别约定的情况下，其才具有有偿性。在当事人没有特别约定的情况下，应推定其为无偿合同。如果是无偿保管，则保管人负有保管的义务，但并不享有收取保管费的权利，因此其具有单务性。但如果是有偿的保管，则保管人负有保管的义务，同时也享有获取报酬的权利，因此应属于双务合同。

（五）具有不要式性

保管合同既可以是口头的，也可以是书面的。《民法典》实际采用了保管合同为不要式合同的观点[①]，其并不要求当事人订立保管合同必须采用何种具体形式。在实践中，寄存人将财产交付给保管人时，保管人往往会向寄存人交付保管凭证，但该凭证并非保管合同成立的要件，而仅仅具有证明合同存在的意义。[②] 保管合同和仓储合同的主要区别在于，仓储合同应当是书面合同，而保管合同既可以是书面形式也可以是口头形式。

（六）具有继续性

保管合同是继续性合同。所谓继续性合同，是指合同的内容并非一次履行可以终止，而应继续地实现。在保管合同中，保管人要持续性地负有保管义务，而非一次性履行其义务，所以保管合同具有继续性的特点。由于保管合同是继续性合同，所以在保管合同解除时，应当仅仅对未来发生效力。

二、保管合同的成立

就保管合同的订立来说，其可以采取口头形式，也可以采取书面形式。不过，由于保管合同原则上是实践合同，所以，保管合同的成立，既要有双方为保管所作出的要约和承诺，又要有寄存人交付保管物的行为。《民法典》第 890 条规定："保管合同自保管物交付时成立，但是当事人另有约定的除外。"由此可见，保管合同原则上属于要物合同，当事人仅仅达成合意，合同尚未成立，必须交付标的物合同才能成立。具体来说：

第一，双方当事人达成合意，但还没有交付保管物，此时，其仍处于缔约阶段。如

① 参见韩世远：《合同法学》，542 页。

② 参见易军：《债法各论》，169 页，北京，北京大学出版社，2009。

果一方当事人反悔，并不应承担违约责任，仅可能承担缔约过失责任。

第二，寄存人将保管物交付给保管人。此处所说的交付应当限于现实交付，而且应当交付给保管人。保管物的交付属于合同的成立要件，如果没有交付，应当认定合同不成立。

第三，如果当事人有特别约定，自双方当事人达成合意之日起成立，该合同仍然可以成为诺成合同。此时，保管物的交付就成为合同履行的内容。

第二节　保管合同的效力

一、寄存人的义务

（一）支付保管费的义务

在有偿的保管合同中，《民法典》第 889 条第 1 款规定："寄存人应当按照约定向保管人支付保管费。"因此，支付保管费是寄存人的主要义务。在有偿保管中，保管费是保管人所提供的保管服务的对价。但在无偿保管合同中，寄存人就不负有支付保管费的义务。《民法典》第 889 条第 2 款规定："当事人对保管费没有约定或者约定不明确，依据本法第五百一十条的规定仍不能确定的，视为无偿保管。"据此，当事人对保管费没有约定或者约定不明确，应当由当事人事后达成补充协议，如果不能达成补充协议的，则应当按照合同的有关条款和交易习惯来确定。如果仍然不能确定的，则推定保管是无偿的。

在有偿保管中，有关保管费的支付标准、支付时间、支付地点等都应当遵守合同的约定。合同约定了保管费的具体数额，寄存人应当按照合同约定进行支付。合同约定一次支付，就不能分次支付。《民法典》第 902 条第 1 款规定："有偿的保管合同，寄存人应当按照约定的期限向保管人支付保管费。"有关保管费支付的期限如不能确定，则按照《民法典》第 902 条第 2 款规定："当事人对支付期限没有约定或者约定不明确，依据本法第五百一十条的规定仍不能确定的，应当在领取保管物的同时支付。"这就是说，第一，如果当事人对支付期限有约定的，应当依据期限支付保管费。第二，如果当事人对支付期限没有约定或约定不明的，应当依据《民法典》第 510 条的规定由当事人事后达成补充协议或依据交易习惯确定。第三，如果依据《民法典》第 510 条仍然不能确定，则应当在领取保管物的同时支付保管费。这主要是因为对有偿保管而言，其实际上是双务合同，按照双务合同同时履行抗辩的规则，一方在领取保管物的同时就应当支付保管费，否则另一方享有同时履行抗辩的权利，由此也衍生出寄存人领取保管物的同时应支付保管费的规则。

《民法典》第 903 条规定："寄存人未按照约定支付保管费或者其他费用的，保管人对保管物享有留置权，但是当事人另有约定的除外。"据此，在寄存人没有按期支付保管费和其他费用的情况下，保管人对保管物享有留置权，以此作为保管费的担保。但保管人享有留置权必须符合如下要件：第一，寄存人到期未按照约定支付保管费用或其他费用。保管费用是当事人约定的费用，寄存人应当按照约定的期限及时支付。其他费用主要是指在正常的保管期限内，保管物出现了毁损灭失，保管人维修所支付的必要费用，主要是指为实现保管目的所支付的必要花销，此种费用也应当由保管人予以支付。① 第二，保管人占有保管物。留置权的发生要求权利人合法占有留置物，因此，在保管合同中，如果保管人将保管物交付给寄存人，则无法取得对保管物的留置权。第三，依照保管物的性质不存在不宜留置的情形。例如，医院寄存保管的医疗器械，在因紧急手术而急需取出使用时，因涉及生命健康权的保护，所以保管人不得对该物进行留置。第四，寄存人与保管人事先没有约定不得留置保管物。虽然留置权是法定的担保物权，但是当事人仍然可以通过合同约定排除可以留置的财产。由于寄存人未按照约定支付保管费用和其他费用，符合留置权的一般要件，则保管人应享有留置权，可以从保管的物品拍卖、变卖的价款中优先受偿。在拍卖、变卖之后，支付其保管费用和必要费用之后，剩余的部分应当返还给寄存人，如果仍然不足以支付，保管人仍有权要求寄存人支付。

（二）承担必要的费用

必要费用是指保管人为了实现物的保管目的，以使保管物能够维持原状而支出的费用。例如，保管人支付的电费、场地费用以及运输的费用等。必要费用仅限于无偿保管之中，因为在有偿保管之中，寄存人所支付的报酬之中已经包含了必要费用。在无偿保管中，虽然寄存人不需要支付保管费，但应负有返还必要费用的义务。由于这种义务是法律所规定的，转化为合同内容的一部分，因而在寄存人不支付必要费用时，无偿保管合同中的保管人可以主张寄存人承担违约责任。

（三）贵重物品的申明义务

《民法典》第 898 条规定："寄存人寄存货币、有价证券或者其他贵重物品的，应当向保管人声明，由保管人验收或者封存；寄存人未声明的，该物品毁损、灭失后，保管人可以按照一般物品予以赔偿。"根据这一规定，寄存人对寄存货币、有价证券或者贵重物品的寄存应当负有申明义务。在申明之后，可引起保管人特别注意，从而更好地履行保管义务。例如，如果寄存人申明所保管的物品为贵重金银首饰，则保管人可能需要使用保险柜来进行保管。如果寄存人不申明贵重物品的性质，则保管人对于保管物品的保管风险、保管措施及损害赔偿责任等，难以产生相应的预期。② 特别是如果寄存人对贵重物品不申明，保管人也难以采取特殊措施来对其进行妥善保管。

依据《民法典》第 898 条，在申明之后，保管人应当对贵重物品进行验收或者封存。所谓"验收"，是指保管人对寄存人所交付的贵重物品进行清点，在确定实际收取的物品数量和品质与寄存人所申明的内容无误时予以接受。所谓"封存"，就是将贵重物品予以特定化。例如将货币包装成捆，将珠宝进行装袋。如此可以避免贵重物品与其他同种类的物品混合。如果寄存人违反这一义务，导致贵重物品毁损、灭失的，保管人可以按照一般物品予以赔偿。这就是说，如果寄存人尽到了告知义务，保管人应当承担全部赔偿

---

① 参见黄薇主编：《中华人民共和国民法典合同编解读》（下册），1272 页。

② 参见黄薇主编：《中华人民共和国民法典合同编解读》（下册），1260 页。

责任；而如果没有申明，标的物毁损灭失的，保管人有权按照一般物品予以赔偿。

（四）保管物瑕疵告知义务

《民法典》第893条规定："寄存人交付的保管物有瑕疵或者根据保管物的性质需要采取特殊保管措施的，寄存人应当将有关情况告知保管人。寄存人未告知，致使保管物受损失的，保管人不承担赔偿责任；保管人因此受损失的，除保管人知道或者应当知道且未采取补救措施外，寄存人应当承担赔偿责任。"依据这一规定，寄存人应当在交付保管物时，向保管人告知标的物的两种情形。

一是保管物瑕疵告知义务。如果保管物存在瑕疵需要采取特殊保管措施，特别是自身存在破坏性的缺陷，就需要采取特殊保管方式，否则，既可能导致保管物自身的损害，也可能导致其他的损害。因此寄存人应当就标的物的瑕疵向保管人如实告知，保管人应当采取特殊的保管方式。如未告知导致保管物遭受损失，保管人不承担赔偿责任。

二是按照保管物的性质需要采取特殊保管措施的情况。这主要是指一些易碎、易受潮、具有腐蚀性、易燃、易爆、有毒、放射性的物品等。例如，对于火药的保管，一定要避免高温和明火。对于危险物品，如果因为没有事先告知而没有采取措施，不仅可能导致保管物或其他物品的损害，甚至可能导致保管人的生命健康受损。[①] 例如，寄存有毒物品，导致保管人的健康遭受损害。

《民法典》第893条规定："寄存人交付的保管物有瑕疵或者根据保管物的性质需要采取特殊保管措施的，寄存人应当将有关情况告知保管人。寄存人未告知，致使保管物受损失的，保管人不承担赔偿责任。"据此，如果寄存人没有履行瑕疵告知义务，保管人因此受损失的，除保管人知道或者应当知道且未采取补救措施外，寄存人应当承担赔偿责任。这主要是指因为未告知保管物的瑕疵导致保管物造成了其他财产的损失。例如，因为保管的物是具有放射性的物质，寄存人没有如实告知保管人采取特殊的保管方式，导致仓库中其他的物品受到污染，寄存人应当承担赔偿责任，但在如下情况下，保管人仍然应当负责：一是保管人知道或者应当知道保管物存在瑕疵。二是保管人没有采取补救措施，保管人应根据其过错承担相应的责任。

二、保管人的义务

（一）妥善保管的义务

《民法典》第892条第1款规定："保管人应当妥善保管保管物。"据此，保管人负有妥善保管的义务。第2款规定："当事人可以约定保管场所或者方法。除紧急情况或者为维护寄存人利益外，不得擅自改变保管场所或者方法。"依据该条规定，保管人负有妥善保管的义务，包括以下内容：一是提供合适的保管场所。这就是说，保管人所提供的场地，必须符合合同的约定。如果合同没有约定的，则保管人应当根据保管物的性质，提供能够适合于保管该物的场所。如果保管物具有特殊性质，保管人应当提供相应的条

---

① 参见魏耀荣等：《中华人民共和国合同法释论（分则）》，512页。

件。二是采用适当的保管方法。在保管过程中，保管人要根据保管物的性质、特点等，采取适当的保管方法。而且，保管人应当掌握相关的保管技术，从而实现妥善保管。三是除紧急情况或者为了维护寄存人利益的以外，不得擅自改变保管场所或者方法。在保管合同中，当事人为了实现保管的目的通常会就保管场所或方法进行约定，除紧急情况（如仓库即将倒塌等）或为了维护寄存人的利益之外，保管人不得擅自变更保管场所或方法。而且，为了维护寄存人的利益，在保管人变更保管场所或方法之后，应当通知寄存人。四是保管人要采取合理的预防措施，防止保管物的毁损灭失。

在保管合同中，无论是有偿保管还是无偿保管，保管人都应负有妥善保管的义务，但《民法典》第 897 条规定："保管期内，因保管人保管不善造成保管物毁损、灭失的，保管人应当承担赔偿责任。但是，无偿保管人证明自己没有故意或者重大过失的，不承担赔偿责任。"该条区分了有偿保管和无偿保管，分别规定了保管人不同的保管义务：一方面，因为有偿保管人有权主张保管报酬，因而其注意义务更高。依据该条规定，如果是有偿保管，则保管人应当尽到善良管理人的保管义务；在有偿保管的情形下，保管人应当尽到善良管理人的注意义务，即承担抽象的轻过失责任。① 也就是说，凡是因保管人保管不善造成保管物毁损、灭失的，保管人应当承担赔偿责任。另一方面，在无偿保管的情况下，保管人只须尽到一般人所应尽的注意义务，如果保管人尽到了一般人的注意义务，则认为其已经履行了其应尽的注意义务，因此，无偿保管人只要不存在故意或重大过失的，就无须对保管物的毁损承担赔偿责任。从该条规定来，无偿保管人实际上仅对故意和重大过失负责。故意是指保管人对于保管物毁损灭失持有一种有意追求或者放任的态度，重大过失则是指保管人对保管物的毁损灭失漠不关心，在此情形下，保管人对保管物的损害承担赔偿责任。

（二）亲自保管的义务

保管人应当负有亲自保管标的物的义务。《民法典》第 894 条第 1 款规定："保管人不得将保管物转交第三人保管，但是当事人另有约定的除外。"该条确立了保管人亲自保管的义务。这就是说，在合同没有特别约定的情况下，保管人应当亲自保管保管物。除非合同有特别约定，否则保管人不得将保管物转交给第三人保管。例如，保管人发现货物有腐烂、变质可能，其并不具备必要的保管条件而进行保管，经取得寄存人的同意，保管人可以进行转保管。法律之所以规定保管人的亲自保管义务，主要原因在于，保管合同是基于信任关系而订立的。正是基于此种信任，寄存人才将其交给保管人。保管人将物交由他人保管，就破坏了此种信任关系。保管合同是基于当事人双方之间的信赖关系，尤其是保管人常常可能具有特殊的条件，从而能够实现合同的目的。如果保管物被交给第三人，其可能因缺乏技术、场地等，而无法妥善保管标的物。

《民法典》第 894 条第 2 款规定："保管人违反前款规定，将保管物转交第三人保管，造成保管物损失的，应当承担赔偿责任。"这就是说，在没有取得寄存人同意的情形下，次保管人与保管人之间形成了合同关系，如果因次保管人的过错造成了保管物的毁损灭失，次保管人应对保管人负责，保管人应当对寄存人负责。只要保管人违反了亲自保管

① 参见郑玉波：《民法债编各论》（下册），527 页。

义务，擅自将保管物转交给第三人的，则可以认定保管人具有过错，由此所造成的损失都应当由保管人负赔偿责任。

(三) 保管人不得使用保管物的义务

依保管合同，寄存人把要保管的物品交给保管人，并不丧失对该物品的所有权，保管人所取得的只是在一定时期内的占有权。因而，保管人在保管期间，不得利用其保管之便，而擅自使用保管物。否则不仅将构成违约，而且也构成了对物权的侵害。《民法典》第 895 条规定："保管人不得使用或者许可第三人使用保管物，但是当事人另有约定的除外。"这就是说，除非在合同中另有约定，否则保管人不得自己使用保管物，也不得许可他人使用保管物。此种规定也有利于维护寄存人的利益，如果保管人可以随意使用保管物，则极易造成保管物的毁损、灭失、折旧，从而损害寄存人的利益。

(四) 给付保管凭证的义务

寄存人向保管人交付保管物以后，保管合同才能成立。因此，一旦交付标的物，保管人给付保管凭证，是证明合同存在的凭据。虽然给付保管凭证不是合同的形式要件，但是，不给付保管凭证，就难以证明合同的成立。《民法典》第 891 条规定："寄存人向保管人交付保管物的，保管人应当出具保管凭证，但是另有交易习惯的除外。"因而，在一般保管中，只要寄存人交付保管物，保管人都应当给付保管凭证。但是，根据交易习惯不需要给付凭证的，也不需要负有此种义务。例如，在停车场停车，一般不需要给付保管凭证。如果没有给付保管凭证，寄存人有权要求其给付。

(五) 返还保管物的义务

保管期限届满或寄存人提前领取保管物，保管人负有返还保管物的义务。保管人的返还保管物的义务主要包括如下内容。

1. 在保管期限届满或者寄存人提前领取保管物时，保管人负有返还保管物的义务

(1) 保管期限届满后的返还义务

在保管合同中，如果双方当事人就保管期限有明确约定的，保管人在保管期限届满之后，应按时返还该保管物。保管物的返还地点通常是货物的储存地。[①] 寄存人未按时领取保管物，保管人应负责通知提取。返还的时间应遵守合同的规定。《民法典》第 899 条第 2 款规定："约定保管期限的，保管人无特别事由，不得请求寄存人提前领取保管物。"由于保管期限主要是为了寄存人的利益而设立的，只要合同规定了保管期限，在保管期限届满之前，保管人无特定事由，不得要求寄存人提前领取保管物；否则，构成对保管合同的违反。

但是，《民法典》第 899 条第 2 款规定："当事人对保管期限没有约定或者约定不明确的，保管人可以随时请求寄存人领取保管物。"因此，如果保管合同中对保管期限没有

---

① See Christian von Bar and Eric Clive, *Definitions and Model*, *Rules of European Private Law*, Volume Ⅰ, (Munich: Sellier, European Law Publishers, 2009), p. 1817.

约定或约定不明的，该保管合同在性质上属于一种不定期债务，双方当事人都享有解除合同的权利。①《民法典》第511条第4项规定："履行期限不明确的，债务人可以随时履行，债权人也可以随时请求履行，但是应当给对方必要的准备时间。"据此，当事人在没有规定保管期限的情况下，保管人有权随时请求寄存人领取保管物。

（2）寄存人提前领取保管物时的返还义务

对寄存人而言，毕竟其对保管货物享有所有权，其有权随时要求提取、领取保管物。《民法典》第899条第1款规定："寄存人可以随时领取保管物"，从该规定来看，无论当事人是否约定了保管期限，寄存人都可以随时提取保管物。这主要是因为，在保管合同中，寄存人享有对保管物的所有权，而且保管期限是为了寄存人的利益而设立的。如果寄存人认为保管的目的已经实现，即使合同约定的保管期限尚未届满，为了寄存人的利益，也应允许其随时领取保管物。例如，寄存人出于保管的需要而将一批大米交付给保管人，在保管期间，大米市场的价格剧烈波动，寄存人为了不使其自身遭受经济损失，而要求提前领取大米予以抛售，在此情形下，保管的目的已经实现，保管人应当允许寄存人提前领取。

问题在于，寄存人提前领取保管物是否要支付全部的保管费？笔者认为，寄存人应当支付原来约定的保管费，但是，可以考虑因缩短保管期限而减少的成本支出而适当减少保管费。如果提前领取确实节省了费用，则应当适当扣减费用，这也符合公平原则。另外，在比较法上，很多国家的法律都规定寄存人应当补偿提前领取标的物对保管人造成的损失。② 如果寄存人在保管人履行保管义务之前要求返还保管物的，这也意味着合同的终止，在此情形下，保管人仍有权请求合同约定的保管费用的支付。③ 笔者认为，此种观点也值得赞同。

2. 保管人所返还的保管物包括原物和孳息

《民法典》第900条规定："保管期限届满或者寄存人提前领取保管物的，保管人应当将原物及其孳息归还寄存人。"依据这一规定，无论是保管期限届满，还是寄存人提前领取保管物，保管人在返还保管物时，都应当将原物及其孳息返还寄存人。但依据《民法典》第901条："保管人保管货币的，可以返还相同种类、数量的货币；保管其他可替代物的，可以按照约定返还相同种类、品质、数量的物品。"这主要是针对货币或可替代物的保管所作出的特别规定。此类保管通常称为"消费保管"④，其特殊性在于保管的物通常为种类物，具体而言：一是货币。货币是种类物，货币一旦交付就导致货币所有权的移转。保管人返还货币时并不要求一定要返还寄存人交付时使用的货币，而只需要返还相同种类或数量的货币。例如，保管的5 000元人民币，就应当以同数量的人民币返还。二是其他可替代物，所谓其他可替代物主要是指一般的种类物，如标号相同的水泥

---

① 参见谢鸿飞、朱广新主编：《民法典评注·合同编：典型合同与准合同4》，68页，北京，中国法制出版社，2020。

② 例如，《奥地利商法典》第962条；《法国商法典》第1944条；《比利时商法典》第1944条。

③ See Christian von Bar and Eric Clive, *Definitions and Model, Rules of European Private Law*, Volume Ⅰ, (Munich: Sellier, European Law Publishers, 2009), p. 1817.

④ 谢鸿飞、朱广新主编：《民法典评注·合同编：典型合同与准合同4》，79页。

等。保管人返还这些种类物时，可以按照约定返还相同种类、品质和数量的物品，而并不要求其必须返还寄存人寄存的原物。

3. 第三人对保管物主张权利时的返还

《民法典》第 896 条第 1 款规定："第三人对保管物主张权利的，除依法对保管物采取保全或者执行措施外，保管人应当履行向寄存人返还保管物的义务。"据此，确立了在第三人对保管物主张权利时，保管人应将保管物返还给寄存人而不是第三人的义务。所谓第三人对保管物主张权利，是指第三人主张保管物并非属于寄存人所有等可能引发保管物的权属争议的情形。在第三人主张权利时，保管人仍应向寄存人履行返还保管物的义务，这主要是因为：一方面，返还保管物于寄存人有利于其处理与第三人的纠纷，并维护寄存人的权利。另一方面，保管人因保管合同的约定而占有保管物，因此返还保管物是其所负担的合同义务。保管人只对寄存人负有相应的义务，并不对第三人负有义务。[①] 如果保管人将其交付给第三人的，其应向寄存人承担相应的违约责任。当然，如果第三人依法对保管物采取保全或执行措施的，保管人无法返还保管物，自然不应负担将保管物返还给寄存人的义务。这主要是因为，在第三人依法对保管物采取保全或执行措施时，法院会将保管物予以查封、扣押或冻结等，或执行机关强行要求保管人将保管物交付给第三人，此时，保管人已经无法将保管物返还给寄存人。

需要指出的，如果在保管期间，寄存人已经将货物出卖给第三人，寄存人自身不愿意再领取该保管物，而直接通知保管人，将保管物交付给第三人。在此情况下，保管人应将保管物返还给第三人，第三人也可以据此领取保管物。但在第三人支付保管费用之前，保管人有权拒绝返还保管物。[②]

（六）危险通知义务

《民法典》第 896 条第 2 款规定："第三人对保管人提起诉讼或者对保管物申请扣押的，保管人应当及时通知寄存人。"该条确立了保管人的危险通知义务，即在第三人对保管物提起诉讼或者对保管物申请扣押的，保管人负有危险通知义务，其应将该情形及时通知寄存人。该义务属于保管人所应负担的一种附随义务。如果保管人没有及时通知寄存人，造成寄存人损失的，应当承担赔偿责任。

思考题

1. 试述保管合同的法律特征。
2. 有偿保管合同与无偿保管合同在效力上有何区别？
3. 保管合同中的寄存人负有哪些义务？
4. 试述保管人返还保管物的义务。

---

① 参见魏耀荣等：《中华人民共和国合同法释论（分则）》，516 页。

② See Christian von Bar and Eric Clive，*Definitions and Model*，*Rules of European Private Law*，Volume Ⅰ，(Munich：Sellier，European Law Publishers，2009)，p. 1819.

第二十六章

仓储合同

案例

甲为专门保管红酒的公司。甲与乙约定，乙将一批红酒交由甲保管，保管期限自2022年1月1日起，为期1年，保管费用2万元。甲专门为乙预留了仓库的存储空间。但因红酒自国外进口途中耽搁了半年，直至2022年6月1日，乙才将该批红酒送至甲的仓库。当年年底，甲请求乙支付保管费用2万元，而乙认为，保管期限为1年，应当从货物实际送至仓库时开始计算保管费用。双方为此发生争议。

简要评析：《民法典》第905条规定："仓储合同自保管人和存货人意思表示一致时成立。"据此，仓储合同一般是诺成合同，由于双方当事人约定，自2022年的1月1日起开始由甲保管红酒，所以，即使没有交付标的物，该仓储合同也已经生效，应当按照已经生效的仓储合同确定履行期限和支付仓储费。乙单方面主张变更仓储合同的保管期限，未经甲的同意是不具有约束力的。由于保管物迟延交付是因为存货人的原因造成的，保管人不应承担相应的不利后果。

第一节　仓储合同概述

一、仓储合同的概念和特征

仓储是利用仓库存放、储存各类物品的行为。仓储合同，是指由专门从事仓储保管业务的保管人与存货人之间签订的一方为另一方保管货物，另一方支付报酬的合同。《民法典》第904条规定，仓储合同是指由专门从事仓储保管业务的保管人与存货人之间订立的保管人储存存货人交付的仓储物，存货人支付仓储费的合同。严格地说，仓储合同是保管合同的一种具体类型，在民商分立的国家，仓储合同是商事合同的一种类型，是由商法单独规定的。我国《民法典》虽然采民商合一体制，但将仓储合同作为独立的类型加以规定，这不仅考虑到了其与保管合同的相似性，同时，也注重了其特殊性。因而，这种立法体例也具有自身的特色。与一般保管合同相比较，仓储合同具有如下特点。

第一，主体具有特殊性。仓储合同的最大特点就在于，保管人是专门从事仓储保管业务的人。在仓储保管合同中，保管人的特殊性表现在，一是必须具备必要的仓储设备，即用于储存和保管仓储物品的必要设施；二是必须取得从事仓储业务的资格。法律上将仓储合同作特别规定，也是考虑到从事仓储保管的人一般都有相应的资质要求，涉及特种标的物保管。例如，从事保管易燃易爆、腐蚀性、需要冷藏的、具有放射性的物等，对仓储保管人的资质应有特殊的要求，不能由一般的民事主体来担任。我国《民法典》虽没有对仓储人作出特别的规定，但根据相关法律规定，仓储人必须具有从事仓储报关业务的资格，具备相应的仓储保管条件，并且经过有关部门的许可，办理相关的营业登记。①

第二，标的物主要是动产。在一般保管合同中，无论是动产还是不动产，都可以成为保管合同的标的物，因而保管合同的标的物是所有的有体物；而仓储合同的标的物必须是动产，因为仓储人主要是利用自己的仓库为寄存人保管物品②，不动产不可能成为仓储合同的客体。此外，仓储物既可以是特定物也可以是种类物，由于仓储保管的物品一般是大宗商品，因而储存量大，这和一般保管合同的标的物是不同的。

第三，具有诺成性。仓储保管合同是诺成合同。《民法典》第905条规定："仓储合同自保管人和存货人意思表示一致时成立。"可见，《民法典》将仓储合同规定为诺成合同。只要当事人达成合意，仓储合同即成立。法律之所以将仓储合同规定为诺成合同，一方面是为了保护保管人的利益，因为提供仓储服务是专业服务，必须要提前做必要的采购和维护措施，因而保管人往往需要对仓储保管做前期准备。另一方面，也有利于保护存货人的利益，如果保管人随意违约，就会打乱存货人的存货计划，造成不必要的损失浪费。此外，这也有利于维护交易安全和秩序。③

第四，具有有偿、双务性。仓储合同是有偿、双务性合同。由于仓储人身份的特殊性，决定了仓储合同中当事人一方应以追求营利为目的。《民法典》第904条规定："仓储合同是保管人储存存货人交付的仓储物，存货人支付仓储费的合同。"可见，保管人储存存货人交付的货物，要求"存货人支付仓储费"，反之亦然。可见，仓储合同原则上应为双务、有偿合同。还应当看到，在一般保管中，寄存人通常是在提取保管物之时一次性支付全部保管费。但在仓储合同中，当事人常常约定在每一保管阶段分期支付保管费。

---

① 例如，《国务院对确需保留的行政审批项目设定行政许可的决定》（国务院令第412号）就对石油成品油批发、仓储、零售经营资格作出了特别的规定，需要经过相关部门的审批。

② 参见郭明瑞、房绍坤：《新合同法原理》，674页，北京，中国人民大学出版社，2000。

③ 参见黄薇主编：《中华人民共和国民法典合同编解读》（下册），1280～1281页。

因此，除非当事人对其作出特别约定，仓储合同都是有偿合同。

第五，仓单具有可交易性。一般的保管合同中并不存在仓单的流转。而在仓储保管中，涉及仓单的流转问题。仓单是指保管人在收到仓储物时，向存货人签发的、表示其收到一定数量储存物的凭证。[①] 仓单属于有价证券的一种类型，它本身表彰了权利，持有仓单就相当于享有权利，因此，仓单具有可交易性。依据《民法典》第 908 条规定："存货人交付仓储物的，保管人应当出具仓单、入库单等凭证。"存货人交付仓储物的，保管人应当给付仓单。虽然仓单不像提单那样可以通过单纯背书的方式流通转让，而必须经过保管人的签字或者盖章，但是，仓单也属于权利凭证，仓单持有人将仓单转让给第三人时，就相当于交付了货物，第三人可以取得货物的所有权。

第六，具有继续性。仓储合同是继续性合同。所谓继续性合同，是指合同并不因为一次给付而消灭债权人的权利和债务人的义务。继续性合同通常都会有一段时间的持续性，在这一期间内，当事人双方的权利义务持续性地存在。在仓储合同中，由于仓储期间并非是某一个时间点，而是一个时间段，所以至少在仓储期间之内，寄存人和仓储人的权利和义务都是持续存在的。此外，在当事人发生法律纠纷以后，当事人应当按照诚实信用继续协商，以解决相关的问题。

二、仓储合同与保管合同的区别

仓储合同是在保管合同的基础上发展起来的一种合同类型。但是，考虑到仓储合同的特殊性，法律上又将其作为独立的有名合同类型加以规定。《民法典》第 918 条规定："本章没有规定的，适用保管合同的有关规定。"本条使用"适用"的表述，就意味着，法律上承认仓储合同与保管合同具有类似性，因而，保管合同的许多规则可以适用于仓储合同。例如，《民法典》第 903 条规定："寄存人未按照约定支付保管费或者其他费用的，保管人对保管物享有留置权，但是当事人另有约定的除外。"该条是关于保管人对保管物享有留置权的规定，可以适用于仓储合同。

仓储合同和保管合同存在明显区别，主要表现为：

第一，合同主体不同。保管合同的主体通常为一般的民事主体，任何民事主体都可以依法为他人保管货物。而仓储合同中，仓储人具有特殊的身份，其是以从事仓储活动为业的特殊企业法人。此类法律主体要取得仓储人资格，必须满足一定的法律特别规定的条件，例如，要具备一定的仓储条件、聘请专业人员等。[②] 法律上将仓储合同特别规定，也是考虑到从事仓储保管的人可能涉及特种标的物保管，一般都有相应的资质要求。例如，易燃、易爆、腐蚀性、需要冷藏的、具有放射性的物等，都对保管人的资质具有特殊的要求。

---

① 参见谢鸿飞、朱广新主编：《民法典评注·合同编：典型合同与准合同 4》，130 页。

② 例如，2005 年《麻醉药品和精神药品管理条例》第 46 条第 1 款规定："麻醉药品药用原植物种植企业、定点生产企业、全国性批发企业和区域性批发企业以及国家设立的麻醉药品储存单位，应当设置储存麻醉药品和第一类精神药品的专库。该专库应当符合下列要求：（一）安装专用防盗门，实行双人双锁管理；（二）具有相应的防火设施；（三）具有监控设施和报警装置，报警装置应当与公安机关报警系统联网。"

第二，合同成立时间不同。我国《民法典》区分了一般的保管合同和仓储合同，对于一般的保管合同，《民法典》第890条规定："保管合同自保管物交付时成立，但是当事人另有约定的除外。"可见，其为实践合同。然而，对于仓储合同，《民法典》第905条明确规定了仓储合同自保管人与存货人意思表示一致时成立。这就意味着仓储合同是诺成合同，只要当事人达成合意，合同就成立。

第三，合同是否有偿不同。保管合同原则上是无偿的，当事人有特别约定支付保管费的，则为有偿合同。但仓储合同原则上是有偿的，因为仓储人是以仓储为其营业活动的人，所以，其订立仓储合同的目的就是获得仓储费。①《民法典》第904条在界定仓储合同的概念时，要求"存货人支付仓储费"，可见，该法将仓储合同原则上界定为有偿合同。如果当事人在合同中没有约定支付保管费，则保管人无权要求支付。②

第四，合同的客体不同。在保管合同中，无论是动产还是不动产，都可以成为保管的对象，因而其客体是所有的有体物。而仓储保管的对象必须是动产，因为仓储合同的保管是将标的物置于仓库中进行保管，不动产不能作为仓储合同的保管对象。还需要指出的是，仓储保管合同中，动产较之于一般保管中的动产，价值也更大，正是因为这一原因，所以在一些仓储保管合同中，为了防止因违约而导致保管人承担过重的责任，保管人的赔偿责任可以通过约定而减轻，即将保管人的责任限定在保管物的价值范围内。③

第五，是否签发仓单不同。一般的保管合同中并没有仓单的流转问题。而仓储合同，涉及仓单的流转问题。仓单是指保管人在收到仓储物时，向存货人签发的、表示其收到一定数量储存物的有价证券。④仓单作为一种有价证券，可以进行流转。而在一般的保管合同中，一般不涉及仓单的签发，更不涉及仓单的流转问题。

此外，在权利、义务内容上，虽然仓储合同可以参照一般的保管合同，但是在具体内容上还是存在区别的。例如，仓储合同中易燃易爆物的保管需要寄存人尽到特别说明和提醒的义务，而保管人也负有特别的注意义务。⑤

三、仓储合同的成立

如前所述，一般保管合同是实践合同，但我国《民法典》第905条规定："仓储合同自保管人和存货人意思表示一致时成立。"从该规定看，已经明确了仓储合同为诺成合同。第一，从文义解释来看，该条并没有要求必须要实际交付标的物。第二，从体系解释的角度来看，将该规定与《民法典》第890条关于保管合同的规定相比较可以看出，

---

① See Christian von Bar and Eric Clive, *Definitions and Model*, *Rules of European Private Law*, Volume Ⅰ (Munich: Sellier, European Law Publishers, 2009), p. 1798.

② See Christian von Bar and Eric Clive, *Definitions and Model*, *Rules of European Private Law*, Volume Ⅰ (Munich: Sellier, European Law Publishers, 2009), p. 1828.

③ See Christian von Bar and Eric Clive, *Definitions and Model*, *Rules of European Private Law*, Volume Ⅰ (Munich: Sellier, European Law Publishers, 2009), p. 1823.

④ 参见郭明瑞、房绍坤：《新合同法原理》，676页。

⑤ See M. Barendrecht et al., *Principles of European Law*: *Services Contracts*, European Law Publishers 2007, p. 579.

仓储合同实际上是诺成合同。第三，将仓储合同规定为诺成合同符合仓储人作为专业保管人的性质。仓储合同中的保管人作为商人，营利性是其天然属性，而且其是专业的保管人。无论存货人是否交付了标的物，只要双方达成协议，仓储人就应当为履约做准备。例如，准备特定的储存空间、招聘特定的保管人员等。如果将仓储合同看作是实践合同，合同订立后，存货人可以不交付存货，也无须因此而承担责任，则仓储人无法就其前期准备工作支出的费用向保管人主张，这就不利于对仓储人合法利益的保护[①]，也不符合仓储人作为专业的保管人的性质。第四，有利于对存货人的权利保护。仓储合同中，存放的一般都是大宗商品，在交付时，如果仓储人不能提供足够的储存场地，则会影响存货人的经营活动，如果将仓储合同界定为实践合同，仓储人在此情况下也不承担违约责任，则对于存货人的权利保护不利。[②] 一旦合同订立，当事人双方的权利、义务就已确定。对存货人来说，应当负有及时交付规定的寄存物品的义务。如提前交付或因毁约而不交付物品，均会给保管人造成损害。在合同订立以后，保管人就应当从事各种履约准备以保证按时为他人堆藏和保管货物，如果等到存货人交付物品时，保管人仍不能为存货人提供必要的场所，或者提供的场所不符合合同的约定，则可能会造成存货人的损失，甚至使存货人的货物因无处堆放而造成毁损灭失，保管人对此当然应当承担赔偿责任。

《民法典》第908条规定："存货人交付仓储物的，保管人应当出具仓单、入库单等凭证。"仓单就是仓储合同存在的证明，也是仓储合同的组成部分。这是否意味着仓储合同必须在交付仓单之后才生效？如前所述，仓储合同是一种诺成合同，而不是实践合同。所以，给付仓单只表明保管人收到了货物，而不能表明合同从这一时点才开始生效。仓储合同从签订之时就开始生效，但直到保管人出具仓单之前，都只是对合同履行所做的准备，包括送货、验货、收货等，只有当保管人向存货人出具了仓单，才表明合同正式进入履行阶段，保管货物的义务才开始履行。

第二节　仓储合同的效力

一、保管人的义务

（一）妥善保管仓储物

《民法典》第904条规定："仓储合同是保管人储存存货人交付的仓储物，存货人支付仓储费的合同。"据此，妥善保管标的物是保管人最基本的义务。妥善保管义务主要包括：

第一，具备必要的仓储条件。具备法定的资格和保管条件，是保管人履行其妥善保管义务的前提。仓储合同和保管合同的区别就在于，在仓储合同中，保管人必须是具备仓储设备，并专门从事保管业务的人。其不仅需要具备从事仓储业务的资格，而且要有

① 参见郭明瑞、房绍坤：《新合同法原理》，675页。
② 参见郭明瑞、王轶：《合同法新论·分则》，649页。

一定的仓储设备，适合于保管仓储物。在大陆法系的一些国家中，仓储人提供的场所如果不适合标的物的存放，则被认为是具有过错的。① 有适当的存放地点也是对仓储人最基本的要求。《民法典》第 906 条第 3 款规定："保管人储存易燃、易爆、有毒、有腐蚀性、有放射性等危险物品的，应当具备相应的保管条件。"这就是说，对于危险物品的保管，法律规定了特别的保管条件，应当符合法律规定的条件。②

第二，亲自保管。在一般的保管合同中，法律都要求保管人应当亲自保管，不得擅自将保管物交给第三人。由于仓储合同属于有偿合同，保管人的保管义务要高于无偿保管合同中保管人的保管义务。保管人应当尽到善良管理人的保管义务，即保管人应当尽到本行业内保管人应当尽到的保管义务。因此，保管人必须亲自履行保管义务。此外，存货人之所以选择特定的仓储人进行保管，是基于对仓储人的设备、技能和专业经验的信赖，因此，任意更换保管人，就有可能使得存货人的这种信赖落空，从而有损存货人的利益。

第三，妥善保管。在仓储合同中，对仓储物的保管的方式、方法、人员等，大多有法律法规或合同的约定。例如，关于防火防盗等义务，必须要依据法律规定的标准，完善有关的设施。总体上，保管人应当尽到善良管理人应尽的注意义务来管理货物。例如，保管人须提供一定的安全防范措施，以防止仓储物的毁损、灭失。保管人也应采取合理的措施避免保管物的毁损、腐烂和贬值。对危险物品和易腐物品，必须按规定操作或保管。在通常情况下，保管人不得查验保管物。然而，如果保管人知晓保管物可能毁损、腐烂的，则依据诚信原则，其负有查验的义务。③

第四，防止损害发生和扩大。在任何情况下，保管物遭受损害之后，无论引发损害的原因是保管人还是第三人，保管人都应当尽量避免损害的扩大，即保管人应采取合理措施避免和减少各种不必要的损害，无论此种损害是由保管人或保管人的雇员，或是第三人还是其他外在的原因所造成的。④

(二) 对入库仓储物进行验收

《民法典》第 907 条规定："保管人应当按照约定对入库仓储物进行验收。保管人验收时发现入库仓储物与约定不符合的，应当及时通知存货人。保管人验收后，发生仓储物的品种、数量、质量不符合约定的，保管人应当承担赔偿责任。"该条确立了入库验收义务。依据这一规定，保管人在验收之后，负有以下义务：第一，保管人验收之后，同意接收货物，此时，保管人就开始承担对货物的保管义务，合同开始进入履行阶段。第

---

① 例如在法国的一个案例中，仓储人由于没有能够证明其马厩足够坚固，因而其需要对马造成的伤害承担责任。See M. Barendrecht et al., *Principles of European Law: Services Contracts*, European Law Publishers 2007, p. 539.

② 例如，1987 年国务院发布了《化学危险物品安全管理条例》，专门对化学危险物品的储存作了规定。因此，保管人要保管化学危险物品应当符合条例规定的条件。

③ See Christian von Bar and Eric Clive, *Definitions and Model*, *Rules of European Private Law*, Volume Ⅰ (Munich: Sellier, European Law Publishers, 2009), p. 1808.

④ See Christian von Bar and Eric Clive, *Definitions and Model*, *Rules of European Private Law*, Volume Ⅰ (Munich: Sellier, European Law Publishers, 2009), p. 1807.

二，保管人检验之后，一旦发现货物的品质、数量、状况等与合同的约定不符，应当及时通知存货人取回货物，保管人也有权拒收货物。如果存货人未取回货物，因此造成的损失应当由存货人承受。如未及时通知，则应推定验收合格。第三，验收后发生的仓储物的品种、数量、质量不符合约定，应承担相应的违约责任。这就是说，在验收以后，保管人已经占有保管的货物，应当负有保管的义务。因此，货物发生的任何品种、数量等方面的不符，都可以推定为是保管人未履行保管义务造成的，其应当承担责任。在通常情况下，保管人验收之后已经签发了仓单，就应承担保管物的保管责任。验收的方式可以采取实物验收的方式，也可以采取抽样验收的方式。通常，其应当依据当事人的约定或交易习惯来确定。①

（三）出具仓单、入库单等凭证

《民法典》第908条规定："存货人交付仓储物的，保管人应当出具仓单、入库单等凭证。"该条确定了保管人应当在存货人交付仓储物以后交付仓单的义务。所谓仓单，是保管人收到保管的货物时向存货人签发的表示其收到一定数量仓储物的凭证。仓单不仅是物权凭证，而且是一种有价证券。所谓入库单，是指对入库货物数量的确认凭证，也是证明货物入库的权利证明凭证，其与仓单相比不具有流转等功能，是非标准化的权利凭证。需要注意的是，在实践中，保管人出具的凭证不仅限于仓单与入库单，还包括其他的各种类型的权利证明凭证。② 当然，入库单等与仓单不同，两者的区别表现在：一是入库单等并非有价证券，更不是所有权凭证。二是入库单等不能够再次背书转让，也不能出质或者设定权利质权，而仅仅只是证明其收到了货物。保管人出具仓单、入库单等凭证，证明其已经实际收到了货物，而存货人依据仓单，有权向保管人主张对货物的所有权。③

（四）允许存货人检查或者提取样品

《民法典》第911条规定："保管人根据存货人或者仓单持有人的要求，应当同意其检查仓储物或者提取样品"。这就确立了保管人应当允许存货人或者仓单持有人检查或者提取样品的义务，该项义务又被称为容忍义务。保管人履行其义务必须由存货人提出请求，因为存货人将货物存到仓库之后，为了解仓储的安全状况、存货状况等，有权要求保管人同意其检查或者提取样品。④ 该条确立了两项义务：一是允许存货人或者仓单持有人检查仓储物，存货人或仓单持有人可以进行何种程度的检查，应根据仓库的状况及交易习惯决定。二是允许存货人或者仓单持有人提取样品，提取样品主要是为了检查。保管人同意存货人或仓单持有人检查货物，是尊重存货人或仓单持有人的货物所有权的一种体现。同时，存货人或仓单持有人对货物进行检查或者取样，也有利于监督保管人认真履行合同义务。有人认为，存货人有权随时检查仓储物或者提取样品。⑤ 本书认为，

---

① 参见魏耀荣等：《中华人民共和国合同法释论（分则）》，537页。
② 参见谢鸿飞、朱广新主编：《民法典评注·合同编：典型合同与准合同4》，129页。
③ 参见谢鸿飞、朱广新主编：《民法典评注·合同编：典型合同与准合同4》，131页。
④ 参见胡康生主编：《中华人民共和国合同法释义》，560页。
⑤ 参见孙艳：《仓储合同的法律问题探析》，载《物流技术》，2003（12）。

除非是仓储合同对于检查权作出了特别的约定，或者按照交易习惯可以推断出存货人享有此种权利，否则，存货人不应有权随时检查货物，因为如此会增加保管人的管理成本。

（五）通知和催告义务

《民法典》第912条规定："保管人发现入库仓储物有变质或者其他损坏的，应当及时通知存货人或者仓单持有人。"此种义务主要适用于以下两种情况：一是入库仓储物发现有变质的情况。例如，发现仓储物出现异状，发生数量或价值减少；二是入库仓储物发现有其他损坏的情况。例如，保管人发现货物包装破损造成仓储物的毁坏，此时也应当及时通知存货人。此外，当出现第三人对仓储物主张权利或仓储物被扣押时，由于可能影响到存货人的权利，保管人应立即通知存货人或仓单持有，使其尽早采取相应措施，避免发生更大的损失。

《民法典》第913条规定："保管人发现入库仓储物有变质或者其他损坏，危及其他仓储物的安全和正常保管的，应当催告存货人或者仓单持有人作出必要的处置。因情况紧急，保管人可以作出必要的处置；但是，事后应当将该情况及时通知存货人或者仓单持有人。"依据这一规定，保管人负有催告存货人或者仓单持有人作出必要处置的义务，承担该项义务的条件是：第一，保管人对入库仓储物发现有变质或者其他损坏情况。第二，该种情况危及其他仓储物的安全和正常保管。如果只是轻微的变质或者损坏，在保管人能够处理的情况下，就无须通知存货人或者仓单持有人。第三，应当催告存货人或者仓单持有人作出必要的处置。这就是说，催告必须是针对存货人或者仓单持有人，对其他人的催告不构成有效的催告。而且，催告的内容是要求存货人或者仓单持有人对于货物出现变质或毁损的情况作出处置或者处置的指示。

（六）返还仓储物的义务

在仓储合同中，保管人并不享有保管物的所有权，因此在期限届满之后，应当负有返还仓储物的义务。通常来说，保管人在储存期间届满时负有返还仓储物的义务。但是，如果当事人没有对储存期间作出明确约定的，也不影响保管人负有此种义务。《民法典》第914条规定："当事人对储存期限没有约定或者约定不明确的，存货人或者仓单持有人可以随时提取仓储物，保管人也可以随时请求存货人或者仓单持有人提取仓储物，但是应当给予必要的准备时间。"由此可见，在仓储合同中，如果当事人就储存期间作出明确约定的，则只能在储存期间届满后提取，存货人不能要求随时领取仓储物。只有在当事人对储存期间没有约定或者约定不明确时，存货人或者仓单持有人才有权随时提取。不过，毕竟仓储物属于存货人所有，如果存货人确实需要提前提取，保管人可以拒绝退还仓储费。

二、存货人的主要义务

（一）支付仓储费的义务

仓储合同是有偿合同。《民法典》第904条规定："仓储合同是保管人储存存货人交付的仓储物，存货人支付仓储费的合同。"因而，支付仓储费是存货人的主要义务。存货人应当支付的费用包括两部分：一是仓储费，它是指因保管人提供仓储保管，存货人应当支付的报酬。二是其他相关费用，它是指因为仓储的需要而支出的有关检验费、运输费、包装费等费用。这些费用都是必要的开支，如果存货人拒绝支付仓储费用，则保管人有权留置仓储物品以使自己的债权得到清偿。

在存货人拒绝支付仓储费用的情况下，保管人享有留置仓储物的权利。所谓留置权，是指在债权债务关系中，债权人依法事先合法占有了债务人的动产，在债务人不履行到期债务时，债权人有权依法留置该财产，并可以将该留置的动产折价或者以拍卖、变卖所获得的价款优先受偿的权利。[①] 在比较法上，大多数国家的法律规定，如果寄存人不支付费用的，保管人可以诉求于留置权或扣留该货物。[②] 我国《民法典》为保护保管人的权益，在第903条规定："寄存人未按照约定支付保管费或者其他费用的，保管人对保管物享有留置权，但是当事人另有约定的除外。"该条规定虽然是对保管合同的规定，但依据我国《民法典》第918条："本章没有规定的，适用保管合同的有关规定。"因此，在仓储合同中，在当事人没有对留置权进行规定的情况下，应当适用保管合同的一般规定。这就是说，当存货人未按照约定支付仓储费以及其他费用的，保管人有权将保管物进行留置，并在法定期限经过之后，就留置的仓储物进行拍卖、变卖等，使自己的债权得到实现。

（二）说明义务

说明义务，是指存货人在交付特殊物品时，应当向保管人说明该物品的性质并提供有关资料的义务。《民法典》第906条第1款规定："储存易燃、易爆、有毒、有腐蚀性、有放射性等危险物品或者易变质物品的，存货人应当说明该物品的性质，提供有关资料。"此种义务是法定的义务。这就是说，无论当事人在合同中是否约定，存货人都应该负有此种义务。这主要是考虑到仓储物如果是危险物品或易变质物品，则具有极大的危险性，如果不进行特殊的保管，则不仅会造成物品本身的损害，而且会造成人身伤亡或其他财产损害的严重后果。事实上，法律对特殊物品的管理本身就有明确规定[③]，因此，存货人在交付保管时，应当向保管人特别说明，从而使保管人可以采取特殊措施进行保管。

存货人的说明义务，不仅包括对危险物的说明，还包括相关资料的提供。所提供的资料主要是关于保管物本身的性质特点，以及保管注意事项的说明，如某鲜活产品必须在多少温度下保管才不会在短时间内变质的说明。再如，如何采取一定的措施防

---

① 《民法典》第447条第1款规定："债务人不履行到期债务，债权人可以留置已经合法占有的债务人的动产，并有权就该动产优先受偿。"

② 但在奥地利和英格兰，法律规定保管人不享有此项权利。See Christian von Bar and Eric Clive，*Definitions and Model*，*Rules of European Private Law*，Volume Ⅰ（Munich：Sellier，European Law Publishers，2009），p. 1829.

③ 例如，2006年《民用爆炸物品安全管理条例》第41条规定："储存民用爆炸物品应当遵守下列规定：（一）建立出入库检查、登记制度，收存和发放民用爆炸物品必须进行登记，做到账目清楚，账物相符；（二）储存的民用爆炸物品数量不得超过储存设计容量，对性质相抵触的民用爆炸物品必须分库储存，严禁在库房内存放其他物品；（三）专用仓库应当指定专人管理、看护，严禁无关人员进入仓库区内，严禁在仓库区内吸烟和用火，严禁把其他容易引起燃烧、爆炸的物品带人仓库区内，严禁在库房内住宿和进行其他活动；（四）民用爆炸物品丢失、被盗、被抢，应当立即报告当地公安机关。"

止放射性物质对他人造成损害等。如果因为没有尽到说明义务而造成损害，存货人应当承担责任。其责任主要包括：一是对保管物本身的损害应当由存货人自行承受损失。二是保管物对他人的损害，包括对保管人的人身和财产造成的损害，以及对第三人的人身和财产损害，应当由存货人承担赔偿责任。例如，因为存货人没有说明其货物是爆炸物，后来该货物爆炸导致第三人的损害。在此情况下，已经构成侵权损害，保管人应当承担责任。

《民法典》第 906 条第 2 款规定，“存货人违反前款规定的，保管人可以拒收仓储物，也可以采取相应措施以避免损失的发生，因此产生的费用由存货人负担。”据此可见，一方面，存货人违反说明义务的，保管人可以拒收仓储物，这是因为如果存货人提供的货物属于危险物品和易变质物品，而存货人隐瞒了真相，则保管人在验货期间发现之后，就有权拒收仓储物。另一方面，保管人也可以采取相应措施以避免损失的发生，因此产生的费用由存货人承担。因为保管人支出此项费用，是因为存货人违反说明义务所致，而且，其采取措施也是为了存货人的利益。

（三）提取标的物的义务

在仓储合同期间届满之后，存货人负有提取仓储物的义务。《民法典》第 915 条规定：“储存期限届满，存货人或者仓单持有人应当凭仓单、入库单等提取仓储物。存货人或者仓单持有人逾期提取的，应当加收仓储费；提前提取的，不减收仓储费。”依据这一规定，在存储期间届满之后，存货人或者仓单持有人负有凭仓单提取仓储物的义务，仓单是作为存货人或仓单持有人的一种权利凭证而存在的。在期间届满之后，如果存货人或者仓单持有人不及时提取仓储物，有可能会造成保管人货物积压以及货物腐烂变质等情形的出现，所以法律规定存货人负有此种义务。当然，由于在保管关系中，仓储物的所有权并没有发生转移，所以存货人或者仓单持有人有权随时提取仓储物，领取标的物也是其一项权利。

存货人违反此种义务，将产生两种法律后果：一是逾期提取的，保管人应当加收仓储费。如果存货人或仓单持有人逾期不提取的，将会增加仓储人的成本，这就会打乱保管人的计划，挤占保管人的仓储空间，也实际上增加了保管人的保管负担，因此要求存货人或仓单持有人对此支付费用，乃是公平原则的体现。二是提前提取的，不减收仓储费。仓储保管合同中规定了保管期限，在保管期限内，如果存货人要求提前领取，在一般情况下不会造成保管人的损失，所以依据法律规定，应当允许其提前领取。但因为提前提取并不符合合同的约定，且有可能打乱保管人的保管计划，尤其是保管人可能为存货已经做了大量准备，且因此可能丧失与其他人的订约机会，所以法律规定存货人提前领取的，也不减收仓储费①，以维护保管人的利益。

---

① 参见魏耀荣等：《中华人民共和国合同法释论（分则）》，551 页。

第三节 仓单的法律性质及内容

一、仓单的概念和性质

仓单（Lagerschein；dock warrant），是指仓库保管人在存货人寄托物品以后，应存货人的请求，向存货人填发的记载有关保管事项的单据，它也是提取仓储物的凭证。《民法典》第908条规定："存货人交付仓储物的，保管人应当出具仓单、入库单等凭证。"在实践中，有关仓单的立法模式有多种：第一，两单主义，又称复券主义（Zweischein-system），主要被法国法所采用，这种立法例是指保管人同时填两份仓单，一份为提取仓单，用以提取货物，因此可以转让，另一份为出质仓单，可以作为债权的担保。第二，一单主义，又称单券主义（Einscheinsystem），为德国法所采用，在这种立法模式中，保管人仅仅填发一份仓单，其既可为转让依据，也可为担保的依据。第三，并用主义，为日本法所采用，其将选择权赋予存货人，可以选择请求保管人填发两单或者一单。① 我国《民法典》第908条并没有规定保管人要签发两份不同的仓单。显然，我国采用的是一单主义。此种做法的优点在于，避免使仓单关系变得复杂化，也可避免存货人利用两单的分离获取不当的利益。

仓单的性质主要体现在以下几个方面。

第一，仓单是一种物权证券。仓单的性质，一般都认为是一种有价证券。② 但其究竟属于物权证券，还是债权证券，仍然存在争议。本书认为，仓单具有双重属性，即仓单不仅具有物权证券的性质，同时也能够产生债权的效力。因为一方面，仓单是货物所有权的凭证，其以一定的物品为标的，而且仓单所记载的物品所有权的移转必须通过仓单的移转才能够产生效力。同时根据指示交付规则，仓单的交付也就产生了物权变动的效果，仓单据此具有了物权凭证的效力。③ 另一方面，持有仓单者还享有请求仓储保管者交付保管物的权利，此种请求权又具有一定的债权属性。在仓单的交付过程中，仓单的交付具有债权转让的性质。不过，仓单主要具有物权证券的性质。尽管仓单是有价证券，但是，它不同于一般的动产，仍然是一种权利凭证，因此，对于仓单、提单的出质，也须适用民法典物权编关于权利质押的规定。

第二，仓单是一种要式证券。要式证券是指必须以一定的书面形式做成的证券。《民法典》第909条中规定："保管人应当在仓单上签名或者盖章。"可见，法律上要求保管人在仓单上签名盖章，这是仓单作为要式证券，其要发生效力必须具备的条件。从法律上说，如果保管人没有签名或盖章，仓单应当认定为无效。如果仓单上没有保管人的签名或盖章，就难以证明其已经接受了仓储物，也不能要求其对仓单持有人履行义务。④

---

①② 参见郑玉波：《民法债编各论》（下），559页。
③ 参见胡铁红：《仓单物权凭证与债权凭证的双重效力分析》，载《人民司法》，2009（18）。
④ 参见魏耀荣等：《中华人民共和国合同法释论（分则）》，541页。

所以，我国《民法典》要求保管人在仓单上签名或盖章，这对于保障仓单的真实性，保护保管人的权益，都具有重要意义。而且，该条还具体列举了仓单应当包括的内容，可见，其属于要式证券。但是，我国法律对仓单的内容究竟应当具有哪些绝对必要记载事项、哪些相对必要记载事项等都无规定，这也会对实践中认定仓单的效力带来一定的困难。

第三，仓单是一种文义证券。从比较法上看，无论是国际惯例还是学说理论中都承认仓单的文义证券属性。所谓文义证券，是指当事人之间的权利、义务关系，依据证券上所记载的事项而定的证券。即便记载与当事人真实意思或者与客观事实并不相符，也以证券记载的内容为准。通常来说，票据、提单等均为文义证券。① 因为仓单是文义证券，所以，仓单持有人和保管人的权利、义务的确定都应当以该证券的记载为准。

第四，仓单是一种证权证券。证权证券和设权证券相对应，它是证明既存权利的证券。依据《民法典》第 908 条的规定，仓单是保管人在存货人交付仓储物时给予存货人的一种凭证。在这一点上，它与设权证券不同，设权证券的签发本身导致了权利的产生。例如，签发票据，导致票据权利的产生。而仓单属于证权证券，因为其作用在于证明仓储合同的存在以及相关合同具体内容，而并非创设合同权利、义务，在仓单签发之前，当事人所享有的权利已经存在，如存货人要求保管人返还仓储物的权利。②

第五，仓单是一种不要因证券。关于仓单的性质是要因还是不要因，有两种观点：一种观点认为，仓单填发以后，如果原因债权不存在将影响仓单的效力，所以，其是要因证券。另一种观点认为，仓单填发后，为了保护交易相对人，应当认定仓单是不要因的。一般认为，仓单是不要因证券，如此可以保护交易的善意第三人及维护交易安全。③

第六，仓单是一种自付证券。所谓自付证券，是指由签发证券的人自己履行给付义务的证券。仓单由保管人自己填发，而且是由保管人自己履行给付义务，因此属于自付证券。④ 所以，在性质上，其不属于指示证券，指示证券是签发证券的人指示他人履行给付义务的证券。

第七，仓单是一种缴回证券，在仓单持有人要求保管人交付保管物的情况下，仓单持有人也应当同时将仓单返还保管人，以防止同一物品存在重复交付的问题。⑤

二、仓单的内容

依据《民法典》第 909 条，仓单包括下列事项。

(1) 存货人的姓名、名称和住所。存货人是自然人的，应当记载其姓名和住所；存货人是法人或非法人组织的，应当记载其名称、营业所在地和住所地。记载住所，有利

---

① 参见郑玉波：《民法债编各论》（下），559 页。
② 参见林诚二：《民法债编各论》（中），286 页，北京，中国人民大学出版社，2007。
③ 参见邱聪智：《新订债法各论》（中），327 页，北京，中国人民大学出版社，2002。
④ 参见郑玉波：《民法债编各论》（下），559 页。
⑤ 参见林诚二：《民法债编各论》（中），287 页。

于确定诉讼的管辖、文书的送达、债务履行的地点等。①

（2）仓储物的品种、数量、质量、包装及其件数和标记。因为仓单是物权证券，所以，仓单中必须明确仓储物，以便于当事人行使权利。通过记载这些内容，可以将仓储物特定化，从物权法的角度来看，就是要明确权利的客体。只有如此，才能确定存货人和仓单持有人所享有权利的对象。

（3）仓储物的损耗标准。仓储物也可能在储存过程中发生自然损耗，因此，确定自然损耗，也可以明确仓储物的毁损究竟是保管不善导致的损失，还是因自然损耗发生的损失，从而有利于避免纠纷的发生。

（4）储存场所。它是指存放仓储物的场所。储存场所既是保管人储存仓储物的必要条件，也是仓单持有人领取仓储物的场所，对于确定合同履行地点具有重要意义。

（5）储存期限。它是指仓储物的保管期限。确定储存期限，就可以确定储存到期之后，存货人应当负有领取的义务，在没有规定储存期限或者规定不明确时，并不影响仓单本身的效力，只不过，存货人或仓单持有人有权随时提取仓储物，而保管人也有权随时要求存货人等提取仓储物。

（6）仓储费。仓储费是指存货人向保管人所支付的报酬。请求支付仓储费是保管人所享有的主要权利。仓储合同原则上是有偿合同，不过，如果当事人有特别约定，存货人也可以不支付仓储费。在仓单中记载仓储费，也可以使仓单持有人事先了解其应当支付费用的义务，从而正确履行义务。

（7）仓储物的投保情况。仓储物已经办理保险的，其保险金额、期间以及保险人的名称也应当记载在仓单之中。仓储物往往价值较大，为了防止发生意外，当事人可能已经投保。投保人可能是保管人，也可能是存货人。如果已经办理了保险，保管人应当记载相关事项。这对于存货人尤其是其他仓单持有人具有重要意义，有利于其在保险事故发生后向保险人主张权利。

（8）填发人、填发地和填发日期。填发日期，是仓单的生效日期。填发地确定了交付仓储物的地点，对于确定诉讼管辖也有一定的作用。而填发人往往可以作为纠纷中的证人出现。

三、仓单的可转让性

仓单既然是一种有价证券，因此，在法律上具有可转让性。《民法典》第 910 条中规定：“仓单是提取仓储物的凭证。存货人或者仓单持有人在仓单上背书并经保管人签名或者盖章的，可以转让提取仓储物的权利。”依据这一规定，仓单持有人有权通过背书的方式转让仓单。仓单的转让必须符合以下几个条件：第一，必须由存货人或者仓单持有人在仓单上背书。因为仓单是有价证券，所以，其转让应当符合有价证券转让的一般要求，即背书转让时背书应当具有连续性。例如，张三背书转让给李四，李四再背书转让给王五。背书的连续性主要是为了保证各个背书人是有权进行背书转让的人。第二，保管人

① 参见魏耀荣等：《中华人民共和国合同法释论（分则）》，541 页。

或仓单持有人应当在仓单上签名。《民法典》第 909 条规定“保管人应当在仓单上签名或者盖章”才能转让仓单，作出此种规定的主要理由在于：一方面，仓单是要式证券，必须要以符合法律规定的内容和方式进行记载。我国法律要求保管人签名或盖章，可以防止出现仓单的伪造、涂改等，损害存货人的合法权益，也使得保管人免于承担不应有的责任。① 另一方面，仓单不仅是有价证券，而且具有仓储合同凭证的性质。仓单不仅可以证明合同的存在，而且仓单可以记载保管人所享有的权利。为此，需要保管人签名或盖章，以确认仓储合同的存在。

因为仓单是无因证券，所以，在转让仓单时，即使其基础关系无效或者被撤销，也不应当影响仓单转让的效力。例如，当事人基于买卖合同而转让仓单，事后该买卖合同因显失公平而被撤销，但仓单已经因背书而被转让，买受人仍然享有仓单上记载的权利。

第四节　违反仓储合同的责任

一、保管人的责任

（1）未尽到入库验收的义务，造成存货人损失的责任。《民法典》第 907 条规定：“保管人应当按照约定对入库仓储物进行验收。保管人验收时发现入库仓储物与约定不符合的，应当及时通知存货人。保管人验收后，发生仓储物的品种、数量、质量不符合约定的，保管人应当承担赔偿责任。”依据这一规定，经保管人验收后，如果发生仓储物的品种、数量、质量不符合约定的情况，则应当由保管人承担责任。这就是说，在验收以后，保管人已经占有保管的货物，应当负有保管的义务。货物发生的任何品种、数量等方面的不符，都可以推定为是保管人未履行保管义务造成的，其应当承担责任。在通常情况下，保管人验收之后已经签发了仓单，保管物的保管责任就应由保管人承担。

（2）未尽到妥善保管义务的责任。《民法典》第 917 条规定：“储存期内，因保管不善造成仓储物毁损、灭失的，保管人应当承担赔偿责任。因仓储物本身的自然性质、包装不符合约定或者超过有效储存期造成仓储物变质、损坏的，保管人不承担赔偿责任。”这就确立了保管人未尽妥善保管义务而承担的责任。构成此种责任应当符合如下条件。

第一，保管人实施了保管不善的行为。所谓保管不善，是指保管人保管财产时没有尽到善良管理人应尽的义务。例如，保管人没有提供相应的保管设备、保管人没有针对特殊的保管物采取特殊的保管措施等。再如，未经存货人同意，擅自将保管物转交他人保管。

第二，因保管不善造成仓储物毁损、灭失。这就是说，保管人保管不善的行为直接导致了仓储物的毁损灭失，两者之间存在因果联系。如果仓储物的毁损灭失是因为其他原因（如地震等自然原因）造成的，则保管人不负责任。②

---

① 参见黄薇主编：《中华人民共和国民法典合同编解读》（下册），1291 页。

② 参见魏耀荣等：《中华人民共和国合同法释论（分则）》，553 页。

第三，保管人不具有法定或约定的免责事由。《民法典》第917条规定："储存期内，因保管不善造成仓储物毁损、灭失的，保管人应当承担赔偿责任。因仓储物本身的自然性质、包装不符合约定或者超过有效储存期造成仓储物变质、损坏的，保管人不承担赔偿责任。"该条实际上确立了法定的免责事由，主要包括两种具体的情形：一是仓储物的性质、包装不符合约定造成仓储物变质、损坏。例如，存货人交付的货物本身是不符合约定的、腐烂变质的货物，即使采取了必要的、合理的措施，也无法避免其损坏。因此，对于该批货物在保管期间的腐烂变质，保管人不应当承担责任。二是保管物超过有效储存期造成仓储物变质、损坏。货物本身可能有其特定的储存期，如果存货人超过该期限储存货物，则应当自行承受货物超过储存期的损失。此外，如果发生不可抗力（如地震、海啸等）导致仓储物的毁损灭失，以及因存货人的行为导致仓储物毁损灭失（如存货人未告知保管货物的特殊性而导致损失）等，保管人也不承担责任。①

二、存货人的责任

（1）未按约定支付仓储费的违约责任。如果存货人没有按期支付仓储费，则保管人有权请求其继续支付，还可以请求其支付逾期的利息、违约金，并赔偿其他损失。存货人未支付保管费的，保管人有权依法行使留置权，拒绝返还保管物。

（2）未按期提取标的物的责任。存货人应当按照合同约定的期限提取货物，存货人违反按期提货义务主要有以下两种情形：一是逾期提取的，应当加收仓储费。如果仓单持有人逾期不提取的，将会增加仓储人的成本，也会打乱保管人的计划，挤占保管人的仓储空间，也实际上增加了保管人的保管负担，因此仓单持有人应对此支付费用，这也是公平原则的具体体现。二是提前提取的，不减收仓储费。仓储保管合同中规定了保管期限，在保管期限内，如果存货人要求提前领取，在一般情况下不会造成保管人的损失，所以依据法律规定，应当允许其提前领取。但因为提前领取毕竟不符合合同的约定，且有可能打乱保管人的保管计划，尤其是保管人可能为存货已经做了大量准备，且因此也可能丧失与其他人的订约机会。因而法律规定存货人提前领取的，也不减收仓储费②，以维护保管人的利益。

（3）违反告知义务的责任。《民法典》第906条第2款规定："存货人违反前款规定的，保管人可以拒收仓储物，也可以采取相应措施以避免损失的发生，因此产生的费用由存货人负担。"因此，在仓储合同中，存货人应当对危险物品、易变质物品负有法定的告知义务。例如，存货人交付的是易燃、易爆等物品，而其在交付时未对保管人如实告知，后来因易燃、易爆等物品而造成保管人的仓库烧毁等，除保管人知道或者应当知道并且未采取补救措施的以外，存货人应当对保管人此种损失承担损害赔偿责任。

---

① 参见黄薇主编：《中华人民共和国民法典合同编解读》（下册），1304页。

② 参见魏耀荣等：《中华人民共和国合同法释论（分则）》，551页。

思考题

1. 试述仓储合同的法律特征。
2. 试比较仓储合同与保管合同。
3. 仓储合同的保管人和存货人负有哪些义务？
4. 试述仓单的性质。

第二十七章
委托合同

案例

甲有一民事案件，委托给律师乙办理。乙承办该案件以后，因为要出国一段时间，就将该案件委托给另一律师事务所的好友丙办理。在丙办理该案件一段时间以后，甲发现了乙转委托的情况，便提出异议。甲认为，他是慕乙之名而进行委托，既然乙不能办理，就应当告诉自己。乙擅自委托给丙，自己有权解除委托合同。但是，乙认为，丙具有丰富的经验和知识，足以办好此案。此时，甲是否有权解除合同?

简要评析：委托合同具有一定的人身信赖属性，受托人原则上应当亲自处理相关事务。依据《民法典》第923条的规定，受托人将相关事务转由他人处理的，应当经委托人同意。如果转委托未经委托人同意的，则其不应对委托人发生效力。在本案中，乙未经甲的允许，而将案件交给第三人丙办理，且转委托并非在紧急情况下作出，因此，乙不能进行此种转委托。因为乙的擅自转委托行为已经构成根本违约，故甲有权解除合同。

第一节　委托合同概述

一、委托合同的概念和特征

委托合同，又称委任合同，是当事人双方约定，一方委托他方处理事务，他方承诺为其处理事务的合同。[①] 委托合同是提供服务的合同的一种类型。在委托合同关系中，委托他人为自己处理事务的当事人，称为委托人；接受他人的委托而为对方处理事务的当事人，称为受托人。[②]《民法典》第 919 条规定："委托合同是委托人和受托人约定，由受托人处理委托人事务的合同。"这就明确界定了委托合同概念的内涵。

委托合同起源于罗马法。在现代社会，由于社会分工的发展，人们不可能事必躬亲，且许多专业领域的事项只有请专业人士办理效果才更佳。因此，委托既是人们从事社会交往不可缺少的手段，也是人们从事商业交易的有力工具。委托的类型很多，不仅包括事实行为，还包括法律行为。其适用范围十分宽泛，不仅在人们的日常生活中大量采用，而且在经济生活、文化生活等各个领域都广泛采用。例如，委托他人代为购物、委托律师谈判、委托他人从事经纪业务等。委托的广泛运用既避免了必须因人因事直接交易的麻烦，又解决了交易者因社会分工、能力的限制而产生的从事交易的困难，为交易提供了更广阔的天地。人各有异，术有专攻，任何人都不可能包办一切事务，需要假手他人，才能取长补短、互助合作。通过委托可以弥补本人在时间、空间和专业技能上的补足，并可鼓励交易，促进经济的发展，也有利于满足人们的各种需要。[③] 委托合同的法律特征主要如下。

1. 以处理事务为内容

委托是一方（委托人）委托另一方（受托人）处理一定事务的合同。受托人为委托人处理一定的事务，该事务包括的范围十分宽泛，既包括事实行为，也包括法律行为。[④] 凡是与人们生活有关的事务，除依法不得委托的外，都可以委托给他人处理。受托人所处理的事务可以区分为两类：一类是法律行为以及准法律行为。例如，受托人代为订立合同、变更合同、解除合同、提出催告、表示同意、作出拒绝、发出通知、办理登记、提起诉讼等。另一类为事实行为，它是指不以意思表示为内容，且不产生当事人预期的法律效果的行为。例如，帮助他人看管财物、帮助照看未成年人等。当然，并非所有的事务都可以委托。一般而言，法律特别规定或者依事务性质不得由他人代为处理的，受托人不得处理。例如，进行婚姻登记，就需要本人亲自办理，而不能委托他人代办。

2. 性质上属于行为之债

在法律上，可以将提供服务的合同分为两类：一类是行为之债，另一类是结果之债。委托合同属于行为之债，在此合同中，委托人仅需要按照委托人的指示处理委托事务，而无须提交一定的工作成果。但在结果之债中（如承揽合同），债务人一方不仅需要从事一定的工作，而且需要提交一定的工作成果。所以，在委托合同中，受托人并不负有必须完成某种工作成果的义务，即便其按照委托人的指示从事一定的行为，最终并未形成一定的工作成果，受托人也并不丧失报酬请求权。

---

① 参见郑玉波：《民法债编各论》（下），412 页。

② 参见陈甦编著：《委托合同 行纪合同 居间合同》，3 页，北京，法律出版社，1999。

③ 参见［德］卡尔·拉伦茨：《德国民法通论》（下册），谢怀栻等译，815 页，北京，法律出版社，2004。

④ 参见郭明瑞、王轶：《合同法新论·分则》，301 页。

3. 合同当事人范围十分广泛

委托人既可以是自然人也可以是法人。从受托人的范围来看，也非常宽泛。《民法典》并未将受托人限定为自然人。因此，委托合同的受托人也不限于自然人，还包括法人。但如果法律对受托人处理某项事务有一定的资质要求时，受托人还应当具备相应的资质。

4. 具有人身信赖性

委托合同是以人格信任为基础的合同，委托合同的订立以委托人和受托人之间具有相互信任的关系为前提。委托人之所以选择受托人，是基于对受托人的能力、资格、品行等方面的信任。而受托人之所以愿意接受委托，通常都是基于其自愿为委托人提供一定的服务为前提。委托人相信受托人有能力而且愿意处理委托事务，这是委托合同订立的前提。受托人愿意接受委托，是其自愿作出的，是建立在其相信自己有能力处理好委托事务的基础之上的。所以，人身信赖性是委托合同的重要特点，它体现在委托合同的诸多规则之中。例如，委托人和受托人享有任意解除权，任何一方不再相信对方，都可以解除委托合同。再如，受托人应当亲自处理委托事务，除非满足法定的条件，不得随意将委托事务转委托给他人。

5. 具有诺成、不要式性

委托合同是诺成、双务的合同。该合同只要当事人意思表示一致即可成立，而无须践行一定的方式。尤其是针对不特定人进行公开表示可以接受委托处理特定事物的人，对于此类事务的委托，只要委托人作出了委托的意思表示，无须再得到受托人的承诺，只要其不表示反对，即可成立。因此，委托合同属于诺成、不要式的合同。

二、委托合同与相关概念的区别

（一）委托与代理的区别

代理，是指代理人以被代理人的名义，在被代理人授权的范围内与第三人所实施的行为。代理与委托合同关系十分密切，主要表现在：一方面，在委托代理中，委托合同常常是授权行为的基础。通过委托关系，民事主体可采取代理、行纪和居间等法律形式帮助他人进行民事活动。[①] 如果不存在委托合同，受托人通常不可能实施代理行为。另一方面，在代理中，代理人在代理权范围内，以被代理人的名义从事行为，由此所产生的法律效果，由被代理人承担。同样，在委托合同中，受托人依委托合同的授权，与第三人之间进行的民事活动，其后果不是由受托人，而是由委托人承担。还要看到，依据《民法典》第173条的规定，被代理人取消委托或者代理人辞去委托，将导致代理关系终止。可见，两者之间关系十分密切。但是代理和委托仍然是两种不同的法律关系，其区别在于：

第一，委托仅仅是发生在委托人和受托人之间的内部合同关系，是双方关系。而代理

---

① 参见李开国：《民法基本问题研究》，198页，北京，法律出版社，1997。

涉及代理人与第三人和本人的关系，是三方关系。委托合同是代理关系发生的基础，但并不等于代理关系。委托合同的成立和生效，只产生事务处理权。如果委托人所处理的事务是法律行为，其还必须享有代理权，委托合同本身并不当然地产生代理权。如果委托合同中没有包含授权内容，则只有在委托人作出授予代理权的单方行为后，受托人才享有代理权。①

第二，代理权的产生基础是多样的，委托合同只是代理权产生的基础关系。代理赖以产生的基础关系，除了委托合同之外，还包括劳动合同、身份关系等。即使在委托代理中，代理权授予的基础还包括其他的形式（如合伙等）。

第三，在代理关系中，代理人必须以本人的名义从事活动，否则不能构成直接代理。而委托合同的受托人，既可以以委托人的名义，也可以以受托人自身名义进行活动。受托人是否以委托人名义处理事务，并不影响委托合同的性质。

第四，代理事务仅限于作出或接受意思表示，所以，其范围仅包括法律行为和准法律行为。通常来说，代理事务就是法律行为，代理人从事的代理行为必须是具有法律意义的意思表示。而委托合同中的受托人既可以根据委托实施法律行为，也可以根据委托实施事实行为。②

（二）委托与无因管理的区别

所谓无因管理，是指没有法律上和约定的原因，而为他人管理事务的行为。如果管理人和本人之间事先存在着合同关系，管理人是依照约定管理他人的事务，则管理人负有管理的义务，不构成无因管理。就委托与无因管理的关系而言，如果当事人双方已经存在委托合同，则不适用无因管理，除非无因管理的事项超越了委托合同中约定的委托事项。③不过，在法律上，委托合同与无因管理是两项不同的制度，存在明显的区别，主要表现在：

（1）委托合同的性质是一种合同关系，而无因管理则是一种特殊的法定之债，两者存在区别。委托合同的产生乃是当事人双方意思表示一致的结果，而无因管理则是在一方当事人并不知情的情况下发生的法定之债。

（2）委托合同中的委托事项一般是当事人约定的，而无因管理中的事务则是一方当事人自行决定的，因此，这种管理行为需要得到本人的追认。委托是一种合同关系，依据当事人双方的合意而成立，无因管理是一种事实行为，依据法律的特别规定而成立，无须当事人双方的同意。④

（3）委托合同的双方当事人必须具有相应的民事行为能力，而在无因管理中，管理人从事有助于他人的行为，其只要具有意思能力即可，不必具有相应的民事行为能力。

（4）委托既可以是有偿的，也可以是无偿的，而无因管理通常是无偿的。因此，在民法中，常常依据有偿与否来区分受托人的注意义务，而无因管理中却不存在这一现象。⑤

---

① 参见郭明瑞、王轶：《合同法分则·新论》，303页。

② 参见陈甦编著：《委托合同 行纪合同 居间合同》，11页。

③④⑤ 参见郑玉波：《民法债编各论》（下），457页。

三、委托合同的分类

（一）有偿委托和无偿委托

依据委托人是否需要支付报酬，委托合同可以区分为有偿委托和无偿委托。所谓有偿委托，是指在合同中约定委托人要向受托人支付报酬或者没有对是否需要支付报酬作出约定的委托合同。所谓无偿委托，是指在合同中约定不支付报酬的委托合同。依据我国《合同法》第 405 条①，在委托合同中以有偿为原则，无偿为例外。但《民法典》第 928 条第 1 款规定：“受托人完成委托事务的，委托人应当按照约定向其支付报酬。”依据这一规定，支付报酬必须要当事人之间存在约定，因而如果当事人之间如果没有就支付报酬作出约定，可认为委托人无须支付报酬。由此可见，《民法典》实际上修改了《合同法》的相关规则，采取了以无偿为原则、有偿为例外的模式。②

《民法典》第 928 条第 2 款规定：“因不可归责于受托人的事由，委托合同解除或者委托事务不能完成的，委托人应当向受托人支付相应的报酬。当事人另有约定的，按照其约定。”因此，《民法典》所规定的委托合同以有偿作为基本原则。在法律上，区分有偿委托和无偿委托具有重要意义，其主要区别在于：

第一，委托人是否具有支付报酬的义务不同。如果是有偿委托，则委托人具有支付报酬的义务，而受托人也有要求获得报酬的权利，相反在无偿委托中，则不存在付酬义务。

第二，是否属于双务合同不同。与委托人是否有支付报酬的义务相一致，无偿委托属于单务合同，而有偿委托属于双务合同。

第三，注意义务不同。《民法典》第 929 条第 1 款规定：“有偿的委托合同，因受托人的过错造成委托人损失的，委托人可以请求赔偿损失。无偿的委托合同，因受托人的故意或者重大过失造成委托人损失的，委托人可以请求赔偿损失。”据此，有偿合同中受托人的注意义务要求要高于无偿合同中的受托人的注意义务。一方面，就无偿委托中的受托人注意义务而言，其只有在故意或者重大过失造成委托人损害的情况下，才需要承担损害赔偿责任。如果受托人仅仅只是具有一般过失和轻过失，不应当承担赔偿责任。这主要是因为，依对价理论而言，其既然没有获得相应的报酬，也就不应当对其苛加过重的注意义务。另一方面，对于有偿委托中的受托人注意义务而言，既然受托人已经可以从委托合同中获得报酬，所以其应承担更重的注意义务。

（二）一般委托和特别委托

一般委托，是指委托人概括授权给受托人处理某些事项的委托。在一般委托中，委托人对受托人进行了较为抽象和概括的授权，并不仅仅针对某项或数项具体的事务。《民法典》第 920 条规定：“委托人可以特别委托受托人处理一项或者数项事务，也可以概

---

① 该条规定：“受托人完成委托事务的，委托人应当向其支付报酬。”

② 参见王轶等：《中国民法典释评·合同编·典型合同》（下卷），441 页。

括委托受托人处理一切事务。”委托人可以委托受托人处理数项事务。[①] 在委托中，如果委托人就多个事项进行概括的授权，可以称为一般委托或概括委托。而特别委托是指委托人针对某一项或几项具体的事务而对受托人进行授权。

一般委托中，由于委托人的授权较为概括，所以受托人的权限较大。而在特别委托中，委托人的授权明确针对某项或几项具体的事务，所以受托人的权限较小。这种区分的意义主要在于：一方面，为了保护委托人的利益，在一些法律关系中，限制委托人对受托人进行一般委托，而必须逐项进行特别委托，以防止受托人权限过大而损害委托人的利益。例如，在委托律师从事诉讼时，法律要求委托人必须对律师作出具体授权，进行特别委托，而不能只写明授权律师从事与本案相关的一切诉讼活动，必须具体写明授权律师代为提起诉讼、应诉、接受调解、提起上诉等事务。另一方面，就一般委托而言，考虑到其对当事人的利益影响较大，法律有时明确规定，委托人应当采取书面形式进行授权。

（三）单独受托与共同受托

依受托人的人数，委托可区分为单独受托和共同受托。单独受托，是指委托人仅委托一个受托人的委托。共同受托，是指委托人委托两个或两个以上的受托人的委托。《民法典》第 932 条规定：“两个以上的受托人共同处理委托事务的，对委托人承担连带责任。”此即为共同受托，即受托人为两人以上，共同处理委托事务。

单独受托与共同受托的区别主要在于：

第一，受托人的人数不同。在单独受托中，受托人仅为一人，其独自为委托人处理事务。而在共同受托中，受托人应当有两人以上。在共同受托成立后，如果因为共同受托人之间的信任基础的丧失，也可能影响共同受托关系的存在。例如，某个受托人未与其他受托人协商，单独处理委托事务等情形，造成部分受托人退出共同委托关系，最终受托人只剩下一人时，就不能再称之为共同委托。

第二，处理事务的方式不同。在单独受托中，仅仅由一个人处理委托事务，不存在共同处理委托事务的问题。而在共同受托中，数个受托人应当共同处理委托事务。所谓共同处理，是指数个受托人享有共同的权利、义务，处理委托事务原则上只有经全体受托人的同意方可进行。[②]

第三，对委托人承担的责任不同。在单独受托中，受托人单独对委托人负责。而在共同受托中，受托人因自身的过错而造成委托人损失的，应当承担连带责任，委托人可以请求任一受托人承担责任。共同受托人内部无论是否划分对委托事务的管理权限，对外都应承担连带责任。[③] 在此之后，再由共同受托人依据各自的过错在内部进行追偿。

---

① 参见黄立：《民法债编各论》（下），509 页。

② 参见胡康生主编：《中华人民共和国合同法释义》，578 页。

③ 参见江平主编：《中华人民共和国合同法精解》，352 页。

第二节 委托合同的效力

一、委托人的主要权利义务

（一）支付报酬的义务

《民法典》第928条第1款规定："受托人完成委托事务的，委托人应当按照约定向其支付报酬。"这就确立了委托人负有的向受托人依据约定支付报酬的义务。该条修改了《合同的》第405条的规定，增加了"按照约定"四个字，表明只有在当事人有明确约定的情形下，委托人才能支付报酬，这就意味着如果当事人没有约定或约定不明，应当依据《民法典》第510条的规定确定是否应当支付报酬以及支付报酬的数额，如果无法确定，应当推定为无偿。只有在有约定的情形下，委托人才应当向受托人支付报酬。[①] 这实际上是将《合同法》以有偿为原则的规则变为以无偿为原则。当然，关于报酬的支付仍然是一个任意性规定，如果当事人在合同中特别约定无偿，法律并不禁止。[②] 如果合同约定了报酬支付的时间，则委托人应当在该期限内支付，如果当事人没有约定报酬支付的时间，则委托人应当在委托事务完成后支付报酬。

依据《民法典》第928条第2款规定："因不可归责于受托人的事由，委托合同解除或者委托事务不能完成的，委托人应当向受托人支付相应的报酬。当事人另有约定的，按照其约定。"在因不可归责于受托人的事由的情形下，导致委托合同解除或者委托事务不能完成的，委托人仍然应当支付报酬。这就是说，如果是因为可归责于受托人的事由导致合同被解除的，或导致委托事务不能完成的，则表明受托人是具有过错的，且可能构成违约，因而可能失去报酬请求权。但是在因具有不可归责于受托人的事由的情形下，导致委托合同解除或者委托事务不能完成的，委托人仍然应当支付报酬。这主要有两种情况：一是因为委托人的原因导致受托人无法完成委托的事务，例如，委托人不依照约定垫付相关的费用，致使受托人无法正常完成委托事务。二是因为发生不可抗力及委托人死亡、破产等情形，而导致委托合同无法继续履行。在上述情形下，受托人并没有过错，因此委托人应当向受托人支付相应的报酬。[③] 但需要指出的是，即使出现了这些情形，也并非意味着委托人要向受托人支付合同约定的全部报酬。依据《民法典》的上述规定，委托人只需要支付"相应的报酬"。所谓"相应的"，是指与受托人完成委托事项的程度、工作情况等相适应的报酬。如果受托人仅仅只是完成了较少的工作任务，则委托人只需支付较少的报酬。

（二）预付和偿还委托费用的义务

委托人在处理委托事务的过程中，经常需要支付一定的必要费用，所谓"必要费

---

① 参见谢鸿飞、朱广新主编：《民法典评注·合同编：典型合同与准合同4》，245页。
② 参见黄薇主编：《中华人民共和国民法典合同编解读》（下册），1337页。
③ 参见邱聪智：《新订债法各论》（中），181页。

用”，是指完成委托事务所必须支付的费用。判断何为“必要性”，应当从委托事务的性质和难易程度出发，依照具体的情况加以确定。依据《民法典》第921条规定：“委托人应当预付处理委托事务的费用。受托人为处理委托事务垫付的必要费用，委托人应当偿还该费用并支付利息。”

一是预付费用的义务，即在订立委托合同时，根据委托事项的性质，可以预知在受托人处理受托事务时将会发生一定的费用支出，此时委托人在没有特别约定的情况下，应当预付可能需要支出的费用给受托人，使受托人得以顺利完成委托事务。在法律上，受托人并没有预先垫付委托费用的义务，但法律也并没有禁止受托人自愿作出垫付。及时垫付费用是为了使委托事务能够正常进行。由委托人预先支付费用的必要性还在于，在受托人支付了一定的费用以后，如果事后委托人无力偿还这些费用，受托人的利益将无法获得保护。[①] 因为在处理委托事务中，受托人是为了委托人的利益而行事，其并未从中获益。所以，在受托人为处理委托事务垫付大量费用的情况下，如果委托人出现支付不能的情形，则受托人的利益难以得到保障。

二是委托人偿还费用的义务，受托人在委托人没有预付的情况下，或者临时发生费用支付的情况下，对费用进行了垫付，则委托人负有偿还受托人垫付费用的义务。在合理的范围之内，受托人应当垫付相关的费用，当然事后委托人应当及时偿还。就受托人垫付的必要费用而言，其可以在事务处理过程中随时要求委托人偿还。依据《民法典》第921条规定，在委托人没有预付的情况下，或者临时发生费用支付的情况下，受托人对费用进行了垫付，则委托人负有偿还受托人垫付费用的义务。在受托人垫付了必要费用的前提下，委托人应当向受托人偿还全部费用。在当事人没有特别约定的情形下，不能将其包括在报酬之中。

（三）承受委托的法律效果的义务

在受托人根据委托人的要求而完成委托任务之后，则不论相关的法律后果是否对委托人有利，委托人都应当承受该法律效果。受托人在处理委托事务的过程中，可能会发生一些债权债务关系，对于受托人处理委托事务中所产生的债权，委托人有权享有该债权，对于受托人处理委托事务所产生的债务，委托人也负有清偿的义务。

（四）不得擅自重复委托

所谓重复委托，是指在委托关系生效之后，委托人又就同一事务委托其他人进行处理的行为。例如，在委托甲律师代为诉讼之后，又聘请乙律师就同一事务代理诉讼。依据《民法典》第931条规定：“委托人经受托人同意，可以在受托人之外委托第三人处理委托事务。因此造成受托人损失的，受托人可以向委托人请求赔偿损失。”构成重复委托须具备如下要件：第一，已经存在有效的委托关系。由于重复委托是指委托人先后与他人就同一事务的处理订立委托合同，而不是在一个合同中同时委托数人，所以，构成重复委托必须以先前已经存在的委托合同关系为基础，如果先前的委托合同关系已经解

① 参见胡康生主编：《中华人民共和国合同法释义》，569页。

除或终止，或者被认定为无效，则无法成立重复委托。第二，经先受托人的同意。由于委托合同具有人身信任属性，取得受托人的同意也是对委托人自身利益的维护，如果未经受托人同意从事重复委托，既可能会使受托人怠于处理事务，而且容易使多个受托人之间在处理委托事务发生冲突，相互排斥，不利于委托事务的处理。① 当然，如果先受托人不同意的，委托人可以解除二者之间的委托关系，另行委任他人处理委托事务。② 第三，须委托人就同一事务委托第三人进行处理。重复委托的根本特点就是"重复"，即委托人就同一事务另行委托他人处理。

我国《民法典》允许重复委托，但要求必须要经过先受托人同意。在未经先受托人同意而重复委托时，如果造成先受托人的损失，则委托人应当赔偿此种损失。这就意味着，在未经先受托人同意的情况下，委托人为了处理委托事务，仍有权重复委托他人处理同一事务，因为毕竟委托人是处理自己的事务，其有权决定委托何人处理。只不过对于先受托人遭受的损失，先受托人享有违约损害赔偿请求权。此种损失主要是先受托人不能取得应有报酬的损失。如果委托人已经支付了报酬，则视为已经赔偿了损失。③

（五）对意外风险所致损害的赔偿义务

《民法典》第 930 条规定："受托人处理委托事务时，因不可归责于自己的事由受到损失的，可以向委托人请求赔偿损失。"据此，在因为意外风险导致受托人受到损害的情形下，委托人负有损害赔偿的义务。法律上之所以确立委托人负有此种义务，主要理由在于：受托人是为委托人利益处理事务，受托人的损失与受托人处理委托事务的行为之间具有直接的关联性，按照利益风险一致的原则，应当由委托人承担责任。且委托人既然从受托人处理委托事务的结果中受益，理应承担处理委托事务的风险损失。受托人的损害赔偿请求权是法定的权利。与受托人的请求权相对应，委托人依法负有赔偿的义务。但承担此种责任必须具备以下要件。

第一，受托人遭受损害。这就是说，受托人在处理委托的事务中，按照委托人指示办事而遭受了损害，此种损害包括财产损害和人身损害。例如，律师代理他人出庭，在道路上遭遇了山体滑坡，致使其遭受人身和财产的巨大损害。

第二，损害发生在处理委托事务过程中。这就是说，受托人的损害必须与处理委托事务具有因果关系。受托人享有损害赔偿请求权的前提，并非其遭受损害与处理委托事务单纯时间上和地点上的一致性，而必须因为处理委托事务而遭受了损害。

第三，损害的发生不可归责于受托人本人。不可归责主要就是指受托人对此没有过错，不仅没有故意，也没有过失。这种损失是指来自委托合同关系之外第三人的行为或者物件对受托人造成的损失。

依据《民法典》第 930 条的规定，委托人承担此种赔偿责任无须以其自身对损害的发生是否具有过错为要件。其原因与雇用合同中雇主对雇员的严格责任相类似，受托人

---

① 参见房绍坤、郭明瑞主编：《合同法要义与案例析解（分则）》，634 页，北京，中国人民大学出版社，2001。
② 参见魏耀荣等：《中华人民共和国合同法释论（分则）》，581 页。
③ 参见胡康生主编：《中华人民共和国合同法释义》，578 页。

从事委托合同是为了委托人的利益，委托人在享受这种利益的同时，也需要承担相应的责任，这就包括了承担受托人在执行委托事务过程中因意外风险所受到的损失。

委托人赔偿之后，其可以向直接侵权人追偿。因为委托人和直接侵权人之间形成不真正连带责任的关系，直接侵权人作为终局责任人，委托人可以向其追偿。

二、受托人的主要义务

（一）在授权范围内处理委托事务的义务

《民法典》第 919 条规定："委托合同是委托人和受托人约定，由受托人处理委托人事务的合同。"依据这一规定，受托人的主要义务是处理委托事务。在委托合同中，受托人应当尽到必要的注意义务。与受托人处理委托事务的义务相对应，委托人在委托合同中所享有的主要权利便是对受托人的事务处理请求权，即委托人有权请求受托人按照合同的约定处理一定的事务。委托人享有的此种权利，对应的是受托人的处理委托事务的义务。[①] 受托人享有处理委托人相关事务的权利，这种权利来自委托人的授予，体现了委托人的意志和利益，因此，受托人只有在委托人授权的范围内行为才具有合法性。[②] 但委托人对受托人行使事务处理请求权的前提是，委托人与受托人必须在合同中明确约定委托事项，并且委托人应当将处理委托事务中应当注意的问题对受托人进行说明和告知。否则，受托人对委托事务尚不清楚，就无法完成委托事务。此外，委托的事务必须具有合法性，不能将非法的事务委托他人处理，例如，委托他人出售赃物等。

受托人处理事务不得超越权限。《民法典》第 929 条第 2 款规定："受托人超越权限造成委托人损失的，应当赔偿损失。"受托人超越权限的行为包括没有权限、逾越权限以及权限终止后继续从事委托事务的行为。受托人超越权限时的赔偿责任是严格责任，不区分有偿、无偿，也不考虑受托人的过错程度，只要造成委托人损失的，受托人就应当承担损害赔偿责任。[③] 因为这种违约行为对委托人造成的损失，不论受托人是否存在过错，其都应当依据完全赔偿原则对委托人的损失承担损害赔偿责任。

（二）亲自处理委托事务的义务

《民法典》第 923 条规定：" 受托人应当亲自处理委托事务。"这主要是因为委托关系一般建立在委托人对受托人的信任和信赖关系之上，尤其是建立在对受托人个人的能力、技术、专业知识、品德等各个方面的信任关系之上。因此，受托人应当亲自处理委托事务，才符合委托人的利益。

《民法典》第 923 条规定："经委托人同意，受托人可以转委托。转委托经同意或者追认的，委托人可以就委托事务直接指示转委托的第三人，受托人仅就第三人的选任及其对第三人的指示承担责任。转委托未经同意或者追认的，受托人应当对转委托的第三

① 参见邱聪智：《新订债法各论》（中），174 页。

② 参见黄薇主编：《中华人民共和国民法典合同编解读》（下册），1308 页。

③ 参见谢鸿飞、朱广新主编：《民法典评注・合同编：典型合同与准合同 4》，250 页。

人的行为承担责任；但是，在紧急情况下受托人为了维护委托人的利益需要转委托第三人的除外。”依据该规定，转委托必须要符合如下要件：第一，经委托人同意。既然委托合同是基于信赖关系产生的，所以在转委托的情况下需要经过委托人事先同意才能对委托人发生效力。在此情形下，委托人享有一种选择权，或者是事前同意，或者是事后追认。第二，在紧急情况下，为了维护委托人的利益，可以在未经委托人同意的情形下转委托第三人。例如，某人委托受托人从外地购买一批鱼虾，由于鱼虾属于鲜活货物，在运输途中，因天气异常炎热，承运人发现鱼虾出现腐烂变质现象而报告受托人，受托人不能及时与委托人取得联系，此时受托人为了避免鱼虾的全部腐烂变质，于是自行决定委托承运人将该批鱼虾中存活的部分就地进行变卖，并在事后将价款交给委托人。此种情况即属于紧急情况下的转委托，委托人不得以未经其同意为由主张该转委托无效。①

在转委托的情形下，产生如下效力：第一，受托人与委托人之间的委托合同仍然有效，受托人仍应当对委托人负责。这就是说，虽然形成了转委托关系，但是，委托合同并没有解除，受托人仍然受委托合同的拘束。② 第二，次受托人处理委托事务的效果归属于委托人。在合法的转委托情况下，因为转委托经过了委托人的同意，所以，次受托人仍然是委托人的受托人，而不是受托人的履行辅助人。在紧急情况下，为了委托人利益进行转委托，次受托人处理事务的后果也要由委托人承受。第三，受托人仅就第三人的选任及其对第三人的指示承担责任。如果经过委托人的同意，或者在紧急情况下为了维护委托人的利益而转委托的，受托人虽然仍受到委托合同的拘束，但并不承担受托人的全部责任。依据《民法典》第 923 条，受托人并不对次受托人的所有行为负责，只是对自己选任和指示次受托人的行为承担责任。一般认为，此种责任在法律上应为过错责任。③ 第四，受托人擅自转委托，应当对转委托的第三人的行为承担责任。这就是说，受托人应当对次受托人所有的行为承担责任，不限于选任和指示次受托人的行为。如果因次受托人的行为给委托人造成损害，次受托人和受托人都要对委托人承担责任。④ 受托人承担此种责任时不能以第三人实施行为时其没有过错为理由提出抗辩，因为其擅自转委托，本身就具有过错。

（三）按照委托人的指示处理委托事务的义务

第一，按照委托人的指示处理委托事务。《民法典》第 922 条规定：“受托人应当按照委托人的指示处理委托事务。”受托人所处理的事务毕竟是委托人自己的事务，所以，受托人应当按照委托人的指示处理委托事务。尽管受托人事先必须得到委托人的授权，才能从事委托事务，但是具体从事委托事务的过程中，仍然必须要按照委托人的指示行为。也可以说，依据指示的行为是依据授权而行为的具体化。如何理解此处所说的“指示”？它是指委托人就某项事务的处理方法、结果等提出的具体要求。在委托事务的处理过程中，应当具体如何办理委托事务、达到何种效果才最符合委托人的利益，对此，委

① 参见黄薇主编：《中华人民共和国民法典合同编解读》（下册），1323 页。
② 参见李永军、易军：《合同法》，382 页。
③ 参见黄薇主编：《中华人民共和国民法典合同编解读》（下册），1324 页。
④ 参见李永军、易军：《合同法》，383 页。

托人有权作出决定，并对受托人发出指示。例如，委托他人看管财物，要求在看管过程中，采用特殊的方式防止财物腐烂变质。指示通常只是意思通知，而非表示，但指示也能够产生某种法律效果①，这是因为受托人将按照委托人的指示行为，由此发生的法律后果由委托人承担。指示的表现形式可以有多种，受托人应当根据不同指示的内容，按照指示办事。②

第二，需要变更委托人指示的，应当经委托人同意。由于在实践中，受托人在某些情况下，按照委托人的指示内容办理明显有损于委托人的利益，或者按照指示办理不能完成委托的事务③，在此情形下，就需要变更委托人的指示。但为防止受托人按自己的意思任意行事，《民法典》第 922 条规定，受托人在办理委托事务过程中，需要变更委托人指示的，应当经委托人同意。

第三，紧急情况下无须经委托人同意。依据《民法典》第 922 条的规定："因情况紧急，难以和委托人取得联系的，受托人应当妥善处理委托事务，但是事后应当将该情况及时报告委托人。"所谓情况紧急，是指出现临时变动情况而必须改变委托合同中的约定，否则将会给委托人带来损失。例如，委托人指示受托人前往某地购买某品种的柑橘 1 000 千克，受托人达到该地之后，得知该地柑橘因发生虫灾，收成不好，质量欠佳，但一时联系不上委托人，便前往邻县购买未发生虫灾的另一品种的柑橘。只有出现这些情况，受托人才能够不经委托人同意而变更委托事务，但事后应当将该情况及时报告委托人。

在共同受托的情况下，各个受托人都应当按照委托人的指示处理委托事务。《民法典》第 932 条规定：" 两个以上的受托人共同处理委托事务的，对委托人承担连带责任。"在共同受托中，如果某一受托人未按照委托人的指示处理委托事务，造成委托人损失的，则各个受托人应当对委托人承担连带责任。

(四) 尽到必要的注意义务

受托人在处理事务过程中，应当依据法律和合同规定，尽到必要的注意义务。对于受托人的注意义务的判断，应当区分有偿委托合同和无偿委托合同。在这两种合同中，受托人的注意义务是不同的。《民法典》第 929 条第 1 款规定：" 有偿的委托合同，因受托人的过错造成委托人损失的，委托人可以请求赔偿损失。无偿的委托合同，因受托人的故意或者重大过失造成委托人损失的，委托人可以请求赔偿损失。"《民法典》第 929 条第 2 款规定："受托人超越权限造成委托人损失的，应当赔偿损失。"据此，在区分有偿无偿的基础上，确立了以下两项规则。

(1) 在有偿委托合同中，受托人的注意义务较重，只要因为受托人的过错造成的委托人的损失，其都应当承担赔偿责任。在有偿的委托合同中，法律规定承担责任的条件是具有过错，即只要出现了过失，无论轻重与否，受托人都需要承担责任。

---

①② 参见邱聪智：《新订债法各论（中）》，158 页。

③ 《德国民法典》第 665 条规定："受委托人可根据情况认为委托人在知道事情的状况时会同意背离指示的，受委托人有权背离委托人的指示。在背离指示之前，受委托人必须通知委托人，并等待委托人的决定，但延缓会有遭到损害的危险的除外。"

（2）在无偿委托合同中，受托人只在两种情形下需要承担损失赔偿责任：一是因故意而造成委托人的损失。故意是指受托人明知或者应知损害可能发生，但却促使或者放纵其发生；二是因重大过失而造成委托人的损失。重大过失是指一般人对行为所产生的损害后果都能预见到，而行为人却因疏忽大意没有预见到，致使损害后果发生。[①] 因此，如果是一般过失，受托人可以被免责。

（五）报告的义务

《民法典》第 924 条规定：“受托人应当按照委托人的要求，报告委托事务的处理情况。委托合同终止时，受托人应当报告委托事务的结果。”据此，受托人负有报告义务，此种报告义务包括两个方面：一是在处理委托事务过程中，受托人除了应按照委托人的要求处理委托事务以外，还应当及时报告办理委托事务的具体情况，如事务的执行情况、完成进度、遇到突发事件的处理方案和对策等。如果委托人有新的指示，还需要按照委托人的指示处理事务。二是在完成委托任务之后，受托人还需要把办理事务的全过程和办理结果向委托人报告，并应提交必要的证明。如果受托人因为没有及时履行报告义务，导致委托人未能及时变更指示而遭受损失，对此受托人应当承担相应的责任，此种责任的性质是违约责任。

（六）转交财产的义务

《民法典》第 927 条规定：“受托人处理委托事务取得的财产，应当转交给委托人。”这就确立了受托人转交财产的义务。此处所说的财产，不仅包括实体的财产，而且包括各种财产权益。[②] 所谓转交，是指在委托事务完成或者阶段性完成之后，受托人有义务将从第三人那里接受的财产包括各种收益，及时交给委托人。只有在转交财产的情形下才能实现委托人订约的目的。

第三节　间接代理中的委托

所谓间接代理，是指代理人以自己的名义从事法律行为，并符合合同法关于间接代理构成要件的规定，它与直接代理相对应。直接代理是指代理人以被代理人的名义并为了被代理人的利益同第三人为法律行为。大陆法国家民法一般将间接代理称为行纪。[③] 在英美法中，承认间接代理方式的委托。[④] 我国《民法典》第 925 条、第 926 条借鉴英美法的经验，确立了间接代理制度。但在《民法典》中，间接代理分为如下两种情形。

---

① 参见黄薇主编：《中华人民共和国民法典合同编解读》（下册），1339 页。

② See Christian von Bar and Eric Clive，Principles，*Definitions and Model*，*Rules of European Private Law*，Volume Ⅲ，（Munich：Sellier，European Law Publishers GmbH，2009），p. 2222.

③ Rummel (Strasser)，ABGB I3，§1002，no. 8.

④ 参见徐海燕：《英美代理法研究》，330～353 页，北京，法律出版社，2000。

一、第三人知道代理关系的间接代理

第三人知道代理关系的间接代理，是指受托人以自己的名义，在委托人的授权范围内与第三人订立的合同，第三人在订立合同时知道受托人与委托人之间代理关系的代理。《民法典》第925条规定：“受托人以自己的名义，在委托人的授权范围内与第三人订立的合同，第三人在订立合同时知道受托人与委托人之间的代理关系的，该合同直接约束委托人和第三人；但是，有确切证据证明该合同只约束受托人和第三人的除外。”这就明确规定了间接代理。例如，甲委托乙与丙订约丙的电脑50台，乙向丙发出传真称，“受甲公司的委托购买电脑50台”，但在订约时合同当事人仍为乙和丙。在本案中，尽管甲没有参与订约，但乙已向丙告知其与甲之间的委托关系，而丙在订约时也明确知道乙的委托人是甲，这就形成了所谓第三人知道委托关系的代理。第三人知道代理关系的间接代理应当符合如下要件。

第一，受托人以自己的名义在委托人的授权范围内与第三人订立合同。间接代理不同于直接代理的主要特点在于，代理人并不是以委托人的名义而是以自己的名义对外行使权利，但在与第三人订立合同时必须要在委托人的授权范围内行为。

第二，第三人知道受托人与委托人之间的代理关系。第三人知道的内容包括如下两个方面：一是知道具体的被代理人。所谓具体的被代理人，也就是第三人知道代理人接受谁的委托而与其发生合同关系。二是知道委托授权的内容和期限。第三人必须事先知道委托的内容就是指知道受托人与其发生的交易行为。

第三，第三人必须是在订立合同时就知道委托人与受托人之间存在委托关系。也就是说，仅限于订约时受托人明确知道了委托人与受托人之间存在委托关系。因为只有在订约时知道的情况下，相对人才能明确其虽然是与受托人订立合同，但实际上是在与委托人缔约，所以受托人与相对人之间的合同可以对委托人产生效力。订约时知道排除了事后追认的情形。①

对于第三人知道的情况，之所以在法律上应当作严格的限制，其主要原因在于：在此种间接代理关系中，第三人知道是此种代理的核心要件，如果对知道的内涵不作限定，将使行纪合同与间接代理难以区分。

第四，必须没有确切证据证明合同仅约束受托人和第三人。这就是说，如果受托人与第三人在缔约时明确规定该合同仅约束受托人与第三人，不对任何其他人发生约束力，则根据合同自由原则，应当认为该合同仅在受托人和第三人之间发生效力，即使第三人在缔约时知道委托人，该合同也不能对委托人生效。

依据《民法典》第925条的规定，如果满足了第三人知道代理关系的间接代理的构成要件，则受托人和第三人之间的合同能够对委托人产生直接约束力，即委托人可以根据受托人与第三人之间订立的合同直接请求第三人履行一定的义务，或者接受第三人的履行。也可以在对方违约的情况下请求对方承担责任，或直接向对方承担责任。

---

① 参见王轶等：《中国民法典释评·合同编·典型合同》（下卷），426页。

二、第三人不知道代理关系的间接代理

《民法典》第926条规定了第三人不知道代理关系的间接代理，依据该规定，受托人以自己的名义与第三人订立合同时，第三人不知道受托人与委托人之间的代理关系的，受托人因第三人的原因对委托人不履行义务，受托人应当向委托人披露第三人，委托人因此可以行使受托人对第三人的权利。该条确立了如下两项制度。

（一）委托人的介入权

所谓委托人的介入权，是指当受托人因第三人的原因对委托人不履行合同义务时，委托人依法有权进入受托人与第三人之间的合同关系，直接向第三人主张合同权利。如前所述，委托人行使介入权的前提是，受托人以自己名义与第三人订立合同。第三人在订立合同时，不知道受托人与委托人之间有代理关系。否则，受托人与第三人订立的合同，依据《民法典》第925条的规定，直接约束委托人和第三人，因而也不存在委托人介入权问题。

依据《民法典》第926条第1款的规定，委托人行使介入权还必须具备以下条件。

第一，受托人因为第三人的原因对委托人不履行义务，或者说受托人不履行对委托人的义务的原因在于第三人。此处所说的因为第三人的原因导致受托人不能履行义务，是指受托人不能履行义务的主要原因在于第三人，即使其中介入了受托人的因素，也不妨碍此种间接代理的构成。

第二，受托人已经向委托人披露了第三人。依据《民法典》第926条，“受托人因第三人的原因对委托人不履行义务”或者“受托人因委托人的原因对第三人不履行义务”，则受托人应当向第三人披露委托人。这就是说，在受托人以自己的名义与第三人订立合同时，如果第三人不知道委托人与受托人之间的代理关系，而因为第三人的原因造成受托人不能履行义务，则受托人应当向委托人披露造成其违约的第三人。此处所说的披露，必须是明确告知了具体的第三人以后，委托人才能行使介入权，向第三人提出请求。

第三，第三人与受托人订立合同时，不存在如果知道该委托人就不会订立合同的情形。这实际上是对委托人行使介入权的限制，因为法律设立间接代理制度，使委托人介入到受托人与第三人的合同之中，是基于这样一种推定，即这种介入是不违反第三人的意愿和利益的。第三人订约时不存在如果知道该委托人就不会订立合同的情形较多，包括第三人和受托人的合同中明确规定禁止他人的介入；第三人纯粹是基于对受托人个人的信赖而与之订约；第三人曾经与委托人协商订约，第三人表示拒绝等。

委托人所享有的介入权在性质上是一种形成权，其完全可以基于自身的利益和意志而决定是否行使该项权利，而不需要征得受托人或第三人的同意。

（二）第三人的选择权

第三人的选择权，是指当受托人因委托人的原因导致不能履行对第三人的合同，第

三人依法有权选择向受托人或者委托人主张权利。[1]《民法典》第 926 条第 2 款规定："受托人因委托人的原因对第三人不履行义务，受托人应当向第三人披露委托人，第三人因此可以选择受托人或者委托人作为相对人主张其权利，但是第三人不得变更选定的相对人。"例如，甲委托乙向丙购买一批货物，丙在向乙交货以后，乙没有向丙支付货款，而乙未付货款的原因主要是甲没有向乙支付该笔货款，即乙对丙不履行的主要原因在于甲没有履行义务。

依据《民法典》第 926 条第 2 款的规定，第三人行使选择权除了第三人在订立合同时，不知道受托人与委托人之间有代理关系以外，还必须具备以下条件：一是受托人因委托人的原因对第三人不履行义务，或者说受托人不履行对第三人的义务的原因在于委托人。二是受托人已经向第三人披露了委托人。受托人一旦向第三人作出披露，则将使第三人享有选择权。三是第三人作出了选择。第三人的选择权也属于形成权，其行使与否完全由自己决定，无须经受托人或委托人的同意。需要指出的是，第三人所作出的选择必须是明确作出选择，其必须明确表示其究竟是选择受托人还是委托人履行债务。由于选择权属于形成权，所以在第三人选定之后，即不得变更选定的相对人。也就是说，第三人的选择权只能行使一次。即使由于被选择的相对人欠缺履行能力而不能承担责任，第三人也不能向未被选择的人主张权利。法律作出这种规定是因为允许相对人作出选择，实际上是要求第三人在因为委托人的原因造成违约的情况下，再次明确其缔约的伙伴和承担合同责任的当事人。第三人选择任何一方当事人承担责任，都表明当事人是第三人所确定的缔约伙伴。但如果第三人可以重复作出选择，则其缔约伙伴也很难确定。

（三）第三人和委托人的抗辩权

所谓抗辩权，是指对抗对方的请求或否认对方的权利主张的权利，又称为异议权。《民法典》第 926 条第 3 款规定："委托人行使受托人对第三人的权利的，第三人可以向委托人主张其对受托人的抗辩。第三人选定委托人作为其相对人的，委托人可以向第三人主张其对受托人的抗辩以及受托人对第三人的抗辩。"该条确立了如下两项抗辩权。

（1）第三人的抗辩权。它是指在委托人行使介入权的情况下，第三人针对委托人提出的请求可享有的向委托人提出的抗辩权。第三人的抗辩权既包括主张委托人的介入权不成立，也包括第三人在与受托人发生交易过程中，对合同的成立、效力以及合同的履行等所享有的抗辩权。例如，因为受托人交付的货物有瑕疵，使第三人基于同时履行抗辩权而拒绝交付货款，或者因为受托人拒绝支付货款使第三人享有拒绝交付货物的权利。在委托人行使介入权以后，实际上是受托人将对第三人的请求权转移给委托人，所以，第三人对受托人所能主张的抗辩权，自然也可以对委托人行使。第三人对委托人的抗辩事由，主要是基于其与受托人之间的合同所产生的。需要指出的是，第三人原则上不能根据委托人和受托人之间的委托合同向委托人提出抗辩，例如，第三人不得以受托人超越代理权限为由，向委托人提出抗辩。

（2）委托人的抗辩权。它是指在第三人行使选择权，向委托人提出请求以后，委托

① 参见李永军、易军：《合同法》，589～590 页。

人可享有的向第三人提出的抗辩权。由于委托人与第三人之间并无直接的合同关系，因而委托人抗辩事由的范围是法律直接规定的，包括委托人对受托人的抗辩和受托人对第三人的抗辩，委托人都可以依法向第三人主张。① 委托人所行使的抗辩权主要包括以下两种。

第一，委托人对受托人的抗辩权。这就是说，在委托人与受托人订立委托合同以后，受托人应当基于合同的规定，处理委托事务。在委托合同中，委托人基于履行行为，也可以产生抗辩权。例如，因为受托人违反委托合同的规定，未及时向第三人支付货款，委托人可以基于委托合同向第三人行使抗辩权。

第二，受托人对第三人的抗辩权。所谓受托人对第三人的抗辩权，是指基于受托人与第三人的合同，受托人应当对第三人所享有的抗辩权。由于第三人选择委托人为相对人，委托人也就成为合同的当事人，将取代受托人的地位。因而受托人享有的对第三人的抗辩权，委托人当然也有权行使。例如，受托人订立的合同不成立、债务根本不存在、时效届满、合同应被宣告无效和被撤销等抗辩，或者基于第三人未及时支付价款、迟延交付货物、交付的货物有瑕疵等为由享有的履行中的抗辩权等，委托人也有权行使。

第四节　委托合同的任意解除权

一、任意解除权的概念和特征

所谓任意解除权，是指在委托合同履行过程中，委托人和受托人都有权随时解除合同。《民法典》第 933 条规定：“委托人或者受托人可以随时解除委托合同。因解除合同造成对方损失的，除不可归责于该当事人的事由外，无偿委托合同的解除方应当赔偿因解除时间不当造成的直接损失，有偿委托合同的解除方应当赔偿对方的直接损失和合同履行后可以获得的利益。”据此，我国《民法典》承认了委托合同当事人双方均享有任意解除权。法律上承认任意解除权主要理由在于：一方面，委托合同是基于双方当事人之间的信任关系才成立的，一旦此种信任关系不复存在，任何一方当事人都可以终止。② 只要此种信任不复存在，任何一方当事人都可以终止合同。另一方面，既然此种信任不复存在，即使合同仍然有效，也很难实现合同订立的目的，不如允许当事人享有任意解除权，再通过违约责任制度对受害人提供救济更为有效。委托合同中的任意解除权具有如下特点。

第一，解除权归属于双方当事人，依据《民法典》第 933 条，在委托合同中，当事人双方都可以享有任意解除权，这主要是因为委托合同本质上是基于人身信赖关系所订立的合同，委托合同是基于双方当事人之间的信任关系才订立的，一旦此种信任关系不复存在，任何一方当事人都可以终止。③ 当这种信赖关系动摇或者不复存在，继续履行

---

① 参见肖建国、肖建华：《委托、行纪、居间合同》，209 页，北京，人民法院出版社，2000。

②③ 参见魏耀荣等：《中华人民共和国合同法释论（分则）》，582 页。

委托合同已经难以实现，此时，允许双方当事人行使任意解除权。

第二，任意解除权意味着当事人可以随时解除合同，而且不需要任何解除理由。所谓“任意”，就体现在不需要说明解除事由。法律虽然赋予了当事人任意解除权，但是只有在当事人实际行使了相关的权利之后，委托合同关系才能够实际解除。这就是说，行使解除权的一方当事人必须通知相对方，才能够产生解除的效果。①

第三，任意解除也要对给对方造成的损失作出赔偿。我国《民法典》第933条区分了有偿委托、无偿委托并确定相应的赔偿范围。后者的损失包括直接损失与可得利益，前者的赔偿范围限定于直接损失。

二、 任意解除权的行使

法律虽然赋予了当事人任意解除权，但是只有在当事人实际行使了相关的权利之后，委托合同关系才能够实际解除，具体而言：第一，当事人应当在合理期限内行使解除权。解除权性质上为形成权，故而各国民法大多规定解除权需要在合理期间内行使。我国《民法典》第564条也强调了当事人应当在法律规定或者当事人约定的解除权行使期限内行使解除权，否则解除权消灭。没有法定或者约定解除权行使期限的，权利人应当在对方催告后的合理期限内行使权利。在合理期限内仍然没有行使的，该权利消灭。第二，行使解除权的一方当事人必须通知相对方，才能够产生合同解除的效果。依据《民法典》第565条的规定，当事人一方解除合同的，应当通知对方，原则上“合同自通知到达对方时解除”。由此可见，任意解除权必须以通知的方式行使，通知到达才能够产生合同解除的效果。

三、 任意解除权的放弃

任意解除权虽然是一种法定权利，但毕竟是当事人享有的一种私权，一般不关涉公共利益，约定排除该权利，通常也不损害第三人利益，因此应当允许当事人通过约定予以排除，如果当事人事先通过约定禁止任意解除，应当尊重当事人的意思，在此情形下应当认为约定排除任意解除权是有效的。

四、 行使任意解除权后的报酬请求权

《民法典》第928条第2款规定：“因不可归责于受托人的事由，委托合同解除或者委托事务不能完成的，委托人应当向受托人支付相应的报酬。”依据这一规定，在委托合同解除后，受托人也可能享有报酬请求权。所谓不可归责于受托人的事由，是指系因委托人的原因或者不可抗力导致合同被解除，而受托人对合同解除没有过错。在此情况下，如果受托人确实已经完成了全部或者部分事务，理应获得报酬。需要指出的是，因行使任意解除权而产生的报酬请求权的问题，仍然属于任意性规范，当事人可以通过约定予以排除。②

---

① 参见谢鸿飞、朱广新主编：《民法典评注·合同编：典型合同与准合同4》，263页。

② 参见谢鸿飞、朱广新主编：《民法典评注·合同编：典型合同与准合同4》，247页。

五、 行使任意解除权后的损害赔偿

《民法典》第 933 条中规定：“因解除合同造成对方损失的，除不可归责于该当事人的事由外，无偿委托合同的解除方应当赔偿因解除时间不当造成的直接损失，有偿委托合同的解除方应当赔偿对方的直接损失和合同履行后可以获得的利益。”因此，在解除合同后，如果因一方当事人行使任意解除权，造成了对方当事人的损害，还需要承担相应的赔偿责任。但承担损害赔偿责任必须符合如下要件。

第一，必须是因行使任意解除权造成损失。行使任意解除权与损失之间必须具有因果关系。如果是行使非任意解除权则不具有因果关系。同时，一方行使了任意解除权，如果没有造成实际损失，也不应当作出赔偿。

第二，必须不存在可归责于当事人的事由。所谓不可归责性，是指在一方行使任意解除权解除合同之后，另一方主张损害赔偿的，则要求赔偿的一方对合同的解除不存在过错。如果解除是因为主张赔偿的一方的过错所导致的，则其不能主张此项损害赔偿请求权。这就意味着行使任意解除权的情形下所承担的损害赔偿是一种过错责任。

关于损害赔偿的范围，《民法典》第 933 条中规定：“无偿委托合同的解除方应当赔偿因解除时间不当造成的直接损失，有偿委托合同的解除方应当赔偿对方的直接损失和合同履行后可以获得的利益。”依据这一规定，应当区分有偿与无偿而分别确定。具体而言：第一，无偿委托合同中的损害赔偿，解除方应当赔偿因解除时间不当造成的直接损失。这就是说，一方面，解除方只应赔偿直接损失，而不应赔偿间接损失（如因解除导致机会的损失）；另一方面，损失仅限定于解除时间不当造成的损失。所谓解除时间不当，是指解除方在明显不利于对方的时间解除委托合同。其中，所谓明显不利于受托人的时间，是指委托人在受托人处理事务过程中解除合同，使得受托人为处理事务所做准备工作毫无意义，还使得受托人不能因完成委托事务而获得其他利益。① 第二，有偿委托合同中的损害赔偿，应当赔偿对方的直接损失和合同履行后可以获得的利益。一方面，解约方应当赔偿给对方所造成的直接损失；另一方面，应当赔偿可得利益的损失。所谓可得利益，指的是合同履行可以获得的利益。一般来说，可以获得的利益，不得超过解除方可以预见到或者应当预见到的因解除合同可能造成的损失。②

在有偿合同中，凡是因为任意解除给另一方造成的损失，无论是直接损失还是间接损失都应当赔偿，但是在计算损害赔偿时，不能够进行双重的计算。例如，如果委托人单方面解除合同，则受托人无法获得相应的报酬，并且造成了相应的费用损失，对于受托人所遭受的财产上的贬损，委托人都要承担相应的损害赔偿责任。如果将报酬的损失计算在损害赔偿中，受托人就失去了另外请求支付报酬的权利；反之，如果受托人已经请求支付了报酬，那么在计算损害赔偿时也就无所谓报酬的损失了。

第五节 委托合同的终止

委托合同的终止是指委托合同失去效力，合同权利义务不再履行。委托合同可以因

---

① 参见谢鸿飞、朱广新主编：《民法典评注·合同编：典型合同与准合同 4》，264～265 页。

② 参见黄薇主编：《中华人民共和国民法典合同编解读》（下册），1349 页。

下列原因终止。

一、一方行使解除权

在合同解除的情形下导致委托合同终止，委托合同终止行使解除权包括四种情形：一是在一方根本违约的情况下，依据《民法典》第 563 条的规定行使违约解除权从而导致合同终止。二是当事人依据《民法典》第 993 条规定的委托合同任意解除权导致合同终止。三是当事人依据合同约定的解除事由而解除合同。四是当事人在合同订立后通过双方达成协议解除合同。

二、主体消灭或丧失行为能力

《民法典》第 934 条规定："委托人死亡、终止或者受托人死亡、丧失民事行为能力、终止的，委托合同终止；但是，当事人另有约定或者根据委托事务的性质不宜终止的除外。"根据该规定，因为主体的变化导致委托合同终止的情形有三种。

（1）委托人死亡或者丧失行为能力。依据《合同法》第 411 条，委托人死亡或者丧失行为能力原则上导致委托合同终止，但《民法典》第 934 条规定："委托人死亡、终止或者受托人死亡、丧失民事行为能力、终止的，委托合同终止；但是，当事人另有约定或者根据委托事务的性质不宜终止的除外。"如果合同终止将有损委托人利益，合同将继续有效。因而，委托人死亡或者丧失行为能力并不一概当然导致合同终止。[①]

委托人丧失行为能力是指委托人因为疾病等原因而失去民事行为能力，《民法典》第 935 条规定："因委托人死亡或者被宣告破产、解散，致使委托合同终止将损害委托人利益的，在委托人的继承人、遗产管理人或者清算人承受委托事务之前，受托人应当继续处理委托事务。"在委托人丧失行为能力的情况下，许多国家法律认为导致委托合同解除，但商事合同例外。[②] 因而，在一些特殊的委托合同中，如果依委托合同的性质，不能因当事人死亡、丧失民事行为能力或破产而将委托合同终止的，委托合同仍应有效。我国民法典并未严格区分民事委托和商事委托，但如果因委托人死亡或者被宣告破产、解散，致使委托合同终止将损害委托人利益的，委托合同并不当然终止。例如，甲委托乙从事某笔交易，乙与丙多次磋商，已经达成初步协议，甲将从交易中获得巨大利益，但是甲在此期间遭遇车祸死亡，如果委托合同此时终止，则对甲十分不利。因而，法律规定，此时乙仍应以甲的名义从事委托事务。因此，法律规定在委托人的继承人、遗产管理人或者清算人承受委托事务之前，受托人应当继续处理委托事务。此种情形是法定终止履行委托义务的例外。在上述例子中，如果甲遭遇车祸死亡，此时应当由甲的继承人来继续承受委托后果。如果继承人承受委托后果，则乙没有必要继续履行委托合同，

---

① 参见韩世远：《合同法学》，563 页。

② See Christian von Bar and Eric Clive (eds), *Principles, Definitions and Model Rules of European Private Law*, Volume Ⅳ (Munich: Sellier, European Law Publishers, 2009), p. 2260.

但是在承受之前，乙仍有必要继续履行委托合同。受托人的义务应当履行到何时为止？根据上述规定，应当履行到委托人的继承人、法定代理人或者清算组织承受委托事务之时为止。

（2）受托人死亡或者丧失行为能力。在自然人作为受托人的情况下，因为受托人一方死亡，无法执行委托事项，所以委托无法存续下去，委托关系当然终止。依据《民法典》第936条规定：“因受托人死亡、丧失民事行为能力或者被宣告破产、解散，致使委托合同终止的，受托人的继承人、遗产管理人、法定代理人或者清算人应当及时通知委托人。因委托合同终止将损害委托人利益的，在委托人作出善后处理之前，受托人的继承人、遗产管理人、法定代理人或者清算人应当采取必要措施。”该条包括了如下内容：第一，在受托人死亡或者丧失行为能力的情形下，委托合同是当然终止的。即便这种终止有损委托人利益，法律也只是要求受托人的继承人采取必要措施，而没有授权其“继续处理委托事务”的权利。既然受托人死亡或者丧失民事行为能力，则无法继续进行处理委托事务。第二，及时通知委托人，因为在因受托人死亡、丧失民事行为能力或者被宣告破产、解散的情形下，委托人可能不知道发生了此类事由，如果不及时通知委托人，其无法及时采取相应的措施，减少或者避免损失的发生。[①] 第三，受托人的继承人、遗产管理人、法定代理人或者清算人应当采取必要措施。这就是说，因委托合同的终止损害委托人的利益，在委托人作出善后处理之前，受托人的继承人、遗产管理人、法定代理人或者清算人应当采取必要措施，例如保存有关的账目资料、保全相关的证据、保存有关的债权凭证等，并将这些材料完整移交给委托人，此种义务的履行一直延续到委托人作出善后处理为止。[②]

（3）当事人破产或者解散。这主要是指委托人或受托人一方或双方是企业的情形。解散主要是指企业共同经营的事业已经完成，或者因为法律规定的原因（如因从事违法活动被责令解散）而解散。在企业破产时，其效果相当于自然人死亡，是主体的灭失。但企业破产或者解散时，也应区分是委托人还是受托人。如果受托人破产或者解散，则委托合同自然终止。如果委托人破产或者解散，则在合同终止将损害委托人利益的情况下，受托人仍应继续处理委托事务，委托合同并不当然终止。

思考题

1. 试述委托合同的法律特征。
2. 委托与代理存在哪些联系与区别？
3. 委托合同的委托人负有哪些义务？
4. 委托合同的受托人负有哪些义务？
5. 委托合同的终止事由有哪些？

① 参见黄薇主编：《中华人民共和国民法典合同编解读》（下册），1356页。

② 参见黄薇主编：《中华人民共和国民法典合同编解读》（下册），1357页。

第二十八章

物业服务合同

案例

某市××城小区共有一千多户业主，部分业主对该小区的物业服务企业所提供的服务不满，经常投诉，有十户业主以供暖设施有问题、室内温度过低为由拒绝支付物业服务费。该物业服务企业将该十户的水电煤气均予以停供，并限其在10天之内支付物业费，后在停供以后，受损害的业主向法院提起诉讼，请求法院裁定禁止物业服务企业以此方式催交物业费。

简要评析： 本案涉及物业费交纳的问题。《民法典》第944条第3款规定："物业服务人不得采取停止供电、供水、供热、供燃气等方式催交物业费。"据此，物业服务人不得采取停止供电、供水、供热等方式催交物业费。当然，如果该十户业主拒绝交纳物业费，物业服务企业应当另行起诉请求其交纳。

第一节　物业服务合同概述

一、物业服务合同的概念和特征

《民法典》第937条第1款规定："物业服务合同是物业服务人在物业服务区域内，

为业主提供建筑物及其附属设施的维修养护、环境卫生和相关秩序的管理维护等物业服务，业主支付物业费的合同。物业服务人包括物业服务人和其他管理人。”物业服务合同有广义与狭义之分，广义上的物业服务合同包括前期由建设单位与物业服务人订立的前期物业服务合同，以及后期业主通过业主委员会或业主大会与物业服务人订立的合同。所谓前期物业服务合同，是指在建设单位与物业服务人之间订立的、由物业服务人提供管理服务并请求建设单位支付报酬的合同。狭义的物业服务合同，是指在业主与物业服务人之间签订的物业服务合同。《民法典》第939条规定：“建设单位依法与物业服务人订立的前期物业服务合同，以及业主委员会与业主大会依法选聘的物业服务人订立的物业服务合同，对业主具有法律约束力。”可见，民法典采纳的是广义的物业服务合同概念。①

传统合同法理论中并无物业服务合同的类型，我国《合同法》也没有对该合同作出规定，物业服务合同是随着我国房地产实践的发展和物业管理的需要而出现的。在我国，自住房制度改革以来，实现了住宅的商品化，而且商品化的房屋大多采用建筑物区分所有的形式。与此同时，城市化进程的加快使土地资源日益稀缺，人们的居住方式开始从独门独户向建筑物区分所有发展。伴随这一趋势，与物业服务相关的纠纷日益增多，而且物业服务合同已经成为一种普遍性、典型性、规则特殊性的合同类型，关涉亿万业主的切身利益。② 实践中物业服务合同领域纠纷频发，物业服务人和业主、前期物业服务合同的效力、物业服务合同的解除以及共有财产管理等亟待规范，因而《民法典》在编纂中将物业服务合同作为独立的有名合同类型设专章进行规定。该章也成为物业服务合同法律适用最为重要的规范依据。

关于物业服务合同的名称，长期以来，此类合同在名称上一直被称为物业管理合同，2007年的《物权法》率先采用了“物业服务”的概念后，沿用至今，因此，我国民法典合同编也采用了物业服务合同的概念。

物业服务合同的主要特征在于：

1. 主体的特殊性

物业服务合同主体的特殊性表现在：一方面，作为物业服务合同一方当事人的物业服务人，必须依法成立并具有必要的提供物业服务的能力。这是因为物业服务事关全体业主的人身、财产安全，同时，有的物业管理活动具有较高的技术性要求③，如小区公共设施的检修、保养与维护等。因此，即使是自然人作为物业服务提供者，也必须要有一定的提供物业服务的能力。另一方面，作为物业服务合同的另一方当事人是全体业主，具有集合性的特点。④ 由于全体业主人数众多，难以由全体业主直接参与订约过程，因而通常由业主委员会与物业服务人订立物业服务合同。合同一旦成立，即对全体业主具有拘束力，单个业主不得以其没有直接参与合同订立为由拒绝接受合同约束。因为业主

① 参见黄薇主编：《中华人民共和国民法典释义》，1662页。

② 参见石宏：《合同编的重大发展与创新》，载《中国法学》，2020（4）。

③ 参见最高人民法院民事审判第一庭编审：《最高人民法院建筑物区分所有权、物业服务司法解释理解与适用》，258页，北京，人民法院出版社，2009。

④ 参见许步国：《物业管理法研究》，156页，北京，中国民主法制出版社，2006。

人数较多，不可能由全体业主亲自与物业服务人签订合同，因而业主需要依据一定的程序，作出有关订约的决定。如果业主已经成立了业主大会，则需要依据法定程序，由业主大会作出决定，一旦业主大会作出决定，即对全体业主具有拘束力，业主不得以其并非合同当事人为由提出抗辩。这也表明了物业服务合同一方当事人具有集体合同的性质的特点。

2. 客体的特殊性

物业服务合同的客体是由物业服务人提供的物业服务。从本质上而言，物业服务属于劳务之债的范畴。具体来说，此种合同客体的特殊性主要表现为：一是持续性和重复性。物业服务人要在一定期限内持续提供服务，而且，不少服务内容具有重复性的特点。二是非物质利益性。物业服务合同与旅游合同和娱乐合同类似，所给付的都不是具体的标的物，而是无形的劳务，因此，不以物质利益的交换为直接目的。[①] 三是不适用代替给付。在物业服务合同的履行中，一般无法由第三人代为给付。四是更注重相互信赖关系。如果物业服务人所提供的服务存在瑕疵，导致信任关系不复存在，则业主有权解除合同。

3. 内容的复合性

一般的民事合同的内容具有单一性，而物业服务合同的内容则具有复合性的特点。这就是说，物业服务人提供物业服务的内容具有多样性。概括而言，物业服务的内容包括：一是经营、管理物业服务区域内的业主共有部分。例如，对共有部分进行维护、维修、清洁、绿化、车库的管理与维护等。二是维护物业服务区域内的基本秩序。例如，对小区的环境进行管理，维护小区治安环境等。三是采取合理措施保护业主的人身、财产安全。物业服务人作为物业区域的管理人，其应当负担一定的安全保障义务，保障业主的人身安全和财产安全。如物业服务人应当根据实际情况设置保安保障小区安全等。如果因为物业服务人未尽到安全保障义务，造成业主损害的，物业服务人也应当依法承担责任。基于这一原因，物业服务合同的内容具有综合性与全面性的特点。[②] 因此，有学者认为，物业服务合同是一种包括委托、行纪、雇佣、承揽在内的复合型合同。[③]

4. 订立程序的特殊性

物业服务合同的订立需要遵循法定的特殊程序，其主要原因在于，物业服务合同的一方当事人为全体业主，具有集合性的特点。为了提高订约效率、避免发生纠纷，在物业服务合同的订立方面，需要设置一定的程序性要求。依据《民法典》第 278 条的规定，选聘和解聘物业服务人或者其他管理人时，应当经专有部分面积占比 2/3 以上的业主且人数占比 2/3 以上的业主参与表决，且经参与表决专有部分面积过半数的业主且参与表决人数过半数的业主同意。同时，经过业主大会的选聘之后，由业主委员会代表业主与物业服务人签订物业服务合同。因此，在合同签订方面，与一般的合同相比，物业服务合同需要遵循严格的法定程序。在合同订立后，即便单个的业主没有参与订约，其也应

---

① 具体的论述，参见周江洪：《服务合同研究》，16 页以下，北京，法律出版社，2010。

② 参见许步国：《物业管理法研究》，157 页。

③ 参见夏善胜主编：《物业管理法》，141～142 页，北京，法律出版社，2003。

当受该合同的约束。

5. 履行具有继续性

物业服务人应当按照法律规定和物业服务合同的要求，持续地向业主提供各项物业服务。换言之，物业服务的提供并不是一次性完成的，而需要在合同约定的期间内不间断地提供。因此，物业服务合同属于典型的继续性合同。由于继续性合同在终止时不产生溯及既往的效力，因而在物业服务合同终止时，其效力向将来发生。对于物业企业已经提供的服务，业主仍应当按照合同约定支付相应的报酬。正是因为其是持续性的合同，所以，此类合同通常都是长期性的合同，而且合同的解除通常也不发生溯及既往的效力。

6. 性质上具有双务、有偿、要式性

物业服务人应当按照物业服务合同的约定向全体业主提供物业服务，而全体业主应当支付相应的报酬，因此，物业服务合同是一种双务合同。① 在实践中，绝大多数物业服务都是有偿的，这主要是因为物业服务人以专门从事物业服务为营业，其提供物业服务就是要获取报酬。此外，物业服务合同必须采用书面形式订立，其提供的服务具有要式性。《民法典》第938条第3款规定：“物业服务合同应当采用书面形式。”该条如此规定，主要是为了明确物业服务人与业主之间的具体权利义务关系，同时也有利于避免纠纷的发生。

二、物业服务合同的性质

物业服务合同具有如下性质。

（一）属于提供服务的合同

提供服务的合同，是指以提供全部或部分的服务为债务的合同。此类合同与交付有体物的合同类型相对应，其内容包括一方提供技术、文化、生活服务，接受服务者支付服务费两方面的内容。② 根据其内容又可以分为两种类型：一是完成一定工作并交付工作成果的合同，此类合同又被称为结果之债，其主要包括承揽、建设工程等。二是提供一定服务的合同，此类合同又被称为行为之债，其主要是保管、仓储、委托、行纪、中介合同。物业服务人提供的服务内容虽然具有多样性、综合性，但其本质上提供的是物业服务，业主也是根据物业服务人所提供的服务而向其支付物业服务费。与承揽合同类似，在物业服务合同中，物业服务人虽然也需要提供一定的服务，但其并不需要向业主交付特定的工作成果，因此，其不同于承揽合同。从广义上说，其仍然属于提供劳务的合同。

物业服务合同具有持续性和重复性，以服务为合同标的，且注重彼此之间的人身信任关系，一旦此种信任关系不存在，合同的履行将会面临困难，这也可能成为当事人解除合同的法定事由。

---

① 参见陈文：《物业服务合同若干法律问题研究》，载《现代法学》，2004（2）。

② 参见全国人大常委会法制工作委员会民法室：《中华人民共和国合同法及其重要草稿介绍》，150页，北京，法律出版社，2000。

（二）具有集体合同的特点

所谓集体合同，是指当事人一方为由多数人组合而成的集体而与另一方所订立的合同。物业服务合同之所以具有集体合同的特点，表现在：第一，在合同的订立方面，它是由业主委员会代表全体业主与物业服务人之间所签订的，该合同订立后，对单个业主具有法律拘束力，因此，出现了缔约主体与约束主体相分离的现象。第二，从物业服务的内容来看，依据《民法典》第 938 条第 2 款，“物业服务人公开作出的有利于业主的服务承诺，为物业服务合同的组成部分”，这表明，物业服务人所作出的服务承诺，即可对全体业主发生效力，而不需要与单个业主进行谈判，这也反映出其集体合同的特点。第三，业主解聘物业服务人只能由全体业主享有解除权，任何单个的业主无权主张解聘物业服务人。第四，物业费的支出，单个的业主不能以其没有享受物业服务作为其拒绝支付物业费的抗辩。①

（三）本质上类似于有偿委托合同

物业服务合同在本质上类似于有偿委托合同，即全体业主作为委托人委托物业服务人管理小区的物业等事项，并支付相应的报酬。但是物业服务合同作为一种独立的合同类型，并不完全等同于有偿委托合同，一般的委托合同往往是处理具体的一项或者几项事务，而物业服务合同委托的是综合性的事项，其涉及的内容非常宽泛，既包括对物的管理，也包括对人的管理，还包括对小区安全秩序的维护等，这是一般的委托合同所不具备的。

三、物业服务合同与相关概念的比较

（一）物业服务合同与委托合同

如前所述，物业服务合同与委托合同具有相似性。一方面，依据《民法典》第 284 条的规定，业主“可以委托物业服务人或者其他管理人管理”建筑物及其附属设施等物业，可见，物业服务合同具有委托合同的属性。在物业服务合同中，全体业主类似于委托合同中的委托人，而物业服务人类似于委托合同中的受托人，物业服务人受业主的委托提供一定的服务。② 另一方面，二者都属于提供劳务型的合同。物业服务合同与委托合同具有相似性和共通性，物业服务合同的客体是一种服务行为，这也与委托合同的特征相符合③，其在性质上类似于有偿委托合同。还应当看到，在委托合同中，依据《民法典》第 933 条，委托人和受托人均享有任意解除权。这主要是考虑到委托合同的订立是基于信赖关系，只要此种信赖关系不复存在，就应当允许解除。而物业服务合同中也存在类似的权利。《民法典》第 946 条第 1 款规定：“业主依照法定程序共同决定解聘物

---

① 参见朱虎：《物业服务合同作为集体合同：以〈民法典〉规范为中心》，载《暨南学报（哲学社会科学版）》，2020（11）。

② 参见法律出版社法规中心编：《中华人民共和国物权法文书范本（注解版）》，105 页，北京，法律出版社，2011。

③ 参见陈华彬：《建筑物区分所有权研究》，112 页，北京，法律出版社，2007；周珂：《物业管理法教程》，267～269 页，北京，法律出版社，2004；谭玲、胡丹缨：《物业管理相关问题再探析》，载《现代法学》，2006（6）；纽丽娜：《物业管理合同的法律特征及相关案例的审理》，载《人民司法》，2002（8）。

业服务人的，可以解除物业服务合同。决定解聘的，应当提前六十日书面通知物业服务人，但是合同对通知期限另有约定的除外。”从该条规定来看，其并没有对业主的解聘权作出额外限制，也不需要说明理由，这与委托合同中的任意解除权具有相似性。

虽然物业服务合同与委托合同具有一定的相似性，但二者仍然具有如下区别。

第一，合同的目的不同。虽然二者都是提供劳务的合同，但对委托合同而言，受托人处理事务的范围十分广泛，受托人是委托人委托并按照委托人的指示处理委托事务，其合同的自主性受到约束。而在物业服务合同中，并不存在授权的问题，在合同生效后，只要在合同许可的范围内，物业服务人就可以自主开展物业服务活动。

第二，从事行为时的名义不同。在委托中，受托人既可以以自己的名义，也可以委托人的名义从事各项委托活动。例如，受托人基于委托人的委托，为其购买某种货物，受托人既可以以自己的名义购买，然后通过法律行为将该行为的后果移转给委托人，也可以以委托人的名义购买，相关行为的效果直接归属于委托人。而在物业服务合同中，物业服务人以自己的名义提供物业服务，业主对物业服务人从事的民事行为并不承担法律后果。[①] 同时，在委托合同中，受托人从事委托活动，通常是与第三人发生民事法律关系，而在物业服务合同中，虽然也涉及第三人[②]，但物业服务人提供物业服务的行为主要涉及全体业主，如对小区设施的管理、对车库的管理等。

第三，处理事务的性质不同。在委托合同中，受托人所处理的是委托人委托的事务，该事务通常与委托人具有特定的利害关系。而物业服务合同的标的并不是处理特定的事务，而是由物业服务人提供一种社会化、专业化、技术化的有偿性质的服务[③]，物业服务人所处理的事务范围更为专业。

第四，是否具有有偿性不同。委托合同既可以是有偿合同，也可以是无偿合同，受托人是否获得报酬，完全由当事人自由约定。而作为物业服务合同一方主体的物业服务人本身是营利性主体，这就决定了物业服务合同是一种有偿合同，物业服务人提供物业服务本质上属于经营性活动的范畴。因此，物业服务合同是一种有偿合同。

第五，受托人受指示拘束的程度不同。在委托合同中，受托人应当随时听取委托人的指示，并且从事委托活动必须严格遵守委托人的指示[④]，委托合同中受托人的事务处理权限受到合同或委托人指示的严格限制，其通常限于特定委托事项的处理。与委托合同相比，物业服务合同具有较强的专业性。物业服务人在物业服务活动中的自主性较强，无须在处理每项事务时都要按照业主的指示，只要其提供的物业服务符合合同约定的标准和要求即可。此外，物业服务合同中，物业服务人处理的事项具有非特定性，对事务的处理权限较大。

（二）物业服务合同与承揽合同

承揽合同是承揽人按照定作人提出的要求完成一定的工作，并将工作成果交付给定

---

① 参见黄薇主编：《中华人民共和国民法典释义》，1670页。

② 参见赵惠：《析物业服务合同的性质及其解除》，载《法律适用》，2010（11）。

③ 参见最高人民法院民事审判第一庭编审：《最高人民法院建筑物区分所有权、物业服务司法解释理解与适用》，251页。

④ 参见高圣平、王连国：《委托合同与受托行为》，载《法学》，1999（4）。

作人，定作人接受该工作成果并给付约定报酬的合同。物业服务合同与承揽合同具有一定的相似性：一方面，二者都是提供一定劳务的合同，在某些情形下，对特定的物业服务而言，物业服务人也可能需要交付一定的工作成果，如物业服务人按照约定将修缮的成果交付给业主。另一方面，《民法典》第787条规定："定作人在承揽人完成工作前可以随时解除合同，造成承揽人损失的，应当赔偿损失。"这就在法律上确立了承揽合同中定作人的任意解除权。而在物业服务合同中，依据《民法典》第946条第1款规定，业主也享有依法解聘权，这与承揽合同中定作人的任意解除权具有相似性。但本书认为，物业服务合同与承揽合同仍然存在明显的区别，主要表现在：

第一，是否需要完成并交付特定的工作成果不同。承揽合同是一种结果之债，不仅要提供一定的劳动，而且要交付一定的工作成果。承揽合同的工作成果具有特定性，承揽人要按照定作人的特定要求来完成工作成果。这就是说，在承揽合同中，承揽人最终所完成的工作成果应当符合定作人的特定要求。而在物业服务合同中，物业服务人提供的是一种服务，其应当依据物业服务合同提供一定的物业服务，如对小区设施的管理、对小区秩序的维护等，在通常情况下，其并非交付一定的工作成果。

第二，是否需要亲自完成主要工作不同。承揽合同中，定作人选择与某一承揽人订立合同，都是基于对特定承揽人技术、经验、技能等的信赖。因而，承揽人原则上应当按照定作人的要求，凭借其自身的技术、经验、技能亲自完成一定的工作成果，不能将其承揽的主要工作交由第三人完成。[①] 而在物业服务合同中，依据《民法典》第941条第1款："物业服务人将物业服务区域内的部分专项服务事项委托给专业性服务组织或者其他第三人的，应当就该部分专项服务事项向业主负责。"由于物业服务合同中，物业服务人本身提供的服务范围广泛、种类多样，不存在单一劳务给付中主要工作的划分和认定。因而，物业服务人可以将部分或者专项物业服务委托给其他组织或第三人，只是不能将其他物业服务全部转委托给他人，否则可能导致业主对物业服务人信赖的落空，而且很有可能会损害全体业主的合法利益，因而法律禁止物业服务人将全部服务转委托于他人。

第三，是否提供原材料不同。承揽合同是结果之债，承揽人需要完成并交付一定的工作成果，因此，在某些承揽合同中（如加工类的承揽合同），必须由定作人提供一定的原材料，承揽人才能完成一定的工作并交付工作成果。而物业服务合同本质上并不是结果之债，物业服务人并不需要交付最终的工作成果，也不涉及提供原材料的问题。

(二) 物业服务合同与业主管理规约

所谓业主管理规约，又称为规约、业主公约、住户规约，是由全体业主通过业主大会就物业的管理、适用、维护与所有关系等各方面事项所制订的规则[②]，也是指由业主间达成的有关如何管理、使用和维护共有财产以及规范其相互之间关系的协议。物业服

① 参见魏耀荣等：《中华人民共和国合同法释论（分则）》，276页。

② 参见万鄂湘主编：《物权法理论与适用》，410页，北京，人民法院出版社，2005。

务合同与业主管理规约在内容和效力上有一定的联系。一方面，在内容上，两者都涉及对区分所有建筑物的管理，以及小区生活秩序的维护。另一方面，业主公约的一些规定，如关于业主交纳物业管理费用的时间、方式等，也可以成为物业服务合同的内容。但是两者仍然存在明显的区别，主要表现在：

第一，性质不同。在英文中，管理规约也常常表述为 convention，意指全体业主之间的公约，它是业主自治的具体体现，属于自治法和自治规则。① 管理规约是全体业主共同意志的产物，性质上属于一种共同行为，是各业主对共同事项一致的意思表示，类似于公司章程，对全体业主具有拘束力。② 而物业服务合同在性质上属于民事合同，物业服务合同主体是双方当事人，是意思表示方向相对的双方法律行为。

第二，订立主体不同。管理规约的订立主体是全体业主，换言之，它是全体业主之间所从事的共同行为，其本质是全体业主的自治协议，不论业主是否参与了制订，也不问其入住的先后，也不管其是否同意该管理规约，同一小区内的所有业主都应该受管理规约的拘束。而物业服务合同的主体是物业服务人和全体业主。单个业主虽然不是合同当事人，但应当受到物业服务合同的拘束。

第三，约束范围不同。管理规约作为业主自治规范，其对全体业主乃至承租人、房屋受让人等房屋实际使用人均具有约束力。物业服务合同作为业主与物业服务人之间的合同，对业主和物业服务人具有约束力，物业服务人应当按照物业服务合同的约定，向全体业主提供物业服务，而全体业主应当按照合同约定支付相应的费用。

第四，订立的程序不同。管理规约需要通过业主大会进行表决，依据《民法典》第278条规定的程序和要求制定和修改。而物业服务合同的签订程序主要是：业主大会作出决定、同意选聘特定物业服务人后，由其授权业主委员会与该物业服务人按照一般的合同缔结方式订约，即按照要约、承诺的方式订立合同。

第五，内容不同。管理规约涉及小区中公共物业设施的使用、管理以及共同生活秩序的维护等内容，具体包括物业小区的基本情况、业主间的法律关系、业主间共同事务以及业主间利害关系调整的事项等③，主要是对业主行为的自我约束和管理。管理规约也可以说是业主行为的基本准则，例如，物业服务人有权禁止业主乱搭乱建、禁止业主携带危险物品进入社区或者饲养危险动物，其中涉及公共事务、业主的行为规范等内容，显然不能包括在物业服务合同之中。④ 而物业服务合同则是明确业主和物业服务人双方权利义务的约定，其内容具有复合性，既包括对小区设施的管理，还包括对小区安全秩序的维护等。简言之，管理规约和物业服务合同的内容和规定事项存在显著差异，各有其适用范围和对象。

---

① 参见陈华彬：《现代建筑物区分所有权制度研究》，217页，北京，法律出版社，1995。

② 参见王泽鉴：《民法物权》(1)，263页，北京，中国政法大学出版社，2001。

③ 参见最高人民法院民事审判第一庭编审：《最高人民法院建筑物区分所有权、物业服务司法解释理解与适用》，289页。

④ 参见肖海军：《物业管理与业主权利》，76页，北京，中国民主法制出版社，2006。

第二节　物业服务合同的主体和内容

一、物业服务合同的当事人

（一）物业服务人

物业服务合同的一方当事人是物业服务人，它是接受物业所有人或其授权人的委托，根据物业服务合同提供专业管理服务的企业和个人。物业服务人的特点在于：

第一，物业服务人既包括物业服务企业，也可能是企业之外的自然人。《民法典》第937条第2款规定："物业服务人包括物业服务企业和其他管理人。"由此可见，物业服务人除了物业服务企业之外，还有其他管理人。例如，有的小区住户较少，规模较小，业主可聘请若干人直接管理物业，并与业主订立物业服务合同。

第二，物业服务人应当具有一定的专业管理服务能力。依据我国现行的法律法规的规定，并没有对物业服务人的资质作出特别要求，也不需要特别许可，但是应当具备具有提供物业服务的能力。

第三，物业服务人对物业的管理权来自全体业主的委托或法律法规的相关规定。[①] 物业服务人是由业主聘请、基于业主的委托提供各种专业化物业服务的企业和自然人。[②] 对前期物业服务而言，由于小区内的商品房出售和入住率较低，无法通过召开全体业主大会选聘物业服务人，所以，一般由建设单位聘请前期物业服务人。但是，在小区内的商品房达到一定的入住率之后，就应当由业主召开全体业主大会，以决定是否继续聘任该物业服务人。如果全体业主同意继续聘请，则在全体业主和物业服务人之间成立物业服务合同关系。如果全体业主不同意继续聘请该物业服务人的，则全体业主有权终止该前期物业服务合同，并有权聘请其他物业服务人、管理人或者自行管理。如果物业服务人未能按照约定提供物业服务，则全体业主有权依据法律规定或者合同约定解聘物业服务人。

（二）业主

物业服务合同的另一方当事人是业主。但是，作为物业服务合同主体的业主，究竟是指全体业主，还是单个业主？《民法典》第937条规定："物业服务合同是物业服务人在物业服务区域内，为业主提供建筑物及其附属设施的维修养护、环境卫生和相关秩序的管理维护等物业服务，业主支付物业费的合同。"从该规定来看，其并没有明确规定物业服务合同的一方主体究竟是业主的整体，还是单个的业主。本书认为，从体系解释来看，应当将其解释为全体业主，理由主要在于：

第一，物业服务合同具有集体性，合同的订立并不是物业服务企业与单个业主订立

---

① 参见陈文：《物业服务合同若干法律问题研究》，载《现代法学》，2004（2）。

② 参见肖海军：《物业管理与业主权利》，45页。

的，而是物业服务人与全体业主订立的，只能由业主大会和业主委员会代表业主去订立合同，一旦业主大会或业主委员会与物业服务企业订立合同，就对全体业主生效。

第二，只有全体业主才享有任意解除权。《民法典》第946条第1款规定："业主依照法定程序共同决定解聘物业服务人的，可以解除物业服务合同。决定解聘的，应当提前六十日书面通知物业服务人，但是合同对通知期限另有约定的除外。"从该规定来看，本条采用"业主依照法定程序共同决定"，表明解聘物业服务人必须要经过全体业主同意。因此，单个业主无权主张解聘。

第三，全体业主享有续聘权。《民法典》第947条第1款规定："物业服务期限届满前，业主依法共同决定续聘的，应当与原物业服务人在合同期限届满前续订物业服务合同。"该条明确规定了物业服务合同的续订由业主依法共同决定，这也意味着参与订立合同的业主应当是指全体业主。

全体业主作为合同一方当事人的主要理由在于：一方面，这是符合民法典物权编关于区分所有权的相关规定的。依据《民法典》第278条的规定，有关建筑物及其附属设施的管理规约的制定和修改、业主委员会的选举或者业主委员会成员的更换、物业服务人或者其他管理人的选聘和解聘，以及有关共有和共同管理权利的其他重大事项等内容，应由业主共同决定。所谓"由业主共同决定"，实际上就是通过业主大会来选聘和解聘物业服务人。选聘和解聘物业服务人或者其他管理人是法律赋予业主大会的职权。另一方面，物业服务合同所涉及的事务涉及全体业主的共同利益。物业服务人所管理的事务是全体业主的事务，物业服务人管理的物业是全体业主的财产，而且主要是全体业主的共有财产。物业服务合同就是为了落实业主的共同管理权而订立的，因此，应当将全体业主作为物业服务合同的当事人。此外，以全体业主作为合同主体，才能使物业服务合同对全体业主产生拘束力。《民法典》第939条规定："建设单位依法与物业服务人订立的前期物业服务合同，以及业主委员会与业主大会依法选聘的物业服务人订立的物业服务合同，对业主具有法律约束力。"所谓"对业主具有拘束力"，是指业主依据物业服务合同，既享有权利，也应承担义务。由于业主应当受到物业服务合同的约束，这就意味着，业主已经成为物业服务合同的实质当事人。[①] 强调合同对业主的拘束力，也有利于物业服务人对业主提出请求权，尤其是涉及物业费交纳等事项。

虽然单个业主没有参与物业服务合同的订立，但该合同对其仍然具有拘束力。其原因在于：第一，《民法典》第939条明确了单个业主也必须受到物业服务合同的约束。依据这一规定，物业服务合同对单个业主要产生拘束力。可以说，这种拘束力来源于法律的规定，也来源于业主对业主大会或业主委员会的授权。第二，这是由业主大会和业主委员会作为业主自治的权力机关和执行机关的法律地位所决定的。业主委员会代表业主订立的物业服务合同是业主行使自治权的体现，因而对单个业主产生拘束力。[②] 第三，从物业服务合同的内容来看，物业服务合同大量涉及单个业主的义务。例如，就物业费

① 参见最高人民法院民事审判第一庭编审：《最高人民法院建筑物区分所有权、物业服务司法解释理解与适用》，257页。

② 参见黄薇主编：《中华人民共和国民法典释义》，1682页。

的交纳而言，物业费的交纳最终由各个业主承担。因此，只有当物业服务合同对单个业主产生拘束力时，该合同才能得到履行。第四，从责任的承担来看，一旦出现了违约情形，最终承担违约责任的仍然是各个业主。《民法典》第944条规定："业主应当按照约定向物业服务人支付物业费。物业服务人已经按照约定和有关规定提供服务的，业主不得以未接受或者无需接受相关物业服务为由拒绝支付物业费。业主违反约定逾期不支付物业费的，物业服务人可以催告其在合理期限内支付；合理期限届满仍不支付的，物业服务人可以提起诉讼或者申请仲裁。"据此，在业主违约的情形下，违约责任的主体是业主，而非业主大会或业主委员会，即应由业主承担相应的违约责任。①

二、物业服务合同的内容

（一）合同义务的来源

物业服务合同的内容主要来源于合同的约定。当事人的约定只要不违反法律、法规的效力性强制性规定，即产生法律约束力，双方当事人都应当严格遵守合同约定。依据《民法典》第577条的规定，物业服务人不履行或者不完全履行物业服务合同约定的或者法律、法规规定以及相关行业规范确定的维修、养护、管理和维护义务，业主有权请求物业服务人承担继续履行、采取补救措施或者赔偿损失等违约责任。依据《民法典》第938条第2款的规定，物业服务人公开作出的有利于业主的服务承诺，应当认定为物业服务合同的组成部分。据此，物业服务合同的内容，除了当事人约定的合同内容外，还应当包括如下几方面的内容。

第一，法律、法规的规定。例如，民法典合同编规定物业服务人有义务依据合同约定提供物业服务，业主也有义务交纳各项服务费，即使当事人没有在合同中对该义务进行约定，其也应当成为合同的内容。

第二，行业规范。这主要是指相关行业规范确定的物业服务人负有的维修、养护、管理和维护义务，例如，《上海市物业管理行业规范》中规定的物业服务人员挂牌上岗的要求等。即使当事人没有作出约定，行业规范所确立的义务也应当成为物业服务合同的内容。

第三，物业服务人公开的服务承诺。所谓公开的服务承诺，是指物业服务人为保证物业服务的质量和效益，向全体业主公开作出的有关物业服务内容和标准的单方意思表示。它是指物业服务人 作出承诺也包含了已经承诺并且受到拘束的意思，该承诺在业主接受以后就应当生效并成为合同条款。例如，物业服务人所作出的维修请求限时服务的承诺（如24小时之内进行维修），该承诺虽然没有明确记载在合同中，但只要物业服务人已经作出明确承诺，该承诺也应当成为物业服务合同的内容。《民法典》第938条第2款规定："物业服务人公开作出的有利于业主的服务承诺，为物业服务合同的组成部分。"据此，公开的服务承诺主要有如下构成要件：一是它是由物业服务人公开作出的承诺。公开的方式包括通过公开张贴或者通过宣传手册、服务承诺书等宣传文件进行公开表示。物业服务人向业主公开物业服务细则也是公开承诺的一种方式。二是该承诺必须有利于

---

① 参见张春普、张居卿：《论业主管理团体在物业合同中的主体地位》，载《学术界》，2009（1）。

业主。物业服务人公开的一些承诺可能附带了一些条件，对业主并非当然有利。判断这些公开承诺对业主是否有利，关键看对业主利益的影响。如果将物业服务人公开承诺中不利于业主利益的内容都视为物业服务合同的内容，显然不利于保护业主的利益，也违背了业主的意愿。三是公开承诺的内容具体、确定。也就是说，这些内容可以构成有效的要约，业主通过行为或者沉默的方式作出承诺，该服务承诺已经成为物业服务的合同条款。① 物业服务人公开承诺的内容多种多样，有些内容是物业服务人内部的工作细则、操作标准或者内部管理规则，与业主的权利没有直接的关联，此类承诺无法成为物业服务合同的内容。②

我国司法实践也认为，物业服务人公开承诺的内容可以成为物业服务合同的组成部分。例如，在"董某某诉徐州市丰缘物业管理有限公司物业服务合同纠纷案"中，法院认为："在小区内出现失窃行为后，丰缘物业张贴通知，对自身和业主的权利义务进行了进一步确认，承诺'实行门禁，每晚 10 点后禁止出租车进入，各种车辆进出门时进行登记，检查有效证件'，并要求业主予以配合。依据《物业服务纠纷司法解释》第 3 条的规定，可知'通知'的内容是对原物业协议的补充约定，应视为合同的组成部分。"③

（二）合同的主要条款

《民法典》第 938 条第 1 款规定："物业服务合同的内容一般包括服务事项、服务质量、服务费用的标准和收取办法、维修资金的使用、服务用房的管理和使用、服务期限、服务交接等条款。"依据该条规定，物业服务合同的主要条款包括：

（1）物业服务事项。《物业管理条例》第 35 条第 1 款规定："物业服务企业应当按照物业服务合同的约定，提供相应的服务。"因此，具体的物业服务事项应当在合同中明确，包括对共有财产的维护、养护和管理，尤其涉及对业主的专有财产部分的维修和管理，都应当加以明确。《物业管理条例》第 43 条规定："物业服务企业可以根据业主的委托提供物业服务合同约定以外的服务项目，服务报酬由双方约定。"这主要是指，对一些本不属于物业服务内容的服务项目，物业服务人可通过与业主的另行约定，有偿提供服务，如代收快递邮件服务等。

（2）服务质量。一般来说，法律很难对物业服务质量的标准作出明确界定，但当事人可以在合同中对其作出特别约定。例如，物业服务人明确承诺，保证小区车辆安全、不出现车辆丢失现象，或承诺小区环境始终保持整洁等。一旦作出约定，物业服务人应当按照约定履行。

（3）服务费用的标准和收取办法。服务费用也称物业费，是物业服务人根据物业服务合同的规定，提供物业服务而收取的费用。物业费的收费有两种方式，即包干制和酬金制。包干制是指业主向物业公司支付固定费用，盈余或者亏损由物业公司自行承担，

---

①② 参见朱虎：《物业服务合同作为集体合同：以〈民法典〉规范为中心》，载《暨南学报（哲学社会科学版）》，2020（11）。

③ 江苏省徐州经济技术开发区人民法院（2012）开民初字第 0110 号民事判决书。需要指出的是，原《物业服务纠纷司法解释》第 3 条已被删除。

具体缴费标准一般由业主与物业公司根据政府指导价自由约定。[①] 酬金制是指业主在预收的物业服务资金中按约定比例或者约定数额提取酬金支付给物业服务人，其余全部用于物业服务合同约定的支出，结余或者不足由业主享有或者承担。依据《物业管理条例》第 40 条规定："物业服务收费应当遵循合理、公开以及费用与服务水平相适应的原则，区别不同物业的性质和特点，由业主和物业服务企业按照国务院价格主管部门会同国务院建设行政主管部门制定的物业服务收费办法，在物业服务合同中约定。"物业服务人不得违反法律、法规和部门规章的规定，擅自提高收费标准或者重复收费，否则，构成违规收费。

（4）维修资金的使用。所谓维修资金，是指业主交纳的、专门用于物业服务区域内建筑物的共用部分、共用设施和设备维修所需的维修、更新、改造的资金，如电梯、水箱等共有部分的维修费用。[②] 维修资金在性质上不同于管理资金。所谓管理资金，是由业主出资组成的由业主大会或者业主委员会管理的资金[③]，它可以由业主出资的财产构成，也可以由共有财产的收益所构成。[④] 维修资金只是由业主出资形成的，属于业主共有，且只能用于特定的目的，不能用于支付各种管理费用。实践中，专项维修资金一般登记在以业主名义开设的专用账户下，通常由政府监督其使用，此类资金的使用一般由业主按照民法典物权编的规定进行表决，由业主大会或者业主委员会申请使用。因此，业主委员会与物业服务人在订立物业服务合同时，可就专项资金申请使用的具体事项作出约定。例如，当事人可以约定，在专项维修资金的申请使用过程中，物业服务人应当提供相应的协助。

（5）服务用房的管理和使用。物业服务用房是指物业服务人为管理整个小区内的物业而使用的房屋。依据《民法典》第 274 条规定，物业服务用房应当规定由全体业主共有。物业服务用房是向小区提供物业服务所必需的房屋。没有物业服务用房，物业服务人等就无法为业主提供必要的物业服务。因此，在物业服务人进驻以后，全体业主就应当允许其使用该物业服务用房。《物业管理条例》第 37 条规定："物业管理用房的所有权依法属于业主。未经业主大会同意，物业服务企业不得改变物业管理用房的用途。"依据该条规定，物业服务人应当将物业管理用房用于物业管理，而不得擅自改变物业管理用房的用途，但经过业主大会同意的除外。例如，在"上海海宏房地产发展有限公司与上海市徐汇区光华苑北区业主委员会房屋使用权纠纷案"中，法院认为，依据《物业管理条例》第 37 条"物业管理用房的所有权依法属于业主"的规定，"上海市徐汇区光华苑北区业主委员会受业主大会委托要求海宏公司移交物业管理用房并确认上述房屋归全体业主所有的诉讼请求，于法有据，应予支持。海宏公司认为系争房屋未作为公摊面积计

① 《物业服务收费管理办法》第 7 条规定："物业服务收费实行政府指导价的，有定价权限的人民政府价格主管部门应当会同房地产行政主管部门根据物业管理服务等级标准等因素，制定相应的基准价及其浮动幅度，并定期公布。具体收费标准由业主与物业管理企业根据规定的基准价和浮动幅度在物业服务合同中约定。实行市场调节价的物业服务收费，由业主与物业管理企业在物业服务合同中约定。"

② 参见黄薇主编：《中华人民共和国民法典释义》，1672 页。

③ 参见郑云瑞：《民法物权论》，159 页，北京，北京大学出版社，2006。

④ 1998 年建设部、财政部发布的《住宅共用部位共用设施设备维修基金管理办法》第 4 条规定："凡商品住房和公有住房出售后都应当建立住宅共用部位、共用设施设备维修基金。"

入业主购房面积的意见，并不能作为该房屋权利归属的抗辩，法院不予采信”①。

（6）服务期限。它是指双方当事人约定的物业服务合同的存续期限。通常在合同履行期限届满后，如果当事人没有订立新的物业服务合同，物业服务人继续提供物业服务而业主一方接受该物业服务的，应当视为在双方当事人之间成立不定期的物业服务合同。如果双方当事人在物业服务合同中没有对合同期限作出约定，则可以由当事人进行补充约定，如果无法约定或约定不明确的，当事人可以随时解除该不定期合同，但在解除合同前，应当给对方当事人必要的准备时间。

（7）服务交接。由于《民法典》赋予了业主更换物业服务人或自行接管的权利，因此，在业主解除原物业服务合同、另行寻找物业服务人，或准备自行接管时就涉及服务交接的问题。一方面，由于物业服务具有长期性，在既有的物业服务中形成的物业运行信息可能难以为新物业服务人所知悉。另一方面，在新物业服务人或业主自行接管前，会出现一段时间的真空期，虽然民法典合同编规定了原物业服务人应当继续提供服务，但是这并不足以保障这一期间的物业服务正常运行。因此，《民法典》鼓励物业服务合同对服务交接问题进行约定，以确保物业服务人更换或自行接管的平稳运行。②

第三节　前期物业服务合同

一、前期物业服务合同的概念和特征

根据合同主体的不同，物业服务合同可以分为前期物业服务合同与普通物业服务合同。③ 所谓前期物业服务合同，是指在前期的物业管理阶段，即在物业区域内的业主、业主大会选聘物业服务人之前，由建设单位等主体与物业服务人之间订立的、双方约定由物业服务人提供前期的物业服务的协议。④ 《民法典》第 939 条规定：“建设单位依法与物业服务人订立的前期物业服务合同，以及业主委员会与业主大会依法选聘的物业服务人订立的物业服务合同，对业主具有法律约束力。”这就在法律上确立了前期物业服务合同的规则。

在实践中，之所以需要订立前期物业服务合同，原因在于，从建设单位开始销售商品房到业主正式入住、召开全体业主大会之前，存在一定的时间间隔。在此期间，由于相应的房产出售率未达到法定条件或因其他原因，而不能召开业主大会并选举成立业主委员会、决定事关全体业主的重大事项，因此有必要由房地产开发建设单位或者公有住房出售单位与物业服务人订立前期物业服务合同。法律允许建设单位选聘物业服务人并与之签订前期物业服务合同，对业主的共同物业利益作出安排十分必要，也有利于实现从物业建设到物业管理的顺利衔接。

---

① 上海市高级人民法院（2009）沪高民一（民）再提字第 12 号民事判决书。

② 参见黄薇主编：《中华人民共和国民法典合同编解读》（下册），1379 页。

③ 参见高富平、黄武双：《物业权属与物业管理》，175 页，北京，中国法制出版社，2002。

④ 参见关淑芳：《物业管理合同的性质及其法律适用》，载《当代法学》，2007（4）。

依据《民法典》第939条，前期物业服务合同的特征在于：

第一，当事人具有特殊性。前期物业服务合同是在建设单位与物业服务人之间订立的合同。与普通物业服务合同不同，前期物业合同并不是在全体业主和物业服务人之间签订的，而是在建设单位与物业服务人之间订立的。在前期物业服务合同订立时，大部分业主可能尚未入住房屋，业主大会尚未成立，此时，只能由房地产建设单位和物业服务人订立合同。即使前期物业服务合同与普通物业服务合同中的物业服务人是同一个物业服务人，但由于另一方当事人不同，因而也应当认定为两个不同的合同关系。

第二，订立时间具有特殊性。前期物业服务合同通常是在物业开发过程中签订的，此时大部分业主可能尚未入住，当然，在物业建成后，建设单位也可以与物业服务人之间订立前期物业服务合同。而普通物业服务合同一般是在房屋已经建好、业主大部分已经入住且能够召开全体业主大会的情况下签订的。

第三，订立程序应具合法性。依据《民法典》第939条，建设单位与物业服务人订立前期物业服务合同也应当依法进行。此处所说的依法是指建设单位选聘物业服务人也应当遵循法定的程序。《物业管理条例》第24条规定："国家提倡建设单位按照房地产开发与物业管理相分离的原则，通过招投标的方式选聘物业服务企业。住宅物业的建设单位，应当通过招投标的方式选聘物业服务企业；投标人少于3个或者住宅规模较小的，经物业所在地的区、县人民政府房地产行政主管部门批准，可以采用协议方式选聘物业服务企业。"因此，对住宅物业的管理，建设单位选聘物业服务人应当采用招投标的方式，未进行招投标程序订立的前期物业服务合同应当被认定为无效。

第四，具有过渡性。《民法典》第940条规定："建设单位依法与物业服务人订立的前期物业服务合同约定的服务期限届满前，业主委员会或者业主与新物业服务人订立的物业服务合同生效的，前期物业服务合同终止。"可见，前期物业服务合同通常只是存续于从合同订立到普通物业服务合同生效期间。普通物业服务合同的期限可由合同签订双方进行具体约定①，通常在合同所约定的服务期限届满之后，合同效力才终止。

前期物业服务合同订立后，虽然业主没有参与订约，但其也对业主具有拘束力。从实践来看，前期物业服务合同在销售房屋时候必须作为附件，这就意味着单个业主在购买房屋时，其签字即同意受到约束，所以《民法典》第939条特别规定了"依法"，即要求严格按照程序订立。如果没有该附件则视为业主没有接受，不能当然约束业主。如此才能体现业主自治，并且不会损害业主的利益。

二、前期物业服务合同的约束力

（一）对建设单位的约束力

如前所述，在业主入住之前，前期物业服务合同主要是由建设单位和物业服务人签订，因此，建设单位作为合同的一方当事人应当受到合同的约束。在业主入住之前，建设单位应当按照前期物业服务合同的约定履行相应的义务，特别是交费的义务。

---

① 参见朱群芳：《物业管理合同种类辨析》，载《江南大学学报（人文社会科学版）》，2003（6）。

（二）对业主的拘束力

前期物业服务阶段尽管由建设单位选定物业服务人，且由建设单位与物业服务人订立前期物业服务合同，但该合同对业主也具有约束力，业主不得以其未参加合同的订立或未认可为由而否定合同的效力。例如，在“上海某物业服务有限公司诉沈某物业服务合同纠纷案”中，法院认为：“根据《物业管理条例》的相关规定，在业主、业主大会选聘物业服务人之前，建设单位可以通过招投标或者经行政主管部门批准采用协议方式选聘物业服务人，签订前期物业合同。只要前期物业服务合同有效，其对业主即具有约束力。”①

《民法典》第 939 条第 1 款规定：“建设单位依法与物业服务人订立的前期物业服务合同，以及业主委员会与业主大会依法选聘的物业服务人订立的物业服务合同，对业主具有法律约束力。”所谓“对业主具有法律约束力”，是指业主基于该合同享有权利，并承担义务。毫无疑问，合同订立时已入住的业主也应当受前期物业服务合同的约束，在前期物业服务合同订立后、普通物业服务合同订立前入住的业主，同样应当受前期物业服务合同的约束。问题在于，前期物业服务合同为何对未参与合同订立过程的业主具有拘束力？对此主要有以下几种观点：一是“合同转让说”。此种观点认为，在不改变合同内容的情况下，合同的一方主体由建设单位变更为业主，在业主与建设单位订立房屋买卖合同时，该合同中包含了双方转让前期物业服务合同的合意，前期物业服务合同因为买卖合同的成立而概括转移给房屋买受人承担。依据《物业管理条例》第 25 条，“建设单位与物业买受人签订的买卖合同应当包含前期物业服务合同约定的内容”。因此，签订买卖合同的行为属于一种概括承受。② 二是“涉他合同说”。该说认为，前期物业服务合同是利益第三人合同。该合同虽然是在建设单位和物业服务人之间签订的，但是，也赋予了作为第三人的业主一定的权利。三是“委托代理说”。该说认为，建设单位受未来业主的委托而与物业服务人订立合同③，在房屋出售之前，产权为建设单位享有。因此，建设单位必须选聘物业服务人，与其签订物业服务合同。但这只是一种临时安排，建设单位实际上是代理未来的业主与物业服务人签订物业服务合同。④

本书认为，前述“委托代理说”较为合理。一方面，从实践来看，在业主与建设单位所签订的商品房买卖合同中，已经包含了对前期物业服务的约定，一旦业主认可了建设单位与物业服务人订立的前期物业服务合同，也表明业主对该前期物业服务合同进行了事后追认。从这一意义上说，此种委托应被认定为事后委托。通过事后的追认授权有利于维护物业秩序的稳定、防止纠纷，因而前期物业服务合同应对业主产生效力。需要指出的是，此处所说的委托只是一种概括授权式的委托，通过业主的概括授权，建设单位可以与物业公司订立合同，该合同以从事小区设施的管理、对绿化和环保的维护以及

---

① 上海市浦东新区人民法院（2012）浦民一（民）初字第 19598 号民事判决书。

② 参见徐海燕：《区分所有建筑物管理的法律问题研究》，265 页，北京，法律出版社，2009。

③ 参见李延荣、周珂：《房地产法》，222 页，北京，中国人民大学出版社，2005；杨立新：《物业服务合同：从无名合同到典型合同的蜕变》，载《现代法学》，2020（4）。

④ 参见李延荣、周珂：《房地产法》，222 页。

对小区治安的维护等物业服务活动为内容。[①] 另一方面，建设单位与物业服务人订立前期物业服务合同，提供物业服务，无论物业服务的效果如何，建设单位与物业服务人订立前期物业服务合同在本质上是为了业主的利益，而且业主入住之后，也享有物业服务的利益，据此可以推定业主具有委托建设单位订立前期物业服务合同的意思。

在前期物业服务合同订立之后，受领房屋交付的业主都应受到该合同的约束。此种约束力主要体现为：一方面，业主应当按照约定支付物业服务费；另一方面，业主应当按照约定接受物业服务企业的服务。虽然从形式上来看，后期陆续入住的业主并未实际参与物业服务合同的签订，但因其都实际接受了物业服务人所提供的服务，故也应当承担相应的义务。对于此类合同的拘束力，我国立法也予以确认。因此，任何单个业主都不得以其未参与物业服务合同的订立为由而拒绝接受前期物业服务合同效力的拘束。

需要指出的是，虽然业主在正式签订买卖合同时对前期物业服务合同作出了追认，表明其受到合同的约束，但并不能据此认为业主无权更换物业服务人。一方面，民法典物权编赋予业主对物业服务人的选任权和解聘权，业主有权自由选聘或者解聘物业服务人。另一方面，由于前期物业服务合同是建设单位和物业服务人签订的，业主无法参与合同的谈判、签约等过程，但却需要受前期物业服务合同的拘束、承担前期物业服务合同规定的义务，建议单位有可能利用该合同损害业主的利益。同时，前期物业服务合同在内容上也可能存在瑕疵，正是因为这一原因，应当保障业主依法对前期物业服务合同的解除权，对物业服务人的解聘权。当然，业主更换物业服务人，也必须通过依法召开业主大会的形式进行。

（三）对物业服务人的约束力

由于物业服务人是前期物业服务合同的一方当事人，其自然应当受到合同的约束。物业服务人有权依据前期物业服务合同而主张权利，并履行相应的义务。但物业服务人的权限范围，不得超出合同约定的范围，物业服务人在履行义务的同时，也享有按照约定收取物业费用、获取相关报酬的权利。物业服务人应当依据前期物业服务合同对业主提供物业服务，不得擅自违规收费，也不得任意解除合同。一旦业主经过合法程序续聘前期物业服务人，则物业服务人有权继续留任。

三、前期物业服务合同的终止

前期物业服务合同的终止有如下几种情形。

第一，因普通物业服务合同的订立而自动终止。《民法典》940条规定：“建设单位依法与物业服务人订立的前期物业服务合同约定的服务期限届满前，业主委员会或者业主与新物业服务人订立的物业服务合同生效的，前期物业服务合同终止。”依据该条规定，在业主委员会或者业主与新物业服务人之间订立普通物业服务合同时，则前期物业

---

① 参见徐海燕：《区分所有建筑物管理的法律问题研究》，262页。

服务合同也随之终止，因为前期物业服务合同本身具有过渡性，其主要功能在于解决普通物业服务合同订立前的物业服务问题，因此，一旦普通物业服务合同成立，前期物业服务合同的效力也应当随之终止。

第二，因业主解聘物业服务人而终止。《民法典》第 946 条第 1 款规定："业主依照法定程序共同决定解聘物业服务人的，可以解除物业服务合同。决定解聘的，应当提前六十日书面通知物业服务人，但是合同对通知期限另有约定的除外。"该规则虽然主要适用于普通物业服务合同，但其也可能适用于前期物业服务合同，即在业主入住达到一定比例后，其应当有权行使解聘权，解除前期物业服务合同。

第三，前期物业服务合同期限届满。在前期物业服务合同期限届满后，如果当事人没有订立新的物业服务合同或者通过约定延长物业服务合同的期限，该合同应当终止。但是，如果物业服务人继续提供物业服务，业主仍然继续接受该物业服务人提供的物业服务，则可以推定当事人之间已经形成了事实上的物业服务合同关系。① 虽然依据法律规定，物业服务合同属于要式合同，但依据我国《民法典》第 490 条的规定，因为当事人一方已经履行其主要义务，另一方已经接受，可认定该物业服务合同已经成立。不过，因为当事人没有对合同期限作出约定，所以，该物业服务合同已经转变为不定期合同，双方可以随时终止该合同，但在解除前应提前 60 日书面通知对方。

第四，基于法定解除权而解除合同。在前期物业服务合同中，任何一方出现根本违约，另一方均可主张依法解除合同，此时，物业服务合同的效力也随之终止。

前期物业服务合同终止后，当事人仍负有依据诚实信用原则所产生的附随义务。依据《民法典》第 949 条，前期物业服务合同终止后，原物业服务人应当在约定期限或者合理期限内退出物业服务区域，将物业服务用房、相关设施、物业服务所必需的相关资料等交还给业主委员会、决定自行管理的业主或者其指定的人，配合新物业服务人做好交接工作，并如实告知物业的使用和管理状况。

第四节　物业服务合同的效力

一、物业服务人的义务

（一）妥善维修、养护、清洁、绿化业主共有部分

依据《民法典》第 942 条的规定，"物业服务人应当按照约定和物业的使用性质，妥善维修、养护、清洁、绿化和经营管理物业服务区域内的业主共有部分"。物业服务人的首要义务是对物业服务区域内的共有财产进行管理和维护，以保障业主生产、生活的有序进行。物业服务人应当以自身的设备、资金、劳务和技术，按照法律的规定和合同的约定，为建筑物区分所有中共有物的管理、养护及公共秩序的维护提供服务。具体而言：一是对物业服务区域内的业主共有财产尽心维护和维修。所谓物业服务区域内，是指物

① 参见王利明主编：《物业服务司法解释》，254 页，北京，中国法制出版社，2010。

业服务人依据合同的约定提供服务的范围。所谓业主的共有部分，主要包括绿地、小区内的道路、消防设施以及公共照明设施，也包括电梯、公共的外墙面和屋顶平台、共有的车位车库以及物业管理用房等。二是对物业服务区域内的共有财产进行管理。例如，对小区的道路、公共场所进行清洁，维护小区的绿化环境，维护、养护小区内的照明设施，维护小区内车位、车库的使用状态等，对共有财产及公共设施的维护和维修义务是物业服务人的主要合同义务。①

从《民法典》第 942 条规定来看，物业服务人仅对物业服务区域内业主共有部分负担维修、养护、清洁、绿化的义务。当然，当事人可以特别约定，物业服务人还应当对业主专有部分的财产进行维护和管理，则物业服务人也应负有此种义务。例如，当事人可以约定，在业主专有部分的墙面、墙体出现渗水、表皮脱落等情形时，物业公司也应当负有维修的义务。有关费用的承担，应当按照约定进行处理。②

（二）经营管理业主共有部分

依据《民法典》第 942 条的规定，物业服务人应当按照约定和物业的使用性质，经营管理物业服务区域内的业主共有部分。例如，将小区共有财产出租，收取一定的费用，或者在满足了业主需要之后，将小区空余的车位出租给他人，在小区内的公共场所安装广告，将小区的底商对外出租等。依据《民法典》第 282 条规定，物业服务人经营管理在物业区域内的共有部分所产生的收益，在扣除合理成本之后，应当归属于全体业主。物业服务人的权限范围应当限于对共有财产的管理和维护，而不得擅自处分共有财产或者改变其用途，否则，应当承担相应的责任。

物业服务人在经营管理业主共有部分时，应当符合物业的使用性质，不得擅自改建物业设施，或者违反其性质对其进行使用，造成业主共有财产的损坏。《物业管理条例》第 37 条规定："物业管理用房的所有权依法属于业主。未经业主大会同意，物业服务企业不得改变物业管理用房的用途。"依据该条规定，对于业主提供的物业管理用房，物业服务人只应当将其用于物业管理，而不得擅自改变其用途，如将其改变为商业用房等，否则，物业服务人应当承担相应的法律责任。

（三）维护物业服务区域内的基本秩序

依据《民法典》第 942 条第 1 款的规定，物业服务人应当维护物业服务区域内的基本秩序，采取合理措施保护业主的人身、财产安全。依据该条规定，物业服务人承担小区的公共安全保障义务，不仅是物业服务关系的基本目标，也是承担企业社会责任的内在要求，其基于自身所掌握的物业管理信息，可以以较低的成本、高效率的方式，有效维护良好的社区环境，形成对社会的有效治理。③ 具体而言，物业服务人应当负有如下几方面义务。

---

① 参见姚辉、段睿：《物业服务合同履行的相关法律问题研究》，载《法律适用》，2010 (1)。

② 参见黄薇主编：《中华人民共和国民法典合同编解读》(下册)，1402 页。

③ 参见孙嘉颖、程宝库：《试论物业管理服务企业维护公共安全的社会责任》，载《法学杂志》，2011 (11)。

第一，维护物业服务区域内的基本秩序。本条中所说的“基本秩序”主要指为维护服务区域内的安定、有序生活所必需的秩序。为保障业主正常的生产、生活，物业服务人应当负有维护小区内共同生活秩序的义务。① 例如，物业服务人应采取必要措施避免服务区域内经常发生盗抢、斗殴等严重威胁生活秩序事件。在物业服务人维护物业服务区域的基本秩序时，有必要对业主的权利进行一定的限制，尤其是在业主行使其专有权可能损害其他业主的利益时，物业服务人也可以对其行为进行限制。例如，业主在对专有部分进行装修装潢，出现破坏建筑物承重结构、噪声扰民、造成楼下天花板渗水等情形时，物业服务人有权对此进行管理，使施工活动保持在合理的范围之内，不对其他业主造成侵扰。②

第二，采取合理措施保障业主人身、财产安全。一方面，物业服务人对小区公共秩序的维护义务，当然应当包括对业主人身、财产安全的保障义务，这是物业服务的应有之意。另一方面，物业服务人作为专门提供物业服务的主体，其大都具备一定的能力对小区物业进行常态化管理，消除可能出现的危险或隐患。③ 需要指出的是，物业服务人虽然负有采取合理措施保障业主人身、财产安全的义务，但这并不意味着物业服务人需要承担保障治安的义务，保障社会治安稳定是负责治安管理的公权力机关的义务。物业服务人只是负有采取合理措施保护服务区域内人身、财产安全的义务。此处所说的“合理措施”应当依据具体情形进行判定。例如盗抢、斗殴等事件中，物业服务人不能只是制止，还应当及时报警、联系公安机关，对于受害人要及时联系医院救治等。再如，对小区发生的高楼抛物致人损害，应当采取合理方式予以预防与制止，只有物业服务人尽到安全保障义务，才能有效保护业主的合法权益。

第三，及时制止违法行为。《民法典》第 942 条第 2 款规定：“对物业服务区域内违反有关治安、环保、消防等法律法规的行为，物业服务人应当及时采取合理措施制止、向有关行政主管部门报告并协助处理。”在小区内出现私搭乱建，任意弃置垃圾、排放污染物，侵占通道，违规饲养动物的行为，物业服务人应当及时制止。所谓采取合理措施制止，是指依据当时的具体情况以及物业服务人的自身能力所能够采取的必要的措施。物业服务人采取的措施是否合理，需要依据具体情形而定。④ 在判断物业服务人是否尽到其安全保障义务时，应考虑如下因素：一是导致损害发生的原因。例如，在小区公共道路上，因物业服务人没有及时清除积雪而导致业主摔伤，物业服务人应当承担相应的责任。二是考虑物业服务人是否履行了其职责。例如，保安对外来可疑人员从不加以询问，导致业主人身、财产受到外来人员侵害，物业服务人应当承担相应的责任。三是考虑物业收费标准。在判断物业服务人的义务时，还应结合物业收费的高低来判断。同一地区基于相同或类似标准收取物业费的物业服务人，应当提供相同或类似标准的服务。

---

① 参见黄薇主编：《中华人民共和国民法典合同编解读》（下册），1401 页。

② 参见徐海燕：《区分所有建筑物管理的法律问题研究》，278 页。

③ 如德国冯·巴尔教授指出：“在属于不作为责任原始形态的对他人侵权行为之责任领域内，监督者控制潜在危险的义务通常来源于他对危险源的控制力。”［德］冯·巴尔：《欧洲比较侵权行为法》（下卷），焦美华译，255～256 页，北京，法律出版社，2004。

④ 参见黄薇主编：《中华人民共和国民法典合同编解读》（下册），1404 页。

如果收费标准较高，则物业服务人应当负担更高的安全保障义务，反之，则可以适当减轻其义务。例如，有的小区物业收费很低，甚至没有经费专门聘请保安，在此情形下，物业服务人的安全保障义务就应当低于收费较高的物业服务人。如果物业服务人未尽到其安全保障义务，导致业主的人身、财产安全受到侵害的，物业服务人应当承担相应的责任。例如，因为高楼抛物致人损害，物业服务人没有尽到必要的安全保障义务，造成高楼抛物致人损害的发生，业主既有权请求其承担违约责任，也有权依据过错请求其承担侵权责任。

物业服务人在采取合理措施制止违法行为的同时，也应当向有关行政主管部门报告并协助处理。由于维护治安、环保、维护消防安全等，是政府有关部门的法定职责，物业服务人作为民事主体本身并不享有公权力，难以对违反有关治安、环保、消防安全等行为进行处理，因此必须要报告有关部门，并协助其依法处理。

（四）合理收费

物业服务合同是双务有偿的合同，物业服务人有权依据合同收取物业服务费用，但收取物业服务费用必须符合合同以及法律、法规、规章的规定。[①] 物业服务费常被称为物业费，其不仅包括物业服务人的佣金，还包括物业日常维修、养护、管理的必要费用。[②] 当事人应当在物业服务合同中对物业服务收费范围作出明确约定。物业费收取的标准必须合理，物业服务人不得擅自单方规定不合理的价格，收取费用的项目也必须合理。收取物业费的标准必须经过业主大会的同意，在物业服务合同中明确加以约定。所谓物业收费标准，是指由法律、行政法规、地方性法规、规章规定的物业服务收费标准，其内容主要是对不同服务等级的物业公司提供的服务而规定的指导定价幅度。[③] 物业服务人不得收取超出合同约定范围之外的费用。该违规收费行为实际上是物业服务人单方面对物业服务合同内容的变更，本身构成违约，不能对业主发生效力。

《物业服务纠纷司法解释》第 2 条第 1 款规定："物业服务人违反物业服务合同约定或者法律、法规、部门规章规定，擅自扩大收费范围、提高收费标准或者重复收费，业主以违规收费为由提出抗辩的，人民法院应予支持。"依据这一规定，违规收取物业费的情形主要包括：一是擅自扩大收费范围，即物业服务人违反合同约定或者法律、法规、部门规章规定，擅自扩大收费范围。例如，小区内的游泳池本属于业主共有财产，依据业主公约业主有权无偿使用，但物业公司违反约定向业主收取使用费。二是提高收费标准，此种情形实际上是违反物业收费标准擅自涨价。物业服务人违反法律法规和部门规章有关指导价的规定或者关于收费办法的规定而收取物业费，此种情形属于违规收费。

---

① 参见最高人民法院民事审判第一庭编审：《最高人民法院建筑物区分所有权、物业服务司法解释理解与适用》，294 页。

② 国家发展改革委、建设部 2003 年《物业服务收费管理办法》第 2 条规定："本办法所称物业服务收费，是指物业管理企业按照物业服务合同的约定，对房屋及配套的设施设备和相关场地进行维修、养护、管理，维护相关区域内的环境卫生和秩序，向业主所收取的费用。"

③ 例如，《合肥市住宅小区物业综合服务费基准收费标准》依据物业公司的服务等级规定了不同的收费标准，各等级收费标准上下浮动不得超过 20%。

三是重复收费，即物业费中已经包含了相关事项的费用，但物业服务人在此之外另行收费。例如，物业服务人按照合同约定负有管理车辆的义务，当小区业主已经交纳了物业费时，物业服务人不得另行收取车辆管理费。

出现违反约定或有关规定收取费用的情形，业主有权以违规收费为由提出抗辩。也就是说，在物业服务人擅自违规收费的情形下，业主有权拒绝交纳。业主在该情形下拒绝交纳物业费的行为，属于正当行使抗辩权的行为，不属于违约。依据《物业服务纠纷司法解释》第2条第2款规定："业主请求物业服务人退还其已经收取的违规费用的，人民法院应予支持。"依据这一规定，物业服务人违反上述规定违规收费的，业主有权请求其退还已收取的违规费用。从法律上看，违规收费在性质上属于不当得利，在法律上应当依据该条的规定对业主予以返还。

（五）不得擅自将全部物业管理一并转委托

《民法典》第941条第2款规定："物业服务人不得将其应当提供的全部物业服务转委托给第三人，或者将全部物业服务支解后分别转委托给第三人。"依据该规定，物业服务人不得将其应当提供的全部物业服务一并转委托给第三人。所谓一并转委托，是指物业服务人通过与第三人签订合同，约定将其在与业主签订的物业服务合同中所承担的全部物业服务转委托给第三人。法律之所以对其作禁止性规定，主要原因在于：

第一，物业服务人根据其资金规模、设备、人员的不同而划分为不同的等级，其收费标准、所能管理和服务的小区规模都是据此确定的。如果物业服务人擅自转委托，而第三人又不具备相应的物业服务水平，没有专业的技术人员以及相关的设备，就不能很好地提供物业服务。例如，治安管理、供暖设施、电梯等的维护等，必须有专业的技术人员和设备来履行，一并转委托将可能导致新的物业服务人不能提供符合约定质量的服务。

第二，不同物业服务人承担民事责任的经济能力不同，如果物业服务人员擅自转委托，一旦接受转委托的第三人缺乏经济能力，就可能使业主面临较大的风险，由此将会增加业主请求赔偿的成本。

第三，物业服务合同具有一定的人身信任的性质，业主基于对特定物业服务人的信任才与其订约，因此物业服务人负有亲自提供服务的义务，一旦物业服务人在订立物业服务合同之后擅自转委托，就会破坏业主与物业服务人之间的信任关系。

在物业服务人擅自转委托的情形下，业主有权请求确认转委托合同或者相关条款无效。我国司法实践认为，在此情形下，业主委员会或者业主有权请求确认该合同或者合同相关条款无效。但是，本书认为，物业服务人将物业服务一并转委托，构成对物业服务合同的根本违约，业主既可以要求物业服务人承当相应的违约责任，也可以在合同目的落空、信赖关系难以维持的情形下，行使法定解除权。

《民法典》第941条第1款规定："物业服务人将物业服务区域内的部分专项服务事项委托给专业性服务组织或者其他第三人的，应当就该部分专项服务事项向业主负责。"依据该规定，物业服务人可以将物业管理区域内的专项服务义务委托给专业服务企业，因为物业服务范围广泛，而且部分物业服务专业性强，单个物业服务人通常不具有提供所有物业服务的能力，因此有必要将部分专业性较强的物业服务转委托于第三方[①]，而且专项物业服务转包，未必当然损害业主的利益，甚至可以通过其他专业性更强的物业服务人，获得更优质的物业服务[②]，但不得将其一并转委托给其他物业服务人。需要指出的是，在物业服务人将部分专项服务委托给专业性服务组织或者其他第三人的情形下，物业服务人仍然应当就第三人的行为对业主承担责任，因为在此情形下，就该专项服务的提供而言，该第三人在性质上属于物业服务人的债务履行辅助人，物业服务人应当对其提供服务的行为负责。

（六）定期报告

物业服务人应当依据约定及相关规定，向业主报告履行物业服务合同的情况。[③] 依据《民法典》第943条，物业服务人应定期将服务的事项、负责人员、质量要求、收费项目、收费标准、履行情况，以及维修资金使用情况、业主共有部分经营和收益情况等以合理方式报告业主。法律之所以规定物业服务人的定期报告义务，主要是为了保障业主的知情权，便于业主及时、全面知悉共有财产和社区管理的状况，有效行使自主管理权，同时可以起到对物业服务人的有效监督，对企图侵害业主利益的行为予以有效威慑，并可及时发现和阻止侵害业主行为的发生。[④] 因为物业服务合同是长期的继续性合同，物业服务人定期报告才能使业主及时了解物业服务的相关信息，并能够对物业服务人的服务进行必要的监督。[⑤]

有关物业服务人报告的具体内容，报告的范围、方式、时间等，相关法律法规对此有所规定，当事人也可以在物业服务合同中加以约定。具体而言，物业服务人需要报告的事项主要包括如下两类：一是重大事项的及时报告。例如，对公共设施用途的改变。在业主提出将小区内的空地改为停车场的合理请求后，物业服务人应当及时向业主大会或业主委员会进行报告。二是对常规事项的定期报告。对服务中的一些常规事项，应当定期向业主大会或业主委员会进行报告，并接受业主的监督。特别是有关业主共有财产的收益等财务情况，应当定期公布。此外，如果业主就物业费、停车管理费等费用的交纳以及水电费、绿化费等公共费用支出情况提出质询，物业服务人也有义务予以说明。

（七）合同终止后的移交义务

《民法典》第949条对合同终止后的移交义务进行了规定。该条确立了如下规则：第一，物业服务合同终止的，原物业服务人应当在约定期限或者合理期限内退出物业服务区域，既然物业服务合同已经终止，那么原物业服务人员继续占有物业服务区域的财产就没有任何法律上的依据，此种占有也构成非法占有。因此其应当退出物业服务区域。

---

① 参见刘文清：《物业服务合同实务研究》，136页，北京，法律出版社，2007。

② 参见黄薇主编：《中华人民共和国民法典释义》，1684页。

③ 例如，《天津市物业管理条例》第52条规定："物业服务人应当加强对物业管理共用部位、共用设施设备运行状况的日常检查，每年第四季度将物业管理共用部位、共用设施设备运行状况的报告提交业主委员会，并在物业管理区域内公告。"

④ 参见薛源：《业主知情权存在问题探讨》，载《南京社会科学》，2014（8）。

⑤ 参见谢鸿飞、朱广新主编：《民法典评注·合同编：典型合同与准合同4》，313～314页。

第二，原物业服务人应当将物业服务用房、相关设施、物业服务所必需的相关资料等交还给业主委员会、决定自行管理的业主或者其指定的人。在物业服务合同终止后，物业服务人应当将原有的服务用房移交给业主委员会或其他管理人，而不能继续占有房屋和设施。

第三，原物业服务人配合新物业服务人做好交接工作，并如实告知物业的使用和管理状况。此种义务既是一种法定义务，也是依据诚信原则产生的义务，只有原物业服务人积极配合，新的物业服务人员才能够顺利完成交接。只有履行交接义务，才能够避免给业主造成损害。

第四，原物业服务人违反合同终止后的移交义务，不得请求业主支付物业服务合同终止后的物业费；造成业主损失的，应当赔偿损失。物业服务人拒绝履行或者迟延履行退出、移交、配合交接工作、如实告知物业的使用和管理状况的，无权请求业主支付物业服务合同终止后的物业费，造成损失的，并应赔偿。

此外，《民法典》第 950 条规定："物业服务合同终止后，在业主或者业主大会选聘的新物业服务人或者决定自行管理的业主接管之前，原物业服务人应当继续处理物业服务事项，并可以请求业主支付该期间的物业费。"依据该条规定，在物业服务合同终止后，新的物业服务人或者业主接管物业之前，原物业服务人仍应当继续处理相关的物业服务事项，以免因接管不及时而造成业主的损害。

二、业主的主要义务

（一）依据约定交纳物业服务费

交纳物业服务费是业主最主要的合同义务。《民法典》第 944 条第 1 款规定："业主应当按照约定向物业服务人支付物业费。"因此，有关物业费的交纳主要依据当事人的约定来确定。具体而言，业主交纳物业服务费的义务主要包括如下内容。

第一，交纳的主体。通常来说，依据《民法典》第 944 条规定，物业费的交纳义务人是业主。但在实践中，业主可能已经将物业出租或者出借给他人，在此情况下，物业承租人、借用人等其他物业使用人是否有义务交纳物业费？依据《物业管理条例》第 41 条第 1 款的规定，业主与物业使用人约定由物业使用人交纳物业服务费用的，从其约定，业主负连带交纳责任。依据该规定，业主可与物业的承租人、借用人或者其他物业使用人约定，由物业使用人交纳物业费，而业主在物业费的交纳方面对物业服务人负有连带之债。

物业的承租人、借用人或者其他物业使用人是否属于债务加入人？有学者认为，当业主将物业出借或者出租给他人之后，承租人和借用人等已经成为债务加入者，尤其是物业使用人已经享受到物业服务，理所当然应当负有交纳物业服务费的义务。①《物业服务纠纷司法解释》第 4 条规定："因物业的承租人、借用人或者其他物业使用

① 参见朱虎：《物业服务合同作为集体合同：以〈民法典〉规范为中心》，载《暨南学报（哲学社会科学版）》，2020（11）。

人实施违反物业服务合同，以及法律、法规或者管理规约的行为引起的物业服务纠纷，人民法院可以参照关于业主的规定处理。”该规定虽然也进一步确定了物业的承租人、借用人或者其他物业使用人应当负有业主的义务，但并没有明确其是否应属于债务加入者。本书认为，在业主出租或者出借物业的情形下，如果当事人约定由物业的实际使用人交纳物业服务费，则此种情形应当构成债务加入，业主和实际使用人均负有交纳物业服务费的义务。但在物业出租、出借的情形下，如果当事人没有就物业服务费的交纳作出约定，则依据《民法典》第 944 条规定，仍应当由业主负担交纳物业服务费的义务，此时不构成债务加入关系。

第二，业主应当按照约定的时间、方式交纳物业服务费。关于物业费的交纳时间，物业服务合同一般都会作出约定。但如果当事人没有作出明确约定时，如何确定物业费的交纳时间?《物业管理条例》第 41 条第 2 款规定：“已竣工但尚未出售或者尚未交给物业买受人的物业，物业服务费用由建设单位交纳。”依据该条规定，在房屋未出售或交付前，物业服务费用由建设单位交纳。如果已经出售或交付给业主，则应当由业主交纳物业费。本书认为，业主物业费的最初交纳时间始于物业的交付，实践中以建设单位交付房屋的钥匙为准。因为只有在交付之后，发生占有的移转，业主才可以实际入住，由业主承担物业费才较为合理。如果在房屋出售后，由于业主自身的原因而未及时入住，则应当由业主交纳物业费。但不能认为，一旦房屋出售给业主，就应当由业主交纳物业费。

物业费交纳的方式通常应当在合同中作出约定。例如，双方当事人可能在物业服务合同中约定，居住用房的物业费一年一缴，商业用房的物业费半年一缴。如果法律和合同未对此作出规定，则应当依据交易习惯来确定。例如，如果本地同行业的交纳期限是一年，则应当依此确定。

第三，业主不得以未接受或者无须接受相关物业服务为由拒绝支付物业费。《民法典》第 944 条第 1 款规定：“物业服务人已经按照约定和有关规定提供服务的，业主不得以未接受或者无需接受相关物业服务为由拒绝支付物业费。”依据该规定，物业服务人已经按照约定和有关规定提供服务的，业主不得提出如下两项抗辩。

一是业主不得以未接受相关物业服务为由拒绝支付物业费。在实践中，一些业主购买房屋后，并没有实际入住，如因工作调离，或者基于投资的需要而购买房屋，使房屋长期闲置。此时，如果物业服务人已经提供了相关服务，即便业主没有接受相关的物业服务，其也应当支付相关的费用。

二是业主不得以无须接受相关物业服务为由拒绝支付物业费。例如，一楼的住户不得以没有乘坐电梯为由主张拒绝支付相关的物业服务费，或者没有汽车的业主也不得拒绝支付物业服务费中有关停车场的管理费用。法律之所以规定业主不能以“未接受”服务或“无须接受”服务为由提出抗辩，其根本原因在于：一方面，物业服务人已经提供了服务，因此，其也应当获得相关的物业服务费。如果部分甚至全部业主均提出上述抗辩，导致物业服务人无法获得相关的物业收入，则小区的管理将更加艰难。① 另一方面，

---

① 参见黄薇主编：《中华人民共和国民法典合同编解读》(下册)，1417 页。

建筑物区分所有权具有整体性，物业服务人针对共有部分所提供的物业服务和管理，实际上是在为全部的区分所有权人提供物业服务，各个区分所有权人也都可以实际享受相应的利益①，物业服务合同本身具有集体合同的特点，业主具有共同生活的关系，部分业主不得以其未接受或者无须相关物业服务为由拒绝支付物业服务费。还应当看到，在实践中，当某个新建小区投入正式运营时，一般入住率较低，而此时物业服务人需要对小区的公共设施、绿地等进行维护，此时，已经入住的业主交纳的物业服务费用无法满足正常开支的需要，如果允许业主以“未享受物业服务”为理由提出抗辩，则物业服务将难以开展，这也会对业主的利益造成损害。

第四，业主逾期支付物业服务费应承担相应的责任。《民法典》第 944 条第 2 款规定：“业主违反约定逾期不支付物业费的，物业服务人可以催告其在合理期限内支付；合理期限届满仍不支付的，物业服务人可以提起诉讼或者申请仲裁。”依据该条规定，业主承担逾期支付物业服务费的责任应当符合如下条件。

一是业主逾期未支付物业服务费。物业服务费的支付通常会在合同中明确约定，即业主应当在规定的期限内交纳。

二是业主逾期交纳无正当理由。虽然《民法典》第 944 条第 2 款并没有规定业主逾期交纳的抗辩理由，但从同时履行抗辩原理而言，业主依然应当享有正当的抗辩权，只不过应当对抗辩理由作严格限制。例如，物业服务人违规收费、重复收费、没有提供物业服务等，业主有权提出拒绝交纳物业服务费的抗辩，但如果仅以物业服务人服务不达标为理由提出抗辩，则对此应当作严格限制。例如，小区治安环境差，物业服务人也怠于进行小区环境管理，导致小区垃圾成堆，即便出现上述问题，单个业主也不得以物业服务企业服务不达标为由拒绝支付物业服务费。因为物业服务合同不是单个业主订立的，在出现上述情形时，应当由业主大会、业主委员会依据法定程序解聘物业服务合同，或者与物业服务人协商，变更物业服务合同。更何况，全体业主享有任意解除权，这也有利于督促物业服务人提高服务质量。

三是物业服务人作出了催告。在业主逾期不交纳物业服务费的情形下，并不意味着业主立即需要承担相应的责任，因为业主逾期未交纳物业服务费的情形较多，如因为业主一时疏忽等原因未交纳，不宜一概认定业主应当承担逾期支付物业服务费的责任，物业服务人必须对业主进行催告。此处所说的催告，并非一定要求对个别业主单独作出，也可以采取对所有业主作出催告的方式（如采取小区公告的形式）。

四是业主在经催告后未在合理期限内交纳。在物业服务企业对业主作出催告后，应当给予业主合理的期限交纳物业服务费，业主只有在超出该合理期限未支付物业服务费时，才需要承担逾期支付的责任。如果在催告后的合理期限届满后仍不支付的，物业服务人有权起诉或申请仲裁，要求业主承担相应的违约责任。违约责任的承担主体，应当是具有违约行为的具体业主，而不是业主大会。

第五，物业费催交的法定限制。《民法典》第 944 条第 3 款规定：“物业服务人不得

---

① 参见最高人民法院民事审判第一庭编审：《最高人民法院建筑物区分所有权、物业服务司法解释理解与适用》，311 页。

采取停止供电、供水、供热、供燃气等方式催交物业费。”该条是对业主的特殊保护规则。因为从法理上讲，物业服务费的交纳是因业主和物业服务人之间的法律关系产生的，而有关的水、电、热、燃气等供应问题，是业主和供电人等其他主体之间的关系，二者属于不同的法律关系，在业主未交纳物业服务费用的情形下，物业服务人应当通过物业服务合同主张权利，而不得通过停止供电、供水、供热、供燃气等方式催交物业费，否则就侵害了业主依据其他合同所享有的权利。物业服务人以断水、断电、断气等方式催交，将可能严重损害业主及其共同生活人的基本生存利益。

(二) 接受物业服务人管理的义务

物业服务人享有依据法律规定和合同约定对物业进行管理、提供服务的权利。《民法典》第 286 条第 1 款规定，业主“对于物业服务企业或者其他管理人执行政府依法实施的应急处置措施和其他管理措施，业主应当依法予以配合”。因此，在物业服务人依据规定进行管理的过程中，业主负有接受物业服务人管理的义务，这也是物业服务人按照约定提供物业服务的必要条件。例如，为了保障业主的人身财产安全，物业服务企业依法在特殊时期对进入小区的人员进行必要的安全检查，业主应当接受物业服务人的管理。尤其是在发生公共事件等情形下，物业服务企业或者其他物业管理人为依法执行政府的应急处置措施或者其他管理措施，可能会对业主的行为进行一定的限制。例如，发生传染病流行时，政府组织力量进行防治，采取封闭小区、封存一些有污染物的物品、食品等，防止疾病扩散，这既是为了维护公共利益，也是为了维护小区业主的利益，一旦政府依法采取应急措施或者其他管理措施，物业服务企业或者其他管理人应当依法执行，在执行过程中，小区业主也负有配合义务，不得以相关措施损害其利益为由拒不配合。此种义务也是业主应当负有的法定义务。① 对此，《物业服务纠纷司法解释》第 1 条规定：“业主违反物业服务合同或者法律、法规、管理规约，实施妨碍物业服务与管理的行为，物业服务人请求业主承担停止侵害、排除妨碍、恢复原状等相应民事责任的，人民法院应予支持。”因此，在业主实施妨碍物业服务人的管理行为的情形下，物业服务人有权请求其承担相应的民事责任。

(三) 装饰、装修应事先告知物业服务人

《民法典》第 945 条第 1 款规定：“业主装饰装修房屋的，应当事先告知物业服务人，遵守物业服务人提示的合理注意事项，并配合其进行必要的现场检查。”虽然业主对自己专有部分有权从事装饰、装修，但在装饰、装修过程中会产生大量的噪声，影响电梯等共同设施的正常使用，还会制造一些装修垃圾。因此，法律规定，业主在装饰、装修时应当负有如下义务：一是及时告知物业服务人。二是遵守物业服务人提示的合理注意事项。由于装饰、装修可能扰民，妨碍邻居，甚至破坏建筑物的结构，影响建筑物的安全，所以装饰、装修应当遵守相关的注意事项。三是配合物业服务人进行必要的现场检查。②

---

① 参见黄薇主编：《中华人民共和国民法典物权编解读》，274 页，北京，中国法制出版社，2020。

② 参见谢鸿飞、朱广新主编：《民法典评注 · 合同编：典型合同与准合同 4》，325 页。

为了防止装饰、装修活动违规，造成他人损害，物业服务人应当有权检查。此外，业主还应当配合、协助物业服务人的服务或管理行为。例如，为公共设施而铺设线路需要经过业主室内时，或者为检修管道需要进入业主室内进行查看的，业主应当予以配合。又如，在一些商业型区分所有建筑中，物业服务人根据相关约定要求业主进出时出示相关证件，业主应当予以配合。

业主作为专有部分的所有权人，其应当享有对专有部分的处分权，但业主作出处分可能会影响其他业主的利益，或者妨碍物业服务人的正常管理，依据《民法典》第945条第2款规定："业主转让、出租物业专有部分、设立居住权或者依法改变共有部分用途的，应当及时将相关情况告知物业服务人。"这就是说，业主在从事出租、转让专有部分，设立居住权等情形时，应当及时告知物业服务人，便于物业服务人及时掌握物业服务区域内的新情况，有效履行物业管理的职责，维护全体业主的共同利益。[①]

第五节　物业服务合同的终止

一、物业服务合同终止的原因及终止后的法律效果

（一）物业服务合同期限届满

物业服务合同期限届满后，业主决定不再续聘物业服务企业时，物业服务合同终止。《民法典》第947条第1款规定："物业服务期限届满前，业主依法共同决定续聘的，应当与原物业服务人在合同期限届满前续订物业服务合同。"依据这一规定，如果物业服务合同期限届满，业主决定继续聘任该物业服务企业的，必须依法共同决定续聘，与物业服务企业重新订立合同。所谓依法共同决定续聘，是指业主应当依据《民法典》第278条的规定，依据法定的程序决定是否续聘。一旦业主依据法定程序决定续聘之后，就应当在合同期满前续聘，因为续聘本身就是于合同期满前继续延续原物业服务合同的内容。

续聘也需要物业服务人同意，毕竟续聘不是单方面的行为，其需要双方就续聘事项达成合意，对此，《民法典》第947条第2款规定："物业服务期限届满前，物业服务人不同意续聘的，应当在合同期限届满前九十日书面通知业主或者业主委员会，但是合同对通知期限另有约定的除外。"依据该规定，如果物业服务人不同意续聘，应当依法对业主或者业主委员会作出通知，法律要求物业服务人必须在法定期限之前通知业主或者业主委员会不愿意续聘，即在90日之前通知，该期限的规定在性质上属于任意性规定，当事人可以对该通知期限作出特别约定。法律要求物业服务人必须提前通知业主或者业主委员会，目的在于保护业主的利益，使其有充足的时间选任新的物业服务人，并做好物业交接的准备工作。

① 参见黄薇主编：《中华人民共和国民法典释义》，1701页。

（二）不定期物业服务合同的解除

所谓不定期物业服务合同，是指物业服务合同期限已经届满，双方当事人既没有续聘，也没有商定延长合同期限，但物业服务人继续提供物业服务，而业主也实际享受物业服务的，即构成不定期物业服务合同。对此，《民法典》第 948 条第 1 款规定："物业服务期限届满后，业主没有依法作出续聘或者另聘物业服务人的决定，物业服务人继续提供物业服务的，原物业服务合同继续有效，但是服务期限为不定期。"依据该规定，不定期物业服务合同的成立应当具备如下条件：一是物业服务合同期限已经届满。如果当事人没有在物业服务合同中明确约定合同存续期间，或者约定不明的，则当事人首先应当依据《民法典》的规定确定该期限。二是业主没有依法作出续聘或者另聘物业服务人的决定。如果业主作出了续聘的决定，则当事人可以在合同中约定物业服务合同的期限，此种情形并不构成不定期的物业服务合同；同样，如果业主依法作出了另聘物业服务人的决定，则原物业服务人应当及时交还物业，办理物业交接，在此情形下，也不能成立不定期物业服务合同。三是物业服务人继续提供物业服务而业主接受的。也就是说，物业服务人必须继续提供物业服务，同时，业主又接受了该服务，才能成立不定期物业服务合同。

一旦构成不定期物业服务合同，产生如下效力。

第一，依据《民法典》第 948 条第 1 款规定，"原物业服务合同继续有效"，这就是说，物业服务合同继续延续，并对双方继续产生拘束力，物业服务人仍然应当按照约定提供物业服务，业主也应当按照约定履行交纳物业服务费等义务。

第二，双方当事人均享有任意解除权。虽然物业服务合同中当事人间有一定的人身信任关系，但由于不定期物业服务合同在性质上是不定期合同的一种类型，对不定期合同而言，其也应当适用不定期合同的一般规则。因此，《民法典》第 948 条第 2 款规定："当事人可以随时解除不定期物业服务合同，但是应当提前六十日书面通知对方。"依据该规定，双方当事人均可以随时解除该不定期物业服务合同。这就是说，业主可以共同决定解除该合同，物业服务人也有权解除该合同，但为了防止因为合同被仓促解除而引发的纠纷，或者造成财产的损失浪费，法律规定任何一方行使任意解除权时，应当提前 60 日通知对方，使对方有充足的准备时间。如对业主一方而言，提前通知可以使其有充足的时间选聘新的物业服务人；而对物业服务人而言，提前通知也可以使其有充足的时间准备订立新的合同。

（三）业主行使任意解聘权而解除合同

对于普通物业服务合同，业主一方是否享有任意解除权，学界存在不同观点。如果不承认业主任意解除权，则业主大会依据《民法典》享有的解聘物业服务人的权利将难以真正实现，至于物业服务人的利益可以通过损害赔偿以及合理期限内通知程序等方式予以保障。[①]《民法典》第 946 条第 1 款规定："业主依照法定程序共同决定解聘物业服务

① 参见朱虎：《物业服务合同作为集体合同：以〈民法典〉规范为中心》，载《暨南学报（哲学社会科学版）》，2020（11）。

人的，可以解除物业服务合同。决定解聘的，应当提前六十日书面通知物业服务人，但是合同对通知期限另有约定的除外。”从该规定来看，对业主解聘物业服务人并没有作出任何限定，而只是在程序上要求其依法共同决定。由此可见，该条实际上是承认了业主一方享有任意解除合同的权利。[①] 法律上之所以规定业主的任意解除权，主要原因在于：第一，强化对业主权益的保护。在物业服务合同中，业主处于弱势地位，物业服务人收取物业服务费之后，未按照约定提供物业服务，而单个业主又难以提出抗辩，赋予业主任意解除权，可以有效保护业主利益。第二，由于在实践中，业主大会、业主委员会成立困难，业主维权成本高、程序复杂，赋予业主一方的任意解除权有利于发挥对物业服务企业的监督和制约作用。第三，物业服务合同本质上是当事人基于信任关系而订立的，既然业主不再信任物业服务人，就应当赋予其解除合同的权利。[②]

但是，业主行使任意解除权必须符合如下条件。

第一，行使主体必须是全体业主，而不是单个业主。依照《民法典》，任意解除权并不是赋予单个业主的，而是赋予业主全体的。由于物业服务合同本质上是一种集体合同，具有集体性[③]，因此只能由全体业主享有。

第二，物业服务合同期限尚未届满。任意解除权是合同届满前业主所享有的权利，如果合同期限已经届满，则业主可以通过不再续聘解决该问题，而不存在任意解除权行使的问题。

第三，依据法定的程序共同决定。在行使任意解除权的情形下，业主不需要说明解除的理由，只需要遵守法定的程序解除即可。《民法典》第 278 条对业主选聘和解聘物业服务企业或者其他管理人作出了明确的规定，因此，如果业主行使任意解除权，应当依照该程序作出决定。

第四，任意解除权仅仅适用于普通的物业服务合同，对前期物业服务合同并不适用。因为在前期物业服务合同中，业主尚未入住，也没有成立业主大会和业主委员会，因此也无法行使该项权利。

需要指出的是，赋予业主任意解除权并不意味着完全忽视对物业服务人的利益的保护。对此，《民法典》第 946 条第 2 款规定：“依据前款规定解除合同造成物业服务人损失的，除不可归责于业主的事由外，业主应当赔偿损失。”依据该规定，在业主行使任意解除权造成物业服务人损失的，除不可归责于业主的事由外，物业服务人有权请求业主赔偿该损失。此处所说的“不可归责于业主的事由”，是指物业服务人所遭受的损失与业主无关。如果不可归责于业主，则物业服务人不可要求业主赔偿损失。

（四）当事人行使法定解除权解除合同

物业服务合同在订立后，也可能出现当事人没有预料到的情形，使得合同无法履行，此时，合同当事人可以通过协议方式解除合同。另外，在履行合同过程中，一旦符合法

---

① 参见黄薇主编：《中华人民共和国民法典合同编解读》（下册），1346 页。

② 参见黄薇主编：《中华人民共和国民法典释义》，1704 页；杨立新：《物业服务合同：从无名合同到典型合同的蜕变》，载《现代法学》，2020（4）。

③ 参见黄薇主编：《中华人民共和国民法典合同编解读》（下册），1428 页。

律规定或当事人约定的解约事由，当事人也可以解除合同。例如，物业服务人未按照合同约定提供物业服务，已经构成根本违约，则业主有权行使法定解除权解除合同。当然，由于法律已经规定了业主享有任意解除权，因此，一般而言，行使任意解除权较之于行使法定解除权更为简便。

（五）物业服务合同终止的效果

1. 合同终止的法律效果

第一，向将来发生效力。由于物业服务合同性质上属于继续性合同，因此，合同解除后，应当向将来发生效力。这就是说，已经履行的，依据合同的性质来判断是否应当恢复原状，尚未履行的应终止履行。

第二，关于物业费的返还。物业服务合同在性质上属于继续性合同，物业服务人已经收取的与其提供的物业服务相对应的物业费，不能退还。《物业服务纠纷司法解释》第3条规定："物业服务合同的权利义务终止后，业主请求物业服务人退还已经预收，但尚未提供物业服务期间的物业费的，人民法院应予支持。"依据这一规定，物业服务合同在合同期限届满前终止的，物业服务人应当将已经收取的、尚未提供物业服务期间的物业费返还给业主，业主也有权请求其返还。从法律上看，物业服务人对于已经预收、但尚未提供物业服务的费用构成不当得利，其应当返还。同时，除了物业费之外，物业服务人对于其所预收的其他费用（如装修保证金、垃圾清运费等）也应当依法返还给业主。当然，即使物业服务合同终止，对于物业服务合同生效期间内业主所拖欠的物业费，物业服务人仍有权向拖欠物业费的业主主张，这也是由物业服务合同的双务、有偿性所决定的。

第三，业主行使任意解除权给物业服务人造成损失的，应当赔偿损失。这里要区分一般解除与任意解除，在一般的法定解除中，如果是因为物业服务人的违约而造成的，业主不应赔偿损失。但是业主行使任意解除权，如果造成物业服务人损失的，应当赔偿。《民法典》第946条第2款规定："依据前款规定解除合同造成物业服务人损失的，除不可归责于业主的事由外，业主应当赔偿损失。"据此，如果物业服务人员的损失不可归责于业主，业主不需要进行赔偿。

2. 物业服务合同终止后的后合同义务

合同终止后，当事人仍然负有后合同义务。所谓后合同义务，是指在合同关系终止后，当事人依据法律、法规的规定，以及诚实信用原则的要求对另一方负有的保密、协助等义务。物业服务合同解除后，物业服务人仍应当对业主负有保密、协助等后合同义务。[①]《民法典》第949条规定："物业服务合同终止的，原物业服务人应当在约定期限或者合理期限内退出物业服务区域，将物业服务用房、相关设施、物业服务所必需的相关资料等交还给业主委员会、决定自行管理的业主或者其指定的人，配合新物业服务人

---

① 《物业管理条例》第38条规定："物业服务合同终止时，物业服务企业应当将物业管理用房和本条例第二十九条第一款规定的资料交还给业主委员会。物业服务合同终止时，业主大会选聘了新的物业服务企业的，物业服务企业之间应当做好交接工作。"

做好交接工作，并如实告知物业的使用和管理状况。”依据该规定和有关司法解释的相关规定，物业服务人在合同解除后所应承担的后合同义务主要包括如下内容。

第一，应退出物业服务区域。在物业服务合同的权利义务终止之后，物业服务人应退出物业服务区域。所谓退出，是指物业服务人及其服务人员应离开相应的物业服务区域，而不得继续占用相关区域。如果其拒不退出的，将构成侵权，业主委员会可以请求其退出，并有权请求物业服务人承担相应的民事责任。

第二，应移交物业服务用房和相关设施，以及物业服务所必需的相关资料和由其代管的专项维修资金，即履行妥善交接的义务。① 这主要是因为，物业服务合同已经终止，物业服务人因此而丧失继续占用物业服务用房以及专项维修资金等的法律依据，因此，应当将其返还。对于无正当理由拒不移交的行为，业主委员会可以请求其承担相应的责任。

第三，配合新物业服务人做好交接工作、并如实告知物业的使用和管理状况。物业工作的交接和接收并非一蹴而就，需要前期物业服务人和新的物业服务人相互配合，才能顺利做好交接工作，而且新的物业服务人履行职能，提供物业服务也需要获得足够、真实的物业使用和管理的信息。如果前期物业服务人不履行或者迟延履行该后合同义务，致使新物业服务人交接困难或者物业服务提供迟延，造成业主或者新物业服务人损失的，行为人应依法承担相应的责任。

第四，在新的物业服务人接管前应继续提供物业服务。原物业合同解除，尚未订立新物业合同时，为避免这一期间不能正常提供物业服务，影响到业主的基本生活权益保障和小区基本秩序维护，《民法典》第 950 条规定：“物业服务合同终止后，在业主或者业主大会选聘的新物业服务人或者决定自行管理的业主接管之前，原物业服务人应当继续处理物业服务事项，并可以请求业主支付该期间的物业费。”依据这一规定，原物业服务人不得直接暂停物业服务，而需要在选聘的新物业服务人或业主自行接管前，继续提供物业服务，在新旧物业交接过渡期，做好基本的物业服务提供和维护小区基本的公共和安全秩序。但在原物业服务合同终止后，物业服务人继续提供物业服务，业主接受该物业服务，双方之间形成非定期的物业服务合同，业主应当支付该期间的物业费。该规定着眼于业主利益的保护，符合诚信原则的要求。②

二、物业服务合同的续聘

《民法典》第 947 条第 1 款规定：“物业服务期限届满前，业主依法共同决定续聘的，应当与原物业服务人在合同期限届满前续订物业服务合同。”这是为了保障物业服务的连续性，但此处的“应当”并非“必须”的意思，更多的是一种倡导性规定，即倡导业主在物业服务合同期限届满前续订合同，以保障物业服务的连续性。③ 对前期物业服务而

---

① 参见赵惠：《析物业服务合同的性质及解除》，载《法律适用》，2010（11）。

② 参见黄薇主编：《中华人民共和国民法典释义》，1710 页。

③ 参见谢鸿飞、朱广新主编：《民法典评注·合同编：典型合同与准合同 4》，333 页。

言，由于小区内的商品房出售和入住率较低，无法通过召开全体业主大会选聘物业服务人，所以，一般由建设单位聘请前期物业服务人。但是，在小区内的商品房达到一定的入住率之后，就应当由业主召开全体业主大会，以决定是否继续聘任该物业服务人。如果全体业主同意继续聘请，则在全体业主和物业服务人之间成立物业服务合同关系。如果全体业主不同意继续聘请该物业服务人的，则全体业主有权解除该前期物业服务合同，并有权聘请其他物业服务人、管理人或者自行管理。物业服务合同解除后，原物业服务人即丧失继续占有和使用物业服务用房、有关设施设备和相关资料的权利。① 物业服务人应当按照物业服务合同约定的时间、方式提供物业服务，如果物业服务人未能按照约定提供物业服务，则全体业主有权依据法律规定或者合同约定解聘物业服务人。

《民法典》第 947 条第 2 款规定："物业服务期限届满前，物业服务人不同意续聘的，应当在合同期限届满前九十日书面通知业主或者业主委员会，但是合同对通知期限另有约定的除外。"物业服务人在物业服务期限届满前，具有期前通知的义务。该规定包括如下内容：第一，如果愿意续聘的，双方当事人当然可以继续签订合同。但是即便业主共同决定愿意续聘，物业服务人如果不同意续聘，按照意思自治原则应当尊重其意思。第二，如果物业服务人不同意续聘，应当负有通知义务。物业服务人的期前通知义务是一种法定义务，当事人不能通过约定进行排除。② 因为其必须要给业主留出必要的准备时间，以便于业主寻找新的物业服务人，防止因出现空档期而导致小区物业无人管理。这主要是出于保护业主利益的需要。期前通知义务是物业服务人依照诚实信用原则应当承担的附随义务。物业服务人违反该法定义务也应承担相应的违约责任。③ 第三，物业服务人不同意续聘的，应当依法定程序作出通知：一是要求在物业服务合同期限届满前 90 日，但如果当事人对期限另有约定的，按照其约定。二是通知必须要求采书面形式。三是通知的对象必须是业主或业主委员会，并且通知必须实际到达。

思考题

1. 试论前期物业服务合同与普通物业服务合同的区别。
2. 试述业主任意解除权的行使条件。
3. 简述物业服务人的主要权利与义务。
4. 简述业主的主要权利与义务。

---

① 参见王旭光等：《物权法适用疑难问题研究》，181 页，济南，山东人民出版社，2007。
② 参见谢鸿飞、朱广新主编：《民法典评注 · 合同编：典型合同与准合同 4》，333 页。
③ 参见谢鸿飞、朱广新主编：《民法典评注 · 合同编：典型合同与准合同 4》，334 页。

第二十九章 行纪合同

案例

甲作为行纪人，受乙公司委托，出售乙公司生产的化妆品。为此，双方订立了一份“行纪合作协议”，协议期限为 5 年。但 1 年后，甲觉得该化妆品销量很好，便自行从乙公司购买了一批货物，然后转手进行出售。双方为此订立了订购化妆品的协议。甲也依据该协议向乙支付了货款。在“行纪合作协议”期限届满后，甲请求乙按照其销售的化妆品总量支付行纪报酬，而乙则主张，甲是直接从乙处直接购买化妆品，因此，行纪合作协议履行 1 年后已经终止，甲也无权请求支付报酬，双方为此发生争议。

简要评析：在行纪合同中，行纪人以自己的名义为委托人从事贸易活动，委托人也应当按照约定向行纪人支付报酬。本案中，甲乙双方虽然订立了一份“行纪合作协议”，但后来甲自行从乙公司购买了一批货物出售，是否导致行纪合同终止？《民法典》第 956 条第 1 款规定：“行纪人卖出或者买入具有市场定价的商品，除委托人有相反的意思表示外，行纪人自己可以作为买受人或者出卖人。”该条第 2 款规定：“行纪人有前款规定情形的，仍然可以请求委托人支付报酬。”据此，即使甲以自己的名义购入货物，也符合行纪行为的要求。甲可以依据《民法典》第 956 条的规定，要求委托人支付报酬。

第一节　行纪合同概述

一、行纪合同的概念和特征

依据《民法典》第951条规定，行纪合同，是指行纪人以自己的名义为委托人从事贸易活动，委托人支付报酬的合同。行纪最早起源于罗马法中的信托，是一种遗产的处理形式，并为现代各国法律所普遍认可，尤其适用于艺术品、古董、证券买卖等交易。① 我国古代就有所谓牙行、货栈等从事行纪业务的商人。在现代社会，行纪则往往由一些专业机构实施，比如委托行、拍卖行、证券商、房屋中介等，它们受委托人委托，从事行纪业务。行纪符合现代社会商事活动的专业化、便捷化的特点，我国民法典合同编第二十五章专门规定了行纪合同，对于规范行纪业务，明确当事人的权利义务关系具有十分重要的作用。

行纪合同具有如下几个特点。

（一）行纪人从事的是贸易行为

行纪人从事的行为具有其特殊性，其限于贸易行为。所谓贸易行为，是指各种商业上的交易行为，但与一般的自然人之间从事的标的额较小的交易存在区别。从实践来看，行纪人所从事的交易类型是不断发展的，比如证券交易、期货交易中，委托人委托券商买卖证券、期货，也是一种行纪。再如，有些房屋中介也大量从事行纪活动，尤其从事的是与不动产买卖和不动产租赁有关的活动。另外，从有利于促进我国市场经济发展的角度考虑，只要法律不禁止的贸易行为，都应当允许开展行纪业务。

（二）行纪人必须具备相应的资格

行纪具有一定的专业化和独立性的特点，行纪人必须取得从事某种行纪行为的特定资格。在实践中，行纪人大多是专门接受客户的委托从事买进卖出行为的特定机构，它们通常要获取一定的资格许可。而且行纪人从事的是具有专业性特点的贸易活动，为了规范行纪人的行为，保障委托人的合法权益，法律上往往为其设置了资格许可制度。因此并非所有的人都能够作为行纪人，只有那些取得了合法资质的主体才能作为行纪人。

需要指出的是，行纪与经纪的概念并不完全相同。在我国，经纪的概念比较宽泛，其包括了行纪、中介等各种活动。通常所说的经纪人是依法取得经纪执业证书，从事接受他人委托、促成他人交易并收取佣金的行为的执业人员。在法律上，经纪人可以从事代理、行纪以及中介等活动，如果经纪人从事行纪业务，就是行纪人。

---

① 参见黄立：《民法债编各论》（下册），582页。

（三）行纪人以自己的名义行为

与代理不同，行纪人必须以自己的名义对外进行贸易行为。而代理人必须要以被代理人的名义行为。同一事务，如果是受托人以委托人的名义作出，则构成代理；如果其以自身的名义作出，则可能构成行纪。例如，受托出卖某物，如果以委托人的名义，则为代理；以自己的名义出卖，则可能为行纪。正因如此，行纪人以自己的名义与相对人之间发生合同关系，行纪人将成为合同的当事人，独立地享受权利、承担义务和责任。但代理人因其不是以自己的名义行为，所以代理人与第三人发生交易时，并不能成为合同的当事人，也不能独立承担合同权利义务。

行纪人在以自己的名义从事贸易行为过程中，涉及两种合同关系：一是委托人与行纪人之间的行纪合同关系，如委托行纪人购买货物或出售货物；二是行纪人与第三人之间的合同关系，如行纪人接受委托以后，以自己的名义向第三人购买货物或向第三人出售货物。前一种关系常常被称为内部关系，而行纪人与第三人的合同关系被称为外部关系。① 行纪合同是指前一种合同关系，即委托人和行纪人之间的合同关系。

（四）委托人与第三人不直接发生交易关系

在行纪中，行纪人以自己的名义从事贸易活动，第三人可能根本不知道委托人是谁，委托人也可能不知道第三人。由此可见，行纪与直接代理不同，委托人不能直接与第三人发生法律关系。行纪的法律效果一般先由行纪人承受②，然后再由行纪人转移给委托人，而相对人并不与行纪人的委托人发生直接法律关系。行纪人不仅要承受法律效果，而且要向委托人移转其与第三人交易的效果。在法律效果移转之前，有关财产和权利仍属于行纪人。但在移转之后，有关的财产和权利就归属于委托人。在行纪关系中，委托人直接与行纪人发生关系，行纪合同的效力直接拘束委托人与行纪人，行纪人对委托人负担一定的义务，委托人也对行纪人负担一定的义务。

（五）具有诺成性、不要式性、双务性和有偿性

行纪合同的成立只需委托人和行纪人就有关的行纪事项达成一致即可，无须采取特别的方式，其既可以是口头方式，也可以是书面等方式，因此，行纪合同具有诺成性和不要式性。在行纪合同中，行纪人是以自己的名义为委托人从事贸易活动，而委托人应支付报酬，所以行纪合同同时具有双务性和有偿性。③

二、行纪合同与相关合同的比较

（一）行纪合同和委托合同的区别

行纪合同是在委托合同的基础上发展出来的，两者之间具有一定的共同性，主要

---

① 参见林诚二：《民法债编各论》（中），228 页。

② 参见郑玉波：《民法债编各论》（下），503 页。

③ 参见王利明等：《合同法》，2 版，557 页，北京，中国人民大学出版社，2007。

表现在：一方面，两者都是向委托人提供服务的合同，且都不需要保证特定的结果。无论是在行纪合同还是在委托合同中，都是一方为了另一方的利益而行为，为他人处理事务。另一方面，这两种合同都是基于一定的信任关系而订立的，都需要根据委托人的委托从事一定的处理事务性的行为，这些事务的处理通常都是为了委托人的利益。正因为这一原因，依有些国家法律规定，行纪仍然是委托合同的一种类型。在我国，委托合同对行纪合同而言，属于基础性合同，因而《民法典》第960条规定："本章没有规定的，参照适用委托合同的有关规定。"可见，如果《民法典》对行纪合同缺乏规定，适用委托合同的有关规定。从这个意义上来说，行纪在性质上也可以说是特殊的委托合同。但是，应当看到，行纪合同和委托合同是有区别的，主要表现在：

第一，是否以自己的名义从事合同规定的行为不同。在委托合同中，受托人既可以自己的名义，又可以委托人的名义行为。受托人以委托人名义与第三人订立合同，可以对委托人直接发生效力，受托人以自己的名义与第三人订立的合同，如果第三人在订立合同时知道受托人与委托人之间的代理关系的，该合同也对委托人发生效力。而在行纪合同中，行纪人只能以自己的名义为委托人从事贸易活动，其与第三人之间订立的合同不能对委托人直接发生效力。

第二，适用范围不同。委托合同的适用范围非常宽泛，因为委托人可以将各种事务委托给受托人处理，因此，受托人所从事的行为包括事实行为和法律行为，甚至准法律行为。我国法律并没有对委托的事项作出明确限定，其可以是经营性活动也可以是事务性活动。而对行纪合同而言，其委托的内容必须是经营性的贸易活动。

第三，主体资格不同。行纪合同的行纪人必须经过相关部门的审批和授权，其是以从事行纪活动为营业的特定经营主体，而委托合同的受托人资格则没有任何的限制，可以是任何适合处理特定委托事务的人。

第四，合同性质不同。委托合同既可以是有偿的，也可以是无偿的，而依据我国《民法典》第951条，行纪合同是有偿合同，行纪人为委托人从事贸易活动后，应为此而收取报酬。

第五，费用负担不同。在委托合同中，受托人处理委托事务的费用应由委托人负担，而行纪合同中，委托人将事务全部委托给行纪人，行纪人处理委托事务的费用一般由行纪人负担①，不过，这些费用通常都是包括在报酬之中的。

（二）行纪与间接代理

行纪与间接代理存在相似性。一方面，无论是间接代理人还是行纪人，都是以自己的名义从事贸易活动。另一方面，间接代理和行纪一样，其适用范围主要是贸易活动。此外，无论是行纪人还是代理人，都必须取得委托人的授权，且都必须在授权范围内行为。正是因为这一原因，在大陆法中，一般将间接代理称为行纪关系。② 虽然两者具有相似性，但本书认为，两者仍然有本质区别，主要表现在：

---

① 参见韩世远：《合同法学》，571页。

② 参见郑玉波：《民法债编各论》（下册），501页。

（1）是否与第三人发生法律关系不同。行纪合同和行纪人与第三人订立的合同是两个独立的合同，合同应当分别履行，委托人只能向行纪人提出合同请求，第三人也只能向行纪人提出请求。通常行纪人直接与相对人发生买卖关系，无论是购进还是卖出，行纪人都要支付货款或交付货物，如果确实因为委托人的原因或者第三人的原因造成行纪人不能履行义务，也只能由行纪人根据合同的相对性承担相应的违约责任，然后再由行纪人向委托人或第三人追偿。但是，在间接代理中，只要符合间接代理的条件，第三人就可以行使选择权，将被代理人作为合同相对人；被代理人也可以行使介入权，从而直接享有合同的权利并承担合同的义务。①

（2）权利、义务的内容不同。在间接代理制度下，虽然代理人是以自己的名义订立合同，但本人有权介入其所订立的合同，享有权利和承担义务，第三人也有权选择本人作为合同相对人。在间接代理中，本人享有介入权，无须间接代理人将权利转让给他，即可行使介入权介入原合同关系，直接对第三人主张权利，第三人一旦发现了未披露的本人，也可以直接对本人起诉。② 通过本人介入权和第三人选择权的制度安排，第三人和本人可以突破合同相对性的限制，不经过代理人，直接向对方主张权利，同时直接受间接代理人与第三人所订立的合同的拘束。

（3）在破产情形下的后果不同。如果行纪人破产，委托人对该货物并不享有取回权，在其货款不能得到返还时，只能以债权人的身份与其他债权人一同参加破产分配。但在间接代理的情况下，情况则完全相反。由于间接代理人事实上是为本人的利益而订立合同，合同的权利应由本人享有，所以，如果第三人已经将货物交付给间接代理人，并且因交付行为而发生了货物所有权的移转，此时，间接代理人应视为委托人的受领辅助人，其受领第三人的给付，给付利益应归属于委托人。所以在代理人破产的情形下，其所受领的财产并不能纳入其破产财产的范畴，而应当属于委托人所有，委托人可以就相关财产行使取回权。

（4）是否存在主体资格的要求不同。从我国《民法典》的规定来看，间接代理人是任何主体都可以担任的，但是从事行纪活动应具有一定的资质要求，行纪人必须要求取得一定的资格才可以担任。③

（5）是否需要受托人披露委托人不同。在行纪中，即使认为第三人在订约时知道存在委托关系，在因委托人原因致使受托人违约的情形下，基于商业秘密、受托人与委托人之间的合同约定以及其他商业上的需要，受托人完全可以不予披露。但在间接代理中，依据《民法典》的相关规定，需要受托人披露委托人的，则受托人负有披露的义务。

---

① 参见黄薇主编：《中华人民共和国民法典合同编解读》（下册），1446页。

② 参见冯大同：《国际商法》，278页，北京，中国人民大学出版社，1994。

③ 参见黄薇主编：《中华人民共和国民法典合同编解读》（下册），1446页。

第二节　行纪合同的效力

一、行纪人的主要义务

（一）以自己的名义从事贸易活动的义务

《民法典》第951条规定："行纪合同是行纪人以自己的名义为委托人从事贸易活动，委托人支付报酬的合同。"根据这一规定，行纪人必须以自己的名义为委托人的利益从事贸易活动，这是行纪合同和其他类型的合同（如委托合同等）的主要区别。这也就意味着，行纪人在从事行纪业务中，必须具备相应的资格条件，从而在接受委托后能够以自己的名义对外从事交易。在和第三人的交易行为中，行纪人自己是合同权利义务的主体，即便相对人知晓了委托人和行纪人之间的行纪关系，其也只能够向行纪人请求履行合同义务，而不能够向委托人请求。但行纪人事后应当按照其与委托人之间的约定将因交易而取得的相关利益移转给委托人。

（二）自己负担费用的义务

《民法典》第952条规定："行纪人处理委托事务支出的费用，由行纪人负担，但是当事人另有约定的除外。"因此，在当事人没有特别约定的情况下，行纪人处理委托事务支出的费用，应由行纪人负担，因为在通常情形下，委托人支付的行纪报酬已经包含了此种费用支出，如果当事人在行纪合同中就费用支出另有专门约定的，则应当尊重当事人的意思自治。此处所说的费用包括因处理事务而支出的交通费、人工费、交易税等。但也有观点认为，关于运输费和寄存费用，可以依据约定或者习惯加以确定，在一般情况下，如果行纪人所收的报酬较高，则此两项费用大多包括于报酬之中，而不另行收取，即使另收，这两种费用也无须支付利息。但如果报酬较低，则可以另行请求委托人支付。①

（三）按照委托人指示的价格进行交易的义务

在行纪中，虽然行纪人以自己的名义行为，但是，其应当遵循委托人的指示进行交易。因为行纪人是为委托人的利益而进行交易活动，委托人的指示对于行纪人来说，应当作为行纪人从事贸易活动的基本依据。对此，《民法典》区分了两种情形分别对待。

一是行纪人以低于委托人指定的价格卖出或以高于委托人指定的价格买入。例如，证券公司以低于客户确定的价格出售其证券。在市场交易活动中，价格是不断变化的，在行纪人为了避免损失扩大被迫以低于委托人指示的价格而卖出物品或以高于委托人指示的价格买入物品，这就必然会给委托人造成损失。在出现了因价格变化需要实施此种低价卖出、高价买入行为时，行纪人必须要取得委托人的同意。此处所说的同意，应当

---

① 参见郑玉波：《民法债编各论》（下册），509页。

限于明示的同意。只有征得委托人明示同意，才能维护委托人利益，尽量减少纠纷。如果行纪人没有取得委托人同意，委托人可以拒绝该行为对其所发生的法律效力，由此产生的损失由行纪人自己承担。①

《民法典》第955条中规定："未经委托人同意，行纪人补偿其差额的，该买卖对委托人发生效力。"这就是说，行纪人低于委托人指定的价格卖出或者高于委托人指定的价格买入的，虽然未经委托人同意，也并非当然无效。如果行纪人补偿其差额的，应当认为，行纪人也事实上遵循了委托人的价格指示，且没有给委托人造成损害，行纪人的行为将对委托人发生法律效力。例如，行纪人以低于委托人指示的价格出售了其祖传的文物一件，但是后来，行纪人补足了差价，此时，该出售文物的合同也对委托人发生效力。法律作出此种规定的目的是尽可能地鼓励交易，兼顾各方当事人利益。如果没有征得委托人的同意、行纪人也未补偿其差额，表明行纪人的行为显然是擅自变更指示而为的，该行为是无效的，对于此行为而造成的后果，委托人有权拒绝接受。

二是行纪人以低于委托人指定的价格卖出或者低于委托人指定的价格买入。例如，某行纪人以低于委托人的定价购买了某文物。对于此类行为，因为其通常不会给委托人带来不利益，相反是有利于委托人的，因此，《民法典》并没有明确规定此时实施此种行为需要取得委托人的同意。但因为此种行为给委托人带来了额外的利益，这就涉及行纪人是否可以增加报酬以及利益的归属问题。《民法典》第955条第2款规定："行纪人高于委托人指定的价格卖出或者低于委托人指定的价格买入的，可以按照约定增加报酬；没有约定或者约定不明确，依据本法第五百一十条的规定仍不能确定的，该利益属于委托人。"依据这一规定，一方面，行纪人高价卖出、低价买入，如果双方事先就增加报酬问题达成了协议，则应当按照约定增加行纪人的报酬，行纪人也有权依据约定要求增加报酬。如果没有约定或者约定不明，则双方应当事后协商解决，如果不能达成协议，则应当依据《民法典》第510条的规定按照合同有关条款和合同的性质、交易习惯等确定。如果采取这些做法仍不能确定的，则该额外获得的利益应归属于委托人。②

《民法典》第955条第3款规定："委托人对价格有特别指示的，行纪人不得违背该指示卖出或者买入。"据此，如果委托人对价格有特别指示，行纪人必须遵守。如前所述，在行纪人以低价卖出、高价买入的情形下，即使未经委托人同意，如果行纪人补偿其差额的，不会造成委托人损害，但如果委托人有特别指示，则无论遵守该指示是否会给委托人造成损失，行纪人都必须遵守该指示。如在国庆等节假日期间，委托人为了扩大自己的产品的市场销售额而采取促销措施，其向行纪人所作出的指示是按照低于该产品的一般价格进行销售，且已对外宣传。如果委托人对价格有特别指示，即使行纪人以高于委托人指定的价格卖出的，虽然表面上来看会给委托人增加收益，但无疑是违背委托人的指示和根本利益的。在此情形下，即便行纪人弥补价格差额，委托人也可以拒绝接受该行为的效果。③

（四）妥善保管委托物的义务

《民法典》第953条规定："行纪人占有委托物的，应当妥善保管委托物。"该条确立

① 参见黄薇主编：《中华人民共和国民法典合同编解读》（下册），1454页。

②③ 参见黄薇主编：《中华人民共和国民法典合同编解读》（下册），1455页。

了行纪人对委托人交付其占有的委托物负有妥善保管的义务。此处所说的“委托物”的范围较为宽泛，不仅包括委托出售的物，也包括委托购买的物；不仅包括一般的有形物，还包括委托人交付行纪人保管的金钱以及权利凭证等。依据《民法典》上述规定，行纪人负有妥善保管义务的前提是其已经占有委托物。所谓“妥善保管”，是指行纪人应当按照善良管理人的注意义务标准来保管标的物。此种注意义务标准高于处理自己事务的注意义务标准，它要求行纪人需要采取合适的手段，尽量确保委托物保持其原有的状态。例如，行纪人受他人委托出售祖传的乐器一部，其应当采取妥当的方法予以保管，避免乐器遭受损坏。

（五）合理处分委托物的义务

《民法典》第 954 条规定：“委托物交付给行纪人时有瑕疵或者容易腐烂、变质的，经委托人同意，行纪人可以处分该物；不能与委托人及时取得联系的，行纪人可以合理处分。”该条区分了两种情形。

第一，经委托人同意的处分。在委托物已经出现瑕疵或者容易腐烂、变质的情况下，经委托人同意的，行纪人可以处分。之所以须经委托人同意，是因为在行纪合同中，行纪人无权擅自处分，否则将构成侵权。即便出现该条所规定的情形，不经委托人同意而赋予行纪人处分权也容易引起法律上的争议。例如，委托物虽然有腐烂的出现，但尚无须进行紧急处分，如果行纪人可以未经委托人同意而进行处分，可能会因低价处分而使委托人遭受损失。

第二，未经委托人同意的处分。在某些情况下，行纪人未经委托人的同意，也可以作出处分，但这种处分权的行使应符合几个条件：一是委托人交付给行纪人时，货物有瑕疵或者容易腐烂、变质。这就是说，该货物是委托人交付的而非他人交付的，且该货物存在瑕疵或容易腐烂、变质的情形。二是行纪人和委托人不能及时取得联系，此时，行纪人可以进行处分。这就是说，凡是能够及时联系到委托人的，行纪人必须及时联系委托人并且取得其指示，如果联系不到委托人，才能自行处分。三是行纪人未经委托人的同意所作的处分应当是合理的。此处所说的合理，主要是指以合理的价格变卖标的物。合理处分主要是指变卖的价格应该合理。

（六）及时转交物品或收益的义务

行纪物品仍归委托人所有。在行纪合同关系中，无论是委托人交给行纪人出售的物品，还是行纪人为委托人购进的物品，没有特别约定的，在出售前或买进后，都属于委托人所有，并由委托人承担风险。行纪人只享有占有权。行纪人在完成业务以后，应将完成委托事务所获取的收益或节省的费用，转交给委托人。

（七）履行与第三人的合同的义务

在行纪关系中，涉及两个合同关系：一是委托人与行纪人之间的行纪合同关系，如委托人委托行纪人购买或出售货物；二是行纪人与第三人之间的买卖合同关系，如行纪人接受委托以后，以自己的名义向第三人购买或出售货物。《民法典》第 958 条第 1 款规定：“行纪人与第三人订立合同的，行纪人对该合同直接享有权利、承担义务。”由于行纪人受委托人的委托与第三人订立合同，通常都是以自己的名义，因此基于合同的相对性，就行纪人与第三人所订立的合同，行纪人对该合同应直接享有权利、承担义务。如果其作为出卖人的，应当向第三人负担交付标的物的义务；如果其作为买受人的，理应向第三人支付价款。同理，行纪人是受委托人的委托，为委托人的利益而订立合同，第三人不履行义务会造成行纪人的损失。《民法典》第958条第2款规定："第三人不履行义务致使委托人受到损害的，行纪人应当承担赔偿责任，但是行纪人与委托人另有约定的除外。"该规定系基于合同的相对性原则，依据这一规定，如果第三人违约，由于委托人不能直接对第三人行使请求权，因而委托人无权向第三人直接要求其承担赔偿责任，应由行纪人向委托人承担损害赔偿责任。行纪人在承担赔偿责任之后可以向第三人再行使追偿权。

（八）报告义务

因为行纪人是受委托人的委托而进行交易活动，所以其负有报告义务。此种报告义务主要分两种，一是交易过程中的报告义务，二是交易结束后的报告义务。虽然《民法典》对行纪人的报告义务并未有明确规定，但基于诚信原则其应负此义务。行纪人进行交易活动应遵循委托人的指示，为委托人的利益而行为，因此应向委托人及时报告，报告义务的履行可以使委托人能够及时获知行纪人所欲进行或正在进行的交易情况，及时地根据市场的变化而变更其指示，以使委托人的利益能够得到更好的维护。同时，报告义务也是委托人据以确立行纪人是否尽职忠实地履行其义务的基础。委托人只有及时获知交易的过程和结果，才能更好地解决委托人与行纪人之间的费用及报酬等问题。行纪人在报告其交易过程和交易结果后，才能请求委托人依据合同的约定支付报酬。

二、行纪人的主要权利

（一）行纪人享有请求报酬的权利

依据《民法典》第951条的规定："行纪合同是行纪人以自己的名义为委托人从事贸易活动，委托人支付报酬的合同。"因此，行纪人以自己的名义从事行纪活动，基于行纪合同的有偿性与双务性，其有权依据约定请求支付报酬。当然，如果行纪人只是完成了部分委托事务，委托人也可以仅支付相应的报酬，而非全额支付。如果在行纪人以高于委托人指定的价格卖出或者低于委托人指定的价格买入的，如果当事人之间有约定，则行纪人有权依据约定请求支付报酬。这在性质上属于特殊的报酬请求权。

（二）行纪人有权行使介入权

《民法典》第956条第1款规定："行纪人卖出或者买入具有市场定价的商品，除委托人有相反的意思表示外，行纪人自己可以作为买受人或者出卖人。"该条承认了行纪人有权行使介入权。所谓介入权，是指行纪人按照委托人的指示实施行纪行为时，有权使自己作为交易相对人与委托人从事交易活动。[①] 例如，甲乙之间订立行纪合同以后，甲

---

① 参见黄薇主编：《中华人民共和国民法典合同编解读》（下册），1456页。

发现乙的货物比较好销售，便直接以买受人的身份，从委托人那里购买货物，这就是行使介入权，在此情形下，行纪合同仍然继续有效。行纪人行使介入权必须符合如下要件。

第一，卖出和买入的商品具有市场定价。只有在有明确的市场定价的情形下行使行纪人介入权，才不会损害委托人的利益。有市场定价才可以合理判断此种介入是否会损害委托人利益，并使行纪活动得以顺利完成。

第二，委托人没有相反的意思表示。也就是说，行纪人自己可以作为买受人或者出卖人，委托人对此并不禁止，允许行纪人行使介入权，直接作为买受人或出卖人与委托人发生关系。因为在行纪人自己可以作为买受人或者出卖人的情形下，并不损害委托人的利益。①

第三，在行使介入权之后，委托人仍应当按照合同的约定向行纪人支付报酬。《民法典》第 956 条第 2 款规定："行纪人有前款规定情形的，仍然可以请求委托人支付报酬"。这就规定了特殊情形下的报酬请求权。例如，委托人委托行纪人购买一批茶叶，行纪人正好有同品质的茶叶的存货，而且此茶叶有明确的市场定价，行纪人将该茶叶卖给委托人也不会违背委托人的意愿，同时也不会损害委托人的利益。由于合同目的已经实现，行纪人也圆满完成了行纪的任务，行纪人基于《民法典》第 956 条第 2 款享有报酬请求权。禁止自己代理主要是因为在自己代理的情形下，代理人与被代理人之间存在利益冲突，而依据《民法典》第 956 条，对具有市场定价的商品的卖出或者买入而言，在委托人没有相反的意思表示的情形下，当事人之间并不存在上述利益冲突，因此，法律也没有必要予以禁止。

三、委托人的主要义务

（一）支付报酬的义务

《民法典》第 959 条规定："行纪人完成或者部分完成委托事务的，委托人应当向其支付相应的报酬。委托人逾期不支付报酬的，行纪人对委托物享有留置权，但是当事人另有约定的除外。"由此可见，委托人负有支付报酬的义务，行纪人享有报酬请求权，这也是行纪合同区别于委托合同、并从委托合同分离出来成为独立有名合同的原因之一。②依据该条规定，行纪人的报酬请求权须于其完成或部分完成委托事务之后才可行使。这是因为行纪合同是双务、有偿合同，所以行纪人所享有的报酬请求权与行纪人所应负担的依据委托人指示完成委托事务的义务相对应，如果行纪人未完成委托事务的，自然不得享有此种权利。当然，行纪人的请求权并不以委托事务的全部完成为要件。在行纪人只是完成部分委托事务之时，委托人可以仅支付相应的报酬，而非全额支付。

依据《民法典》第 959 条的规定，行纪人在部分完成委托事务之后，也可向委托人主张相应的报酬。因此，应由委托人支付报酬的情形主要有：一是行纪人按照委托人的指示完成了全部委托事务，其理所当然享有全部支付报酬的请求权。二是行纪人只是部

① 参见谢鸿飞、朱广新主编：《民法典评注·合同编：典型合同与准合同 4》，382 页。

② 参见魏耀荣等：《中华人民共和国合同法释论（分则）》，600 页。

分完成委托事务，其仅得依所完成的部分委托事务的比例请求给付报酬。委托人的支付报酬义务是与行纪人完成行纪事务相对应的，如果是全部完成的，则支付全部报酬。如果行纪人仅完成了部分事务，只能请求支付相应的报酬，报酬与完成事务是相对应的。此处所说的部分事务，应当是指受托事务具有可分割性，如果行纪人在完成部分受托事务之后，委托人不可能另行委托他人处理剩下的事务，即受托事务具有不可分割性的，则行纪人不得就部分完成的事务请求报酬的支付。不过，如果因委托人的过错使得委托事务部分或者全部不能履行而使行纪合同提前终止的，行纪人可以请求支付全部报酬。①

《民法典》第 959 条规定："委托人逾期不支付报酬的，行纪人对委托物享有留置权，但是当事人另有约定的除外。"据此，如果委托人逾期不支付报酬，行纪人对委托物享有留置权。这是一种法定留置权，该项权利的构成必须符合如下要件：第一，必须是行纪人已经合法占有委托物。如果行纪人是采取非法手段占有的，则不能行使留置权。② 第二，委托人没有正当理由拒绝支付报酬。第三，合同中没有事先约定不得留置的条款，如果合同内事先约定不得留置，则行纪人不得对该委托物进行留置。在行纪人依法对委托物行使留置权后，依据我国《民法典》第 447 条，行纪人可就委托物留置财产折价或者拍卖、变卖后优先受偿，其价款超过债权数额的部分归委托人所有，不足部分由委托人清偿。

（二）及时受领委托物的义务

《民法典》第 957 条第 1 款规定："行纪人按照约定买入委托物，委托人应当及时受领。"依据该规定，在行纪合同中，行纪人应遵循委托人的指示而买入委托物，在行纪人按照约定买入委托物之后，委托人应当负有及时受领的义务。一方面，由于行纪人完全是根据委托人的指示买入委托物，该买入行为自然应当对委托人发生效力。所以，委托人应当在行纪人按照指示买入委托物之后及时受领。另一方面，如果委托人不及时受领买入的委托物，有可能导致标的物的毁损或灭失，也会增加行纪人的保管负担。例如，行纪人依委托人的指示买入 50 万千克大米，如果委托人不及时受领的，而行纪人又无仓库保管，这就可能造成该大米的损失。对于行纪人而言，一旦委托人及时受领委托物，既可实现委托事务的终结，也可使其不必再对买入物进行保管，并支付保管费用。委托人在接到行纪人完成委托事务的通知后，应及时对购进的物品进行验收，否则，行纪人对该物品的瑕疵不负责任。

《民法典》第 957 条第 2 款规定："委托物不能卖出或者委托人撤回出卖，经行纪人催告，委托人不取回或者不处分该物的，行纪人依法可以提存委托物。"据此，在委托人拒绝受领的情况下，行纪人依法有权将委托物提存。但提存必须符合以下条件：第一，委托物不能卖出或者委托人撤回出卖。因为市场行情的变化，委托人委托行纪人出卖的物品无法销售，或者委托人单方面指示不再出卖该批货物。在此情形下，货物就置放在

① 参见胡康生主编：《中华人民共和国合同法释义》，592 页。

② 参见王文胜：《论民法典立法讨论中不同类型问题的轻重缓急》，载《北航法律评论》，2016 年第 1 辑（总第 7 辑），97 页，北京，法律出版社，2016。

行纪人处。第二，委托人无正当理由不取回或不处分该物。所谓不取回，是指拒绝受领。所谓不处分，是指不向行纪人作出指示如何处理该批货物。在委托物不能出卖或者委托人撤回出卖时，如果委托人不取回或者不处分该物的，对行纪人极为不利，因为这不仅要增加行纪人的保管费用，还会使其承担标的物毁损、灭失的风险。第三，行纪人需作出催告。此处所说的催告，是指催告委托人及时取回或者明确指示如何处理该物。催告不仅是督促委托人受领委托物，行纪人也要为委托人受领委托物确定期限。如果行纪人未进行催告的，则委托人可能不清楚需要及时受领，因而行纪人不得行使提存权。只有在作出催告之后，委托人仍然不接受、拒绝接受或不处分该物的，行纪人才有权将该货物提存。而在提存之后，标的物毁损、灭失的风险应由委托人承担，提存费用也应当由委托人负担。在提存之后，行纪人在提存范围内视为已经交付了标的物。当然，如果标的物不适于提存或者提存费用过高的，债务人依法可以拍卖或者变卖标的物，提存所得的价款。

（三）取回义务

依据《民法典》第 957 条的规定，委托物不能卖出或者委托人撤回出卖时，经行纪人催告，委托人应当及时取回标的物。依据这一规定，在委托物不能卖出或者委托人撤回出卖之际，委托人负有取回和处分的义务。所谓取回，是指委托人收回该委托物。所谓处分，是指委托人将该货物自行拍卖、变卖，或者直接将该货物进行互易或抵债等。取回和处分主要适用于两种情形：一是委托物不能卖出。这就是说，在委托人委托行纪人出售货物时，因为委托人所定价格过高或者该产品滞销等原因导致该货物无法卖出。需要注意的是，“不能卖出”是指委托物主要因市场原因而在期限届满未能卖出，如果因行纪人的过错而导致货物无法售出的，自然不适用该条的规定。[①] 二是委托人撤回出卖。这主要发生在行纪人将委托物出卖之前，如果行纪人将委托物已经出卖，委托人就无法撤回买卖合同。但在行纪人出卖之前，委托人有权撤回委托物的出卖。在出现上述两种情形时，委托物处于行纪人的占有之下，而行纪人又无法长期管理该物，因此，委托人将该物取回和处分，有利于保护当事人的利益。因为，对委托人来说，这有利于避免委托物的毁损、灭失，委托人取回后，也可以继续利用该物或为其他处分。同时，对行纪人来说，在委托人撤回委托物出卖之后，行纪人则无法继续进行交易，如果由行纪人继续占有该委托物，会增加其保管的负担。

思考题

1. 试述行纪合同的法律特征。
2. 行纪合同与委托合同有哪些区别？
3. 行纪合同具有哪些法律效力？
4. 试述行纪人的介入权。

---

① 参见林诚二：《民法债编各论》（中），237 页。

第三十章

中介合同

案例

乙是一中介公司，其接受甲的委托，促成甲和丙之间订立房屋买卖合同。甲、乙在中介合同中约定，无论乙是否促成甲和丙之间的交易，甲都应乙支付 5 万元报酬并支付相关费用。在此过程中，乙为安排甲、丙之间的协商、洽谈，共支付各项费用 2 000 元。后甲、丙的交易没有达成，乙请求甲支付 5 万元报酬，甲则认为，乙没有促成其与丙之间的交易，依据《民法典》的相关规定，无权请求其支付报酬。

简要评析：该案属于中介合同纠纷，《民法典》第 964 条规定："中介人未促成合同成立的，不得请求支付报酬；但是，可以按照约定请求委托人支付从事中介活动支出的必要费用。"由于该条表述为"不得"，故应当理解为属于强行性规范。虽然在本案中，当事人约定无论是否促成交易都要支付报酬，但因为违反强行性规范导致该约定无效，因而乙不能请求甲支付中介报酬。但是，中介人仍然有权请求委托人依据约定偿还必要费用，即其所支付的各项费用 2 000 元。

第一节　中介合同概述

一、中介合同的概念和特征

中介也称为居间，依据《民法典》第 961 条，中介合同是中介人向委托人报告订立合同的机会或者提供订立合同的媒介服务，委托人支付报酬的合同。市场交易中，双方往往缺乏交易信息，从而无法接触、磋商、缔约，只有借助于中介的作用，双方才能知悉彼此的缔约愿望，从而促成合同的订立。①

中介活动历史悠久，在古希腊时代，就已经出现。在我国古代，中介人被称为“互郎”，它是指促进双方成交而从中取酬的中间人。② 在当今社会，中介的范围十分宽泛，在实践中的运用也十分广泛，人们借助中介而租房、买房、保险、货运、购买有价证券等，因而日常生活中中介行为十分常见。特别是近几年来，随着我国房屋买卖和租赁市场的发展，房屋中介迅速发展，而中介所从事的活动，主要是一种居间活动。经济领域大量的交易也都是通过中介来完成的，对企业的并购、为各种项目“牵线搭桥”、为各种交易的达成提供信息等，都可以通过中介合同进行。

中介合同的特征主要在于：

（一）商事中介活动的主体具有特殊性

如前所述，中介的适用范围十分宽泛，在我国，法律对于自然人之间的中介合同主体并无特别要求，任何公民都可以为他人所进行的普通民事活动报告订立合同的机会或提供订立合同的服务，只要其行为不违反法律即可。③ 但是在商事中介中，法律通常会特别要求中介人必须具有相应的能力、知识，取得相应的资格；或者要求中介人应当符合一定的条件，获得相应的行政许可。例如，《城市房地产中介服务管理规定》第 8 条规定，房地产经纪人必须是经过考试、注册并取得《房地产经纪人资格证》的人员。

（二）内容具有特殊性

《民法典》第 961 条规定：“中介合同是中介人向委托人报告订立合同的机会或者提供订立合同的媒介服务，委托人支付报酬的合同。”据此，中介活动主要包括两类：一是为他人提供订约机会，即为潜在的交易当事人提供与他人订立合同的机会。此类情况是指中介人受委托人的委托，为其寻找订约的相对人，从而促成双方订约；或者提供订约信息，即提供有关的合同主体的情况、履约能力、当事人的信用、出售的标的物的特点等信息。二是提供订约的媒介服务，即中介人在双方当事人之间进行斡旋、协助谈判、促成交易。④ 所以，中介人仅在双方之间充当媒介，为当事人订立合同提供服务。

（三）作用具有特殊性

中介人在所促成的交易中并没有独立进行意思表示。中介人本身是具有完全民事行为能力的人，其在与他人签订中介合同时，作为合同一方当事人是可以进行协商、独立

---

① 参见史尚宽：《债法各论》，434 页。

② 参见王家福主编：《民法债权》，729 页，北京，法律出版社，1995。

③ 参见郭明瑞、王轶：《合同法新论·分则》，331 页。

④ 《城市房地产中介服务管理规定》第 2 条规定，房地产中介服务包括：一是房地产咨询，是指为房地产活动当事人提供法律法规、政策、信息、技术等方面服务的经营活动。二是房地产价格评估，是指对房地产进行测算，评定其经济价值和代理业务的经营活动。三是房地产经纪，是指为委托人提供房地产信息和居间代理业务的经营活动。

进行意思表示的。但是，在其所促成的交易中，中介人的任务在于为委托人和相对人提供交易的资讯，其并不代表任何一方当事人向另一方当事人作出意思表示。在这一点上，中介人不同于委托合同中的受托人。受托人在受托范围内，可以根据委托事项和目的而独立进行一定的意思表示。而在中介合同中，中介人仅是促成委托人和相对人之间合同的订立，并没有参与交易合同的订立或者影响当事人之间具体的权利义务，也不产生具体的法律效果。所以，在中介合同中，中介人并没有作出交易意思表示的必要。既然中介人既不是交易当事人，也不是交易任何一方的代理人，因而中介人在其所促成的交易中，并不能独立作出意思表示。

（四）具有有偿性

典型的中介合同中，中介人从事中介活动都要获取一定的报酬。这种报酬在习惯上常常称为“佣金”。依据《民法典》第 961 条的规定，中介合同是中介人向委托人报告订立合同的机会或者提供订立合同的媒介服务，委托人支付报酬的合同。可见，该条明确了中介合同以有偿为原则，中介合同原则上是有偿合同。当然，在中介合同中，委托人支付的报酬应由当事人在合同中约定，此种报酬通常是在促成合同成立后，委托人才应向中介人支付报酬，因此该报酬的支付具有不确定性。正如德国法谚云：“居间人的努力往往徒劳无功。”

（五）具有诺成性、双务性和不要式性

中介合同是诺成、双务、不要式合同。只要双方意思表示一致，中介合同即可成立，不需要采用特别的形式，因此，其属于诺成合同。中介合同属于双务合同，中介人有义务按照合同约定，为委托人提供订约的机会，促成合同的成立，同时委托人有义务向中介人支付约定的报酬。在这一合同中，双方都负有义务、享有权利，因此应当属于双务合同。此外，中介合同的订立也并不要求采取法定的形式，法律上对中介活动的形式并未作出明确规定，当事人可以采用书面、口头等各种形式。

中介合同在传统民法上一直被称为居间合同，《民法典》将其改称为中介合同，理由在于：一是基于语言更加通俗、易懂的考量，更能为民众所接受；二是从实践来看，交易的基本形态仍然以中介机构的服务为典型，虽然居间活动不限于中介，但是其最典型的形态还是中介服务，所以通过规范中介机构的活动有利于起到行为导向的作用；三是中介与居间概念的核心内涵本身就是一致的，“中”本身对应“居”，“介”本身对应“间”，二者更多是表述的区别。

二、中介的分类

（一）报告中介和媒介中介

根据中介人所提供服务的类型不同，中介可以分为报告中介、媒介中介。《民法典》第 961 条规定：“中介合同是中介人向委托人报告订立合同的机会或者提供订立合同的媒介服务，委托人支付报酬的合同。”由此可见，该规定实际上将中介分为两种类型：一是

报告中介，此种中介就是指中介人向委托人报告订立合同的机会。二是媒介中介，此种中介就是指提供订立合同的媒介服务。中介人在双方当事人之间进行斡旋，促成合同的成立。报告中介和媒介中介的区别主要在于：一方面，在报告中介中，中介人仅仅向委托人报告订立合同的机会。而在媒介中介的情况下，不能仅仅只给一方当事人报告订立合同的机会，还可能要告知有关对方当事人的信用、履约能力等情况，尤其是要在双方之间进行斡旋等，以促成交易的达成。另一方面，在报告中介中，中介人主要是和一方委托人发生关系。而在媒介中介中，中介人则要和双方发生联系。① 与此相应，在报告中介中，中介人报告给哪一方当事人，则由谁支付报酬；而在媒介中介中，双方当事人都负有支付报酬的义务。此外，在媒介中介中，中介人参与程度较高，而在报告中介中，中介人参与度较低。

（二）商事中介与民事中介

所谓商事中介，是指对中介人的资格有特殊要求，而且中介人主要从事商业交易的中介。所谓民事中介，是指不需要中介人有特殊的资格且从事一般的民事活动的中介。两者的区别主要在于：一是是否在资质上存在要求。对于商事中介而言，法律、行政法规、部门规章可能会对中介服务人的资质作专门的规定，而且所从事的中介业务需要进行专门的行政许可或者办理相关登记。而对于民事中介则不存在这方面的要求。商事中介是以提供中介服务为业或者是以营利为目的提供中介业务，而民事中介则不具有持续性或经常性的特点。二是从事的活动类型不同。商事中介主要从事商业经营活动，比如保险经纪人、证券经纪人等，而民事中介主要是进行普通的民事活动。②

三、中介合同和相关合同的区别

（一）中介合同和委托合同的区别

中介合同和委托合同之间的关系较为密切。一方面，两者都是提供服务的合同。中介合同属于特殊类型的委托合同，委托合同的受托人与中介合同的中介人在履行合同中，都要向委托人提供一定的劳务。甚至可以说，中介合同是委托合同的一种特殊类型。另一方面，委托合同的受托人与中介合同的中介人均是为了委托人利益而处理事务。此外，委托合同与中介合同都是基于双方当事人的信任而成立。但中介合同和委托合同之间也存在明显的区别，主要表现在：

第一，所提供服务的内容不同。在委托合同中，受托人所提供的劳务是一般意义上的，其范围广泛，既包括法律行为也包括事实行为。所以，委托合同是关于提供劳务的一般合同。而在中介合同中，中介人所负担的义务不是提供一般的劳务，而是报告订立合同的机会或者提供订立合同的媒介服务。

第二，接受委托的人在交易合同中的身份不同。中介人接受委托人的委托，为其报

① 参见黄立：《民法债编各论》（下），564页。

② 参见黄薇主编：《中华人民共和国民法典合同编解读》（下册），1469～1470页。

告订约机会或在委托人之间进行斡旋，其只是起到订立合同的媒介作用，本身并不是合同当事人，也不是以代理人的身份从事订约活动。例如，在实践中，房屋中介机构等都是中介人，它们并不以房屋买卖合同的主体或代理人身份出现。而在委托合同中，如果受托人得到委托人的授权，其可能直接以代理人的身份与第三人进行交易。

第三，能否作出自己的意思表示不同。中介人没有委托人的授权，只是向订立合同的双方当事人往来传递信息，不能在委托人订立的合同中作出独立的意思表示，也不能对委托人与第三人关系的内容作出决定。而委托合同的受托人则根据授权，无论是以委托人的名义，还是以自己的名义为法律行为，均可向第三人作出意思表示，可以对委托人与第三人之间的合同的内容作出决定。

第四，费用的承担方式不同。委托合同的受托人处理委托事务的费用，由委托人负担，而中介合同的中介人从事中介活动的费用，在中介人促成委托人与第三人的合同成立后由中介人负担；未促成合同成立的，则要求中介人与委托人就必要费用的支付提前约定，如果提前有约定的，可要求委托人支付必要的中介费用。如果没有提前约定的，即使促成了合同成立，由于委托人支付的报酬已经包含了中介费用，此时中介人也不能要求支付必要费用。

《民法典》第966条规定："本章没有规定的，参照适用委托合同的有关规定。"委托合同和中介合同都是提供劳务的合同，委托合同是提供劳务的基础性合同。所以在没有明文规定的情形下，中介合同具有参照适用委托合同有关规定的空间，在此意义上说，中介合同是一种特殊的委托合同。但是中介合同具有自身的特殊性，在参照适用委托合同有关规定的情形下，需要考虑中介合同与委托合同在性质上的不同之处。例如，受托人的义务与中介人的义务存在不同，在委托合同中，受托人处理委托事务的权限较大，而中介人更多提供的是一种信息服务。[①] 因此，中介合同也不能完全参照适用委托合同的规则。

（二）中介合同和行纪合同的区别

中介合同和行纪合同一样，都属于提供服务的合同，中介人和行纪人都要受委托人的委托处理一定的事务。另外，中介和行纪都是以人格信任关系为基础而订立的合同，在事务处理过程中，要最大限度地实现委托人的利益。不过，中介和行纪也存在明显的区别，主要表现在：

第一，在与第三人进行交易中的法律地位不同。在中介合同中，中介人仅是向委托人提供交易的机会，或者提供订立合同的媒介服务，并不直接参与具体的交易合同；而在行纪合同中，行纪人要以自己的名义替委托人与第三人交易，其是交易合同的当事人。

第二，是否能够作出独立的意思表示不同。在中介合同中，中介人主要是为订立合同提供媒介，其并不能够直接作出独立的、有效的意思表示；而行纪人在与第三人的交易中，属于合同当事人，其要作出独立的意思表示。

第三，在与第三人的交易中的权利义务承担不同。在中介合同中，中介人并不参与交易合同，所以，委托人是交易合同的直接当事人，所有的权利义务都由委托人直接承

---

① 参见谢鸿飞、朱广新主编：《民法典评注·合同编：典型合同与准合同4》，457页。

担。而在行纪合同中，行纪人以自己名义和相对人订立合同，是交易合同的当事人，所有的合同权利义务都由行纪人直接承担，委托人只是间接地承受相关的权利义务。

第四，支付报酬的条件不同。依据我国《民法典》第963、964条，中介人获得报酬以其中介成功为前提。只有在促成了合同成立的情况下，才能够获得报酬的请求权，否则只能够向委托人请求支付相应的费用。而在行纪合同中，《民法典》并没有规定委托人不向行纪人支付报酬的法定事由，因此，在行纪合同中，通常无论行纪结果如何，在行纪人没有重大故意或者过失的情况下，其都可以获得相应的报酬。

第二节　中介合同的效力

一、中介人的主要义务

（一）提供订立合同的机会或订立合同的媒介服务的义务

《民法典》第961条规定："中介合同是中介人向委托人报告订立合同的机会或者提供订立合同的媒介服务，委托人支付报酬的合同。"据此，中介人的主要义务就是向委托人提供服务，服务的内容包括两个方面：一是报告订立合同的机会。此类中介也称为报告中介。它是指中介人接受委托人的委托，寻找和发现愿意按照委托人提供的条件与委托人订约的人。二是提供订立合同的媒介服务。此类中介也称为媒介中介，它是指中介人在订约的当事人之间进行斡旋、协商、游说，促使双方当事人最终达成交易。需要指出的是，中介人所提供的媒介服务，包括提供一切合同的订立机会，此种服务适用于《民法典》规定的典型合同的订立，以及《民法典》没有规定的合同的订立。①

在促成交易之后，中介人本身并不能保证合同当事人一方履行合同，即使在中介合同中作出了此种承诺，也不能约束另一方当事人。但如果在双方当事人正式订立的合同中，中介人明确表示要担保合同的履行，则其已经转化为保证人。

（二）如实报告的义务

《民法典》第962条第1款规定："中介人应当就有关订立合同的事项向委托人如实报告。"据此确立了中介人的如实报告义务，报告的内容包括对订约有影响的事项如第三人的信用状况、第三人将用于交易的标的物的存续状况、第三人的支付能力、所购买商品的瑕疵等。② 虽然根据中介合同的性质和目的，可以推断出中介人负有如实报告的义务，但是既然我国《民法典》对这项义务作出了明确的规定，就意味着该项义务已经从合同义务上升为法定义务。因此，在适用该条规定时，无论当事人在合同中是否约定了中介人如实报告的义务，中介人都负有此种义务，因为该义务的性质已经是法定的义务。

中介人报告的对象应当是委托人。如果委托人为数人，则应当向每个委托人都进行

---

① 参见肖建国、肖建华：《委托、行纪、居间合同》，352页。

② 参见胡道才等主编：《参阅案例研究·商事卷》，147页，北京，中国法制出版社，2011。

报告。无论是在报告中介还是在媒介中介，中介人都负有如实报告的义务。中介人如实报告的内容，因中介标的的不同也有所不同。但是，无论报告何种内容，如实报告的内容应当符合如下几个要求：一是内容的客观性。中介人必须对订立合同有关的事项向委托人进行如实报告，使委托人能够判断是否订立合同。为了履行如实报告义务，中介人在必要时还应当进行一些调查，以了解真实情况。二是内容的关联性。这就是说，报告的内容是“有关订立合同的事项”，因为中介合同的目的就是为他人提供订立合同的机会或提供订立合同的媒介服务。因此，报告的内容与正在促成的合同应当有一定的联系。①三是内容的充分性。具体而言，就订立合同的事项包括合同相对人各方面的情况，如相对人的身份信息、资产状况、经营状况、履行能力等方面的信息都属于对合同订立较为重要的信息，中介人应当向委托人如实报告这些信息。② 凡是能够影响到委托人订立合同、作出选择的事项，中介人都应当就自己所知道的情况，向委托人如实报告。另外，中介人如实报告义务的确定，还应当根据具体合同的类型来判断。例如，在租房时，房屋中介对房屋的位置、户型、使用情况等各种事项都应当向委托人进行如实报告，不得隐瞒、编造。

《民法典》第 962 条第 2 款规定：“中介人故意隐瞒与订立合同有关的重要事实或者提供虚假情况，损害委托人利益的，不得请求支付报酬并应当承担赔偿责任。”据此确立了违反如实告知义务的责任。其构成要件在于：第一，违反如实告知义务。依据该条规定，中介人负有向委托人如实报告的义务，此种义务内容主要包括：一是与订立合同有关的重要事实。所谓重要事实，是指直接影响到委托人是否决定订立合同、实际上对委托人有重大影响的事实。例如，房屋是否存在重大的隐蔽瑕疵等。③ 二是中介人报告的对象应当是委托人。如果委托人为数人，则应当向每个委托人都进行报告。第二，中介人故意隐瞒与提供虚假情况。此处所说的隐瞒情况或提供虚假的情况，都是与合同的订立紧密相关的信息，中介人实施此种行为已经构成欺诈，这种欺诈行为造成委托人的损害，因而中介人有义务承担损害赔偿责任。第三，损害了委托人利益。这就是说，因为中介人提供的虚假信息或隐瞒真实情况导致委托人直接遭受了损害。例如，因为隐瞒了房屋的重大瑕疵使委托人购买房屋时支付了与房屋价值不符的价款，此种损害与中介人的行为之间存在因果联系。

在中介人违反告知义务的情形下，委托人享有两项请求权。一是拒绝支付报酬。从中介人角度来看，其从事了隐瞒或欺诈行为，导致其丧失了相应的报酬请求权。二是请求中介人承担赔偿责任。赔偿责任的承担应当考虑中介人的过错程度以及造成的损害后果。如果中介人从事欺诈行为给委托人造成了重大损害，仅仅只是丧失报酬尚不足以弥补委托人的损失的，则应当在丧失报酬请求权之外，还要赔偿委托人的损失。

（三）忠实义务

中介合同是以人格信任关系为基础而订立的合同，因此，中介人应当依据诚信原则

---

① 参见黄薇主编：《中华人民共和国民法典合同编解读》（下册），1392 页。

② 参见陈甦编著：《委托合同 行纪合同 居间合同》，199 页。

③ 参见黄薇主编：《中华人民共和国民法典合同编解读》（下册），1478 页。

负有忠实义务。具体而言，此种义务包括如下内容：一是中介人应当向委托人如实告知订立合同的各种信息包括不利的信息，帮助委托人正确判断、订立合同。二是中介人在从事居间活动时，应当以诚实守信的方式在当事人之间进行斡旋，而不能隐瞒真相、夸大事实、编造虚假信息等来促成交易。三是中介人在从事居间活动中，在涉及利益冲突时，应当负有回避的义务。四是负有不得非法挪用或非法占有委托人财物的义务。中介人应当妥善保管委托人的财物，在居间结束后应当及时移交给委托人。中介人不得为了自己的利益，擅自挪用或非法占有委托人的财物。

（四）勤勉义务

中介合同订立的目的就是要通过居间活动以促成合同的订立，因此，中介人应当尽其所能搜集相关信息向委托人报告，或者通过其媒介服务努力促成交易的最终达成，此种义务就称为勤勉义务。关于中介人的勤勉义务及其范围，应当根据合同的约定、诚信原则以及交易习惯来具体确定。原则上中介人除了履行报告和媒介义务之外，无须再负进一步的义务。[①] 但是在履行这种媒介和报告义务中，其应当尽到勤勉义务。例如，在当事人之间出现合意的分歧时，中介人应当尽力调解斡旋，以促成合同的成立。

（五）附随义务

依据诚信原则所产生的附随义务，主要包括以下几种：一是保密义务。中介人对于中介合同中的各种信息、资料都负有保密义务。例如，有些房屋中介将委托人的住址、电话号码等泄露给他人牟利，就违反了保密义务。二是告知收费事项的义务。例如，房地产经纪机构的告知义务包括告知服务内容、收费等内容，以免事后发生争议。三是及时通知义务。中介人应当就自己了解到的与委托人订约有关的事项负有及时通知的义务。只有履行这些附随义务，才能保障中介合同的目的得以实现。

二、委托人的主要义务

（一）促成合同成立后的报酬支付义务

中介合同为有偿合同，因此，委托人对中介人所作的订约机会的报告或者所提供的订约机会的媒介服务，应当向中介人提供一定的报酬。支付报酬是委托人的主要义务。《民法典》第964条规定："中介人未促成合同成立的，不得请求支付报酬"。这就确立了中介人的报酬请求权。所谓报酬请求权是指中介人促成合同成立后请求委托人支付报酬的权利。中介人行使报酬请求权必须具备如下几个条件。

一是已促成委托人与相对人之间订立合同。支付报酬的前提是中介人促成了交易，依据《民法典》第964条的规定，如果没有促成交易，中介人不得请求支付报酬。《民法典》第964条的规定属于强行性规范，当事人不得约定排除。法律作出此种规定既符合公平原则，也与居间行为的本质属性相符。毕竟在中介合同中，对于中介人来说，其主

---

① 参见黄立：《民法债编各论》（下），564页。

要的目的就是获得居间的报酬，其在从事居间活动中事先所垫付的费用都要从报酬中冲抵。

二是中介人所促成的合同应当与中介合同的约定相一致。需要指出的是，在确定中介人的报酬时，必须要明确中介人所促成的合同应当与中介合同的约定相一致。也就是说，委托人与第三人订立的合同应当是委托人委托中介人所促成的合同，否则，委托人也不能支付报酬。① 因为在中介合同中，中介合同本质上就是中间人提供信息中介或媒介中介来促成合同订立。而委托人因为合同成立要提供相应的报酬。但是如果没有促成合同成立，合同目的没有实现，中介人无权要求支付报酬，因为促成合同成立构成了合同对价。②

三是中介合同应当是合法有效的。例如，国家机关和事业单位的领导干部不得利用职权从事一定的中介活动，否则将因为违反现行法律的规定而无效。

《民法典》第 963 条第 1 款规定："中介人促成合同成立的，委托人应当按照约定支付报酬。对中介人的报酬没有约定或者约定不明确，依据本法第五百一十条的规定仍不能确定的，根据中介人的劳务合理确定。因中介人提供订立合同的媒介服务而促成合同成立的，由该合同的当事人平均负担中介人的报酬。"据此可见，第一，对中介人的报酬没有约定或者约定不明确，应当依照《民法典》第 510 条的规定处理，即："合同生效后，当事人就质量、价款或者报酬、履行地点等内容没有约定或者约定不明确的，可以协议补充；不能达成补充协议的，按照合同有关条款或者交易习惯确定。"这就是要求由当事人首先达成补充协议，如果不能够达成补充协议的，应当由法院根据合同中的其他条款和当地的交易习惯来确定具体的报酬数额。第二，依据《民法典》第 510 条的规定仍不能确定的，根据中介人的劳务合理确定。如何理解"根据中介人的劳务合理确定"？这就是说，要根据中介人在实际从事中介活动中，所实际付出的时间、精力、劳务的价值、委托人对中介事物的满意程度，以及促成合同订立过程中所起的作用等来确定。报酬确定的依据主要是指中介人提供的劳务，而并不仅仅指中介人所付出费用的多少。但是在实践中，劳务的价值很难具体化，所以在确定中介活动的报酬时，需要参考同类活动一般的大致价格和当地的习惯来确定。第三，因中介人提供订立合同的媒介服务而促成合同成立的，由该合同的当事人平均负担中介人的报酬。关于报酬的支付，在报告中介中，中介人报告给哪一方当事人，则由谁支付报酬。但在媒介中介中，中介人是在委托人和相对人之间提供中介服务，如果因为中介活动促成了交易合同的成立，那么委托人和相对人都是受益人，双方当事人都负有支付报酬的义务。如果数个中介人都促成了交易，则应当将报酬在他们之间进行合理分配。但是如果约定的报酬大大超过了中介人所提供的劳务的价值，则委托人有权请求法院予以减少。当然，如果中介人从事一定违法行为（例如故意隐瞒与订立合同有关的重要事实），损害委托人利益，则委托人可以拒绝支付其报酬。

（二）依据约定返还费用的义务

在中介合同中，委托人的主要义务是支付报酬。关于中介费用，《民法典》第 963 条

---

① 参见黄薇主编：《中华人民共和国民法典合同编解读》（下册），1491、1401 页。

② 参见黄薇主编：《中华人民共和国民法典合同编解读》（下册），1491 页。

第2款规定："中介人促成合同成立的，中介活动的费用，由中介人负担。"据此可见，中介活动的费用是计入报酬之中的，如果中介成功促成交易，则委托人支付的报酬中就已经包含了费用。问题在于，如果交易最终没有达成，但中介人已经支付了一定的费用。此时，委托人是否应当支付中介人所支出的费用？我国《民法典》第964条对此作出了规定，要求委托人即便交易不成功，也应当支付必要的费用。此处所说的必要费用主要是指中介人在从事居间活动中所支付的交通费、劳务费等。但是如何确定所谓"必要的"费用，很难有一个绝对的标准，通常需要在个案中依据具体事实加以考虑。本书认为，对此项费用的支付，应当依据合同的约定，如果没有约定，则应当由中介人自己承担，因为这属于其从事交易活动的成本。

《民法典》第964条规定："中介人未促成合同成立的，不得请求支付报酬；但是，可以按照约定请求委托人支付从事中介活动支出的必要费用。"依据该规定，委托人负有依据约定返还必要费用的义务。所谓必要费用，是指中介人在从事中介合同过程中为促成合同的订立而支出的各种必要费用。例如，从事中介活动的必要的调查费用、广告费等。必要费用要与中介合同的目的相关联，只有有助于促成中介合同目的的实现所支出的费用才属于必要费用。① 与《合同法》第427条相比较，《民法典》增加了"按照约定请求"的要件，将必要费用支付的法定请求权改为约定请求权的立场。② 按照原来的规定，如果当事人没有事先约定必要费用的返还，即使中介人没有获得报酬，也可以请求返还必要费用。但依据《民法典》的规定，只有在当事人事先约定要返还必要费用的情形下，中介人才能请求返还必要费用。

（三）协助义务

委托人在委托中介人从事一定居间行为的过程中，也应当在必要时提供一定的协助。《城市房地产中介服务管理规定》第20条规定："房地产中介服务人员执行业务，可以根据需要查阅委托人的有关资料和文件，查看现场。委托人应当协助。"例如，委托中介出售房屋，如果有意购买的人要求中介人带领实地看房，则委托人应当允许看房，并应当提供必要的协助。

需要指出的是，委托人对中介人所从事的中介活动有权接受或者拒绝接受。在没有特别约定的情况下，即使中介人从事了一定的中介活动，委托人也可以不接受其提供的中介服务。此种情形也被称为委托人的非订约义务。③ 但是如果委托人为了避免向中介人支付报酬而恶意拒绝和阻止交易的成立，则其行为构成对中介合同的违反，应当向中介人承担违约责任。

（四）不得从事"跳单"行为

《民法典》第965条规定："委托人在接受中介人的服务后，利用中介人提供的交易

---

① 参见谢鸿飞、朱广新主编：《民法典评注·合同编：典型合同与准合同4》，441页。

② 参见谢鸿飞、朱广新主编：《民法典评注·合同编：典型合同与准合同4》，435页。

③ 参见［德］梅迪库斯：《德国债法分论》，杜景林、卢谌译，358页，北京，法律出版社，2007。

机会或者媒介服务，绕开中介人直接订立合同的，应当向中介人支付报酬。”构成“跳单”行为需符合如下几个条件：第一，委托人接受了中介人的服务。接受服务意味着中介合同已经成立，事实上已经形成了提供中介服务的关系。在中介合同成立后如果构成“跳单”，则会产生违约问题，如果没有接受中介人的服务，则不会产生“跳单”的问题。第二，利用中介人提供的交易机会或者媒介服务，但委托人绕开中介人，直接与第三人订立合同。在某个指导性案例中，法院认为，衡量买方是否“跳单违约的关键，是看买方是否利用了中介公司提供的房源信息、机会等条件。如果买方并未利用该中介公司提供的信息、机会等条件，而是通过其他公众可以获知的正当途径获得同一房源信息，则买方有权选择报价低、服务好的中介公司促成房屋买卖合同成立，而不构成跳单违约”①。例如，在中介人提供了中介服务后，某人就绕开中介人直接与卖方订立买卖合同。第三，与第三人直接订立合同。在“跳单”行为中，委托人之所以构成违约，是因为委托人成功缔约与中介人的中介活动具有相当因果关系。② 另外，“跳单”行为违背诚信和公平原则，严重损害中介人的利益，扰乱市场秩序，阻碍了中介行业的健康发展。③

“跳单”行为的法律效果是中介人享有相应的报酬请求权。这就是说，委托人在客观上利用了中介服务，而且这种“跳单”行为违反了法律的规定，委托人在主观上存在恶意，为了保护中介人对提供中介服务并据此获得报酬的期待，法律赋予中介人报酬请求权，从而保障其利益得以实现。

思考题

1. 试述中介合同的法律特征。
2. 中介合同与委托合同有哪些区别？
3. 中介合同具有哪些法律效力？

---

① 《指导案例 1 号：上海中原物业顾问公司诉陶德华居间合同纠纷案》，载中国法院网，https://www.chinacourt.org/article/detail/2011/12/id/470306.shtml，最后访问日期：2020 年 12 月 24 日。

② 参见谢鸿飞、朱广新主编：《民法典评注·合同编：典型合同与准合同 4》，452～453 页。

③ 参见黄薇主编：《中华人民共和国民法典合同编解读》（下册），1493 页。

第三十一章
合伙合同

案例

甲乙二人从农村到某小镇打工，合伙帮助他人从事装修。有一次在装修过程中，甲在阳台上搁置了一件装修材料，当天晚上刮大风，该装修材料被风吹刮掉下，将路过的一行人砸伤，后受害人向法院提起诉讼，请求房屋所有人丙与甲乙二人共同赔偿损失。丙提出，该装修已完全承包给甲乙二人，应当由甲乙二人承担责任。而乙提出，该损害是由甲的过错造成的，只应当由甲负责。

简要评析：该案涉及建筑物中的搁置物坠落致人损害的责任，依据《民法典》第 1253 条，如果房屋的所有人丙不能证明自己没有过错，应当承担赔偿责任，但管理人和使用人有过错的也应当负责。在本案中，甲乙二人属于“管理人和使用人”，其合伙从事装修业务，因其在装修过程中具有过错，并造成他人损害，依据《民法典》第 973 条，合伙人对合伙债务承担连带责任，因此，甲乙二人应当共同对第三人损害承担相应的责任。乙提出该损害是由甲的过错造成的，只应当由甲负责，这一主张是不能成立的。

第一节　合伙合同概述

一、合伙合同的概念和特征

合伙合同，也称合伙协议，依据《民法典》第967条的规定，是指“合伙合同是两个以上合伙人为了共同的事业目的，订立的共享利益、共担风险的协议”。合伙是一种灵活便利的创业投资方式。① 早在罗马法时期，合伙契约就已经成为一种重要的合同形式。② 一般在两个层面上使用“合伙”这一概念：一是指合伙合同，它是确定合伙人之间权利义务关系的协议，是调整各合伙人内部关系的依据。二是指合伙组织关系，即合伙人的联合体作为一个组织体，可对外与第三人发生各种法律关系。③ 许多合伙特别是商事合伙，是由合伙合同与合伙组织两部分所组成的，前者是对合伙人有拘束力的内部关系，后者是由全体合伙人作为整体与第三人产生法律关系的外部形式，合伙大多是这两种关系的结合。无论合伙是否形成组织，必须有合伙合同存在，合伙合同是合伙产生的基础，并规范合伙人之间的权利义务。即使形成了合伙组织，合伙合同在合伙中也居于十分重要的地位。

在合伙人通过合伙合同设立合伙企业的情形，合伙合同是合伙企业设立的必要条件，也是合伙人之间共同一致的意思表示。任何人加入合伙，都要毫无保留地接受合伙合同的全部条款。合伙合同之于合伙，如同章程之于公司，是合伙组织最重要的内部法律文件，也是确定合伙人之间权利义务关系的基本依据。各个合伙人都应当按照合伙合同享有权利和承担义务，任何一个合伙人违反协议对其他合伙人都构成违约。尽管合伙合同的内容不能排除法律关于合伙人对外责任的规定，也不能对抗善意的第三人，但对合伙人具有严格的拘束力。

依据《民法典》的规定，合伙合同的特点主要在于：

（1）目的的共同性。合伙人订立合伙合同的目的就是要共同经营合伙事业，该事业是各合伙人利益的共同指向④，是合伙人所共同追求的目标。合伙合同是合伙人之间基于共同的目的而订立的合同。例如，二人共同出资购买一辆货车，用于跑长途运输，双方约定各自承担一半的价款，同时约定每逢单数日由甲驾驶，双数日则由乙驾驶，并各自承担相应的汽油、保养等费用。从该约定来看，虽然有形式上的“共同出资”甚至“共同维护”，但因二人追求的目的并不具有共同性，因而尚不构成合伙。但若甲乙共同购买汽车，同时与第三人签订汽车租赁合同，将汽车出租给第三人使用并分享出租收益，则该二人之间便形成了共同的利益指向，因此在内容上即可成立合伙。这种事业既可以是持续性的，也可以是临时性的。一旦共同目的已经实现，则合伙将因此而解散；合伙

---

① Philippe Merle, Droit commercial, Sociétés commerciales, 11e édition, Dalloz, 2007, p. 162.

② 参见陈朝璧：《罗马法原理》，231页，北京，法律出版社，2006。

③ 参见佟柔主编：《中国民法》，131页，北京，法律出版社，1990。

④ 参见史尚宽：《债法各论》，650页。

的目的无法实现时，合伙也应当终止。

（2）订立的特殊性。合伙合同与一般合同的不同之处主要表现在：合伙人之间主要是合作的关系而非对立、竞争的关系，各合伙人具有共同的利益追求。同时，合伙合同的当事人也并非债权人与债务人，不能将合伙人区分为积极的一方与消极的一方。它是一种共同行为，需要多方意思表示一致。[①] 在合伙合同订立的过程中，各个合伙人之间的意思表示还具有共同的指向，这也是合伙合同目的共同性的要求。另外，在合伙合同订立之后，如果某些合伙人嗣后退伙或死亡，并不必然影响合伙合同的效力。

（3）内容的特殊性。依据《民法典》第 967 条的规定，合伙合同需要“为了共同的事业目的”而订立，为了实现这一目的，各合伙人需要相互合作，因而各合伙人应当按照合伙合同的要求共同出资、共同经营、共享利益、共担风险。[②] 这也是合伙合同区别于借款合同的重要特点。为了实现目的的共同性，当事人应在合伙合同中对出资、入伙、退伙、合伙事务管理、事务执行人、损益分配、合伙财产以及合伙债务等内容进行约定，这些内容是其他类型的合同所不具备的。虽然法律对其中一些内容作出了规定，但合伙人仍可以在不违反法律的强制性规定的前提下进行自由约定。

合伙人应该按照法律规定或者合伙合同的约定处理合伙事务，如果全体合伙人与第三人之间从事民事法律行为，由此订立的合同与一般的合同在性质上并无差异，但如果部分合伙人与第三人从事法律行为，由此产生的法律效果要准用委托的规定，相应的法律后果也应由全体合伙人承担。

（4）属于继续性合同。合伙合同的共同目的既可以是临时性的，也可以是持续性的。[③] 但无论时间长短、目的是否确定、单一，合伙人履行义务的行为都不可能是一次性的，而需要持续地作出履行。从这个意义上讲，合伙合同属于继续性合同，只要合伙合同所确定的特定目的仍存在，该合伙就继续存在。同时，因为合伙合同属于继续性合同，其在解除的效力等方面也不同于一般的合同。基于继续性合同的特征，对于未定期限的继续性合同，为了避免债务关系无限延长，一般均承认未定期限的继续性合同的通知终止制度，该规则同样适用于未定期限的合伙合同，对此，《民法典》第 976 条第 2、3 款规定：“合伙期限届满，合伙人继续执行合伙事务，其他合伙人没有提出异议的，原合伙合同继续有效，但是合伙期限为不定期。合伙人可以随时解除不定期合伙合同，但是应当在合理期限之前通知其他合伙人。”该条规定的这一随时解除的权利，在性质上就是未定期限继续性合同的通知终止权利。

（5）以不要式为原则。合伙合同原则上具有不要式性，并不一定需要以书面形式订立，如果当事人只是组成一般的民事合伙，并未将其注册为合伙企业，则不要求必须以书面形式订立合伙合同，口头形式的合伙合同也同样具有法律效力。[④] 当然，如果当事人通过合伙合同设立合伙企业，则应以书面形式订立。例如，《合伙企业法》第 4 条规定：“合伙协议依法由全体合伙人协商一致、以书面形式订立。”该法第 14 条也规定，设

① 参见谢鸿飞、朱广新主编：《民法典评注・合同编：典型合同与准合同 4》，462 页。
② 参见邱聪智：《新订债法各论》（下），8 页。
③ 参见［德］梅迪库斯：《德国债法分论》，386 页。
④ 参见王轶等：《中国民法典释评・合同编・典型合同》（下卷），599 页。

立合伙企业应当“有书面合伙协议”。

二、合伙合同的性质和功能

（一）合伙合同是一种典型合同

从比较法上看，合伙合同通常都规定在民法典债编中，我国《合同法》并没有规定合伙合同，但是在民法典编纂中，合伙合同被纳入《民法典》之内，并被规定为独立的典型合同类型。从性质上说，合伙合同可能是民事合同也可能是商事合同，因此，《民法典》作为民事基本法，对合伙合同作出了规定。

《民法典》之所以要新增合伙合同一章，主要原因在于：《合伙企业法》已经规定了商事合伙，《合同法》也没有规定合伙合同，民法典总则编删去了《民法通则》中的相关规则，因而民法典合同编有必要将合伙合同规定为典型合同类型。[①] 合伙合同在交易实践中运用得也较为广泛，由此也产生了不少纠纷，这就需要提供相应的法律规则进行调整。将其规定于民法典合同编也将会使我国法律关于合伙的规则更为完善和科学。

（二）合伙合同是共同行为

《民法典》第134条第1款规定：“民事法律行为可以基于双方或者多方的意思表示一致成立，也可以基于单方的意思表示成立。”所谓双方法律行为，是指双方当事人意思表示一致的法律行为。所谓共同法律行为，即多方法律行为，它是基于两个或两个以上共同的意思表示一致而成立的多方法律行为。例如，制定公司章程的行为、订立团体规约的行为。我国一些学者认为，法律上有必要区分合同与契约，契约为双方法律行为，而合同为多方法律行为。[②] 此种观点也旨在区分双方和多方法律行为。多方法律行为和双方法律行为的区别在于：一方面，在实施多方法律行为时，当事人所追求的利益是共同的，其通常要依据法律规定和合同约定共享收益、共担后果。而在双方法律行为中，当事人的利益是相对的。[③] 另一方面，在实施共同法律行为时，共同意思表示的达成有可能需要遵循一定的程序，而双方法律行为一般不适用此种程序。例如，订立章程要遵守一些特定的规则、程序，其不宜完全适用合同编的规定。再如，业主订立管理规约，也要遵守一定的表决程序。

（三）合伙合同具有规范合伙组织体的功能

许多合伙合同也旨在建立合伙组织，此类合同也称为组织性合同，其规范合伙组织体的功能主要体现为：

第一，合伙合同规范了合伙人与合伙组织体的关系。如果合伙合同不是单纯的合同，而且要设置相应的组织体，则合伙合同不仅是当事人的合意行为，而且通过规定合伙人

① 参见黄薇主编：《中华人民共和国民法典合同编解读》（下册），1503页。

② 参见汪翰章主编：《法律大辞典》，上海，大东书局，1934。

③ 参见谢鸿飞、朱广新主编：《民法典评注·合同编：典型合同与准合同4》，463页。

的出资义务以及盈余分配规则等规范了合伙组织体的关系。而合伙组织体的财产与合伙人的财产并不能等同，在一定程度上处于相互分离的状态，合伙财产区别于合伙人个人的财产。[1] 在合伙对外承担责任时，首先应以合伙的全部财产对外承担责任，而非以合伙人的个人财产首先承担责任。因此，在合伙人违反合伙合同所约定的出资义务时，可以由其他合伙人或执行事务的合伙人请求其履行该义务，但该出资义务的履行并不是针对某一单个的合伙人，而是对合伙组织体履行该义务。再如，合伙人违反竞业禁止义务，则不仅要对其他合伙人承担违约责任，而且要对合伙组织体承担相应的责任。

第二，许多合伙合同是合伙组织体进行内部管理和对外行为的"章程"。如果合伙合同也要建立合伙组织，则一方面在该组织体中，合伙合同类似于公司的章程，其不仅具有确立权利义务的特点，而且具有设立组织的特性。合伙合同中规定诸如合伙企业的名称、主要经营场所的地点、合伙目的和合伙经营范围、合伙事务的执行、入伙与退伙、争议解决办法、合伙企业的解散与清算等内容，就已经超出了民事合同的范畴，已具有组织性规则的特征。当事人之间有关利益分配、入伙退伙、对外事务的执行，都可以依据合伙合同确定。另一方面，许多合伙合同的双重属性在民事合伙中也有所体现。在民事合伙中，合伙合同关于合伙内部议事的规则、对外代表的规则和对外承担责任的规则，也都不单纯是合伙人之间的权利义务关系。例如，在民事合伙对外行为、产生责任后，即便存在合伙合同的解除事由，也不能简单地根据该解除事由解散合伙，而需要进行合伙的清算，在承担完合伙债务后再进行解散。

第三，合伙合同是确定合伙人个人权利义务的准则。合伙合同的特殊性在于，它是确立各合伙人之间相互关系的依据，也是合伙人在合伙中的基本行为准则。合伙合同是全体合伙人的自治性文件，是全体合伙人的"宪法"。合伙合同与公司章程具有类似的效力。在这一点上，合伙与公司不同。公司需要适用特别的公司组织法，而合伙在整体上仍然适用民法中债和合同的有关规则。

需要指出的是，许多合伙合同是设立合伙组织体的基础和依据，也是规范合伙组织体的基本规范，但是合伙合同与合伙组织体仍然是不同的概念。因为一方面，合伙合同不一定需要设立组织，个人合伙本身具有临时性与松散性的特点。另一方面，从法律适用依据来看，如果通过合伙合同设立合伙企业，则主要适用《合伙企业法》的规定，而合伙合同主要适用民法典合同编合伙合同章的规定。

三、合伙合同与相关概念的辨析

（一）合伙合同和设立公司的协议

合伙合同和设立公司的协议都可能是设立商事组织的协议，且订立协议的当事人具有共同的目的，这些协议都是具有共同利益的数个主体之间的协议。与一般的权利义务具有对应性的合同不同，它们在本质上都是一种共同行为，且都可能以设立一定的组织体为目的。在比较法上，一些国家的法律专门对共同行为作出了规定。例如，在法国法

---

① 参见谢鸿飞、朱广新主编：《民法典评注·合同编：典型合同与准合同 4》，471 页。

上，将合伙合同与设立公司的协议统称为设立企业的合同。依据《法国民法典》第1832条，设立企业的合同（contrat de société）应具备四项要件：同意、行为能力、标的和原因。同时，在设立公司没有成立时，发起人订立的协议也具有类似于合伙合同的效力。在我国，虽然合伙合同与设立公司的协议都可能会设立一定的组织体，在性质上均属于共同行为，但二者也存在明显的区别，主要表现在：

第一，目的不同。各合伙人订立合伙合同的目的在于经营共同的事业，而设立公司的协议则在于设立公司。在合伙合同以设立企业为目的的情形下，考虑到合伙与公司在成员的责任、对社会的影响等方面存在较大差异，法律针对合伙与公司分别设置了不同的规则，二者在法律地位、设立条件、程序等方面都存在重大差异。合伙合同和设立公司的协议在合伙企业和公司中的作用不同，合伙合同是规定合伙组成及运营的基本规范①，其既是合伙企业设立的要件，又是合伙企业事务执行中的准则，而设立公司的协议在公司成立后即终止，设立公司的协议的使命也将被公司章程所取代。

第二，主体不同。设立公司的协议所约束的通常仅是公司的发起人，在公司成立之后，该协议就自动终止。而合伙合同所约束的则是全体合伙人，其在合伙组织体成立之后并不终止，全体合伙人仍应以合伙合同所约定的具体内容作为行为的准则。同时，对于新入伙的合伙人，虽然其并未参与订立合伙合同，但合伙合同对其仍具有约束力。

第三，形式要件不同。设立公司的协议通常需要具备书面形式，而合伙合同则以不要式为原则，除法律明确规定外，当事人可以采取任何形式订立合伙合同。从现行法的规定来看，仅在设立合伙企业时，合伙合同应当采取书面形式。

第四，适用的法律依据不同。设立公司的协议应当适用《公司法》，而合伙合同则主要适用《民法典》以及《合伙企业法》。

（二）合伙合同和借款合同

借款合同是贷款人将一定数量的货币转移给借款人，而借款人在约定的期限内将同种类、同数量的货币返还给贷款人的协议。合伙合同和借款合同具有一定的联系，主要表现在，在合伙经营中，也时常出现一方出资、不从事经营但获取固定收益的情形，此种情况与借款相似。在实践中，有的合伙合同甚至明确规定“保底条款”，即合同明确约定某一合伙人只提供资金，并不参与共同经营，分享合伙的赢利，却不承担合伙的亏损责任，只是到期向其支付一定的利润。即便合伙出现亏损时，其仍要收回其出资和收取固定利润，这实际上就是企业之间的变相借款②，实践中也出现不少相关纠纷，这就需要严格区分合伙合同和借款合同。本书认为，合伙合同和借款合同之间存在明显的区别，主要表现在：

第一，目的不同。就借款合同而言，贷款人的目的是收回本金并收取必要的利息，而借款人则是为了使用有关借款，以实现必要的资金融通。但合伙合同是由全体合伙人

---

① 参见谢鸿飞、朱广新主编：《民法典评注合同编典型合同与准合同4》，470页。

② 最高人民法院《关于审理涉及国有土地使用权合同纠纷案件适用法律问题的解释》第23条规定：“合作开发房地产合同约定提供资金的当事人不承担经营风险，只收取固定数额货币的，应当认定为借款合同。”

协商一致、依法达成的有关共同出资、共同经营、共担风险的协议。合伙合同是一种共同行为，而借款合同是利益相对的双方之间的双方法律行为。

第二，是否共同出资、共担风险不同。是否承担合伙事务亏损的风险，是区分合伙合同与借款合同的关键。[①] 借款只是一方向另一方提供金钱借贷、另一方到期应还本付息的合同。但在合伙合同中，各合伙人负有共同出资、共同经营、共担风险的义务。在合伙合同中如果约定了“保底条款”，该条款在性质上背离了合伙企业共负盈亏、共担风险的特点，应属于无效条款，对此，《最高人民法院关于审理联营合同纠纷案件若干问题的解答》第 4 条规定：“保底条款违背了联营活动中应当遵循的共负盈亏、共担风险的原则，损害了其他联营方和联营体的债权人的合法权益，因此，应当确认无效。”

第三，当事人是否参与经营管理不同。在合伙合同中，每个合伙人都有权参与合伙事务的管理，但是在借款合同中，贷款人只是依据合同约定提供贷款，但其并不能参与到借款人的实际经营管理活动中。

第四，法律责任不同。在借款合同关系中，贷款人最多只承担借款人到期不能清偿的风险，而不承担其他责任。而在合伙关系中，合伙人除应承担投资无法收回的风险外，还应承担因合伙财产不能清偿债务而需要对合伙债务负连带责任的风险。

（三）合伙合同和决议行为

决议行为是指数个当事人之间以多数决的形式达成合意的法律行为。例如，业主大会的决议、股东会的决议等。合伙合同和决议行为的相似之处在于：一方面，二者都是数个民事主体实施的法律行为，均存在多数的意思表示，也都是民事主体私法自治的体现。另一方面，决议行为往往也具有利益指向的共同性，这与合伙合同相同。但是，合伙合同与决议行为之间仍存在明显的差异，主要表现在：

第一，是否需要通过特别的合意程序作出不同。合伙合同属于“合同行为”，并不必然要求经过特殊程序来形成共同的意思表示。而决议行为通常应当依据法律规定或者当事人约定的表决程序作出。《民法典》第 134 条第 2 款规定：“法人、非法人组织依照法律或者章程规定的议事方式和表决程序作出决议的，该决议行为成立。”这就要求决议的作出必须依据章程或法律规定的程序。例如，业主大会的决议、股东会的决议应由业主委员会或者董事会提议表决，并需要经特别的合意程序来作出。

第二，成立和生效规则不同。由于合伙合同是合伙存续的基础，所以合伙合同的订立必须经全体合伙人的一致同意方能成立并生效。《民法典》第 970 条第 1 款规定：“合伙人就合伙事务作出决定的，除合伙合同另有约定外，应当经全体合伙人一致同意。”而决议行为中人数众多，取得所有人的一致同意往往很困难，这也可能导致决议成本过高，因此，决议行为往往采取多数决的方式。同时，决议一旦通过，即便相关主体在决议过程中反对该决议，其也必须受到生效决议行为的拘束。

第三，效力瑕疵及其救济方式不同。一般而言，如果合伙合同的主要内容存在不真实、错误等瑕疵情形，当事人可以根据《合伙企业法》《民法典》等规定寻求救济。而就

---

① 参见王轶等：《中国民法典释评·合同编·典型合同》（下卷），598 页。

决议行为而言，通常仅在形成决议的合意程序存在瑕疵时才提供救济，对于决议内容本身，需要依照《公司法》《民法典》总则编等规定的程序救济。

四、合伙合同的类型

（一）民事合伙合同和商事合伙合同

民事合伙合同是指合伙人为追求一定的共同目的而达成的共同出资、共担风险的协议。此类协议并不以设立合伙企业为目的。在我国，民事合伙主要是指不以合伙企业形式出现的合伙形态。而商事合伙合同是指合伙人为设立合伙企业并从事营利性营业活动而达成的共同出资、共同经营、共享收益、共担风险的协议。在民商分立国家，商事合伙是指由商法所规定的合伙企业，而在我国民商合一立法体例下，商事合伙则是指由《合伙企业法》所规定的合伙企业。[①] 我国《民法典》所规定的合伙合同，实际上包括了这两种合伙合同，当然，其规范的重心仍然是民事合伙合同。这两类合伙合同都属于合伙合同的范畴，且都以追求共同的事业为目的，但二者之间仍存在明显区别，主要表现在：

第一，设立依据不同。对民事合伙而言，其需要各个合伙人依照《民法典》的相关规定订立合伙合同。就商事合伙合同而言，其主要依据《合伙企业法》的规定设立，由于设立合伙企业的内容复杂，且关系到不特定多数人的利益，因而法律要对此类协议的内容进行较多规制，包括给予必要的管制和制定必要的倡导性规范予以指导。对于法律规定的强制性规范，即使当事人没有对此作出约定，其也应当自动成为协议的内容。但对于一般民事合伙合同的内容，法律没有作出详细的规定，当事人可以根据其实际需要，在不违反强制性规定或违反社会公共利益的前提下自主地确定协议内容。

第二，目的不同。民事合伙合同的主要目的在于确立一般的合伙关系以实现特定的共同目的，该共同目的一般不具有营利性。而商事合伙合同的目的除了在当事人间确立合伙关系外，还在于设立合伙企业。与民事合伙合同相比较，商事合伙合同以合伙企业的设立为目的，并通过合伙企业的设立实现营利性的目的。

第三，合伙合同本身是否要登记或备案不同。民事合伙是由民法确认的合伙，在大陆法系国家，大多是将民事合伙作为合同关系规定在债法中。合伙合同被看作是当事人之间的自由约定，因此通常无须再行登记或备案。而商事合伙合同因涉及第三人利益及交易安全，因此一般都应当按照法律的规定办理登记或备案手续，以实现公示的效果。

（二）持续合伙合同与偶然合伙合同

持续合伙合同是指合伙人之间订立的在较长期限内持续存在的合伙合同。偶然合伙合同是指合伙人之间为了特定事项而临时组成的持续时间较短的合伙。无论是持续合伙合同，还是偶然合伙合同，其都要在合伙合同中规定特定的合伙目的，同时也要明确合

---

① 参见李永军：《论商事合伙的特质与法律地位》，载《民商法前沿》第1～2辑，长春，吉林人民出版社，2002。

伙人的相关权利义务。在合伙目的实现之后，合伙通常会随之终止。但两者存在较大的区别，主要表现为：

第一，在持续合伙合同中，可能需要形成一个合伙实体，组成合伙组织，以实现合伙目的。但在偶然合伙合同中，因目的具体确定，故也可以不形成明确的合伙实体，在短期的合伙目的实现之后，合伙即告消灭。① 例如，合伙人约定共同出资购入食品等，以在元宵节庙会当天进行销售。在庙会结束后，合伙人之间的合伙关系即消灭。当然，若待完成的事项较为重大复杂，则当事人也可以选择成立合伙组织。

第二，持续时间的长短不同。如前所述，偶然合伙合同持续的时间通常较短，以个人合伙合同为常态。持续合伙合同持续的时间通常较长，其以商事合伙合同为典型。

第三，持续合伙合同所约定的目的事业具有持续性、稳定性，而偶然合伙合同约定的目的事业则具有不稳定性和临时性。

（三）定期合伙与不定期合伙

所谓定期合伙，是指合伙合同存在明确固定的期限。定期合伙通常包括两类情况：一是民事合伙明确约定期限的合伙情形。二是虽然没有明确约定合伙的期限，但是可以依据《民法典》第 510 条的规定确定合伙期限的情形。期限可以是固定的，也可以是不固定的。例如，合伙合同中规定如果完成某项合伙事务合同就终止，实际上就应当是定期合伙。②

所谓不定期合伙，是指合伙合同中没有明确约定合伙期限的合伙，其主要包括如下情形：一是明确约定期限不确定的合伙；二是依照《民法典》第 510 条也无法确定其合伙期限的合伙；三是《民法典》第 976 条第 2 款所规定的情形。

定期合伙与非定期合伙的区别主要表现在：第一，是否明确规定了合伙期限不同。定期合伙都有明确的合伙期限的规定，但是不定期合伙都对合伙期限没有约定或者约定不明确。第二，是否享有任意解除权不同。对于定期合伙，在合伙期限届满之前，合伙人不享有随时提出解散或者退伙的请求。但对于不定期合伙而言，因为期限并不明确，合伙的风险也更不确定，因而合伙人享有随时退伙或者终止合伙合同的权利。③

第二节 合伙合同的效力

一、合伙的内部关系

（一）合伙人负有出资义务

合伙人的出资是指合伙人基于合伙合同为经营共同的事业而对合伙作出的投资。④

---

① 参见黄立：《民法债编各论》（下），724 页。

② 参见谢鸿飞、朱广新主编：《民法典评注・合同编：典型合同与准合同 4》，541 页。

③ 参见谢鸿飞、朱广新主编：《民法典评注・合同编：典型合同与准合同 4》，546～547 页。

④ 参见林诚二：《民法债编各论》（下），12 页，台北，瑞兴图书股份有限公司，2002。

合伙人的出资关系到合伙事务的进行以及每个合伙人的损益分配等重大问题，它是合伙能够存续和发展的基础，也是合伙人实现共同事业目的的必要手段。[①]《民法典》第968条规定："合伙人应当按照约定的出资方式、数额和缴付期限，履行出资义务。"因此，每个合伙人都应当履行合伙合同所约定的出资义务，合伙人的出资既是合伙经营正常运行的基础，也是合伙对外承担责任的财产基础。一般来说，由于合伙人对外要承担无限连带责任而不是有限责任，即各合伙人应以其全部财产担保合伙债务的履行，因而法律不必对合伙的出资作出最低数额的限制。当然，设立合伙企业必须有认缴或实际缴付的出资，即便是订立民事合伙合同，当事人也要按照约定履行出资义务。具体而言，此种义务包括如下几个方面。

1. 出资的方式符合法律规定和协议约定

合伙人出资有多种形式，法律上一般不对此作出限制。合伙人可以以实物（包括现金、现物）出资，也可以以劳务、信用、知识产权、债权等出资。[②] 与公司相比较，各国法律对合伙的出资要求并不严格，我国法律也不例外，表现在以下几方面：第一，无最低出资额的要求。合伙没有最低出资额的要求。这就是说，合伙人在设立合伙时，可以约定在未来出资，甚至可以没有出资，这并不会影响合伙的成立。第二，出资形式没有限制。依据《合伙企业法》第16条规定，合伙人可以用货币、实物、知识产权、土地使用权或者其他财产权利出资，也可以用劳务出资。合伙人一旦在协议中具体规定了每一个合伙人的具体出资类型，则该合伙人即应该严格遵循此种出资类型约定，不能随意以其他出资类型进行替代。而在公司的设立中，股东不能以劳务出资。不过，虽然法律对一般合伙人的出资形式没有过多要求，但对于隐名合伙人和有限合伙人来说，一般要求应当以实有财产出资，因为隐名合伙人和有限合伙人不参与合伙事务也可以进行合伙利润分配，从权利义务对等考虑，其应当以实有财产进行出资。第三，出资时间上没有限制。这就是说，合伙人既可以在合伙设立时出资，也可以在合伙存续期限内出资；合伙人既可以一次性出资，也可以分次出资。法律上对合伙人的出资没有作出过于严格的法律限制，何时出资完全由合伙人自己决定。

法律上之所以对合伙的出资并没有严格的限制，这主要是因为：一方面，对合伙企业而言，合伙是人合性的企业组织形式，尤其是普通合伙人对外要承担无限连带责任，这已经足以提供资信保证，保障债权人利益。[③] 因此，从法律上来说，对普通合伙人不应当在出资形式上有过多的要求。另一方面，合伙本身是一种投资的方式，其设立形式简单灵活，具有不同于公司的特点，法律对于出资不作限定，也正是其灵活性的表现。

2. 出资数额符合法律规定和协议约定

合伙人出资数额的多少，完全由合伙人在协议中约定，各合伙人的出资数额无须相同。各国法律对合伙的出资一般不作严格要求，在成立合伙企业时并没有最低注册资本

---

① 参见王轶等：《中国民法典释评·合同编·典型合同》（下卷），604页。

② 参见郑玉波：《民法债编各论》（下册），649页。

③ 参见《合伙企业法》修改起草工作组：《〈中华人民共和国合伙企业法〉（修订）条文释义》，97页，上海，上海财经大学出版社，2006。

的要求。但是，合伙合同中应当明确约定各合伙人所占份额比例，因为该比例不仅是确定合伙人出资义务的依据，而且是确定合伙事务执行、盈余分配和债务承担比例的重要依据。

3. 出资时间符合法律规定和协议约定

我国法律对合伙人的出资时间没有限制，合伙人既可以在合伙设立时出资，也可以在合伙期间出资。各个合伙人既可以一次性出资，也可以分次出资。但合同一旦约定了出资时间，则必须以约定为准。合伙合同对出资时间的确定有助于明确出资人出资迟延的判断标准及其救济方式。一旦合伙合同约定了各个出资人的出资时间，各个出资人就应该及时履行出资义务。

需要指出的是，部分合伙人不履行出资义务时，其他合伙人不得据此拒绝履行其出资义务。例如，甲、乙、丙、丁 4 人约定各出资 10 万元经营某项事业，如果甲以乙未依约出资而拒绝自己的出资，则共同事业就难以维持。所以，在部分合伙人未履行出资义务时，其他合伙人只能基于其违反合伙合同而获得补救，而不能行使同时履行抗辩权。毕竟出资义务是各个合伙人都应该向合伙负担的法定义务。尤其应当看到，合伙合同本质上是一种共同行为，而非双务合同，合伙人订立合伙合同的目的旨在经营某项合伙事业，实现某种共同目的。依据合伙合同，某一合伙人履行其出资义务不是为了换取另一方的对待给付，或使另一方履行出资义务，而是为了共同的目的从事合伙经营活动，因此，在一方不履行其出资义务时，其他合伙人不能主张双务合同的同时履行抗辩权①，如果其他合伙人可行使同时履行抗辩权，拒绝履行自己的出资义务，将难以形成合伙财产，合伙事业和合伙目的也难以实现。当然，在一合伙人未按照合伙合同履行出资义务时，其他合伙人可以依据合伙合同的约定向其主张违约责任。

（二）依照法律规定和合伙合同的约定确定合伙财产的归属

《民法典》第 969 条第 1 款规定："合伙人的出资、因合伙事务依法取得的收益和其他财产，属于合伙财产。"依据这一规定，合伙财产由合伙人的出资和合伙积累的财产两部分构成。关于合伙财产的概念，有广义和狭义两种。广义的合伙财产包括合伙资产和负债两方面，合伙资产又称为积极财产，合伙负债又称为消极财产。狭义的合伙财产仅以合伙的资产为限。② 我国法律也主要在狭义上使用合伙财产的概念。例如，《合伙企业法》第 20 条规定："合伙人的出资、以合伙企业名义取得的收益和依法取得的其他财产，均为合伙企业的财产。"此处所说的合伙企业的财产即为狭义上的合伙财产，即合伙资产。

合伙财产具有统一性。合伙财产作为共有财产，在法律没有特殊规定或合伙人特别约定的情形下，应当由全体合伙人共同管理和使用，而不能由各个合伙人单独使用、管理和支配，每一合伙人不能将其出资的财产仍作为个人的独立财产对待，一旦以该财产出资后，则应当将该财产交给全体合伙人共同支配，而不能仍由自己单独支配。合伙财

① 参见谢鸿飞、朱广新主编：《民法典评注·合同编：典型合同与准合同 4》，481 页。

② 参见郑玉波：《民法债编各论》（下册），654 页。

产是合伙人承担责任的基础。当然，合伙债务的承担并不以合伙财产为限，因为即便没有合伙财产，各个合伙人也要以自己的全部个人财产对合伙债务负连带的清偿责任。这就决定了构成合伙财产的出资不一定可以直接用来承担合伙的债务。例如，劳务虽不具有直接的可移转性，不能立即变现，但毕竟具有相应的价值，因此，合伙人仍然可以以劳务出资。① 在这一点上，合伙财产与公司财产是不同的，公司要以其全部财产对公司债务负责，公司股东出资的财产必须要能够直接、及时地清偿公司债务。

从合伙财产与合伙人个人财产的关系角度来看，其具有一定程度的独立性。虽然合伙财产在法律上是合伙人的财产，但依据法律和合伙合同的规定应该将合伙财产和合伙人个人财产区别开来，表现在：一是在合伙存续期间，合伙人不得擅自将合伙的财产转为个人所有。二是合伙人出资后依法不得随意抽回投资。三是合伙人不得以合伙财产清偿合伙人的个人债务。四是在合伙存续期间，合伙人不得擅自分割、转让合伙财产。《民法典》第 969 条第 2 款规定："合伙合同终止前，合伙人不得请求分割合伙财产。"据此，除非有正当理由，合伙人不得于合伙组织解散或终止前要求分割合伙财产。合伙人在合伙清算前私自转移或者处分合伙财产的，应为无效的民事行为。五是对于合伙债务，尽管合伙人要承担无限责任，但首先要以合伙财产对合伙的债务承担责任。只有在合伙财产不足以清偿合伙债务的情况下，才有必要以合伙人个人财产来清偿合伙债务。

应当看到，合伙财产虽然具有一定的独立性，但又不同于法人的财产，它具有一定的团体财产的性质，应归各合伙人共同共有。② 这就是说，合伙财产的独立性是相对的，合伙财产与合伙人的财产不能够完全分离。

合伙经营的是共同事业，各个合伙人要共同经营、共担风险，因此，合伙的财产在性质上必须为合伙人共同所有。在学理上，对于合伙财产的共有性质存在按份共有和共同共有的不同看法。本书认为，结合我国的立法规定，同时参考合伙制度的历史发展趋势，为了维持合伙组织和合伙财产的连续性和稳定性，保障合伙事业的进行，应当将其界定为共同共有，主要理由在于：第一，如果将其界定为按份共有，则各个合伙人应当有权随时请求分割合伙财产，而依据《民法典》第 969 条第 2 款的规定，合伙共同关系存续期间，共有人不得请求分割共有财产，这显然不符合按份共有的特点，而属于共同共有。第二，无论合伙人对合伙的出资比例大小，合伙人都应当对合伙的债权人承担无限连带责任，因此，从合伙人对合伙所承担的无限连带责任来看，共同共有说体现了权利和义务相一致的原则。第三，各个合伙人因经营合伙事业的共同目的而成立共同关系，形成人的结合关系，因此要受到此种共同目的和结合关系的拘束。③

关于在合伙经营期间内积累的财产的性质，一般认为，合伙经营积累的财产是合伙人共同经营合伙出资的结果，也是合伙人共同劳动的收益。在分割以前，各个合伙人对该财产享有平等的权利。④ 因为合伙财产长期处于变动之中，所以，在财产分割前不能确定各个合伙人的具体数额，但这并不妨碍该财产属于各合伙人共同共有。

---

① 参见黄薇主编：《中华人民共和国民法典释义》，1753 页。

② 参见王轶等：《中国民法典释评・合同编・典型合同》（下卷），611 页。

③ 参见龙卫球：《民法总论》，416 页，北京，中国法制出版社，2002。

④ 参见马俊驹、余延满：《民法原论》，2 版，157 页，北京，法律出版社，2005。

（三）合伙人不得擅自向合伙人以外的第三人转让合伙份额

应当看到，在合伙中，各合伙人也存在着一定的份额。例如，《民法典》第974条规定："除合伙合同另有约定外，合伙人向合伙人以外的人转让其全部或者部分财产份额的，须经其他合伙人一致同意。"其中也提及了财产份额，但本书认为，不应据此将各个合伙人对合伙财产的权利界定为按份共有。实际上，按份共有与共同共有的核心区别并不在于各个共有人是否有一定的份额，而在各个共有人之间是否存在共同关系。在按份共有中，若一方当事人请求分割共有财产，并不需要经对方当事人同意；而在共同共有中，若共同关系不终止，任何共有人，即便拥有确定的份额，也不得请求随时分割共有财产。因此，《民法典》第974条规定，除合伙合同另有约定外，合伙人向合伙人以外的人转让其全部或者部分财产份额的，须经其他合伙人一致同意。

（四）依照法律规定和合伙合同的约定承担合伙债务

所谓合伙债务，是指合伙事业经营过程中由合伙承担的债务。合伙合同需要确定其合伙债务如何在合伙人之间分配。在合伙关系存续期间，因合伙经营所负有的债务就是合伙债务，合伙债务不同于合伙人的个人债务。

合伙的债务原则上由合伙自身承担，应从合伙财产中支付。但是，在合伙财产不足以清偿债务时，也存在着合伙人如何承担合伙债务的问题。因为合伙债务的承担对于当事人的利害关系影响较大，所以合伙合同中应当对其作出约定。如果合伙人之间就亏损分担事先没有达成协议，且事后协商不成的，由各个合伙人按照实缴出资比例进行分担；无法确定出资比例的，则应由各个合伙人平均分担。

合伙债务的特点表现在：

第一，必须是合伙以自己的名义从事对外经营活动中对他人所负有的债务，通常都是合伙人在执行合伙事务中所欠的债务。合伙人因个人行为所产生的债务与合伙和其他合伙人无关，此种债务不属于合伙债务，合伙和其他合伙人不负有为某个合伙人的个人债务清偿的义务。①

第二，合伙债务必须是合伙关系存续期间所产生的债务。在合伙成立前和合伙解散后所产生的债务，原则上都不是合伙债务。当然，在特殊情形下，合伙设立前或解散后的债务也可能成为合伙债务。例如，合伙企业设立前，为了合伙企业的设立而负有的债务，经过合伙人认可，也可以成为合伙企业的债务。

第三，合伙债务既可能是因为合同关系产生的，也可能是因为合伙的侵权行为所产生的。② 此处所说的侵权责任，是指合伙关系存续期间内，因合伙人执行合伙事务致他人损害而产生的团体侵权责任。合伙人执行合伙事务实际上是执行各合伙人的共同意志，合伙人在执行事务中的过错应当认定为合伙的过错，因此种过错产生的侵权后果，应当

---

① 参见王轶等：《中国民法典释评·合同编·典型合同》（下卷），630页。

② 参见马强：《合伙法律制度研究》，226页，北京，人民法院出版社，2000。

由合伙来承担责任。[1] 依据法律规定和合伙合同的约定，合伙债务应当首先以合伙财产清偿，只有在合伙财产不足以清偿时，才由各个合伙人承担无限连带责任。

合伙合同通常要约定各个合伙人内部的责任分担，但此种约定不能对抗第三人，即便存在此种约定，合伙人对外仍需承担无限连带责任。[2] 例如，合同约定对内平均分担责任，但合伙事务执行中，某个事务执行人引发交通事故，导致受害人重大损害，如果合伙财产不足以清偿债务，则各个合伙人不得以其内部约定为由而拒绝向受害人承担责任，他们仍然要对受害人承担无限连带责任。但是，某一合伙人在对外承担的债务超出自己应负担份额时，其可以向其他债务人追偿。对合伙债务的债权人来说，在合伙财产不足以清偿合伙债务的情况下，债权人也可以向任何一个普通合伙人请求承担全部债务。此外，在比较法上，大多数国家承认了合伙债权债务抵销禁止规则，即第三人不能以其对合伙人所享有的债权抵销其对于合伙所负担的债务。合伙人对于第三人负担债务时，也不得主张与合伙对第三人享有的债权相抵销。该规则的主要目的在于实现合伙人个人财产和合伙财产的相互分离，以保证合伙自身财产的独立性和稳定性。[3]

（五）依照法律规定和合伙合同的约定分配损益

所谓分配损益，是指依照法律规定或合同的约定，将合伙事业的利润和损失分配给各个合伙人。[4] 合伙的性质决定了各个合伙人应当共同承担合伙企业的风险和损失，并共同享受经营的收益，这是合伙人所应当享有的基本权利和应当负有的基本义务。《民法典》第 972 条规定：“合伙的利润分配和亏损分担，按照合伙合同的约定办理；合伙合同没有约定或者约定不明确的，由合伙人协商决定；协商不成的，由合伙人按照实缴出资比例分配、分担；无法确定出资比例的，由合伙人平均分配、分担。”据此，有关合伙的利润分配、亏损分担，应当按照如下规则加以确定：一是应当首先按照合伙合同的约定处理。这就是说，合伙合同有约定的，应当依合伙合同来确定损益分配。按照私法自治原则，合伙合同的约定只要不违反法律的禁止性规定，就具有优先于法律的任意性规定的效力。二是合伙合同未约定或者约定不明确的，应当由合伙人事后协商决定。毕竟损益分配是合伙的内部事务，在当事人事先未作明确约定时，可以通过补充约定的方式加以确定。补充约定可以在合伙合同生效后达成，也可以在发生争议以后由合伙人协商确定。三是如果合伙人之间没有协议且事后协商不成的，由合伙人按照实缴出资比例分配、分担；无法确定出资比例的，由合伙人平均分配、分担。例如，甲、乙二人合伙从事运输，甲实际出资 1/3，乙实际出资 2/3，因此，其损益分配比例应当为 1∶2。如果当事人是以劳务、品牌等财产出资，无法确定出资比例，在当事人无法就损益比例达成协议时，则可以认定合伙人要平均分配和分担。

需要注意的是，《合伙企业法》第 33 条第 2 款规定：“合伙协议不得约定将全部利润分配给部分合伙人或者由部分合伙人承担全部亏损。”这就是说，利润分配权是每一合伙

---

① 参见王轶等：《中国民法典释评·合同编·典型合同》（下卷），630 页。
② 参见谢鸿飞、朱广新主编：《民法典评注·合同编：典型合同与准合同 4》，522 页。
③ 参见邱聪智：《新订债法各论》（下），27 页。
④ 参见林诚二：《民法债编各论》（下），21 页。

人在合伙中的基本权利，损失的分担也是普通合伙中合伙人的基本义务，如果强制剥夺利润分配权或强制要求某个合伙人单独承担亏损的责任，都有违合伙共同经营、共负盈亏的目的。[①] 因此，法律严格禁止合伙人通过不公平的约定剥夺某些合伙人所享有的权利或给另一些合伙人强加义务，该规定属于强行性规范，违反该规定的协议应是无效的。

（六）依照法律规定和合伙合同的约定执行合伙事务

1. 合伙人共同执行合伙事务

合伙事务是指合伙关系存续期限内所有与合伙事业相关的、涉及合伙利益的事务，其既包括对外的交易事务，也包括对内的管理事务等。关于合伙事务的执行方式，如委托事务执行人执行还是全体合伙人共同执行，应当在合伙合同中载明。各国合伙法均规定，除合伙合同另有约定外，合伙人均有执行合伙事务的权利和义务。在处理合伙的重大事务时，原则上须经全体合伙人共同决定。因此，我国《合伙企业法》第 26 条第 1 款规定“合伙人对执行合伙事务享有同等的权利。”《民法典》第 970 条第 2 款第 2 句规定：“按照合伙合同的约定或者全体合伙人的决定，可以委托一个或者数个合伙人执行合伙事务；其他合伙人不再执行合伙事务，但是有权监督执行情况。”据此，合伙人也可以在合伙合同中明确规定仅仅由某一个或某几个合伙人执行合伙事务，一旦作出了约定，就应当适用该约定。

此外，《民法典》第 970 条第 3 款规定：“合伙人分别执行合伙事务的，执行事务合伙人可以对其他合伙人执行的事务提出异议；提出异议后，其他合伙人应当暂停该项事务的执行。”依据该条规定，在实行合伙人分别执行合伙事务的情形下，执行合伙人可以对其他合伙人执行的事务提出异议，一旦执行合伙人提出异议后，其他执行合伙事务的合伙人应暂停执行合伙事务。因为相较于执行合伙人，非执行合伙人对合伙事务的经营掌握的信息有限、相关的判断未必准确，而且考虑到合伙属于共同经营、共担风险的交易形态，赋予执行合伙人的异议权也有利于保障全体合伙人的共同利益，避免损害全体合伙人的利益。[②]

对于合伙而言，其组织的属性相对较弱，不像法人那样可设置法定代表人制度，所以，合伙是否设置事务执行人由合伙人自己选择，如果合伙人不选择，就由全体合伙人执行。如果合伙选择了事务执行人，则由合伙的事务执行人代表全体合伙人执行事务，但事务执行人实际上是其他合伙人的代表，而非合伙本身的代表机关。从法律上看，对外代表权是合伙人事务执行权的重要组成部分。[③] 合伙人之所以应当享有平等对内、对外执行事务的权利，无论出资方式、出资多少，各合伙人对执行合伙事务享有平等的资格。[④] 主要原因在于：一方面，由于合伙是在共有财产的基础上建立的联合体，具有强烈的人合性，合伙设立的目的是共同投资、共同经营，所以，基于这一目的和共有的性质

---

① 参见谢鸿飞、朱广新主编：《民法典评注·合同编：典型合同与准合同 4》，512 页。

② 参见黄薇主编：《中华人民共和国民法典释义》，1758 页。

③ 参见朱少平主编：《中华人民共和国合伙企业法释义及适用指南》，145 页，北京，中国民主法制出版社，2006。

④ 参见黄薇主编：《中华人民共和国民法典释义》，1758 页。

决定了各个合伙人应当享有平等对内、对外执行事务权利。另一方面，合伙人对外承担无限连带责任，这就决定了合伙人应当直接参与管理，这也是合伙人维护自身权益的根本保障。如果合伙人要负担无限连带责任，又无法参与管理、无法控制风险，这是不公平的。还要看到，合伙不像公司那样具有执行机关，所以，合伙人在管理合伙的内部事务方面应当享有同等的权利。

2. 合伙事务执行人的确定

合伙人可以基于合伙合同或共同决定，委托一名或数名合伙人执行合伙事务，该执行合伙事务的人，称为合伙事务执行人。依据《民法典》第 970 条第 2 款的规定："合伙事务由全体合伙人共同执行。按照合伙合同的约定或者全体合伙人的决定，可以委托一个或者数个合伙人执行合伙事务；其他合伙人不再执行合伙事务，但是有权监督执行情况。"作为合伙人的法人、其他组织执行合伙事务的，由其委派的代表执行合伙事务。因此，根据上述规定，在对外代表合伙、执行合伙事务的问题上，我国《民法典》采取的是"共同执行"的原则，即赋予每一位合伙人以事务执行人的权利。但是，合伙人也可以不行使执行合伙事务权利，他们可以确定专门的事务执行人。因此，依据《合伙企业法》第 26 条第 2、3 款的规定，法律允许合伙人以约定指定特定的合伙事务执行人对外代表合伙企业。

不过，在合伙合同约定了事务执行人的情形下，是否合伙人仍然享有对外代表合伙的权利？对此，存在两种不同的观点。一种观点认为，即使合伙人通过合伙合同或共同决定的方式确定了专门的事务执行人，但所有合伙人基于合伙的人合性以及法律的规定对外代表合伙的行为仍然对合伙发生效力。另一种观点认为，如果合伙人已经约定了事务执行人，就应当由事务执行人代表合伙，合伙人就不得再对外代表。① 本书认为，既然合伙合同已经约定了事务执行人，则合伙人应当依协议约定，不得再代表合伙。但是，如果第三人善意地相信合伙人有权代表合伙，则可以适用表见代表的规则，确定相关行为的效力。

3. 合伙事务执行人的报酬

《民法典》第 971 条规定："合伙人不得因执行合伙事务而请求支付报酬，但是合伙合同另有约定的除外。"依据这一规定，首先，有关合伙人执行合伙事务是否可以获得报酬，应由合伙合同具体规定，因为这仅关涉合伙人自身的利益。如果是以劳务出资，具体的支付方式、出资、标准都属于当事人私法自治的范畴。其次，如果当事人没有约定，则合伙人不得请求支付报酬。因为这是合伙人基本的义务和责任，所以在没有约定的情况下其不得请求报酬。② 最后，合伙本身是共担风险、共享收益，由于合伙的分红等已经使合伙人取得了相应的对价，如果允许执行合伙事务的合伙人请求支付报酬，则会使该合伙人获得不当利益。无论是全体合伙人共同执行合伙事务，还是部分合伙人执行合伙事务，均不因执行合伙事务而直接享有报酬请求权。执行合伙事务的合伙人只有在合伙合同有明确约定的情形下，才能依据合伙合同的约定请求支付报酬。

---

① 参见黄薇主编：《中华人民共和国民法典合同编解读》（下册），1524 页。

② 参见谢鸿飞、朱广新主编：《民法典评注·合同编：典型合同与准合同 4》，505 页。

二、合伙的外部关系

（一）合伙人与第三人发生法律关系时的效果归属

合伙事务执行人有权代表合伙执行事务，其在事务执行过程中与第三人发生法律关系时，以全体合伙人的名义或以合伙的名义对外从事的行为，可以对合伙或全体合伙人产生效力。合伙事务执行人可以是一人，也可以是数人，其享有的代表权因被委托执行合伙事务而当然成立，不需要另行特别授权。代表权的范围应当限于执行合伙事务的范围之内。[①]《合伙企业法》第37条规定："合伙企业对合伙人执行合伙事务以及对外代表合伙企业权利的限制，不得对抗善意第三人。"这就是说，合伙企业关于管理、执行和代表合伙事务的约定（如确定由特定合伙人具体执行合伙事务），只能对内在合伙人之间发生效力，不能对抗合伙企业外的善意的第三人。[②] 法律之所以设定该规则，主要是为了保护第三人的合理信赖，并维护交易安全。

不执行合伙事务的合伙人对外同等地享有合伙代表权，能够代表合伙和全体合伙人与第三人发生法律关系，由此产生的效果也应该归属于合伙及全体合伙人。问题在于，如果合伙已经对事务执行的代表权作出限制，是否意味着不具有合伙事务执行权的合伙人对外不能代表合伙和全体合伙人与第三人发生法律关系？依据法律相关规定，合伙对其事务执行权的限制属于合伙的内部关系，此种内部约定不能对抗善意第三人。

（二）合伙人的对外责任

在合伙的财产不足以清偿合伙的债务时，合伙人原则上应当承担无限连带清偿责任。《民法典》第973条规定："合伙人对合伙债务承担连带责任。清偿合伙债务超过自己应当承担份额的合伙人，有权向其他合伙人追偿。"依据这一规定，合伙人对外承担连带责任。也就是说，合伙债权人有权请求任何一个合伙人对合伙债务承担清偿责任，也可以请求所有的合伙人承担责任，每个合伙人也有义务对全部债务负责。合伙人承担的连带清偿责任的特点在于：

首先，它是一种法定责任，即合伙人不能通过约定免除，任何约定只能在当事人之间产生效力，而不能对抗债权人，除非得到债权人的认可。

其次，连带责任是一种对外的责任。也就是说，合伙人所承担的连带责任，是对合伙债权人的责任，合伙人应当以其全部个人财产对合伙债务负责，任何人都不能以合伙债务非因其个人行为所致而拒绝承担责任。但是这并不妨碍合伙人在对外承担责任以后，享有向其他合伙人追偿的权利。连带责任强调各个合伙人之间的关系，即每一个合伙人都要对其他合伙人的责任财产不足负责，这实际上也构成一种特殊的担保。

最后，每个合伙人承担连带责任之后，均有权向其他合伙人追偿。《民法典》第973

---

① 参见郑玉波：《民法债编各论》（下册），673页。

② 参见谢鸿飞、朱广新主编：《民法典评注·合同编：典型合同与准合同4》，498页。

条规定："合伙人对合伙债务承担连带责任。清偿合伙债务超过自己应当承担份额的合伙人，有权向其他合伙人追偿。"该规则是与《民法典》第519条相一致的。对连带债务而言，如果某一债务人清偿了全部债务或者超出其按照内部关系应当分担的债务数额，则该债务人有权按照内部关系向其他连带债务人追偿；对连带债权而言，如果某一债权人受领了债务人的全部给付或超过了其按照内部关系应当享有的债权数额，则其他债权人有权按照内部关系向该债权人追偿。但追偿只涉及合伙人的内部关系，不影响其外部连带责任的承担。

在合伙制度中，连带清偿责任的设定具有重要意义。一方面，该责任扩大了清偿债务的履行担保，对债权人充分实现其债权无疑是非常有利的，这也是合伙能够具有较高信用度的原因。[①] 另一方面，无限连带责任体现了公平原则。合伙是基于合伙人之间的人身信任关系所形成的人和财产的集合。合伙人共同经营合伙事业，每个合伙人以合伙名义从事的行为，其权益归全体合伙人享有，由此形成的债务自然也应由全体合伙人承担。凡是以合伙名义与债权人在交易中所产生的法律后果，都应由合伙人共同承担，这也体现了权利义务的一致性。如果使这种损失由不知情的债权人承担，显然是不公平的。此外，从效率上考虑，法律规定连带责任也有利于督促合伙人在建立合伙时，慎重地选择合作伙伴，在从事合伙经营时应互助协作、勤勉负责，维护合伙组织的人合性，以避免共同承担连带责任，这也有利于提高合伙经营的效率。

需要指出的是，该条规定与《合伙企业法》第38条、第39条[②]确立的补充连带责任的规则是不同的。所谓补充连带主义，就是对合伙债务，债权人应首先要求以合伙财产作出清偿，合伙财产不足清偿时，各个合伙人就不足部分负连带赔偿责任，即合伙人个人对合伙债务仅负补充责任。[③] 从这两条规定可以看出，我国《合伙企业法》采取的是补充连带主义，而《民法典》采取的是并存的连带主义，即合伙债务的债权人既可以向单个合伙人要求承担合伙债务，也可以要求全体合伙人承担合伙债务[④]，并不存在清偿合伙债务的先后顺序的限制。

《民法典》之所以作出此种修改，主要原因在于：

第一，这符合合伙合同的性质和目的。合伙具有较强的人合性，合伙人对合伙财产构成共同共有关系。第二，《合伙企业法》规定的主要是具有独立民事主体资格的合伙，既然合伙企业本身是一个独立的民事主体，并且具有自己相对独立的财产，那么合伙企业首先应当以企业自己的财产对外承担责任。当合伙企业自身财产不足以清偿债务时，债权人才能请求无限责任合伙人承担责任。而《民法典》规定的只是合伙合同，它并不是独立的民事主体，因而不必要区分团体债务和个人债务，不必考虑以合伙企业的财产首先负责。第三，有利于保障债权的实现。合伙人对合伙债务承担连带责任可以扩充契

---

① 参见黄薇主编：《中华人民共和国民法典释义》，1764页。

② 我国《合伙企业法》第38条规定："合伙企业对其债务，应先以其全部财产进行清偿。"第39条规定："合伙企业不能清偿到期债务的，合伙人承担无限连带责任。"

③ 参见郑玉波主编：《新编六法参照法令判解全书》，161页，台北，五南图书出版公司，1975。

④ 参见谢鸿飞、朱广新主编：《民法典评注·合同编：典型合同与准合同4》，521页。

约型合伙对合伙债务承担的责任财产范围，进而获得更强的偿债能力，也便于法院的执行。[①]

(三) 合伙人的债权人不得代位行使合伙人的合伙权利

《民法典》第 975 条规定："合伙人的债权人不得代位行使合伙人依照本章规定和合伙合同享有的权利，但是合伙人享有的利益分配请求权除外。"该条确立了合伙人的债权人不得代位行使合伙人的合伙权利的规则。因为各个合伙人之间具有一定的人身信赖关系，合伙事务的执行需要各个合伙人的协力作用，允许债权人代位行使合伙人的合伙权利，可能会破坏各个合伙人之间的人身信赖关系，不利于合伙事务的开展，而且该权利专属于合伙人，属于《民法典》第 535 条规定的不得代为行使的权利类型[②]；同时，由于各个合伙人需要就合伙债务承担无限连带责任，而债权人在代位行使合伙人的合伙权利时，其并不需要对合伙债务承担责任，因债权人的行为而产生的合伙债务最终都需要各个合伙人承担，这对各个合伙人也是不利的。当然，从该条规定来看，债权人可以代位行使合伙人所享有的利益分配请求权，因为该权利的行使并不涉及合伙事务的管理，而只是涉及利益的分配，与人身属性无关，允许债权人代位行使也不会对合伙人以及合伙的运行产生不利影响。

第三节　合伙合同的终止

一、合伙合同终止的原因

(一) 合伙期限届满，合伙人决定不再经营

合伙的存续期限通常是由合伙合同约定的，合伙持续的时间长短不同，合伙的权利义务关系也会受到相应的影响。因为合伙具有人合性，合伙人不能随意退出合伙，当合伙的经营状况恶化时，如果合伙合同约定了较长的存续期限，合伙人就可能承受较大的风险。因此，合伙合同应当明确约定合伙存续的时间。一旦合伙期限届满，合伙人不愿继续经营的，可以解散合伙。若合伙合同没有规定存续期限，合伙人可就合伙合同延长的事项进行协商，任何合伙人不同意续期，合伙合同均告终止，合伙均应予以解散。

(二) 不定期合伙的任意解除

所谓不定期合伙，是指合伙合同没有对合伙期限作出约定或者约定不明确的合伙。我国《民法典》对不定期合伙规定了两种形态。

第一，对合伙期限没有约定或者约定不明确，且无法确定期限的。《民法典》第 976 条第 1 款规定："合伙人对合伙期限没有约定或者约定不明确，依据本法第五百一十条的

---

① 参见黄薇主编：《中华人民共和国民法典合同编解读》(下册)，1530 页。
② 参见谢鸿飞、朱广新主编：《民法典评注・合同编：典型合同与准合同 4》，536 页。

规定仍不能确定的，视为不定期合伙。”这就意味着，在合伙人没有明确约定合伙的存续期限时，应当首先依据《民法典》第 510 条的规则确定期限。即当事人可以通过事后约定或者依据交易习惯确定合伙期限，如果当时人不能达成补充协议，且无法依据有关条款、合同性质、合同目的或者交易习惯确定合伙期限的，该合伙合同视为不定期合伙。如果合伙合同已变为不定期合伙，依据《民法典》第 976 条第 3 款规定，则合伙人随时可以提出解除合同，但应当在合理期限内通知其他合伙人。

第二，期限届满之后转化为不定期合伙合同。《民法典》第 976 条第 2 款规定：“合伙期限届满，合伙人继续执行合伙事务，其他合伙人没有提出异议的，原合伙合同继续有效，但是合伙期限为不定期。”该条实际上确立了另一种不定期合伙合同，此类不定期合伙，是指合伙期限届满，合伙人继续执行合伙事务，其他合伙人没有提出异议的，原合伙合同继续有效，但是合伙期限变为不定期。

对不定期合伙，合伙人享有任意解除权。《民法典》第 976 条第 3 款规定：“合伙人可以随时解除不定期合伙合同，但是应当在合理期限之前通知其他合伙人。”该条规定其实是民法典合同编通则中继续性合同的任意解除权的具体化。法律之所以要规定不定期合伙合同的任意解除权，其主要是为了避免合伙人无限期受到约束，设置合理期限的目的就是保护其他合伙人的合理信赖。如果某个或者某几个合伙人认为不定期合伙合同的存续是对其不利的，其有权行使任意解除权，使其顺利脱身。这就是说，虽然合伙人享有任意解除权，但法律规定合伙人应当在合理期限内通知其他合伙人。关于合理期限的界定，应当结合合伙事项的性质、交易习惯等具体因素确定。之所以要求合伙人作出通知，主要是要强调符合诚信原则，不得因解除而导致其他合伙人的损失。①

（三）合伙人约定解散的事由出现

这主要是指当事人在合同中约定了法定事由之外的解散事由。合伙合同约定的解散事由通常是指合伙人事先在合同中约定的事由，如约定在某些合伙人不具有特定资质时合伙解散，只要这些约定不违反法律的规定，在有关约定事由出现时，合伙即应按约定解散。

（四）合伙的目的已经实现或无法实现

如果合伙合同所约定的特定目的已经实现或无法实现，也会导致合伙的解散。这可以分为两种情形：一是合伙目的已经实现。此时合伙已失去存在的意义，合伙已经没有存在的必要。不过，在此情况下，合伙人可以通过决议修改合伙合同，变更合伙目的，从而维持合伙组织的存续。二是合伙的目的无法实现。例如，合伙人为了开发并应用某项技术而设立合伙，但在开发完成前，该项技术已被他人在先申请专利，从而导致合伙目的无法实现，合伙即无存续的必要。②

---

① 参见谢鸿飞、朱广新主编：《民法典评注 · 合同编：典型合同与准合同 4》，547 页。

② 参见《合伙企业法》修改起草小组：《〈中华人民共和国合伙企业法〉条文释义》，264 页。

（五）全体合伙人决定解散

在合伙关系存续期限内，只要全体合伙人决定终止合伙企业，就可以解散合伙。此时，合伙企业的解散和合伙合同的签订一样，在全体合伙人一致决定解散合伙企业的情形中，仍然属于合伙人意思自治的作用领域。如果有少数合伙人不同意解散合伙，则在不存在约定或法定的退伙事由时，合伙企业应继续存续，有关合伙人也应继续履行其相应的义务。

（六）合伙人死亡、丧失民事行为能力或者终止

《民法典》第 977 条规定："合伙人死亡、丧失民事行为能力或者终止的，合伙合同终止；但是，合伙合同另有约定或者根据合伙事务的性质不宜终止的除外。"依据该规定，在合伙人死亡或者丧失民事行为能力时，合伙合同原则上终止，只有在合伙合同另有约定或者根据合伙事务的性质不宜终止合伙合同时，合伙合同才例外不终止。

（七）法律或者行政法规规定的合伙企业解散的其他原因

如果出现法律或者行政法规规定的合伙企业解散的原因，则合伙合同的效力也相应地终止。例如，合伙企业被依法吊销营业执照、责令关闭或者被撤销。合伙实际上已无法经营，因此应当宣告解散。又如，合伙企业被兼并、宣告破产而被解散等，导致合伙企业终止。在上述情形下，合伙合同也应当终止。

二、合伙的清算

合伙的清算是指合伙宣告解散后，为了终结合伙现存的各种法律关系，依法清理合伙的债权债务的法律程序。引起合伙清算的原因很多，除了上述解散原因外，还包括协议解散、因合伙人死亡、丧失行为能力等而发生的解散。《民法典》第 978 条规定："合伙合同终止后，合伙财产在支付因终止而产生的费用以及清偿合伙债务后有剩余的，依据本法第九百七十二条的规定进行分配。"该规定确定了合伙合同终止后的清算规则，该条确立了如下规则。

第一，该条确立了先付费和偿债、后分配剩余财产的原则。这就是说，在合伙合同终止以后，合伙财产首先应当支付因终止而产生的必要费用和债务。具体来说，一是先支付因终止而产生的费用，这主要是指因合伙合同终止后清算合伙债权债务所产生的必要费用。[①] 例如，合伙财产的评估、保管、变卖、诉讼费、律师费等费用都属于上述费用的范畴。二是合伙债务。合伙债务指的是合伙在存续期间内因执行事务所产生的债务。债权人通常都是第三人，但也可以是合伙人本身。[②] 例如，不执行合伙事务的非执行合伙人也可能和合伙产生交易，合伙也可能因此而欠债，清算时首先应将合伙财产先支付这些费用。

---

① 参见黄薇主编：《中华人民共和国民法典合同编解读》（下册），1546 页。

② 参见谢鸿飞、朱广新主编：《民法典评注·合同编：典型合同与准合同 4》，559 页。

第二，如果有剩余财产，依据《民法典》第972条的规定："合伙的利润分配和亏损分担，按照合伙合同的约定办理；合伙合同没有约定或者约定不明确的，由合伙人协商决定；协商不成的，由合伙人按照实缴出资比例分配、分担；无法确定出资比例的，由合伙人平均分配、分担。"据此，合伙财产的分配规则具体包括：一是有约定的按照约定进行分配，也就是说，如果合伙合同对剩余财产的分配有约定的，依据私法自治，应当尊重当事人的约定。二是在当事人没有约定或者约定不明的情形下，应当由合伙人协商确定。三是按照实缴的出资比例来分配。所谓实缴的出资比例，不是指合伙人认缴的出资比例，而是实际缴纳的出资，这实际上采纳了实缴优先于认缴的规则。四是仍然无法确定当事人的出资比例的，应当由合伙人平均分配、负担。此处所说的出资比例，并非特指实缴的出资比例，这主要是因为在合伙中，出资形式多种多样，既可以以实物出资，也可以以劳务出资，而对劳务难以进行评估。因此，在经过前述规则仍然难以确定的情形下，此时应当进行平均分配、分担。

需要指出的是，《民法典》第972条所规定的合伙合同终止后的清算与《合伙企业法》第89条的规定存在不同。《合伙企业法》第89条规定："合伙企业财产在支付清算费用和职工工资、社会保险费用、法定补偿金以及缴纳所欠税款、清偿债务后的剩余财产，依照本法第三十三条第一款的规定进行分配。"由于合伙企业是一个民事主体，所以其清算涉及职工工资、社会保险费用、法定补偿金以及缴纳所欠税款等事务，但在合同型合伙中，合伙合同终止后的清算不一定涉及这些事务。例如，合伙企业应当缴纳企业所得税，是独立的纳税主体，而合同型合伙，每个合伙人应当分别缴纳个人所得税，不存在合伙本身缴纳税款的问题。[①] 因此，《民法典》的上述规定没有专门就职工工资支付、税费缴纳等作出明确规定。

思考题

1. 什么是合伙合同？
2. 简述合伙合同和决议行为的区别。
3. 简述合伙事务的执行。
4. 试述合伙的利益分配和亏损负担。

① 参见黄薇主编：《中华人民共和国民法典合同编解读》（下册），1548页。

主要参考书目

1. 黄薇主编. 中华人民共和国民法典合同编解读：上册. 北京：中国法制出版社，2020

2. 黄薇主编. 中华人民共和国民法典合同编解读：下册. 北京：中国法制出版社，2020

3. 黄薇主编. 中华人民共和国民法典释义. 北京：法律出版社，2020

4. 最高人民法院民法典贯彻实施工作领导小组主编. 中华人民共和国民法典合同编理解与适用. 北京：人民法院出版社，2020

5. 谢鸿飞，朱广新主编. 民法典评注·合同编：典型合同与准合同 4. 北京：中国法制出版社，2020

6. 王轶等. 中国民法典释评·合同编·典型合同. 北京：中国人民大学出版社，2020

7. 茆荣华.《民法典》适用与司法实务. 北京：法律出版社，2020

8. 杜万华主编. 最高人民法院《民间借贷司法解释》理解与适用. 北京：人民法院出版社，2015

9. 马俊驹，余延满. 民法原论. 3 版. 北京. 法律出版社，2007

10. 胡康生主编. 中华人民共和国合同法释义. 北京：法律出版社，1999

11. 何志. 合同法分则判解研究与适用. 北京：人民法院出版社，2002

12. 方新军. 现代社会中的新合同研究. 北京：中国人民大学出版社，2005

13. 孔炯炯等. 商业保理概论. 上海：复旦大学出版社，2016

14. 王建东. 建设工程合同法律制度研究. 北京：中国法制出版社，2004

15. 谢鸿飞. 合同法学的新发展. 北京：中国社会科学出版社，2014

16. 张新宝. 民事活动的基本原则. 北京：法律出版社，1986

17. 易军，宁红丽. 合同法分则制度研究. 北京：人民法院出版社，2003

18. 孔祥俊. 合同法教程. 北京：中国人民公安大学出版社，1999

19. 郭明瑞，房绍坤. 新合同法原理. 北京：中国人民大学出版社，2000

20. 李永军，易军. 合同法. 北京：中国法制出版社，2009

21. 余延满. 合同法原论. 武汉：武汉大学出版社，1999

22. 蒋志培主编. 技术合同司法解释的理解与适用. 北京：科学技术文献出版社，2007

23. 段瑞春. 技术合同. 北京：法律出版社，1999

24. 黄立. 民法债编总论. 北京：中国政法大学出版社，2002

25. 王泽鉴. 债法原理. 北京：北京大学出版社，2009

26. 郑玉波. 民法债编总论. 北京：中国政法大学出版社，2004

27. 郑玉波. 民法总则. 台北：自版，1979

28. 王泽鉴. 民法总则. 北京：中国政法大学出版社，2001

29. 王泽鉴. 民法学说与判例研究：第6册. 北京：中国政法大学出版社，1998

30. 王泽鉴. 债法原理：第1册. 北京：中国政法大学出版社，2001

31. 林诚二. 民法债编总论：体系化解说. 台北：瑞兴图书股份有限公司，2001

32. 邱聪智. 新订民法债编通则：下. 台北：华泰文化事业公司，2001

33. ［美］E. 艾伦·范思沃斯. 美国合同法. 北京：中国政法大学出版社，2004

34. ［德］梅迪库斯. 德国债法总论. 北京：法律出版社，2003

图书在版编目（CIP）数据

合同法. 下册 / 王利明著. -- 3 版. -- 北京：中国人民大学出版社，2024. 8. --（新编 21 世纪法学系列教材）. -- ISBN 978-7-300-32980-2

Ⅰ. D923. 6

中国国家版本馆 CIP 数据核字第 20240H36N9 号

新编 21 世纪法学系列教材
总主编　曾宪义　王利明
合同法（第三版）（下册）
王利明　著
Hetongfa

出版发行	中国人民大学出版社		
社　　址	北京中关村大街 31 号	**邮政编码**	100080
电　　话	010－62511242（总编室）		010－62511770（质管部）
	010－82501766（邮购部）		010－62514148（门市部）
	010－62515195（发行公司）		010－62515275（盗版举报）
网　　址	http://www.crup.com.cn		
经　　销	新华书店		
印　　刷	北京密兴印刷有限公司	**版　　次**	2015 年 7 月第 1 版
开　　本	787 mm×1092 mm　1/16		2024 年 8 月第 3 版
印　　张	28. 25 插页 1	**印　　次**	2024 年 12 月第 2 次印刷
字　　数	648 000	**定　　价**	129. 00 元（上、下册）

《　　　　　　》※任课教师调查问卷

为了能更好地为您提供优秀的教材及良好的服务，也为了进一步提高我社法学教材出版的质量，希望您能协助我们完成本次小问卷，完成后您可以在我社网站中选择与您教学相关的1本教材作为今后的备选教材，我们会及时为您邮寄送达！如果您不方便邮寄，也可以申请加入我社的**法学教师 QQ 群：436438859（申请时请注明法学教师）**，然后下载本问卷填写，并发往我们指定的邮箱（cruplaw@163.com）。

邮寄地址：北京市海淀区中关村大街59号文化大厦中国人民大学出版社1202室收

邮　　编：100872

再次感谢您在百忙中抽出时间为我们填写这份调查问卷，您的举手之劳，将使我们获益匪浅！

基本信息及联系方式：※

姓名：__________ 性别：__________ 课程：____________________

任教学校：____________________ 院系（所）：________________

邮寄地址：____________________ 邮编：____________________

电话（办公）：__________ 手机：__________ 电子邮件：__________

调查问卷：※

1. 您认为图书的哪类特性对您选用教材最有影响力？（　　）（可多选，按重要性排序）
   A. 各级规划教材、获奖教材　　B. 知名作者教材
   C. 完善的配套资源　　D. 自编教材
   E. 行政命令
2. 在教材配套资源中，您最需要哪些？（　　）（可多选，按重要性排序）
   A. 电子教案　　B. 教学案例
   C. 教学视频　　D. 配套习题、模拟试卷
3. 您对于本书的评价如何？（　　）
   A. 该书目前仍符合教学要求，表现不错将继续采用
   B. 该书的配套资源需要改进，才会继续使用
   C. 该书需要在内容或实例更新再版后才能满足我的教学，才会继续使用
   D. 该书与同类教材差距很大，不准备继续采用了
4. 从您的教学出发，谈谈对本书的改进建议：____________________

____

____

选题征集：如果您有好的选题或出版需求，欢迎您联系我们：

联系人：黄　强　联系电话：010-62515955

索取样书：书名：______________________________

书号：__________________________________

备注：※ 为必填项。